2011

中国铁路工程总公司年鉴

YEARBOOK OF CHINA RAILWAY ENGINEERING CORPORATION

中国铁路工程总公司年鉴编委会　编

中国铁道出版社

内容提要

中国铁路工程总公司年鉴（2011 年卷），记述总公司 2010 年企业改革和发展实况，企业重组、主要业绩、技术进步和创新，可供社会各界阅读参考。

图书在版编目（CIP）数据

中国铁路工程总公司年鉴. 2011 / 《中国铁路工程总公司年鉴》编委会编. — 北京：中国铁道出版社，2012.7
ISBN 978-7-113-14817-1

Ⅰ. ①中… Ⅱ. ①中… Ⅲ. ①铁路运输－建筑企业－中国－2011－年鉴 Ⅳ. ①F532.6-54

中国版本图书馆 CIP 数据核字（2012）第 119327 号

书　　名：中国铁路工程总公司年鉴（2011）
作　　者：《中国铁路工程总公司年鉴》编委会
责任编辑：罗桂英 电话：51873027
封面设计：唐艳静
责任校对：龚长江
责任印制：赵星辰
出版发行：中国铁道出版社（100054，北京市西城区右安门西街 8 号）
网　　址：http://www.tdpress.com/
印　　刷：廊坊市安次区码头玉宝纸制工厂
版　　次：2012 年 6 月第 1 版　2012 年 6 月第 1 次印刷
开　　本：787mm×1092 mm　1/16　印张：39 插页 36 字数：1000 千

印　　数：0001~1000 册

书　　号：ISBN 978-7-113-14817-1
定　　价：300 元

《中国铁路工程总公司年鉴》（2011）编委会

企业精神

勇于跨越　追求卓越

中国铁路工程总公司　中国中铁股份有限公司

China Railway Engineering Corporation

地址：北京市海淀区复兴路 69 号 9 号楼中国中铁大厦

邮编：100039

电话：(086) 010-51845225

网址：www.crecg.com

电子信箱：Webmaster@crec.cn

▲2 月 15 日，中共中央总书记，国家主席，中央军委主席胡锦涛到中铁隧道承建的厦门翔安隧道工地，亲切看望并慰问节日期间仍奋战在建设工地上的建设者。

5 月 22 日，中共中央政治局常委、全国人大常委会委员长吴邦国考察成都至都江堰（成灌）铁路工程时亲切接见中铁八局等建设单位代表。

11 月 19 日，中共中央政治局常委、中央书记处书记，国家副主席，中央军委副主席习近平亲切接见中铁四局等驻安哥拉中资企业代表。

◀ 4 月 15 日，中共中央政治局常委、国务院副总理李克强视察建设中的中铁大桥局滨海公路辽河特大桥工地。

▶4 月 19 日，中共中央政治局常委、中央纪委书记贺国强视察中铁二局新北川中学工地施工现场。

◀ 7 月 20 日，中共中央政治局常委、中央政法委书记周永康到青海玉树赛马场安置点视察工作，亲切慰问中国中铁玉树灾后重建工程建设者。

领导关怀

中国中铁

▶9月8日，中共中央政治局委员、全国人大常委会副委员长、中华全国总工会主席王兆国亲切会见“知识型产业工人”、全国劳动模范窦铁成和共和国铁路楷模胡友梅。

◀ 3月26日，中共中央政治局委员、北京市委书记刘淇，北京市委副书记、北京市长郭金龙为中铁航空港承建的国家汽车质检中心工程揭牌。

▶ 4月2日，中共中央政治局委员、广东省委书记汪洋，在常务副省长朱小丹、省委常委徐少华等陪同下，考察由中铁大桥局承建的穗莞深城际SZH-1标东江南特大桥工地。

◀ 9月9日，中共中央政治局委员、国务院副总理张德江在青海省委书记强卫、副省长马顺青等陪同下，视察中铁二局承建的玉树县民族一中建设情况。

领导关怀

▲7月24日，国务委员戴秉国一行在驻刚果（金）大使吴泽献、刚果（金）建设部副部长的陪同下，视察中国中铁刚果（金）项目。

▲10月14日，最高人民法院院长王胜俊到中铁二局承建的贵州省高院项目检查工作。

▲12月5日，海南省省长罗保铭视察中铁大桥局清澜大桥工地。

▲12月30日，吉林省委书记孙政才、省长王儒林等领导出席长吉城际铁路开通典礼

▲8月3日，青海省委书记强卫视察中铁资源集团与黄南州政府合作开发建设项目进展情况。

▲1月1日，福建省委书记孙春兰、省长黄小晶一行，到中铁大桥局承建的福州鼓山大桥工地检查指导工作，并看望慰问一线建设者。

领导关怀

中国中铁

▲8 月 24 日，中共四川省委书记、省人大常委会主任刘奇葆视察石亭江大桥抢险重建工程。

▲9 月 26 日，黑龙江省委副书记、代省长王宪魁视察中铁大桥局黑龙江富锦松花江公路大桥工程。

▲12 月 28 日，甘肃省副省长泽巴足一行视察中铁隧道集团引洮供水 7 号隧洞工程。

▲6 月 22 日，海南省副省长姜斯宪一行视察中铁大桥局文昌清澜大桥工程。

▲9 月 11 日，山西省常务副省长李小鹏参加中铁十局大（同）西（安）客运专线第一孔梁架设仪式。

▲6 月 15 日，铁道部副部长卢春房到中铁十局承建的济南西客站检查指导工作。

中国中铁 中国铁路工程总公司

中国铁路工程总公司主要领导

▲李长进
总公司董事长、总经理、党委副书记
股份公司董事长、党委书记

▲白中仁
总公司党委书记、董事
股份公司总裁、执行董事、党委副书记

企业法人
营业执照
（副　本）
注册号100000000010518(9-1)
发照机关
二〇一〇年七月十五日

企业名称 中国铁路工程总公司
住　　所 北京市丰台区星火路1号
法定代表人 李长进
注册资金 [illegible]
经济性质 全民所有制
经营方式 承包、研制、生产、维护、咨询、服务、运输、批发、零售、进出口、开发、经营。
经营范围主营 许可经营项目：无。一般经营项目：土木工程建筑和线路、管道、设备安装的总承包；上述项目勘测、设计、施工、建设监理、技术咨询、技术开发、技术转让、技术服务的分项承包；土木工程专用机械设备、器材、构件、车辆和钢梁、钢结构、建筑材料的研制、生产、维修、销售；房地产开发、经营；进出口业务；汽车（含小轿车）销售；电子产品及通信信号设备、交电、建筑五金、水暖器材、日用百货的销售。
兼营

▲中国铁路工程总公司企业法人营业执照

中国中铁股份有限公司

中国中铁

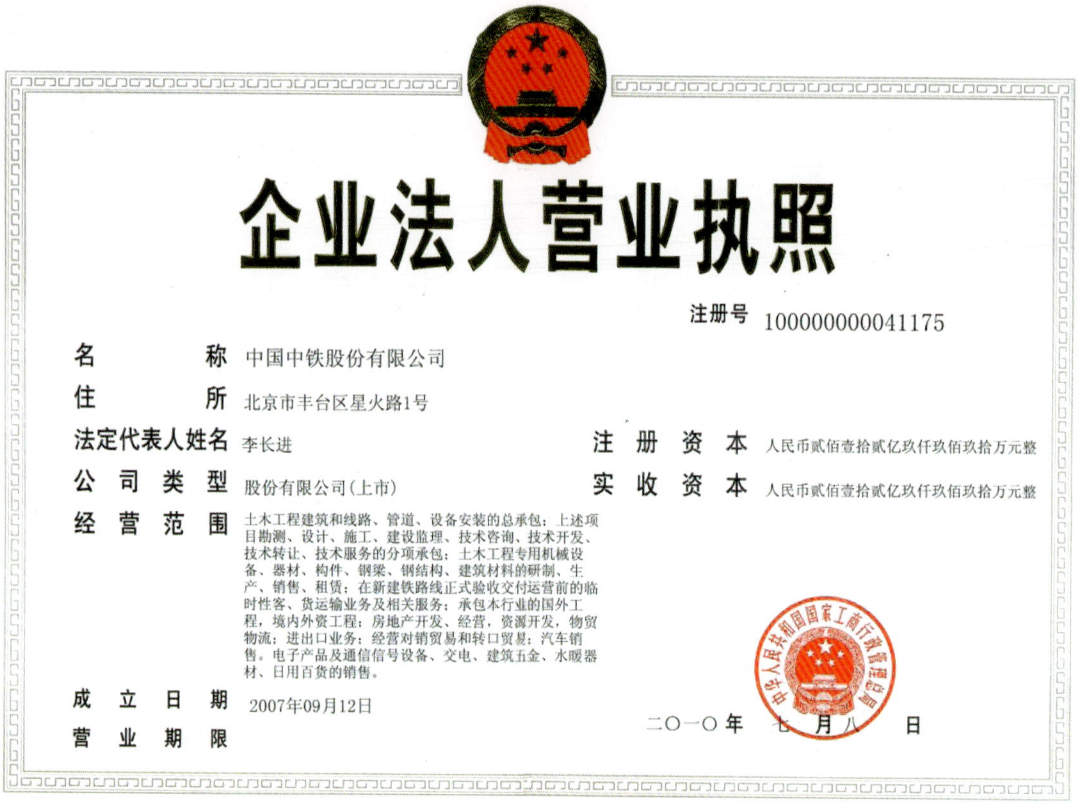

企业法人营业执照

注册号 100000000041175

名　　称	中国中铁股份有限公司
住　　所	北京市丰台区星火路1号
法定代表人姓名	李长进
注册资本	人民币贰佰壹拾贰亿玖仟玖佰玖拾万元整
公司类型	股份有限公司(上市)
实收资本	人民币贰佰壹拾贰亿玖仟玖佰玖拾万元整
经营范围	土木工程建筑和线路、管道、设备安装的总承包；上述项目勘测、设计、施工、建设监理、技术咨询、技术开发、技术转让、技术服务的分项承包；土木工程专用机械设备、器材、构件、钢梁、钢结构、建筑材料的研制、生产、销售、租赁；在新建铁路线正式验收交付运营前的临时性客、货运输业务及相关服务；承包本行业的国外工程，境内外资工程；房地产开发、经营，资源开发，物贸物流；进出口业务；经营对销贸易和转口贸易；汽车销售。电子产品及通信信号设备、交电、建筑五金、水暖器材、日用百货的销售。
成立日期	2007年09月12日
营业期限	

二〇一〇年七月八日

▲中国中铁股份有限公司企业法人营业执照

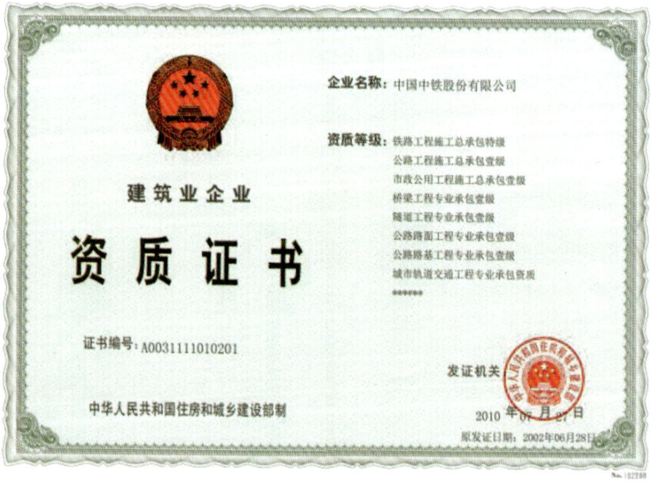

建筑业企业

资质证书

企业名称：中国中铁股份有限公司

资质等级：铁路工程施工总承包特级
公路工程施工总承包壹级
市政公用工程施工总承包壹级
桥梁工程专业承包壹级
隧道工程专业承包壹级
公路路面工程专业承包壹级
公路路基工程专业承包壹级
城市轨道交通工程专业承包资质
******

证书编号：A0031111010201

发证机关

2010年07月27日

原发证日期：2002年06月28日

中华人民共和国住房和城乡建设部制

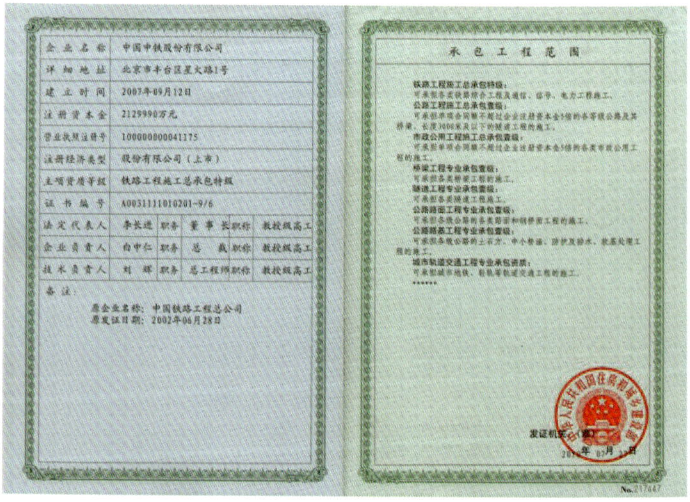

企业名称	中国中铁股份有限公司				
详细地址	北京市丰台区星火路1号				
建立时间	2007年09月12日				
注册资本金	2129990万元				
营业执照注册号	100000000041175				
注册经济类型	股份有限公司(上市)				
主项资质等级	铁路工程施工总承包特级				
证书编号	A0031111010201-9/6				
法定代表人	李长进	职务	董事长	职称	教授级高工
企业负责人	白中仁	职务	总裁	职称	教授级高工
技术负责人	刘辉	职务	总工程师	职称	教授级高工

备注：

原企业名称：中国铁路工程总公司
原发证日期：2002年06月28日

承包工程范围

铁路工程施工总承包特级：
可承担各类铁路综合工程及通信、信号、电力工程施工。
公路工程施工总承包壹级：
可承担单项合同额不超过企业注册资本金5倍的各等级公路及其桥梁、长度3000米及以下的隧道工程的施工。
市政公用工程施工总承包壹级：
可承担单项合同额不超过企业注册资本金5倍的各类市政公用工程的施工。
桥梁工程专业承包壹级：
可承担各类桥梁工程的施工。
隧道工程专业承包壹级：
可承担各类隧道工程施工。
公路路面工程专业承包壹级：
可承担各级公路的各类路面和桥面工程的施工。
公路路基工程专业承包壹级：
可承担各级公路的土石方、中小桥涵、防护及排水、软基处理工程的施工。
城市轨道交通工程专业承包资质：
可承担城市地铁、轻轨等轨道交通工程的施工。
******

发证机关（盖章）

年 07 月

No.217447

▲中国中铁股份有限公司建筑业企业资质证书

▲西攀高速公路金沙江大桥
（国家优质工程银质奖）

▲京杭运河常州市区段改线工程
（国家优质工程银质奖）

▲北京南站（中国建设工程鲁班奖、詹天佑土木工程奖、国家优质工程奖）

▲天津快速路系统工程西北半环密云路立交桥
（国家优质工程银质奖）

▲北京通惠河北路道路工程
（国家优质工程银奖）

获奖工程

中国中铁

1	2
3	4
5	6

1. 烟台火车站站房（国家优质工程银质奖）
2. 上海中金广场（国家优质工程银质奖）
3. 深圳香港中旅大厦（国家优质工程银质奖）
4. 国家图书馆二期暨国家数字图书馆工程（中国建设工程鲁班奖、詹天佑土木工程奖）
5. 京津城际铁路（中国建设工程鲁班奖）
6. 天津 BT 项目南仓特大桥工程（中国建设工程鲁班奖）

1 2
3
4
5 6

1. 淮南洞山隧道（2010年全国市政金杯示范工程）
2. 小榄桥主跨全景
3. 青岛海湾大桥
4. 向莆铁路东新赣江特大桥
5. 甬台温铁路雁荡山特大桥（中国建筑钢结构金奖）
6. 重庆狮子岩隧道（全国用户满意建筑工程）

桥隧工程

中国中铁

▲京沪高速铁路西二环互通立交 128m 提篮拱桥

▲恩施红旗大桥施工现场

▲准朔铁路六狼山隧道工程

▲西部战略工程哈沙庭特大桥

▲兰渝纸坊隧道工程

▲湘桂铁路湘江 1 号特大桥水上挂篮施工

1

2 3

4 5

6 7

1. 大源渡湘江特大桥
2. 安庆桥最后一个钢围堰下水
3. 丹江口刁均大桥全线合拢
4. 黄冈桥 3 号主塔墩围堰下放到位
5. 厦漳跨海大桥北汉海上钻孔施工
6. 渝利铁路韩家沱长江大桥挂索施工
7. 铜陵桥 3 号墩钢沉井接高完成

城轨工程

中国中铁

▲南京地铁 1 号线南延线

▲深圳地铁 3 号线盾构

▲ 北京地铁 10 号线盾构区间

▲深圳地铁 5 号线

▲上海市轨道交通 7 号线工程
（2010 年全国市政金杯示范工程）

▲杭州地铁 1 号线富城区间土建项目

▲蓝烟铁路电气化工程

▲达万铁路电气化改造

▲龙厦铁路首座 GSM-R 通信铁塔

▲哈大客专接触网施工

▲京沪高铁泰山西变电所施工

▲沪宁客专虹桥至松江南区间首架接触线

工业与民用建筑

中国中铁

▲福建莆田妈祖城填海工程

▲大运会配套工程-深圳中心路及后海河项目

▲常州铃木摩托车试验场

▲深圳固戍污水处理厂

宜昌东站无站台柱雨棚钢结构工程
（2010 年中国建筑钢结构金奖）

上海站客运设施无站台柱雨棚钢结构工程
（2010 年中国建筑钢结构金奖）

新长铁路淮安站改建无站台柱雨棚工程
（2010 年全国优秀焊接工程）

郑州火车站无柱风雨棚

广州南站

工业与民用建筑

▲北京铁路局专线调度所工程
（北京市结构长城杯金质奖）

▲招商上苑工程（北京市结构长城杯银质奖）

▲中铁瑞城自贡沿滩新城

▲中铁瑞城西郡英华项目

▲苏州高新国际商务广场（江苏省文明工地）

▲安庆“香樟里·那水岸”节能省地型住宅小区
（全国建筑业新技术应用示范工程）

中国中铁

工业生产

▲兰新铁路甘青段山丹梁场

▲无砟轨道全液压双向行驶运板车
（2010 年湖北省科技进步奖三等奖）

▲京沪高铁 CRTSII 型轨道板制造

▲中铁装备公司盾构刀盘生产车间

▲第一台硬岩盾构“中国中铁 17 号”

工业生产

中国中铁

900 吨级全轮胎行走式箱梁运架设备（2010 年国家重点新产品、股份公司“十一五”十大优秀科技成果）

双线多箱同步起吊箱梁架桥机（2010 年湖北省科技进步奖三等奖）

中铁装备公司研制的新型隧道衬砌模板台车

无砟轨道可变跨门式铺板机（2010 年中国铁路工程总公司科学技术奖一等奖、武汉市科技进步奖一等奖）

▲马来西亚柔佛州斜拉桥

▲尼日利亚帕帕兰托电厂项目

▲阿尔及利亚奥兰大学城

▲哈萨克斯坦北京大厦

▲摩洛哥盖尔西夫公路高架桥

▲刚果（金）金马大桥贯通

资源开发

▲刚果（金）矿业铜冶炼加工生产

▲蒙古国乌兰矿矿磨车间

▲内蒙古芒来煤矿露天煤矿土方剥离

▲黑龙江省伊春鹿鸣矿业野外勘探作业

▲ 芒来煤矿露天煤矿开采运输施工

▲国金矿业竖井和选厂

▲中国中铁董事长李长进到刚果（金）现场视察工作

▲中国中铁总裁白中仁视察妈祖城项目

▲中国中铁庆“五一”全国劳模表彰暨先进事迹报告会

▲郑州地铁总承包签约仪式

▲中国中铁董事长李长进会见英国经济学人集团全球总裁华柏斯

▲中国中铁总裁白中仁会见英国前首相布莱尔阁下

管理活动

中国中铁

▲武汉鹦鹉洲长江大桥奠基仪式

▲昆明枢纽铁路东南环线项目开工仪式

▲中国中铁与联想集团战略合作协议签署仪式

▲郑州市轨道交通 2 号线一期工程开工仪式

▲委内瑞拉铁路北部平原铁路（迪纳高—阿纳高段）开工建设仪式

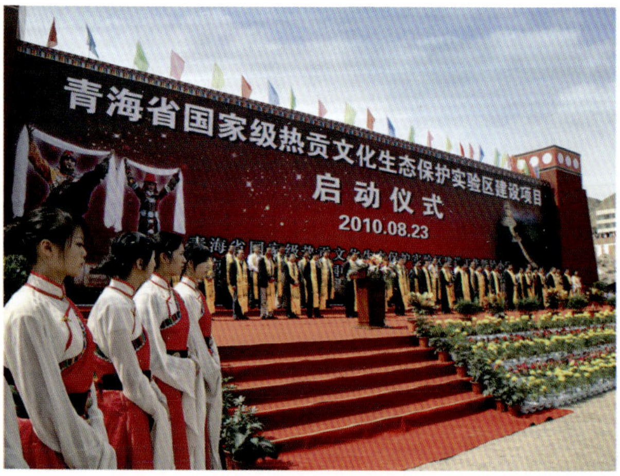

▲青海省国家级热贡文化生态保护实验区建设项目启动仪式

▲中国中铁向玉树灾区捐款

▲中铁电气化局鹰厦铁路抗洪抢险

▲中铁隧道突击队参与玉树抗震救灾

▲中铁九局援建的四川绵阳安县晓坝镇学校全景

▲中铁五局贵州关岭抗洪抢险

▲中铁二局贵州关岭特大泥石流灾害抢险

▲中铁一局映汶抗洪抢险

▲中铁七局 316 国道抢险施工

▲中国中铁召开纪念建党 89 周年暨“一先两优”表彰大会

▲中铁二局玉树重建“党旗红”党建主题活动

▲中铁国际党委公布承诺内容接受群众监督

▲中铁十局杭州枢纽党旗红活动

▲中铁十局开展“师带徒，结对子”活动

▲中铁资源地勘公司一线员工进行承诺宣誓

▲中国中铁 2010 年新春文艺晚会

▲新党员入党宣誓

▲员工体检

▲京沪高铁员工岗位练兵技能大赛

▲开展丰富的文娱活动

中国铁路工程总公司组织机构图

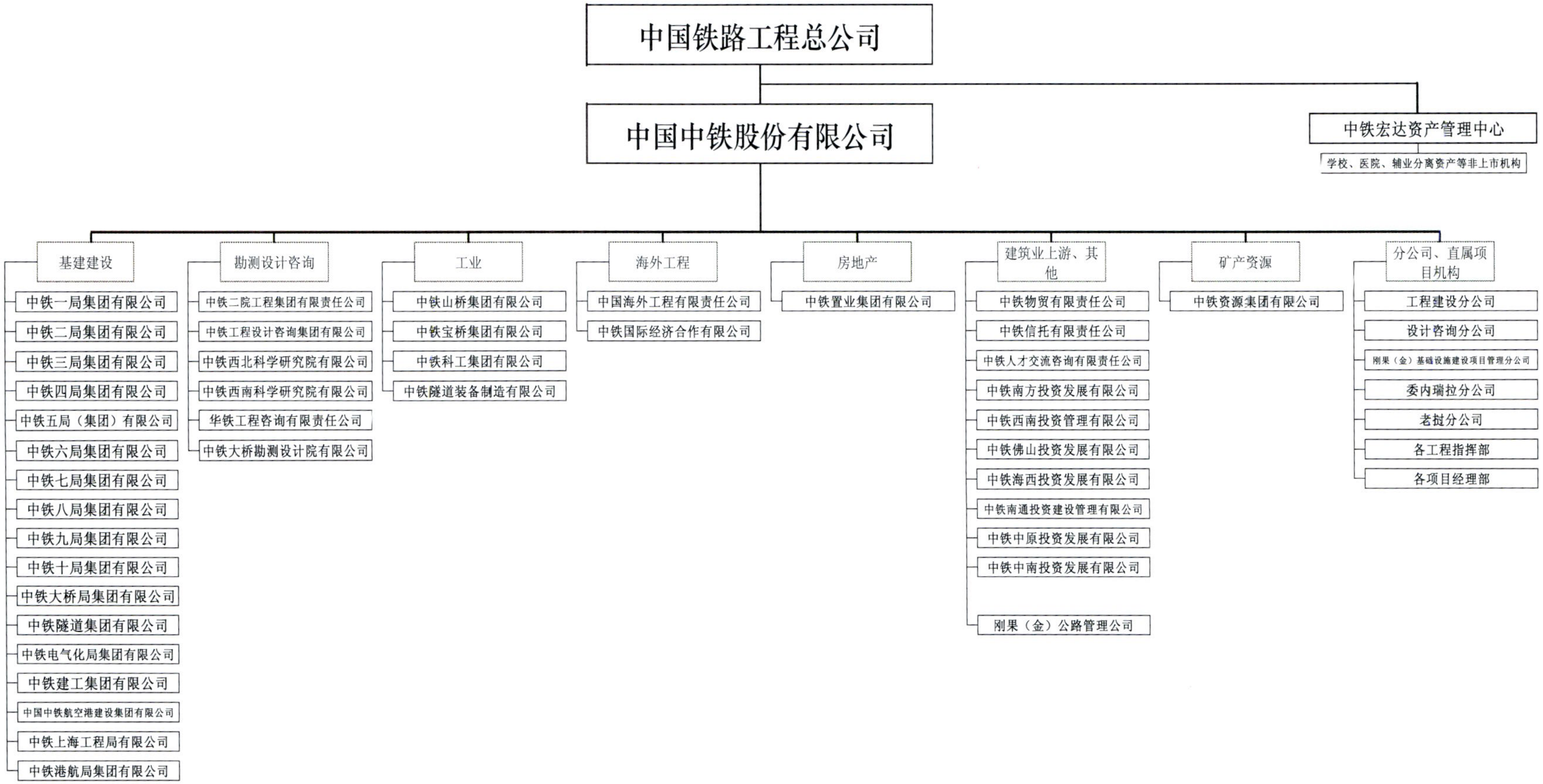

中国中铁股份有限公司组织机构图

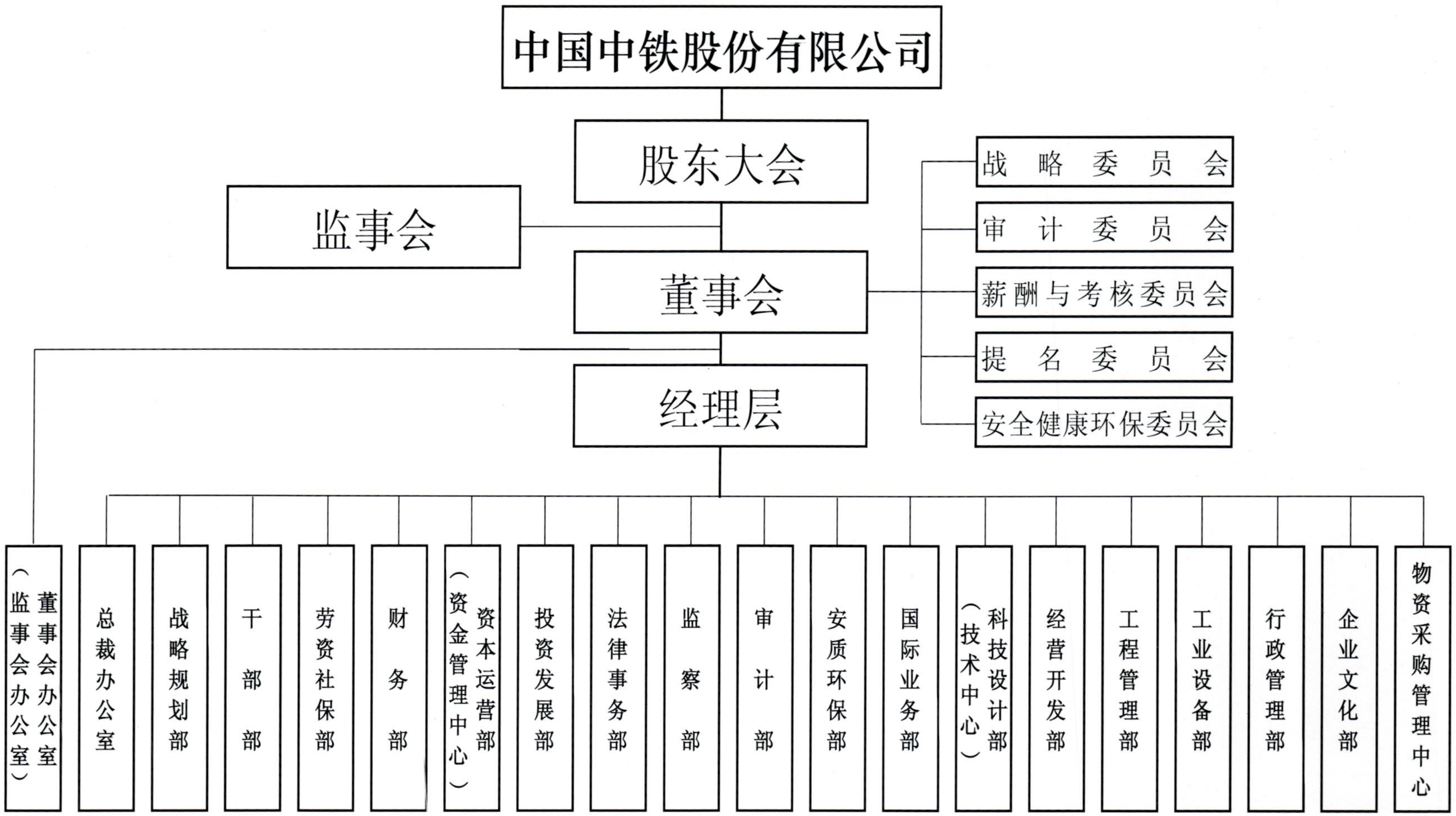

▲中国中铁股份有限公司总部党群机构：党委办公室（保密办）（与总裁办合署办公）、党委干部部（与干部部合署办公）、党委组织部、党委宣传部（与企业文化部合署办公）、纪委、工会、团委、机关党委（机关工会）、报社、政研会

凡　　例

1.《中国铁路工程总公司年鉴》由中国铁路工程总公司办公厅主办。

2.《中国铁路工程总公司年鉴》重点记述中国铁路工程总公司和中国中铁股份有限公司的改革和发展概况，反映公司的主要业绩和良好的社会形象，突出企业创新和进步，是一部资料性工具书，既有存史价值，又为现实服务。2011 年卷记事时限为 2010 年 1 月 1 日至 12 月 31 日，重大事件适当前伸和后延。

3．本期年鉴的框架结构设计划分为 11 个栏目：特稿、大事记、概述篇、市场篇、工程篇、工业篇、科技篇、管理篇、党群篇、荣誉篇、附录，下设分目、条目。

4．本年鉴行文采用记述体，以条目为主，每个条目一般为 200～400 字。特稿采用摘要，重要文件和文件目录摘要，以免过繁、过长。对重点工程的记述突出技术进步、特点和创新，不过细叙述一般情况。

5．写入年鉴的内容，着重反映企业基本情况和创新成就，资料来源主要是由公司总部各主管部门和各所属单位提报，并经主管领导审核。有一部分资料为编辑部日常积累的资料(含图表)，保持了各方面事物的系统性和连续性。

6．年鉴的统计指标，主要采用公司总部提供的统计资料，不足或缺项部分由各单位提报资料补充。

7．彩页图片的编选，重点选择中央及部委和省市领导视察代表性照片，各类重点工程和获奖工程富有特色的图片，以及反映企业改革、管理、企业文化和对外交往的照片等，大多数为各单位提供，部分由编辑部采编。

8．本年鉴的版式编排执行国家标准，以便于进行广泛交流。计量单位一律采用国际单位制，以便与国际接轨。采用国家文字改革委员会公布的标准简化汉字，专业术语采用有关国家标准和行业标准的约定，标点符号和数字书写，按出版部门有关出版物的规定执行。

9．本年鉴出现的中国铁路工程总公司所属各单位全称和简称对照参看下表。

中国铁路工程总公司所属单位全称及简称对照

中国铁路工程总公司——总公司

中国中铁股份有限公司－－中国中铁、股份公司

中国海外工程有限责任公司－－中海外

中铁一局集团有限公司－－中铁一局

中铁二局集团有限公司－－中铁二局

中铁三局集团有限公司－－中铁三局

中铁四局集团有限公司－－中铁四局

中铁五局(集团)有限公司－－中铁五局

中铁六局集团有限公司－－中铁六局

中铁七局集团有限公司－－中铁七局

中铁八局集团有限公司－－中铁八局

中铁九局集团有限公司－－中铁九局

中铁十局集团有限公司－－中铁十局

中铁大桥局集团有限公司－－中铁大桥局

中铁隧道集团有限公司－－中铁隧道

中铁电气化局集团有限公司－－中铁电气化局

中铁建工集团有限公司－－中铁建工

中国航空港建设总公司、中国航空港建设集团有限公司

－－中国航空港

中铁上海工程局有限公司－－中铁上海局

中铁港航局集团有限公司－－中铁港航局

中铁国际经济合作有限公司－－中铁国际

中铁二院工程集团有限责任公司－－中铁二院

中铁工程设计咨询集团有限公司－－中铁设计咨询

中铁大桥勘测设计院集团有限公司－－中铁大桥院

中铁西北科学研究院有限公司－－中铁西北院

中铁西南科学研究院有限公司－－中铁西南院

华铁工程咨询有限责任公司－－华铁咨询

中铁山桥集团有限公司－－中铁山桥

中铁宝桥集团有限公司－－中铁宝桥

中铁科工集团有限公司－－中铁科工

中铁隧道装备制造有限公司－－中铁装备

中铁信托有限责任公司－－中铁信托

中铁置业集团有限公司－－中铁置业

中铁资源集团有限公司－－中铁资源

中铁物贸有限责任公司（物贸分公司）

－－中铁物贸、物贸分公司

中铁西南投资管理有限公司－－中铁西南公司

中铁南方投资发展有限公司－－中铁南方公司

中铁海西投资发展有限公司－－中铁海西公司

中铁中原投资发展有限公司－－中铁中原公司

中铁工程建设分公司－－建设分公司

中国中铁委内瑞拉分公司－－委内瑞拉分公司

中国中铁老挝分公司－－老挝分公司

中国中铁驻上海办事处（上海分公司）－－上海办事处

中国中铁哈大铁路客运专线工程指挥部

－－哈大指挥部

中铁宏达资产管理中心－－宏达中心

中国铁路工程总公司党校－－总公司党校

中铁咸阳管理干部学院－－咸阳干院

中铁中南投资发展有限公司－－中铁中南公司

河南平正高速公路发展有限公司－－平正公司

中铁电气化勘测设计研究院－－中铁电化院

中铁工程设计院有限公司－－中铁中铁工程设计院

北京电铁通信信号勘测设计院－－通号院

目　　录

企业基本情况

职工队伍

资产和财务状况

管理体制创新

生产经营发展

企业新纪录

市场开发

铁路市场

公路市场

城轨市场

桥隧市场

其他建筑市场

海外市场

工程概况

新建、续建铁路

铁路复线技改

电气化铁路

桥隧工程

公路工程

城轨工程

市政工程

工业和民用建筑

其他工程

海外工程

生产组织经营

生产厂家及主要产品

钢梁钢结构

道岔和提速道岔

机械类产品

混凝土及其他产品

生产工艺及技术创新

七　科技篇

科技管理

攻关研究课题

成果和进步

法规与专利

设计管理

设计经营

铁路设计

城轨设计

桥隧设计

其他设计

技术咨询与服务

学会及学术活动

教育与培训

董事会、监事会工作

综合管理

战略管理

干部管理

劳资社保管理

财务管理

资本运营管理

投资发展工作

法律事务管理

审计工作

安全质量环保工作

国际业务管理

科技设计管理

经营开发管理

工程管理

工业设备管理

行政管理

物资管理

非上市资产管理

企业党的工作

组织工作

企业文化、党委宣传工作

纪检监察工作

工会工作

共青团工作

机关党委工作

机关工会工作

报社

政研会工作

高级技术专家

优秀施工企业和企业家

劳模和先进单位及个人

优秀工程勘察设计奖

优秀工程咨询成果奖

优质工程奖

科技成果奖

所属单位

人员变动情况

统计资料

文件辑要

专题资料

特　稿

谋开局抓起步　练内功强管理
为培育具有国际竞争力的世界一流企业打好坚实基础

——在中国中铁2011年工作会议上的讲话（摘要）

李 长 进

一、2010年及“十一五”企业发展取得的成就

刚刚过去的2010年，是我们全面实现“十一五”发展规划的收官之年，也是企业历史上大事多、喜事多，值得自豪的一年。一年来，全公司以科学发展观为指导，紧密围绕“保增长、调结构、转机制、争效益”中心工作，精心组织，全力攻坚，企业营业额、新签合同额、利润总额大幅增长、再创新高，首次进入中央企业业绩考核A级序列；建设了以京沪高铁为代表的一大批重点工程，为国家基础设施建设作出了积极贡献；全面加强领导班子建设，实现了股份公司新老班子平稳过渡；积极谋划企业发展战略，勾画了“十二五”发展蓝图；加强董事会建设，提升了公司治理水平；推进企业新一轮内部重组，打造了新的中铁港航、中国航空港和上海工程公司，进一步优化了产业结构和经营布局；推动铁路标准化管理和架子队建设，项目管理水平进一步提高；在全公司范围进行了第三次公开招聘，深化了干部人事制度改革；加快“走出去”步伐，成功运作了中老铁路、伊朗高速铁路和印尼煤炭运输项目等重大海外项目，特别是近日铁道部充分信任，将哈萨克斯坦阿斯塔纳至阿拉木图1300公里的高速铁路交给我们施工，在海外经营上取得了新突破；加快企业科技进步，自主创新能力明显增强；深入开展“百千万创先争优示范工程”活动，加强了基层党组织建设；召开了中国中铁首次职代会，推进了厂务公开民主管理进程；成功推出巨晓林又一全国重大典型，进一步提升了企业知名度；认真履行社会责任，玉树地区灾后重建展示了企业良好形象。总之，2010年经过广大干部职工艰苦努力、顽强拼搏，我们以辉煌的业绩为“十一五”划上了圆满的句号。

通过“十一五”的改革发展，企业面貌已经发生了重大而深刻的变化。

——国有骨干企业地位全面巩固。五年来，我们不断推动企业加快发展，企业规模以30%以上的增幅快速增长。2010年完成企业营业额是2005年的3.8倍；完成新签合同额是2005年的3.5倍；实现利润总额是2005年的8.1倍。总资产达到3853亿元，是2005年的3.8倍；净资产743亿元，是2005年的4.9倍。在世界企业500强排名由441位上升到137位，中国企业500强排名上升到第9位，中央企业排名上升到第6位，在国民经济中的重要地位得到了进一步的巩固和提升。

——行业领军企业作用充分发挥。五年来，我们全力投入国家基础设施建设。参建的青藏铁路、京津城际、武广客专、郑西客专、福厦高铁、沪宁城际、沪杭高铁、宜万铁路开通运营；京沪高铁、哈大客专全线铺通，京石、石武、兰新、南广、玉蒙、向蒲等重点工程进展顺利；投资建设的深圳地铁5号线全线贯通。还先后建设了杭州湾跨海大桥、武汉长江隧道、武汉天兴洲大桥、南京大胜关大桥、厦门翔安海底隧道、广深港狮子洋隧道、南水北调中线穿黄工程、青岛海湾大桥、郑州黄河公铁两用桥、北京南站等一大批国家重点工程，为拉动国民经济增长做出了重要贡献。

——现代企业制度体系基本建立。五年来，我们全面推动体制机制创新。2006年11月，总公司开展了中央企业董事会试点工作。2007年，创立股份公司并实现了沪港两地整体上市。全公司逐步建立了符合上市公司要求的治理结构、治理模式和运行机制，基本形成了现代企业的管理构架和管理体系，初步建立了与市场接轨的绩效考核、组织管理、科技创新、激励约束和内控管理机制，成为了真正意义上的多元资本结构的国有控股上市公司。

——战略结构调整取得重大进展。五年来，我们积极推进战略性结构调整。先后对广东中海工程建设总局、中国航空港建设总公司进行了并入式重组；实施了中铁港航、中国航空港和上海工程局的内部重组，将中铁宝工并入中铁宝桥，组建了中铁置业、中铁资源、中铁国际、中铁信托、中铁科工、中铁装备、中铁物贸、委铁分公司、中铁老挝分公司等专业公司以及中铁南方、中铁海西、中铁西南、中铁中原等地区性经营管理公司，目前已拥有所属企业48个，经营范围覆盖到土木建筑的各个领域，拓展到国内各省市自治区和海外近60个国家和地区，基本形成了建筑业纵向“上中下游”协调发展的产业链条，横向基建主营业务突出、相关业务板块协同发展的经营格局。

——**企业核心竞争优势更加突出。**五年来，我们大力推进科技创新。公司被国家授予全国首批“创新型企业”，拥有2个国家级实验室、4个博士后科研工作站、14家国家认可的检测实验中心、4个国家认定的技术中心和15个省部认定的技术中心。在高原、高速和电气化铁路、城市轨道交通、大型桥梁及隧道、高速铁路道岔、钢结构、盾构设备、信息化建设等多个领域拥有核心技术，达到了世界领先或国内领先水平。累计获得国家科技进步和发明奖86项，省部级科技进步奖997项，鲁班奖97项，国家优质工程113项，詹天佑大奖62项，全国优秀工程勘察设计奖80项，拥有有效专利983项，国家级工法103项，拥有科技人才13.2万人，其中中国工程院院士4人，国家勘察设计大师6人，国家级专家6人，享受政府特殊津贴275人，教授级高级工程师813人，成为了中国建筑业获得国家级科技大奖最多、拥有专业技术人才最多，具有较强自主创新能力的企业。

——**“中国中铁”品牌影响日益扩大。**五年来，我们大力弘扬“勇于跨越、追求卓越”的企业精神，全面推进现代企业文化建设，加强项目文化建设，着力打造“中国中铁”品牌，编写了《历史性的跨越》，参与拍摄了电影《青藏线》、电视剧《雪域天路》、《铁血》等一批文化产品。全面履行社会责任，在汶川地震、南方雨雪冰冻、西南旱灾、玉树地震等多次重大抢险救灾中做出了重要贡献，先后被评为全国抗震救灾先进基层党组织、全国农民工工作先进集体、国家西部大开发突出贡献集体，被授予全国五一劳动奖状，在建筑市场、资本市场和社会上的知名度和影响力得到全面提升。

——**企业发展环境得到全面优化。**五年来，我们积极探索现代企业制度条件下发挥党委政治核心作用与法人治理结构相结合的有效途径，全面加强以工程项目为重点的党建思想政治工作，大力推进和谐企业建设，先后树立了以窦铁成、巨晓林为代表的一批重大典型，召开了中国中铁首次职代会，不断提高职工收入。2010年，全公司职工人均工资达到51551元，是2005年的2.4倍。广泛开展“三工建设”，全面推行“三不让”承诺，对农民工实行“五同”管理，积极改善职工生活条件，极大增强了广大职工对企业的自豪感。五年来，先后有17名员工荣获全国劳动模范称号，215个集体获全国五一劳动奖状、“工人先锋号”、中央企业先进集体和火车头奖杯等称号，459名个人获全国五一劳动奖章、中央企业劳动模范和火车头奖章，企业第二次荣获“全国厂务公开民主管理工作先进单位”称号。

回顾“十一五”的奋斗历程，是以胡锦涛为总书记的党中央提出的科学发展观等一系列重大战略思想为我们指明了前进方向，是国家拉动内需保增长的重大决策部署为我们创造了历史性的发展机遇，是全公司广大干部职工开拓进取、无私奉献铸就了企业新的辉煌。总结企业“十一五”改革发展的实践，主要有六个方面的重要体会：

第一，必须坚持把加快发展作为第一要务。“十一五”期间，我们之所以能够创造前所未有的业绩，源于我们始终坚持加快发展这一主题，用发展的办法解决前进中的困难和问题。实践证明，加快发展是企业的生存之本，立业之基，兴旺之源，只有不断地加快发展，企业才能在激烈的建筑市场竞争中立于不败之地。因此，我们必须把加快发展作为今后工作的根本指针，紧紧抓住机遇，不断推动发展，始终保持和扩大在建筑行业中的领先地位，使企业基业长青。

第二，必须坚持把战略引领作为根本前提。“十一五”期间我们之所以能够不断实现新的跨越，得益于我们始终遵循建筑市场自身发展的客观规律，超前思考，超前谋划符合企业实际的发展战略，依靠战略引领、战略管控和战略优化，实现企业的理性发展。实践证明，科学的发展战略是企业沿着正确方向不断前进的根本前提。因此，我们必须要坚定不移地实施“推进两大转变、实现二次创业”的发展战略，引领企业“十二五”期间实现又好又快发展。

第三，必须坚持把改革创新作为不竭动力。“十一五”期间我们之所以能够持续快速发展，关键在于我们始终不渝地推动企业改革，创新体制机制，不断解放企业的生产力，激发企业发展的活力。实践证明，改革创新是推动企业不断发展的根本动力。因此，今后我们必须要不断深化改革，破除传统体制机制障碍，建立与现代企业相适应的管理体制和经营机制，为企业发展提供不竭的动力。

第四，必须坚持把调整优化作为重要途径。“十一五”期间我们之所以能够实现企业的全面发展，取决于我们始终坚持以市场为导向，不断推动企业内外部重组，拓展企业经营领域，完善协调发展的产业链条，构筑协同发展的产业布局，强化企业的竞争优势。实践证明，顺应建筑市场的发展趋势，大力实施战略性结构调整，是我们做强做优企业的重要途径。因此，今后我们必须要坚持以建筑业为核心、适度多元化的发展方向，不断推动企业调整优化上水平。

第五，必须坚持把科技创新作为基本保障。“十一五”期间企业的综合实力之所以能够全面提升，基于我们始终坚持以“科技兴企”、“人才兴企”战略，着力提高自主创新能力，着力培养高素质的科技人才、管理人才和技能人才，使企业在建筑业关键领域形成了一批拥有自主知识产权的主导产品和核心技术，抢占了行业的制高点，增强了行业的“话语权”。实践证明，科技创新是打造企业核心竞争力的根本手段。因此，我们在今后的市场竞争中，必须要坚持推动科技创新，不断保持和扩大在建筑领域的科技领先优势。

第六，必须坚持把发挥政治优势作为根本保证。“十一五”期间我们之所以能够保持强劲的发展势头，最重要的原因，就是我们始终坚持党对企业的政治领导，充分发挥党委的政治核心作用；始终坚持加强以思想政治建设为重点的领导班子建设，打造引领企业发展的领导团队；始终坚持以工程项目为重点加强和改进党建思想政治工作，为企业发展提供强有力的服务保证；始终坚持以人为本，全面推进和谐企业建设，不断激发广大职工主人翁创造精神。实践证明，发挥企业政治优势是推动企业持续快速发展的根本保证。因此，在今后的工作中党建思想政治工作不仅不能削弱，而且必须进一步加强；政治工作的优良传统不仅要继承，更要在新形势下不断创新，从而为企业的发展提供强有力的政治保证、精神动力和文化支撑。

二、2010年全公司政治工作的简要回顾

一年来，全公司各级党组织围绕企业中心工作，开拓创新，扎实工作，为实现企业持续快速发展提供了坚强有力的政治保证。特别是公司党委在加强党建思想政治工作，推进企业改革发展方面抓了十件大事，取得了明显成效。

一是抓班子建设，实现新老班子的平稳过渡。公司党委把加强新一届领导班子建设、发挥整体合力作为首要任务来抓。在思想政治建设上，充分利用党委常委会、党委办公会、民主生活会、中心组学习等形式，加强政治理论学习，增强党性观念、政治意识、大局意识、责任意识和忧患意识。在制度建设上，进一步健全公司董事会、党委常委会、总裁办公会等各项制度，严格按制度和“五必上”原则办事。特别是加强了主要领导之间的沟通，对企业重大经营决策、重大改革措施、重要人事任免、重大投资项目等问题，坚持主要领导事先充分沟通酝酿，注意征求其他班子成员意见，形成共识后，分别按决策程序研究确定。今年7月份以来，公司党委又建立党委办公例会制度，坚持每月召开一次党委办公例会，听取党群各部门的汇报，研究部署党建思想政治工作。通过加强自身建设，新一届领导班子团结协调，密切配合，迅速形成了合力。在公司领导班子新老交替过程中，全公司各级组织和领导干部，以高度的政治责任感和大局意识，全力支持新班子的工作，努力抓好生产经营和企业稳定，有力保证了公司领导班子平稳过渡，推动了企业各项工作开展。

二是抓调查研究，明确“十二五”发展战略目标。公司党委把谋划企业“十二五”发展战略作为一项紧迫任务来抓。去年6月份以来，公司主要领导带队，先后深入到15个二级企业，就企业改革发展中的重大问题进行调研，广泛征求了各单位的意见。7月12～14日，公司党委中心组用2天半时间，就企业面临的形势、当前存在的主要问题、“十二五”发展战略、体制机制创新、调整产业结构、加强和改进党建思想政治工作等13项重大问题进行了深入研讨。8月19～20日，公司领导班子又召开专题民主生活会，全面梳理了调研情况和各方面意见，初步形成了共识。在此基础上，9月13～14日，公司党委召开了二届八次全委（扩大）会议，充分肯定了上届领导班子取得的突出成就，全面分析了企业面临的形势，提出了编制“十二五”规划纲要的建议，明确了企业今后五年新的发展方向、奋斗目标、重点任务和主要举措，树立了引领企业发展新的旗帜。公司“十二五”规划在董事会一届三十九次会议上全票通过。

三是抓公开招聘，推进干部人事制度改革。公司党委从创新选人用人机制入手，从去年3月开始，在全公司范围内对二级企业领导人员进行了第三次公开招聘。整个招聘过程历时3个月，报名参加竞聘人数达到161人，通过笔试、面试、层层筛选，最后有21人成功竞聘所属15个二级企业副职领导岗位，成为企业历史上报名人数最多、竞聘岗位最多、参与考察人数最多的一次公开招聘，进一步提高了选人用人的公信度。同时，公司党委加大了所属单位、特别是新重组企业领导班子的考核调整力度，先后对33家二级企业领导班子进行了考察，调整补充领导干部224人；加强了领导干部的党性锻炼和能力素质培养，先后对42名新任职领导进行了集中培训，选送16人参加了国资委培训，举办了第五期中央党校培训班和第八期三级公司领导人员培训班，共培训各级领导人员111人；对“四好班子”创建活动建立了量化考核评价标准，深化了“四好班子”建设。特别是加快构建“能上能下、能进能出”的选人用人新机制，正在制定领导干部试用、交流、任期、淘汰退出、责任追究、综合考核评价等7项制度，进一步深化干部人事制度改革。

四是抓董事会建设，提高公司治理水平。股份公司董事会首次开展了对高管人员的考核评价，规范了高管人员的薪酬管理，适当拉开了薪酬差距；完善了董事会对经理层的投资决策授权机制，提高了决策效率；制定了《股东大会、董事会决议执行跟踪检查与评价办法（试行）》，加强了对决议执行情况的监督检查；全面推行内控体系建设，规范了企业管理行为；首次对所属23家任期届满的董事会和126名董事进行了全面考核评价，总结了6条经验，查找出9个问题，提出了12条改进措施，目前正在制定《进一步加强和改进董事会建设指导意见》，进一步规范董事会运行机制。在 2010 年国资委对 19 家董事会试点单位评价中，公司董事会被评定为运作良好试点单位之一，并获得 2010 年中国上市公司最佳董事会、上市公司最佳治理董事会、"第五届中国投资者关系 IR 公司百强"、信息"最佳披露"等奖项。

五是抓"创先争优"，加强和改进基层党建工作。公司党委认真贯彻中央和国资委党委的部署，提出了"当好先行、做出表率"的活动目标和"五重五有"的工作要求，开展了创建一百个"基层示范党委"、一千个"示范党支部"、一万个"党员示范岗"的"百千万创先争优示范工程"活动。公司党委和每名班子成员带头作出公开承诺，带头深入联系点指导工作，带头对各单位活动情况进行点评。开展"百个基层党支部"工作调研，先后 49 个三级公司党委，156 个基层党支部进行了调研指导。各级党组织深入开展了"项目党旗红、党员争先锋"、"党员一面旗、支部建堡垒、项目创和谐"等主题创建活动，加强党工共建、党团共建，形成了齐争共创的良好局面。中铁建工集团党委开展的项目管理和项目党建"双标共建"和中海外党委加强海外项目党组织建设收到明显的成效。公司党委开展的"创先争优"活动情况，去年先后在中央企业创先争优活动动员部署会议上作了经验交流，在国有企业深入开展创先争优活动座谈会上向李源潮等中央领导做了汇报，在中央企业创先争优活动经验交流会上得到了国资委王勇主任的充分肯定。

六是抓现场思想政治工作，充分发挥服务保证作用。各级党组织紧密围绕"打好施工生产攻坚战"的中心工作，广泛开展了形势任务、安全生产、企业核心价值体系"三项主题教育"和重点工程"建功立业"竞赛，特别是围绕安全生产，在全公司统一组织了"安全生产宣誓"活动，在工程项目全面推行了"安全质量班前宣誓"；组织 11 万员工参加全国安全生产知识竞赛，所属 11 个单位获得表彰；在 3300 多个项目设立安全监督员 22985 名，累计发现排查事故隐患达 4 万余处，表彰了"十佳集体"和"百优个人"。公司党委还组织了京沪、哈大、深圳地铁 5 号线、委内瑞拉铁路等重点工程建设成果的集中报道，组织参与了上海世博会、第七届世界高速铁路大会等重大活动，全年对外报道突破万篇大关。去年 11 月，股份公司又专门召开国际化经营暨外宣工作研讨会，进一步明确了海外党建和外宣工作的目标、原则、任务和要求。同时，公司党委还表彰了 53 个项目文化建设示范点，参与拍摄的电视连续剧《雪域天路》在中央一套播出，组织了《新起点、新征程、新跨越》文艺汇演，中国中铁"勇于跨越、追求卓越"企业精神被评为"新中国 60 年企业精神 60 佳"，中国中铁入选"感动非洲 10 大中国企业"。

七是抓先进典型，建设"四个一流"职工队伍。公司党委把选树先进典型，推动"四个一流"职工队伍建设作为重点来抓。去年 5 月份以来，总结推出了"全国农民工楷模"巨晓林。李长春、王兆国、刘云山、李源潮等中央领导先后作出批示，中央五部委组织各大新闻媒体进行了集中采访和宣传报道。公司党委还与中宣部《党建》杂志社、国资委宣传局联合举办了"加强国有企业党建和农民工工作暨巨晓林成才环境座谈会"，中央有关部委和 28 家首都新闻单位参加会议并进行了报道。巨晓林还先后获得全国"十大责任公民"、"第十届中华技能大奖"称号，被推荐为"2010 感动中国年度人物"候选人。同时，公司党委还于去年"十一"召开了第四届劳模表彰大会，隆重表彰了中国中铁劳模 150 名；全公司有 17 名员工获全国劳动模范称号，5 个集体获"全国工人先锋号"，6 名个人获全国五一劳动奖章，31 个集体、99 名个人分获火车头奖杯和奖章，是企业历史上先进模范人物产生最多的一年，为全公司广大职工树立了榜样。

八是抓专项治理，推动党风廉政建设。公司党委和纪委把工程建设领域突出问题专项治理，作为促进企业管理、加强党风和反腐倡廉建设的着力点，专门成立了以党委书记为组长的协调小组，制定了明确的目标和措施，对全公司工程项目进行了全面排查，对 246 个工程项目进行了重点检查，共排查出问题 6645 个，向 29 个单位下发整改通知书，提出整改意见 110 条，还召开专项治理推进会，有力促进了专项治理工作的开展。目前，整改的 767 个亏损项目，已扭亏减亏项目 495 个，占整改总数的 64.5%；加大了"双清"工作力度，召开了全公司"双清"工作视频会，部署开展了年末岁首清收清欠攻坚战，全年共收回各类外欠款 195.88 亿元，占纳入全年清欠总额的 88.86%；加强了党风廉政建设责任制落实和领导干部廉洁从业教育，党政主要领导先后深入中铁四局、山桥、宝桥等单位进行检查指导，公司纪委先后组织新任职领导干部集体廉洁谈话 10 场次、612 人次，开展警示教育 261 场次、6563 人次；组织开展了 7 万多人参加的廉洁文化竞答活动；加大违纪违法案件查办力度，进一步净化了企业风气。

九是抓民主管理，推进和谐企业建设。公司党委把全面加强职工民主管理、提高职工生活水平作为重大政治责任来履行。去年初成功召开了中国中铁首次职工代表大会，构建了企业三级职代会制度。今年又首次实行了公司领导在职代会述职述廉和民主评议，加大了对领导干部的民主监督。同时，股份公司还制定下发了员工工资正常增长和支付保障机制、促进劳动关系和谐稳定等方面的文件，加强了集体合同履约检查、职工代表提案落实，对员工内部退养情况进行了专项调研，强化了员工内退管理。全公司还深入开展“三工建设”，2010 年累计投入“三工”建设资金 2.96 亿元；认真落实“三不让”承诺，共使用专项资金 7469 万元，帮扶困难员工和农民工 3.3 万余名。加强农民工“五同”管理，制定了促进外协队伍和谐稳定的指导意见，今年“两节”期间，全公司共筹措送温暖资金 6131 万元，走访慰问困难员工、离退休老同志、一线员工和农民工 15.7 万余名。加大信访维稳源头治理力度，有力促进了企业和谐稳定。

十是抓灾后重建，展示中央企业良好形象。公司党委把认真履行社会责任作为一项重要任务来抓。去年以来，先后组织各单位参加了西南地区抗旱救灾、青海玉树抗震救灾，以及多条铁路抢险任务，先后向灾区人民捐款 2500 多万元；公司承建的新北川中学和捐建的中国中铁映秀幼儿园先后建成或交付使用。特别是承担了玉树灾后重建对口援建 120 余个项目，是所有承建单位中任务最多的企业。公司成立了灾后重建领导小组，组织强有力的管理机构和施工力量，克服高原缺氧、气候恶劣、生活艰苦等重重困难，在参建单位中设计出图最快、项目开工最早、工程数量完成最多。其中玉树县第一民族中学率先开工、提前 10 天全面封顶，创造了 4 天一层的速度。应青海省要求承接的拉秀镇 1000 套农牧民住房紧急建设任务，目前已开工 315 栋，主体封顶 5 栋，受到青海省政府的高度评价。中铁隧道集团青藏铁路关角隧道工程指挥部被授予“全国抗震救灾英雄集体”称号，股份公司《社会责任报告》被评为优秀企业社会责任报告奖，公司被中央和国务院授予“西部大开发突出贡献集体”。

一年来，团委、信访、社保、离退休、政研会、保密、体协等组织也做了大量工作，有力地维护了企业改革发展和稳定。

在肯定去年政治工作成绩的同时，我们还应该清醒地看到存在的问题和不足。**一是**在干部管理上还没有真正形成“能上能下、能进能出”的体制机制，少数领导干部的思想观念和能力素质与新形势、新任务的要求不适应，或者没有完全进入“状态”；**二是**在公司治理上还没有达到全面规范的要求。一些单位的董事会核心作用不突出、沟通协调不深入、决策论证不充分、程序不规范、监督检查不够、激励约束制度不健全、专职董监事制度有待进一步完善；**三是**一些单位党建工作与生产经营还没有完全实现有机融合，基层党建思想政治工作比较薄弱，落实不到位，与企业繁重生产经营任务要求还不相适应，在工作思路、内容、方法上创新不够，效果不明显；**四是**随着企业发展水平的不断提高，一些单位的领导艰苦奋斗的精神、求真务实的作风、密切联系群众的优良传统有所缺失，讲排场比阔气的问题开始抬头，少数干部违法违纪的案件有所上升，党风廉政建设的任务更加繁重；**五是**随着企业经营规模的不断扩大，外协队伍管理上存在的问题日益突出，加上历史遗留问题和新的矛盾交织，企业和谐稳定的压力不断增加。所有这些，都需要我们在今后的工作中认真加以解决。

三、准确把握 2011 年及“十二五”工作大局，在企业改革发展的重大问题上实现新的突破(略)

四、关于 2011 年政治工作主要任务和要求(略)

立足新起点　实现新跨越
确保企业“十二五”发展规划的顺利实施

——在中国中铁2011年工作会议上的讲话（摘要）

白　中　仁

一、2010年工作回顾

回顾2010年的工作，在以下九个方面取得重大进展：

（一）全方位拓展国内外市场，企业经营规模进一步扩大。全公司抓住机遇，全力扩大市场份额，取得了突出的业绩。**基建板块市场份额持续攀升。**铁路市场全年中标额达到4069.1亿元，同比增长30.9%，市场占有率超过40%；城轨市场全年承揽任务477.8亿元，占全国市场总份额的51%，继续保持了国内领先地位；市政和房建市场份额也都有明显增长。**勘察设计板块经营再创新高。**全年完成新签合同额93.9亿元，同比增长9.2%，新获勘察设计资质10项、设计咨询资质2项，呈现出多元化发展的良好态势。**工业制造板块加快发展。**高速道岔和大型桥梁钢结构等主导产品的国内市场占有率达到75%以上；新设立的中铁隧道装备公司新承揽盾构24台，已生产完成23台，实现收入6.2亿元。**海外市场取得重大突破。**在全面推进委内瑞拉北部平原铁路、刚果（金）基础设施建设一揽子合作项目的基础上，先后成功签约伊朗高速铁路、印尼苏门达腊煤炭运输、埃塞俄比亚铁路等重大项目，加快推进了中老铁路磨万段设计施工总承包项目，近日又获得了哈萨克斯坦1300公里高速铁路的设计施工总承包项目。全年共新签海外合同额104.3亿美元，完成海外营业额31.4亿美元，同比增长87.8%。去年，中铁二局完成合同额680亿元，中铁三局完成合同额609亿元，中铁四局、电气化局、一局、五局完成合同额也都超过了500亿元。

（二）打好施工生产攻坚战，重点工程建设全面告捷。全公司全面加强施工生产管理，积极推行项目标准化管理和“架子队”模式，有力促进了重点工程建设。举世瞩目的京沪高铁全线铺通，由中铁电气化局负责联调联试的先导段达到试运行时速486.1公里，创造了世界铁路运营试验最高纪录；参建的福厦高铁、沪宁城际、沪杭高铁、海南东环、宜万铁路相继开通运营，哈大TJ-1标在全线率先铺通；公司投资承建的深圳地铁5号线按期实现“洞通”、“轨通”、“电通”目标；京石、石武、兰新、南广等重点工程进展顺利。同时，建设的南水北调中线穿黄工程、广深港高铁狮子洋隧道、青岛海湾大桥、厦门翔安海底隧道、上海闵浦二桥、郑州黄河公铁两用桥等一大批重大工程项目相继贯通或建成通车。全年共获国家建筑工程鲁班奖6项，国家优质工程奖10项，土木工程詹天佑奖7项，火车头优质工程70项。去年，中铁二局完成营业额546.3亿元，中铁四局完成营业额506.7亿元，为全公司超额完成生产经营指标做出了贡献。

（三）加强基础管理，企业经营质量显著提高。全面实施战略管理指标和关键业绩指标考核，推进财务预算管理，落实精细化管理，加强经济活动分析，积极开展财务风险预警活动，编制推广《中国中铁会计核算手册》，加强了外部协作队伍管理，强化了二次经营工作，促进了管理水平的提高。企业销售费用率、管理费用率、财务费用率控制在合理水平，净资产收益率11.60%，综合毛利率由2009年XX%上升到2010年的XX%。各成员企业经济效益情况都有不同程度的提高，其中实现归属母公司净利润较多的单位有中铁四局、建工、一局，收入净利润率较高的单位有中铁建工、大桥局、中海外，成本费用净利润率较高的单位有中铁建工、中海外、大桥局。全公司狠抓安全质量管理，健全了安全质量稽查总队，对323个在建重点项目进行了安全生产大检查，在全体员工中开展了安全生产宣誓、岗前安全质量宣誓、生产一线群众安全生产监督员活动。去年，全公司年度亿元营业额生产安全事故死亡率为0.0122，中铁一局、八局、十局以及电气化局、建工集团实现了安全生产零事故。在去年上半年铁道部施工企业信用评价中，共有4家单位进入A类企业行列，中铁四局成为唯一连续11次评为A类的企业。

（四）加大集中管控力度，企业集约化水平不断提升。全公司大力加强资金集中管理，首次将资金集中度列为领导人员业绩考核关键指标，全公司合并层面资金归集度达到70%，运用沉淀资金开展内部调剂213.11亿元，同比增加93.81亿元；成功发行120亿元公司债券及67亿元短期融资券，改善了全公司债务结构。积极推进物资集中采购，累计在1943个工程项目上实施了物资集中采购，总额达1215亿元，同比增长92.2%。继续推进大型设备集中采购调配，积极实施委铁项目机车车辆采购，全公司共集中采购施工设备4145台套，总额42亿元，集中采购度由上年的40.8%上升至87.7%。

（五）加快结构性战略调整，企业内部重组实现重大突破。在深入调研论证的基础上，去年10月，全面启动了新一轮企业内部重组，将7个工程局所属的9个三级公司整建制剥离，分别并入中铁港航局、中国航空港和新组建的中铁上海工程局，目前各项股权转让协议已签署完毕，中国航空港资产已注入股份公司，中铁上海工程局正式挂牌设立，顺利完成了重组工作。同时，将燕丰饭店整体并入华铁咨询，新设立了中铁物贸公司，对中铁隧道装备公司实行直管，将中铁大桥院升格管理，积极推进总部机构编制、职能调整和岗位设置调整工作，企业结构调整取得了明显成效。

（六）拓展新兴业务板块，企业经营布局不断优化。全公司稳步推进基建上游业务，郑州地铁2号线总承包项目已开工建设，成功运作了重庆地铁6号线、江苏临海高速如东段、长沙交通城市道路、桂林“一路二江”、贵州龙里体育文化度假中心、遵义市共青大道等BT项目，深圳市轨道三期工程BT项目有望承揽实施。目前全公司共有在建上游项目35项，总投资539亿元，累计回购资金169亿元。房地产业务积极应对宏观调控，重点抓好一、二线城市的土地储备和项目开发，全年共新增土地储备3476亩，实现销售收入116亿元。矿产资源业务加快建设投产，去年实现销售收入10.6亿元，正式启动了香港联交所红筹IPO方式上市。对全公司正在运营的10条BOT高速公路实行统一管理，全年实现运营收入15亿元，同比增长52%。中铁信托新增信托规模227亿元，全年信托资产管理规模达到436亿元，为各成员企业提供资金支持81亿元。

（七）推进内控体系建设，企业风险防范能力明显增强。全公司各单位全面开展了内控体系建设，总部机关和先期试点的7家单位已于今年元月正式启动运行。加强投融资集中管控，严格集团授信、大额度资金使用和对外担保，强化金融衍生业务监管，加强经济合同、规章制度和重要决策的法律审核把关，加大内部经济纠纷调解力度，有效控制了企业的经营风险。积极开展工程项目审计、经济效益审计、内控制度评审和专项审计调查，纠正违规金额近6亿元，促进增收节支3458万元。特别是深入开展了工程建设领域突出问题和“小金库”专项治理活动，加大督促检查和整改力度，从源头上堵塞了管理漏洞。大力推进“双清”工作，全公司共收回各类外欠款195.98亿元，占纳入全年清欠总额的88.86%。

（八）加大自主创新力度，企业科技实力进一步提升。全公司进一步加大科技投入和研发力度，全年新开科研项目1180项，共有481项科技成果通过了鉴定评审，新增省部级工法125项，新增专利授权333项。高速铁路建造技术国家工程实验室顺利完成法人注册，盾构与掘进技术国家重点实验室成功通过可行性建设论证；首次组织完成了铁道部科研项目客运专线无砟道岔的研制，并在沪杭、京沪高速铁路铺设；研制的硬岩盾构成功应用于重庆轨道交通建设项目，填补了硬岩特性与软岩盾构为一体的整机技术国内空白；总部高新技术企业重新认定工作取得了突破；应用性信息化综合管理系统和信息平台建设取得了新的进展；中铁西南院取得轨道交通工程甲级设计资质，中铁二院在投资咨询评估业务上取得了突破，由中铁二院、中铁置业开发的成都中铁轨道交通高科技产业园正式实施。去年，全公司培养各类专家52名，晋升高级专业技术职称1588人，其中教授级高工144人；共获国家科技进步奖2项，全国优秀工程咨询成果奖17项，荣获中央企业2007—2009年任期科技创新特别奖。

（九）加强和谐企业建设，社会责任得到全面履行。全公司各级党组织深入开展“百千万创先争优示范工程”活动，大力开展项目党建主题活动和“建功立业”劳动竞赛，有力推动了重点工程建设。进一步加强了职工民主管理，成功召开了中国中铁首次职工代表大会，建立健全了员工工资正常增长和支付保障机制，广泛开展“三工建设”，认真落实“三不让”承诺，积极做好信访维稳工作，有力维护了企业的稳定。积极履行社会责任，在加快国家基础设施建设的同时，为160万农民工提供了就业岗位；大力推动节能减排，全公司万元营业收入综合能耗同比下降5.62%，提前半年完成国资委年度考核目标，公司荣获“首届全国低碳经济示范单位”、2010年首届低碳中国年度创新“领军品牌奖”。特别是在玉树地震抢险救灾中，主动迅速地开展救援，积极参与灾后重建，充分发挥了央企的脊梁作用。

在充分肯定2010年各项工作成绩的同时，我们也必须清醒地看到企业发展中还存在着一些突出问题。一是经营结构不尽合理，基建业务“一支独大”的问题没有从根本上改变，基建高潮之后，企业生存与发展的风险将会更为突出。二是基础管理较为薄弱，各单位管理水平发展不平衡，项目管理粗放的现状没有明显好转，尤其是相当数量的三级企业存在潜亏，“大而不实”的问题仍然存在。三是发展质量不高，经济效益增长缓慢，特别是财务成本不断加大，资产负债率逐年上升，毛利率不高，管理水平及盈利能力与行业先进企业相比，还存在较大差距。四是安全生产形势不稳，现场管理薄弱，违章违纪问题突出，重特大事故没有得到有效遏制，已成为企业目前最突出的风险。五是新兴业务板块的发展与企业整体发展不同步，实体经济与投资规模不匹配，投资收益水平还不高。这些问题必须引起我们的高度重视，在今后的工作中下决心予以解决。

二、2011年工作目标和思路

2011年，国内外经济形势更为复杂，企业经营生产任务更为繁重。国内基础设施、特别是大规模铁路建设仍处在高峰期，既为我们加快发展提供了难得的机遇，又对我们资源的有效配置和加强管理带来了新挑战；国际铁路市场形势看好，既为我们加快“走出去”创造了良好契机，又对我们国际化经营能力带来了新考验；国家加快转变经济发展方式，既为我们推动企业转型升级提供了有利条件，又对我们增强企业竞争实力带来了新课题；特别是随着后金融危机、后高铁时代的逐步到来，既为我们加快产业结构调整提出了迫切要求，也给我们“十二五”发展带来了更大的压力和考验。

党的十七届五中会提出了以科学发展为主题、以加快转变经济发展方式为主线的“十二五”发展的战略思想，指明了今后我国经济社会发展的方向。前不久国资委召开的中央企业负责人会议，又提出了“围绕一大目标，实施五大战略，加强三大保障”的“十二五”发展的总体思路，概括起来，就是做强做优中央企业、培育具有国际竞争力的世界一流企业。在这次会议上，国资委不仅明确了做强做优企业的“四强四优”标准，而且提出了具有国际竞争力的世界一流企业的主要特征。这一总体思路，与我们提出的“推进两大转变、实现二次创业”的“十二五”发展战略目标完全一致。我们要认真贯彻国资委的部署和要求，全力推动企业“从做大到做强、做优的转变，从中国的大企业向具有国际竞争力的大公司大企业集团的转变”，确保“十二五”企业发展战略目标的顺利实现。

面对新的形势和任务，全公司2011年生产经营工作的总体要求是：坚持以科学发展为主题、以转变发展方式为主线，紧密围绕“练内功、打基础、强管理、创一流”的中心工作，全面拓展国内国际两个市场，加强施工生产组织，狠抓安全质量管理，大力推进自主创新，加快结构优化调整，强化企业内部管控，积极实施“人才强企”战略，注重保障和改善职工生活，促进企业全面协调可持续发展，为实现“推进两大转变、实现二次创业”的“十二五”发展战略目标奠定坚实的基础。

三、2011年的主要工作措施（略）

服务企业中心工作　发挥工会组织优势
团结广大职工为实现企业“十二五”发展战略目标做出新的贡献

——在中国中铁工会二届九次全委（扩大）会议上的工作报告（摘要）

姚桂清

一、2010年全公司工会工作总结回顾

2010年是中国中铁继往开来、推动企业全面发展的重要一年。在公司党委领导下，各级工会紧密围绕企业“保增长、调结构、转机制、增效益”的中心工作，充分发挥群众组织优势，全心全意依靠广大职工群众，认真履行基本职责，创造性地开展工作，各项工作有了新的提高和突破，为推进企业科学发展发挥了积极作用。

（一）深入开展党工共建创先争优活动，工会组织建设取得了新实效。根据上级工会和股份公司党委的部署，股份公司工会在工会组织和广大职工中全面开展党工共建创先争优活动。为进一步突出工会组织特色，创新活动内容和载体，扎实有效推动活动深入发展，组织开展了“百千万党工共建创先争优示范工程”活动，即创建100个“四好工会班子”、培养1000名“四强”优秀工会工作者和选树10000名“四个一流”水平先进职工活动，并以此作为党工共建创优争先活动的主要内容和重要载体。各级工会把党工共建创先争优活动作为推动工会工作的有力抓手，结合基层工会组织和职工队伍的建设情况，制定了切实可行的实施办法，确定了活动的主要内容和载体，使活动迅速有效展开。以创先争优活动促进工会工作、以工会工作促进创先争优活动的良好局面已基本形成，有力地促进了工会组织建设。在党工共建创先争优活动中，各级工会积极配合企业认真履行社会责任，动员广大职工为玉树灾区积极捐款献爱心，并组织参建职工为灾后重建贡献力量，受到了灾区人民和国资委等上级部门好评，充分展示了企业良好形象。

（二）不断提升劳动竞赛的影响力，建功立业活动取得新实效。进一步丰富劳动竞赛的内涵，突出安全优质、经营开发、效益提高、科技创新、素质提升等重点工作，积极创新劳动竞赛的方式，借助社会力量，整合社会资源，积极主动争取当地政府、工会和建设单位的支持，联合在重点工程开展了“长江大桥杯”、“沪昆铁路创先争优”等竞赛活动，有效扩大了企业的社会影响。积极适应企业结构调整、经营方式和职工队伍结构的新变化，将劳动竞赛向经营开发、管理创新等新领域拓展，将劳动竞赛的覆盖面向农民工队伍拓展，有效调动和发挥了广大职工的积极性和创造力。3月27日，股份公司在深圳地铁5号线施工现场召开的全线贯通暨铺轨表彰动员大会，5个参建单位和6名员工及农民工被中华全国总工会分别授予“全国工人先锋号”和“全国五一劳动奖章”，10名同志被授予“中国中铁劳动模范”荣誉称号。9月28日，召开了第四届“中国中铁劳动模范”表彰视频大会，命名表彰了150名中国中铁劳动模范。全年，共有31个先进集体荣获火车头奖杯，99名先进个人荣获火车头奖章；17名先进个人荣获全国劳动模范称号，在中央企业和铁路行业均名列前茅，提升了中国中铁的影响力。

（三）进一步加大宣传组织工作力度，群安员队伍建设取得新实效。5月21日，召开了全公司群安员表彰暨安全大检查通报视频会，表彰了10个群安员活动优秀组织单位和100名优秀群安员。股份公司领导出席会议并作了重要讲话，对深入开展群众安全监督工作提出了新要求。在此基础上，结合四季度施工生产高潮，股份公司两次下发文件，要求加大群安员工作力度，对在排查隐患、防止重大事故发生等方面做出突出贡献的群安员提高奖励标准，并在《中国中铁报》开设“群安员在一线”专栏，为进一步发挥群安员队伍的作用营造良好的氛围。联合安质部于10月下旬对21个项目部群安员工作进行检查，有力促进了群众安全监督工作。各级工会建立健全长效机制，做好“五个纳入”，在施工生产一线及重要岗位设立群安员，加强检查与互检，提高了群众安全监督工作的有效性。目前，全公司共在3364个工程项目、13896个生产班组（工点、工序、重点设备）设立群安员22985名，其中职工16021名，协作队伍人员6964名。累计发现并排查事故隐患4万余处，其中重大隐患550余处。

（四）探索职工技术培训新途径，“四个一流”职工队伍建设取得新实效。结合企业“十二五”发展战略目标和职工队伍建设的实际，制定下发了《中国中铁建设“四个一流”职工队伍实施方案》，确定了工作目标体系、实现途径和实施步骤、保障机制，成立了股份公司党政主要领导担任组长的领导小组，

加强了组织领导。为探索职工技术培训新途径，股份公司工会与科设部、团委联合创建中国中铁“职工网络技术学院”，经过可行性研究、建立专项课题、组织技术开发等阶段，现已进入网站设计阶段。

中铁电气化局巨晓林从一名普通农民工成长为知识型新型工人的先进事迹得到了中央领导同志和国资委、铁道部领导同志的高度重视。5 月，中央确定把巨晓林同志作为全国重大典型进行宣传，继窦铁成后又在全国引起强烈的反响，为中国中铁赢得了新的荣誉。股份公司党政工团作出了广泛开展学习宣传巨晓林同志先进事迹的决定，在全公司掀起学习宣传巨晓林同志先进事迹的高潮。各级工会以学习宣传窦铁成、巨晓林先进事迹为契机，进一步完善活动机制，丰富活动内涵，广泛开展技术革新、技术培训、技术比武和创建“铁成式班组”等活动，引导职工争当“专家型职工”、“金牌职工”和“首席职工”，推进“四个一流”职工队伍建设。全年，有 24 个班组荣获中央企业红旗班组，25 名职工荣获中央企业先进职工。其中，2 个班组荣获中央企业红旗班组（科室）标杆，2 名职工荣获中央企业先进职工标兵。

（五）认真落实职代会各项职权，职工民主管理工作取得新实效。股份公司工会认真落实中国中铁一届一次职代会的各项决议，组织做好提案的立项和处理落实等工作的协调，将提案处理责任落实到部门，并进行全过程的督办、汇总，做到了件件有回音、处理有结果。加强了对《中国中铁 2010 年集体合同》履行的检查，10 月份，专门下发《通知》，部署所属单位对集体合同、女职工特殊权益保护专项集体合同的履行情况进行了自查，并会同有关部门对所属六个单位的总部和部分三级公司、项目部集体合同签订、履行等情况进行分类抽查，促进了集体合同履约工作。认真贯彻股份公司党委的部署，积极做好一届二次职代会的各项筹备工作。特别是在与行政在平等协商的基础上，起草了《中国中铁 2011 年集体合同》；组织职工代表围绕推进企业“十二五”发展目标等重点课题，做好提案征集工作，为企业改革发展献计献策；研究确定企业领导人员述职述廉、民主评议和民主测评实施方案等方面做好大量组织工作，确保了一届二次职代会圆满成功。各级工会坚持和完善职代会制度，认真行使职代会职权，重点加强了集体合同履约的监督检查，使履约兑现率不断提升，特别是在职工工资收入增长上，基本实现了与企业经济效益同步增长。项目部厂务公开制度不断深化，职工董事、监事制度不断完善，积极维护了广大职工的政治、经济权益。

（六）加大“三不让”承诺的力度，在促进职工队伍的稳定上取得新实效。以股份公司名义制定下发了 “三不让”资金使用等问题的补充《通知》，对进一步提高救助标准、扩大救助范围和加强“三不让”资金的管理，提出了新的要求。各级工会以大病救助和困难职工子女助学为重点，抓好“三不让”各项救助政策的完善和落实。京沪高铁和哈大客运专线等重点工程结合项目管理标准化，不断深化“三工”建设，积极为职工创造良好的生产生活环境。组织开展职工利益诉求调查活动，了解职工的思想动态，注意加强对特殊人群的人文关怀和心理疏导。协助党政开展“两节”送温暖活动，全公司共筹措“两节”送温暖资金 5480 余万元，慰问了 2.3 万余名困难员工、11 万余名一线员工和近万名离退休老同志、老专家及劳动模范及 15 余万名农民工。

（七）开展女职工提升素质、建功立业活动，女职工工作取得新实效。根据“分层、分类、突出重点”的女工工作思路，继续深入开展“大调研、大走访、大表彰”，开展女职工提升素质、建功立业活动，大力表彰女职工先进典型，为各级组织推荐人才；进行各种形式的岗位培训、岗位练兵活动，举办了清华大学第一期先进女职工素质提升研修班，组织部分单位女工主任及女干部参加了由全国妇联主办的“2010 品牌女性高峰论坛”，进一步开阔了视野。坚持走访慰问生产一线的女职工和困难女职工，帮助解决后顾之忧。组织开展了女职工工作专题调研，起草了今后五年《实施女职工提升素质建功立业工程的指导意见》（讨论稿），明确了女工工作今后五年的相关规划；协助党委起草了《关于进一步加强培养选拔女干部工作的指导意见》（征求意见稿），提出了今后一个时期女干部队伍建设的主要目标和措施，努力为广大女干部健康成长创造更好的条件。

（八）进一步完善机制，工会财务、经审等工作也取得新实效。进一步建立完善规章制度，开展会计基础达标自查和验收工作，21 个单位达到规范标准，为收好、管好、用好工会经费奠定了良好基础。按照三年清欠目标要求，加大工会经费收缴力度，扎实推进清欠工作。截至 12 月底，清回拖欠工会经费 1283 万元，占拖欠经费总额的 63％。召开了工会“小金库”专项治理专题会议，组织开展了自查自纠和全面清理工作，进一步完善了财务管理。协助铁总经审委完成了对股份公司工会本级财务管理和经费使用情况的审计工作。全年，全公司共有 5 个基层单位工会荣获全总、铁总财务工作先进集体。

进一步强化审查与监督工作，组织对中铁六局、九局、十局、隧道、电气化局、科工和总公司机关工会进行了经费审查，对工会经费清欠、会计基础、管理规范、专项基金的使用等进行了检查。

在施工企业建立了联系点项目部工会工作信息直报制度，所属 16 个施工企业工会分别建立了局属和处属联系点 30 个，对了解基层工会基本情况，增强基层组织活力起到了促进作用。加强了《中铁工运》和《工会信息》编辑工作，共编辑《中铁工运》6 期、《工会信息》142 期，在服务和指导基层工作等方面发挥了积极作用。发挥华北、华中、西南三个片区体育协会作用，开展了乒乓球、篮球、桥牌等群众性体育活动，进一步提高职工的健身意识和健康水平。

在肯定成绩的同时，也清醒地认识到，我们的工作中还有一定的差距和不足：职工队伍整体素质特别是在操作技能、执行能力、知识结构、创新意识等方面，与国际知名企业相比还存在一定差距；在困难职工帮扶长效机制建设方面，还需要进一步健全完善，尤其是对困难职工的帮扶手段仍显不足；工会干部的思想观念、工作方法以及协商能力、思想疏导能力还不能完全适应新形势要求，自身建设还需要进一步加强。

二、2011 年工会工作的总体思路和主要任务

2011 年，是中国中铁“十二五”发展战略目标的开局之年，也是工会组织适应企业改革发展，围绕中心，服务大局，在推进企业实现又好又快发展中展示作为的重要一年。近年来，党中央对工人阶级和工会工作作出了一系列重要指示，特别是在党的十七届五中全会上，胡锦涛总书记代表党中央对做好新形势下群众工作作出了重要论述。胡锦涛总书记强调：“全党同志要坚持一切为了群众、一切依靠群众，坚持从群众中来、到群众中去，想问题、作决策、做工作都要从群众利益出发，坚持问政于民、问需于民、问计于民”。“要坚持把人民拥护不拥护、赞成不赞成、高兴不高兴、答应不答应作为制定各项方针政策的出发点和落脚点，确定涉及群众利益的重大政策和工作目标任务时充分考虑不同群众的利益和承受能力，有利于群众的就干，不利于群众的就不干，绝不能干劳民伤财、违反群众意愿的事。”中华全国总工会认真贯彻党中央的一系列重要指示精神，明确要求各级工会组织维护职工权益“旗帜要更鲜明，声音要更响亮，措施要更具体”，要“普遍建立工会组织，普遍开展工资集体协商”。这一系列重要指示和重要论述，为我们做好新形势下工会工作指明了方向，提出了新的更高的要求。

根据党的十七届五中全会和中央经济工作会议精神，在中国中铁 2011 年工作会议上，股份公司党委以科学发展观为指导，根据新的形势和任务，确定了今年全公司的中心工作是“练内功、打基础、强管理、创一流”，要在 12 个方面实现新突破。这对于巩固和扩大近年来企业改革发展成果，保持生产经营平稳较快发展，促进企业和谐稳定，确保“十二五”开好局、起好步，具有十分重要的意义。我们要从企业改革发展全局的战略高度，深刻理解十七届五中全会精神实质和重大意义，把学习十七届五中全会精神与学习贯彻党中央关于工人阶级和工会工作的一系列重要指示结合起来，与企业改革发展稳定和工会工作实际结合起来，把思想和行动统一到股份公司党委对当前企业发展面临形势的判断以及今年发展的总体要求和主要任务上来，找准切入点、着力点，在团结动员广大职工推动企业发展方式转变、实现又好又快发展和维护职工合法权益中更好地发挥工会组织作用。

根据企业“十二五”发展战略目标和今年生产经营的中心工作的要求，2011 年全公司工会工作的总体思路是：**以科学发展观为指导，深入学习贯彻党的十七届五中全会精神，认真落实股份公司党委和上级工会的重要工作部署，进一步明确工会工作面临的形势和任务，牢牢把握企业“十二五”发展的主题和今年中心工作的主线，深入开展党工共建创先争优活动，更好地发挥工会的组织职工、引导职工、服务职工和维护职工合法权益的作用，团结带领广大职工为实现新的发展目标建功立业。**

按照全公司工会工作的总体思路，今年重点要做好以下六个方面的主要工作：

（一）充分发挥组织职工的作用，以大力开展中国中铁“二次创业杯”劳动竞赛为重点，团结带领广大职工为实现企业新的目标建功立业。

（二）充分发挥引导职工的作用，以加强和改进新形势下职工思想工作为重点，维护企业和职工队伍的和谐稳定。

（三）充分发挥维护职工合法权益的作用，以坚持和完善职代会制度为重点，推进现代企业条件下职工民主管理制度建设。

（四）充分发挥服务职工的作用，以加强集体合同制度建设特别是普遍开展工资集体协商为重点，努力解决职工群众最关心、最直接、最现实的利益问题。

（五）开展女职工素质提升建功立业工程，进一步激发广大女职工创造活力，不断提升女职工工作品牌。

（六）深入开展党工共建创先争优活动，大力加强工会自身建设，不断增强工会工作活力。

加强领导干部作风和反腐倡廉建设 为实现中国中铁“十二五”发展战略提供内在动力和有力保证

——在中国中铁2011年工作会议上的讲话（摘要）

王 秋 明

一、2010年党风建设和反腐倡廉工作的基本情况

一年来，各级纪检监察组织坚持以科学发展观为统领，深入贯彻落实十七届中央纪委五次全会和中央企业纪检监察工作会议精神，围绕公司“保增长、调结构、转机制、争效益”中心任务，以“廉洁文化建设年”为主线，以工程建设领域突出问题专项治理工作为重点，全面加强党风和反腐倡廉建设，为企业科学发展营造了良好环境、提供了有力保证。

（一）深入开展“廉洁文化建设年”主题教育活动，为企业健康发展提供了思想保障和文化支撑

各级纪委把廉洁文化建设作为培育良好风尚、促进廉洁从业的重要载体，扎实开展了“廉洁文化建设年”主题教育活动。一是开展了读书修德、读书思廉活动。组织领导干部和关键岗位人员认真学习“国有企业廉洁从业教育读本”——《镜鉴》，引导党员干部自觉筑牢拒腐防变的思想道德防线。中铁四局以《镜鉴》为主要教材，开展警示教育261场次、6563人次受到教育。二是开展了廉洁格言警句、廉洁价值理念征集活动。各单位共推荐格言警句、廉洁用语、廉洁理念等近万条。公司纪委在《中国中铁》报开辟专栏，进行广泛宣传，营造了人人思廉、全员倡廉的浓郁氛围。通过征求意见，初步形成了具有中国中铁特色的廉洁理念——“风清气正、人和企兴”。李书记、白总裁分别为《中国中铁廉洁文化手册》题词“廉洁、诚信、守法、敬业”和“诚信守法、修德律已、求真务实、公正廉洁”。三是开展了廉洁文化知识答题活动。公司纪委制作了《廉洁文化知识问答100题》，组织领导干部、关键岗位人员共计72120人参加答题，使党员干部受到了一次系统的廉洁文化教育。四是开展了形式多样的廉洁从业教育活动。公司纪委组织在京地区领导干部参观“法治与责任——全国检察机关惩治和预防渎职侵权犯罪展览”，纪委主要领导亲自到所属单位作反腐倡廉辅导报告、讲廉洁从业专题党课10场次，612人次受到教育。中铁二局举办“廉洁文化项目行”文艺巡演，中铁二院举办“弘扬廉洁文化”书画摄影作品展，中铁置业举办廉洁文化主题征文和演讲比赛，进一步增强了党员干部的廉洁意识，为企业改革发展营造了良好环境。

（二）深入开展工程建设领域突出问题专项治理工作，促进了项目管理水平的进一步提高

公司纪委把专项治理工作作为强化项目管理、推进企业科学发展的有利契机，精心组织、深入排查、狠抓整改，达到了把握现状、解决问题、促进管理的目的。首先，第一次全面排查了工程项目的基本情况。公司纪委在各单位对2725个项目进行全面排查的基础上，对246个在建项目进行了重点抽查。其次，第一次全面把握了在建项目的现实状况。2008年至2010年3月底期间，全公司共有各类建设项目6463个，使用协作队伍30793支次，使用协作人员160余万人次。第三，第一次全面查找了项目管理中的突出问题。在全面排查、补充排查和重点抽查中，共发现各类问题6645个，主要集中在项目亏损、协作队伍管理、物资设备集中采购、资金管理、安全生产、项目招投标、违纪违法问题等七个方面。第四，第一次全面开展了项目管理的整治工作。公司纪委针对项目管理中存在的突出问题，向29个单位下发整改通知书，提出整改要求110条，并及时召开专项治理推进会，李书记、白总裁亲自到会讲话，对专项治理提出明确要求，中铁隧道、中铁建工集团等11个单位交流了开展专项治理工作的经验。截至2010年底，整改的767个亏损项目，有495个实现扭亏减亏。

（三）正确处理惩治腐败与维护企业合法权益的关系，保持了惩腐办案的强劲势头

2010年，全公司各级纪检监察组织共受理群众来信、来访、电话举报502件（次），初步核实线索161件，立案查办79件，其中大案要案48件。违纪违法案件涉案总金额2772.52万元，受到党纪政纪处分152人。为了准确把握案发的特点和规律，公司纪委对2007—2009年信访举报和查办案件情况进行了分析，总结出“工程项目仍是违纪违法案件易发高发的重点部位；配合司法机关办案数量不断攀升；由‘小金库’引发的案件呈明显上升趋势；失职渎职、贪污贿赂案件仍占较大比例”等特点，提出了预防腐败的具体措施。为了确保查办案件工作的整

体推进，公司纪委成立了督导组，对部分单位查办案件情况、配合办案应急预案建立情况等，进行了督导检查。为了有效防控企业风险，各级纪委认真做好配合办案工作。2010年，全公司各级纪委共配合司法机关查办案件78件，为企业挽回经济损失284.22万元，既严肃惩治了腐败，又维护了企业合法权益。

（四）不断探索融入中心、服务发展的有效载体，实现了惩防体系建设与生产经营的同步推进和协调发展

公司纪委把工程项目作为有效预防腐败的切入点和着力点，把推进企业科学发展作为惩防体系建设的出发点和落脚点。一是进一步深化廉洁示范点、示范线建设。各单位把廉洁示范点、示范线创建活动，与规范项目管理、堵塞管理漏洞相结合。中铁一局把加强协作队伍管理作为创建活动的重点，中铁九局与地方检察机关共同打造“廉洁盘营客专”，中铁五局、八局等单位把创建活动融入项目标准化管理的全过程，促进了资金安全、工程优质、干部优秀。二是深入开展区域联建活动。各片区把惩防体系建设、廉洁文化建设作为联建工作的重点。西南片区采取现场会的方式，把如何全面推进“架子队”管理作为区域联建的主要内容，西北片区、华北一片区、华北二片区把廉洁文化建设和企检共建作为区域联建的主题，华中片区围绕反腐倡廉重点任务开展研讨、加强协作，形成了工作合力。三是进一步加大“双清”工作力度。2010年，全公司共收回各类外欠款195.98亿元，占纳入全年清欠总额的88.86%。其中收回拖欠两年以上的外欠款30.93亿元，完成计划指标104.17%；收回拖欠一年的外欠款165.05亿元，完成计划指标100.05%。各单位在着力清欠的同时，还超前运作，提前收回未到期工程款、各类保证金41.02亿元，扩大了清收成果；收回欠款利息、滞纳金及账销案存资金4368.8万元，为企业挽回了经济损失。

（五）以落实党风廉政建设责任制为抓手，推动了党风建设和反腐倡廉工作的深入发展

公司党委高度重视党风建设和反腐倡廉工作，党政主要领导和两位副书记亲自带队，对中铁一局、三局、四局、山桥等7个单位领导班子履行“一岗双责”、落实“三重一大”、开展专项治理和廉洁从业等情况进行了检查，使党风廉政建设责任制检查既纳入党委工作重要议事日程，又达到了固本强基，促进领导班子建设的目的。公司纪委积极协助党委落实检查方案，通过问卷调查、召开座谈会、进行廉洁谈话等方式，深入了解党风建设的基本情况和存在的主要问题，提出整改要求和措施，确保了责任制检查的顺利进行。检查中，共召开座谈会12个，进行问卷调查832人，与48名领导干部进行了廉洁谈话，推进了党风廉政建设责任制的进一步落实，促进了领导人员自律意识的进一步增强。

（六）认真贯彻落实中央纪委等四部委《若干意见》，大力加强纪检监察组织建设

为了认真贯彻中央纪委等四部委《关于加强和改进中央企业和中央金融机构纪检监察组织建设的若干意见》，公司纪委在深入调查研究的基础上，起草了调研报告，提出了进一步加强纪检监察组织建设的意见和建议；组织全公司纪检监察干部认真观看反映优秀纪检监察干部王瑛同志先进事迹的电视剧——《远山的红叶》；举办了信访业务和案件管理软件培训班、三级企业纪委书记培训班，对143名纪检监察干部进行了系统培训，进一步提高了纪检监察干部的政治素质和业务能力。为了整合监督资源、形成监督合力，公司纪委开展了三级企业监督资源整合工作。目前，全公司共有79个三级企业实行了纪检监察、审计合署办公，实现了监督资源的优势互补和统一调配使用。公司纪委还认真总结经验，在中央纪委召开的“三重一大”座谈会上，公司党委书记、董事长李长进介绍经验，得到了中央纪委领导的高度评价。

在充分肯定成绩的同时，我们也清醒地认识到，党风建设和反腐倡廉工作中，还存在一些不容忽视的问题：一是少数领导干部勤俭办企业的意识不强，讲排场、比阔气的问题比较突出；有的领导干部民主集中制意识不强，不能严格执行“三重一大”决策制度，给企业造成重大经济损失和不良影响。二是少数领导干部对查办案件工作缺乏正确认识，重保护、轻惩处的问题比较突出。三是三级企业监督资源整合工作开展不平衡，有的单位没有取得实质性进展。四是少数纪检监察干部的综合素质还不能适应新形势新任务的要求，履职能力、创新能力还需进一步加强。对于这些问题，要采取有力措施，认真研究解决。

二、2011年党风和反腐倡廉建设的主要任务

胡锦涛同志在刚刚结束的十七届中央纪委六次全会上深刻阐述了切实把“以人为本、执政为民”贯彻落实到党风廉政建设和反腐败斗争之中的重要性和紧迫性。根据这一要求和中央企业反腐倡廉建设工作会议精神，2011年全公司党风和反腐倡廉建设的总体要求是：认真贯彻落实国资委纪委和公司党委的工作部署，紧紧围绕“推进两大转变、实现二次创业”的目标，以“领导干部作风建设年”为主线，大力弘扬新风正气，以专项治理为载体，进一步强化项目廉建工作，严肃查处各类违纪违法案件，进一步优化企业发展环境，为中国中铁“十二五”发展战略的顺利实施提供有力保证。

统一思想促开局　凝聚力量助起步
为推动"十二五"发展战略实施而努力奋斗

——在共青团中国中铁二届八次全委（扩大）会议上的报告（摘要）

李　新　生

第一部分　2010年工作回顾

2010年，在公司党委的正确领导下，全公司各级团组织高举中国特色社会主义伟大旗帜，深入学习实践科学发展观，大力开展创先争优活动，围绕"保增长、调结构、转机制、争效益"的中心任务，认真遵循企业发展规律、履行组织根本职责，凝聚青年思想，促进企业发展，服务青年成才，加强自身建设，为推动企业改革发展和实现各项奋斗目标做出了积极贡献。

一、坚定理想信念，强化思想引领，在凝聚青年上求实效

全公司各级团组织根据时代的发展和青年的变化，从巩固和扩大党执政的青年群众基础的高度出发，始终将青年理想信念教育放在首位，不断创新引导青年的方式方法，在维护企业改革发展稳定的实践中取得了显著成效。

1.把握方向，理想信念教育不断深化。组织青年认真学习贯彻党的十七届四中、五中全会精神，坚持用社会主义核心价值体系教育青年，引导青年自觉坚持爱国主义、社会主义和党的领导的有机统一，引导青年坚定跟党走社会主义道路的理想信念，引导青年用科学发展观统一思想、指导实践、推动工作。广泛开展学习巨晓林同志先进事迹活动，大力推进学习宣传、主题团日、技能比武、征文比赛和队伍建设活动，引导青年争做知识型员工。各级团组织结合实际，开展了形式多样的主题活动。**五局**开展了"学习实践科学发展观，中铁五局青年在行动"主题教育实践活动，举办了"居安思危图强大、科学发展兴五局"主题形势任务报告会；**电气化局**开展了"挑战新时速，砥砺再奋进"主题教育实践活动；**西南投资公司**开展了"五讲三热爱"主题教育活动。

2.注重时机，形势任务教育更有实效。抓住重要节庆纪念日和抗旱抗震、世博亚运等重大事件的有利契机，开展形势任务教育，通过引导青年的亲身参与，增强青年的爱国意识和社会责任感。结合"五四"、"国庆"纪念活动，统一思想认识，统一品牌体系，统一活动部署，狠抓重点工作落实。深入推进"与祖国共奋进，与企业同发展"主题教育实践活动，大力开展"企业形势任务宣传提纲"宣传教育活动，引导青年理解、支持企业改革发展。各级团组织围绕企业中心任务，结合重大事件、重要工作开展形势任务教育。**二局**开展了"放歌60年"配乐诗朗诵会、青年歌手大赛等系列活动；**装备制造公司**开展了迎接建企周年"12.23"特色工程；**二院**召开了"弘扬五四精神，青春与二院同行"主题座谈会；**西南院**开展了"永远跟党走——五·四献礼"主题团日活动。

3.力求创新，引导青年工作全面活跃。认真学习全团引导青年工作会议精神，贯彻落实中央企业共青团引导青年工作会议要求，试点分类引导教育大纲，全面推进引导青年工作，把实效和时尚元素有效注入到引导工作中。通过开展青年思想状况调查和现场调研活动，把握青年思想脉搏，掌握青年思想动态，了解青年思想诉求，找准思想引导重点，努力增强工作针对性。各级团组织积极创新引导方式，**中海外**开辟了青年QQ群；**一局**在京沪高铁禹城梁场设置了青年心理咨询工作室；**国际公司**编辑发行了四期《中铁国际青年》电子团刊；**二院**外语协会开展了"协会骨干轮流主持英语角"、"以外语为桅，扬青春之帆"迎新茶话会、"成立两周年暨圣诞联欢"等活动。

二、创新活动载体，树立工作品牌，在促进发展上做贡献

全公司各级团组织团结带领广大青年围绕企业中心任务，投身企业科学发展，在企业生产、经营、科研、管理主战场，开展系列青年品牌活动，引导青年努力做企业改革的支持者和实践者、企业发展的生力军和突击队。

1.在施工生产攻坚中冲锋在前、建功立业。围绕企业重点工程建设和"大干四季度"施工生产攻坚战，进一步推进"我为重点工程做贡献"和青春建功活动，进一步推进"青春建功哈大线"、"激扬青春活力，建功深圳地铁"等主题实践活动，大力推进"迎世博，展风采"、"迎亚运盛会，展央企风采"优秀青年文明号创建活动，引导青年岗位建功，充分发挥在"急难险重新"任务中的生力军和突击队作用。各级团组织带领青年在企业重点工程建设中勇挑重担、奋勇拼搏。**四局**举行了"团旗飘扬共青城"、"青春献兰新，文明促和谐"、"我为沪昆献青春"等青年突击队授旗仪式；**九局**开展了"大干110天，青年争先锋”活动；**电气化局**开展了“绽放青春、铸就精品”创建青年优质示范线活动；**建工集团**开展了“青春建功新客站”主题实践活动。

2.在企业安全管理中主动作为、取得成效。广泛开展“安全生产，青年争先”主题实践活动，大力加强青年安全监督岗队伍建设，积极服务企业安全管理工作要求。深入开展“安全生产，青年争先”演讲比赛和重点工程安全巡回演讲活动，组织一线青年观看演讲比赛光盘，开展“班前安全质量宣誓”义务监督活动，引导青年进一步加强安全意识培养和安全技能培训。扎实推进青年节能减排示范行动，开展“节能宣传周”知识答卷活动。各级团组织带领青年积极行动，以“安全生产”、“节能减排”、“低碳经济”等为主题，扎实推进青年安全生产、降本增效等活动，为企业做强主业、科学发展贡献了力量。**四局**举办了以青年安全生产为主题的“平安四局”青年歌手大赛；**十局**开展了“我为安全生产献计献策”、青安岗岗员与新进青工“一帮一”、“团员就是安全员”等活动；**大桥局、建工集团**组织青年安全演讲团深入重点工程开展巡回演讲。

3.在创新创效热潮中展示智慧、体现价值。把青年创新创效活动作为群众性创新工作的重要载体，促进企业提高创新能力。积极开展优秀青年创新创效小组和优秀青年创新创效成果评选，大力推进青年创新创效五项长效机制建设，充分发挥青年创新创效小组在意识培养、技能学习、成果转化、人才锻炼等方面的积极作用，引导青年牢固树立“人人可创新、事事可创新”的创新理念。各级团组织围绕企业发展，积极开展创新创效活动。三局以“青科协”为载体，开展了青年科技成果和青科协科研课题的征集、立项工作；**宝桥**开展了以“提升质量，促进发展”为主题的专项创新创效活动；**山桥**开展了“降本增效青年先锋岗”、“炼青年、炼效益、炼精神”等活动。

4.在履行社会责任中积极投入、发挥作用。大力弘扬志愿服务精神，广泛开展社会公益和志愿服务活动，在各类突发事件中，快速行动，周密部署，带领青年积极履行社会责任。在西南五省抗旱救灾中，募集捐款80余万元，组织送水志愿服务队96次，为灾区捐建水窖、水井、蓄水池、饮水管道47处。在青海玉树抗震救灾中，积极配合党政组织开展青年突击队、爱心捐献、志愿服务、心理疏导等工作，为塑造良好形象做出了积极贡献。**隧道集团**关角隧道青年突击队、**二局**5支青年突击队第一时间奔赴玉树灾区，参加抢险救援工作；**哈大指挥部**捐助的昆明市团结和平中心小学水渠被命名为“中国中铁哈大渠”；**科工集团**成立“青年志愿者服务队”开展了服务社区、绿化企业、助残帮扶等多项行动；**咨询集团**捐赠“志愿甘泉”项目为黔西南州两个贫困村庄建设了爱心水窖；**西北院**开展了“为了希望”爱心助学捐赠青年志愿者活动。

三、营造成才环境，搭建建功平台，在服务成长上展作为

全公司各级团组织针对企业青年特点，从青年的根本需求入手，通过组织青年交流思想、学习先进、锤炼技能、展示才华，提升了青年素质，营造了有利于青年人才脱颖而出的良好氛围。

1.多管齐下，青年人才培养有新思路。以培养“四个一流”高素质青年人才队伍为重点，辅助企业人力资源开发，拓宽人才培养路径，大力开展青年素质工程，扎实开展导师带徒活动，广泛开展“推岗、推先、推优”工作，务实开展服务大中专毕业生工作，充分发挥共青团育人职能。各级团组织通过设定青年成才目标、提供青年职业导航、开展青年培训等方式，帮助青年找准成长发展的方向和路径。三局实施了“十百千青年人力资源开发行动”；《中国青年报》头版以《团委当“红娘” 师徒结对子——中铁四局青年踏上快速成才路》为题刊登了**四局**导师带徒活动典型事例；**五局**编制了《毕业生入职指引手册》，举办了“梦想在这里放飞”迎新晚会，开展了篮球对抗赛、羽毛球比赛及乒乓球比赛；**九局**开展了“新毕业生文化月”活动。

2.搭建平台，青年岗位技能有新提升。始终将提升青年岗位技能作为重要任务，增强青年职业素养、业务技能，举办第九届中国中铁青年技能竞赛工程测量工大赛和CAD制图大赛，激发青年立足本职、潜心钻研的学习热情，畅通了青年技能人才快速成才途径。承办中央企业2010年职工技能竞赛工程测量工大赛，10名参赛选手获金奖1名、银奖5名、铜奖4名。各级团组织通过开展技能大赛、论文评比、岗位能手评选等活动，努力为青年成长成才搭建了广阔舞台。**一局**新运公司自主研发的“网上青工技能练兵比武系统”荣获国家版权局颁发的“计算机软件著作权登记证书”；**六局、七局**举办了青年技能大赛；**建工集团**开展了“放眼未来·走向世界”系列活动英语技能竞赛。

3.丰富形式，青年权益维护有新路径。不断健全完善服务青年的工作机制，努力提升服务青年的能力和水平。通过争取青年代表参与职代会、党代会等渠道，努力维护青年合法权益。通过献爱心、慰问送温暖等方式，努力提供力所能及的帮助和服务。扎实服务外来务工青年工作、生活、学习等方面需要，积极搭建成长成才平台。各级团组织注重思想性、技能性与娱乐性相结合，广泛开展了适应青年特点、体现时代特色的活动。**八局**开展了以“迎向开阔的人生”为主题的篮球赛、优秀工程展播、羽毛球赛、演讲比赛、联欢晚会、才艺大比拼等活动；

大桥局开展了团购房、团购车活动，开展了“缘来是你”联谊活动；**大桥院**组建了青年羽毛球队、足球队、篮球队；**西南院**组织了第四届“同舟杯”篮球联谊赛；**咨询集团**举办了“山西中南部铁路通道摄影展”。

4. 拓宽渠道，青年典型培养有新举措。加大青年先进典型的选树力度，大力开展第五届中国中铁“十大杰出青年”评选等活动，推荐中央企业青联委员 2 名、全国青联常委 1 名、全国青联委员 1 名、中国青年企业家协会副会长 1 名，积极为青年成长成才和脱颖而出畅通渠道。各级团组织积极引导青年树立人人是才、人人都能成才、有用就是才的理念，努力提高青年成才意识和主动性。**六局**开展了“创学习型组织、作知识型员工”主题教育实践活动；**七局、山桥、宝桥、哈大指挥部**组织开展了“十大杰出青年”、“十佳青年”评选活动；**十局**加强对团员青年的情况普查，举办了青年模拟竞聘会。

四、坚持党建引领，推进制度落实，在加强建设上见成效

全公司各级团组织按照“两个全体青年”的要求，坚持党建带团建，深入推进组织全覆盖，大力加强团的基层组织建设和基层工作，基层组织活力得到激发，团组织的吸引力和凝聚力进一步增强。

1. 创先争优全面启动。把创先争优活动作为学习科学发展观实践活动的继续和延伸，分四个协作区召开启动会议。以党团联合形式下发活动实施意见，成立活动领导小组及办公室，设立青年网活动专栏，作出阶段性公开承诺，启动“党团共建创先争优百千万示范工程”。各级团组织结合企业实际，认真落实党的创先争优活动部署，积极探索了富有特色、实效明显的活动载体。**一局**召开了“共青团创先争优活动推进会”，举行了“党群共建、创先争优”活动启动仪式和红歌会；**八局**开展了创先争优系列活动“让组织放心，为企业添彩”演讲比赛；**隧道集团**举行了中国中铁党团共建创先争优“百千万示范工程”宣誓暨“共青团号”TBM 命名誓师大会。

2. 组织建设更加完善。紧密结合企业实际和共青团工作特点，坚持党建带团建，以建设求活力，以创新求发展，团组织的吸引力、凝聚力进一步加强。开展“中国中铁党建带团建工作先进单位”评审，推进学习型团组织建设，推动组织全覆盖，组织建设和活动影响覆盖面进一步扩大。不断改进信息化建设和信息工作，信息工作综合评比位列中央企业第一位。各级团组织着眼于解决团建突出问题，采取有效措施，大力加强自身建设。**三局**建立了“主管领导点评、团员青年参评、区域团委互评”的共青团考核评价机制、编制实施了《团建标准化管理手册》；**六局**构建了中铁六局青年网，成立了共青团组织、宣传、青工和学习督导专项工作组；**九局**全年编发《团务信息》50 余期；**南方公司**召开了深圳地铁 5 号线及枢纽工程团建工作大会。

3. 队伍建设不断加强。积极争取各级党组织支持，有计划地把管理、技术岗位上的优秀青年选拔到团的岗位上经受锻炼。扎实推进团干部队伍建设“123”工程，专兼职团干部配备进一步加强。号召广大团干部广泛开展学习调研活动，团干部综合素质进一步提升。运用多种方式加强团干部培训，分别举办中国中铁 2010 年团干部培训班和团支部书记培训班，干部培训示范引导作用进一步发挥。深入推进“魅力团支书”评选活动，逐级开展方案设计和方案评选，基层团干部工作热情进一步激发。各级团组织不断创新载体、拓宽渠道，努力提升团干部队伍整体素质。**五局**开展了“团干部素质提升计划”，在团干部中开展学习培训、学历、能力提升、技能竞赛等活动；**十局**推行了“专职团干与一线青年面对面”制度，深入开展了团干部文字能力大研讨活动。

4. 调查研究有效推进。积极开展共青团和青年工作的规律探索和理论研究，多篇理论研究和报告文学入选中央企业共青团和青年工作学习参考《理论研究》、《实践荟萃》、《身边榜样》丛书。继续推进工作试点，在以往试点工作的基础上，分别在中铁五局、中铁七局、中铁隧道继续推进青年婚恋服务、推优入党、导师带徒三项试点工作。各级团组织积极借鉴党的理论研究成果和研究方式，坚持眼睛向下、重心下移，积极深入基层开展调查研究，团的理论研究成果进一步丰富。**二局**开展了青年农民工现状调查；**七局**制定了《青年突击队管理办法》；**八局**制定了共青团系统的 10 个标准化工作流程；**大桥局**“导师带徒”活动被团湖北省委定为“湖北省青少年思想建设”重点项目；**电气化局**探索了实施“两项工程”、深化“三个活动”、实现“四个同步”的服务青年农民工工作机制。

一年来，全公司共青团和青年工作在探索中前行，在继承中发展。面对严峻复杂局面，全公司各级团组织和广大青年，围绕企业中心任务和改革发展大局，凝心聚力，服务发展，充分发挥了助手后备军和生力军突击队作用。全公司各级党政领导关心、支持共青团和青年工作，在政策上、组织上、经费上给予了更多帮助，有力地保证了团的工作顺利开展。在此，我代表股份公司团委向各单位党政领导、向广大团干部和团员青年致以衷心的感谢和崇高的敬意！

在肯定成绩的同时，我们也要清醒地认识到，工作当中还存在一些问题和不足，随着企业改革的深入，团的工作不断发展进步，但也存在发展不平衡和覆盖面不够的问题；团的工作机构设置更加灵活，但也存在部分单位设置薄弱的问题；团干部队伍结构更加合理，但也存在团干部大量兼职化，团的工作力量削弱，团干部的素质能力不够的问题；团的工作目标更加明确，但也存在部分团组织不能准确把握企业中心工作和青年工作发展规律的问题；团的工作内容更加丰富，但也存在全面与重点把握不准的问题；团的工作职能更加突出，但也存在履行职能不到位、不充分的问题。这些都需要我们在今后的工作中认真研究，加以解决。

第二部分　面临的形势和对共青团工作的思考

2011年，是我国“十二五”发展规划的开局之年，也是企业站在新起点、实现新跨越的关键之年。新形势、新任务，给共青团和青年工作带来了新机遇、新挑战。结合企业实际，谋划好明年工作，要求我们要充分认识、正确理解、准确把握这些新特点、新变化，努力为推动企业“十二五”发展战略实施做出积极贡献。

一、深刻理解中央经济工作大局的新变化。党的十七届五中会审议通过了“十二五”规划建议，强调要以科学发展为主题，以加快转变经济发展方式为主线，提高发展的全面性、协调性、可持续性，实现经济社会又好又快发展。中央经济工作会议明确了2010年宏观经济政策的基本取向和工作重点。中央企业负责人会议，提出了“十二五”时期工作的核心目标是“做强做优中央企业，培育一批具有国际竞争力的世界一流企业”。面对中央经济形势的新特点，我们必须进一步增强大局意识、忧患意识和机遇意识，主动适应形势变化，引导青年增强政治敏感性和鉴别力，提高社会观察能力，准确把握发展规律，团结带领广大青年为促进和谐稳定、实现科学发展做贡献。

二、充分认识企业改革发展面临的新形势。公司工作会议指出，面对国内外经济形势的不断变化，“十二五”时期，企业既要抓住机遇谋发展，又要做强主业增实力；既要进一步促进建筑业上中下游发展，又要加快调整产业结构布局；既要加大海外经营、扩大国际市场，又要提高国际化经营水平、防范和化解经营风险；既要加快技术创新，也要努力实现传统产业升级转型；既具备了良性发展、理性发展的基础，也面临着规模不断扩大带来的“大而不强，大而不优”的突出问题。因此，我们必须牢牢把握新形势下企业发展环境的新变化，站在大局的高度谋划和安排工作，探索适应形势发展的工作新机制，努力推进共青团和青年工作创新发展。

三、认真落实“十二五”发展战略的新任务。企业“十二五”期间的总体战略目标是“推进两大转变、实现二次创业，努力把中国中铁建设成为国内领先、国际一流，主业突出、多元并举，具有中国特色的特大型现代国有企业，进入国家重点培育的30-50家拥有自主知识产权和知名品牌、具有较强国际竞争力的大公司大企业集团”。面对企业改革发展的新任务，我们必须深刻理解“推进两大转变、实现二次创业”的深刻内涵，把各项工作与中心工作结合起来，切实增强大局意识、责任意识，引导青年把思想统一到企业的战略部署上来，把力量凝聚到企业发展的目标任务中去，团结带领广大青年立足岗位、拼搏奉献，为推进企业持续健康发展做出积极贡献。

四、准确把握加强党建带团建工作的新契机。经过多年来的理论探索和实践创新，全公司团的基层组织建设和基础工作明显加强，团干部队伍的素质和能力有效提升，团组织的功能发挥和价值体现日益突出。全国基层党建带团建座谈会对新形势下加强党建带团建工作做出了部署，国资委党委、中央企业团工委进一步加强工作推进检查，股份公司党委和全公司各级党组织对共青团和青年工作更加重视，共青团工作环境进一步优化。面对党建带团建工作良好环境的新契机，我们必须深刻认识肩负的重大责任，进一步增强使命感和责任感，不断创新思路、丰富载体，增强工作的实际效果，不断巩固和扩大党执政的青年群众基础。

五、正确判断青年群体变化的新考验。随着社会的进步和企业改革的不断深入，当代青年群体思想观念、行为选择、群体结构以及需求日趋多样化。从思想观念多样化看，各种思想文化观念的碰撞在当代青年身上都有比较集中的反映；从行为选择多样化看，当代青年更加注重自主选择，更加理性、务实，追求个性；从群体结构多样化看，伴随社会结构的深刻变化和企业组织结构的深刻调整，青年群体分布更为复杂；从需求多样化看，当代青年既有学习成才的根本需求，又有就业创业、精神文化、权益维护等多方面的具体需求。面对青年群体变化的新考验，我们必须针对青年特点，研究青年变化，满足青年需求，找准工作定位，转变工作方式，努力推进共青团和青年工作协调发展。

深入分析当前共青团和青年工作面临的形势任务，顺应变化、迎接挑战、把握规律、抓住机遇，要求我们必须着力加强有效引导，夯实基层基础，调动工作激情，提升青年技能，服务奉献社会，构建创争氛围，努力完成新任务、实现新发展。

1.着力加强有效引导。切实有效地引导青年是党赋予共青团组织的重要职能。要引导青年树立正确的思想方向，形成积极向上的世界观、人生观、价值观，带领青年坚定不移地跟党走中国特色社会主义道路。要引导青年理解、支持企业发展，培养青年与时俱进、开拓进取、求真务实、奋勇争先的时代精神，努力使青年具备友爱互助、乐于奉献的时代品质。要培养青年的世界眼光和战略思维，努力使青年具有坚定的政治方向、正确的价值观念、敏锐的思维能力、向上的人文精神、开阔的世界眼光，团结带领广大青年坚定做大做强做优企业的信心和决心。

2.着力夯实基层基础。加强基层组织建设和基层工作，是共青团的生命力工程。要深入掌握基层团组织建设和薄弱环节，着力在难点问题上下功夫，强化和扩大团组织全覆盖工作，健全组织网络。要分析解决团员和团干部队伍建设面临的新情况和新问题，不断增强团员意识。要加强制度建设和制度落实，促进团的工作逐步走向规范化、科学化。要加强团干部培育，切实增强团干部的责任心和工作能力。要创新工作思路，丰富工作载体，努力使团的全面活跃。要把握企业中心任务，突出品牌建设，促进团的工作有效开展，努力使团的组织机构健全，团的队伍团结向上，团的工作富有生机。

3.着力调动工作激情。没有良好的工作作风，就没有蓬勃的队伍活力。要培养青年求真务实、勇挑重担、吃苦耐劳的工作态度。要增强青年精益求精的工作精神，出色完成工作，精心塑造品质。要带领青年扎实工作，努力贡献，从实践中学习成才，从奉献中寻找快乐，从拼博中取得进步，努力培养青年肯于吃苦、乐于奉献、勇于拼博、勤于学习、精于钻研、善于创新的作风。各级团干部要珍惜团的工作岗位，肯吃苦、能战斗、勇探索、乐奉献、尚真情，以过硬的工作作风，做好青年表率。

4.着力提升青年技能。具有较强的学习能力和创新意识，掌握过硬的岗位技能和业务能力，积极投身企业改革发展和岗位实践，是努力实现自身价值的生动展现。要加强青年职业生涯引导，激励青年成为岗位作业的能手，成为工作创新的尖兵，成为实践创造的干将。要深入开展青年成长成才活动，带领青年不断加强知识学习和实践锻炼，努力提升技能水平和执行能力。要努力加强青年人才培养，突出激发青年对关键核心技术攻关的热情，使青年成为企业提升竞争力，在关键技术、重点项目上实现突破的生力军。

5.着力服务奉献社会。企业不仅要积极承担保值增值、创造效益的经济责任，还要充分履行更为广泛、更为厚重的社会责任。要在发动青年积极参与社会公益、履行社会责任，在和谐社会建设中展示青春风采，为企业树立社会形象做贡献。要进一步培育青年志愿精神，积极参与志愿服务。要将固定岗位志愿服务与灵活方式志愿服务相结合，专业志愿服务与普通志愿服务相结合，主动探索发展青年志愿活动的宽阔途径。要发挥团组织优势，积极开展各类青年志愿服务和社会公益活动，引导青年在促进社会和谐中展现青春风采。要发挥团的组织动员优势，引导青年在工作生活中践行绿色、低碳、节能、环保的可持续发展理念。

6.着力构建创争氛围。文化是在实践中凝炼的价值取向和精神理念。团组织的文化体现在文化建设中是展现青年特色，富有青春气息，代表一种健康向上、积极进取的精神力量。要以开展创先争优活动为契机，抓好创先争优活动载体，努力营建具有青年特点和共青团特色的积极向上、永争一流、比学赶超、竞相迸发的文化氛围，引领青年争创佳绩、争做贡献。青年是先进文化的追随者、受益者，是文化建设的参与者、评判者，也是新文化的创造者、推动者。要发挥青年在创造文化中的积极作用，努力形成具有时代特色、符合社会发展需求的青年文化，积极服务于企业文化建设，服务于企业改革发展，服务于精神文明建设。

第三部分　2011年的主要工作

2011年，全公司共青团工作的指导思想和总体要求是：**全面贯彻党的十七大和十七届五中全会精神，深入贯彻落实科学发展观，紧密围绕科学发展主题和加快转变发展方式的主线，加强青年思想引导，搭建青年建功舞台，培养一流青年人才，不断加强自身建设，切实服务“推进两大转变、实现二次创业”战略目标实施，促进企业又好又快发展，团结带领广大青年为“十二五”开好局、起好步做出积极贡献。**

一、把握思想脉搏，拓宽引导路径，筑牢青年思想基础

二、紧扣发展主线，发挥团青作用，促进企业改革发展

三、服务根本需求，注重人文关怀，培养一流青年人才

四、夯实工作基础，扎实创先争优，大力加强自身建设

大事记

总公司 2010 年大事记

一 月

1 月 1 日，福建省委书记孙春兰、省长黄小晶一行，到中铁大桥局承建的福州鼓山大桥工地检查，并看望慰问一线建设者。

1 月 3 日，中铁五局自主研发的 YGZQ22-A 型全液压自行式仰拱栈桥在贵广铁路正式投入使用。

1 月 4 日，中铁隧道集团承建的深圳地铁 3 号线 3153 标通新岭站—红岭区间右线隧道贯通。

1 月 5 日，中铁七局承建的云南省曲靖市首条城市隧道——寥廓山隧道主线建成通车。

1 月 5 日，中铁四局五公司承建的福州绕城高速公路 RA10 合同段主线桥双线全部架设完毕。

1 月 6 日，中铁隧道集团承建的深圳地铁 5 号线 5307 标怡黄盾构区间左线隧道贯通。

1 月 6 日，国家科技部正式批准立项在全国建设第二批 56 个企业国家重点实验室，中铁隧道集团公司“盾构及掘进技术重点实验室”成为第二批企业国家重点实验室，实现施工企业建设国家重点实验室从无到有的历史性突破。

1 月 7 日，上海市市长韩正一行，到中铁二局承建的沪宁高铁项目检查指导工作。

1 月 7 日，中铁五局承建的承朝高速公路保神庙隧道全线贯通。该隧道左洞全长 1395 米，右洞全长 1405 米，最浅埋深为 2.8 米，Ⅳ、Ⅴ级围岩占 50%。

1 月 7 日，中铁二局承建的第二十六届世界大学生夏季运动会运动员村暨深圳信息职业技术学院新校园提前封顶。

1 月 8 日，中铁三局运输分公司承建的宁东铁路宁东化工基地至内蒙古上海庙线路通车。

1 月 8 日，中铁隧道集团三处承建的新疆库俄铁路 SK 标却勒塔格 2 号隧道贯通。

1 月 8 日，河南省委书记卢展工在新乡市市委书记吴天君、市长李庆贵等领导的陪同下，到中铁隧道装备制造有限公司新乡盾构生产基地进行考察。

1 月 8 日～9 日，中国中铁在深圳召开 2010 年物资集中采购工作会议。中国中铁总裁李长进出席会议并作重要讲话。

1 月 9 日，中铁电气化局三公司承建的包神铁路东胜（不含）至巴图塔（不含）及乌兰木伦折返段电气化工程提前竣工。

1 月 9 日，中铁六局桥隧分公司承建的大包线阮家窑隧道贯通。

1 月 10 日，中铁十局举行新办公楼启用仪式，衔接召开纪念集团公司成立六周年大会。中铁十局总部正式入驻济南高新区。

1 月 11 日，在北京召开的 2009 年度国家科学技术奖颁奖大会上，中铁大桥局自主研发的“分阶段施工桥梁的无应力状态控制法与工程实践”项目获国家科技进步二等奖。

1 月 11 日，中国中铁总裁李长进、副总裁戴和根一行，在深圳市市民中心会见广东省委常委、深圳市代市长王荣，副市长张思平等有关领导，双方就深化战略合作伙伴关系，进一步加强在城市基础设施建设、市政配套项目等方面的合作达成共识。

1 月 11 日，中铁建工集团投资开发的中国中铁诺德大厦整体销售签约暨东北亚煤炭交易中心启动仪式在大连举行。大连市委书记夏德仁、市长李万才等领导出席。

1 月 12 日，中铁一局承建的哈大客专全线最长隧道——九里庄隧道贯通。该隧道全长 4340 米，地质结构复杂、围岩变化快、溶岩溶槽及裂隙水发育。

1 月 13 日，中铁十局参建的上海 S32 申嘉湖高速公路建成通车。

1 月 15 日，中铁三局七公司承建的郑州站改无站台柱雨棚钢结构工程竣工。

1 月 16 日，利比里亚副总统博阿凯一行，到中铁设计咨询集团设计的中国援建项目——利比里亚大学芬德尔分校校舍项目视察。

1 月 16 日，中央企业团工委书记许高峰一行，到中铁三局四公司承建的北京地铁 6 号线项目，亲切慰问一线团员青年。

1 月 16 日，中铁二院勘测设计的成昆铁路成都至峨眉段扩能改造工程正式开工。四川省委书记、省人大常委会主任刘奇葆，省长蒋巨峰等领导出席开工仪式。

1 月 17 日，中共中央对外联络部部长王家瑞一行，在刚果民主共和国访问期间，到华刚矿业股份有限公司卢本巴希基地实地考察。

1 月 17 日， 在“创新中国——中国企业创新论坛 2009 年年会”上，中铁科工集团有限公司获“2009 年度中国最具创新力企业”称号。

1 月 18 日，中铁隧道集团一处有限公司承建的贵阳贵金线城市道路工程 B 标正式建成通车。

1 月 18 日，中铁十局承建的宁启铁路复线电化工程南通段正式开工建设。

1 月 20 日，中共中央对外联络部部长王家瑞一行，在中国驻贝宁大使耿文兵等陪同下，出席中铁五局承建的援贝宁农业技术示范中心项目竣工暨揭牌仪式。

1 月 21 日，中共中央政治局委员、全国人大委员会副委员长、中华全国总工会主席王兆国，在河北省委书记张云川等陪同下，视察中铁隧道集团承建的京石客专石家庄隧道工程。

1 月 21 日，中铁九局承建的阿尔及利亚 PK170 跨铁路桥建成通车。

1 月 24 日，中华全国铁路总工会副主席徐长安一行，到中铁四局看望慰问部分老劳模、退休职工和困难职工。

1月24日，中铁四局建筑公司承建的安徽省合肥市重点工程——渡江战役纪念馆工程主体结构封顶。

1月26日，贵州省省长林树森率省政府相关部门负责同志，到中铁二局一公司承建的厦蓉高速公路项目检查工作。

1月26日，中铁信托与中国光大银行正式签署《全面合作协议》。

1月26日，中国中铁二局、八局、二院等单位承建的成都至都江堰铁路正线铺通。

1月26日，中铁八局第二次党员代表大会在成都召开，有139名正式代表出席会议。

1月27日，中铁大桥局承建的转体重量位居世界同类桥梁之最的郑州市中心区铁路跨线桥成功转体，标志着中国在转体斜拉桥施工技术方面达到世界领先水平。

1月29日，铁道部副部长卢春房一行，到中国中铁承建的广珠城际轨道工程检查指导。

1月30日，由团中央、全国青联组织的以“关心、关爱、真心、真情”为主题的文艺演出在中铁四局承建的南京南站工地举行。

1月31日，蚌埠市政府和中国中铁股份有限公司合作开发的龙子湖西岸滨湖新区项目签约仪式隆重举行。

1月31日至2月6日，中海外在公司总部分别召开一届一次职工代表大会、2010年度工作会议和营销工作会议。

二 月

2月1日，中铁大桥局承建的赣州章江大桥正式通车。

2月4日，四川省副省长王宁一行，到中铁八局承建的青白江集装箱中心站、成都至都江堰铁路项目检查指导。

2月6日，江苏省委常委、常务副省长赵克志一行，在南京市委书记许津荣、副市长陈建设等陪同下，到中铁四局一公司承建的沪宁城际铁路项目检查指导。

2月15日，中共中央总书记、国家主席、中央军委主席胡锦涛来到中铁隧道集团承建的厦门翔安隧道工地，亲切看望并慰问节日期间仍坚守岗位，奋战在建设工地上的建设者。

2月17日，国家住房和城乡建设部党组书记、部长姜伟新一行，到中铁隧道承建的京石铁路石家庄隧道工地检查指导工作。

2月22日，铁道部副部长陆东福在济南铁路局局长瞿建明等领导的陪同下到中铁十局青岛分公司承建的黄岛站及港内应急扩能工程检查指导工作。

2月24日，中铁三局六公司首次独立承建的1公里以上特长、大断面黄土隧道——太佳高速公路雷家碛3#隧道右线胜利实现贯通。

2月28日，中铁建工集团圆满完成中国南极“十五”能力建设中山站改造项目。项目完成后，项目组利用剩余的水泥、沙、石、钢筋，免费为考察站浇筑一个直径20米的直升机停机坪台，由国家海洋局极地办公室党委书记亲自题名为“中铁停机坪”。

三 月

3月1日，河南省副省长张大卫率河南省及郑州市有关单位领导莅临中铁建工集团郑州东站视察指导工作。

3月1日，由中铁建工集团承建的京津城际延伸线于家堡站站房工程合同签字仪式暨开工动员大会在天津滨海新区滨海假日酒店举行。

3月1日，中国中铁盾构研发制造基地在郑州经济技术开发区举行开工奠基仪式。

3月1日～5日，中国中铁在北京先后召开一届七次全委(扩大)会、2010年工作会、一届一次职代会等会议，全面部署2010年工作。

3月6日，陕西省副省长景俊海一行，到中国中铁总部拜访，并与中国中铁总裁李长进就有关合作项目进行交流。

3月7日，中国中铁参建的沈阳地铁1号线全线实现轨道贯通。

3月8日，安哥拉总统多斯桑托斯一行，亲临中铁四局承建的ZANGO安居房一期工程工地视察项目进展情况。

3月9日，中国中铁总裁李长进在总部机关会见马来西亚前财长顿•达因阁下一行，双方就如何进一步推进马来西亚南部铁路项目交换意见。

3月10日，中国中铁股份有限公司与中国农业银行战略合作协议签字仪式在北京举行。

3月11日，国家发改委副主任徐宪平一行，到中铁九局承建的兰州枢纽南坡坪黄河特大桥施工现场检查指导。

3月12日，中国中铁股份有限公司与成都市政府，正式签约成都中铁轨道交通高科技产业园项目。

3月12日，中国铁路“走出去”战略工作座谈会在铁道部机关召开。中国中铁总裁李长进等领导应邀出席。

3月14日，中铁宝桥承制的泰州长江大桥中塔D18节钢塔柱吊装成功，钢塔柱高度上升到183.539米，打破南京长江三桥保持的纪录。

3月15日，湛江市委书记陈耀光，市长阮日生一行，到中铁六局承建的茂湛铁路工地调研。

3月16日，福建莆田市委书记杨根生一行，到中铁二局承建的妈祖城项目检查。

3月16日，中铁二局承建的青岛北客站建设动员大会在青岛市隆重举行。

3月17日，中铁五局承建的兰新铁路第二双线西宁至大通段站前工程开工典礼在西宁市举行。

3月18日，中国侨联主席林军一行，到中铁二局总承包的新建北川中学检查。

3月18日，吴川市市长江毅一行，到中铁六局承建的茂湛铁路项目施工现场检查指导工作。

3 月 19 日，中铁宝桥参建的浙江舟山西堠门大桥被国际桥梁大会（IBC）授予“古斯塔夫•林德撒尔”奖。

3 月 20 日，江西省委常委、南昌市委书记余欣荣，南昌市市长胡宪一行，到中铁隧道集团三处承建的南昌轨道交通 1 号线一期工程珠江路站检查指导工作。

3 月 21 日，中国中铁参建的天津至保定铁路、张家口至唐山铁路、新建石家庄站和保定站、邯郸至长治铁路扩能改造建设动员大会在冀津交界处隆重举行。

3 月 21 日，中铁西南科学研究院工程有限公司挂牌仪式在成都举行。

3 月 21 日，山西省委常委、副省长李小鹏一行到中铁建工集团承建的太原铁路局调度楼指挥中心工程施工现场视察工作。

3 月 22 日，中铁大桥局与中联重科签订迄今为止全球最大的水平臂上回转自升塔式起重机制造合同。

3 月 22 日，中铁八局承办的成都至重庆铁路客运专线（重庆段）建设动员大会在重庆铁路集装箱中心站举行。

3 月 23 日，中国中铁与印度尼西亚巴克塔山国有控股煤矿公司就印尼南苏门答腊煤炭运输线项目签署设计施工运营（DBO）合同。

3 月 24 日，中国中铁与中山市火炬开发区管委会签订《中铁南方装备制造基地投资购地合同》。

3 月 25 日，湖南省长沙市市长张剑飞一行，到中铁隧道集团承建的长沙市轨道交通 2 号线一期工程 SG-14 标检查指导工作。

3 月 26 日，中国中铁参与拍摄的 38 集电视连续剧《雪域天路》在中央电视台一套黄金时段开播。

3 月 26 日，中国中铁参建的沪昆铁路客运专线长沙至昆明段举行建设动员大会。中共中央政治局委员、国务院副总理张德江出席大会并宣布开工。

3 月 27 日，中国中铁承建的哈大客专率先在全线完成架梁任务。

3 月 27 日，中国中铁设计施工总承包的深圳地铁 5 号线全线洞通表彰大会暨铺轨启动仪式隆重举行。

3 月 27 日，国家住建部主办，深圳市政府和中国中铁承办的“深圳地铁 5 号线 BT 项目建设管理模式研讨会”召开。

3 月 28 日，中国中铁六局、建工集团等单位承建的北京南站改扩建工程，以其创新性、标志性、权威性的完美呈现，获中国土木工程詹天佑奖。

3 月 28 日，中铁六局承建的太原至阳泉高速公路项目举行开工仪式。山西省省长王君出席仪式并宣布开工命令。

3 月 29 日，中铁电气化局承建的西南交通大学标志性建筑——体育馆正式交付使用。

3 月 30 日，中铁二局汶川县漩口镇灾后重建项目举行整体移交仪式。广东省中山市委书记、人大常委会主任陈根楷，四川省阿坝州委书记侍俊、州长吴泽刚等领导出席仪式。

3 月 30 日，国家发展与改革委员会副主任、汶川地震灾后重建领导小组副组长穆虹一行，到中铁四局市政分公司承建的松潘县恢复重建工程项目检查。

四 月

4 月 2 日，中共中央政治局委员、广东省省委书记汪洋一行，到中铁大桥局承建的穗莞深城际 SAH-1 标东江南特大桥视察。

4 月 3 日，中国驻斯里兰卡大使杨秀萍一行，到中海外承建的斯里兰卡东部项目检查工作。

4 月 5 日，安徽省阜阳市市委书记宋卫平一行，到中铁八局昆建公司承建的阜阳北三环路颍河大桥检查工作。

4 月 7 日，中铁十局嘉兴轨道板场连续创造日打磨轨道板 130 块的记录，创全国Ⅱ型无砟轨道板打磨记录，并顺利实现月打磨 2910 块，超额完成节点目标。

4 月 7 日～8 日，中国中铁党委中心组召开专题会议，集中学习研讨胡锦涛总书记 4 月 6 日在全党深入学习实践科学发展观活动总结大会上的重要讲话等会议精神。

4 月 9 日，山西省太原市市委书记申维辰一行，到中铁建工集团承建的太原南站建设工地考察。

4 月 10 日，中铁建工集团南极项目部的 50 名施工队员随中国南极第二十六次科考队乘“雪龙号”考察船抵达上海中国极地考察国内基地。

4 月 12 日，贵州省副省长孙国强一行，到中铁二局一公司承建的贵阳市民健身中心项目检查工作。

4 月 14 日，中铁一局承建的济南黄河大桥主桥胜利合龙。

4 月 14 日，青海省玉树藏族自治州玉树县发生 7.1 级地震。灾情发生后，中国中铁立即启动应急响应预案，迅速组织距灾区较近的工程项目施工队伍奔赴灾区抢险救援。

4 月 15 日，中共中央政治局常委、国务院副总理李克强到中铁大桥局承建的辽宁省滨海公路辽河特大桥工地考察。辽宁省委书记王珉、省长陈政高等领导陪同。

4 月 16 日，中铁六局承建的越南河内市吉灵—河东轻轨项目先期开工段栋多湖桥举行开工仪式。

4 月 17 日，成都市市长葛红林一行，到中铁八局一公司承建的沙河堡成都新客站片区基础设施建设 D 标项目检查。

4 月 18 日，中铁资源集团与张家口市政府正式签署《战略合作框架协议》。

4 月 19 日，中共中央政治局常委、中央纪委书记贺国强，在四川省委书记、省人大常委会主任刘奇葆等领导陪同下，到中铁二局总承包的新北川中学工地施工现场视察。

4 月 19 日，中国中铁总裁李长进会见埃塞俄比亚财政部长苏菲安•艾哈迈德阁一行。双方就进一步推进埃塞俄比亚国家铁路网项目交换意见，并签署战略伙伴关系合作备忘录。

4 月 20 日～21 日，中国中铁在总部机关召开 2009 年度暨 2010 年一季度经济活动分析会。

4 月 22 日，全国政协常委、中国工程院院士、中国铁道学会理事长、原铁道部副部长孙永福一行，考察中铁隧道集团承建的重庆轨道交通六号线 TBM 试验段工程。

4 月 23 日，铁道部副部长王志国一行，到中铁四局承建的上海动车段项目检查工作。

4 月 24 日，中国中铁与郑州市人民政府正式签署战略合作框架协议。

4 月 25 日，中国中铁参建的河北邯郸（邢台）至黄骅港铁路举行开工奠基仪式。河北省委书记张云川、省长陈全国等领导出席仪式。

4 月 25 日，安徽省委书记王金山在阜阳市市委书记宋卫平、市长孙云飞等陪同下，到中铁八局昆建公司承建的阜阳颍河大桥工地检查工作。

4 月 26 日，中铁隧道集团承建的国内首条海底隧道——厦门翔安隧道建成通车。

4 月 26 日，中国中铁一局、三局、九局、大桥局、建工集团等单位参建的福建境内第二条高速铁路——福州至厦门高速铁路(福厦高铁)正式开通运营。

4 月 27 日，中国中铁在总部机关隆重举行庆“五一”全国劳模表彰大会暨先进人物事迹报告会。

4 月 27 日，国务院在人民大会堂召开全国劳动模范表彰大会。会上，中国中铁有 17 名同志荣获全国劳动模范荣誉称号。

4 月 28 日，中国中铁二局、中铁隧道集团、中铁西南院、中铁大桥院等单位参建的全国最长海底隧道——青岛胶州湾海底隧道全线贯通。

4 月 29 日，中国中铁与北汽福田合作签约暨交车仪式在北汽福田汽车股份有限公司北京总部举行。

4 月 30 日，中铁五局承建的四川地震灾后重建工程、缓解旱灾水利工程——“人民渠”竣工。

五 月

5 月 1 日，中铁大桥局承建的武汉天兴洲长江大桥和南京大胜关长江大桥以微缩桥梁模型和 3D 裸眼立体影片等形式亮相上海世博会中国铁路馆。

5 月 1 日，安徽省安庆市委书记朱读稳一行，到中铁大桥局承建的安庆长江大桥工地慰问检查。

5 月 1 日，铜陵市市长李明一行，到中铁大桥局承建的铜陵长江大桥工地慰问检查。

5 月 1 日，中铁一局在西安举行庆祝建局 60 周年庆祝活动。

5 月 2 日，珠海市市委书记甘霖、市长钟世坚一行，到中铁六局承建的广珠铁路 5 标视察工程慰问检查。

5 月 3 日，福州市委书记袁荣祥一行，到中铁七局武汉公司承建的江阴港铁路支线项目慰问检查。

5 月 3 日，江西省委书记苏荣在江西省委常委、南昌市委书记余欣荣等领导陪同下，到中铁隧道集团承建的南昌轨道交通 1 号线一期工程珠江路站慰问检查。

5 月 5 日，丹江口市市委书记郭新民一行，到中铁大桥局承建的习均大桥慰问检查。

5 月 5 日，山西省副省长牛仁亮一行，到中铁四局承建的山西汾平高速工程慰问检查。

5 月 5 日，辽宁省人大常委会主任、省委书记王珉，四川省人大常委会主任、省委书记刘奇葆等领导，到中铁九局承建的辽宁省安县灾后援建项目检查工作。

5 月 5 日，黑龙江省伊春市市长王爱文一行，到中铁资源伊春鹿鸣矿业公司慰问检查。

5 月 6 日，中铁八局承建的安徽省阜阳市北三环路阜阳颍河大桥工程举行通车仪式。阜阳市市委书记宋卫平、市长孙云飞等领导出席仪式。

5 月 6 日，国家交通运输部部长李盛霖一行，到中铁七局三公司承建的 G214 国道 3.8 公里改移便道检查。

5 月 7 日，黑龙江省委常委、哈尔滨市委书记盖如垠一行，到中铁八局昆建公司承建的哈尔滨地铁 1 号线一期土建工程第四标段检查工作。

5 月 11 日，中国对外承包工程商会主办、中国中铁等单位协办的“国际基础设施投资与建设高峰论坛”开幕。

5 月 11 日，中铁九局参建的四川省广元—巴中高速公路正式通车。

5 月 12 日，中铁八局承建的亚洲最大的铁路集装箱中心站——成都铁路集装箱中心站正式开通。四川省委书记刘奇葆、铁道部等领导出席仪式。

5 月 12 日，中铁中铁参建的汶川灾后恢复重建第一个铁路重大项目——新建成都至都江堰铁路开通。

5 月 12 日，中铁二局承建的深圳市对口援建甘肃汶川地震灾区资金投入最多的项目——陇南市第一中学正式竣工交付。

5 月 13 日，山西省副省长牛仁亮一行，莅临中铁十局二公司汾平项目检查指导工作。

5 月 13 日，中铁二局承建的珠江三角洲城际轨道交通佛山至肇庆项目全面开工。

5 月 14 日，中国中铁与上海贝尔股份有限公司正式签署战略合作协议。

5 月 15 日，广西柳工机械股份有限公司代表团到中国中铁总部进行访问。

5 月 16 日，中铁山桥集团和美国多诺芬商用产业公司共同出资成立的国内第一家中美合资高锰钢辙叉室内爆炸硬化公司正式运营。

5 月 16 日，全国人大常委会副委员长、民建中央主席陈昌智一行，到中铁电化局宝鸡器材有限公司进行专题调研。

5 月 17 日，中国中铁与石家庄市人民政府签署战略合作框架协议。

5 月 17 日，中铁大桥局承建的福州市鼓山大桥全线通车，为第十二届海峡两岸经贸交易会举办打造一条快速便捷通道。

5 月 17 日，中铁电气化局三公司承建的枣临铁路电气化工程正式开工。

5 月 18 日，中铁二院与宜宾市政府在成都举行“宜宾港志诚铁路专用线 EPC 项目”签字仪式。

5 月 18 日，安徽省蚌埠市委书记、市人大常委会主任陈启涛一行，到中铁置业蚌埠公司滨湖新区项目调研。

5 月 19 日，湖南省益阳市委书记马勇一行，到中铁五局五公司承建的安邵高速公路检查工作。

5 月 20 日，中铁四局承建的国内最大跨度钢混梁斜拉桥——甬江特大桥正式开工建设。

5 月 20 日，四川省德阳市市长陈新有一行，到中铁五局承建的成绵乐项目检查工作。

5 月 21 日，国家环保部党组成员、副部长吴晓青，铁道部党组成员、副部长陆东福到中铁十局沪杭工地嘉兴南站和嘉兴轨道板场检查工作。

5 月 21 日，中铁大桥局承建的黄浦江上首座公路和轨道交通两用双层斜拉桥——上海闵浦二桥公路层正式通车。

5 月 21 日，中铁三局桥隧分公司承建的河南禹亳地方铁路改建工程正式开工。

5 月 22 日，中铁六局桥隧分公司承建的广珠铁路全线最长隧道——白石岭隧道贯通。

5 月 23 日，由上海南开往桂林的 K859 次旅客列车发生脱线事故。得知灾情后，中国中铁三局、五局等单位迅速组织力量参与抢险。

5 月 23 日，中铁一局城轨公司承建的国内地质最复杂的盾构隧道——广州地铁 3 号线北延段燕梅盾构区间双线全部贯通。

5 月 24 日，山东省委常委、青岛市委书记阎启俊一行，到中铁十局承建的青岛海湾大桥接线工地检查工作。

5 月 25 日，中铁西南公司与大连市委、市政府达成合作意向，并与旅顺口区政府签订《旅顺经济开发区交通枢纽及西部临港新城开发工程 BT 项目合作框架协议书》

5 月 25 日，安徽省委书记王金山一行，到中铁四局建筑公司承建的安徽省博物馆新馆工地检查工作。

5 月 26 日，中铁大桥局承建的国内首座四线最长的高速铁路混凝土连续梁桥——钱江铁路新桥主桥合龙。

5 月 26 日，中共中央政治局常委、全国人大常委会委员长吴邦国在四川考察期间，乘坐和谐号列车考察中国中铁承建的成都至都江堰（成灌）铁路工程建设运行情况。

5 月 26 日，黑龙江省省长栗战书在哈尔滨市委书记盖如垠等领导陪同下，到中铁八局承建的电表厂站——电清区间暗挖隧道施工现场检查工作。

5 月 27 日，云南省常委、昆明市委书记仇和一行，到中铁隧道集团一处承建的昆明西北三环闭合工程岗头山隧道检查工作。

5 月 27 日，铁道部副部长胡亚东一行，到中铁八局昆建公司承建的迤资站项目检查工作。

5 月 27 日，中铁建工集团在广州香格里拉酒店与在中国进行正式访问的桑给巴尔总统卡鲁姆一行进行会谈。

5 月 28 日，广西壮族自治区党委常委、南宁市委书记车荣福一行，到中铁四局六公司承建的八尺江桥项目检查工作。

5 月 28 日，中铁电气化局承建的南京地铁 1 号线南延线正式开通运营。

5 月 29 日，中共中央政治局常委、全国政协主席贾庆林在中共中央政治局委员、天津市委书记张高丽、市长黄兴国等领导陪同下，视察中铁一局承建的天津文化中心交通枢纽工程。

5 月 30 日，中铁一局新运公司承建的六沾二线首座特大桥——黑老湾双线特大桥架通。

六 月

6 月 1 日，中铁山桥通过欧盟铁路标准 TSI 认证审核，这是亚洲第一家获得此项认证的道岔生产企业。

6 月 3 日，中铁五局以中国中铁名义运作的塔吉克斯坦瓦赫达特-亚湾铁路项目设计施工总承包备忘录（MOU）在北京签订。

6 月 3 日，中铁六局北京铁建公司承建的天津市软土地基最大铁路框架桥——蓟汕联络线与津山铁路立交工程蓟汕铁路桥成功顶进就位。

6 月 3 日，福建省委书记孙春兰、省长黄小晶一行，到中铁十局参建的妈祖城项目调研。

6 月 3 日，湖北省委常委、常务副省长李宪生率湖北省“武汉城市圈交通一体化”考察团，到中铁大桥局承建的黄冈长江大桥工地考察。

6 月 4 日，湖北鄂州市市委书记范锐平一行，到中铁六局桥隧分公司承建的鄂州项目施工现场检查工作。

6 月 5 日，中国中铁与青海省人民政府就玉树灾后恢复重建和深化战略合作举行会谈。

6 月 5 日，北京市委副书记、市长郭金龙一行，到原中国航空港建设总公司五分公司承建的苏家坨镇中心区 C02、C03 地块廉租房 31～40 号楼工地检查工作。

6 月 6 日，四川达州市委书记、市人大常委会主任李向志一行，到中铁七局承建的达陕高速公路项目检查指导。

6 月 7 日，中铁大桥局承建的武汉天兴洲大桥，在第二十七届国际桥梁大会（IBC）上，获“乔治理查德森奖”。这是中国桥梁工程迄今获得的最高国际奖项。

6 月 6 日，安徽省委书记张宝顺，到中铁四局四公司承建的合肥市长江西路高架桥 B 标工地检查。

6 月 9 日，湖北宜昌市委书记郭有明一行，到中铁四局承建的宜万铁路宜昌东站检查工作。

6 月 10 日，中国中铁与新加坡嘉德置地集团战略合作框架备忘录签字仪式在总部举行。

6月11日，中铁隧道集团承建的南水北调中线干线一期穿黄（河）工程全线贯通。

6月12日，中国中铁与烟台市政府签署战略合作框架协议。

6月13日，云南省委常委、常务副省长罗正富一行，到中铁八局承建的昆明铁路枢纽站前1标工程调研。

6月13日，铁道部副部长卢春房、京沪高铁有限公司董事长蔡庆华、总经理李志义一行到中铁建工集团承建的徐州东站施工现场视察。

6月14日，铁道部副部长卢春房、京沪高铁公司董事长蔡庆华到中铁十局京沪高铁济南西客站无柱风雨棚工程施工现场检查指导工作。

6月15日，中海外承建的摩洛哥伊阿高速公路全线通车。摩洛哥亲王穆莱•拉希德出席通车典礼。

6月15日，中共中央政治局委员、天津市委书记张高丽一行，到中铁一局承建的天津市文化中心交通枢纽2标项目调研。

6月16日，安哥拉国家总统多斯桑托斯一行，到中铁四局设计、施工总承包的特大型房屋建筑群项目Cacuaco新城考察。

6月16日，中铁五局六公司承建的向莆铁路最长铁路特大桥----江西抚州临川特大桥架通。

6月18日，中华全国供销合作总社党组书记、理事会主任李成玉一行，到中铁大桥局承建的郑州黄河公铁两用桥工地考察。

6月18日，云南省委常委、纪委书记李汉柏一行，到中铁八局昆建公司承建的昆明新机场高速公路项目检查工作。

6月19日，中国中铁承建的杭长客运专线浙江段正式开工。

6月19日，中国中铁投资、建设分公司组织实施的顺德BT工程碧桂路主线正式通车。

6月20日，中央工程建设领域突出问题专项治理工作检查组一行，到中铁隧道集团承建的北京铁路地下直径线项目检查工作。

6月23日，中铁电气化局接到铁道部抢险救灾命令后，迅速组织力量投入鹰厦铁路抗洪抢险。

6月23日，中国铁路工程总公司党委在京召开干部大会，国务院国资委企干二局局长姜志刚代表国资委党委宣布总公司领导班子调整决定：任命李长进为总公司董事长、总经理、党委副书记，白中仁为总公司党委书记、董事，姚桂清为总公司副董事长。

6月25日，铁道部领导到中铁四局承建的上海动车段工地检查。

6月25日，国务院国资委和人力资源社会保障部主办、中国中铁承办的中央企业职工技能大赛工程测量工决赛开幕式在四川成都举行。

6月26日，西藏自治区党委副书记、常务副主席郝鹏一行，到中铁二局承建的年邦项目检查工作。

6月28日，贵州安顺市关岭苗族自治县岗乌镇大寨村因连续强降雨引发山体滑坡，中铁五局闻讯后，立即组织人员、设备投入抢险。

6月28日，湖南省长沙市委书记陈润儿、市长张剑飞一行，到中铁一局承建的长沙地铁2号线16标调研。

6月28日，中铁电气化局承建的西安北动车运用所正式开通。

6月28日，中铁八局承建的四川德阳市灾后重建重点工程——广汉金雁大桥正式通车。

6月28日，铁道部副部长王志国一行，到中铁隧道集团京福铁路抗洪抢险现场视察慰问。

6月29日，中国中铁举行哈大铁路客运专线钢轨铺设首铺仪式。辽宁省政府副省长赵国红出席仪式。

6月29日，山西省委书记袁纯清到中铁十局承建的大西铁路客运专线工程检查。

6月29日，湖北省政协副主席李佑才、宜昌市市委书记郭有明一行，到中铁四局承建的宜昌东站项目检查工作。

6月30日，四川省委书记、省人大常委会主任刘奇葆一行，到中铁四局承建的松潘县灾后援建项目检查。

6月30日，中海外承建的刚果（金）“630大道”、“凯旋大道”两项工程提前交付使用。

6月30日，中国中铁参建的长株潭城际铁路开工建设动员大会在长沙举行。湖南省委书记周强、湖南省代省长徐守盛等领导出席。

6月30日，中铁四局二公司承建的无锡市首座子母双塔斜拉桥——惠澄路葑溪大桥主桥正式通车。

6月30日，中铁七局四公司参建的广梧高速公路全线通车。

七　月

7月1日，中国中铁一局、二局、七局、电化局、建工集团等单位承建的世界上标准最高、里程最长、运营速度最快的城际高速铁路——沪宁城际高铁正式开通运营。

7月2日，铁道部领导到中铁电气化局参建的沪宁城际、上海虹桥枢纽站、上海动车段、上海铁路局行车调度中心检查。

7月3日，中铁一局与美国赛德全球电力公司就主亚那阿迈拉水电站EPC总承包框架协议举行正式签约仪式。

7月4日，山西省委常委、常务副省长李小鹏一行，到中铁六局承建的太原铁路枢纽西南环施工现场检查指导。

7月5日，商务部副部长陈健一行，检查中铁四局承建的安哥拉社会住房项目CD一期工程。

7月5日～6日，中共中央、国务院在北京召开西部大开发工作会议。会上，中国铁路工程总公司获国家西部大开发“突出贡献集体”称号。

7月6日，中国中铁一局、四局、十局、电气化局、建工集团等单位参建的沪杭客专全线开始铺轨。

7月6日，中铁一局、电气化局等单位承建的哈密货车南环线工程正式开工建设。

7月6日，中国中铁离退休老领导座谈会在公司总部召开。

7月7日，中铁电气化局承建的乌兹别克土齐马齐——安格让段电气化铁路改造项目正式开通，结束了乌兹别克通向该国东北三州没有电气化铁路的历史。

7月8日，中国中铁捐建、中铁西南院建设的“交钥匙”工程——中国中铁映秀幼儿园正式竣工交验。

7月8日，科技部副部长杜占元一行，到中铁二局二公司承建的胶州湾海底隧道项目调研。

7月9日，中共中央政治局委员、全国人大常委会副委员长、中华全国总工会主席王兆国在辽宁省考察期间，到中铁大桥局承建的辽河特大桥工地实地考察。

7月9日，中铁科工集团首台盾构在武汉江夏制造基地下线，成为中国中铁盾构产业发展的一次里程碑。

7月10日，玉树地震灾后恢复重建万人誓师大会暨第一批项目开工仪式在玉树藏族自治州政府所在地结古镇举行。青海省委书记强卫，省长骆惠宁等领导出席，中国中铁董事长、党委书记李长进应邀出席。

7月12日，陕西省委副书记、代省长赵正永，在副省长洪峰，西安市市长陈宝根、常务副市长董军等陪同下，检查中铁一局承建的西安地铁二号线凤城五路车站和西安北客站。

7月13日，中铁电气化局承建的新建铁路哈密货车南环线电气化铁路工程正式开工。

7月13日，中铁大桥局承建的黑瞎子岛乌苏大桥正式开工建设。

7月14日，浙江省省长吕祖善一行，到中铁一局承建的诸（暨）永（嘉）高速公路台州段S1合同段视察。

7月14日，中共河南省委常委、郑州市委书记连维良一行到中铁建工集团承建的郑州东站考察。

7月15日，中国中铁援建、中铁二局设计施工总承包的玉树灾后重建规模最大的中学——玉树第一民族中学正式开建。

7月17日，中铁隧道集团承建的广深港SDIII标狮子洋隧道安全通过海底破碎带，这在国内同等地质条件下海底盾构掘进施工尚属首例。

7月18日，中铁国际与阿根廷联邦计划、公共投资和服务部签署科尔多瓦市地铁新建项目合作协议及布宜诺斯艾利斯市雷迪诺火车站至埃塞伊萨国际机场轨道交通项目合作协议。

7月19日，贵州省委常委、省委副书记王富玉一行，到中铁五局承建的贵阳市金元国际金阳五星级大酒店工地调研。

7月20日，中央政治局常委、中央政法委书记、中央综治委主任周永康到玉树赛马场安置点视察工作，并亲切慰问中国中铁玉树灾后重建工程建设者。

7月21日，中铁九局六公司承建的内蒙古伊图塔至白音华铁路工程正式竣工交验。

7月21日，海南省委常委、政法委书记肖若海一行，检查中铁四局承建的东环铁路护路联防工作。

7月22日，江西省委常委、常务副省长凌成兴一行，到中铁四局承建的沪昆7标检查工作。

7月22日，中国中铁总裁白中仁在贵阳市政务中心，拜会贵州省委常委、贵阳市委书记李军，市长袁周，就进一步加强政企合作进行深入交谈。

7月23日，中铁五局二公司承建的成绵乐铁路全线首座连续梁——仙桥村特大桥连续梁顺利合龙。

7月23日，中铁五局承建的新建田东至德保铁路开通。

7月24日，中铁七局承建的郑州动车组运用所工程正式开工建设。

7月24日，国务委员戴秉国一行，到中国中铁承建的刚果（金）首都金沙萨市630大道和凯旋大道检查工作。

7月25日，呼伦贝尔市长罗志虎一行，到中铁建工集团承建的海拉尔站进行调研。

7月26日～27日，中国中铁董事长、党委书记李长进赴马来西亚出席“第三届全球基础设施建设年会”，并在会上做主题演讲。

7月27日，陕西省副省长洪峰一行，到中铁一局承建的西宝客专工地检查慰问。

7月28日，中国工程院院士、铁道部总工程师何华武一行，到中铁隧道集团承建的广深港狮子洋隧道SDIII标检查指导工作。

7月29日，国家发改委主任张平，在青海省省长骆惠宁等领导陪同下，到中铁五局参建的格尔木货场施工现场检查工作。

7月29日，中国中铁四局、电气化局等单位承建的武汉轨道交通1号线二期工程全线通车运营。

7月30日，中国中铁参建的国内最大的城市轨道交通BT项目——深圳地铁5号线实现全线铺轨贯通。

八 月

8月1日，中铁四局一公司承建的德（州）龙（口）烟（台）铁路滨州段开工建设。

8月2日，山东滨州市委书记邓向阳一行，到中铁四局参建的德大铁路综合II标施工现场检查工作。

8月3日，贵州省毕节市市委书记周荣一行，到中铁八局市政公司承建的毕节市郭家湾高架桥工程检查。

8月3日，青海省委书记强卫一行，到坎布拉景区检查中铁资源黄南州合作开发项目建设推进工作。

8月3日，中铁四局承建的海南万泉河上最长的大桥——东环铁路万泉河特大桥竣工。

8月4日，中铁一局城轨公司承建的国内地质条件最为复杂的盾构隧道——广州地铁3号线北延段全线实现轨通。

8月5日，辽宁省辽阳市委书记孙远良一行，到中铁建工集团承建的哈大客专辽阳火车站工程检查工作。

8月5日，苏州市市长阎立一行，到中铁二局承建的苏州地铁2号线工地检查工作。

8月6日，中铁十局承建的苏州京沪高铁快速路工程正式开工建设。

8月6日，中铁二局承建的西藏昌邦公路重点控制工程——年拉山隧道贯通。

8月7日，全国政协常委、副秘书长，致公党中央常务副主席王钦敏一行，到中铁隧道装备新乡盾构产业化基地考察。

8月7日，中铁一局天津公司承建的天津复康路立交桥主线通车。

8月8日，中铁一局承建的天津地铁首次穿越海河的“海河1号”盾构机开始始发。

8月9日，安徽铜陵市委书记、市人大常委会主任姚玉舟一行，到中铁大桥局承建的合福铁路铜陵长江大桥工地检查工作。

8月9日～10日，中国中铁召开创先争优活动推进会。

8月11日，中铁二局承建的厦深铁路全线第二长隧道——大尖山隧道贯通。

8月12日，中铁西北院与四川省文物考古研究院签署战略合作协议。

8月14日，中共中央政治局委员、国务院副总理张德江在河南省进行安全生产工作调研时，视察中铁建工承建的石武铁路客运专线郑州东站工程。

8月15日，中铁八局承建的昆明市西三环道路工程正式通车。

8月16日，中铁大桥局武桥重工联合上海交通大学共同研发的中国首台深井探测机器人在四川锦屏水电站地区海拔2000米地下岩层试验取得成功。

8月16日，中铁二局与三一重工集团签订战略合作协议。

8月17日，湖北省黄冈市市长刘雪荣一行，到中铁大桥局承建的黄冈大桥工地慰问抗洪一线职工。

8月17日，中共中央政治局常委、中央纪委书记贺国强一行，到中国中铁玉树灾后重建项目视察。

8月17日，浙江省省长吕祖善，常务副省长陈敏尔，副省长王建满等领导，到中铁四局承建的杭州东站扩建工程和中铁建工集团承建的余杭南站调研。

8月18日，中国中铁一局、二局、三局、四局、五局、十局、大桥局、隧道局、电气化局等单位承建的世界上最难修的铁路——宜万铁路全线贯通。

8月18日，中铁隧道集团承建的国内首条穿黄隧洞——南水北调中线穿黄工程上游线隧洞贯通。

8月19日，党中央、国务院、中央军委在青海省西宁市对青海玉树抗震救灾先进进行表彰。中铁隧道集团公司青藏铁路西格二线关角隧道指挥部获“全国抗震救灾英雄集体”称号。

8月19日，辽宁省省长陈政高一行，到中铁九局承建的前庄项目检查指导工作。

8月19日，中国中铁总裁白中仁在总部会见桂林市市长李志刚一行，双方就桂林城市基础设施建设有关事宜进行交谈。

8月19日，西南铁路大动脉——宝成铁路石亭江大桥被洪水冲毁后，中铁二局、五局、八局、二院等单位迅速投入抢险。

8月20日，福建省副省长张志南一行，到中铁七局三公司承建的福泉高速扩建涵江互通立交桥工地检查工作。

8月21日，中国中铁与桂林市签署“一路两江”BT项目框架协议。

8月21日，铁道部副部长卢春房在上海铁路局局长龙京等陪同下，到中铁十局沪杭客专嘉兴南站检查指导工作。

8月22日，湖南益阳市委书记马勇一行，到中铁五局承建的安邵高速公路项目检查调研。

8月23日，中国中铁与青海省联合开发的国家级热贡文化生态保护实验区建设项目正式启动。

8月24日，湖南省委常委、省纪委书记许云昭一行，到中铁十局二公司承建的张花项目检查工作。

8月24日，中铁建工集团负责实施的中国政府援建坦桑尼亚阿鲁沙小学项目举行交接仪式，坦桑尼亚国家教育部副部长、玛亚拉市长出席仪式。

8月25日，中国中铁与佛山市高明区政府战略合作框架协议签字仪式在总部举行。

8月25日，云南省委书记、省人大常委会主任白恩培一行，到中铁五局三公司承建的昆明地铁首期工程小王家营站至呈贡北站地下盾构区间检查调研。

8月26日，美国《工程新闻记录》(ENR) 公布225家全球最大的承包商和225家最大国际承包商最新排名，中国中铁位列2009全球最大承包商第二位。

8月26日，中铁大桥局承建的武汉长江上的第八座桥梁——鹦鹉洲长江大桥正式开工建设。

8月27日，四川遂宁市委书记、市人大常委会主任崔保华、市长胡昌生一行，到中铁八局承建的遂宁河东项目检查工作。

8月28日，刚果（金）民主共和国总统卡比拉一行，到中铁七局承建的卢本巴西市鲁阿诺机场跑道紧急维护工程视察。

8月28日，中铁四局参建的国内第二条城际铁路、江西省第一条城际铁路——南昌至九江城际铁路正式通车运营。

8月29日，中铁港航局承建的国内最大燃料调合配送中心——广东省惠州市大亚湾华瀛石化配送中心项目正式开工建设。

8月30日，中铁一局承建的云桂（昆明—南宁）铁路石林隧道正式开工建设。

8月31日，中铁一局参与承建的广州亚运城正式竣工移交第十六届广州亚运会组委会。

九 月

9 月 1 日，中国中铁第五期领导人员理论培训班在中央党校举行开班典礼。

9 月 1 日，国务院国资委副主任、党委委员金阳带领的中央企业创先争优活动第四巡回检查组，到中国中铁检查指导工作。

9 月 1 日，中央政治局委员、天津市委书记张高丽一行 40 余人，到中铁隧道集团三处有限公司承建的天津文化中心交通枢纽工程项目检查调研。

9 月 1 日，北京燕丰饭店有限公司正式重组并入华铁工程咨询有限责任公司。

9 月 1 日，中铁隧道装备制造公司设备工厂在新乡建成投产。

9 月 1 日，湖南省涟源市委书记王雄一行，到中铁五局承建的安邵高速公路项目检查工作。

9 月 2 日，中铁建工集团承建的大庆西站改建工程正式开工。

9 月 2 日，国务院南水北调工程建设委员会办公室党组书记、主任鄂竟平一行，到中铁隧道集团二处承建的北京市南水北调南干渠 02 标检查指导工作。

9 月 2 日，中铁四局七分公司承建的福建省第一条双向八车道高速公路——泉州至厦门高速公路扩建工程建成通车。

9 月 3 日，中国中铁工程建设分公司承建的辽宁省高速公路最长隧道——丹通高速公路错草沟特长隧道正式贯通。

9 月 3 日，中央政治局委员、天津市委书记张高丽一行，检查中铁电气化局承建的天津大功率工程。

9 月 5 日，中铁五局承建的武汉铁路集装箱中心站正式开通运营。

9 月 6 日，中铁二局承建的蓝烟铁路电气化改造工程正式开通运营。

9 月 8 日，中铁大桥局承建的孟加拉国第一座公路斜拉桥——新 Shah Amanat 大桥（原名卡拉夫里三桥）正式通车。

9 月 8 日，中铁二局承建的达州市区凤凰大桥正式通车。

9 月 8 日，铁道部副部长卢春房到中铁十局云桂铁路 4 标云南段检查指导工作。

9 月 9 日，中国中铁总裁白中仁在总部会见澳大利亚礼顿公司执行总裁菲利·库伯先生一行，双方就合作实施澳大利亚铁矿项目及配套的铁路、机车车辆、港口等项目交换意见。

9 月 9 日，中央政治局委员、国务院副总理张德江在青海省委书记强卫、副省长马顺青等领导的陪同下，视察中铁二局承建的玉树县民族一中建设情况。

9 月 9 日，青岛市委书记阎启俊一行到中铁十局承建的青岛海湾大桥接线工程工地检查工程进展情况。

9 月 9 日，中铁一局市政环保公司承建的甘肃舟曲灾后重建第一个重点项目——永久性供水工程正式开工。

9 月 9 日，四川乐山市纪委书记赵田一行，到中铁五局二公司承建的乐山制梁场检查工作。

9 月 9 日，安徽蚌埠市委书记、市人大常委会主任陈启涛一行，到中铁十局承建的蚌埠市环湖西路工程检查工作。

9 月 10 日，中铁二院勘察设计的广（通）至大（理）铁路扩能改造工程正式开工建设。

9 月 11 日，大同至西安客运专线第一孔梁架设仪式在中铁十局大西客专线站前施工 3 标段举行，中共山西省委、常务副省长李小鹏等领导出席仪式。

9 月 12 日，厄瓜多尔国家水利部部长多明戈一行，到中铁四局驻厄瓜多尔乔内项目驻地检查工作。

9 月 13 日，中铁电气化局一公司承建的全路第一个配餐基地——新建北京地区列车餐饮加工配送基地工程正式开工。

9 月 14 日，黑龙江省副省长于莎燕一行，到中铁资源伊春鹿鸣公司检查指导。

9 月 14 日，国家住建部副部长仇保兴一行，到中铁四局市政分公司承建的昆明地铁呈贡站项目检查工作。

9 月 15 日，云南玉溪市常务副市长谢兴荣一行，到中铁六局承建的昆玉铁路工程建设工地检查工作。

9 月 16 日，中铁四局五公司承建的江西石吉高速公路建成通车，标志着江西省高速公路通车里程突破 3000 公里。

9 月 16 日，中铁商务广场落成暨中国中铁党校回迁揭牌仪式在石家庄党校举行。

9 月 16 日，中铁西南院与意大利吉欧德塔（CEODATA）公司正式签订战略合作协议。

9 月 16 日，山东省青岛市市长夏耕一行，到中铁二局承建的青岛北客站项目检查工作。

9 月 17 日，股份公司总裁白中仁一行到中铁十局调研工作。

9 月 18 日，中铁大桥局与中联重科联合研制的世界最大水平臂上回转 D5200-240 塔式起重机顺利生产下线。

9 月 19 日，老挝常务副总理宋沙瓦•凌沙瓦率老挝政府铁路代表团，到中铁八局承建的京沪高速铁路第五标段考察。

9 月 20 日，西藏自治区党委书记张庆黎一行，到中铁八局二公司承建的拉贡公路项目路基 1 标、独立桥等项目检查工作。

9 月 20 日，安徽省委常委、合肥市委书记孙金龙一行，到中铁隧道集团承建的合肥市南北高架 1 号线 1 标芜湖路车站检查工作。

9 月 22 日，中铁七局二公司承建的刚果（金）MPOZO 悬灌刚构桥顺利架通。

9 月 25 日，广西壮族自治区党委书记郭声琨一行，到中铁一局承建的南（宁）广（州）铁路梧州南站工地检查工作。

9 月 26 日，由中宣部《党建》杂志社、国务院国资委宣传局、中国中铁党委联合举办的“加强国有企业党建和农民工工作暨巨晓林成才环境座谈会”在中国中铁总部机关召开。

9 月 26 日，中国中铁董事长、党委书记李长进与中国银行行长李礼辉，就进一步加强双方全面合作进行深入交流。

9 月 26 日，中铁十局承建的邯济铁路扩能改造工程正式开工建设。

9月27日，中国中铁一局、四局、五局、七局、九局、隧道局、电气化局等单位承建的东北首条地铁——沈阳地铁1号线正式开通运营。

9月28日，中铁成都轨道交通设计院有限公司挂牌成立。

9月28日，中铁大桥局承建的东北第一高度斜拉桥——辽宁滨海公路辽河特大桥建成通车。

9月29日，中铁大桥局承建的广州市南番大道——海怡大桥正式建成通车。

9月29日，中铁大桥局承建的世界最长的公铁两用桥——郑新黄河大桥公路桥（郑州黄河公铁两用桥）正式通车。

9月30日，中铁西北院参与建设的渝湘高速公路黔江至洪安段、渝宜高速公路云阳至巫山段正式通车。

9月30日，中铁一局承建的天津市首条连接中心城区和滨海新区的城市快速路——天津大道全线通车。

十月

10月1日，福建省委书记孙春兰、省长黄小晶一行，到中铁一局承建的向莆铁路金瓜山隧道出口施工现场检查工作。

10月1日，中铁建工承建的灾后重建重点项目——新绵阳火车站正式开通运营。

10月6日，中铁大桥局承建的山西太原南中环桥通过动静载试验，标志着该桥已建成。

10月7日，中共湖北省委书记、省人大常委会主任罗清泉一行，到中铁七局武汉新港江北铁路项目检查指导工作。

10月8日，陕西省委常委、西安市委书记孙清云一行，到中铁一局承建的西安地铁2号线机电安装、通号项目检查工作。

10月8日，中铁七局三公司承建的神府高速公路全线最长隧道——南山隧道贯通。

10月12日，中铁十局承建的杭州艮山门动车运用所正式投入运营。

10月12日，福建漳平市委书记刘远一行，到中铁隧道集团三处承建的双永高速公路A2合同段检查工作。

10月12日，中铁建工集团与郑州铁路局“双标共建”现场观摩会在中铁建工承建的郑州东站项目举行。

10月13日，桑给巴尔总统卡鲁姆一行，视察中铁建工坦桑公司承建的坦桑尼亚副总统驻桑给巴尔办公室项目。

10月14日，最高人民法院院长王胜俊一行，到中铁二局承建的贵州省高院项目检查指导。

10月15日，中国中铁董事长、党委书记李长进在总部会见印度尼西亚圣鹰集团董事长兼总裁彼得•松达一行，双方就印度尼西亚南苏门答腊煤炭运输项目的进展情况和关键问题交换意见。

10月15日，铁道部副部长卢春房到中铁十局承建的青岛北站工地检查指导工作。

10月15日，中铁大桥局六公司承建的国内最高墩柱下部转体桥——山西省阳五高速公路阳盂段桃河特大桥成功转体。

10月15日，福建省委常委、厦门市委书记于伟国一行到中铁十局三建公司承建的厦漳高速公路A1标检查工作。

10月16日，中铁四局承建的安徽省江北产业集中区起步区正式开工建设。

10月16日，武汉市市长阮成发一行，到中铁隧道集团承建的武汉市武昌黄鹂路车行通道下穿东湖路工程工地检查工作。

10月17日，中铁大桥局承建的国内首座双塔双索面钢桁梁公路斜拉桥——中国连霍高速果子沟特大桥精确合龙。

10月18日，中铁一局新运公司承建的杭州地铁1号线正式开始铺轨。

10月18日，中国中铁总裁白中仁在总部会见白俄罗斯驻华大使阿纳托利•托济克，双方就白俄罗斯铁路建设的有关问题交换意见。

10月18日，中铁二院首个EPC总承包项目——都江堰市成阿公路灵岩山隧道贯通。

10月18日～19日，中铁大桥院举行成立60周年庆典暨国际桥梁技术论坛。

10月19日，山西省委常委、太原市委书记陈川平一行，到中铁六局太原铁建公司承建的石新建太原南站检查工作。

10月19日，中国中铁股份有限公司公司债券(第二期)正式发行。

10月20日，中铁二院与上海高格公司合资组建的成都中铁二院高格工程勘察设计有限公司正式挂牌成立。

10月21日，海南省副省长姜斯宪一行，到中铁四局承建的海南东环加昌跨线桥和博鳌车站工地检查工作。

10月21日，铁道部副部长王志国视察中铁建工集团郑州东站现场，对以项目管理标准化、项目党建标准化为载体的“双标共建”活动给予高度评价并要求总结经验，向全路推广。

10月22日，中铁一局承建的国内最长湖底隧道——苏州轨道交通1号线穿越金鸡湖底双线盾构区间隧道顺利竣工交验。

10月23日，中铁三局五公司承建的河北张家口至承德高速公路一期工程竣工通车。

10月26日，中国中铁一局、十局、电气化局、建工集团等单位承建的沪杭高铁正式开通运营。

10月26日，中铁大桥局承建的国内最大跨径预应力混凝土矮塔斜拉桥——大连长海县长山大桥正式开工建设。

10月26日，中铁一局三公司承建的宝汉高速公路千阳至陇县火烧寨段建成通车。

10月27日，中铁四局承建的集包铁路正式开始铺轨。

10月28日，中铁电气化局与南京市签署轨道交通建设战略合作协议。

10 月 28 日，中铁八局二公司承建的灾后重建工程——映汶高速公路桃关 1 号隧道双线顺利贯通。

10 月 28 日，中铁三局承建的宁夏固原市原州区至王洼铁路专用线工程正式开工建设。

10 月 29 日，中铁十局承建的山西中南部铁路通道河南濮阳段举行开工仪式。

10 月 30 日，中铁六局广州分公司参建的广州市轨道交通 3 号线北延段正式开通运营。

10 月 30 日，中铁资源所属大塔煤炭装车基地顺利通车运营。

10 月 31 日，中铁电气化局参建的内蒙古自治区第一条快速铁路——包（头）西（安）铁路内蒙古段正式投入运营。

十一月

11 月 1 日，中央组织部副部长、全国创先争优活动领导小组办公室主任王秦丰一行，到中铁二局检查党建工作及创先争优活动。

11 月 1 日，中铁四局一公司参建的郑（州）漯（河）高速公路改扩建工程正式开通运营。

11 月 1 日，中国中铁一局、二局、五局、八局、九局、大桥局承建的哈大客专 TJ-1 标铺轨在全线率先全部贯通。

11 月 2 日，河南省委常委刘春良、新乡市委书记吴天君一行，到中铁隧道装备制造公司新乡盾构生产基地调研检查。

11 月 3 日，中国中铁承建的国内首条全地下城际轨道交通线路——珠三角城际快速轨道交通广佛线（广州至佛山）首通段正式投入运营。

11 月 3 日，中铁一局和成都新筑路桥股份有限公司联合研制的首台 XZPS30 混凝土喷射机顺利下线。

11 月 3 日，中铁电气化局承建的西北地区首条地铁——西安地铁 2 号线供电系统工程全线电通。

11 月 3 日，河北省副省长龙庄伟一行，到中铁电气化局衡水铁路电气化学校新校区进行调研。

11 月 4 日，中铁八局一公司承建的福建省三明市台江大桥建成通车。

11 月 4 日～7 日，国务院国有重点大型企业监事会主席崔世安一行，到中铁十局调研工作。

11 月 5 日，云南省委书记白恩培一行，到中铁八局承建的玉溪太标钢构厂房项目检查工作。

11 月 6 日，四川省副省长李成云一行，到中铁二院成都轨道交通高科技产业园进行调研。

11 月 7 日，中国中铁总裁白中仁在总部会见英国前首相托尼•布莱尔阁下。

11 月 7 日，中铁十局三建公司承建的兰州市金雁黄河大桥正式开工建设。

11 月 8 日，中铁七局承建的灾后重建重点项目——汶马公路薛城隧道顺利贯通。

11 月 8 日，中铁一局承建的西平铁路最长的黄土隧道——上蒋家隧道顺利贯通。

11 月 9 日，贵州清镇市委书记杨明晋一行，到中铁二局承建的林织铁路检查工作。

11 月 10 日，中铁十局八公司承建的神朔铁路万吨列扩能改造工程正式开工。

11 月 11 日，中国中铁与联想集团战略合作协议在中国中铁总部正式签署。

11 月 11 日，交通运输部副部长翁孟勇一行，到中铁一局四公司承建的映(秀)汶（川）项目调研。

11 月 11 日，中铁建工集团 16 名员工在深圳盐田港码头，随中国第二十七次南极科考队踏上第九次征战南极之旅。

11 月 11 日～12 日，中国中铁党委中心组集中 2 天时间，认真传达、学习、贯彻党的十七届五中全会精神。

11 月 12 日，中铁电气化局联合广铁集团、南方电网、铁四院等单位共同研发的全路首例牵引变电所差压环流试验在广珠城际铁路项目取得成功。

11 月 12 日，中铁隧道集团承建的张(家口)唐(山)铁路张家口段正式开工奠基。

11 月 14 日，中铁一局、中铁隧道集团等单位承建的辽宁省规模最大、覆盖面最广的水利工程——沈阳市大伙房水库输水配套工程东部净水厂一期工程正式竣工。

11 月 15 日，中铁电气化局三公司承建的兰新线嘉峪关至红柳河段电气化改造工程正式开通。

11 月 16 日，中铁四局市政分公司承建的甘泉铁路跨京藏高速特大桥正式开工建设。

11 月 17 日，中铁七局承建的巴达铁路平昌段正式开工建设。

11 月 17 日，贵州省省委副书记王富玉一行，到中铁二局承建的贵阳市市民健身中心项目检查工作。

11 月 17 日，湖北省人大副主任、副省长任世贸一行，到中铁三局六公司承建的十房高速公路第七合同段检查工作。

11 月 18 日，中铁四局承建的四川“5•12”灾后重建重点工程——江油火车站提前开通运营。

11 月 19 日，中铁二院援建的四川射洪县万林乡许家桥正式开工建设。

11 月 19 日，中铁大桥局大桥地产公司与武汉市勘测设计研究院签订战略合作协议。

11 月 19 日，中铁置业投资开发的“中铁•逸都国际”三期开盘。

11 月 19 日，中铁隧道集团承建的台山核电站项目成功攻克一项世界级技术难题——采用海底基岩及孤石爆破施工技术，顺利穿越泥水盾构施工“禁区”。

11 月 21 日，中铁置业开发的西安中铁•缤纷南郡二期“塬湾”开盘。

11 月 22 日，中海外毛塔（科特迪瓦）分公司承建的毛里塔尼亚贫困三角洲公路项目正式开工建设。

11 月 22 日，中国中铁获“中非友好贡献奖—感动非洲的十大中国企业”。

11 月 22 日，深圳市委书记王荣、市长许勤一行，到中铁二局承建的深圳北站枢纽项目调研。

11 月 23 日，云南省省长秦光荣一行，察看中铁二局承建的昆明地铁 1-4 标项目。

11 月 23 日，中铁一局天津公司参建的天津集疏港公路二期中段实现全幅贯通。

11 月 24 日，中铁十局承建的天鹅湖西至策克铁路正式开通运营。

11 月 24 日，国务院南水北调办公室副主任张野一行，到中铁隧道集团承建的南水北调南干渠 02 标项目考察。

11 月 24 日～28 日，中国中铁董事长、党委书记李长进率队，到福建省进行考察调研，先后拜会福建省委书记孙春兰，以及福州、莆田和厦门三市党政主要领导。

11 月 25 日，中铁建工坦桑公司承建的坦桑尼亚多多马大学行政办公大楼正式交付使用。坦桑尼亚联合共和国总统基奎特专门为大楼正式启用揭牌剪彩。

11 月 25 日，中铁一局承建的无锡地铁 1 号线盾构正式始发。

11 月 25 日，西藏自治区党委副书记、主席白玛赤林一行，到中铁八局二公司承建的拉萨至贡嘎机场专用公路桑达特大桥和柳梧 II 号大桥项目检查工作。

11 月 25 日，安徽蚌埠市市长张学群一行到中铁十局三建公司承建的蚌埠环湖西路检查工作。

11 月 26 日，中铁一局承建的西（安）平（凉）铁路开始铺架施工。

11 月 27 日，中铁四局与埃塞俄比亚国家公路局签订公路工程承包协议。

11 月 28 日，中铁隧道集团承建的武汉地铁 2 号线越江隧道右线盾构机成功穿越武昌长江大堤。

11 月 29 日，中铁四局承建的石武铁路客运专线河南段正式开始铺轨。

11 月 29 日，中铁大桥局参建的马来西亚柔佛州斜拉桥合龙，标志着该桥最关键、技术最复杂的工序已圆满完成。

11 月 29 日，中铁八局承建的南涪铁路第一长隧----酒店隧道顺利贯通。

11 月 30 日，中铁十局四公司承建的江苏句容市境内跨度最大的上跨京沪铁路立交桥全线贯通。

11 月 30 日，中铁十局承建的陕西潼西高速公路改扩建项目建成通车。

11 月 30 日，中铁大桥勘测设计院设计的福建第一大岛跨海大桥——平潭海峡大桥建成通车。

11 月 30 日，中铁一局新运公司承建的哈（密）罗（布泊）铁路正式开始铺轨，标志着亘古荒漠罗布泊即将结束没有铁路的历史。

十二月

12 月 1 日，中共中央政治局委员、北京市委书记刘淇，北京市委副书记、市长郭金龙视察中铁隧道集团承建的北京铁路地下直径线项目。

12 月 1 日，河北省委书记张云川一行，到中铁隧道集团承建的京石客专石家庄隧道检查指导工作。

12 月 1 日，中铁建工集团钢结构有限公司加工基地揭牌仪式在南京举行。

12 月 1 日，中铁西南公司与中纪宣投资管理有限公司正式签订战略合作协议。

12 月 1 日，中铁九局承建的大连长兴岛公共港铁路专用线新建工程竣工通车，正式结束长兴岛没有铁路的历史。

12 月 2 日，中铁电气化局承建的包西电气化铁路黄陵南站至张桥站电气化网线贯通。

12 月 3 日，中铁五局承建的中国在建时速 350 公里高速铁路第一长大隧道——沪昆客专壁板坡隧道正式破土动工。

12 月 3 日，中铁隧道集团承建的金温铁路扩能改造工程 JWSG-Ⅳ标段正式开工建设。

12 月 5 日，海南省省长罗保铭一行，到中铁大桥局承建的清澜大桥工地检查指导工作。

12 月 6 日，中国中铁总裁白中仁在总部会见贵州省副省长蒙启良一行，双方就贵州重大基础设施投资建设项目有关事宜交换意见，并就加快推进政企合作达成共识。

12 月 6 日，中国中铁董事长、党委书记李长进应邀出席在广东佛山召开的 2010 年中国进出口银行银企座谈会。

12 月 6 日，中铁大桥局承建的河南郑州至焦作客运专线暨改建京广铁路跨越黄河特大型铁路桥工程正式开工建设。

12 月 6 日，青岛市委书记李群到中铁十局济铁公司承建的青岛海湾大桥接线及快速路三期工地检察指导工作。

12 月 7 日，国务院国资委主任王勇一行，到中国中铁就 2010 年主要工作、2011 年工作设想、建筑企业“十二五”发展等情况进行调研。

12 月 7 日，中铁六局承建的石家庄铁路枢纽货迁工程（西环线）顺利开通。这标志着铁路货运列车进入石家庄市区将成为历史。

12 月 7 日，河南省副省长张大卫一行，到中铁七局承建的三淅高速公路 2 标段检查工作。

12 月 8 日，中铁隧道集团承建的国内首座铁路水底盾构隧道——广深港狮子洋隧道攻克盾构“江底掘进、相向掘进、地中对接”这一世界级难题，实现隧道左线顺利贯通。

12 月 8 日，中铁隧道集团一处承建的广东省内最长公路隧道——江肇高速公路毛毡岭隧道贯通。

企业基本情况

【企业性质】 中国铁路工程总公司（China Railway Engineering Corporation，缩写 CREC，以下简称“总公司”）是集勘察设计、施工安装、房地产开发、工业制造、科研咨询、工程监理、资本经营、金融信托、资源开发和外经外贸于一体的多功能、特大型企业集团，总部设在北京。总公司具有国家建设部批准的铁路工程施工总承包特级资质、公路工程施工总承包一级资质、市政公用工程施工总承包一级资质以及桥梁工程、隧道工程、公路路基工程专业承包一级资质，城市轨道交通工程专业承包资质，拥有中华人民共和国对外经济合作经营资格证书和进出口企业资格证书。2000 年通过质量管理体系认证，同时获得英国皇家 UKAS 证书。2002 年被北京市审定为高新技术企业。2003 年通过环境管理体系和职业健康安全管理体系认证。2004 年通过香港品质保证局质量/环保/安全综合管理体系认证，并获得国际资格证书。2007 年 9 月 12 日，经国务院同意，国务院国资委批准，总公司独家发起设立中国中铁股份有限公司，并于 2007 年 12 月 3 日和 12 月 7 日，分别在上海证券交易所和香港联合交易所挂牌上市。截至 2010 年末，全公司职工人数 28.7 万人，其中在岗职工 24.5 万人，非在岗职工 4.1 万人。另有其他从业人员 4.4 万人。全公司拥有科技人才 13.2 万人，其中中国工程院院士 4 人，国家勘察设计大师 6 人，国家级专家 6 人，享受政府特殊津贴 275 人，教授级高级工程师 813 人。

【控股经营】 2010 年，公司主要控股子公司 42 家，其中从事基建建设业务的 19 家子公司有：中国海外工程有限责任公司、中铁一局集团有限公司、中铁二局集团有限公司、中铁三局集团有限公司、中铁四局集团有限公司、中铁五局(集团)有限公司、中铁六局集团有限公司、中铁七局集团有限公司、中铁八局集团有限公司、中铁九局集团有限公司、中铁十局集团有限公司、中铁大桥局集团有限公司、中铁隧道集团有限公司、中铁电气化局集团有限公司、中铁建工集团有限公司、中铁港航工程局集团有限公司、中国航空港建设集团有限公司、中铁上海工程局有限公司、中铁国际经济合作有限公司。从事勘察设计科研业务的 6 家子公司有：中铁二院工程集团有限责任公司、中铁工程设计咨询集团有限公司、中铁大桥勘测设计院有限公司、中铁西北科学研究院有限公司、中铁西南科学研究院有限公司、华铁工程咨询有限责任公司。从事工程设备和零部件制造业务的 4 家子公司有：中铁山桥集团有限公司、中铁宝桥集团有限公司、中铁科工集团有限公司、中铁隧道装备制造有限公司。从事房地产开发业务的 1 家子公司是中铁置业集团有限公司。从事其他业务的 12 家子公司有中铁菏泽德商高速公路建设发展有限公司、广西岑兴高速公路发展有限公司、广西全兴高速公路发展有限公司、中铁西南投资管理有限公司、中铁信托有限责任公司、中铁资源集团有限公司、中铁南方投资发展有限公司、中铁佛山投资发展有限公司、中铁海西投资发展有限公司、中铁物贸有限责任公司、中铁南通建设投资管理有限公司、中铁中原投资发展有限公司。

【企业分级】 本集团公司 2010 年度按年度工作报告企业三级情况见表 3-1。

表 3-1 中国铁路工程总公司企业分级情况（2010）

序号	企业名称	企业代码	企业级次	类别
1	中国铁路工程总公司	10201654-8	一级	境内企业
2	中国中铁股份有限公司	71093500-3	二级	境内企业
3	中国海外工程有限责任公司	10000662-9	三级	境内企业
4	中铁一局集团有限公司	22052234-5	三级	境内企业
5	中铁二局集团有限公司	62160289-9	三级	境内企业
6	中铁三局集团有限公司	11010451-3	三级	境内企业
7	中铁四局集团有限公司	14918552-5	三级	境内企业
8	中铁五局（集团）有限公司	21440016-5	三级	境内企业
9	中铁六局集团有限公司	10188476-5	三级	境内企业
10	中铁七局集团有限公司	170071602	三级	境内企业
11	中铁八局集团有限公司	20197383-8	三级	境内企业
12	中铁九局集团有限公司	24061200-6	三级	境内企业
13	中铁十局集团有限公司	16319874-4	三级	境内企业

序号	企业名称	企业代码	企业级次	类别
14	中铁大桥局集团有限公司	17768578-9	三级	境内企业
15	中铁隧道集团有限公司	17107568-0	三级	境内企业
16	中铁电气化局集团有限公司	62590614-4	三级	境内企业
17	中铁建工集团有限公司	71092118-9	三级	境内企业
18	中铁二院工程集团有限责任公司	73020712-6	三级	境内企业
19	中铁设计咨询集团有限公司	76420572-7	三级	境内企业
20	中铁国际经济合作有限公司	67235278-9	三级	境内企业
21	中铁资源集团有限公司	67660374-1	三级	境内企业
22	中铁置业集团有限公司	71093457-X	三级	境内企业
23	中铁山桥集团有限公司	10531159-3	三级	境内企业
24	中铁宝桥股份有限公司	72735754-5	三级	境内企业
25	中铁科工集团有限公司	30006541-2	三级	境内企业
26	中铁大桥勘测设计院有限公司	17768505X	三级	境内企业
27	中铁西南科学研究院有限公司	G5151927-1	三级	境内企业
28	中铁西北科学研究院有限公司	H1706520X	三级	境内企业
29	华铁工程咨询有限责任公司	10111219-1	三级	境内企业
30	中铁南方投资发展有限公司	671879861	三级	境内企业
31	中铁佛山投资发展有限公司	67708084-X	三级	境内企业
32	中铁西南投资管理有限公司	66972427-0	三级	境内企业
33	中铁海西投资发展有限公司	68085885-1	三级	境内企业
34	中铁信托有限责任公司	743633968	三级	金融子公司
35	中铁港航工程局有限公司	190383398	三级	境内企业
36	中国航空港建设有限公司	10205420	三级	境内企业
37	中铁宏达资产管理中心	565000008	二级	境内企业
38	河南平正高速公路发展有限公司	767814691	二级	境内企业
39	中铁咸阳干部管理学院	43563101-2	二级	境内企业
40	中国铁路工程总公司党校	E0263314-5	二级	境内企业

【主要指标】 2010 年总公司完成新签合同额 7354.8 亿元，为年度计划的 118.4%，同比增长 20.7%。其中国内完成 6666.6 亿元，海外完成 688.2 亿元（折合 104.3 亿美元）。完成企业营业额 4718.8 亿元，为年度计划的 105.8%，同比增长 29.0%。其中，国内完成 4511.5 亿元，海外完成 207.3 亿元（折合 31.4 亿美元）。

截至 2010 年底，总公司资产总额达 3959 亿元，同比增长 24.93%。其中，流动资产 3013 亿元，同比增长 26.44%，流动资产占资产总额 76.11%。负债总额 3177 亿元，其中带息负债 852 亿元，增速 44.65%。（总公司完成主要经济指标见表 3-2）

表 3-2 中国铁路工程总公司主要经济指标（2010）

项目	2009 年	2010 年	比上年增长（%）
资产总额（亿元）	3169	3959	24.93
所有者权益（亿元）	700	782	11.71
营业收入（亿元）	3470	4736	36.48
利润总额（亿元）	84	104	23.81

项目	2009 年	2010 年	比上年增长（%）
净利润(亿元)	72	82	13.89
归属于母公司所有者的净利润	38	41	7.89
技术开发投入（亿元）	61.46	91.2	48.39
利税总额（亿元）	215	283	31.63
应交税金总额(亿元)	142	199	40.14
全员劳动生产率（万元/人·年）	16.18	16.89	4.39
净资产收益率（%）(不含少数股东权益)	10.3	10.19	减少 0.11 个百分点
总资产报酬率（%）	3.81	3.64	减少 0.17 个百分点
国有资本保值增值率（%）	111.05	109.73	减少 1.32 个百分点

【改革发展】 将中国航空港改制注册为中国航空港建设集团有限公司，并完成从总公司注入股份公司等相关工作。顺利完成了北京、上海、广州地区部分企业内部重组，其中将中铁大桥局三公司、中铁五局三公司、中铁二局深圳公司等企业整体重组并入中铁港航局；将中铁建工集团北京公司、中铁三局一公司、中铁一局一公司整体重组并入中国航空港；将中铁三局华海公司、中铁四局六公司、中铁四局市政分公司、中国中铁上海分公司整体重组并入到新设立的中铁上海局。完成燕丰饭店与华铁咨询公司的并入式重组，燕丰饭店以 2009 年 12 月 31 日经审计的资产账面净值划入华铁咨询，人员、机构随资产整体重组进入。在物贸分公司基础上设立中铁物贸有限责任公司，并于 2010 年 11 月 28 日正式挂牌成立。

【中国中铁股份有限公司法人治理结构】

（一）董事会

1 月 1 日～6 月 18 日，股份公司董事会由石大华、李长进、白中仁、王秋明、贺恭、张青林（2 月 19 日因病逝世）、贡华章、王泰文、辛定华 9 位董事组成，其中石大华为执行董事、董事长，李长进、白中仁为执行董事，王秋明为非执行董事，贺恭、张青林、贡华章、王泰文、辛定华为独立非执行董事。6 月 18 日～8 月 12 日，股份公司董事会由李长进、白中仁、王秋明、贺恭、贡华章、王泰文、辛定华 7 位董事组成，其中李长进为执行董事、董事长，白中仁为执行董事、总裁，王秋明为非执行董事，贺恭、贡华章、王泰文、辛定华为独立非执行董事。

8 月 12 日～12 月 31 日，股份公司董事会由李长进、白中仁、姚桂清、贺恭、贡华章、王泰文、辛定华 7 位董事组成，其中李长进为执行董事、董事长，白中仁为执行董事、总裁，姚桂清为执行董事、副董事长，贺恭、贡华章、王泰文、辛定华为独立非执行董事。

（二）监事会

1 月 1 日～8 月 12 日，股份公司监事会由姚桂清、季志华、张喜学、周玉清、林隆彪 5 位监事构成，其中姚桂清任监事会主席，季志华、张喜学、周玉清、林隆彪任职工代表监事。

8 月 12 日～12 月 31 日，股份公司监事会由王秋明、季志华、张喜学、周玉清、林隆彪 5 位监事构成，其中王秋明任监事会主席，季志华、张喜学、周玉清、林隆彪任职工代表监事。

（三）董事会监事会管理制度

公司按照《公司法》、《证券法》等有关法律法规的要求以及中国证券监督管理委员会等有关监管机构的规定，积极推进现代企业制度，完善法人治理结构。制定出台了《中国中铁内幕信息知情人管理制度》、《中国中铁定期报告信息披露重大差错责任追究制度》、《中国中铁股东大会、董事会决议执行跟踪检查与评价制度》、《关于进一步加强和改进全公司董事会监事会工作的指导意见》；修改完善《章程》、《股东大会议事规则》、《董事会议事规则》、《董事会战略委员会议事规则》、《董事会薪酬与考核委员会议事规则》、《定期报告信息披露重大差错责任追究制度》、《内幕信息知情人管理制度》、《A 股募集资金管理制度》。

【扶贫援疆援藏工作】 2010 年，中国中铁扎实推进定点扶贫、援疆援藏和军转干部安置工作。组织召开了第十八次、十九次扶贫工作会议，选送第九批扶贫干部到定点扶贫县挂职扶贫，2010 年总公司为桂东县和汝城县共投入 200 万元资金。投入 155 万改善两县基础教育设施，改善当地学校师生的住宿条件。投入 25 万元资助当地贫困学生上学，特别是在两地遭受 60 年一遇的洪涝灾害后，及时给两县分别拨付 10 万元帮助两地救灾，在当地引起非常好的反响。同时，积极相应党中央号召，选送第六批援疆干部李少林同志到西藏区建设厅市场监管处副处长，支持新疆建设。此外，中海外、总部机关还分别接收安置军队转业干部1名，超额完成国务院军队转业办安置任务。

【社会责任】 广泛开展“三工”建设，认真落实“三不让”承诺，做好农民工和信访维稳工作，维护企业稳定。在加快国家基础设施建设的同时，为160万农民工提供就业岗位；大力推动节能减排，全公司万元营业收入综合能耗同比下降5.62%，提前半年完成国资委年度考核目标，公司获“首届全国低碳经济示范单位”、2010年首届低碳中国年度创新“领军品牌奖”。特别是在玉树地震抢险救灾中，主动迅速地开展救援，积极参与灾后重建，发挥央企的脊梁作用。

职工队伍

【公司组织机构】 见彩页机构图。

【职工队伍整体情况】 2010年末，全公司实有职工总数为285211人，其中干部155298人，占总数的54.5%；工人129913人，占总数的45.5%。全公司有专业技术人员138206人，其中高级技术职称12608人、中级技术职称37444人。

【总公司、股份公司干部队伍结构情况】 2010年末，全公司干部数为155298人。

干部的年龄结构：30岁及以下67448人，占43.4%；31～40岁39275人，占25.3%；41～50岁32568人，占21%；51岁及以上16007人，占10.3%。

干部的教育结构：硕士及以上3632人，占2.3%；本科67389人，占43.4%；专科51880人，占33.4%；中专17794人，占11.5%；高中及以下14603人，占9.4%。

【总公司领导】

李长进　董事长、总经理、党委副书记
白中仁　党委书记、董事
姚桂清　副董事长、党委副书记、工会主席
李建生　党委常委
刘　辉　党委常委
马　力　党委常委
周孟波　党委常委
戴和根　党委常委
段秀斌　党委常委
王秋明　党委副书记、纪委书记

【总公司董事会组成人员】

董 事 长：李长进
副董事长：姚桂清
董　　事：白中仁
职工董事：毛小民

【股份公司领导及高管】

李长进　董事长、党委书记
白中仁　总裁、党委副书记、董事
姚桂清　副董事长、党委副书记、工会主席
李建生　副总裁、财务总监、总法律顾问、党委常委
刘　辉　副总裁、总工程师、党委常委
马　力　副总裁、党委常委
周孟波　副总裁、党委常委
戴和根　副总裁、党委常委
段秀斌　副总裁、党委常委
王秋明　党委副书记、纪委书记、监事会主席
章　献　副总裁、党委常委
许廷旺　总经济师
于腾群　董事会秘书

【股份公司三总师副职】

副总会计师　张继华
副总工程师　季志华、汪建刚、郑　机、李开言、闵国暐、刘成军、史柏生、黄天德、甘百先、温德智、陈诗平
副总经济师　王立平、李新洲、余汉林、傅漳湖

【股份公司外派专职董事监事】 股份公司外派专职董事监事任职单位情况见表3-3。

表3-3　股份公司外派专职董事监事任职单位情况

姓名	任职单位及职务	
	董事	监事
金学跃	中铁建工、中铁宝桥、中铁山桥	中铁西北院监事会主席
郭佳芳	中铁三局、中铁十局、中铁华铁	中铁六局监事会主席、中铁设计咨询
刘关洪	中铁大桥局、中铁山桥	中铁七局、中铁隧道、佛山投资

姓名	任职单位及职务	
	董事	监事
范富国	中铁一局、中铁二局、中铁五局	中铁四局监事会主席、中铁电气化局监事会主席、中铁设计咨询监事会主席
罗立生	中海外董事长、中铁四局、中铁电化局	中铁三局监事会主席
舒　畅	中铁隧道、中铁建工、中铁国际	中铁一局监事会主席、中铁宝桥监事会主席
常仲相	中铁六局、中铁八局、中铁二院、中铁西南院	中铁山桥监事会主席
陈晓春	中铁电化局、中铁六局、中铁九局、中铁西北院	中铁大桥局
方永忠	中海外、中铁五局、中铁科工、中铁西南院	中铁建工监事会主席
韦忠信	中铁二局、中铁置业、隧道装备	中铁九局监事会主席、中铁十局
曹连生	中铁四局、中铁七局、燕丰饭店	中铁十局监事会主席、中铁科工
席福禄	中铁一局、中铁设计咨询、华铁咨询	中铁大桥局监事会主席、隧道装备监事会主席、中铁八局
陈　荣	中铁二院、中铁海西	中铁西南院监事会主席、中铁电化局
王应先	中铁三局、中铁十局	中铁二院监事会主席、中铁科工监事会主席、中铁六局
范胜利	中铁设计咨询、中铁置业、燕丰饭店	中铁国际
张喜学	中铁三局、中铁九局、中铁华铁	中铁八局监事会主席 、海西监事会主席
周玉清	中铁四局、中铁电化局、设计咨询、中铁西南公	港航局监事会主席、中铁国际
李德忠	中铁大桥局、中铁山桥	中铁七局监事会主席、中铁隧道监事会主席、中铁建工
陈路明	中铁五局、中铁七局、中铁隧道	中铁四局、燕丰饭店监事会主席
王凤江	中铁一局、中铁二局、中铁宝桥、中铁西北院	华铁监事会主席
魏玉鑫	中铁七局、中铁隧道	中海外监事会主席、中铁二局监事会主席、人才中心
米嘉祥	中铁西南院、中铁西南投资	中铁九局、中铁宝桥、中海外
修　贵	燕丰董事长、中铁建工、中铁国际(股东代表)、	中铁一局、中铁二局、临策公司
徐安华	中铁六局、中铁八局、中铁二院、中铁大桥局	中铁山桥
曹建生	中铁八局、中铁九局、中铁港航局	中铁五局、中铁西北院
李安宁	中铁十局、中铁宝桥	中铁五局监事会主席、中铁二院

【总公司总部干部情况】　2010 年，中国铁路工程总公司现员 29 人。各部门干部员工情况见表 3-4：

表 3-4　中国铁路工程总公司总部干部情况表（2010）

序号	部　　门	定员	现员	姓　　名	
1	党委办公室、保密办		3	杨玉堂、常玉伟 李　辉	
2	人力资源部（党委干部部）		2	余汉林、王飞孟	
3	党委宣传部		3	徐　进、曹艳春、 刘福广	
4	党委组织部		2	丁荣昌、黄建中	
5	政研会		2	毛小民、曹艳春	
6	纪　委 （监察部）		6	王宏光、曹　兴、 杨建华、俞　坚、 关静雅、林道明	
7	工　会		4	刘建媛、毛小民、 王　伟、杨建华	
8	团委		1	李新生	
9	财 务 部		2	李　欣	沈　炜
11	内退人员		4		寇春华、谢　宾、胡一江、操敦辉
12	不在岗人员		1		张志龙

【股份公司总部干部情况】 截至2010年底，中国中铁股份有限公司定员321人，现员285人，专职三总师副职13人。各部门干部员工情况见表3-5：

表3-5 2010年度股份公司总部员工情况分布

序号	部门	定员	现员	姓名	
	公司领导及高管		12	李长进、白中仁、姚桂清、李建生、刘　辉、马　力、周孟波、戴和根、段秀斌、王秋明、章　献、许廷旺、于腾群	
	三总师副职		17	季志华、汪建刚、王立平、李开言、郑　机、黄天德、闵国暐、李新洲、刘成军、余汉林、史柏生、张继华、傅漳湖、甘百先、温德智、陈诗平	
1	董事会办公室	16	16	张睿开、陈文鑫、余　赞	万　明、蔡　阳、李　伟、段银华、李德忠、张喜学、陈路明、王凤江、修　贵、魏玉鑫、曹建生、李安宁、刘宝来 专职董、监事12人
2	总裁办公室（党办、保密办）	36	29	杨玉堂、常玉伟、李辉	谭风华、刘治国、杨社香、刘颖惠、郑　江、赵　梦、罗庆梅、王国卿、杨文博、董　晓、高丽萍、葛瑞鹏、唐艳静、冉新彦、王利生、孙玉宝、徐　朵、庞德宁、王　剑、周　慧、付晓涛、汪　鲤、吴宗宝、刘卫生、罗　恒、何广春
3	战略规划部	15	12	周民忠、范永贵、方　锐、景　象	法中奎、曾　虹、朱公梅、郭新立、刘小莹、王晋铎、刘　赪、丁　宾
4	干部部（党委干部部）	14	12	*余汉林、王飞孟	裴清宁、郑　黎、张春全、韩绿滨、张劲枫、吕月胜、王正芹、胡丁旺、陈光建、任玉超、段　鹏
5	劳资社保部	19	14	刘志伟、靖建平	李　敏、曾庆光、杨书华、张顺昌、宋智聪、黄建宁、钱荣华、仝　婕、李素明、卢　峰、王　鋆、李　博
6	财务部	31	26	杨　良、李　平、杨向歌、李　静	王　恺、王为林、刘素美、尹翔飞、辛小松、宋　洁、石　磊、何　川、王大中、白　桦、闫　刚、黄弘昭、闫　旭、孙　琳、彭　娜、朱　沛、李晓鹏、郭　亮、许小林、田　华、吕　琨、曾　晶
7	资本运营部	15	14	林　鑫	段乐骋、汪　涛、周　雅、张旭升、肖　圣、于晓涛、杨　涛、孔令同、戴春华、石晓烽、黄荣虹、文少兵、贺传亮
8	法律事务部	9	7	王怀远	陈晓平、吴　青、吴　茵、林　一、孙晋迎、罗　志
9	监察部	14		与纪委合署办公	
10	审计部	10	8	林隆彪、张利生、吴　青	王　芸、吴　昊、何　勇、李晓寒、刘贵明
11	安质环保部	10	7	李凤超、韩学诠	戴树芳、任乐春、柴海楼、樊玉智、张　柠
12	国际业务部	16	12	陈之功、赵艳杰、曹登敬、杨新平	邓飞喜、刘铁民、蒋　莉、胡　海、安世萌、杨　蕾、傅晓江、谭　蒙
13	科技设计部	22	17	*刘成军、陈唯一、何　宁、李海明、高　峰、张　瀚、刘涵宁	朱高明、王　洁、刘建廷、白　昭、王　烨、罗静峰、袁　明、李永全、黄从治、于　波、赵远志
14	经营开发部	13	14	梁　勇、王喜军、杨宗林、李夏初	曹增才、王永胜、李　光、史　洁、赵文光、闫荣泽、张淦华、李建军、陈铁师、张思宁。
15	工程管理部	12	13	*汪建刚、何荣康、唐连成	李恒高、史　青、许　德、撤应群、卢　炜、宋上明、申国锋、毛建军、苏　亮、李卫华、游利平
16	投资发展部	13	7	冯慧光、罗晓春、曾宪明	罗元恒、孙旭东、汪小庆、汪先俊
17	工业设备部	6	4	薛　林、沈　平、	王晋生、杨路帆

序号	部　门	定员	现员	姓　名	
18	企业文化部（党委宣传部）	6	6	徐　进、曹艳春 刘福广	史艳丽、李翊萌、余金平
19	行政管理部	10	6	权有勇、韩　东 袁立新	单保中、刘　辉、杨云峰
小计		285	253	现员为253人	
1	党委办公室				与总裁办公室合署办公，定员列行政编制
2	党委组织部	5	4	丁荣昌、黄建中	肖　立、高元宝
3	党委宣传部				与企业文化部合署办公，定员列行政编制
4	党委干部部				与干部部合署办公，定员列行政编制
5	纪　委 （监察部）	12	8	王宏光、曹　兴 杨建华、俞　坚 关静雅、林道明	章　静、韩凤岩
6	工　会 （体　协）	12	10	刘建媛、毛小民 姜华义、王　伟 高　云、池洪军	白敏芳、邓志胜、王丹、朱成亮
7	机关党委	2	1		白　雪
8	团　委	4	2	李新生	李　元
9	《中国中铁》报社	4	5	程建伟、屈建国 齐树华	戴　骥、陈　丽
10	政研会秘书长	1	0	*曹艳春	
小　计		40	30	现员为30人	

注：姓名前加“*”的为兼职人员

【股份公司总部部门及内设机构负责人】　中国中铁股份有限　　2010年12月31日在册为准）。
公司总部内设机构负责人及以内设机构负责人名单见表3-6(以

表3-6　股份公司总部部门负责人及内设机构负责人

部　门	姓　名	职　　务
董事会办公室（监事会办公室）	张睿开	副主任（主持工作）
董事会办公室（监事会办公室）	陈文鑫	股份公司专职监事
董事会办公室（监事会办公室）	余　赞	副主任兼投资者关系处处长
总裁办公室（党委办公室、保密办公室）	杨玉堂	主任
总裁办公室（党委办公室）	常玉伟	副主任
总裁办公室（党委办公室、保密办公室）	李　辉	副主任兼信访处处长
战略规划部	周民忠	部　长
战略规划部	范永贵	副部长
战略规划部	方　锐	副部长
战略规划部	景　象	副部长
干部部（党委干部部）	王飞孟	副部长
劳资社保部	刘志伟	部　长
劳资社保部	靖建平	副部长
财务部	杨　良	部　长

部 门	姓 名	职 务
财务部	李 静	副部长兼会计核算处处长
财务部	李 平	副部长兼资产管理处处长
财务部	杨向歌	副部长兼会计核算处处长
资本运营部	林 鑫	部 长
投资发展部	冯慧光	部 长
投资发展部	罗晓春	副部长
投资发展部	曾宪明	副部长
法律事务部	王怀远	部 长
审计部	林隆彪	部 长
审计部	张利生	副部长
审计部	吴 青	副部长
安质环保部	李凤超	部长兼安全稽查总队队长
安质环保部	韩学诠	副部长
国际业务部	陈之功	部 长
国际业务部	赵艳杰	副部长
国际业务部	曹登敬	副部长
国际业务部	杨新平	副部长
科技设计部	陈唯一	副部长
科技设计部	何 宁	副部长
科技设计部	李海明	副部长
科技设计部	高 峰	副部长
科技设计部	张 瀚	副部长
科技设计部	刘涵宁	副部长
经营开发部	梁 勇	部 长
经营开发部	王喜军	副部长
经营开发部	杨宗林	副部长
经营开发部	李夏初	副部长
工程管理部	何荣康	副部长
工程管理部	唐连成	副部长
工业设备部	薛 林	部 长
工业设备部	沈 平	副部长
工业设备部	孟祥红	副部长
行政管理部	权有勇	部 长
行政管理部	韩 东	副部长
行政管理部	袁立新	副部长
企业文化部（党委宣传部）	徐 进	部 长
企业文化部（党委宣传部）	曹艳春	副部长、政研会秘书长
企业文化部（党委宣传部）	刘福广	副部长
党委组织部	丁荣昌	部 长
党委组织部	黄建中	副部长
纪委（监察部）	王宏光	纪委副书记兼监察部部长

部门	姓名	职务
纪委（监察部）	曹　兴	案件检查室主任
纪委（监察部）	关静雅	案件审理宣传教育室副主任
纪委（监察部）	林道明	案件检查室副主任
纪委（监察部）	俞　坚	执法监察室副主任
纪委（监察部）	杨建华	案件审理宣传教育室主任
工　会	刘建媛	工会副主席
工　会	毛小民	工会副主席、政研会副会长
工　会	王　伟	办公室主任
工会（体协）	姜华义	体协秘书长
工　会	高　云	机关工会主席
工　会	池洪军	生产宣传部部长
团　委	李新生	书　记
中国中铁报社	程建伟	总　编
中国中铁报社	屈建国	副总编
中国中铁报社	齐树华	副总编

【总公司总部业务部室负责人】 中国铁路工程总公司各部室副职以上人员名单见表 3-7：

表 3-7　总公司总部业务部室负责人

部　门	职　务	姓　名
办公厅、党委办公室、保密办公室	主　任	杨玉堂
办公厅、党委办公室	副主任	常玉伟
办公厅、党委办公室、保密办公室	副主任	李　辉
党委干部部	部　长	余汉林
党委干部部	副部长	王飞孟
党委宣传部	部　长	徐　进
党委宣传部	副部长	曹艳春
党委宣传部	副部长	刘福广
党委组织部	部长	丁荣昌
党委组织部	副部长	黄建中
政研会	副会长	毛小民
政研会	秘书长	曹艳春
纪委（监察部）	纪委副书记兼监察部部长	王宏光
纪委（监察部）	案件审理宣传教育室副主任	关静雅
纪委（监察部）	案件检查室主任	曹　兴
纪委（监察部）	案件审理宣传教育室主任	杨建华
纪委（监察部）	案件检查室副主任	林道明
纪委（监察部）	执法监察室副主任	俞　坚
工　会	副主席	刘建媛
工　会	副主席	毛小民
工　会	办公室主任	王　伟
工　会	生产宣传部部长	池洪军
团　委	团委书记	李新生
财务部	部　长	李　欣

【专业技术队伍】 围绕“人才强企”战略，不断加大专业技术人才队伍建设，人才队伍实力逐步增强，人才队伍结构进一步优化。全公司已拥有管理和专业技术人员138206人，技师、高级技师10582人。总公司现有各类技术专家702人，其中，中国工程院院士4人，全国勘察设计大师6人，国家有突出贡献的中青年专家6人，新世纪百千万人才工程国家级人选4人，中国青年科技奖1人，詹天佑奖获得者58人，享受政府特殊津贴275人，省部级有突出贡献的中青年专家12人，铁道部级有突出贡献的中青年专家43人，总公司有突出贡献的中青年专家66人，铁道部青年科技拔尖人才95人，茅以升铁道工程师奖获得者34人，总公司科技拔尖人才321人。

【工人队伍】 “十一五”（2006～2010年）期间，总公司共培养技师8439人、高级技师2231人。

2010年末统计工人总数129742人，其中技术工人107190人。技术工人队伍中取得职业资格证书的有92281人，其中初级工11260人、中级工22490人、高级工47949人、技师8566人、高级技师2016人。全公司高级工以上的高技能人才数量（共58531人）已占全部技术工人的55%，其中技师、高级技师（共10582人）占全部技术工人的比例为9.8%，提前达到国资委提出的到2020年中央企业高技能人才培养目标，保持了股份公司高技能人才优势。

与2009年度数据比较，工人队伍结构变化情况是：一、近年正式调入工人很少，工人总量逐年递减，其中初、中、高级技术工人数量减少较多，技师、高级技师数量继续增加；二、工人年龄偏大，退休人数增多；三、近年部分单位大量工人（大部分为高级工以上）转为干部；四、晋升高一等级，尤其高级工晋升技师人数较多；五、部分单位职业技能鉴定人数中有部分外部劳务工，他们中部分人员取得职业资格证书后，因各种原因离开了公司，也不列入工人统计。

【职工培训】 2010年，全公司开展了多种多样的培训工作，主要有：

1.技能培训。通过现场培训和集中专项培训，提升现场操作层技能人才的综合能力素质。2010年各单位共举办技能培训近2000班次，累计28万人次参加培训。在各局积极开展职业技能培训的基础上，结合施工生产、针对现场紧缺工种积极开展全系统职业技能培训。4月份在成都铁路工程学校举办了的工程测量技能培训班，153名学员参加培训。5、6月份，在中铁山桥集团高级技工学校举办焊工、电工、工程机械修理培训班，203人参加培训。7月在哈尔滨铁道职业技术学院组织CAD制图技能培训，共171人参加培训。10月、11月分两期在中铁隧道集团职工大学举办盾构施工技术培训班，共138人参加培训。2010年共组织228名班组长参加国资委和清华大学共同举办的“中央企业班组长岗位管理能力资格认证网络培训班”。

2.技能大赛。通过精心组织和策划，2010年5月29日～6月2日在成都铁路工程学校成功举办第九届青年技能竞赛工程测量工技能大赛，全系统共16家单位，148人参加比赛，通过比赛涌现出一批工程测算技能方面的拔尖人才，前12名选手通过集训后组队参加2010年中央企业职业技能大赛工程测量工决赛，为中国中铁争得国家荣誉。7月19日，在哈尔滨铁道职业技术学院举办中国中铁第九届青年技能竞赛CAD制图技能大赛，通过大赛涌现出一批计算机制图方面的岗位标兵和技术尖子。

6月，国资委与国家人力资源和社会保障部联合在成都铁路工程学校举办中央企业职业技能大赛工程测量工决赛，共25家单位142名选手参加比赛。中国中铁代表队获1金5银4铜，选派的10名参赛选手全部获奖。中国铁路工程总公司被国务院国资委授予“2010年中央企业职工技能大赛突出贡献奖”。

【全国劳模表彰】 五一节前，党中央、国务院在人民大会堂隆重召开2010年全国劳动模范表彰大会，中国中铁17名员工获全国劳动模范荣誉称号。

【高技能人才培养】 （一）严格按要求开展高技能人才（技师、高级技师）评价工作。按股份公司《高技能人才评价实施办法》和各单位实施办法（或细则），根据股份公司已公布的79个主要工种高技能人才评价示范标准规定的评价流程及核心能力考核、工作业绩评定、生产能力现场考核、理论知识考试、技术答辩等5个评价模块开展评价工作。至2010年12月20日，18个开展评价工作的单位共完成评价技师2573人、评价高级技师971人，经各单位高技能人才评审委员会评审通过技师1962人、上报股份公司高技能人才考核委员会待审批高级技师718人，各单位技师、高级技师评审通过率分别为76.2%和74%。

（二）严控高技能人才评价质量关。股份公司要求各单位在技师、高级技师评价工作中认真履行评价工作主责，审慎操作，严格把握工作业绩评定和现场能力考核的优秀尺度，严格控制优秀免试直接参加综合评审的人员比例，并从严审批。中铁一局、中铁五局等单位对申报高级技师的全部人员（包括工作业绩、现场能力考核优秀的）再次增加了理论考试和技术答辩，中铁大桥局、中铁隧道集团等单位也对部分工作业绩、现场能力考核优秀的人员增加了理论考试和技术答辩模块评价，以确保高级技师评价工作的质量。中铁二院、中铁宝桥等单位对报考技师、高级技师的人员优中选优、严格标准，层层评价、层层考核，还利用单位局域网、电视网络等信息平台进行广泛公示征求广大职工的意见，做到了评价出的技师、高级技师其优秀业绩得到全部员工的认可，在单位里起到了良好的示范效应，进一步推动了广大员工提高技能水平、在生产中创优争先。

（三）开辟优秀高技能人才评价绿色通道。在评价中各单位对近年来在工作中、各项技能大赛中取得突出成绩的技能人才，按照股份《高技能人才评价实施办法》的特殊人才评价认定原则，直接进入集团公司高技能人才评审委员会进行综合评审，搭建了人才快速成长平台。这次通过各单位评审上报股份公司审批通过的高级技师中，就有获得中华技能大奖的中铁电化局巨晓林、获得陕西省技能大赛第一名及陕西省技术状元的中铁电化局屈德刚及 2010 年国资委技能大赛、2010 年中国中铁技能大赛前数名获奖者和集团公司劳模等多位优秀高技能人才。

（四）加大高技能人才推优推先力度，积极部署、组织参加国家高技能人才评选表彰工作，推动高技能人才脱颖而出。

1. 经股份公司评选推荐，人力资源和社会保障部发文公布了国家第十届中华技能大奖、全国技术能手、国家技能人才培育突出贡献奖单位和个人，股份公司获奖的有：中铁一局窦铁成、中铁电化局巨晓林获中华技能大奖（全国共 20 名）；中铁八局邹明、中铁建工张学波获全国技术能手；中铁三局、中铁一局兰州技校获国家技能人才培育突出贡献奖单位；中铁山桥高级技校张海光、中铁五局贵阳高级技校范斌获国家技能人才培育突出贡献奖获奖个人。

2. 经股份公司推荐申报，中铁一局窦铁成被评为第二批中国高技能人才楷模（全国共 10 名），中组部、人社部等十部委 2010 年 11 月发通知号召全国学习楷模先进事迹。

【总公司总部机构、编制情况】 总公司主要设置以下行政机构：

（一）董事会秘书局：履行总公司董事会秘书局工作，由中国中铁股份有限公司董事会办公室负责具体工作。

（二）办公厅：履行总公司行政办公工作，由中国中铁股份有限公司总裁办负责具体工作。

（三）财务部：履行总公司财务管理工作。

总公司机关专职员工 1 人（在财务部）。

【股份公司总部机构、编制情况】 为适应股份公司改革发展、生产经营和“十二五”规划目标的需要，进一步明确职责、合理分工，精干高效，股份公司在 2009 年末、2010 年初总部部门机构编制初步调整的基础上， 从 2010 年 8 月起正式启动了总部机构设置和职能、岗位编制调整工作。总部机构调整的主要内容是：

（一）机构、职能调整。调整前，总部为 16 个行政部门和 4 个中心，调整后的总部机构设置为 19 个部门和 3 个管理中心。调整的主要内容是新成立投资发展部，主要负责建筑业上游、房地产、资源业务，同时撤销房地产开发管理中心；调整资本运营部、财务部的部分职能；将工程管理部的职能调整为铁路内、外工程管理；将市场营销部更名为经营开发部，主要负责铁路内、外经营开发和成本管理；将机关事务管理中心更名为行政管理部；将内控审计部更名为审计部；将人力资源部分立为干部部和劳资社保部，将离退休人员管理工作划入行政管理部，不再设人力资源部；监事会办公室与董事会办公室实行合署办公等。

依照理顺管理关系、明确职责、不漏项、简要清晰的原则，完成总部 19 个部门和 3 个管理中心主要职能的修订、调整工作。

（二）编制调整。在合理控制、基本保持总编制不变的原则下，根据职能调整的情况，对各部门人员编制进行了调整。加强了董事会办公室（监事会办公室）、投资发展部、审计部、安质环保部、国际业务部、工业设备部、企业文化部等部门的人员配置；调整了战略规划部、资本运营部、科技设计部、经营开发部、工程管理部、行政管理部等部门的人员编制；编制不变的有总裁办、财务部、法律事务部、监察部等部门。调整后的股份公司行政部门编制为 285 人，其中部门正职 19 人，部门副职 41 人，部门内不再内设机构。

（三）岗位设置调整。将总部行政部门岗位设置成三大系列：第一系列是三总师副职，部门正、副职，高级经理、经理、主管和助理，第二系列是专职董、监事，第三系列是管理服务人员（工人）。并根据各行政部门主要职能划分了 56 个业务模块。制定完成了对应高级经理、经理、主管和助理岗位说明。

以上调整工作在 2010 年已全部完成，经股份公司总裁办公会议研究通过后，在 2010 年 12 月 31 日由股份公司《关于公布中国中铁股份有限公司总部机构编制、部门职能、业务模块和岗位系列的通知》（中铁股份劳〔2010〕455 号）文正式公布执行。

资产和财务状况

【营业收入】 2010 年中国铁路工程总公司共实现营业收入 4741.70 亿元，同比增长 36.48%。建筑业分类别完成情况为：基建建设板块 4117.16 亿元，勘察、设计及咨询服务板块 83.30 亿元，工程设备和零部件制造板块 103.97 亿元，房地产开发板块 117.15 亿元，其他 320.12 亿元。见表 3-8。

表 3-8 中国铁路工程总公司 2010 年主要经济指标

单位：亿元

项　目	2010	2009	同比增长（%）
资产总额	3958.80	3168.6	24.94
净资产	782.30	700.4	11.69
营业总收入	4741.70	3474.4	36.48
利润总额	103.70	84.3	23.01
技术开发投入（亿元）	91.2	61.46	48.39
利税总额	283	215	31.63
全员劳动生产率	16.89	16.18	4.39
净资产收益率(不含少数股东权益)	10.19	10.3	-1.07
总资产报酬率	3.64	3.81	-4.21
国有资产保值增值率	109.73	111.05	-1.19

【财务指标】 见表 3-9。

表 3-9 中国铁路工程总公司 2010 年度财务指标

一、绩效指标：	
（一）盈利能力指标：	
1.净资产收益率（不含少数股东权益）(%)	10.19
2.总资产报酬率（%）	3.64
3.营业利润率（%）	2.11
4.主营业务利润率（%）	5.75
5.成本费用利润率（%）	2.23
6.盈余现金保障倍数	-0.28
7.成本费用总额占营业总收入的比率（%）	97.93
（二）资产质量指标：	
1.总资产周转率（次）	1.32
2.流动资产周转率（次）	1.75
3.存货周转率（次）	4.26
4.应收账款周转率（次）	6.27
5.资产现金回收率（%）	-0.32
6.应收账款增长率（%）	22.87
7.存货增长率（%）	44.31
（三）债务风险指标：	
1.资产负债率（%）	80.24

2. 已获利息倍数	5.00
3. 流动比率	1.14
4. 速动比率	0.69
5. 现金流动负债比率（%）	-0.43
6. 短期借款占全部借款的比率（%）	44.10
7. 抵押资产占总资产比率（%）	5.77
8. 担保金额占净资产比率（%）	41.04
9. 带息负债比率（%）	28.37
10. 或有负债比率（%）	0.18
（四）经营增长指标：	
1. 营业总收入增长率（%）	36.48
2. 主营业务收入增长率（%）	36.41
3. 营业利润增长率（%）	27.66
4. 利润增长率（%）	22.94

【资产比重变动】 见表 3-10。

表 3-10　中国铁路工程总公司 2010 年资产比重及变动情况（财务部）

单位：亿元

项目	年末数	年初数	增长额	增幅（%）	占总资产（%）
货币资金	597.9	520.8	77.1	14.80	15.10
应收账款	815	662.9	152.1	22.94	20.59
预付账款	207.7	176.8	30.9	17.48	5.25
其他应收款	183.5	181.2	2.3	1.27	4.64
存货	1189.70	823.9	365.8	44.40	30.05
流动资产合计	3012.70	2383.40	629.3	26.40	76.10
长期股权投资	81.6	80	1.6	2.00	2.06
固定资产	318.2	265.4	52.8	19.89	8.04
资产总计	3958.80	3168.60	790.2	24.94	100.00

【技术动力装备】 截至 2010 年底，中国中铁股份有限公司自有施工机械 64319 台，原值 289.99 亿元，净值 174.43 亿元，总功率 520.56 万 KW，全员技术装备率（按净值计算）7.07 万元/人，动力装备率 21.09KW/人，装备生产率 22.98，设备新度系数 0.60。全年根据股份公司大型设备集中采购管理办法，批复和委托各集团公司集中采购设备 1573 台套，金额 22.3 亿元（委铁动车组 1.4 亿美元未计算），大型施工设备集中采购度达到 75%，公司技术装备水平进一步增强。

管理体制创新

【企业重组、改制】 1. 顺利完成北京、上海、广州地区企业内部重组。为深入细致地做好企业内部重组工作，积极探索在北京、上海、广州等经济发达地区组建新的综合型建筑企业集团，增加市场竞争主体数量的要求，主要做了以下几个方面的工作：

（1）深入调查研究和前期论证。3 月份战略规划部下发《关于编制“十二五”企业发展规划有关情况调查的通知》，通知要求对二级特别是三级公司的人员情况、资质情况，区域分布、资产状况，设备状况进行统计和上报，为做好重组工作掌握第一手资料。在深入调查，认真分析的基础上，6 月份完成《关于股份内部重组的总体方案》。8 月初陪同公司主要领导先后对中铁一局等 10 余家企业进行专题调研，撰写《关于中铁港航工程局改革发展有关情况的调查报告》、《关于中国航空港建设总公司改革发展有关情况的调查报告》、《关于中铁大桥局改革发展有关情况的调查报告》和《关于中铁隧道局集团公司改革发展有关情况的调查报告》4 个调研报告，为企业内部重组工作奠定基础。

（2）制定切实可行的重组方案。企业重组工作对于深化企业改革，加快组织、产业、产品、队伍结构调整，“推进两大转变，实现二次创业”具有重要的现实意义和深远的历史意义。这次企业重组涉及单位多，人员数量多，资产规模大，时间紧，任务重，要求高，是一项十分复杂的系统工程。因此，制定科学的重组方案是这次企业内部重组成败的关键。在反复论证的基础上，制定《股份公司企业内部重组方案》，将中铁大桥局三公司、中铁五局三公司等三家企业整体重组并入中铁港航工程局；将中铁建工集团北京有限公司、中铁三局一公司、中铁一局一公司整体重组并入中国航空港建设总公司；将中铁三局华海公司、中铁四局六公司、中铁四局市政分公司、中国中铁上海分公司公整体重组并入到新设立的中铁上海工程建设有限公司。《方案》明确了重组的指导思想、原则和保证措施，经 2010 年 10 月 29 日第一届董事会第三十七次会议审议通过，同时下发了《关于股份公司企业重组有关具体问题的处理意见》，使企业重组有章可循，规范操作。

（3）积极帮助解决重组过程存在的各种问题。10 月 30 日，股份公司召开全公司企业重组工作视频会议，并下发《企业重组方案》和《关于股份公司企业重组有关具体问题的处理意见》。视频会议后，各单位立即成立领导小组和工作组，积极开展各项工作。为确保企业重组健康有序地向前推进，公司领导及有关部门于 11 月 16～19 日分别在上海和广州，11 月 29～30 日在北京召开现场办公会，一对一沟通，协调和解决重组过程中的有关问题。中铁港航局与大桥局 27 日在武汉签订股权转让协议，29 日在贵阳与五局签订股权转让协议，并正式进行移交，12 月 4 日中铁港航局与二局在深圳签订移交协议。中铁上海工程局办理完工商登记后，立即安排股权转让，进行移交交接工作。企业重组过程中所涉及具体问题基本得到解决。

2. 整合内部资源，优化资源配置。根据股份公司发展的需要，对有关业务进行重组和整合。按照国资委《关于中央企业非主业宾馆酒店分离重组工作有关问题的通知》精神和燕丰饭店的现状，完成燕丰饭店与华铁咨询公司的并入式重组。以燕丰饭店 2009 年 12 月 31 日经审计的资产账面净值划入华铁咨询，人员、机构随资产整体重组进入，作为华铁咨询下属子企业管理。为加强全公司物资贸易业务的发展，经总裁办公会议和董事会审议通过，在物贸分公司基础上设立中铁物贸有限责任公司，实行“一套机构、两块牌子”运作，2010 年 11 月 28 日中铁物贸有限公司正式挂牌成立。

3. 完成中国航空港改制及注入股份公司工作。中国航空港建设总公司整体并入中国铁路工程总公司后，在股份公司领导的关心和总部相关部门的帮助指导下，经航空港全体员工近一年多努力工作，已经完成产权变更、资产清查、审计评估、企业改制的工商变更登记等工作，并于 2010 年 11 月 29 日组建成立中国航空港建设有限公司。为加强公司治理，避免同业竞争，经股份公司 2010 年 12 月 22 日第一届董事会第三十九次会议审议通过，由股份公司收购总公司所持航空港公司 100%股权。

4. 完成国资委宾馆酒店情况调查工作。根据国资委《关于开展中央企业所属宾馆酒店分离重组工作的通知》和《关于进一步开展中央企业所属宾馆酒店类单位情况调查的通知》精神，股份公司安排布置所属各单位及时按要求对宾馆酒店类单位情况进行调查，并将基本情况进行汇总统计，对汇总资料已按时上报国资委。

【管理制度】 根据股份公司《内部控制体系建设方案》，重点对总部内控体系文件进行进一步修改完善，积极推进 7 家试点单位内控体系建设工作，在认真试点的基础上全面启动全公司的内控体系建设工作。

进一步修改完善总部内控体系文件。按照股份公司内控体系建设总体部署，全面梳理管理制度，开展业务尽职调查、管理框架设计、流程图绘制及描述编写、关键控制点辨识与措施制定、重大风险识别与评估、业务流程优化、管理工作改进、内控手册编制等工作。工作过程中，始终把提高自身素质作为重要内容，把内控体系建设与规范企业管理紧密结合，把内控体系建设与风险管理体系紧密结合，把内控体系建设与“贯标认证”紧密结合，把总结管理经验与不断完善提高融为一体。在《企业内部控制配套指引》颁布后，总部先后两次召开专题会议，全面对标检查，不断完善提高。结合总部部门调整，职责重新分配，先后两次进行修订完善。确保建立起既满足企业内控规范体系，又符合总部实际的内控制度体系。

积极开展试点工作。按照内控体系建设工作的总体方案和实施步骤，在认真总结股份公司总部工作经验的基础上， 3 月 1 日，中海外、中铁四局、中铁六局、中铁设计咨询、中铁科工、中铁置业、中铁资源 7 家试点单位，在二级企业中先行组织开展内控体系建设工作。同时非试点单位按照业务板块相近的原则，积极选派相关人员参与试点单位内控体系建设工作的推广实施。各试点单位先后安排7次集中培训，参加培训的人员达到近5000人次。非试点单位的28家二级企业，也都派出相关人员参加试点单位的学习培训，为搞好全公司的内控体系建设工作奠定坚实的基础。各试点单位高度重视，主要领导亲自过问，分管领导具体安排，主责部门严格审核把关，各岗位工作人员主动参与，相互协调，加强沟通，按计划推进各项工作。9月底，各试点单位的各项工作基本完成，评审验收报告已上报股份公司。从评审验收报告的结果看，各试点单位内控体系建设工作达到预期的效果，为全公司开展内控体系建设工作起到示范作用。

全面推进全公司内控体系建设。10月18日股份公司召开全公司内控体系建设推进会议，股份公司董事长、党委书记李长进作重要讲话，总结全公司内控体系建设工作，对二级企业全面开展内控体系建设进行全面部署。股份公司总裁白中仁主持会议，并就全面推进内控体系建设工作提出明确要求。年末，股份公司总部内控体系文件建立工作已经完成。12月10日，副总裁马力主持召开专题会议进行评审，并于2010年12月20日通过第十一次总裁办公会审议通过。所属各单位的内控体系建设按照统一部署和安排正在积极有序地推进内控体系建设。按照工作进度要求，2011年3月底以前完成二级单位内控体系建设工作。

强化制度建设，切实提高企业各项管理水平。为确保公司颁布规章制度的程序科学化、规范化，按照股份公司规章制度管理办法，对即将下发的各项管理制度和办法进行认真评审。结合管理体系监督审核，进一步规范管理体系，不断提高企业的整体管理水平。

加强制度建设，做好各项管理制度的评审工作。按照股份公司《规章制度管理办法》，积极组织改进和完善股份公司规章制度建设工作。对于每项新制定和修订规章制度，在与主责职能部门充分协商和征求相关部门、各所属单位意见的基础上，组织召开评审会议，充分听取意见，按照不同层级规章制度审批权限，决定提请总裁办公会审议和审批，年内召开评审会5次，评审规章制度近30个，编制《2009年股份公司规章制度汇编》，确保规章制度符合法律法规和切合企业实际。

【中海外管理创新】 2010年是中海外发展历程中极不平凡的一年，在股份公司“坚定一个思路、搞好两个加强、实行三个集中”的指引下，公司围绕“保增长、促转变、增效益”中心工作，坚持“执行落实年”工作定位，抢抓发展机遇，探索新的营销模式，提高总部的决策、管控、协调和服务能力，企业各项经营成果良好。

完成各项经营指标。2010年，完成新签合同额93亿元人民币，与2005年相比增长246%；实现营业收入50.19亿元人民币，与2005年相比增长197.7%；实现利润总额1.094亿元人民币，归属母公司净利润9020万元人民币，与2005年相比增长470%，资产总额42.51亿元人民币，净资产收益率8.62%，资产负债率为72.59%，比上年的75.32%有较大幅度降低，公司资产质量不断提升。

经营工作有新突破。一是传统市场滚动发展，区域优势进一步彰显。2010年，非洲市场充分发挥中流砥柱作用，新签合同额占全公司境外承包工程新签合同额的95%以上，新签较大项目主要有4亿美元的毛塔政府一揽子规划项目、1.58亿美元的塞内加尔达喀尔—切斯铁路旧线改造项目、1.2亿美元的摩洛哥贝尔希德—贝尼马拉高速公路项目、9580万美元的摩洛哥拉巴特环城高速路斜拉桥项目、合计7269万美元的刚果（金）金沙萨630大道和凯旋大道项目、8366万美元的毛塔贫困三角洲公路项目、6400万美元的南非卡拉盖迪锰矿土方项目、3462万美元的科特迪瓦130公路项目等。在亚太区域，巴新公司经营情况良好，完成新签合同额5324万美元。二是强化融资能力，“两优”项目成果显著。2010年相继签署了塞内加尔达喀尔—切斯铁路旧线改造项目、毛塔贫困三角洲公路项目和印尼交通部铁路物资材料采购项目。三是突出主营业务，铁路权重进一步扩大。2010年，是公司在境外铁路项目上取得较大突破的一年。代表中国中铁运作澳大利亚“中国第一煤矿”470公里30亿美元的铁路建设EPC项目。与日本三菱重工合作竞投的澳门轻轨物资采购项目获得其中部分安装合同，初步测算合同金额约5000万美元。国内，铁工建设承揽了合同额1.8亿元人民币的津保高铁项目及合同额1亿元人民币的中南通道铁路项目。

扎实推进施工生产。完善过程控制，重点项目进展良好。摩洛哥伊—阿高速公路全线通车。摩洛哥王国为此举行了盛大的通车典礼。刚果（金）“6·30”大道和凯旋大道按期投入使用，受到刚果（金）总统高度赞扬。南非卡拉盖迪锰矿土方项目161天圆满验交，创造了“中国速度”。援毛塔达内姆小学正式交付。摩洛哥东西高速公路项目二标段主体工程已经竣工，工程量完成98%以上。博茨瓦纳马翁机场跑道项目，实现了良好的经济效益，为公司品牌提升奠定了坚实基础。肯尼亚A—N公路项目在遭遇各种不利因素后，拼抢工期，受到业主及出资方好评，提升了中海外在肯形象。波兰A2高速公路项目（A、C标段）被动局面有所改善。二是扩大自营项目比重，创建“海外架子队”管理模式。2010年公司在建项目80个，其中合同额在千万美元以上的较大项目42个，公司自营项目比重占在建项目的40%；公司选择南非卡拉盖迪锰矿土方项目为试点，实行“1+3”项目捆绑责任制。今后将在海外自营项目中更多推广“海外架子队”管理模式。三是加强安全防控，提高安全管理水平。2010年，公司认真落实安全生产责任制，深入开展“安全生产月”、安全警示教育和群众安全监督员活动，对16个国内外子分公司、项目部的安全制度建立情况及安全体系建设情况进行了检查。通过国内外各单位自查，安质部评估，公司安全总监、公司领导评定的三级责任体系，实现了对国内外各单位安全管理情况的全面掌握，并就安全管理中存在的不足提出了整改要求，全面提高了公司安全管理水平。重点关注巴新地区霍乱爆发、科特迪瓦总统选举骚乱、南非局部骚乱、南苏丹地区局势不稳等社会安全事件，完善了境外突发事件的预警机制，加大防疾病、防恐怖袭击、防自然灾害等方面的工作力度，切实保障了出国人员的人身安全。

加强基础管理。在财务管理方面，全面推进财务预算管理，落实预算管理责任，优化预算管理流程；加强经济活动分析，科学评价生产经营现状，及时采取改进措施；强化建造合同管理，由公司和北京交大联合设计的《公司建造合同收入与管理系统》已进入实质测试阶段；建立财务风险预警机制，下发了《财务风险预警管理暂行办法》。在资金管理方面，资金集中工作得到进一步加强，月均资金集中度达到 90%，超过股份公司 85%的计划指标。通过内部资金调剂，基本满足公司内部各单位的资金需求，减少外部融资 1.4 亿元人民币，累计节约融资费用约 383 万元人民币；截至 2010 年年底，公司综合授信额度由年初的 80.5 亿元人民币上升到 86.52 亿元人民币，免担保授信额度由去年年底的 84%上升到 100%，通过内部融资置换、使用银行承兑汇票、信用证等多种方式，累计节约财务费用 1594 万元人民币。在风险管理方面，在股份公司系统内率先启动内控体系建设，形成《内控与风险管理手册》、《内部控制管理改进建议报告》和《流程体系文件与控制文档》，初步建立内控框架体系。为印尼交通部铁路物资材料采购项目、澳大利亚“中国第一煤矿”铁路建设 EPC 项目等提供法律风险提示及过程监督，完善内部评审制度。在监察审计方面，公司深入开展工程建设领域专项治理工作，对境内外 56 个承建类项目和 3 个投资类项目进行全面摸底调查，指导和督促责任单位制定整改措施和改进办法。重点关注亏损项目整改工作，实行公司领导班子成员包保、总部管理部门督促检查、境外子分公司为扭亏责任主体的“三级管理”体制，明确整改内容、整改措施、整改时限、整改责任人，最大限度地减少项目亏损。在“双清”工作方面，全年收回西矿国际股权转让费 3950 万元人民币、刚果（金）两矿一厂转让费 1.22 亿元人民币、卡塔尔西穆塞尔区内部路项目损失费 2530 万元人民币，共计 1.86 亿元人民币。修订、下发了《“双清”工作管理（暂行）办法》，目前，有 12 家单位基本完成“双清”工作台账的建立工作。在物资、设备的集中采购和管理方面，制定《中海外设备集中采购办法》、《特种设备管理制度》等系列规章制度，切实发挥企业物资、设备采购供应主渠道作用，有效降低了生产成本。在科技开发方面，公司承担的国家科技部软科学项目《中国铁路产业“走出去”战略研究》被股份公司评为科技进步二等奖；中海外 2009 年度第一届科技进步奖的评选工作圆满结束；公司无纸化办公系统、工程项目综合管理信息系统等也取得了一定进展。在企业资质方面，公司获得建设部颁发的铁路工程施工总承包壹级资质，实现“小单位、大资质”，在向产业链“源头”延伸、向“品牌型”公司发展的道路上又迈出重要一步。在后勤保障方面，加强了固定资产实物管理工作，为公司员工提供了良好的办公环境及通信保障。

加强人才队伍建设。2010 年公司国内外中层领导人员轮岗交流 35 人次，其中提拔 13 人。面向股份公司系统和社会公开招聘人才，共引进铁路、公路、桥梁、房建等专业人员 28 名。招聘外语、工程等专业应届大学生 40 名，从专业结构和学历结构上基本满足公司总部及子分公司的需求。新入职大学生经过培训后，大部分已派往国外一线工作。制订了《企业“十二五”人才规划》（初稿），对人才总量、结构、布局、素质等做出合理预测，提出人才队伍建设发展目标、发展思路和具体措施。高度重视培训工作，在内外训、拓展培训，开展包括互联网培训、光盘教学、远程教学在内的辅助培训，拓展培训结构，增强培训的灵活性和多样性。通过提高建造师职级分数、增加长期出国津贴等方式，进一步提高了公司急需人才和长期驻外员工的收入水平。

社会责任全面履行。2010 年，西非公司经理梁莹荣获“全国劳动模范”荣誉称号。充分体现了国家和社会对以梁莹同志为代表的、长年奋战在海外一线员工忠诚国家、报效企业所做出贡献的肯定与认可。股份公司授予南非卡拉盖迪锰矿项目、博茨瓦纳马翁机场跑道项目 2010 年“建功立业杯”劳动竞赛先进集体称号，公司党、政、工、团联合授予南非卡拉盖迪锰矿项目指挥部“攻坚克难优秀团队”荣誉称号。周泽同志荣获“2010 年火车头”奖章，田文翰荣获“中国中铁股份有限公司劳动模范”称号。企业发展部工会小组荣获“全路模范职工小家”称号。公司推出新版内部刊物《海风》，积极营造良好的企业文化氛围。在青海省玉树县发生强烈地震后，国内外员工共捐款 65.6 万元人民币，向灾区捐赠电脑 30 台。巴新公司圆满完成中国海军舰艇编队友好访问的接待任务；上海世博会前期，公司主动与相关驻在国联系，协助其布展工作。

【中铁三局管理创新】 2010 年 10 月 30 日，中铁三局集团有限公司第一工程公司和华海工程公司从中铁三局剥离，分别归属中国航空港建设总公司和中铁上海工程局建设有限公司。

企业改制工作：2010 年，中铁三局集团有限公司实施一系列资源整合、产品结构调整措施，优化企业结构：

1. 整合物资采购、贸易资源，设立中铁三局集团物资供应有限公司，构建集团公司物资集中采购、供应新体制，有效降低物资采购成本，提高物资配送效率和质量。

2. 整合集团公司广东地区资源，广州分公司实体化运作，实现集团公司广东地区经营管理一体化，提高公司在广东区域市场的整体竞争力。

3. 成立山西三江工程检测有限公司，有效利用现有工程试验资源，拓展集团公司产业发展空间，培育服务集团公司及各子分公司，同时具备对外开拓检测、试验市场能力的专业化队伍，形成集团公司新的经济增长点。

4. 整合集团公司测量资源，成立山西天昇测绘工程有限公司，以整体优势降低成本，提高工程测量业务市场竞争能力，适应建筑市场的发展需求。

5.培育面向国际市场，服务集团公司及成员单位的专业化队伍，构建集团公司以国际工程承包为主的综合性国际经济技术合作公司，整合集团公司海外项目现有资源，成立中铁三局集团有限公司国际工程分公司。

6.2010年5月6日，房地产公司作为子公司从建安公司分离，实行独立运行、规范管理，加快公司房地产开发版块发展。

7.2010年8月6日，集团公司成立“山西隰延高速公路投资有限公司”，负责山西霍永高速公路西段（隰县至永和）工程项目的融资、建设等工作，全面履行特许经营（BT）合同。

8.2010年11月4日，适应区域经营战略的需要，巩固“长三角”地区建筑市场和调整集团公司子分公司布局，集团公司成立中铁三局集团有限公司南京工程分公司。

9.2010年11月7日，为适应区域经营战略的需要，巩固发展天津地区建筑市场，完善集团公司产业结构布局，对天津工程有限公司实体化运作，明确了天津公司具有公司、办事处、指挥部“三位一体”管理职能，拓展天津及周边地区市场。

10.2010年底，对公司本部机构设置、职责、岗位、人员等进行了优化和调整，公司本部和社管中心开展了以“定编、定岗、定责、定薪”为主要内容的“四定”工作。新成立了工程经济部及国际业务部，明确部门职责47项，改变一项职能多头管理，归并管理内容同类项，合理配置部门职能。取消管理人员级别及专业职务岗位设置，依据岗位承担工作任务的责任大小和繁重程度，精确设置岗位。

集团公司对社管中心（宏达分中心）实行人、财、物统筹管理，承担公司本部后勤服务职能，比照分公司模式运作。社管中心对物业公司直接管理，取消物业公司管理层，充实作业层，提高服务运行质量。

新的管理制度：1.规范工程项目管理制度。2010年中铁三局集团有限公司编制了《工程项目管理办法（试行）》、《工程项目测量管理办法》、《中铁三局集团有限公司优质工程管理评选办法》、《劳务队伍准入管理办法》、《工程项目收尾阶段管理办法》、《工程项目管理问责制》试行、《工程项目分级管理办法》等管理办法，完善管理制度，明确项目管理职责，强化项目组织和运行管理，推动集团公司项目管理水平的提升。

2.推进标准化管理。2010年编制了《项目文化建设实用手册》、《项目工作流程》、《标准化工地》、《铁路工程标准工艺》、《铁路工程作业卡片》、《架子队管理手册》、《职业技能标准》、《质量通病百例》、《安全看板管理》等标准化管理系列丛书，制定《中铁三局项目标准化建设考评标准》，完善项目标准化管理和考核的内容。同时，对沪昆客专湖南段、大西客专等铁道部、集团公司标准化管理示范段项目，开展标准化管理培训，帮助项目部策划标准化管理的实施方案，推动项目标准化管理的深入开展。

3.制定下发《非实体性机构管理办法》，将非实体性机构纳入集团公司管理范围，明确了由子分公司、办事处的管理职责，公司设立审批程序，强化监督管理职能，规范公司经营管理行为，规避经营风险。

4.规范领导人述职程序，制定《集团公司各子分公司总经理述职规定》和《集团公司工程项目指挥长（经理）述职规定》，对述职内容及述职方式等方面进行明确。

5.加快专业技术人才队伍结构优化，制定出台《外派助勤人员管理办法》、《促进和规范员工合理流动管理暂行办法》、《高校毕业生见习管理办法》等制度、办法，并对《学科带头人管理办法》做进一步修订，重点对外派助勤人员进行统一管理，集团公司的资源支配功能得到有效发挥，专业技术人员管理进一步规范，人才队伍趋于稳定。

6.制订下发《中铁三局集团有限公司关于加强劳务队伍建设的指导意见》、《劳务基地建设管理办法》、《员工注册劳务公司办法》、《劳务用工管理办法》、《劳动用工大检查工作细则》、《劳务队伍准入管理办法》等六个办法，全力构建制度完善、运转有效的劳务管理机制和管理体系，实施闭环管理。同时，实施《中铁三局集团有限公司高技能人才评价实施办法》，开展“331”高技能人才培养工程，计划从2010年至2012年，3年时间培养300名技师、100名高级技师。

7.完善岗位绩效工资制度。对工资单元结构、岗位层级之间的工资结构进行合理调整，加大绩效工资所占员工月收入的比例，将绩效工资与集团公司每月施工产值指标和安全指标紧密挂钩，随企业经营业绩指标的变化而上下浮动。员工结成风险共担，责任共负，利益共享的利益共同体。

8.责任成本管理工作得到加强和强化。成立工程经济部，结合《工程项目管理办法（试行）》办法及工程指挥部、项目部、架子队管理模式，出台《工程项目内部预算编制及责任成本预算管理办法》、《工程项目责任成本预算管理办法》、《验工计价管理办法》、《经济活动分析实施细则》，强化子（分）公司以集团公司资质中标项目的成本管理，规范经济运行秩序，及时、合理、有据的确定了工程项目总包收益，实现企业效益良性循环。制定《增收创效策略及技巧》、《增收创效管理办法》。2010年局直管铁路项目实现增收创效总额253085万元，子分公司自管、委管铁路、非铁路项目增收创效总额120426万元。

9.加强对营销工作的领导，确定9名公司领导作为区域分管领导，详细划分所负责区域，并明确下达各类工程的承揽任务，做到指标量化，任务明确，责任到人。2010年8月颁布《关于印发〈中铁三局集团有限公司营销管理办法〉及相关配套办法的通知》，并出台了《经营工作手册》。经营部和各办事处按照区域和实际情况加大资质使用和区域协调的管理力度，积极开展项目协调，避免各单位重复投入、内部无序竞争，相互拆台等问题，提高营销工作成效和资质使用效率。

10.加强机械管理基础工作，制定出台《机械购置管理补充规定》，对机械购置申请和审批，机械设备购置方式，机械设备购置合同和购置资金，机械购置完成，机械设备购置平台建立与评价，坚持“谁组固、谁筹款、谁还款”的设备购置原则。

11. 强化科技创新意识，创新体系逐步规范化、标准化。集团公司制定了《技术创新管理办法》和配套的“研发项目、工法、专利管理细则”，实现科学研究、技术开发与施工生产的紧密结合；制定《杰出技术创新专项奖评审及奖励办法》，其核心是对符合授奖条件的创新者和创新团队各奖励50万元。

12. 物资集中采购， 2010年对新中标的大西、中南通道、兰新、沪昆、杭长1标、沪昆贵州段、沪昆云南段、张唐等8个集团公司直管项目，全部实施了集中采购。集中采购项目从2010年初的26个扩展至目前的116个，集中采购的深度和广度都得到快速提高。2010年12月，年度累计集中采购供应额为111.53亿元。

13. 加强公司财务管理，规范各项财务基础工作，成立财务预算管理委员会和预算管理办公室，加大了预算管理的推动力度，从编报、审核、调整、批复、考核等各环节入手，深化预算管理工作；加强公司本部经费管理，严格执行经费预算，增强经费预算的刚性，对集团公司机关本部《经费管理试行办法》重新修订；制定《经济活动分析实施细则》，对经济活动分析的组织、程序、内容、方法等进行规范，提高精细化管理水平，加大预算执行力度；加强资金集中管理，提高资金使用效率，加大集团内部资金集中管理的力度。

【中铁四局管理创新】 企业内部重组。2010年10月30日，中国中铁股份公司决定将中铁四局六公司和市政分公司整体重组移交给新设立的中铁上海局。中铁四局按照股份公司的统一部署和要求，积极推进企业内部重组工作：一是组织学习，认识到位。在局主要领导的组织下，学习李董事长、白总裁的讲话和股份公司下发的380号文《股份公司企业内部重组方案》、381号文《关于股份公司企业重组有关具体问题的处理意见》等。通过认真的学习和领会，充分认识到了企业重组是股份公司实施“推进两大转变、实现二次创业”的重大举措，也是为适应市场竞争要求、增加企业竞争主体的重要措施。二是组织到位，机制到位。为保证“移交”期间全局、六公司、市政公司营销和生产以及其他各项管理工作的正常进行，按照股份公司的要求，中铁四局成立了企业重组工作领导小组，并在企业管理部下设了重组办公室。三是努力沟通，求同存异。自重组之日起，中铁四局与中铁上海工程局就重组移交问题先后进行了五次沟通对接，本着有理、有利、有节的原则，据理力争，经过艰苦的谈判，并在股份公司领导的协调下，在市场营销、铁路项目经济政策、财务清算、代局指管理等一些关键分歧问题方面维护了企业利益，实现了目标要求。

产业结构调整。根据股份公司《转发国资委有关开展中央企业非主业宾馆酒店分离重组工作等文件的通知》(中铁股份划[2010]66号文）要求，决定从2010年起用3—5年时间开展中央企业非主业宾馆酒店分离重组工作。中铁四局所属的黄山中铁旅游有限公司黄山馨园国际大酒店涉及到此次分离重组工作。为开展好此项工作，中铁四局成立了宾馆酒店分离重组领导小组，并在调查摸底的基础上，草拟了《黄山中铁旅游有限公司馨园国际大酒店分离重组总体方案》。

【中铁五局管理创新】 一、组织结构调整

1. 全面推进了专业化公司的建立运行，成立了测绘测试分公司、机械租赁分公司，实现了部分资产、生产要素的集中化、专业化管理和企业内部的市场化配置，提升了资源要素动态优化配置的效果。新成立的两个专业化分公司实现了当年组建、当年赢利。

2. 2010年6月18日，根据全国城轨交通市场前景广阔的实际，整合了全局地铁盾构施工资源，挂牌成立了城市轨道交通工程分公司，促进了地铁盾构施工的专业化发展。

3. 完成了将中铁五局三公司重组到中铁港航局相关工作。按照中国中铁股份公司企业重组的统一部署，将中铁五局三公司在册员工及离退休人员整体移交中铁港航局共计5627人（在册员工2424人，离退休人员3203人)，确认股权转让金额1.74亿元，在建27个项目移交给中铁港航局，移交工作平稳、快速、有序。

4. 根据经营开发需要，成立沈阳、西北、贵阳、昆明分公司等4个经营窗口单位，进一步优化了经营布局。

二、机制建设推进

1. 进一步推行了经营承包责任制。对综合子公司实行了以营业额、合同额、利润、安全质量等为主要考核指标的责任制，对项目部实行了红线成本预算管理为主要考核指标的责任制，对经营窗口单位实行了以合同额为考核指标的责任制，对多元经营单位实行了以利润为主要考核指标的责任制。

2. 完善推行了质量安全包保责任制、铁路项目内部信用评价制、铁路项目外部信用评价目标责任制三项机制。

三、管理模式创新

1. 全面实行项目扁平化管理，推行了直管、共管、代管三种模式。直管模式就是由局设项目指挥部进行直接管理的管理模式；共管模式就是局与参建公司联合组建项目指挥部，局只派出项目指挥长、总工程师、财会部长的管理模式；代管模式就是局委托子分公司组建指挥部管理项目的模式。完善了局级指挥部的职能定位，由过去的生产指挥型转变为生产经营型，赋予局级指挥部任务调节权、干部建议权、奖惩权和物资集中采购组织权，为局级指挥部有责有权地开展工作提供了组织保证。

2. 实行生产经营片区责任制。将全局生产经营区域划分为北方片区、中南片区、东南片区、华东片区、川渝片区、贵州片区、西北片区、广西片区、云南片区9大片区，由局领导担任指挥长，对片区内的生产经营进行统一管理，促进了生产经营的一体化发展。

3. 重新组建了作业层骨干队伍，全面实行了架子队的组织管理模式。中铁五局架子队建设成为全路示范，架子队建设经验在铁道部铁路工程质量暨标准化管理现场会、中国中铁标准

化管理视频会上进行了书面发言交流。成绵乐 2 标项目的架子队建设通过铁道部标准化管理试点评审。一些建设单位项目现场管段召开全线架子队建设现场会。

4. 开展了内控制度建设及风险管理。根据中国中铁股份公司下发《关于转发财政部等五部委<企业内部控制配套指引>的通知》的要求，中铁五局全力推进内部控制体系建设工作，成立了局内控领导小组和内控工作机构，从 10 月 1 日起非试点二级单位全面启动内控体系建设工作。

【中铁六局管理创新】 2010 年，中铁六局新定或修订了规章制度主要有：集团公司与各成员单位经济利益分配办法、商业汇票管理暂行办法、负责人薪酬管理暂行办法、高技能人才评价实施暂行办法、资质管理办法、营业线施工审批及盯控管理办法、临时工程管理暂行办法、公路信用评价管理办法、物资管理办法、施工用特种设备管理办法、爆炸物品安全管理办法、节能减排管理办法等规章制度 30 余项。

【中铁七局管理创新】 按照铁道部和股份公司有关会议精神，召开专题会议对标准化管理和架子队建设进行了宣贯和部署，编制了《项目经理部标准化管理手册》和各专业作业指导书、要点卡片，制定了标准化管理达标考核检查办法，分别在石武客专、兰渝铁路、昆明枢纽项目组织召开了集团公司标准化管理现场会、隧道标准化施工现场会和安全质量标准化管理现场会，对各单位架子队建设情况进行了摸底检查，提出了改进意见和下一步的推进计划，出台了架子队建设的指导意见、实施规划和操作指南以及鼓励大中专毕业生成为工班长、领工员的优惠政策，促进了标准化管理和架子队建设的落实。

2010 年，集团公司认真贯彻落实铁道部“铁路建设项目标准化管理”的精神，全面落实“高标准、讲科学、不懈怠”的指导思想，严格执行“管理制度标准化、人员配备标准化、现场管理标准化、过程控制标准化”的管理要求，在 2009 年集团公司颁布实施《项目经理部标准化管理手册》的基础上，为强化制度的执行力度和有效性，又制订了《中铁七局集团有限公司施工标准化管理达标检查考核办法》等文件，进一步明确了对项目部和公司施工标准化管理达标检查考核规定，并纳入了系统管理的要求，细化和量化了考核标准，有力地推动了集团公司标准化管理工作向纵深发展。

3 月 15 日，组织策划召开“石武客专标准化现场观摩会议”；7 月 20 日又组织策划在兰渝指挥部召开了全局隧道标准化现场会。两个会议的召开，起到了“典型引路，抓点带面”的作用，对强力推行集团公司标准化建设管理工作产生了很好的示范效应，同时也得到业主的充分肯定。

加强督导、动态监控。10 月 22 日，集团公司标准化建设督导组，由纪委书记带队，机关主要业务部门参加，对集团公司在建项重点项目进行督导检查，抽查了汉宜、昆明、柳南指挥部所属的 7 个分部和公司直管的 11 个重点项目部，通过检查综合考评，促使各单位在制度体系建设、人员配备、驻地建设、文明工地建设等方面达到标准化管理要求，有力地促进了标准化建设管理工作有序推进。集团公司选定的试点石武指挥部、成都东站指挥部均通过了所在铁路局标准化验收；武汉公司江阴港、三公司沪宁城际、四公司长荆铁路等项目被业主评为“标准化项目部”、“标准化工地”，树立为全线的标杆和样板，并在信用评价中取得了突出的成绩。

2010 年，根据中国中铁股份公司关于“内部控制体系”建设工作要求和财政部等五部委颁布的《企业内部控制基本规范》及其《企业内部控制配套指引》和国资委颁布的《中央企业全面风险管理指引》的要求，为了切实加强集团公司“内部控制体系”建设和风险管理工作的领导，保证“内部控制体系”建设和风险管理工作协调、顺利开展，促进企业管理质量的持续有效提升，经集团公司办公会议研究决定，成立了集团公司内部控制体系建设领导小组。由集团公司总经理任组长，主管副总经理、总法律顾问任副组长，企业发展部、审计部、董事会办公室、人力资源部、财务会计部、法律事务部、安全质量监察部、工程管理部、工程技术中心、预算合同部、市场和铁路市场部、海外部、纪委办公室、监察部、办公室、党委工作部、工会工作部、物资设备管理中心负责人为组员。起草颁布了《关于启动局内部控制体系建设工作的通知》（中铁七企〔2010〕100 号），明确了集团公司内部控制体系建设的总体方案和实施步骤，集团公司内部控制体系建设正式启动。

集团公司内控体系建设工作，在学习借鉴股份公司和试点单位推进工作成果的基础上，结合集团公司的实际，企业发展部与审计部作为主责部门，完成了对集团公司内控体系建设的整体策划，编制了《工作推进计划》，结合部门管理职能定位，对部门的管理工作流程进行了梳理，在机关各部门积极参与密切配合，经过近一年的时间，初步完成了集团公司内控体系管理工作流程汇编和管理手册初稿的编写工作。

2010 年集团公司组织实施了“三标体系”的换版认证工作，新版“三标体系”管理文件（C/0 版）2010 年元月 1 日起实施运行。4 月 19 日--5 月 8 日组织完成了内部审核工作，审核组审核了一公司、郑州公司等七个机关，郑州公司西出口项目部、电务公司洛张电气化改造项目部等 18 个项目部。发现问题点 154 项，开出并关闭不符合报告和监察通知书 4 份。4 月 22 日--5 月 21 日，北京华夏认证中心专家组对集团公司进行了 2010 年度监督审核。审核组审核了一公司石武客专项目部等 5 个项目部和七局机关等三个机关。通过审核，认证中心认为集团公司将管理体系的过程方法与推行标准化管理的有机结合，管理绩效正在逐步显现，体系的运行是持续正常有效的，一致同意集团公司通过新版质量管理体系（GB/T19001:2008）换版认证。新版管理体系证书于 7 月 9 日开始使用。

【中铁八局管理创新】 2010 年，中铁八局集团按照“产权清晰、权责明确、政企分开、管理科学”的要求，以“管理创新、制度创新为基础”，把实现管理创新、制度创新放在战略位置，制定了《中铁八局集团有限公司 2010～2012 年发展规划》，提出了实施“立足西南、面向全国、走向海外”总体战略的新内涵，即采用“以建筑产业价值链纵向一体化为主，多元并举协调发展”的发展战略模式，围绕建筑产业链，进一步向纵向发展与延伸；整合集团资源，实施多元化经营，确保各业务板块协调发展；调整产品结构，转变发展方式，全面增强核心能力，向质量效益型和综合性方向发展；实施企业文化战略，形成对集团发展的有力支撑。在集团构建和完善新产业结构上，规划了“主业突出，做优多元”的业务战略发展方向，“突出主业”的内涵为：做强做优建筑施工业务，强力快速发展海外业务，积极推进房地产业务；“做优多元”的内涵为：专业化规模化发展优势多元业务；集团业务战略的这一方向既体现了“国内建筑施工业务、海外业务、房地产业务、多元业务四大业务板块”协调发展的基本原则，又明确了各业务板块在集团发展中的地位、特色和重点，并提出了确保目标实现的保障措施。同时，为提升企业综合竞争实力，调整集团产业结构，发展优势多元业务，完成了成立中铁八局集团现代物流公司方案的制订，该方案包括桥梁公司所属鸿茂物流公司、华铁储运公司，建筑公司所属华飞公司的整合方案，成立现代物流公司的方式，工作程序和要求，印发了《关于成立中铁八局集团现代物流公司的通知》；完成了房地产开发公司吸收合并投资公司方案的制订、行文，并指导两公司具体实施；完成了培训公司移交四公司管理的方案制订，并组织方案的实施；完成了电务公司所属华茂特酒店按现状移交物流公司的方案拟订和批复实施；完成了昆房公司成立“中铁八局集团昆明建筑设计有限公司”的方案论证和拟订，并按程序经审议同意后批复成立；完成了四公司成立“中铁汽车连锁服务有限责任公司”和“山东中铁汽车销售服务有限责任公司”的方案报股份公司审批，并派专人赴股份公司汇报，股份公司审核并批复同意两公司成立；通过调研、收集情况、征求相关部门意见，起草了成立测绘分公司的意见，报领导审批同意后，协调本部有关部门办理了测绘分公司登记、资质取证等工作；完成了一公司成立“重庆市兴胜建筑工程质量检测有限公司”的方案论证和批复等一系列企业重组、改革、改制工作，通过上述实质性工作，成功实现了企业的管理思想创新、管理制度创新、管理体制创新、管理内容创新和管理对象创新，利用企业管理创新的最新成果，确保了改革的成效和现代企业制度的优越性得以体现，从而推动企业的持续、健康、稳定地发展。

【中铁十局管理创新】 为促进集团公司海外业务的发展，将海外公司作为实体性分公司进行运行、管理，同时为提高海外公司经营管理能力，将第六工程公司委托海外公司管理。根据集团公司经营发展需要，对广州分公司进行重组整合，将三建公司在广东省范围内的在建工程项目包括人员、资产等整体划归广州分公司管理，进一步完善了集团公司市场经营布局，优化了资源配置，提高了资源利用效率；三是经董事会审议通过，决定将天津分公司改造为一人有限公司。

对集团公司所属各单位管理层次及基本情况等进行调研，在掌握了解各单位基本情况的基础上，研究、探讨目前企业管理层次与管理幅度存在的主要问题及原因，对合理设置企业管理层次提出初步意见和建议，为企业清理整合内部资源，减少管理层次奠定初步基础。

按照建立现代企业制度的要求，进一步调整和优化集团公司内部组织结构。一是将海外公司作为实体性分公司独立运行；二是根据企业经营战略需要，对广州分公司进行重组整合，将三建公司在广东省范围内的在建工程项目包括人员、资产等整体划归广州分公司管理。

在突出工程施工业务核心地位的同时，积极拓展建筑业上游领域；重点发展房地产业务、海外业务；依靠股份公司，适度有选择地开展投资和资源开发业务，逐步由单一的建筑施工业向建筑业纵向一体、适度相关多元化转变，初步形成基建建设、海外业务、上游业务、房地产、资源开发等“五大业务板块”，企业市场竞争力有了较大提高。

集团公司继续强化安全、质量、成本、资金等方面的控制，制定出台 100 多个管理办法，进一步完善企业内部管理体系，促进企业科学规范运作。集团公司重新颁布实施新的《战略规划》，重点规划了企业今后 3-5 年的发展方向、发展目标、产业结构、技术创新及核心竞争力等，为集团公司持续快速发展奠定了坚实的基础。

【中铁隧道管理创新】 为拓展物资采购供应链，降低企业物资采购供应成本，1 月 27 日成立中铁隧道集团公司恒源隧物资有限公司。按照“大专业、小综合”思路，为拓展主业产业链，提升市场覆盖度，成立机电工程有限公司；同意设计院并购合肥建筑设计研究院，要求从法人治理结构、管理制度、企业文化建设等内部环境方面融合，从人力资源、经营资质、市场区域等方面整合，促使达到预期效益；将合福铁路安徽站前 8 标项目与二处有限公司脱离，按集团公司分公司实施运作，适时组建路桥分公司。

将工程试验中心从科研所划出，按分公司运行。以科研所为基础组建技术中心，按照国家级企业技术中心要求实体运作。重新明确专用设备管理中心定位和内部组织机构编制，增强集团公司专用设备管理、维修改造和技术服务能力。成立非标设备研发项目经理部，实施非标设备研发、制造业务整合，巩固集团公司“四位一体”优势。

为提高杭州分公司施工管理能力，拓展市场空间，将三处杭州地铁二号线 SG2-3 标、杭州地铁二号线 SG2-5 标和西平铁路三个项目的人员、资产等全部划入杭州分公司，杭州分公司管理技术力量得到加强，并进入城市轻轨市场，逐步形成支撑华东片区市场的重要施工力量。

调整集团公司本部工程部、安质处、设备部、企业文化部、企划部职责：将物资管理职能从工程部划出成立物资部，将安质处环境管理科撤销，其职能划归工程部，工程部设立环境管理科，将企划部企业管理科改为内控与风险管理科，将企划部集团外网管理职能划归企业文化部，将总工办改为科技设计管理部，科技创新管理的部分职能划归技术中心履行；为加强集团公司应急抢险救援管理，在安质处设立应急救援科。

在标准化建设方面，中铁隧道集团公司大力推进标准化建设，制定和颁布《中铁隧道集团有限公司铁路工程施工项目标准化管理手册》，并策划组织铁道部在集团公司京石铁路客运专线项目召开全路标准化作业队的现场观摩和推广活动。

在项目管理方面，继续改进项目管理模式，为适应集团经营生产规模的有序扩张，优化项目资源配置方式，简化项目管理关系，5 月 10 发布《a 类工程项目管理办法》。

在内部控制与风险管理方面，集团公司结合实际情况积极引入流程管理概念，制定并发布《流程图制作规则》，为集团公司管理模式的升级和标准化管理提供基础工具；按照《企业内部控制基本规范》、《中央企业全面风险管理指引》和股份公司要求，结合集团公司实际和发展需要，大力推进企业内部控制和风险管理，以战略管理、职能管理和流程管理三种管理模式为主线，融入价值链管理、文化管理、成本管理、信息管理和标准化管理及职业健康安全、环境和质量管理等内容，采取分级、分类和分层的方式全面按照股份公司要求推进集团公司内部控制与风险管理体系建设工作，以建立集团公司管理竞争优势。

在组织机构方面，集团公司成立机电、路桥等子分公司，组建了“盾构及掘进技术国家重点实验室”。

【中铁建工管理创新】 1.战略指引确保企业全面实现发展目标

按照公司制定的《中铁建工集团 2009～2012 年发展战略报告》中的各项目标要求，集团公司在股份公司的正确领导下，通过不断提高综合管理水平、优化资源配置等有效手段，经过集团全体领导及员工的不懈努力，“十一五”期间，保持了高速增长的态势，在完成产值方面实现了大的飞跃。截至 2010 年 12 月底，公司新签合同额 313 亿元，同比增长 46%，完成企业战略目标的 133%；企业营业额 231 亿元，同比增长 31%，完成企业战略目标的 105%。超额完成股份公司下达的经营目标，企业阶段性战略目标提前两年实现。同时，企业在深化改革、人才建设、业务和区域市场开拓、工程项目管理、安全质量环保管理、文化建设等多领域均取得重大突破。

2.“十二五”发展战略规划编制工作顺利完成

在集团公司领导的高度重视和大力支持下，在全公司各部门积极的协助和配合下，“十二五”规划经过调研、分析、编辑整理，反复论证修改，最终形成了 6 万余字，81 页的《中铁建工集团“十二五”发展战略规划报告》，该报告经多次专题会讨论，并经总经理办公会和四届一次董事会审议通过，已上报股份公司审批。

3.建设内控体系保障“十二五”战略目标的顺利实现

按照财政部等五部委发布的《企业内部控制基本规范》、《中央企业全面风险管理指引》及股份公司《关于加强企业内部控制体系建设的通知》提出的要求，集团公司以加强和规范企业内部控制，提高企业经营管理水平和风险防范能力为目的，在股份公司的统一安排和各部门积极协助、配合下，对风险管控体系建设工作的相关事宜进行全面的部署和有效推进，于 2010 年 8 月正式启动中铁建工集团内控体系建设任务，确立内部控制体系建设领导小组和工作机构，刘荣耀、段永传、崔宝华任组长全面领导和推进集团公司内控体系建设，并设置集团公司风险管理处，定编 3 人，并入战略规划部管理，由战略规划部、财务部、法务合约部各一名员工，实行一岗双责，负责全公司内部控制和风险管理的日常管理工作。

截至 2010 年底，第一阶段 274 个流程体系文件编制和第二阶段 274 个风险控制文档编制基本完成；组织各部门通过对标贯彻落实了财政部等五部委发布的《企业内部控制基本规范》及其配套指引，并形成对标汇总表；组织各部门编制完成权限指引表；研究设计了公司级风险评估的具体方案。

4.积极推进集团公司双特级资质申报工作

按照股份公司的统一部署及集团公司领导的要求，负责申报部门根据房建特级资质政策的调整及股份公司要求及时补充和修改集团公司的申报材料，先后共修改六次房建、两次铁路特级申报资料，共编撰整理近两百万字，两万多页的特级申报材料，按照建设部最新标准要求三次报送股份公司。在铁路特级资质申报前期准备工作过程中，集团公司得到一局和四局兄弟单位的鼎力相助。公司分派两个工作组分别进驻一局、四局开展铁路业绩和人员资料的收集及协议的签署工作，经过最终的整理编撰，共收集汇编成三册十本共 3000 多页的铁路特级资质申报材料，铁路特级申报工作最终以重组的方式完成。

5.北京公司重组工作圆满完成

按照股份公司的重组方案的统一要求，集团公司本着友好协商、合法合规行事的原则，与中国航空港建设股份公司共同开展了关于中铁建工集团北京有限公司重组的相关工作。期间，以维护三方合理利益为出发点，针对财务、人员、工程等问题，集团公司与航空港双方多次组织会议并进行谈判，按照会议精神积极、有序落实各项工作。经过几个月的努力，顺利推进并完成了中铁建工集团北京公司有限公司向中国航空港建设股份公司平稳和谐过渡。这对于维护集团公司的企业信誉，加强兄弟局的合作关系起到了积极的作用。

6.子、分公司组织结构布局进一步优化

近年来公司规模快速扩张，为适应业务发展需要，战略规划部对集团所有法人单位的基本情况、所属关系进行摸底调查，为集团资源管理、组织结构优化提供有效的数据支持。经过充分的科学论证，并按照有关决策程序，新建子、分公司 13 家，重组二级子公司 1 家，新组建的公司分别是：山东中铁诺德房地产有限公司、宁波分公司、福州分公司、大连建筑工程有限公司、铁路工程分公司、沙特有限公司、西宁分公司、天津分公司、烟台分公司、威海分公司、黑龙江分公司，在北京丰台区和石景山分别成立一家房地产公司，这些公司主要分布在东北、西北、山东、京津冀、海外等有潜力的区域，为集团公司区域布局的完善以及业务的拓展提供有力的组织保障。同时，对部分公司的业务范围拓展、注册资本金的追加、管理关系的变更等事项做了深入研究和科学论证，逐步引导集团所属企业的生产经营进入良性发展轨道。

【中国航空港管理创新】 为尽快建立现代企业制度，公司积极推进企业改制工作。2010年10月19日，公司召开第二届职工代表大会第四次会议，审议通过《中国航空港建设总公司改制方案》并报中国铁路工程总公司审批。中国铁路工程总公司《关于中国航空港建设总公司建立现代企业制度有关问题的批复》（中铁程办〔2010〕110号），同意公司改制为1人有限公司，公司名称变更为中国航空港建设有限公司，注册资本金36000万元，按照公司法的相关规定建立现代企业制度。随着中国铁路工程总公司对法定代表人等的任命，公司法人治理结构得到完善。2010年11月29日，完成改制登记。此外，为保证公司改制工作顺利进行，公司所属天翔房地产开发公司和航空港东北建设局也分别完成改制，更名为北京天翔房地产开发有限公司和辽宁航空港东北建设有限公司。

2010年10月，根据股份公司《关于印发〈股份公司企业内部重组方案〉的通知》（中铁股份划〔2010〕380号），股份公司进行企业内部重组，将原中铁一局集团第一工程有限公司、中铁三局集团第一工程有限公司和中铁建工集团北京有限公司整体重组并入公司，扩充公司的综合实力。2010年12月22日，根据股份公司第一届董事会第三十九次会议通过的《关于中国中铁股份有限公司收购中国铁路工程总公司所持中国航空港建设有限公司100%股权的议案》，股份公司完成对公司的股权收购，公司正式成为中国中铁股份有限公司所属全资子公司。此外，公司积极推进原航空港公司所属分公司的内部重组，优化整合资源，增强市场竞争力。2010年7月，将原航空港第十工程分公司公司、第十四工程分公司重组为新的机场工程分公司。2010年10月，将第六工程分公司、第十六工程分公司、华中分公司、华东分公司重组为新的第六工程分公司。整合后的分公司在机构设置和人员编制上实现了与总公司机关各部门职能对接，确保所属工程项目实施全方位管理控制，也为进一步推进企业内部重组打下了基础。

【中铁西南院管理创新】 按照股份公司有关规定，结合企业实际，公司不断建立和完善质量、安全、激励、约束、人才培养等管理制度。制定《负责人薪酬管理及领导干部副职绩效考核办法（试行）》、《合同管理办法》、《经营开发管理办法》、《法律事务部工作办法》、《规章制度和重要决策法律审核办法》等，修订完善了《关于对取得国家注册执业证书人员的奖励及证书管理（暂行）办法》、《科研项目管理办法（试行）》、《科研津贴管理办法（试行）》、《安全生产事故隐患排查治理实施办法（试行）》、《公司应急管理规定（试行）》、《公司建设监理项目质量考核办法（试行）》以及《公司建设项目标准化管理办法（暂行）》，等等。一系列制度、办法的颁布和完善，提高了工作效率，规范了企业的管理行为。

2010年，根据公司经营发展需要，为促进工程施工、城轨设计等领域业务的不断发展，拓展市场空间，成立了中铁西南科学研究院工程有限公司和中铁成都轨道交通设计院有限公司。

【中铁科工管理创新】 2010年，中铁科工致力于加快形成国内领先、具有国际竞争力、自主创新能力强的产、科、研一体化的工业集团，打造“中国中铁制造”品牌，进一步做优做强做大工业企业，全面提高工业制造业可持续发展能力的要求，实现将中铁科工建设成为集科研设计、工业制造与安装、检测与实验研究、工程施工四位一体的产科研一体化的新型工业集团。

中铁科工集团成立以来，共投资近3亿元用于江夏基地建设、九桥公司扩能改造工程、重工公司武北基地扩能改造工程、机械院电控系统制作中心建设。已形成了“徐东工程机械研发及电控系统制造产业”、“九江钢梁及钢结构制造产业”、“江夏装备制造产业”、“武北轨行铺架机械制造产业”四足鼎力的产业布局，总生产制造能力可达到年产值25亿元。

中铁科工集团建立了符合上市公司要求的法人治理结构和运行机制，基本形成现代企业的管理构架和管理体系。

1.完成集团公司内控体系建设。中铁科工集团作为股份公司工业板块试点单位，自2010年3月启动内控体系建设项目，历时半年，共修订和新建规章制度40余项，建立总部业务流程框架，新建和梳理业务流程268个，提出管理建议186条，明确集团公司重点管理流程和风险领域，提高集团对风险的分析能力和内部管控能力。最终形成三级流程文件195个，内部控制手册6个分册计26万余字，全面完成集团公司内控体系建设工作。

2.健全安全生产管理体系。年内，集团调整了公司安全生产质量委员会，建立了由各单位主要领导为第一责任人的安全管理网络；加强各单位及项目部专职安全管理人员的配备；修订完善安全管理文件和相关制度，保障集团生产与施工安全。

3.完善质量管理体系建设。年内，中铁科工集团公司质量管理体系新搭建了成套分公司独立运行的质量管理子体系，以0不符合项发现，通过SGS认证公司的年度监督审核。子公司九桥工程公司通过中国船级社质量认证公司“三合一”体系的认证审核，并分别获取ISO9001-2008质量管理体系认证证书、ISO14001环境管理体系、GB/T18001职业健康安全管理体系认证证书。子公司重工公司通过了新世纪认证公司年度监督审核。

4.初步建立集团考核体系与分配机制。年内，中铁科工集团印发《中铁科工集团有限公司子分公司薪酬管理试行办法》、《中铁科工集团有限公司本部员工工资分配试行办法》、《中铁科工集团有限公司本部员工考核试行办法》。集团公司本部及分公司调整了员工工资结构及基本当量值，提高员工收入。为推进集团各级经济责任考核工作，集团成立经济责任考核办法编制小组，编制考核办法初稿。

5.健全集团财务管理体系。制定《集团分公司财务管理办法》、《分公司资金管理和费用核批报销办法》、《集团内部债务清理结算暂行办法》。强化资金及费用管理、固资管理、内部资金结算、内部债权债务清理结算管理。

【中铁西南公司管理创新】 2010 年 2 月 25 日，根据股份公司《关于中铁西南投资管理有限公司升格管理的通知》(中铁股份党干〔2010〕8 号)，将公司升格为正局级单位管理。

为适应公司升格管理、集中管理的需要，2010 年，公司大力加强自身建设，及时调整公司本部机构设置，增设安质环保部、法律事务部，并多渠道配备到位 49 人，基本满足公司正常业务开展需要；根据业务流程划分，进一步细化明确各部门职能职责，重新进行领导分工；进一步规范二级公司法人治理结构，加强对二级公司股东会、董事会和监事会会议指导，从精简、规范、合法的角度出发，进一步完善新并入的富砚等 4 个公司的法人治理结构，重新委派股东代表、董事、监事；制订董事会、股东会、党委会、党政联席会、总经理办公会、交班会 6 个会议制度，明确议事规则，通过各项会议制度，保证决策的科学性、及时性，较好地执行了民主集中制和“三重一大”制度，规范了公司运作；制定下发一系列规章制度和管理办法，党群系统制订下发《领导人员管理办法》等 56 个文件，公司行政制订下发《全员绩效考核暂行办法》等 68 个文件，形成了较为严密的内控管理制度；加强法律事务工作，引进了法律专业人员，明确总法律顾问，选定广西王莹文律师事务所为公司的常年法律顾问单位。全年审核竣工审计委托协议、BT 合同等 20 多份合同文件，指导各子公司成功处理以前遗留下来的案件 6 起，积极参与股权划转工作，积极应对“三路一铁”问题，最大限度维护公司利益。

为实现高速公路集中规范管理需要，2010 年，公司采取“五规范”管理措施，即规范机构设置及定员定编、规范人员配置、规范薪酬制度和绩效考核、规范固定资产配置、规范运营管理模式。对高速公路的养护、机电、路政、征费、清分、清障救援、服务区、停车区、广告经营、路产维护、安全管理、“打击偷逃通行费”活动等工作进行统一规范，提出具体要求。通过具体实施，7 个运营公司机构设置得到统一，人员配置更加规范，共减少领导班子成员 26 人，减少 26%，减少部门负责人 68 人，减少 59%，总定员减少 293 人，减少 18%，实现了高效精干目标；通过各种措施和渠道，将 133 人由公司招聘改为劳务派遣，降低劳务风险；将车况差、油耗大、维修费用高等不适合运营使用的 23 台车辆进行处置，减少成本支出；特别是机电、道路维修养护方面，采取市场化管理手段，2010 年减少管养成本 2000 万元。

2010 年下半年，公司主要领导带队，先后深入到各单位，就企业改革发展中的重大问题进行广泛调研。领导班子多次召开务虚会，全面分析企业面临的机遇与风险，优势与不足，结合 2009 年“公司建设方案”，编制完成公司“十二五”规划，制定十二五期间公司发展目标。

生产经营发展

【概况】 2010 年是中国全面完成“十一五”计划的最后一年，也是企业抓住机遇谋发展、做强主业增实力的关键之年。一年来，经营开发工作以“保增长、调结构、转机制、争效益”为中心，认真落实公司年度工作会议确定的任务，努力实现确定的目标，紧紧抓住国家基础设施建设高潮的有利时机，及时提升经营理念，不断深化政策营销、品牌营销和联合营销，统筹策划、加强协调、上下联动、紧密配合、合力攻坚，全力扩大市场份额，经营质量显著提高，新签合同额再创历史新高。

【新签合同额】 国内基建业务全年完成新签合同额 5667 亿元，超额完成 2010 年工作会议提出 4149.14 亿元目标，比上年完成的 4385 亿元增加 1282 亿元，增长 29.2%，新签合同额再创年度新高。铁路、市政及其他工程的承揽任务额都出现较大幅度增长。

【铁路工程建设】 铁路工程新签合同额完成 3833 亿元，占当年铁路市场份额的 43.75%，比上年 2576 亿元增加 1257 亿元，增长 48.8%。铁路市场作为股份公司的传统优势市场，2010 年得到进一步巩固和发展。

【非铁路工程建设】 城轨工程市场占有额继续保持领先。新签合同额完成 438 亿元，与上年持平。2010 年全国 25 个城市进行轨道交通工程项目招标，招标总额约 868 亿元，股份公司中标 172 个标段，中标额 443 亿元，占 51%，城轨市场继续保持领先地位，实现了年度工作会议提出的城轨市场继续保持 50%以上领先优势的目标。

公路工程新签合同额 664 亿元，比上年 866 亿元减少 202 亿元。主要是受 2010 年公路市场招标大幅减少的影响。根据掌握的资料，2010 年全国高等级公路基建市场招标总额约 5930 亿元，股份公司中标 664 亿元，约占 11.2%。

市政工程新签合同额 314 亿元，比上年的 235 亿元增加 99 亿元，增长 42%。

房建工程新签合同额 305 亿元，比上年的 141 亿元增加 164 亿元，增长 116%。各单位加大房建市场的经营力度，仅建工集团 2010 年的房建任务承揽额就比 2009 年增加 36 亿元。

其他工程新签合同额 117 亿元，比上年的 154 亿元减少 37

亿元，下降24%。

【投资项目情况】 2010年，BT项目年度完成投资62亿元、回购资金55亿元，预计收益率16.1%。10条BOT收费公路全部建成通车，总投资398亿元，开通里程880km，年度完成投资39亿元，实现清分收入15亿元、较去年大幅增长52%，现有岑兴、全兴、渝邻、榆神共4条公路的日均清分收入超过盈亏平衡点。土地一级开发年度完成投资38亿元、出让土地3302亩、回收资金18亿元，测算收益率为40.8%。房地产二级开发年度完成投资220亿元，在建开发土地面积6380亩，年度施工建筑总面积640万平方米、竣工204万平方米、销售195万平方米、销售率72%、实现销售额142亿元，营业收入104亿元、净利润7.8亿元。矿产资源年度完成投资31亿元，营业收入10.6亿元，实现利润1.9亿元，现有3个矿山生产实物产品。

【中铁一局生产经营发展】 2010年，企业营业收入446.42亿元，比上年提高17.71%，新签合同额607.8亿元，为年度计划的135.07%。实现净利润4.52亿元，比上年提高16.7%。各项指标均创历史新高。

【中铁二局生产经营发展】 2010年是公司实施“十一五”规划和第二阶段发展战略的收官之年，也是中铁二局成立60周年的纪念之年。公司各单位以贯彻落实科学发展观为契机，抓住国家基础设施建设高潮的历史机遇，严格执行公司企业发展战略和《年度施工总体部署》精神，积极完善管理制度，强化项目基础管理和责任成本控制，努力探索架子队建设，大力推广应用“四新”技术和开展科技创新，继续高扬开路先锋大旗和弘扬企业精神，克服诸多困难，全面完成总公司年度调整计划和公司董事会确定的各项生产任务指标，连续四年实现均衡生产，企业营业额、施工产值、新签合同额实现跨越式发展。

2010年，企业资产总额496.77亿元，营业收入561.16亿元，利润总额11.15亿元，净利润8.13亿元。公司完成施工产值390余亿元，为公司年度计划338亿元的115.5%，为总公司年度调整计划345亿元的113.2%。完成企业营业额546.3亿元，为公司年度计划457.3亿元的119.5%，为总公司年度调整计划465亿元的117.5%。新签合同额突破600亿元大关，再创历史新高。企业营业额和新签合同额位居总公司系统第一名。

【中铁四局生产经营发展】 全年新签合同额580.16亿元，占年度计划410亿元的141.5%，同比增加77.56亿元，提前179天完成了年度计划。完成企业营业额506.67亿元，占年度计划390亿元的129.92%，同比净增129亿元，提前72天完成年度计划，共荣获省部级及以上优质工程36项，其中鲁班奖1项，“国家优质工程”2项，获得詹天佑工程创新奖3项，获得省部级及以上安全文明工地21项，铁路信用评价取得了在全国铁路施工系统中唯一一家连续11次位居A类企业的殊荣；全年获得省部级及以上科技进步奖12项、省部级工法20项、国家授权专利29项、国家重点环境保护实用技术2项；承担铁道部科研课题4项，1项科研项目被列入“国家科技支撑计划”；CPG500型铺轨机组被评为中国中铁“十一五”十大科技成果。

【中铁五局生产经营发展】 2010年，中铁五局提前一年实现了回归中国中铁第一方阵的战略目标。完成新签合同额530亿元，为中国中铁股份公司调整计划500亿元的106%，同比增加170亿元，增长47%。其中，新承揽铁路任务333亿元，公路113亿元，城轨交通45亿元，海外12亿元，27亿元；完成企业营业额322亿元，为股份公司调整计划300亿元的107%，同比增加109亿元，增长51%。2010年铁路工程产值占当期比重46.47%。

【中铁大桥局生产经营发展】 2010年，集团新签合同额353.7亿元，完成企业营业额242.9亿元，均创历史最好水平。股份公司技术中心被授予“国家认定企业技术中心”、3项工程荣获鲁班奖、1项工程荣获第27届国际桥梁大会“乔治·理查德森大奖”、1人当选中国工程勘察设计大师。以上成绩的取得，展示了集团的良好形象和强大实力。

2010年有44项工程建成或竣工，武广客专、东南沿海铁路、襄渝铁路二线、武康铁路二线、沪宁城际、沪杭铁路等铁路干线相继交付运营，郑州黄河公铁两用桥公路桥、福州鼓山大桥、营口辽河大桥、上海闵浦二桥、太原南中环立交桥等桥梁顺利建成通车，其中沪杭铁路横潦泾跨线桥、沪宁城际铁路8标、福州鼓山大桥、鄂东长江公路大桥、孟加拉国卡纳夫里三桥等属重点难点工程，其按期完成，圆满兑现了承诺，树立了大桥局良好形象。

【中铁隧道生产经营发展】 中铁隧道集团2010年生产经营实现历史性突破。全年完成企业营业额首次突破300亿元，达到303.5亿元，较上年201.8亿元增加101.7亿元，增长50.4%，其中设计3.0亿元，施工300.4亿元；全年实现新签合同额首次突破400亿元，达到413.1亿元，较上年354.7亿元增加58.4亿元，增长14.1%，其中设计7.0亿元，施工405.8亿元。

【中铁建工生产经营发展】 2010年中铁建工集团抢抓机遇，乘势而上，市场经营切实拓展，发展规模空前扩大。全年累计完成新签合同额313.1亿元，同比增长45.6%，其中铁路工程新签合同额达到158.1亿元，占企业新签合同总额的50.5%；非铁路工程新签合同额达到123.9亿元，占企业新签合同总额的39.6%；海外项目新签合同额12.8亿元，占新签合同额总额的4.1%；设计项目新签合同额2亿元，占新签合同额总额的0.6%；房地产投资13亿元，占新签合同额总额的4.2%；物资供应新签合同额3亿元；占新签合同额总额的1%，工业新签合同总额0.3亿元，占新签合同额总额的0.1%。

【华铁咨询生产经营发展】 2010年，华铁工程咨询有限责任公司新签合同额首次突破6亿元，较2009年增长35%。

【中铁山桥生产经营发展】 中铁山桥集团有限公司2010年实

现新签合同额 47.2 亿元，实现工业总产值(现价)37.4 亿元，营业收入 36.5 亿元，利润总额 3.3 亿元，工业增加值 13.8 亿元。

【中铁西南院生产经营发展】 2010 年公司全年完成营业收入 3.38 亿元，为股份公司下达年度任务 3.05 亿元的 111%，同比增长 34%，超额完成计划指标。

2010 年公司新签合同额再创历史新高。全年完成经营开发指标 10.08 亿元，其中，新签合同额 5.18 亿元，中标未签合同额 4.9 亿元；新签合同额为股份公司下达年度任务 4.50 亿元的 115%，同比增长 30%，超额完成计划指标。

2010 年公司积极组织参加科技部、铁道部和股份公司的科研立项申报工作，参与《铁道部科研开发指南》和股份公司“十二五”科技规划的“隧道专业重点研究方向”章节的编制。2010 年新签科研项目 24 项，合同额 1850 万元，完成科研产值 865 万元。

【中铁国际生产经营发展】 2010 年，中铁国际市场开发的触角遍布亚洲、非洲、美洲以及欧洲地区的多个国家和地区。按照股份公司对中铁国际的要求，全力追踪、承揽政府框架下的高端大项目，及时了解、掌握相关信息，从“源头”上加强政府买贷、卖贷、优贷项目的追踪，重点做好大项目的市场调查、商务谈判、合同评审、项目融资等工作，公司追踪的多个项目例如加纳医院项目、吉布提铁路项目、伊朗高铁项目等已经被列为国家 421 和 100 亿元优买项目。

为获得及时、准确的市场信息，取得国内外对口管理部门的支持，中铁国际利用各种营销手段，通过参加高访、业务研讨、筹备专题会议、组织安排联谊活动等形式，建立并加强了同中国外交部、商务部、铁道部、建设部等部委的联系；在项目投融资、担保环节加强与中国进出口银行、国家开发银行、中国信用保险公司的沟通联系。在股份公司的努力推动下，股份公司与中国进出口银行签订了全面战略合作协议，中国信用保险公司与股份公司资本运营部初步合作协议达成一致；股份公司还积极加入中国对外工程承包商会和中国机电产品进出口商会。通过高层商务关系的确立与维护，在寻求项目支持的同时，及时掌握最新的项目信息和项目所在国政策，在海外项目协调方面取得主动，在项目开发方面得到政策指引与支持。为实现属地化经营目标的需要，中铁国际积极同近 50 余个驻外使、领馆、经参处密切联系，为公司的经营开拓收集了第一手资料。同时不断加强同国内外相关媒体的联系，通过对公司经营开发情况和能力的报道，增强中国中铁品牌在国际上的知名度，为市场开发的进一步拓展营造良好的环境。

【中铁西南公司生产经营发展】 2010 年，公司紧紧围绕“打基础、强管理，上水平、促发展”的中心工作，以市场开发为龙头，以财务资金管理为中心，以柳州“三桥一路”项目建设和高速公路竣工决算审计工作为重点，狠抓安质环保和节能减排工作，全力规范运营管理，着重夯实企业管理基础，着力提高员工整体素质，大力实施人才兴企战略，打好了企业发展的开局之战。企业营业额完成 22.3 亿元，为年度计划 20 亿元的 111.6%，比上年增长 69.4%。投资额完成 10.1 亿元，为年度投资计划 9.7 亿元的 105%。运营收入完成 10.6 亿元，为年度计划 8.8 亿元的 120%。实现净利润-1.3 亿元，比年度预算-3.8 亿减亏 2.5 亿元。全公司员工工资同比增长 12%。公司综合实力逐步增强，在基础设施投资和高速公路运营管理方面的品牌形象迅速提升，全面实现年初董事会下达的各项目标任务。

2010 年，中铁西南公司运营管理的高速公路运营收入大幅增长，全年运营收入 10.6 亿元，同比 2009 年增长 36.9%。其中：平正公司 0.6 亿元，同比增长 98.4%；岑兴公司 3.0 亿元，同比增长 66.0%；岑梧公司 1.3 亿元，同比增长 64.4%；德商公司 0.9 亿元，同比增长 48.6%；渝邻公司 1.4 亿元，同比增长 19.4%；富砚公司 2.6 亿元，同比增长 13.6%；全兴公司 1.0 亿元，同比增长 8.8%。全公司 2010 年 8 月、10 月、11 月、12 月 4 个月通行费收入突破现金平衡点。

【建设分公司生产经营发展】 中铁工程建设分公司 2010 完成施工产值 39.5 亿元。

2010 年建设分公司所属的在建工程项目共计 26 个，完成或超额完成建设单位下达的年度计划，年累完成施工产值 39.5 亿元，占股份公司下达年度计划 34 亿元的 116%，比 2009 年同比增长 18%。各项目均做到 “施工安全稳定、工程质量可控、重点项目进度有序、施工难点均有突破”，其中，陕西安毛高速、河北承唐高速、陕西青兰高速、陕西烈店公路 4 个项目实现交（竣）工验收，重庆轻轨 1 号线 14 标、3 号线 8 标、山西阳五高速、广东汕揭高速、广东湛徐高速 5 个项目主体工程完工；玉蒙铁路秀山隧道、青海西久高速拉脊山隧道、广东博深水涧山隧道等重难点工程取得突破性进展；深圳观澜河污水工程、高明沧江四桥、福建厦漳高速 A1 标、福永高速 A8 标、莆永高速 A6 标、广东沙溪-月环高速 5 标等新中标项目施工准备充分，进展顺利。

2010 年，工程建设分公司参加了国内公路、市政、铁路等工程项目的市场开发，完成新签合同额项目 12 个（其中 BT 项目 3 个），新签合同额51.59亿元（其中BT项目新签合同额29.41亿元），其中公路工程新签合同额 47.53 亿元，为新签合同总额的 92%，市政程新签合同额 2.1 亿元，为新签合同总额的 4%，铁路新签合同额 2.32 亿元，为新签合同总额的 4%。新签合同额的主要项目有：厦漳高速公路漳州段 A1 标，莆永高速公路莆田段 A6 标，二广高速公路连州至怀集段 Z2 标，海西高速公路漳州段天宝至召安 A12 标，漳州海西高速公路南联络线南靖至龙海段 2 标，河南高速公路洛宁至卢氏段，临潼骊山经铁炉至蓝田公路改建工程 I2 标，深圳市观澜河干流污染治理工程 3 号调蓄池工程，佛山市高明区快速干线路网工程（沧江四桥），高明大道海天路口立交工程 BT 项目，长沙县交通工程 BT 项目，玉蒙铁路等工程。

企业新纪录

【世界500强排名跃升】 中国中铁2010年营业收入699.73亿美元，在2010年度世界500强排名升至第九十五位，较上年上升42位，首次跻身前100强。据统计，本次入围世界企业500强的中国企业（含香港、台湾地区）有69家，中国中铁列其中第七位。全球工程建筑行业入选企业中，中国中铁排名第一。

【中国中铁获“感动非洲的十大中国企业”】 在“中非友好贡献奖—感动非洲的十大中国企业”网上评选活动中，中国中铁中文网站得票11729666张，名列第七位；英文网站得票6250687张，名列第七位；阿拉伯文网站得票46304张，名列第六位，综合排名进入二十家候选企业的前十位，获“感动非洲的十大中国企业”。

【中国中铁获“新中国60年企业精神60佳”】 由中国企业文化研究会主办的“新中国60年企业精神传承与创新——中外企业文化2010北京峰会”中，中国中铁股份有限公司的“勇于跨越、追求卓越”企业精神被评为“新中国60年企业精神60佳”；中国中铁董事长、党委书记李长进获“新中国60年企业精神培育十大杰出人物”称号。

【中国中铁上市佳绩】 2010年，中国中铁股份有限公司获得多项荣誉：获2010年度上市公司信息披露奖、2010年最佳董事会奖、2010年最佳公司治理奖、中国百强上市公司奖、中国上市公司最佳董事会奖、最佳市值管理董事会奖、最佳公司治理董事会奖、优秀董事会奖、中国上市公司十佳董事会奖、中国投资者关系IR公司百强奖、最佳披露奖、中国最受尊敬上市公司奖等多项荣誉；董事长获金牛公司最佳领袖奖、金圆桌最具战略眼光董事长奖；董秘获第六届、第七届新财富金牌董秘、2010年最具创新力董秘、中国上市公司最佳董秘、中国上市公司十佳董事会秘书、2010中国最佳创富IR奖、金牛公司最佳董秘奖等多项荣誉称号。入选香港恒生指数有限公司发布的“恒生可持续发展企业指数系列”。

【举办“世界高速铁路发展与中国高速铁路建设”分论坛】 2010年5月11日～12日，2010年度“国际基础设施投资与建设高峰论坛”在北京举办，本次论坛共有42个国家约700人参会。中国中铁股份有限公司成功承办了“世界高速铁路发展与中国高速铁路建设”分论坛，作为本次论坛的重要组成部分，专题设置切合当前国际基础设施建设热点领域，演讲嘉宾规格高，演讲内容专业，中外与会者反响热烈，参会代表给予高度赞誉，体现了“中国中铁”品牌的高标准和高效率，展现了“中国中铁”人的优良素质、作风和形象。

【中国中铁获国家级奖项工程】 2010年，公司6项工程获国家建筑工程鲁班奖，分别是：武汉北编组站工程、北京至天津城际铁路工程、北京南站改扩建工程、合武铁路大别山隧道工程、天津市快速路南仓道铁东路立交工程、塔吉克斯坦沙尔—沙尔隧道公路项目。

2010年，全公司获中国土木工程詹天佑大奖9项，分别是：国家图书馆二期暨国家数字图书馆工程、武昌火车站改扩建工程、东海大桥、苏通长江公路大桥、重庆朝天门长江大桥、武汉北编组站、合肥至武汉铁路、武汉长江隧道、云南思茅至小勐养高速公路。

【润扬长江大桥获国家优质工程金奖】 中铁山桥集团有限公司承建全部钢梁钢制造工程的润扬长江大桥获2010年国家优质工程金奖。润扬长江大桥为中国第一大跨径的组合型桥梁，其建设过程中攻克多项世界性技术难题，当时是国内工程规模最大、建设标准最高、投资最大、技术最复杂、技术含量最高的现代化特大型桥梁工程，是我国第一座刚柔相济的组合型桥梁。润扬长江大桥建设创造了多项国内第一：大桥南汊悬索桥主跨1490m，为中国第一世界第三大跨径悬索桥；悬索桥主塔高227.21m，为国内第一高塔；悬索桥主缆长2600m，为国内第一长缆；大桥钢箱梁总重34000t，为国内第一重；钢桥面铺装面积达71400平方米，为国内第一大面积钢桥面铺装；悬索桥锚碇锚体浇铸混凝土近6万立方米，为国内第一大锚碇。2010年，全国仅有润扬长江公路大桥等五项工程获国家优质工程金奖。

【金沙江特大型斜拉桥获国家优质工程奖银奖】 中国中铁组织实施，中铁二局、二院参与施工监理的金沙江特大型斜拉桥获国家优质工程奖银奖。该桥位于四川省攀枝花市，全长1390.5m，横跨金沙江，是西攀高速公路的重点控制性工程。

【内蒙古东乌铁路四电工程获国家优质工程奖银奖】 中铁电气化局三公司、中铁一局电务公司等单位承建的内蒙古东乌铁路四电工程，被国家工程建设质量奖审定委员会评为2010年度国家优质工程银质奖。新建内蒙古东（胜）乌（海）铁路四电工程全长360公里，东起包神铁路活蚕沟，西至鄂尔多斯市鄂托克旗棋盘井站，施工主要内容涵盖通信、信号、电力、变电、接触网等多个专业。工程建成后，东乌铁路即成为我国“西煤东运”重要通道之一，也是我国路网规划中的一条重要铁路干线，对实施西部大开发战略和促进内蒙古中西部地区经济发展都具有重要的意义。

【天津市快速路系统工程西北半环工程密云路立交工程获国家优质工程银质奖】 12月21日，中铁四局四公司参建的天津市快速路系统工程西北半环工程密云路立交工获“2010年度国家优质工程银质奖”。中铁四局四公司从质量管理体系建设、技术保证/检查监督等方面采取有效措施，确保工程质量可控。

【烟台火车站站房工程获国家优质工程银质奖】 中铁咨询设计、中铁十局总承包施工的烟台火车站站房工程获2010年国家优质工程奖银质奖。该设计秉承“人类与绿地、建筑、水、海共存”的理念，营造“新城市大门”，创新三面围合高架式布局、具有现代风格的最高聚集人数为6000人的尽端式车站，采用高架式布局方式，港站一体化规划，运用呼吸式双层玻璃幕墙，大空间消防、空调设计，楼宇自控系统设计等一系列新技术、新工艺、新设备和新材料。“新城市大门”采用马鞍形双曲抛物面形式，烟台火车站站房工程总建筑面积82544.81平方米，主体工程为二层、局部三层，东西长474米，南北最宽处168.5米，最大跨度为30米，建筑高度大拱处为60米，工程总造价13亿元。本建筑分为A、B、C、D四个区，性质为交通建筑，其中A、B区及C区的局部为铁路客运使用房屋，D区及C区大部为地方商业中心房屋。站房设计最高聚集人数6000人。该烟台火车站站房工程以其宏大的规模、人性化的设计、先进的技术、舒适高效的现代化乘车环境，成为烟台市的标志性建筑。“烟台火车站站房”工程设计，表明中铁咨询在站房工程设计方面已步入行业前列。中铁十局在施工过程中坚持项目标准化管理，强化安全质量控制和文明施工管理，运用网络计划控制施工进度，注重新技术、新材料、新工艺的应用，采用建设部十项新技术中的10大类24个子项，采用其他先进技术、工艺4余项，“攻克群桩施工难关”QC成果获得国家级QC成果二等奖。

【大别山隧道获中国工程建设鲁班奖】 中铁七局集团、中铁隧道集团参建的合武铁路大别山隧道工程获2010年度中国建设工程鲁班奖。大别山隧道位于合肥至武汉客运专线墩义堂至麻城之间，为双线隧道，全长13256米。

【武汉北编组站获中国工程建设鲁班奖】 中铁大桥局参建的武汉北编组站获2010年度中国工程建设鲁班奖。

武汉北编组站为路网性编组站，位于武汉市黄陂区横店镇与滠口镇之间，京广铁路、沪汉蓉快速通道的交汇处，属于武汉枢纽的一部分。工程范围为：京广线K1159+000～K1175+500（滠口站），麻汉联络线自K75+500～横店站（含）；新建南环线南湖站（含）至大花岭站（含）的上行联络线（下行联络线预留）为其配套工程。

中铁大桥局二公司承建武汉北编组站的二工区及三工区，二工区项目主要有：Ⅲ、Ⅳ、Ⅴ场和南部疏解区的线下工程，主要工程量为：土方约650万断面方，涵洞约3000横延米，工程造价约2.9亿元。三工区项目全长9.2公里，有特大桥两座、涵洞25座和路基3段。主要工程量如下：

野芷湖特大桥：2906.63米，全桥共87个墩台。基础为ф1.0米钻孔桩基础，475根钻孔桩，桩长12～33米，共计11434延米。上部结构主要为24米、32米简支T梁，跨既有南环线为28+56+28米三跨连续梁。

李桥特大桥:2178.7米，全桥共71个墩台，基础为ф1.0米钻孔桩基础，349根钻孔桩，桩长10～42米，共计6872延米。上部结构主要为24米、32米简支T梁，跨既有京广线为1孔64米下承式钢桁梁。

【苏通长江公路大桥获詹天佑土木工程奖】 中铁大桥局、山桥集团参建的苏通大桥获2010年度詹天佑土木工程奖。该工程位于江苏东部的南通市和苏州（常熟）市之间，是江苏省公路主骨架网“纵一”—赣榆至吴江高速公路的重要组成部分，是我国建桥史上工程规模最大、综合建设条件最复杂的特大型桥梁工程。总长8206米,其中主桥采用100+100+300+1088+300+100+100=2088米的双塔双索面钢箱梁斜拉桥。斜拉桥主孔跨度1088米，列世界第一；主塔高度306米,列世界第一；斜拉索的长度580米，列世界第一。专用航道桥采用140+268+140=548米的T型刚构梁桥，为同类桥梁工程世界第二。

【重庆朝天门长江大桥获詹天佑土木工程奖】 中铁山桥、宝桥、大桥院参建的重庆朝天门长江大桥主桥为中承式钢桁连续系杆拱桥，分上下两层，主桥跨径为190＋552＋190＝932m。钢梁全长934米(包括端纵梁)，主桁全宽36.5米，桁宽29米，两侧边跨为变桁高平弦桁梁，中跨为刚性拱柔性梁的钢桁系杆拱桥。为世界第一大拱桥。

【中国中铁获勘察设计奖项】 2010年，中国中铁股份有限公司获得铁路优质工程勘察设计奖38个，占获奖总数的55%，名列第一位。

在获奖项目中，中铁二院参与完成的武广客运专线总体设计获特等奖，中铁二院完成的襄渝铁路安康至重庆段增建二线总体设计等16个项目获一等奖;中铁咨询完成的北京北站改扩建工程等9个项目获二等奖；中铁电化院完成的萧甬铁路电气化改造工程牵引供电系统设计等12个项目获三等奖，创历史最好成绩。

股份公司所属勘察设计单位不断加强勘察设计质量管理，加强过程控制，加强技术创新以及推广应用，勘察设计成果的技术含量和质量水平持续提升，在国家工程建设领域，尤其是铁路工程设计领域始终保持着领先的地位。2010年，公司获全国优秀工程咨询成果奖17项、省部级优秀工程勘察设计奖32项、省部级优秀工程咨询成果奖24项。

【科技成果、专利与工法新纪录】 2010年，公司围绕客运专线、高速铁路等国家重点工程建设，组织开展关键技术科技攻关，在理论基础、设计标准、施工验证、成套设备研制等方面开展研究，攻克一系列关键技术难题，企业科技创新能力进一步增强。全公司新开科研项目1180项，科技投入超过80亿元。

公司全年通过鉴定评审科技成果481项，其中通过省（市）科技成果鉴定（评审）62项。新增省部级工法125项，新增专利授权333项，其中发明专利104项。

【新建山西中南部铁路通道可行性研究报告获全国优秀咨询成果一等奖】 山西中南部铁路通道是中国铁路网干线铁路之一，也是一条“西煤东运”的能源运输通道。线路北起山西兴县，途径山西省吕梁、临汾、长治、河南省安阳、鹤壁、濮阳、山东省济宁、泰安、莱芜、淄博、临沂、日照等3省12市，线路全长1257km。本通道为国内第一条30吨轴重的双线电气化重载铁路，牵引质量10000吨（部分5000吨）。工程总投资997.99亿元。本项目由铁三院和中铁咨询共同承担，其中，中铁咨询设计范围洪洞北至日照南段线路长度921.143公里。设计范围内新建桥梁266座总长210.201公里，占线路长度22.8%；全线隧道88座197.548公里，占线路长度21.5%。桥隧总长度占线路总长度的44.3%。全线最长桥梁东平湖滞洪区特大桥，全长24.13公里；最大跨度桥黄河特大桥，桥梁全长9.948公里，跨越黄河主槽采用孔128米跨简支钢桁结合梁；最大墩高桥，沁河特大桥，最大墩高70米。全线最长隧道太行山隧道，全长18.03公里；另外，太岳山隧道、范家山隧道全长均在16公里以上。本项目主要特点：一是为国内首条按重载标准进行建设的重载铁路，目前尚无成熟的规范可供执行，大轴重荷载的路基、桥梁及轨道结构设计为本线需优先考虑的重点因素；二是本线大部分为山区铁路，线路先后经吕梁山、太岳山、太行山，地形地质条件复杂恶劣，桥隧比重大，工程设计施工难度大；三是本线大部分线路走行于已开发或规划矿区及环境敏感区内，线路径路选择困难，历经两年多经反复论证才最终确定线路方案。项目于2010年获全国优秀咨询成果一等奖。

【山西中南部铁路通道环境影响评价报告获全国优秀咨询成果三等奖】 由铁道第三勘察设计院和中铁咨询共同完成。山西中南部铁路通道自山西省兴县至山东省日照市，正线长1259.57公里，工程总投资997.99亿元，其中，环保投资29.66亿元。本项目环境影响评价有以下几个特点：1、线路长，工程沿线经过晋鲁豫3省12市，跨越山地、平原、丘陵三大地貌单元，环境特征复杂，评价难度大；2、标准高，是国内第一条轴重为30吨的重载铁路；3、环境敏感度高，评价范围涉及国家、省各级风景名胜区、自然保护区、水源保护区等多处环境敏感区域。报告书按导则的要求分别对工程所在地环境、生态、环境敏感区以及声、震动、电磁、水、大气和固体废物的影响进行了专题分析评价，在现场调查、资料收集、数据分析的基础上，提出了工程对环境影响的评价和应采取的环境保护措施。在生态环境的调查方法上，应用遥感技术对图件及资料采集数据，并结合生态因子相关分析的成果完成生态制图；在生态评价方法上，利用GIS软件分析生态环境稳定性。2009年8月铁道部在报告书预审中认为“报告书编制规范，重点突出，评价范围和等级确定合理，工程概况和环境现状阐述清楚，预测模式、参数选用正确，评价结论可信，对策措施总体可行。”同年12月该报告书通过了国家环境保护部的审查和批复。该项目2010年获全国优秀咨询成果三等奖，全国优秀工程咨询成果奖是由中国工程咨询协会设置，对具有先进水平的工程咨询成果授予的奖励。

【新建海天至青岛铁路可行性研究报告获全国优秀咨询成果三等奖】 “新建海天至青岛铁路”是山东省、青岛市重点项目，自德龙烟线海天站（含）至胶济线芝兰庄站（含），线路全长90.186公里，重点桥梁为跨青银高速公路特大桥，全长2802米；跨济青高速公路特大桥，全长3821米；投资估算总额33亿元。该线将德龙烟铁路和胶济铁路连通，同时连通胶新线和胶黄线，对完善路网结构、拉动山东半岛经济等将起到积极的作用。中铁咨询在可行性研究中通过对客货运量的科学合理预测，提出了项目的建设方案、主要技术标准和建设规模；对青岛枢纽总图进行了系统分析，就客货运系统引入方案提出推荐意见；专业设计采用新技术、新工艺、新理念，做到工程措施安全可靠，工程投资经济合理。该项目2010年获全国优秀咨询成果三等奖，全国优秀工程咨询成果奖是由中国工程咨询协会设置，对具有先进水平的工程咨询成果授予的奖励。

【节能减排取得成果】 2010年8月，中国中铁获人民网2010年首届低碳中国年度创新“领军品牌奖”，是唯一一家获此殊荣的中央建筑企业。2010年12月，中国中铁获“首届全国低碳经济示范单位”称号。刘辉副总裁、总工程师荣获“首届全国低碳经济突出贡献人物”称号。

【中铁三局企业新纪录】 2010年度中铁三局新增实用新型专利18项，发明专利5项。新增专利总数超过建局以来专利总和。

铁道部重点课题“客运专线大跨度混凝土V型连续刚构拱组合桥施工技术研究”达到国际领先水平，并形成5项省部级工法和2项国家实用新型专利。

【中铁四局企业新纪录】 2010年，中铁四局获国家高新技术企业认定。中铁四局二公司参建的上海地铁7号线获全国市政金杯示范工程金奖。中铁四局建筑公司承建的“香樟里•那水岸小区”获“2010 中国土木工程詹天佑奖优秀住宅小区金奖”。中铁四局四公司承建的重庆绕城高速公路北段狮子岩隧道工程获“2010年全国用户满意建筑工程奖”。 中铁四局市政分公司

市场篇

中铁科工集团科技成果获各级、各类科学技术奖 8 项，其中省部级以上 5 项。

中铁科工集团获各级、各类纵向科技计划项目立项 20 项。

中铁科工集团通过湖北省科技成果鉴定 2 项，项目技术水平分别为“国际领先”和“国际先进”。

中铁科工集团新申请专利 12 项，其中发明专利 5 项，实用新型专利 7 项。获批专利授权 6 项，其中发明专利 2 项、实用新型专利 4 项。

中铁科工集团作为铁道部施工机械标准化技术归口单位，归口管理并主持、参加国家和铁道行业标准的制定和修订 20 项，其中有 4 项国家标准和 2 项铁道行业标准已颁布实施。

中铁科工集团全年研发的新产品有：适应山岭地区运架设备及箱梁转运平台、客货共线架梁设备、无缝线路长轨条铺设机组、混凝土公路路面全浮动式共振破碎机、双杆双向搅拌桩机、步履式整节段架梁起重机等多台新产品。

机械产品制造继续保持强劲势头。年内，中铁科工集团完成专用与常规设备制造 400 多台套。主要产品有：高铁混凝土箱梁搬、提、运、架施工专用装备；高铁无砟轨道板运、铺设备；普通铁路施工铺架设备；基础施工桩工机械；大型桥钢梁架设施工专用设备；盾构及后配套设备。其中高铁施工大型运架设备的研制，处于行业领先地位，充分展示了中铁科工集团的技术实力。

2. 钢梁制造与安装取得历史好成绩。年内，中铁科工集团完成钢梁钢结构制造总量超过 6.7 万吨，钢梁架设拼装约 3 万吨，充分展现了集团钢梁制造与安装“一体化”优势。主要项目有：厦深铁路榕江特大桥、南广铁路郁江桥、缅甸帕克库桥、穗莞深城际铁路东江南特大桥、柳州广雅特大桥、马来西亚柔佛州大桥、武汉二环线、武汉金桥、九江景观桥（4 座）、安徽南淝河特大桥、合肥南环线大桥、西安渭河桥、武汉大道高架桥、珞狮路高架桥等多座大桥钢梁及福州动车段、三亚动车段钢结构产品的制造与安装项目。

工程施工业务稳步增长。年内，中铁科工集团宋朝施工业务稳步增长（含钢梁安装）。主要项目有南广铁路郁江大桥、广东南二环高速公路 16 标、湖北潜江东荆河大桥、修水东门大桥、江西进贤李渡大桥、杭瑞高速陆水河大桥等多项工程的土建施工。

科技检测业务稳步推进。年内，中铁科工集团通过加大投入，增添设备，开展了大型运架设备及结构工程的检测业务，形成了新的经济增长点。在大型架桥机成套装备检测方面，中铁科工集团机械院分公司设立了施工机械检测所，制定了相应的标准，开展了施工机械的检测及监控技术的研究，共检测 900 吨搬提运架设备 10 台套，T 梁架桥机 5 台套，创造了较好的社会效益和经济效益。在钢梁钢结构工程检测方面，中铁科工集团九江检测公司完成了宁波云龙互通项目钢梁、西安西铜高速 III 标钢箱梁、武汉二环线钢梁的无损检测以及九江周边钢结构的无损检测业务。

【中铁西南院企业新纪录】 2010 年，中铁西南院被评为“中国中铁股份有限公司‘十一五’科技创新先进企业”。

2010 年中铁西南院获得各类科技成果奖 11 项；授权发明专利 1 项、实用新型专利 3 项、软件著作权 1 项。其中 “隧道（洞）仰拱模板台车与 TBM 联合作业的设计与研究”成果获股份公司科学技术特等奖，“大伙房输水工程特长隧洞 TBM 施工关键技术研究”成果获股份公司“十一五”十大优秀科技成果奖。

通过股份公司评审的科技成果 5 项，其中“高压大流量岩溶裂隙水与不良地质情况超前预报和治理”、“隧道（洞）仰拱模板台车与 TBM 联合作业的设计与研究”、“隧道连续皮带机出碴技术与设备国产化研究”、“TBM 施工地下水超前预报技术研究”和“裂纹深度横波检测技术研究”等项目的研究成果总体上均达到国际先进水平。

在合肥六水厂施工中，通过技术创新，连创“2000毫米水下大口径管道铺设全国第一、1200米长距离水下安装全国第一、重达160吨的取水头部进行水下安装作业全国第一、200吨位自制挖泥船创国内第一”四项施工新纪录。中铁四局市政分公司十堰泗河污水处理厂工程获2009年度湖北省建筑结构优质工程奖。七分公司承建的淮南洞山隧道工程，被评为“全国市政金杯示范工程”。铁道部2010年下半年信用评价结果公布，中铁四局以总分290.165分的优异成绩排名第五，连续第11次位列A类企业，成为在铁道部历次信用评价中唯一一家全部位列A类的施工单位。

【中铁五局企业新纪录】 全年获詹天佑土木工程奖1项（“遂渝铁路无砟轨道综合试验段”）、国家实用新型专利3项、省部级工法3项、中国施工管理协会技术创新成果二等奖1项、股份公司科技进步奖2项。《高速铁路复杂岩溶双线隧道（海棠隧道）施工技术》成果荣获2009年度中国施工管理协会科技技术奖技术创新成果二等奖；《遂渝线无砟轨道施工技术研究与应用》成果获得2010年度国家科技进步一等奖；《贵广高速铁路工程关键技术研究及应用》被列为贵州省重点开发项目；主编完成了铁道部《铁路站场工程施工质量验收标准》、《铁路瓦斯隧道技术规范》（征求意见稿），参编了《铁路工程混凝土拌和站技术指南》标准的制定。中铁五局被中国建筑业协会评为“十一五”全国建筑业科技进步与技术创新先进企业。

【中铁六局企业新纪录】 中铁六局赵海被评为2010年度全国工程建设优秀项目经理；中铁六局集团北京铁路建设有限公司被评为2010年度全国优秀施工企业；中铁六局集团北京铁路建设有限公司总经理韩少民被评为2010年度中国工程建设优秀（高级）职业经理人。

2010年，中铁六局全年共计完成课题研究11项，4项通过股份公司的成果评审，1项通过天津市成果鉴定，2项达到了国际先进水平，3项达到了国内领先水平。其中，《128米跨单拱肋钢管混凝土拱桥混凝土箱梁竖曲线顶推施工技术研究》等2项成果分获中国施工企业协会一等、二等奖；5项成果正在申报股份公司科技进步奖，2项成果正在申报公路学会科技进步奖。全年共获得省部级工法17项，其中，公路工法6项，铁路工法4项，山西省工法7项，推荐申报国家级工法2项，从而使中铁六局省部级工法达到了43项；全年新获得4项发明专利，27项实用新型专利。2010年，中铁六局主编了《CRTSⅡ型轨道板专用数控磨床》、《CRTSⅡ型轨道板专用翻转机》、《CRTSⅡ型轨道板专用真空吊具》等3项行业标准，参编了《铁路工程土工试验规程》、《铁路旅客车站客运服务信息系统工程施工质量验收标准》等两项行业规范。

【中铁八局企业新纪录】 2010年中铁八局集团获总公司以上的省部级科技进步奖7项，其中由中铁八局集团与二院共同完成的《遂渝线无砟轨道综合试验段关键技术试验研究》获国家科技进步一等奖。《武广客专武汉综合试验段无砟轨道施工技术研究》获中国施工企业管理协会科技进步特等奖。《全自动水泥乳化沥青砂浆搅拌车》获中国施工企业管理协会科技进步一等奖。由一公司完成的《重庆城市交通嘉华工程桥隧综合施工技术研究》获重庆市科技进步三等奖。《主跨340m双塔单索面不对称斜拉桥设计与施工技术研究》和《贵阳花溪1～175m钢管混凝土拱桥施工关键技术研究》获总公司科技进步二等奖。由四公司完成的《高速铁路桥梁栏杆机械化生产工艺及装备研究》获总公司科技进奖。

另外，中铁八局集团获国家安监总局、全国总工会表彰的“2010年全国安全生产应急知识竞赛优胜单位”称号；获得全国用户满意企业奖1项；建筑公司获得2010年度全国“用户满意企业”称号；省级用户满意工程奖3项：襄渝铁路柳河双线特大桥、成灌铁路犀浦站房、成都地铁1号线供电系统获得四川省用户满意工程奖。

获得股份公司级优质工程2项：昆建公司承建的昆明福海立交桥、昆明银海西区畅圆住宅。

【中铁十局企业新纪录】 2010年度，获得9项省部级科技进步奖；获得8项省部级工法；申请并获得专利21项，其中实用新型专利14项，发明专利7项。

【中铁建工企业新纪录】 2010年，获“鲁班奖”主承建奖1项，参建奖3项；“国家优质工程”2项；“詹天佑大奖”2项；“住宅小区设计詹天佑奖”2项；“全国用户满意工程”2项；省部级优质工程26项。被中国质量评价协会评为“全国质量诚信企业”、被北京企业评价协会评为“2010年度北京市信用企业”。获“‘十一五’全国建筑业科技进步与技术创新先进企业”称号。

【华铁咨询企业新纪录】 华铁工程咨询有限责任公司位列全国工程监理收入百强企业第二名。

【中铁大桥院企业新纪录】 2010年，中铁大桥勘测设计院有限公司参与设计的东海大桥和重庆朝天门长江大桥分获第十届中国土木工程詹天佑大奖。

【中铁科工企业新纪录】 2010年，中铁科工集团成功获批为“国家火炬计划重点高新技术企业”、“湖北省创新型企业”；集团九桥工程公司获“江西省高新技术企业”。

中铁科工集团被评为“中国中铁股份有限公司‘十一五’科技创新先进企业”；按照国民经济行业分类被认定为“2010铁路专用设备及器材、配件制造行业排头兵企业”；集团九桥工程公司被评为中国施工企业管理协会“科学技术奖技术创新先进企业”。

市场开发

【营销策略】 2010年是我国全面完成“十一五”计划的最后一年，也是企业抓住机遇谋发展、做强主业增实力的关键之年。一年来，经营开发工作以“保增长、调结构、转机制、争效益”为中心，认真落实公司年度工作会议确定的任务，努力实现确定的目标，紧紧抓住国家基础设施建设高潮的有利时机，及时提升经营理念，不断深化政策营销、品牌营销和联合营销，统筹策划、加强协调、上下联动、紧密配合、合力攻坚，全力扩大市场份额，经营质量显著提高。

【新签合同额】 国内基建业务全年完成新签合同额5667亿元，超额完成2010年工作会议提出4149.14亿元目标，比上年完成的4385亿元增加1282亿元，增长29.2%，新签合同额再创年度新高。铁路、市政及其他工程的承揽任务额都出现较大幅度增长。其中：

铁路市场承揽任务比上年大幅增长48.8%。铁路工程新签合同额完成3833亿元，占当年铁路市场份额的43.75%，比上年的2576亿元增加1257亿元，增长48.8%。铁路市场作为股份公司的传统优势市场，2010年得到进一步巩固和发展。

非铁路市场承揽任务1834亿元，比上年1786亿元增加48亿元，增长2.7%。其中：

城轨工程市场占有额继续保持领先。新签合同额完成438亿元，与上年持平。2010年全国25个城市进行轨道交通工程项目招标，招标总额约868亿元，其中股份公司中标172个标段，中标额443亿元，占51%，城轨市场的继续保持领先地位，实现了年度工作会议提出的城轨市场继续保持50%以上领先优势的目标。

公路工程新签合同额664亿元，比上年的866亿元减少202亿元。主要是受2010年公路市场招标大幅减少的影响。根据掌握的资料，2010年全国高等级公路基建市场招标总额约5930亿元，其中公司中标664亿元，约占11.2%。

市政工程新签合同额314亿元，比上年235亿元增加99亿元，增长42%。

房建工程新签合同额305亿元，比上年141亿元增加164亿元，增长116%。各单位加大房建市场的经营力度，仅建工集团2010年的房建任务承揽额就比2009年增加36亿元。

其他工程新签合同额117亿元，比上年的154亿元减少37亿元，下降24%。分类工程任务承揽完成比例情况，见下图表4-1。

图表 4-1

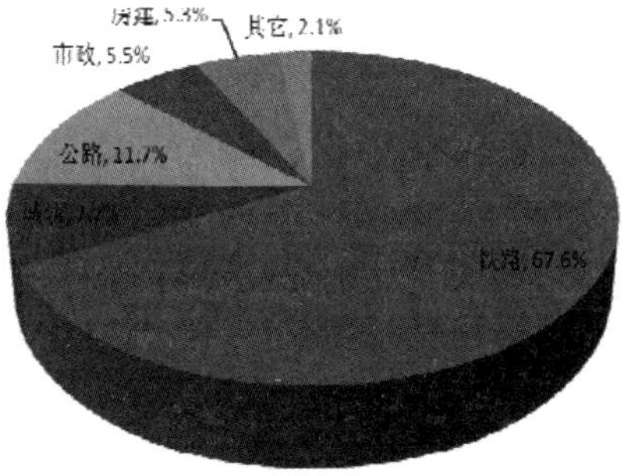

2010年铁路市场规模大、招标密集；国内城轨市场总体规模稳中有增；公路市场招标规模较2009年大幅缩减；受政府宏观调控的影响，房建市场规模起伏不定。上述股份公司国内基建任务分类工程承揽完成比例情况与市场整体形势也是一致的，铁路任务额和所占比例都出现较大增长，公路任务额出现下降。2010年股份公司中标重大工程项目见表4-2。

表4-2 2010年股份公司中标重大工程项目

序号	中标单位	项目名称	业主单位	中标价（万元）	中标时间
一	铁路工程				
1	中铁二局	新建大同至西安铁路客运专线工程9标	大西铁路客运专线有限责任公司	636953	3月2日
2	中铁四局	新建杭州至长沙铁路客运专线（江西段）站前工程7标	沪昆铁路客运专线浙江有限责任公司	633215	4月6日
3	中铁二局	新建合肥至福州铁路客运专线（闽赣段）工程7标	合肥至福州铁路（闽赣）公司筹备组	507395	4月8日
4	中铁五局	新建铁路成都至绵阳至乐山客运专线眉山至乐山（峨眉段）段站前工程8标	成绵乐铁路客运专线有限责任公司	500725	8月20日
5	中铁二局	广西沿海铁路钦州北至北海段扩能改造工程站前及部分站后工程	南宁铁路局	463756	2月7日
6	中铁隧道局	新建铁路云桂线（云南段）站前工程1标	云桂铁路云南有限责任公司	428118	5月5日
7	中铁三局	新建杭州至长沙铁路客运专线(浙江段)站前工程1标	沪昆铁路客运专线浙江有限责任公司	426102	4月6日
8	中铁一局	新建合肥至福州铁路客运专线（闽赣段）工程5标	合肥至福州铁路（闽赣）公司筹备组	419286	4月8日
9	中铁三局	新建沪昆铁路客运专线长沙至昆明段（贵州）站前工程2标	沪昆铁路客运专线贵州公司筹备组	418184	8月13日

序号	中标单位	项目名称	业主单位	中标价	中标日
二	公路工程				
1	股份公司	江苏省临海高等级公路如东段BT项目	江苏如东县人民政府	189800	4月11日
2	中铁五局	二连浩特至广州国家高速公路湖南省安化(梅城)至邵阳公路项目土建施工（第TJ1合同段）	湖南利联安邵高速公路开发有限公司	194907	5月10日
3	中铁一局	靖西至那坡高速公路3标	广西红都高速公路有限公司	123930	8月13日
4	中铁隧道局	乐昌至广州高速公路项目坪石至樟市段控制性工程T10标	广东广乐高速公路有限公司	116625	3月31日
5	中铁一局	河北省茅荆坝（蒙冀界）至承德公路路基、路面、桥梁、隧道工程1标	河北省高速公路承赤筹建处	94750	12月13日
三	市政、房建工程				
1	中铁隧道局	重庆西部国际会展中心配套市政交通工程项目（会展中心至礼嘉段）(TBM,BT标）	重庆市轨道交通（集团）有限公司	220000	7月5日
2	中铁二局	青岛市普集路铁路职工住宅项目6～11号楼、15号楼及地下车库	济南铁路局青岛普集路职工住宅建设指挥部	64681	2010年10月
3	中铁建工	贵阳金狮小区二期“顺海组团”经济适用房工程	贵州省经济适用住房建设发展中心	34663	2010年12月
4	中铁建工	海门五星国际公馆	海门东恒盛投资发展有限公司	39000	2010年12月
5	股份公司	贵州大学花溪校园扩建工程第八标段	贵州大学	30600	7月1日
四	轨道交通工程				
1	股份公司	郑州市轨道交通2号线一期工程施工总承包项目	郑州市轨道交通有限公司	342000	7月16日
2	中铁隧道局	重庆轨道交通6号线二期复合式TBM试验段工程	重庆市轨道交通（集团）有限公司	153704	6月29日
3	中铁一局	珠三角城际轨道交通佛山至肇庆项目GZZH-4标	广东省铁路投资集团西北城际轨道有限公司	98594	5月31日
4	中铁隧道局	北京地铁15号线工程土建施工11合同段（明、暗挖）	北京市轨道交通有限公司	90656	6月15日
5	中铁隧道局	重庆轨道交通6号线二期中梁山隧道土建工程（钻爆法）	重庆市轨道交通（集团）有限公司	80333	10月26日
6	中铁一局	珠三角城际轨道交通佛山至肇庆项目GZZH-4标	珠三角城际轨道交通佛山至肇庆项目GZZH-4标	98594	5月13日
五	桥梁工程				
1	中铁大桥局	福州琅岐大桥	福州市琅岐路桥建设有限公司	92599	2010年10月
2	中铁三局	天津南港工业区红旗路互通式立交桥工程	天津市南港工业区开发有限公司	62980	8月12日
3	中铁大桥局	大连市长海县长山大桥工程	大连市长海县长山大桥工程项目管理办公室	50336	9月1日
4	中铁大桥局	武汉二七长江大桥配套工程Ⅳ标段	武汉市城市建设投资开发集团有限公司	52489	6月7日

【投资开发项目】 BT项目年度完成投资62亿元、回购资金55亿元，预计收益率16.1%。10条BOT收费公路全部建成通车，总投资398亿元，开通里程880公里，年度完成投资39亿元，实现清分收入15亿元、较去年大幅增长52%，现有岑兴、全兴、渝邻、榆神共4条公路的日均清分收入超过盈亏平衡点。土地一级开发年度完成投资38亿元、出让土地3302亩、回收资金18亿元，测算收益率为40.8%。房地产二级开发年度完成投资220亿元，在建开发土地面积6380亩，年度施工建筑总面积640万平方米、竣工204万平方米、销售195万平方米、销售率72%、实现销售额142亿元，营业收入104亿元、净利润7.8亿元。矿产资源年度完成投资31亿元，营业收入10.6亿元，实现利润1.9亿元，现有3个矿山生产实物产品。

成功运作“贵州国际旅游体育休闲度假中心”项目，总用地约3万亩，基本地价4.6万元/亩，预估投资268亿元，预期利润38亿元。郑州地铁2号线实现施工总承包、重庆地铁6号线会展中心支线实现了BT投资施工总承包建设。

【设计市场】 2010年，股份公司各勘察设计咨询企业紧紧抓住国家加大基础设施建设的难得机遇，努力开拓市场、精心组织生产，全部提前超额完成了股份公司生产计划，圆满完成了勘察设计与咨询业务。高起点、高水平、高标准、高质量地开展了一大批重大的、有影响的云贵、南广、京张、西成、山西中南部通道等高速铁路、客运专线、复杂山区铁路项目，北京、上海、广州、深圳、成都、长沙、郑州等城市轨道交通项目，黄冈公铁两用长江大桥、澜沧江大桥、马鞍山长江公路大桥、琼州海峡跨海工程等重大桥梁工程项目，成都-自贡-泸州、成安渝、珠海高栏港等高速公路项目，委内瑞拉铁路、中（国）老（挝）昆明至万象铁路等国际工程项目。随着股份公司设计咨询业务不断扩张，股份公司设计咨询板块业务在国内、国际上的地位和社会信誉得到了进一步的提升。

【工业市场】 工业板块主要产品为铁路（含城市轨道交通）道岔及其系统配件，大型钢梁钢结构，轨道车辆、桥梁运架设备、铁路线路铺设设备、起重设备等专用工程机械，隧道掘进机及其配套设备，隧道施工专用设备等。目前，工业板块的产品主要在国内市场销售，主要客户包括铁道部、交通部及所属行业企业、城市轨道交通行业，多家大型建筑施工企业等。部分产品出口国外，其中钢梁钢结构产品出口至巴基斯坦、孟加拉、泰国、缅甸、柬埔寨、挪威、德国、塞尔维亚、伊拉克、乍得、加拿大等国家，道岔产品出口至亚洲、非洲、欧洲、南美洲、北美洲、大洋洲的近 30 个国家和地区。

2010 年 4 个工业企业营业额 96.7 亿，同比增长 17.75%；新签合同额 118.01 亿，同比增长 24.97%。

【海外市场】 2010 年，全系统各子公司“走出去”战略实施情况：

1. 新签工程项目合同所在的国家和地区

巴新、毛塔、科特迪瓦、博茨瓦纳、刚果金、赞比亚、摩洛哥、南部苏丹、南非、澳门、马里、安哥拉、尼日利亚、阿根廷、阿联酋、香港、斐济、文莱、埃塞俄比亚、厄瓜多尔、委内瑞拉、贝宁、加纳、萨摩亚、坦桑尼亚、泰国老挝边境、汤加、津巴布韦、塞拉利昂、乌干达、沙特、斯里兰卡、缅甸、孟加拉、哈萨克斯坦、伊朗、蒙古、利比里亚、吉布提等 42 个。

2. 新签道岔及钢结构产品加工项目合同所在国家和地区

丹麦、孟加拉、美国、韩国、香港、新西兰、马来西亚、加拿大、印尼、越南、约旦、塞尔维亚、捷克、沙特、尼日利亚 15 个。

3. 新签设计合同项目所在国家和地区

蒙古、利比里亚、埃塞、塞内加尔、吉布提、刚果（金）加蓬、委内瑞拉、尼日利亚、阿尔及利亚、越南 11 个。

4. 中国中铁股份有限公司 2010 年底境外在建项目所在国家和地区情况

截至到 2010 年 12 月底，股份公司全系统境外在建项目总数 312 个，涉及 51 个国家和地区，其中，在建项目中，500 万美元以上较大的项目有 202 个；上亿美元项目有 18 个；道岔及钢结构产品加工涉及 15 个国家和地区，详见表 4-3、4-4、4-5、4-6。

表 4-3 2010 年中国中铁境外业务新签合同额完成营业额与年初计划指标对照表（单位：万美元）

序号	指标 单位	合同额、营业额完成情况与年度计划指标比较						说明
		合同额计划	已完成合同额	完成所占比例	营业额计划	已完成营业额	完成所占比例	
1	中海外	115000	120753	105.00%	55000	66085	120.15%	
2	中铁国际	150000	213947	142.63%	28000	24546	87.66%	调计划后，营业额应为 89.26%
3	中铁一局	15000	6982	46.55%	3000	1180	39.33%	
4	中铁二局	15000	15103	100.69%	1000	1234	123.40%	
5	中铁三局	15000	0	0.00%	6000	2254	37.57%	
6	中铁四局	20000	26719	133.60%	25000	14291	57.16%	不含委铁营业额
7	中铁五局	12000	17067	142.23%	8000	13134	164.18%	
8	中铁六局	1000	0	0.00%	4000	0	0.00%	
9	中铁七局	30000	39517	131.72%	25000	27098	108.39%	
10	中铁八局	5000	5270	105.40%	3000	4300	143.33%	
11	中铁九局	5000	1749	34.98%	1000	2469	246.90%	
12	中铁十局	10000	12870	128.70%	3000	2775	92.50%	
13	中铁大桥局	15000	12060	80.40%	5000	5482	109.64%	
14	中铁隧道局	3000	0	0.00%	3000	2853	95.10%	
15	中铁电气化局	1000	1808	180.80%	700	747	106.71%	
16	中铁建工	16000	29106	181.91%	10000	11662	116.62%	
17	中铁山桥	1600	1635	102.19%	1000	2378	237.80%	
18	中铁宝桥	1600	2223	138.94%	1000	980	98.00%	
19	中铁二院	3000	6285	209.50%	2000	8806	440.30%	
20	中铁设计咨询	800	526	65.75%	500	531	106.20%	
21	委内瑞拉分公司	----	0		121000	123051	101.70%	由一、二、四、九、十局、二院完成
22	中国中铁本部	365000	480000	131.51%	--	0		
总计		800000	993620	124.20%	306200	315856	103.15%	新签合同没有重复计算
占年度计划指标比例		新签合同额占全年计划合同额比例为 124.20%			已完成营业额占全年计划营业额比例为 103.15%			

表 4-4　2010 年 12 月底中国中铁国（境）外业务经营人员分布区域统计表

分项 类别	亚洲	非洲	拉美	欧洲	大洋洲
人员数	472	1682	706	27	31
占 %	16.18	57.64	24.19	0.93	1.06

注：外派职工人员总数 2918 人

表 4-5　2010 年 1—12 月中国中铁新签境外业务合同额按行业分类统计构成表

分项 类别	铁路	公路	市政	房建	水电	码头	城轨	劳务	贸易	境外办厂	其他
金 额	673137	140653	56001	90497	9881	1164	15	1721	6969	1616	11966
占 %	67.75	14.16	5.64	9.11	0.99	0.12	0.01	0.16	0.70	0.16	1.20

注：总合同额：993620 万美元

表 4-6　2010 年 1—12 月 中国中铁新签境外业务合同额按区域划分统计分布表

分 项 类别	亚洲	非洲	拉美	欧洲	大洋洲
金 额	552818	257297	175241	7092	1172
占 %	55.64	25.89	17.64	0.71	0.12

注：总合同额 993620 万美元

【中铁一局市场开发】　中铁一局继续贯彻“抓大放小，抢优弃劣，重视结构，突出效益”的营销方针，抢抓市场机遇，强化营销管理，优化产品结构，突出主营业务，在确保营销质量的基础上，营销规模实现理性扩张。中铁一局进一步加强投标评审，注重过程监督，严格评审考核，重点投标项目全部进行标前评审，从源头上保证营销质量；完善优质项目清单管理制度，遵循“慎重甄选，动态管理，重点盯控，责任到人”原则，系统策划、持续跟进，重点追踪项目中标率达 45.34%，从过程中增强营销的针对性；全年新签合同平均单标价值 4.3 亿元，国铁项目平均单标价值 24 亿元，公路、城轨项目单标价值 3 亿元以上的约占 30%，落实营销方针，提高营销质量。

认真贯彻“营销管理战略化”理念，完善市场营销战略，突出主营业务，协调发展上下游和海外业务，增强战略执行的先导性和主动性，主营产品保持均衡较快发展态势。铁路市场集中精力开发优质项目，先后中标山西中南部、兰新二线、京福、德大、云桂、沪昆等目标项目，全年中标 367.40 亿元。其中，铁路一级市场中标 332 亿元，突破铁道部规定的规模上限，优势主导地位明显；公路市场以路网尚未成型区域为重点，持续加大开发力度，全年中标 97.76 亿元，位居股份公司前列；城轨市场在有效维护既有区域的基础上，成功进入昆明、东莞等新兴市场，保持区域覆盖全面的优势，全年中标 73.13 亿元，在股份公司系统排名第一；市政、房建等市场也保持平稳发展。2010 年，环保公司、天津公司、海外事业部、桥梁公司未完成年度营销任务，其他各公司均超额完成年度营销任务，尤其是广州分公司、城轨公司、重庆分公司都完成年度计划的 200%以上。

贯彻“海外及水务管理事业化”理念，完善海外事业管理体系和管理机制，加快海外市场拓展步伐，新签合同额 4.73 亿元。此外，价值 5 亿美元的圭亚那阿迈拉水电站建设框架协议已签订，开创海外事业新局面。水务事业方面，马鞍山 TOT 水务项目全年安全平稳运行，各项指标均优于投标测算；兰州 BOT 水务项目克服诸多困难全面开工；银川市自来水股权转让项目正在按照项目策划顺利推进，新的经营领域初具规模、品牌影响正在形成。

【中铁二局市场开发】　公司坚持阵地经营、特色经营和联合经营相结合，承揽任务再创新高。2010 年，公司完成新签合同额 680 亿元，为公司董事会年度工作目标 438 亿元的 155.3%，为总公司年度调整计划 540 亿万元的 125.9%。成功承揽青岛北客站、大西、京福、津保、成渝等 15 个铁路项目，中标额 339 亿元，提前 3 个月达到铁路 A 类企业投标限额；以城市轨道和公路为主的路外市场稳步发展，广深、江浙片区的“根据地”优势得到巩固，多个新兴市场取得突破，全年承揽非铁路项目 248 项，共 205.2 亿元。公司营业收入 561.16 亿元，同比增加

192.87 亿元，增长 52.37%；利润总额 11.15 亿元，同比增加 4.51 亿元，增长 67.88%；净利润 8.13 亿元，同比增加 2.84 亿元，增长 53.73%；投资收益 5.11 亿元，同比增加 3.23 亿元，增长 171.81%；全年上缴税款 16.7 亿余元。公司加强银企合作，积极开发信用资源，银行授信持续增长，公司已累计取得银行授信 605 亿元。

【中铁三局市场开发】 2010 年，中铁三局共计承揽工程项目 164 项，新签合同额 608.98 亿元（不含 BT 项目），为下达经营目标 510 亿元的 119.41%，超额近 100 亿元完成任务，是 2009 年承揽 275.06 亿元的 221.4%，创造了建局以来的新纪录。详见表 4-7、4-8：

表 4-7 中铁三局 2010 年项目完成情况表

项目	计划（万元）	完成（万元）	所占比例%
铁路	3105500.0000	4140763.2489	67.99
公路	625000.0000	423639.2146	6.96
市政	300000.0000	171581.1569	2.82
房建		208842.8501	3.43
城市轨道交通	625000.0000	820302.8408	13.47
海外	120000.0000	135004.8000	2.22
投资	50000.0000	0.0000	0.00
其他	274500.0000	189700.6262	3.12
合计	5100000.0000	6089834.7375	100.00

表 4-8

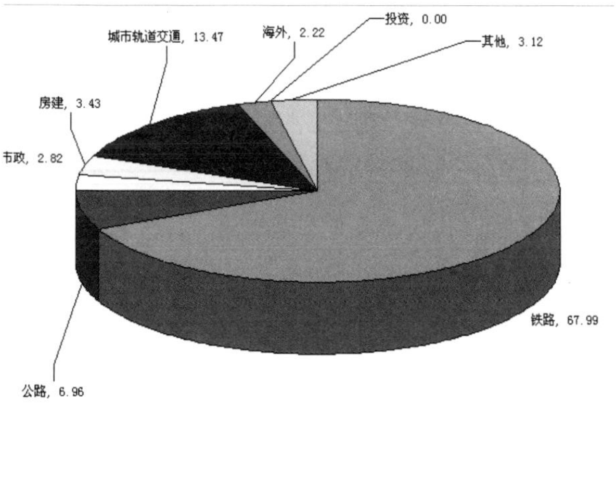

【中铁四局市场开发】 2010 年，中铁四局现有资质 72 项，其中总承包特级 1 项（铁路）；总承包一级资质 19 项（铁路一级 2 项、公路一级 5 项、市政一级 6 项、房建一级 2 项、机电安装一级 4 项）；总承包二级 3 项（铁路二级 2 项、水利水电二级 1 项）；总承包三级 2 项（房建三级 1 项、铁路三级 1 项）；专业承包资质 47 项（一级 38 项、二、三级 9 项）。2010 年全局共完成铁路、非铁路营销新签合同额 580.16 亿元，同比增加 78 亿元，为年度计划 410 亿元的 141.5%，达到历史最好水平，在股份公司系统名列第三。其中完成铁路工程营销新签合同额 354.53 亿元，非铁路工程营销新签合同额 155.40 亿元（其中，公路 63 亿元、市政 34.2 亿元、城轨 29.2 亿元、房建 6.2 亿元、其他 22.8 亿元）。

中铁四局以在建项目为依托，实现区域滚动发展。2010 年，坚持“做市场”的营销理念不动摇，为实现市场滚动发展搭建平台、创造条件，从而形成了以现场创信誉、以信誉争市场的良性互动机制。合肥区域继 2009 年中标合蚌铁路客运专线、合肥站改造和合肥南环线项目后，2010 年又陆续中标合福铁路客走马灯专线 1 标、合蚌铁路延长线、合肥铁路北货场等项目，合肥周边仅铁路项目合同总额就达 162.4 亿元；一公司在汽车试验场领域，二公司在常州和云南市场，四公司在合肥市场，七分公司在甘肃市场，以及中铁四局的安徽、上海、内蒙、辽宁、贵州等区域，以在建项目为依托，实现了区域滚动发展。特别是一公司 2010 年在汽车试验场专项领域中标 9 亿元，创历史最高纪录；七分公司在甘肃高速公路市场连中 4 标，合同总价 10.23 亿元；天津分公司在天津市场中标 6 项，合计 5.66 亿元；五公司在江西市场实现突破，中标 5 项合计 8.8 亿元。高度重视信用评价，企业品牌形象不断提升。铁路市场：2010 年，上半年中铁四局在铁路施工企业信用评价中排名第六，下半年排名第五，实现了铁路信用评价“十一连冠”。非铁路市场：有五个资质（集团公司、一公司、二公司、四公司和五公司）在全国五个省（市）（浙江、福建、云南、贵州、天津）施工企业信用评价中被评为 AA 级、A 级和天津市优秀诚信施工企业，在高速公路和市政工程投标活动中将获得加分机会。

【中铁五局市场开发】 2010 年，中铁五局全年完成新签合同额 530 亿元，为局年初计划的 118%，同比增加 170 亿元，增长 47%。全年铁路市场合同额 333 亿元，公路市场合同额 113 亿元，城轨市场合同额 45 亿元，海外市场合同额 11.6 亿元。铁路项目坚持自主开发的经营策略，不仅保证了中标项目自主施工的绝对占有量，而且中标项目的降造率低于 6%。非铁路市场的开发，理性地选择拿标，大部分中标项目的毛利率超过 8%，是近 10 余年来全局年度中标项目综合毛利率最高的一年。区域经营继续做强，贵州区域超过 50 亿元，湖南区域接近 37 亿元。

【中铁六局市场开发】 2010 年，中铁六局完成新签合同额 220.3 亿元，完成中国中铁股份公司下达年度计划 270 亿元的 81.6%。境内新签合同额按分类完成情况：基建建设完成工程项目 228 项，共计 217.4 亿元，占新签合同总额 98.7%，同比下降 20.6%；工业 4 项，共计 12106 万元，占新签合同总额 0.5%，同比增长 18.4%；房地产为本年度新增类别，1 项，计 10363 万元，占新签合同总额的 0.5%；其他经营 28 项，共计 6634 万元，占新签合同额 0.3%，同比下降 38.3%。基建建设项目新签合同额按专业完成情况：铁路工程 82 项，共计 1769152 万元，占新签合同总额 80.3 %，同比下降 19.7%；公路工程 16 项，共计 126739 万元，占新签合同总额 5.8%，同比下降 58.5%；市政工程 103 项，共计 201792 万元，占新签合同总额 9.2%，同比增长 24.2%；房屋建筑工程 3 项，共计 10634 万元，占新签合同总额 0.5%，同比下降 82.2%；城市轨道交通工程 7 项，共计 62469 万元，占新签合同总额 2.8%，同比增长 1326.3%；其它工程 17 项，共计 3322 万元，占新签合同总额 0.1%，同比增长 384.9%。

【中铁七局市场开发】 2010 年中铁七局共完成铁道工程一级市场招标项目资审 69 项，投标 109 个，中标 12 个，完成施工新签合同额 176.57 亿元，为计划 165 亿元的 107%，承揽价值占 2010 年集团公司新签合同额 330 亿元的 53.5%。其中铁路市场中，承揽的主要项目有新建昆明铁路枢纽东南环线工程、郑州动车组运用所、娄底至邵阳铁路扩能改造工程站前综合工程 LSZQZH-Ⅱ、新建巴中至达州铁路站前工程 1 标段、新建郑州至焦作、郑州至开封城际铁路工程二标段、新建山西中南部铁路通道汤阴东（不含）至日照南（含）段工程 14 标段、改建铁路南疆线轮台至库车等四段增建第二线三电工程等共计 12 项。非铁路市场中，共完成招标项目资审 290 项，投标 653 项，中标 75 项。完成施工新签合同额 126.83 亿元，为计划 120 亿元的 101.41%，承揽价值占 2010 年集团公司新签合同额 330 亿元的 36.4%。详见表 4-9。

表 4-9　中铁七局 2010 年市场开发情况表

单位：万元

类别	铁路	公路	房建	市政	城轨	地方铁路	水利水电	其他	合计
金额	1765757	961035	41902	124138	71427	49048	11647	9060	3034014
比重%	58.20	31.68	1.38	4.09	2.35	1.62	0.38	0.30	100

【中铁八局市场开发】 2010 年，中铁八局集团完成新签合同额 365.53 亿元，其中国内部分 362.01 亿元，国外部分 3.52 亿元。完成股份公司年度调整计划 360 亿元的 100.6%，同比增加 88.71 亿元，增幅 32.05%。中铁八局 2010 年共完成企业营业额 208.8 亿元，完成年度计划的 104%，是 2009 年完成营业额的 143.8%，创历史最好水平。其中铁路工程完成 174.6 亿元，占 83.6%；公路工程完成 7.2 亿元，占 3.4%；市政工程完成 5.1 亿元，占 2.4%；房建工程（含房地产）完成 7.6 亿元，占 3.6%；城市轨道交通完成 5.2 亿元，占 2.5%；水利水电完成 0.1 亿元，占 0.05%；其他（地铁、地方铁路）工程完成 2.0 亿元，占 1%；海外工程完成 7.0 亿元，占 3.4%，详见表 4-10。

表 4-10　2010 年中铁八局集团新签合同额完成情况

单位：万元

项目类别及名称	2010 年完成情况			2009 年完成	同比增长
	合同额	占合同额比例	占工程项目比例		
总　计	3655348			2768193	32.05%
一　国内部分	3620100			2751469	31.57%
(一)工程项目	3029480	82.88%		2157235	40.43%
1.铁路工程	1776856	48.61%	58.65%	1198208	48.29%
2.公路工程	313416	8.57%	10.35%	327780	-4.38%
3.市政工程	324855	8.89%	10.72%	256593	26.60%
4.房建工程	480801	13.15%	15.87%	204920	134.63%
5.水利电力工程	19902	0.54%	0.66%	28747	-30.77%
6、城市轨道交通工程	105976	2.90%	3.50%	97060	9.19%
7、其它工程	7674	0.21%	0.25%	43927	-82.53%
(二)勘测设计				0	
(三)工业产品销售	21121	0.58%		25077	-15.78%
(四)房地产项目	130813	3.58%		201380	-35.04%
(九)物资供应	31596	0.86%		4200	652.29%
(十)机械租赁	111	0.00%		438	-74.66%
(十一)其它经营	406979	11.13%		363139	12.07%
二　国外部分	35247	0.96%		16724	110.76%
(一)境外工程	35247			16724	110.76%

【中铁九局市场开发】 2010年，中铁九局完成新签合同额305.4亿元,完成股份公司280亿元目标计划的109%。铁路工程中标202亿元,占中标额66%；公路工程中标14.3亿元,占中标额4.7%；市政工程中标47.6亿元,占中标额15.6%；房建工程中标2.6亿元,占中标额0.9%；城市轨道交通中标11.8亿元，占中标额3.9%；其他工程中标18.8亿元，占中标额6.2%；房地产投资4亿元，占中标额1.3%；其他中标1.0亿元,占中标额0.3%；海外工程中标3.3亿元，占中标额1.1%。

【中铁十局市场开发】 2010年，集团公司全力拓展铁路市场，全年共计新签铁路一级市场项目11项，新签合同额221.53元，占年新签合同额的52.29%，中标数和中标额均创建局以来年度最高纪录。分别是青岛北客站Ⅱ标段7.27亿元；大西安客专3标段37.68亿元；云桂线（云南段）4标段38.81亿元；云桂线（广西段）1标段31.08亿元；德龙烟线德州至大家洼段铁路Ⅰ标21.58亿元；兰新铁路第二双线乌鲁木齐枢纽4.09亿元；广深铁路石龙车站迁建工程5.99亿元；湄洲湾南岸铁路支线工程9.19亿元；山西中南部铁路通道15标30.88亿元；邯济铁路扩能改造工程3标18.62亿元；邯长铁路扩能改造工程16.32亿元。在济南局继续保持优势，在上海局市场份额不断扩大，在昆明局、兰州局、北京局、太原局、呼和浩特局均有中标项目。在非铁路市场，集团公司积极开发，全年中标52项，新签合同额101.15亿元，超百亿大关，比上年创出的历史最高记录66.59亿元超出34.82亿元，增幅达52.29%。在福建，新签合同额17.21亿元，福建取代陕西成为公司第一大公路市场。在广东，中标广乐高速公路樟市至花东段，合同额7.51亿元，创公路单项新签合同额新高；在陕西，发挥质量信誉优势，新签合同9.44亿元；在山东、江苏、安徽、浙江、辽宁、湖北、青海、上海、湖南、贵州等区域实现稳步发展。在市政市场领域，中标38项，新签合同额34.57亿元，也创出历史新高。在继续保持供水、污水市场优势的同时，在城市道路桥梁方面增长较快。

【中铁大桥局市场开发】 2010年，中铁大桥局集团新签合同额353.7亿元，为总公司下达年度目标计划260亿元的136%。新签合同额分类情况为：国内项目合计345.5亿元，占总合同额的97.7%，其中铁路工程211.1亿元，占59.7%；公路工程35.1亿元，占9.92%；市政工程45.8亿元，占12.9%；城市轨道工程2亿元，占0.57%；港口码头工程3.6亿元，占1.03%；工业产品销售1.2亿元，占0.34%；其他46.6亿元，占13.19%。国外项目合计8.24亿元，占总合同额的2.33%。合同额超过1亿元以上的工程项目43项，合同额291.34亿元，占总合同额的82.37%。

此外，在工业和多经市场，2010年，大桥局工业产品销售1.19亿元，物资供应35.24亿元，机械租赁2.78亿元，设计、技术咨询、工程监理1.89亿元，房地产6.5亿元，其它0.24亿元。物流业务方面，2010年,完成新签合同额35.28亿元,营业额22.18亿元,实现利润2760万元。

【中铁隧道市场开发】 2010年，全集团中标国内施工项目48项，新签施工合同额4021890万元，详见表4-11。

表4-11 中铁隧道局各类工程比重

序号	工程类别	中标项数	中标价款(万元)	占中标价款总数比例
1	铁路	10	2631708	65.43%
2	公路	13	399435	9.93%
3	市政	11	459935	11.44%
4	地铁	10	509164	12.66%
5	水电	0	0	0.00%
6	安装	1	2064	0.05%
7	房建	0	0	0.00%
8	其它	3	19584	0.49%
合　计		48	4021890	100.00%

【中铁电气化局市场开发】 2010年，集团公司全年实际完成新签合同额532亿元，比上年增长77.3%，为年度计划400.59亿元的133%，超额完成年度市场开发任务。全年新签合同由工程项目、工业产品销售、房地产开发、技术咨询、工程监理和勘测设计6部分组成。其中，工程项目新签合同额490亿元，占总额的92.12%；工业产品销售新签合同额25.29亿元，占总额的4.75%；房地产新签合同额13亿元，占总额的2.44%；技术咨询新签合同额0.13亿元，占总额的0.02%；工程监理新签

合同额 1.4 亿元，占总额的 0.26%；勘测设计新签合同额 2.18 亿元，占总额的 0.41%。

全年工程项目共中标 426 项，由铁路、公路、市政、房建、城市轨道交通和其它 6 部分组成，没有水电、港口码头和机场工程。其中，铁路工程 192 项，中标额约为 416 亿元，约占工程项目总额的 84.9%；公路工程 26 项，中标额约为 12.9 亿元，约占工程项目总额的 2.65%；市政工程 10 项，中标额约为 1.7 亿元，约占工程项目总额的 0.35%；房建工程 24 项，中标额约为 15.4 亿元，约占工程项目总额的 3.14%；城轨交通工程 77 项，中标额约为 41.5 亿元，约占工程项目总额的 8.57%；其它项目 97 项，中标额约为 1.9 亿元，约占工程项目总额的 0.39%。

【中铁建工市场开发】 2010 年中铁建工集团抢抓机遇，乘势而上，市场经营切实拓展，发展规模空前扩大。全年累计完成新签合同额 313.1 亿元，同比增长 45.6%，其中铁路工程新签合同额达到 158.1 亿元，占企业新签合同总额的 50.5%；非铁路工程新签合同额达到 123.9 亿元，占企业新签合同总额的 39.6% ；海外项目新签合同额 12.8 亿元，占新签合同额总额的 4.1%；设计项目新签合同额 2 亿元，占新签合同额总额的 0.6%；房地产投资 13 亿元，占新签合同额总额的 4.2%；物资供应新签合同额 3 亿元；占新签合同额总额的 1%，工业新签合同总额 0.3 亿元，占新签合同额总额的 0.1%

2010 年中铁建工集团经营开发工作的主要特点有：1.新签合同额创历史同期最高水平，经营工作实现跨越式发展。全年累计完成新签合同额 313 亿元，是 2005 年的 3.5 倍，提前两年实现党代会目标。2.集团公司基本实现了区域市场、路内路外、国际国内的协调发展。华南、华北、华东市场三足鼎立，西北、西南、中南、东北市场稳步发展，铁路和非铁路的市场份额同步增长。3.铁路工程新签合同额达到 158.1 亿元，再创历史新高。以“现场保市场”效果显著，重点工程硕果累累，天津于家堡火车站、广州大功率机车检修基地等重点工程成为开拓当地市场的靓丽名片。4.轨道交通的经营覆盖面进一步扩大，成为路外经营的新亮点，分别在天津、福州、西安等地承接了轨道交通工程，为进一步开发轨道交通市场奠定了基础。5.集团国际化发展工作研讨会以后，海外发展站在了新的起点，海外经营继续保持在股份公司非外经专业公司的前列。6.健全集团公司三级经营架构，推进统筹经营，实现全方位、多层次经营公关，特别是与铁路系统的合作关系得到巩固发展。

【中国航空港市场开发】 重组后的中国中铁航空港建设集团有限公司，根据建筑市场变化情况，在铁路、公路、市政、城轨业务中确定重点区域，拟定重点跟踪项目，明确各级开发人员职责，加强前期策划，有重点、有目的的进行全方位、全天候、全身心的项目跟踪，确保重点项目的开发成效。

2010 年，新签合同额(含路内任务)186.73 亿元。其中原航空港新签合同额 66.7 亿元；原一局一公司新签合同额 54.03 亿元；原三局一公司新签合同额 32.57 亿元；原建工集团北京公司新签合同额 33.41 亿元，详见表 4-12。

表 4-12 中国航空港 2010 年项目承揽情况（单位：万元）

项目	承揽总额	所占比例
铁路工程	764956	40.97%
公路工程	314088	16.82%
房建工程	788253	42.21%

铁路市场主要承接项目有：新建兰新铁路第二双线（红柳河至哈密）LXTJ3 标段、新建山西中南部铁路通道瓦塘至汤阴东（含）段站前工程施工 ZNTJ-11 标段、新建铁路天津至秦皇岛客运专线站房工程，中标价 142053 万元。公路市场主要承接项目有：郑卢高速公路洛阳至洛宁段工程土建工程 LNTJ-1 标，中标价 21870 万元；贵州省仁怀至赤水高速公路第 RCTJ-19 标段，中标价 26993 万元；钱江通道及接线工程南接线段 10 标段，中标价 37935 万元。房建市场主要承接项目有：广安门铁路住宅小区施工总承包工程 A 标段，中标价 51202 万元。

【中铁港航局市场开发】 2010 年集团公司开发跟踪的项目共 66 个（主要分布在广东、广西、海南、山东、福建、辽宁、江苏、浙江 8 个省份），承接项目 38 个，新签合同额 150686 万元，新签项目具体如下：

1.大平湾六期填土工程合同金额 23834 万元；

2.高栏港大平湾八期填土工程，合同金额 25769 万元；

3.海南省儋州市白马井滨海新区西部农产品工业园新型环保包装材料生产基地项目，合同金额 15000 万元；

4.刘大线航道整治工程航道项目 LDX-HDSG4 标段，合同金额 9363 万元；

5.横门东出海航道应急抢通维护疏浚专项工程，合同金额 6888 万元；

6.广州南沙游艇俱乐部码头水工工程；合同金额 6478 万元；

7.广州南沙游艇俱乐部码头水工追加工程，合同金额 1052 万元；

8.盐城港大丰港区大件码头工程，合同金额 9396 万元；

9.莆田市妈祖城核心区基础设施建设项目填海造地砂料采运工程（A/B 标段），合同金额 18847 万元；

10.大亚湾石化区 D1 地块海堤防护工程，合同金额 4000 万元；

11.惠州大亚湾华瀛石油化工有限公司燃料油调和配送中心及配套码头项目芒洲岛爆破平整工程；合同金额 2771 万元；

12. 舟山太平洋海洋工程装备和船舶制造项目一船坞围堰拆除工程，合同金额2175万元；

13. 大连港东部地区搬迁改造项目工程，合同金额2385万元；

14. 横琴新区环岛北片区示范段Ⅰ标段场地平整(吹填砂)工程，合同金额1938万元；

15. 大连港东港区油品码头及配套设施迁建工程18#-21#泊位疏浚工程，合同金额5000万元；

16. 大连港鲇鱼湾港区22号原油泊位新增扫浅工程，合同金额1398万元；

17. 广东中远船务造船扩建一期完善项目驳岸工程，合同金额2500万元；

18. 珠海港高栏港区南水作业区干散货码头岸坡及停泊水域挖泥工程，合同金额3537万元；

19. 漳州港古雷港区古雷作业区南2#泊位工程水下炸礁工程，合同金额1082万元；

20. 萝岗中心区2#路市政道路工程，合同金额1137万元；

21. 中船龙穴岛材料码头工程，合同金额975万元；

22. 广东中远船务造船扩建二期驳岸软基工程，合同金额860万元；

23. 星海湾游艇码头二期施工工程，合同金额745万元；

24. 新会港二期工程，合同金额695万元；

25. 海南洋浦天然气加工利用基地项目港池航道疏浚和吹填造陆工程，合同金额434万元；

26. 红棉路（坳背路-宝荷路段）房屋及其附属物拆除工程，合同金额307万元；

27. 平吉大道（北段）建筑物拆除工程，合同金额282万元；

28. 厦深铁路(龙岗段)--南湾街道房屋拆除工程，合同金额195万元；

29. 红棉路（康乐路-坳背路段）房屋及其附属物拆除工程，合同金额124万元；

30. 广东广机海事重工有限公司舾装码头工程，合同金额300万元；

31. 萝岗加速器厂炸石项目，合同金额676万元；

32. 南京华润卸煤码头技改工程，合同金额195万元；

33. 广州港鸿业石化码头炸、清礁工程，合同金额107万元；

34. 南海舰队灯塔工程，合同金额100万元；

35. 广东中远船务整船下水新建35T卷杨机基础、100T锚板修改及滑道面找平等工程，合同金额45万元；

36. 广东中远船务150T风暴缆桩及50T地牛工程，合同金额39万元；

37. 广东中远船务150T风暴缆桩，合同金额27万元；

38. 广东中远船务分段堆场塔吊及高杆灯基础，合同金额16万元；

【中铁国际市场开发】 2010年，已经通过相关程序审批并亟待生效的项目有以下几个：一是加纳医院项目，合同额5.3亿美元，已经进入政府的100亿美元优买项目，正在做环评工作；二是吉布提铁路项目，合同额4600万美元，已经列入商务部援外司的优惠贷款计划，因吉布提政府提出希望中国政府减债的要求，影响了该项目的尽快生效；三是安哥拉铁路维修设备供货和安哥拉铁路培训中心建设两个项目，合同额9700万美元，已经通过了国内外相关审批程序，因安哥拉政府的低效率和中国银行账户问题，影响该项目的尽快生效；四是伊朗高铁项目，合同额66.2亿美元（444亿人民币），在“421”专项资金里面是比较好实施的项目，已经上报国务院审批，该项目正在积极推进中；五是阿根廷地铁项目，合同额15亿美元，因定金与保费一次性支付比较大，中阿双方正在积极沟通，采取相应措施解决该问题；六是加纳铁路项目，合同额7.2亿美元，已经完成中信保手续。

此外中铁国际还分别与塞内加尔政府签订了塞内加尔－马里跨国铁路项目合作备忘录，投资金额约为6亿美金；塞内加尔福利住房项目合作备忘录，投资金额约1.5亿美金；与乌克兰政府签署了地铁项目MOU；在阿联酋地区参与了铁路、公路等项目的资格预审工作。积极推进刚果（金）、刚果（布）、科特迪瓦、几内亚、牙买加、哥斯达黎加、乌克兰、委内瑞拉、塞拉利昂、塞内加尔、卡塔尔等国的项目；追踪商谈南非资源项目；配合国家相关部委实施“走出去”战略，做好中老铁路、中缅铁路、南非高铁项目的开发配合工作。已经签署的商务合同总金额累计约120亿美元。

【中铁二院市场开发】 2010年，是中铁二院全面实现“十一五”发展规划的收官之年，也是各项工作加快推进、取得丰硕成果的一年。中铁二院全年共新签合同额64.77亿元，为年度目标的107.96%，同比增长26.49%。其中铁路合同额27.29亿元，占新签合同额的42.13%，同比增长-10.17%；城市轨道交通合同额7.02亿元，占新签合同额的10.84%，同比增长-8.71%；公路及市政合同额4.61亿元，占新签合同额的7.12%，同比增长58.42%；海外项目合同额4.76亿元，占新签合同额的7.35%，同比增长244.93%；工程总承包项目合同额11.64亿元，占新签合同额的17.97%，同比增长238.37%；工程管理技术服务合同额3.71亿元、房地产项目合同额4.94亿元，产品产业化项目合同额7023万元、其他1099万元。2010年度，中铁二院实现财务总收入58.10亿元，较2009年增长了31.15%。实现净利润3.85亿元，较2009年增长27.48%。

【中铁设计咨询市场开发】 2010年，中铁咨询完成企业营业额17.03亿元，同比增长37%；实现利润总额1.7亿元，同比增长62%。新签合同额共计28.08亿元，同比增长71%，其中铁路合同额 12.44 亿元，占新签合同额的 44.3%；城市轨道交通合同额 0.92 亿元，占新签合同额的 3.3%；海外项目合同额 0.35 亿元，占新签合同额的 1.2%；工程总承包合同额 7.13 亿元，占新签合同额的 25.4%；工程监理合同额 3.98 亿元，占新签合同额的 14.2%；技术咨询合同额 1.36 亿元，占新签合同额的 4.8%；其它领域合同额 1.9 亿元，占新签合同额的 6.8%。

【中铁西南院市场开发】 西南院 2010 年上下联动，建立公司和各实体及子、分公司两级开发体系，实现两级开发协同共进。除巩固监理、检测监控和产品制造业务外，发挥传统技术咨询优势，开创了城轨设计、地质灾害防治、地质预报、工程建设等领域业务的新局面。

积极组织国内重点项目的跟踪开发，主要包括：⑴国内市场方面。铁路项目：追踪开发了新建兰新铁路第二线西宁至张掖段工程监理、新建兰新铁路第二双线站前及站后工程施工、新建云桂铁路（广西段）站前站后工程标段、新建铁路云桂线（云南段）施工监理标段、新建山西中南部铁路通道瓦塘至汤阴东（含）段标段、长沙至昆明铁路贵州段、成都至重庆铁路、成绵乐城际铁路乐山段等监理项目。公路项目：组织开发了纳黔高速公路隧道地质预报和监控量测等项目。地铁项目：追踪开发了北京地铁 14 号线工程土建施工监理 05 合同段、昆明地铁首期工程土建施工监理 7 标段、青岛地铁施工监理 2 标、成都地铁 2 号线一期工程、二期工程西延伸段盾构施工对地层扰动无损探测项目 B 标探测等项目。⑵国外市场方面。本着互惠互利、友好合作的原则积极寻求国际合作，已与意大利尔欧德塔公司合作洽谈并签订了有关设计业务的战略合作协议。

2010 年公司新签合同额再创历史新高。全年完成经营开发指标 10.08 亿元，其中新签合同额 5.18 亿元，中标未签合同额 4.9 亿元；新签合同额为股份公司下达年度任务 4.50 亿元的 115%，同比增长 30%，超额完成计划指标，详见表 4-13。

表 4-13　中铁西南院 2010 年主营业务板块分布情况

业务	2009 年新签合同额（万元）	2010 年新签合同额（万元）	同比增长（%）	2010 年各业务板块所占比例（%）
科研设计及咨询	3,614.00	4005.16	10.82	7.73
检测监测	5,551.94	8128.01	46.40	15.70
产品销售	10,035.00	10500.1	4.63	20.28
工程监理	19,333.85	28316.4	46.46	54.68
特殊工程施工	607.00	544.68	-10.27	1.05
其它	761.21	287.58	-62.22	0.56
合计	39,903.00	51781.93	29.77	100.00

【华铁咨询市场开发】 2010 年，华铁咨询以铁路市场为主要经营板块，同时抢抓高速铁路大发展的机遇，发挥监理优势，以 350 公里时速的高速铁路建设项目为重点，先后承揽大西客专、沪昆客专、兰新线、中南通道等监理项目，经营额达到 3 亿多元。2010 年，华铁咨询成立城市轨道交通事业部，对全国城市地铁及轨道交通项目进行统一管理及营销开发，注重专业化发展，打造企业竞争力，扩大市场占有率，有力巩固北京、广州、天津、西安、沈阳、杭州、昆明等城市地铁市场，成功进入福州、南京、宁波、东莞地铁市场。

2010 年，新签合同额为 60543.2 万元，其中，客运专线项目合同 5 个（中外联合体），合同额 22027.6 万元；其它铁路工程项目 30 个（包含相关铁路配套工程），合同额 15388.1 万元；城市轨道交通项目合同（包含配套设施项目及城际铁路）28 个，合同额 19001.3 万元（其中项目补充协议 6 个，合同额 537.7 万元，安全监理合同 1 个，合同额 255.8 万元）；其它市政项目合同 11 个，合同额 1914.4 万元；房建项目合同 13 个，合同额 1211.7 万元；项目管理合同 1 个，合同额 1000 万元。各类工程比重见表 4-14：

表 4-14　华铁咨询 2010 年市场开发情况表

项　目	百分比
客运专线	36.4%
其它铁路项目	25.4%
城市轨道交通项目	31.4%
其它市政项目	3.1%
房建项目	2.0%
项目管理	1.7%

【中铁科工市场开发】 2010 年，中铁科工集团实现新签合同额 18.37 亿元，占年度目标计划的 108.04%；完成营业额 15.6 亿元，占年度计划的 100.64%，详见表 4-15、4-16。

表 4-15　中铁科工集团 2010 年度新签合同情况分析

产品类别	金额（万元）	占合同额
搬提运架设备	39906	21.73%
铺轨机械	3426	1.87%
无砟轨道施工设备	5165	2.81%
隧道施工设备	2518	1.37%
桩工机械	5749	3.13%
钢结构	105457 万元（176872 吨）	57.41%
工程施工	15156	8.25%
其　他	6299	3.43%
合　计	183676	100.00%

表 4-16　中铁科工工程业务板块新签合同情况

序号	合同名称	合同签订日期	甲方名称	工期	中标单位	合同额（万元）
一	铁路市场					
2	成渝客专（资阳段）桥梁桩基础	2010 年 11 月 2 日	中铁十六局成渝客专第三项目分部	2011 年 1 月 30 日前	基础公司	450
二	公路市场					
1	崇阳县石城大桥工程	2010 年 1 月 7 日	湖北通远建设集团有限公司	2010 年 8 月 30 日前	基础公司	1100
2	粤湘高速公路博罗至深圳段第一合同段第一施工段工程	2010 年 4 月 30 日	广东省长大公路工程有限公司	2011 年 12 月 29 日前	中铁九桥	5527
3	广州绕城公路南段路面工程第二合同段附属工程	2010 年 6 月 15 日	广东晶通公路建设集团有限公司	2011 年 4 月 18 日前	中铁九桥	1537

【中铁资源市场开发】　2010 年，中铁资源公司在市场开发取得新突破。1. 作为国内最大的钼矿项目，伊春鹿鸣矿业公司 2010 年 3 月实现控股并购，11 月获得国家发改委的项目立项“路条”。2. 采取“旅游项目与矿山项目联动”模式，与青海省政府签署了战略合作协议，获得储量 2.49 亿吨的木里煤田八号井低硫优质炼焦煤项目。3. 集团公司分别与张家口市、鹤岗市签署战略合作协议，将在铅锌矿股权并购、冶炼厂建设、区域矿产调查及石墨矿开发等方面展开合作；与北京铁路局、呼和浩特铁路局、国电集团合作，将共同投资建设张家口煤炭物流中心项目。4. 与阿拉善盟、巴彦淖尔市签署战略合作协议，在中蒙巴格毛道口岸投资铁路基础设施、煤炭物流园区、焦煤厂、洗配煤厂等项目达成合作意向；与呼和浩特铁路局在中蒙策克口岸建设煤炭发运站达成合作意见，为拓展内蒙和蒙古国地区商贸物流业务创造了条件。5. 与中煤集团合作办理了煤炭铁路运输户头，为开展煤炭运销业务搭建了平台。

【中铁西南公司市场开发】　2010 年，公司市场开发取得新突破。全年完成新签合同额 26.4 亿元，为年度计划 20 亿元的 132%。新签合同为桂林两江一路 BT 项目（桂林市西二环路建设、南溪河环境综合整治、小东江流域综合治理），合同额 26.4 亿元。此外，公司确立了以广西南宁、桂林、柳州为主，以周边省份、重点城市为辅的市场开发策略，加大市场推广开发力度，先后考察湖北、四川、天津、桂林、南宁、柳州、大连、南昌、汕头、珠海、郑州、福州、太原、贵阳等省市基础设施投资和房地产开发项目。各类工程比重及主要项目包括桂林两江一路 BT 项目包括桂林市西二环路建设、南溪河环境综合整治、小东江流域综合治理。其中西二环路建设项目全长 19.04 公里，总投资 144792 万元(不含拆迁征地等前期费用)，其中建安费 128065 万元，非建安费为 16727 万元；南溪河环境综合整治项目治理河道全长约 10.2 公里，总投资 70935 万元（含项目征地拆迁费用），其中建安费 19901 万元，非建安费为 51034 万元；小东江流域环境综合整治项目主要包括截污工程、景观岸线改造、通航设施建设及桥梁建设等，总投资 48500 万元（含项目征地拆迁费用），其中建安费 24300 万元，非建安费为 24200 万元。

铁路市场

【铁路市场承揽任务】 2010年，股份公司铁路市场承揽任务比上年增长48.8%。铁路工程新签合同额完成3833亿元，占当年铁路市场份额的43.75%，比上年的2576亿元增加1257亿元。铁路市场作为股份公司的传统优势市场，2010年得到进一步巩固和发展。

【中铁一局铁路市场】 2010年，中铁一局集中精力开发优质项目，先后中标山西中南部、兰新二线、京福、德大、云桂、沪昆等目标项目，全年中标367.40亿元。其中，铁路一级市场中标332亿元，突破铁道部规定的规模上限，优势主导地位明显。

【中铁二局铁路市场】 2010年，中铁二局成功承揽青岛北客站、大西、京福、津保、成渝等15个铁路项目，中标额339亿元，提前3个月达到铁路A类企业投标限额。

【中铁三局铁路市场】 2010年，中铁三局集团有限公司铁路市场共计承揽414.08亿元，其中铁路一级市场承揽18项，合同额347.86亿元。在股份公司排名第一，全路排名第三，详见表4-17。

表4-17　中铁三局2010年承揽铁路工程项目情况表

顺号	项目名称	主要工程数量	合同价（万元）	开竣工日期
1	新建杭州至长沙铁路客运专线浙江段站前工程HCZJ-1标段	正线20.384公里，杭甬杭长联络线18.699公里，正线铺轨581.566公里；站线铺轨45.587公里	426102.3037	1177天
2	新建沪昆铁路客运专线长沙至昆明段（贵州）站前工程施工总价承包CKGZTJ-2标段	44.466公里	418184.1548	1187天
3	新建沪昆铁路客运专线长沙至昆明段(云南段)站前工程4标段	正线长度约45.79公里（含全线正线的铺轨工程）	405142.1372	1840天
4	新建铁路大同至西安客运专线站前工程站前施工-7标	56.215公里	402472.2994	2010年3月10日～2013年12月31日,1392天
5	新建杭州至长沙铁路客运专线湖南段HCTJⅡ标段	正线42.81公里，铺长轨92.05双线公里，联络线及动车走行线17.69公里	378260.3259	838天
6	新建兰新铁路第二双线张掖至红柳河段工程LXS-10标段	59.009公里	322692.4937	2010年4月1日～2013年12月31日
7	新建张家口至唐山铁路ZTSG-4标段	长83.8公里(路基22.04公里，桥梁6.98公里，隧道55.08公里/28座)	313075.8526	1460天
8	石门至长沙铁路增建第二线工程站前工程SCFX-3标段	长72.802公里(里程K144+500～K262+842范围T梁制架及轨道)	196532.8116	2010年4月1日～2013年6月30日
9	新建山西中南部铁路通道瓦塘至汤阴东(含)站前工程ZNTJ-9标段	37.91公里	184467.4857	1634天
10	广西沿海铁路钦州北至防城港段扩能改造工程站前工程QF-1标段	10.3公里(含全线铺轨62.039公里)	113889.013	2010年3月1日～2012年6月30日,883天
11	新建地方铁路海阳至凤城线工程	25.58公里	92988.1688	2011年3月1日～2013年8月31日
12	新建宁德白马港铁路支线工程站前(BMZQ)标段	主线长17.5公里,疏解线3.922公里,大唐支线4.435公里	84867.2495	730天
13	滨绥铁路牡丹江至绥芬河段扩能改造工程施工Ⅲ标段	13.434公里	72941.9244	915天
14	长春枢纽长春站改造工程		66146.8907	2010年4月1日～2011年6月30日

顺号	项目名称	主要工程数量	合同价（万元）	开竣工日期
15	新建铁路阜阳至六安线“四电”工程		40633.4797	607天
16	新建甘其毛都至万水泉南铁路站前工程GOSG-06标段	40.5公里	37715.2691	395天
17	新建长沙至昆明铁路客运专线湖南段GZYZ-3标段	双块式轨枕预制	34718.1965	2010年9月1日～2013年5月31日
18	新建铁路巴准线(巴图塔至点岱沟段)工程施工第八标段	20.133公里	31160.6259	
19	宁夏六盘山铁路有限公司原州区至王洼线新建铁路项目程儿山隧道及附属工程	6470米	26121.1752	2010年10月1日～2013年8月31日
20	大秦线4亿吨GSM－R网络补强工程(DQGW-1)标段		20161.2671	4.5个月

【中铁四局铁路市场】 2010年，中铁四局铁路市场营销再上新台阶。先后中标宁波北环线、大西客专、合肥枢纽、合福铁路安徽段、杭长江西段、杭长客专浙江段、云桂引入南宁枢纽、德龙烟铁路、张唐铁路和金温铁路扩能改造等27个项目，全年共完成新签合同额354.53亿元，同比增加34.63亿元，占年初计划255亿元的139%，占国内新签合同额的72.9%。提前3个月突破铁道部规定的最高限额。随着铁路营销重心转移战略的推进，加大西部铁路市场营销力度，西部铁路市场进一步得到稳固，铁路营销市场布局日趋合理。2010年全局中标的铁路项目分布在9个市场区域，分别是：上海局176.86亿元，南昌局63.32亿元，南宁局28.8亿元，兰州局27.85亿元，呼和浩特局27.18亿元，济南局18.35亿元，太原局18.29亿元，西安局12.33亿元，武汉局3.5亿元。全局在建铁路项目布局进一步完善，组团格局基本成形。

在营销过程中，继续坚持规模和质量并重的营销原则，营销质量明显提升。一是抢抓一季度和6月底两个集中招标时间段，提前部署、重点跟踪，集中力量主攻大标和利润空间相对较高的项目，抓大放小见成效，仅一季度就中标180亿元。二是根据投标限额的规定，合理利用，优中选优。2010年8月铁道部出台投标限额的规定，四局属最高的第1档限额320亿元。由于在6月底前已经中标铁路项目282.82亿元，离限额只差37.18亿元，通过及时调整，靠前指挥，成功中标了张唐铁路6标(27.18亿元)和金温铁路扩能改造站前工程1标(27.8亿元)两个标段共54.98亿元，超出限额17.8亿元。三是利用区域优势，初显组团格局。为缓解各子(分)公司资源紧张的矛盾，有效降低管理成本，实现资源利用最大化，有目的、有意识、有步骤地推进项目区域集中营销，在合肥地区继去年中标合蚌Ⅰ标、合肥南环铁路的基础上，2010年又中标合福客专1标、合蚌延长线、合肥北货场等项目；杭长铁路成功中标浙江和江西两个项目；西北地区相继中标兰新两个项目，内蒙古地区实现新老交替。四是规范标前评审，完善决策机制。为确保项目的预期收益，提高企业的盈利能力，进一步规范投标前期工作，提前了解项目的施工环境、技术复杂程度、工程造价和大型设备配置等情况，对投标项目进行认真评审，为投标的最终决策提供科学依据。此外，通过对有把握的重点项目或标段，有针对性地加大与建设单位、设计单位的前期沟通力度，为工程中标后的项目收益奠定基础。

1. 合肥铁路枢纽一标

合同造价：28.26亿元

合同工期：2010年6月15日～2011年12月10日

施工单位：中铁四局集团公司

2. 合福铁路安徽段一标

合同造价：40.86亿元

合同工期：2010年4月18日～2014年3月31日

施工单位：中铁四局集团公司

3. 张唐铁路ZTSG-6标

合同造价：27.177亿元

合同工期：2010年9月1日～2014年8月31日竣工。铺架工程开始时间为：2013年2月16日；2014年6、7、8月进行全线综合调试、试运行及动静态验收。2014年9月1日开通试运行。

施工单位：中铁四局

4. 德大铁路Ⅱ标

合同造价：18.35亿元

合同工期：总工期1096天（2010年6月6日～2013年6月5日）

施工单位：中铁四局

5. 西宝客专XBDJ标

合同造价：6.996 亿元

合同工期：总工期 830 天（2010 年 2 月 21 日～2012 年 5 月 31 日）

实际开工时间：2010 年 1 月 1 日

施工单位：中铁四局

6.金华至温州铁路扩能改造工程站前 1 标

工程合同总造价：27.8 亿元

合同工期：本标段总工期 32 个月，正式开工日期 2010 年 12 月 1 日，计划 2013 年 9 月 15 日完成全线铺轨，2013 年 12 月 31 日达到联调联试条件。本标段已于 2010 年 9 月 12 日开工。

施工单位：中铁四局

7.新建杭州至长沙铁路客运专线浙江段站前工程 HCZJ-4 合同段

工程造价：34.7 亿元

合同工期：2010 年 4 月～2013 年 7 月

施工单位：中铁四局

8.杭州铁路东站扩建工程

工程造价：124273 万元

合同工期：2009 年 12 月～2011 年 6 月

施工单位：中铁四局

9.新建宁波铁路枢纽北环线工程

工程造价：31.136 亿元

合同工期：2010 年 7 月～2014 年 7 月

施工单位：中铁四局

10.新建杭州至长沙铁路客运专线江西段站前工程 HKJX-7 合同段

工程总造价：63.32 亿

合同工期：2010 年 4 月 12 日～2013 年 6 月 30 日

施工单位：中铁四局

11.南宁枢纽 I 标

合同造价：5 亿元

合同工期:2010 年 5 月 1 日～2013 年 12 月 31 日

施工单位：中铁四局

12.兰新铁路 LXTJ4 标

合同造价:88.3 亿元

合同工期：2010 年 3 月 1 日～2013 年 3 月 31 日

施工单位：中铁四局

13.兰新铁路 11 标

合同造价：约 12.8 亿元

合同工期：2010 年 4 月～2013 年 12 月

施工单位：中铁四局七分公司

14.新建甘其毛都至万水泉南铁路站前工程 GQSG-1 标

工程总价：51774.2724 万元

合同工期：2010 年 6 月～2012 年 12 月 31 日。其中乌拉山一号隧道于 2011 年 8 月 31 日前完成

施工单位：中铁四局

15.红柳林至红进塔(陕西段)运煤专线工程

工程总造价：53289.7077 万元

合同工期：2010 年 4 月 1 日至 2012 年 1 月 31 日

施工单位：中铁四局

6.合肥铁路火车站改造工程

中标合同价：43931 万元

合同工期：2009 年 8 月 17 日～2010 年 8 月 30 日，计划总工期：13 个月

施工单位：中铁四局

17.襄樊东站风雨棚工程

合同造价：100701959 元

开竣工时间：2010 年 9 月 13 日～2011 年 9 月 13 日

实际开工时间：2010 年 11 月 26 日

施工单位：中铁四局

18.蚌埠站雨棚及相关工程

合同造价：1.17 亿元

开竣工时间：2010 年 4 月 15 日～2011 年 10 月 15 日

实际开工时间：2010 年 7 月

施工单位：中铁四局集团钢构公司

【中铁五局铁路市场】 2010 年，中铁五局全年中标沪昆浙江段、江西段、贵州段、云南段和成绵乐 8 标、兰新 12 标、贵开铁路、赣龙铁路等 20 个铁路项目，合同额 333 亿元，占任务总量的 63%，同比增加 178 亿元，增长 114%。在具备上限资格的 11 家局级施工企业中，率先拿满 320 亿元的份额。成绵乐 8 标合同额达到 50 亿元。

【中铁六局铁路市场】 2010 年，六局在铁路市场中，承揽新签合同额 176.9 亿元，占新签合同总额的 80.3 %。

1.新建太兴铁路太原至静游段工程 TXXS-1 标

太兴铁路太原至静游段起于太北编组 VI 场的汾河站，经由古交、镇城底、娄烦、止于娄烦县静游镇，由既有太古岚铁路增建二线、新建镇城底（既有太岚线的终点站）至静游双线铁路及西三联络线（太兴线的西张站至西南环线的三给站）三部分组成。

本标段工程正线全长 57.65 公里，其中路基 34.01 公里，占全长 59%；桥涵 4226.4 延长米，占全长 8%，隧道总长 19208 延长米，占全长 33%。

其中：路基土石方 393 万方；单线特大桥 1 座，980.6 延长米；单线大桥 10 座，2324.3 延长米；双线大桥 1 座，199.5 延长米；中桥 7 座，642.76 延长米；小桥 79.2 延长米；新横岭隧道 4894 延长米，新峙头隧道 4416 延长米，其余隧道 9898 延长米，改建隧道 225 延长米。建设单位：太原铁路局，合同金额 173532 万元，合同工期：2010.5.1～2013.3.20。

2.新建合肥至福州铁路安徽段站前及相关工程 HFZQ-6 标

合福铁路线路自合肥南站引出，沿在建的南环线南侧并行，

安徽省境内线路长度 343.093 公里。本标段为 HFZQ-6 标段，起止里程 DK212+145～DK249+236，正线长度总长 37.091 公里。全标段共有特大桥、大桥、中桥 14075.2 米/22 座，占标段正线长度的 37.9%；隧道 16417 米/11 座，占标段正线长度的 43.3%；车站 1 处（旌德）；路基长 6.97 公里/25 段，占标段正线长度的 18.8%；房屋建筑面积 1220 平方米。

建设单位：京福铁路客运专线安徽有限责任公司

合同金额：21400 万元

合同工期：2010.4.18－2014.3.31

3.昆阳至玉溪铁路扩能改造工程站前工程 2 标　中铁六局承建的昆阳至玉溪铁路扩能改造工程站前工程二标段工程线路长 30.968 正线公里。主要含道路、管线迁改、路基、桥涵（不含预制梁、架梁、桥面系，含连续梁及其连续梁上的桥面系和预应力桥面系中的吊篮、墩台围栏）、隧道、其他运营生产设备及建筑物工程（地道、天桥）及大型临时设施等工程项目。

其中：路基 9.507 公里,占线路全长 31%；桥涵 10.443 延长米，占线路全长 34%，隧道 11.008 公里,占线路全长 35%。建设单位：滇南铁路有限责任公司，合同金额 154170.7 万元，合同工期 2010.9.1～2013.5.31。

4.新建邯郸（邢台）至黄骅港铁路工程第 III 标

新建邯郸（邢台）至黄骅港铁路工程（简称邯黄铁路）位于河北省南部及东南部的黑龙港流域地区。西南端与京广、邯济铁路相连，并预留和邢铁路接入条件，东北端引入黄骅港港区，修建联络线与既有石德铁路相连通。线路全长 459.630 公里。

本标段为第三标段，施工范围：DK167+491～DK254+972.56 段贯通正线、石德联络线、全部站前工程，以及 DK167+491～工程终点间正线铺轨架梁工程。主要工程数量有路基土石方 974 万方，特大桥 6 座，大桥 7 座，中桥 14 座，小桥 22 座，涵洞 240 座；正线铺轨 234.98 公里，站线铺轨 78.93 公里，铺道岔 201 组，房屋 10428 平方米，制（存）梁场 1 处，铺架基地 1 处，预制梁 1290 孔，价购梁 49 孔，架梁 1339 孔。建设单位：邯黄铁路有限责任公司，合同金额 265231.8 万元，合同工期 2010.9.1～2013.2.28。

5.张唐线既有车站改造和联络线工程

中铁六局承建的张唐线既有车站改造和联络线工程包括张唐正线 15 公里和张百湾联络线（滦平东至张百湾）、京承联络线（李家营至赵家店）、唐山北联络线（丰润西至唐山北）。

本标段张唐正线起点里程为 IDK205+835.5，终点里程为 IDK190+700，正线长度 59.205 公里。主要工程包括路基、桥涵、轨道、站场、通信、信号、信息、电力及电力牵引供电、房屋、其他运营生产设备及建筑物、大临及过渡工程。建设单位：北京铁路局，合同金额 113077 万元，合同工期 2010.9.10～2015.3.10。

6.京广铁路保定站改造工程 II 标

保定站位于河北省保定市市区，距北京西站 146 公里，西接保满线，东接规划的津保城际。该站为京广线上的一等站，正线 2 条，到发线 4 条，有效长度 650 米。客运设备有 1 个基本站台、2 个中间站台，候车室面积 1850 平方米。保定站东邻建华北路，西临韩村南路，本项目在原有保定站场地基础上实施改造。

本车站属客货共线型，设计最高聚集人数 6000 人。设东西侧式站房和高架候车室，设无站台柱雨蓬。结合车站进、出站流线模式设出站地道一座，宽 12 米，另设行包地道一座。建设单位：北京铁路局，合同金额 27082 万元，合同工期 2010.9.1～2012.8.31。

7.新建铁路大同至西安客运专线太原枢纽太原局代建工程 DXTS-1 标

中铁六局承建的新建铁路大同至西安客运专线太原枢纽太原局代建工程 DXTS-1 标段工程，线路全长 60.68 铺轨公里。大西客专铁路引入太原枢纽后，太原南站采用分场并列布置，北段采用基本不改动石太客专的方式引入。

大西客专铁路在太原枢纽内经过太原北站、太原东站、太原站、太原南站共 4 个车站，需改建太原北站，太原东站和太原站利用既有，无改建工程，另在枢纽内新建太原南动车运用所 1 处。建设单位：太原铁路局，合同金额 132125 万元，合同工期 2010.9.1～2013.12.31。

【中铁七局铁路市场】　2010 年，中铁七局承揽铁路工程任务情况：

1.改建铁路南疆线轮台至库车等四段增建第二线三电工程：合同工期 547 日历天，合同价值 56334 万元，主要工程为标段范围内轮台站至阿克苏站区段内通信、信号、电力工程以及阿克苏至喀什新建电力贯通线工程。

2.新建昆明铁路枢纽东南环线工程:合同工期 1096 日历天,合同价值 212052 万元,本标段全长 36.764 公里。主要工程数量为：区间路基土石方 451 万立方米；站场路基土石方 127 万立方米；复杂双线特大桥 2202 延长米/1 座；一般特大桥 4499 延长米/2 座；隧道 8750 延长米/6 座；新建铺新轨 78.35 铺轨公里；站线铺新轨 4.58 公里；铺新岔 17 组；铺道床 12737 立方米；给水管道 13040 米；排水管道 2120 米。

3.郑州动车组运用所工程：合同工期 549 日历天，合同价值 126126 万元，本标段全长 39.63 公里。主要包括：路基土石方 103 万断面方、路基加固防护 106 万立方米；特大桥 12127 延长米/2 座；铺轨 39.63 铺轨公里；铺新岔 59 组；铺粒料道床 83483 立方米；生产房屋 29700 平方米；给排水管道 39.31 公里。

4.娄底至邵阳铁路扩能改造工程站前综合工程 LSZQZH-Ⅱ标段:合同工期 33 个月,合同价值 253335 万元,本标段长 52.44 公里。主要包括：路基土石方 1037 万立方米；、桥梁 28 座 13667.69 延米，及 LSZQZH-Ⅰ、Ⅱ标内桥梁架梁作业，涵洞 172 座 5711.4 横延米；隧道 6 座 2797 延米。

5. 新建巴中至达州铁路站前工程1标段：合同工期1008日历天，合同价值274458万元，本标段长76.25公里。主要包括：区间路基土石方249万立方米；、站场路基土石方187万立方米；、特大桥17579延长米/18座、大桥8751延长米/33座、隧道及明洞41635延长米/25座、正线铺新轨128.13公里。

6. 新建郑州至焦作、郑州至开封城际铁路工程二标段：合同工期1224日历天，合同价值338012万元，本标段建筑长度80.65公里。主要包括：路基土方216.52万立方米；；特大、大、中桥梁共计20559.23米/13座；正线铺设有砟轨道173.72铺轨公里，站线铺轨21.13铺轨公里；焦作站、南阳寨站改建工程；黄河桥引起的京广线改建段铺轨、路基、四电工程。

7. 新建山西中南部铁路通道汤阴东(不含）至日照南（含）段工程14标段：合同工期28个月，合同价值288681万元，本标段为汤台线K12+100～DK92+050段范围内的所有站前、站后工程，另含DK92+050～DK846+500(豫鲁界)和台前地区联络线范围内的简支T梁预制、架设、现浇、伸缩缝、支座及桥面系中的护轮轨，另含DK840+000～DK846+500(豫鲁界)段铺轨。主要包括：区间路基土石方2274087立方米；、站场路基土石方1051434立方米；、桥梁2.29公里/7座，铺轨189.89单线公里。

【中铁八局铁路市场】 2010年，中铁八局承揽铁路工程任务情况详见表4-18。

表4-18　中铁八局2010承揽铁路工程任务情况

序号	项目名称	合同金额（万元）	工期	工程概况
1	新建拉萨至日喀则铁路站前工程TJ1标段	201290	工期是1461日历天	本标段位于西藏拉萨市、曲水县境内，正线起讫里程为K2005+437.8～DK41+000(青藏铁路K2003+837.8=拉日铁路DK1+600)，联络线起讫里程为LDK0+000～LDK2+228.96(青藏铁路K2001+573=联络线LDK0+000)；线路正线全长41.025公里，联络线全长2.230公里。 主要工程数量：路基34.35公里(含联络线)；桥梁10座共计4.525公里(含联络线)，其中特大桥2座3669.49延长米，大桥1座378.56延长米，中桥7座477.26延长米(梁式中桥2座115.76延长米，刚构中桥5座361.5延长米)；隧道6座共计4.382公里；涵洞130座2143.66横延米；铺轨295.69铺轨公里，预制架设T梁1397孔；新建车站3座。
2	新建成都至重庆铁路客运专线工程CYSG-1标段	373831	合同总工期4年，实际开工日期：2010-10-16	本线西起四川省成都市的成都东客站，向东经简阳、资阳、资中、内江、隆昌后进入重庆市境内，后经荣昌、大足、永川、璧山、沙坪坝后达本线终点重庆站，线路全长308.206公里(运营长度309.224公里)，其中四川省境内长度185.503公里，重庆市境内长122.703公里。 新建铁路成都至重庆客运专线工程CYSG-1标段位于成都市、简阳市境内。本标段起讫里程为DK5+000～DK55+578，全长50.62公里。 本标段主要工程数量为：正线路基9.36公里，占线路长度的18.49%；桥梁26.5座计33.72公里，其中特大桥共11.5座，计30.05公里，大桥12座，计3.40公里，中桥3座，计0.27公里，桥梁长度占线路长度的66.61%；隧道2座计7.54公里，占线路长度的14.90%；新建车站1座。
3	新建长沙至昆明铁路客运专线引入贵阳枢纽工程	284627	1368日历天	长昆引入贵阳枢纽段位于贵州省贵阳市境内，标段全长36.392公里。主要工程数量：隧道11座/8087米，特大桥6708.37米/8座，大桥5225.56米/19座，中桥334.8米/4座，小桥228.9平方米/1座，涵洞1469.1横延米/35座，车站2座，路基16006.71米，含清镇梁场。

序号	项目名称	合同金额（万元）	工期	工程概况
4	成都至都江堰铁路彭州支线站前工程	206810	工期548日历天。	成都至都江堰铁路彭州支线站前工程位于成都市郫县、新都区、彭州市境内，线路起于成灌铁路郫县西站D1K0+239.48(相应于成灌铁路DK19+759.81)，途经新民场、三道堰、古城镇至彭州市到达本工程终点D1K20+862，线路全长20.561公里，沿线设新民场、三道堰、古城、彭州南、步行街、彭州共6个高架站。 主要工程数量：挖方8.38万立方米;，填方9.2万立方米;(其中A、B填料为8.58万立方米;， 级配碎石0.62万立方米;)，特大桥一座20.516公里，其中，预应力砼预制简支箱梁659孔，现浇简支箱梁7孔，连续梁7联27跨；站房6个16130平方米；箱梁预制场1个；正线无砟轨道约41公里，站线有砟轨道1.31公里，道岔6组。
5	新建兰新铁路第二双线西宁至张掖段站前工程-9标段	351972	本标段2010年03月01日开工，拟于2013年11月30日竣工，合同总工期45个月。其中：计划于2012年03月01日开始无砟道床施工，2012年11月底前完成无砟道床施工，2013年8月底前完成轨道精调	工程位于甘肃省民乐县、张掖市甘州区境内，起迄里程为DK407+122～DK487+298.6，线路正线长度80.1766公里。 全段主要工程量：正线路基40.955公里，占线路长度的51.08%，区间路基土石方共计503万立方米;，其中挖方115万立方米;；涵洞105座，计2455.83延米；特大桥共10座计38885.4延长米，大桥1座计207.3延长米，中桥2座计127.8延长米，桥梁长度占线路长度的48.92%，其中，重点工程张掖南特大桥全长16.5公里，以120米主跨上跨G045高速公路，为全标段重点、控制工程；全线须架设箱梁1188孔，分别设张掖（593孔）、民乐（595孔）两个制梁场，负责本标段箱梁预制任务；此外，标段内设3个混凝土集中拌和站，以保证管段内各桥梁工点的混凝土供应。

【中铁九局铁路市场】 2010年，铁路市场开发工作取得突破性进展，中标202亿元，其中沈阳局一级市场中标4项，中标额66.8亿元，二级市场中标50项，中标额67.2亿元。在西北地区中标新建兰新铁路第二双线张掖至红柳河段工程，中标额为37.93亿元，在昆明局中标新建沪昆铁路客运专线长沙至昆明段（云南段）引入昆明枢纽工程，中标额为10.43亿元，在南宁局中标广西沿海铁路黎塘至钦州段扩能改造工程LQ标，中标额为18.71亿元。铁路市场已形成东北（沈阳局）、西北（兰州局、甘青公司）、华东（上海局、杭长公司）、华南（昆明局、南宁局）四个较为成熟的经营重点区域，为解决中铁九局在东北严寒地区施工季节性用工不合理的矛盾找到了出路。

2010年，沈阳铁路局内经营开发硕果累累，局管内共计中标134亿元，占全部中标额的43.9%。同时参建项目部也形成滚动发展的良好态势，大连工程指挥部承建的东北东部铁路新建前阳至庄河段工程DT2标段，工程项目发生重大设计变更，合同额由原来的15.8亿元增加至61.47亿元，增加新签合同额45.65亿元。西部战略项目部施工伊白线、贺珠线中，施工进度质量受到业主认可，近期又将白音华能源化工园区专用铁路新建工程交由项目部施工，工程造价3.84亿元。分子公司承建了多项利润可观的穿跨越及技改工程，使得工程项目新签合同额和产值均得到增加。

【中铁十局铁路市场】 2010年，中铁七局承揽铁路工程任务情况：

1.新建铁路大同至西安客运专线工程站前施工3标段

工期及投资：本标段工程2010年3月10日开工，2013年12月31日竣工。总工期33个月，总投资,376815万元。

工程范围：起讫里程为太中DK9+100～DK332+568.31，正线长度为40.354公里。

主要工程量：路基土石方81.68万立方米，特大桥37787.46米/2座，正线铺轨283.27公里，站线铺轨12.49公里。

要点：山区客专铁路特点，主要分布在地形、地质较为复杂的山区和黄土高原上；铁路沿线大量矿区，地质核查工作难度比较大，施工风险因素多；湿陷性黄土特点分布广泛；客专铁路工艺要求高，全线一次铺设跨区间无缝线路和一次性开通电气化，土建工程、轨道工程和站后工程施工协调工作的难度大；箱梁预制量大，制、运、架工期紧；路基桥梁沉降要求高、变形控制严；环保、水保要求高。临时工程、路基、桥梁等工程的施工对环境的影响较大，因此全线的环境保护和水土保持的技术措施要求高。

2.新建铁路德龙烟线德州至大家洼段工程Ⅰ标

工期及投资：本工程2010年6月6日开工， 2013年6月5日竣工，总工期36个月。总投资215821万元。

工程范围：DK000+000～DK95+130段（含上行疏解线、京沪线黄河涯站改工程）内的三电改迁、改移道路、及管线、路基、桥涵、轨道、房屋（不含站房），其他运营生产设备及建筑物工程，相关大临及过渡和配合辅助工程。DK95＋130～DK170段内T型梁的预制及架设（不含横向连接、湿接缝、横向张拉、桥面系、挡碴墙等后续工程），DK95＋130～DK170内长钢轨的换铺（含长轨条厂焊、运输、长轨条推送）。

主要工程量：路基土石方1057万立方米，特大桥5858.81米/3座，大桥3921.24米/19座，正线铺轨99.06公里。

要点：点多线长、交叉作业多工期紧迫；项目工期短、任务重,铺架工程任务重；协调工作多、难度大。

3.新建云桂铁路（广西段）站前工程YGZQ-1标

工期及投资：本工程2010年5月15日开工，2015年9月30日竣工。总投资310809万元。

工程范围：本标段施工里程段为DK21+500～D2K110+700的站前工程。架梁范围：DK21+728～DK110+211。

主要工程量：路基土石方1181.22万立方米，特大桥17655.075米/7座，大桥3364.937米/10座，隧道7563米/9座，正线铺轨,3.54公里。

要点：山区铁路特点，地理条件困难，地质条件复杂，气像环境多变；管段长、工序衔接紧密、标准高、施工组织管理难度大；桥梁、隧道、路基工程结构使用寿命不低于100年，对混凝土、配合比设计、施工工艺、质量控制提出了更高标准和要求；环境保护、水土保持要求高；广西段沿线区域文化历史源远流长，自然风光绚丽多姿，文化旅游资源得天独厚，沿线风景名胜区、自然保护区、森林公园、文物保护单位等特殊保护目标众多；沿线少数民族区分布广，标段所在地为广西壮族自治区，少数民族分布广泛，施工时需慎重处理少数民族关系，如何把握和谐、平等、团结三大要素，构建民族铁路是本工程一大特点；点多线长，特殊路基分散，比重大，路基预压时间长，施工工期紧；质量标准要求高，铁路的高平顺性、稳定性要求路基工程高稳定、小沉降和沉降匀质性；路基工程与桥梁、无碴道床及相关工程等工程施工的工序接口多、系统性强，施工协调复杂；隧道地质条件复杂、施工安全风险高。

4.新建山西中南部铁路通道汤阴东(不含)至日照南（含）段工程施工ZNTJ-15标

工期及投资：本工程2010年9月10日开工，2012年12月31日完工，工期28个月。总投资308839万元。

工程范围：本标段范围为DK92+050～DK840+000段综合工程，含路基59.39公里，车站2座，正线桥梁11座12.72公里，京九联络线13.87单线公里，铺轨141.29单线公里（柳屯至台前北），含台前地区配套工程，含站后工程。

主要工程量：路基土石方686.72万立方米，特大桥15708.75米/5座，大桥788.88米/2座，正线铺轨156.62公里，站线铺轨17.97公里。

要点：点多线长，交叉作业多、专业间协调复杂；工程设计标准高，施工工期短；既有线改造施工区段长，安全影响大、既有线施工干扰大；线路交叉多，与地方公路及铁路部门协调难度大；环保、水保、文物保护要求高；特殊孔跨桥梁多、工艺控制难度大。

5.新建铁路云桂线（云南段）站前工程4标

工期及投资：本工程2010年06月01日开工，2015年04月30完工。总投资388081万元。

工程范围：包括珠琳站（含）～幸福隧道出口DK473+300～DK539+120,正线长度65.818公里。

主要工程量:路基土石方287.65万立方米,特大桥6084.67米/7座，大桥4623.55米/9座，隧道40882米/12座。

要点：山区铁路特点，地理条件困难，地质条件复杂，气像环境多变；管段长、工序衔接紧密、标准高、施工组织管理难度大；桥梁、隧道、路基工程结构使用寿命不低于100年，对混凝土、配合比设计、施工工艺、质量控制提出了更高标准和要求；环境保护、水土保持要求高；广西段沿线区域文化历史源远流长，自然风光绚丽多姿，文化旅游资源得天独厚，沿线风景名胜区、自然保护区、森林公园、文物保护单位等特殊保护目标众多；沿线少数民族区分布广，标段所在地为广西壮族自治区，少数民族分布广泛，施工时需慎重处理少数民族关系，如何把握和谐、平等、团结三大要素，构建民族铁路是本工程一大特点；点多线长，特殊路基分散，比重大，路基预压时间长，施工工期紧；质量标准要求高，铁路的高平顺性、稳定性要求路基工程高稳定、小沉降和沉降匀质性；路基工程与桥梁、无碴道床及相关工程等工程施工的工序接口多、系统性强，施工协调复杂；隧道地质条件复杂、施工安全风险高。

6.邯济铁路扩能改造工程ZH-3标

工期及投资：本工程2010年10月1日开工，2012年09月30日竣工，工期24个月。总投资186169万元。

工程范围：K164+500～津浦K312+000段路基、轨道、桥涵、站场、迁改和相关防护、房屋及相关大临及过渡工程;K84+645～K312+000段内T型梁预制和本标段的T梁架设等。本标段正线全长84.134公里。

主要工程量:路基土石方368.46万立方米,特大桥7532.32米/2座，大桥595.7米/2座，正线铺轨105.86公里，站线铺轨26.71公里。

要点：点多线长，交叉作业多、专业间协调复杂；工程分布广、施工协调难度大；增二线工程，对既有线干扰多，安全压力大；施工质量控制严；环境保护、水土保持要求高；基床填料缺乏、路基难度大。

7.邯长邯济铁路扩能改造工程(邯长部分)

工期及投资：2010年9月28日开工，2012年8月31日竣工。总投资163220万元。

工程范围：京广K438+393～邯长既有线K101+200段路基、轨道、桥涵、隧道、站场、迁改和相关防护、房屋及相关大临及过渡工程；桥梁预制、运、架梁等。

主要工程量：路基土石方482.91万立方米，特大桥604米/1座，大桥1917.8米/7座，正线铺轨107.61公里，站线铺轨69.88公里。

要点：点多线长，交叉作业多、专业间协调复杂；工程分布广、施工协调难度大；增二线工程，对既有线干扰多，安全压力大；施工质量控制严；环境保护、水土保持要求高；基床填料缺乏、路基难度大；

8.广深铁路石龙车站迁建工程

工期及投资：本工程2010年6月20日开工，2011年9月19日竣工，总工期15个月。总投资59856万元。

工程范围：既有石龙车站位于东莞市西北部片区。石龙站迁建工程新建客站选址位于石龙镇与茶山镇交界处的西湖村，即原来客车场向东改移至 K69+500～K72+700 范围异地新建，车场部分新建站按城际车场和普速车场分场横列布置，车站共设3台8线。

站房部分由东、西站房、无柱站台雨棚、行包房、天桥组成。主站房采用框架结构。

地下市政空间由地下城市广厅及地下联系通道组成。地下城市广厅建筑面积 4398.70 平方米，地下联系通道建筑面积 1150 平方米。

R2线过轨段工程全长201米，建筑总面积9560 平方米。

主要工程量：

车场部分：新建石龙火车站车场3台8线、地下旅客地道1577.06平方米、行包地道290.75 平方米、以及路基、桥涵、轨道、电力、电气化、通信、信号、给排水等专业；

站房部分：新建东西两侧旅客站房主体17973.07 平方米、3座站台雨棚各450米；

地下市政空间部分：市政地下广厅 4398.7 平方米，市政联系通道138.36米（7.05×5.0米框架）；

R2线过轨段工程：建筑总面积9560 平方米。

要点：车场部分：开工后，首先安排重点地段、控制工程、难点工程的拆迁工作，以确保工程重点地段及控制项目的工期进度。

路基施工根据工程特点和工期目标，合理确定作业面数量，采用大型机械化配套设备并辅以小型配套机具，组织分段平行流水施工。

本工程框架桥及涵洞均采用明挖基础，人工配合机械开挖。涵洞基础以下松软土按照设计分别采用换填、CFG 桩、水泥搅拌桩、旋喷桩等方法加固，经检验合格后施工涵洞基础。轨道在具备条件后开始铺设，先铺设标准轨后，再焊接成无缝线路。四电工程在满足条件后进行施工。

站房部分：为合理组织施工，确保工程有条不紊地进行，本工程分为东站房、西站房两个主要建筑，由两个架子队同时进行施工，每个单体工程分为两个施工段进行流水作业施工。

地下市政空间：本工程为框架结构体系，总体上按照基础及地下结构、装修安装二个阶段组织施工。以地下候车室作为工期控制点，依次为东西侧站房地下室、装饰装修、安装分部。

R2线过轨段：R2线过轨段为地下二层结构，位于广深铁路既有线茶山镇一侧，R2线施工完成后，将广深铁路既有线改移至R2线车站上方，靠近原广深铁路既有线段车站上方新建一铁路站房，站房采用桩基础。

9.新建青岛北客站及相关工程综合标（ZH）Ⅱ标

工期及投资：本标段工程计划2010年3月1日开工，2012年2月29完工，总工期24个月，总投资，72720万元。

工程范围：本标段为新建青岛北客站及相关工程综合(ZH)Ⅱ标段，范围包括新建四方～沙岭庄货单线、沙岭庄动车运用所、沙岭庄～青岛北客双线工程。

主要工程量：路基土石方110.5万立方米，特大桥1649.73米/1座，涵洞770.42米/17座，正线铺轨16.87公里，站线铺轨32.76公里。

要点：征地拆迁难度大，不可控因素多；松软土基底分布广泛；站场过渡安全压力大。

10.新建湄洲湾南岸铁路支线工程

工期及投资：本标段工程计划2010年7月1日开工，2012年6月30完工，总工期24个月。总投资91936万元。

工程范围：新建湄洲湾南岸铁路支线工程位于福建省泉州市湄洲湾南岸，该线路北起在建的福厦铁路仙游站厦门端接出，经泉州市泉港区和惠安县至斗尾站，线路沿途经过仙游县、泉港区及惠安县，正线全长39.870公里，疏解线长4.381公里。

全线设有仙游、肖厝、辋川（预留）和斗尾4个车站。其中，仙游站为支线接轨站，肖厝站为漳泉肖铁路既有车站，辋川站为预留中化接轨站，斗尾站为港口作业车场。线路全长为44.251公里。

主要工程范围包括：

1.正线

仙游（不含）DK0+000～斗尾（含）DK39+662.00。正线全长39.870公里。

2.既有漳泉肖线

漳泉肖线K202+000～K205+700段，肖厝站改建线路正线长3.70公里。

3.仙游上行疏解线

SDK0+000～SDK4+381，正线长4.381公里。

4.福厦线仙游站

福厦线K127+700～K130+300段，仙游站改建段线路正线长2.6公里（该部分按Ⅰ类变更设计，纳入福厦线先行施工）。

主要工程内容为：土建工程、场站工程、铺架工程。

土建工程包括迁改工程、路基、桥涵、隧道及明洞、道床、综合接地、大临及过渡工程；

车站名称：仙游站、肖厝站、斗尾站；

铺架工程：本工程铺轨 53.835 公里，其中正线铺轨 42.75 公里，站线铺轨 8.13 公里。

主要工程量：全线路基土石方 327.1 万立方米。其中，区间路基土石方 281.9218 万立方米，站场土石方 45.1933 万立方米；全线隧道 4 座合计 2673 延长米；全线桥梁共有特、大中桥 28 座 8702 延长米，其中特大桥 8 座 7370 延长米；框架中桥 4 座，合计 797.4 顶平方；框架小桥 4 座，合计 743.45 顶平方；涵洞 113 座，合计 3177 横延米；全线共铺轨 52.4 铺轨公里，其中正线铺轨 42.75 铺轨公里，站线铺轨 8.13 铺轨公里。

要点：1. 大跨度连续梁桥施工

跨越既有主干道或特殊物的桥梁采用大跨度预应力混凝土连续梁、简支系杆拱桥等特殊结构。特殊结构梁类型多，施工技术和工艺相对复杂。

2. 路基工程点多线长，质量标准要求高

本标段路基填方、挖方数量大，路基工程点多线长，软土、松软土、深路堑高边坡分布，为满足路基填筑要求，必须严格控制路基工后沉降量。路基的工后沉降要求高稳定、小沉降和沉降匀质性。工后沉降控制是本工程的主要控制指标。

本标段路基填、挖方数量大，借土土源必须采取有效的工程措施，做好环境保护工作。

3. 工程跨度大，工程专业接口多，专业间协调复杂

本工程正线长 39.662 公里，工程项目多，牵涉迁改工程、路基、桥涵、隧道、涵洞、轨道、房建、站场建筑及四电工程，以及相关的大型临时设施及配套工程等，专业接口协调复杂。对全标段施工组织的统筹性、科学性、先进性有极高的要求，加强组织和协调，保证接口合理、有序施工是本工程施工组织的重点之一。

4. 环保、水保要求高

本项目沿线工点穿越滨海区和水土流失敏感区，临时工程、路基、隧道、桥梁等工程的施工对环境的影响较大，因此全线的环境保护和水土保持的技术措施要求比其他铁路更高。

【中铁大桥局铁路市场】 2010 年，中铁大桥局集团中标铁路工程项目 12 项，合同额 195.6 亿，占全年新签工程合同总额的 55.3%。

主要项目有：新建武汉至黄冈城际铁路 WGSG 标段，合同价 343591 万元，全长 4.01 公里，工期为 2010 年 3 月至 2014 年 2 月。

新建合肥至福州铁路安徽段站前及相关工程 HFZQ-3 标段，合同价 369853 万元，全长 16.7 公里，工期为 2010 年 4 月至 2014 年 3 月。

新建沪昆铁路客运专线长沙至昆明段（贵州）站前工程 CKGZTJ-10 标北盘江特大桥，合同价 44646 万元。

新建长沙至昆明铁路客运专线湖南段站前工程 CKTJ-1 标，合同价 172520 万元，全长 23.15 公里，工期为 2010 年 9 月至 2013 年 11 月。

赣州至龙岩铁路扩能工程 GL-2 标，合同价 306721 万元，全长 58.69 公里，工期为 2010 年 9 月至 2014 年 2 月。

新建山西中南部铁路通道汤阴东（不含）至日照南（含）段工程 ZNTJ-16 标段，合同价 190078 万元，全长 39.68 公里，工期为 2010 年 9 月至 2013 年 12 月。

新建天津至保定铁路工程 JBSG-3 标段，合同价 270062 万元，全长 39.68 公里，工期为 2010 年 9 月至 2013 年 2 月。

【中铁隧道铁路市场】 中铁隧道国内铁路工程中标主要项目情况见表 4-19。

表 4-19 中铁隧道 2010 年铁路工程中标主要项目情况表

工程名称	中标价款（万元）	开竣工日期
铁路工程	2631708	
1. 新建山西中南部铁路通道瓦塘至汤阴东（含）段站前工程 ZNTJ-6 标段	316409	2010 年 4 月 10 日~2014 年 1 月 15 日
2. 新建合肥至福州铁路安徽段站前及相关工程 HFZQ-8 标段	343584	2010 年 4 月 18 日~2013 年 3 月 31 日
3. 合肥至福州铁路客运专线（闽赣段）土建工程 HFMG-6 标段	360054	2010 年 4 月 18 日~2013 年 7 月 31 日
4. 新建铁路云桂线（云南段）站前工程一标段	428119	2010 年 6 月 1 日~2015 年 3 月 31 日
5. 重钢环保搬迁铁路专用线工程	24000	2009 年 3 月 1 日~2011 年 12 月 1 日
6. 长株潭城铁路 CZTZH-1 标	326250	2010 年 9 月 1 日~2014 年 3 月 31 日
7. 新建长沙至昆明铁路客运专线湖南段 CKTJ-6 标	246034	2010 年 9 月 1 日~2013 年 10 月 31 日
8. 新建张家口至唐山铁路 ZTSG-2 标	373142	2010 年 9 月 1 日~2014 年 8 月 31 日
9. 新建铁路巴准线（巴图塔至点岱沟段）工程施工 4 标	40043	2010 年 9 月 5 日~2012 年 3 月 26 日
10. 金华至温州铁路扩能改造工程站前工程Ⅳ标段	174073	2010 年 9 月 6 日~2012.12.31

【中铁电气化局铁路市场】 铁路工程（亿元以上）42项。新建乌拉山至锡尼铁路WXSG-2标段39472万元、哈大客运专线沈阳站沈阳北站站后工程34461万元、石门至长沙铁路增建第二线工程站后工程134239万元；新建天津和谐型大功率机车检修基地工程TJHXSG标段304189万元；新建邯郸（邢台）至黄骅港铁路工程第V标段137224万元；广珠货线四电工程68961万元；武汉检修基地17833万元；哈密货车南环线站后（ZH）标段56038万元；娄底至邵阳铁路扩能改造工程108662万元；朔黄铁路扩能改造电气化等工程项目SHTLGC09011标段20418万元；新建哈齐铁路客专滨洲线还建房屋及三电施工40622万元；新建漳州港尾铁路工程149251万元；新建铁路海天至青岛综合标ZH-1标段206218万元；高关铁路隧道出口达电四期工程15300万元；邯济铁路扩能改造工程ZH-1标段13412万元；宝成铁路广元--成都动车牵引供电配套扩能改造工程20278万元；大同至西安客运专线14标工程40000万元；黄陵至韩城至侯马铁路（山西段）工程HHXS-1标段156158万元；北京市城市轨道交通试验线工程17000万元；新建唐山北站至唐山站客车线工程TKSG标段145805万元；黄陵至韩城至侯马铁路（西安局管内）站前及部分站后工程HHZQ-3标段95213万元；蚌埠东至姜桥外绕线工程35000万元；交城铁路集运站工程12661万元；新建西安至平凉铁路站后四电工程XPZH标段62769万元；兰新铁路红柳河至烟墩段电气化改造工程61613万元；东北东部铁路新建前阳至庄河段工程牵引供电工程32877万元；昆阳至玉溪铁路扩能改造工程68276万元；娄底至邵阳铁路扩能改造工程108662万元；新建武汉至宜昌铁路汉川站等站房工程34463万元；新建南京至杭州客运专线湖州南站站房及相关工程17580万元；新建铁路天津至秦皇岛客运专线唐山站房、滨海北站房、滦河站房工程104895万元；京石、石武（河北段）沿线中间站站房工程34945万元；新建昆明铁路枢纽东南环线工程站后工程27026万元；宁启复线电气化工程I标电气化工程13637万元；湘桂铁路永州至柳州段扩能改造工程站后工程XGZH-2标80034万元；丰沙大大同至柴沟堡段自动闭塞改造工程10744万元；新建天津至秦皇岛铁路客运专线通信、信号、牵引供电及电力供电系统集成JQSD-1标段162718万元；新建南宁至广州铁路黎塘西（不含）——肇庆东（不含）段“四电”系统集成及相关工程277313万元；合福铁路安徽段、合蚌客专、合肥枢纽“四电”系统集成和合蚌客专、合肥枢纽客服系统274555万元；新建武汉至黄石城际铁路四电系统集成65256万元，新建铁路成都至绵阳乐山客运专线通信、信号、防灾、电力及牵引供电系统集成及设备房屋等相关工程163799万元；厦深广东段“四电”系统集成（含防灾系统）166616万元。

【中铁建工铁路市场】 2010年，建工集团承揽的重要铁路项目有21项，1.新建上海至杭州铁路客运专线余杭南站站房及站场相关工程。中标价16036万元，2010.1.22开工建设，2010.6.30竣工，建设单位为沪杭铁路客运专线股份有限公司。2.新建京津城际延伸线天津至于家堡工程于家堡车站站房工程，中标价161300万元，2010.3.1开工建设，2012.8.31竣工，建设单位为京津城际铁路股份有限公司；3.新建武汉至宜昌铁路荆州站站房工程。中标价18803万元，457日历天，建设单位为沪汉蓉铁路湖北有限责任公司；4.新建铁路哈尔滨到大连客运专线新大连站站房工程。中标价129378万元，456日历天，建设单位为沈阳铁路局；5.吉林站改建及相关工程。中标价57948万元，2010.5.15开工，2010.12.15竣工，建设单位为长吉城际铁路有限责任公司；6.新建广州和谐型大功率机车检修基地工程（ZH-2）标段工程。中标价254687万元， 365日历天， 建设单位为广州大功率电力机车修造公司筹备组；7.南宁铁路局调度指挥中心工程。中标价36028万元，300日历天，建设单位为南宁铁路局。8.新建哈尔滨至大连客运专线沈阳北站改造工程施工I标段。中标价14939万元，456日历天，建设单位为沈阳铁路局。9.兰新铁路乌西至精河段增建二线石河子站及站场设施工程。中标价13431万元，306日历天，建设单位为乌鲁木齐铁路局。10.沈阳站改造工程。中标价60000万元，2010.4.1开工，2011.6.30竣工，建设单位为沈阳铁路局。11.海拉尔火车站工程。中标价18000万元，2010.4.15开工，2011.9.30竣工，建设单位为哈尔滨铁路局。12.沈阳北火车站II标。中标价15224万元，2010.4.1开工，2011.6.30竣工，建设单位为沈阳铁路局。13.淮北站改造工程。中标价17045万元，2010.7.1开工，2011.12.31竣工，建设单位为上海铁路局。14.新建珠海站及配套工程。中标价70260万元，合同工期365日，建设单位为广东珠三角城际轨道交通有限公司。15.新建铁路厦深线角美、漳浦站房及配套工程。中标价10656万元，2010.6.28开工，2011.3.23竣工，建设单位为东南沿海铁路福建有限责任公司。16.广深铁路布吉辅助客运站房建设工程。中标价52687万元，540日历天，建设单位为广深铁路股份有限公司。17.新建向莆铁路南昌西站改建工程 II 标段。中标价201197万元，2010.8.15开工，2012.2.15竣工，建设单位为向莆铁路股份有限公司。18.大庆站搬迁改造工程大庆西站改建工程施工 II 标段。中标价73601万元，2010.8.31开工，2013.2.28竣工，建设单位为哈尔滨铁路局。19.新建铁路天津至秦皇岛客运专线站房工程。中标价142054万元，2010.9.1开工，2011年11.30竣工，建设单位津秦铁路客运专线有限公司。20.西宁站站房工程。中标价119650万元，2010.9.20开工，2013.3.20竣工，建设单位为青藏铁路公司。21.石武客专河南段站房工程。中标价45702万元，2010.11.5开工，2011.12.31竣工，建设单位为京广铁路客运专线河南有限公司。

【中国航空港铁路市场】 2010年，中国航空港承揽铁路工程任务情况：

1.新建兰新铁路第二双线(红柳河至哈密)LXTJ3标

新建兰新铁路第二双线（红柳河至哈密）工程位于新疆维吾尔自治区哈密地区境内，经甘新省界红柳河，西至新疆维吾尔自治区哈密市。LXTJ3标段线路全部位于哈密市管辖内，线路东起DK1245+000，向西延伸至哈密进站端(DK1300+600)。标段正线全长55.6公里，该段线路均走在既有兰新铁路的北侧，与既有兰新铁路的间距大多在0.5至5公里不等，主要经过哈密市。本标段主要工程内容有：迁改、路基、桥涵、铺架、无砟轨道（含 DK1119+679～DK1501+500 的铺轨工程）、大临及过渡和综合接地、接触网立柱基础、声屏障基础、电缆沟槽、连通管道等站后工程中有关接口工作内容。中标价 62900 万元，合同工期 2010.4.1～2013.6.30。

2.新建山西中南部铁路通道瓦塘至汤阴东（含）段站前工程施工 ZNTJ-11 标

新建山西中南部铁路通道自瓦塘站引出，经临县、柳林、蒲县、洪洞至长治，引入京广线汤阴东站，利用既有汤台铁路并增建第二线，经梁山、东平至辛泰铁路范镇站，经莱芜北、沂源、沂水、巨峰南至日照南站，线路全长 1260 公里，其中新建线路 1089 公里，利用既有线增建二线 171 公里。配套建设与苛瓦铁路、南同蒲铁路、太焦铁路、京广铁路、京九铁路、京沪铁路的联络线 114 公里。中标价 77010 万元，合同工期 2010.4.1～2013.3.31。

3.新建长沙至昆明铁路客运专线湖南段站前工程 CKTJ-8 标

新建长沙至昆明铁路客运专线湖南段站前工程 CKTJ-8 标段，坨沙隧道进口 ～赵角湾 2#隧道出口(DK324+218～DK380+075)，正线长度 55.9 公里；含新怀化站、芷江北站及配套工程；含 DK242+579～DK424+528 铺轨工程。途经湖南省怀化、芷江两市县，主要结构有桥梁 19922 米/54 座；隧道 24868 米/27 座；路基 11078 米/88 段；车站 2 座；梁场 2 处 530 孔；铺轨基地 1 处，铺长轨 182 双线公里。中标价 79000 万元，合同工期 2010.9.1～ 2014.8.31。

4.青岛-荣成客运专线 QRZH-Ⅱ标

本项目为青岛-荣成客运专线 QRZH-Ⅱ标段，自标段起点 DK59+500，经夏格庄、莱西至标段终点 DK102+220。本标段除包含 DK59+500～DK102+220(42.72 正线公里)站前及相关工程外，还包含青荣全线无缝线路铺设及 QRZH-Ⅲ标段马格庄跨军队专用线特大桥梁部工程((70-32+2-24+(1-40))米梁)。中标价 40500 万元，合同工期 2010.10.01～2013.09.30。

5.大同至西安客运专线站前施工-7 标

新建铁路大同至西安客运专线站前施工－7 标段 DK442+280～DK458+378.15 段位于临汾市霍州市境内，跨三教乡、李曹镇 2 个乡镇，12 个自然村。起点为标段起点仁义隧道出口 DK442+280，结束于曲坡里 2#大桥大同台尾 DK458+378.15，正线长度 15.731 公里（短链 366.703 米）。其中：路基 5.742 公里（含站场），正线桥梁 15 座 7.045 公里，隧道 1 座 2.945 公里，正线无砟轨道铺设 31.462 公里单线公里，站线无砟轨道铺设 1.25 单线公里，站场 1 座霍州东站。本段路基占正线长度的 36.5%，桥梁总长占正线长度的 44.8%，隧道占正线长度的 18.7%。中标价 82799 万元，合同工期 22 个月。

6.杭长客专浙江段 1 标

管段起迄点里程为 DK12+953～DK16+616.02，全长 3663 米。主要工程量为 1751 米的双线钱江铁路新桥南引桥 1 座、金城路中桥 36 米/1 座（6+12+12+6 米框架桥）、1912 米的萧山站两侧路基及萧山站杭长场路基 1 处。中标价 40566 万元，合同工期 10 个月。

7.杭长客专湖南段 HCTJⅡ标

新建杭州至长沙铁路客运专线湖南段 HCTJⅡ标 DK887+300～DK906+208 段位于湖南省浏阳市及长沙市境内，跨长沙市雨花区、长沙县、浏阳市浏阳县 3 个区县。起点为柏加浏阳河特大桥 90#墩 DK887+300，结束于长沙浏阳河特大桥 249#墩 DK906+208，正线长度 18.908 公里。其中：路基 367.92 米，正线桥梁 2 座 18.54 公里，正线 CRTSII 型板式无碴轨道铺设 37.816 公里单线公里（不含轨道板预制）。中标价 70401 万元，合同工期 16.5 个月。

8.兰新第二双线张掖至红柳河段 LXS-10 标

新建铁路兰新第二双线甘青 LXS－10 标段 DK527+204.68～DK546+307.7 段位于张掖市临泽县境内。起点为桥隧公司临泽特大桥新台尾 DK527+204.68，结束于标段终点 DK546+307.7，正线长度 19.103 公里。其中：路基 11.843 公里（含临泽南站场），正线桥梁 6 座 7.26 公里，涵洞 33 座，正线双块式无碴轨道铺设 55.796 公里单线公里。本段路基占正线长度的 62%，桥梁总长占正线长度的 38%。中标价 62811 万元，合同工期 45 个月。

9.吉林站改建及相关工程吉林站站房工程

新建长春至吉林城际铁路吉林火车站位于吉林省吉林市昌邑区，是在原址重建的站房。吉林站采用基本站台侧式进出、中间站台高架跨线的进出站方式。主体结构为地上一层（局部夹层），地下一层，总建筑面积 55881 平方米，其中铁路站房建筑面积为 50000 平方米，预留商业部分面积 5881 平方米。吉林站站标高±0.000 米为进站台层、售票厅及候车厅，局部设有夹层，为办公用房，标高 4.800 米；标高 9.600 米为高架候车层，主要功能为候车厅；主站房及高架候车厅局部设有夹层，为设备用房，标高 14.400 米、18.100 米。站房基础采用泥浆护壁钻孔灌注桩，桩径为 φ850 毫米，混凝土强度等级为 C40。站房房结构形式为钢筋混凝土框架结构+钢网架屋架体系。中标价 57948 万元，合同工期 2010.05.20/2010.12.20。

10.新建铁路天津至秦皇岛客运专线站房工程。滨海站位于天津市塘沽区北部滨海新区，北环线北塘西车站与京津唐高速公路之间。滨海站站房垂直于站场轨道方向按跨线方式呈“工”字形布置。新建站房平面尺寸为 207 米×308 米(面宽×进深)；站台中心 DK43+342.00 与站场中心 DK43+350.00 相差 8 米，站房中心与站台中心重合。滨海站站房地下两层、地上三层，即：地上站台层、高架候车层及地下出站层、地铁站台层构成。候车形式为高架候车，进出站形式为上进下出。另外，站台层夹层设有公安、办公、设备等用房，高架候车层的夹层设信号、信息用房、办公用房及为旅客服务的商业平台。站房总建筑面积 79950 平方米，包括南北站房、高架站房及设备用房等，但不含地铁站台层（地下二层）面积。无站台柱雨棚地上一层，建筑面积 69344 平方米（含透空部分），但本次招投标仅实施第一至五站台雨棚，屋面投影面积 41200 平方米。站台雨棚采用无站台柱雨棚，站台面至雨棚屋面总高 18.7 米，东西向长 447 米，南北方向宽 189 米；雨棚柱网采用单站台跨越方式，在股道上留有一部分空隙。建筑设计强调沿股道方向的拱面造型雨棚在与站房衔接处采用共柱方式，基本站台不单独设置雨棚柱。

站房桩型主要采用直径为800、1000毫米的后压浆钻孔灌注桩，局部区域（冷却塔基础）采用预应力混凝土管桩，站台雨棚柱采用预制预应力高强混凝土管桩。地下出站层外墙为预应力钢筋混凝土结构形式，主框架柱均采用劲性混凝土结构（钢管混凝土柱、钢管混凝土柱外包混凝土），站台层楼面为叠合层形式，轨行及站台区梁板为纵横双向预应力体系钢筋混凝土结构，站厅区梁板纵向次梁为预应力体系钢筋混凝土结构，高架层楼板采用井字梁形式，F～R轴区域的主框架梁均为钢骨混凝土梁，南、北站房区域自动扶梯两侧大梁为预应力体系钢筋混凝土结构，高架夹层及高架下站楼梯均为钢结构体系。(E)～(S)轴高架候车层商业用房夹层采用箱形柱+H钢梁框架结构，30米跨度处采用钢桁架结构。中标价142053万元，合同工期2010.09.01/2011.11.30。

【中铁二院铁路市场】 2010年，中铁二院通过竞标，在已经评标的铁路项目中成功获得18个项目(线路长度约2700公里)。同时，通过卓有成效的经营工作和充分的前期技术储备，成功获得铁道部直接下达的磨憨至万象铁路、叙永至织金铁路、南昆铁路南宁至百色段增建二线等7个项目(正线长度约1700公里，预计勘察设计合同额超过19亿元)。

一、中标的铁路项目为：

1.郑州至万州铁路

2.浦城至梅州铁路

3.长汀至泉州铁路方案竞选

4.海南西环快速铁路

5.武汉至咸宁、武汉至孝感、武汉至黄石城际铁路施工图审核

6.玉溪至磨憨铁路

7.广元至巴中铁路

8.漳州古雷港口支线

9.青岛北站交通商务区核心区公共空间城市（地下空间部分）设计方案征集

10.新建攀枝花至毕节至遵义铁路攀枝花至毕节段

11.新建毕节至六盘水铁路勘察设计

12.合肥至福州铁路客运专线（闽赣段）施工图审核、线下工程沉降评估、精测网评估

13.合肥至福州铁路客运专线（安徽段）施工图审核

14.新建沪昆铁路客运专线湖南段施工图审核

15.石武（河南段）客运专线施工图咨询

16.重庆西站房概念设计

17.武汉至黄冈城际铁路施工图审核

18.拉萨至日喀则铁路施工图审核

二、经营获取的铁路项目为：

1.磨憨至万象铁路

2.叙永至织金铁路

3.南昆铁路南宁至百色段增建二线

4.黔桂铁路增建二线

5.织金至六盘水铁路

6.芒市至猴桥铁路

7.肇庆至云浮城际铁路

【中铁设计咨询铁路市场】 2010年，中铁设计咨询继续加大铁路市场的经营开发力度，通过方案竞选、投标，先后中标淄博至东营铁路扩能、毕节至遵义铁路、韩家园至呼玛至黑河铁路等3个项目的勘察设计，线路总长564公里；中标大西客专、张唐线、邯长线、唐山至唐山北客车线等一些项目的施工图审核工作。获白阿线扩能改造、多伦至丰宁增建二线、锡林浩特至赤峰铁路、郑州至新乡铁路、焦作至晋城铁路、东胜至鄂尔多斯机场城际铁路6个项目的勘察设计，线路总长度947公里，还承担了南广铁路贵港站、云浮东站、南江口站站房等项目的勘察设计。

【华铁咨询铁路市场】 2010年中标铁路项目：1.新建兰新铁路第二双线西宁至张掖段工程监理LXJL-5标（工期：2010.2～2013.12 总投资：45亿）

兰新铁路第二双线甘青段 GQJL-5 标段里程范围为：DK338+708-DK407+122，本标段主要工程数量：路基29739.7米，桥梁12888.3米/22座，隧道25182 米/6座，铺设轨道135.62单线公里，站场1座及站后工程。

2.新建大同至西安客运专线施工监理-3标(工期:2010.2～2012.12 总投资：129.8亿)

大西铁路客运专线 3 标位于山西省运城市及陕西省合阳县，标段全长125.283公里，主要工程量：路基24.165公里、桥梁89.072公里/41座、其中特大桥15座/86.997公里、大桥26座/2.082公里、涵洞73座、隧道12.134公里/3座，以及电化牵引、信号、通信等专业，设计标准：350公里/h客运专线（双线），监理所辖四个施工标段。

3.新建大同至西安客运专线施工监理-4标(工期:2010.2～2012.12 总投资：104.3亿)

大西铁路客运专线 4 标监理站管段范围位于陕西省大荔县、渭南市及西安市临潼区、灞桥区及未央区境内，标段全长130.876公里，分为3个施工标，分别为站前施工13、14、15标。工程性质为新建铁路客运专线，建设单位为大西铁路客运专线有限责任公司。 站前13标分为渭洛河特大桥（24892延米）、大荔特大桥（25536延米）、路基（2.37公里）、箱型桥（147延米）、箱型函（166横延米）等5个单位工程；站前14标为渭漯河特大桥工程一个大单位工程，全长 46.454 公里；站前15 标分为灞河特大桥（25118.45 延长米）、韩家屯特大桥（3115.7延长米）、联络线特大桥左线（2624.2延长米）、联络线特大桥右线（2406.9延长米）、路基（3388.58延长米）、小桥（4座/106延长米）、涵洞（26座/572横延米）等7个单位工程。

4.新建山西中南部铁路通道瓦塘至汤阴东（含）段ZNJL-1标段监理（工期：2010.4～2013.9 总投资：62亿）

新建山西中南部铁路通道工程瓦塘～汤阴东（含）段站前工程ZNJL-1标段位于山西兴县、临县境内，始于瓦塘，终于吕临支线终点(DK135+055)。线下工程起止里程为苛瓦DK47+000～DK80+096，正线长度 70.147 公里、魏家滩至瓦塘联络线长

10.153 公里。铺架工程起止里程为苛瓦 DK47+000～DK321+618（南吕梁山隧道出口），铺架长度 253.6 公里。线下主要工程：路基 25.8 公里，桥梁 64 座，隧道 19 座，涵洞 132 座，预制梁 3787 孔，铺架长度 253.6 公里。其中武家岭隧（全长 4125 米）、临县隧道（全长 10632 米）为控制工程，蔚汾河特大桥 1490.94 米，为重点工程。

5.新建杭州至长沙铁路客运专线湖南段工程施工监理（工期：2010.4～2012.12 总投资：128 亿）

新建杭州至长沙铁路客运专线湖南段站前站后综合工程（桥梁工程从起点为 DK824+430.52、其他工程起点为 DK825+035，终点均为本项目设计终点 DK917+500）。标段正线全长 93.07 公里，长沙枢纽动走线、联络线长度 19.052 公里。桥梁 66 座-61969 米，隧道 21 座-17182 米，路基 71 段-15376 米，车站 2 座。主要重点工程：醴陵特大桥 6057 米，长沙浏阳河特大桥 11017 米、柏加浏阳河特大桥 13158 米、西北上行联络线特大桥 2092 米、南西联络线特大桥 1426 米、茶坡里隧道 3010 米、皂角坡隧道 2605 米、沪昆客专引入长沙南站工程。管内有醴陵梁场、樟村梁场、平达梁场、黄兴梁场、雨花梁场共 5 处梁场；1 个板厂。

6.新建杭州至长沙铁路客运专线浙江段工程施工监理 HCZJJL-4 标（工期：2010.4～2013.6 总投资：57.8 亿）

华铁杭长监理 4 标范围为 DK212+155.08～DK293+500，全长 81.441 公里，主要工程包括：路基约 16.31 公里；桥梁约 53.92 公里，共有桥梁 49 座；车站 2 个，梁场 3 个、板场 1 个，分布在衢州、江山境内。其中 HCZJ-6 标为中铁九局和中铁六局联合体，施工范围为 DK212+155.08～DK247+173.41，正线长度 35.02 公里； HCZJ-7 标为中铁十九局，施工范围为 DK247+173.41～DK293+500.00,正线长度 46.327 公里。

7.安徽金源热电有限公司铁路专用线厂内站施工工程监理（工期：2010.4～2010.12 总投资：1600 万）

8.淮南市潘集区浑水管辖穿阜淮铁路、潘集疏解线护涵工程监理

9.安徽德邦化工有限公司铁路专用线增设股道工程监理（工期：2010.5～2010.11 总投资：750 万）

10.新疆哈密铁路货车南环线工程监理（工期：2010.7～2011.12 总投资：25 亿）

本线路包括：新建货车南环线正线，上行线线路长度 38.54 公里，下行线线路长度 35.7 公里。普速客车联络线，上行线路长度 11.42 公里；下行线路长度 11.6 公里。改建既有兰新线新建双线长 5.4 公里、单线 6.6 公里，既有双线改建 1.34 公里。既有红光站改建 984 军专线，线路长度 1.25 公里（单线）。新建哈密东区段站，火石泉接轨站改建工程。其中重点工程双线特大桥 3136.41 延长米/2 座，单线特大桥 3952.07 延长米/2 座。

11.安徽徐州经济开发区铁路专用线工程监理（工期：2010.7～2011.1 总投资：1.3 亿）

12.新建沪昆铁路客运专线长沙至昆明段（云南段）施工监理二标段（工期：2010.10～2016.4 总投资：272 亿）

路基长 24.756 公里，占正线长度的 26.09%；桥梁 55 座/31.665 公里，占正线长度的 33.41%；隧道 15 座/39.23 公里，占正线长度的 41.34%。

13.新建宁夏新建铁路原州区至王洼线工程监理（工期：2010.10～2013.7 总投资：15.9 亿）

程儿山隧道：程儿山隧道地处固原市郊黄土梁卯区，隧道全长 6437 米，铁路单线隧道，隧道起点里程 DK5+345,终点里程 DK11+782,该隧道地质复杂，全部为Ⅳ、Ⅴ级围岩。洼上隧道：洼上隧道位于固原市彭阳县境内，隧道地处低中山黄土梁峁区，地形起伏较大，隧道长度 2949 米，起讫里程为 DK24+113～DK27+062，隧道地层岩性为砂质黄土（Ⅴ级）；岩泥（Ⅳ级）。

14.广西沿海铁路黎塘至钦州段扩能改造工程监理（工期：2010.8～2012.5 总投资：20.3 亿）

本线为增建二线，从既有湘桂线沙江站引出向南至马皇站，长度约 99 正线公里，全线大部分线路沿既有线两侧修建；同步实施的黎塘地区相关工程全长 4.061 公里；钦州地区相关工程全长 14.7 公里。主要包括 4 座隧道 1.367 公里；特大桥 5 座、大桥 17 座、中桥 13 座、小桥 12 座；区间路基土石方 730 万断面方，站场路基土石方 128 万断面方；正线铺轨 174.29 公里，站线铺轨 13.69 公里。

15.北京西站客运既有设施改造工程监理（工期：2010.4～2010.6 总投资：797 万）

16.丰西站轨道衡工程监理（工期：2010.5～2010.6 总投资：797 万）

17.2010 年监护道口报警设备换线及改造工程监理（工期：2010.7～2010.9 总投资：131 万）

18.2010 年监护道口更新与升级改造等九项零星工程监理（工期：2010.4～2010.11 总投资：361.7 万）

19、平齐线自动闭塞改造工程监理(工期:2010.12～2011.5 总投资：2.5 亿）

20.北京铁路监护道口安全防护视频监管系统升级改造建设项目监理（工期：2010.8～2011.11 总投资：1316 万）

21.道特至东乌旗煤炭战略装车点合资铁路新建工程监理（工期：2010.8～2011.2 总投资：4270 万）

22.东乌旗至海神矿煤炭战略装车点合资铁路新建工程监理（工期：2010.8～2011.2 总投资：4708 万）

23.东乌旗至乌尼特矿煤炭战略装车点合资铁路新建工程监理（工期：2010.8～2011.2 总投资：1310 万）

24.平齐线白城至泰来段线路封闭工程监理（工期：2010.8～2010.11 总投资：2263 万）

公路市场

【公路市场新签合同额】 公路工程新签合同额664亿元，比上年的866亿元减少202亿元。主要是受2010年公路市场招标大幅减少的影响。根据掌握的资料，2010年全国高等级公路基建市场招标总额约5930亿元，其中公司中标664亿元，约占11.2%。

【中铁一局公路市场】 2010年，中铁一局公路市场以路网尚未成型区域为重点，持续加大开发力度，全年中标97.76亿元，位居股份公司前列。

【中铁二局公路市场】 中铁二局以城市轨道和公路为主的路外市场稳步发展，广深、江浙片区的“根据地”优势得到巩固，多个新兴市场取得突破，全年承揽非铁路项目248项205.2亿元

【中铁三局公路市场】 中铁三局集团有限公司2010年在公路市场强化区域责任，加大营销力度，加强协调和联盟合作，承揽任务42.36亿元，详见表4-20。

表4-20 中铁三局公路市场中标项目情况表

顺号	项目名称	主要工程数量	合同价（万元）	开竣工日期
1	乐昌至广州高速公路项目樟市至花东段及韶赣北连接线第T28标段	长20.43公里(银盏1号隧道 1400米，银盏2号隧道 199米)	52080.3629	2010年12月1日～2012年7月30日
2	国家高速公路网包头至茂名高速公路(G65)陕西境铜川至黄陵公路路基桥隧工程施工TH-C10标段	113.19公里	38426.8969	刚构桥梁28个月，路基桥隧22个月
3	贵州省黎平至洛香高速公路土建工程第5标段	4.94公里	27811.7345	761天
4	湖北省谷城至竹溪高速公路一期土建工程24标段	4.3公里	27369.4514	2010.7.26-2013.1.25
5	贵州省仁怀至赤水高速公路土建工程第Ⅰ类RCTJ-19标段	10公里	26993.216	2010.8-2012.8，24个月
6	承德至秦皇岛高速公路承德段项目路基、桥梁、隧道工程第10合同段	4.3公里	23681.0378	2009.9-2011.2
7	贵州省惠水至兴仁高速公路土建工程施工第20标段	14.02公里	23314.4434	914天
8	河南大广高速冀豫界至南乐段1合同	2.76公里	20502.2699	2008.8.1-2010.11.30
9	湖北省十堰至房县高速公路一期土建工程施工招标SFTJ-7标段	2.725公里	17080.5893	28个月
10	国道京加公路（G111）嫩江至加格达奇白桦段土建工程第A4标段	13.65公里	16872.5739	2010.9.1—2012.9.30
11	商丘至周口高速公路商丘段二期工程土建工程SZEQTJ-4标段	0.954公里	15725.0904	
12	长晋线南王庄至司徒段公路（凤凰山隧道）工程施工第二标段	2.5公里	13545.7271	2010.4.20-2011.5.19
13	山东省烟台至海阳高速公路工程第十三标段	17.25公里(路面)	13203.4458	2010.5.1-2012.6.10
14	江西德兴至上饶高速公路项目土建工程B5合同段	2.56公里	13127.8567	18个月(2010.9.1-2012.2.29)
15	210国道榆林城区过境公路桥梁工程Q3合同段	东庄沟大桥367.2米，青云河大桥768.8米	11633	2010.4.1-2011.6.30
16	国道G108线会理县鱼鲊金沙江大桥工程	桥长1013米，引道共长582.129米	11134.5749	2010.2.28-2012.1.31
17	大柳塔经庙沟门至石马川一级公路路基试验段工程N8标段	3.65公里	11027.8176	2010.9.20-2011.9.20
18	焦作至桐柏高速公路巩义至登封段土建工程GDTJ-3A标段	1405米(隧道)	10187.611	732天

【中铁四局公路市场】 2010年，中四局公路、市政等非铁路市场营销稳步推进，全年共完成新签合同额126.2亿元，(其中：公路63亿元、市政34.2亿元、房建6.2亿元、其他22.80亿元)。各公司以在建项目为依托，实现了区域滚动发展。四公司

在合肥市场，二公司在常州市场，七分公司在甘肃市场，市政分公司在安徽、湖北、江苏、上海、东北市场，以及在我局传统的上海、辽宁、福建市场，纷纷以在建项目为依托，实现了区域滚动发展。尤其是七分公司在甘肃武罐高速公路项目连中3个标段，中标价合计8.2亿元，取得了一条线中四标的不凡业绩；天津分公司在天津市场连中4个项目合计4.2亿元。

近年来，由于中四局在铁路市场取得了较好的业绩，对非铁路市场营销有所放松，造成非铁路市场营销业绩不断下滑，很多单位在主责市场没有中标，区域市场维护也逐渐放松。广西、江西、重庆、天津和河北下滑尤为严重。特别是股份公司企业重组后，局六公司、市政分公司划归上海工程局，对营销在区域和专业上又造成了一定的影响，特别是在市政水务环保领域损失较大。

1.云南大理—丽江高速公路联络线土建工程

合同造价28379万元，合同工期2010年7月～2012年7月；云南大理至丽江高速公路是国家公路网规划的杭州～瑞丽高速公路的联络线，是云南省通往西藏、四川、青海的重要通道，是云南省重要旅游区迪庆香格里拉的主要交通运输路线。16合同段起止桩号K110＋380～K113＋600，线路全长3.22公里。太平村特大桥全长1187.8米，中心里程K111+077。白玉村大桥全长1502.58米，中心里程K112+775。

2.湖北谷竹高速公路GZTJ-25

本标段为GZTJ-25标段，起讫桩号为（K156+000～K160+610），全长4.61公里，工程造价3.58亿元，合同工期2010年9月25日～ 2012年8月31日。主要工程数量：路基挖土石方101.1万立方米、填土石方152.4万立方米；主线桥梁4座1850.75米、匝道桥梁1座366.08米；盖板涵洞和通道15座395.15米；分离式隧道1座（左幅长970米，右幅长965米）；竹山互通1处。

3.江西奉铜高速公路B4标

奉铜高速B4标起讫里程K70+900～K79+554.836,主线全长8.655公里。设计为全封闭、全立交，双向四车道高速公路，其中含互通一处。 主要工程包括路基土石方、桥梁、涵洞，合同造价1.502亿元，合同工期2010年8月9日～2011年10月8日。

4.江西奉铜高速公路B8标

奉新至铜鼓高速公路B8标段起点K106+280位于江西省宜丰县草坪村，终点桩号K114+255.148，全长7.975公里。路线途经下坑水库和山塘水库，在彪马岭处建彪马岭大桥，上跨县道X574，终于大广高速天宝互通。合同造价2.04亿元，合同工期2010年8月5日～2011年10月5日。

5.武罐高速公路5标

甘肃省武罐高速公路工程是“国家高速公路网”—兰州至海口公路的重要地段，同时也是甘肃省规划的公路网主骨架中的第二纵。它的建设将为陇南地区提供一条快速、安全、畅通、经济的通道，将极大地改善该地区的交通条件及投资环境，有力促进社会经济发展。本标段位于甘肃省陇南市武都区汉王镇范围内，起点里程K27+028，自西北向东南走向，途经甘家沟、罗寨、汉坪、绸子坝、包家坝、固水子等村庄，终点里程K35+100，线路长度为8.025公里。合同造价22697万元，合同工期2010年6月～2013年6月。

主要工程数量：路基挖方4.3万方，路基填筑152.8万方，大桥5座其中左侧1609延米，右侧1591.75延米；中桥4座共218.7延米；涵洞18座共696.74横延米，通道桥涵11座共424.22延米。

6.瓜星高速公路项目

瓜星项目位于甘肃省西北部地区，是古丝绸之路上甘新运输大通道之一，也是我国东部及西南各省市通往新疆的主要陆路运输道路。合同造价9112万元，合同工期：2010年6月～2011年5月。

【中铁五局公路市场】 2010年，中铁五局公路市场合同额113亿元，连续两年合同额超过100亿元。其中，安邵公路项目合同额达19亿元，河北茅承公路项目合同额达11亿元。

【中铁六局公路市场】 2010年，中铁六局新签合同额中非铁路工程完成404956万元,占全部新签合同额的18.4%。在非铁路工程中,公路工程126739万元,占其全部非铁路工程的31.3 %。

1.京包高速公路（五环路～六环路段）工程3A标段

本工程为京包高速公路上地铁路分离式立交桥，起点桩号K2+880，终点桩号K3+390。主桥采用46+46+230+98+90米五跨连续独塔单索面预应力混凝土斜拉桥，桥梁全长510米，主塔采用塔、墩固结体系，主梁支撑于塔墩上，索塔高度与中跨的比为0.38，主梁主跨的跨高比为1/65。采用拖拉法施工。建设单位：北京市首都公路发展集团有限公司，合同金额20813.6万元，合同工期2010.1.1～2011.3.31。

2.承德至秦皇岛高速公路承德段项目路基、桥梁、隧道工程施工合同第6合同段

承秦高速从承德市向东南贯穿承德市东南部地区，是河北高速公路网中“第一条线”的重要组成部分。起点为承德市南郊武烈河与滦河交汇处的承德南出口互通，路线终点位于承德、秦皇岛两市交界处的庙岭南侧，接承秦高速公路秦皇岛段。本标段工程包括5座上跨铁路桥。建设单位：河北承德承秦高速公路管理处，合同金额36698万元，合同工期2010.6.1～2011.4.30。

3.晋中市龙湖立交桥工程二标

晋中市龙湖立交桥工程二标段为晋中市龙湖街与汇通路交叉处全互通立交工程。施工内容为:龙湖街全互通立交包括的道路工程、桥梁工程、及附属工程。其中道路工程包括立交主线（龙湖街、汇通路）与匝道两部分；桥梁工程包括立交主线桥、匝道桥；附属工程包括地面人行系统及黄龙江治理工程。

建设单位：晋中市公用基础设施投资建设有限责任公司

合同金额：20935 万元

合同工期：2010.9.25-2011.10.1

4.祁门至浮梁高速公路良禾口（赣皖界）至桃墅店段工程FP 合同段

祁门至浮梁高速公路良禾口（赣皖界）至桃墅店段工程项目起点为赣皖两省交界处的良禾口，经浮梁县的西湖乡，终点为桃墅店，与济广高速公路景鹰段相连接。该项目的建设将对江西与长三角加快融合、实施中部崛起以及开发沿线旅游、大力发展经济具有重要作用。FP 合同段属路面工程类别，起讫桩号 K102+978.476～K118+633.653，线路全长 15.6 公里，主要工程项目为桩号范围内的路面施工(包括桥面铺装)、路面排水工程等。

建设单位：江西省交通运输厅德兴至南昌高速公路项目建设办公室

合同金额：13326.5 元

合同工期：2010.6.30-2012.3.29

【中铁七局公路市场】 2010 年，中铁七局承揽公路工程任务情况：

1.乐昌至广州高速公路项目樟市至花东段及韶赣北连接线土建工程第 T15 合同段

工期 20 个月，合同价值：8.82 亿元。乐昌至广州高速公路樟市至花东段是乐昌至广州高速公路项目的一段，经过英德市、清远市，止于广州花都区的花东镇。主线新建线路长约 140 公里，韶赣北连接线长约 29 公里，采用双向 4 车道，路基宽 26 米，设计速度为 100 公里/h。第 15 合同段路线全长 16.65 公里，主要工程量：路基、特大桥 2218.2 米/2 座、大桥 3507.3 米/2 座、长隧道 2130 米/1 座，以及其他构造物工程。

2.岑溪至水汶高速公路土建工程第 3 合同段

工期 33 个月，合同价值 8.33 亿元。岑溪至水汶高速公路是国家高速公路网包头至茂名公路重要组成部分，公路主线全长 30.72 公里，双向四车道高速公路标准建设，设计速度 100 公里/小时，路基宽 26 米。第 3 合同段合同全长 16.87 公里，主要工程量:互通一处 222.9 米/1 座、土石方约 276 万立方米、桥梁 2316 米/11 座、隧道 1083 米/2 座、涵洞通道 2402 米/40 座、房建工程 9045 平方米。

3.海西高速公路网沈海复线仙游至南安金淘莆田段路基土建工程 A4 合同段

工期 24 个月，合同价值 4.99 亿元。海西高速公路网沈海复线仙游至南安金淘莆田段路基土建工程 A4 标段起点位于莆田市仙游县钟山镇上坂村，终点位于榜头镇高唐村。A4 合同段全长 6.5 公里，主要工程量：路基土石方 223.7 万方、桥梁 2731.8 米/5 座、隧道 965 米/1 座、涵洞、通道 321.1 米/7 座，避险车道 1 处。

4.邢汾高速邢台至冀晋界段路基桥梁隧道第 13 合同段

工期 27 个月，合同价值 4.14 亿元。邢汾高速邢台至冀晋界段起点位于京港澳高速公路邢台南互通南侧，在北屋村南侧设置枢纽互通与邢台南互通形成复合互通，连接邢临高速及京港澳高速公路，止于冀晋界（终点），与山西段相接。本项目主线全长约 83.511 公里,设计标准为双向四车道高速公路。第 13 合同段全长 5.21 公里 ，主要工程量:桥梁 438 米/2 座、隧道单洞 2220 米/2 座、清家沟服务区土石方、天桥 2 座。

【中铁八局公路市场】 2010 年，中铁八局承揽公路工程任务情况见详表 4-21。

表 4-21 中铁八局承揽公路任务情况表

项目名称	合同金额（万元）	工期	工程概况
映秀至汶川高速公路土建施工 A6 合同段	25323	2009.10.10～2012.4.9	本项目起点位于阿坝州汶川县映秀镇，接都江堰至映秀高速公路（K0+000=都映段 K25+000），终点位于阿坝州汶川县城南并与国道 213 相接。A6 标段路线长 3.722 公里，标段起讫里程为 K18+850～K22+572，位于桃关境内。四车道高速公路；设计速度：80 公里/h；路基宽度：整体式 24.5 米，分离式 12.25 米；汽车荷载等级：公路—Ⅰ级；设计洪水频率：路基及大、中、小桥及涵洞 1/100，特大桥 1/300；双洞单向交通隧道建筑限界：净宽 9.75 米，净高 5.00 米；沥青砼路面。
国家高速公路网成渝地区环线乐山至雅安段公路路基土建工程 TJ5 标段	35649	2010.4.2 ～ 2012.4.2	TJ5 标段路线长 6.5 公里，标段起讫里程桩号为 K30+800～K37+300，位于乐山市夹江县南安乡境内。主要工程内容为：路基土石方 81.403 千立方米，路基、路面防护及排水工程 10858 立方米，特大、大桥 2685.94 米/5 座，中桥 84 米/1 座，小桥 60 米/2 座，涵洞、通道 149 米/6 道，分离式隧道 2536 米/1 座。采用双向四车道高速公路，设计速度 80 公里/h，整体式路基宽度 24.5 米，分离式 12.25 米；双洞单向交通隧道建筑限界：净宽 9.75 米，净高 5.00 米；沥青砼路面；汽车荷载等级为公路—Ⅰ级。
国家高速公路网成渝地区环线乐山至雅安段公路路基土建工程 TJ11 标	31098	2010.4.2 ～ 2012.4.2	TJ11 标段路线长 9.668 公里，标段起讫里程桩号为 K80+370～K90+050，位于雅安市雨城区草坝镇和凤鸣乡境内，工程项目主要位于草坝镇。本标段穿越香樟咀设置水口长隧道，经大通寺后通过草坝坪坝区，于草坝镇北东侧史家沟设置草坝互通连接省道 S305 线，经石碑田水库西侧设肖家碾大桥，穿越肖家山设置中隧道，到达本标段终点。主要工程内容为：路基土石方

项目名称	合同金额（万元）	工期	工程概况
段			536.325 千立方米，路基、路面防护及排水工程，桥梁 733 米/7 座，涵洞、通道 805.58 米/22 道，分离式隧道 2268 米/2 座，草坝互通、匝道及连接线 2576 米/1 处。采用双向四车道高速公路，设计速度 80 公里/h，整体式路基宽度 24.5 米，分离式 12.25 米；双洞单向交通隧道建筑限界：净宽 9.75 米，净高 5.00 米；沥青砼路面；汽车荷载等级为公路—Ⅰ级。
项目名称	合同金额（万元）	工期	工程概况
拉萨至贡嘎机场专用公路新建工程路基标第 1 合同段	12169	2010.3.28 ~ 2011.3.28	本项目位于拉萨市柳梧开发区，堆龙德庆县柳梧乡、曲水县才纳乡境内，路线起点接柳梧世纪大道(规划)终点 K3+226.6 处，项目起点测设桩号 K0+000.自拉萨市柳梧开发区、堆龙德庆县柳梧乡、曲水县才纳乡，止于“两桥一隧（K40+206.8）”嘎拉山隧道北洞口与拉萨河特大桥南桥头之间，终点测设桩号 K37+855.543，距贡嘎机场约 11.5 公里。路基标第 1 合同段路线长约 5 公里，标段起讫里程为 K0+000～K1+624.5、K2+560～K5+350。公路等级：一级公路，服务水平：二级，设计速度：80 公里/h，建设里程：37.838 公里，车道数：4 个，路基宽度：整体式 24.5 米，路面：高级路面结构，沥青砼。
城口至万源快速公路通道（白芷山、八台山特长隧道）工程 CW9 标	16778	2010.6.4 ~ 2012.6	八台山隧道分属 CW09、CW10 合同段，主洞里程桩号 K43+205～K48+480、长 5277 米，避难通道里程桩号 YK43+206～YK48+450、长 5244 米，属特长隧道。本标为八台山隧道进口端，洞口位于重庆市城口县双河乡干坝子河村里程 K43+200～K46+000，长 2800 米。
福州市南台大道南段（螺洲互通立交及配套）工程	33060	420 天	福州市南台大道南段项目位于福州市南台岛南部，北起牛头山边南二环路——南台大道交叉口，与已设计并正在实施的南台大道北段相接，向东南经程巷村，在光桥村与既有迎宾路相交，继续向南行经义序镇、半天村、天福村后，与三环路相交（螺洲互通），止于社园山侧与正在建设的螺洲大桥北接线相连，路线全长 4.26 公里。本工程含螺洲互通立交一座，主干路水桥（小桥）一座，立交辅路水桥（中小桥）六座。其中螺洲互通立交由一座主线桥及八座匝道桥组成，共长 7.8 公里。
昆明市黄土坡至马金铺高速公路工程第三标段	25376	2010.2.25 ~ 2011.11.20，总工期 21 个月	本标段工程有三座大桥，小团山 1 号大桥，小团山 2 号大桥和浑水塘大桥。其中浑水塘大桥跨径为：4×39＋3×40＋34＋2×34.5＋34＋51＋90＋51＋3×39，桥长 742 米，利用连续刚构的 90 米主跨跨越南昆铁路，第 7 孔 40 米 T 梁跨越昆河铁路。主跨主梁为单箱单室的变截面箱型断面，采用 C55 混凝土，主梁除 0 号节段、边跨现浇段为搭架现浇外，其余各节段均采用挂篮浇注，主跨悬臂浇注共分 10 节段。主墩 12、13 号墩墩高分别为 58 米、37 米，采用等截面双薄壁实心墩，基础采用钻孔灌注群桩基础。黄土坡岸过渡墩墩高为 62 米，马金铺岸过渡墩墩高为 26 米，采用变截面薄壁空心墩。

【中铁九局公路市场】 广东、福建、辽宁一直是九局在路外市场的主战场，2010 年在公路市场投资减少、竞争激烈、招标规则复杂这种不尽人意的情况下，先后中标广东梅大高速公路 50630 万元、福建海西高速公路网沈海复线仙游至南安金淘莆田段 42511 万元。并成功打入江西、湖南路外市场，中标江西德上高速公路，中标额为 11688 万元，中标湖南沅江市黄茅州大桥，中标额为 8009 万元。中标辽宁高速公路沈阳过境绕城改扩建桥梁标段，中标额为 3.6 亿元。

【中铁十局公路市场】 2010 年，中铁十局承揽公路工程任务情况：

1. 广西壮族自治区南宁外环公路土建工程 2 标

工期及投资：计划工期为 732 日历天。计划开工日期：2010 年 5 月 1 日，计划竣工日期：2012 年 5 月 1 日。总投资 49336 万元。

工程范围：本合同段为 No2 合同段，路线起讫里程 K13+868.032～K33+000。本合同段全长 19.132 公里。本合同段工程内容主要包括路基、路面、桥梁。

主要工程量：路基挖土、石方 3131105 立方米，路面垫层 659726 平方米，桥梁 2917.97 米 /24 座（含互通式跨线桥、分离式立交桥及改路桥梁）、涵洞 2841 米 /58 道（含圆管涵、盖板涵），通道 858 米 /20 道。

要点：本标段特殊路基主要是软基处治和采空区，软基处理采用换填法、土工合成材料、水泥搅拌桩等方法进行处理，采空区采用注浆法处理。路基压实采用强夯、冲击碾压压实标准，填方材料强度要达到规范的规定。路基填筑采用机械化施工，自卸车运输，推土机摊铺，平地机整平，重型振动压路机碾压的方法施工，并辅以人力施工配合。水泥稳定碎石基层采用集中拌合，自卸车运输至施工现场。梁体预制采用厂制定型钢模在桥梁场预制。钻孔桩采用冲击钻和回转钻成孔。明挖基础和承台、系梁采用组合钢模，桥梁墩柱、盖梁部位采用定型钢模。桥台采用钢框竹胶板模板。沙江大桥位于南宁市兴宁区五塘镇，跨越沙江，河面宽 20～50 米，没有通航要求。

本桥最大桥高 33 米，上部结构采用左幅 7×30 米、右幅 6×30 米先简支后连续预应力砼小箱梁，梁体集中预制，架桥机架梁。桥墩为双柱式钢筋砼墩、桩基础。桥台为重力式 U 台、明挖扩大基础，左幅桥长 222.05 米，右幅桥长桥长 190.04 米。本桥由桥涵施工三队负责施工。本桥水中墩施工时先施工临时钢便桥，然后横向搭设水中钻孔平台进行桩基础施工。扩大基础采用机械开挖。箱梁在桥位预制场集中预制，架桥机架设。

2. 山东省烟台至海阳高速工程 6 标

工期及投资：计划开工日期：2010 年 6 月 1 日，计划竣工日期：2011 年 11 月 20 日。总投资 23088 万元。

工程范围：本标段为第六合同段，起止桩号为 K40+300~K50+200, 全长 9.9 公里。工程内容主要包括路基、桥涵、排水、防护、路线交叉等。

主要工程量：路基挖土方 704997 立方米，路基挖石方 986359 立方米，路基填筑 1602651 立方米，水泥稳定风化砂底基层（厚 200 毫米）256077 平方米，桥梁（含天桥）17 座，涵洞及通道 36 道。

要点：填筑前先进行地表清理。本标段在 K40+400 和 K50+200 处存在断裂构造不良地质，施工时做好防护处理。路基填筑采用机械化施工，自卸车运输，推土机摊铺，平地机整平，重型振动压路机碾压的方法施工。路堑挖方采用挖掘机开挖，如遇石质挖方段，采用凿岩机打眼，采用小型及松动爆破进行开挖。多级路堑爆破、开挖采用分层自上而下施工。多余路堑弃方采用自卸汽车运至指定弃碴场或利用。本工程路面工程只包括路面级配碎石垫层、水泥稳定风化砂底基层及搭板、埋板下级配碎石基层。在施工前，先进行试验段铺筑，达到设计要求后，收集各种试验参数用以指导施工。填料采用厂拌法，自卸汽车运输，摊铺机摊铺，压路机压实。砼路面砼采用拌和站拌和，砼运输车运输 ，采用水泥砼摊铺机施工砼路面。K48+895 公铁立交桥跨越桃威铁路，孔跨布置为 4-30 米。桥梁全长 136.55 米。上部结构采用 30 米预制力砼先简支后连续箱梁，梁体集中预制，架桥机架梁。桥墩为柱式墩，钻孔桩基础，U 型桥台、扩大基础。桩基础采用旋挖钻成孔，如遇岩层采用冲击钻孔。扩大基础采用机械开挖。箱梁在桥位预制场集中预制，架桥机架设。本桥施工时做好跨铁路施工防护。砼在砼搅拌站集中拌制，砼搅拌车运至现场浇筑，砼泵送入模。砼采用插入式振动器振捣。

3. 乐山至自贡高速公路工程路基土建工程 LJ13 标

工期及投资：计划开工日期为 2010 年 10 月 1 日，计划竣工日期为 2012 年 9 月 30 日，总工期 24 个月。总投资 25405 万元。

工程范围：本合同段为乐山至自贡高速公路 LZ13 合同段，路线起于辣酱湾和古木湾之间处，起点桩号为 K88+300；路线止于大青坡以南 200 米处，终点桩号 K101+420。本合同段路线全长 13.12 公里。

本合同段工程内容主要包括路基、桥涵、互通、路线交叉、防护及排水等土建工程。

主要工程量：路基挖土石方 2072892 立方米，路基填土石方 2014764 立方米。大中桥 574.91 米/5 座，互通立交跨线桥 45 米/1 座，涵洞 1684.87 米/50 道。

要点：清理表土采用机械施工，本标段特殊路基主要这软基处治和岩溶，软基处 理采用换填法、土工合成材料等方法进行处理，岩溶地段采用片石封闭或设钢筋混凝土盖板通过。路基压实采用强夯、冲击碾压压实标准，填方材料强度要达到规范的规定。路基填筑采用机械化施工，自卸车运输，推土机摊铺，平地机整平，重型振动压路机碾压的方法施工，并辅以人力施工配合。石方路基填筑，根据招标文件要求对石方进行破碎处理，达到设计粒径和级配要求，方可投入工程使用水泥稳定碎石基层采用集中拌合，自卸车运输至施工现场。路堑挖方采用挖掘机开挖,遇石质挖方段，采用凿岩机打眼，采用中、小型光面爆破进行开挖。梁体预制采用厂制定型钢模在桥梁场预制。钻孔桩采用冲击钻和回转钻成孔。明挖基础和承台、系梁采用组合钢模，桥梁墩柱、盖梁部位采用定型钢模。桥台采用钢框竹胶板模板。预制空心板梁、小箱梁、预制 T 梁采用双导梁架桥机架设，每联梁铺架完成后，及时进行体系转换工作。本合同段连续箱梁采用满堂支架法施工，地基经过加固及平整处理搭设支架并进行堆载预压。

4. 新疆维吾尔自治区国道 218 线伊宁至墩麻扎公路改建工程土建工程（TJ-3 标）

工期及投资：计划于 2010 年 9 月 1 日开工，2012 年 11 月 30 日竣工，总工期为 822 日历日。总投资：49290.9281 万元。

主要工程量：主要工程量有路基土石方工程 315.23 万立方米；水稳基层 77.46 万平方米，沥青路面 65.42 万平方米，大、中桥梁 3 座，小桥 6 座，互通式立交桥 2 处，分离式立交桥 9 处，105 道涵洞，34 道通道，硅芯管材 31943 米，镀锌钢管 1204 米，收费亭 14 个，收费岛 11 个。

要点：本标段重点工程为大、中桥梁 3 座，小桥 6 座，互通式立交桥 2 处，分离式立交桥 9 处的工程施工，工期安排紧，工序复杂，施工时需要详细安排各工序施工进度，桥梁施工工序要紧密衔接，混凝土养护期间，可采取交叉施工。不得因桥梁施工影响本标段施工进度。本段梁板为预应力混凝土空心板梁和后张法预应力箱梁，集中在预制厂预制。先预制主梁，混凝土强度达到设计强度 90%后，张拉正弯矩区预应力钢束，压注水泥浆并及时清理箱梁底板通气孔。设置并安装好永久支座，安装主梁置于支座上成为简支状态，及时连接桥面板钢筋及端横梁钢筋。浇筑桥面湿接缝混凝土，桥面板湿接缝混凝土应由跨中向支点浇筑。浇筑现浇调平层混凝土、喷洒防水层、护栏施工、进行桥面铺装及伸缩缝安装。施工过程中需注意：桩基施工前必须精确定出各桩的平面位置，保证钻孔桩的倾斜度符合规范要求。钢筋绑扎必须牢固，混凝土的浇灌要严格按照配合比要求施工。严格把好模板质量关，从设计、加工、安装、拆模等全方位严格控制、检查，为混凝土灌注做好准备。预应力施工时，严格按监理工程师批准的设计方案和操作要求进行，并切实做好工地技术指导工作。混凝土养护期间对预应力钢束预留孔道加以保护，防止水及其它物质进入孔道。

5.厦门海沧至漳州天宝公路厦门段A1合同段

工期及投资：本工程的开工日期暂定于2010年1月1日，施工周期及节点工期：2010年12月左幅完成，2011年12月右幅完成，交工日期为2011年12月31日，总工期24个月。总投资16419.50万元。

主要工程量：本标段为第A1标段，起讫里程K0+000～YK4+093.5，全长4.0935公里。主要工程内容包括路基、高架桥、互通立交等。标段共有路基土石方35.5万立方米，管桩2.02万米，高架桥3343米/1座，天桥56米/2座；互通匝道桥945米/2座；桥梁下部结构为桩基础，薄壁墩，上部结构为预应力钢筋砼连续箱梁。盖板涵及通道1道；雨水口408座，雨水检查井167座，HDPH排水管2676米，钢筋砼排水管5129米。

要点：本合同段重难点工程为海沧港互通主线桥、匝道桥、角嵩路高架桥，桥梁工程计划分三个施工作业工区，9个作业面逐联逐跨平行、流水施工。钻孔桩基础成孔采用冲击钻机为主，循环钻机为辅，垂直导管法灌注水下砼；墩身及盖梁采用厂制定型整体钢模，并根据墩身高度的不同配备一定的调节模板拼装。钢筋混凝土箱梁采用满堂支架、贝雷斯支架整体浇筑，外模采用大块钢模板；钢筋采取集中制作，现场绑扎。砼采用符合要求的商品砼供应，砼输送车水平运输，吊车垂直运输或砼输送泵泵送入模。

6.二广高速公路粤境连州至怀集段项目先行及控制性工程

工期及投资：计划开工日期2010年11月1日，计划完工日期2012年6月30日，计划工期20个月。总投资23121.67万元。

主要工程量：标段设计起点（K21+480），标段终点（K30+642.685），标段路线全长9.192公里。标段共有路基土石方444万立方米，高架桥325米/1座，互通立交1035米/1座。

要点：路基施工根据工程特点和工期目标，合理确定作业面数量，分段平行流水组织施工，按“三阶段、四区段、八流程”施工程序作业。浅水地段水中桩采用草袋围堰筑岛进行陆上施工；深水桩施工采用钢板桩围堰，搭设水上作业平台及栈桥。本标段钻孔灌注桩主要采用冲击钻机及回旋钻机成孔，墩身模板采用无拉杆整体钢模板，墩身较低时采用整体一次性浇注，墩身高度较高的尽可能减少施工接缝。预制空心板采取集中预制，吊车架设，设1处预制场。现浇箱梁及现浇肋板梁采用满堂支架现浇。

7.安徽省扬绩高速公路宁国至绩溪段第四标

工期及投资：计划2010年11月1日开工，2012年9月1日完成，总工期22个月。总投资16920.58万元。

主要工程量：本标段起讫里程为K15+700～K20+685，全长4.985公里。其中整体式路基长2.336公里，路基土石方76.5万立方米，分离式路基0.597公里，桥梁长度2.373公里。盖板涵及通道9道。

要点：路基填筑采取横向全宽纵向分段分层填筑的方法，采用机械化作业，形成挖、装、运、摊铺、碾压、检测一条龙施工。桥梁钻孔桩基础成孔采用冲击钻机为主，循环钻机为辅，垂直导管法灌注水下砼；墩身及盖梁采用厂制定型整体钢模，并根据墩身高度的不同配备一定的调节模板拼装。钢筋混凝土T梁预制场预制，轨道运梁车运输，JQJ200型架桥机架设。

8.安徽省扬绩高速公路宁国至绩溪段第9标

工期及投资：计划2010年11月1日开工，2012年9月1日完成，总工期22个月。总投资18978.80万元。

主要工程量：本标段起讫里程为里程起讫桩号为K36+030～K39+270，全长3.240公里，其中路基填方10.6万方，挖方27.2万方。本合同段桥梁2座分别为西津河铁大桥、小岭塘铁路大桥。其中西津河铁大桥左线长度为1080米、右线长度为1040米；小岭塘铁路大桥左线长度为510米、右线长度为480米；本合同段隧道为胡乐司隧道，左线里程DK38+365～DK39+216，长度为851米，右线里程DK38+355～DK39+223，长度为868米。

要点：路基填筑采取横向全宽纵向分段分层填筑的方法，采用机械化作业，形成挖、装、运、摊铺、碾压、检测一条龙施工。桥梁钻孔桩基础成孔采用冲击钻机为主，循环钻机为辅，垂直导管法灌注水下砼；墩身及盖梁采用厂制定型整体钢模，并根据墩身高度的不同配备一定的调节模板拼装。钢筋混凝土T梁预制场预制，轨道运梁车运输，JQJ200型架桥机架设。隧道遵循新奥法原理，应用光面爆破技术；围岩破碎带及地下水发育地段坚持地质预报超前，围岩量测按规范要求操作，以大型专用设备为主，形成超前地质预报、钻爆、支护、装运、辅助作业、防水衬砌等多条主要生产作业线，实现机械化施工。

9.沈海复线高速公路漳州天宝至诏安段第12标

工期及投资：对本合同段工程的工期安排为24个月。实际开工日期以开工令为准。总投资20899.92万元。

主要工程量：本合同段起点里程K94+500，终点里程K105+830，全长11.33公里。主要控制点有：东溪大桥、霞葛互通等。路基土石方130.46万立方米，排水防护3.76万立方米，桥梁997.75米/7座，互通1处，通道3道，涵洞27道。

要点：土质路堑施工以机械为主，在较平缓横坡上的单边路堑采用横向台阶开挖，双向边坡的深路堑采用纵向分层开挖。填筑路基按照“三阶段、四区段、八流程”的施工程序组织施工。钻孔灌注桩选用旋转钻机或冲击钻机成孔，水下混凝土采用导管法灌注。墩台身施工采取钢模板分节制作现场拼装。为确保桥墩混凝土内实外美，采用无拉筋桁架式横带模板。砼浇筑采用一模或数模到顶一次浇筑。桥梁梁部预应力空心板梁、预应力T梁在K95+000预制场集中预制，架桥机架设。

10.广东高速公路樟市至花东段

工期及投资：本工程计划2010年12月开工，2012年8月交工，总工期20个月。总投资75116.67万元。

主要工程量：第26合同段起终桩号为K208+100～K220+000，路线全长12.9公里。本合同段起点里程K94+500，路基土石方500万立方米，桥梁5866米/16座，涵洞及通道11道。

要点：石质部分采用深孔多排微差爆破法开挖。本标段桥梁墩身设计为圆形墩、实心薄壁墩和空心薄壁墩，根据各墩的工程数量分布，加工配备整体钢模和定型钢模。本标段翁头大桥、黎明大桥、竹仔迳大桥、庙冚大桥位于峡谷之中，墩身高度较大，多个空心薄壁墩高都于40米，甚至有的达到71米。根据本工程现场实际情况，经比较，最终决定采用“提升爬模施工”施工空心薄壁高墩，充分利用常用构件，且工艺较简单易行。

11.长沙县黄兴大道南延线等道路工程

工期及投资：本工程计划2010年12月10日开工，2012年12月9日完工，总工期731日历天；总投资18532万元。

主要工程量：1.黄兴大道南延线，全长6.086公里；2.省道207线南延，全长22.5公里；3.黄江公路东延线，全长15.2公里；4.黄兴大道北延线工程，全长20.1公里；5.开元大道东延线与三环线的连接线，全长11公里。

要点：施工准备工期30天，重点抓特殊路基、桥涵的施工组织安排。各工序在作好突出重点的同时，科学组织、优化管理，充分利用春秋枯水季节，使桥梁下构快速完工，做到涵洞通道逐段完工，为土方填筑提供作业面。

12.景宁县交见圩至叶村公路改建工程第2标

工期及投资：开工时间2010年7月，交工时间2013年6月。总投资17539.3916万元。

主要工程量：路线全长29.886公里(含短链4.545米，长链37.266米，K23+673.167～K28+000段利用老路基)。本次投标为第2施工标段，桩号为K15+050～K29+885.608(含K23+673.167～K28+000段利用老路基)，长10.538公里，主要工程内容为:路基填土石方38.6万立方米,路基挖土石方45.53万立方米，路面工程(K0+000～K29+886.608,全长25.591公里)，大桥1046.06米/5座，圆管涵242.5米/21座，盖板涵171.5米/10座，隧道1757米/2座。

要点：本合同段要点是隧道2座，为英川隧道和叶坪头隧道，采用单洞双向行车交通形式，英川隧道起讫桩号为K18+845～K18+977，全长132米；叶坪头隧道起讫桩号为K21+785～K23+140，全长1625米。

13.74省道南延三门毛张至椒江二桥三门段工程第3标

工期及投资：开工时间2010年10月，交工时间2012年10月。总投资14967.0688万元。

主要工程量：本标段桩号K11+740～K18+580.477，路线总长6.840公里，主要工程内容为：路基、桥涵、隧道工程等；其中路基挖方约42万方、路基填方约41万方、大桥112.5米/0.5座，中桥269.32米/8座，桃峙连拱隧道545米/1座等。

要点：桃峙隧道为复合连拱隧道，隧道起点K13+985,终点为K14+530，长545米(其中明洞10米，暗洞535米)，明洞按明挖法施工，暗洞按新奥法(NATM)施工。有七座中小桥梁，均为预应力砼空心板结构，一座大桥，山场溪桥12*10米，为预应力砼小箱梁结构，全长122.5米(本次投标只有一半，因本桥跨越三门和临海分界线，因此本桥1-6跨划入本标段，剩余6跨划入临海段)。

14.52省道岚头岭至汇田大桥段改建工程

工期及投资：开工时间2010年10月，交工时间2013年3月。总投资18518.5888万元。

主要工程量：路线全长6.705公里，主要工程内容为：路基填土石方4.42万立方米，路基挖土石方14.44万立方米；路面工程(水稳底基层及基层51.79k平方米,沥青砼面层115.18k平方米)；中桥78.08米/1座，大桥2050.56米/6座，盖板涵49.4米/7座；隧道2635米/1座；绿化工程等。

要点：本合同段设隧道1座，为岚头岭隧道，采用单洞双向行车交通形式，起讫桩号为K12+560～K15+195，全长2635米。共有中桥78.08米/1座，大桥2050.56米/6座，均为预应力砼T梁。盖板涵49.4米/7座。

15.国家高速沪陕线西安至商州高速公路(第二通道)路面工程第36标

工期及投资：开工时间2010年5月，交工时间2011年9月。总投资21211.6373万元。

主要工程量：本合同段为第36合同段，起讫里程：K69+450～K97+381，路线长总计27.931公里。工程范围为合同段内路面工程。

要点：本合同段以沥青面层施工为重点和难点工程，在施工中配足机械设备、劳力等资源，作为重点控制，优先安排，以保证本合同段工程进度、质量的全面提高。

本合同工程总工期比较短，施工时间较紧，任务重，且跨越一个冬季，经现场考察，结合现场实际情况及本合同路面工程的施工特点和我公司机械设备及生产能力。在施工前期抓紧时间进行基层、底基层和沥青面层所需材料的备料工作，然后进行底基层、基层铺筑，为来年沥青面层施工打好基础。沥青面层施工，沥青混合料采用NBD4000型进口沥青拌合站集中厂拌；运料车拉到施工现场后，由沥青转运车充分拌匀加温后倒入摊铺机，摊铺采用ABG525型摊铺机双机联铺，为防止三层沥青路面在拼幅处重叠，产生排水困难和施工缝处的水稳定性差，两台摊铺机拼幅采用不等宽摊铺，接缝相互错开宽度大于0.5米。中、下面层人工挂线，摊铺机靠自身传感器找平，上面层采用16米超声波平衡梁自动找平，以保证平整度和厚度控制更加精确。上、中、下面层采用3台双钢轮压路机、3台轮式压路机进行碾压。同时为了保证沥青混合料均匀，在现场配备转运车搅拌均匀后在进行喂料摊铺。

16.西安至铜川高速公路路面工程XT－M03标

工期及投资：开工时间2010年3月，交工时间2011年8月。总投资23711.541401万元。

主要工程量：本合同段为XT－M03合同段，起讫里程：K47+500～K62+800，路线长总计15.3公里。工程范围为合同段内路面工程。

要点：本合同段以沥青面层施工为重点和难点工程，在施工中配足机械设备、劳力等资源，作为重点控制，优先安排，以保证本合同段工程进度、质量的全面提高。沥青混合料采用4000型进口沥青拌合站在K56+600处集中厂拌；运料车拉到施工现场后，由沥青转运车充分拌匀加温后倒入摊铺机，摊铺采用ABG525型摊铺机双机联铺，中、下面层人工挂线，摊铺机靠自身传感器找平，上面层采用16米超声波平衡梁自动找平，以保证平整度和厚度控制更加精确。上、中、下面层采用3台双钢轮压路机、3台轮式压路机进行碾压。同时为了保证沥青混合料均匀，在现场配备转运车搅拌均匀后在进行喂料摊铺。

17.兰州至海口国家高速公路广元至南充段

工期及投资：开工时间2010年7月，交工时间2011年7月。总投资19892.3075万元。

主要工程量：本合同段为LM1合同段，起讫里程：K0+500～K33+210，路线长总计33.716公里。工程范围为合同段内路面工程。

要点：本标段施工条件较差，地势陡峻，拌和站建点困难，而且路线被嘉陵江大桥隔断，路面施工时不能直接跨越，因此要加大机械设备和人员投入。沥青拌合设备调试包括矿料进料、烘干、提升、筛分、称重，沥青的脱桶、贮存、保温、提升、称重、喷洒，混和后的拌合、卸料等环节。拌合设备调试完成后进行试拌，由试验人员配合拌合站操作人员按照目标配合比设定各种料的流量比例。先是不加沥青进行干拌，从二次筛分后进入各热料仓的材料中取样进行筛分，供拌合站控制室使用。同时反复调整冷料仓进料比例，达到供料均衡，然后取用目标配合比设计的最佳沥青用量的±0.2%进行拌合，并制备试件进行马歇尔试验，确定生产标准配合比的最佳沥青用量。

18.国道315线湟源至西海公路二期工程

工期及投资：开工时间2010年8月，交工时间2011年9月。总投资12663.3915万元。

主要工程量：本合同段为第A合同段，起讫里程：K47+100～K101+794.091，路线长总计51.49941公里。工程范围为合同段内路面工程。要点：拌和站建好后立即进行备料，青海冬季长，施工期短，抓紧有限的施工时间，投入优质的设备，优秀的技术人员，加快沥青面层施工。施工前2～3天，对下承层进行检查，如有杂物和柴油污染，进行处理。沥青拌合楼严格按照监理批复的配合比输入电脑、开机拌合。在拌合过程中严禁手动调整。沥青混合料采用NBD4000型进口沥青拌合站在K56＋600、K79＋600处集中厂拌；运料车拉到施工现场后，由沥青转运车充分拌匀加温后倒入摊铺机，摊铺采用ABG525型摊铺机双机联铺，为防止三层沥青路面在拼幅处重叠，产生排水困难和施工缝处的水稳定性差，两台摊铺机拼幅采用不等宽摊铺，接缝相互错开宽度大于0.5米。下面层人工挂线，摊铺机靠自身传感器找平，上面层采用16米超声波平衡梁自动找平，以保证平整度和厚度控制更加精确。上、下面层采用3台双钢轮压路机、3台轮式压路机进行碾压。同时为了保证沥青混合料均匀，在现场配备转运车搅拌均匀后在进行喂料摊铺。

19.咸阳至淳化至旬邑高速公路口镇至赤道段路基桥隧工程LJ-9标

工期及投资：开工时间2010年10月，交工时间2012年10月。总投资29594.0002万元。

主要工程量：本合同段为LJ-9合同段，起讫里程：K69+200～K74+500，路线长总计5.3公里。工程范围为合同段内姜源河特大桥最大墩高132米，主跨为88+3×165+88米预应混凝土连续刚构桥。主要工程量：特大桥1座959米、涵洞5道、通道4道、互通1处及684370立方米路基土石方工程。

要点：抓紧施工通往桥梁的施工便道，首先将特大桥的桩基础和墩身抢出来，然后进行悬浇梁的施工，后续的路基、桥梁、涵洞、通道、互通等工程顺序施工。梁体预制采用厂制定型钢模在桥梁场预制。16米及以上桥梁采用架桥机架设，10米梁段采用汽车吊安装。钻孔桩采用冲击钻和回转钻成孔。明挖基础和承台、系梁采用组合钢模，桥梁墩柱、盖梁部位采用定型钢模。桥台采用大块钢模板。本合同段通道均为框架通道。基础采用机械配合以人工开挖，砼框架采用钢、木结合模板，外露面采用大块竹胶板模板，搭设满堂脚手架现浇。

20.津滨高速公路改扩建工程第9标

工期及投资：计划开工时间2010年3月，完工时间2010年12月，总工期为289日历天。合同额11015万元。

主要工程量：本合同段为第9标段，由K14+500至K20+000，长约5.5公里，公路等级为高速公路，设计时速为120公里/h，沥青混凝土路面以及其他构造物工程等。主要包含的施工内容为路面工程、排水工程、交通工程和安全设施。

要点：本工程主要为既有线改扩建工程，施工过程中半幅施工半幅通车，采用“潮汐”式导行方案，分幅施工法，先封闭北侧交通，施工北侧所有工程，待北侧路面具备通车条件后，开放北侧交通，再施工南侧所有工程。

21.滨海新区西外环高速公路（津汉高速-海景大道）工程13标

工期及投资：计划开工时间2011年1月，完工时间2012年6月，总工期为547日历天。合同额28539万元。

主要工程量：本合同段为第13标段，由K28+500至K32+881.91，长约4.38公里，公路等级为高速公路，设计时速为100公里/h，沥青混凝土路面，有官港规划路十四分离式立交 1 处，计长 514.86 米，；津港高速二期互通式立交 1 处，计长 1318.86 米；以及其他构造物工程等。

要点：津港高速二期互通式立交主线桥梁与港塘公路、李港铁路及津曹石油管廊带夹角均为 54 度，其中港塘公路采用 2×30 米小箱梁跨越，李港铁路采用一跨 40 米小箱梁跨越，津曹石油管廊采用一跨 52 米叠合梁跨越，桥梁面积 52284 平方米。其余标准段采用简支变连续小箱梁结构，变宽段采用现浇钢筋砼连续梁。官港规划十四路分离式立交夹角为 78 度，采用 4 联简支变连续小箱梁跨越，桥梁面积 17505 平方米。下部结构形式均为钻孔灌注桩、圆柱墩、肋形桥台。

桩基采用循环钻成孔。承台、系梁、桥墩及盖梁均采用定型钢模板施工，普通连续箱梁底模采用高强度竹胶板现场加工而成，腹板和翼板采用钢模板，支架采用满堂支架，箱梁采用一次性浇筑完成；预应力小箱梁采用预制场预制，现场架设。叠合梁的钢结构部分采用全焊接钢梁，钢梁由主梁，横隔梁及加劲肋组成，钢梁上翼缘板顶面设置剪力键与砼桥面板连为整体。路基工程主要包括深层地基处理；桥头路基处理；低矮、水塘、盐田路基及路床处理，其中深层地基处理包括水泥搅拌桩总长 5304 米，高压旋喷桩总长 37884 米；路基面积 98748 平方米。

22. 贵州省遵义至毕节高速公路土建项目 3 合同段

工期及投资：工期 913 天 2009.12.16-2012.6.15，投资 256844057 元。

主要工程量：线路全长 8.534 公里，挖土石方 1278209 立方米，土石方填筑 1193418 立方米，大桥（乐民河大桥）173.25 米/1 座，分离式立交桥（含乐理枢纽互通内）308.7 米/4 座，匝道桥（乐理枢纽互通内）760.51 米/5 座。

要点：后张法预应力砼 T 梁预制和架设、现浇连续箱梁施工做为本标段工程项目施工。

23. 国道 215 线察（尔汗盐湖）至格（尔木）段公路工程施工 D 标

工期及投资：485 日历天，2010.4.1-2011.7.31，投资 213843648 元。

主要工程量：线路全长 39.679 公里，200 毫米厚级配砂砾底基层 30416 平方米，300 毫米厚级配砂砾底基层 917682 平方米，200 毫米厚水泥稳定砂砾底基层（3%水泥剂量）6000 平方米，200 毫米厚水泥稳定砂砾基层（5%水泥剂量）863388 平方米，200 毫米厚水泥稳定砂砾基层（3%水泥剂量）28593 平方米、40 毫米厚细粒式沥青砼面层（AC-13F）791709 平方米，50 毫米厚中粒式沥青砼面层（AC-20F）820584.2 平方米，60 毫米厚中粒式沥青砼面层（AC-20F）2246.7 平方米，260 毫米厚水泥砼面层 5086.6 平方米，培土路肩 27733.6 立方米。

要点：路面沥青砼面层施工。

24. 福建省永定湖雷至城关高速公路路基土建工程 LA1 标

工期及投资：工期：2010.7.28-2012.7.27，投资 302511317 元。

主要工程量：路线全长 9.992 公里，起点位于 K0+000，终于 YK9+950，线路主要沿着永定河两岸、606 线两侧布置，并通过上北枢纽互通与既有莆永高速公路相连（里程古武 K0+000～K0+646.261、莆永 MK222+450～MK224+085.5）。主要内容包括：挖土石方 1866863 立方米，利用土石方填筑 1896609 立方米，借土方填筑 219498 立方米，大桥 1174.3 米/5 座，匝道桥 264 米/2 座，分离式隧道（瑶贝岭隧道）1136.5 米/1 座，级配碎石底基层 100～150 毫米厚 28134 平方米，级配碎石基层 100～150 毫米厚 2205 平方米，水泥稳定碎石基层 100～200 毫米厚 27729 平方米等；要点：T 梁预制和安装、分离式瑶贝岭隧道项目工程施工。

25. 辽宁省抚顺旺清门至南杂木高速路面工程第 2 合同段

工期及投资：工期 2010.8.15-2011.10.20，投资 255400986 元。

主要工程量：本合同段是本项目路面工程的第 2 合同段，起点里程为 K90+665(ZK90+669.6)，终点里程为 K123+185(ZK123+120)，路线全长 32.925 公里。主要工程量：200 毫米厚水泥稳定级配砂砾底基层 820174 平方米，180 毫米厚水泥稳定级配砂砾底基层 1240 平方米，200 毫米厚水泥稳定碎石基层 781955 平方米，180 毫米厚水泥稳定碎石基层 12103 平方米，70 毫米厚粗粒式沥青砼面层（LAC-25）756818 平方米，50 毫米厚中粒式改性沥青砼面层（LAC-20）893828 平方米，30 毫米厚 SBS 改性沥青玛蹄脂碎石混合料（SMA-13L）893828 平方米，桥面 SBS 改性沥青防水层 125090 平方米，路缘石 129445 米；要点：SBS 改性沥青玛蹄脂碎石表面层施工。

26. 济宁至祁门高速公路永城段土建工程 5 标

工期及投资：工期 2010.9-2012。投资：3177863914 元。

主要工程量：线路全长 41.058 公里，全线双向 4 车道高速公路建设，设计速度 120k/h，路基宽 28 米。第 5 标段填方 1527044 立方米，大桥 1 座，中桥 3 座，分离式立交 3 座；要点：路基工程。

27. 贵州省六枝至镇宁高速公路土建工程 1 标

工期及投资：工期：18 个月 547 日历天 2010.11.30-2012.12.31，投资 237606093 元。

主要工程量：全长 5.33 公里。设计采用双线四车道标准，车速 80 公里/h，路基挖土石方 82.27 万立方米，填土石方 49.86 万立方米，防护排水工程 65.04085 万立方米，大桥 1204 米/5 座，中桥 36 米/1 座，分离式立交 1 座，涵洞及通道 12 道，隧道 913.5 米/2 座，服务区 1 处；要点：隧道工程施工列为重难点，施工时，重点控制，优先安排，并不断优化施工方案和生产要素配置，及时调整各分项工程的进度计划，配足机械、劳力等资源，把住物资供应关，确保本合同段工程进度和质量。

28. 阳泉西环高速公路路基、桥隧及采空区治理工程

工期及投资：开工时间 2010 年 12 月 25 日，竣工时间 2012 年 6 月 25 日。投资 37642.8042 万元。

主要工程量：阳泉西环高速公路项目起点接太阳高速盂县南枢纽互通，经红崖、鹿峪、王家湾、阎家庄、保安村到达终点旧街新店，与太旧高速公路相接，并设置旧街枢纽互通（复合式），路线全长 22.055 公里，其中设南娄互通、旧街枢纽二处互通立交。互通连接线 5.2 公里，其中南娄互通连接线 3.2 公里，旧街枢纽互通连接线 2 公里。

要点：空区治理

【中铁大桥局公路市场】 公路工程项目中标 22 项，合同额合计 35.09 亿元，占新签合同总额的 9.92%。

中标高速公路工程项目 13 项，合同额合计 22.7 亿元，主要项目包括：

河南省林州至长治（省界）高速公路路基桥涵工程 NO.6 标，合同价 21948 万元，全长 2.91 公里，工期为 2009 年 12 月至 2011 年 12 月。

陕西省级高速榆商线神木至府谷高速公路黄河特大桥工程 LJ-13 标，合同价 16996 万元，全长 0.89 公里，工期为 2010 年 3 月至 2011 年 8 月。

连霍高速公路商丘至兰考段改扩建工程土建施工 DZ-10 标，合同价 13587 万元

贵州省大兴（湘黔界）至思南高速公路土建工程施工第 I 类工程第 DSTJ-18 标段，合同价 43156 万元，工期为 2010 年 10 月至 2012 年 3 月。

湖南省汝城至郴州高速公路项目土建工程第 19A 标段，合同价 49101 万元，工期为 2010 年 2 月至 2012 年 9 月。

武汉硚口-孝感高速公路一期土建工程 QXTJ-04 标段，合同价 42293 万元。

武汉天河机场第二公路通道一期土建工程 S3 标段，合同价 30627 万元，工期为 2010 年 4 至 2012 年 5 月。

上海市 S6 公路新建工程 S6-4 标段，合同价 18787 万元，全长 1.34 公里，工期为 2010 年 9 月至 2012 年 3 月。

中标等级公路工程项目 9 项，合同额合计 12.39 亿元，主要项目：

黑龙江省黑瞎子岛乌苏大桥及引道路工程，合同价 40870 万元，工期为 2010 年 6 月至 2012 年 10 月。

湖南省 G209 线洪江市绕城公路一期工程 A1 合同段，合同价 10469 万元，工期为 2010 年 1 月至 2012 年 7 月。

【中铁隧道公路市场】 中铁隧道国内公路工程 2010 中标主要项目见表 4-22。

表 4-22　中铁隧道国内公路工程 2010 中标主要项目表

工程名称	中标价款（万元）	开竣工日期
1. 国家高速公路珠江三角洲环线广东省中山市沙溪至月环段土建工程第三合同段	27871	2009 年 12 月 30 日~2012 年 2 月 29 日
2. 云南中部公路发展项目西部开发通道兰州至磨憨公路武定至昆明段高速公路土建工程 6 标（亚行标）	20787	2009 年 11 月 1 日~2012 年 2 月 29 日
3. 甘肃南部公路项目兰州至海口国家高速公路武都至罐子沟土建工程 WG1 合同段（亚行标）	19734	2009 年 12 月 1 日~2012 年 11 月 30 日
4. 国家高速公路包头至茂名高速公路（G65）陕西境铜川至黄陵公路路基桥隧工程施工 TH-C03 标段	17634	2009 年 12 月 10 日~2011 年 10 月 9 日
5. 国家高速公路包头至茂名高速公路（G65）陕西境铜川至黄陵公路路基桥隧工程施工 TH-C11 标段	29585	2009 年 12 月 10 日~2011 年 9 月 30 日
6. 国家高速公路网厦成线厦门（海沧）至漳州（天宝）高速公路漳州段路基土建工程 A1 标段	30320	2010 年 3 月 1 日~2012 年 2 月 29 日
7. 福州至永泰高速公路路基土建工程 A11 标段	29379	2009 年 12 月 31 日~2011 年 12 月 30 日
8. 海西高速公路网莆永线莆田段路基土建工程 A6 合同段	43885	2010 年 4 月 1 日~2011 年 12 月 1 日
9. 乐昌至广州高速公路项目坪石至樟市段控制性工程 T10 标	116625	2010 年 3 月~2012 年 3 月
10. 尕秀至玛曲二级公路改建工程 G 立方米合同段	6433	2010 年 3 年 1 日~2012 年 2 月 9 日
11. S218 线甘棠至焦村段公路改建工程 03 标段	6858	2010 年 1 月 20 日~2011 年 8 月 20 日
12. 甘肃南部公路项目兰州至海口国家高速公路武都至罐子沟段土建工程 WG4 合同段（亚行标）	22702	2010 年 5 月 14 日~2013 年 8 月 31 日
13. 湖南省炎陵至汝城高速公路土建工程第 20 标段	27622	2009 年 5 月 20 日~2011 年 11 月 6 日

【中铁电气化局公路市场】 灞桥纺织城至蓝田九间房公路改建工程 E1 标段 10158 万元；厦门(海沧)至漳州(天宝)公路(厦门段)主体工程 A4 合同段 17466 万元；海西高速公路网沈海复线高速公路漳州天宝至诏安段 35416 万元。

【中国航空港公路市场】 2010 年中国航空港承揽公路工程情况：

1. 青岛高新区火炬大道延长线道路工程

火炬大道延长线西起规划中 10 号线，东至规划东 2 号线，线路全长 3.4 公里，位于青岛高新区，施工范围为 K0+000--K3+403.826，青岛高新区火炬大道延长线软基处理、道路及给排水工程。本标主要工程数量为软路基处理有填方 14.7 万方，填风化砂 4.85 万方，软基处理为粘土帷幕桩 195497.48 米、真空联合堆载预压 45337.35 平方、水泥搅拌桩 11945.1 米、塑料排水板 439869.33 米、砂砾垫层 1936.87 立方、土工布、土工格栅 3178.5 平方。道路工程有水泥稳定碎石垫层 18 厘米厚 3.7 万平方，水泥稳定砂砾 18 厘米厚 3.8 万平方，粗粒式沥青混凝土 AC-25F7 厘米厚 3.7 万平方，中粒式沥青混凝土 AC-16C 玄武岩 4 厘米厚 3.7 万平方，黏层、透层沥青油 7.4 万平方。给排水工程的给水工程为铸铁管，接口形式为滑入式柔性联结、T 型接口、橡胶圈密封或法兰连接。雨污水工程采用 TDPE 塑料管道铺设。中标价 4811 万元，合同工期 2010.2.10-2011.2.10。

2. 承德至秦皇岛高速公路承德段项目路基、桥梁、隧道工程二期施工 LJⅡ类 12 标

本项目从承德市向东南贯穿承德市东南部地区，是河北高速公路网中“第一条线”的重要组成部分。起点为承德市南郊武烈河与滦河交汇处的承德南出口互通，路线终点位于承德、秦皇岛两市交界处的庙岭南侧，接承秦高速公路秦皇岛段。途径承德南互通、承德市双桥区大石庙镇、承德县上板城镇、下板城镇、甲山镇、上谷乡、满杖子乡、平泉县的党坝镇、宽城龙须门镇、板城镇东黄花川乡等。全长约 92 公里。本标为 12 合同段，起终点里程为 K43+400～K47+940，路线全长 4.54 公里，主要工程项目有桥梁、路基。主要工程数量为：路基挖土方 15.1587 万方，挖石方 36.4209 万方，破碎锤凿岩 24.2138 万方。路基利用土方 12.7695 万方，利用石方 18.3844 万方。大桥 437 米/2 座、分离立交 64 米/1 座，盖板涵 428 米/15 道，防护排水工程 4124.5 米。承德县互通至终点段采用双向四车道高速公路标准，设计速度为 80 公里/小时，路基宽 24.5 米。桥涵设计的汽车荷载等级为公路-Ⅰ级，设计洪水频率桥梁、涵洞为 1/100，特大桥为 1/300。中标价 10499 万元，合同工期 2010.6.1-2011.4.30。

3. 郑卢高速公路洛阳至洛宁段工程土建工程 LNTJ-1 标

郑州至卢氏高速公路洛阳至洛宁段是河南省 2010 年计划开工的重点高速公路项目。项目起于九朝古都洛阳，向西经宜阳，全长 68.92 公里。建设项目与区域内洛阳绕城高速、郑少洛高速、二广高速互联成网，并先后与多条省道、县道相交，道路等级为高速公路，全线采用四车道高速公路标准进行布设。本标段位于洛阳市高新开发区孙旗屯五龙沟村东，洛阳市九都路和孙辛路交叉处，路线起点接九都路横跨 G36 宁洛高速洛阳绕城段。主线总体呈东-西走向，以路基桥梁相结合形式组成，挖方 245 万方，填方 66 万方，圬工防排 12 万方，全线大中桥 2 座长 685 米，K0+599.5～K1+104.5 后五龙沟大桥、K4+808～K4+988 上姚沟大桥，桥梁上部结构形式为预应力砼组合箱梁。互通枢纽一处，共分 9 条匝道，A 匝道桥、B 匝道桥、C 匝道桥、D 匝道桥、E 匝道桥、F 匝道桥、G 匝道、H 匝道桥、I 匝道桥，匝道桥上部结构分别有预应力钢筋砼连续梁、预应力砼组合箱梁。涵洞 172.55 米，通道 60.9 米，天桥两座，桥型分别为 2×25 米、20+32+20 米连续箱梁，桥梁下部结构采用双柱式门架墩并设盖梁，墩柱之间系梁连接；本标段墩身高度为 1～30.4 米之间。工程内容包括路基及路面地基层基层工程，涵洞、通道、桥梁工程，防排工程及附属设施工程。中标价 21870 万元，合同工期 2010.9.15-2012.5.30。

4. 钱江通道及接线工程南接线段 10 标

本项目为钱江通道及接线工程南接线段，南接线起点桩号 K15+850，接钱江隧道南岸出口，终点桩号 K43+560，接杭甬高速，路线全长 27.7 公里。本标段为第 10 标段，起止里程为 K37+902.5～K41+237.5，路线长度 3.335 公里。主要工程数量有：主线高架桥 3335 米/1 段，以及区域内改路、改沟等。桥梁上部结构主要为预制组合小箱梁，先简支后连续，还有一联跨党益线（40+60+40）米预应力连续箱梁；下部结构为 H 型敞口双柱式墩，墩柱采用钻孔桩基础。本项目为新建六车道高速公路，设计速度 100 公里/h，整体式路基宽度 33.5 米，车辆荷载等级公路一级。中标价 37935 万元，合同工期 2010.8.1-2012.7.31。

5. 山西省山阴至平鲁（晋蒙界）高速公路路基、桥隧工程施工第 LJ6 标

山西省山阴至平鲁（晋蒙界）高速公路是国家规划的“7918 网”中荣成至乌海高速公路在山西境内的一部分，也是山西省高速公路网规划“三纵十一横十一环”中第二横的组成部分。项目起点位于山西省朔州市山阴县合盛堡，接在建的灵丘至山阴高速公路，经山阴、吴马营、向阳堡、平鲁、小路庄、凤凰城，止于朔州市平鲁区二道梁，按内蒙古自治区拟建的十七沟至大饭铺高速公路，路线全长 108 公里。本标段为 LJ6 标段，起讫里程为 K188+700～K195+000，全长 6.3 公里。主要工程内

容：挖土石方量为96万方，填土石方量为19万方；大桥1521米/4座；吴辛寨隧道628米/1座；通道1处，涵洞3道。本项目采用双向四车道高速公路技术标准，设计速度100公里/h，路基宽度26米；桥涵设计汽车荷载设计等级为公路-Ⅰ级。设计洪水频率1/100；隧道单洞净宽10.75米，净高5米。中标价25989万元，合同工期2010.10.15-2011.10.30。

6.霍州至永和关高速公路东段路基、桥隧及采空区治理工程Ⅲ类第9标

霍州至永和关高速公路是山西省高速公路网规划“三纵十一横十一环”中第八横的组成部分。是山西省中部地区西接陕西省通往延安市，达陕、甘、宁等地，东经霍州接霍黎高速公路（规划）至河北省邯郸市，进而抵达冀、鲁、豫等地的重要通道。项目起点位于山西省霍州市大张镇辛庄村东北，设辛庄枢纽与大运高速及霍州至黎城高速公路（规划）相接，路线向西布设。路线全长80.480公里。本标段为LJ9标段，起讫里程为K34+585、ZK34+578～K40+000，全长5.419公里。主要工程内容：挖土石方量为66.9万方，填土石方量为12.1万方；大桥2103米（左线长）/12座；隧道885双洞米/1座。本项目采用双向四车道高速公路技术标准，设计速度80公里/h，路基宽度24.5米；桥涵设计汽车荷载设计等级为公路-Ⅰ级。设计洪水频率大桥及涵洞1/100。中标价25432万元，合同工期2010.11.15-2012.11.14。

7.郑卢高速公路洛宁至卢氏段土建工程LSTJ-3标

郑州至卢氏高速公路洛宁至卢氏段是河南省2010年计划开工的重点高速公路项目。项目起于九朝古都洛阳，向西经宜阳，全长68.92公里。建设项目与区域内洛阳绕城高速、郑少洛高速、二广高速互联成网，并先后与多条省道、县道相交，道路等级为高速公路，全线采用四车道高速公路标准进行布设。本标段为该项目工程NO.3标，建设高速路线位于洛阳市洛宁县赵村乡和西山底乡境内。主线总体呈东-西走向，以路基桥梁相结合形式组成，挖方164万方，填方154万方，全线大桥4座，陈宋沟大桥、东上大桥、山河大桥、跨E匝道主线大桥，桥梁上部结构形式为箱梁；中桥2座，方村分离式立交桥、南洞中桥，桥梁上部结构为空心板梁。互通枢纽一处，共分5个匝道，A匝道桥、B匝道桥、C匝道桥、D匝道桥、E匝道桥、匝道桥上部结构分别有预应力钢筋砼连续梁、预应力砼组合箱梁。涵洞26道，通道14道，机耕天桥1座，停车区1处，隧道1座，桥梁下部结构采用双柱式门架墩并设盖梁，墩柱之间系梁连接；工程内容包括路基及路面底基层、基层工程，涵洞、通道、桥梁工程、隧道工程、防排工程及附属设施工程。道路等级：高速公路。设计速度：主线：100公里/h；上下匝道：80公里/h。荷载等级：桥梁：公路-Ⅰ级。中标价23618万元，合同工期2010.12.1-2012.05.31。

8.河北省茅荆坝（蒙冀界）至承德公路工程1标

河北省茅荆坝至承德公路位于河北省承德市北部，主线起自蒙冀交界的茅荆坝，接内蒙古拟建的赤峰至茅荆坝高速公路，向南经大庙、两家、头沟，在东营子与承朝高速共线至双峰寺，此后向西经狮子沟、单塔子，在红石砬与京承高速公路相接，全长111.237公里。本标段为第1合同段，起止里程为：K2+125～K17+000，全长14.875公里；起点位于天义沟村东2.5公里的蒙冀界，以6763米特长隧道穿越省界山脉，然后以桥梁形式过天义沟村西，沿武烈河西岸向南展线，在坝底村西跨越S253，后沿武烈河西岸山脚向西南延伸，在小草沟村北再次跨越S253，后沿武烈河东岸山脚布线，穿过扁担沟隧道后压占S253，后在武烈河西岸与S253平行布线，终点在小庙子村。主要工程为：路基挖土方11.4万立方米，石方20.8万立方米，利用土方32.9万立方米，借土填方100.9万立方米，特长隧道1座2929.5米（茅荆坝特长隧道河北段长度），长隧道1座1178米，特大桥4152.5米/3座，大桥1214米/2座，中桥122米/2座，小桥8米/1座，涵洞7道，通道4道，K2+125～K17+000段路面工程及防护排水工程。本项目按照全封闭、全立交，双向四车道高速公路标准建设，全线桥涵构造物设计荷载采用公路—Ⅰ级。中标价94750万元，合同工期2010.12.1-2013.9.30。

9.武汉市轨道交通二号线一期工程金色雅园站地铁车站土建工程项目合同增项

右CK2+782.76～右CK3+316.96，有效站台中心里程为右CK3+226.457，车站总长534.2米，标准段宽18.5米，站台为10米单柱岛式站台，主体建筑面积为18476平方米，出入口通道面积为1538平方米，风道(风亭)面积为1405平方米，合同价6774万元，合同工期701天。

10.贵州省仁怀至赤水高速公路第RCTJ-19标、K100+000～K109+820，长9.819公里，路基土石方开挖2096196立方米，利用土石方填筑1638784立方米，路床换填石渣10615立方米，结构物台背回填29856立方米，冲击碾压148464平方米，路基防护圬工218341立方米，砼骨架护坡845立方米，片石砼挡土墙6825立方米，预应力锚索59587kg，钢筋砼锚座1013立方米，砼抗滑桩5920立方米。大桥1045米/5座，中桥94米/1座，互通立交主线跨线桥147米/2座。涵洞12道，通道19道。中标价26993万元，合同工期24个月。

11.江西德兴至上饶高速公路项目土建工程B5合同段

德兴至上饶高速公路是江西省高速公路网的重要组成部分，是一条连接沪昆高速、德昌高速的江西东部地区南北向高速通道。本项目起点位于德兴市花桥镇小目源，终点沙溪镇白石地村东南侧，路线全长61.222公里。德兴至上饶段高速公路B五标段起讫点桩号为K48+900～K51+460.316，全长2.560316公里。中标价13127万元，合同工期2010.9.1-2012.2.29。

12.中北路延长线（二环线～三环线）道路排水工程4标

中北路延长线在《武汉市城市总体规划（2006～2020年）》中定性为城市快速路，自西向东将二环线、三环线联系起来，并连接至鄂州的和左高速公路，以通过性快速交通为主，是武汉城市道路主骨架系统中“三环十三射”的重要组成部分，是武昌地区东北部向外辐射的城市放射线，是联系武汉中心城区与鄂州等周边城市的重要交通走廊，同时对满足武汉火车站、华侨城欢乐谷的交通组织至关重要。本标段西起主线高架桥N119号墩，东至青化路立交西侧，桩号范围K3+900～K4+940.726，线路全长1040.726米，地面辅道和主线高架桥均为双向六车道。涉及桥梁、道路和排水工程内容。混凝土结构物全部采用商品混凝土。中标价20226万元，合同工期2010.10.30-2012.4.30。

【中铁二院公路市场】 2010年，中铁二院调整经营策略和布局，加大对四川等地区的开发力度，全年共组织和协调完成公路投标项目24项，中标11项，中标率为45.8%，中标合同额1.79亿元。

公路主要中标项目：1.成都第二绕城高速公路工程勘察设计A2标段，2.福建省海西高速公路网三明市境三明至明溪联络线S1合同段（含交通工程），3.广州增城沙庄至花都北兴二期工程（荔城至花都北兴段）勘察设计SJ-1合同段，4.柳州至武宣公路工程勘察设计第2合同段，5.成都货运大道～绕城高速互通立交桥工程项目勘察设计，6.大邑县市政基础设施灾后重建项目DB总承包，7.仁寿县汪洋循环经济园区物流通道公路一阶段勘察设计，8.大广高速公路粤境良口至中和里段施工图勘察设计合同变更，9.珠海市香洲至海泉湾路工程可行性报告编制，10.湛江市东海岛对外交通工程可行性研究报告编制，11.成都市东南西环高速公路现浇异形板维护加固工程设计施工总承包，12.长沙市五一广场绿化用地地下空间开发工程。

【华铁咨询公路市场】 2010年公路市场项目：1.上海育才路南伸工程二标段监理（工期2010年10月～2011年1月，总投资4500万元），2.贵州鲁班至坛厂通村油路工程监理（工期2010年8月～2010年11月），3.仁怀青坑至水口寺路面大修及余家坳至茅坝路面大修工程监理（工期2010年10月～2011年1月），4.河庄大道拓宽工程监理（工期2010年1月～2010年12月，总投资5000万元），5.杭州钱江二路、外环东路一期道路工程监理（工期2010年11月～2011年8月，总投资3562万元），6.杭州丰乐路二期（临鸿东路-滨江二路）工程监理（总投资2500万元）。

【建设分公司公路市场】 2010年，建设分公司公路市场情况：

1.厦漳高速公路漳州段A1标

工程概况：本项目位于福建省漳州市境内，起讫里程为K18+005.124～K22+650，线路全长4.645公里。包括分离式隧道、路基、大中桥、涵洞及通道、沥青混凝土路面以及其他构筑物工程等。

合同额：30319.7532万元人民币；

工　期：2010年3月1日～2012年2月29日（共计730日历天）；

主要工程数量：分离式隧道0.5座，计长2013.5米；大桥1座、中桥2座、计长612.08米；路基土石方55.81万立方米、特殊路基处理29万立方米、涵洞及通道7座、改路路面等工程。

2.蒲永高速公路蒲田段A6标

工程概况：本项目位于福建省蒲田市境内，起讫里程为K80+400～K91+400，线路全长约11.0公里，沥青路面，包括大中桥、隧道以及其他构筑物等工程。

合同额：43884.6509万元人民币；

工　期：2010年4月1日～2011年12月1日（共计610日历天）；

主要工程数量：隧道2座，计长2792.5米；路基6.069公里；主线桥梁6座，计长1720.3米。

3.二广高速公路连州至怀集段Z2标

工程概况：本项目位于广东省怀集县境内，起讫里程为K21+480～K30+642.685，线路全长9.192公里。包括路基挖填方、停车区、主线收费站、大桥、特大桥、分离式立交，互通立交及其他构筑物工程等。

合同额：23121.6666万元人民币；工　期：2010年11月1日～2012年6月30日（共计608日历天）；

主要工程数量：路基挖方206万方，填方239万方，大桥1座，计长335米；特大桥1座，计长1036米；分离式立交1座，计长105米；互通立交1处、停车区一处、主线收费站1处。

4.海西高速公路漳州段天宝至召安A12标

工程概况：本项目位于福建省漳州市境内，起讫里程为K94+500～K105+830，线路全长11.33公里,包括互通立交、服务区、大中桥以及其他构筑物工程等。

合同额：20899.924529万元人民币；工　期：2010年11月～2012年9月（共计730日历天）；

主要工程数量：挖方155.31万方，填方128.30万方；桥梁6座，计长915.75米；互通1处，服务区1处。

5.漳州海西高速公路南联络线南靖至龙海段2标

工程概况：本项目位于福建省漳州市境内，起讫里程为K14+100～K24+000，线路全长10公里。包括路基挖填方、桥梁、隧道、涵洞、通道、互通、服务区、分离式立交以及其他构筑物工程等。

合同额：30568.7485万元人民币；工　期：2010年11月～2012年9月（共计730日历天）；主要工程数量：路基挖方190.5万方，填方131.7万方；大中桥3座，计长1431.6米；隧道0.5座，计长1645.24米；分离式立交3座，计长305.3米；涵洞7道，通道11道，互通1处，服务区1处。

6.河南高速公路洛宁至卢氏段

工程概况：本项目位于河南省洛阳市洛宁县、三门峡市卢氏县境内，起迄里程为K127+750～K134+600，线路全长6.85公里，沥青混凝土路面。包括路基挖填方，大、中桥，天桥，涵洞，通道以及其他构筑物工程等。合同额26840.3248万元人民币，工期2010年11月～2012年5月（共计609日历天）。

主要工程数量：路基挖方65.9万方，填方52.1万方；大、中桥5座，计长1441.56米；天桥5座，涵洞11道，通道1道。

7.深圳市观澜河干流污染治理工程3号调蓄池工程

工程概况：本项目位于深圳市宝安区观澜镇境内，观澜河干流污染治理工程观澜河调蓄池工程（3号）工程、主体土建工程、调蓄池基坑支护工程、临时道路工程、临时用水、用电等。合同额21000万元人民币；工期2010年8月20日～2013年2月16日（共计912日历天）；主要工程数量：土石方78万立方，钢筋混凝土8万立方，钢材1.2万吨，中桥86延米，排污涵56米。

8.佛山市高明区快速干线路网BT工程（沧江四桥）

工程概况：本项目位于佛山市高明区沧江工业园内，起迄里程为K4+197.90～K4+991，路基宽度4705米，线路全长0.793公里。包括大桥1座、涵洞1道、平面交叉2处。合同额10852万元人民币；工期2010年8月～2011年3月31日（共计8个月）。

主要工程数量：本标段K4+291.270设1-6米钢筋混凝土箱涵，长度为52.88米；道路工程包括K4+197.90～河道改移里程为K4+197.90～K4+390，全长192.1米，涌底宽2米，深2米；A大堤改道，中心里程K4+526，全长255.2米；B大堤改道，中心里程K4+730，全长281.27米。

9.高明大道海天路口立交工程BT项目

工程概况：包括海天下穿地道工程1.34公里；海天大道西安段路基3.0公里；三景路（碧桂路至海天大道南）及海天大道南路路基共计2.3公里，丽江路接海华路接大成路共计2.4公里。

合同额59000万元人民币；工期2010年12月27日～2012年6月27日（共计18个月）。

10.长沙县交通工程BT项目

工程概况：本项目位于湖南省长沙县，里程为黄兴大道南延线K0+000至K5+591.599段，全长6.086公里；省道207线南延全长22.5公里；黄江公路东南延线全长15.2公里；黄兴大道北延线，全长20.1公里；开元大道东延线与三环线的连接线全长11公里。工程建设内容包括道路、桥涵、雨水管线、污水管线、电力管线、绿化工程、照明及亮化及其他配套设施的建设等。合同额22.35亿元人民币；工期共计24个月。

主要工程数量：黄兴大道南延线：路基土石方36.5350万立方米；沥青路面13.68万平方米；路基防护圬工0.74立方米；大桥1座，计长157米；圆管涵10座，计长429.4米；盖板涵8座，计长303.48米；全线照明。

黄兴大道北延线二期工程（福甲公路K0+080至K20+160.103段）：路基土石方数量（计价土方）83.5063万立方米；沥青路面22.02万平方米；夯填片石7.170立方米；土质边沟35.805公里；盲沟19公里；浆砌片石挡土墙15.232立方米；浆砌片石骨架护坡12.537立方米；中桥1座，计长38.20米；圆管涵104座，计长2307.13米；盖板涵21座，计长504.75米；倒虹吸1座，计长19米；通道1处，计长17.01米；平面交叉24处。

人民东路东延线长沙县区（k13+979.424～K19+992.808以及机场联络线1.190公里）：路基土石方127.50万立方米，沥青路面32.5135平方米，分离式立交桥3座计长667米，互通立交桥1座，涵洞10道，人行通道3道。

黄兴大道北延线一期路面工程：未筛分碎石垫层7.1万立方米、约10.6万吨；水稳稳定底基层、基层16万立方米、约38.4万吨，沥青砼52472立方米。

11.新建铁路昆河线玉溪至蒙自段第1标

工程概况：本项目为云南省玉溪南至通海地区K54+500（昆玉县里程）～DK37+450范围内的路基工程；桥涵工程，但不含预制混凝土梁（购梁、运输、架设）；隧道及明洞工程；改移的道路（含桥涵）、施工排水等。

合同额：92894.8957万元人民币；

工　期：2005年11月15日～2011年8月。

主要工程数量：大桥6座，计长1548.75米；中桥2座，计长127.92米；小桥5座，计长102.31米；涵洞84座2438.08横延米；3000米以上隧道2座16670米；改移的道路4.56公里。

城轨市场

【城轨工程市场】 2010年，股份公司城轨工程新签合同额完成438亿元，与上年持平。2010年全国25个城市进行轨道交通工程项目招标，招标总额约868亿元，其中股份公司中标172个标段，中标额443亿元，占51%，城轨市场继续保持领先地位，实现了年度工作会议提出的城轨市场继续保持50%以上领先优势的目标。

【中铁一局城轨市场】 2010年，中铁一局城轨市场在有效维护既有区域的基础上，成功进入昆明、东莞等新兴市场，保持区域覆盖全面的优势，全年中标73.13亿元，在股份公司系统排名第一。

【中铁二局城轨市场】 中铁二局以城市轨道和公路为主的路外市场稳步发展，广深、江浙片区的“根据地”优势得到巩固，多个新兴市场取得突破，全年承揽非铁路项目248项205.2亿元。

【中铁三局城轨市场】 2010年中铁三局集团城轨承揽82.03亿元，为历年最高，详见表4-23。

表4-23　中铁三局2010年承揽城轨项目情况表

顺号	项目名称	主要工程数量	合同价（万元）	开竣工日期
1	北京地铁7号线工程土建施工02合同段	2站2区间，车站33858平方米，盾构区间2762.067米	78536.5879	2010年5月1日～2014年12月30日(1704天)
2	广州市轨道交通9号线工程施工1标土建施工项目	一个出入段线、飞鹅岭—花都汽车城】盾构区间、飞鹅岭站、花都汽车城站	67300.5768	2010.12.30-2013.8
3	郑州地铁2号线一期工程	一站三区间一段：东大街站面积15088平方米，紫金山--东大街区间盾构长2223米，东大街--陇海东路站盾构长1666.11米，陇海东路站--帆布厂站盾构长2096.7米，站马屯车辆段	65000	2010.12.27
4	宁波市轨道交通2号线一期地下土建工程TJ2108标段	上行801.707米，下行801.707米	62546.7469	2010.12.10-2014.5.31
5	南京地铁3号线土建工程D3-TA14标(宏运大道站(含)-天元西路站)	2站2区间(盾构2839米)	47319.2709	2010.12.1-2013.9.30
6	北京地铁6号线工程轨道专业Ⅱ标段安装工程	正线38.991公里,车辆段26.91公里	46916.8856	2011.8.1-2013.3.29，606天
7	长沙市轨道交通1号线一期土建工程3标段	开福寺站(地下二层)、湘雅路站(地下二层)、营盘路站(地下三层)	37563.8954	2010.12.1-2012.10.5
8	沈阳至铁岭城际铁路(松山路—道义)工程土建施工第二合同	1站1盾构区间，车站245.4米，区间2268.8双延米	31215.6396	2010.4.10-2012.2.4(665天)
9	福州市轨道交通1号线工程土建施工05合同段	两站两区间	30000	
10	长沙市轨道交通1号线一期土建工程11标段	大白路站(地下一层)、万家丽路站(高架三层)、大白路站～万家丽路站～车辆段区间(明挖+高架)	26548.8014	2010.12.1-2012.7.7
11	青岛市地铁一期工程（3号线）土建施工08标段	2站1区间	23834.2458	2010.6.1-2012.7.31
12	无锡市地铁2号线工程土建工程GD02TJSG-01施工	车站9595.7平方米，明挖区间327米	23219.9352	2010.6.25-2011.5.31,341天
13	沈阳至铁岭城际铁路(松山路～道义)工程土建施工第三合同段	1站1盾构区间：区间999.1米(双线)	20401.284	2010.5.4-2012.2.28(665天)
14	沈阳市地铁2号线一期轨道工程	正线长21.6公里	18011.4559	2010.7.15-2011.6.1(320天)
15	南京地铁12号线大胜关桥同步实施配套高架区间土建工程(D12-TA01标)	长江南岸：右线1.239公里;长江北岸：右线0.341公里,左线0.341公里	12000	2010.8.1-2010.11.30
16	南京地铁12号线大胜关桥同步实施配套轨道工程(D12-TA03标)	9929.9米(双线)	9000	2010.7.31-2010.11.30

【中铁四局城轨市场】 2010 年，中铁四局中标城轨项目 10 项，中标价合计 29.18 亿元。其中，土建项目主要分布在上海、昆明、青岛、武汉、宁波、北京；铺轨项目主要在北京、上海；四电和设备安装项目主要在重庆、苏州、深圳、北京、上海等。

1.青岛地铁

本标段为青岛地铁一期工程 3 号线土建施工 01 标段，起点桩号为 K0+000（国铁青岛火车站），终点为 K2+747.3（地铁汇泉广场站），线路全长 2747.3 米，工程内容包括青岛火车站、青岛火车站～人民会堂站区间、人民会堂站、人民会堂站～汇泉广场站区间，共两个车站、两个区间。合同造价 38268 万元，合同工期 2010 年 10 日～2013 年 1 月。

2.昆明市轨道交通首期土建施工项目标段

昆明市轨道交通首期工程包括 1 号线一期、1 号线二期和 2 号线一期。线路沿南北走向，全长 41989.820 米，其中高架段长 11501.480 米 ，地下段长 29603.944 米 ，路基 307.396 米，高架与地下过渡段长 577.000 米。全线设站 31 座，其中高架车站 6 座，地下车站 25 座。本工程为标段 5 的呈贡站。合同造价：26831 万元，合同工期 2010 年 4 月 20 日～2011 年 10 月 1 日。

3.西安地铁渭河车辆段

渭河车辆段－1 标段主要的工作内容为控制中心、综合楼两栋独立建筑物，总建筑面积共计 5.9 万平方米，其中综合楼建筑面积合计共 3.3 万平方米，控制中心建筑总面积为 2.6 万平方米。综合楼由办公楼、公寓和维修中心、培训中心及食堂 5 个单体建筑组成。综合楼、控制中心施工内容包括桩基础施工、结构工程、装饰工程、屋面工程等其他配套工程。合同造价 18329 万元，合同工期 2008 年 12 月～2010 年 6 月。

【中铁五局城轨市场】 2010 年，中铁五局城轨市场合同额 45 亿元，同比增长 165%。在长沙地铁连续中标 4 个标段，在北京、广州、南京、武汉等城市较好地实现了滚动开发。

【中铁六局城轨市场】 2010 年，中铁六局在城轨市场中，承揽新签合同额 62469 万元，占非铁路工程新签合同总额的 15.4%。

北京地铁 14 号线工程土建施工 01 合同段位于丰台区规划长辛店一号路路中 11 米宽的绿化带上。标段总长 4399.555 米，合同金额 30953 万元，合同工期 2010 年 5 月 1 日～2014 年 12 月 31 日。

北京市中低速磁浮交通示范线（S1 线）西段工程 01 标段，包含两站两区间，分别是石门营站、小园站、石门营——小园区间及小园——矿务局区间。合同金额 16850 万元，合同工期 2010 年 12 月 20 日～2012 年 9 月 15 日。

【中铁七局城轨市场】 2010 年，中铁七局主要承担的城轨项目主要有：珠三角城际轨道交通佛山至肇庆项目 GZZH-9 合同段。该合同段线路全长 8.739 公里，主要工程内容：鼎湖站大桥、鼎湖特大桥、大冲特大桥，另有铺设双块式无渣轨道 46.84 公里。合同工期 24 个月，合同价款 6.55 亿元。

【中铁八局城轨工程】 2010 承揽城市轨道工程任务情况详见表 4-24。

表 4-24 中铁八局 2010 年承揽城轨项目情况表

序号	项目名称	合同金额（万元）	工期	工程概况
1	珠三角城际轨道交通佛山至肇庆项目施工总承包（GZZH-1）	41781	2010-05~2012-08	广肇城际轨道交通项目佛肇段 GZZH-1 标段正线长 7.162 公里，原标段主要施工内容为：桥梁 6.882 公里（含狮山高架车站），路基 0.278 公里，主要工作内容为 5 座桥梁下部结构（含 7 联连续梁、12 孔支架现浇 40 米简支梁，不含 25 米和 30 米简支梁的预制、架设）、路基、桥梁过渡段、无碴轨道道床、双块式轨枕运输、铺装、道路改移、道路绿化、沟渠改移、“三电”及管线改移。
2	青岛市地铁一期工程（3 号线）土建施工	34005	2010 年 6 月 1 日~2013 年 12 月 21 日，总工期 1300 日历天。	青岛地铁项目部承建青岛地铁 13 标段，合同造价为 3.4 亿。标段主要内容为李村站－君峰路站区间、君峰路站、君峰路站— 西流庄站区间、西流庄站，2 站 2 区间。含车站和区间主体工程、附属工程等的土建施工（含安装的预留预埋）及车站除公共区外的办公用房、设备用房等区域的装修。区间及君峰路站为暗挖，采用喷锚构筑法施工，西流庄站为明挖。工程施工的重难点为：明挖车站施工的技术难点主要是开挖过程中的管线和建筑物的保护。暗挖区间施工的技术难点主要是大跨地段的开挖支护和隧道防水。
3	成都地铁 2 号线工程供电系统	11979	2010-5-8/2013-1-31	主要工程量：8 个牵引所、12 个降压所，区间电缆敷设共计 810hm

【中铁九局城轨市场】 2010年，继续加大城市轨道市场的开发力度，在大连、沈阳、西安既有市场上实现了滚动开发，在2009年中标大连地铁一期工程4.8亿元的基础上，又先后中标大连地铁217标段和大连地铁219标段，共计中标额为37642万元。凭借九局在沈阳地铁的良好信誉和口碑，中标沈阳大学地下通道3359万元，在保住既有城市轨道市场的同时，积极开拓新市场，在青岛、济南、长沙、宁波地铁市场加大开发力度，并且成功打入青岛地铁市场，中标青岛地铁一期工程6标段，中标额为37014万元，为将来地铁市场开发打下了良好的基础。

【中铁大桥局城轨市场】 2010年，中铁大桥局主要承揽武汉市轨道交通3号线第14标（惠济二路站）土建工程，合同价20060万元。

【中铁隧道集团城轨市场】 中铁隧道承揽城轨项目情况详见表4-26。

表4-26 中铁隧道国内城市轨道工程中标主要项目一览表（2010）

工程名称	中标价款（万元）	开竣工日期
地铁工程	509164	
1.大连市地铁一期工程215标段（明挖、矿山法）	20999	2010年1月15日~2011年12月17日
2.上海轨道交通12号线土建2标段七莘路站土建施工（明挖）	17950	2010年2月28日~2012年5月28日
3.重庆轨道交通6号线二期复合式TBM试验段工程	153704	2010年5月1~2011年12月18日
4、苏州市轨道交通2号线工程Ⅱ-TS-05标土建工程（盾构标）	24663	2010年4月1日~2012年10月20日
5.沈阳至铁岭城际铁路（松山路—道义）工程土建施工第一合同段（盖挖、矿山法）	24450	2010年4月10日~2012年4月7日
6.北京地铁7号线工程土建施工03合同段（明挖）	68060	2010年5月1~2014年12月30
7.杭州地铁1号线工程地铁控制中心地下工程（明挖）	18478	2010年5月10日~2011年5月4日
8.北京地铁15号线工程土建施工11合同段（明、暗挖）	27406	2010年9月10日~2014年12月26日
9.郑州市轨道交通2号线一期工程（施工总承包）	90656	2010年6月16日~2013年7月5日
10.武汉市轨道交通4号线二期工程土建第二标段（盾构标）	62798	2010年1月1日~2013年7月16日

【中铁电气化局城轨市场】 主要有：郑州地铁工程（20000万元）、重庆轨轻项目三号线南延伸段工程（10000万元）、重庆轨道交通二号线延伸段（19250万元）、马泉营车辆段南端试车线上盖建筑工程（公租房项目）（57054万元）、北京地铁14号线工程马泉营车辆段建筑工程（20053万元）、广州市轨道交通二、八号线延长线（供电系统）安装工程（11442万元）、重庆轨道交通三号线二期检修通道制作安装工程（16500万元）、沈阳市地铁二号线一期工程和沈阳至铁岭城际铁路工程（松山路一道义）供电系统集成（33999万元）、重庆轨道交通一号线一期工程设备供电线路系统（16600万元）、北京地铁7号线工程土建施工10合同段（22342万元）、北京地铁15号线工程土建施工09合同段（27609万元）。

【中铁二院城轨市场】 2010年，中铁二院共组织和协调完成城轨项目投标24项，中标16项，中标率为66.7%，中标合同额11.04亿元。其中通过经营直接获取4个项目，合同金额共计3145万元。

一、主要中标项目：

1.深圳市益田村中心广场地下停车库勘察设计总承包

2.深圳市城市轨道交通11号线设计总承包

3.贵阳市城市快速轨道交通1号线、2号线(一期)工程可行性研究报告编制、贵阳市窦官～贵阳火车北站一号线交通市政配套工程设计总承包、贵阳市城市快速轨道交通龙洞堡机场站土建接驳设计

4.成都地铁4号线一期工程土建工程4CZ1、4CZ2、4CZ4、4QJ、4CLD、GD标段工点设计、系统设计4JD1、4JD2、4JD3、4JD4、4RF、4WD标段

5.上海轨道交通9号线三期(东延伸)工程设计

6.西安市地铁三号线一期工程（鱼化寨一国际港务区）土建设计D3TJSJ-4/6/7、系统设计D3XTSJ-1（通信）/2（信号）/3（综合监控）/8{车辆段与综合维修基地（包括停车场及出入段场线）}

7. 广州市轨道交通十三号线首期工程（鱼珠－象颈岭段）庙头站土建设计（1302 标）

8. 深圳市轨道交通三期 6 号线工程可行性研究及勘察设计总承包项目 A 包、B 包

9. 北京地铁 7 号线 16、17 合同段工点设计

10. 长沙市轨道交通 1 号线一期工程设计总体、土建 1、2、3、4、5 标、系统 1、2、3、4、5、6 标投标

11. 杭州地铁 5、6 号线工程可行性研究

12. 贵阳市轨道交通一号线工程（贵阳北站～场坝村）设计总承包项目

二、通过经营直接获取的项目：

1. 东莞市城市快速轨道交通 R1、R3 线工程可行性研究报告编制

2. 成都地铁 3 号线一期工程可行性研究报告编制

3. 铁路合肥南站配套城市轨道交通工程勘察设计谈判

4. 昆明轨道交通 6 号线（机场线）工程设计监理

【中铁设计咨询城市轨道交通市场】 2010 年，中铁设计咨询在完成好已承担的轨道交通设计项目的同时，积极开发二、三线城市轨道交通设计项目，取得太原市轨道交通 1 号线的可行性研究报告的编制工作；通过投标，中标南京地铁 3 号线与西延过江线轨道系统设计、苏州地铁 4 号线轨道系统（含声屏障系统）设计及支线车辆段设计、无锡地铁 2 号线轨道系统设计、广州地铁 13 号线首期工程设计咨询、深圳地铁 9 号线 3 站 3 区间土建设计、深圳地铁 7 号线 3 站 3 区间土建设计、广州市轨道交通十三号线首期工程轨道工程等项目，首次通过中标进入苏州城市轨道交通设计市场。

【华铁咨询城轨市场】 2010 年，华铁咨询中标城轨工程项目：

1. 黎明至望滨城际铁路工程土建总监办兼土建监理 1 标段（工期 2010 年 1 月~2015 年 4 月， 总投资 7.8 亿元）。

2. 西安市地铁二号线北客站至韦曲南站段外部电源工程施工监理（工期 2010 年 3 月~2011 年 7 月， 总投资 2.9 亿元）。

3. 北京地铁 7 号线工程土建施工监理 03 合同段(工期 2010 年 5 月~2014 年 12 月，总投资 188517 万元)。

4. 沈阳至铁岭城际铁路(松山路-道义)工程土建监理 2 标（工期 2010 年 7 月~2012 年 2 月， 总投资 5.2 亿元）

5. 昆明轨道交通首期土建工程北辰小区至汽车北站站段建设工程项目监理（工期 2010.5~2012.2 ，总投资 6 亿）

6. 杭州地铁 1 号线 JL1-14 控制中心工程监理(工期 2010.5~2012.4，总投资 3.6 亿）

杭州地铁 1 号线一期线路全长约 48.3 公里，共设 30 座车站，其中高架站 3 座，地下站 27 座，车辆段与综合基地 1 座、停车场 1 座、主变电站 4 座。在建华站旁设七堡车辆段核心综合体（控制中心）。建七堡车辆段核心区（控制中心），沿地铁建华站两侧布置，建华站主体结构现已建成，本工程分为中段北区:布置有控制中心 T1 楼、运营 T2 楼、控制中心 T3 楼及相应的地下空间。

7. 北京地铁 10 号线二期工程供电系统及综合监控系统设备安装工程监理（工期 2011.7~2012.8，总投资 7.6 亿）

地铁 10 号线二期工程是与一期工程相接后，共同形成北京市地铁第二环线的地铁工程。本期线路长度约 32.45 公里，设 23 座车站，其中 12 座为换乘车站，

二期新建宋家庄和五路两座停车场。宋家庄停车场位于丰台区，与地铁 5 号线、亦庄线共用一块土地，占地约 33.9 公顷，接轨于宋家庄站和成寿寺站。五路停车场选址于海淀区的五路居，与 6 号线共用一块土地，占地约 35.3 公顷，接轨于车道沟站。控制中心设置在小营网管服务中心。

8. 沈阳至辽阳城际铁路（上深-桃仙）工程安全监理（工期 2010.8~2014.12， 总投资 25.6 亿）

9. 沈阳市地铁 2 号线一期轨道工程监理（工期 2010.7~2011.12 ，总投资 2.1 亿）

沈阳地铁 2 号线一期轨道工程共计铺轨 45.06 公里，其中普通整体道床轨道 2.72 公里；无缝线路短枕式整体道床轨道 36.56 公里；无缝线路弹性短枕式整体道床轨道 3.384 公里；无缝线路先锋扣件短枕式整体道床轨道 2.40 公里；60 公里/米钢轨 9 号单开普通道岔 22 组、减振道岔 2 组；60 公里/米钢轨 9 号 5 米间距交叉渡线 2 组。一期工程全长为 21.6 公里，共设 19 座车站，为全地下敷设。

10. 北京地铁 14 号线工程土建施工监理 06 合同段（工期 2010.12~2014.12 总投资：5.2 亿）

北京地铁 14 号线工程土建施工监理 06 合同段包括 4 座车站（大望路站、红庙站、朝阳公园站、枣营站）、6 段区间（九龙山站－大望路站区间、大望路站－红庙站区间、红庙站－甜水园站区间、甜水园站－朝阳公园站区间、朝阳公园站－枣营站区间、枣营站－东风北桥站区间）。

11. 宁波轨道交通 1 号线一期天童庄车辆段与综合基地工程施工监理（工期 2010.12~2013.12 ，总投资 13.5 亿）

（1）±0.00 以下工程:场坪处理、地基加固、土石方工程、场区道路和室外硬化场坪、河岸护坡挡墙等。（2）±0.00 以上

工程:房屋土建及装修(含上盖平台.盖下建筑、盖上厂前区单体)、电梯(电扶梯)、通风空调、室内外给排水及消防、低压配电与照明、综合监控、车辆段工艺设备、轨道、桥梁以及段内综合管线工程等。

12.福州市轨道交通 1 号线工程（一期）土建施工监理 02 合同段

13.南京地铁 3 号线土建监理 D3-TJ05 标（工期 2010.12~2013.12 总投资：11.3 亿）

14.东莞市城市快速轨道交通 R2 线土建工程施工监理 2201A 标（工期 2010.12~2013.4 总投资：10.8 亿）

本监理标段含 3 站 2 区间，施工 2302 标含东莞火车站、东莞火车站～茶山站区间、茶山站及其附属土建工程；施工 2303A 标含茶山站一榴花公园站区间（包括出入线段)、榴花公园站及其附属工程。总长约 5.5026 公里，施工 2302 标中标合同价为 4.65 亿元、施工 2303A 标中标合同价为 6.14 亿元。

15.沈阳地铁 1 号线一期工程国铁联络线工程监理（工期 2010.11~2010.12， 总投资 450 万）

16.沈阳市地铁 2 号线一期工程（松山路站、陵西站、崇山路站及岐山路站）弱电管线改移工程监理（工期 2010.9~2011.6 ，总投资 1.8 亿）

本监理标段包括 6 站 6 区间，即起-松区间、松山路站、松--陵区间、陵西站、陵--新区间、新乐遗址站、新--北区间、北陵公园站、北--崇区间、崇山路站、崇--岐区间、岐山路站。共划分 5 个施工标段，即 SG1-SG5 标段。包括明挖、暗挖、盖挖、盾构及 NTR 等工法。

17.上海轨道交通 11 号线北段（二期）11（北二）GT-13 标段土建工程监理（工期 2010.8~2012.12 总投资：1.2 亿）

18.上海市轨道交通 12 号线工程 20 标段提篮桥站-大连路站-长阳路站区间隧道土建施工监理（工期 2010.6~2012.1 总投资：8545 万）

19.沈阳市府广场地铁配套工程监理（工期 2010.5~2012.12， 总投资 10 亿）

沈阳市府广场地铁配套工程位于沈阳市府广场地下,为地下四层建筑,是地铁 2 号线及地铁 7 号线换乘站,地铁 2 号线从本工程负二、负三层穿过，地铁 7 号线位于本工程负四层。南广场局部设计为开放式广场，其它部位地下室顶板上设有 3.7 米覆土层；负一层为商业，负二层为地铁站厅与商业，负三层为商业、地铁 2 号线站台、停车场及设备用房，负四层为地铁及市府大路下穿线。

20.北京地铁大兴线西红门高架段桥体夜景照明工程监理。

桥隧市场

【桥隧市场概况】 桥隧市场包括铁路、公路、市政工程等的特大桥、大桥和长大隧道。总公司各单位在桥隧工程方面有技术人才和装备上的优势，通过采取各种对策，还是取得了较大的市场份额。特别是中铁大桥局，年内新签独立桥梁工程 37 项，总金额达 190.03 亿元以上，创历史新高。

【中铁大桥局桥隧市场】 新签独立桥梁工程 37 项，合同总额为 190.03 亿元，占新签合同总额的 53.73%。主要项目有：

陕西省级高速榆商线神木至府谷高速公路黄河特大桥工程 LJ-13 标，合同价 16996 万元，全长 0.89 公里，工期为 2010 年 3 月～2011 年 8 月。

黑龙江省黑瞎子岛乌苏大桥及引道路工程，合同价 40870 万元，工期为 2010 年 6 月～2012 年 10 月。

四川向家坝库区移民工程南岸金沙江大桥、绥县大汶溪大桥、绥县小汶溪大桥工程，合同价 35000 万元，工期暂订 24 个月。

兰新铁路第二线 LXTJ9 标段施工合同(乌鲁木齐河特大桥）合同价 43548 万元，工期为 2010 年 1 月～2013 年 12 月。

新建武汉至黄冈城际铁路 WGSG 标段（黄冈大桥），合同价 343591 万元，全长 4.01 公里，工期为 2010 年 3 月～2014 年 2 月。

新建合肥至福州铁路安徽段站前及相关工程 HFZQ-3 标段（铜陵长江大桥），合同价 369853 万元，全长 16.7 公里，工期为 2010 年 4 月～2014 年 3 月。

郑州至焦作、郑州至开封城际铁路 HNCJS-№.1 标段（黄河特大桥），合同价 258725 万元，全长 20 公里，工期为 2010 年 10 月～2014 年 4 月。

福州琅岐大桥，合同价 92599 万元。桥长 6.8 公里，工期为 2010 年 12 月～2013 年 5 月。

大连市长海县长山大桥工程,合同价 50336 万元,桥长 1.79 公里，工期为 2010 年 10 月～2013 年 10 月。

【新建宁波铁路枢纽北环线】 中铁四局承揽项目。线路全长 39.9 公里，桥梁占 81%，其中的甬江左线特大桥全长 14950.54 米，以（53+50+50+66+468+66+50+50+53+5×80+48）米混合梁斜拉跨越甬江，主桥全长 909.1 米，主跨 468 米一跨过江，索塔高 177.9 米，结构设计新颖、工程规模宏大.。

【新建大同至西安铁路客运专线晋陕黄河特大桥】 中铁四局承揽项目。主桥采用 14 联 2×108 米单 T 刚构加劲组合钢桁梁结构，110 孔节段拼装简支箱梁全部采用集中预制，使用 3 台 900 吨级节段拼装架桥机进行拼架。是集团公司在黄河上承建的第二座铁路特大桥，其中大跨度悬臂浇筑和钢桁加劲组合型式结构新颖复杂，技术含量高，施工难度大，为国内首创.

【张唐线桃花山隧道】 中铁四局承揽项目。全长 6410 米，为单洞双线隧道，直线段标准线间距为 4 米。工程地质及水文地质条件较复杂，地层岩性较多，为本标段的重点控制工程。

【青岛海湾大桥接线工程】 中铁四局承揽项目。本工程为 11 合同段(主线里程 K6+904～K7+684)，主线长 780 米，位于 308 国道至海尔路西北侧，包括大桥接线主线 7 联、匝道 3 联、3 座地面桥。合同工期 2009 年 12 月 10 日～2011 年 4 月 30 日，合同价款 11488 万元。

【柳州市双拥大桥】 中铁四局承揽项目。本工程起点里程为：K12＋043.115，终点里程为：K13＋981.206，路线全长 1938.091 米，其中主桥部分长 510 米，跨径组合为（40+430+40）米；引桥部分长 984.76 米。

合同工期2009年5月1日～2011年8月31日，合同总造价5.83亿元。

【青岛市新疆路高架桥工程 3 标段】 中铁十局承揽项目。

工期及投资：计划 2010 年 11 月 10 日开工，2011 年 5 月 1 日主线完成，2011 年 12 月 31 日竣工。总投资 44434.007 万元。

主要工程量：本工程主桥长度 1087 米，总面积 37533.1 平方米。

要点：钻孔桩，桩长在 5.5～20.5 米之间，拟采用冲击钻成孔。挖孔桩，位置在客车停留场及港湾中部铁路两处，桩长在 20 米左右，采用人工挖掘成孔，钢筋骨架在场外钢筋加工场地制作，汽车运至施工现场附近的市政道路旁，人力平车运至施工现场，铁路要点内，利用汽车吊配合安装就位，孔口对接。承台、基坑采用机械开挖，人工配合清底，采用风镐配合人工凿除桩头。墩身共 115 个，墩柱模板拟准备一次性投入。墩柱模板采用工厂制作定型大钢模板，模板与加固背带焊接为一体，按墩身高度确定每节高 2 米、2.5 米或 3 米，采用汽车吊进行拼装，墩身对称设钢丝绳拉紧锚定，泵送混凝土一次浇筑成型。

砼连续梁每一联底模铺设完毕，采用袋装砂砾石对支架支撑体系进行预压。预压荷载不小于恒载的 120%，预压期 15 天。待箱梁强度达到 100%后进行张拉。

梁体支架拆除在混凝土强度达 100%并张拉完后进行，每跨按照从跨中到支点的顺序对称卸落。内模利用箱体顶板预留的人孔进行拆除。

桥梁箱梁施工时，按设计做好流水坡，混凝土强度达标后，及时施做桥上 8 厘米厚 C40 砼桥面板及防撞护栏、中央隔离墩等。

跨铁路段施工，行车干扰大。采用贝雷梁横跨，作为运行线路上的防护支架；于通车孔两侧及顶部设置完全封闭式防坠天棚，保证运行列车的通行。在施工现场临近车站设置驻站联络员，施工现场设置现场防护员，采用对讲机进行联络，及时通知车辆运行情况，保障现场施工的安全。

【泉州市站前大桥工程】 中铁十局承揽项目。

工期及投资：开工时间 2010 年 1 月 1 日，交工时间 2011 年 12 月 31 日。总投资 27048.2426 万元。

主要工程量：总长约 1.93 公里的泉州市站前大桥，主桥宽度 40.6 米，道路等级为城市主干路Ⅰ级，桥梁结构采用等截面预应力砼箱梁结构，跨越晋江主河道采用两跨 70 米变截面预应力砼连续刚构桥，其他桥梁标准跨径 35 米预应力砼大箱梁结构。

建设内容包括上跨晋江的站前大桥、大桥引桥段、江南部分地面道路、地面排水等其他地面附属工程以及 307 省道立交桥梁工程等。桩基、承台和主桥的悬臂浇筑是本标段工程的重点和难点。

【长春市光复路高架桥及台北大街互通立交桥工程】 中铁十局承揽项目。

工期及投资：计划开工日期 2010 年 7 月 15 日，计划竣工日期 2011 年 12 月 30 日。总投资 16994.0179 万元。

主要工程量：本工程主桥长度 368 米，总面积 10672 平方米。

要点：主塔钻孔桩采用 16 台冲击钻机和 8 台旋挖钻机相结合的方式钻孔，将在墩位处设置泥浆沉淀池，钻碴将用汽车外运，钻孔成孔清孔后，用垂直导管法进行水下砼灌注。

承台采用挖掘机开挖，人工辅助清底，自卸汽车运弃渣至弃土场。基坑开挖前采取井点降水，间距 6 米一个，基坑开挖前 15 天开始降水，将水位降至基底以下 1 米。模板采用组合钢模板。砼浇注采用商品砼，砼运输车运输，泵送入模，机械捣固。26#和 27#墩的承台分两次施工，第一次施工的高度不超过坑壁下层支撑（见基坑基坑开挖及支护布置图）。当下层混凝土达到规定强度后，拆除下层混凝土模板、回填下部基坑、拆除下层支撑、支立上层模板、绑扎钢筋、埋设冷却管，进行上层承台混凝土的施工施工。

边墩钻孔桩待主塔墩钻孔桩施工完成后，转移钻机用同样方法施工。承台基坑采用放坡开挖的方法组织实施，采用组合钢模及常规方法进行砼灌注，墩柱及盖梁亦采用常规的支架模板法施工。模板均采用整体钢模，做到砼表面平整、光滑。

索塔26#、27#采用箱型薄壁结构，H型。塔设两道横梁连接，26#塔高78.6米，27#塔高82.9米。

塔柱施工主要分为：下塔柱、下横梁、中塔柱、上横梁和上塔柱。

下塔柱采用常规支架法施工；中、上塔柱均采用爬模爬架逐段浇注的施工方法，按每节高度4.5米施工。主塔中塔柱高24.1米，分6节进行施工；上塔柱高37米，分9节进行施工。中塔柱施工时为平衡由塔柱内倾而产生的水平力，在塔柱内侧布置施工支架支撑，并按需要设置横向支撑及横向预顶力。

主塔下横梁采用支架模板法；上横梁施工时将在中塔柱顶端预埋钢支腿，按需要设置承重平台进行施工，同时在下横梁上搭设φ600毫米钢管支架进行施工。

横梁侧模、底模均采用大块竹胶板拼接，内模采用木模，按设计要求绑扎钢筋并预埋波纹管，砼采用泵送，砼浇筑完达到一定强度后穿钢绞线，进行张拉、封锚，砼拆模后洒水养护。

主梁标准断面采用C50混凝土双边箱梁，梁宽29米，中心处梁高3.0米。边跨合拢段2米，中跨合拢段3米。

现浇段采用墩旁托架或万能杆件拼装落地支架法施工，悬灌梁段采用轻型三角挂篮悬臂施工挂篮采用全密封。

在主塔上塔柱施工完成后，即可进行主梁0#、1#、1#′块施工支架拼装等工作。0#块、1#、1#′块将用万能杆件和钢管脚手架作为承重支架，支架拼装完后，要进行预压重。只有待预压重合格，才可进行支架调整、模板、钢筋、砼等的施工。并按设计要求对0#块进行临时固结，边跨合拢后拆除临时设施，预应力管道压浆封闭。

待1#、1′#块施工完毕，按设计要求挂设1#、1′#斜拉索，紧接着进行中跨牵索挂篮的拼装及试压等工作。为确保施工及铁路行车安全，要求挂篮前后左右均需进行全封闭防护，挂篮底部全面积防护并安装防电板。然后在保证边跨现浇段主梁超前中跨主梁两个节段的前提下，逐段进行主梁砼灌注（边跨现浇段主梁为支架现浇，其它主梁为挂篮悬浇）和斜拉索的安装、张拉及调索，直至边跨合拢。待边跨合拢后，中跨继续用牵索挂篮单悬臂向前进行梁段施工，并继续逐段对称进行边、中跨斜拉索安装、张拉、调索等工作，直至中跨合拢。主梁施工后在相应设计部位安装防电板。主梁在施工过程中，需进行三次体系转换，分四个阶段进行施工。

【52省道岚头岭至汇田大桥段改建工程】 中铁十局承揽项目。

工期及投资：开工时间2010年10月，交工时间2013年3月。总投资18518.5888万元。

主要工程量：路线全长6.705公里，主要工程内容为：路基填土石方4.42万立方米，路基挖土石方14.44万立方米；路面工程（水稳底基层及基层51.79平方米，沥青砼面层115.18平方米）；中桥78.08米/1座，大桥2050.56米/6座，盖板涵49.4米/7座；隧道2635米/1座；绿化工程等。

本合同段设隧道1座，为岚头岭隧道，采用单洞双向行车交通形式，起迄桩号为K12+560～K15+195，全长2635米。共有中桥78.08米/1座，大桥2050.56米/6座，均为预应力砼T梁。盖板涵49.4米/7座。

【福建省莆永高速公路永春至永定泉州段路基土建工程A3标】 中铁十局承揽项目。

工期及投资：工期2011年1月1日～2012年12月31日，投资394138667元。

全长10.1公里。为双向四车道高速公路。设计速度80公里/h、路基宽度32米（分离式路基宽2×16米），桥涵设计荷载为公路Ⅰ级。主要工程数量为：路基土石方挖方206.5万立方米（含隧道洞渣），填方129.1万立方米；大中桥830米/5座，涵洞15道。狮子岩隧道2455米/1座，白山同隧道1482米/0.5座。湖头互通1座；

【福建省莆永高速公路永春至永定泉州段路基土建工程A8标】 中铁十局承揽项目。

工期及投资：工期2011.1.1～2012.12.31，投资345497537元。

路线右线全长5.734736公里（左线长5.669055公里），起点位于K49+340（ZK49+361.45）处的安溪县福德乡土楼仑村，终于K55+050（ZK55+040.505）处的狮过山隧道内。主要内容为：路基、桥涵、隧道、路面及附属工程等。主要工程量：挖土石方206001.5立方米，利用土石方填筑56169.6立方米，大桥（单幅大桥）1088米/4座，隧道工程（单幅隧道）9654.5米/8座，水泥稳定碎石基层150毫米厚2252毫米，水泥混凝土面板220毫米厚（含钢筋）1689毫米；要点：梁体预制和安装、现浇连续箱梁施工、隧道工程。

【华铁咨询桥隧市场】 2010年中标桥隧项目：

1. 宁波九龙湖及临江“单喇叭”立交工程Ⅰ标段工程监理，（工期2010年10月～2011年8月， 总投资5690万元）。

2. 平齐线K391+672平交道口改建立交桥工程监理（工期2010年8月～2010年11月， 总投资1595万元）。

3. 淮南市电厂路下穿淮田线立交桥工程监理（工期2010年3月～2010年8月，总投资700万元）。

4. 淮南市上窑至曹庵公路上跨淮南铁路立交桥工程监理。

5. 江苏省州邳市北京路下穿陇海线铁路立交桥工程监理（工期2010年8月～2011年8月，总投资4770万元）。

6. 淮南市广场路下穿阜淮线立交桥工程监理（工期2010年9月～2011年1月 ）。

其他建筑市场

【投资运作商业地产】 2010年，股份公司成功运作“贵州国际旅游体育休闲度假中心”项目，总用地约3万亩，基本地价4.6万元/亩，预估投资268亿元，预期利润38亿元。探索商业、旅游、高尔夫、一二级联动、基础设施投资带动房地产等多种商业开发模式，公司第一次实现大规模低价拿地，全面提高运作项目的规模和品质、最终形成品牌效应。

【中铁一局其他建筑市场】 2010年，中铁一局市政、房建等市场也保持平稳发展。2010年，环保公司、天津公司、海外事业部、桥梁公司未完成年度营销任务，其他各公司均超额完成年度营销任务，尤其是广州分公司、城轨公司、重庆分公司都完成年度计划的200%以上。

【中铁二局其他建筑市场】 2010年，中铁一局城市产业通过土地一、二级联动，土地储备达5788亩，并陆续进入规模开发阶段。2010年，完成投资31.52亿元，销售合同额27.01亿元，销售收入16.16亿元，新增土地168.22亩。物流业务推行行业化管理和专业化运营，为公司带来较大的营业收入。仓储物流实现销售收入111亿元，新签采购合同170亿元、销售合同120亿元。基础设施投资业务带动和促进施工业务的扩张，取得较好的经济效益，随着榆神、绵遂高速的开通，所有BT、BOT项目全部完工投入运营。商业物业采用物业租赁模式，实现稳定的现金流收入。成都城市名人、瑞城大厦和长春名人酒店3处物业2010年实现租赁收入1.11亿元、较上年增长96%，三处物业市场评估大幅升值。金融投资业务在风险中抓机遇，成绩显著，参股的衡平信托、成都银行，控股的合众典当、仁道投资均取得良好的投资收益。

通过与兄弟单位合作，承担的铁路、公路设计任务大幅增长。设计的玉树第一民族中学，赢得广泛赞誉；设计的成都金证公司金融后台服务基地，进入高难新建筑设计领域；参与埃塞俄比亚铁路总承包项目，走向国际市场。全年新签合同额与营业额比上年翻一番，实现新签合同额3524万元，完成产值2881万元。中标的成都金证公司金融后台服务基地等设计项目，对设计院走向市场及后续经营将产生积极影响。

【中铁三局其他建筑市场】 2010年中铁三局集团有限公司市政市场承揽17.16亿元，房建承揽20.88亿元，创历史纪录，详见表4-27。

表4-27 中铁三局2010年承揽其他建筑项目情况表

顺号	项目名称	主要工程数量	合同价（万元）	开竣工日期
1	天津南港工业区红旗路互通式立交桥工程	2831.33米	62980.2573	2010年8月8日～2012年10月30日
2	高浪路工程金城东路互通CQ3标(施工)	高浪路主线桥（K16+378.679～K17+940.628）、B匝道桥（BK0+000～BK0+358.71）、C匝道桥、D匝道桥(DK0+359.41～DK0+938.115)	24339.9009	2010.3.31-2011.2.28，365天
3	宜兴市太湖大道跨芜申运河桥梁(学府大桥)工程	路线全长约1799.668米；桥梁长度882米，主桥中跨跨度128米，道路段长度为917.668米	24063.52	651天
4	北车风电建设工程一期工程	总建筑面积10.8万平方米	20803.9883	157日历天
5	中北路延长线（二环线—三环线）道路排水工程第四标段	1040.726米	20226.0075	2010.10.30-2012.4.30(548天)
6	榆次花园路经济适用房小区1～3号、地下车库及配套用房工程	1、2、3号楼均为剪力墙结构，28层，总建筑面积95459平方米；配套服务用房建筑面积1617平方米，2层，框架结构；1～2号地下车库建筑面积4845平方米，地下一层，框剪结构，2～3号地下车库建筑面积4907平方米，地下一层，框剪结构。	14979.7704	2010.8.30-2012.12.30
7	万景苑住宅小区标段二施工工程	包括5号楼、6号楼、9号楼、10号楼、13号楼及车库的建筑、结构、给排水、暖通、强电、弱电，楼房框剪结构，车库框架结构，总建筑面积78635平方米	12959.2838	2010.7.22-2012.7.25
8	城北大道快速化改造工程CB02标段	1.898公里	10374.4479	2010.7.1-2011.9.30
9	风电整机及配件项目一期工程	锅炉房、变配电站、化工库、水泵房及水池、室外给排水、室外动力、室外照明	10215.2205	2010.3.29-2010.8.31
10	西安铁路局安康静安小区高层住宅楼工程	框剪结构，1号、2号楼总建筑面积57818.75平方米，地下1层，地上28层	10183.496	2010.1.15-2011.7.8

【中铁五局房地产市场】 2010年，中铁五局房地产投资快速增长，成都郫县北部新城项目部分土地上市交易。中铁五局参股、股份公司控股的“贵州国际旅游体育休闲度假中心”项目，股份公司已经与贵州省签订投资开发协议。

【中铁八局市政市场】 2010年承揽市政工程任务情况详见表4-28。

表4-28 中铁八局2010年承揽市政工程项目情况表

序号	项目名称	合同金额（万元）	工期	工程概况
1	金堂大道南段（淮口至土桥）工程E标段施工	31570	2010年3月～2011年 5日	金堂大道连接金堂县与乐至县，本标段位于金堂县远郊又新镇及土桥镇，线路经过地区人口密度大，村庄众多。该公路设计等级为一级，双向六车道，设计车速80公里/h，路基面、桥梁同宽，为29米路沥青砼路面。本段施工长度8.54公里（k22+700-k31+240），结构物四桥一隧。
2	沙河堡成都新客站片区基础设施项目D标	24000	2010年3月18日～2011年4月15日	主要工程量为3个桥隧结构物、2条电力隧道及11条道路排水工程，具体划分如下：机场路跨线桥（桥长255米）、驿都大道下穿隧道（全长509.969米）、机场路东延线电力隧道（全长860米，）、纬四路电力隧道（全长350米）、跨秀水河两座小桥，机场路东延线道路工程（长度821米）、纬四路（长度309米）、纬五路（长度296米）、N14线（长度511米，规划调整中）。机场路东延线下穿隧道（长624米）、机场路东延线电力隧道（全长811米）、机场路东延线道路工程（长度811米）、纬二路（）、纬三路（长度310米）、N7线（长度432米）、N8线（长度442米）、N10线（长度437米）、N11线（长度447米）。M米7线（长度298米）。
3	昆明市呈贡B地块配套市政道路路基工程（1标段）	22227	合同工期235日历天（以监理工程师下发的开工令为准）	本标段总长1402米，含路基路面工程797米，敞开段地道结构形式为U型钢筋砼结构（长225米，结构宽度为37.3米），暗埋段地道结构形式为箱型框架结构（长380米，结构宽度为37.3米）。主要工程内容包括：主线两侧非机动车辅道、人行地道及泵房、SE匝道等工程；项目主要有ф1米的钻孔桩20510米，ф0.8米的钻孔桩2920米，ф0.5米的高压旋喷桩97842米，ф0.05米声测管72244米，钢筋2万余吨，609*16毫米钢管支撑2714吨，砼10万多方，挖运、回填土方数十万方等。
4	来宾市永鑫大桥工程	19286	2009年12月31日～2012年2月，计划工期26个月	主要工程内容包括：桥梁工程、道路工程、绿化工程、排水工程、交通工程和照明工程。项目路线全长1480.7米，其中桥长942米，引道长531.515米。主桥上部结构采用99+180+99米预应力混凝土矮塔斜拉桥，下部结构主墩为钢筋混凝土箱形薄壁墩，钻孔灌注桩基础；河西岸引桥上部结构为3×36+4×36米预应力混凝土连续箱梁桥，城东岸引桥上部结构为4×36+3×36米预应力混凝土连续箱梁桥，下部结构采用柱式墩或花瓶式墩，桥台采用U型桥台，基础采用明挖扩大基础或钻孔灌注桩基础。在路线桩号K0+092处设置2×20米先简支后连续预应力砼空心板桥跨越龙洞河。

【中铁八局水利水电市场】 2010承揽水利水电工程任务情况详见表4-29。

表4-29 中铁八局2010年承揽水利水电工程任务情况表

序号	项目名称	合同金额（万元）	工期	工程概况
1	四川省大渡河长河坝水电站省道S211复建公路	10639	2010年11月1日～2012年8月31日	标段工程为长河坝水电站省道S211复建公路响水沟大桥、大渡河特大桥及场内交通工程枫林沟大桥。响水沟大桥采用一孔跨越响水沟、净跨径为133米中承式钢管砼拱桥，桥梁全长为154.0米；拱肋为钢管砼桁架结构，桥面结构采用吊杆吊预应力工字型横梁，纵置桥面板，桥面连续；大渡河特大桥桥跨布置为93.5米+210米+93.5米三跨一联的预应力砼连续刚构桥，桥墩均为八角形空心薄壁墩。桥全长411.4米；枫林沟大桥为长河坝水电站场内交通工程，该大桥位于金汤隧道进口下游侧、枫林沟附近，该桥跨越大渡河，其主要功能为沟通大坝上游两岸坝肩填筑运输道路，桥梁上部结构为（48+80+48）米三跨一联预应力砼连续刚构桥，桥全长182米。主墩为双薄壁墩，基础为承台、群桩基础。
2	四川木里河固增电站引水洞及砂石系统工程施工引水隧洞Ⅵ标	10577	38个月	固增水电站引水隧洞位于四川省木里县境内的木里河上，该洞段围岩总体为微风化～新鲜，较完整，以Ⅲ类围岩为主。其中板岩及千枚岩和小断层、层间错动带、挤压破碎带等洞段围岩稳定性差，为Ⅳ～Ⅴ类；其中过索根断层段岩体破碎，稳定性差，需加强支护，为Ⅴ类围岩。垂直埋深150～520米。该标段主洞全长1241米，6#支洞300米，调压室长边40米，短边16米的椭圆，调压室高为79.5米。调压室交通洞长约105米.

【中铁八局房建市场】 中铁八局2010承揽房建工程任务情况详见表4-30。

表4-30 中铁八局2010承揽房建工程任务情况表

序号	项目名称	合同金额（万元）	工期	工程概况
1	中铁•百年印象（I期）	45945	2011年2月1日～2012年4月3日(428日历天)	本工程总建筑面积：263100平方米。结构形式为：钢筋砼框架、剪力墙结构；其中1、3、5、7、9地下二层、其余地下一层、2、22栋地上十五层、地上十八层，地下二层3.3米,地下一层5.1米，标准层2.9米，夹层2.75米，局部一层5.4米。本工程的主要工程内容为：土建工程、安装工程及室外总图道路管网工程等施工图所示的全部工程内容。
2	“中铁·奥维尔”建设工程	35000	912天	建筑面积169539平方米,地下1层，地面1、2、6层
3	成都铁路地区旧改中心“清水.路苑”安居工程 三组团	31800	763天	建筑面积193727 平方米，地上18层，建筑总高度52.2米，地下室1层，层高5.85米。
4	成都铁路局重庆渝铁家苑二标段	22800	730天	建筑面积12万平方米，地下一层，地上33层。
5	金怡源·购物中心B区	20472	690天	建筑面积11.4万平方米，框剪结构，地下2层，地上39层。

【中铁十局水电及房建工程】 1.合肥市滨湖新区环湖北路（珠江路一包河大道）工程。中铁十局承揽项目。工期及投资：合同工期300个日历天；具体开工日期以业主开工令为准。总投资23995.16万元。

主要工程量：施工起点桩号为 K1+420，终点桩号K3+380，全长共1960米，水泥砼11.5万立方米，施工内容包括道路工程、排水工程、下沉道路工程、交通工程、照明工程、边坡防护工程、雨水泵站工程等。

要点：本标段主要为下沉道路施工。分二个施工区段、四个作业面同时平行流水施工，项目一队施工K1+980～K2+560段,长580米;项目二队施工K2+560～K3+250段,长度约690米；基坑开挖采用明挖法施工，主体结构采用满堂支架法施工。

2.蚌埠龙子湖西岸滨湖新区合作开发项目市政道路路基工程及雨污管网工程。中铁十局承揽项目。工期及投资：合同总工期18个月（含路基工程），具体开工日期以业主开工令为准。总投资8000万元。

主要工程量：本项目位于蚌埠市龙子湖西岸滨湖新区，主要为东海大道以南、解放路以东、环湖西路以西及以北地区。共计16条道路。

要点：路基完成一段，路面工程开工一段，顺序、平行施工。路面工程均采用拌和站集中拌和混合料，汽车运输，大型摊铺机摊铺成型，压路机压实的施工方案。路面工程均先做试验段；求得最佳效果，再大面积施工。

3.上海通用汽车研发试验中心（广德）路基工程和排水工程A1标中铁十局承揽项目。工期及投资：开工时间2010年4月，交工时间2011年9月。总投资12451.5286万元。

主要工程量：A1标主要包括高速环道路基工程、高速环道排水工程、进场地道工程。高速环道路位于场地四周，里程为K0+000-K9+036.443共9036.443米，路基边坡采用预制板拱形护坡、六棱块护坡和植草护坡。进场地道全长68米，横断面净宽8.5米，净高4.5米。

要点：上海通用汽车研发试验中心（广德）项目位于安徽省宣城市广德县邱村镇，周边有G50高速公路、318国道及广溧公路，场地与上海通用汽车有限公司总部的距离约为280公里。场内已有主连接路，在施工区域沿围墙周围已修筑了一条4米宽的巡逻道。试验中心面积5.7k平方米。场地近似椭圆形。场地为平坦的堆积岗地，黄海高程为33～78米，比高小于50米，地势为北面高，南面低。岗地经流水切割演变而成，顶部平坦坡度小于3°；岗坡和缓，为15°～20°，岗间发育的冲谷，冲坡平缓。场地抗震设防烈度为6度。场地内没有不良地质现象存在。

4.京沪高铁快速路工程（227省道相城段）0006标段中铁十局承揽项目。工期及投资：开工时间2010年7月，交工时间2011年6月。总投资16637.057689万元。

主要工程量：快速路里程范围：K4+925.664～K5+675，快速路主线全长749.336米；地面辅路E线桩号为E0+276.691～E1+025，E线全长748.309米；地面辅路W线桩号为W0+276.696～W1+025，W线全长748.304米。福临路立交包括WN、WS、SW3条匝道，WN0+000～WN0+809.892，WN匝道全长809.892米；WS0+125.203～WS0+335.45，WS匝道全长210.247米；SW0+000～SW0+879.794，SW匝道全长879.7947米；此外包括立交内福临路与W线沟通的地面道路。

要点：京沪高铁快速路工程(东环北延)呈南北走向，工程范围：南起227省道白荡湖特大桥北堍，北至京沪高铁，设计桩号范围为K0+260～K6+452.757，全长6192.757米，本次招标范围为K0+260～K5+675，全长5415米，包括阳澄湖路路线桥、华元路路线桥、福临路立交、太阳路渠化改造等内容。227省道在快速路施工期间需封闭交通，在阳澄湖路以南设交通便道与227省道白荡湖特大桥沟通，以保障施工期间的分流通道，交通便道设置在227省道西侧，路幅宽度为21.5米，其中沥青路面宽度为20米，两侧土路肩设A级波型梁防撞护栏，便道路基采用道碴填筑，路幅范围内的管线采用C20混凝土加固保护，路面结构为30厘米水泥混凝土+8厘米粗粒式沥青混凝土（AC-25C）。

5. 烟台富海怡景花苑铁路职工住宅工程。中铁十局承揽项目。工期及投资：开工时间2010年3月20日，交工时间2012年3月19日。总投资38228.9836万元。

主要工程量：烟台富海怡景花苑铁路职工住宅小区共有8栋高层住宅楼，其中地上32层，地下1层，另建有地下车库、幼儿园等配套设。建筑总面积147606平方米，其中住宅建筑面积116000平方米，配套用房建筑面积2006平方米。

要点：脚手架搭设是本标段工程的重点和难点。

6. 山东海阳核电厂一期工程BOP三标。中铁十局承揽项目。工期及投资：开工时间2010年12月5日，交工时间2012年10月31日。总投资22390.335241万元。

主要工程量：山东海阳核电厂一期工程建设规模为2×1250MW级核电机组，BOP建安工程三标段共有十个子项：1.综合办公楼、2.运行和维修技术支持大楼、3.综合检修厂房、4.垃圾中转站、5.厂前区管网及道路、6.培训中心及档案馆(含模拟机厂房）、7.应急指挥中心、8.厂前区西侧生活污水处理设施、9.水厂及化学品库、10.环境监测站。

要点：本标段工程的主要施工特点一是涉及工序范围广类型多，难度大：本工程施工中涉及土建、钢结构、内装饰、室外道路管网、消防、通风、电气等多个专业类型的施工，且子项特点不同，对施工总承包的管理要求高。二是多区域施工、管理要求高：本标段工程共十个子项，如何协调好各个区段的施工作业，确保工程安全、质量、工期，提出了更高的要求。本工程的重难点是水处理厂工程，水处理厂建、构筑物数量多，设备联合调试工艺复杂。

【中铁大桥局其他建筑市场】 2010年，市政和港口码头等项目新签合同额49.43亿元，占新签合同总额的13.98%。其中，市政工程45.78亿元，港口码头工程3.65亿元。市政工程主要项目有：

无锡新华路工程Q3标，合同价25725万元，桥长2.36公里，工期为2010年3月～2011年4月。

广东省佛山市北滘至均安公路主干线高赞至南沙段工程第一合同段及顺德区鲤沙至指南道路工程，合同价17830万元，桥长1.79公里，工期为2010年2月～2012年1月。

佛山市三水区油金大桥扩建工程，合同价11155万元，工期为2010年5月～2012年5月。

四川向家坝库区移民工程南岸金沙江大桥、绥县大汶溪大桥、绥县小汶溪大桥工程，合同价35000万元，工期暂订24个月。

江西省九江市共青城南湖大桥，合同价12300万元，桥长1.18公里，工期为2010年3月～2011年8月。

九江市八里湖跨湖大桥工程，合同价30660万元，桥长1.59公里，工期为2010年6月～2011年12月。

武汉二七长江大桥配套工程Ⅳ标，合同价52489万元，桥长1.07公里，工期为2010年6月～2011年9月。

漳州市九龙江大桥及接线工程，合同价40251万元，工期为2010年9月～2012年8月。

陕西省汉中市西二环大桥主体工程，合同价24605万元，桥长0.71公里，工期为2009年12月～2011年9月。

武汉城市交通(二期)项目二环线水东段3标(北洋桥路—武青四干道)工程，合同价13933万元，桥长0.8公里，工期为2010年8月～2011年6月。

武汉城市交通（二期）项目二环线水东段2标（友谊大道—北洋桥路）工程，合同价11722万元，桥长0.7公里，工期为2010年6月～2011年6月。

武汉城市交通(二期)项目二环线水东段1标，合同价11389万元，桥长0.5公里，工期为2010年9月～2011年8月。

【中铁隧道其他建筑市场】 中铁隧道局2010年承揽其他建筑任务情况见表4-31、4-32。

表 4-31　中铁隧道局 2010 年承揽市政工程任务情况表

工程名称	工程类别	中标价款（万元）	开竣工日期
市政工程	市政工程	459935	
1. 浙江省泛海国际中心地下车库通道工程	市政工程	1052	2010 年 2 月 5 日~2010 年 8 月 4 日
2. 贵阳市窦官—贵阳火车北站一号线交通市政配套工程项目二标段—行政中心站—会展中心站区间土建工程	市政工程	16455	2010 年 1 月 28 日~2011 年 9 月 24 日
3. 南京乐富来地下广场商业街工程 D2-TA27 标	市政工程	2370	2010 年 2 月 1 日~2012 年 2 月 1 日
4. 石家庄华电鹿华供热有限公司南干线供热管网穿越南水北调隧道工程	市政工程	768	2010 年 5 月 1 日~2010 年 9 月 1 日
5. 武汉二环线东湖路段（东湖宾馆—中北路延长线）道路工程一标段	市政工程	13136	2010 年 4 月 6 日~2011 年 3 月 22 日
6. 无锡太湖大道节点改造工程 SD3 标段	市政工程	19313	2010 年 5 月 1 日~2011 年 3 月 31 日
7. 通州新城宋郎路（潞苑北大街—通胡路）改建工程道路及雨污水工程一标段	市政工程	3678	2010 年 5 月 1 日~2010 年 10 月 27 日
8. 重庆西部国际会展中心配套市政交通工程项目（会展中心至礼嘉段）（TBM, BT 标）	市政工程	220000	2010 年 7 月 5 日~2011 年 12 月 30 日
9. 安徽合肥市南北高架芜湖路、南一环路车站上部钢箱梁调整工程	市政工程	10189	2010 年 10 月 11 日~2011 年 4 月 9 日
10. 昆明市三环闭合工程（西、北段）1 标	市政工程	59400	2009 年 7 月 1 日~2010 年 4 月 30 日
11. 长沙市营盘路湘江隧道工程施工设计总承包	市政工程	113574	2009 年 9 月 20 日~2011 年 9 月 20 日

表 4-32　中铁隧道局 2010 年承揽其他建筑任务情况表

工程名称	工程类别	中标价款（万元）	开竣工日期
1. 山东省海军 048 洞库工程	其它工程	6101	2010 年 1 月 15 日～2011 年 7 月 8 日
2. 深圳市粪渣无害化处理厂工程进厂道路（立交段）	其它工程	5797	2010 年 1 月 10 日～2010 年 5 月 9 日
3. 国家高速公路网十堰至天水联络线（G7011）陕西境安康至汉中公路（安康西段）机电工程 A-D10 标	其它工程	2064	2010 年 2 月 20 日～2010 年 10 月 20 日
4. 台山核电站 1、2 号机组海域工程取水隧洞工程施工承包合同之大襟岛场平工程（议标）	其它工程	7686	/

【中铁电气化局其他建筑市场】　居住及商业金融项目 4～16 号、23 号住宅楼及 1#地下车库 17622 万元（北京）；1 号住宅楼等 6 项 12208 万元（北京）；北京广安门铁路住宅小区施工总承包工程 B 标段 37000 万元；西安渭河家苑项目一期 6～10 号住宅楼、一期地下车库和动力中心建筑安装工程施工（1 标段）10199 万元。

【中铁建工其他建筑市场】　2010 年，中铁建工其他建筑市场情况：

1. 深圳北站综合交通枢纽配套工程，中标价 37221 万元，合同工期 790 天。

2. 曹妃甸工业区武汉道工程施工，中标价 18101 万元，合同工期 1035 天。

3. 大运城邦花园二期工程，中标价 18702 万元，合同工期 2010 年 3 月 1 日～2011 年 7 月 22 日。

4. 海门五星国际公馆，中标价 39000 万元，合同工期为 1300 天。

5. 中瀛·御景房产开发建设项目一期工程，中标价 20600 万元，2010 年 3 月 15 日～2111 年 8 月 31 日。

6. 天津环渤海国际金融大厦工程，中标价 23000 万元，开工日期 2010 年 4 月 1 日～2012 年 8 月 31。

7. 芜湖 R10 项目，中标价 21500 万元，合同工期 365 天。

8. 二七剧场改扩建工程，中标价 13659 万元，2010 年 1 月 16 日～2011. 4 月 19 日。

9. 诺德广场工程，中标价 30417 万元，2010 年 9 月 1～2012. 3 月 31 日。

10. 贵阳金狮小区二期"顺海组团"经济适用房工程，中标价 34663 万元，874 日历天。

11. 苏地 2009-B-128 地块项目（"TOP"未来），中标价 21207 万元，2010 年 10 月 10 日～2013 年 2 月 28 日。

【中国航空港其他建筑市场】 2010 年，中国航空港其他建筑市场情况：

1. 中央民族歌舞团业务排演楼工程。中央民族歌舞团业务楼工程总建筑面积为 20770 平方米，其中地上部分为 7800 平方米，地下部分为 12970 平方米，总用地面积 8750 平方米，分为地下 3 层，地上 3 层，是一个集排练、演出、教学、办公于一体的综合性建筑。该工程结构型式为钢筋混凝土框架-抗震墙结构，地面上是中间高、两侧低的剧场。主入口主要为框架柱支撑体系，主舞台及排练厅、绘景间主要为框架剪力墙体系。舞台台口上各层框架梁、耳光室边梁、楼座悬臂梁及舞台与观众厅屋顶梁等采用后张预应力混凝土结构，用以控制挠度及裂缝。本工程主体结构形式为钢筋混凝土现浇框架-抗震墙结构体系，有隔音要求的轻隔墙采用页岩煤矸石实心砖，其他部位轻隔墙采用陶粒混凝土空心砌块。位于防火分区之间的防火墙如为砌块隔墙时应保证其耐火极限不低于 4.0 小时。所有轻质隔墙的物理力学性能指标及施工必须满足相关技术标准及规范。本工程排演场主入口大厅及侧厅外墙采用双层中空 LOW-E 玻璃幕墙，办公排练及舞台、观众厅等部分建筑外墙粘贴 55 厚挤塑聚苯板外墙外保温，干挂灰色花岗石石材幕墙。中标价 9411 万元，合同工期 2010 年 03.15/2011.04.03。

2. 广安门铁路住宅小区施工总承包工程 A 标段。广安门铁路住宅小区施工总承包工程 A 标段位于宣武区手帕口南街 80 号。总建筑面积约 184466 平方米，其中：B3#住宅楼：20252 平方米；B4#住宅楼 21717 平方米；B5#住宅楼 34485 平方米；B6#住宅楼 27198 平方米；B7#住宅楼 27184 平方米；G2#配套公建楼 3842 平方米；G3#配套公建楼 3522 平方米；G4#配套公建楼 3569 平方米；G5#幼儿园 3200 平方米；G6#开闭站 549 平方米；G7#密闭式清洁站 120 平方米；G8#换热站变配电室及水泵房 1745 平方米；D2#地下车库 6405 平方米；D3#地下车库 14942 平方米；D4#地下车库 15736 平方米。车库及住宅均为地下三层；B3 住宅为地上二十七层外；B4、B5、B6、B7 均为地上二十九层；公建地上 3 层、2 层、1 层。基础结构均采用筏板基础，主体结构住宅采用剪力墙结构，公建及车库采用框架-剪力墙结构。中标价 51202 万元，合同工期 2010.08.01/2012.09.30。

3. 国电新能源技术研究院前期施工准备工程。国电新能源技术研究院前期施工准备工程位于北京市昌平区小汤山镇北京昌平区未来科技城内西北角。总建设面积 236500 平米，其中地上建筑面积 194100 平方米；地下建筑面积 42400 平方米。结构类型采用钢筋混凝土现浇框架剪力墙结构。工程承保范围为桩基工程（含褥垫层），基础开挖，围墙工程，止水。中标价 1358 万元，合同工期 2010.08.01/2010.10.14。

4. 中国核工业二三建设有限公司核电建造研发项目研发中心楼、展厅和连廊。工程名称：中国核工业二三建设有限公司核电建造研发项目研发中心楼、展厅和连廊工程。工程质量等级达到合格，建设地点：顺义区林河开发区，工程合同价款为 65055418 元，合同工期为 447 日历天，计划开工日期 2010 年 6 月 18 日、计划竣工日期 2011 年 9 月 15 日，建筑面积约 26726 平方米，资金来源为企业自筹，本次施工总承包招标分三个标段，地上部分以设计楼和公寓楼的南立面外墙皮为分界线，地下部分以地下室轴线号 L 轴南侧 400 毫米为分界线划分，以北是二标段，以南是第一、三标段。第一标段为研发中心楼、展厅及三个连廊（包括地下部分）第一标段和第二标段地下车库土建工程边界的划分：1、钢筋：以地下室轴线号 L 轴南侧 400 毫米为分界线划分，基础底板、楼顶板的负弯矩筋计入一标段，其他钢筋均应满足规范和图纸要求的锚固长度；2、混泥土：以地下室轴线号 K-L 之间的后浇带划分（后浇带计入一标段），其中垫层混凝土以地下车库轴线号 L 轴南侧 400 毫米为分界线划分；3、其他项：以地下室轴线号 L 轴南侧 400 毫米为分界线划分，二标段的连廊预埋件由连廊结构施工单位预埋；4、给排水：以地下车库轴线号 L 轴南侧 400 毫米为分界线划分，（注：其中公寓楼的地下一层排水管道由二标段总包单位铺设到位。）5、电气：以地下车库轴线号 L 轴南侧 400 毫米为分界线划分，（注：其中地下一层-1AL-2-WL8 回路照明线由一标段总包单位铺设到位。）中标价 6505 万元，合同工期 2010.6.18～2011.9.15。

5.济南市高新区（中海奥龙观邸）二期B区一标段主包工程。工程名称：济南市高新区（中海奥龙观邸）二期B区一标段主包工程；工程地点：济南市高新区；工程质量为按现行建筑工程质量检测评定标准规定的合格等级。工程范围：（中海奥龙观邸）二期B区一标段（63#、65#、66#高层及相应车库）主包工程包括但不限于以下范围：钢筋、混泥土、砌体、饰面（其中：高层住宅地上部分顶板做到清水混泥土，不需抹灰和刮腻子；高层住宅地上部分除厨卫间外的其他墙面做到抹灰并压光，但取消刮腻子）、防水、保温、强电、弱电、采暖、给排水以及与专业分包有关的土建与安装工程等。中标价9233万元，合同工期2010.7.8～2011.9.30。

6.四川油气田基地灾后异地重建项目五标段。工程名称：四川油气田基地灾后异地重建项目五标段；建筑面积约为42559.8平方米，建筑结构为框剪工程，共18层；合同价款为67213400元，工程内容包括框剪工程、混泥土工程、砌体工程、建筑装修、室外散水、坡道、台阶、给水排水工程、建筑电气工程、消防工程等；工程建设地点：江油；工程开工日期为2010年3月16日，工程竣工日期为2011年5月21日。中标价6721万元，合同工期2010.3.16～2011.5.21。

7.济南市高新区奥体东项目（暂名）一期B-2区主包工程。工程名称：济南市高新区奥体东项目（暂名）一期B-2区主包工程；建筑面积约为44149平方米，建筑结构类型为框架结构，建筑总层数为28层；工程内容包括：土方工程、结构工程、防水工程、保温工程、屋面工程、建筑装修、室外散水、坡道、台阶、给排水排水工程、建筑电气工程、消防工程等。工程建设地点为济南市高新区；建筑工程开工日期为2010年3月1日，建筑工程竣工日期为2010年12月20日。工程质量标准达到合格。中标价5859万元，合同工期2010.3.1-2010.12.20。

8.1#印刷车间、2#办公楼、3#科研楼等三项。工程名称：1#印刷车间、2#办公楼、3#科研楼等三项，工程建设地点为通州区于家务乡西垡村，工程建筑面积约为20478.80平方米，1#印刷车间建筑面积约12253.59平方米，框架结构、2#办公楼建筑面积约为4042.75平方米，框架结构、3#科研楼建筑面积约为4182.46平方米，框架结构；建筑层数：1#印刷车间4层、2#办公楼4层、3#科研楼4层。工程总合同价款为42572423元，其中安全防护、文明施工措施费1613998元；1#印刷车间造价为21992866元、2#办公楼造价为9841954元、3#科研楼造价为10703626元；工程内容主要包括图纸所示建筑工程、装饰工程、给排水工程、电气工程、采暖工程等全部内容。工程质量标准达到合格；工程合同工期总日历天数为246天，开工日期为2010年4月1日，竣工日期为2010年12月3日。中标价4257万元，合同工期2010.4.1～2010.12.3。

9.唐家岭新城项目二标段工程。该工程位于北京市海淀区唐家岭地区，建筑面积126851.2平方米，共9栋住宅楼，剪力墙结构。1#、7#、11#、16#楼地上17层，地下1层；8#、12#楼地上16层，地下1层；17#、18#楼地上3层，地下1层；20#楼地下2层。施工范围是招标时发出的施工图纸中所包含的建筑、装饰、给排水、采暖、通风、电气（动力、照明）、弱电（综合布线、电视电话、门禁系统、水表红外远传系统）、消防（喷淋、消火栓、火灾报警）等工程。中标价34484万元，合同工期2010.8.25--2011.10.31。

10.海淀区温泉镇太舟坞地块定向安置房北区一标段。该工程位于北京市海淀区温泉镇太舟坞地块，建筑面积100000平方米，共8栋楼，框架剪力墙结构。地上17层，地下1层。施工范围是建筑工程、结构工程、强电工程、弱电工程、给排水、采暖、通风、消防（含消防栓、水喷淋）等。中标价18502万元，合同工期2010.11.30-2012.6.30。

11.冀东建材大世界。该工程位于河北省唐山市丰润区，建筑面积214686平方米，框架结构。地上1-6层。施工范围是基础、主体结构、二次结构工程，水电安装，装饰装修等图纸全部工程。中标价20269万元，合同工期2011.3.28-2011.10.28。

12.苏家坨中心C02、C03地块经济适用住房8#-16#楼工程。该工程位于北京市海淀区苏家坨镇中心区，建筑面积65115平方米，砖混结构。地上6层，地下2层。施工范围是施工图纸所示苏家坨中心C02、C03地块经济适用住房8#-16#楼。中标价11070万元，合同工期2010.10.31-2012.1.30。

13.空司回龙观经济适用房住房B区二标段。合同范围：图纸范围内的建筑工程、装饰工程、给排水工程、采暖工程（不含户内散热器主材及安装）、电器工程、土方回填工程（回填至室外设计地坪）。承包方式：施工总承包；合同工期571日历天；质量等级：合格（并获得结构长城杯）。建筑功能 车库、住宅；建筑特点：由整体地下车库、24、16层东西向板式楼及储藏室、人防组成；结构形式：框架-剪力墙。中标价12489万元，合同工期2010.6.6-211.12.28。

14.抚远东极机场飞行区场道及附属工程中铁航空港中标。工程名称：抚远东极机场飞行区场道及附属工程；工程地点：抚远县城正南方向直线距离19公里处；建筑面积约84000平方米；工程合同价款为108430000元；工程内容包括：土方工程、基础、道面、排水工程、围界、巡场路、空侧服务车道、消防通道。资金来源为国家发改委、民航总局、黑龙江省财政；工程承包范围：飞行区场道及附属工程设计施工图全部内容。合同工期总日历天数为327天，中标价10843万元，合同工期2010.11.8-2011.9.30。

【中铁二院工程总承包、工程监理经营情况】 2010年，工程总承包和咨询服务是中铁二院与时俱进、顺势发展的重点业务，成为新的经济增长点。2010年7月1日，中铁二院在计划经营部设立了经营开发三部，统筹集团公司工程总承包项目的经营开发和业务建设，代管国家发改委委托的投资咨询评估任务。2010年，中铁二院签订了16项工程总承包合同，合同金额11.64亿元。承担了六项咨询评估工作。

一、工程总承包项目：

1. 桐梓煤化工基地铁路专用线工程EPC合同

2. 大庆石化 120 万吨/年乙烯改扩建工程铁路改建项目EPC总承包合同(含补充合同)

3. 遵义县南楠公路上跨川黔线铁路立交桥及铁路防护迁改工程EPC合同

4. 中国铝业水江铁路(企业)专用线工程(相关工程部分)

5. 遵义县枫香镇人工湿地污水处理示范工程工程总承包合同

6. 广州市东南西环快速路现浇异形板维护加固设计施工总承包

7. 贵州盘县“煤（焦、化）-钢-电”一体化循环经济工业基地专用铁路线EPC合作协议

8. 法国贷款大邑县市政基础设施灾后重建项目DB总承包

9. 法国贷款广汉市城镇市政基础设施灾后重建项目——城镇供水设施、雒南污水处理厂DB总承包

10. 青川新城梁沙坝主干道与宝成铁路立交工程设计、施工总承包合同

11. 贵阳机场油库铁路专用线改扩建工程设计、施工总承包合同

12. 都江堰市老成阿公路灵岩山隧道建设工程EPC合同

13. 国电电力酒泉热电厂（2*330MW)新建工程（F标段）铁路专用线工程总承包（EPC)合同

14. 改建工业企业铁路陕西钢铁有限责任公司铁路专用线改扩建工程总EPC总承包合同

15. 四川中心油库铁路专用线（成都枢纽洪安乡车站）EPC项目框架协议书

16. 国电驻马店热电有限公司 2*330MW 供热机组铁路专用线工程电厂站工程

二、咨询评估项目：

1. 新建柳州至肇庆铁路

2. 新建广东西部沿海铁路项目建议书评估

3. 重庆轨道交通六号线二期工程

4. 西安地铁三号线一期工程

5. 无锡市轨道交通2号线工程可行性研究报告评估

6. 广州市轨道交通3号线后评价等六项咨询评估

截至2010年底，中铁二院已顺利上报国家发改委柳肇、广东沿海两个铁路项目和重庆、西安两个城轨项目的评估报告。广东省发展和改革委员会委托的评估珠三角城际轨道交通广州至佛山项目二期工程可行性研究报告项目，已上报广东省发改委正式的评估报告。

【中铁二院房地产经营情况】 2010年，面对国家房地产宏观调控，中铁二院及时调整思路，强化营销手段，加快资金回笼。房地产板块成功实现财务收入4.94亿元，全年新签销售合同额5.05亿元，完成年计划的127%。

项目开发情况简介：

1. 伊萨贝拉项目：该项目位于郫县犀浦镇国宁村，占地136亩，开发物业形态为高层住宅及商业，建筑面积274402.11平方米、居住户数2289户、地下车库1192个。截至2010年底，一期工程已全面竣工，各项验收与备案工作顺利完成，并于2010年4月28日开始顺利交付业主。二期工程（不含10#楼）于2010年11月份完成全部施工内容及分户验收，12月30日开始交房。2010年整个项目计划完成投资2.9亿元，实际完成投资2.13亿元，完成年计划的73.6%。新签销售合同额3亿元，销售面积6万平方米，销售回款3亿元。实现销售收入2.2亿元。

2. 索尔国际：该项目位于成都市一环路西一段130号，占地约6亩，开发物业形态为地上24层，地下2层的商务公寓，建筑面积34777.19平方米。2010年11月25日完成索尔国际项目土建及设备安装的竣工验收；12月底完成索尔国际项目综合验收及交房。销售方面：于8月底对该项目进行提前清算，目前已收回2000万元。

3. 重庆科技培训中心：该项目位于重庆市北部新区重庆火车北站附近，占地面积30000余平方米，总建筑面积近11万平方米，容积率2.99，绿地率37%。2010年5月前完成办公楼室内外装饰、室外景观工程施工，水电气各项引入全部到位。9月29日顺利取得了工程竣工验收备案登记证。销售方面：2010年整个项目计划完成投资1.7亿元，实际完成投资1.31亿元，完成年计划的77.28%。与四川省煤炭产业集团有限责任公司顺利完成项目酒店部分转让签约仪式，销售金额1.2547亿元，提前完成了年初制定的销售计划。

4. 西安优胜美地：位于西安市南部，秦岭山脉脚下，占地面积约509亩。截至2010年底，完成该项目前期项目概念策划及117亩土地证的办理，原公司债务已基本处理完毕，项目开发的前期准备工作也基本完成。2010年11月13日与浙江野风建设有限公司签订了《股权及债权转让协议书》。该项目预计盈利将达到8000余万元。目前已报总公司审批。

5. 科技产业园项目：2010年3月18日，产业园项目可行性报告通过中铁股份公司总裁会的评审。4月26日，产业园项目的投资立项通过了中铁股份公司董事会的审议。5月，中铁置业、中

铁二院与金牛区人民政府正式签订了《投资合作协议》和《补充协议》。

6. 郫县土地整理款回收："郫县一号土地"位于郫县红光区南片区（工业港 3 号地块），约 253 亩。该土地整治投入 9037 万元，合同约定的投资收益为 8770 万元，现投入的资金 9037 万元以及投资收益 7400 万元已先期收回。2010 年 8 月，剩余的 1370 万元也已经全部收回，该项目圆满完成。

【中铁二院投融资项目经营情况】 2010 年，中铁二院在投资项目研究方面做了大量工作，累计完成各类研究报告和制度建设成果 48 项，其中行业投资机会研究报告 4 项，项目投资机会研究报告（项目考查报告）16 项，项目建议书 3 项，可行性研究报告 10 项，专题报告 13 项，科研成果 2 项。

一、矿产投资项目：

1. 找矿技术平台组建完成。2010 年初，完成了收购成都华丰应用地质开发有限公司，并完成了增资等工商税务登记变更工作，华丰公司已经深度参与到了集团公司国内和海外依托主业找矿工作中，并承担了昆万铁路 1：50000 工程地质调绘工作。

2. 加强对彭水萤石重晶石项目的调研和支持。2010 年，中铁二院对萤石产业政策、市场行情、发展趋势等进行了研究，对项目收益进行了重新测算，预期项目建成后将有良好收益。

3. 云南腾冲狮子树项目。该项目是中铁二院与腾冲县鑫越经贸有限公司合作进行的风险勘探项目，项目合作勘察工作基本结束，目前正与合作方就合作协议执行进行商务洽谈。

4. 广元甘孜等 6 个金矿项目。2010 年，青川金厂湾金矿和郭家山金矿继续进行普查工作，已完成了前期预查、普查设计、施工队伍引进、炸材手续审批、地方协调等工作，目前正在进行坑探工程施工。甘孜州 4 个金矿正在办理矿权延续等工作。

5. 昆万线（昆明至老挝万象）找矿工作。昆万线（老挝境内）找矿工作是中铁二院投融资开发部的重点项目，与海外部、华丰公司共同完成了《老挝人民民主共和国矿产资源开发研究报告》、《老挝矿产资源开发环境综合考察报告》、《昆万铁路沿线矿产资源调查老挝万荣至孟卡西地质预查设计》等前期工作文件。2010 年 10 月至 11 月，现场工作组对孟万荣及孟卡西两个矿区（铜、铅锌矿）进行了初步踏勘调查并开展了铁路沿线矿产资源调查，完成了《昆万铁路沿线矿产资源调查老挝孟万荣及孟卡西矿区踏勘报告》。

6. 其他矿产项目。2010 年，中铁二院依托主业找矿，完成了川藏、成昆、成西、丽攀昭、大瑞等线路的地质矿产综合研究工作。跟踪研究的二级市场项目及海外矿产项目主要有：泰国锑矿项目、云南贡山锡矿项目、云南香格里拉铜矿项目、云南保山铜矿项目、斯威斯南铁矿项目、长昆线富民钛铁矿项目以及委内瑞那矿产资源研究、新疆矿产资源研究、铀矿资源研究等项目。

二、海南项目：

1. 中国海南国际高铁技术研究中心及培训中心项目。"中国海南国际高铁技术研究中心及培训中心可行性研究"于 8 月份正式完成。预计 2011 年初项目落地，取得实质性突破。

2. 既有西环铁路改线及沿线土地一级开发项目。目前改线方案研究和投融资模式研究已经基本完成。

3. 其他项目。2010 年，中铁二院参与了在海南整合设计院、开办工程职业教育等项目的前期调研工作。

三、技术产品产业化项目：

1. 依托"中铁轨道交通高科技产业园"，加强技术产品产业化研究。2010 年，经董事会审议通过，同意成立"中铁二院高格景观设计有限公司"。5 月 26 日，中国中铁股份有限公司下发"关于合资成立中铁二院高格工程设计有限公司有关问题的批复"（中铁股份划（2010）151 号），批复同意该项目。目前项目已正式开始运营。

可更换桥梁伸缩缝项目，目前正在编制可行性研究报告。

2. 其他产业化项目。与日月明铁道设备开发公司合作、与荷兰国家应用科学研究院合作、与广州煌盛新纤维制造有限公司关于玄武岩纤维合作项目、与广西玉林市威宁示照明有限责任公司的合作等项目。

四、新股申购及股权投资项目：

1. 新股申购。2010 年 1 月 12 日，处置完新股罗普斯金后，新股申购业务完全停止，申购资金及收益已全部划回中铁二院，新股申购收益累计为 811.17 万元。

2. 股权投资。

长城证券股权投资项目：2010 年度已实现长城证券 2009 年度现金红利 561 万元的收益，累计实现投资收益 1336 万元。

江苏辰风新材料科技有限公司股权投资项目：2010 年 9 月，完成了《关于处置江苏辰风新材料科技有限公司股权的报告》，至此该项目处置完毕。

兰州大成科技股份有限公司股权投资项目：完成了《关于参股兰州大成科技股份有限公司的研究报告》，并经总经理办公会审议通过，现已上报中国中铁审批。

【中铁设计咨询其他市场开发情况】 中铁设计咨询为进一步强化工程总承包的经营意识和经营力度，年内，成立了工程总承包公司。2010 年共签定了察哈素煤矿专用线项目、罕台川煤炭集运站项目、康密劳铁路专用线、莞惠城际轨道 GZH-5 标段、GZH-3 标段、GZH-11 标段通信迁改工程、长春至吉林城际铁路长春市域 GSM-R 数字移动通信工程场强测试及电磁环境测试、山西中南部瓦塘至汤阴新恩段、恩陶段通信广播线路电磁防护项目东通信迁改电磁防护、茂湛铁路通信信号测试等工程总承包合同10项。全年新签工程总承包合同额超过7亿元。

【中铁设计咨询工程咨询及监理市场情况】 2010年工程咨询项目陆续中标了大同至西安客运专线Ⅰ标段、郑州至徐州客运专线、新建铁路张家口至唐山线、邯长邯济铁路扩能、唐山北至唐山客车线工程等项目施工图审核；承担了广州地铁13号线咨询工作；工作延续的项目主要有：广州地铁3号线北延段总体咨询、广州地铁9号线总体咨询、郑州黄河公铁两用桥专项咨询；九江至南昌城际轨道交通、京九线引入南昌枢纽、北京动车段、上海动车段、京石客运专线、石武客专（河北段）、青岛集装箱货场、北京客运专线维修基地等项目的施工图审核；开展了北京地铁6号线、北京地铁7号线、北京地铁10号线、北京地铁14号线、北京地铁9号线丰台南路站、北京地铁房山线等施工图审核工作。全年工程咨询新签合同额 1.35 亿元。2010年中铁设计咨询除继续完成京沪高速铁路、哈大客运专线、京石客运专线、石武客运专线等铁路重点工程项目一些标段的监理工作外，新承担了沈阳至丹东客运专线、云桂铁路、大西客运专线、山西中南部铁路通道、青岛至荣成城际铁路等铁路重点工程项目的一些标段的监理任务。全年工程监理新签合同额3.98亿元。

【华铁咨询其他建筑市场】 2010年中标其他建筑项目：

1. 京沪高铁泰安汽车客运站及综合运输管理中心工程监理（合同工期2010年9月～2010年12月， 总投资1813万元）。

2. 昆明新机场快速公交基础设施工程施工监理项目第2标段（合同工期2010年9日～2011年5月， 总投资164000万元）。

3. 海南省海军1819工程监理(合同工期2010年1月～2010年10月，总投资14309万元)。

4. 文昌市重兴镇农村饮水安全工程监理（总投资 968 万元）。

5. 青海坎布拉国家公园后弘文化主题雕塑工程（合同工期2010年9月～2012年12月， 总投资10亿元）。

6. 中铁资源大厦地下一层装修工程监理(合同工期2010年3月～2010年5月， 总投资527万元)。

7. 中铁资源大厦首层大堂装修工程监理(合同工期2010年1月， 总投资497万元)。

8. 深圳世界之窗站北侧地下商场工程监理（合同工期2010年3月～2012年6月)。

9. 沈阳车辆段综合练兵场站场与线路工程监理（合同工期2010年11月～2010年12月， 总投资256万元)。

10. 2010年上海世博会立陶宛馆工程监理（合同工期2010年2月～2010年4月)。

11. 2010年上海世博会土耳其馆工程监理（合同工期2010年2月～2010年5月)。

12. 江苏辉煌太阳能集热管制造有限公司集热管制作生产基地工程监理（合同工期2010年10月～2011年4月，总投资1500万元)。

13. 上海虹漕路39号怡虹科技园房屋等项目修缮工程监理（合同工期2010年7月～2010年10月，总投资266万元)。

14. 杭州合丰安置四期2标段工程监理（合同工期2010年3月～2011年12月，总投资7711万元)。

15. 杭州丰东高层安置小区一标段工程监理(合同工期2010年4月～2012年6月，总投资9928万元)。

16. 杭州萧山开发区管委会项目监理。

17. 内蒙古鄂尔多斯市时达天和俪苑小区工程监理(合同工期2010年7月～2013年5月，总投资50000万元)。

18. 浙江湘湖二期项目工程3标段监理（总投资 10000 万元)。

19. 齐齐哈尔车辆段货车段修扩能改造工程监理(合同工期2010年5月～2010年11月，总投资4300万元)。

20. 齐齐哈尔物资段库房新建工程监理（合同工期2010年7月～2010年11月，总投资749万元)。

21. 新建北京二七轨道交通装备有限责任公司工程机械调试库工程监理（合同工期2010年6月～2010年9月，总投资800万元)。

22. 北京中关村软件园二期北部燃气工程监理（合同工期2010年10月～2010年12月，总投资180万元)。

海外市场

【中海外海外市场】 一、新签合同额完成情况

1.公司全系统新签合同额完成情况和构成

2010年，公司全系统新签合同额137099万美元，同比增长18.2%，完成股份公司下达年度计划指标85亿元人民币（折合12.5亿美元）的109.7%。新签合同额继2009年首次突破10亿美元后，再创历史新高。

新签合同额的主要构成：(1)对外承包工程112244万美元，占合同总额81.9%；(2)国内承包工程28850万元人民币，占3.1%；(3)进出口贸易7339万美元，占5.4%；(4)国内贸易等其他业务70400万元人民币，占7.6%； (5)对外劳务合作969万美元，占0.7%；(6)海外实业1,715万美元，占1.3%。

2.公司主营业务境外承包工程新签合同构成情况

按市场分布为：(1)东非（南部苏丹、肯尼亚）508万美元，占0.5%；(2)南部非洲（博茨瓦纳、南非）7998万美元，占7.1%；(3)西非（马里、加蓬、赤几)3703万美元，占3.3%；(4)北非(摩洛哥、毛塔）86989万美元,占77.4%；(5)中非（刚果〈金〉、赞比亚）7813万美元，占7.0%；(6)亚太地区（巴新、斯里兰卡、新加坡）5324万美元，占4.7%；

按项目规模见表4-33：

表4-33

项目规模	项目个数	新签合同额（万美元）	所占比例（%）
1亿美元以上	3	67,889	60.5
5000万～1亿美元	3	19,556	17.4
1000～5000万美元	10	18,119	16.1
500～1000万美元	5	3,410	3.1
500万美元以下	23	3,270	2.9
合计	44	112,244	100

按项目类别为：(1)公路交通18个,40515万美元,占36.1%；(2)市政工程1个，40000万美元，占35.6%；(3)铁路工程1个，15800万美元，占14.1%,(4)房建工程18个,9005万美元，占8.0%；(5)供排水工程1个，112万美元，占0.1%；(6)其它工程5个，6812万美元，占6.1%。

二、营业额完成情况

1.营业额完成情况和构成

2010年，公司全系统完成营业额85,272万美元，同比增长30.0%，完成股份公司下达年度计划指标50亿元人民币的112.8%。。公司营业额完成情况继2007至2009年，连续三年分别突破4、5、6亿美元大关后，再创历史新高，2010年又实现8亿美元的新突破。

营业额的主要构成：(1)对外承包工程完成营业额57465万美元，占67.4%；(2)国内承包工程33939万元人民币，占5.9%；(3)进出口贸易7406万美元，占8.7%；(4)国内贸易等83,278万元人民币，占14.3%；(5)海外实业1715万美元，占2.0%；(6)劳务合作1448万美元，占1.7%。

2.境外承包工程完成营业额构成情况

境外承包工程1～12月共实施项目97个（完工8个，在建89个），其中合同额在千万美元以上的较大在建项目43个。完成营业额57465万美元，与去年同期相比增加13795万美元，同比增长31.6%。分类情况如下：

境外工程按市场分布为：(1)东非（南部苏丹、肯尼亚）完成5177万美元，占9.0%；(2)南部非洲（博茨瓦纳、南非）完成13519万美元，占23.5%；(3)西非（马里、赤几、加蓬）完成9702万美元，占16.9%；(4)北非(摩洛哥、毛塔）完成15974万美元，占27.8%；(5)中非（刚果〈金〉、赞比亚）完成7236万美元，占12.6%；(6)亚太地区（巴新、斯里兰卡）完成3925万美元,占6.8%；(7)欧洲地区（波兰）完成1,932万美元，占3.4%。

境外工程按规模分类见表4-34：

表4-34

项目规模	项目个数	完成营业额（万美元）	所占比例（%）
1亿美元以上	7	15644	27.2
5000万～1亿美元	9	19579	34.1
1000～5000万美元	29	18197	31.7
500～1000万美元	11	2024	3.5
500万美元以下	41	2021	3.5
合计	97（在建89、完工8）	57465	100

境外工程按项目分类为：(1)交通运输项目40222万美元，占70.0%；(2)房屋建筑项目6989万美元，占12.2%；(3)机场建设项目3828万美元，占6.6%；(4)其它项目6,426万美元，占11.2%。

【中铁国际海外市场】 阿根廷布市地铁扩建项目一期G线工程中铁国际承揽。阿根廷首都布宜诺斯艾利斯自治市（以下简称布市）是南美洲第二大城市。布市地铁扩建项目一期G线工程，业主为布宜诺斯艾利斯自治市政府，建设单位为布市地铁管理公司。项目借款人为布市财政部。

2010年3月15日，中铁国际公司与建设单位在布市正式签订G线项目EPC总承包合同，并于2010年10月22日在布市签署合同补遗。合同总金额为16.17亿美元，其中由中国进出口银行提供贷款12.75亿美元，其余资金由业主自筹。项目内容为布市地铁G线（正线全长12.82公里，15个地下车站）的

设计、设备材料与车辆采购、施工以及试运行，含设计期在内的总工期为72个月。

1. 中环湾仔绕道湾仔二期工程

中铁国际香港公司、中铁大桥局与香港俊和发展集团公司组成的联营体（30%、10%、60%,）中标该项目。联营体于2010年1月27日签署工程总承包合约，合约总金额为33.58亿港币，合约期限80个月。业主为香港土木工程拓展署，主要工程内容：土地平整，箱涵，明挖隧道，轮渡码头，直升机停机坪，给排水系统等。

2. 安哥拉渔业码头项目

项目业主为ANJOY-PARTICIPAÇÕES E SERVIÇOS LDA公司，2010年2月27日正式签订承包合同，合同金额为1603万美元，合同工期10个月，工程地点安哥拉罗安达。工程内容：包括一个停靠渔船的码头、两段防波堤以及一栋渔业服务中心建筑，含冷库及相关办公室。因业主设计方案和资金原因，未开工。

3. 安哥拉217基础设施项目

项目业主为RIDGE SOLUTIONS公司，2010年2月18日签订承包合同，合同工期24个月，工程地点安哥拉罗安达。工程内容：共有两条主双行道及九条双行辅道。道路总长约为12.3公里，路面设计为柔性沥青路面，还包含整个小区的给排水系统、供电系统、路灯及标志牌。因业主资金原因，未开工。

4. 尼日利亚OMOTOSHO二期电站项目基础工程合同

项目业主为尼日利亚能源部，总包商为中国机械进出口总公司，实施单位川铁国际经济技术合作有限公司。2010年3月30日签订承包合同，合同工期10个月，工程地点尼日利亚欧莫托休，合同总价704万美元。工程内容：电站厂区场地平整、河道改道、护坡、挡土墙、道路、围墙及临时工程。2010年4月1日开工。

5. 尼日利亚KOGI州AJEGWU-OKPACHLA-IDAH公路项目

项目业主为尼日利亚 KOGI 州州政府，承包商川铁国际公司（尼日利亚）工程有限公司，2010年5月13日签订承包合同，合同工期15个月，工程地点尼日利亚KOGI州，合同总价1050万美元。工程内容：该公路长35.25公里，既有单表17公里，需新修单表18.25公里，并全线摊铺沥青混凝土。2010年5月20开工。

6. 摩洛哥高速铁路TANGER-KENITRA软基处理工程

工程位于TANGER-KENITRA沿线间断分布，业主为摩洛哥国家铁路局，合同总额（含税）：357,369,768.86迪拉姆，折合：4321.64万美元。开工日期：2010年7月15日，合同竣工期：2011年6月15日，合同工期：11个月。工程简况：TANGER - KENITRA高速铁路项目，全长约200公里，设计速度为350公里/小时，商业运营速度为320公里/H，是摩洛哥国家铁路运输政策的重要组成部分，计划于2015年全部建成通车。该项目已完成25%。

7. 尼日利亚KANO州JANGUZA-KAREYE公路项目

项目业主为尼日利亚 KANO 州州政府，承包商川铁国际公司（尼日利亚）工程有限公司，2010年5月28日签订承包合同，合同工期24个月，工程地点尼日利亚KANO州州，合同总价2283万美元。工程内容：该公路长50.5公里的公路工程，含路基、路面工程及路基附属工程。2010年7月8开工。

8. 委内瑞拉新中心卡港电厂中方营地项目

项目总包商为中水集团，川铁公司分包，2010年6月13日签订承包合同，合同工期80天，工程地点委内瑞拉卡港，合同总价561万美元。工程内容：包括电站厂区场地平整、道路、供排水系统、板房、多功能体育场、照明等工程。2010年6月1日开工。

9. 尼日利亚卡诺州KIBIYA BYPASS公路项目

项目业主为尼日利亚 KANO 州州政府，承包商川铁国际公司（尼日利亚）工程有限公司，2010年5月7日签订承包合同，合同工期6个月，工程地点尼日利亚KANO州州，合同总价60万美元。工程内容：2.3公里的公路工程，6米宽，单表，涵洞三座。

10. 尼日利亚KOGI州EJULE-AJAOKUTA公路改建项目

项目业主为尼日利亚 KANO 州州政府，承包商川铁国际公司（尼日利亚）工程有限公司，2010年7月1日签订承包合同，合同工期8个月，工程地点尼日利亚KANO州州，合同总价407万美元。工程内容：既有道路改造，路长7.5公里，既有表处5.5公里，新修表处及既有路肩修补44748平方米，全线沥青混凝土摊铺，各种水沟4200米，土方共25000方。

11. 尼日利亚欧莫托休500MW单循环燃机电站土建工程

项目业主为尼日利亚能源部，总包商为中国机械进出口总公司，实施单位川铁国际经济技术合作有限公司。2010年8月18日签订承包合同，合同工期16个月，工程地点尼日利亚欧莫托休，合同总价2959万美元。工程内容：全厂燃机区、中央控制楼区、变压器区、开关站区、天然气处理站、化水级污水处理区、生活供水和消防供水区及上下水、补给水系统、给排水及雨水排放系统等所有的土建。2010年9月13日开工。

12. 安哥拉爱顿花园二期工程88套住房

项目业主为Empreedimento Jardins Do Eden，2009年1月23日签订承包合同，合同工期36个月，工程地点安哥拉首都罗安达市，合同总价3493万美元。工程内容：安哥拉爱顿花园二期工程，新建88套住房。因资金未落实，项目未启动。

13. 安哥拉爱顿花园二期工程96幢建筑

项目业主为Empreedimento Jardins Do Eden，2009年1月23日签订承包合同，合同工期36个月，工程地点安哥拉罗安达，合同总价17511万美元。工程内容：安哥拉爱顿花园二期工程，新建96幢房屋建筑。因资金未落实，项目未启动。

【中铁一局海外市场】 中铁一局认真贯彻“海外及水务管理事业化”理念，完善海外事业管理体系和管理机制，加快海外市场拓展步伐，新签合同额4.73亿元。此外，价值5亿美元的圭亚那阿迈拉水电站建设框架协议已签订，开创海外事业新局面。

【中铁二局海外市场】 2010年，国际业务形成国际部统筹、各子公司参与的运作模式，2010年中标文莱住房项目、埃塞俄比亚铁路勘察设计等项目，经营开发中标3个项目1.51亿美元，是中国中铁下达1.5亿美元的100.7%；项目管理平稳有序，完成营业额1.53亿美元，是计划1000万美元的123.4%。

1.文莱356套住房项目。文莱356套住房项目业主是文莱达鲁萨兰国政府发展部公共工程局（JKR），对外合同主体是ALISANJAYA 和中铁二局联合体，为固定单价合同，合同金额3683万美元，合同生效日期、开工日期为2010年2月25日，工期2年。该项目分为Type-D型（15栋126套）、Type-E型（12栋106套）、 Type-F型（12栋106套）、Type-SD型（9栋18套），分两期交付。

根据文莱市场的特点和356住房项目的实际，国际部对该项目的定位是探索属地化管理模式。项目经理部含厨师共6名中方员工，现场的项目经理、测量工程师、计量工程师等，都实行属地化聘用。2010年，该项目完成营业额1088万美元，是年度计划1000万美元的108.8%。

2.埃塞俄比亚铁路勘察设计项目。埃塞俄比亚亚的斯亚贝巴-吉布提铁路Sebeta-Adama-Mieso段勘察设计项目合同金额6254万美元，合同生效日期为2010年8月6日，工期为2010年9月～2012年3月。该项目业主是埃塞俄比亚铁路总公司，对外合同主体是中铁二局和中铁二院联合体。作为联合体的主导方，项目经理部充分发挥商务、合同、财税、清关等经验优势，与中铁二院的技术优势互补，逐步融洽合作关系，建立良好的内部合作环境。

自2010年9月1日开工以来，317公里的铁路勘察设计项目进展顺利，2010年共完成施工产值120万美元。前期资料收集完成，线路整体方案已定，现场勘察工作全线铺开。

3.越南容橘造船厂Ⅰ期工程项目。越南容橘造船厂Ⅰ期工程是EPC卖方信贷项目，合同金额9980万美元，合同生效日期为2006年8月18日。项目业主是越南造船工业总公司，对外合同主体是YMC-TRANSTECH联合体，实施主体是中铁二局。

2010年5月5日，350吨龙门吊取得初验证书，标志着越南容橘造船厂Ⅰ期工程项目全面竣工。除350吨龙门吊以外，全厂其余各车间、厂房和设备都已经取得终验证书。证明代理已经签署整个项目的安全性和适用性证书。2010年9月，与业主的各个部门全面清理、审核并签字确认完工工程数量。

4.委内瑞拉铁路项目。委内瑞拉铁路项目为EPC总承包项目，该项目对外合同主体是中国中铁股份有限公司。中铁二局承建标段位于委内瑞拉瓜里科州境内，线路全长59公里；主要工程内容有：路基工程约58公里，桥梁工程0.55公里/4座，涵洞136座。内部分包价38231万美元，工期为2010年2月6日～2011年12月31日；土建主体要求2011 年7月20日完成，全部施工于2011年12月31日完成。

公司成立委内瑞拉铁路项目经理部负责项目实施。国际部履行项目监管职能。2010年主要形象进度为：总体施组及出图段实施性施组已完成，混凝土、级配碎石拌和站建设完成，填方设计315万立方米，完成115.6万立方米。挖方设计458万立方米，完成167.7万立方米。桥梁设计4座，桩基设计160根/2698米，完成135根/2348米。涵洞设计136座/2850.97延米，开工52座完成1045延米。2010年该项目完成营业额1.41亿美元，是年度调整计划1.28亿美元的110.2%。项目共完成4次发货共约19400 立方米，报关金额1128万美元。共签证191人，已出国（境）89人。

5.中老铁路磨万项目。2010年4月7日，中国铁道部与老挝公共工程与运输部在北京签署《关于铁路合作的谅解备忘录》。2010年10月4日，双方在老挝万象签署《深化落实备忘录的会谈纪要》。2010 年 5 月，铁道部成立昆万铁路筹备组，随即，中国中铁和中铁二局成立相应的工作机构。按照公司领导的要求和部署，公司筹备组认真贯彻落实党中央、国务院“走出去”的战略方针及铁道部提出“高标准、讲科学、不懈怠” 的要求，系统深入地研究中老铁路项目的技术和环境状况，不断修订完善施工组织和投资成本测算资料；努力做好中老项目的整体服务，加强与设计的沟通，搞好铁道部中老协调组、中铁筹备组要求的相关工作；逐步建立与老方相关领导和部门的联系，初步掌握在老挝施工的特殊要求和相关程序。

【中铁三局海外市场】 2010年中铁三局集团有限公司配合股份公司承揽了印尼苏门答腊运煤铁路项目，合同价133313.7万元。

【中铁四局海外市场】 2010年，紧跟国家大力实施“走出去”战略步伐，积极开展营销工作，并取得显著成效（全局实现新签合同额19.94亿元，同比增长254%）。委内瑞拉分公司签约厄瓜多尔水利项目（合同额5699万美元）；跟踪推进亚圣线项目（造价约3000万美元），该项目在业主资金得到落实后有望签约。海外分公司签约埃塞俄比亚公路项目，总造价5633万美元；安哥拉经理部签约安哥拉CD项目增补合同15106万美元及891 万美元的桑戈住房项目；主责开发阿曼及其他海湾国家、委内瑞拉、安哥拉等国基建市场，参与中缅铁路项目、昆万铁路项目建设。积极寻求市场，主动参与建设。2010年，全局海外项目的施工产值实现了大幅超越（完成营业额42.20亿元，同比增长172%）。安哥拉经理部：共发运15船约51.5万吨、总值达8.62亿元的物资设备前往安哥拉，开累完成产值22.02亿元，占合同额（8.55亿美元）的33.45%；委铁经理部相继克服了诸多困难，创造条件展开大干，全年完成产值31.53亿元，占年度计划的141%；海外分公司实现了尼泊尔片区5个房建项目、毛里塔尼亚办公楼项目的顺利交验，并积极做好阿曼使馆及埃塞公路项目的开工准备工作；委内瑞拉分公司实现了委中西部铁路亚阿段67公里的全线开通，厄瓜多尔防洪项目于2010年12月6日实现正式开工。

2010年，海外分公司完成营销额3.8亿元，占年初局下达营销任务的190%；完成产值1.21亿元，完成局下达的产值任务，全年未发生一起安全质量事故。2010年，海外分公司全年共参加资审8项，投标3项，中标1项。2010年11月5日中标埃塞俄比亚 Ageremariam-Mega 公路改造项目第二合同Yabelo-Mega段公路项目，中标价约为3.8亿元人民币，超额完成局年初下达的2亿元人民币的营销指标，这为公司的发展，尤其是在埃塞市场的进一步开拓发展创造了大好的机会。（见表4-35）

工程概况

【股份公司工程概况】 2010 年，股份公司年度建安产值计划3773.2037 亿元，实际完成 3997.4343 亿元，完成年度计划的106%。其中，铁路项目完成建安产值 2352.1580 亿元，完成年度计划 2098.1165 亿元的 112%。

一、2010 年竣工开通的项目：

1.主要铁路项目

2 月 6 日，中铁一局、三局、七局、电气化局等单位参建的中国中西部地区的第一条高速铁路、世界首条修建在大面积湿陷性黄土地区的高速铁路“郑西铁路客运专线”开通运营。

4 月 26 日，中铁四局、九局、大桥局、建工集团等单位参建的“福厦铁路客运专线”开通运营。

7 月 1 日，中铁一局、二局、三局、四局、七局、电气化局和建工集团等单位参建的世界上标准最高、里程最长、运营速度最快的“沪宁城际高速铁路”正式开通运营。

10 月 26 日，中铁一局、四局、十局、电气化局、建工集团等单位承建的“沪杭客运专线”正式开通运营。

12 月 22 日，世界上最难修的铁路—“宜万铁路”正式通车（中铁一局、二局、三局、四局、五局、大桥局、隧道局、电化局等单位参建）。

12 月 30 日，海南首条高速铁路“东环铁路”正式开通（参建单位：二局、三局、四局、电化局）。

12 月 30 日,九局承建的“吉林站改建及相关站前工程”建成开通。

2.主要地铁及轻轨项目：

4 月 10 日，由电化局施工的“上海市轨道交通 10 号线通信、牵引变电、信号、机电安装”竣工使用。

4 月 28 日，由一局施工的“南京轨道交通 2 号线项目”开通。

5 月 28 日，由电化局施工的“南京地铁 2 号线一期车站设备安装施工”工程竣工开通。

5 月 28 日，由电化局施工的“南京地铁 2 号线接触网、通信工程”竣工投入使用。

7 月 3 日，由电化局施工的“重庆轻轨 3 号线二期工程土建”竣工开通。

9 月 20 日，由一局承建的“上海轨道交通 11 号线北段”工程开通运营。

10 月 1 日，中铁四局、九局等单位参建的东北地区首条地铁线路—“沈阳地铁 1 号线”正式开通。

12 月 29 日，由股份公司参建的北京地铁五条线路：房山线（六局、电化局）、昌平线（一局、二局、电化局）、大兴线（四局、五局、隧道局、电化局）、亦庄线（一局、四局、电化局）、15 号线（隧道、电化局）试运营。

3.专项工程：

4 月 26 日，中铁一局、中铁隧道集团等单位历时 4 年多参与建设的国内首座海底隧道—厦门翔安海底隧道正式通车。

4 月 28 日，国内排名第一、世界排名第三的青岛胶州湾海底隧道全线贯通。

5 月 12 日，在汶川特大地震两周年之际，中铁二局、八局、二院、西南院等单位参建的灾后恢复重建第一个铁路重大项目—新建成都至都江堰铁路开通。

6 月 22 日，中铁隧道集团参与承建的南水北调中线穿黄工程上游线隧洞贯通，实现了南水北调中线穿越黄河的重大节点目标。

7 月 30 日，中国中铁承建的中国最大的城市轨道交通 BT 项目—深圳地铁 5 号线，顺利实现全线铺轨贯通。

9 月 29 日，中铁大桥局承建的世界最长公铁两用桥—郑州黄河公铁两用桥通车。

11 月 1 日，中国中铁哈大铁路客运专线铺轨率先贯通。标志着中国中铁 TJ-1 标工程建设取得决定性胜利。

12 月 8 日，中铁电气化局承建的京沪高铁南京南牵引变电所一次受电成功。该牵引变电所是目前亚洲一次性建成最大的变电所。

二、2010 年解决的重大问题

1.6 月份以来，江西、福建等地区持续普降大到暴雨，发生了多起山体滑坡、泥石流，造成部分铁路交通中断。在洪灾发生时，中铁一局以大局为重，主动向路局请战，积极履行社会责任，迅速投入各个抗洪抢险战场上，抢横南、战峰福、决胜鹰厦，圆满完成多项抢险任务。

2.8 月初沈阳铁路局管段内沈吉线遭遇 50 年一遇特大洪水，冲毁沈吉线多处路基、桥梁，九局在 12 小时内集结 1300 多人的专业抢险队伍，在水毁 72 小时后，抢通水毁路段，使沈吉线铁路全线通车。

3.12 月 24 日沈局管内通霍线遭遇特大雪害，造成通霍线 K246 公里处列车脱轨，中断行车。在零下 40℃的严寒及强暴风雪的天气下，九局在第一时间内组织人员到场，4 小时内抢通线路。

4.2010 年电化局参加了鹰厦线、成昆线、兰青线、武汉局、南宁局等十多次抗洪抢险施工，确保铁路正常运输。

【股份公司在建重点工程】 2010 年，股份公司重点工程项目施工情况：

一、哈大客运专线

2010年股份公司哈大客专的施工生产在全线继续保持一路领先态势，指挥部坚持以抓节点工期为重点，积极与业主、设计、咨询、监理、地方政府等相关单位沟通，及时解决施工中存在的问题，取得突出成绩。全年完成施工产值47.4495亿元，完成年度产值计划47.4400亿元；开累完成施工产值232亿元，超额完成原定合同价218.7亿元。

工程阶段性成绩：3月27日在全线率先完成架梁施工任务，7月24日完成制板任务，9月30日率先完成铺板施工任务，并于11月1日实现中国中铁管段轨道铺设全面贯通目标，标志着中国中铁总承包施工的哈大客专建设取得决定性胜利。

主体工程进展情况：

1. 路基施工：区间土石方剩余十三局管段数量，站场土石方剩余大连站场数量。

2. 桥梁施工：除13局施工的南关岭中桥外，其余90座桥梁全部完成下部施工，目前进行桥面系施工，桥面系剩余3625米。

3. 轨道施工：正线铺设已完成699公里，剩余59公里。站线铺轨设计63公里，已完成9.3公里。线路锁定设计821公里，已完成675公里。

4. 道岔：有砟道岔设计144组，已完成12组。

二、京沪高铁

1.京沪高速铁路土建2标（一、二、六局）

京沪高铁2标经过一、二、六局的共同努力，按期完成京沪公司节点要求，超额完成年度产值。年度完成产值21.2510亿元，完成年度计划20.7509亿元的102%，开累完成111.7185亿元，完成合同额110.4397亿元的101%。

（1）桥面系完成情况：京沪2标桥面系设计164770折合米，年累计完成122333米，累计完成154684米，占设计总量的94%。

（2）轨板厂完成情况：管段172.7公里内共设3个轨板场制板，其中一局轨板场设计31446块，累计完成31446块，占设计总量的100%。

（3）底座板及枕板铺设：底座板、粗铺、灌注设计169322单线米，年累完成141000米，已全部完成。枕板预制8月3日完成、9月2日打磨完成。

（4）铺岔情况：正线10组高速岔，年累铺完10组，9月25日已全部铺完；站线12组道普通岔，年累完成9组，累计铺完9组。

（5）铺轨情况：8月26日开始铺轨， 10月29日铺轨完成，年完成169.48公里。

黄河特大桥剩余3个钢拱已于4月7日全部拼完。

太青线设计10孔现浇梁于5月10日全部完成。

2. 京沪高铁JHTJ－5标（三、五、八局）

线下工程已全部完成，制、架梁、无碴轨道、正线铺轨全部完成。质量安全工作始终处于受控状态。项目于9月15日完成全部架梁工作，10月16日完成无砟轨道底座，10月30日完成轨道板灌注CA砂浆，项目已超额完成年度计划产值及形象进度。

产值完成：2010年度完成40.4760亿元，完成年度计划29.4000亿元的138%；开累完成121.5943亿元，完成合同额113.1576亿元的107%。

工程进度：剩余站线铺轨23.233公里，轨道静态精调40公里。

三、大瑞铁路（一、八、大桥局）

1. 大瑞铁路大理至保山段站前工程第三标段（一局）

产值完成：2010年完成产值 13993万元，为年计划的104%；开累完成32707万元，完成设计84372万元的39%。

大柱山隧道（设计14693.4米含预留Ⅱ线209.4米）：年度完成1079成洞米，完成年度计划的62%；开累完成1565成洞米，完成设计的11%。年度总体进度滞后，各口施工进展缓慢，平导燕子窝断层正在处理尚未通过。

平导设计14190米：2010年完成1091米，开累完成2488成洞米。完成设计的18%。

工期滞后原因：保山地区三线拆迁进展工作缓慢，多处工点征地后因三线影响无法施工；滇西铁路指挥部和保山电力公司已初步达成协议，准备签订合同。房屋拆迁户的宅基地地方政府迟迟不能全部解决，仍有53亩地因房屋未拆迁不能交付使用，影响区间路基填筑和15座涵洞施工。大柱山隧道所在区域地质环境复杂，断裂构造发育，穿越6条断裂带，岩溶发育地段5处，皱褶构造3条。大柱山隧道地下水源丰富，预计最大涌水量大达120000立方米/天，施工难度极大。

2.大瑞铁路Ⅰ标（八局）

产值完成：2010年度完成31034万元，完成年度计划30797万元的101%，开累完成84716万元，完成合同额184612万元的46%。

隧道工程进度：年度完成 3217.95 成洞米，开累完成14638.16成洞米。

3.大保段澜沧江特大桥（大桥局）

该项目工期在2010年一直滞后，由于重大施工方案变更多，如：钢管拱肋中标方案为一次竖转方案，实施方案变更为二次竖转方案，增加了80t缆索吊机、竖转山体支架、预拼平台和20t桅杆吊机等设备，导致成本增加达1900万元，又加上合同单价偏低，项目亏损较严重，钢管拱肋为甲供物资供应滞后。

产值完成：年度完成2997万元，完成年计划3568万元的84%；开累完成施工产值6315万元，完成合同价17027万元的37%。

2010年工程进度：年度完成拱座砼浇注4254方，0号台、1号墩浇注砼217.3立方米，2号墩浇注砼517.7立方米，完成4号墩挖孔桩4、5、6号三根桩基施工；完成80T缆索吊机完成施工，0～2 号墩钢管拱拼装平台施工完成， m2、m3、m4 锚碇锚索全部完成；完成 6 号台石方开挖 5200 立方米；完成钢管拱安装 2400 吨。

四、玉蒙铁路秀山隧道

1．五局

产值完成：年完成产值 3363 万元，完成年计划 2500 万元的 135%;开累完成产值 18138 万元,完成设计 19923 万元的 91%，剩余 1785 万元。

工程进度：2010 年正洞完成成洞 643.6 米，完成年计划 606 成洞米的 104%。累计完成成洞 3682.15 米，完成设计 5460 成洞米的 68%，剩余 1777.85 成洞米；平导年度完成 1116 米，累计完成 4499 米，完成设计 5452 米的 82%。

存在问题仍然是工期压力大。

2.隧道局

产值完成：12 月份计划完成施工产值 158 万元，实际完成施工产值 201 万元，完成计划的 127%，开累完成产值 14385 万元，完成总产值 15753 万元的 91%。

工程进度：正洞（4842 米）12 月份完成 90 成洞米；平行导坑完成 103 成洞米、开挖及初支 103 米。

五、龙厦线象山隧道（隧道局）

年末仅剩余右线 1 号和 2 号斜井之间突水段 31 米未贯通。该段计划 2011 年 3 月 15 日前贯通。

产值完成：截至 12 月 31 日年度累计完成产值 18834.92 万元，完成年度计划 20000 万元的 94%。

六、兰渝铁路 LYS-3 标木寨岭隧道（隧道局）

产值完成：12 月完成完成施工产值 5521.9 万元，完成月计划 4514 万元的 122%。开累完成完成施工产值 70366.8 万元。

施工进度：开累完成成洞 14939.5 米，完成设计成洞米 38210 米的 39.1%。其中正洞开挖 16107 米，正洞二衬 13060.9 米。辅助坑道累计开挖 10972.5 米（设计 8 座，已完成 8 座），完成设计 10972.5 米的 100% 。

七、深圳地铁 2 号线土建 2221 标段（一局）

深圳地铁 2 号线（蛇口线）东延段 2221 标段工程包括两站三区间的土建及附属工程，全长 3.57 公里双延米，工程总造价为 4.0389 亿元。

产值完成：2010 年完成产值 11447 万元，开累完成 35742 万元,占设计 40389 万元的 89%。

工程进度：①世侨区间左、右线已贯通，世侨区间进行隧道清理、管片错台处理、资料整理以及区间的验收准备工作；②侨城北站:主体结构已完成，正进行附属工程施工；③侨深区间已于 2010 年 12 月 16 日通过单位工程验收。④深康站主体结构及附属工程已完成，并于 2010 年 8 月 18 日通过单位工程验收。⑤深安区间已于 2010 年 7 月 22 日通过分部验收，并完成轨行区移交。

八、深圳地铁 5 号线 BT 项目（南方公司）

总投资额暂定 111.2882 亿元，其中，建安 106.0477 亿元。总工期 2007 年 12 月 21 日～2011 年 6 月 30 日。

1．投资完成情况：年度完成建安产值 316659 万元，完成年度计划 308666 万元的 103%；开累完成建安产值 97.6695 亿元，完成合同建安 106.0477 亿元的 92%。

2.2010 年工程进展情况：

（1）主体工程：

2010 年 2 月 28 日正线主体工程洞通；西丽主变电站 5 月底竣工，7 月份开始送电；塘朗车辆段 8 月 30 日达到接车条件并开始接车，9 月底车辆段结构封顶，12 月 30 日车辆段主体工程全部完成 。

（2）附属工程：

截至 12 月 31 日，已开工出入口 94 座（黄贝站南侧 4 座附属工程受 2 号线影响暂未开工），完工 64 座；同步建设风亭 57 座已全部开工，完工 40 座。

（3）轨道工程：

7 月 31 日实现短轨通目标，10 月 21 日实现长轨通目标。

5 号线土建主体、轨道部分年度计划完成较好，各项里程碑工期得到有效落实，但附属工程计划完成较差，主要原因是主体洞通目标实现后，部分标段施工进度大幅下滑。主观上不重视附属工程的施工，现场劳动力、设备投入不足，管理薄弱，造成附属工程计划没有得到有效落实。

九、妈祖城核心区一级土地开发项目（海西公司）

1．工程概况：

投资额 24.87 亿元，其中建安产值 12.4835 亿元。投资工期 2009 年 8 月 31 日～2011 年 8 月 31 日。

妈祖城核心区是莆田市湄州湾港口城市建设规划的重要组成部分，区域总用地面积 5.68 平方公里，其中约 4.7 平方公里为填海造地，由中国中铁股份有限公司独立投资并作为设计、施工总承包商与莆田市人民政府合作进行的一级土地开发项目，项目的投资范围包括：土地的取得，海域使用权的取得，基础设施和非经营性管网的建设，通过成熟土地供应收回开发成本并获取投资权益。项目于 2009 年 8 月 31 日由地方政府批复开工，参加施工的单位有：中铁二局、中铁四局、中铁九局、中铁十局、中铁港航局、通达（隆德）公司。

2．主要工程量

填海造地吹填砂区总面积为 5115.6 亩（填砂 1466.37 万立方米），护岸总长 9991.7 延米，共有主次干道 22.787 公里/9 条，区域内大小桥梁 917.64 米/8 座，污水管道 22946 延米，雨水管道 41384 延米，排洪沟 3600 延米，吹砂填海是关键线路工程。

3．投资产值完成：2010 年完成建安产值 4.5322 亿元，完成年度计划 4.4786 亿元的 101%，开累完成 5.1246 亿元，完成建安合同值 12.4835 亿元的 41%。

4．形象进度：

（1)桥梁工程：莆禧路桥年完成桥梁钻孔桩施工成桩 412.5 米，完成桥梁底部承台施工 8 个；贤良路 1 号桥 2010 年完成桥梁钻孔桩施工。

（2）环城路工程：年完成环城路路基土石方87万立方米，环城路雨（污）水管道埋设2212延米，排洪沟1120延米。

（3）区内路网工程：年完成路网工程土石方施工47.8万立方米，完成雨（污）水工程148延米，完成浆砌片石挡墙2782立方米。

（4）填海造地及内湾护岸工程：年完成采运砂714万立方米，完成647万立方米，年护岸充填砂袋折合完成1469延米（12万立方米）。

十、贵昆线六沾段增建二线工程歌乐隧道（4584米）（建工集团）

进度情况：

进口（684米）：已完成。

出口（1520米）：开累完成掌子面掘进1067米、成洞1044.5米；完成设计的70.2%，掌子面剩余453米。

明洞（2380米）：开累完成掌子面掘进2064米、成洞1951.8米；完成设计的86.7%，掌子面剩余316米。

歌乐隧道原计划在2011年2月19日贯通，按照进展情况，工期滞后32天，贯通日期预计推后32天。

十一、“三桥一路”BT项目（西南公司）

1．工程概况

合同工期2009年6月1日～2011年11月30日，合同总额26.9523亿元，其中建安产值22.5888亿元

“三桥一路”项目为柳州市市政工程，项目共包含双拥大桥、维义大桥、广雅大桥、北外环快速路4个子项目，4个子项目施工合同、工期均独立管理。

2.投资产值完成情况

2010年度累计完成104800万元，占年度计划100246万元的105%；开累完成150993万元，占设计225888万元的67%。

3.形象进度：路基土方开累完成201万立方米，完成设计260.738万立方米的77%；桥梁开累完成3652米，完成设计4643米的79%；雨污水管开累完成24250米，完成设计46160米的53%。

十二、郑州轨道交通2号线一期土建工程施工总承包项目

该项目为施工总承包项目，股份公司参建单位有一、三、五、七、九局，隧道及大桥集团。工程于2010年12月28日举行正式签约仪式。

1.工程概况：

合同工期2011年1月1日～2014年1月20日，合同暂定签订额34.1271亿元。去除降造费12%再加上包干费2%，实际合同签定额是30.6325亿元。

郑州轨道交通2号线一期土建工程为广播台站—城南车辆段，正线线路长约18.162公里，均为地下线，设车站16座（其中紫荆山车站已与1号线统一设计、施工，其余站点中含5个换乘站），盾构区间15个，出入段线区间1个，车辆段1处。

2．主要工程量：车站15座，建筑面积20.98万平方米；车站围护23.56万立方米、土石方152.5万立方米、主体结构33.4万立方米；附属围护9.6万立方米、土石方41.2万立方米、主体结构9.2万立方米。盾构区间双线14231.5成洞米（未含新增南四环站区间），正线暗挖段48.427米、明挖段292.7米，联络线225.687米；出入线明挖段1个、车辆段1处。

3．主要施工方法：地下车站采用明挖法、盖挖法、半盖挖法、浅埋暗挖法施工，围护结构主要采用钻孔桩加三轴搅拌桩止水帷幕形式。地下区间：采用盾构法，区间联络通道采用冷冻法和矿山法。

4．节点工期：洞通日期2013年8月17日（960天）

【中铁一局工程概况】 2010年，中铁一局全面推进标准化管理，加强生产过程监控，逐步推广高效工艺工法，深入交流先进经验，持续优化施工方案，不断规范质量安全行为，生产效能进一步释放，质量安全局面明显好转。

中铁一局根据兑现合同需要和资源现状，科学编制施工生产计划，实施重难点工程全过程动态监控，及时发现并解决施工难题，为超额完成年度生产任务奠定坚实基础；以创新规范无砟轨道施工工艺工法为契机，在全公司范围逐步推广高效工艺工法，劳动生产效率不断提高；全面分析生产管理和项目管理现状，通过在映汶项目召开项目管理现场会，总结成绩、查找不足、推广经验，促进生产管理和项目管理水平持续提升；坚持技术方案分级审批和专家论证制度，及时组织专家组、督导组深入施工现场，指导帮助项目优化施工方案，突出“工期管理节点化”要求，加快工程进度，一大批重难点工程相继突破：京沪、哈大、京石群策群力、决战决胜，圆满完成主体工程施工任务，为建设世界一流高速铁路做出突出贡献；沪杭客专众志成城、敢打必胜，各项施工任务顺利完成，用实际行动捍卫一局的信誉和尊严；向莆铁路科学组织、标准管理，创造金瓜山复杂地质隧道月均成洞215米等多项全线第一；西宝、西平、甘青连创佳绩，兰渝、蒙河进展顺利；新开工的兰新二线、山西中南部、云桂、京福、德大、沪昆、哈密南环（枢纽）、久永、青荣等项目开局良好。映汶项目践行标准、持续创新，以分工序工费承包为切入点，全面实现经营目标，赢得各方赞誉；无锡地铁周密策划、强力执行，获得项目管理认证最高分，业主评价始终名列前茅。塘朗车辆段克服迁改、地质、抢工影响，节点工期逐个击破，充分展示一局城轨施工优势和品牌形象。委铁项目牢固树立“以委扶委、以委营委、留有余地、控制风险”理念，适应海外、屡创佳绩，为进一步建好大型海外工程积累经验。2010年，中铁一局共完成建安产值4096758.1万元，完成调整后年度计划400亿元的102.4%。与去年相比多完成796695万元（2009年完成建安产值3300063.1万元，完成年度计划325亿元的101.5%），增长24.1%。除环保公司、海外事业部未完成施工收入计划外，其他公司均超额完成任务，特别是三公司、广州分公司、重庆分公司任务完成同比有大幅度提升。

中铁一局系统推进标准化管理，全面加强工厂化、机械化、

专业化和信息化支撑，通过西宝客专的积极探索、山西中南部通道的成功实践，铁路项目板场、梁场、砼拌合站、钢筋与结构件等一大批标准化工点的典型示范，“生产管理工厂化”程度显著提升；以开发管棚钻机为突破口，组织研发挖装机、混凝土喷射机、隧道多功能作业平台等关键工序设备，实践效果良好并得到业内认可，机械化水平不断提高；根据各项目施工特点，积极组建专业化作业队伍，满足施工生产需求，专业化施工能力持续增强；已在全公司183个项目推广项目综合管理信息系统，在部分项目部署远程动态监控系统，为全面掌握项目综合信息，及时有效处置项目问题，促进重点工序严格执行技术方案，提供有效手段，信息化水平明显提高。

中铁一局牢固树立“捍卫质量，保卫安全”理念，针对不同项目不同时期的质量安全管理特点，及时制定《城市轨道交通工程质量安全管理暂行办法》等70多项管理措施，有效堵塞管理漏洞，夯实质量安全管理基础；深入开展规范质量安全行为活动，严厉打击违章指挥、违章作业等不良行为，广大员工质量安全意识不断提高，质量安全行为进一步规范，“安全管理规范化”、“质量管理数据化”理念逐步深入人心；加强安全隐患排查治理工作，全面开展质量安全检查，督促整改隐患和存在问题1052个，有效杜绝较大及以上安全事故的发生；不断提高全员创优意识，深入开展创优活动，实现创优规划目标。其中：东乌四电工程荣获国家优质工程银奖；云南思小工程荣获詹天佑土木大奖；铜陵东站等9项工程荣获省部级优质工程奖；哈尔滨地铁工地荣获国家三A级诚信安全文明工地称号，重庆地铁等10个工地荣获省级安全文明工地称号。

中铁一局以质量安全受控、现场施工文明、内业资料规范、公共关系和谐为基本要求，上下同心、狠抓落实，在铁路市场上半年信用评价中位居78家参评单位之首，彰显一局实力、振奋一局人的精神。西宝客专、西平铁路、大瑞铁路、吐库铁路四个项目在上、下半年信用评价中连续排名第一；三公司、物贸公司、天津公司等单位实现安全生产零事故。路外信用评价方面，在巩固河南、辽宁、贵州等市场信誉的基础上，陕西、四川、浙江、广东、湖南、山东等区域市场评价优秀，企业信誉大幅提升。

【中铁二局工程概况】 2010年中铁二局承建成绵乐客专5标、兰新铁路5标、湘桂铁路2标、石武客运专线、大西客专站9标、哈大客运专线、青岛北客站Ⅰ标、委铁土建三标、成灌铁路、沪宁铁路Ⅲ标、沪宁铁路8标、广深港3标、京沪2标、湘桂铁路4标、京福铁路Ⅷ标、向莆铁路5标、达万铁路电气化、广珠城际、蓝烟铁路四电、成渝铁路客专5标、广元火车站、林织铁路站前工程、龙厦铁路Ⅴ标、太中银站后Ⅳ标、厦深铁路2标、宜万信号电力、黄织铁路工程、吐库铁路、津保铁路4标、钦北铁路QB标、淮南电气化Ⅱ标、兰新铁路8标、贵广铁路1标、兰渝铁路10标等项目的线下工程、扩能技术改造、铺轨、电气化施工和收尾配套工程施工。完成铁路工程施工产值229.50亿元，完成主要实物工作量土石方4667.99万立方米，桥梁折合101497.76成桥米，制梁3865.25孔，架梁3589.50孔，隧道折合73633.32成洞米，涵洞折合16464.34延长米，正线铺轨1238.20公里，站线铺轨57.22公里，铺道碴51.06万立方米，铺道岔358.00组，电力折合534.03正线千米，通信干线折合725.79条千米，电气集中48.38折合站，接触网折合419.84正线千米，正式房屋折合73505.58平方米，主体圬工1031.35万立方米。

公路工程：2010年中铁二局承建榆神高速公路、思剑高速公路2标、四川纳黔公路C16标、达州至万州高速公路DW6合同、绵遂高速公路、宁道高速公路、吉怀高速公路10标、张花高速、炎汝高速公路28标、顺德公路BT8标、重庆奉节至巫溪高速公路，广珠西线10标、林长高速公路8标、巴达高速公路土建BD15标等项目工程施工，完成公路工程施工产值63.47亿元。完成主要实物工作量土石方2380.46万立方米，桥梁折合3.7万成桥米，隧道折合2.42万成洞米，涵洞折合1.12万延长米，制梁7355片，架梁8027片，公路路面192.41万平方米，正式房屋折合1.09万平方米，主体圬工100.35万立方米。

城市轨道工程：2010年，中铁二局承建深圳地铁5号线5标、成都地铁2号线二期工程(西延伸线)土建1标、杭州地铁1号线工程火车东站、大连地铁一期108标、青岛地铁3号线12标、北京地铁9号线1合同段、天津地铁3号线、苏州轨道交通1号线8标、苏州地铁1号线22标、广州市轨道交通6号线13标、苏州地铁Ⅱ-TS-03标土建、成都地铁1号线综合监控工程、武汉市轨道2号线一期18标、昆明轨道交通1号线4标、上海地铁13号线3标 等标段的区间、车站、盾构、铺轨、电力、通信等工程施工。完成城市轨道工程施工产值41.83亿元。完成主要实物工作量土石方87.43万立方米，隧道折合2.35万成洞米，正线铺轨85.65公里，站线铺轨6.29公里，铺道碴1.73万立方米，铺道岔67组，电力折合117.39正线千米，通信干线折合1.70条千米，接触网折合38.57正线千米，正式房屋折合9260平方米，主体圬工32.6万立方米。

市政工程：2010年中铁二局承建自贡沿滩、贵阳市北京东路道路工程、贵阳市西南环线B标、新津水城项目、青岛海湾大桥青岛端接线工程2标、妈祖城填海工程1标、青岛胶州湾隧道土建工程、黄榄快速干线(西段)工程1标、北京阜石路5标等项目工程施工。完成市政工程施工产值21.14亿元。完成主要实物工作量土石方145.86万立方米，桥梁折合5134.45成桥米，隧道折合5527.53成洞米，制、架梁各291.00孔，涵洞折合367.40延长米。

房建工程：2010年，中铁二局承建玉树灾后重建项目、青岛国际贸易中心、东山国际新城D区、月映长滩、龙郡阳光花园、国家西部信息安全产业园、青岛住宅楼、华阳西部产业园等项目房建工程施工。完成房建工程施工产值24.39亿元，完成房屋折合110.615万平方米。

其他工程：2010年，中铁二局承建锦屏电站、坪头电站、毛尔盖水电站、深圳机场新航站区、西安咸阳国际机场西进场道路工程等项目工程施工，完成施工产值5.01亿元。完成主要实物工作量土石方65.32万立方米，隧道折合6739.09成洞米，主体圬工9.68万立方米。

【中铁三局工程概况】 中铁三局集团有限公司2010年施工项目总计62项，其中铁路在建项目19项（高铁项目1项、客运项目5项）；新中标项目11项（客专项目4项）；城市轨道交通工程项目32项）

【中铁四局工程概况】 2010年，完成营业额506.67亿元，占年度计划390亿元的129.92%，同比净增129亿元，提前72天完成年度计划，实现了百亿元大幅跨越。其中海外业务完成营业额42.2亿元，占年度计划的132%；委内瑞拉北部平原铁路项目克服了远离祖国、工会阻工、资源匮乏等重重困难，创造条件大干快上，完成产值31.53亿元；淮南山南新城完成投资9.52亿元、回笼资金12.07亿元，累计完成投资37.39亿元、回笼资金23.48亿元；淮南“阳光国际城” 、合肥“彩虹新城”房地产项目实现销售额4.12亿元，总投资2.45亿元的江苏如皋BT项目已回购1.21亿元。参建的沪宁城际、福厦铁路、昌九城际、宜万铁路、海南东环等项目按期开通；南京南站、南京大胜关、上海动车段、沪昆客专浙江段与江西段、甘青铁路11标、宁波北环铁路等工程攻坚克难、进展顺利；合蚌客专、合肥南环、合福铁路等“家门口”工程稳扎稳打、饮誉家乡；石武客专河南段充分发挥试验先行、标准先导作用，多项作业标准被业主全线推广；石武客专河北段轨道板灌板绝对位置合格率达到98.46%，铁路信用评价连续4次位列第一。全年共获得省部级及以上优质工程奖36项，其中鲁班奖1项，国家优质工程奖2项，获得詹天佑工程创新奖3项，获得省部级及以上安全文明工地21项，铁路信用评价取得了在全国铁路施工系统中唯一一家连续11次位居A类企业的殊荣。全年完成兰新二线等45个施组和89个方案评审工作，对宁波枢纽北环铁路等76个高风险项目进行方案审核，保证古城湾大桥钢桁梁转体施工、京杭运河双索面斜拉桥、深圳地铁5号线、渡江战役纪念馆等一批高难度工程的顺利实施。全年获得省部级及以上科技进步奖12项、省部级工法20项、国家授权专利29项、国家重点环境保护实用技术2项；承担铁道部科研课题4项，1项科研项目被列入“国家科技支撑计划”；局被评为“十一五”全国建筑业科技进步与技术创新先进企业，CPG500型铺轨机组被评为中国中铁“十一五”十大科技成果。

【中铁五局工程概况】 2010年，中铁五局在建工程项目252个，其中：铁路工程46个；轨道交通36个；公路工程91个；房建工程40个；市政工程24个；其它工程15个。

【中铁六局工程概况】 2010年，中铁六局完成建安产值205.1亿元，是股份公司年度计划210亿元的97.7%，是中铁六局年度计划230亿元的89.1%，比上年增加10.9亿元，同比增长5.6%。

2010年营业线施工项目共计486项，封锁要点主要集中在北京局、太原局和呼和局管内，占全年要点数量的84%。全年营业线封锁要点施工共计7832次，临近营业线施工共计33235次，封锁施工正点率达99.94%。2010年全年投入资金5152万元，购置完成自卸汽车、轮式装载机、25吨级震动压路机等各类中小型施工设备776台套，另外，为合福铁路客运专线投资2830万元，订购了900吨运架一体机1台。

2010年丰桥公司实现施工生产产值17.15亿元，完成中铁六局年度施工生产计划产值16.07亿元的107%。全年共生产时速350公里客运专线铁路通桥（2005）2322无砟轨道后张法预应力混凝土简支箱梁135孔；时速160公里客货共线铁路通桥（2005）2101预制后张法预应力简支T梁1779孔；时速200公里客货共线铁路通桥（2005）2201预制后张法预应力简支T梁725孔；CRTSⅡ型无砟轨道板7.3万块；各型预应力混凝土轨枕 22万根。

【中铁七局工程概况】 2010年，中铁七局紧紧抓住国家基础设施建设高潮的有利时机，从重点工程项目入手，加大生产投入，落实责任分工，狠抓现场管理，严格考核奖惩，加强对施工生产的组织、策划、监控和督导，千方百计确保重点工程建设，超额完成了年度产值目标。全年完成营业额231.9亿元，是年度计划225亿元的103%，较2009年增长30.6%，再创历史新高。沪宁城际、郑州黄河公铁两用桥、武汉货车外绕、长荆电化改造、成都东客站、沈阳地铁、重庆地铁、青兰高速、刚果（金）卢卡公路、塞拉利昂65公里道路等70余项工程按期顺利完工；石武客专、漯阜铁路、兰渝铁路等工程进展顺利，基本完成了阶段工期任务；全年铁路要点施工4281次，基本做到了安全正点；全年受到表扬、表彰、奖励的项目共计81件（次）。

公路工程：年内完工的公路项目有31个：安康毛坝高速公路5标、安康毛坝高速公路3标、济南至广州国家高速公路江西鹰潭至瑞金段、厦蓉高速13标、厦蓉高速17标、十堰至天水高速安康至汉中公路（石泉至古城段）、四川都汶公路、国道

317 线汶川至马尔康公路工程(扩建、灾后重建)、四川内江沱江新坝大桥、阳翼高速公路 10 标、连霍线潼关至西安高速公路改扩建工程、长沙至株州高速公路 1 标、长沙至株州高速公路 2 标、G314 线库尔勒至库车段高速公路土建工程、雅砻江两河口水电站场内交通永久大桥工程、四川雅砻江白孜、白马大桥工程、泉州至厦门高速公路扩建路面及交通安全设施工程、江西省永修至武宁高速公路、晋城环城高速西北段路基桥涵第二标段、青兰高速公路 LJ29 标段、209 国道武神公路神农架段改扩建工程 11 标、广州至河源高速公路广州段工程、长深公路承德至承唐界段高速公路、阳翼高速公路 3 标、大广公路固安至深州段高速公路路基桥涵工程 LQ18 合同段、大广高速公路河北省深州到大名段 LQ16 标段、广东省遂溪至徐闻公路项目土建工程、福州至泉州莆田段扩建 PA1 合同路基土建工程、廊沧五标、湖北省麻城至武汉高速公路等。

【中铁八局工程概况】 2010 年，中铁八局共有在建工程项目 143 个，合同总价：489.98 亿元，开累完成 236.26 亿元。5000 万以上在建工程项目 103 个，其中以集团公司名义中标子公司独立施工的项目 56 个。面对点多、线长、面广的施工生产新局面，集团公司以“十五线两枢纽”为重点，以动态监控为手段，加强了对重点工程项目的管理。年初制定了《集团公司 2010 年在建工程项目进度计划》，下半年又根据业主年度施工调整计划，结合施工生产需要，下达了《集团公司 2010 年下半年在建工程重点项目进度计划》，确保了现场施工进度符合要求。同时，结合项目管理年的具体要求，扎实推进现场标准化管理工作，制定并下达标准化管理推进计划，2010 年 4 月 15 日，在兰渝项目召开了集团公司标准化管理现场会，强力推进现场标准化管理，加强现场标准化管理的检查验收与培训。随后，又对兰渝铁路、遂渝二线、锡乌铁路、贵阳枢纽、六沾线、昆明枢纽、南涪铁路、广珠城际、厦深铁路、莞惠城际、佛肇城际、京沪高铁、哈大客专、兰新铁路等 14 个项目进行现场标准化管理检查、培训，现场检查 17 次，培训人数约 500 人。规范了技术交底、专项方案编审、竣工资料等技术管理工作的内容和程序。2010 年，集团公司还针对现代化施工的具体要求，进一步加强了施工技术管理；进一步规范了全局的计划、统计工作和试验、测量工作；积极做好防洪工作安排，贯彻落实防洪工作要求，从而使 2010 年的各项工期目标顺利实现，施工生产水平也有了较大幅度的提高。

【中铁九局工程概况】 2010 年中铁九局在建工程项目共计 128 项。其中铁路工程 47 项，公路工程 21 项，市政工程 16 项，房建工程（含房地产）14 项，地铁工程 9 项，国外工程 14 项，地方铁路工程 7 项。5 亿元以上工程项目 30 项。铁路客运专线项目 7 项。

2010 年，中铁九局共完成铁路建设投资 174.6 亿元，新建铁路 860.9 公里，正线铺轨 552.5 公里，站线铺轨 150.3 公里，增建二线铁路 412.1 公里，完成铁路桥梁 211.67 公里，完成铁路隧道 31.3 公里。2010 年新开工的铁路项目有 18 个，主要有：新建兰新铁路张掖至红柳河段工程、沈丹客运专线本溪枢纽、丹东站工程、新建杭长客专（浙江段)第六标段工程、西部战略铁路贺珠线新建工程、广西沿海铁路黎塘至钦州段扩能改造工程、萧甬铁路绍兴县城区改造工程等。2010 年完工的铁路项目有 24 个，主要有：新建铁路福厦客运专线工程、通让线增建二线工程、洛湛线铁路茂名段 M3 标段、海南西环线提速改造工程、营口沿海产业基地铁路新建工程等。2010 年续建的铁路项目有 27 个，主要有：通辽枢纽扩能改造工程、新建铁路东北东部铁路通道前阳至庄河段 DT2 标段、新建盘锦至营口铁路客运专线工程、通霍铁路通辽北至霍林河段扩能改造工程、新建铁路哈大客运专线工程、东北东部靖宇至松江河铁路工程、新建兰州铁路兰州至重庆线兰州枢纽工程二标段、东北东部铁路通道通化至灌水段新建铁路工程 DT3 标段、库俄线库车西至俄霍布拉克支线工程 ZHS 标段、湘桂铁路衡阳至永州段扩能改造工程、吉林站改建及相关工程、新建锡林浩特至乌兰浩特铁路忙罕屯至乌兰浩特段工程等。

【中铁十局工程概况】 2010 年全局累计完成施工产值 255.1 亿元。全局所有工程项目按照直管、代管和自管的“三个层次”实行两级机构三级管理，对于一些施工难度大、安全风险高、技术复杂的项目，由局进行重点管控。局在建项目 183 个，其中在建重点铁路工程 48 项，重点公路工程 12 项，城轨工程 2 项，市政工程 5 项，海外工程 4 项。

新建铁路：德龙烟线德州至大家洼段工程综合 I 标段、中南部铁路通道 ZNTJ-15 标段、大同至西安客运专线铁路工程 3 标段、新建铁路赣州至韶关铁路站前工程 ZQ-3 标段 、新建枣庄至临沂铁路工程、新建宿州至淮安铁路工程 SHZH-1 标段、莞惠城际轨道交通项目 9 标、哈尔滨西客站Ⅲ标段、杭州东站扩建工程艮山门动车运用所、阜淮线电气化改造工程 I 标段、新建青岛北客站及相关工程综合 2 标段、北同蒲铁路 1 标、聊城站改造工程、东平铁路 TJZH 标、黄岛站及港内铁路应急扩能工程、京沪高速铁路济南西站无柱风雨棚、济南西客站动车所、成昆线地震灾害复旧二期工程 1、2 标、邯济铁路扩能改造工程 ZH-3 标、邯长铁路扩能改造工程 I 标段、广深铁路石龙车站迁建工程、新建兰新铁路第二双线乌鲁木齐枢纽引入工程、新建湄南铁路支线工程。2010 年已完工铁路工程有：沪宁城际铁路 3 标、沪杭客运专线 5 标、东平铁路 TJZH 标、黄岛站及港内铁路应急扩能工程、成昆线地震灾害复旧二期工程 1、2 标。2010 年新开工铁路工程：新建铁路云桂线（广西段）站前工程 1 标段、新建铁路云桂线（云南段）站前工程 4 标段、新建铁路德龙烟线德州至大家洼段工程综合 I 标段、中南部铁路通道 ZNTJ-15 标段、大同至西安客运专线铁路工程 3 标段、新建青岛北客站及相关工程综合 2 标段、邯济铁路扩能改造工程 ZH-3 标、邯长铁路扩能改造工程 I 标段、广深铁路石龙车站迁建工程、新建兰新铁路第二双线乌鲁木齐枢纽引入工程、新建湄南铁路支线工程。

【中铁隧道工程概况】 中铁隧道 2010 年度累计完成建安产值 2851055 万元(调度快报)，完成年度计划 25634735 万元的 112.5%，其中铁路项目完成施工产值 107.32 亿元，占全集团总额的 38%。

2010 年全集团共完成隧道隧洞 417267 成洞成巷米，完成年度计划的 97%；其中铁路隧道成洞 209180 米，完成年度计划的 100.4%；桥梁年累完成 57093 米，完成年度计划的 88%；土石方年累完成 6711.5 万立方米，完成年度计划的 130%。各项数据均比上年有较大幅度的增长。

公路项目：2010 年，在建公路项目完成施工产值所占份额较上年有所上升，为 27.8%，仅次于铁路项目。当年在建公路工程项目共计 76 个。其中，完工项目（完工 20 个，收尾 7 个，在建 49 个）：安毛 4 标，阳五 A1-6 标，大广高速 13 标，汝郴 9 标，巫奉 a15 标，西凤安开 4 标，A 米 E16 标，青兰路基 3 标、10 标，太佳 7、8、13 标，桓永 5 标，长深路基 13 标，山西太古 S6 标，石忠 SZ 米 D1 标，汶马路基 7 标，石吉 B6 标，达万 D10 标，丹海 5 标；收尾项目：雅泸 C13、C3 标，宜河 N05 标，巫奉 A4 标，丹海 6 标，广陕路基 4 标，永古 YG12 标。在建项目：杭长 10 标，双永 A14 标，穿好 7 标，吉怀 9 标，舟山疏港公路 1 标，炎汝 8 标、12 标，阜新-盘锦 1 标，集安下临 7 标，雅泸 C6 标，黄祁 HQ13 标，天定吨 D3 标，十天 C12 标，巴达 BD14 标，达陕 D2 标，宁武 A4、A5、A16 标，平榆 AS3 标，纳黔 C19 标，江肇 G12 标，保腾 2 标，珠海高栏港 A2 标，永宁 A2 标，六河 N04 标，博深 4 标，双永 A15 标，平阳路基 4 标，厦成 A1 标，重庆南万 A2 标，增从 S09 标，连霍永古 12 标，张涿 L9 标，武昆 8 标、6 标，仁赤 RCTJ-7 标，宁武 A1 标，双永 A2 标，中山沙月高速 3 标，福永 A11 标，竹谷 GZTJ-8 标，仁赤 RCTJ-11 标，景德镇环城 A4 标，广甘 G14 标，武灌 9 标，达万 DW05 标，临吉 S17 标，恩施大娅隧道。总体上施工正常，个别项目如景德镇环城 A4 标因业主的原因工程进展不顺，一直处于停工状态；天定吨 D3 标由于分包队伍管理上的原因，施工进度一直滞后于合同工期。

城轨工程：中铁隧道 2010 年城市轨道交通项目完成施工产值所占份额继续列第三位，占全集团份额的 22.8%，但较上年有所下降。2010 年在建城轨项目 65 个左右，当年完工 14 个项目(沈阳 2 号线 12 标，深圳 5307 标、3153 标、1 号线 7 标、18 标，苏州 1 号线 13 标，上海 11 号线北延支线修复工程，成都 2 号线 11 标，重庆 3 号线 8 标，沈阳 2 号线 8 标，北京大兴线土建 6 标，深圳 3 号线老街站换乘综合体工程，重庆 3 号线 1 期红新区间，杭州 1 号线九堡东站)，当年新中标项目 11 个(苏州轨道交通Ⅱ-TS-05 标，武汉 4 号线 2 期 2 标，重庆 6 号线 TBM2 期工程，重庆会展中心工程，青岛地铁 3 号线 3 标，沈阳城际地铁，杭州地铁控制中心，上海轨道交通 12 号线 2 标，大连地铁 215 标，北京地铁 7 号线 3 标)。从当年 60 余个在建项目运行情况看，总体上履约情况良好。

市政工程：2010 年全集团施工的大型市政项目较少，完成施工产值所占份额也相对较低，只有 10.4%，列第四位。重点市政项目广州生—大沉管项目、杭州市庆春路过江隧道工程、昆明市三环岗头山隧道、广州猎德系统工程 C3 标、龙岩市工业东路 1 标本年全部完工，海南莲花立交工程完成大半，预计 2011 年 1 季度全部完工、青岛胶州湾隧道四标、杭州秋石路 2 期隧道 1 标主体工程已全部结束，进入收尾阶段。其他项目如：广东佛山市顺德区 BT 项目、合肥南北高架桥 1 号线 1 标段等进展基本正常。

其他工程：2010 年完成产值 117358 万元，完成施工产值所占份额为 3.9%，同比有所降低。其他工程以水电项目为主。中铁隧道的水电工程施工在 2010 年遇到前所未遇的困难。青海引大济湟总干渠工程 TBM 掘进受地质影响，本年脱困施工基本没有进展，正通过业主与分包方进行谈判。甘肃引洮供水一期工程总干渠工程 TBM 掘进和引红济石工程 TBM 掘进也都不同程度受到设备与地质不适应问题，全年大部分时间处理脱困施工，给工程整体履约造成很大的困难。南水北调中线一期穿黄工程本年工程全部完工，卡基娃水电站 C1 标主体工程完工，引汉济渭 3 号勘探试验洞施工较正常。

【中铁电气化局工程概况】 2010 年，全局在建大、中、小工程项目 329 项，其中铁路工程项目 211 项，非铁路工程项目 117 项。建成、开通项目 81 项，新开工项目 84 项。

全年建成、开通电气化铁路约 2312.79 正线公里，架设接触网约 5979.048 条公里；建成、投入使用各种所亭 123 座；建成、开通通信站 430 站，通信线路约 2485 公里，敷设通信光电缆约 8970 条公里；建成开通电气集中站 285 站，自闭线路约 2100 公里，敷设信号电缆约 9487.33 条公里；建成投入使用站照 109 站，敷设电力贯通线约 1987.85 条公里，敷设高低压电缆约 6540 条公里，配电所 85 座；建成投入使用各种房屋约 69.57 万平方米；完成土石方 22000 万立方米，贯通隧道 13690 洞米，建成桥梁折合 67660 延米，正线铺轨 10 公里，站线铺轨 86.489 公里。全年预计完成工程任务总额将超过 321 亿元、施工产值 268 亿元。全年完成工业产值将会超过 1.88 亿元。完成勘测设计产值超过 28.36 亿元。

竣工项目：2010 年竣工、开通投产单位工程项目 81 项：郑西客专 13 标 2010 年 2 月 26 日；大秦 4 亿吨配套站场扩能改造工程 2010 年 5 月 18 日；上海动车段改造工程 2010 年 5 月 10 日；改建铁路大秦线 4 亿吨配套茶坞至双桥段应急改造工程 5 月 21 日；京沪曲改直工程 2010 年 5 月 30 日；西安动车所工程 2010 年 6 月 23 日；武汉客运专线基础设施维修基地工程 2010

年6月30日；大同至准格尔线增二线工程2010年6月24日；新建沪宁城际客运专线铁路四电系统集成工程2010年7月1日；灵山站集中连锁改造工程2010年7月16日；铁科院高速动车组制动、交流传动系统实验室工程2010年8月2日；新建沪杭城际客运专线铁路四电系统集成工程2010年8月26日；上海站无柱雨棚改造电气化工程2010年7月8日；沪杭铁路客运专线声屏障工程（1期）2010年8月17日；青藏铁路西格段增减二线站后工程2010年9月1日；沪杭铁路客运专线客服工程2010年9月15日；天津北疆电厂一期铁路专运线工程2010年10月25日；新建海南东环客运专线铁路四电系统集成工程2010年10月13日；包西铁路通道包头至省界段BSSG—6标段2010年10月28日；新建广州至珠海城际轨道交通工程2010年11月13日；新建铁路伊万线宜昌至万州段电气化铁路改造工程2010年11月13日；新建东平铁路四电工程2010年11月17日；迁曹线（尾工）2010年11月31日；太中银电气化铁路工程2010年12月7日；新建包满铁路白云鄂博至八音花段铁路工程2010年12月15日；呼和浩特铁路局调度系统扩能改造工程2010年12月15日；南昌枢纽改造引入工程2010年6月30日；包西铁路通道省界至张桥段站后四电工程BXZH-4标段2010年12月18日；蓟港铁路扩能改造“三电”迁改工程2010年10月25日；南同蒲榆次至侯马北段扩能改造工程2010年12月30日；丰沙大线大同至柴沟堡段自动闭塞改造工程2010年11月18日；包西线通道省界至张桥段（四标段）通号工程2010年12月25日；红宁铁路西段通信工程2010年11月18日；广深港客运专线广深段防灾安全监控系统2010年12月31日；太原枢纽榆次编组站信号工程2010年12月28日；乌精二线S1标段合同段2010年12月5日；南昌枢纽电化改造工程2010年6月30日；灾后重建工程2010年10月7日；鑫辰煤业专用线2010年12月31日；京九线铁路电气化改造郑州局管段房建工程2010年6月30日；新建武汉综合维修基地工程2010年7月15日；石太线阳泉北站站前部分配套工程2010年6月30日；千阳隧道2010年2月23日；上海轨道交通10号线通信系统设备及施工2010年4月10日；上海轨道交通10号线工程牵引变电所、降压变电所系统安装工程2010年4月10日；上海轨道交通10号线工程信号系统安装工程2010年4月10日；上海轨道交通10号线机电安装工程第四标段2010年4月10日；上海地铁10号线信号系统工程2010年4月10日；北京地铁1、2号线改造2010年5月21日；南京地铁1号线南延线PPP投资项目2010年5月28日；郑州市西绕城公路2010年5月29日；南京地铁2号线一期工程车站设备安装施工2010年5月28日；广东顺德一期工程2010年6月23日；西铜高速公路改扩建工程2010年6月26日；广东顺德高速碧桂路立交工程2010年6月28日；铜川烈店二级公路项目工程2010年7月30日；沈阳地铁1号线一期延伸线工程2010年8月24日；南京地铁2号线接触网工程2010年5月28日；南京地铁2号线通信工程2010年9月28日；南京地铁1号线南延线工程2010年5月28日；上海轨道交通2号线东延伸通信工程2010年3月29日；青兰高速陕西境L12标2010年11月10日；内蒙古高速公路联网机电工程SG2合同段2010年7月1日；重庆轻轨3号线二期工程2010年7月3日；重庆管片工程2010年11月31日；北京市轨道交通亦庄线工程供电系统设备安装工程2010年12月29日；北京轨道交通大兴线供电工程2010年12月29日；北京轨道交通房山线工程供电系统设备安装工程2010年12月29日；北京市轨道交通昌平线通信设备安装工程2010年12月29日；北京轨道交通昌平线信号系统安装工程2010年12月29日；北京轨道交通房山线工程动车调试线路管理工程项目2010年12月29日；兰州新乐苑综合楼2010年10月3日；国家储备综合仓库339处安全改造工程2010年9月16日；陕西省交通建设集团公司高速公路网综合监控系统（一期工程）JT标段2010年12月31日；国家高速公路网十堰至天水联络线（G7011）陕西境安康至汉中公路（安康西段）机电工程2010年12月31日；北京地铁15号线工程2010年12月29日；1号楼（商业、酒店）等4项工程2010年11月26日；深圳地铁1号线续建工程35KV变配电工程2010年9月30日；深圳地铁5号线BT项目系统设备安装工程（5316标段）2010年3月10日；广州地铁二、8号线供电系统安装工程2010年12月30日；北京地铁15号线设备系统总承包工程望京——后沙峪2010年12月29日；北京地铁15号线信号系统安装工程望京——后沙峪2010年12月29日。

新开工项目：2010年主要新开工项目84项：改建大秦线4亿吨配套茶坞至双桥应急改造工程2010年2月21日；灵山站集中联锁改造工程2010年5月5日；沪杭铁路声屏障工程2010年4月1日；沪杭铁路客运专线2010年4月1日；呼和局铁路调度系统扩能改造工程2010年3月1日；丰沙大大同至柴沟堡自动闭塞改造工程2010年3月1日；红宁铁路西段通信工程2010年4月1日；广深客运专线防灾安全监控系统2010年4月8日；太原榆次编组场信号工程2010年6月9日；石太客运专线阳泉北站站前配套工程2010年6月2日；天津大功率机车检修基地（土建、房建、四电）2010年3月25日；唐山北至唐山客车线2010年8月25日；漳州港尾铁路工程2010年7月1日；新建铁路海天至青岛工程2010年10月28日；黄陵至韩城至侯马铁路（山西段）2010年9月1日；新建天津至秦皇岛客运专线唐山站房、滨海站房、滦河站房工程2010年8月28日；新建杭俑铁路客运专线有限责任公司2010年9月18日；新建向蒲客运专线铁路四电系统集成工程2009年12月26日；新建京秦铁路客运专线2010年10月8日；新建厦深（广东段）铁路客运专线2010年10月16日；新建南广铁路客运专线2010年9月；新建京福客专合蚌段四电系统集成2010年12月6日；新建京福客专合肥枢纽四电系统集成2010年12月6日；新建京福客专合福段四电系统集成2010年12月6日；新建武黄客运专线四电系统集成工程2010年12月；新建成绵乐客运专线四电系统集成工程2010年12月；宁启铁路林场至扬州东、扬州东至海安线、海安线至南通段复线电气化铁路工程第二标段2010年3月16日；沈阳枢纽（沈阳站、沈阳北站站后工程）2010年4月22日；北京地区列车配餐加工配送基地工程2010年8月20日；大连长兴岛（五岛站至长兴岛港站）牵引供电工程2010年7月18日；新建西小召至金泉铁路JDXJ-2标段施工总价承包工程2010年5月29日；新建邯郸至黄骅港铁路第V标段2010年9月1日；石长线增建二线电气化工程2010年8月1日；松原-陶赖昭铁路四电工程2010年8月15日；京包线萨拉齐盛华铁路专用线工程2010年7月31日；江阴港铁路支线2010年10月1日；哈齐还建工程2010年6月20日；准东周家湾-虎石增建二线工程2010年6月1日；湘潭站改扩建四电工程2010年8月7日；朔黄铁路扩能改造电气化等工程2010年2月1日；大同地区电化零小改造工程2010年1月1日；侯月线牵引供电设备加强工程2010年3月1日；京沪高铁天津西站电力供电子系统2010年11月1日；玉蒙铁路站后工程2010年10月20日；湘桂铁路扩能改造工程2010年10月5日；黄韩侯铁路陕西段2010年10月8日；武汉和谐大功率机车检修基地2010年10月6日；汉宜铁路站房工程2010年8月15日；娄邵铁路扩能改造工程2010年10月8日；重庆管片厂工程2010年4月1日；广深港客运专线声屏障工程2010年12月31日；长昆客专大临电力及三电迁改工程2010年8月1日；蓟港铁路北塘西至东大沽扩能改造工程（2期）2010年6月10日；宁启线南京至南通段复线电气化改造工程2010年3月15日；云桂铁路云南段三电迁改工程2010年6月1日；水蚌线通信信号迁改工程2010年1月26日；咸铜线车站连锁改造工程2010年3月；新建枣庄至临沂铁路工程2010年4月；西平线茂陵站过度工程2010年5月25日；宝天线元龙站灾后重建工程2010年6月28日；大西线 2010年6月11日；汉中站改扩建工程HZS-1标段2010年10月1日；新建天津至秦皇岛铁路客运专线唐山站房、滦河站房、滨海北站房工程2010年9月22日；秦沈客专扩能改造2010年7月21日；天津轨道交通2号线供电系统安装工程2010年3月1日；天津轨道交通2号线通信系统安装工程2010年4月1日；北京地铁房山线动车调试工程2010年8月1日；陕西交通建设集团高速公路综合监控系统2010年4月1日；十堰-天水联络线机电安装工程2010年4月1日；深圳地铁5号线系统设备安装工程2010年2月6日；天津轨道交通3号线信号系统安装工程2010年6月20日；苏州市轨道交通1号线接触网安装工程2010年3月1日；苏州市轨道交通1号线机电设备安装工程 4 标段 2010 年 3 月；长平高速公路LJ1/LJ2、3/LJ4合同段10KV线路工程2010年4月；大连快轨变电设备维护2010年1月；西安地铁2号线AFC工程2010年4月；重庆轻轨2号线延伸工程2010年5月1日；江北机场2010年6月1日；重庆轻轨3号线南延伸段工程2009年5月；210国道秦岭北坡改建工程隧道2010年1月；北京地铁7号线工程土建施工十合同段2010年5月1日；厦门（海沧）至漳州（天宝）公路工程（厦门段）2010年4月29日；北京地铁15号线机电系统总承包项目2010年1月1日；北京丰台六里桥1号住宅楼等6项工程2010年7月2日；重庆轨道交通3号线一期工程通信系统总承包工程2010年2月1日。

完成工程数量：2010年接触网工程建成、开通电气化铁路2312.79正线公里，架设接触网5979.048条公里。

各主要项目完成数量见表5-1。

表5-1　中铁电气化局2010年各主要项目完成数量表

项目	基础	支柱安装	承力索	导线	附加线
单位	个	根	条公里	条公里	条公里
沪宁城际	411	2019	987.59	987.59	989.21
沪杭客运专线		8628	558	558	870
海南东环	773	8578	793.9	793.9	763.87
包西线（陕西段）	2638	3066	322.9	322.9	362.69
宜万线电气化	2332	6912	924.159	924.159	928.15
广珠城际		4193	308.4	308.4	317.56
项目	基础	支柱安装	承力索	导线	附加线
东平四电	395	1343	96.585	96.585	86.13
茶双线电气化	903	2245	161.6	161.6	224.95
京沪先导段		9597	595.5	595.5	1601
包西线（呼局段）	964	3508	523.6	523.6	280.74
太中银电气化	1544	5758	519.21	519.21	639.45

变电工程：建成开通牵引变电所亭123座，其中沪宁客专23座、沪杭客专15座、海南东环13座、包西山西段8座、包西呼和局段10座、宜万线电气化13座、广珠城际4座、东平四电2座、茶双线4座、京沪高铁先导段19座、太中银电气化12座。通信工程，开通茶双线线、灵山站集中联锁改造、大准增建二线工程、宜万线、太中银、准东铁路等通信工程2485公

里，建成通信站430个，敷设通信光电缆8970条公里。信号工程，区间自动闭塞建成投入使用电气集中站285站，自闭线路2100公里，敷设信号电缆9487.33条公里。电力工程，10KV电力贯通线建成、投入使用站照109站，敷设电力贯通线1897.5条公里，敷设高低压电缆6540条公里，配电所85座。土建工程，完成土石方22000万立方米，贯通隧道13690洞米，建成桥梁折合67660延米，正线铺轨10公里，站线铺轨86.489公里；建成、投入使用各种房屋69.57万平方米。

【中铁建工工程概况】 2010年，中铁建工集团累计完成施工产值208.66亿元，为年度计划的107.34%。与去年同期相比增长22.02%。国内在施面积19687920平方米。其中重点工程面积1000773平方米，占施工面积的9%。铁路项目完成114.7亿元，占施工产值的55%。施工面积3692290平方米，约占总施工面积的19%。全年累计共有5000万以上施工项目184个。年累新开工项目180项，年累新开工面积5862719平方米，累计新开工项目价值230亿元。

全年重点工程项目完工2项。完工面积203007平方米。完工产值125063万元。完成项目占2010年重点工程项目个数20%，占2010年重点工程项目施工面积的20%，占2010年重点工程项目合同产值24%。完成项目重点集中在西南分公司1项、北京公司1项。其中包括铁路站房工程1项，铁路调度指挥中心1项。重点工程年累完成产值521010万元。

【中国航空港工程概况】 2010年10月，中铁一局一公司、中铁三局一公司、中铁建工集团北京公司、中国航空港总公司4个单位，重组成为中铁航空港建设集团有限公司。重组后共有在建项目150个，其中铁路项目23个，公路项目13个，房建项目101个，市政项目2个，轨道交通项目9个，机场项目2个。全年共完成产值81.2亿元，其中铁路项目完成46.9亿元，占全年完成产值的57.8%；房建项目完成18.9亿元，占全年完成产值的23.3%；公路项目完成8.3亿元，占全年完成产值的10.2%；轨道交通项目4.8亿元，占全年完成产值的5.9%；市政项目完成2.2亿元，占全年完成产值的2.7%；机场项目完成0.1亿元，占全年完成产值的0.1%。

在建的主要工程项目有：大丰港大件码头工程、大丰港通用码头工程、海南洋浦天然气加工利用基地项目港池航道疏浚和吹填造陆工程、新会港二期工程、西江（界首—肇庆）航道整治工程三滩清礁、护岸工程、科技创新海岸信息产业园北围东片场地平整工程（北标段）、福建石狮鸿山热电厂厂区防浪堤工程Ⅱ标段、惠安崇武中心渔港工程、石狮市东浦一级渔港工程、横琴新区环岛北片区示范段Ⅰ标段场地平整（吹填砂）工程、中山基地软基处理工程、盐城港大丰港区5万吨级粮食码头工程试桩项目DFG-SZ2标段 （江苏省）、中远船务项目、漳州古雷港项目、南沙游艇俱乐部、刘大线航道整治工程、珠海大平湾填土工程、三门下银岩山二期土石方工程、珠海港高栏港区南水作业区干散货码头西护岸后70米陆域形成工程、新建沪昆铁路客运专线长沙至昆明段(贵州)站前工程CKGZTJ-10标段(北盘江大桥)、广西沿海铁路南宁至钦州北段扩能改造工程站前工程、新建贵广铁路广州枢纽及相关工程站前工程 、石武客运专线 SWZQ-4 标段新许特大桥工程、兰新铁路二线LXSQZ-2 标段、湖南省澧县(东岳庙)至常德高速公路第二十四合同段跨铁路立交桥工程、广州市东南西环高速公路现浇异形板维护加固工程、佛山市禅西大道二期工程、昆明轨道交通首期工程、北京地铁10号线二期15标、深圳地铁5号线5306标太安站、沈阳四环九标、顺德深业城一期二区、珠海成品油管道二期工程中村油库工程等。

施工产值完成情况：2010年公司在建工程项目共有33项，其中本年完工10项（完工产值约9.1亿元），跨年度项目23项（其中2010年新开工项目13项）；经过公司各部门和项目部的努力，各工程大多进展顺利，安全、质量、进度基本可控，2010年公司完成建筑施工产值为12.66亿元，同比2009年增长232%。公司2010年各在建项目均无发生安全质量事故。

铁路工程：2010年新开工铁路项目12个。主要项目有：津秦铁路客运专线滨海站工程、吉林站改建及相关工程吉林站站房工程、新建铁路大同至西安客运专线站前施工7标、兰新第二双线甘青LXS－10标、沪昆铁路客运专线长昆湖南段Ⅷ标、新建铁路西安至宝鸡客运专线站前工程XBZQ-1标、德州至大家洼铁路III标段、山西中南部铁路通道ZNTJ-11标。

公路工程：2010年新开工公路项目7个。主要项目有：广明高速公路陈村至西樵S02合同A段、仁怀至赤水高速公路RC吨J-19合同段、郑卢高速公路洛阳至洛宁段1标、山西省山阴至平鲁高速公路1j6标、榆商线榆林至绥德高速公路路基桥隧工程第N6标。

城轨工程概况：2010年新开工城市交通项目2个。项目是：天津地铁3号线16标、长沙市轨道交通2号线一期工程8标段。

新建、续建铁路

【哈大客运专线 TJ—1 标段】 中铁一局承建。管段全长 90.87 公里。合同工期 2007 年 9 月 1 日～2011 年 11 月 15 日。计划 2011 年 4 月 15 日完成精调，移交沈阳局，5 月 1 日 TJ-1 标开始联调联试，8 月 1 日试运营。

2010 年，该标段完成施工产值 104154 万元，完成哈大公司下达年度计划 100320 万元的 103.8%；开累完成 458633 万元，完成施工总额 436311 万元的 105.1%。

正线剩余工程由于 12 月 9 日开始雨雪降温，且降温幅度较大，最低达到-14℃，按照哈大公司-10℃以下时停止室外混凝土施工的要求，正在进行冬季施工的防水层、电缆井、排水沟等主要施工项目停工，主要剩余的控制工程防水层计划在 2011 年 3 月份施工完成，保证不影响 2011 年 4 月 15 日交沈阳铁路局进行联调联试的节点工期。年内只有防护栅栏预制在原轨道板场蒸汽棚内继续正常施工（设计 110 单线公里、完成 5.6 单线公里）。

主要剩余工程：防水层设计 91656 米，累完 82453 米，完成总量的 90%。附属圬工设计 68.02 万立方米（含变更），累完 65.31 万立方米，完成总量的 96%。绿化工程栽植灌木设计 621 万株，累完 217 万株，完成总量的 35%。轨道精调设计 208.342 单线公里，本月完成 67.76 单线公里，开累完成 67.76 单线公里，完成总量的 32.52%。第一遍：本月完成 91.84 单线公里，开累完成 159.6 单线公里，完成总量的 76.6%；第二遍：本月完成 52.41 单线公里，开累完成 52.41 单线公里，完成总量的 25.2%。基本可保证在 1 月下旬左右完成 2 遍精调。总体确保 2011 年 4 月 15 日全面交沈阳铁路局的工期目标。

【京石客运专线 JS-2 标段】 中铁一局承建。该标段位于涿州市至保定市之间，里程范围线路长度为 91.9 正线公里，其中桥梁 81.62 公里，占管段全长 88.8%，合同工期 2008 年 8 月 1 日～2011 年 4 月 30 日，合同总价 5691762597 元。

2010 年累完成产值 228590.42 万元，占年计划 199871 万元的 114.4%，开累完成 533943.35 万元，占施工总额 569176 万元的 93.8%。

底座板设计 91895 双米，剩余徐水站 1557 双米还在预压期（到明年 2 月底），暂未施工；轨道板粗铺累计完成 82222 双米，占设计 91895 双延米的 89.5%，剩余 9673 双米；轨道板精调及 CA 砂浆灌注累计完成 73588 双米，占设计 91895 双米的 80.1%，剩余 18307 双米。

【京沪高速铁路 TJ-2 标段】 中铁一局承建。该标段全长 86.68 公里，里程为 DK326+192.25～DK412+062.274。主要工程包括：（1）特大桥 3 座，总长约 82.02 公里（德禹特大桥长 54.74 公里、禹济特大桥 22.14 公里、黄河特大桥 5.14 公里）；（2）中桥 3 座和小桥 1 座；（3）涵洞 6 座；（4）路基 2 段（分别位于德州东站和禹城线路所段）共长 4.64 公里；（5）车站 1 座，为德州东站；（6）线路所 1 处，为禹城线路所；（7）全段预制 24 米及 32 米简支箱梁 2476 孔，设置 4 个梁场；轨道板预制 37428 块，轨道工程中无碴轨道单线 168.6 公里（未含二、六局）。合同工期 2008 年 1 月 15 日～2011 年 1 月 15 日，合同总价 1064927 万元、其中中铁一局 626625 万元、中铁二局 200977 万元、中铁六局 237325 万元。

2010 年完成产值 209440 万元，为年计划（调整）207509 万元的 100.93%，累计完成施工产值 1114115 万元，为后续合同投资 100.88%。（部分变更设计未签合同）

其中，一局年完产值 113611 万元，为年计划 108542 万元的 104.67%，累计完成 622042 万元，约完本局施工管段投资 70 亿元的 88.86%。

主要实物完成情况：德州东站电缆槽预制 7525 米已全完，安装完 70%；护坡浆片累完 20280 立方米/31482 立方米，完成总量的 64%(其中因石济线并站，线路左侧 DK328+300-DK339+009 段要帮路基宽，暂时约有 14874 立方米不能施工)。站台墙完、线间排水沟完。

栏杆、盖板、防护栅栏、声屏障安装、线路标志等工程在 2010 年 12 月 31 日前全部完成。

轨道工程：轨道精调等工作先以左线为主，12 月 15 日已完成第一遍精调、消除轨道 III 级以上超限点，满足牵引列车 160 公里/h 安全平稳运行，同时线路的公里标（半公里标）一次安装到位。计划 2011 年元月 15 日完成全线轨道精调。

石济引入线先期施工段进展情况：

德州东站加宽：路基清表完成；路基填方累计完成 7.68 万立方米，完成设计的 65.1%。路基基础加固螺杆桩累完 31188 米，完成设计的 24.5%；石济帮宽施工造成京沪正线路基下沉，部分段落暂停施工，原设计为螺杆桩，施工过程中，京沪路基沉降观测出现异常，经四方会勘，变更为静压管桩，未收到变更资料。路基填筑计划在 12 月 30 日前完成；两个涵洞计划在 2011 年 1 月底前完成。

黄河大桥北引桥接长：济南西联络线黄河北特大桥墩身正式施工图于 10 月 7 日到达，钻孔桩设计 240 根，已全部完成；承台 20 个，累完 15 个，完成 75%；墩身开工 11 个。现浇梁 20 孔图纸还未到。业主工期要求在 2011 年 3 月底完工，但不给增加冬季施工费用，经过多方考虑，项目部实际不能在 3 月底前完成，自排计划：承台在 2011 年 1 月 10 日前完成；墩身在 2 月 28 日前完成；现浇梁在 2 月 28 日前完成 6 孔，4 月 30 日前全部制完；全部桥面系工程在 5 月 30 日前完成。

【广深港铁路客运专线 PJ 标段】 中铁一局承建。广深港客运专线是北京—武汉—广州—深圳—香港客运专线的南段，起自在建的武广客运专线新广州站，向东经番禺、东莞至深圳市，在深圳市龙华镇设新深圳站，出新深圳站后客运专线以隧道穿深圳市福田区至深圳河接香港段，至终点西九龙站。

本标段为广深港客运专线广深段羊台山隧道出口以南综合工程 PJ 标段，铺轨起讫里程为：DK1+600～DK115+930，正线长 113.884 公里。主要工程包括：(1)新广州至羊台山隧道出口端(DK1+600～DK97+172)，正线长 95.126 公里铺轨、铺岔工程，东涌(2 条到发线)、虎门(4 条到发线)、光明(2 条到发线)站线铺轨工程。(2)羊台山隧道出口至深圳河深港分界段(DK97+172～DK115+930)长 18.758 公里正线轨道工程(无碴轨道)，及新深圳车站(含正线 20 股道)、福田站(含正线 8 股道)轨道工程。(3)新深圳动车运用所综合工程(不含“四电工程”)：动车运用所场坪工程，动车走行线(2.1 单线公里)，综合维修工区场坪工程，动车所、综合维修工区场坪工程，动车所、综合维修工区房屋工程，动车所设备、给排水设备及机械设备，给排水设备及机械设备，动车运用所、动车走行线、综合维修工区轨道工程，“三电”及管线迁改等工程。

主要工程数量：站场土石方 366.58 万立方米、路基附属圬工 2.38 万立方米、出入段左右线大桥 805.5 米、小桥 34.4 米、矩形涵 238.83 米、正线铺轨 223.614 公里、站线铺轨 47.465 公里、房屋 20702 平方米。合同工期 2008 年 10 月 10 日～2012 年 3 月 10 日，2008 年 11 月 2 日开工。

2010 年累完成 55485 万元，完成年计划 48689 万元的 114%；开累完成 83163 万元，完成施工总额 89503 万元的 92.9%。本项目重点工程是铺轨。业主要求 2010 年年底广深段除狮子洋隧道外其余全部贯通。

广深段共铺设长钢轨 201.45 公里，2010 年 6 月 19 日开始铺轨,12.25 累计正线铺轨 176 公里。站线铺轨 8.6/25.196 公里。

铺轨工程仅剩 21 公里正线铺轨（狮子洋隧道），15 公里的站线铺轨及 18 组道岔的施工。已完成新深圳动车运用所综合工程除房建外的其他工程，房建工程完成 13/14 栋。

【沪杭铁路客运专线 7 标段】 中铁一局承建。合同工期 2009 年 4 月 10 日～2010 年 9 月 30 日，合同总价 262917.9896 万元。2009 年 4 月 28 日开工。

2010 年完成 154154.6 万元，占年度计划 146566 万元的 105%；开累完成 257159.38 万元，约完成合同量的 262918 万元的 97.8%。

先开通段 10 月 26 日正式通车运营。沪杭项目正在进行非开通段桥梁施工，主要施工项目有箱梁预制与架设，桥面防撞墙、桥面遮板、防护栏杆安装等桥面系工程。桥面防撞墙剩余 90 孔；桥面遮板、防护栏杆剩余 1000 米。

制架梁情况：新增 F11 号梁场设计生产箱梁 107 孔，月制梁 19 孔，累完 96 孔，剩余 11 孔。箱梁架设月完 17 孔、累完 80 孔，剩余 27 孔。业主要求春运前（2011 年 1 月 19 日）完成剩余箱梁的预制施工。临近上跨既有线箱梁架设计划安排在春运结束后进行，完成任务最大的问题还是资金紧缺，项目部正在积极多方筹集资金，确保春运前完成剩余 11 孔箱梁的预制任务。

【西宝客运专线 XBZQ-1 标段】 中铁一局承建。合同工期 36 个月，2009 年 12 月 15 日～2012 年 12 月 15 日。合同总价 496307 万元。

工程概况：新建铁路西安至宝鸡客运专线是国家中长期铁路网规划的重要组成部分，也是国家实施西部大开发战略的重点项目。项目建成后对提升西安铁路枢纽地位，增强中西部地区铁路运输能力和路网机动性，推动关中—天水经济区和川陕渝经济区快速发展，将产生非常重要的促进作用。中铁一局集团承建新建西安至宝鸡铁路客运专线 XBZQ-1 标段，线路全长 60.86 公里，线路从咸阳西到杨凌南站跨越秦都区、兴平市、武功县及杨凌区四区县。

主要工程量：主要工程量为 3 座特大桥 54.80 公里，4 段路基 6.69 公里（含杨凌南车站），无砟轨道 122.2 公里，正线铺轨 276.57 公里，站线铺轨 25.15 公里，涵洞 15 座 337 横延米，箱梁制架 1582 孔，32 米 T 梁架设 13 孔，悬臂灌注连续梁 T 构 15 个，支架现浇梁 40 孔，制梁场 3 个，轨枕厂 1 个，铺轨基地 1 处，车站 1 个。线路四跨既有铁路，三跨国道，多次跨越县乡级道路。全线共计砼 173 万立方米。

重点单位工程及节点工期：涵洞 2010 年 5 月 1 日开工，7 月 31 日结束。桥梁下部 2009 年 12 月 15 日开工，2011 年 6 月 19 日结束。箱梁预制 2010 年 4 月 1 日开工，2011 年 5 月 1 日结束。预制梁架设 2010 年 8 月 1 日开工，2011 年 7 月 17 日结束。桥面系 2011 年 1 月 24 日开工，2011 年 9 月 23 日结束。

2010 年度完成 205744.93 万元，占年计划 181256.8 万元的 113.5%；累计完成 211918.53 万元，占任务总额 496307 万元的 42.7%。

存在问题：连续梁施工基本正常。重点连续梁共 17 处，6 处已（合拢）浇筑完成，9 处正常施工，另 2 处跨汉凌路由于茂陵站路内房屋拆迁影响，已拆迁部分墩位正常施工。房屋拆迁及三电迁改从目前看，房屋拆迁主要影响钻孔桩施工、进而影响架梁工期，目前重点拆迁部位有茂陵车站路内路外房屋、上王村及水渠村房屋。

工程进度如下：

1. 路基土石方：路基设计长度 6.69 公里。区间土石方设计 46.2 万立方米，累计完成 18.63 万立方米；站场土石方设计 199.6 万立方米，累计完成 44.65 万立方米。

2. 桥梁工程：桥梁设计 3 座 54249.8 米。开累完成 41783.44 米。

3. 涵洞：设计 15 座/373 横延米，到图 15 座，开工 13 座，主体完工 7 座。设计 373 横延米，累计完成 238.79 横延米。

4. 3 个梁场制梁：本月共完成预制箱梁 122 孔，开累完成预制梁 831 孔/1602 孔。2010 年 6 月 18 日开始架梁。架梁累计完成 630 孔。

【新建合福铁路客运专线土建施工 HFMG-5 标段】 中铁一局承建。管段从南岸特大桥合肥端台尾到莆建村大桥福州端台尾，里程为 DK578＋027～DK630+331.95，管段长度 52.3 公里。

本标段路基 9.264 公里/61 段(其中框架涵 1076.5 横延米/29 座)；桥梁 24.249 公里/49 座；隧道 18.57 公里/24 座；正线 II 型轨道板预制 203.685 公里(含 IV 标)，II 型轨道板铺设 103.262 公里；梁场 2 处:武夷山东站梁场和丰乐梁场；轨道板场 1 处：武夷山东站轨道板场；车站 1 座：武夷山东站；人行天桥 1 座。

计划开工日期 2010 年 4 月 18 日，架梁开始日期 2011 年 11

月1日，结束日期2012年12月20日；2013年6月27日前完成全标段无砟道床铺设，2013年6月30日交付铺轨并达到交工程度，2013年7月31日前完成完工验收。

2010年度完成47560.26万元，占年计划43233万元的110%，累完47560.26万元占施工总额419270万元的11.3%。

红线征地已全部完成，施工便道与便桥基本完成。砼搅拌站除武夷山东站梁场、轨枕场正在进行场坪施工外，其余10座均已通过验收并投入使用。管段内已全部供电。设计三电迁改141处，现完成通信迁改29处，电力迁改9处。规划7座炸药库，已投入使用。

主体工程进展情况：

路基工程：设计区间土石方331万立方米，累计完成区间路基土石方212.39万立方米；设计站场土石方280万立方米，累计完成站场路基土石方178.19万立方米。

桥梁工程：设计24249延米/48座，其中特大桥18座，大桥21座，中桥9座。累计开工38座，本月完成折合桥长1305.88米，累计完成折合桥梁2424.91延长米。

隧道工程：设计18570成洞米/24座，其中2公里<L以上隧道2座，1公里<L<2公里隧道2座，1公里<L隧道20座，累计开工20座，本月完成折合成洞507.97米，累计完成折合成洞952.49米。

【沪昆客专长昆湖南段8标段】 中铁一局承建。该标段起讫里程为DK324+218.25～DK380+075，线路全长55.857公里，途经湖南省怀化市下属的中方县、鹤城区、经开区和芷江县，主要工程数量有：19925.11米/54座、隧道24872米/27座、路基11075.13米/88段、车站2座、梁场2处、箱梁预制架设518孔、铺轨基地1处、正线铺轨364单线公里、站线铺轨8.162单线公里。

合同工期2010年9月1日～2014年1月20日，总工期40.7个月。合同总价512374万元。

2010年完成产值20172万元，完成计划的100%。累计完成20172万元，占投资总额512374万元的3.9%。

图纸到位：已到正式工点图纸125个，占设计总工点205个的60%。其中路基52段，占设计路基总工点86个的60%；桥梁37座，占设计桥梁总工点55座的67%；隧道26座，占设计隧道总工点27座的96%，涵洞10座，占设计涵洞总工点38座的26%。

已到场人员3100人，其中管理和技术人员620人，作业人员1990人。设备进场587台。征地累计完成2480亩，累计租地3992.3亩，改扩建便道，累计完成121公里，施工用电累计完成61公里。中心试验室验收完成。分部工地试验室完成5处，已验收4处，1处等待验收。8个混凝土拌合站验收6座，2座等待验收，2个制梁场。芷江东制梁场，怀化制梁场正在建设，各已完成65%。罗旧舞水特大桥：栈桥通车

完成情况：区间土石方设计337.3万立方米，本月完成81.7万立方米，累计完成106.7万立方米；站场土石方设计362.4万立方米，累计完成16万立方米；桥梁设计55（其中特大桥10座、大桥29、中桥16）设计19921延长米，开工20座，累计完成571延长米；涵洞设计38座，开工6座，设计1692横延米，累计完成36.6横延米；隧道设计27座，开工20座，设计24868成洞米，累计完成565成洞米。

本标段重点桥梁、隧道进度：

芷江跨沪昆铁路特大桥：设计长750.39米，钻孔桩250根。完成延长米33延度米，完成钻孔桩13根。

芷江舞水特大桥：设计长71202.94米，钻孔桩354根。完成延长米14延长米，钻孔桩7根。

坨沙隧道 ：设计长4722米。完成成洞米15米，斜井完成23成洞米。

新屋里隧道 ：设计长4181米。完成成洞米13米。

存在主要问题：征地拆迁较困难。强行参工参运现象较多，阻工现象时有发生。

【向塘至莆田铁路FJ-5A标段】 中铁一局管段长度为35.68公里，主要施工项目有站场两个：杜坞车站、永泰车站 ，土石方约246万立方米。隧道10座：其中高盖山隧道（半座）:左线7721米，右线7710米，高盖山二号隧道：左线1755米,右线1753.14米，寨尾山隧道，单洞双线长3972米，洋门隧道（半座）单洞双线长3170米，金瓜山隧道（半座）：单洞双线长6991米，小远亭隧道：单洞双线长347米，仙人脚隧道：单洞双线长352米，西岭隧道：单洞双线长819米。桥梁10座：其中特大桥1座，大桥4座，中桥1座，小桥4座。涵洞28座。DK454+100～DK545+875.699；FDK489+460～FDK543+674.01段长庆站（不含）至永泰站（含）、永泰站（不含）至福州站（不含）、永泰站（不含）至莆田站（不含）的铺轨、制架T梁工程及大机养、护轮轨、线路备料。

重点单位工程及节点工期：

重点单位工程是高盖山隧道、金瓜山隧道、大樟溪桥里特大桥。其中高盖山隧道工期44个月， 2008年10月1日～2012年6月30日；金瓜山隧道工期40个月， 2008年10月1日～2012年2月28日。大樟溪桥里特大桥工期为15个月， 2008年12月1日～2010年2月28日。

2010年度完成产值74972万元，完成年度计划79298万元的94.5%，开累完成129586万元，完成施工总额272000万元的47.6%。

金瓜山隧道平行导坑:2010年8月17日完成平导大断面4807米开挖，已由19号横通道转入正洞。小断面平导因方案调整暂停开挖，平导开挖累完4807/7167米，19号横通道辅助正洞施工，已开挖正洞466.5米，距分界点还有606米。

铺架调整计划于11月10日开始架梁，因港湾站线上工程施工未达到使用条件、工程线及莆田站铺架通道未开通、福厦线与向莆线无法联测等方面因素影响，铺架计划开始日期继续推迟到2011年1月1日。铺架基地已完成全面准备，整装待命。

存在的主要问题：首先是保持稳产高产的问题，其次是铺架施工问题。随着隧道掘进的不断深入，施工通风、反坡排水等问题日渐突出，施工组织难度逐渐加大； 铺架施工方面。前期因港湾站施工单位不能移交场地和向莆线与福厦线联测不闭合影响，铺架施工未能如期展开，开架日期一再推迟。初期铺架的莆田特大桥左线临近福厦线，福厦线运行动车，运梁平板车等只能在夜间天窗时间通行，每天最多架设1孔，对夺回前期的工期损失形

成制约。

【大瑞铁路大理至保山段站前工程3标段】 中铁一局承建。该标段始于大理州永平县杉阳镇仁寿村，终于保山市隆阳区小青村，线路全长31.6公里（里程桩号为D1K104+100～D1K135+666），其中大理段 6.2公里 ，保山段25.4公里。

主要工程有隧道2座，分别为大柱山隧道，全长14535米，江顶寺隧道，全长3887米。特大桥4座，分别为杉阳2号双线特大桥，长1017.9米；西山寺特大桥，长677.1米；妻贤村特大桥，长774.3米；孟营特大桥，长1126.6米。中桥2座，为佛田庄中桥、马家庄中桥，共计77.8米。小桥1座，涵洞40座，计934.66横延米。区间路基和3个车站的土石方工程（杉阳会让站、保山北站、保山站）。区间土石方设计68.42万立方米；站场土石方设计150.9万立方米；软基处理水泥搅拌桩设计767188米。工期2008年3月31日～2013年8月31日。其中2013年5月1日～2013年8月31日进行桥面系及配合铺轨架梁等施工。中标价101399万元。

2010年度完成13765万元，占年度计划13488万元的102.1%；开累完成32490万元，占施工总额84372万元的38.5%。

重点隧道大柱山隧道设计14693.4米（含预留II线209.4米）：月计划152.8成洞米，月完成105.89成洞米，开累完成1547.63成洞米，占设计的10.53%。

总体进度滞后，各口施工进展缓慢，平导燕子窝断层尚未通过。大柱山隧道计划2013年8月1日贯通，截至2010年末累计开挖1824.4米（进口693.5米、出口1025.9米、预留二线105米），2009年4月进洞，月均开挖86.9米。按计划要求月均应开挖282.5米（14693.4米/52月），进度滞后14.5个月。

正洞施工：进口累进693.5米/7484米，二衬累完627米。进口681米位于车站大跨段。大跨段开挖仰拱均全部完成，现场正在改最后一次模板台车和进行预留 II 线开挖（进口段 84.64米），台车预计在2011年1月5日可完成尺寸更改恢复二衬施工；为保证现场施工安全决定在II线施工完毕后进行I线开挖，预计2011年1月28日可进行I线开挖。

出口累进1025.9米/7000米；二衬累完814米。出口端在1.3公里的炭质泥、页岩地段，存在瓦斯。目前正洞瓦斯监测含量为0.02%～0.12%（在正常范围内）。预留II线开挖（出口段124.76米）

进口平导开累完成1150米/8000米；过燕子窝断层，12月17日完成注浆加固施工；18日进行超前钻孔和孔内摄像，当天四方根据超前钻孔和孔内摄像资料确定开挖17米，即可开挖至PDK111+877，19日即自PDK111+860进行开挖施工，目前每天进尺约为0.8～1.0米。出口平导开累完成1165米/6190米。目前掌子面距设计的搬家寨断层剩40米；开挖揭示围岩为碳质页岩、砂岩和页岩，强风化，节理裂隙强烈发育，断面富含水（呈雨淋状、股状），存在页岩等软弱夹层。

【西安至平凉铁路三标段】 中铁一局承建。本标段线路经彬县、长武及甘肃省宁县、泾川等县，至陇东重镇平凉市，即从太峪隧道出口—平凉南，起至里程为DK120+648～DK269+768；DK269+768～宝中K169+500，长149.13公里。主要工程有：车站11座。新建长庆桥、泾川、泾明、花所、彬县、彬县西、大佛寺、长武、米家沟、齐家河，改建平凉南站；铺架工程永寿梁隧道(左线)出口(DK112+770)—平凉南(宝中 K169＋500)段铺架工程(含预制梁) 153.832 正线公里；铺轨基地及制梁场设在平凉南站，预制T梁1902片。桥梁工程特大桥29246.95延长米/19座，大桥1344延长米/5座，中桥2265延长米/33座；隧道工程18687延长米/18座，其中相公塬隧道 4180 延长米；电力蒿店（DK92+250）～大佛寺（DK135+000）电力线路永临结合部分。

总工期27个月，2008年12月20日～2011年2月20日，总造价250577万元。

2010年累完成87902.03万元，完成年度计划92500万元的95.03%；开累完成195758.15万元，完成施工总额250577万元的78.1%，总体施工进度滞后，主要受征地拆迁影响，严重制约施工进度。

标段梁部特殊结构：48米、64米箱梁设计123跨，至2010年末，累计完成74跨。其中48米节段拼装设计86跨，完成46跨，48米支架法设计24跨，完成20跨；64米节段拼装设计2跨，完成2跨，64米造桥机施工设计11跨（四公司施工），造桥机施工完成6跨。

1～56米系杆拱1处（桥梁公司吴岳村大桥跨312国道）主体完工。

1～80米钢砼组合桁架梁2处（一公司后河村特大桥跨福银高速、五公司马屋泾河特大桥跨福银高速），后河村特大桥1～80米支架及腹杆12月9日进场组装，支架组装完成6个。马屋泾河特大桥下部结构尚未施工完。

控制工程为：后河村特大桥1～80米钢砼组合桁梁、南石窟寺泾河特大桥 64 米造桥机节段拼装。后河村特大桥支架及腹杆12月9日已进场，支架拼装完成6个；南石窟寺泾河特大桥8～64米节段拼装已完工，12月22日第八跨砼浇筑完成，正在养生。

【南广铁路NGZQ-6标段】 中铁一局承建。主要工程量：路基区间土石方735万断面方，站场土石方514万断面方，路基附属圬工43.5万立方米，软基桩380公里，特大桥6座6290.09延米，大桥23座7109.26延米，中桥2座139延米，涵洞128座4336.42横延米，隧道20座7080米，正线铺轨399.772公里，站线铺轨30.528公里，铺道岔102组，铺道碴102.2万立方米。合同工期2009年3月1日～2012年3月1日（36个月共计1095天），合同总价303503万元。

2010年累完成68656万元，完成年度计划68015万元的101%；开累完成158304万元，完成施工总额303503万元的52.2%。

施工总体正常。主要抓桥梁，隧道施工，跨马梧高速公路大桥，走军岭2号隧道影响架梁的通道。路基防护已全面展开施工，需加快施工进度，为架梁赢得时间。

存在的主要问题：剩余拆迁速度缓慢，影响部分工点不能全面展开施工。（征地拆迁完成96%，拆迁工作仍然对古风特大桥影响较大、严重干扰跨工业大道特大桥和走军岭2号、大邮村隧道等工点施工进度。由于跨马梧高速公路大桥改线以及部分图纸来的晚，使该桥开工滞后一年左右，工期比较紧。目前赶进度基本不影响架梁通道。）

完成实物情况：图纸全部到位，路基 54 段、隧道 20 座、桥梁 46 座、涵洞 115 座。已开工 225/235 处。电力迁改 159 处，已完成 158 处。通信迁改 155 处，已完成 142 处。

路基土石方累完 94.4%。桥梁累完 46.1%。涵洞累完 89.3%。隧道累完 94.6%。

梧州南制梁场全面启动，地基处理已完成，剩余填方正在施工，为铺架基地开创局面，制梁场于 2010 年 8 月 15 日开始制梁，开累制梁 47/358 孔，本标段计划 2011 年元月 6 日自梧州南开始向小里程架梁（架 16 跨后到跨马梧桥）。

跨马梧高速路大桥设计 9 个墩台已全部完成，悬灌连续梁完成 125/144 米，64 米刚桁梁已拼装 54 米，4 跨现浇 32 米双线简支箱梁完成 3 跨。该桥因改线原因图纸到位较滞后，采取多工作面平行作业。

走军岭 1 号隧道设计 520 米，已完成开挖 520 米，仰拱 520 米，二衬 480 米剩余 40 米。走军岭 2 号隧道设计 175 米，采取进出口开挖，已完成上部开挖 175 米，下部开挖 150 米，仰拱衬砌 134 米，二衬 70 米。

【蒙河铁路一标段】 中铁一局承建。本标段起点位于云南省蒙自县，终点位于屏边县，线路起讫里程为 DK1+000～DK72+080，线路全长 71.137 正线公里。本标段中标价为 236623 万元。本标段所包含的主要工程内容：本标段内的路基、桥涵(预应力混凝土连续梁、连续刚构梁、支座及桥面系)、二标桥梁桥面系中吊篮、墩台围栏除外的桥面系工程、隧道及明洞、线路防护栅栏、改移道路、改移公路桥、三电及水油气管道的迁改、无碴道床、大型临时设施及过渡工程、配合辅助工程、路基上的电缆沟槽、全线范围内的预制梁、架梁和轨道工程(含铺轨)等土建工程项目。结构物众多，分布不均衡本标段共有特大、大、中、小桥 30 座，共计 7993.12 米；隧道 12 座，共计 35324.65 米，桥隧结构物占线路 60.9%，另外有涵洞 149 座，共计 2920.21 横延米。大部分大型结构物多集中在郎敞寨至屏边的群山峻岭内，蒙自至郎敞寨大部分地段为路基工程。工期 45 个月，2009 年 3 月 25 日～2012 年 12 年 25 日。

2010 年累完成 64261 万元，占年度计划 56159 万元的 114.4%；开累完成 92281 万元，占施工总额 236623 万元的 39%。主要问题是房屋拆迁缓慢及个别取弃土场不能正常使用，加之地方公路改造，原材料无法送达部分工点，给施工带来影响。

屏边隧道（全长 10381 米）：辅助导坑进度：平导开累完成 2473 米/4818 米，较施组超前 81 米。横洞开累完成 1558 米/2327 米，较施组滞后 552 米。进口正洞累进 382/875 米，二衬累计完成 269 米；出口正洞累进 914/938 米。二衬累计完成 598 米。斜井施工正洞累进 910/4137 米（进口方向 557/2175 米、出口方向 353/1962 米）二衬累计完成 437 米（进口方向 222 米、出口方向 215 米）。

楚村隧道（全长 5589 米）施工正常，进口进度超施组 36 米、出口进度滞后施组 1 米。

期白邑隧道（全长 4898 米）进口进度较施组欠产 94 米；出口进度较施组欠产 321 米；斜井进口方向进度较施组欠产 131 米、出口方向进度较施组欠产 131 米。隧道进口地段为浅埋碳质板岩地层，围岩较差。出口地段为浅埋区碳质板岩地段，围岩较差，变形大（含斜井），造成进度滞后。

【新建兰州至重庆铁路广元至重庆段 LYS-13 标段】 中铁一局承建。新建兰州至重庆铁路广元至重庆段 LYS-13 标段为南充经广安至高兴段单线铁路，正线长度 89.34 公里。该标段位于四川南充、广安、华蓥市境内，为兰州至重庆铁路的支线，由南充经广安由高兴站和襄渝二线相接。国铁 I 级单线铁路。

1. 工程内容

南充至高兴单线 ID2K770+955.51～ID2K860+092，正线长 89.34 公里及高兴单线、阆中(不含)DK686+975～DK754+000 段、南充地区的兰渝正线 DK754+000～D1K764+700 段(包括兰渝线至南充东左、右联络线左、右联络线及铺架等内容组成。

2. 主要工程数量

（1）迁改工程 改移道路：区间改移 16.08 公里，站场改移 0.3 公里。

（2）路基工程 路基土石方：土方 190.2 万立方米，石方 547.75 万立方米；级配碎石 35.23 万立方米；挖淤泥 0.86 万立方米。

路基附属工程：附属圬工 9.08 万立方米，水泥搅拌桩 181.17 万米，CFG 桩 19.75 万米，其它加固圬工 9.13 万立方米，支挡圬工 8.7 万立方米。

（3）桥涵工程

①桥梁工程　总计 40 座 14317.92 延米。其中特大桥 7 座 6526.09 延米，大桥 27 座 7433.28 延米，中桥 5 座 322.85 延米，小桥 1 座 35.7 延米。

T 梁预制架设：417 单线孔。

②涵渠工程　总计 329 座。其中新建涵渠 325 座（其中盖板涵 303 座，倒虹吸 4 座，渡槽 3 座、立交桥 3 座、跨线桥 9 座、框架桥 4 座、框架 2 座、人行天桥 13 座)，盖板涵接长 4 座。

（4）隧道:总计 14 座 16196 延米。其中 3 公里＜L≤4 公里隧道 2 座 6747 延米，2 公里＜L≤3 公里隧道 2 座 4264 延米，L≤1 公里隧道 10 座 5143 延米。

（5）其它运营生产设备及建筑物:9 站。其中新建站 5 站，线路所 2 所，既有站 2 站。

本标段合同工期 2009 年 7 月 20 日～2014 年 1 月 20 日（54 个月)，实际开工日期为 2009 年 9 月 17 日。合同总价 31.83 亿元。

项目进展情况:年累完成 90786 万元，为计划 90179 万元的 100.7%；累计完成建安产值 102678 万元，占施工总额 318270.2 万元的 32.3%。

存在问题：三电拆迁施工进度缓慢，需要拆迁 633 处，至今只拆除 532 处，严重影响施工进度。大量软基处理段落因三电原因造成施工存有死角，无法成型，路基填筑无法全面开展。砂石料、片石、水泥供应紧张，且供应价格不断高涨，近期柴油供应紧张，直接影响施工进度。地方政府不断要求增加涵洞通道或者调整涵洞孔径，多处阻工，造成涵洞工程无法正常开展，直接影响后期路基施工。

路基工程：路基土石方本月完成 32.1 万立方米，开累完成 680.8 万立方米，占设计 998.8 万立方米的 68.2%；站场土石方本月完成 16.9 万立方米，开累完成 185.1 万立方米，占设计 333.2 万立方米的 55.6%。合计累计完成土石方 865.9 万立方米，占设计 1374.9 万立方米的 63%。

桥梁工程：41 座，开工 38 座，完工 20 座。开累完成 9732.3 成桥米，占设计 15220.18 米的 63.9%。

重点：渠江特大桥钻孔桩灌注 350/352 根，浇筑承台 39/41 个，明挖基础 4/5 个，墩台 10/41 个。渠江特大桥本月完成 128.6 延米，累计完成 1223.5 延米，完成设计数量的 81.2%；渠江特大桥全长 1506.2 米，共 40 跨 41 个墩台。其中 29～33 号共 5 个墩台位于水深 22.7 米河床内，水中墩承台已浇注，全面进入高墩施工，其中 29 号、32 号墩身已完。

渠江特大桥铺架时间：2011 年 8 月 23 日～2011 年 9 月 5 日，因 2010 年 7 月中旬四川暴雨影响，前期进度稍慢，主桥墩身 29 号（设计墩高 67 米）、32 号（设计墩高 68.5 米）已全部完成，30 号墩身完成 35.5 米（设计墩高 69.4 米）、31 号墩身完成 64.5 米（设计墩高 69 米）、33 号墩身 9.4 米（设计墩高 67.5 米），引桥墩身完成一半。指挥部根据铺架时间编制出墩身节点工期日进度，主墩 2.08 米，引桥 5 米，而实际每天日进度平均为主墩 2.5 米，引桥 5.6 米，2011 年五一前墩身施工完，能满足铺架要求。

涵洞工程：设计 326 座，开工 268 座，主体已完 211 座。累完 5024.5 延米。

隧道工程：隧道设计 14 座，开工 13 座。开累完成 9455.7 成洞米，占设计 16320 米的 57.9%。

重点图山寺隧道(3216 米)：年度完成开挖 2028 米，二衬 1788 米。开累完成 1938.1 成洞米，完成设计数量的 60.3%。平行导坑开挖开累 1459.5/1600 米，完成设计数量的 91.2%。

近期进口瓦斯浓度 0.02～0.16%，出口 0.01～0.06%，平导进口 0.02～0.07%，平导出口 0.01～0.03%属正常范围。图山寺隧道计划 2011 年 4 月 15 日贯通， 2011 年 6 月 2～4 日铺架。

南峰寺隧道：开累完成 1829.71 成洞米，完成设计数量的 51.6%，其中正洞开挖累完 1921 米，仰拱累完 1824 米，二衬累完 1662 米。南峰寺隧道计划 2011 年 6 月 15 日贯通，2011 年 7 月 18～21 日铺架，由于工程开工前南峰寺隧道出口军用光缆迁移严重滞后，影响出口晚开工 6 个月。

【新建兰新铁路第二双线甘青段 LXS-4 标段】 中铁一局承建。2010 年 2 月 4 日进场，标段所辖工程项目包括：3 座隧道（含 1 座斜井）、3 座桥梁和 194 米路基工程。

2010 年度计划为 31367 万元，完成 32252 万元(开累完成即为年度完成)，完成年度计划的 102.8%。工程总造价 184945.5 万元，完成总投资计划的 17.4%。施工正常。

重点陈家山隧道：设计 8661 米（进口 2340 米、出口 2871 米、斜井 3450 米），年度完成 1033 成洞米。斜井设计 712.5 米，10 月 9 日已施工至与正洞交汇处。

进口开挖年度完成 528 米，出口完成 288 米。斜井辅助正洞施工完成 233 米，仰拱完成 62 米。

【兰新铁路第二双线红柳河至哈密段 LXTJ3 标段】 中铁一局承建。线路位于哈密市境内，东起 DK1245+000，西至 DK1300+600，标段正线全长 55.6 公里，总标价 370746 万元。主要经过哈密市和农十三师管辖地段。

本标段主要工程内容有：迁改、路基、桥涵、铺架、无砟轨道（含 DK1119+679～DK1501+500 的铺轨工程）、大临及过渡和综合接地、接触网立柱基础、声屏障基础、电缆沟槽、连通管道等站后工程中有关接口工作内容。主要工程数量有：路基工程 36.658 公里，桥梁工程特大桥 1 座 19.671 公里，预制架设箱梁 591 孔。其中路基断面方约 355 万立方米，圬工方 35 万立方米，CFG 桩 4480 公里，水泥搅拌桩 270 公里，强夯 40 万平方米，重锤夯 24 万平方米，冲击碾压 2 万平方米；现浇（32+48+32）米和（60+100+60）米连续梁各 1 座；涵洞 40 座；箱形桥 2 座；铺轨 382 公里。

自 2010 年 4 月初进场。全年完成 98580 万元，占业主下达年计划 62655 万元的 164.92%，累完 98580 万元占施工总额 370746.4 万元的 26.6%。新疆公司通知自 12 月 6 日开始冬休。

正式工程进展情况：路基土方累计完成 251.15 万立方米，占设计 316 万立方米的 79.5%；桥梁累计完成 7287 延米，占设计 19330.83 延米的 37.7%。涵洞累计完成 804.68 横延米，占设计 804.68 横延米的 100%。涵洞设计 38 座全部完工。

重点哈密特大桥设计 19297.66 延米，于 2010 年 6 月 16 日开工。年内已开工 469 个墩，占全桥 594 个墩台总量的 79%，设计桩基 5086 根，累计完成 4033 根占总量的 79.3%。承台累完 117 个占总量的 19.7%；墩台身完成 79 个占总量的 13.3%。

2010 年 11 月 7 日梁场取证通过，累计制梁 111 孔，占设计 584 孔的 19%。累计架梁 49 孔占设计 584 孔的 8.4%。因应急采购的 49 孔梁支座已用完，新招标的支座厂家尚未生产，所以没有继续架梁。桥梁支座制约架梁进度。

存在的问题：哈密特大桥前期拆迁进度滞后，当地政府已加大拆迁力度，进度已明显加快。大部分拆迁户已签订协议，正在进行最后的工作。新变更的盐泉特大桥图纸尚未下达。

【山西中南部铁路通道 ZNTJ-11 标段】 中铁一局承建。标段起终点里程 DK447+200-DK547+200，正线长 91.4 公里，计划竣工日期 2014 年 9 月 30 日，总工期 54 个月。合同总价 463710.21 万元。

本标段主要工程内容为：“三电”迁改、路基、桥涵、隧道、无砟轨道、铺轨、站场设施等工程。

主要工程数量为：区间路基土石方 8909141 立方米，站场土石方 5454768 立方米，特大桥(11 座)12327.22 延长米，大桥(17 座)3994.34 延长米，中桥(16 座) 1300.39 延长米，框架式桥(20 座) 5727.6 顶平平方米，涵洞(186 座)5931.65 横延米，隧道(14座)26582延长米，正线铺轨322.79公里，站线铺轨59.67公里，铺轨基地1处，T梁预制存梁场1处，共1233孔，另外还有站场建筑，防护圬工，软基处理。

2010年累完成74630.95万元，占年度计划64068万元的116.48%，累完74630.95万元，占施工总额476617.85万元的15.7%。

工程进度：

路基土石方：区间土石方设计890.91万立方米，累完247.37万立方米；站场土石方设计545.48万立方米，累完82.79万立方米。

桥梁：桥梁设计65座共17874.95延米、开工25座、主体完工1座。累完3396.23延米，占设计的19%。

涵洞：涵洞设计158座、到图92座，开工82座、主体完48座。设计5931.65横延米，累完2011.02横延米占设计的33.9%。

隧道：隧道设计14.5座、开工9座。设计26158成洞米，累完3600.71成洞米占设计的13.8%。其中重点工程发鸠山隧道全长14568米(里程D2K440+342～D4K454+910)，一局施工出口7284米，设计两座斜井。发鸠山隧道12月22日图纸到位，3号斜井、4号斜井辅助坑道已开始进行施工，止25日3号斜井已开挖28米/918米、4号斜井开挖10米/968米。发鸠山隧道出口正在进行洞门及边仰坡施工。

【德龙烟铁路德州至大家洼段Ⅲ标段】 中铁一局承建。德龙烟铁路德州至大家洼段Ⅲ标段开累完成45693.64万元，占业主下达年度计划39722万元的115%。完成总投资251458.1万元的18.2%。进展情况如下：

征地拆迁：设计4333.8亩，完成3847.5亩，占设计89%，已清表3359亩，占设计的77.5%。

三电迁改：需迁移主要高压线路153趟、已迁移74趟。需迁改通信线路72.528公里、已完成64公里。

特大桥：设计8座，已开工3座。(黄河特大桥和跨宅羊铁路特大桥、跨东青高速公路特大桥)。其中全线控制工程黄河特大桥桩基2010年10月18日正式开钻。栈桥612米2010年10月14日完成。黄河特大桥已上钻机38台，累计成桩195/2333根，大干场面已经形成。水中墩100号墩已完成5根桩，101号墩完成3根桩，102号墩钻孔桩完成3根桩。

跨宅羊铁路特大桥(29-32米)，已完成全部钻孔桩和其中的25个承台，并完成一个墩身。跨东青高速公路特大桥(18-32+1-64+18-32M)钻孔桩已完成20根/208根(因需征用胜利油田下属的胜大农业用地征地事宜一直谈不下来不能全面开工)。

大桥：设计13座，已开工6座。中桥：设计27座，已开工26座。

涵洞：设计225座，已开工84座。

路基：地基处理设计水泥搅拌桩、旋喷桩107万延米，已完成73.96万延米。碎石垫层完成9万立方米，路基土方完成120万立方米。

年内开工特大桥3座，大桥6座，中桥18座，涵渠84座，共计开工111个工点。已到图纸80%，主要缺跨河跨路的图纸。

【贵阳市域铁路久永线】 中铁一局承建。新建久长至永温铁路工程范围为久长站(含)至永温站，全长35.736公里，为设计行车速度120公里/h的II级(单线)电气化铁路。合同工期2010年5月1日～2012年10月31日。

主要工程数量：桥梁31座,长度9.567公里，隧道15座,长度7.6886公里。全线桥隧比重约为48.75%；区间土石方为246.0万立方米，站场土石方243.3万立方米；涵洞50座1623.7横延长米；正线铺轨33.484公里，铺站轨11.95公里，房屋7600平方米。

进展情况：年度计划8567万元(业主调整)，年累完成7963万元，完成计划的92.9%。累计完成7963万元，完成施工总额108971.05万元的7.3%。

路基工程：区间土石方设计224.7万立方米，开累完成70万立方米，占设计的31.2%；站场土石方设计173.6万立方米，开累完成37万立方米，占设计的21.3%；路基附属设计24.5万圬工方，开累完成1.19万立方米，占设计的4.9%。

桥涵工程：桥梁31座/9657.1成桥米，开工24座。年内完成623成桥米，占设计总量的6.5%；涵洞54座/1795.81横延米，本月完成420横延米，开累完成520横延米，占设计总量的29%。

隧道(明洞)工程：隧道及明洞15座/7710成洞米，本月完成354成洞米，开累完成476成洞米，占设计总量7710成洞米的6.2%。

【新建云桂铁路云南段站前工程7标】 中铁一局承建。新建云桂铁路云南段站前工程7标段，线路全长50.9公里，其中正线长26.402公里，联络线长24.529公里。主要工程数量包括：特长隧道(石林隧道)1座18.218公里、短隧道4座999米、桥梁18座8145.04米(新增16～32米桥梁1座)、涵渠133座、路基26.6公里、T梁预制及架设207孔，正线铺轨492.329铺轨公里等。

合同总工期64个月，其中石林隧道计划贯通工期为47.2个月。工期起算日期为2010年6月1日。总造价35.9亿元。

2010年度业主计划31619万元，年累完成8261万元，完成计划的26.1%。累计完成8261万元，完成施工总额359277万元的2.3%。

欠产原因：征拆资金不到位，征拆进度缓慢，施工图纸不到位，开工工点少；石林隧道出口处于土质围岩浅埋段，掌子面暂停开挖，进行支护加强和变形观测，确保施工安全。

重点隧道石林隧道(全长18196米)2010年8月30日正式开工。至年末，正洞开累完成454.2米(含明洞81米)。

辅助导坑：平导全长18122米。进口平导掘进完成551米(含15米明洞)；出口平导176.2米；平导累完727.2/18122米。

1号斜井设计938米，开累515米；累完设计的54.9%。2号斜井设计998米，开累487米；累完设计的48.8%。

存在问题：征地拆迁工作因资金不到位进展缓慢（出口洞顶房屋征迁未完）；施工生产用电尚未全部解决，石林隧道以外大部分桥梁工点大电未接通，自发电施工成本高。当地水资源匮乏，石林隧道1号、2号斜井采用水罐车运水方案，施工成本高。

采取措施：督促电力公司尽快解决大电。钻500米左右深井，缓解缺水难题。

【青荣城际铁路（QRZH-II标段）】 中铁一局承建。2010年度累计完成5000万元，开累完成5000万元，约完成合同量的319642万元的1.56%。

征地拆迁工作：全线红线内征地总计划1934.13亩，房屋拆迁总计划57249平方米，三电迁改总计划388处。勘测定界、红线清点累计36.87公里，红线清表累计完成3.82公里，通信迁改完成1处。

大临建设：本标段设2处梁场，预制箱梁共计765孔，孙家疃梁场设计496孔，红旗梁场设计269孔。孙家疃梁场已开始地质勘探，红旗梁场地质勘探工作已完成。拌和站共建5处，试验室6处。设备进入调试阶段；中心实验室仪器已标定完，资料已备齐，年内进行初验。

前期测量工作：标段CPⅠ、CPⅡ控制网复测及CPⅡ加密全部完成；水准联测全部完成。

图纸到位情况：本标段线路详细纵断面图、线路平面图及夏格庄特大桥、跨蓝烟铁路特大桥部分图纸，路基图7段到位。

存在的主要问题 ：红线内土地补偿费未到位，无法进地。相应配套图未到，无法施工。

【成绵乐铁路5标】 中铁二局承建。新建成（都）绵（阳）乐（山）铁路客运专线C米LZQ-5标段DK171+550～DK181+920段路基、隧道、桥涵等线下工程，正线长10.37公里，其中路基3.9公里、明挖隧道及车站6470米/1座、涵洞420.7米/19座；DK181+920～DK232+500简支箱梁制、运、架926孔；DK171+550～DK232+500无砟轨道板的制、铺及无缝钢轨铺设，其中桥梁段无砟道床44.8公里、路基段无砟道床62.02公里、隧道段无砟道床16.82公里、正线铺轨123.64公里、无砟道岔34组、普通道岔6组。工程总投资40.5亿元，工期29个月。

2010年，完成施工产值188336万元、占年度调整计划186100万元的101.2%，开累完成产值215741万元、占投标总价404581万元的53.3%。主要工程形象进度：路基土石方年度完成52.2万立方米、占年度计划49.6万立方米的105.2%，开累完成79.2万立方米、占设计总量90.1万立方米的87.9%；双流机场隧道年度完成3850成洞米、占年度计划3816成洞米的100.9%，开累完成4966成洞米、占设计总量5527成洞米的89.8%；双流机场站年度完成4.56万平方米、占年度计划4.51万平方米的101.1%，开累完成4.56万平方米、占设计总量8.07万平方米的56.5%；箱梁预制年度完成430孔、占年度计划426孔的100.9%，开累完成484孔、占设计总量926孔的52.3%；箱梁架设年度完成288孔、占年度计划284孔的101.4%，开累完成288孔、占设计总量926孔的31.1%；轨道板预制年度完成6883块、占年度计划6673块的103.1%，开累完成6883块、占设计数量19941块的34.5%。

【广珠城际轨道交通工程ZH—2标】 中铁二局承建。该标段起讫里程为主线DK43+934.47～DK62+822.49，线路长18.888公里；支线由中山小榄至江门JDK45+233.09～JDK71+265.48，线路长26.038公里。全标段线路长度约44.926公里，总投资27.78亿元，合同工期28个月。

2010年，完成施工产值50782万元，为公司下达年度计划31083万元的163.4%。完成现浇站台梁124片，占设计172片的72.1%，累计完成100%；完成现浇单箱梁23片，占设计63片的63.5%，累计完成100%；完成现浇连续梁9联合拢，占设计43联的20.9%，累计完成100%；完成预制箱梁882片，占设计2641片的33.3%，累计完成100%；完成箱梁架设1294片，占设计2641片的49.0%，累计完成100%，各节点目标均完成业主公司的考核计划。

7月4日完成无砟轨道施工任务。12月5日完成第三遍设计总长度89.1公里轨道精调任务。桥面系施工克服项目繁多，站房、四电等站后单位施工的交叉干扰等因素，加大物力、人力的投入，对全标段路缘石、电缆槽及盖板、栏杆、声屏障、防水层、检查吊篮、疏散通道等桥面系工程实行工期倒排，确保了按期全部完成。防水层设计总量89.1公里；声屏障设计总长度15.4公里（包括新增1.8公里）；栏杆设计总长72.3公里；电缆槽盖板总计182063块。完成设计2处4个铁跨公限高架；完成疏散通道设计6处；完成站坪土石方14.5万立方米，占设计总量19.3万立方米的75.1%，均超前于业主考核计划。

【龙厦铁路LX-Ⅲ标】 中铁二局承建。该标段线路全长48.531公里。为中铁二局股份有限公司与中铁六局集团太原铁路建设有限公司联合体中标，中标合同价158807.77万元，合同工期28个月（851日历天），即2008年8月10～2010年12月9日。其中，中铁二局施工里程起点为DK53+784，终点里程为DK91+331.04，管段全长37.547公里，任务总额约为129142万元。

2010年是龙厦铁路的收尾年，全线正线工程已经全部完工，达到交验要求。由于龙岩站站改方案未定，造成该部份工程2000万不能施工，指挥部全年共计完成施工产值6106万元，为公司下达年度计划6732万元的90.7%。累计完成产值14.4亿元，为合同总价13.39亿元的107.54%。

完成路基土石方171万立方米，附属圬工84513立方米，植草109489.5平方米，植树30287株； 声屏障22255平方米，防护栅栏16.3公里；完成桥梁20座，8552成桥米。其中桩基础2918米，承台256个，墩台身4746米，连续梁1204.3米。完成隧道11座，17,752成洞米；完成涵洞52座，1,683横延米；完成三电迁改819处，总长56.3公里；龙岩东站、铁山洋站和漳龙铁路铁山洋至龙岩东站既有线改造全部完成，共计完成铺轨 11.55 公里；上砟完成 11.5 万立方米，占设计的 55%；整道完成 19.6 公里，占设计的 58.7%；马坑尾矿尾闭库完成土方 54000 立方米，排渗管 2730 米，水沟 580 米，占设计的 85%。

【哈大铁路客运专线 TJ-1 标】 中铁二局承建。该标段长 75.3 公里，主要为线下工程及全标段铺轨等。2010 年，完成施工产值 18.5 亿元，为公司年度计划 11.3 亿元的 134%。完成隧道 333 成洞米，预制轨道板 13526 块，底座砼 27350 双米，铺板 65696 双米；正线铺轨 699 单线公里，为设计总量 758 单线公里的 92%，站线铺轨 9.4 单线公里，为设计总量 63 单线公里的 15%。各个节点工期分别兑现， 8 月 30 日，实现 “决战 55 天铺轨出管段” 目标；10 月 30 日，提前 15 天铺轨贯通沈阳至大连段，取得哈大客专建设决定性胜利。

【成都至都江堰铁路站前Ⅱ标工程】 中铁二局承建。该标段（DK19+407～DK56+435）正线全长 37.028 公里，另从线路正线引出到离堆公园支线长 5.96 公里，从离堆公园支线到线路正线引入左联络线 2.09 公里，右联络线 1.724 公里。主要工程包括郫县特大桥 343 号-434 号墩部分、安德特大桥、崇义特大桥、聚源特大桥、都江堰特大桥、左右支线特大桥、左右联络线特大桥；6 段路基；安德、都江堰 2 座高架车站；聚源、青城山 2 座地面车站；3 座地下车站和唯一的隧道——都江堰支线隧道；91 公里无砟轨道和 129.2 公里无缝线路轨道铺设，道岔 32 组，轨道板安装 16350 块。合同造价 35.3 亿元，合同工期 14.2 个月。施工地段主要集中在世界自然文化遗产青城山——都江堰核心景区内，工程呈现出工期紧、任务重、施工难度大、灾后重建施工环境复杂、环保水保要求高的特点。

2010 年，完成投资 58052 万元，占年计划 56268 万元的 103.2%；累计完成投资 374237 万元占合同总投资 368861 万元的 101.5%。1 月 26 日铺轨工作顺利完成； 3 月 19 日～5 月 11 日，采用重联动车组和轨道检测车对全线站前、站后工程进行联调联试和动态检测。4 月 9 日，评审委员会现场进行初验并通过验收。4 月 12 日，全线通过安全评估。5 月 12 日成灌铁路正线按期顺利开通。支线联络线桥梁、路基已完成铺轨已完成；支线隧道 1、2 区间及迎宾站主体工程完成。

【向塘至莆田铁路 FJ-5B 标工程】 中铁二局承建。该标段全长 30.322 公里，工程总价为 15.35 亿元，位于福州市永泰县境内，分为两段，一段起讫里程为：DK462+638.45-DK472+640，长度 10001.55 米，主要工程为高盖山隧道进口段（左线 9882 米，右线 9898 米）和后角岭左、右线中桥；另一段起讫里程为：FDK494+603-FDK514+923，长度 20320 米，主要工程包括洋门隧道出口段 2（3169 米）、梨壁山隧道 2（1133 米）、南洋 2 号隧道 2（603 米）、南洋隧道 2（4053 米）、下楼隧道 2（1102 米）及金瓜山隧道进口段 2（7106 米）等 7 座隧道，文埕湾大桥 2（187 米）、大漳溪台口特大桥 2（732 米）、南洋 1 号大桥 2（205.5 米）、南洋 2 号大桥 2（295 米）、青坑中桥 2（43.5 米）5 座桥梁，涵洞 2（1～1.5 米）1 座、1～2 米 2 座、1～3 米 1 座、1～4 米 两座等 7 座涵洞，路基五段，长 1700 米。

2010 年，完成产值 52625 万元，为公司下达年度计划 45000 万元的 117%，开累完成产值 110891 万元。

【兰渝铁路 LYS—10 标】 中铁二局承建。该工程位于四川省广元市元坝区、苍溪县境内；铺架工程位于甘肃省境内。标段线下工程全长 31.575 公里；铺架工程全长 393.358 公里。主要工程量为：土石方 87.75 万断面方，桥梁 2950 延长米，隧道 26213 延长米，涵洞 199.18 横延米，预制及架设 T 梁 3139 单线孔。合同总金额 40.97 亿元，其中线下工程 15.47 亿元，铺架工程 25.5 亿元。总工期 54 个月（含铺架工期）。本标段工程具有线下工程桥隧比例大、地质条件复杂、便道高差大、安全生产压力大、铺架工程跨度长、工程建设标准高等特点。

2010 年，是兰渝铁路的“管理年、大战年”。兰渝项目部精心组织，科学安排，完成施工产值 61679 万元，开累完成产值 65752 万元。完成桥梁工程 1222.57 成桥米，开累完成 1274.64 成桥米；完成隧道工程 8969.04 成洞米，开累完成 9233.54 成洞米，完成涵洞工程 150.23 横延米，开累完成 150.23 横延米；完成路基土石方 42 万立方米，开累完成 42 万立方米。

【石武客运专 1 标】 中铁二局承建。该标段起讫里程 DK287+700～DK351+100，全长 63.4 公里。其中路基 16 段，全长 26.4 公里，桥梁 15 座，全长 37 公里；铺轨起讫里程 DK287+700～DK601+000(626.6 公里)。计划工期 38.5 个月，计划竣工时间 2011 年 12 月 31 日。

2010 年是石武项目的决战决胜年。完成建安产值 16.28 亿元，占年度计划的 12.91 亿元的 126.1%。工程形象进度为：CFG 桩完成 297 公里，累完 4731 公里，为设计总量的 95.9%；桥梁桩基完成 91 根，累完 10728 根，为设计总量的 100%；承台完成 111 个，累完 1167 个，为设计总量的 100%；墩台身完成 182 个，累完 1167 个，为设计总量的 100%；路基土石方完成 70.1 万立方米，累完 505.7 万立方米，为设计总量的 94.9%；预制梁完成 483 孔，累完 1123 孔，为设计总量的 100%；架梁完成 717 孔，累完 1123 孔，为设计总量的 100%；轨道板预制 16295 块，累完 19508 块，为设计总量的 100%；轨道板粗铺 15347 块，为设计总量的 78.7%；轨道板灌浆 15242 块，为设计总量的 78.1%；完成道岔 28 组，为设计的 53.8%；底座砼完成 37.7 公里，为设计的 100%；支承层完成 24.9 公里，为可施工地段的 100%；长轨铺设 180 公里，为设计总量的 28.8%。

【厦深铁路 XSFJ-Ⅱ标】 中铁二局承建。该标段位于福建省漳州市境内。起点里程 DK42+800，终点里程 DK91+331.04，全长 48.531 公里。为中铁二局股份有限公司与中铁六局集团太原铁路建设有限公司联合体中标，中标合同价158807.77万元，合同工期28个月(851日历天)，即2008年8月10～2010年12月9日。其中中铁二局施工里程起点为DK53+784，终点里程为DK91+331.04,管段全长37.547公里,任务总额约为129142万元。主要工程包括桥梁、路基、隧道、涵洞及漳浦车站，其中桥梁20座，总计12.86公里，设一个预制梁场，预制架梁239孔（箱梁236孔，T梁3孔)，移动模架现浇箱梁146孔，满堂支架现浇箱梁4孔，挂篮施工40+64+40连续梁一联；涵洞55座，总计1.614公里；隧道7座，总计7.954公里；路基23.147公里。重点工程：大尖山隧道（5448米)，官园双线特大桥（1223.736米)，四方双线特大桥（1647.22米)，鹿溪双线特大桥（2830.895米)，军营埔双线特大桥（1117.6米)。

2010年度完成施工产值46716万元，为东南沿海铁路福建有限责任公司下达年度计划46500万元的100.5%,开累完成125334万元。完成桥梁工程6060成桥米，为计划6000成桥米的100.1%,其中梁场完成预制箱梁206孔，移动模架现浇箱梁35孔，开累完成桥梁工程11890.3成桥米，为设计总量的92.4%；完成隧道工程2778.4成洞米，为计划2545成洞米的109%，7座隧道全部实现贯通，其中大尖山隧道于提前3个月顺利贯通，并完成全部主体工程；完成涵洞工程35.88横延米，为计划58的61.9%，开累完成1602.9%；完成路基土石方148.9万立方米，为计划90万立方米的165%，开累完成433万立方米，为设计总量的98.8%。

【贵广铁路GGTJ-1标段】 续建工程，中铁二局贵广铁路指挥部组织施工。贵广铁路GGTJ-1标段，位于贵州省黔南州龙里县至都匀市区间。线下工程起讫里程为DK36+960～DK106+220，线路全长69.26公里，其中，路基总长8.233公里，占线路总长11.9%。隧道23座，总长49.739公里，占线路总长的71.8%。桥梁37座，总长11.288公里，占线路总长的16.3%；制、架箱梁321孔，T梁132孔；铺轨工程全长213.85公里。标段合同总投资47.34亿元，2008年12月16日中标，开工时间为2008年12月19日。

2010年,完成施工产值10.2亿元。隧道开工23座,完成19983成洞米；桥梁开工24座，完成2723延米；路基开工6段，完成土石方75.6万立方米。其中，大战120天完成施工产值5.64亿元。

【京沪高速铁路土建二标】 续建工程。中铁二局京沪高速铁路项目部承建京沪高速铁路土建二标沧德特大桥DK285+903～DK326+192.25段施工任务,全长40.289公里。主要工程量有1237个墩台，1236片梁；桥面系40.289双侧公里；无砟轨道底座板80.56公里，铺设无砟轨道板12396块；正线轨道精调80.56公里；屏障工程43.2公里；桥下防护栅栏19.2公里；桥下绿化工程40.28公里。

新增石济客专上跨京沪高速铁路(48+80+48米)连续梁桥,起讫里程DK189+543.94～DK189+721.64，全长177.7米，与京沪高速铁路左线交于DK318+099（K304+990)。

2010年，按照总体施组要求，超前思考，提前谋划，京沪项目以“2011年2月1日结束全部桥上工程，达到联调联试条件，2011年7月份全线开通运行”为终极目标，重点围绕轨道施工展开工作，全年完成建安产值5.60亿元，累计完成建安产值25.27亿元，为合同总额的97%。

【广深港客运专线ZH-3标】 续建工程。中铁二局广深港客运专线项目经理部组织施工。全长7.328公里，含深圳北站工程、2座隧道（高峰一、二号隧道)、2座特大桥（高峰水库特大桥、龙塘特大桥)、4座大中桥、12座涵洞和4公里路基工程。

2010年共完成施工产值14.02亿元，完成对业主验工10.52亿元(已完合同外工程暂不能验工3.5亿元)，分别为公司下达全年任务5.44亿元的258%和193%，超额完成了任务。

【成渝铁路客运专线5标】 新建工程。由中铁二局成渝铁路项目经理部组织施工。新建成都至重庆铁路客运专线是铁道部与四川、重庆两省深化战略合作、加快西部大开发的重大举措。线路全长308公里，设计时速350公里，预计2014年建成。中铁二局承建CYSG-5标，2010年9月中标，中标价313692.0462万元，合同工期为2010年9月1日至2014年2月28日。线路起讫里程为DK240+154.2～DK289+100，正线长度48.945公里，主要包括路基工程约18.08公里,路基土石方总断面方约为667.61×104立方米，其中区间路基土石方464.63×104立方米，站场土石方202.98×104立方米；CFG桩250295米，水泥搅拌桩214243米，改良土92.95×104立方米。正线桥梁18178.75米/23.5座，其中复杂特大桥6850.08米/3.5座，一般特大桥6659.86米/5座，大桥4119.37米/9座，中桥549.44米/6座；框架涵33座，框架桥8座，渡槽1座，人行天桥2座，公路立交桥10座。隧道12684米/5座。车站2个（永川东站和璧山车站)，均为中间站。梁场1个负责生产544孔箱梁；板场1个，负责预制DK213+100～DK306+302段轨道板及负责安装DK240+154.2～DK289+100段轨道板。

2010年，共完成产值14986万元。全线共完成征地1894.158亩（永久性600.538亩、临时用地1293.62亩)；完成房屋拆迁4185平方米(其中1600平方米为临时房屋拆迁面积)。完成“三电”迁改137处；完成管线拆迁6处；主体工程：完成桥梁折合成桥236.35延长米；完成隧道折合成洞46.3延长米；路基共完成土石方22万立方米。大临工程：完成便道施工累计57.996公里。璧山梁场梁场累计完成80%。

【京福铁路客运专线8标】 新建工程。中铁二局京福铁路客专闽赣Ⅷ标项目经理部组织施工。京福铁路客运专线是海峡西岸经济区第一条标准最高、速度最快、投资最大的高速铁路，是沟通华中与华南地区的一条大能力客运通道，是铁道部和福建省合作建设的十大铁路项目之一。线路全长806公里。该客运专线闽赣段正线全长467公里，其中江西省境内184公里，福建省境内283

公里。

新建京福铁路客运专线共划分为8个施工标段，中铁二局承建的京福铁路客专闽赣Ⅷ标段线路起讫里程为DK741+245～DK812+640，起于古田隧道出口，止于福州车站，全长71.067公里，中标金额50.74亿元。合同工期自2010年4月18日至2013年7月31日共计1200个日历天。主要工程内容包括：三电迁改及永临结合、道路改移、桥梁、涵洞、路基、隧道、轨道、车站和站后房建等。其中：区间路基4320.3米，占线路总长的6.1%；站场2个，即闽清北车站、福州站；桥梁14351.2米/29座，占线路总长的20.2%，特大桥13座/11195.7延米。；隧道49980米/15.5座，占线路总长的70.3%，1公里以上隧道10座/47970米。其中闽清、闽侯、梧山隧道分别长10507米、7933米、8428.68米，是管段内重点控制性工程；铺设无砟道床128.01公里；铺轨460.23铺轨千米。

2010年，开累完成完成施工总产值48821万元，为股份公司年度计划产值48666万元的100.3%。

【青岛北客站综合（ZH）Ⅰ标】 新建工程，由中铁二局青岛北客站及地铁工程指挥部组织施工。青岛北站（含站场、站房及相关配套工程）为8台18线，车站站房建筑为地上二层、地下三层和局部设置夹层，总建筑面积为61395平方米(不含地下二、三层)，站台无柱雨棚覆盖面积70690平方米。青岛北客站及相关工程造价307804万元，其主要规模涉及路基工程4.2公里，桥涵工程有五线中桥1座/60.4米、框架桥8座/16127.6顶平米；涵洞15座/861横延米；行包地道7072顶平米；人行天桥1座/101.8米；房屋建筑面积67396平方米，无站台柱雨棚面积70690平方米；正线铺轨15.28公里，站线铺轨17.34公里。

截至2010年年底，本工程累计完成施工产值73642万元，占合同总价30.78亿元的23.9%。

【林织铁路】 新建工程。中铁二局林织铁路工程指挥部组织施工。新建林歹至织金（新店）铁路全长129.277公里。标段合同总投资29.16亿元，于2010年9月1日正式开工。标段内新建线路96.715公里,改建既有线长度32.562公里，全线共设车站11个。

2010年，全年共完成建安产值1.78亿元，为公司下达计划1.15亿元的155%，为建指下达计划1.77亿元的100.6%。开累完成建安产值1.78亿元，为合同总量29.16亿元的6.1%。

【兰新铁路第二双线LXTJ5标】 新建工程。中铁二局兰新铁路第二双线项目部承担新建铁路兰州至乌鲁木齐第二双线站前工程项目LXTJ5标施工任务。该标段位于新疆吐鲁番地区管辖的鄯善县和吐鲁番市境内，起于新疆吐鲁番地区和哈密地区交界附近（DK1489+000），向西延伸至新建吐鲁番北站西端出口(DK1679+000)，标段全长187.905公里，主要工程：路基设计全长165.078公里，土石方1921万立方米，桥梁设计22.827公里，共计87座，其中特大桥8座，计12.346公里；大桥37座，计8.592公里；中桥24座，计1.642公里；小桥18座，计0.247公里；制架T梁836孔，槽型梁75孔；涵洞设计418座，共计9293.3横延米；双块式无砟道床187.905双线公里；新建吐哈、鄯善北、吐鲁番北3座车站（只做土石方工程），合同总价58.25亿元。标段工程合同开工日期为2010年1月1日，完工日期为2012年12月10日。总工期35.3个月。

2010年，全年累计完成施工生产任务164393万元，占年度计划162289万元的101.3%，占合同总价582548万元的28.2%，完成投资计划。主要工程形象进度：路基土石方完成1838万立方米，占设计数量的95.7%；桥梁工程（下部结构）完成8696成桥米，占设计数量的64%；T梁共预制完成686片，占设计数量的20.5%；架设T梁完成88片，占设计数量的2.6%；涵洞工程完成5747横延米，占设计数量的63.2%；鄯善轨枕场建场完毕，还未开始预制双块式轨枕。

【大西铁路客运专线站前9标】 新建工程。2010年3月中标大同至西安铁路客运专线站前工程9标段工程，中铁二局大西铁路客运专线指挥部组织施工。

线路全长55.451公里，主要工程量：路基工程约10公里，路基土石方总断面方约为397万立方米,其中区间路基土石方196万立方米，站场土石方202万立方米。正线桥梁44852.31米/14座，其中双线箱梁特大桥43355.31米/8座，大中桥1497米/6座；联络线单线T梁特大桥1850.63米/2座；涵洞416.05横延米/37座；旅客地道1541.2平方米/3座。预制架设简支箱梁1355孔，T梁48孔，设箱梁预制场2座，T梁制存梁场1座。隧道：535米/1座。车站2个(闻喜西站和运城北站)，均为新建中间站。铺设CRTSⅠ型双块式轨枕无砟道床108.7公里，其中路基地段19.2公里、桥梁地段88.7公里、隧道地段0.8公里。设1个铺轨基地，正线铺轨843.8公里、站线铺轨38.2公里、铺道岔160组、正站线铺设粒料道床12万立方米。

合同工期为2010年3月10日开工建设，计划于2013年开通运营；合同造价636953万元。

2010年是大西客专的开局之年，全年完成产值120357.88万元，占年度计划111331.00万元的108.11%，占合同额636953.15万元的22.04%。

【津保铁路4标】 新建工程。中铁二局津保铁路第四标段项目经理部组织施工。2010年9月，公司中标新建天津至保定铁路工程JBSG-4标段，该段位于河北省霸州市、保定市境内，工程造价29.8亿元，合同工期2010年9月11日至2013年2月11日。JBSG-4标段包括津保正线DK55+224.36～DK96+813.4，正线长度41.58904公里，京九联络线左线HLDK97+000～霸州西站站中心，右线HLDK96+600～霸州西站站中心，左线长1.257公里，右线长1.244公里。主要工程量为：路基工程21.6公里，以填方为主，包括区间路基土石方约为273.4万立方米；站场土石方约143万立方米，水泥砂浆桩约227万米，碎石桩约403万米，CFG桩17.8万米，多方位水泥搅拌桩6.24万米，旋喷桩0.71万米。桥梁21203米/9座，其中一般特大桥20706.12米/5座，大桥442.8米/2座，中桥110.32米/2座；包括连续梁4联，其中两联40+64+40米和两联32+48+32米连续梁。双线整孔箱梁642孔，箱梁预制场1个。正线铺轨263.862公里，站线铺轨19.931公里。

2010年，津保铁路项目经理部完成产值6686万元，为年度计划的154%。

【京沪高速铁路JHTJ-5标】 中铁三局承建。合同价款：113.1577亿元。合同工期：2008年1月15日至2012年12月31日。业主调整工期：2010年12月31日前完成全部建筑安装工程（含铺轨），2011年元月底前完成静态验收，2011年2月15日配合四电、联调联试运行，2011年7月1日前通车。

形象进度：征地拆迁、三电迁改工程及三改工程全部完成；路基及附属防护（除声屏障安装）、桥涵、隧道以及轨道板铺设、正站线铺轨和站场建筑设备工程全部完成；铺设道岔58组、道碴13.66万立方米，轨道精调完成35%。

2月1日箱梁预制全部完成；3月21日完成架梁；7月9日京杭运河特大桥连续梁拱合拢；7月9日京沪高铁轨枕板预制完成；4月28日开始铺板，10月7日铺板结束；8月18日开始铺轨、11月15日铺轨结束；10月30日无砟轨道全部铺设完成。

【沪宁城际HNCJZQ2标】 中铁三局承建。合同价款：23730万元。合同工期：2008年7月1日-2010年7月1日。

形象进度：路基、轨道、桥梁、房建工程工程全部完成；铺设CRTSⅠ型板式无砟道床18.6单线公里；安装防护栅栏9309米。

1月4日开始铺设轨道板；2月21日铺轨通过2标段；4月8日全线开始联调联试；7月1日正式开通运营。

【石武客专（河南段）SWZQ-1标】 中铁三局承建。合同价款：62.4199亿元。合同工期：2008年10月15日至2012年6月30日。业主调整工期：2010年6月底架梁完成、2010年10月底铺板完成，2011年1月1日铺轨，2011年4月30日联调联试，2011年12月31日正式运营。

形象进度：路基工程完成剩余土石方及附属工程；桥梁工程完成箱梁预制903孔、架设1043孔、6联连续梁以及桥梁附属和桥面防护等；站场扶壁式挡墙、旅客地道、站台墙等全部完成；无砟轨道CRTSⅡ型轨道板预制18455块、铺设16278块、站场双块式无砟轨道3410延米全部完成。

2月8日鹤壁北制梁场开始架梁；6月27日开始轨道板铺设；8月2日箱梁预制完成；8月26日全线最大跨度连续梁跨京珠高速公路80+128+80米连续梁按期合拢；9月16日箱梁架设完成；10月30日无砟轨道铺设完成。

【杭甬客专HYZQ-1标】 中铁三局承建。合同价款：62.0160亿元。合同工期：2009年3月1日至2011年12月31日。

形象进度：路基工程：区间土石方全部完成，站场土方完成9.7366万立方米，完成管桩216937米、筏板、桩帽18483米、碎石垫层2.6万立方米、高压旋喷桩18575延米、A、B组填料6万立方米；桥梁工程：钱江铁路新桥南引桥钻孔桩、承台、墩台身全部完成，连续梁完成77378圬工方，箱梁预制186孔、架设94孔，桥面系完成3946延米；萧山特大桥钻孔桩、承台、墩台身全部完成，连续梁完成39843圬工方，箱梁预制102孔、架设44孔，桥面系完成1296延米；柯桥特大桥正线钻孔桩、承台、墩台身全部完成，连续梁完成46069圬工方，箱梁预制368孔、架设352孔，桥面系11633延米；高架站钻孔桩、承台、墩身19186方全部完成，连续梁完成5345圬工方，异形梁完成27514圬工方；凤凰山隧道全部完成；五峰寺隧道贯通，衬砌完成2798米；CRTSⅠ及CRTSⅡ型无砟轨道板板预制全部完成。

4月11日开始架梁；7月30日完成萧甬下行线及萧浙联络线转线。

【广珠城际铁路ZH-1标】 中铁三局承建。合同价款：40.2亿元。原合同工期2006年5月31日～2008年12月31日。后业主调整至2010年9月30日完成铺轨，10月20日完成站房及雨棚，10月31日完成静态验收，11月10日联调联试，年内开通。

形象进度：箱梁制架、轨道板预制架设全部完成；铺轨完成270单线公里。

5月23日制梁完成；6月14日架梁完成；6月20日部工管中心首组道岔铺设评估；8月8日开始始铺轨；10月11日完成铺轨；10月27日开始静态验收；11月23日至12月17日进行联调联试。

【海南东环4标】 中铁三局承建。合同价款：319699万元。合同工期：2007年9月28日至2011年9月29日。

形象进度：海棠湾梁场完成剩余32.5孔箱梁预制；剩余72孔箱梁架设全部完成；田独1号隧道剩余衬砌完成达铺轨条件；轨道工程完成剩余正线铺轨297公里、站线铺轨15.1公里、新铺道岔59组，上砟81.6万立方米；

1月8日海棠湾梁场完成箱梁预制；1月31日田独1号隧道衬砌完成达铺轨条件；3月26日完成箱梁架设；7月3日完成剩余正线铺轨；8月14日开始静态验收；11月15日开始联调联试；11月26日通过初验；12月30日在海口东举行海南东环线开通仪式。

【宜万铁路W25标】 中铁三局承建。合同价款17779万元。合同工期2006年11月23日～2009年12月31日。

业主调整工期：齐岳山至白果段铺架2010年5月开始，7月31日Ⅰ线铺架到白果，Ⅱ线8月10日铺通，9月10日线路达到铺架条件。

形象进度：轨道工程完成剩余正线铺轨140.6公里、站线铺轨 5.252 公里，铺道岔 31 组，架梁 297.5 孔；9 月 29 日至 10 月 21 日完成万州站改，新铺及拆铺轨道 4.2 公里、新铺岔 17 组、拆铺道岔 15 组。

3 月 4 日组织宜万 W25 标长大坡度铺架方案审查；5 月 6 日组织对铺架设备在大下坡道上工况模拟试验审查；左线铺轨铺出宜万线 12 标；8 月 9 日 Ⅰ 线铺轨完成；9 月 8 日 Ⅱ 线铺轨完成，全标段铺架结束；11 月 28 日 4、7、12、25 标段初步验收和安全评估通过；12 月 22 日举行开通仪式。

【向莆铁路 JX-4B 标】 中铁三局承建。合同价款：154000 万元。合同工期：2008 年 10 月 1 日至 2011 年 9 月 30 日。

形象进度：路基土石方累计完成 881.96 万立方米；涵洞设计 126 座，主体完工 122 座；桥梁设计 35 座主体完成 25 座，累计完成 13367 延米。

重点工程武夷山隧道：进口至李家斜井开挖完成，衬砌完成 2556.6 米；李家斜井（施工正洞 2550 米）开挖完成 1991.9 米，衬砌完成 1491.9 米；坊上斜井（施工正洞 2351 米）进口方向开挖完成 1680.5 米，衬砌完成 1063.4 米；出口方向开挖完成 1174 米并贯通，衬砌完成 852.9 米。

9 月 21 日武夷山隧道进口与李家斜井贯通；出口方向 12 月 19 日与 24 局贯通。

【西平铁路 XPS-1 标】 中铁三局承建。合同价款：140930 万元。合同工期：2008 年 12 月 20 日至 2012 年 2 月 20 日。

形象进度：路基工程累计完成土方 636.15 万立方米、浆砌片石 12.45 万立方米；桥梁累计完成大、中桥 3155.48 延长米，架梁 8 孔，公铁立交桥累计完成 9949 顶平方米；涵洞累计完成 166 座，折合 2154 横延米；隧道累计完成 4072.27 成洞米；铺轨基地建成，正线铺轨完成 6.6 公里，铺新道岔 19 组，拆除既有线路 2.269 公里，拆除道岔 17 组，重铺道岔 9 组；茂陵通信信号机械室、阳峪车站综合楼、蒿店车站综合楼主体完工，南市牵引变电所、灵源加压泵房、灵源综合楼地基处理完成。

5 月 8 日中咀 1 号隧道贯通；10 月 8 日组织田家窑 2 号大桥 0 号段及悬臂梁体施工方案审查；11 月 10 日茂陵站改实现全站信号联锁换装；12 月 1 日铺架施工正式开始，实现全线首铺首架施工。

【南广铁路 4 标】 中铁三局承建。合同价款：164600 万元。合同工期：2009 年 3 月 1 日至 2011 年 11 月 30 日。

形象进度：路基工程累计完成区间及站场土石方 587.32 万立方米；涵洞设计 121 座，主体完 118 座；桥梁完成 20637 延长米，占设计 29133.5 延长米的 70.8%；红岩隧道 422 米主体完成；贵港梁场制梁 474 孔于 12 月 23 日全部完成，5 月 8 日开始架梁，完成架梁 384 孔；桂平梁场（设计 375 孔）完成制梁 59 孔。

重点工程郁江特大桥（设计 338 个墩台）：明挖扩大基础完成 17 个全部完成；钻孔桩完成 2141 根，承台设计 321 个完成 307 个；墩身设计 336 个完成 317 个；主塔 24 节完成 8 节；边跨 36 米钢梁拼装完成；南宁端辅跨拼装做准备。

4 月 28 日组织召开南广围堰封底方案审查；5 月 4 日组织郁江主桥承台大体积混凝土专项方案审查；5 月 8 日开始架梁；5 月 14 日郁江双线特大桥水中墩钢围堰混凝土封底完成；8 月 14 日桂平梁场开始制梁。

【广珠复工 4 标】 中铁三局承建。合同价款：131267 万元。合同工期：2008 年 5 月 16 日至 2011 年 12 月 15 日。

形象进度：路基工程累计完成区间及站场土石方 258.4 万立方米；桥梁工程累计完成双线特大桥 1731.95 延长米、大桥 947.1 延长米、单线特大桥 101.2 延长米、中桥 142.33 延长米、小桥 532.85 顶平米，涵洞累计完成 1137.12 横延米；隧道工程累计完成双线隧道 4027.69 成洞米、单线隧道 94.6 成洞米。

重点工程江门隧道全长 9185 米，其中暗挖段 4685 米、明挖段 4500 米，暗挖段累计完成 3583.9 米，明挖段累计完成 2911 成峒米，累计完成 6494.9 米，剩余 2690.1 米；进口承担正洞 2342 米，开挖累计完成 1748.5 米，剩余 593.5 米；新增竖井承担正洞施工 473 米，开挖完成 86.6 米，剩余 Ⅴ 级围岩 386.4 米；斜井承担正洞施工 1238 米，完成 1116.8 米，剩余 121.2 米，出口方向 913 米已贯通，进口方向剩余 121.2 米；竖井承担正洞施工 632 米已贯通；明挖段 4500 米，完成 2911 成洞米，剩余 1589 米。因围岩变化较大，现场施工组织难度大，总体进度滞后。

【厦深铁路 2 标】 中铁三局承建。合同价款中标价 76592 万元。合同工期 2008 年 9 月 1 日至 2011 年 2 月 28 日。

形象进度：路基工程累计完成土石方 323.45 万立方米，占设计 328.37 万立方米的 98.5%；涵洞设计 53 座，累计主体完成 52 座；桥梁工程累计完成特大桥 1215.59 延长米，占设计 1328.304 延长米的 91.5%，松寿头特大桥悬灌梁 11 月 12 日合龙；累计完成大桥 1118.95 延长米，占设计 1424.7 延长米的 78.5%；飞蛾山隧道开累完成 358 成洞米；预制箱梁累计完成 575 孔，占设计 579 孔的 99.3%；吊装箱梁 25 孔。3 月 10 日安能公司开始架梁。

【六沾铁路 6 标】 中铁三局承建。合同价款：22000 万元。合同工期：2008 年 1 月 1 日—2010 年 9 月 30 日。

形象进度：完成剩余路基 AB 填料 17 万立方米、附属浆砌、挡墙、抗滑桩等 6.5 万立方米；新增跨线桥 4 座完成 2 座，新增专用线框架桥 1 座完成。

【多丰铁路 4 标】 中铁三局承建。合同价款：42000 万元。合同工期：2007 年 10 月 20 日—2010 年 5 月 20 日

形象进度：路基工程完成石方开挖 2.456 万立方米，占设计 19.8746 万立方米的 12.4%，完成区间路基 A 组及 AB 组填料 33.07 万立方米，占设计 42.919 万立方米的 77%；站场 AB 组填料完成 3.943 万立方米，占设计 12.688 万立方米 31%；加固与防护工程

完成土方4.028万立方米，占设计4.0616万立方米的99%；浆砌石完成8.668万立方米，占设计24.7475万立方米的35%；涵洞剩余四座正在施工；平顶山隧道完成5952成洞米，占设计6813米的87%。

【准朔铁路5标铺架】 中铁三局承建。合同价款：67218万元。

合同工期：2010年10月1日—2011年11月30日

形象进度：铺轨基地土方完成90%，铺轨900米，铺设龙门架走行线975单延米、临时道岔2组；生活办公房屋已全部完成；长征Ⅱ型铺轨机到场；进场钢轨11.375公里、砼枕3000根、木枕2000根、临时道岔6组、120KW发电机组2台、长轨龙门架32台、24米龙门架5台；铺轨基地接轨方案设计已出图，正在与太原铁路局协商确定；制梁场9月11日开始制梁，开累制梁4孔；隧道整体道床59110根双块式轨枕预制全部完成。

【哈大客运专线2标段铺轨工程】 中铁三局承建。合同价款：118654万元。合同工期：2007年8月1日—2011年10月15日。

业主调整工期：2010年10月1日开始铺轨,2010年12月28日完成铺轨,2011年3月31日全线贯通。

形象进度：9月22日开始铺轨，12月24日左右线铺轨至终点，比计划工期提前4天完成，受到业主表彰；累计完成铺轨700公里，剩余8公里；铺设无碴道床高速道岔24组；剩余正线铺轨8公里为长春站至翟家营子左右线，因线下未铺板而无法铺轨，计划明年施工；剩余焊轨279公里、2组42号高速道岔、6公里站线铺设等在2011年4月底前完成。

【钦防铁路1标】 中铁三局承建。合同价款：113889万元。合同工期：2010年3月1日—2012年7月31日

形象进度：路基工程完成区间土石方306.5万立方米，占设计437.6万立方米的70%；站场土石方完成10.4万立方米，占设计35.3万立方米的29%；桥梁工程完成5810延长米，占设计8032.8延长米的72.3%;涵洞完成1813.7横延米,占设计2180.19横延米的83%;隧道2座完成225成洞米,占设计288米的78.1%。

2月24日集团公司组织进行施工调查暨项目策划；4月17日工程开工。

【兰新铁路10标】 中铁三局承建。合同价款：32200万元。合同工期：2010年4月1日至2013年12月31日。

形象进度：路基工程完成区间和站场土石方412.4万立方米；桥梁工程：黑河特大桥完成钻孔桩1621根；承台138个，占设计201个的69%；墩台身84个，占设计201个的42%；连续梁桩基全部完成；临泽南跨兰新立交特大桥完成钻孔桩根完成957根，占设计985根的97%；承台完成105个，占设计115个的91%；墩台身完成41个，占设计115个的36%；临泽梁场（设计787孔）制梁完成140孔，架梁完成47孔；轨枕场（设计107万根）制枕完成4200根。

4月1日开始进行大型临时设施施工；5月17日混凝土拌和站建设完成；5月18日进行钻孔桩工艺性试验；6月1日进行地基处理工艺性试验；6月8日中心试验室通过验收；6月26日临泽制梁场建场完成，6月28日浇筑第一孔箱梁；7月28日浇筑第一个桥墩；8月20日首个涵洞主体完成；9月23日临泽制梁场通过铁道部产品质量鉴定检测中心认证；10月9日开始架设兰新铁路第一孔箱梁；10月23日寺儿沟特大桥主体完成；11月23日轨枕场通过验收进行试生产，11月25日通过了中铁西北科学研究院有限公司工程检测试验中心检测。

【大西铁路7标】 中铁三局承建。合同价款：402470万元。合同工期：2010年3月10日至2013年12月31日

形象进度：路基工程完成土方228.1万立方米；洪洞跨汾河特大桥完成5404根桩基、304个承台、墩身160个；李家峰隧道完成466成洞米，其中进口开挖完成181米，出口开挖完成174米，斜井正洞大同方向开挖完成66米，西安方向开挖完成74米；梁场预制箱梁完成200孔，架梁完成3孔。

3月11日集团公司组织进行施工调查和项目前期策划；5月10日进行施工组织设计审查；6月5日标段工程开工；11月17日梁场通过铁道部产品质量鉴定检测中心认证；12月2日洪洞梁场开始架梁。

【中南通道9标】 中铁三局承建。合同价款：184467.5万元。合同工期：2010年4月10日至2014年9月30日。

形象进度：征地拆及大临工程基本完成；路基工程完成区间土石方101万立方米、站场土石方51.3万立方米；桥梁工程完成757延长米，其中高壁滩大桥完成119成桥米；隧道完成4793.6成洞米，斜井完成2342.74成洞米；其中重点工程太岳山隧道（全长16194米）完成719成洞米。

4月8日集团公司组织进行施工调查和项目前期策划；4月18日工程开工；6月15日一分部中心拌合站通过验收；6月8日中心实验室全线第一批通过验收；2010年8月24日标段接通大临供电，成为全线第一个接通大临供电的标段；8月29日太岳山隧道0号斜井完成斜井进入正洞施工，10月31日1号斜井进入正洞施工。

【杭长客专浙江段1标】 中铁三局承建。合同价款：426102万元。合同工期：2010年4月15日至2013年6月30日。

形象进度：永久征地完成323.5亩；路基工程完成土石方8.0421万立方米、地基处理管桩94307米、钻孔桩13255米；桥梁完成钻孔桩2968根、承台188个、墩身112个、连续梁5036圬工方。

2010年4月16日杭长客专浙江段HCZJ-1标段中标；4月17日集团公司组织进行施工调查和项目前期策划；5月8日，集团公司总经理刘宝龙、副总经理杨林浩参加沪昆客专浙江有限公司揭牌仪式；6月5日上午11时，钱江铁路新桥南岸引桥5号墩6

号桩开钻；6月28日铁江新桥南引桥5号墩首个承台混凝土浇注完成；11月30日，铁道部副部长卢春房率领铁道部检查组，在沪昆公司张扬总经理的陪同下，对杭长客专1标工程建设进行检查。

【杭长铁路湖南段 2 标】 中铁三局承建。合同价款：378260万元。合同工期：2010年4月15日至2012年7月31日。

形象进度：路基工程完成土石方228万立方米、软基处理CFG桩70.7万延米；桥梁工程完成特大桥11672延长米、大桥1947延长米、中桥37延长米，其中钻孔桩完成191469米，承台完成107147圬工方，墩台身完成68003圬工方，现浇简支箱梁完成4孔，连续梁悬灌完成1580圬工方；涵洞完成216横延米；箱梁预制完成100孔；双线隧道完成441.7成洞米，单线隧道完成325.6成洞米。

4月14日集团公司组织进行施工调查和项目前期策划；6月7日项目开工；6月18日斜拉转体桥方案论证；8月25日开始预制箱梁。

【福建德宁白马港铁路支线】 中铁三局承建。合同价款：84867万元。合同工期：2010年9月1日至2012年8月31日。

形象进度：完成临时用地完成79亩，永久征地完成21亩；工程因宁德白马港铁路支线有限公司未成立及设计图纸未到位，而无法开工，正在已与业主和设计院进行联系，在正式开工前设计图到位。

【石长铁路 3 标】 中铁三局承建。合同价款：196532万元。合同工期：2010年4月1日—2013年6月30日。

形象进度：路基工程完成土方249万立方米，占设计650万立方米的38.3%；桥梁工程：沩水特大桥桩基完成350根，占设计431根的81.2%；承台完成49个，墩身完成45个；湘江特大桥桩基完成204根，占设计358根的57%；承台完成15个，墩身完成9个；梁场制梁（设计552孔）完成12孔。

2月26日集团公司组织进行施工调查暨项目策划；5月15日工程开工；8月15日开始预制桥梁；9月14日组织湘江大桥等施工技术方案审查。

【新建沪昆铁路客运专线云南段 TJ4 标段】 中铁三局承建。合同价款：405140万元。合同工期：2010年10月1日至2015年3月25日。

形象进度：进场人员832人，机械222台（套）；复测完成；计划临时用地3666亩，完成469亩；永久征地2689亩，完成145.9亩；完成两处三电迁改；大临便道设计83公里，完成11.5公里；计划建7座拌合站，已开工6座；计划建5个钢筋加工厂，已开工4个；路基图到4套/16份，桥图到13套/52份，隧道图到7套/28份；文笔山隧道出口临建业主验收完成。

8月14日集团公司进行施工调查和项目前期策划。10月28日标段完成林勘工作；11月26日地勘工作全部完成；12月28日中心试验室验收通过；12月29日工程开工。

【宜万铁路（汉宜铁路）内资 13 标】 中铁四局承建。工程造价：3.92亿元。

工程位于湖北省宜昌市长阳县榔坪镇和恩施州巴东县野三关镇境内，Ⅰ线起讫里程为DK102+529～DK109+262，线路总长6733米。Ⅱ线起讫里程为DK102+975～DK109+260.5，线路总长6285.5米。主要工程项目有：八字岭（Ⅰ线）隧道、八字岭（Ⅱ线）隧道、救古坪特大桥、救古坪右线中桥、木龙河大桥、木龙河右线大桥和Ⅰ线救古坪特大桥与八字岭（Ⅰ线）隧道进口间连接的13米路基。八字岭隧道Ⅰ线长5867米，最大埋深700米，进口设平导一座长3945米，出口在线路右侧横洞进洞，横洞长177米。八字岭隧道Ⅱ线长6014米，出口在线路右侧横洞进洞，横洞长175米；救古坪左线特大桥22墩2台，长700.85米；救古坪右线中桥2墩2台，长95.00米。木龙河左线大桥4墩2台，长162.99米；木龙河右线大桥5墩2台，长177.20米。开工日期2004年6月4日，开通日期2010年12月23日。参建公司有：中铁四局二公司、四公司和物资公司（材料供应）。2010年完成建安产值1182万元；标段内施工项目全部完成。

【宜万铁路（汉宜铁路）W1 标】 中铁四局承建。工程造价：12.82亿元。

施工里程为K23+580～K25+600及DK000+000～DK003+733，是新建宜万铁路的东起点。宜万铁路建设指挥部调整后的工期安排为：土建工程2007年11月10日完工，东站站房2010年05月30日完成，花艳站改6月底完成，铺架Ⅰ线2010年7月31日铺架到达白果接轨点（DK241+750）。Ⅱ线2010年8月10日铺架到达白果接轨点。主要工程项目包括新建路基、桥涵、客车整备所、机务折返段、花艳站货场改扩建、工务加强领工区、宜昌东站站房和站台雨棚工程以及DK0+000～DK241+750(白果站)里程范围铺架等。开工日期2004年12月，开通日期2010年12月23日。参建公司有：中铁四局二公司、五公司、建筑公司、八分公司、钢构公司、市政公司、装饰公司和物资公司（材料供应）。2010年完成产值32953万元，占局2010年计划25034万元的132%；宜万线2010年12月份已建成通车，线上工程全部完成，除线下工程剩余部分附属和宜昌东站剩余贵宾室装饰未完，其他项目全部完成。

【宜万铁路（汉宜铁路）HYZQ-6 标】 中铁四局承建。工程造价：13.32亿元。

HYZQ-6标段，DK289＋455.51～DK293＋623.24段的土建及DK206+500～DK293+623.24段的铺架工程。工期安排为：土建工程及大临工程于2009年底全部完成，既有梁场改造自2009年4月完成，制梁工程2010年1月完成，铺架工程2010年12月铺架到沮漳河特大桥。2011年4月30日完成全部铺架任务。主要工程项目包括 DK206+500～DK293+623.24 的正、站线土建、铺轨架梁、线路上砟整道、无缝线路施工及桥面挡砟墙施工和汉宜上、下行货车联络线铺轨架梁、线路上砟整道及桥面系安装等铺架工程施工。开工日期 2008 年 9 月 18 日，计划竣工日期 2011 年 10 月 31 日。参建公司有：中铁四局二公司、四公司、五公司、八分公司和物资公司（材料供应）。2010 年度完成产值 59334 万元，占局 2010 年度计划 59545 万元的 100%；T 梁预制完成 640 孔，T 梁架设完成 488 孔，T 梁现浇完成 414 孔，桥面系完成 13199 延长米，正线铺轨完成 59 公里，站线铺轨完成 5 公里，道碴 22 万立方米。

【石武铁路客运专线（河北段）SZ—3 标段工程】 中铁四局承建。合同总造价 47.2 亿元，计划完工日期 2011 年 12 月 31 日，共计 38.5 个月。起止里程为 DK420＋000～DK490＋248，全长 70.248 公里，主要工程为“两桥一站”即：20.11 公里的榆林洺河特大桥、47.915 公里的张庄漳河特大桥和 2.223 公里邯郸东站及区间路基。

2010 年， 4 月 30 日桥梁下部全部完；5 月 12 日，连续梁率先全线完成；6 月 30 日，箱梁预制全部结束；7 月 23 日，箱梁架设全部完；9 月 16 日，轨道板预制全部完；10 月 10 日，底座板全线率先完成；10 月 31 日，接触网基础全部完；11 月 5 日，轨道板灌浆全线第一家完工，为顺利铺轨打下来良好基础；11 月 23 日，轨道板纵联全线首家完成。

2010 年，完成产值 20.72 亿元，占局年度计划 17.8 亿的 116%，开累完成 46.3 亿元，完成合同价的 98.1%。

【合蚌客专站前 2 标】 中铁四局承建。工程造价：34.4 亿元。。新建铁路合肥至蚌埠客运专线站前二标工程施工范围：线下工程：DK57+580～DK105+500 段，共计 47.92 公里范围内的桥涵、路基、箱梁预制、架设、水湖站改等工程项目。线上工程：DK57+580～DK105+500 无砟道床轨道板预制、铺设，DK0+000～DK105+500 轨道铺设，蚌埠至蚌埠南上下行联络线 T 梁架设及轨道铺设。全线设计为无砟轨道跨区间无缝线路，路基所占比重较大。路基共计 27 段，全长 21.988 公里；特大桥 3 座 25809.51 延长米，中桥 11 座 429.4 延长米，小桥 10 座 137.18 延长米；预制架设双线整孔箱梁 1027 孔（20-24 米、1007-32 米），单线 T 梁 156 孔（16-16 米、3-20 米、34-24 米、103-32 米）；涵洞 96 座 2283.12 横延米；CRTSⅡ型板式无砟道床 95.288 公里，粒料道床 5.55 万立方米，正线铺轨 225.871 公里，站线铺轨 8.494 公里，铺道岔 46 组；房屋 7862 平方米。

2010 年完成产值 14.7 亿元，开累完成 20.9 亿元。CFG 桩完成 1100.公里，土石方完成 206.8 万立方米，路基护坡完成 12562 米（单侧），路基排水沟完成 11162 米（单侧），路基电缆槽安装完成 10662 米（单侧），路基防护栅栏安装完成 993 米（单侧）；涵洞完成 42 座；特大桥完成 3 座（杜家岗特大桥、红石特大桥、下塘特大桥），中桥完成 11 座，小桥完成 6 座。钻孔桩完成 1314 根，承台完成 366 个，墩身完成 532 个，箱梁预制完成 944 孔，箱梁架设完成 945 孔，T 梁预制完成 286 孔，T 梁架设完成 89 孔，防护墙完成 865 孔，竖墙完成 740 孔，遮板安装完成 921 孔，桥梁电缆槽安装完成 649 孔，防水层施工完成 638 孔，底座板施工完成 486 孔；轨道板预制 13527 块，粗铺完成 86 孔，精调灌浆完成 14 孔。

【合肥枢纽 1 标】 中铁四局承建。工程总价：28.26 亿元。

合肥铁路枢纽新建合肥北城至合肥站 HFSN-1 标工程施工范围：线下工程：合肥枢纽一标全长 22.6 公里（DK105+500～DK128+100）；合蚌上行线 DK105+500～DK128+100；合蚌下行线 DK105+500～DK128+280；蚌福联络线 HBDK106+300～HBDK124+000 及合肥枢纽配套工程。包括新、改建（含铺轨）工程，既有线改线 7.24 公里，新建北城站。线上工程：合蚌线 DK105+500～DK126+300 无砟道床轨道板预制、铺设；HBDK106+300～HBDK124+000 蚌福联络线无砟道床轨道板预制、铺设；有砟轨道：合蚌线 DK126+300～DK128+100。

路基共计 3 段，全长 8.021 公里；特大桥 30841.58 延米/7 座，中桥 509.94 延米/5 座；预制架设双线箱梁 686 孔、单线箱梁 244 孔；正线铺轨 92.695 公里、站线铺轨 7.85 公里、铺设道岔 26 组；通信线路 23.841 正线公里，电力线路 23.841 正线公里；新建房屋 4108 平方米。合肥北城站设计中心里程 DK107+900，站线设计分界里程 DK106+300～DK110+100，设 2 台 8 线，10.5 米侧式站台 2 座，8 米旅客地道 1 处。起讫里程和地理位置 DK105+500～DK128+100，开竣工日期 19 个月，2010 年 6 月 15 日—2011 年 12 月 10 日。

2010 年完成及累计完成产值 8.5 亿元。CFG 桩完成 137.59 万米；土石方完成 168.94 万立方米；特大桥完成 3 座（合蚌刘大郢特大桥、蚌福联络线刘大郢特大桥上行线、蚌福联络线刘大郢特大桥下行线），中桥完成 2 座，小桥完成 3 座，钻孔桩完成 8208 根、承台完成 916 个、墩身完成 782 个；箱梁预制完成 436 孔、箱梁架设完成 324 孔；防护墙完成 134 孔、竖墙完成 14 孔；涵洞完成 17 座，中桥完成 1 座。

【合福铁路安徽段 1 标】 中铁四局承建。工程造价：40.86 亿元。新建合肥至福州铁路安徽段站前及相关工程 HFZQ-1 标工程施工范围：线下工程：蚌福联络线 HBDK124+000-HBDK148+135、合福铁路 DK1+250-DK32+058 线下工程（不含轨道板预制），共计 54.943 公里范围内的桥涵、路基、箱梁预制架设、合肥西站改等工程。线上工程：HBDK124+000-HBDK148+135 蚌福联络线无砟道床轨道板预制铺设，DK1+250-DK32+058 无砟道床轨道板铺设，蚌福联络线及 DK1+250-DK130+040 铺轨。

主要工程量：路基共计 7 段，全长 6.87 公里；特大桥 6 座 37654.56 延米，中桥 8 座 425.1 延米；预制架设双线整孔箱梁 1170 孔（94-24 米、1076-32 米）、单线 T 梁 43 孔（35-16 米、8-32 米）；涵洞 895 横延米；CRTSⅡ型板式无砟道床 86.94 公里，正线铺轨306.83公里，站线铺轨15.48公里，铺道岔24组；房屋2000平方米。起点为合蚌合福设计分界点HBDK124+000，终点为DK32+058，开竣工日期47.4个月，2010年4月18日—2014年3月31日。

2010年完成产值3.97亿元。CFG桩完成326公里，褥垫层完成2.82万立方米，挖填方完成41.2万立方米，土工格栅完成5.25万平方米，AB组填料完成11.9万立方米；钻孔桩完成3773根、承台完成121个、墩身完成33个；预制32米梁完成2孔。

【新建锡乌铁路工程XWTZ-2标】 中铁四局承建。工程造价：15.1亿元。本标段土建工程起讫里程为：DK174+750～DK303+400，起点西乌旗（含），终点阿拉坦（不含）长度127.62正线公里。（其中DK174+750-DK244+200由一标铺架施工）铺架工程里程：DK244+200～通霍线K416+528.46，起点：包木台站（含），终点：霍林河站，长度157.79正线公里（含站场）。项目于2009年4月1日开工，计划2011年10月30日铺通并于2011年12月31日开通。

主要工程内容包括迁改、区间及站场路基土石方和加固防护工程、桥涵、房屋、给排水、车辆及站场建筑设备等。铺架工程包括段内铺轨上碴及制架梁工程。主要工程量有区间路基和站场土石方约1600万立方米，特大桥5座累计10225.22延米，大桥6座累计1748.27延米，框架桥3座累计81.68延米，公路上跨桥3座累计318.92延米，涵洞235座累计4925.66延米，房屋15876平方米，制架梁544孔，播草籽18万立方米，栽植灌木1350万株，碎石包坡28.6万立方米，浆砌片石约54万立方米，干砌片石约14万立方米，铺设道砟约55万立方米，全标段共有桩基础2818根，墩台403个。

截至2010年底所有桥梁下部结构和连续梁以及涵洞主体工程已全部完工；区间和站场路基土石方全完。路基附属工程中浆砌片石累计已完成35万立方米，干砌片石累计完成11万立方米，混凝土附属工程累计完成2.6万立方米，片石混凝土挡墙全完。站场房建工程完成8700立方米。梁场累计已预制T梁382片。铺架分部累计备道碴20万立方米，铺设单开道岔24组，人工铺轨约8公里。由于2010年铺架运输通道未根本性解决及冬休期间严寒低温等原因，原定2010年6月1日开始的铺架工作已推迟至2011年3月20日开始。目前累计完成产值约10.3亿元。主要剩余工程量有铺轨149.79正线公里（已人工铺轨8公里），制梁706片；全线16座桥梁桥面系安装工程和部分桥梁附属工程；路基防护及加固工程浆砌片石约15万立方米，干砌片石约4万立方米，绿色防护栽种沙柳1350万株，播草籽18万平方米；房屋工程6000多平方米以及站场建筑设备和给排水等工程。截至目前项目部开累验工约10.4亿元，业主开累拨款约8.7亿元，加上部分已完工未计价，项目部资金缺口非常大。

【新建上海铁路动车段工程】 中铁四局承建。合同造价为22.92亿元。合同工期2008年3月～2009年5月31日，后调整工期至2011年12月。2010年完成产值10.11亿元，为年度计划9.45亿元的106%；完成开累产值24.45亿元。

【新建巴彦乌拉至新邱铁路工程ZH-08标段】 中铁四局承建。工程造价：2.39亿，合同工期：2009年2月15日～2010年9月30日。本标段（ZH-08）起止里程为DK150+100～DK196+000，线路正线长度为45.930公里。其中路基土石方546万断面方；孟克河特大桥819.03延米（24墩2台，158根桩），孟克河大桥436.02延米（12墩2台，72根桩）；框架桥2座22.545延米（165.27平方米）；涵洞111座计2161.84横延米；车站2座（清河站与长胜站），房屋面积1680平方米。巴新铁路ZH-08标项目部设5部2室，下辖4个项目队，负责完成全标段范围内的施工生产任务。现进场管理人员87人，作业人员653人。施工便道修筑纵向便道26.7公里，横向便道9.55公里，合计36.25公里；完成道路改移2处共1.2公里。完成变压器安装7台。完成施工用水井打设35口。2010年，路基土石方完成156万断面方；孟克河特大桥完成钻孔桩141根，承台23个，墩台身23个，孟克河大桥完成钻孔桩72根，承台14个，墩台身14个；涵洞工程完成99座，折合1737横延米。

【新建巴彦乌拉至新邱铁路工程ZH-06标段】 中铁四局承建。工程造价：2.02亿，合同工期：2009年2月15日～2010年9月30日。本标段（ZH-06标）工程范围DK81+530～DK124+000，线路正线长度42.47公里，桥梁工程设单线桥5座计2502.72延米（其中特大桥3座，中桥2座），涵洞76座计1841横延米；新设车站2个（白音昌站、黄花塔拉站）。本标段主要桥梁工程有：博等沟特大桥、东扣根特大桥、新镇特大桥。由于博等沟特大桥墩身较高，工程量较大，因此将该特大桥列为本标段的重点工程，合理安排施工工序，确保施工工期。

2010年，路基土石方完成181万断面方；博等沟特大桥完成钻孔桩40根，承台11个，墩台身13个；新镇特大桥完成承台15个，墩台身15个；东扣根特大桥完成承台15个，墩台身15个；伊拉木图中桥完成墩台身4个；三义井中桥完成承台2个，墩台身2个；涵洞工程完成49座，折合1029横延米。

【宁杭铁路NHZQ-1标段】 中铁四局承建。工程造价：45.5亿元，其中八分部管段工程造价8.7亿元（未含简支箱梁制架、无碴道床、铺轨）。

标段施工范围为：正线DK1+852～DK075+213.16共计73.36公里内的站前及相关工程以及宁杭铁路至京沪高速场上下行联络线5.044公里。中铁四局宁杭客运专线第八分项目部施工范围为：DK47+350（溧水车站杭州侧站线分界）～DK75+213.16（本标段终点），全长28.592公里（含长链0.729公里）。

管段全长28.592公里，其中路基全长为20.201公里，地基加固CFG桩964公里、管桩24公里。管段内东庐山隧道全长2908米，是全线第三长隧道，隧道浅埋段落较多，洞身穿越7条断层破碎带，围岩级别交错变化，开挖工法频繁转换，是管段内的难点工程和工期控制工程。路基共计22段，全长20.201公里，填方172.031万立方米（含表层级配碎石14.26万立方米），挖方149.102万立方米；特大桥3座4209.6延长米，大中桥7座1165.57延长米，公跨铁4座，涵洞108座2799.04横延米；隧道1座2908延长米，CRTS Ⅱ型板式无砟道床28.592公里；房屋3610平方米。职工131人，高峰期协作队伍2899人；机械设备235台。业主要求开工日期为2009年4月1日，竣工日期为2011年12月31日，总工期33个月。2010年完成建安产值42446万元，累计完成82883万元。

【兰新4标、11标】 中铁四局承建。本管段为第二双线Ⅳ标四工区。投资总额：合同价约82000万元。起迄里程为DK1434+000～DK1454+000，长度20公里。位于著名的百里风区最强劲的范围内。管段内有特大桥1座770.83米，隧道1座1300米，箱型涵27座，箱型涵5座，17.93公里，路基和13.074公里。劳动力部署：进场人员达500人。开竣工时间：2010年3月～2013年3月。2010年完成建安产值19365万元，累计19365万元。

本管段为11标工程概况：工程造价：约12.8亿元。七公司管段里程为DK546+307.6～DK592+538，路基长为39.83公里，路基主要工程数量为：区间路基土石方总断面方约452.7万立方米，级配碎石49.3万立方米；站场1座，即高台南站。主要工程数量：特大桥2座，桥长为4007.68米；大桥2座，桥长480.84米；中桥20座，桥长1370.86米；小桥11座，涵洞69座。合同工期：2010年4月～2013年12月。2010年度完成建安产值60443万元，累计完成建安产值60443万元。

【南京枢纽NJ-3标】 中铁四局承建。合同价：61843万元，合同工期：2008年7月～2010年12月。主要设计工程量：京沪高速石干特大桥（全长2843米）和沪汉蓉铁路石干特大桥（全长2777米），累计总长5620米；共有桥梁桩基1616根，承台164个，扩大基础8个，墩台身172个，简支箱梁164孔，采用移动模架和移动支架进行施工，2联40米+72米+40米连续梁，采用悬臂挂篮法施工。京沪线上岱山一号隧道以及沪汉蓉线岱山二号隧道，最大埋深约50米，浅埋地段较长。地质构造复杂，不良地质和特殊地质多，施工难度很大。隧道Ⅳ、Ⅴ级软弱围岩所占比例大，岱山1号隧道全长819米，其中Ⅴ级219米，Ⅳ级470米，Ⅲ级130米，每米开挖断面方154.4立方；岱山2号隧道全长822米，其中Ⅴ级762米，Ⅳ级60米，每米开挖断面方148.21立方米；开挖方式多采用双侧壁、三台阶七步开挖法施工。

2010年工程进展：仅剩余动车所站房配套工程及1座房建工程未完工。2010年完成产值19861万元。

【南京南站站前工程】 中铁四局承建。合同价：110603万元；合同工期：2008年7月～2010年4月。工程概况：南京南站由三个车场组成：京沪高速场（10股道）、沪汉蓉宁杭场（12股道）、宁安城际场（6股道），站台15个，其中基本站台2个，中间站台13个，考虑城市配套规划，将站场设为高架桥车站，桥的正线线间距均为5米，其余到发线均为6米。南京南站高架桥全场673.56米，设置为14座双线桥，中间156米主站房范围不在本标段范围内；在156～450米范围内为雨棚柱设置区域，450米范围外为一般桥梁区。本标段工程为南京南站站场线下工程。2010年工程进展：仅剩余站场配套工程未完工。2010年完成产值45296万元。

【红柳林至红进塔(陕西段)运煤专线工程】 中铁四局承建。工程造价：53289.7077万元。合同工期：2010年4月1日至2012年1月31日；工程范围：DK16+408～DK54+259范围内路基、桥涵、明洞等工程及全线轨道铺设、钢筋混凝土简支T梁制作和架设。线路长度：37.851正线公里。土石方数量为3691321立方米；新建大中小桥24座总长8743.1延米，其中特大桥2座共长5201.51延米，大桥12座共长2806.68延米，中桥9座共长707.33延米，小桥1座共27.58延米；明洞220延米；新铺正线37.552公里，站线6.85公里，预制、架设T梁258孔。2010年12月30日，完成建安产值3302万元。

【合肥铁路枢纽南环线工程】 中铁四局承建。中标合同价：215207万元；合同工期：2009年8月17日～2010年8月30日，计划总工期：13个月。合肥铁路枢纽南环线工程位于合肥市南郊，线路基本呈东西走向，东接轨于合宁线肥东站（DK437+500），西与西宁线、合武线长安集车站接轨（DK477+100），将合宁、合武铁路在枢纽内的客车径路以高标准线路贯通，设计时速每小时250公里，线路长度约39.626公里。线路横跨合肥市肥东县、包河区、经济技术开发区、肥西县。施工管段里程为DK452+467～DK470+400.48，主要工程有南淝河特大桥4.742公里（DK452+467～DK457+209）、包河大道特大桥1.797（DK457+507～DK459+304）、膨胀土路基处理298米（DK457+209～DK457+507）。

合肥南站工程：1.合肥南站位于合宁高速公路以北，包河大道与宿松路间。该站有两条客运专线（沪汉蓉、京福）引入，采用分场布置，沪蓉场和京福场均为6台11线。沪蓉场设计范围DK459+100～DK462+300，技术标准同区间。京福场施工范围为HFDK1+051.41(DK459+548.59)～HBDK148+132.22(DK462+015.48)，长约2.5公里，采用CRTS Ⅱ型板式无砟道床。2.动车走行线，合肥南站设四条动车走行线：D1K0+000～D1K1+206.545，长1206.545米；D2K0+000～D2K1+200，长1200米；D3K0+000～D3K0+600，长600米；D4K0+000～D4K1+000，长1000米。3.动车运用所及综合维修保养点，合肥南动车运用所与到发场纵列布置，设于车站西端习友路、宿松路、合宁高速公路与阜合客专组成的夹角地上，进出运用所的道路与宿松路衔接。动车运用所远期规模存车线30条，检查库线6条。本次南环线工程设出入段线2条，存车线10条，洗车线1条，检查库线2条；合福相关工程设存车线10条，检查库线2条，修及不落轮镟线2条，牵出线1条。动车运用所线下工程按远期规模一次建成。

南站项目主要工程数量为：填方 302 万立方米（其中改良土 255.66 万立方米，级配碎石 15 万立方米，利用土填方 26.33 万立方米，渗水土壤 0.49 万立方米，A 组填料 9.27 万立方米），挖方 165 方， CFG 桩 36 万米，特大桥 3158.88 延长米/2 座，中桥 13 座，涵洞 9 座；CRTSⅡ型板式无砟道床 6491 米。

2010 年施工进展：DK452+352—DK459+623：路基 CFG 桩设计 32096 米，开累完成 29406 米；路基碎石开累 200 方，垫层开累 200 方，改良土开累 3.6 万立方米，土工格栅开累 400 平方米。包河区特大桥：下部主体完工；连续刚梁：设计 3 联，完工 2 联；1-128 系杆拱：底板绑筋；南淝河特大桥：下部主体完工。DK459+623—DK464+833：动车运用所和南站：垃圾外运 18 万立方米，CFG 桩设计 20.62 万米已完工，站场填筑开累 410 万立方米，褥垫层开累 2.8 万立方米，涵洞开工 16 座，主体均已完工；南站高架桥：钻孔桩设计 2426 根，已完工，承台开累 200 个，墩身开累完工 46 个；包河区特大桥：下部主体已完工；连续梁（65 号～71 号墩）设计 1 联已完工。经开区特大桥：钻孔桩设计 746 根，开累 680 根，承台设计 84 个，开累 76 个，墩台身设计 84 个，开累 76 个；连续梁设计 3 联，完工 2 联（18 号～21 号墩、60 号～63 号墩），其中十五里河连续梁（14 号～17 号墩）：14-15 号绑扎钢筋，15-16 号预压，16-17 号安装腹板模板；十五里河 1 号双线中桥：钻孔桩设计 47 根已完工，承台开累 2 个，墩身开累 1 个；十五里河 2 号单线中桥：钻孔桩设计 40 根已完工，承台设计 4 个，开累 3 个，宿松路：设计框架 6 个，完工 3 个；徽州大道：设计框架 30 个，完工 12 个；庐州大道：设计框架 16 个，完成 7 个。DK464+833—DK470+100：经开区特大桥：钻孔桩设计 1539 根，开累 1507 根，承台设计 149 个，开累 137 个，墩身设计 149 个，开累 133 个，连续梁：连续梁设计 12 联，开累完成 6 联（松林路连续梁 198 号～201 号墩、翡翠路连续梁（172 号～175 号墩）、安医连续梁（168 号～171 号墩）、11 号路连续梁（179 号～182 号墩）、叠障路（160 号～163 号墩）、既有线连续梁（232 号～235 号墩）；宝塔路连续梁（146 号-149 号墩）：A0 段浇注完 108 米，B1 段已绑筋，石鼓路（184 号～187 号墩）：A2、B2 段浇注完 6 米，金寨路连续梁（116 号～120 号墩）：117 搭设翼板支架，118 绑扎腹板钢筋；玉环路连续梁（129 号～132 号墩）：132 号墩已搭设支架。

2010 年完成产值 124193.37 万元。

【成绵乐客运专线江油至眉山段站前工程 CMLZQ-3 标段】 中铁四局承建。工程总造价：15.78 亿；合同工期：2009 年 7 月 1 日-2011 年 10 月 31 日，共计 28 个月。新建铁路成都至绵阳至乐山客运专线江油至眉山段站前工程 CMLZQ-3 标段，里程范围为：DK111+400～DK136+720，正线长度 24.904 公里。管段位于黄许～新都段，属于冲积平原，地面高程 470～500 米。线路自广汉北出站端 DK111+400 向南，设鸭子河特大桥上跨宝成线和鸭子河后沿既有线西侧通过广汉市境内，之后在向阳镇境内设青白江特大桥上跨 G108 国道和青白江后设青白江东车站，出站后沿成绵高速西行进、跨青温铁路、北环线和新都大道（在建）、设新都东车站至标段线路终点 DK136+720。

主要工程数量：特大桥 4 座 18.068 公里；路基长 6.835 公里，填方/挖方：136.7 立方米；框架桥 11 座 8900.9 顶平米；涵洞 27 座 829.85 横延米；站场 2 处，分别为青白江东车站和新都东车站；通道 2 处 1405.1 顶平米；预制和架设箱梁 498 片；无砟轨道 49.09 公里。

2010 年完成建安产值：81574 万元，开累建安产值：117165.1 万元。主要工程形象进度有：鸭子河特大桥，新都立交特大桥下部结构竣工。华金立交特大桥跨华金大道连续梁，新都立交特大桥跨成绵高速入口道路连续梁及跨新石大道连续梁主体竣工；管段箱梁架设由鸭子河特大桥向大里程架设，预计 2011 年 7 月份完成全部箱梁架设。自 2009 年 6 月份进场以来，指挥部经多方努力，确保了施工生产顺利进行，在安全、质量、进度、标准化均取得了较好的成绩。2010 年上半年在成绵乐公司质量信用评价评价中获得第二名。

【杭州至长沙铁路客运专线江西段站前工程 HKJX-7 合同段】 中铁四局承建。工程总造价：63.32 亿，合同工期：2010 年 4 月 12 日-2013 年 6 月 30 日；由中铁四局集团有限公司承建的沪昆客专江西段站前工程 HKJX-7 标位于江西省新余、宜春两市境内，标段起点里程 DK695+618.85、终点里程 DK758+383.27，线路全长 63.28 公里。主要工程数量：路基 12.42 公里，特大桥、大中桥 26 座 45.942 公里，隧道 7 座 4921.63 米，新建高速站场 2 个、预制箱梁 1331 孔，预制 CTRSⅡ型板约 2.8 万块，正线铺轨 696 单线公里。

当年完成工程投资和主要工程形象进度全年完成投资 101207 万元，占年度计划 91169 万元的 111%。

【新建杭州至长沙铁路客运专线浙江段站前工程 HCZJ-4 合同段】 中铁四局承建。工程造价：34.7 亿元。合同工期：2010 年 4 月～2013 年 7 月。工程概况：管段正线全长 46.653 公里，杭长东南及东孝联络线 5.657 公里，总工期 39 个月。本标段桥梁共计 11 座，其中特大桥 7 座，联络线单线特大桥 2 座，大中桥 2 座，路基 9 段，涵洞 81 座，制架双线整孔箱梁 870 孔，现浇连续梁及钢构 15 联，CRTSⅡ形板式无砟道床 93 公里，CRTSⅡ型板预制 191.5 公里。形象进度：1.梁场建设及完成情况：目前 115 孔箱梁浇筑完毕；成品存梁台座已全部施工完毕，双层存梁台座 72 个，单层存梁台座 12 个。施工便道累计完成 54 公里。变压器安装累计 23 台，送电 14 台。2.路基土石方：设计 397.5 万立方米，开累完成 80.37 万立方米。CFG 桩累计完成 143100 米。小型预制构件累计 48000 块，梯形水沟累计 352 块。3.桥梁工程：设计 11 座桥，开工 6 座。设计钻孔桩 7322 根，开累完成 4528 根；基础累计 614 个；墩身累计 517 个。义乌西特大桥 2948.88 米，设计钻孔桩 723 根，承台 85 个，扩大基础 6 个，桥墩数量 89 个，台身 2 个；钻孔桩累计 568 根，基础累计 64 个，墩身累计 53 个。义金特大桥

9797.88米，设计钻孔桩2322根，承台247个，扩大基础53个，桥墩数量302个，台身2个，钻孔桩开累完成1802根；基础开累完成281；墩身累计完成247个。塘雅特大桥4451.959米，设计钻孔桩830根，承台90个，扩大基础45个，桥墩数量133个，台身2个；钻孔桩累计完成832根；基础累计完成111个；墩身累计97个。东孝特大桥7005.895米，设计钻孔桩1505根，承台163个，扩大基础54个，桥墩数量215个，台身2个；钻孔桩累计完成1196根；基础累计123个；墩身累计97个。经堂头村大桥钻孔桩设计56根、扩大基础11个、承台5个、墩身14个、台身2个；钻孔桩累计完成10根；基础累计10个；墩身累计完成8个，台身累计2个。跨环城东路特大桥钻孔桩设计296根、扩大基础37个、承台33个、墩身68个、台身2个；钻孔桩累计完成80根；承台基础累计完成14个，墩身累计3个。三电迁改：累计迁改完成225处。涵渠工程：设计81座，累计开工3座；基础开挖开累完成3座；主体砼浇筑，开累完成1座。

【集宁至包头铁路增建双线八苏木隧道】 中铁四局承建。工程造价：19762万元。

合同工期：2008年9月19日～2010年9月19日，由于围岩的变化工期调整2011年2月28日。八苏木隧道是京包线集宁至包头段增建第二双线重点控制工程，洞身通过区地层岩性较为复杂，主要有第四系全新统洪积层及坡积层，上第三系上新统玄武岩、泥岩夹砾岩、华力西中晚期花岗岩等。本标段线路总长9.82公里，起讫里程DK524+000—DK533+820，其中八苏木隧道长8.184公里里程为DK525+046—DK533+230（其中Ⅴ级围岩长284米，Ⅳ级围岩长3125米，Ⅲ级围岩长3390米，Ⅱ级围岩长1385米），为双线隧道。隧道施工设斜井两处，分别为南梁子斜井和土卜子斜井，其中南梁子斜井长537.39米，；土卜子斜井长892米，坡度9%，里程为DK529+900。隧道最大埋深约130米。正洞开挖断面111～138立方米，隧道净空有效面积85平方米，衬砌厚度35～55厘米，Ⅴ级、Ⅳ级围岩衬砌混凝土为钢筋混凝土。斜井开挖断面30～32立方米。路基长1.636公里，路基土石方断面方36.5万立方米。单孔盖板箱涵6座，177.68横延米。八苏木隧道出口全长3862米，里程为DK529+368—DK533+230。单孔盖板箱涵4座，104.02横延米。路基长540米，里程为DK533+260—DK533+800，路基土石断面方12.51万立方米，其中挖方为3806立方米。工程进度：截至12月31日,涵洞 设计4座，开工4座，完工4座，完104.02延米。隧道设计1座，开工1座。八苏木隧道：设计全长8184米，正洞上台阶完成7456米（余728米），下台阶完成7163米（余1021米），仰拱完成7097米（余1087米），衬砌完成6944米（余1240米）。计划于2011年5月全部贯通。

【新建宁波铁路枢纽北环线工程】 中铁四局承建。工程造价31.136亿元。合同工期：2010年7月～2014年7月。工程概况：宁波铁路枢纽新建北环线位于浙江省宁波市，线路在既有萧甬线洪塘乡站(不含)接轨沿既有镇海支线至沈家，跨甬江后线路折向西南与既有北仑线并行，继续往南至云龙站与甬台温铁路接轨，正线全长40.1公里。其中新建双线22.9公里，并修建北环线至既有北仑支线方向的联络线长1.4公里，镇海支线长3.1公里，桥梁占线路总长的81%。工程范围包括洪塘乡编组站改建、沈家站改建、邱隘站改建、云龙站改建、宝幢站改建，洪塘乡疏解线，云龙上行疏解线，镇海支线联络线，北仑支线联络线；工程内容包括标段范围内的垃圾清运、改移道路、改移沟渠、迁改工程、路基、桥涵(含T梁预制架设)、轨道、通信、信号及信息工程、电力及电力牵引工程、房屋建筑、站场建筑及设备工程、综合管沟、大临及过渡工程、配合辅助工程及相关内容等。本标段共有特大桥38442.67米/6座，中桥409.69米/10座，小桥232.54米/11座；T梁预制架设1648孔。本工程采用以下新型设备：大功率举气反循环钻孔设备，满足超长、大直径钻孔桩施工要求；大型吊装设备，满足大型索塔钢锚箱大吨位大高度吊装需要；大型吊梁机设备，满足大吨位钢箱梁悬拼吊装需要。研究以下工艺：超长大直径钻孔桩施工工艺，超高索塔施工工艺，索塔钢锚箱安装施工工艺，主梁钢-混结合段施工工艺，主梁混凝土部分施工工艺，主梁钢梁悬拼施工工艺，超长斜拉索安装施工工艺。通采用以下新技术：超长大直径钻孔桩施工技术，超高索塔施工技术，索塔钢锚箱安装施工技术，主梁钢-混结合段施工技术，主梁混凝土部分施工技术，主梁钢梁部分施工技术，超长斜拉索安装施工技术，钢-混混合梁铁路大跨度斜拉桥监控技术。采用以下新材料：高性能耐久性混凝土、高强耐腐蚀性涂装材料、高强钢材。工程进度：路基土石方：土方开挖：3.75万立方米水泥搅拌桩开累完成24万米。高压旋喷桩开累12.5万米。桥梁工程：设计特大桥六座、中小桥21座，开工特大桥六座。设计钻孔桩63.9万米（约9830根），钻孔桩灌注共计6246根。承台共计362个。墩身共计127个。甬江左线特大桥钻孔桩完成3523根。承台157个。墩身45个。甬江右线特大桥钻孔桩完成199根。承台17个。墩身10个。鄞县左线特大桥钻孔桩完成565根。承台57个。墩身24个。鄞县右线特大桥钻孔桩完成543根。承台7个。小浃江特大桥钻孔桩完成1160根。承台68个。墩身13个。镇海支线特大桥钻孔桩完成274根。承台43个。墩身35个。涵渠工程DK29＋116处涵洞开工1处,基础、墙身，顶板已完成。

【向莆铁路JX-2B标】 中铁四局承建。工程造价：12.98亿元。主要工程数量：正线路基13.08公里。双线路基，改建京九线长度16.497公里，单线路基，动走线路长度3.329公里。单线路基；特大桥八座共14695.86米，大桥2座共714米，小桥2座共18.1米，涵洞129座共2791.95米；车站两座（南昌西站、三江镇站）和房建、给排水及相关工程，站前与站后预留接口等，其中桥梁工程不包括制架梁。涉及区间路基土石方258.34万立方米，站场路基土石方633.98万立方米，道砟28万立方米，房建图纸未到，约3万立方米。起讫里程和地理位置：新建向莆铁路南昌枢纽JX-2B标工程位于江西省南昌市，正线里程为D2K1449+800～D2K1453+367.7、D2K1480+628.99～

D2K1501+670.6 。合同工期：2008 年 6 月 10 日～2010 年 7 月 1 日实际开工时间：截至 2010 年 12 月 31 日,开累完成 10.98 亿元。工程进度：路基附属工程已完；鱼段港双线大桥、詹家村双线特大桥桥面系已完。三江镇岩溶区桩基、墩身、连续梁全完，目前桥面系剩余 512 米；广福特大桥现浇梁施工全完，动走线跨 320 国道现浇梁施工已完。主要剩余工程量：土石方 14 万立方米，片石 5421 立方米，防护栅栏 19.35 单侧公里，声屏障 3143 平方米；人行道角钢支架 12627 桥长米，路基段道砟 10.78 万立方米，桥上道砟 5.36 万立方米。

【锡乌铁路 XWTZ-2 标段】 中铁四局承建。工程造价：15.1 亿元。主要工程数量：土建工程包括迁改、区间及站场路基土石方和加固防护工程、桥涵、房屋、给排水、车辆及站场建筑设备等。铺架工程包括段内铺轨上碴及制架梁工程。主要工程量有区间路基和站场土石方约 1600 万立方米，特大桥 5 座累计 10225.22 延米，大桥 6 座累计 1748.27 延米，框架桥 3 座累计 81.68 延米，公路上跨桥 3 座累计 318.92 延米,涵洞 235 座累计 4925.66 延米，房屋 15876 平方米，制架梁 544 孔，播草籽 18 万平方米，栽植灌木 1350 万株,碎石包坡 28.6 万立方米,浆砌片石约 54 万立方米，干砌片石约 14 万立方米，铺设道砟约 55 万立方米，正线铺轨 157.792 公里，站线铺轨 21.36 公里及部分运营生产设备和建筑物（主要为给排水和站场设备）。起讫里程和地理位置：DK174+750～DK303+400，起点西乌旗（含），终点阿拉坦（不含）长度 127.62 正线公里；铺架工程里程：DK244+200～通霍线 K416+528.46,起点:包木台站(含),终点:霍林河站,长度 157.79 正线公里（含站场）。合同工期：总工期 30 个月（2009 年 4 月 1 日～2011 年 9 月 30 日）实际开工时间：2009 年 4 月 1 日,累计完成投资：10.55 亿元。建安产值： 10.55 亿元。工程进度：剩余区间路基 4 万立方米，路基附属工程已完；鱼段港双线大桥、詹家村双线特大桥桥面系已完。三江镇岩溶区桩基、墩身、连续梁全完，目前桥面系剩余 512 米；广福特大桥现浇梁施工完，动走线跨 320 国道现浇梁施工完。

主要剩余工程量：截至 2010 年 12 月 31 日，该工程主要剩余工程量有铺轨 149.79 正线公里（已人工铺轨 8 公里），制梁 706 片；全线 16 座桥梁桥面系安装工程和部分桥梁附属工程；路基防护及加固工程浆砌片石约 13 万平方米，干砌片石约 3 万立方米，绿色防护栽种沙柳 1350 万株，播草籽 18 万平方米;房屋工程 7300 多平方米以及站场建筑设备和给排水等工程。

【德大铁路Ⅱ标】 中铁四局承建。工程造价：18.3 亿元。本标段沿线不良地质及特殊岩土分布广，地基处理工程量大，路基填方数量大，需要土源量大。沿线桥涵分布密，混凝土工程数量大，需要砂石料量大。沿线跨越滨大高速公路、滨沾铁路、205 国道、220 国道、316 省道、317 省道、239 省道、246 省道等干道，交叉作业多，安全管理难度大。本施工地位于黄河下游冲积平原及滨海平原，道砟、砂石料、路基 A 料等地材产地较远，基本都要远运，施工成本压力大。主要工程数量：电力迁改工程 91 处、1100 万余立方土石方工程、地基处理水泥搅拌桩约 350 万延米、袋装砂井约 230 万延米、特大桥 4 座 4065.33 延米、大中桥 67 座 6761.56 延米（其中连续梁 5 处、1-64 米系杆拱 4 处、1-64 米钢桁梁 1 处、现浇槽型梁 1 处）、小桥 1090.62 延米、涵洞 5842.34 延米、房屋 8345 平方米、粒料道床 36.7 万立方米、新道岔铺设 63 组等。起讫里程和地理位置：新建德龙烟铁路德大段二标工程，位于山东省滨州市，起讫里程为 DK95+130～DK182+947 。合同工期：总工期 1096 天（2010 年 6 月 6 日～2013 年 6 月 5 日）实际开工时间为 2010 年 6 月 6 日。累计完成投资：4.7 亿元。建安产值数：4.7 亿元。

【西宝客专 XBDJ 标段】 中铁四局承建。工程造价：6.996 亿元。工程特点：本工程项目复杂、工点相对分散；工期短，施工任务十分繁重；既有线施工安全压力大。起讫里程和地理位置：工程位于陕西省西安市、咸阳市；起讫里程：三桥至西安北动走线：K0+896.09～K13+053.47（运营里程），咸阳西上行联络线：K1101+800～K1104+084.03、LDzK1+647.11～LDzK4+346.32，咸阳西下行联络线：K1104+000～K1104+816、LDzK2+374.130～LDzK2+903.92。合同工期：总工期 830 天（2010 年 2 月 21 日～2012 年 5 月 31 日）实际开工时间：2010 年 1 月 1 日。

2010 年，累计完成投资：5.219 亿元；建安产值数： 5.219 亿元；工程进度：三桥站至西安北动车走行线工程全部完工，包括跨绕城高速、跨机场高速、皂河桥的全部钻孔桩 1221 根，承台 275 个，墩台身 275 个，桥面系、8 个涵洞、土方和 174 片 T 梁的预制。咸阳西部分挖方完成 12504 立方米，填方完成 12425 立方米；改良土垫层完成 10877 立方米；级配碎石完成 3230 立方米；钻孔桩 192 根；承台完成 30 个；墩身完成个 23 个。

【张唐铁路 ZTSG-6 标二队】 中铁四局承建。工程造价：约 3.2 亿元。工程特点：隧道地质条件较差，Ⅱ、Ⅲ级围岩和Ⅳ、Ⅴ级围岩比例近一半。主要工作内容含管段范围内的改移道路、路基、桥涵、隧道、大临工程等。主要工程数量：路基工程长 2249 米；涵洞 12 座；桥梁 2 座共 1572 米 （半壁山特大桥 964 米和孤山子特大桥 608 米）；隧道 3 座共 5749 米（半壁山隧道 3080 米，榆木岭隧道 2337 米，孤山子隧道 332 米）。起讫里程和地理位置：项目队管段位于承德市兴隆县境内，穿越半壁山和孤山子两个镇四个行政村，以低山区及剥蚀残丘地貌为主，地形起伏较大，线路跨越半壁山撒河，S355 省道和 G112 国道，两侧分布较多铁矿区及私采滥挖黑矿点。地表覆有黏性土及碎石类土。高山植被茂密，低丘及谷地以板栗树、山楂树等果木林和经济林为主。起讫里程为 DK356+100～DK365+670（土建综合工程），正线长度 9.570 公里。 合同工期：总工期 912 天（2010 年 9 月 1 日～2013 年 3 月 1 日）。实际开工时间： 2010 年 9 月 1 日。累计完成投资：752.5 万元，建安产值数： 752.5 万元

主要剩余工程量：路基工程长 2249 米；涵洞 12 座；桥梁 2

座共1572米（半壁山特大桥964米和孤山子特大桥608米）；隧道3座共5749米（半壁山隧道3080米，榆木岭隧道2337米，孤山子隧道332米）。

【张唐铁路ZTSG-6标丰润制梁场】 中铁四局承建。工程造价：2.88亿元。主要工程数量：共计2686片,32米曲线边梁486片；32米直线边梁814片；32米曲线中梁410片；32米直线中梁700片；24米曲线边梁40片；24米直线边梁66片；24米曲线中梁36片；24米直线中梁64片；20米曲线边梁4片；20米直线边梁24片；20米曲线中梁2片；20米直线中梁22片；16米曲线边梁6片；16米直线边梁4片；16米曲线中梁4片；12米曲线边梁4片。起讫里程和地理位置： DK244+568至DK418+200。合同工期：2010年9月1日～2014年4月15日。实际开工时间： 2010年9月1日。

【红柳林至红进塔(陕西段)运煤专线工程】 中铁四局承建。工程总造价：53289.7077万元。合同工期：2010年4月1日至2012年1月31日。施工单位：中铁四局集团西安分公司工程范围：DK16+408～DK54+259范围内路基、桥涵、明洞等工程及全线轨道铺设、钢筋混凝土简支T梁制作和架设。线路长度：37.851正线公里。土石方数量为3691321立方米；新建大中小桥24座总长8743.1延米，其中特大桥2座共长5201.51延米，大桥12座共长2806.68延米，中桥9座共长707.33延米,小桥1座共27.58延米；明洞220延米；新铺正线37.552公里,站线6.85公里，预制、架设T梁258孔。工程进度：完成建安产值3302万元。

【新建甘其毛都至万水泉南铁路站前工程GQSG-1标】 中铁四局承建。工程总价：51774.2724万元，合同工期：578日历天，其中乌拉山一号隧道于2011年8月31日前完成，甘其毛都至万水泉南段铁路工程位于内蒙古自治区西北部的包头市、巴彦淖尔市境内，为塔本陶勒盖矿区配套铁路运煤专用线的境内部分，线路南起包神铁路的万水泉南站，向北至中蒙边境中方口岸甘其毛都，线路全长366.853公里(其中万水泉南至河西段21.619公里已建成)。GQSG-1标段位于包头市境内，标段施工范围：DK22+500～DK56+769，,正线长度34.8公里，含乌兰计站和哈业脑包站。本标段主要工程数量为：路基填方358.65万立方米，路基挖方186.75万立方米；隧道15534延长米；特大桥2座3653延长米，大中桥11座1969延长米；涵洞78座1518横延米。本标段工程线下工程管段全长34.8公里，施工管理跨度大。乌拉山一号隧道全长5534米，按进口、出口、斜井、横洞4个单元，6个区组织施工，该长大隧道施工作业量大，是本标段重点、难点和控制工期的关键工程，也是全线的控制工程。本标段特大、大、中、小桥共计14座，涵洞共计78座。本标段路基土石方总量约545.4万立方米，2010年完成隧道折合650成洞米，完成建安产值7581万元。

【新建铁路巴准线（巴图塔至点岱沟段）第二标段】 中铁四局承建。工程价值：37017万元。合同工期：总工期为12.5个月(2010年9月5日到2011年9月20日）本工程位于内蒙古自治区鄂尔多斯市准格尔旗境内，该工程为铁路Ⅰ级双线，电力牵引，牵引质量10000吨。本标段起始里程为：DK16+450～DK32+804，正线长度 16.354 公里，施工内容为路基、桥梁及涵洞。路基累计10.92287公里(其中填方44万立方米，挖方404万立方米)。土工格栅9万平方米，不透水土工布13万平方米。特大桥3座分别为：奎洞沟特大桥872.61米；木匠沟特大桥1737.65米，碾房塔特大桥847.61米，累计3457.26延米。大中桥7座，累计1973.88延米。涵洞15座，累计796.49延米。混凝土233963立方米。技术重、难点木匠沟特大桥高桥墩旗（共38个高墩，最高墩62.75米）2010年主要进行项目部及各分部临时设施建设。现场征地拆迁工作无进展，未正式动工。截至到2010年年底共完成建安产值3808万元。

【成绵乐客运专线CMLZQ-8标段】 中铁五局承建。包括站前工程53.410公里，CMLZQ-7、CMLZQ-8标段的制架梁、无砟轨道制铺及轨道铺设任务。其中路基（含站场路基）折合成双线长度14941.289米；车站包括乐山车站、峨眉山车站、天下名山站；桥梁71座，总长38328米；隧道5座，总计1099延长米；制架简支箱梁1819孔（含7标728孔），其中双线整孔梁1746孔，单线整孔梁73孔，T型梁 143孔；正线无砟轨道铺轨170.38公里。合同开工时间为2010年9月1日，合同竣工时间为2012年4月30日。

2010年，完成建安产值85549万元，土石方360万立方米、桥梁10524延长米、隧道96成洞米，箱梁预制67孔。

【成绵乐客运专线CMLZQ-2标段】 中铁五局承建。起讫里程为DK35+310～DK111+400，全长72.937公里。标段工程内容为：改移道路、三电迁改、管线迁改工程，路基及路基附属工程、桥涵工程（制架梁含三标段中鸭子河双线特大桥系杆拱小里程端 19孔32米简支梁）、轨道工程（无砟道床工程）、信号工程（接地施工为主）、电力及牵引供电工程（接触网基础工程）、站场建筑及附属工程，大型临时设施和过渡工程。工程于2009年7月26日开工，计划2011年11月30日竣工。

2010年，完成建安产值173517万元，土石方656.26万立方米，桥梁13831延长米，框架桥5730延长米，涵洞2403.6横延米。

【沪昆客专贵州8标】 中铁五局承建。沪昆铁路客运专线贵州CKGZTJ-8 标，起讫里程为 DK784+137～DK818+413，线路长度36.479公里。工程于2010年11月15日开工，合同工期36个月。本标段主要工程量有:路基主体挖土方 29.71 万立方米，挖石方128.62万立方米，级配碎石31.17万立方米，挖淤泥20.54万立方米，AB组填料259.39万立方米；桥梁22座，其中特大桥8座计7833.79米，大桥7座2034.81米，中桥5座390.35米，小桥

2座；新建涵洞59座计1893.15横延米；预制架设整孔箱梁261孔；隧道18座，共长12036米；正线铺轨481.477公里。大临工程包括简支箱梁制梁场1处，铺轨基地1处，铺轨基地引入沪昆客专线便线1条。

2010年完成建安产值9876万元，土石方4.5万立方米、桥梁18.1延长米，隧道36.3成洞米。

【沪昆客专云南1标】 中铁五局承建。起讫里程DK977+651.51～DK1017+906.7，全长40.258公里。主要工程数量有：路基7.455公里，桥梁9.042公里/15座，隧道双线23.840公里/7座，车站1座，制架箱梁269孔）双块式无砟轨道道床正线80.26单线公里、站线1.45单线 公里，涵洞0.533公里/30座等。工程于2010年12月3日开工，计划总工期60.5个月。

2010年完成建安产值12038万元，土石方2万立方米，新扩建便道20公里，临时房屋16521平方米，临电工程10公里，三电迁3处。

【沪昆客专江西HKJX-2标段】 中铁五局承建。里程DK365+430～DK430+172.34，全长64.029公里，途经上饶县、上饶开发区、横峰县、铅山县、弋阳县、贵溪市六县（市）。本标段工程数量：桥梁47座47231米，涵洞60座1903.5横延米，隧道1座125米，正线区间土石方369.37万立方米、站场土石方58.21万立方米，无碴轨道133.8单线公里，制架整孔箱梁1426孔。标段有8联连续梁（含连续刚构），最大主跨125米。沿线1次跨越沪昆高速公路、1次跨越320国道、5次跨越既有铁路、2次跨越既有粮库专用线，多次上跨县乡公路、河道和水库，与既有线并行达6公里，协调难度和安全压力大。工程于2010 年6月30日开工，计划2013年6月30日竣工。

2010年完成投资62655万元，完成路基工程222.86万立方米，桥梁13987延长米，预制梁68孔，架梁8孔。

【沪昆铁路杭长客运专线浙江段HCZJ-5】 中铁五局承建。本标段里程DK163+639.61～DK212+155.08，正线48.515公里施工任务，项目位于浙江省金华市、衢州市境内。主要工程量：桥梁7座，41.81公里；涵洞39座，896.6横延米；路基全长6.71公里，含龙游车站1座；正线无砟道床97.031单线公里；站线无砟道床1.76 公里；铺面渣1346立方米。工程于2010年5月30日开工，合同竣工时间为2013年6月30日。

2010年完成建安产值81049.7万元、土石方51.35万立方，桥梁下部结构完成11427.1延长米，涵洞完成205横延米，箱梁预制75孔。

【贵开铁路相关工程】 中铁五局承建。新建铁路贵阳至开阳铁路工程，全长62.83公里，包括贵阳东站长沙端(DK0+000)至开阳站(DK54+422)，建筑长度为54.32 公里；贵阳北（LGDK1+200）至贵阳东站（LGDK9+710）联络线，其中左线长8.51 公里、右线长8.11 公里。本标段桥梁58座19974米，隧道33座26.672 公里，土石方898万立方米，预架梁555孔，设三江农场、羊昌、开阳站和相思河、南江乘降所。合同开工时间2010年9月1日，竣工时间2013年6月30日。

2010年完成建安产值30853万元、区间土石方120万立方米、桥梁2542延长米、涵洞997横延米、隧道1060成洞米。

【新建云桂铁路引入南宁枢纽工程SN-2标2-1、2-3单元】 中铁五局承建。南宁枢纽是西南铁路网中重要的地区性枢纽，衔接湘桂、南昆、南防三大铁路干线及南环线。SN-2标段2-1单元包括新建南宁南编组站峰前到达场、改造既有南宁南编组Ⅰ～Ⅲ场、改建既有车辆段，新建南宁南机车整备所并改建既有整备所，以及由于既有编组场的改动引起既有湘桂铁路左右线的改扩建工程。2-3单元起于既有南防铁路那罗车站，止于既有南宁南编组站，其中对应联络左线里程HZDK3+400～HZDK7+800段范围为沙井铁路货运中心站场。主要工程数量有：路基1222.07万断面方、桥梁3529米/11座、涵洞2483.55横延米/50座、铺轨73.591公里、铺道岔157组。管段重点工程为南宁南编组站。工程于2010年8月1日开工，计划2012年7月30日竣工。

2010年完成建安产值10452万元，完成土石方112.4万元，完成桥梁529延长米，涵洞658横延米，

【贵广客专GGTJ-3标】 中铁五局承建。新建铁路贵阳至广州线（以下简称“贵广铁路”）自贵阳市的贵阳北站引出，至广州枢纽新广州站，正线全长857公里，为开通250公里/小时的Ⅰ级、双线电气化铁路。GGTJ-3 标段起讫里程为 DK186+080.75～DK250+811，线路长度64.687公里，位于黔东南州的榕江县和从江县境内。其中，中铁五局管段 DK186+080.75～DK239+376，线路长53.252公里（其余由业主指定分包给中铁二十一局）。主要工程量：路基长5.1267公里，桥梁20座计5501.8米，新建涵洞15座计682.53横延米，新建旅客地道1座805.8平方米，跨线公路桥1座716平方米，车站1座（榕江车站），隧道12.5座计44.479公里。工程于2008年12月19日开工，合同竣工时间2013年1月18日 。

2010年完成建安产值127298万元，土石方55.1万立方，桥梁1265.6延长米，隧道19679.35成洞米。

【玉蒙铁路 Ⅰ 标段】 中铁五局承建。玉蒙铁路Ⅰ标段中DK31+902～DK37+450，长5.548公里，其中单位工程有秀山隧道正洞5460米，即DK31+902～DK37+362(全长10302米)；平导5452米，即PDK31+902～PDK37+354（全长10294米）；路基长85米，挖填方108468立方米，抗滑桩四根（总长52米）和干码片石、喷砼植生等防护工程；1-5米涵洞一座，长168.51米。秀山隧道为铁道部一级高风险隧道。工程于2006年 4月15日开工，合同竣工时间：2008年 10 月 15日（由于地质原因，铁道部要求2011年底建成通车）。

2010年完成建安产值3363万元、隧道643.6成洞米。

【兰新铁路第二双线西宁至大通段站前工程 LXSQZ-2标段】 中铁五局承建。本工程为新建铁路兰新第二双线西宁至大通段站前工程，线路正线长48.282公里。位于青海省西宁市城东区、城北区、大通县境内。主要工程数量有：路基19.447公里、桥梁19.605公里/9座、涵洞1116.33横延米/48座、隧道9.147公里/3座、铺无砟轨道道床100.37单线公里。工程于2010年3月1日开工，计划2014年3月1日竣工。

2010年完成建安产值80810万元、土石方334万立方、桥梁9850.09延长米、涵洞840横延米、隧道1199.6成洞米，箱梁预制54孔，箱梁架设6孔。

【兰新铁路第二双线甘青段12标】 中铁五局承建。本标段起讫点里程为：DK605+800～DK682+737，正线长度为76.937公里，位于甘肃省酒泉市肃州区境内。主要工程量：路基正线50.47公里，车站1座，区间土石方597.14万立方米，站场土石方62.7万立方米，CFG桩78.29万米，隧道明洞1座625米，特大桥4座23392.76米，大桥6座1963.85米，中桥9座612.03米，涵洞95座2076，其中黄沙嘴明洞和连续钢构为重点工程，三坝沙河特大桥和西店村特大桥为控制工程。2010年4月30日开工，计划2013年12月31日竣工。

2010年完成建安产值96394万元，土石方619万立方，桥梁8695.6延长米，涵洞2076横延米，隧道101成洞米，箱梁预制160孔，箱梁架设10孔。

【山西中南部通道 ZNTJ-10标】 中铁五局承建。ZNTJ-10标段起讫里程为DK416+250～D2K447+200，线路长度30.95公里（注：为改线前线路长度，改线路段线路长度未定），位于山西省安泽县及长子县境内。主要工程项目有路基挖方29.3万立方米，填方3.7万立方米；桥梁6座，计2483.83米；新建涵洞3座，计62.11横延米；隧道8座26840米。2010年4月10日开工，计划2014年9月30日竣工。

2010年完成建安产值15347.41万元、桥梁172.81延长米、隧道944.41成洞米。

【杭甬客运专线】 中铁五局承建。项目位于浙江省绍兴市。管段起讫里程为DK47+311.27-DK65+704，全长18.39公里。主要工程量：特大桥2座18281米，路基112.85米。工程于2009年4月27日开工，计划2011年10月31日竣工。

2010年完成建安产值71572万元、土石方3.7万立方米、特大桥12215延长米。

【新建铁路蒙自至河口线】 中铁五局承建。蒙河铁路位于云南省红河哈尼族彝族自治州，正线全长142.440公里。五局管段起点DK72+080，终点DK142+440，管段内新建正线线路总长70.36公里，路基长4.121公里，桥梁18座4509米，共设车站6个，隧道20座61.846公里。工程于2009年3月25日开工，合同竣工时间2012年10月25日。

2010年完成建安产值60004万元、土石方99.41万立方米、桥梁865.48延长米、涵洞254.45横延米、隧道15895成洞米。

【渝利铁路6标】 中铁五局承建。标段里程为D1K233+370.3～DK274+983，线路长41.626公里，线路经沙子关车站、都亭山隧道、余家隧道、龙洞双线特大桥（上跨在建沪蓉高速公路）、福宝山隧道（绕避湖北星斗山森林自然保护区）、清江跨线双线特大桥（二次上跨在建沪蓉高速）等重点工地，然后接在建宜万线凉雾车站至本标段终点DK274+983。主要工程数量：路基区间土石方1829291立方米（断面方），站场土石方1076207立方米，车站2座（沙子关车站和凉雾车站），桥梁22座9513.19延长米，涵洞48座1521.9横延米，隧道8座23440米。工程于2008年12月28日开工，合同竣工时间：2013年12月28日。

2010年完成建安产值85066万元，土石方126.2万立方米，桥梁5606.6延长米，涵洞663.9横延米，隧道12463成洞米。

【衡茶吉铁路线 HCJ-2标】 中铁五局承建。衡茶吉铁路井冈山站（含）至茶山坳（衡阳北）站（含），正线全长211.456公里，其中江西省境内49.318公里，湖南省境内162.138公里。HCJ-2管段长136.452公里。主要工程内容为标段范围内的路基、桥涵、隧道、制架梁、轨道铺设及房屋配套工程，主要工程：土石方1944万立方，桥梁79座，涵洞488座，隧道17座24188延长米。工程于2009年6月15日开工，合同竣工时间：2012年10月25日。

2010年完成建安产值119235万元，土石方773.1万立方米，桥梁10076延长米，涵洞7105横延米，隧道14806成洞米。

【向莆铁路 JX-3标】 中铁五局承建。向莆铁路JX-3标位于江西省抚州市。主要工程量：区间土石方615.6595万立方米，站场土石方69.5653万立方米，桥梁20座7576.13延长米，涵洞209座5055横延米，正线铺轨589.856公里，站线铺轨67.806公里，铺道岔252组。工程于2008年11月20日开工，计划2012年1月30日竣工。

2010年完成建安产值86376万元、桥梁515.154延长米、涵洞331.93横延米。

【京沪高速铁路土建5标】 中铁五局承建。局管段为JHTJ-5标其中一部分，位于江苏省丹阳市。起讫里程为DK1110+020.32～DK1129+631.35，线路正线全长越19.6公里；管段内重点工程为九曲河特大桥，约 11 公里，其中包含跨九曲河现浇连续梁（40+56+40）米 1 座，跨机场路（32+48+32）米、窦浦公路（32+48+32）米及迎滨路（32+40+32）米三乡道现浇连续梁 3 座，跨 122 省道系杆拱（1-96）米 1 座。工程于 2008 年 1 月 15 日开工，计划 2010 年 3 月 11 日竣工。

2010 年完成建安产值 21150 万元，桥梁 556 延长米，箱梁架设 47 孔，

【新建铁路石武客专（河南境内）第 SWZQ-4 标段新许特大桥南段】 中铁五局承建。管段起讫里程为 DK772+312～DK792+507，正线长度 20.195 公里，位于河南省长葛、许昌两市境内。采用连续梁和 32 米简支梁跨越。工程数量：钻孔灌注桩 26 万米/4982 根，616 墩 1 台，预制铺架 32 米简支箱梁 608 孔、24 米简支箱梁 8 孔，连续箱梁 2 联(32+48+32)米、1 联(40+56+40)米，相应的桥面系和无碴轨道工程（不含铺轨）。混凝土数量约 56 万立方米。

2010 年完成建安产值 40490.9 万元，桥梁 6301.58 延长米。

【太兴铁路太静段 TXXS-1 标工程】 中铁六局承建。太兴铁路太原至静游段起于太北编组 VI 场的汾河站，经由古交、镇城底、娄烦，止于娄烦县静游镇。TXXS-1 标工程施工区段为既有太岚线增建二线，既有太岚线从太原枢纽太北编组站Ⅵ场即汾河站接轨，经西张、土堂、柳林河、扫石、古东、古交，至镇城底站，全长 57.65 公里。主要涉及工程内容为改造既有中间站 4 座，分别为：西张站、古东站、古交站及镇城底站。封闭既有车站 3 座，分别为：土堂站、柳林河站及扫石站以及全线（太岚线 K3+500 至 DK93+300）范围内通信、信号、信息、电力及电力牵引供电、大型临时设施和过渡工程等全部四电工程（不含铺架工程）。合同价值：17.35 亿，合同工期：2010 年 3 月 20 日至 2013 年 3 月 20 日，设计单位：中铁工程设计咨询集团有限公司太原设计院，监理单位：山西铁建工程监理咨询有限责任公司

新横岭隧道全长 4922 米，为全标段最长隧道。新峙头隧道全长 4412 米。柳林河 1 号 1-130 米 系杆拱桥，两侧均为桥隧相连，上跨柳林河，其两侧隧道未贯通前相邻桥台均不具备施工条件，其工期为桥梁与隧道的叠加工期。按照目前的施工进度，新柏崖头隧道计划贯通时间为 2011 年 6 月 30 日，而柳林河桥从施工平台的修建、缆索吊塔架的安装、桥结构杆件的预拼、吊装等需要 18 个月，最早完工时间为 2012 年 12 月 31 日，是本标段控制工期工程。

【昆玉铁路】 中铁六局承建。昆阳至玉溪铁路位于云南省中部，北起云南省昆明市昆阳站，南至玉溪市玉溪南站。线路北端通过昆明枢纽与既有贵昆、南昆、成昆铁路相连，南端通过玉溪南与正在建设的玉蒙铁路、蒙河铁路、玉磨铁路相连接，是中国西南进出境国际铁路与国内铁路网连接的重要铁路干线。

本工程站前二标段施工任务，二标段线路全长 30.968 正线公里，其中：路基 9.507 公里，占线路全长 31%；桥梁 14 座长 10.389 公里，占线路全长 34%，隧道 7 座长 11.072 公里，占线路全长 35%，路基土石方 301 万断面方，地基处理共计约 200 万延米，改移道路 5.54 公里，电力线路迁改 34 处。本标段中标价 15.417 亿元，工期 2010 年 8 月 23 日开工，总工期 1035 日历天。

2010 年项目完成产值 3904 万元。完成主要工程量：路基土石方 13 万立方米，浆砌石 11337 立方米，混凝土 8167 立方米，CFG 桩 59625 米，水泥搅拌桩 31411 米，土工格栅 48889 平方米，碎石垫层 5491 立方米，土工膜 15635 立方米，涵洞 89.27 延米，隧道 60 延米。

【仁和至丽江铁路铺架工程】 中铁六局承建。新建仁和至丽江铁路位于云南省西北部的丽江市，为大理-丽江铁路组成部分，属滇藏通道中大丽铁路的北段；线路南起在建大理至丽江仁和站，自仁和站引出经新关坡隧道，跨大丽公路、漾弓江，沿磨岩山脚向西北至新建丽江站，线路长 14.714 公里，按照甲方的要求，计划于 2011 年 6 月底全部完工，开通新建线路。本标段于 2010 年 7 月份中标，标段合同额为 1.2 亿元。铺轨 22 公里；T 梁预制架设 93 孔；铺道岔 31 组；铺道床 8 万立方米。

建设单位：云南省滇西铁路有限责任公司（昆明局代建），设计单位：铁道第二勘测设计院工程集团公司，监理单位：云南铁路工程监理公司。

还建段 4 公里已开通，T 梁架设完成 80 孔，铺设线路 15 公里。

【石家庄枢纽货运系统迁建工程】 中铁六局承建。货运系统迁建工程为新建双线铁路，线路等级为 I 级，自正定站引出至平南站结束，全长 44.7 公里，线路铺轨 252 公里。新建石家庄南编组站 1 座，规模为单向二级四场；新建孔寨线路所 1 处；改建平南站和正定站。工程合同总额为 35.66 亿元，其中 2009 年完成 17 亿元，2010 年完成 18.86 亿元。

2009 年 4 月 18 日，货迁工程举行开工典礼，2009 年 7 月 11 日，植物园制梁场生产出第一片梁，2009 年 11 月 29 日，成功架设第一孔梁，2010 年 3 月 26 日，正定站开通新微机联锁。2010 年 4 月 23 日，京广线正定以南 10 公里过渡便线开通，2010 年 9 月 4 日，1270 孔梁制作完成。2010 年 9 月 26 日，京广正线正定以南 11.2 公里线路开通，2010 年 11 月 23 日，全线 1270 孔梁架设完成，2010 年 11 月 25 日，新建编组场试溜试验完成。2010 年 12 月 7 日，货迁工程全线开通。

【新建铁路大四线吴四段站前工程】 中铁六局承建。新建大塔

至四眼井铁路（WSSG-1 标段，签约合同价 93355 万元，原合同工期为监理指示开工算起 715 日历天)，由呼和铁建公司承建的标段里程：吴四圪堵（不含）—四眼井（不含）(DK19+100～DK84+725.82)，全长 65.6 公里，

正线铺轨 65.6 公里，新建车站 3 个，全线土石方 462 万立方米，桥涵 151 座，架设桥梁 394 孔，房屋 6950 平方米。风沙是影响线路稳定和安全的主要因素，全线桥比为 19.85%。

建设单位：沿河铁路有限责任公司；监理单位：中国华西监理有限责任公司；设计单位：中铁第一勘察设计院集团有限公司。

大四线于 2009 年 11 月 15 开工，2010 年完成的主要工程量：路基土石方：379.5 万立方米；特大桥线下工程 2 座，大桥线下工程 4 座，中桥线下工程 5 座，涵洞 1783.56 延米；站场房屋完成 550 平方米；路基边坡 C15 砼预制块预制 3627 立方米。

【新建张家口至唐山铁路 ZTSG-1 标】 中铁六局承建。全线 524.665 公里，中铁六局承建的是新建张唐铁路站前 1 标，本标段线路起自张家口市万全县（IDK190+700)，自西向东经过河北省万全县、张家口市的宣化县、赤城县。本标段线路出沙岭子西后，于京包线沙岭子站北咽喉外跨京包线，并行高压走廊西侧跨越既有京包线、110 国道、丹拉高速公路、张承高速公路，于沙岭子电厂吹会场西侧穿越北草帽山，穿越宣化北部山区到达赵川。

本标段土建综合范围：IDK190+700～DK52+300（包括迁改、路基、桥梁、隧道)；制架梁范围：IDK205+835～DK74+550（含湿接缝、梁端防排水)；铺轨范围：IDK190+700～DK74+550（含铺道床)；

其中线下工程范围新建正线长度 50.288 公里，铺轨长度 144.44 公里，架梁 1393 孔。ZTSG-1 标段工程的中标价是 231513.2927 万元，工程已于 2010 年 9 月份进场施工，合同总工期为 48 个月。

截至 2010 年计价 8550 万元，完成的主要工程是电力、道路迁改和拌和站、道路等临时工程。

【邯黄铁路工程 3 标段】 中铁六局承建。新建邯郸（邢台）至黄骅港铁路工程线路全长 459.630 公里，为单线电气化铁路。三标段为 DK167+491～DK254+972.56 段贯通正线、石德联络线全部站前工程，房屋建筑（不含变电房屋)、大型临时设施及过渡工程、其他运营生产设备和建筑物，以及三、四标段 DK167+491～DK386+650 工程终点间所有铺轨架梁工程。本工程 2010 年 9 月份中标进场，计划工期 30 个月，投标总价为 265279 万元。

截至 2010 年 12 月 31 日，施工项目除建设大临便道、混凝土拌和站、T 梁预制梁外，主要完成实物工程量为：钻孔桩 1267 根，完成总量的 38%；承台完成 54 个，完成总量的 10%；路基土方试验段 36 万立方，完成总量的 4%；T 梁预制 2.5 孔，完成总量的 0.2%。完成产值约 8187 万元。

【合福客专铁路】 中铁六局承建。合福铁路安徽段站前六标段起止里程为 DK212+145～DK249+236，正线总长 37.091 公里。工程总造价为 21.4 亿元，工程已于 2010 年 8 月 1 日正式开工，计划于 2013 年 3 月 31 日前完成无砟轨道铺设工作，总工期 32 个月。

截至 2010 年年底合福线完成投资 24773 万元，其中，征地拆迁工程完成 2366 万元，路基工程完成 3811 万元，桥涵工程完成 5143 万元，隧道工程完成 7777 万元，大临工程完成 4703 万元，安全生产费完成 357 万元，地材调差 616 万元。全年未发生任何安全质量责任事故，实现安全生产 228 天。

【新建铁路天津至保定铁路工程】 中铁六局承建。新建铁路天津至保定铁路工程铁路引入枢纽、既有线改造工程由三部分组成，分别是津保正线：天津西站外 DK141+300～DK12+031.13（不含 DK144+744.58(道岔梁尾)～DK12+031.13 段箱梁制运架)；高速联络线：京沪 DK120+450～津保左线 DK144+639.726，京沪 DK120+600～津保右线 DK144+613.512；新建曹庄动车运用所及动车走行线：动左线 DCDK120+460.6～DCDK125+921.241，动右线 DCDK120+654.8～DCDK125+921.241；津保动车走行线 JDCDK141+598.64～JDCDK124+122.51。

中标合同价为 21.03 亿。本工程线路长 64.545 铺轨公里，主要包括道路、管线迁改、路基、桥涵（不含 DK144+744.58(道岔梁尾)～DK12+031.13 段箱梁制运架)、轨道、房屋、四电工程、其他运营生产设备及建筑物等工程项目。本工程于 2010 年 9 月 1 日正式进场，计划于 2013 年 2 月 28 日完工。总工期 30 个月。

2010 年完成产值约为 1.9 亿元。折合实物工程量特大桥 2593 双延米，其中双线箱梁特大桥：958 双延米，单线 T 梁特大桥：78 单延米，双线 T 梁特大桥：1596 双延米。

【长沙南、北站迁建项目霞凝站新建货场工程】 中铁六局承建。本工程将既有京广线霞凝站改造成货运站，设计货物总到发量 2015 年为 1672 万吨，其中货场 619 万吨；2025 年为 2540 万吨，其中货场 1241 万吨。霞凝站新建货场规模：新建到发线 2 条，调车线 4 条，车站南端设牵出线 1 条。货场设 1 束 2 股集装箱货物线、1 束 2 股整车货物线、1 股笨重货物线，均为贯通式布置，装卸有效长均不小于 780 米。施工范围为京广线 K1547+100～K1550+200。

分为站前工程和站后工程两部分，站前工程合同价 11015 万元（调整后合同价 15017 万元）、站后工程合同价 18002 万元。站前工程包括霞凝站新建货场项目的路基、桥涵、轨道及站场相关工程。站后工程包括霞凝站新建货场项目的通信、信号及信息、电力及电力牵引供电、房屋、给排水、车辆、站场及房屋等

相关工程。

合同工期：站前工程24个月，开工日期2008年11月1日，竣工日期2010年9月30日；站后工程17个月，开工日期2009年8月1日，竣工日期2010年12月31日。

建设单位：广州铁路（集团）公司长沙南北站迁建工程建设指挥部；设计单位：中铁第四勘察设计院集团有限公司；监理单位：华南铁路建设监理公司长沙南北站迁建霞凝站新建货场工程项目监理站；质监单位：铁道部工程质量安全监督总站广州监督站。

截至 2010 年底完成 30578 万元，其中：路基土石方完成2101526立方米，地基抛填片石完成99966立方米，浆砌片石完成4768立方米，铺复合土工膜完成91462平米，防护栅栏完成2.2公里，干砌片石完成409立方米。接长、新建涵洞完成6座/426.5米。轨道工程：铺轨完成16.55公里，铺岔完成52组，平过道完成7处，道砟完成41814立方米。通信及信号线路完成19.57公里，电力及供电线路完成20.27公里。货场综合楼、货运综合楼、单身宿舍、运转信号楼、10KV 开关站、10KV 变电所等，建筑面积共完成34370平方米。站场排水沟完成14645延长米，站场道路完成46920平方米、站台墙完成1700米。给排水14.241公里，站台面完成40444平方米，走行轨完成2.7公里。

【石武客专 SWZQ-3 标段】 中铁七局承建。工程概况：石武铁路客运专线北起石家庄，南至武汉，是北京一广州一深圳一香港客运专线的组成部分，正线全长840.7公里，设计速度目标值350公里/小时，输送能力为单向8000万人/年，沿线共设14个车站，并预留新郑东站。项目投资估算总额1167.6亿元，由铁道部和河北省、河南省、湖北省合资建设，建设总工期4年半。石武铁路客运专线建成后，与正在建设的北京至石家庄铁路客运专线、武汉至广州铁路客运专线一起，构成一条与既有京广铁路并行的，纵贯中国南北、线路里程最长、辐射范围最广、具有世界一流水平的大能力快速客运通道，能够与既有的京广铁路实现客货分线运输，从根本上缓解京广铁路运输紧张的状况；能够把中国经济最活跃的环渤海地区、珠三角地区和广大中部地区更加紧密地连接在一起，实现人流、物流、资金流、信息流的加速流动，促进区域协调发展；能够与京沪、京哈、陇海、沪昆等快速客运通道相衔接，成为覆盖全国的铁路快速客运网的主骨架之一，为广大人民群众提供更加快捷、舒适的高品质运输服务。

新建石家庄至武汉铁路客运专线（河南段）站前工程SWZQ-3标段包括石武线30.618公里和郑西贯通线39.389公里，起自郑州枢纽黄河大桥南岸，向南跨贾鲁河、连霍高速，经新郑州站进入郑州市管城区，继续向南跨陇海铁路、机场高速，经南曹乡进入新郑市孟庄镇，并止于孟庄镇。郑西贯通正线起自新郑州站，向南跨陇海铁路，转向西跨石武客专，继续西行跨南水北调中线工程、西南环城高速公路，接入郑西客运专线新荥阳站，先后经郑州市管城区、二七区、中原区、荥阳市。

本标段主要工程项目：石武跨贾鲁河特大桥、跨连霍高速公路特大桥及两桥间路基，郑武跨陇海铁路特大桥、跨机场高速公路特大桥及两桥间路基，郑西贯通线跨陇海铁路特大桥、跨南水北调特大桥及两桥间路基。其中特大桥6座共66.738公里，路基3段共1.7公里。

项目全称：新建石家庄至武汉铁路客运专线（河南段）站前工程SWZQ-3标段

业主单位：京广铁路客运专线河南有限责任公司

工期要求：总工期1173日。其中土建部分工期安排26.5个月，2008年10月15日开工，2009年7月1日开始架梁，2010年11月15日无碴轨道施工完。

合同价值：约 52.674亿元（含八局）。

工程进度

路基工程：路基CFG桩开累完成712356米，完成设计量的100%；土石方开累完成42.98万立方米，完成设计量的100%。

桥梁工程：设计钻孔桩15681根、承台1756个、墩身1756个，全部完成。

预制梁设计1455孔，完成1455孔，全部完成。

架梁设计1455孔，完成1455孔，全部完成。

现浇连续梁设计26联，全部完成。

无碴轨道：I型板：（一分部无碴轨道）底座板开累完成14648双线米，完成设计量14648双延米的100%；轨道板灌注完成14648双线米，完成设计量14648双延米的100%。II型板：无碴轨道截至目前防水层开累完成49632延米，完成设计量49632双延米的100%；底座板开累完成50473双线米，完成设计量50473双延米的100%；轨道板灌注开累完成50473双延米（15456块），完成设计量50473双延米的100%。四组道岔板已经全部灌注完成。（12月24日灌注最后一组）目前全力配合铺轨（12月24日铺轨开始进入管段），抓紧组织轨道精调和侧向挡块施工。

【新建兰州至重庆铁路夏官营（不含）至广元（不含）段土建工程 LYS-3 标段】 中铁七局承建。中铁七局集团承建LYS-3标段线路总长40.597公里，起讫里程为DK192+403-DK233+000，其内容主要包括迁改工程（道路、光电缆及管道）、路基（含站场）及附属工程、桥梁（下部结构、现浇连续梁及桥面系）、涵洞、隧道、轨道（整体道床和线路标志）、车站房建和运营设备及建筑物。其中隧道四座，特大桥八座，大桥一座，小桥四座，车站一座，路基 10.7 公里。该标段为中铁隧道集团和中铁七局三公司联合投标，中铁隧道集团为主体投标单位，中铁七局三公司为专业联合方。

合同工期：2009年2月18日至2014年7月17日。

合同总价：合同总价约为200000万元

重难点工程：纸坊隧道、哈达铺隧道，为本标段重点工程，纸坊隧道初始风险等级为“极高”，哈达铺隧道初始风险等级为“高度”。

节点工期：路基工程：2009年4月18日开工计划2011年5月31日结束；桥涵工程：2009年4月18日开工计划2012年1月31日结束；隧道工程：2008年9月16日开工计划2014年2月15日结束。

哈达铺隧道为双洞单线隧道，全长为16501米，集团公司管段为12501米，哈达铺隧道2009年4月18日正式施工，计划2012年7月3日贯通，隧道贯通工期为39.1个月，隧道土建工期（含道床）为45.6个月。纸坊隧道为单洞双线隧道，全长为5135米，纸坊隧道2009年4月19日开工，计划2012年5月24贯通日，隧道土建工期为37.7个月。

形象进度：开累完成95627万元，占合同价的47.2%。

路基区间：开累完成160万立方米。

站场路基：开累完成53万立方米。

桥梁工程：特大桥8座，大桥1座，小桥4座。目前已全部开工。

钻孔桩设计1908根，开累完成1896根；承台设计290个，开累完成222个；墩身设计290个，本周完成1个，开累完成168个。

隧道工程：设计4座，开工4座。

古子山隧道：古子山隧道全长2517米，为一座单洞双线隧道。隧道围岩分级为Ⅲ级围岩140米，Ⅳ级围岩1985米，Ⅴ级围岩390米。开累开挖1552米，完成设计2517米的61.6%；仰拱开累1475米，完成设计的58.6%；二衬开累1430米，完成设计的56.8%。

纸坊隧道：纸坊隧道全长5135米，为一座单洞双线隧道。开累开挖1968.4米，完成设计5135米的38.3%；仰拱开累完成1898.4米，完成设计的36.9%；二衬开累完成1853米，完成设计的36%。

哈达铺隧道：哈达铺隧道全长16501米，为双孔单线隧道，施工左线长12501米，右线长12501米。管段有斜井四个，全长1978.24米，其中阿坞斜井668.84米，哈达斜井593.24米，西迭斜井402.37米，西固斜井313.79米。

开累开挖11655米，完成设计量的25002米的46.6%；仰拱完成131米，完成计划的104.8%，开累完成11131.1米，完成设计的44.5%；二衬开累完成10581.8米，完成设计的42.3%。

【新建兰渝铁路成都铁路局代建站前施工2标工程】 中铁八局承建。新建兰渝铁路成都铁路局代建站前施工2标工程施工范围为熊洞湾隧道出口（不含）至王家岩1号双线大桥（不含）DK577+450～DK606+710。工程线路起点为DK577+450，正线引入既有广元车站，出站后线路经新皇泽寺隧道，沿既有宝成铁路右侧行进至DK587+100处跨过既有宝成铁路，于王家沟村附近跨过嘉陵江，而后线路经轩盘岭隧道、明觉寺隧道后至本标段终点DK606+710。本标段正线长度29.302公里，主要工程量，共有桥梁32座13770延米，隧道17座25460延米，铺轨282公里，制架梁1569孔，其中，轩盘岭隧道5986米，属高瓦斯隧道；明觉寺隧道5716米及其它隧道属低瓦斯隧道。合同工期：2009年7月20日～2014年9月19日，开工日期2009年10月28日。由一、二、四、建筑、桥梁、电务公司参与施工。合同总价333358万元，开累完成产值74700万元。2010年完成产值66095万元。其中轩盘岭隧道开累完成掘进2741米，衬砌2285米，折合成洞2557.37米，占设计总长的42.7%。

【新建贵广铁路引入贵阳枢纽站前工程施工标】 中铁八局承建。新建贵阳至广州铁路贵阳北站经贵阳站至在建贵阳枢纽客车外绕线新望城坡隧道（客车外绕线里程为DK597+250）间约14.659正线公里，工程起止里程为DK0+000～DK14+653.9。主要工程量有7座桥梁共计4465延米；5座隧道工程共计3574延长米；区间路基土石方：挖方1143820立方米，其中控爆23831立方米；填方126975立方米；2个站场，贵阳站和贵阳北站，站场土石方：挖方2113899立方米，其中控爆134415立方米；填方3072282立方米。开工日期2009年6月30日，计划2012年11月30日完工。由二、三、市政、桥梁、昆建公司参与施工。合同总价121712万元，开累完成产值53568万元。2010年完成产值22049万元。

【哈大客运专线TJ-1标段】 中铁八局承建。工程始于DK131＋209，止于DK185＋275，全长54.066公里。管段内工程内容及主要工程数量为：路基土石方工程341万立方米，长度16.811公里，占管段全长的31%；桥梁工程15座，长36.773公里，占管段长的67.9%，制运架梁990榀，连续梁6联，其中特大桥10座，最长的鲅鱼圈特大桥全长17.914公里；隧道1座，长582延米，占管段长的1.1%；涵洞55座，计1247.98横延米；车站1个；制梁场1处990榀箱梁预制；轨道板预制场1处，轨道板铺设53.456公里（双线）。由一、二、昆建、桥梁公司参与施工。合同工期：2007年8月1日～2011年4月30日，开工日期2007年9月10日，目前工程施工已完成。合同总价264400万元，开累完成产值282232万元，2010年完成产值43855万元。

【新建铁路大瑞线大理至保山段站前工程Ⅰ标】 起讫里程DK0+920～D1K72+100[大坡岭隧道进口工区（含）]，线路由既有大理站西端引出，穿福星隧道，跨西洱河及楚大高速公路，穿太邑隧道、漾濞隧道后，沿漾濞江左岸紧坡而下，于石家村跨越漾濞江至漾濞县河西镇设站；出站后线路沿老滇缅公路西行，穿秀岭隧道、跨顺濞河、穿阿克路隧道，经北斗，穿大坡岭隧道至本标段终点，线路正线长度70.03公里，桥隧总长65.084公里，占线路长度的92.9%。本标段内有：区间路基3.62公里，车站路基1.76公里，路基总长5.38公里，占线路长度的7.68%，路基土石方35万立方，附属圬工10万立方；车站5座；桥梁16座计5288.3延长米（其中特大桥3座，大桥8座，中桥5座），占线路长度的7.55%；涵洞39座计538.14横延米；隧道13.5座计59.941公里（其中隧道长度<1公里的有3座计有770米、在1>L≤2公里的有4座计有5620米、在3>L≤4公里的有2座计有7210米、在5>L≤9公里的有3座计有2137米、>10公里的有1.5座计有24969米，其中秀岭隧道长17605米），占线路长度的85.59%；隧道内弹性支撑块式无碴轨道39.173公里；公路桥2座计2827平方米。由一、二、三、昆建、昆房、电务公司施工。工程合同工期55个月，开工日期2008年6月16日，由于地质原因，目前工期已滞后。合同总价184237万元，开累完成产值79098万元。2010年完成产值27133万元。

【新建拉萨至日喀则铁路工程TJ1标】 中铁八局承建。拉萨至日喀则铁路站前工程TJ1标段位于西藏拉萨市、曲水县境内，本标段正线起讫里程为K2005+437.8～DK41+000（青藏铁路K2003+837.8=拉日铁路DK1+600），联络线起讫里程为LDK0+000～LDK2+228.96（青藏铁路K2001+573=联络线LDK0+000）；线路正线全长41.025公里，联络线全长2.241公里。主要工程数量为：路基34.35公里（含联络线）；桥梁12座，其中特大桥2座3669.849延长米，大桥1座378.56延长米，中小桥8座；隧道6座共计4.382公里；涵洞122座2844.17横延米；铺轨295.69公里，预制架设T梁1397孔；新建车站3座。合同工期1461天，合同价201290万元。该工程2010年11月底进场准备，2010年并未正式开工。

【新建铁路兰州至乌鲁木齐第二双线西宁至张掖段站前工程LXS-9标】 中铁八局承建。新建兰新铁路第二双线西宁至张掖段站前工程LXS-9标段位于甘肃省民乐县、张掖市甘州区境内，线路自民乐县八卦营村附近DK407+122引出，沿干巴子山东侧行进，在李尤村附近设民乐车站，出站后线路跨越G227国道，走行于G227国道西侧，沿G227线向西北前行，线路在河满村附近以120米主跨跨越连霍高速公路，在金张掖酒业以西250米至本段终点DK487+298.6，全长80.176公里。主要有桥梁共21座，其中特大桥共10座计39220延长米，大桥2座计382延长米，中桥1座计44延长米，框架桥8座计140延长米，桥梁长度占线路长度的49.4%；正线路基40.583公里，占线路长度的50.6%，区间路基土石方共计492万立方米，其中挖方127万立方米；涵洞71座，计1582延米。工程2010年03月01日开工，计划2013年11月30日竣工，总工期45个月。合同产值351972万元，开累完成产值111275万元。

【新建铁路成都至重庆客运专线工程CYSG-1标段】 中铁八局承建。新建铁路成都至重庆客运专线工程CYSG-1标段位于成都市、简阳市境内，本标段起讫里程为DK5+000～DK55+578，全长50.62公里。本标段地处成都市、简阳市；成都市内、简阳市内城市交通道路众多，成都市郊、简阳市郊村镇密布，省道、县道、乡道交织成网，交通便利。施工范围包括：DK5+000～DK55+578段设计范围内站前工程及站后接口工程； DK0+000～DK103+050轨道板制作；DK0+000～DK55+578段正线箱梁制运架、无砟道床，不含铺轨工程。本标段主要工程数量为：正线路基9.36公里，占线路长度的18.49%；桥梁26.5座计33.72公里，其中特大桥共11.5座计30.05公里，大桥12座计3.40公里，中桥3座计0.27公里，桥梁长度占线路长度的66.61%，其中成都高架特大桥为全线重点工程，全长20218.97米；隧道2座计7.54公里，占线路长度的14.90%，其中龙泉山隧道为全线控制工程，为高瓦斯隧道，全长7328米；新建车站1座。工程于2010年09月01日开工，计划2014年08月31日竣工，总工期1461天(48个月)。合同总价：373831万元，开累完成产值26018万元，2010年完成产值26018万元。

【新建长沙至昆明客运专线引入贵阳枢纽工程】 中铁八局承建。新建长沙至昆明客运专线引入贵阳枢纽线路位于贵州省贵阳市境内，站前工程起点里程DK693+138，终点里程DK731+600.061，正线全长36.389公里。主要工程量：区间路基断面土石方349.3万立方米（其中填方49.69万立方米，挖方299.61万立方米），站场路基土石方514.53万立方米，隧道13座/8865米，特大桥6905.34米/9座，大桥4615.62米/18座，中桥169米/2座，小桥228.9平方米/1座，涵洞1469.1横延米/35座，车站2座，区间路基9.4公里。合同工期：2010年10月1日至2014年6月30日。现已完成大小临设施建设，但由于图纸、征拆原因主体工程尚未进行施工。合同价：277889万元。开累完成3937万元。2010年完成了3937万元。

【新建市域铁路贵阳枢纽改貌货运中心站前、站后工程】 中铁八局承建。贵阳枢纽改貌铁路货运中心位于贵阳市南部二戈寨片区，设有集装箱站和综合性货场。是全国铁路运输体系中规划的40个集装箱专办站之一，是全国铁路集装箱运输布局调整的二期工程，同时也是贵州省最高等级的铁路集装箱站点，将作为区域性铁路集装箱运输中心辐射贵州省及周边地区。站前部分主要工程数量为正线铺轨3.371公里，站线铺轨19.724公里，土石方482.9996万立方米，路基圬工11.7124万立方米，框架桥2座637.5顶平米，涵洞18座3124.16横延米；站后工程主要有站内房屋建筑、通讯、信号、接触网及其他配套工程。合同工期：2010年5月10日至2011年5月31日。2010年主要进行站场土石方工程、涵洞工程、及部分轨道工程、接触网工程、站场仓库工程施工。主要工程进展情况：开累完成站场土石方499万断面方、路基附属工程5.87铺轨公里、小桥17延长米、涵洞2170横延米、站线轨道2.852铺轨公里、货运房屋2.2万平方米。站前工程合同价： 27117万元，开累完成13026万元，2010年完成12721万元。站后工程合同价24530万元，开累完成产值3293万元，2010年完成3293万元。该工程于2010年5月10日开工。

【京沪高速铁路土建工程 JHTJ－5 标 DK1129+700～DK1148+522段】 工程由中铁八局一、桥梁公司施工。一公司负责承建的新建京沪高速铁路土建工程 JHTJ－5 标 DK1129+700～DK1148+522段，该段位于江苏省常州市管辖范围内，全长18.822公里，施工的区段包括常州西桥段、常州高速站桥段、常州东桥段，双线设计时速350公里/小时，施工全段为桥梁工程，结构形式包括连续梁、简支梁、提篮拱、非标简支梁，合同总价145500万元开累完成133645万元，2010年完成33216万元。合同工期：2007年12月～2010年10月1日，实际开工日期2008年4月，2010年完成投资及主要工程数量：完成投资33215万元，连续梁完成187.05延米，现浇梁完成58孔，提篮拱完成116延米，桥面系完成13679延米，无碴轨道完成18931米。桥梁公司承担用于京沪高速铁路土建工程五标 DK1079+331 至 DK1150+910 段（双线）全长共计71.579公里共计21975块轨道板预制，计划工期为2008年10月开始建场，2009年8月1日开始轨道板正式规模生产，2010年10月31日打磨发运完毕。轨道板预制总工期24个月。轨道板为II 型板。开累完成20815万元。2010年完成13054万元。

【新建铁路南川至涪陵线】 中铁八局承建。新建铁路南川至涪陵线土建施工标段地处四川盆地的东南边缘，南起重庆市南川区金佛山西侧的万盛～南川地方铁路南川火车站，向北途经南川区的水江镇，武隆县的平桥镇、鸭江镇，涪陵区的梓里镇，北止长江边的重庆市涪陵区渝怀铁路的涪陵站。起讫里程为：南川段DK33+000～DK56+000，涪陵段 DK97+020～相应渝怀线K130+728.43，正线全长78.331公里。主要工程量：路基土石方845万立方；特大桥共6座计4653.48延长米，大桥28座计7027.05延长米，中桥19座计1702.89延长米，框架桥5座计141.9延长米；涵洞177座，计3438横延米；隧道20座计25.9公里，其中梓里隧道设计为高风险隧道；新建车站5座；房屋11156平方米，制架梁437孔，铺设轨道98.35公里。由一、二、四、电务公司施工。合同工期27个月，开工日期2008年9月1日，原计划2011年3月31日完工，由于地质原因工期推迟至2011年9月。合同总价198159万元，开累完成产值176099万元，2010年完成71701万元。

【新建成都至都江堰铁路工程 I 标段】 中铁八局承建。成都至都江堰铁路工程 I 标段，从成都火车站设计起点～DK19+407，正线长28.662公里，其主要工程为：成都火车站改扩建工程；成都火车站至安靖站增建二线有砟线路8.262公里；新建联络线有砟线路1.012公里；安靖站到郫县西无砟线路18.12公里。主要工程数量：挖方约18万立方米，填方约30万立方米，特大桥3座21.77公里，中桥3座130.72延长米，小桥涵65座。其中，预应力砼预制简支箱梁703孔，现浇简支箱梁39孔，连续梁19联；T梁115孔，48米钢桁梁1孔，无砟轨道单元板7470块。站房7个24804平方米；箱梁预制场2个。合同工期：2008年11月1日～2010年1月30日。开工日期2008年11月16日，已于2010年4月30日完工，5月12日开通。合同总价288231万元，开累完成产值262950万元，2010年完成产值69467万元。

【新建成都至都江堰铁路彭州支线站前工程】 中铁八局承建。本工程位于成都市境内，从成灌铁路郫县西站～彭州站，正线长20.561公里，其中桥梁占线路长度的99.78%；均按时速200公里客运专线标准设计。主要工程数量：挖方 8.38 万立方米，填方9.2万立方米(其中A、B填料为8.58万立方米， 级配碎石0.62万立方米)，特大桥一座20.516公里，其中，预应力砼预制简支箱梁702孔，现浇简支箱梁7孔，连续梁7联27跨；站房6个16130平方米；箱梁预制场1个；正线无砟轨道约41公里，站线有砟轨道1.31公里，道岔6组。由一、二、三、四、桥梁、建筑、电务公司施工。合同工期：2010年5月10日至2011年11月10日。工程于2010年7月8日正式开工。2010年主要进行桥梁下部工程、箱梁制架及连续梁等工程施工。主要工程进展情况：累计完成桥梁基础钻孔桩3847根，承台601个，墩身515个，折合完成17843成桥米，占设计总量的87%。预制箱梁400孔，占设计总量的57%；架梁箱梁243孔，占设计总量的34.6%；连续梁完成4联，占设计总量的57%。合同价：210254万元，开累完成产值62329万元，2010年完成产值62329万元。

【厦深铁路 XSGW-1 标】 中铁八局承建。厦深铁路（XSGW-1标）施工里程为DK245+962.61～DK260+292，线路正线长度14.464公里。主要工程包括路基土石方202万立方米；桥梁双线6座7.513公里；隧道双线2座1.354公里；普宁站设制梁场1处，预制箱梁 467 片。由二、三、电务、桥梁公司施工。其中设普宁站：DK256+200～DK258+105。开工日期2008年8月23日，总工期28个月。合同总价83303万元，开累完成产值76728万元，2010年，完成产值35575万元，线下主体工程全部完成，主要完成工程项目有红龙山隧道、平洋山特大桥、练江特大桥、白马河特大桥、石泉美四线桥、乌山坎隧道、大南山中桥、乌头坎大桥等，目前剩余主要工程为箱梁预制、桥面系及四电接口工程，计划 2011 年 10 月 31 日竣工交验。

【石武铁路客运专线河南段】 中铁八局承建。石武客专河南段项目部SWZQ-3标主要承担郑武跨机场高速公路特大桥8.933公里(DK726+000～DK734+932.81)范围内的桥梁线上、线下施工，新郑州站以南21.43公里(DK713+502.67～DK734+932.99)范围内608孔箱梁制运架工程。石武客专河南段项目部SWZQ-8标主要承担石家庄至武汉（河南段）(DK970+147.87～DK980+018.61)段9.8704公里的全部线下工程施工和 DK954+830～DK980+018.61（25.19公里）即屈庄隧道以南至淮河北岸箱梁的制、运、架工作。由二、桥梁公司施工。该项目合同总价 200000 万元，开累完成产值161194万元，2010年完成产值63400万元。工程开工日期2008年12月1日，计划2011年底开通运营。

【新建铁路锡林浩特至乌兰浩特 WXTZ-03 标段工程】 中铁八局承建。新建铁路锡林浩特至乌兰浩特线地处内蒙古东部，由西向东贯穿郭勒盟、赤峰市、通辽市、兴安盟四个盟市，基本为东西走向。WXTZ-03 标段范围 DK303+000～通霍 K416+528.46（阿拉坦至霍林河），线路正线长度 99.603 公里，其中：路基长度 78.201 公里，占线路长度的 78.5%；正线桥梁计 9352.73 延长米（其中特大桥4座,7129.9米;大桥7座,1938.03米;中桥4座,284.8米;小桥 1 座,15 米），正线铁路桥占线路长度的 9.4%；涵洞 186 座,4114.79 横延米；隧道 4 座,7.935 公里，占线路长度的 8%。新建线路设计行车速度 120 公里/h。合同中标工期：913 日历天（合同中标的时间是从 2009 年 4 月 1 日到 2011 年 9 月 30 日），实际开工日期：2009 年 4 月 1 日；由建筑公司施工。目前工程尚未全部完工，形象进度为：桥梁完成比例为 97.73%、隧道 63.5%、路基完成 98%;涵洞设计 3217 米,完成 3088 米,完成 98%。其中扎尔斯台隧道（5470 米）：已完成开挖 3238 米、仰拱 3073 米、二衬 2616 米，已完成比例为 67.61%。达其隧道（1170 米）：开挖及仰拱已完成，剩余二衬 347 米，完成比例为 95.78%。合同总价121712 万元，开累完成产值 82540 万元。2010 年完成产值 544450 万元。

【莞惠城际莞惠城际轨道交通 GZH-10 标段工程】 中铁八局承建。莞惠城际轨道交通项目 GZH-10 标位于广东省惠州市，施工范围：DK84+685～DK90+930 段，正线长 6.245 公里,其中桥梁长6.082(含高架车站)，路基长 0.163 公里，合同工期为 2009 年 9 月 18 日至 2012 年 1 月 31 日。实际开工：2009 年 10 月 18 日。合同价 55800 万元，开累完成产值 9343 万元。完成了桥梁 491.9 延米。

【佛肇城际佛山至肇庆城际轨道交通 GZZH-1 标段工程】 中铁八局承建。佛肇城际佛山至肇庆城际轨道交通 GZZH-1 标段工程主要施工内容为：桥梁 6.882 公里（含狮山高架车站），路基 0.278 公里，全长 7.16 公里。主要工作内容 5 座桥梁下部结构（含 7 联连续梁、12 孔支架现浇 40 米简支梁，不含 25 米和 30 米简支梁的预制、架设）、路基、桥梁过渡段、无碴轨道道床、双块式轨枕运输、铺装、道路改移、道路绿化、沟渠改移、“三电”及管线改移（不包含 10KV 及以上高压线路迁改）。桥梁工程比例大，占本标段正线长度的 96.1%（含高架站桥），是本标段的最主要的特点。桥梁工程多处跨越既有公路、鱼塘、小型水库。合同工期：2010 年 05 月 15 日～2012 年 08 月 31 日，实际开工：2010 年 05 月 15 日。合同价：41781.31 万元，开累完成投资 264 万元。完成了项目部驻地建设及前期准备工作。

【安顺制梁场】 中铁八局承建。安顺制梁场于 2008 年 10 月 2 日开始建场，11 月 12 开始生产。主要承担了贵阳枢纽 307 孔 T 梁预制任务和黄织铁路 269 孔 T 梁预制任务。贵阳枢纽 T 梁预制任务已于 2009 年“6.30”抢工大战中按业主要求工期顺利完成。梁场于 2010 年 1 月 20 日开始进行黄织铁路 T 梁预制任务的生产，于 2010 年 12 月 26 日全部生产完成。

【银川制梁场】 中铁八局承建。梁场主要承担太原至中卫（银川）铁路的定边站至包兰线的银川站，正线长度 194.025 公里。包括制梁场的建设和 T 梁的预制。其中 24 米直 23 孔，24 米曲 19 孔，32 米直 452 孔，32 米曲 369 孔。计划铺架工期为 2008 年 3 月 1 日至 2009 年 10 月 31 日铺架平吉堡-定边段；2009 年 6 月 1 日至 2009 年 10 月 31 日平吉堡-银川段，铺架总工期共 20 个月。2007 年 11 月 6 日，梁场开始基建施工，2008 年 2 月 21 日开始第一孔梁的试制工作，2010 年 7 月 22 日完成全部桥梁生产。

【吐库制梁场】 中铁八局承建。南疆线吐鲁番至库尔勒段增建第二线 PJS1 标段铺架工程桥梁数量为 1008 孔通桥（2005）2101 客货共线铁路预制后张法简支 T 梁的预制（其中 32 米梁 746 孔，24 米梁 86 孔,16 米梁 112 孔，12 米梁 64 孔），为完成桥梁的预制，在吐鲁番设立制梁场。计划供货期从 2009 年 5 月至 2011 年 10 月,历时 30 个月。签订合同总价为 27303 万元,开累完成 16000 万元。

【哈大客运专线工程】 中铁九局承建的哈大客专铁路是中国铁路中长期规划“八纵八横”主通道，是东北地区高速铁路的重要组成部分。其中哈大客专铁路 TJ-1 标段中标单位为中国铁路工程总公司，九局施工管段起始里程 DK308+665.5，标段终点于

DK390+865.4，路线长度70.09公里。工程位于辽宁省辽阳市和沈阳市境内，2007年10月10日开工，预计2011年4月30日竣工，总造价约23.9亿元。设计时速350公里/小时。主要工程数量：路基工程长度9.31公里，其中路基挖方41.4万立方米，路基填方170万立方米，涵洞409.09米/17座。桥梁工程 17座，特大桥60.78公里/4座，中桥643.2米/11座。无砟轨道板58.04双线公里。改建辽阳站站场1处。建设单位为哈大客运专线有限公司，设计单位为铁道第三勘测设计院，监理单位为韩国铁道施设公团外方总监组和铁城铁科院联合体监理公司。

2010年完成产值43267万元，开累完成产值235759万元，完成总价的98.6%。工程主体完工。

【盘营客运专线工程】 中铁九局承建的盘锦至营口铁路客运专线TJ-1标段，位于辽宁省锦州市、盘锦市境内，全长48.57公里，起点于京哈线秦沈通道锦北站，分为左右两个单线，左线跨越G305线、京哈线秦沈通道、沟海线，右线部分利用秦沈沟海联络线，跨越沟海线，左右两线在赵荒地线路所处并线；之后线路在沟海线左侧与既有沟海线并行，跨越西沙河、绕阳河进入盘锦站，在越过双台河后，在渤海站前二次跨越沟海线，然后在沟海线右侧与既有线并行，终于DK48+569.68盘锦特大桥桥尾。工程于2009年7月15日开工，计划2012年6月30日竣工，总造价44.39亿元。主要工程数量：路基工程长3.6公里，土石方78万立方米；桥梁工程长44.97公里，其中单线特大桥6.97公里/3座，双线特大桥40.39公里/2座，单线连续钢构中桥79.82米/1座；盘锦北、盘锦2个车站，赵荒地线路所1处；无砟轨道铺设86.47公里，1-12米旅客地道1座、平改立13处等。建设单位为京沈铁路客专辽宁有限责任公司，设计单位为铁道第三勘察设计集团公司，监理单位沈铁监理公司盘营客专监理一标监理站。

2010年累计完成产值25.56亿元，完成总造价的60.18%。其中路基工程完成总量的63%，桥涵工程完成总量的72%，轨道工程完成总量的18.2%等。

【杭长客运专线工程】 中铁九局承建的杭州至长沙铁路客运专线浙江段新建工程HCZJ-6标段，位于浙江省衢州市境内，正线长度为35.02公里，起点里程为DK212+155.08，线路跨龙丽高速公路至衢州，在既有衢州站站房同侧落地设客专车站，出站后线路跨江山港，走向基本与既有浙赣铁路左侧平行，在江山港附近跨越浙赣铁路，线路终点里程为DK247+173。工程自2010年4月16日开工，预计2013年6月竣工，总造价约26亿元。主要工程数量：路基土石方176万立方米，路基附属6万立方米，土工合成材料14万平方米，地基处理CFG桩8.7万米。特大桥7座，大桥1座，中桥1座。无碴道床69.24公里，轨道板预制161.76公里，轨道板铺设69.24公里，新铺单开道岔54组，拆除单开道岔14组，重铺4组及三电工程等。建设单位为沪昆铁路客运专线浙江有限责任公司，设计单位为中铁第四勘察设计院集团有限公司，监理单位为华铁-德铁国际联合体。

截至2010年末，累计完成产值39192万元，完成总造价的15%。路基土石方完成54720立方米，CFG桩完成19808延米；桩基完成65575延米，扩大基础79座，承台221座，墩身168座，32米箱梁预制90孔，箱梁架设完成20孔，场内移梁62孔。

【沈丹客运专线工程】 中铁九局承建的沈阳至丹东铁路客运专线本溪枢纽及丹东站工程SDTJ-4标段，包括本溪枢纽和丹东站两部分。客专正线全长19.38公里。工程于2010年5月1日开工，预计2013年12月31日竣工，总造价约33.15亿元。主要工程数量：区间路基总长1.73公里，路基土石方442万立方米，桥梁5875.42米/12座，隧道8395.87米/9座，站场4座，铺轨113.1公里，铺道岔297组，铺道碴25.8万立方米，拆除道岔183组，站场4座，涵洞19座，新建房屋6.15万平方米，新建站台7座，地下通道4座，行包通道2座等。建设单位为京沈客专辽宁有限责任公司，委托沈阳铁路局代建，设计单位为铁道第三勘察设计集团公司，监理单位为沈阳铁路局建设监理有限公司。

2010年完成路基土石方34.3万平方米，完成大、中桥梁1869米，涵洞完成7座，隧道完成363.5延米，铺轨3.27公里，铺岔13组。完成产值4.02亿元，完成总价的12%。

【东北东部铁路通道前阳至庄河段】 中铁九局承建的东北东部铁路新建前阳至庄河段工程DT2标段，位于辽宁省丹东市境内，正线长度93.66公里。工程自2010年4月7日开工，预计2013年9月30日竣工，总造价61.47亿元。主要工程数量：路基土石方1344.8万立方米，水泥砂浆桩97.57万米，水泥搅拌桩54.54万米，CFG桩118.49万米，钢筋混凝土管桩134.81万米。正线桥梁长49.14公里，联络线及配套工程桥梁长3.88公里。全线桥梁37座，其中特大桥49797米/26座，大桥2446.5米/8座，中桥524.9米/3座。涵洞119座。隧道15601.5米/8座。正线铺轨226.11公里，站线铺轨60.79公里。铺碴82.72万立方米，铺岔192组，新建车站6个；改建车站1个，房屋29271立方米等。建设单位为丹大快速铁路有限责任公司，设计单位为铁道第三勘察设计院集团有限公司，监理单位为沈阳铁路建设监理有限公司。

截至2010年末，累计完成产值15.3亿元，完成总价的25%。完成路基土石方465万立方米，完成钢筋混凝土管桩120.5万延米，完成水泥砂浆桩87万延米，完成水泥搅拌桩41.5万延米，完成CFG桩72万延米；桩基完成24.13万延米，承台676座，墩身353座，预制T梁565片，T梁架设32片。涵洞完成9座。隧道完成672延米。

【新建锡乌铁路忙罕屯至乌兰浩特段】 中铁九局承建的新建锡林浩特至乌兰浩特铁路忙罕屯至乌兰浩特段工程是新建锡乌锡林浩特至乌兰浩特铁路引入忙罕屯车站后，沿既有白阿铁路增建第二线及既有线改造至乌兰浩特站及相关工程。起点为白阿线乌兰浩特站K80+950站场土石分界线，终点为K144+095，锡乌铁路与白阿铁路在芒罕屯站接轨，全长62.8公里，其中双绕双改线段三处，总长26.3公里，增二线并行段长36.5公里。工程自2009年3月1日开工，预计2011年8月30日竣工，工程总造价线下6.61亿元、线上2.86亿元，合计9.47亿元。主要工程数量：路基土石方445.3万立方米，路基附属34.32万立方米；大桥1207.7米/5座，中桥252.67米/4座，框架桥1座，涵洞41座，地道桥1座，无柱风雨棚1座，天桥1座；公路大桥9座，铺轨148.1公里，铺碴48.4万立方米，铺岔83组；新建2个车站，改建2个车站；房屋8183平方米及三电工程等。建设单位为沈阳铁路局白阿工程建设指挥部，设计单位为铁道第三勘察设计院集团公司，监理单位为黑龙江中铁建设监理有限责任公司。

2010年，线下工程完成6066万元，线下累计完成产值43136万元，占65.3%；线上完成产值12200万元，线上累计完成产值20257万元，占70.8%；项目累计完成产值63393万元，完成总价的67%。

【新建扎兰屯至阿荣旗铁路工程】 中铁九局承建的新建扎兰屯至阿荣旗铁路施工Ⅰ标段，线路全长34公里，为新建单线地方Ⅰ级铁路。工程自2009年5月20日开工，预计2011年11月20日竣工，总造价4.29亿元。主要工程数量：路基土石方255.2万立方米，特大桥2225.6米/2座，大桥130.5米/1座，中桥790.93米/9座，隧道5271米/2座，框架桥5座，涵洞31座，公路特大桥5769平方米/1座，铺轨37.15公里，铺碴15.06万立方米，新铺道岔23组，拆除道岔30组，重铺7组及三电工程等。建设单位为呼伦贝尔阿扎铁路有限责任公司，设计单位为铁道部第五勘察设计院集团有限责任公司，监理单位为黑龙江中铁建设监理有限责任公司。

2010年完成产值8038万元，开累完成产值25809万元，完成总价的60.1%。路基土石方完成238万立方米，完成总量的93.3%；特大桥完成1824.66延长米，完成总量的81.9%；隧道完成1223米，完成总量的23.9%；区间正线铺轨25.94公里，完成总量的78.2%。

【东北东部铁路通道通化至灌水段】 中铁九局承建的通化至灌水东北东部铁路新建工程DT3标段，位于吉林省通化市境内，与辽宁省接壤，包括桃园、通化市、通化县、大泉源四个车站和区间连接线施工，正线长度为63公里，起点里程DK119+000，接轨点为DK136+355处。工程自2009年4月1日开工，预计2011年9月30日竣工，总造价14.05亿元。主要工程数量：路基土方638.1万立方米，路基防护23.9万立方米；特大桥3座，大桥8座，中桥5座，小桥2座，框构桥2座，公铁上跨立交桥2座，涵洞63座；隧道6座；正线铺轨103.16公里，站线铺轨10.7公里，拆改9.73公里，铺砟12万立方米。建设单位为沈阳铁路局，设计单位为沈阳铁路局吉林勘测设计院，监理单位为沈阳铁路局建设监理公司。

2010年完成产值59188万元，开累完成产值114688万元，完成总价的82%。

【东北东部靖宇至松江河铁路工程】 中铁九局承建，线路起点接轨于宇辉铁路靖宇站，车站中心为新线起点DK0+000，经由靖宇县、三道湖镇、花园口镇，抚松县县城、松江镇等地，线路终点引入浑白铁路松江河站，车站中心为新线终点DK73+910，线路全长73.9公里，其中：路基长度32.2公里，桥梁10.09公里/31座，隧道31.61公里/16座。工程自2009年9月20日开工，预计2012年3月20日竣工，工程总造价17.58亿元。主要工程数量：全线特大桥5458.0米/7座，大桥4043.0米/16座，中桥593.3米/8座，框构桥6座，涵洞91座，公路桥6座，道路涵4座。全线500米以下的短隧道2座，500米以上至3000米的中长隧道有11座，3000米以上至10000米的长隧道有3座，全线最长的隧道为下山头隧道，全长7940米。路基土石方7.68万立方米。铺轨95.4公里，铺道岔69组等。建设单位为东北东部铁路通道工程指挥部靖宇至松江河工程指挥部，设计单位为吉林铁道勘察设计院有限公司，监理单位为沈阳铁路建设监理有限公司宇松铁路新建工程靖宇监理站。

2010年完成产值44430万元，开累完成产值53784万元，完成总价的30.6%。完成路基土石方175万立方米，占总量的22.57%，完成桥梁工程1270.8延米，占总量的12.59%，完成隧道工程2388.5延米，占总量的7.56%。

【新建巴新铁路工程】 中铁九局承建的新建巴彦乌拉至新邱地方铁路工程，其里程为DK1+200－DK19+000，是巴新铁路组成的一部分，走行线全长15.4公里，隶属北方巴新铁路有限公司管辖。工程自2007年11月15日开工，预计2012年6月1日竣工，工程总造价1.3亿元。主要工程数量：公路桥2630平方米，涵洞1112.83横延米/33座，中桥421.9米/5座，特大桥816.4米/1座；路基土方251.52万立方米。建设单位为辽宁春城工贸有限公司，设计单位为铁道第三勘察设计院，监理单位天津新亚太工程监理有限公司。

2010年完成产值3030万元，开累完成产值8730万元，完成总价的66.4%。路基土石方完成243万立方米，完成总量的96.8%，桥梁完成862.15延米，涵洞完成1066延米等。

【西部战略铁路新建工程】 由中铁九局承建的西部战略铁路工程总计三个标段，分别为新建伊白线铁路桥梁标段、新建贺珠线铁路桥梁标段、白音华能源区物流园专用线新建工程线桥标段，均位于锡林郭勒盟境内，累计正线长度为407.86公里。新建伊白线铁路桥梁标段于2010年3月1日开工，已于2010年6月30日竣工，工程总造价1.61亿元；新建贺珠线铁路桥梁标段于2010年5月1日开工，已于2010年11月30日全部开通，总造价9.58亿元；白音华能源区物流园专用线新建工程线桥标段于2010年7月1日开工，已于2010年12月20日开通，剩余路基及线路附属工程计划在2011年6月30日前完工，总造价3.87亿元。西部战略工程总造价15.06亿元。主要工程数量：路基土石方850万立方米，路基附属8.8万立方米；特大桥23697.73米/15座，大桥2538.83米/14座，中桥548.13米/7座，涵洞75座，下穿隧道明洞280米/2座，正线铺轨52.12公里，站线铺轨8.01公里，新铺道岔4组，铺碴12.88万立方米。建设单位为沈阳铁路局通辽工程建设指挥部，设计单位为沈阳中铁铁道勘察设计院，监理单位为沈阳铁路局建设监理公司、天津新亚太监理公司、北京华铁工程咨询有限公司。

2010年完成产值146754万元，完成总价的97.5%。工程主体完工，剩余路基及桥涵附属工程，预计2011年6月30日前完成。

【新建铁路库车西至俄霍布拉克支线工程】 中铁九局承建的新建铁路库车西至俄霍布拉克支线工程全线87.27公里，合同额为11.83亿元。合同开工工期2009年4月15日，竣工日期为2011年4月30日。主要工程数量：路基土石方643.6万立方米，路基附属工程26.9万立方米；特大桥4655米/4座，大桥2662.44米/10座，中桥1190.96米/14座，小桥16座，涵洞218座；隧道7.75公里/6座；正线铺轨87.27公里，道岔47组；中间站4座，会让站2座，预留会让站2座及三电工程等。建设单位为乌鲁木齐铁路局，设计单位为中铁一院，监理单位为乌鲁木齐铁路监理公司。

2010年完成产值45499万元。开累完成产值82499万元，完成总价的70%。

【辽宁营口沿海产业基地铁路新建工程】 中铁九局承建，工程位于辽宁营口市城区的南部。线路接轨于营口线老边站，出老边站后线路向南前行途经中盐营口盐业集团有限公司的盐田和老边区二道镇后在咸水河南岸进入沿海产业基地一期产业园区，至华能营口热电厂后转向西北，沿海堤路前行至终点。工程自2009年7月1日开工，2010年12月30日竣工，工程总造价4.47亿元。主要工程数量：路基土石方209.6万立方米，大桥4座、中桥3座、小桥2座、涵洞19座，站线铺轨24.45公里。建设单位为边海铁路有限责任公司，监理单位为黑龙江中铁建设监理有限公司，设计单位为沈阳中铁铁道勘察设计院。

【兰州铁路兰州至重庆线兰州枢纽工程】 工程由中铁九局与中铁十三局联合体中标，联合体中标价为18.12亿元。中铁九局和中铁十三局通过协商谈判，经兰州铁路局兰州枢纽工程建设指挥部同意，对施工任务划分为：十三局负责HDK57+715～HDK63+500（红山顶隧道出口）内的全部工程项目（不含一章中等级公路改移），其余部分由九局施工，工程自2009年8月10日开工，预计2011年1月31日竣工，工程总造价8.67亿元。主要工程数量：路基土石方2902万立方米；铺轨212公里，铺岔398组；特大桥1593.74米/2座，大桥736.02米/2座，房屋13万平方米等。建设单位为兰州铁路局兰州枢纽工程建设指挥部，设计单位为中铁第一勘察设计院集团有限公司，监理单位为甘肃铁一院工程监理有限责任公司。

2010年完成产值32173万元，开累完成产值39691万元，完成总价的45%。路基土石方完成2120万立方米，完成总量的73%，完成特大桥1座，完成总量的50%，正线铺轨8公里，完成总量的3.8%，铺道岔60组，完成总量的15%等。

【沪昆客专长沙至昆明段引入昆明枢纽工程】 中铁九局承建，位于云南省昆明市呈贡县洛羊镇境内。工程自2010年12月1日开工，预计2014年11月30日竣工，工程总造价约10亿元。主要工程数量：路基土石方739.9万立方米，路基附属18.39万立方米，改良土145.87万立方米；复杂特大桥2535.54米/1座，一般特大桥5508.06米/5座，大桥1345.71米/3座，框架桥2座，小钢构中桥2座，涵洞23座；铺轨62.22公里，铺岔92组，铺道床12.67万立方米等。建设单位为昆明铁路局，设计单位为铁道第二勘测设计院，监理单位为中铁二院咨询监理公司。

【兰新铁路第二双线张掖至红柳河段】 中铁九局承建的兰新铁路第二双线张掖至红柳河段工程LXS-13标段自DK682+737.05～DK800+970.18(其中两处短链长43.9公里)，线路长度74.34公里，跨越三个行政区域，线路分别位于甘肃省酒泉市、嘉峪关市及玉门市境内。工程自2010年4月1日开工，预计2013年12月31日竣工，总造价37.93亿元。主要工程数量：路基土石方762万立方米，CFG桩基286.8万米。特大桥24445.4米/8座，大桥1433米/5座，中桥334.8米/6座，小桥13座，涵洞161座。隧道285米/1座。铺轨151.6公里，新建车站2座等。建设单位为兰新铁路甘青公司，设计单位为铁路第一勘察设计院，监理单位为北京铁城建设监理有限责任公司兰新铁路甘青段监理站。

2010年开累完成产值72357万元，完成总价的19.1%。大临工程完成便道桥74.3公里，集料拌和站4处，电力干线74.3公里。完成区间路基土石方442万立方米，完成CFG桩826931延米。钻孔桩完成 64053 延长米。挖井基础完成 29 个。涵洞开工 48 个。

工程项目经理部获得中华全国铁路总工会颁发的“火车头奖章先进集体奖”。

【京沪高铁土建 3 标】 中铁十局承建。工程概况：包括从济南黄河南引特大桥开始，到曲阜跨泗河特大桥之间（7 座特大桥）的跨铁（公）路部分的桥梁工程，桥梁总长度 18.82 公里。工程造价 6.14 亿元。合同工期：2008 年 6 月至 2010 年 5 月。主体工程全部完成。

【京沪高铁济南西客站及相关工程】 中铁十局承建。工程概况：包括京济南联络线、济沪南联络线以及由于济沪南联络线引入引起的济南站、济南南站和党家庄站等既有站线改建工程。工程造价 14.2 亿元。合同工期：2008 年 6 月至 2011 年 4 月。

主要工程数量：特大桥 10 座，区间路基土石方 85 万立方。

路基土石方全部完成。特大桥 10 座，主体工程完成。

【向莆铁路 FJ-2 标】 中铁十局承建。工程概况：土建工程全长 62.828 公里，铺架工程全长 193.427 公里。合同工期，土建工程 2008 年 10 月～2011 年 9 月，铺架工程 2012 年 7 月 30 日；合同价 370372 万元。

主要工程量：区间路基土石方 269.5 万立方米，站场路基土石方 357.5 万立方米。桥梁 27 座，总长 10.725 公里，隧道 21 座，总长 21.06 公里。铺架线路总长 193.427 公里。

完成路基土方 159 万立方米，桥梁 5018 米，隧道 8200 米。

【向莆铁路 12 标】 中铁十局承建。工程概况：本标段为中铁 21 局与中铁 10 局联合体中标，标段正线全长 24.941 公里。十局负责起点 DK514+184-DK522+100 和 DK528+851-DK534+735 两段工程施工，长度 13.8 公里。 施工地点，福建莆田白沙镇。合同价 4.85 亿元，合同工期 2008 年 6 月～2010 年 11 月。

主要工程数量：路基土石方 77.21 万立方；特大桥 3 座 8180 米，隧道 2 座 2008 米。完成路基土方 61 万立方米 ，桥梁 3032 米，隧道 576 米。

【沪宁城际铁路工程站前Ⅲ标】 中铁十局承建。工程概况：起讫里程 DK52+800DK95+692，线路全长 40.428 公里。合同总价 18.2 亿元 ，合同工期 2008 年 7 月～2009 年 12 月。

主要工程数量：区间路基土石方 345 万立方米，站场土石方 115 万立方；特大桥 6 座、大桥 8 座、中桥 4 座，制、架梁 720 片， 其中重点控制工程京杭大运河特大桥长 6224 米；新建站场 1 个，改扩建站场 2 个。

工程竣工。

【沪杭客运专线 5 标】 中铁十局承建。施工地点，浙江嘉兴市；起讫里程 DK75+065～DK103+850，线路全长 28.785 公里。合同价 226823 万元，合同工期 2009 年 4 月～2010 年 10 月。

主要工程数量：路基 3.047 公里；桥梁 25.673 公里，其中步云特大桥 6556 米，嘉桐特大桥 19117 米；制、架梁 760 孔。

工程竣工。

【新建兰州至重庆铁路广元至重庆段站前工程 LYS-14 标段】 中铁十局承建。工程概况：本标段为新建铁路兰州至重庆线广元至重庆段站前工程 LYS-14 标段，范围包括渭沱（含）至重庆北（不含）DK881+400～DK952+110、新井口嘉陵江大桥（含）至井口（含）DHK6+500～DHK10+670 段，正线长 70.713 公里。合同价 58.66 亿元，合同工期 2009 年 7 月～2014 年 1 月。

主要工程数量：区间路基土石方 664 万立方米 ，站场土石方 383 万立方米 ，隧道 23 座计 27394 延长米，特大桥 14 座，大桥 25 座、中桥 1 座、小桥 3 座、涵洞 110 座；含南充至重庆北铺架工程。

完成路基土方 673 万立方米 ，桥梁完成 11885 米。隧道完成 15063 米。

【新建兰州至重庆铁路夏官营至广元土建 LYS－1、LYS－2 标段】 中铁十局承建。该标段（施工里程 DK103+150-DK119+050）共 49.7 公里 的铁路站前工程。合同价 144300 万元，合同工期 2009 年 2 月～2014 年 7 月。

主要工程数量：特大桥 5 座、大中桥 18 座、箱型桥 4 座、跨线桥 7 座、涵洞 107 座、隧道 2.5 座（其中 0.5 座为与 19 局共同施工）、车站 1 个（张家庄）。

完成路基土方 172 万立方米，桥梁完成 3428 米，隧道完成 5460 米。

【新建铁路云桂线（广西段）站前工程 1 标段】 中铁十局承建。工程概况：本标段施工里程段为 DK21+500～D2K110+700 的站前工程。架梁范围为 DK21+728～DK110+211。合同价 310809 万元， 合同工期 2010 年 5 月-2015 年 9 月 。

主要工程数量：路基土石方 1115 万立方；正线桥梁 28 座 21.937 公里；隧道 9 座 7.543 公里；桥隧总长占线路长度的 29.48%。标段内重点控制工程为：扬美左江双线特大桥（L-8423 米），主跨采用 88+168+88 米连续钢构；渌驮双线特大桥（L-2484 米），主跨采用 68+128+68 米连续梁；平果右江双线特大桥（L-1496 米），主跨采用 80+144+80 米连续梁；平果车站改扩建。

完成路基土方 116 万立方米，桥梁完成 2665 米，隧道完成 541 米。

【新建铁路云桂线（云南段）站前工程4标段】 中铁十局承建。工程概况：本标段施工里程 DK473+300～DK539+120，合同价387588万元， 合同工期2010年6月-2015年4月 。

主要工程数量：路基土石方288万立方米，隧道12座/40416延米，特大桥7座（其中复杂特大桥2座，全长为1659.7米）、大桥9座、中桥1座、涵洞33座等。

桥梁完成38米，隧道完成270米。

【新建铁路德龙烟线德州至大家洼段工程综合Ⅰ标段】 中铁十局承建。工程概况：施工范围为黄河涯（含）DK000+000至DK95+130段新建工程（单线），黄河涯至岳高铺上行疏解线4.12公里，DK95＋130～DK170段内T型梁的预制及架设及长钢轨铺设。合同价215821万元，合同工期2010年6月～2013年6月 。

主要工程数量：路基土石方 1057万立方米 ，特大桥5座，大桥17座，中桥37座，正线铺轨99公里，站线铺轨23公里等。重点桥梁工程为DK1+988.4漳卫新河大桥、DK21+078.3跨京沪高速铁路特大桥（跨京沪高速铁路处采用（2-24）米混凝土槽型梁，其余地段采用简支T梁）。

完成路基土方47万立方米，桥梁完成1033米。

【中南部铁路通道ZNTJ-15标段】 中铁十局承建。工程概况：施工地点，河南省濮阳市。标段长72.11公里，合同价30.8883亿元，合同工期2010年9月～2012年12月。

主要工程数量：路基59.39公里，路基土石方587万立方米；正线桥梁11座共计12728延米；京九联络线13.87公里，联络线桥梁3座共计4302延米。其中复杂特大桥3座，一般特大桥2座，大桥4座，中桥5座，框架中桥2座。特殊结构连续梁5处，钢桁梁4处。框架中桥2座，框架小桥71座，顶进框架桥41座，上跨公路桥46座，涵洞319座。正线铺轨156.29公里（柳屯至台前北）、站线铺轨17.97公里等。

完成路基土方25万立方米，桥梁完成170米。

【大同至西安客运专线铁路工程3标段】 中铁十局承建。工程概况：大同至西安客运专线正线全长678.4公里。本标段为站前施工-3标段，起讫里程为太中DK9+100～DK332+568.31，正线长度为40.354公里。合同价376815万元，合同工期2010年3月-2013年12月31日。

主要工程数量：路基土石方82万立方米 。特大桥2座，其中鸣李跨石太铁路特大桥 8899.9 延长米、晋中萧何特大桥28887.56延长米；框架式中桥1座 ，涵洞4座，预制箱梁1103孔 。正线铺轨283.27公里 ，站线铺轨12.49公里 。

完成路基土方29万立方米 ，桥梁完成11249米。

【新建铁路赣州至韶关铁路站前工程 ZQ-3 标段】 中铁十局承建。工程概况：赣州-邵关铁路正线长179.07公里。ZQ-3标包括南康下行疏解线6.254公里，邵关上行疏解线8.78公里，改建京广线下行线 0.569 公里，南康京九线改线 1.376 公里。合同价97629万元，合同工期2009年8月-2012年3月。

主要工程数量：路基土石方 202 万立方米 ，特大桥 2 座3161.27 米（其中韶关上行疏解线浈江特大桥桥梁全长 2325.97米，全桥孔跨布置为（44+72+44）米连续梁+9-32米简支T梁+1-56米系杆拱+55-32米简支T梁。大桥 3座 921 米，中小桥7座；隧道1座380米；正线铺轨188.53 公里，站线铺轨34公里；制架梁 897 孔等。

完成路基土方90万立方米 ，桥梁完成650米。

【新建枣庄至临沂铁路工程】 中铁十局承建。工程概况：本标段为站前综合标段。枣临铁路西起京沪线井亭站，东至兖日线的朱保车站，正线全长119.51公里。合同价142190万元，合同工期2009年8月-2011年5月。

主要工程数量：路基土石方769万立方米 。特大桥4座4406米，大桥15座3505米，中小桥69座。正线铺轨127.3公里，站线铺轨32.7公里等。

完成路基土方323万立方米 ，桥梁完成2645米。

【新建宿州至淮安铁路工程SHZH-1标段】 中铁十局承建。工程概况：SHZH-1标段工程范围包括DK0+000～DK113+518.298范围内的站前、站后及相关工程（含符离集站疏解线及安徽段铺轨基地、制梁厂建设），线路长度113.03公里，符离集站疏解线长5.18公里。合同价61800万元，合同工期2009年6月-2011年12月。

主要工程量：区间正线铺轨119.59公里（含疏解线），站线铺轨20.65 公里，道岔66组。 跨京沪线特大桥3.882公里。制架梁489孔。

完成路基土方78万立方米 ，桥梁完成1781米。

【莞惠城际轨道交通项目9标】 中铁十局承建。施工地点，惠州市惠城区沥林镇。GZH-9合同段，起点里程GDK67+151，终点里程DK82+314，线路全长14.823公里，其中高架桥长11.103公里，占本标段长度的74.90%。合同总价 94216 万元。合同工期 2009年9月-2012年1月。

主要工程数量：路基土石方43万立方；高架区间11.103公里 ；无砟轨枕道床施工，包括GZH-8至GZH-14标轨枕板预制，标段内共铺设无砟轨枕道床30.11公里。

完成路基土方14万立方米，桥梁完成3088米，隧道完成34米。

【哈尔滨西客站3标段】 中铁十局承建。施工地点，哈尔滨市。

施工里程 DK14+950-DK18+300，合同价 56868 万元，合同工期 2009 年 12 月-2011 年 10 月。

主要工程数量：路基水泥搅拌桩 73.6 万米。路基土石方 120 万立方米；单线特大桥 2 座 1494.4 米，架设 T 梁 46 孔；涵洞 1 座 264 米；铺轨 23.7 公里，铺道岔 61 组；房屋 3.2 万平方米。

完成路基土方 90 万立方米，桥梁完成 965 米。

【新建青岛北客站及相关工程综合 2 标段】 中铁十局承建。工程概况：本标段为新建青岛北客站及相关工程综合（ZH）II 标段，范围包括新建四方-沙岭庄货单线、沙岭庄动车运用所、沙岭庄-青岛北客站双线工程。合同价 75476.2213 万元，合同工期 2010 年 3 月～2012 年 2 月。

主要工程数量：区间路基挖土方 15.4 万立方米、挖石方 5.14 万立方米；站场挖土方 27.6 万立方米，借土填方 19.03 万立方米，借填石方 28.94 万立方米。一般双线特大桥 1649.73 延米/1 座，购架预应力混凝土 T 梁 100 孔；新建改建中桥 2 座，小桥 5 座，涵洞 17 座。轨道，新建正线 16.87 公里，新建站线 26.55 公里、改建站线 5.81 公里。

完成路基土方 31 万立方米，桥梁完成 578 米。

【北同蒲铁路 1 标】 中铁十局承建。施工地点，本工程位于山西省北部。BTQZ-1 标段为 DK87+9DK119+000 段双线 22.3 公里，总工期 2007 年 10 月 21 日-2010 年 10 月 20 日。十局、十二局联合中标，投标价 9.21 亿元，其中 10 局承担工程约 5.61 亿元。

主要工程数量：路基土石方 368 万立方，大桥 1 座，中桥 10 座，小桥、涵洞 73 座，线路铺轨 169.9 公里等。

路基土石方、桥涵主体工程完成。架梁完成 99 孔，铺轨完成 15.3 公里。

【东平铁路 TJZH 标】 中铁十局承建。施工范围为 DK39+377-DK49+686 、 DK49+740-DK55+500 、 疏解线 YDK79+907-YDK84+800，标段长度 20.962 公里。施工地点，平邑、新泰。合同价 23176 万元，合同工期 2009 年 3 月至 2010 年 4 月。

主要工程数量：路基土石方 154 万立方米，特大桥 1 座（1227.2 米），大桥 2 座，中桥 10 座（公路上跨 4 座），小桥 8 座，涵洞 66 座，正线铺轨 6.3 公里。工程竣工。

【京沪高速铁路济南西站无柱风雨棚】 中铁十局承建。工程概况：无站台柱雨棚投影面积约 65326 平方米，总长度为 368 米，标准段宽度为 187.85 米。工程分南北两部分（II-1 至 II-8 和 II-15 至 II-22 轴），南北两侧雨棚分别在 II-4 和 II-17 轴处设置温度缝一道，纵向各分为两个温度区段。雨棚主体结构由二跨刚架组成，共 32 榀。刚架柱为 96 根钢管混凝土柱，刚架梁为张弦梁结构，两端铰接在柱顶。雨棚基础采用钢筋混凝土柱下独立基础。合同工期 2009 年 6 月～2011 年 4 月，合同价 2.1 亿元。

钢管柱、张弦梁、檩条全部安装完成。屋面板（58712 平方米）铺设完成 10%。

【济南西客站动车所】 中铁十局承建。施工地点，济南市槐荫区大金庄。合同价 3.2 亿元，合同工期 2009 年 12 月～ 2011 年 5 月。

主要工程数量：动车组检查库长 468 米，宽 43.1 米，建筑面积为 24002 平方米。其中主跨建筑面积为 16023 平方米，边跨建筑面积为 5252 平方米。

动车组检查库基础、预制柱和现浇混凝土排架柱完成。

【广深铁路石龙车站迁建工程】 中铁十局承建。施工地点，广东省东莞市石龙镇。合同价 59800 万元，合同工期 2010 年 7 月至 2011 年 8 月。

主要工程数量：路基土石方 92.38 万立方米；框架式中桥 5 座共计 205.63 延米，轨道工程正线 10.66 铺轨公里、站线 3.122 铺轨公里。房建工程 39682 平方米。

完成路基土石方 24 万立方，完成房建工程 1.5 万平方。

【新建兰新铁路第二双线乌鲁木齐枢纽引入工程】 中铁十局承建。施工地点，乌鲁木齐市。标段全长 4.6 公里。合同价 40680 万元，合同工期 2010 年 6 月至 2013 年 6 月。

主要工程数量：仓房沟立交特大桥，全长 2609.9 米，全桥孔跨布置为[29-32 米简支箱梁+(32+48+32)米连续梁+47-32 米简支箱梁]；涵洞 296.7 米/7 座；箱型桥 325.2 平方米/1 座；地道桥 1552 平方米/2 座。轨道工程，路基地段 3.29 铺轨公里，桥梁段 5.22 铺轨公里，共计 8.51 铺轨公里。

施工准备。特大桥桩基完成 15 颗。

【新建湄南铁路支线工程】 中铁十局承建。施工地点：福建省泉港区。标段长度 44.885 公里，合同价 91936 万元，合同工期 2010 年 8 月～2012 年 8 月。

主要工程数量：路基土石方 255 万立方；特大桥合计（8 座），大桥 1 座；隧道 4 座 2673 米；轨道工程 50.88/铺轨公里等。

施工准备。预制梁完成 10 片。

【合福铁路铜陵长江大桥 HFZQ-3 标段】 中铁大桥局施工。合福铁路安徽段共八个标段。合福铁路铜陵长江大桥 HFZQ-3 标段全长 16.719 公里，由北引桥（部分）、北合建段引桥、跨江主桥、南合建段引桥和南引桥组成。北引桥长约 7198 米，上部结构为 209 孔 32 米+6 孔 24 米简支梁+1 联(58+96+58)米连续梁。北合建段引桥长 764.6 米，铁路上部结构为 18 孔 32 米简支梁+1 联(48+80+48)米连续梁，公路上部结构为 4 联共 18 孔 32 米连续梁+1 联(48+80+48)米连续钢箱梁。跨江主桥为五跨连续钢桁梁、两塔三索面斜拉桥，跨径布置为 90 米+240 米+630 米+240 米+90 米，全长 1293.6 米；大桥下层为四线铁路，上层为六车道高速公路。南合建段引桥长 425.1 米，铁路上部结构为 13 孔 32 米简支梁，公路上部结构为3联13孔32米连续梁。南引桥长约7038米，上部结构为199孔32米+6孔24米简支梁+1联(48.75+80+48.75)米连续梁+1联共6孔32米连续梁。

主桥3号墩钢沉井自8月24日着床，12月31日钢沉井井壁混凝土浇筑完成；主桥4号墩（55根）成桩50根。两岸钻孔桩施工完成1944根。

【新建武汉至黄冈城际铁路WGSG标段】 中铁大桥局施工。黄冈公铁两用长江大桥位于长江黄州河段上端三江口附近，大桥全长4010.81米，主桥铁路按双线、公路按高速公路四车道设计。桥跨布置从鄂州岸至黄冈岸为：41×32.7米+（81＋243＋567＋243＋81）米+（40＋56＋40）米＋40×32.7米+3.6米。其中，公铁合建段全长2566.135米（含斜拉桥主桥1215米），跨度布置为：11×32.7米+1.7米+（81＋243＋567＋243＋81）米+1.7米+（40＋56＋40）米＋26×32.7米。主桥采用钢桁梁斜拉桥方案，主塔为钢筋混凝土主塔，塔高191米，基础采用钻孔灌注桩。铁路引桥上部采用32.6米预应力砼简支箱梁，公路引桥上部采用32.7米预应力混凝土连续箱梁方案。合建段引桥桥墩采用钢筋混凝土双层框架墩，分建段引桥铁路桥墩采用圆端形空心墩，基础采用钻孔灌注桩基础。

12月28日完成2号墩第二层承台施工；12月31日完成3号墩塔座施工。

【沪昆客专长昆湖南段CKTJ-1标段】 中铁大桥局施工。长沙至昆明客运专线为沪昆客专西段，东起湖南省省会长沙市，向西经湘潭、韶山、娄底、新化、怀化、新晃后进入贵州省。沪昆客专长昆湖南段CKTJ-1标段正线全长48.22公里，里程DK6+848～DK55+068.8，由中铁大桥局和中铁25局三公司联合中标承建。大桥局承建站前土建工程CKTJ-1标,正线长度23.152公里，主要工程有特大桥7座、大桥及中桥13座、框架式桥7座、涵洞22座、隧道2座、路基47段、车站1座及制梁场1处。其中湘江特大桥为全线控制工程，跨武广客专、跨京珠高速及跨长潭西线高速特大桥为全线重点工程。

自开工至年底共完成57根桩基。

【新建天津至保定铁路工程JBSG-3标段】 中铁大桥局施工。新建天津至保定铁路工程JBSG-3标起止里程为DK12+031.13～DK55+224.36,全长42.929公里。本标段内有特大桥7座(31898.56双延米)、一般中桥3座、区间路基土石1461321断面方、站场1座(土石方：559641断面方)。其中桥梁全长32.045公里，站场为胜芳站。

施工范围包含上述里程范围内路基，桥涵（含2标范围DK12+031.13往小里程方向172孔箱梁制运架），房屋建筑（不含站房及与四电集成系统有关的房屋）及给排水工程，其他运营生产设备及建筑物(不含雨棚)，大临工程，天津市范围内110KV(不含）以下三电及管线迁改。

【新建铁路郑州至焦作线郑州黄河特大桥】 中铁大桥局施工。新建郑州黄河大桥为郑焦客运专线铁路暨改建京广铁路跨越黄河的公用桥梁，为四线铁路特大型桥梁。本河段黄河主槽宽度约为2000米，主桥采用11联2×100米连续钢桁梁，滩地引桥以预应力混凝土简支箱梁为主。大桥主桥及滩地引桥采用四线合建形式，北岸陆地引桥部分郑焦线与京广线各采用双线标准分行。

桥跨布置：全桥共计22423.32米双线里程。其中郑焦线桥梁全长9756.24米，孔跨布置为45-32米简支箱梁+20-40米简支箱梁+（80+80+9x100+80)米+(80+9x100+80)米上承式连续结合梁+45-40米简支箱梁+1-（40+64+40）米连续梁+1-40米简支箱梁+5-32米简支箱梁+1-40米简支箱梁+1-120米系杆拱+3-40米简支箱梁+67-32米简支箱梁+2-24米简支箱梁+1-（40+64+40）米连续梁+12-32米简支箱梁。

完成桩基1597根，承台4个。

【山西中南通道ZNTJ-16标段】 中铁大桥局施工。新建山西中南部铁路通道汤阴东(不含)至日照南(含)段工程线路西起汤台线汤阴东站，东至日照南站。本标段为ZNTJ－16标段：起讫里程为：DK840＋000～DK879＋700，含将军渡黄河特大桥、东平湖滞洪区特大桥、东戚村中桥，梁山北站等工程。

桥跨布置：将军渡黄河特大桥全长为9951.40米。全桥跨布置为：74-32米简支T梁+1-128米钢桁梁+7-48米简支箱梁+1-100米钢桁梁+10-128米钢桁梁+50-48米简支箱梁+1-128米钢桁梁+81-32米简支T梁+3-24米简支T梁+7-32米简支T梁。

完成项目部驻地基础建设和彩钢板房拼装工作，混凝土搅拌站基础施工并完成主站的拼装，填筑1.4公里×7米宽施工便道，钢梁预拼场和山东地段的征地拆迁工作。

【南京大胜关长江桥】 中铁大桥局施工。南京大胜关长江大桥全长9.273公里，北引桥5.599公里范围按高速双线标准设计，长江防洪大堤之间正桥与南岸引桥共3.674公里范围按六线标准设计（京沪客运专线、沪汉蓉铁路、南京地铁），预留南京地铁接线条件。至北向南桥式为：(24×32.7)米预应力砼简支箱梁+(40+2×44+40）米连续梁+(142×32.7)米预应力砼简支箱梁+（44+68+44）米连续梁+(32×32.7)米预应力砼简支箱梁+ 2×84米连续梁钢桁+（108+192+2×336+192+108）米连续钢桁拱桥+（37+60+37）米预应力砼连续箱梁+ 32米预应力砼简支箱梁+(37+60+37)米预应力砼连续箱梁+17×32米预应力砼简支箱梁。主桥中跨钢桁拱矢高84米，矢跨比1/4，钢桁拱肋跨中处高12米，支点处高53米。

完成钢梁桥面砼道床1615米，安装电缆槽道1615延米，永久照明、防撞设施及阻尼减振器各一项，钢梁伸缩缝12套；以及遮板、栏杆、盖板安装等。

【安庆城际铁路安庆长江铁路大桥】 中铁大桥局施工。新建安庆长江铁路大桥全长 2996.8 米，其中主桥长 1363 米，采用（101.5+188.5+580+217.5+159.5+116）米六跨连续钢桁梁斜拉桥布置形式，正桥非通航孔部分采用 6 孔跨径 64 米预应力混凝土简支箱梁，跨大堤处采用 48.9+86+48.8 米预应力混凝土连续箱梁；东引桥采用 16 孔跨径 32.7 米预应力混凝土简支箱梁；西引桥采用 15 孔跨径 32.7 米预应力混凝土简支梁及 2 孔跨径 24.7 米预应力混凝土简支梁。全桥主体结构混凝土量 39 万多立方，钢材 11 万多吨。

全桥钻孔桩完成 366 根，两岸累计完成承台 59 个，完成年度计划的 93.4%；墩身完成 76 个，完成年度计划的 85%。

【新建铁路重庆至利川线土建、铺架施工总承包 3 标段】 中铁大桥局施工。新建铁路重庆至利川线土建、铺架工程施工总承包 3 标段线路长度 25.231 公里，线路起讫里程：DK86+051.787～DK124+716.25(DK88+878.20=DK102+500.00 短链 13621.8 米，D3K107+488.72=D3K107+300.00 长链 188.72 米)。线路自标段起点引出，穿半坡隧道，设涪陵北车站后折向东南，设蔡家沟双线特大桥，穿尖峰顶 1 号隧道和尖峰顶 2 号隧道通过苟家场背斜，设新桥双线特大桥，穿石家坡隧道，设韩家沱特大桥跨长江，穿马鞍山隧道至本标段终点。主要工程内容：路基 2942 米，隧道 6 座 15386 米，桥梁 11 座 6903 米，车站 1 座。

钻孔桩完成 599 根，承台完成年 61 个，墩身完成 59 个。石家坡隧道、半坡隧道全部完成，尖峰顶 1 号隧道贯通。

【南广铁路站前工程 NGZQ-8 标段】 中铁大桥局施工。新建南广铁路工程 NGZQ-8 标的施工任务有：西江特大桥（全长 607.5 米）、鼎湖特大桥（全长 6750.82 米）、逢远河特大桥（全长 2579.62 米）、小麦坑特大桥（全长 734.18 米）、莲花特大桥（全长 767.9 米）等 5 座特大桥和路基工程约 5209.3 米。

西江特大桥孔跨布置为：(25+50+386+50+49）米＋32 米简支梁，主跨为中承式钢箱梁提篮拱桥，拱脚中心距 450 米，矢跨比 1/4，桥面距拱顶 73.5 米。钢箱拱肋，桥面为钢砼结合梁体系；全桥共设 4 个拱座，拱座基础采用扩大基础。

钻孔桩完成 2006 根，承台完成年 292 个，墩身完成年 322 个，箱梁预制完成 122 片，架梁完成 100 片，悬浇梁完成 46 米，现浇梁完成 32 孔。

【新建铁路天津至秦皇岛客运专线工程施工总承包 2 标段】 中铁大桥局施工。新建铁路天津至秦皇岛客运专线第二标段起讫里程为：DK69+608～DK118+485，正线长度 48.759 公里。

主要工程内容包括：路基 1.51 公里（DK88+882.26～DK90+393.07，含综合接地及预埋），下郭蓟运河特大桥 19.2 公里（DK69+615.44～DK88+882.26，含制运架梁、综合接地及预埋）、丰南跨京山铁路特大桥 28 公里（DK90+393.07～DK118+484.6），轨道（Ⅱ型博格板无碴道床安装，不含高速系统铺轨），房屋建筑及给排水，大临和过渡工程。

钻孔桩完成 1564 根，承台完成 355 个，墩身完成 446 个，制梁完成 663 片，架梁完成 765 片，悬浇梁完成 2923 米，简支梁完成 72 孔。

【汉宜铁路工程先期开工段 HYZQ-1 标段】 中铁大桥局施工。新建武汉至宜昌铁路东起新汉口站，西至宜昌东站，途经汉川、仙桃、天门、潜江、荆州、枝江、宜昌等市，线路全长 293.1 公里。全线路基总长约 140 公里，正线桥梁总长度 150.27 公里，隧道 2.15 公里，桥隧比例 52.1%。

HYZQ-1 标为先期开工段，施工内容包括：蔡家湾汉江特大桥，全长为 9208.67 米，起讫里程为 DK21+186.540～DK30+395.215，主桥跨越汉江，桥式为（64＋120＋168＋120＋68）米四跨连续刚构，引桥分别跨越汉丹铁路、汉宜上行货运线及东西湖区惠安大道；吴家山、湖联渠、仙北三个梁场共计 6818 片 T 梁的制作和安装以及供梁范围内总计 65.661 公里的桥面系（钢栏杆、步行板、电缆槽、伸缩缝）工程；沿线三电迁改工程（不含征地拆迁）。

T 梁预制完成 4299 片。

【北京铁路枢纽北京站至北京西站】 中铁隧道承建。北京铁路枢纽北京站至北京西站地下直径线 2 标明、暗挖隧道施工结束，盾构机掘进合同内的基本完工，业主又将十六局管段的 3000 余米划归中铁隧道施工，掘进总体正常。

【广深港铁路客运专线 SDⅢ标狮子洋隧道】 中铁隧道承建。广深港铁路客运专线 SDⅢ标狮子洋隧道左线盾构机 2007 年开始掘进，右线盾构机 2008 年 4 月开始掘进。至 2010 年 10 年底，中铁隧道管段内的掘进任务已完成，业主又两次将对口十二局的掘进任务划归中铁隧道，至年底左线已贯通，右线即将贯通。

【玉蒙铁路通海隧道 1 标】 中铁隧道承建。由于地质条件差，涌水大，工程进展很不顺，工期经业主调整后，推至 2011 年底，2010 年管段施工总体顺利，平导开挖即将到达分界里程，正洞开挖剩余 640 米，预计按业主要求时间开挖至分界里程应无问题。

【龙厦铁路象山隧道】 中铁隧道承建。龙厦铁路象山隧道至年底左线按业主要求的工期提前贯通，右线开挖仅剩余 40 余米。

【南疆铁路中天山隧道】 中铁隧道承建。南疆铁路中天山隧道工期压力大，进度指标要求高， TBM 掘进由于机况不好，故障率高，运输矿车故障也多，再加上有 1300 多米围岩与设计不符，异常坚硬易碎，掘进进度始终达不到进度指标，6 月份以后掘进机经过整修，进度明显提高，至年底进度基本符合业主要求的进度指标，掘进加钻爆领先竞争对手约 1 公里。

【贵昆线六盘水至沾益段增建二线 W4 标】 中铁隧道承建。贵昆线六盘水至沾益段增建二线 W4 标是一项综合性工程，包含路基、桥涵、隧道、无碴轨道整体道床等，该项目既有线施工干扰大、三联隧道富含瓦斯、断层，穿越煤层采空区，安全管理任务重，2010年该标段由于地质差，工程进度始终不能满足履约要求，工期已严重落后合同工期，至年底开挖剩余约 2500 米，业主要求2010年6月开挖贯通，履约压力很大。

【青藏铁路西宁至格尔木段】 中铁隧道承建。青藏铁路西宁至格尔木段增建二线关角隧道是世界上最长的在建高海拔双洞单线特长铁路隧道，也是国内在建的最长的交通类隧道，政治性强，社会关注度高。2010年各工作面施工进度基本正常，各项指标较2009年有很大提高。业主调整工期，推后1年，整体进度符合合同工期要求。

【兰渝铁路西秦岭特长隧道工程 XQLS2 标】 中铁隧道承建。2010年正洞及斜井进正洞施工均正常，各项指标满足施组要求， TBM开始掘进后，进度一直都比较正常且始终保持高掘进指标，至年底约领先对手600米左右。兰渝铁路2010年整体施工正常。

【京石客专石家庄隧道工程】 中铁隧道承建。于2008年12月开工，由于地处市中心，受征地、拆迁的影响，及供图的影响，工程施工一直未能全线铺开，2010年加大资源投入，总体施工形势有很大改观，但仍有5段处于抢工期状态，业主要求2011年3月主体完工，工期仍非常紧张。

【贵广铁路站前工程 GGTJ-2 标】 中铁隧道承建。2010年总体施工正常，重点隧道及桥梁施工基本符合合同工期要求。

【渝利铁路土建施工4标段】 中铁隧道承建。2009年部分重点项目受地质及施工组织不到位的影响，施工进度落后于合同工期，2010年集团通过增加资源投入，增加辅助坑道的措施及加强现场管理，整体形势有很大改观。至年底，重点工程已基本无工期压力。

【西平铁路 XPS-2 标】 中铁隧道承建。各项工作进展顺利，施工进度符合施组要求。

【南广铁路 NGZQ8 标】 中铁隧道承建。设计与实际地质变化较大，导致部分重点隧道施工进度滞后，由于中途更换协作队伍，导致部分桥梁、路基进度也落后于合同工期。

【张家口至唐山铁路 ZTSG-2 标】 中铁隧道承建。新建张（家口）唐（山）铁路为国铁Ⅰ级双线电气化重载铁路，线路起自张家口地区的孔家庄站，至曹妃甸北站，设计速度目标值120公里/h，全长524.7公里，项目总投资369.29亿元，建设总工期为4年。中铁隧道承担的ZTSG-2标段位于河北省张家口市境内，沿宣化县（赵川镇）向赤城县（田家窑镇、雕鹗镇、样田乡、茨营子乡）一路东行。本标段起讫里程为改DK52+300～改DK118+300，线路长度为66.096公里。标段为大型铁路综合性工程项目，主要有路基工程、隧道工程、桥涵工程、站场工程等项目。标段合同价款373141万元。合同工期2010年9月1日至2014年8月31日。

【沪昆铁路湖南段6标】 中铁隧道承建。本标段里程为DK259+915～DK287+747，全长27.832公里。主要包括隧道4.5座，25805米（其中雪峰山2号隧道出口段4430米，雪峰山3号隧道6815米，雪峰山4号隧道691米，梨子坪隧道6315米，长城岭隧道7554米），占线路长度的92.72%。桥梁5座1592.8米（其中二都河特大桥804米，谭家湾大桥437米），占线路长度的5.72%。路基长434.2米，占线路长度的1.56%。站场1座，涵洞1座。本标段合同价款24.6亿元，合同工期　2010年9月1日～2013年10月31日。

【山西中南部铁路通道 ZNTJ-6 标】 中铁隧道承建。本标段起讫里程为DK259+000～DK310+800，线路总长51.8公里，位于山西省临汾市蒲县及隰县境内，主要包括道路改移、路基（含站场）及附属工程、桥梁、涵洞、隧道和隧道无碴道床。

路基工程：区间路基5.7公里，土石方总量为85.5万立方；站场土石方总量为265.6万立方。

桥涵工程：涵洞35座，总量为2350.83横延米；桥梁12座，其中特大桥4座，大桥6座，中桥2座。

隧道工程：隧道15.5座，其中南吕梁山为双洞单线特长隧道，左线全长23441米，右线全长23464.7米（本标段负责进口段：左线长12628米、右线长12650米，1号斜井为无轨运输，全长2630米，2号斜井为无轨运输，全长2450米）；除南吕梁山隧道隧道外的其他隧道均为单洞双线隧道。隰县隧道全长10505米，斜井均为无轨运输，1号斜井全长420米，2号斜井全长645米；隰县隧道及南吕梁山隧道为无砟轨道隧道，其余隧道均为有砟轨道隧道；官子沟隧道全长735米，杜家庄1号隧道全长1815米，杜家庄2号隧道为明洞全长50米，杜家庄3号隧道全长1050米，东川1号隧道410米，东川2号隧道全长140米，东川3号隧道为明洞全长80米，蒲县隧道全长4355米，四家坪隧道全长350米，百店隧道全长2885米，前古坡隧道全长455米，东关隧道全长605米，蒲城隧道全长3060米，南沟隧道全长3955米。工程合同价款316409万元。合同工期2010年4月10日至2014年1月15日，45.2个月。

【合肥至福州铁路安徽段站前及相关工程 HFZQ-8 标段】 中铁隧道承建。新建铁路合肥至福州客运专线安徽段站前8标位于黄山市歙县、徽州区、休宁县、屯溪区境内。线路北起歙县桂林镇DK288+440，向南跨富资河设富资河特大桥、跨丰乐河设西溪南特大桥，设黄山北车站，线路折向东南，设合铜黄高速特大桥、万安横江特大桥、上黄特大桥，跨在建黄祁景高速设黄祁景高速特大桥，穿枫口隧道，设月潭特大桥、下岩溪特大桥，穿小尖山隧道、茶口亭隧道、五城隧道至标段终点 DK343+180，标段全长 54.734 公里。主要包括道路改移、路基、站场、桥梁、涵洞、隧道、无砟道床和相应的大临辅助工程。其中路基（含站场）512 万立方，长 17.218 公里；桥梁 52 座，长 29519.9 延长米；涵洞 54 座，长 1333.03 横延米；隧道 6.5 座，长 7996 延米；轨道长 112.304 公里。本标段合同价款 335301 万元，合同工期 2010 年 4 月 18 日至 2013 年 3 月 31 日。

【京福铁路客运专线闽赣 6 标】 中铁隧道承建。合福铁路 HFMG-6 标段位于福建省东北部地区建瓯市，本标段正线起讫里程为 DK630+331.95～DK681+995 共 51.663 公里，线路等级为客运专线，正线数目为双线。其中区间正线桥梁 42 座 13.859 公里，隧道 16.5 座 32.738 公里，车站 1 个，桥隧总长 46.597 公里，桥隧比 90.19%。线路由 5 标段莆建村进入本标段屏山隧道、经过下坑、北津村、溪口、建瓯西车站、七里街、桔园、穿南雅隧道、狮山、理龙口、过大横隧道、石门山隧道进入 7 标段。标段合同价款 360043 万元，合同工期 2010 年 4 月 18 日至 2013 年 6 月 15 日。

【新建铁路云桂线（云南段）站前工程 I 标段】 中铁隧道承建。新建铁路云桂线（云南段）站前工程施工第 1 标段（土建）（D2K291+420～D4K352+651），位于云南省文山州富宁县境内，正线长度 61.188 公里。铁路等级为双线 I 级，列车最高行车速度 200 公里/小时，预留 250 公里/小时。站前工程 1 标段（不含铺轨）主要有路基 1021 米，隧道 11 座 57856 米，桥梁 16 座 2672 米，越行站 1 个。本标段合同价款 4281185656 元，合同工期 2010 年 6 月 1 日至 2015 年 3 月 31 日。

【长株潭城际铁路 CZTZH-1 标】 中铁隧道承建。CZTHZ-1 标位于长沙市内，起始于京广既有长沙站，经跃进湖特大桥向北并行于京广线横跨京广线支线后转向西，于德雅路前以隧道方式进入地下，沿开福寺路西行，设开福站后下穿过湘江后，沿杜鹃路向西，在银杉路与杜鹃路交叉口设滨江新城站，沿杜鹃路继续西行，在金星大道与杜鹃路交叉口设市政府站，沿杜鹃路继续西行，止于雷锋大道与杜鹃路交叉口的雷锋大道站。本标段的起讫里程为 DK1+440～DK0+000(WDK0+000)～DK13+187，全长 14.627 公里。主要包括湘江隧道、桥梁、地下车站段、既有站改造、新建动车运用所和调车场工程。其中湘江隧道(双洞单线)8899.12 双线延长米/1 座，其中盾构段 4839 双线延长米，进口明挖段暗埋段 140 米，矿山法段 3663 双延长米；地下车站 4 座(开福寺站、滨江新城站、市府站和雷锋大道站)；特大桥(跃进湖特大桥、上行客车联络线)3496.81 米/座，其中跃进湖为复杂特大桥。另外还包括前期交通疏解、管线改迁工程及其它辅助工程等。本标段合同价款 329439 万元，合同工期 2010 年 9 月 1 日至 2014 年 3 月 31 日。

【西康二线土建】 中铁电气化局承建。为续建工程，于 2009 年 11 月 15 日正式开工。截至 2010 年末完成区间路基土石方 86.39 万立方米，完成桥梁施工 8532.56 折合延米，涵洞 876 横延米，隧道 3682.5 折合洞米。

【衡茶吉铁路土建工程】 中铁电气化局承建。为续建工程，于 2009 年 5 月 18 日开工，至 2010 年底完成土石方 1067 万立方米，特大桥完成 8771.23 折合延米，框架及涵洞合计 7695 横延米，隧道折合完成 3964.1 成洞米。

【黄韩侯铁路工程】 中铁电气化局承建。黄陵至韩城至侯马铁路（山西段）工程 HHXS-1 标段，起于侯马枢纽出站端 K2+000，经新绛、稷山、河津、禹门口站到局界 K76+200 与黄陵至韩城至侯马铁路（陕西段）相接。建设单位：太原铁路局。监理单位：北京中铁诚业工程建设监理有限公司；设计单位：中铁第一勘察设计院集团有限公司；施工单位：中铁电气化局集团公司。合同额：156158.1586 万元。

施工内容：侯马枢纽至局界的站前、站后工程，即标段内的迁改、路基、桥涵、轨道、通信、信号及信息、电力及电力牵引供电、房屋、其他运营生产设备及建筑物以及大临和过渡工程。全段共有路基土方 223.3358 万立方米，石方 37.5359 万立方米，特大桥 3 座 4110.88 延米，大桥 2 座 324.25 延米，中桥 22 座 1061.87 延米（梁式桥 6 座、顶进 8 座、接长 8 座），小桥 27 座 379.75 延米（22 座接长、5 座顶进），涵洞 379 座 2720.91 横延米(接长 334 座、顶进 45 座)，桥梁比重 2.28%。正线铺新轨 88.22 公里，站线铺再用轨 33.909 公里，新铺道岔 210 组（单开 185 组、特种 25 组）；拆除道岔 170 组，重铺 48 组。改扩建侯马北编组站、侯马客运站及西贺村、新绛、稷山、百底、河津、清涧、禹门口 7 个中间站，关闭刘村、下迪会让站。侯马枢纽段新建浍河特大桥（GDK678+559），孔跨结构为 8-32+1-24+（32-48-32）连续梁+6-32+3-24+29-32 米简支 T 梁单线桥，全长 1736.5 米，（32-48-32）米连续梁上跨既有侯西线，且位于半径为 600 米的曲线上。是本标段的控制工程。

重难点工程：（1）新汾河特大桥（13-32 米+3-24 米+11-32 米 T 梁）跨越山西境内的最大河流汾河，全长 871.16 米，位于既有侯西铁路汾河特大桥上游 20 米左右，部分跨越稷山县城区，拆迁量大。既有桥与新桥相距较近，增建二线桥台施工需对既有路基边坡加固处理。主河道内桩基及墩身施工需搭设栈桥、采用筑岛围堰施工钻孔桩，混凝土套箱施工承台，主体工程必须在第二年汛前完成。水中施工技术较为复杂，加之拆迁协调难度大，施工干扰多，跨越汾河主河道，其施工审批、施工环保要求较严。工期尤为紧张，是本标段的控制、重难点工程。（2）史店特大桥其桥址穿越侯马市郊区，房屋拆迁约 12 万平方米，施工受征地拆迁制约较大。（3）K72+600～K73+745 段既有线路基最大挖方深度 12 米。线路受多种因素控制。在 K73+499.4 处铁路专用线立交桥上跨侯西线，两个桥墩沿垂直于侯西线线路方向的间距仅为 12 米，平面距离不足。既有侯西线左侧有排架、管道，右侧另有一铁路专用线。此段路堑施工是本段的重难点工程。（4）全标段共计架空、顶进各式桥涵 58 座，尤其是河津市六座“惠民工程”立交桥，跨度大，架空困难，且工期紧(要求 2010 年顶进 2～3 座)。各式顶进桥涵工程的施工是本标段既有线施工安全卡控重点。

该工程总工期目标为 24 个月，开工日期为 2010 年 9 月 1 日，竣工日期为 2012 年 8 月 31 日。实际开工日期为 2010 年 9 月 28 日，到年底完成土石方 1.68 万立方米，桥梁开工 10 座，完成钻孔桩 339 根，承台完成 15 个。

【海青铁路工程】 中铁电气化局承建。线路自接轨站海天站出站后跨越北胶莱河，经新河化工园区设新河镇站，跨 G206、威乌高速，线路沿青新高速折向东南于曲家西设三堤站（预留），跨双山河，于张舍镇的东南营村东设置张舍站（预留），跨潍莱高速、G309 和泽河后，于同和街道办的沟崖村西设平度站，出站再次跨越泽河，沿平度市西外环南行，跨青新高速和 S220 后，折向东南于冯戈庄东南设蓼兰站（预留），跨白沙河、S603、清水河于姚丘村西南侧设兰底站（预留），跨引黄济青干渠、南胶莱河进入高密境内，跨郭杨河，经大栏滞洪区后折向西南跨胶河、顺溪河，于两县屯东设高密东站，出站后跨越济青高速、墨水河、胶济客专、后跨潍胶公路，于韩伍屯东设韩伍屯线路所，最后引入胶济线芝兰庄站，线路终点 GDK90＋421.83，正线长度 90.273 公里，海青线跨胶济线上行疏解线 3.981 公里，大莱龙改造线路长度 3.151 公里，特大、大、中桥梁共 52 座 20.266 公里，桥梁比重为 20%。

本线将德龙烟铁路和胶济铁路两条大通道在山东半岛咽喉地带连通，同时连通了胶新线和胶黄线，与既有铁路组成环半岛铁路，优化了路网结构，增加了路网的灵活性，也是环渤海铁路和沿海通道间的一条便捷通道。德龙烟铁路的辐射范围原来主要服务山东北部湾港口群，通过本线扩展至青岛地区，强化了德龙烟铁路的辐射作用，延伸了港口的辐射范围。为中国发展环渤海经济开发和滨海工业发展奠定基础，缩短了青岛地区和京津塘地区的客货交流运输距离。对消除青岛地区内部经济社会发展的不均衡性，加快半岛区域经济一体化，建设社会主义新农村具有重要作用。建设单位：海青铁路责任有限公司；监理单位：北京铁诚建设监理有限责任公司；设计单位：中铁工程设计咨询集团有限公司；施工单位：中铁电气化局集团公司。合同额：206218 万元。

主要技术标准：铁路等级：I 级。正线数目：单线。路段旅客列车设计运行速度：160 公里/小时。最小曲线半径：一般地段 3500 米，困难地段 2800 米。限制坡度 6‰。牵引种类：电力。机车类型：货运 HXD1，客运 SS9。牵引质量：5000 吨。到发线有效长度 1050 米。闭塞方式：自动站间闭塞。

主要工程内容和数量：本标段工程包括新建海天至青岛线德龙烟海天站(含)至胶济线芝兰庄站（含)，线路全长 90.273 公里；德龙烟线大莱龙段局部改线，线路长 3.151 公里；本线引入胶济线芝兰庄站上行疏解线，线路长 3.981 公里。工程范围包括迁改工程、全部站前工程、站后工程、相关大临设施及过渡工程、配合辅助工程等。全线永久征地 5704 亩，临时用地 3046.5 亩，路基土石方 983.2 万断面方,桥梁 20.2 公里/52 座，其中特大桥 14624.05 单延长米/9 座（含既有北胶莱河特大桥改造)，占线路全长的 20%，大桥 3543.04 单延长米/15 座，中桥 2098.82 单延长米/28 座，小桥 5840.8 顶平方米/42 座，涵洞 8256.06 横延米/371 座，新建车站 3 个，改建车站 2 个，制架 T 梁 604 孔，铺轨 115.4 公里，其中正线 99.61 公里，站线 16.07 公里，铺道岔 60 组，道碴 34.46 万立方，房屋 1.61 万平方米。

工期：合同工期：2010 年 9 月 16 日开工建设，2012 年 3 月 15 日竣工，总工期 18 个月。实际开工时间为 2010 年 10 月 18 日。截至 2010 年底完成土石方 0.4 万立方米，钻孔桩 541 根，涵洞完成 100 横延米，预制梁完成 15 片，房建工程完成折合 320 平米。

【漳州港尾铁路工程】 中铁电气化局承建。福建漳州港尾铁路是按国铁Ⅱ级标准进行建设的电气化货线铁路，铁路位于福建省漳州市。其起点位于漳州南站 DK0+000，终点位于后石港区深沃站 DK46+982，线路全长为 51.64 公里（其中贯通正线长度 46.982 公里，疏解线长度 4.658 公里，漳州南站改建段线路正线长 2.000 公里，深沃作业车场新建线路正线长 4.141 公里)。线路主要服务于厦门港的招银港区及后港区的货物及疏运、临港工业及沿线居民出行，是沿线对外客货交流的主要运输通道。

线路自厦深线漳州南站厦门端（对应厦深线正线里程 DK39+200）接轨引出，穿新照镜山隧道后经雩林、普边，穿云峰果隧道，至海澄镇溪北村征头后预留海澄站；线路继续前行，再经仓浦、岭头穿笔架山隧道至埭尾，于东园镇枫林村附近上跨沈海高速公路，后穿东园隧道，过凤山村、跨南溪河，经溪山村北侧穿溪山隧道，至浮宫镇都村设浮宫站；之后线路沿 S201 公路南侧而行，再经溪东水库北岸后穿亭仔岭隧道、过汤头村，至港尾规划区东南侧东山村附近规划预留港尾站；线路后经古城、石坑，继续向前延伸，以长隧道形式穿越太武山，最后至后港区设深沃站。其中，漳州南站为本线接轨站，深沃站为港前工业站。建设单位：福建港尾铁路有限责任公司；监理单位：中国华西工程设计建设有限公司；设计单位：中国中铁二院工程集团有限责任公司 ；施工单位：中铁电气化局集团公司。

主要工程内容：永久用地 2378.1 亩，拆迁 7.2136 万平方米。路基 23.233 公里， 路基土石方 495.6 万立方米， 其中挖土石方 148.5 万立方米，利用土石填方 179.9 万立方米；隧道共 16336 延长米/19 座；桥梁共 11847.41 延长米/18 座（其中特大桥 9823.13 延长米/7 座；大桥 1684.44 延长米/6 座，中桥 339.84 延长米/5 座)；跨线公路桥 11835 顶平米/4 座,框架桥 3436.54 顶平方米/8 座,涵洞 2515.83 横延米/101 座；铺轨共 65.7 铺轨公里，铺碴 202178.6 立方米；

接触网 85.2 条公里，供电线 3 条公里，回流线 57.5 条公里，架空地线 28.5 条公里。干线光缆线路建设 114.13 公里，新建计算机联锁车站 2 站，10KV 贯通线架空线路 30 条公里，牵引变电所 1 处。重难点工程:太武山隧道(3929 米）、南溪特大桥(2308.77 米)、后厝特大桥(3431.35 米)，凤山水库 1 号大桥(405.96 米)、浮宫车站。

技术标准：铁路等级：国铁二级。正线数目：单线，预留双线条件。设计速度：120 公里/小时。限制坡度：6‰。最小曲线半径：900 米。牵引总类：电力。牵引质量：4000t。到发线有效长度：850 米。闭塞方式：继电半自动闭塞。

该工程总工期 36 个月，计划开工时间 2010 年 10 月 1 日，计划完工时间 2013 年 9 月 30 日。工程于 2010 年 10 月 6 日正式施工，到年底完成实物工作量：完成土石方 4.8 万立方米，隧道掘进 21.9 洞米。完成征地 454.65 亩。

【津秦客专土建】 中铁电气化局承建。为续建工程，2008年11月18日开工。2010年完成的主要实物量：路基土石方340万立方米，涵洞1451横延米，桩基工程完成42根，轨道2.23公里，道岔30组，站线铺轨14.07公里；房建5375平方米。

【京石客专土建】 中铁电气化局承建。为续建工程，2008年8月1日开工。至2010年底，桥梁工程完成钻孔桩11808根，承台1074个，墩身1024个，制梁723片，架梁723片。连续梁完成20处，现浇梁完成61孔。轨道板完成制板19710块，打磨19031块。桥面附属完成防撞墙797孔，遮板767孔。

【郑州东站】 中铁建工承建。石武客专郑州东站工程是全国最大铁路站房工程，在国家铁路网中处于重要枢纽地位，是河南省、铁道部、郑州市和郑州铁路局各级领导极为关注的重点工程民心工程。工程位于郑州市郑东新区，总规划用地面积约240公顷，其中车站枢纽用地规模约100公顷，总建筑面积41.2万平方米。是国家规划的“四纵四横”铁路快速客运网中石武客运专线和徐兰客运专线的十字交汇枢纽。汇集铁路客运、公路客运、轨道交通、城市公交等多种交通方式，实现多种交通方式的有机衔接。设股道32条，设旅客列车到发线30条。设站台16座。站房高峰小时旅客发送量7400人，最高聚集人数5000人。结构形式：框架、钢结构。高度为52.3米,站房为地上3层。

本工程由郑州铁路局郑州工程指挥部建设，中南建筑设计研究院设计，郑州中原铁道建设工程监理监理有限公司监理。合同额302873万元，合同工期2009年9月0日至2010年12月31日。2010完成年产值188370万元，形象进度为主体施工阶段，框架柱、多跨桥梁、承台、钢结构施工。

【新建铁路成都东站及配套工程】 中铁建工承建。成都东客站建设地点为成都市东三环路五段与迎晖路交汇处，原沙河堡车站处。站房建筑面积：108009平方米（不计算地铁部分面积）。无站台柱雨棚70800平方米。车站建筑部分为地上二层、地下三层，局部设置夹层。主站房跨距为21米（跨地铁部分为24米），基坑埋深负28.6米。基础形式：主站房采用大直径孔桩，无柱雨棚区采用人工挖孔灌注桩，高架平台采用人工挖孔桩，群桩基础。

本工程由成都铁路局投资建设，中铁二院工程集团有限责任公司设计，成都大西南铁路监理有限公司进行监理。合同额：205656万元。工期为2008年12月31日至2010年12月31日。2010年继续列为集团重点工程，完成产值103029万元，竣工收尾。

【于家堡站站房工程】 中铁建工承建。于家堡站地处滨海新区于家堡中心商务区北端，是于家堡综合交通枢纽工程的一部分，建筑面积为87943平方米，地下2层，基底标高-20.5米（场区自然地面大沽高程1.60米），基坑开挖深度22.1米。

本工程由北京铁路局建设，铁道第三勘察设计集团有限公司设计，北京赛瑞斯国际工程咨询有限公司监理。合同额：161300万元，合同工期：2010年3月至2012年8月31日。2010年完成产值32895万元，形象进度，地连墙、工程桩、钢管柱施工。

【广深铁路布吉辅助客运站站房建设工程】 中铁建工承建。布吉综合客运枢纽是深圳市六大综合交通枢纽之一，位于深圳市龙岗布吉镇布吉火车站地区，西靠现吉华路、东临深惠路，南起穿孔桥、北至规划车站路所围合的梯形区域，总用地面积为13.71公顷。新建的广深线布吉辅助客运站为布吉客运枢纽的重要组成部分，其站房模式为跨线式， 主站房采用框架结构，基础形式为桩基筏板，地上2层，地下1层，建筑高度27.5米。

本工程由广深铁路股份有限公司建设，华南理工大学建筑设计院设计，广东至艺工程建设监理有限公司监理。合同额：41120万元，合同工期2010年3月29日～2012年8月31日。2010年完成产值16957万元，形象进度，东、西站房地下室结构施工，南北雨棚主站房钢结构拼装。

【广州调度中心】 中铁建工承建。广州调度所工程为铁道部规划投资兴建的四大区域性调度所之一，位于广州市越秀区中山一路广铁集团院内西南角，总建筑面积49504平方米，建筑高度58.85米。地下室2层，地上为6层，东西向长91米，南北向宽61米。基础形式为筏板基础，基坑深达17.3米，属于深基坑施工。主体主要结构类型为钢筋混凝土框架—剪力墙结构。

本工程由广州铁路（集团）公司建设，铁道部第三勘察设计院集团有限公司设计，广东至艺工程建设监理有限公司监理，合同额50000万元，合同工期2009年3月16日至2010年7月16日。2010年完成产值36832万元，年底进入装饰装修阶段施工。

【客运专线上海调度所工程】 中铁建工承建。新建客运专线上海调度所工程位于上海铁路局院内，东临宝山路，西临客车整备场，北临轻轨宝山路站，南临路局公安办公楼，建成后将成为华东地区铁路客运指挥中心。本工程用地面积为7262平方米，主体工程建筑面积为38631平方米，其中地上六层26807平方米，地下二层11824平方米，主体高度56.8米。

本工程由上海铁路局上海枢纽货场建设工程指挥部投资，铁道第三勘察设计院集团有限公司设计，上海联合监理咨询造价有限公司监理，合同额55486万元，合同工期2009年4月13日至2010年4月30日。2010年完成产值1800万元，年底进入装饰装修施工阶段。

【北京铁路局调度所工程】 中铁建工承建。北京铁路局调度所工程,建筑面积为81386平方米，檐高60米，地下2层，地上7层，建筑长度为112.4米×79.7米，呈矩形，结构型式为现浇混凝土框架—剪力墙结构，六、七层为钢结构，梁板式筏型基础。

本工程由北京铁路局铁路调度指挥中心工程建设指挥部建设，铁道第三勘察设计研究院集团有限公司设计，北京铁建工程监理有限公司进行监理。合同额：50793万元。合同工期：2008年5月29日至2010年2月6日。2010年继续列为集团重点工程，完成产值32759万元，工程进入装修收尾阶段。

【太原铁路局调度指挥中心工程】 中铁建工承建。本工程位于太原铁路局西院调度指挥院内，拟拆除原楼原址还建，建筑北侧为调度信息中心机房综合生产房屋，南侧为规划路，西侧为东城巷，东侧为绿地，总建筑面积24198平方米，其中地下2层，地上6层，建筑总高度43.30米，结构形式为框架-剪力墙结构，抗震等级Ⅰ级，基础形式为钻孔灌注桩筏板基础。

本工程由太原铁路局建设，铁道部第三勘察设计院设计，山西省建设监理有限公司监理，合同额：29891 万元。合同工期：2009年8月16日至2010年10月31日。2010完成产值22034万元，工程完工。

【石太铁路客运专线太原南站】 中铁建工承建。新建太原南铁路客运站是中国铁路“十一五”规划石家庄至太原铁路客运专线上最大的客运站，是山西省十大建筑之一。建设地点位于太原市区东南的小店区北营货场西侧，站房主体结构为地上两层，地下一层，总建筑面积179452平方米。车场内设8台16线，±0.000相当于绝对标高794.590米，车场轨顶标高为-1.28米。地下结构为钢筋混凝土结构，地上结构为钢结构。最高聚集人数为4000人。

本工程由太原铁路局建设，中南建筑设计院设计，山西省建设监理有限公司进行监理。合同额：115593万元。合同工期：2008年12月20日至2010年6月20日。2010年继续列为集团重点工程，完成产值 64116万元。主要形象进度为，站房内装修，雨棚基础、钢结构施工。

【广州和谐型大功率机车检修基地】 中铁建工承建。本工程位于广州市花都区，铺轨总长度约11公里，总规模满足年检修500台2年修机车、200台6年修机车以及年制造200台新车能力，并预留年检修500台2年修机车的能力。钢筋混凝土、钢结构形式，建筑面积228956平方米，建筑高度19米，跨度48米。

本工程由广铁集团建设，中铁工程设计院有限公司设计，浙江江南工程管理股份有限公司监理，合同额36028万元。合同工期2010年4月19日至2011年1月10日。2010年完成产值 59371万元。年底进行厂房钢结构、地面、设备基础施工。

【贵昆铁路六盘水至沾益段增建第二线工程】 中铁建工承建。贵昆铁路六盘水至沾益段位于贵州省六盘水市、毕节地区和云南省曲靖市境内，线路东起六盘水枢纽滥坝车站，向西途径水城、威宁、宣武、沾益等县市，终至沾益车站，线路全长247.633公里。本段铁路向西经嵩明抵云南省会昆明，向东经贵州省会贵阳至上海，为上海～株洲～怀化～昆明铁路通道的重要组成部分。

贵昆线六盘水至沾益段里程自贵昆铁路 K233+300 至K477+100，既有线路全长 253.8 公里，其中昆明铁路局管段K366+900至K471+000，既有线路全长104.1公里，沾益站为盘西线接轨站。

本标段正线长度44.619公里，桥梁 16座，其中特大桥1座、大桥2座、中桥3座、框架桥2座、跨线公路桥6座、人行天桥2座；隧道1座 4584延长米，涵洞102个，站场4个。

本工程由昆明铁路局曲靖铁路建设指挥部建设，中铁二院工程集团有限责任公司设计，中铁二院咨询监理公司进行监理。合同额：37597万元。工期为2008年1月至2010年10月。2010年继续列为集团重点工程，完成产值22218万元，主要形象进度：隧道剩余769米，土方基本完成。

【津秦铁路客运专线滨海站工程】 中铁建工集团中标，重组前中铁建工集团北京公司承建，重组后中铁航空港建设集团北京公司承建。

合同价：142053.9万元。合同工期：2010年9月1日至2012年12月31日，总工期28个月。设计技术标准：站房主体按设计基准期50年，设计使用年限100年；耐火等级：站房地下一级、地上部分及站台雨棚二级；结构安全等级：站房为一级，站台雨棚为二级。

津秦铁路客运专线滨海站工程是新建天津至秦皇岛铁路客运专线引入天津枢纽中四个主要客运站之一，是集多种交通出行方式为一体的综合交通枢纽。位于天津市塘沽区北部滨海新区，北环线北塘西站与京津唐高速公路之间，距塘沽城区新北路约有 5公里。

合同内主要为滨海站站房及站台雨棚。站房地下二层、地上二层，即：地上站台层、高架候车层及地下出站层、地铁站台层构成。候车形式为高架候车，进出站形式为上进下出。站房总建筑面积79950平方米，包括南北站房、高架站房及设备用房等。站台雨棚采用无站台柱雨棚，建筑面积69344平方米，站台面至雨棚屋面总高18.7米，东西向长447米，南北向宽189米。

【吉林站改建及相关工程吉林站站房工程】 中铁建工集团中标，重组前中铁建工集团北京公司承建，重组后中铁航空港建设集团北京公司承建。

合同价：58450万元。合同工期：2010年5月20日至2010年12月20日。

设计技术标准：使用年限50年；结构安全二级；防火站房地下部分为一级，地上部分为二级；抗震设防烈度7度；地下室防水一级，金属屋面防水一级，混凝土屋面防水二级。

吉林站是吉林省境内的重要的铁路枢纽之一，位于吉林市昌邑区，是吉林地区最大的铁路客运站。

合同内主要为站房工程，站房主体结构为钢筋混凝土结构，屋面结构为钢桁架主梁、钢网架屋面。站房工程包括东西站房、高架站房，规模为8台14线。站房总建筑面积约为50000平方米。

【新建铁路大同至西安客运专线站前施工7标】 中铁三局中标，重组前中铁三局一公司承建，重组后中铁航空港建设集团三公司承建。

合同价：82799万元。合同工期：2010年3月10日至2013年6月30日，共40个月。设计技术标准：客运专线，双线、350公里/h。

新建铁路大同至西安客运专线站前施工7标第一项目部，位于山西省临汾市霍州市境内，跨三教乡、李曹镇2个乡镇，12个自然村，管段里程：DK442+280至DK458+378.15，正线长度15.731公里。主要工程数量：路基 5.742 公里(含站场)，正线桥梁 15座7.045公里，隧道1座2.882公里，正线无碴轨道铺设31.462单线公里，站线无碴轨道铺设1.25单线公里，站场1座霍州东站。

【沪昆铁路客运专线长昆湖南段8标】 中铁一局中标，重组前中铁一局一公司承建，重组后中铁航空港建设集团二公司承建。

合同价：79000万元。合同工期：2010年9月1日至2014年1月20日，共41个月。设计技术标准：客运专线，双线，设计速度目标值250公里/h，预留进一步提速条件。

沪昆铁路客运专线长昆湖南段8标，起迄里程：DK345+790.4至DK357+963.62，全长12.173公里，沿线途经湖南省怀化、芷江两市县。主要工程数量：路基1.748公里/16段，特大桥3.107公里/4座，大桥1.842公里/8座，中桥0.070公里/1座，隧道5.418公里/5座。其中新屋里隧道(全长4181米)和罗旧舞水特大桥(1202.74米)为标段重点控制性工程。

【新建铁路西安至宝鸡客运专线站前工程XBZQ-1标】 中铁一局中标，重组前中铁一局一公司承建，重组后中铁航空港建设集团一公司承建。

合同价：62000万元。合同工期：2009年12月30日至2012年6月30日(调整后)，总工期30个月。

设计技术标准：客运专线，双线，到发线有效长度：650米。新建铁路西安至宝鸡客运专线站前工程XBZQ-1标，起迄里程：DIK511+910至DIK527+500，全长15.889公里，位于咸阳兴平县境内。主要工程数量：咸阳西特大桥的224个墩台及5联连续梁(32米+48米+32米连续梁两联、40米+64米+40米连续梁一联、60米+100米+60米连续梁一联，64米+136米+64米连续梁一联)，里程DIK511+910至DIK519+587.69，长度7677.69米；四支渠12米+16米+12米刚构中桥，里程DIK520+394.5至DIK520+445.5，全长51米；漆水河特大桥176个墩台，里程DIK521+812.1至DIK527+500，全长5687.9米。路基设计填方40.82万立方。

【德州至大家洼铁路3标段】 中铁一局中标，重组前中铁一局一公司承建，重组后中铁航空港建设集团辽宁公司承建。

合同价：57841万元。合同工期：2010年6月6日至2013年6月5日，共36个月。

设计技术标准：客货共用国铁1级，单线、预留复线；设计时速160公里/h；最小曲线半径：一般3500米、困难2800米。

德州至大家洼铁路Ⅲ标段第一项目部管段起讫里程：DK218+745至DK257+530.37，线路长36.975公里，沿线途经东营、潍坊两市。标段内有车站四座，分别为田庄站、小清河西站、官台站、东宅科站；改线一处，长度为1.956公里；共有桥梁26座，其中特大桥6座、大桥8座、中桥12座，共计9759.55米。路基总长度约30.167公里，路基过渡段软基处理为水泥土搅拌桩90万延米，土石方量370万立方米。

【山西中南部铁路通道ZNTJ-11标】 中铁一局中标，重组前中铁一局一公司承建，重组后中铁航空港建设集团一公司承建。

合同价：71000万元。合同工期：2010年4月1日至2013年3月31日，共36个月。

设计技术标准：中南铁路设计等级为国铁Ⅰ级双线重载铁路，时速120公里/h，牵引质量为10000t，轴载30t，是中国目前轴载最大的重载铁路。

山西中南部铁路通道ZNTJ-11标三分部，地处长治、壶关两县。管段里程：DK501+400至DK530+000，总长度28.6公里。其中路基长12.644公里；框架小桥（涵）46道，共长978.85延米；特大桥4座，共长3042.25米；大中桥7座，共长929.53米；隧道4座，共长9245米；车站1座，长2812.05米，其中西岭隧道长度5118米，为管段重点控制性工程。

【玉蒙铁路第一合同段】 中铁工程建设分公司承建。新建铁路昆明至河口线玉溪至蒙自段是西南国际铁路通道的重要组成部分，也是铁道部和云南省的重点建设项目。是加快云南经济发展，实施西部大开发战略的重要举措；对完善云南省铁路网布局等方面都具有十分重要的意义。本标段全长37.45公里，总造价7亿元，中国铁路工程总公司2005年11月24日中标，合同期工期2005年11月15日至2008年10月15日。实际开工日期2006年3月26日。

本标段工程项目多，包括路基、桥梁、隧道、涵洞、既有线改造、站场及附属工程等，全标段共有隧道10座，总计长23990延米；桥梁10座，总计1825.138延米；涵洞84座，总计1827.6横延米；路基及站场土石方共243.37万立方米。工程量大，桥隧长度占线路总长的67%。正线大部分地段桥隧相连，场地窄，施工难度大；本合同段有长10.29公里的全线控制工程秀山隧道和6.67公里的重点工程汉邑村隧道，其地质条件复杂、地下水发育，施工难度大，工期相对较紧。

本标段工程地质复杂，褶皱与断层均比较发育，岩体受构造影响极严重，岩体破碎，风化强烈，隧道围岩自稳性差，隧道围岩以Ⅳ、Ⅴ级围岩为主。地质问题主要为活动断裂与地震；其次为岩溶、滑坡、危岩落石、岩堆、泥石流、砂土液化、人为坑洞、有害气体、放射性、高地应力与高地温等。经过地段存在软土、膨胀土、红黏土等特殊岩土。

秀山隧道最大涌水量预计可达142500立方米/天，施工中必须加强超前地质预测预报工作，保证施工安全顺利进行；秀山隧道和汉邑村隧道均存在品位及放射性不详的透镜状、囊状铀矿，施工中应加强放射性监测，采取相应的防护措施。

截至12月31日，玉蒙铁路第一标段开累完成产值88784万元，占合同总额7亿元的127.4%，实现了安全生产无事故，工程质量有序可控，计划平导贯通时间2011年6月，计划正洞贯通时间2011年12月。

【宜万铁路W20标段】 中铁工程建设分公司承建。宜万铁路W20标段位于湖北省恩施州利川县境内，线路长度12.513公里，主要工程数量：路基土石方124万立方米，大中桥2座295.55米，涵洞46座1175.84米。中国铁路工程总公司2004年8月24日中标，合同价值7986万元，2004年10月28日开工， 2008年12月31日已全部完工待交验。2009年主要进行业主合同外新增项目的施工，2010年主要进行铺轨作业。

12月22日，宜万铁路全线通车。

铁路复线技改

【湘桂铁路扩能改造工程GTXG-2标】 续建工程。中铁二局湘桂铁路2标指挥部组织施工。公司于2009年3月中标湘桂铁路衡阳至永州段扩能改造工程GTXG-2标，该工程造价30.08亿，合同工期2009年3月28日至2011年11月28日。本标段起讫里程为DK13+500～DK110+100，线路全长96.6公里，主要工程有：路基土石方1765万立方米,其中区间土石方1198万立方米，站场土石方567万立方米；桥梁37座14372双线米，其中特大桥7座6083双线米，大桥30座8289双线米；隧道19座，13796双线米；涵洞252座，8089米横延米；制梁场3处，共预制箱梁549孔。

2010年，完成产值14.51亿元，占年度计划的100.8%；开累完成26.59亿元，占总合同造价的88.4%。

【长春枢纽长春站改造工程】 中铁三局承建。合同价款：66100万元。

合同工期：2010年4月1日—2011年5月30日

形象进度：高速场无站台柱雨棚基础钻孔桩设计282根，完成202根；承台混凝土钢管柱设计216根，完成88根；钢管柱安装设计3908吨，完成1736.88吨；普速场雨棚承台设计60个，完成20个；桁架拼装设计88榀，完成28榀；檩条安装设计65000平方米，完成20000平方米；高架候车室桩基设计138根，完成56根；承台设计30个，完成12个；C轴、D轴桁架设计41榀，全部完成；旅客站台墙设计7802米，完成4310米；矩形涵设计835延长米，完成668延长米；高低压电缆迁改设计17.6公里，完成12.9公里；通信线路设计40.7公里，完成34公里；电缆沟设计220h米，完成171h米；敷设电缆设计3000米，完成2000米；链悬调整设计18.28条公里，完成12.8条公里。

【牡绥扩能改造工程3标】 中铁三局承建。合同价款：72941.9万元。

合同工期：2010年5月1日—2012年10月31日

形象进度：大小临工程全部完成；隧道工程：红池隧道完成正洞585成洞米，斜井掘进完成405米；转心湖隧道完成正洞588成洞米，斜井掘进完成580米。

6月25日工程开工。

【合肥铁路火车站改造工程】 中铁四局承建。中标合同价：43931万元；合同工期：2009年8月17日～2010年8月30日，计划总工期：13个月；建设单位：上海铁路局合肥铁路枢纽工程建设指挥部。工程概况：合肥站为贯通式车站，现有旅客站台5座，站台长度为550米，站台宽12米，现为钢筋混凝土结构雨棚，改造为钢管桁架结构无站台柱雨棚。在既有2号、3号、5号站台已改造为高站台的基础上，将1号、4号站台也改造为高站台，五个站台面全部改为花岗岩板铺贴地面。新建雨棚长460米，宽144.87米，建筑投影面积63273平方米。

主要工程完成情况：电力工程于2009年9月1日开工，2010年6月30日前竣工，先期完成电力过渡，其它工程根据线下及房建工程进度积极配合施工。2010年施工进展：工程已完工。2010年完成产值3368.71万元。

【金华至温州铁路扩能改造工程站前1标】 中铁四局承建。金温扩能改造工程 JWSG-1 标合同总工期 32 个月，正式开工日期2010年12月1日，计划2013年9月15日完成全线铺轨，2013年12月31日达到联调联试条件。本标段已于2010年9月12日开工。工程合同总造价：27.8亿元。金华至温州铁路扩能改造工程全长188.812公里，设计里程为DK0+000～DK188+812，其中东孝站（含）～金华南段增建第二线5.303公里，新建正线金华南～温州南双线183.509公里。项目位于浙江省西南部，自起金华东孝站，向南经金华南、武义北、永康南、缙云西、丽水、祯埠、青田至温州南站。金华至温州铁路扩能改造工程1标段，正线里程范围：DK0+000～DK34+665，线路全长34.665公里。塘雅客、货车联络线合计4条，共18.171公里。1.塘雅下行客车联络线L1DK0+000～L1DK5+456.14,线路长度5.45614 公里；2.塘雅上行客车联络线 L2DK0+000～L2DK5+352.7, 线路长度5.3527 公里；3.塘雅下行货车联络线 XLDK0+000～XLDK4+035.33,线路长度4.03533公里；4.塘雅上行货车联络线SLDK0+000～SLDK3+327.32线路长度 3.32732 公里；本标段主要工程数量：咨询图桥梁 23座17897.04米，其中特大桥12座16804.5米（联络线单线特大桥6座，正线双线特大桥6座），大桥2座662米，中桥5座383.549米，小桥4座47米；隧道2座10176米，其中汤村隧道全长9645米，为金温线上重点控制性工程之一；路基6.595公里，土石方233.52万立方米（其中区间59.23万立方米，站场174.29万立方米）；车站3处（东孝、金华南为改建，武义北为新建），梁场2处（金华南分设箱梁及T梁制梁场，分别承担标段内简支箱梁预制110孔，T梁预制248孔，汤村隧道出口至标段终点桥梁上部结构简支箱梁制架由2标段实施）；此外本标段负责全线铺轨工程。本标段地属金华市，联络线段与既有沪昆铁路有并行、交叉，与在建杭长线亦有交叉，需要合并建设。

重点工程：东阳江特大桥、跨金丽温高速公路1号特大桥、汤村隧道（全长9645米）。截至12月31日，完成产值15523万元，占总价的5.6%。

【杭州东站扩建工程】 中铁四局承建。工程造价：124273万元。合同工期：2009年12月～2011年6月。杭州东站扩建工程由4台9线扩建为15台30线，按3个场横列式布置，由东向西依次布置为普速场、沪杭长场、宁杭甬场。其中普速场2台5线，沪杭长场6台12线，宁杭甬场7台13线。车站北端引入沪杭客专线、宁杭客专线、浙赣绕行线改线以及动车走行线；南端引入杭甬客专线、杭长客专线以及浙赣绕行线改线。包含了路基、桥涵、站场，无柱雨棚、轨道、通信、信号、信息，电力及电力牵引供电，房屋建筑及给排水、过渡工程、其他运营生产设备及建筑物，大型临时设施、改路改河等工程量。主要工程量：站场土石方272.076万立方米，水泥搅拌桩3933661米，旋喷桩112560米，钢筋砼管桩52014米，特大桥4座，大桥3座，中桥18座，小桥16座，涵洞47座，无柱雨棚基础396根，承台94个。

施工进度：1.路基土石方设计272万立方米，上周完成0.8万立方米，开累完成138.45万立方米。涵洞设计28座，共开工24座，主体完成13座。中小桥共开工23座，开累完成9座。2.特大桥设计4座，全部开工。浙赣上行线改线特大桥：主体完。石桥特大桥：钻孔桩设计336根，开累完成291根；承台设计39个，开累完成29个；墩台身设计39个，开累完成29个；箱梁设计35孔，开累完成19孔。杭州北特大桥：钻孔桩设计360根，开累完成344根。承台设计38个，开累完成35个。墩身设计38个，开累完成33个。箱梁设计30孔，开累完成21孔。动车走行线特大桥：钻孔桩设计595根，开累完成483根； 承台设计70个，开累完成43个。墩身设计70个，开累完成35个。3.大桥设计3座，共开工3座。钱江新桥北引桥：钻孔桩、承台、墩台身全完。箱梁设计22孔，开累完成19孔。二号港大桥：主体完成。艮德大桥：钻孔桩设计34根，开累完成22根；承台设计8个，开累完成4个；墩台设计8个，开累完成4个。无站台柱雨棚钻孔桩设计396根，开累完成361根，承台设计94个，开累完成78个。4.萧山站改造工程：已于2009年12月20日交付使用。5.杭州东站改造站内拆除开累34组道岔。拆除轨道开累完成6.3公里。升级8道开累1.3公里。5月20日晚23:10-02:10顺利完成东站新4道（原8道）沪端、昆端拨接。计划于2011年12月底开通杭州东站正线。

【大连火车站站房雨棚钢结构及装修工程】 中铁四局承建。工程造价：2.54亿元。

新大连站站房雨棚钢结构及装修工程主要由南、北两侧站房综合楼、落客平台，高架候车厅、站台层、地下出站层和无站台柱雨棚组成，车站共设10站台20线，其中1至5道为普速列车，6至13道是哈大客运专线，14至20道是为丹大城际铁路预留。建成后，预计日均旅客吞吐量可达10万人次。公司主要承担C3区无站台柱雨棚的制作和吊装任务。本工程无站台柱雨棚面积约71880平方米，按高架候车厅中心轴线，在两侧对称布置（C3-1至C3-9轴和C3-10至C3-18轴）。雨棚在C3-5和C3-14各设置温度缝一道，雨棚主体结构由五跨钢架组成，共32榀。钢架柱为钢管混凝土柱，钢架梁为箱型变截面梁，截面尺寸为1200*400毫米，钢梁与柱顶伸出的4支分叉柱采用Φ180销轴铰接，梁两端与地面铰接。其中C3-8和C3-11轴靠近站房的梁两端与站房搭接。钢梁垂直股道布置，跨度47.85+49.95+43.6+43.4+42.8米，立柱位于股道之间，沿股道方向跨度为18米和24米，B、E轴立柱为φ850*45单柱（32根）；C、D轴立柱为φ850*30单柱（32根）。钢梁之间采用H型钢檩条（H400*200*6*10、H800x300x8x16）和箱型檩条（口400x200x6x6、口500*200*8*10、口900*300*8*16）连接。钢箱梁顶部至站台面高度16米，钢箱梁底部至站台面高度为11.672米，围护系统包含镀铝锌钢板屋面、200宽白色铝合金条板吊顶、白色铝板包边、排水等。箱梁的制作精度及结构吊装是本工程的难点,本工程单跨跨度较大，钢梁需进行单跨分段制作、运输、吊装，吊装前需搭设相应的承重支架。

截至到2010年12月底，新大连站站房雨棚钢结构及装修工程C3区完成CD跨1、2、7、8、11、12、13轴地脚螺栓的预埋；A轴1～10轴、F轴8～11轴H型钢的预埋；CD跨钢立柱共计16根制作完毕。

【襄樊东站风雨棚工程】 中铁四局承建。合同造价：100701959元，合同开竣工时间：2010年9月13日～2011年9月13日，实际开工时间：2010年11月26日。

襄樊东站风雨棚工程为既有线改造工程，施工中心里程为K308+900，施工影响范围为K308+600～ K309+200。站台3个，其中基本站台1个，中间站台2个；既有线10道，全电气化，线路为汉丹线（上下）、襄渝线（上下），其中正线2道、到发线5道、基准线、存车线、避让线总共3道；通过列车130列/日。站台均为高站台，站台墙中铁三局已基本完成，站台面填土未完成。基本站台靠近站房，有6米高挡土墙。雨棚结构设计使用年限为50年，结构安全等级为二级，建筑抗震设防分类为丙类，抗震设防烈度为6度，建筑地基基础的设计等级为丙级。襄樊东站无站台柱风雨棚面积为35591平方米,雨棚柱基础采用钻孔灌注桩，基础柱网为18×37.65米。采用钢管混凝土柱。主体结构形式为倒三角钢管桁架，屋面檩条采用高频焊接H型钢，支撑于桁架上弦。整个无站台柱雨棚平面由三部分组成：P1轴～P8轴为第一部分；P8轴～P18轴为第二部分，P18～P25轴为第三部分。相邻两部分主桁架和檩条断开，形成三个温度区段，以缓和和解决温度应力对结构的不利影响。雨棚柱、钢管桁架采用Q345-B级钢材。襄樊东站设高站台3个，总面积为16660平方米。其中部分站台墙和部分站台填土由前期施工单位施工完成；设进出站地道各一座，其中进站地道为1-8米，总长69米，出站地道为1-10米，总长69米。主洞身设3个沉降缝，分成四个节段。地道装修地面采用与站台面相同的石材铺贴，墙面采用玻化砖，石膏板吊顶。2010年已完成地道第一节、第二节洞身的主洞身的混凝土浇筑工作，二站台行包通道及人行通道钢筋绑扎完成60%。

【苏州站无站台柱雨棚工程】 中铁四局承建。工程造价:1.88亿元.

苏州站改造工程无站台柱雨棚分为城际车场（B～D跨）和普速车场（A～B跨）两个施工阶段，设计纵向有A、B、C、D四个轴线，共492米（含主站房132米）建筑总面积为69666平方米，建筑高度24米。无站台柱雨棚采用钢筋混凝土钻孔灌注桩承台基础，钻孔灌注桩桩径1.0米，桩长53～58.5米，整个工程设计94根，其中城际车场有88根，桩混凝土为编号C30的水下混凝土。设计有承台30个，城际车场有28个，承台规格主要为六边型和四边型，采用C35混凝土，HRB335、HPB235钢筋。 雨棚上部结构采用钢桁架结构，主桁架高度达8米。苏州站无站台柱雨棚城际车场基础于2008年3月20日开工，至2009年年底基础基本施工完成；钢结构主体部分于2009年11月开始进行立柱安装和主桁架梁高空散装，城际车场主体结构于2010年4月份全部完成；城际车场屋面、装饰装修和相关附属工程2010年7月1日完成。2010年8月份开始进行南延12米施工，2010年12月基本施工结束。目前累计完成建筑面积38630平方米。地基与基础城际车场完成88根钻孔桩，通过大、小应变、超声波检测，结果均为Ⅰ类桩；完成28个承台的施工，桩和承台混凝土强度均符合规范要求。主体钢结构立柱：30根；主梁：12榀；次梁：90榀；悬挑次梁：34榀。屋面及装饰装修吊顶完成106个锥形吊顶、192个侧封、悬挑平吊顶及折板桁架宽缝四部分安装；铝天沟9225延长米；屋面采光带FRP采光板约1760平方米；屋面板深灰色760型直立锁边压型板约48840平方米。虹吸排水完成城际车场汇水排水面积48840平方米的虹吸排水系统铺设。电气照明完成安装无极灯88盏，吊灯390盏，安装灯箱灯具和天花拉膜34个灯箱。过渡工程完成城际车场四、六站台稳定支撑20个，用钢量约420吨。

【蚌埠站雨棚及相关工程】 中铁四局承建。工程造价:1.17亿元。

蚌埠站改造工程分两个标段（合蚌客专雨棚Ⅰ标段和合蚌客专站前Ⅰ标段）。合蚌客专雨棚Ⅰ标段施工主要包括拆除蚌埠既有雨棚拆除、加高基本站台和四站台、新建无站台柱雨棚以及四电施工、由于行包地道及雨棚改造引起的接触网过渡工程；合蚌客专站前Ⅰ标段主要包括新建人行天桥及线路改造。本工程以里程K834+251.80处1道轨顶设计标高为±0.000标高，相对绝对标高24.34米。新建雨棚建筑水平投影面积为38399平方米，雨棚总长度为485米，总宽度为81.77米，建筑耐火等级为二级，其距轨面 12米以下钢结构构件外表均涂刷消防主管部分认可的防火涂料。钢立柱的耐火时间为2.5小时，屋面防水等级为III级，建筑设计使用年限为50年，抗震设防烈度为7度。新建雨棚主体结构由管桁架和双肢格构柱组成，立柱规格为Φ750×20，内部灌注C40微膨胀混凝土；雨棚空间桁架采用无缝圆钢管相贯焊接结构，垂直股道方向主跨跨度为56.87米，平行股道方向柱距18～27.5米，雨棚长度分为三个温度区间，伸缩缝设置于P9轴及P17轴处；檩条采用高频焊接H型钢檩条，与支托相连支撑于桁架上弦。在雨棚纵向P5～P6之间和P11～P12之间为天桥拱区，拱区采用拱形倒三角桁架，与主结构雨棚横向主桁架形成穹顶网壳结构。站台柱雨棚采用0.8毫米厚银灰色角弛Ⅲ型镀铝锌压型彩钢直立锁边板，板底敷设80毫米厚带铝箔超细玻璃棉毡，下设钢丝网，雨棚采光板系统均采用2.5毫米FRP聚脂采光板；雨棚天沟采用3毫米厚不锈钢板，吊顶板采用0.6毫米厚白色彩钢板，吊顶侧封及檐口采用3.00毫米厚的异形乳白色铝板包饰，屋面排水采用虹吸排水系统，虹吸排水立管设于钢管混凝土柱内。本工程将蚌埠站基本站台（0.5米）和四站台（0.3米）加高到1.25米，同时对基本站台及四站台花岗岩铺面。新建雨棚完成前，对雨棚范围内的软横跨接触网过渡要硬横梁上，待雨棚结构完成后悬挂至桁架梁或雨棚立柱上。蚌埠站改造工程为既有线施工，蚌埠站是个京沪线上的交通枢纽，客流量大，目前蚌埠站开行的动车组有16列，始发客车4对，通过列车66对，正线直接通过18对，要保证施工期间车站的正常运营，给施工组织的安排带来极大的困难。目前，站内股道已全部实现电气化，仅二站台一半及三站台可接发动车组，在施工前必须提前进行既有管线、接触网等过渡工程施工，才通确保车站正常的运输组织与正常施工。截至2010年12月底，地基与基础完成了雨棚PA、PB两轴线所有钻孔灌注桩及承台的施工；完成了1、2道间天桥立柱基础钻孔桩及承台施工；完成了四站台上天桥立柱、楼梯及电梯井基础的钻孔桩和承台施工。钢结构完成全部管桁架的制作加工；完成了天桥主体箱梁的制作、加工；完成了雨棚52榀钢管双肢柱及四根天桥钢立柱基础的预埋及吊装；完成了主桁架A、B、C段的吊装；纵向桁架安装完成了55榀。完成了现场已安装钢构件的防腐涂装，完成了基本站台及四站台上承重脚手架的搭设，共52座；完成PA、PB轴线立柱脚手架的搭设；完成了基本站台站台墙加高425米；完成了四站台站台墙的施工及站台面的加高。

【赣州至龙岩铁路扩能改造工程GL-5标段】 中铁五局承建。本标段从主线 DK224+881 开始至龙岩站 DK272+789 结束，全长

47.91 公里，包括铁山洋站及东南联络线，其中东南下行联络线 LZDK0+000 至 LZDK6+895.15，长 6.89 公里；东南上行联络线 LYDK4+900 至 LYDK7+111.08，长 2.21 公里。主要工程量：路基土石方 289.95 万立方，桥梁 30 座 9905.82 延长米，涵洞 34 座 1234.76 横延米，隧道 19 座 38943 延长米，铺设双块式无砟道床 22.872 公里。项目位于福建省连城县、上杭县、龙岩市新罗区境内。合同开工时间 2010 年 9 月 1 日，竣工时间 2014 年 2 月 28 日。

2010 年完成建安产值 23498 万元，完成土石方 1.3 万立方米，完成隧道 82.36 成洞米。

【湘桂铁路扩改工程 1 标】 中铁五局承建。湘桂铁路 XG-1 标段扩能改造站前工程Ⅰ级双线铁路，里程 DK152+000～DK213+853.7，全长 61.622 公里，其中湖南段 35.760 公里，广西段 25.862 公里，项目位于湖南省永州市东安县、广西壮族自治区全州县。主要工程量：铺架工程（DK152+000～DK255+800）103.713 公里，改移公路 4.03 公里，断面土方 856 万立方米，桥梁 24 座 9491.137 米，涵洞 209 座 4803.82 米，隧道 6 座 8308 米，正线铺轨 205.77 公里，站线铺轨 12.638 公里，铺新岔 43 组，铺碴 54 万立方米，站场 2 个（东安东车站、庙头西车站）。工程于 2009 年 4 月 1 日开工，计划 2012 年 3 月 10 日竣工。

2010 年完成建安产值 96986 万元、土石方 423.64 万立方米、桥梁 4476.64 延长米、箱梁预制 130 孔、涵洞 1165.64 横延米、隧道 5215.76 成洞米。

【张唐既有车站改造和联络线工程（北京局代建）】 中铁六局承建。本标段包括张唐正线 15 公里和张百湾联络线（滦平东至张百湾）、京承联络线（李家营至赵家店）、唐山北联络线（丰润西至唐山北），线路全长 59.205 公里，张唐既有车站改造和联络线工程的中标价是 113077.3692 万元，工程已于 2010 年 9 月份进场施工，合同总工期为 54 个月。2010 年无计划产值完成。

【改建下蓝旗至多伦铁路工程 LDZH 标段】 中铁六局承建。本线位于内蒙古自治区锡林郭勒盟境内，从正蓝旗车站南咽喉引出后并行既有蓝多线至 DK4+800，折向东南，在 DK6+948 处跨越既有蓝多线，之后平行既有蓝多铁路以路基挖方形式绕过古尔哈达山后，沿榛子山向东南方展线，穿越巴特布拉格垭口后，以北滩特大桥的形式跨越北滩，DK24+100～DK31+500 段本线与既有蓝多线并行，后向既有线南侧展线，沿西大山东侧山坡向南前行，经沙不楞后转向东，跨过胡莱河后在 DK42+149 下穿既有蓝多线，在 DK45+117 后在既有蓝多线左侧并行。在 DK36+100～DK37+070 段完成换边后，接入多伦车站。本标段起点里程 K0+000，终点里程 K49+81.29，线路全长 44.39 公里。

合同价值：约为 6.55 亿元；合同工期：2010.8.20- 2012.8.20，历时 24 个月。

建设单位：内蒙古锡多铁路股份有限公司；设计单位：内蒙古铁道勘测设计院有限公司；监理单位：北京铁研建设监理有限责任公司。

【改建铁路枢纽太原南站及相关工程】 中铁六局承建。石太客专于 2009 年 4 月 1 日开通至太原站，太原站以南部分的工程一直未实施。2010 年铁道部对太原南站及相关工程单独立项，并于 2010 年 9 月 29 日发布了铁鉴函[2010]1273 号《关于改建铁路枢纽太原南站及相关工程可行性研究报告的批复》，于 2011 年 1 月 10 日发布了铁鉴函[2010]1850 号《关于改建铁路枢纽太原南站及相关工程初步设计的批复》，太原南站及相关工程的范围为太原站中心 K228+213 至既有石太线 K216+500、太中银正线 DK218+250、大西铁路 DK218+250，沿既有石太正线长约 11.34 公里；太原站新建高站台、无站台柱雨棚及站房装修改建，到发线铺宽轨枕板；太原客车整备所改建，太原南动车运用所设动车存车线 8 条以及太原南站石太车场至动车运用所 DDK214+900 动车走行线。

改建铁路枢纽太原南站及相关工程位于太原市迎泽区和小店区内，包括两站、两所、两区间。两站为太原站、新建太原南站，新建太原南站包括大西和石太两个车场，各为 5 台 11 线，总规模为 10 台 22 线，站台长度 500 米和 450 米；两区间为太原～太原南区间、太原南～新鸣李区间；两所为太原客车整备所改建、太原南动车运用所，其中太原南动车运用所包括石太客专 8 股道。

合同价：28 亿元，工程总工期为 18 个月完成所有施工项目，开工时间 2011 年 1 月 10 日，竣工时间 2012 年 7 月 10 日。

建设单位：太原铁路局太原南站工程建设指挥部；设计单位：铁道第三勘察设计院；监理单位：北京铁建工程监理有限公司。

截至 2010 年底完成 2.4 亿元，其中：旅客地道 1 座、框构中桥 3 座、站台墙 4500 延米（总共 8550 延米）。

站场内旅客地道、南中环框构、中心街框构、站北街框构已完成，尚有站南街框构、站南人行地道正在施工中；站台墙共 8500 米，已完成 7000 米。区间南内环框构、东太堡框构正在施工中。

【京津城际延伸性工程】 中铁六局承建。新建京津城际延伸线，线路自天津站城际车场东端引出，沿既有津山线并行，经塘沽站向南引入滨海新区商务核心区于家堡。天津站站中心至于家堡车场端全长 44.815 公里，其中新建线路 43.915 公里。开竣工日期：2009 年 9 月 1 日（不含施工准备）至 2012 年 12 月 1 日（合同工期为 1043 天），合同造价为 114483 万元；建设单位：津滨城际铁路有限公司，设计单位：铁道第三勘察设计集团有限公司，监理单位：北京铁建工程监理有限公司。

2010 年，完成主要为泰达站改造工程，货运通路地基处理水泥砂浆搅拌桩 39667 米。年度实际完成产值 3342 万元。

【宁岢、苛瓦线开行万吨列车扩能改造工程（陈家沟站）】 中铁六局承建。宁岢线位于山西省西北部，自东向西南，东起北同蒲线宁武站，经忻州市的宁武县、神池县、五寨县、西止岢岚县境内的岢岚车站，线路全长 95.95 公里。

新增陈家沟站位于宁岢线宁武站-神池站之间。既有宁岢正线右侧新增 1 股到发线 2 道，2 道与正线Ⅰ道线间距为 15 米，Ⅰ、2 道有效长分别为 1711 米、1698 米。在宁武端咽喉 2 道设置安全线，有效长 50 米。新建站房位于线路右侧，站中心里程为 K10+350，新设 50×5×0.3 米站台。本工程属于太原铁路局短平快工程，未签订合同，计划工期 2010 年 11 月 15 日～2011 年 6 月 30 日。建设单位：大秦线铁路扩能改造指挥部；设计单位：中铁工程设计咨询集团有限公司太原设计院；监理单位：山西铁建工程监理咨询有限责任公司。

截至 2010 年底，完成土方 9 万余方，两座桥涵基础施工完毕，钻孔桩施工平台、钢筋加工场、施工用电、施工用水等联系工作基本就绪。

【庄儿上站神华集团 4～6 道股道延长工程】 中铁六局承建。庄儿上站位于神池县庄儿上镇境内，为宁岢线上一中间站，既有站中心里程为 K37+785，上行相邻神池站，下行相邻五寨站，站房位于正线左侧。车站有旅客基本站台一座；到发线 2 条，有效长为 1050 米 系列，站房对侧有神华集团庄（儿上）～三（岔）线 3 条到发线，在宁武端咽喉接轨，3 道外侧布置，有效长 850 米系列。车站主要办理旅客列车到发、货物列车到发、庄～三及神朔铁路车辆交接等作业。

本次施工将庄儿上站神华交接站股道集（即 4、5、6 道）向宁武方向延长，拆除既有的（7）号、（9）号、（11）号（13）号道岔，将既有的牵出线、安全线向外延伸，在 3 号岔前铺设 7 号、9 号渡线连接 3、4 道，延长后的 5、6 道结束从 4 道接出，安全线、牵出线分别与 3 号、9 号道岔岔后直股连接，其余连接关系保持既有不变。改造后，神华交接站 4、5、6 道有效长均满足 1050 米。合同价：6063651 元，合同工期 2010 年 10 月 1 日-12 月 31 日。建设单位：大秦铁路股份有限公司大秦线铁路扩能改造指挥部，设计单位：中铁工程设计咨询集团有限公司太原设计院，监理单位：山西铁建工程监理咨询责任有限公司第八监理项目部。

截至 2010 年 12 月，站场改造施工已全部完成。

【京广铁路保定站改造工程 2 标段】 中铁六局承建。保定站位于河北省保定市市区，距北京西站 146 公里，西接保满线，东接规划的津保城际。该站为京广线上的一等站，正线 2 条，到发线 4 条，有效长度 650 米。客运设备有 1 个基本站台、2 个中间站台，候车室面积 1850 平方米。保定站东邻建华北路，西临韩村南路，本项目在原有保定站场地基础上实施改造。本工程总体分两步进行实施，第一步进行既有二站台西侧相关工程的施工，第二步进行既有二站台东侧相关工程的施工。各专业工程紧密结合东西站场过渡要求分步交叉施工。主要工程量有新建微机联锁 1 站、TDCS 设备 1 站、微机监测设备 1 站，联锁道岔 28 组、通信光电缆 8.2 公里，信号电缆 48.9 条公里，电力高低压电缆 30.2 公里，接触网线 19.3 条公里，配合工务拆迁过渡。该工程于 2010 年 9 月 1 日开工，计划 2012 年 8 月 31 日竣工，工程价值 5707 万元，至 2010 年底完成 685 万元，完成全部工程的 12%。

【丰沙大丰台至郭磊庄区间自闭改造工程】 中铁六局承建。丰沙大丰台至郭磊庄区间自闭改造工程包括丰沙大线丰西 V 场（K0+823）～ 沙城（丰沙下行 102+182、上行 101+837；京包 K117+812）～郭磊庄局界（京包 K225＋000），正线长度约 221 公里；丰台（K18+350）～ 石景山南（丰沙 K4+176），正线长度约 14.2 公里；西道口至丰台西Ⅰ场（京沪京广上行联络线），西信号～小刘庄～丰台西Ⅰ场，丰西Ⅴ场至丰西Ⅰ场，共计正线长度约 9 公里。总计长度 244.2 公里。 信号工程主要工程量有丰台西-郭磊庄段途经 37 个车站进行 ZPW-2000 自动闭塞改造；其中 13 个车站进行大修施工，车站联锁采用二乘二取二计算机联锁，室内外信号设备全部新设；3 个车站（幽州、沙城西、沙岭子东）拆除，封闭；除丰西Ⅰ场、丰西Ⅴ场、西道口、西信号、养三、三家店外 13 站进行 ZPW-2000 电码化改造；除丰西Ⅰ场、丰西Ⅴ场、丰台站、西道口、养三、三家店、斜河涧、下花园、孔家庄、王玉庄外 11 站进行站内轨道 97 型 25Hz 相敏轨道电路改造。房屋工程主要工程量有新建房屋 1 处，接建房屋 25 处，利旧装修房屋 11 处。电力工程主要工程量有新增信号设备（一级负荷）、动力照明负荷（三级负荷）需求、远动通信负荷（二季负荷）以及容量预留。增加火灾自动报警系统。通信工程主要工程量有养马场站信号楼、运转室新建，相关通信设备新设或搬迁。工程价值 26401 万元，于 2009 年 8 月开工至 2010 年 6 月竣工。

【大准铁路增建二线二道河至点岱沟段工程】 中铁六局承建。大同至准格尔增二线二道河至点岱沟段（10 标段）电力工程自大准铁路 DK234+600 起，经龙王渠至点岱沟站（支 K5+383.21）止。本标段电力工程包括既有 10KV 电力贯通线 1 路与接触网同杆合架，因既有接触网支柱大部分拆除新建，故还建 10KV 电力线 1 路，导线为 LGJ-3×50 米平方米，新建线路不再与接触网合架。工程量有改建薛家湾 10KV 配电所 1 座，新建点岱沟 10KV 配电所 1 座(与牵引变合建)，新建点岱沟机务段室内变电所 2 座，二道河至点岱沟区段间改造中间站 3 座，区间新建隧道动力照明 3 处。电力牵引供电工程老牛湾至龙王渠区间新建分区所 1 处；点岱沟机务段设牵引变电所 1 处；窑沟改建牵引变电所 1 处；薛家湾调度所 1 处；接触网架设 65.048 条公里。于 2008 年 10 月

16日开工，计划于2011年6月30日竣工，工程价值5293万元，至2010年完成2646万元，完成全部工程的50%。

【改建铁路遂渝二线遂宁至重庆站前工程1标及铺架工程】 中铁八局承建。站前工程1标位于新桥（不含）至三星（含），起始里程：DK0+000-ZDK32+100，含遂宁南疏解线，土建37.69公里；临电141.17公里；铺轨157.66公里。主要工程内容：隧道18座，计5867延长米；桥梁17座，计6636.15延长米；涵洞111座，计1784.11横延米；路基土石方296.45万立方米；制梁1064孔，及三电迁改、油气管道迁改，环保等工程。合同工期：2009年2月5日～2011年12月31日，合同总价151905万元，开累完成产值119400万元。

铺架工程起止里程为DK0+000～YDK125+690.59，正线长度130.832公里。全线按重型、有砟轨道、一次铺设跨区间无缝线路设计。正线无缝线路地段采用60公斤/米、定尺长100米U75V无孔新轨在成都铁路局石板滩焊轨厂焊成500米长轨，既有线改建地段按新建标准予以恢复。Ⅲ型有挡肩轨枕和Ⅱ型弹条扣件，按1667根/公里铺设。采用Ⅰ级碎石道砟。

【昆明铁路枢纽扩能改造站前一标工程】 中铁八局承建。改建铁路昆明枢纽扩能改造工程站前工程一标段主要工程内容有路基、桥涵、隧道及明洞、站场、设备安装、环保及水保等7各方面。线路由读书铺至昆明西、昆明西至昆明东、昆明东至小石坝段等线路组成。读书铺（不含）至昆明段增建线路全长约19.93公里；昆明东至昆明段增建线路全长约18.67公里；昆明东扩建三级六场及联络线改建5.017公里，昆明东至小石坝联络线6.797公里，既有线改建4.4公里；新建小石坝机车、客车车辆检修中心；还建王家营西货场。车站改建6个：昆明西、昆明站、昆明东、羊方凹、小石坝、王家营西。合同工期：2009年11月1日至2012年10月31日。标段工程自开工以来，涵洞按件名开工率10%、路基按长度开工比率5%、桥梁按长度开工率15%、隧道开工基本正常。工程合同总价：218854万元。开累完成产值：39881万元，2010年完成产值38317万元。

【山西朔黄铁路扩能改造工程】 中铁八局承建。山西朔黄铁路扩能改造工程全长10.85公里，由电务公司和昆建公司参与施工。工程合同价：13985.08万元；合同工期：2009年7月10日至2011年7月10日。实际开工：2009年7月13日。完成：路基土石方100万立方，桥梁1025延米；涵洞715延米。完成投资6620万元。

【贵昆铁路六沾二线站前Ⅰ标】 中铁八局承建。工程位于K235+300-K253+700，由三公司施工。线路长度40.591单线公里，桥梁设计25座总长7.0344公里；隧道设计14座总长7.107公里；路基土石方设计410.6万立方米。合同工期：2007年4月2日～2009年4月26日，（2007年4月26日～2011年12月30日）开工日期2007年6月1日，合同总价56018万元，完成产值37598万元，2010年完成产值12026万元。

【改建铁路成昆线广通至昆明扩能改造工程】 中铁八局承建。工程位于云南省昆明西站至广通北站间：起始里程:DK1013+300～DK1023+990，由昆建公司施工。全长10.69公里。设计时速160公里/h。合同工期：2006年11月15日～2008年6月15日（2007年12月1日～2009年12月31日），开工日期2007年12月18日，合同总价37600万元，完成产值37407万元。

【贵阳邮政地下通道续建】 中铁八局承建。贵阳邮政地下通道续建工程由市政公司施工，于2010年6月开工，合同金额900万元，目前只施工了五站台，剩余工程要随着站改的进行而进行。

【德阳车站站房灾后重建工程】 中铁八局承建。德阳车站工程是集城际车站和普速车站于一体的大型现代化火车客运站。包括站房、站场、广场三个部分，站房主体采用框架结构，屋面采用钢结构，总建筑面积9995平方米，抗震烈度为7度，地上分为两层，一层4835平方米，二层4317平方米。站房外墙装饰由陶板、低辐射中空玻璃和金属板组合幕墙组成，以红色为主色调，寓意着美满、吉祥和富贵。在建筑节能环保方面，站房坡屋面、平屋面、外墙和楼地面均采用了高效的保温措施，使站房耗能远远小于同等规模的建筑。站场总规模4台11线，由一.二.三站台城际场和四站台普速场两部分组成，具有先进的监控系统、引导系统，采用了高站台，旅客能够从火车车厢平跨到达站台，不必上、下楼梯。新增雨棚、天桥工程，合同金额约1.2亿元，其中雨棚43533平方米，天桥1621平方米；站前广场的落客平台工程，合同金额约0.5亿元，建筑面积13000平方米。该工程合同工期：2009年11月03日到2011年06月30日。签订合同总价为32813万元，开累完成产值15029万元。

【广西沿海铁路黎塘至钦州段扩能改造工程】 中铁九局承建，线路从广西南宁市黎塘镇出发，经横州跨郁江，过沙坪、陆屋、平吉向南延伸至钦州马皇，是广西沿海铁路的组成部分，也是跨越北部湾地区的区域性铁路线路。本线为增建二线，从既有湘桂线沙江站引出向南至马皇站，长度约99正线公里，全线大部分线路沿既有线两侧修建，同步实施的黎塘地区相关工程长4.06公里，钦州地区相关工程长14.7公里。工程自2010年9月1日开工，预计2012年5月31日竣工，总造价约10亿元。主要工程数量：路基土石方589.4万立方米。特大桥6883.62米/5座，大桥3651.19米/16座，中桥15座，小桥12座，涵洞514座。隧道1367米/4座。铺轨187.98公里，道岔82组，房屋12528平方米及三电工程等。建设单位为南宁铁路局，监理单位为华铁工程咨询有限责任公司黎钦监理站，设计单位为中铁四院集团南宁勘察设计院有限公司。

截至2010年末，开累完成产值11637万元，完成总价的28%。

【哈大客专沈阳站沈阳北站改建工程】 中铁九局承建，位于辽宁省沈阳市境内，正线全长为 13.33 公里，起点里程为 DK390+865.34，终点 DK404+200，工程自 2008 年 8 月 1 日开工，预计 2011 年 11 月 30 日竣工，总造价约 11.4 亿元。主要工程数量：路基土石方 462.26 万立方米，路基附属 8.76 万立方米；特大桥 3733 单延米/2 座，中桥 232 双延米/1 座，框构中桥 4664.1 顶平米/11 座，小桥 8 座，涵洞 14 座；铺轨 57.99 公里，铺碴 47.7 万立方米，铺岔 160 组；房屋 3.9 万平方米及三电工程等。建设单位为沈阳铁路局哈大客专沈阳枢纽工程建设指挥部，设计单位铁道第三勘测设计院集团有限公司，监理单位为沈阳铁路建设监理有限公司。

截至 2010 年末，开累完成产值 65003 万元，完成总价的 54.6%。

【沈阳北动车存车场及相关工程】 中铁九局承建，位于辽宁省沈阳市境内，沈阳望花立交桥与文官屯车站之间，包括路基、轨道、桥涵、站场、房屋及给排水、四电等工作内容，新建客专正线全长为 2.66 公里，起点里程为 WZDK405+700，终点 WZDK408+361，工程自 2009 年 4 月 10 日开工，预计 2011 年 6 月 30 日竣工，工程总造价 4.43 亿元。主要工程数量：路基土石方 151.67 万立方米；铺轨 19.89 公里，铺碴 6.1 万立方米，铺岔 55 组；框构中桥 2 座；房屋 2.92 万平方米及四电工程等。建设单位为沈阳铁路局哈大客专沈阳枢纽工程建设指挥部，设计单位铁道第三勘测设计院集团有限公司，监理单位为沈阳铁路建设监理有限公司。

2010 年完成产值 10211 万元，开累完成产值 20309 万元，完成总价的 54.8%。路基及附属已完成，铺轨完成 76%，，房建完成总量的 55.85%等。

【萧甬铁路绍兴县城区段改造工程】 中铁九局承建的萧甬铁路绍兴县城区段改造工程，位于浙江省绍兴市内，工程主要为既有萧甬铁路改建，将城区内既有路基改造为高架桥通过。其里程为 DK23+100 -DK30+900。包括特大桥 1 座 5.66 公里和两侧龙口段路基 2.14 公里。工程自 2010 年 7 月 1 日开工，预计 2011 年 12 月 31 日竣工，工程总造价 5.03 亿元。主要工程数量：路基土石方 31.5 万立方米；特大桥 5660.82 米/1 座，中桥 3 座，小桥 2 座，涵洞 4 座；铺轨 24.77 公里；站场改造 1 座；房屋 1.2 万平方米。建设单位为上海铁路局宁波铁路枢纽工程建设指挥部，设计单位为中铁上海设计院集团有限公司，监理单位为上海华东铁路建设监理有限公司。

2010 年末开累完成产值 19980 万元，完成总价的 39.7%。路基完成软基处理水泥搅拌桩等施工，完成路基产值的 36.1%；特大桥桥梁完成 3641 延米，小桥涵完成 39 延米；存梁场土建完成 50%。

【通霍铁路通辽北至霍林河段扩能改造工程】 中铁九局承建的通辽北至霍林河段扩能改造工程，位于内蒙古自治区通辽市和兴安盟境内，起自通辽北站，经由通辽市、科尔沁左翼中旗、扎鲁特旗、科尔沁右翼中旗、霍林郭勒市，终点为霍林河站，全线 417.6 公里。工程自 2009 年 11 月 12 日开工，预计 2011 年 11 月 12 日竣工，总造价约 37 亿元。主要工程数量：路基土石方 1505.8 万立方米，路基附属 72.33 万立方米；特大桥 868.12 米/1 座，大桥 1885.8 米/11 座，中桥 2198.1 米/39 座，小桥 23 座，涵洞 348 座；隧道 2135 米/4 座；正线铺轨 434.08 公里，站线铺轨 72.23 公里，铺碴 212.76 万立方米，铺岔 330 组；房屋 3.15 万平方米。建设单位为沈阳铁路局通霍铁路有限责任公司筹备组，设计单位为铁道第三勘察设计院集团有限公司，监理单位为黑龙江中铁建设监理有限责任公司、沈阳铁路建设监理有限公司。

2010 年完成产值 283737 万元，开累完成产值 339538 万元，完成总价的 92%。

【吉林站改建及相关工程】 中铁九局承建，位于吉林铁路枢纽内，在对既有铁路进行改建的基础上与新建长吉城际铁路相连接。设计范围为 DK98+000～长图 K126+533(含吉林站)，全长 13.13 公里，包括路基、桥涵、轨道、站场、三电工程等。线路自九站附近 DK98+000 起，向东南上跨吉林至珲春高速公路和既有长图铁路后外包普速客整所，于哈达湾站 II 场前在既有长图线左侧并行，经哈达湾站 I 场、吉林市松江石棉水泥制品厂，新建双线至和平路后，上跨改建后的纸厂专用线，然后线路通过反向曲线变距与长图既有线 5.3 米并行，利用规划预留的长图线增复线线位双线引入吉林站 K126+533。工程自 2007 年 8 月 1 日开工， 2010 年 12 月 31 日竣工，中标合同总价 4.1 亿元，2010 年末签订补充合同 5.14 亿元，总造价为 9.24 亿元。主要工程数量：路基土石方 113.83 万立方米，路基附属 6.4 万立方米；特大桥 2 座，大桥 1 座，刚构连续梁中桥 1 座，框构中桥 6 座，小桥 1 座，涵洞 25 座；正线铺轨 25.98 公里，站场轨道 12.5 公里，道岔 37 组等。建设单位为长吉城际铁路有限责任公司，设计单位为铁道第三勘察设计院集团有限公司，监理单位为沈阳铁路局建设监理公司。

截至 2010 年末，累计完成产值 89845 万元，完成总价的 97%。工程主体完工。

【通辽枢纽扩能改造工程】 中铁九局承建，位于内蒙古通辽市内，包括通辽站，通辽北站及北南上行、下行联络线及相关线路改造工程。2008 年 12 月 10 日开工，于 2010 年 6 月 30 日竣工，总造价 10 亿元。主要工程数量：路基土石方 307.8 万立方米；特大桥 2 座，大桥 1 座，中桥 4 座，小桥涵 54 座；正线铺轨 50.04 公里，站线铺轨 77.12 公里；生产房屋 1.8 万平方米及三电工程等。建设单位为沈阳铁路局通辽工程建设指挥部，设计单位为中铁第一设计院，监理单位为沈阳铁路局建设监理有限公司。

2010 年完成产值 48220 万元，开累完成产值 100150 万元。工程竣工。

【湘桂铁路衡阳至永州段扩能改造工程】 中铁九局承建的湘桂铁路衡阳至永州段扩能改造工程 GTXG-3 标段，位于湖南省永州市境内，线路全长 43.7 公里，起讫里程为 DK110+100～DK153+828.13。工程自 2009 年 3 月 28 日开工，预计 2011 年 11 月 28 日竣工，工程总造价 11.32 亿元。主要工程数量：路基土石方 500.5 万立方米，路基附属 450.5 万立方米；桥梁总长 7160.7 米/12 座，其中特大桥 5271.1 米/5 座，大桥 1889.6 米/7 座；隧道 1876 米/4 座；正线铺轨 92.53 公里，站线铺轨 10.8 公里；制梁厂 1 处，共预制简支 T 梁 240 孔。建设单位为广州铁路（集团）公司湘桂铁路扩能改造工程建设指挥部，设计单位为中铁第四勘察设计院集团有限公司，监理单位为华南铁路建设监理公司。

2010 年完成产值 40561 万元，开累完成产值 82432 万元，完成总价的 73%。

【改建高台山至阜新至锦州铁路应急工程】 中铁九局承建，自既有小梁山车站中心高新 K18+909.4 至姚堡站新立屯端高新 K34+500。小梁山站简单引入、姚堡站本格工程改造，主要为增建二线工程，线路长度 15.57 公里，新建新泉站，在新泉站高台山端 K53+100 至高新线 K57+200，线路长度 4.1 公里进行既有线改建；新立屯站 1 号车档大郑 K65+764 至新泉站中心高新 K54+000 线路长度 6.74 公里，为联络线增建二线；大郑线 K56+900 至大郑 K57+500，线路长度 0.6 公里，为新建大郑右线简单引入新立屯车站。工程自 2010 年 10 月 15 日开工， 2010 年 12 月 31 日达到通车运行，应急工程总造价 1.97 亿元。主要工程数量：路基土石方 73.1 万立方米；梁式中桥 1 座，框架中桥 2 座，小桥 3 座，涵洞 4 座；正线新建 18.33 公里，改建正线 7.85 公里，站线新建 9.38 公里，铺碴 13.27 万立方米，铺岔 27 组等。建设单位为沈阳铁路局锦阜高铁路工程建设指挥部，设计单位锦州铁道勘察设计院有限公司，监理单位沈阳铁路建设监理有限公司。

2010 年开累完成产值 16815 万元，完成总价的 85%。主体完工。

【大同至准格尔线增二线二道河至点岱沟段工程】 由中铁九局承建的大准线增二线 03 标段，位于内蒙古准格尔旗，标段全长 8.88 公里。包括路基土石方 95.3 万立方米；3 座大桥、1 座中桥、20 座涵洞、7 座隧道、路基及其附属工程，工程自 2008 年 5 月 25 日开工，预计 2012 年 6 月末竣工，工程总价 1.66 亿元。建设单位为中国神华准格尔能源有限公司，设计单位为铁道第三勘察设计院，监理单位为中铁济南工程建设监理有限公司。

截至 2010 年末，开累完成产值 4400 万元，完成总价的 26.5%。

【沈吉线石家至烟筒山段扩能改造工程】 中铁九局承建的沈吉线石家至烟筒山段扩能改造工程 DT04 标段位于吉林省磐石市境内，从石家站沈阳侧 K284+600 起，先后经由石家、磐石、永宁、七间房、明城、烟筒山 6 个车站，止于烟筒山站外 K342+300，线路全长 29.3 公里，是沈吉线的重要组成部分。工程自 2009 年 5 月 25 日开工，预计 2011 年 5 月 31 日竣工，工程总造价 2.9 亿元。主要工程数量：路基土石方 359.2 万立方米，路基附属 7.7 万立方米；大桥 2 座，铁路中桥 5 座，立交桥 3 座，地道桥 2 座，公路立交桥 1 座；正线铺轨 39.14 公里，站线铺轨 18.14 公里，铺岔 65 组；过渡线路 5.08 公里及三电工程等。建设单位为沈阳铁路局吉林工程建设指挥部，设计单位为吉林铁道勘察设计院有限公司，监理单位为沈阳铁路建设监理有限公司。

2010 年完成产值 10900 万元，开累完成产值 26393 万元，完成总价的 91.1%。

【沈吉线东陵站客车停留线工程】 中铁九局承建的沈吉线东陵站客车停留线建设工程，位于辽宁省沈阳市境内，正线长度为 1.7 公里，经该专用线进入东陵停留线，与沈吉线接轨。工程自 2010 年 7 月 1 日开工，预计 2011 年 6 月 30 日竣工，工程总造价预计 1.9 亿元。主要工程数量：路基土石方 12 万立方米；桥梁 10 米/1 座，防护涵 4 座；正线铺轨 1.7 公里，新建房屋 8000 平方米、站台雨棚 550 米及其他配套工程等。建设单位为沈阳铁路局沈阳工程建设指挥部，设计单位为沈阳铁道勘测设计院、锦州铁道勘察设计院，监理单位为沈阳铁路局建设监理有限公司。

2010 年开累完成产值 2948 万元，完成总价的 30%。房建工程完成，配套设施完成 70%，设备安装完成 60%，线路路基完成 20%，装饰装修工程完成 5%等。

【杭州东站扩建工程艮山门动车运用所】 中铁十局承建。施工地点，杭州东站。将艮山门编组站改建为动车运用所，合同价 37524 万元（其中：电力通信信号 11044 万元，三电及房建内设备费用 9623 万元），合同工期 2009 年 12 月～2010 年 12 月。

主要工程数量：拆除艮山门编组场既有 17 股编组线，新建动车存车线 15 条，新建 4 线检查库 1 座；局部既有沪杭线和宣杭线的改线。

四线库开通，与之配套使用的附属房屋等全部交付使用。

【聊城站改造工程】 中铁十局承建。工程概况：合同价 1.39 亿元。合同工期 2009 年 10 月～2010 年 12 月，经业主调整的竣工日期 2011 年 5 月。

主要工程数量：无柱雨棚桩基 138 颗、基础承台 C30 砼 1502 立方米、钢柱 430 吨、桁架 1900 吨、H 钢梁 330 吨、C 型檩条 148 吨、屋面 50000 平方米。新铺线路五股。

路基土方完成 5.3 万立方米。无柱雨棚桩基完成，基础承台完成 1470 立方米。线路铺轨完成 3.5 公里。

【黄岛站及港内铁路应急扩能工程】 中铁十局承建。工程概况：标段长度 7.6 公里，合同价 19770 万元，合同工期 2009 年 9 月-2010 年 6 月。

主要工程数量：土石方 112 万立方米；中桥 51 延米，框架涵 16 座；正线铺轨 13 公里，站线铺轨 4.72 公里。

工程竣工。

【成昆线地震灾害复旧二期工程 1、2 标】 中铁十局承建。施工地点，成昆线花棚子～大湾子区间，红江～密马龙区间，1 标段长 13.57 公里， 2 标段长 148.54 米。合同工期 2009 年 12 月～2010 年 12 月，合同价 9755 万元。

主要工程数量：1 标段工棚（明）洞工程共 7 处，其中新建简支棚洞 851 米，新建明洞 396.14 米，设计条形基础 1115.78 米，人工挖孔桩基础 285 棵；2 标段新建简支棚洞 109.59 米，新建明洞 38.95 米，设计条形基础 26.96 米，人工挖孔桩基础 786 米。

工程竣工。

【宁启复线电化工程 3 标】 中铁十局承建。工程地点，海安（含）-南通（含）(K195+100-K268+300)，标段全长 73.2 公里。合同工期 2009 年 12 月 15 日-2011 年 11 月 30 日，合同价 25.26 亿元。

主要工程数量：路基土方 410 万立方米；特大桥 8 座/18128 米（其中复杂特大桥 6 座、一般特大桥 2 座），其中跨新长铁路特大桥全长 2089.31 米，包括跨栟茶河（40+72+40）米现浇连续梁，跨海防立交引道（75+125+75）米现浇连续梁，和跨规划 328 国道（40+64+40）米连续梁和 1 联（32+2-34+32）米连续刚构；大桥 3 座，中桥 64 座，小桥 35 座，涵洞 553 座。

完成路基土方 212 万立方米，桥梁完成 10622 米。

【邯济铁路扩能改造工程 ZH-3 标】 中铁十局承建。施工地点：聊城、德州、齐河。标段长度，起点为邯济线 K164+500，终点为津浦线 K328+000，全长 84.13 公里。合同价 186000 万元。合同工期 2010 年 10 月 1 日至 2012 年 9 月 30 日。

主要工程数量：路基土方 368.4 万立方米。新建特大桥两座共 7547 延米、大中桥 22 座共 1772 延米、新建改建涵洞 4450 横延米、制梁 858 孔。正线铺轨 91.47 公里、站线铺轨 26.71 公里等。

施工准备。部分小桥涵开始施工。

【邯长铁路扩能改造工程Ⅰ标段】 中铁十局承建。工程地点，河北武安市。标段长度 107.614 公里，合同价 163200 万元，合同工期 2010 年 9 月 28 日至 2012 年 8 月 31 日 。

主要工程数量：区间土石方 319 万立方米、站场土石方 184 万立方米；特大桥 1 座，大桥 6 座，梁式中桥 16 座，框构桥 10 座；隧道 3 座总长 1540 单延米；正线铺轨 166 公里、站线铺轨 70 公里 等。

完成隧道 44 米。大桥开工 1 座。

【赣州至龙岩铁路扩能改造工程 GL-2 标段】 中铁大桥局承建。本标段为赣州至龙岩铁路扩能改造工程 GL-2 标段，标段起讫里程为 DK77+400～DK136+685，正线长度 58.691 公里。主要工程内容包括：改移道路、砍伐挖根、管线路防护、三电迁改(35KV 及以上高压除外)、取弃土场临时用地等工程，路基，桥涵，隧道及明洞(不含隧道照明)，轨道(不含双块式轨枕预制)，综合接地、声屏障基础、电缆沟槽、连通管道等站后工程中有关接口工程，房屋，其他运营生产设备及建筑物，大临及过渡工程，配合辅助工程、营业线配合费、安全生产费、岩溶及采空区处理、隧道不良地质处理。

完成桩基 87 根，隧道开挖 44 米。

【广西沿海铁路南钦北段扩能改造工程 NQ-1 标段】 中铁大桥局承建。广西沿海铁路南宁至钦州北段扩能改造工程 NQ-1 标全长 16 公里。施工内容包括 DK0+000～DK16+000 内双（正）线桥梁、框架涵、盖板涵、倒虹吸、路基、跨线人行天桥等工程，以及 1.618 公里的湘桂线改线，0.80 公里的油专线改线等相关工程。

本标段有钢桁梁双线特大桥 1 座、预制 T 梁双线特大桥 2 座、预制箱梁结合大跨度连续梁双线特大桥 1 座、双线大桥 2 座、双线中桥 1 座，正线桥梁累计长度 9743.67 延米，占正线全长的 57.3%。

钻孔桩完成 565 根，承台完成年 70 个，墩身完成 51 个，预制砼梁完成 13 片，钢梁架设完成 28 个节间，路基土石方（施工合同 89 万立方米），完成 50.9 万立方米。

【金温扩能改造工程Ⅳ标】 中铁隧道承建。金华至温州铁路扩能改造工程位于浙江省西南部地区。该标段位于浙江省丽水市青田县境内，标段正线全长 37.461 公里，主要包括路基、桥涵、隧道、轨道和站场工程。铁路等级：Ⅰ 级，正线数目：双线，旅客列车速度目标值：200 公里/小时。主要工程数量：路基 2.897 公里，桥梁 2.448 公里/13 座，涵洞 488.2 横延米/12 座，隧道 32.198 公里 /11 座，轨道（无碴道床）44.668 公里（单线公里），站场 3 个（2 个车站，1 个货场）。该标段合同价款 174073 万元，合同工期 28 个月（2010 年 9 月 6 日～2012 年 12 月 31 日）。

【兰新第二双线甘青 LXS－10 标】 中铁三局中标，重组前中铁三局一公司承建，重组后中铁航空港建设集团三公司承建。

合同价：62811 万元。

合同工期：2010 年 4 月 1 日至 2013 年 12 月 31 日，共 45 个月。线下工程 2011 年 10 月 31 日完工。

设计技术标准：线路等级Ⅰ，双线、设计速度 200 公里/h 及以上。

兰新第二双线甘青 LXS－10 标江区，位于张掖市临泽县境内，管段里程：DK527+204.68 至 DK546+307.7，正线长度 19.103 公里。路基 11.843 公里(含临泽南站场)，正线桥梁 4 座 7.297 公里，涵洞 35 座，正线双块式无碴轨道铺设 55.796 单线公里。

电气化铁路

【西格二线】 中铁电气化局承建。为续建工程，2007 年 10 月 6 日开工。2009 年是青藏铁路西格二线建设的攻坚年，由于受到站前施工的严重影响，在时间紧、任务重、设计图纸和材料严重滞后等不利条件下，指挥部早动手、早安排、抓住战机组织施工，先后完成迁改、站改施工任务，完成西宁西站到乌兰区段的复线自闭信号、GS 米-R 通信和自闭电力工程的开通任务，创造条件进行接触网下部基础施工，得到青藏铁路公司的肯定。到 2010 年年底主要完成工作量：迁改工程完成通信施工 335 处、电力施工 433 处，管段内迁改全部完成。通信信号工程敷设通信光电缆 835.8 公里，信号电缆 1411 条公里，完成自动闭塞 526 公里，联锁道岔安装 316 组，轨道电路安装 521 区段，完成西宁通信楼、信息中心、调度楼设备安装，开通察汗诺-乌兰、托勒-海晏、天棚-江河、双寨-海晏区段双线自动闭塞工程及通信工程，开通都兰寺、察汗诺、江河、竣河、黄草庄、双寨、湟源、天棚、海晏、托勒站联锁过渡工程。自闭电力工程完成电力线路架设 2000 公里、高压电缆敷设 408.194 公里、低压电缆敷设 118.72 公里、6 个配电所设备安装和高压试验，实现自闭电力工程顺利开通。电气化工程，接触网专业完成基础浇制 2997 个，立杆塔 9444 根，架设承导线 131 条公里，附加线 896 条公里。

【水蚌线土建电气化】 水蚌线位于安徽省中北部，淮河冲积平原区，局部临近剥蚀丘陵区，地形开阔，地势南高北低，海拔高程 20.1 米～60.1 米。连接中国路网主骨架京沪铁路和华东二通道，线路北起蚌埠站，向南经凤阳、定远县，至长丰县水家湖站与淮南线相接。新建的合蚌联络线位于江淮波状平原上，地貌单元为河谷平原，地形略有起伏，地面标高一般在 18.0 米～30.1 米之间。主要工程项目有路基工程、桥梁工程、轨道工程、接触网工程、通信工程、信号工程、电力与变电工程、房建工程。合同价 59 亿元，合同工期 2009 年 11 月 8 日至 2011 年 3 月 30 日。建设单位为上海铁路局阜阳枢纽工程建设指挥部，设计单位为铁一院，监理单位为北京现代通信、信号咨询公司，施工单位为中铁电气化局集团电气化公司、西铁建设公司。主要技术标准，铁路等级 I 级，正线数目单线，最小曲线半径 562 米，限制坡度 7.6‰。牵引种类电力，牵引质量 5000 吨。到发线有效长 1050 米，闭塞类型自动站间闭塞。主要工程数量，水蚌线，水家湖(不含) ～蚌埠含新建水家湖疏解线 K0+000～K60+803 正线 60.803 公里，合蚌联络线 DSK0+000～DSK5+810，正线 5.81 公里。全线征用土地 1102.83 亩，拆迁房屋 22656 平方米。该工程 2009 年组建局指挥部，按照建设单位要求计划在 2010 年 1 月 1 日正式开工。

到 2010 年底完成实物工作量:征地完成 549 亩，路基完成土石方 19.2 万立方米 ，房建工程完成 3 座，轨道工程起落道完成 3 公里，预铺道岔 1 组，桥梁工程完成下部基础等工程 50%，四电专业开始施工主要是接触网专业立杆 263 根，电力专业敷设低压电缆 4.5 公里。通信专业敷设地区电缆 43.2 条公里。

【沿河铁路土建电气化】 沿河铁路分为两段，一段为大塔（不含）至马场壕（含疏解线）(DK1+65～DK60+200)，另一段为马场壕（不含）至何家塔（DK60+200～DK134+623.97）。大塔（不含）至马场壕（含疏解线）(DK1+65～DK60+200)，正线全长 63.698321 公里。包括改移道路、迁改工程（不含三电迁改）、临时购地，路基，桥涵，隧道及明洞，轨道，房屋，其他运营生产设备及建筑物，大型临时设施和过渡工程。马场壕（不含）至何家塔（DK60+200～DK134+623.97），正线全长 74.92397 公里。包括预制架设桥梁，轨道工程。合同价 39471.8 万元，合同工期 2009 年 11 月 15 日至 2012 年 4 月 3 日。建设单位为鄂尔多斯沿河铁路有限公司，设计单位为铁一院，监理单位为甘肃一院工程监理有限公司，施工单位为中铁电气化局集团一公司、西铁工程公司。主要技术标准，铁路等级 I 级，正线数目单线，最小曲线半径一般地段 1200 米，困难地段 800 米，限制坡度重车 6‰，轻车 13‰。牵引种类电力，机车类型 SS4 系列，牵引质量 5000 吨。到发线有效长度 1050 米，预留 1700 米条件。闭塞类型半自动闭塞。

该工程 2010 年底只有土建工程开工，完成实物工作量为：土石方 433.5 万立方米 ，桥梁钻孔桩 1294 根，墩身 128 个，承台 238 个，贯通隧道 953.8 洞米。

【太中银电气化铁路】 中铁电气化局承建。为续建工程，2008 年底组建局指挥部和项目部。2010 年 12 月 7 日建成投入运营。完成主要工程量：接触网砼柱安装 2856 根，钢柱安装 3555 根，架设承导 519.21 条公里，附加线架设 680.16 公里，通信光缆敷设 503.26 公里，通信电缆 37.56 条公里。信号电缆敷设 1411 公里。电力高压电缆敷设 899.2 公里。建成变电所亭 10 座。

【宜万电气化铁路】 中铁电气化局承建。为续建工程，由于铁道部技改，开工时间向后推迟，于 2008 年 6 月 10 日开工。工程于 2010 年 11 月 31 日建成开通。接触网专业累计完成基础浇制 3330 个，立杆 4088 根，钢柱安装 4501 根，架设承导 924.159 条公里，附加线 1247.99 条公里。房建专完成 8032 平方米。建成变电所亭 13 座。

【兰新线红乌段电气化】 中铁电气化局承建。为续建工程，于2009年4月20日开工，2010年土建专业完成土石方46.67万立方米（含地貌变更数量）。涵洞完成21.4座，铺轨3.95公里。通信专业敷设光缆524条公里，电缆434.4公里。信号专业完成信号机安装777架，敷设电缆751条公里。电力专业完成立杆1851根，敷设电缆117条公里，配电所改造2座。接触网专业完成基础浇制20685个，立杆9453根。变电专业开工13座所亭，完成463个基础浇制，构支架基础浇制579个，地网敷设2152米。房建专业完成18064平方米。三电迁改完成电力44项，信号7项，通信125项。

【哈大客专四电系统集成】 中铁电气化局承建。为续建工程，于2009年10月27日开工。2010年完成投资354859万元，是哈大公司下达的年度计划的100.3%；开累完成投资358390万元，占合同总投资的75.4%。主要形象进度方面：接触网专业：钢柱安装完成94.7%、承力索架设完成83.1%、接触线架设完成64.0%。电力专业：10千伏电缆敷设完成94.3%、箱式变站安装87.86%。变电专业：主变安装96.15%、自耦变安装98.55%、构架组立83.01%。四电房建专业：牵引所亭施工完成92.3%，基站施工完成98.61%。2010年底完成实物工作量：接触网专业完成立杆39653根，承力索架设2070条公里，导线架设1584条公里，附加线架设2770条公里。变电专业，开工72座所亭，完成设备基础2566个，构支架组立879组，各种设备640台件，敷设高压电缆10.297条公里。电力专业敷设电缆2947条公里，敷设一级贯通电缆2893条公里，箱变安装341个；房建专业折合完成6980平方米。

【海南东环四电系统集成】 中铁电气化局承建。为续建工程，工程于2009年5月28日开工，2010年10月13日投入运营。接触网工程:2009年5月28日开工。累计基础浇制7764个，立杆7676根，钢柱安装4317组，支柱装配15529组，硬横梁安装198组，承导线架设793.9条公里，架空地线架设14.9条公里，回流线架设622.7条公里。电力专业：2010年3月15日开工，2010年7月24日10千伏配电所受电并向全线各点供电，8月6日完成了静态验收。累计完成基础浇制122个，各类机柜安装69台；电缆头制作3479个;对接箱安装121台;电缆敷设1721.3公里;箱式变压器安装121台，接地装置67处。变电专业：2009年10月8日开工，2010年7月30日竣工， 9月12日开始受电启动，9月15日向接触网一次送电成功。累计完成基础浇制494个;构支架组立399组;地网沟开挖及敷设11475米;电缆头制作6500个;电缆敷设76.391公里;各类设备安装253台，主变安装14台;避雷针组立22组。外部电源:4月3日开工。累计完成电缆沟开挖55公里;电缆敷设78.73公里;过路顶管11公里;立杆249根;导线架设36.35条公里;电缆头制作95个，设备安装18台。房建专业：2009年4月开工，“四电”生产用房2010年8月20日竣工，站房10月30日全部竣工，11月22日完成验收。累计完成建筑面积8844.2平方米;砌围墙8244米;硬化道路26099平方米。

【沪宁城际四电系统集成】 中铁电气化局承建。为续建工程，于2009年10月10日开工，2010年7月1日建成开通。接触网完成钢柱安装13660根，架设承导875条公里。电力电缆敷设2165条公里；建成变电所亭23座。房建共完成折合7100平方米。

【沪杭城际四电系统集成】 中铁电气化局承建。为续建工程，于2009年10月10日开工，2010年8月26日建成开通。累计完成实物工作量，接触网完成钢柱安装8628根，架设承导558条公里，附加线977条公里。电力专业敷设电缆1283条公里，箱变安装47台。变电牵引变电所亭15座。房建完成折合7655平方米。

【广深港四电系统集成】 中铁电气化局承建。为续建工程，于2009年12月1日开工，截至2010年底，接触网立钢柱2021根，附加线架设113.1条公里。电力敷设电缆157.1条公里。

【广珠城际四电系统集成】 中铁电气化局承建。为续建工程。合同总额8.654亿。2009年4月18日电气化工程正式开工，因珠海站征地拆迁未完，致站前工程推后，使此线只能采取分段开通，至2010年底尚余20公里区段。

【京沪高铁四电系统集成】 中铁电气化局承建。建设单位为京沪高速铁路股份有限公司；设计单位为铁道第一勘察设计院，铁道第三勘察设计院；监理单位为铁科院（北京）工程咨询有限公司、铁二院咨询监理公司联合体；合同工期：自2009年12月1日开工至2011年3月31日竣工。 2009年12月28日，中铁电气化局集团有限公司与通号公司组成联合体中标京沪高铁四电系统集成工程，合同总额人民币119.67亿元；中铁电气化局负责全线电力、电牵专业的系统集成、设计、采购、安装、调试、试运行、技术服务以及四电房屋的施工任务。联合体协议中明确属中铁电气化局集团承包范围内的合同额为人民币72.68亿元。施工任务主要由一公司(四工区)、二公司（三工区）、三公司（二工区）、电化公司（一工区）实施完成。第一工区：负责北京南——德州东（不含），正线长度320公里，驻地天津；第二工区：负责德州东——枣庄西（不含），正线长度300公里，驻地泰安；第三工区：负责枣庄西——南京南，正线长度400公里，驻地蚌埠；第四工区：负责南京南（不含）——上海虹桥，正线长度298公里，驻地苏州。

线路概况：京沪高速铁路位于我国东部经济最发达地区，线路起自北京南站，终到上海虹桥站。途经北京、天津、河北、山东、安徽、江苏、上海“四省三市”，线路全长1318公里。设计时速 350 公里，其中：天津南至济南西段（DK131+400～DK406+900）；泰山西至滕州东段（DK467+500～DK570+900）；徐州东至蚌埠南段（DK691+000～DK846+200）；蚌埠南至滁州南段（DK846+200～DK950+000）（共约634公里）时速380公里。线间距5.0米；一般最小曲线半径7000米；最大坡度20‰；到发线有效长度650米。设计输送能力（单向）8000万人。运输组织模式采用高速列车与跨线列车共线运行模式。

全线设高速客站24个，其中北京南站、天津西站、济南西客站、南京南站、虹桥站为始发站，其余为中间站。另设定远站为越行站。全线正线桥梁244座，总长度1060.6公里，占线路总长的80.5%；路基总长度241.3公里，占线路总长的18.3%；隧道22座16.1公里，占线路总长的1.2%；铺设无砟轨道1196公里，占线路总长的91.0%；永久征地6.7万亩。南京大胜关长江大桥、南京南站及相关工程位于南京市境内，主要工程由亭子山起向东南越长江再折向东北至紫金山东侧，在南部环绕半个南京市，经过浦口、雨花台、江宁、秦淮、白下、玄武和栖霞等七个市辖区。京沪高速铁路建成后，北京南站至上海虹桥站直达列车全程运行时间控制在4小时。线路全长1318公里。

2010年2月9日成立工程项目部，2010年3月25日率先建成并开通全路首座 220 千伏牵引电力合建全室内布置变电所；4月28日组立京沪高铁接触网第一杆；11月15日先导段电气化接触网工程一次合闸送电成功；12月3日先导段双弓重联动车试验创造了世界最高运营时速486.1公里新纪录；12月9日南京南及沪汉蓉通道相关工程接触网送电。截至2010年底完成实物工作量为：接触网专业完成支柱安装58072根，架设承力索3296.49条公里，架设接触线2767.12条公里，附加线7897.14条公路。变电专业完成设备基础浇注2040个，构支架组立1325组，各种设备安装1869台件。电力专业完成敷设10千伏贯通线7989条公里，箱变安装379台。房建专业321处进场施工，2010年底房屋主体全部完成施工任务。

【京福客专四电系统集成】 线路概况：京福客专四电系统集成项目包括合蚌段、合肥枢纽和合福安徽段由电气化局负责施工。建设单位：京福铁路客运专线安徽有限责任公司；监理单位：铁一院、铁科院、铁四院、北京中铁诚业、天津新亚太、中铁武汉大桥工程咨询监理公司联合体；设计单位：铁四院、上海铁路设计院 ；施工单位：中铁电气化局集团公司。合同额：274555 万元。

一、合蚌客专：位于安徽省中部，北起蚌埠市，南至合肥市，沿途经过凤阳县、淮南市和长丰县。合蚌客专自既有蚌埠站经蚌埠至蚌埠南南站联络线接入京沪高蚌埠南站，向南在DK3+100处上跨京沪高速铁路后至东芦山隧道，折向西南，与蚌淮高速公路并行，跨S310省道、合徐高速公路、水蚌线，跨窑河后设淮南东站，南接合肥枢纽与合宁、合武铁路相衔接，是京沪高速铁路与沪汉蓉快速客运通道间快速连通线，也是京福高速铁路的重要组成部分。其间设蚌埠（既有）、蚌埠南、淮南东站、水家湖站 4 个车站，蚌埠南站为与京沪高速共用客运站，蚌埠站为既有线客运站。新设淮南东站、水家湖站办理客运作业。该线全长 110 公里。全线共有特大桥 15 座，中桥 14 座，折合成双线总计 87.2 公里，占新建线路长度的67.2%。隧道1座1.371公里。

设计标准：铁路等级：客运专线。正线数目：双线。设计区段旅客列车速度目标值：350 公里/小时 。最小曲线半径：7000 米。最大坡度：20‰。线间距：5 米。牵引种类：电力。机车类型：动车组。到发线有效长度：650 米。列车运行控制方式：自动控制。列车指挥方式：综合调度。建筑限界：按照《新建时速300～350公里客运专线铁路设计暂行规定》执行。电气化房屋结构：钢筋混凝土框架结构。框架抗震等级：四级。建筑结构的安全等级为二级，建筑物耐火等级Ⅱ级，结构的设计使用年限为50年，基础设计等级为丙级。防灾专业：《客运专线列控系统临时限速技术规范（V1.0）》。

主要工程数量为：接触网支柱4561根、承导架设267条公里；变电新建2座牵引变电所，3座分区所，5座AT所；电力新建3座10千伏配电所、1座35/10千伏变配电所、区间电力设备77座、10/0.4千伏变电所7座、高压电缆铺设792公里；房建新建11座变电房屋、4座电力房屋、44座信号房屋、6座通信房屋，总计3910平方米。工程总造价5.62亿。合同工期：2010年12月28日开工；2011年8月30日建成；2011年9月10日开始联调联试；2011年12月31日试运营。

截至到2010年底，合蚌段完成拆除4组软横跨，倒装2组软横跨，组立H型钢柱608根。

二、合肥枢纽工程：为合蚌客专和商杭客专在合肥北城站接入合肥枢纽，同时在合肥北城站跨线，出合肥北城站后合蚌和合福蚌福联络线四线与淮南线并行至合肥北，合蚌客运专线过合肥北站后跨L3、L5、L6、L7及淮南上行线以方向别接入合肥站，合福蚌福联络线跨L1、L3、L5、L6、L7后沿既有线经合肥西至合肥南站。合肥枢纽新建正线长37.7公里，其中路基长7.35公里（折合双线），路基占比例为19.5%。合肥枢纽共有特大桥8座，中桥6座，小桥涵41座；特大、中桥折合成双线总计27354.18米，占新建线路长度的80.5%。设置合肥北城站、合肥站（既有）等2 个车站，其中合肥站为既有线客运站，合肥北城站办理客运作业。

主要工程数量为：接触网支柱2082根、承导架设133.8条公里；变电新建1座牵引变电所，1座分区所，1座AT所；电力新建1座10千伏配电所、区间电力设备11座、10/0.4千伏变电所1座、高压电缆铺设154条公里。工程总造价2.34亿，计划于2011

年8月30日竣工。

该工程按合同工期要求，2009年5月20日开工，2011年9月1日建成；2011年9月10日开始联调联试；2011年12月10日试运营。由于受站前单位施工影响，2009年没有开工，到2010年底接触网专业立支柱287根。

三、合福安徽段。主要工程量为：接触网支柱15423根、承导架设998条公里；变电新建7座牵引变电所，9座分区所，13座A吨所，1座开闭所，1座既有变电所改造；电力新建3座10千伏配电所、1座35/10千伏变配电所、区间电力设备224座、10/0.4千伏变电所23座、高压电缆铺设2820条公里；房建新建31变电房屋、33座电力房屋、21座信号房屋、87座通信房屋，总计12162平方米；通信敷设长途干线光电缆1650.6条公里，GS米-R铁塔140座，直放站76座，基站87座；信号光、电缆敷设1675公里，信号机275架，ZPW-200轨道电路796区段，联锁道岔155组。工程总造价19.49亿，计划于2013年9月30日竣工。

【厦深客专四电系统集成】 中铁电化局承建。2010年9月10日正式开工。由于受站前工程影响，电化局配合站前单位施工。因铁道部技改等因素，厦深公司初步安排工程于2012年12月31日建成达到联调联试条件，商业运营日期为2013年7月1日。线路概况：新建厦门至深圳铁路广东段，自省界DK153+514开始，经潮揭汕地区、汕尾、惠州、引入深圳北站。正线全长356.981公里，包括深圳地区相关工程。新建正线桥梁117座147749米，占新建正线长度的比例为41.38%；隧道50座101102米，占新建正线长度的比例为28.32%；广东段桥隧比例为69.7%，其中重点控制工程有榕江特大桥（7895米）、螺河特大桥（22170米）、大南山隧道（12697米）、双鹰顶隧道（9275米）、梅林隧道（8456米）等。全线设11个车站，即：饶平、潮汕、潮阳、普宁、葵潭、陆丰、汕尾、鲘门、惠东、惠州南、深圳东11站，并引入广深港铁路新建的深圳北客站。深圳地区相关工程包括新建厦深线至平湖南编组站的货车联络线及平湖南编组站改扩建工程。全线新设饶平、普宁、汕尾、惠州南四个综合维修工区。建设单位：厦深铁路广东有限公司；监理单位：上海天佑咨询有限公司厦深铁路广东段总体监理办公室；设计单位：铁二院、铁四院 ；施工单位：中铁电气化局集团公司。合同额：166615.6286万元。

技术标准：铁路等级：Ⅰ级。正线数目：双线。路段旅客列车速度目标值：200公里/小时，预留客车250公里/小时条件。正线线间距：4.6米。限制坡度：6‰。最小曲线半径：4500米。到发线有效长度：850米。牵引种类：电力。闭塞方式：自动闭塞。建筑限界：满足开行双层集装箱列车运输要求。

【津秦客专四电系统集成】 中铁电化局承建。线路概况：线路起自铁路天津站（不含）外DK9+000，终点为秦皇岛站（含）中心DK298+785，由天津枢纽天津站至秦山地区秦皇岛站，沿线经过滨海新区、汉沽区、唐山市丰南区引入既有唐山站，经滦县、卢龙县、抚宁县、北戴河区，正线全长257.4公里。其中，全线共有桥梁58座162.57公里，占正线线路长度的63.15%，隧道14座11.117公里，占线路总长的4.32%，其余为路基。津秦客运专线全线设7个车站、1个线路所，自天津至秦皇岛分别为天津站（不含）、军粮城北站、滨海站、滨海北站、唐山站、老庄子线路所、滦河站、北戴河站、秦皇岛站。全线设综合维修保养点3个：滨海、唐山、北戴河。津秦客专正线采用无砟轨道，其中DK254+200～DK298+900为有砟轨道。 线路全长257.4公里。合同额：162718.6301万元；建设单位：津秦铁路客运专线有限公司；监理单位：天津新亚太工程建设监理有限公司、济南铁路顺达工程建设监理有限责任公司、北京铁建工程监理有限公司；设计单位：中铁第三勘察设计院；施工单位：中铁电气化局集团公司。

技术标准：铁路等级：客运专线。正线数目：双线。最小曲线半径： 7000米，大型车站前后根据实际情况确定。限制坡度：一般12‰，困难情况下20‰。

线间距：5米，大型车站前后按设计速度确定。牵引种类：电力。机车类型：动车组。到发线有效长度：650米。列车运行控制方式：自动控制。行车指挥方式：综合调度集中。建筑限界：执行铁道部《新建时速300-350公里客运专线铁路设计暂行规定》（铁建设[2007]47号）执行，大型车站前后按路段设计速度确定。

合同工期：2008年11月8日开工，计划于2011年9月30日达到联调联试条件，2011年12月31日开通运营。该工程实际开工时间为2010年10月30日，到年底接触网专业立支柱216根，其他专业尚未开工。

【向莆客专四电系统集成】 中铁电化局承建。 线路概况：向莆铁路自南昌（向塘）枢纽乐化东站南端起，往南至生米大桥北岸设南昌西客站，出南昌西客站横跨赣江后南行，跨温厚高速公路；于江家站～潭岗站之间横跨浙赣铁路，然后于京九线三江镇站西南侧与京九线合设新三江镇站。从三江镇站引出枢纽后折向东南，经江西抚州、南城、南丰、穿武夷山脉进入福建境内，经福建建宁、泰宁、将乐、沙县、尤溪、穿戴云山脉之永泰，在永泰县城附近分岔，同时引入福厦铁路莆田站和峰福铁路福州站，正线长度共计628.339公里。全线除南昌枢纽外近期新建、改建车站有18个，远期预留车站有2个。其中近期新建及改建车站：南昌枢纽（不含）至莆田段设16个车站，分别为大岗、抚州北、抚州、南城、南丰、建宁、泰宁、将乐、夏茂、新三明、尤溪、中仙、长庆、永泰、白沙、莆田；永泰至福州设有2个车站，分别为杜坞、福州站。远期预留的2个站为藤桥、西城。建设单位：向莆铁路股份有限公司 ；监理单位：中铁二院监理公司；设计单位：

铁道部第二设计院和第四设计院 ；施工单位：中铁电气化局集团公司。合同额：252107.9379 万元。

主要工程量：新建、改建牵引变电所 13 座，分区所 14 座，开闭所 1 座，接触网 1726.68 条公里，10 千伏高压干线电缆线路 1295.8 条公里，10 千伏高压站场电缆线路 66.2 条公里，低压电缆线路 159.1 条公里，电源线路 180.5 条公里，建筑房屋 29492 平方米。

该工程合同工期为：2009 年 12 月 26 日-2013 年 9 月 30 日。实际开工时间是 2009 年 12 月 26 日。截至 2010 年底接触网专业立杆 7895 根，隧道打灌 23698 根，支柱装配 300 根。

【杭甬客专四电系统集成】 中铁电气化局承建。线路概况：杭甬客运专线北起杭州东(不含)南至宁波(不含)，线路全长 149.89 公里。其中新建正线长 142.467 公里，钱江铁路新桥主桥线上工程 2.222 公里，利用既有线 5.106 公里（进行站后改造，含宁波东客整所及存车场）。全线新建正线，大中、特大桥梁 17 座共 124190 米，隧道 9 座共 12471 米，路基共长 5806 米，占新建正线长度的比例依次为 87.17%，8.75%及 4.08%。全线设 7 个车站，即：杭州东、萧山、绍兴柯桥、上虞高速、余慈、庄桥及宁波站；其中杭州东和宁波站为客运始发站，其它为中间站；杭州东站改扩建工程及宁波站改建工程已单独立项，不纳入本线工程；新建宁波东客整所及动车存车场。建设单位：杭甬铁路客运专线有限责任公司；监理单位：上海华东监理、武汉桥梁监理；设计单位：中铁第四勘察设计院集团有限公司；施工单位：中铁电气化局集团公司。合同额：252107.9379 万元。

主要工程数量：1.变电专业。变电专业施工主要包括 AT 牵引变电所 3 座（萧山 2 号、新上虞、牛汇桥）、AT 分区所 2 座（新绍兴、新余姚）、AT 所 6 座（宁围、钱清、绍兴、驿亭、丈梅、横峰堰）、直供开闭所 1 座（宁波东）及 SCADA 系统工程。2.接触网专业。接触网正线承力索、导线各 376.049 条公里，侧线承力索、导线各 32.575 条公里，正馈线、保护线各 303.634 条公里，H 型钢柱 5259 根，硬横跨 326 组，软横跨 22 组，隔离开关 111 台，避雷器 320 台。3.电力专业。10 千伏高压电力电缆 423.3 公里（含外部电源高压线路），低压电缆 83.6 公里，10 千伏配电所 2 座，10/0.4 千伏室内变电所 24 座，箱式变电站 91 处。4.房建专业。（1）通信专业房屋为：区间基站 47 处共计 846 平方米（每处含防灾 3 平方米，共计 141 平方米）；光纤直放站 22 处共计 198 平方米；共计 1044 平方米。（2）信号专业房屋为：新建萧山信号房屋 290 平方米、信号区间中继站 8 处共计 1120 平方米、DK21+118 线路所 230 平方米，共计 1640 平方米。（3）电化专业房屋为：牵引变电所 3 处共计 1344 平方米，分区所 2 处共计 480 平方米，A 吨所 6 处共计 1560 平方米，赔建萧山网工区 535 平方米，共计 3919 平方米。（4）电力专业房屋为：钱塘江新桥两端 10/0.4 千伏变电所 2 处共计 164 平方米，立交桥抽升站变电所 69 平方米，绍兴柯桥、余慈 10 千伏配电所 2 处共计 900 平方米，共计 1133 平方米。

该项目合同工期为：2011 年 8 月 30 日；工程系统集成试验、试运行和验收完成日期：2011 年 12 月 31 日。2010 年 10 月 20 日房建专业开工，到年底完成了两处场坪工作；接触网专业 2010 年 12 月 8 日立第一杆，到年底立杆 156 根。

【天津和谐型大功率机车检修基地工程】 中铁电化局承建。天津和谐型大功率机车检修基地工程是铁道部重点工程，是天津市“大飞机、大机车、大机床”计划的重点项目之一。总体工期目标：2010 年 3 月 25 日开工，2010 年 11 月 15 日竣工，总工期 236 天。工程总投资 31.3 亿元，合同总价 30.4 亿元。建安产值 13.8 亿元，其中房建 10.2 亿、土建建安 2.25 亿、五电建安 1.35 亿。建设总工期为 8 个月。工程位于天津市滨海新区临港经济区，建成后，能满足管辖区内 3000 台和谐型电力机车保有量，2 年修每年 1000 台检修任务量，近期满足年检修 500 台 2 年修机车、200 台 6 年修机车以及年新造 200 台大功率客运电力机车规模。本工程征地 1131 亩，其中检修基地占地 1039 亩，该地块为吹填造陆工程。检修基地东西布列，东侧为制造板块，西侧为检修板块，主要工程包括轨道线路、站场、路基、桥涵、机务、通信、信息、信号、电气化、电力、给排水、环保、生产办公房屋等。主要工程数量为新建房屋 229916 平方米，铺轨 11.7 公里，路基土石方 75 万立方米 、桥涵 5 座、水泥搅拌桩 493 万米、砼灌注桩 19 万米、预应力管桩 30 万延米、通信、信号光电缆 63 公里、电力、变电缆线 47 公里、灯塔 10 座、灯柱 250 座、接触网 12 公里、给排水 33 公里。截至 12 月 31 日，主体工程基本完成，主要管线、道路等配套工程实现连通，轨道和接触网全部完成，全年完成产值 12.5 亿元。

【长江埠至荆门铁路电气化改造工程 CJZH 标段】 中铁五局承建。 项目地点：四川省京山县。该标段涵盖长荆线（不含荆门站，线路全长 176.389 公里），汉丹线（线路全长 8.4 公里）以及疏解线（4.6 公里），共 184.638 公里，涉及通信、信号、电力、房建、电力牵引变电所、三电迁改和临时过渡以及接触网，合同造价为 39025 万元。全线包含冷水铺、钟祥、东桥、官桥、京山、天门、应城、应城东、长江埠、下辛店共 10 个站，其中官桥站为新建站。合同开工时间 2009 年 5 月 18 日，合同竣工时间 2010 年 5 月 17 日，业主调整工期目标至 2010 年 10 月 30 日。实际开工时间为 2009 年 7 月 18 日。建设单位：武汉铁路局襄樊工程建设指挥部；设计单位：中铁建电化设计研究院：监理单位：武汉铁道工程建设监理有限责任公司。2010 年 11 月 18 日开通。2010 年完成 21111 万元，开累完成 26729 万元。

【贵昆线六盘水至沾益（成都局管段）增建第二线工程站后工程2标】 中铁五局承建。贵昆铁路六盘水至沾益段位于贵州省六盘水市、毕节地区和云南省曲靖市境内，线路东起六盘水枢纽滥坝车站，向西途经水城、威宁、宣威、沾益等县市，终至沾益车站，线路全长247.633公里。中铁五局施工的六沾线站后2标共含4个车站，4个区间。4个车站分别为梅花山站（既有）、扒挪块站、背开柱站和且午站（既有）。起讫里程 DK266+100～DK366+900，全长100.8正线公里。包括：迁改、通信、信号、电力、电气化、房建、给排水、其它运营生产设备及建筑物等全部站后工程及相关配套工程，合同总额31939万元。合同开工时间2010年11月1日，合同竣工时间2011年11月30日，业主调整工期目标为2011年12月31日。实际开工时间2010年4月10日。建设单位：成都铁路局贵阳建设指挥部；设计单位：铁道部第二勘测设计院；监理单位：北京现代通信信号工程咨询公司。2010年完成2550万元（扣除甲供材料设备），开累完成2550万元（扣除甲供材料设备）。

【哈大客专TJ-1标综合接地电缆敷设工程】 中铁五局承建。标段里程为DK185+275～DK390+865.40,正线距离205.59公里，跨越辽宁省盖州、营口、大石桥、海城、鞍山、辽阳、灯塔、沈阳8个县市，工程包括特大桥12座，大桥1座，中桥13座172.38公里、站场7座16.47公里、普通路基15.72公里、隧道2.44公里。工期为2009年6月22日～2010年12月1日。合同总额3742.95万元。建设单位：哈大铁路客运专线有限责任公司；设计单位：铁道第三勘测设计院集团有限责任公司；监理单位：北京铁城铁科院监理联合体四电监理分站。截至2010年12月17日现场已全部完工。2010年完成3742.95万元。

【兰新线嘉峪关至红柳河段电气化改造工程】 中铁五局承建。兰新铁路嘉峪关至红柳河电气化改造工程，东起嘉峪关，西至甘肃与新疆交界处，合同额为94066万元，建设单位：兰州铁路局嘉红电化改造工程指挥部；设计单位：中铁第一勘察设计院集团有限公司；监理单位：甘肃信达铁路工程监理咨询有限责任公司；计划合同工期18个月。2009年7月9日开工，2010年11月30日竣工。主要工程量：兰新线嘉峪关（不含）至局界、柳敦上行联络线、玉门南支线电气化、土建及相关配套工程。全长222.45公里，及玉门南支线白杨河、玉门南两站，全段共计15站15区间。2010年，中铁五局完成施工产值43865万元，完成接触网95.07公里，通信站5.64折合站，通信干线97.5公里，信号工程98.3公里，电力工程71公里，牵引变电所10.22。2010年年累完成43865万元，开累完成90510万元。

【京九铁路淮滨至泼河段电气化改造工程】 中铁五局承建。项目地点：河南省潢川县火车站铁路生活区俱乐部。合同总额13500万元。中铁五局承建的电气化改造工程范围是武汉铁路局管段内（沪武局界）局界～泼河（不含）段，起止里程为：K907+300-K1002+920，全长95.6公里。途经局界至淮滨、台头、吕店、潢川、光山、光山至泼河（不含）等5站6区间，主要实物工作量包含接触网支柱组立4117根，软（硬）横跨安装173组，悬挂架设调整275.4条公里。同时还包含2座牵引变电所、2座分区亭的设备安装工程。全段为设计160公里/小时提速区段。2008年10月20日开工，合同竣工时间：2010年6月30日。建设单位：武汉铁路局京九电气化改造工程建设指挥部；设计单位：铁道第四勘察设计院；监理单位：北京铁研建设监理有限责任公司。2010年完成2050万元。

【新建铁路太原至中卫(银川)线站后四电及给排水工程 SDS-Ⅱ标】 中铁五局承建。项目地点：陕西省榆林市吴堡、绥德及子州县。SDS-Ⅱ标段起自山陕省界（DK216+856），进入陕西省后经榆林市吴堡县，越岭进入绥德县，交神延铁路绥德站，沿大理河行进，经子洲县，横山县，越岭后进入鄂尔多斯台地，经毛岛素沙漠南缘进入靖边县，定边县，止于定边站外DK513+350。主要施工内容为标段内通信、信号、电力、电力牵引供电及给排水工程等工程。

中铁五局主要负责该标段内山陕省界（DK216+856）至子州县内DK285+246段内信号、接触网及牵引变电工程。电气化工程正线长68.39公里，主要工程数量：新建接触网196.332条公里，供电线17.89公里，回流线137.736条公里，架空地线90.709条公里。腕臂柱主要采用H78、H93横腹杆预应力混凝土支柱；软横跨、硬横梁钢柱采用格构式镀锌钢柱，桥钢柱采用格构式镀锌钢柱,隧道内采用化学锚栓预埋;牵引供电方式采用带回流线的直接供电方式；工程牵引变电工程新建义合镇牵引变电所1座，改造绥德牵引变电所1座，新建3座分区所，绥德1、绥德2、吴堡-4分区所，其中绥德2、吴堡-4分区所为箱式分区所；新建接触网开关控制站1座，为义合镇接触网开关控制站；新建箱式自动过分相装置1座，位置处于吴堡。合同开工时间2008年09月01日，合同竣工时间2009年08月31日，实际开工时间2009年08月16日。建设单位：太中银铁路发展有限公司；设计单位：铁道第三勘测设计院；监理单位：铁科院工程咨询监理有限公司。2010年完成产值13917万元。

【改建铁路青藏线西宁至格尔木段增建二线 XGZHH1 标段四电工程】 中铁五局承建。项目地点：青海省刚察县。合同总额30000万元。中铁五局管段为托勒（不含）～关角隧道入口段，施工里程为K130+300～K280+560，正线里程为150.26公里，包括三电迁改及通信、信号、电力、接触网及牵引变电站后工程施工。其中托勒至江河段已双线开通运营，江河至关角隧道进口段线路需要双绕新建。全线按设计开通后，本段将开通 3 个中间站（哈尔盖、鸟岛、天棚）、1 个越行站（刚察），设计年度后江河站将关闭，峻河、关角将废弃，现已关闭 1 个中间站（黄玉）、3 个会让站（甘孜河、那仁、吉尔孟）。合同开工时间 2008 年 3 月 1 日，合同竣工时间 2012 年 7 月 30 日，业主调整工期目标为 2011 年 2 月 28 日。实际开工时间 2008 年 4 月 1 日。建设单位：青藏公司西格铁路二线建设指挥部；设计单位：中铁第一勘测设计院；监理单位：兰州铁道学习院监理咨询有限公司。2010 年完成 8545 万元，开累完成 26439 万元。

【武九线电气化改造工程武九客车联络线及九江站配套工程】 中铁六局承建。本次工程改造后九江站形成正线 4 条，到发线 8 条，基本站台 1 座，中间站台 4 座的规模，其中普速场三台七线、城际场二台五线。合同价：2.88 亿元，合同工期 2009 年 3 月 15 日～2010 年 1 月 15 日。建设单位：昌九城际铁路有限公司；设计单位：中铁第四勘察设计院集团有限公司；监理单位：北京铁城建设监理有限责任公司武九联络线监理项目部。

截至 2010 年底完成 3.368 亿元，其中：路基土石方 46.6 万立方米，铺轨 14.64 公里，新铺道岔 41 组，道碴 6.2 万立方米，1.25 米高站台墙 4950 延米，接长涵洞 8 座，地道 3 座，框构桥 3 座，无站台柱雨棚面积 65000 平方米。(工程已竣工)

【改建铁路南同蒲线榆次至侯马北段电气化扩能改造工程第Ⅱ标段】 中铁六局承建。NTDG-2 标段施工任务，范围为南同蒲义棠站（不含）至侯马北 CK491+700-672+540，高显至曲沃联络线 DK0+000-9+761 段，施工跨度 190 公里。本工程合同工期计划于 2008 年 10 月 20 日开工，到 2010 年 6 月 20 日全部完工。中标价 53431 万元，襄汾至柴庄区间工作量取消，核减 9000 万，核减后产值为 44431 万元。本工程建设单位：太原铁路局南同蒲线铁路扩能改造指挥部；监理单位：北京铁建工程监理有限公司南同蒲电气化改造工程项目监理部。设计单位：中铁咨询设计集团有限公司。

截至 2010 年底完成产值 40817.1518 万元，其中路基土方 229.5 万立方米，路基附属 16.4 万立方米，大桥 292.4 延米，中桥 250.14 延米，涵洞.1178.5 延米，完成了 14 个站场改造，完成了 8 处区间调整缓长，完成了 4 处曲线改造工程，完成了全线 10 所车辆房屋。剩余曲沃站机务折返段新建房屋 2042 顶平方米及路基防护栅栏 160 公里。2011 年新增 8 个车站废气处理工程，6 个车站污水改造工程，15 公里声屏障工程。

【改建铁路石家庄枢纽货运系统迁建工程独立标段】 中铁六局承建。石家庄枢纽货运系统迁建工程为新建双线铁路，线路等级为Ⅰ级，自正定站引出至平南站结束，全长 44.7 公里。新建编组站 1 座为永壁编组站，新建线路所 1 处孔寨线路所，改建车站 2 座为平南站和正定站。本线起自京广线正定站，经新建的孔寨线路所和石家庄南站(原为永壁编组站)，止于京广线上的平南站，包括相关疏解线、联络线工程。主要工程量有通信架设无线列调铁塔 4 座、架设站场无线铁塔 15 座、光电缆工程 156 条公里；信号安装联锁道岔 417 组、敷设电缆 1856.6 条公里、新建微机联锁 2 站、区域联锁 1 站、自动化驼峰 1 站、微机监测系统 2 站；电力新建 35/10 千伏变电所安装 1 座、安装 10 千伏配电所 1 座、35 千伏电缆线路直埋 26.4 公里、10 千伏高压电缆敷设 43.02 公里、1 千伏低压电缆敷设 51 公里、10 千伏架空线路架设 3.5 公里、10 千伏变台安装 14 座、10/0.38 千伏箱式变电站 30 座、10/0.38 千伏室内变电站 4 座、灯桥安装 33 跨、升降式投光灯塔 32 座；牵引供电接触网线路架设 276.9 条公里、牵引变电所 2 座、开闭所 2 座、电力调度所 1 座。工程于 2009 年 4 月开工，2010 年 12 月 7 日完工，工程总价值 68095 万元，至 2010 年底已完成总工作量的 99%，目前正在进行克缺与竣工文件移交工作。

【广西沿海铁路黎塘至钦州段扩能改造工程】 中铁六局承建。黎钦线从既有湘桂线沙江站引出（设计里程 K3+500）向南，经横州跨郁江，过沙坪、陆屋、平吉至马皇站（设计里程 K102+500），长度约 99 正线公里，同步实施的黎塘地区相关工程全长 4.061 正线公里，钦州地区相关工程全长 14.601 正线公里。线路途经地区以低山丘陵区、剥蚀丘陵区为主。招标范围自沙江站（不含）K3+500～马皇站（不含）K102+500，含黎塘、钦州地区相关工程。中铁六局电务公司与中铁九局联合体中标，其中六局电务公司负责电气化工程，主要包括：接触网线路 315.69 条公里，牵引变电所 2 座，分区亭 3 处，电力调度所 1 座。六局电务公司承建工程总价值 16371 万元，工程已于 2010 年 9 月 1 日开工，计划于 2012 年 5 月 31 日完工。

【新建杭州至长沙铁路客运专线浙江段站前工程 HCZJ-6 标段】 中铁六局承建。杭州至长沙铁路客运专线东起浙江杭州，西至湖南长沙，线路横贯浙江、江西、湖南三省，浙江段线路自杭州东站（不含）引出，经既有杭州南站、诸暨站、义乌站、金华西站、龙游站、衢州站和江山站至浙赣省界，正线长度 295.185 公里(不含越江隧道工程)。另外，杭长与杭甬联络线 18.699 公里；杭长与金温联络线 13.044 公里；沪昆线改造工程 6.664 公里。本次中标标段为 HCZJ-6 标，即 DK212+155.12～DK247+178.14，正线长度 35.023 公里。含三个车站湖镇、樟潭、华墅，本标段特大桥 3 座，下山溪特大桥、乌溪江特大桥、江山港特大桥。四电工程包括“三电”迁改、通信、信号工程、电气化工程、信号及电气化过渡工程、其他电力工程。主要工作量为拆迁路内通信线路 33 公里，拆迁路外通信线路 91 公里，拆迁电力线路 113 处，通信地区光电缆 2 条公里，信号联锁道岔 51 组，电气化接触网导线 29 公里。本工程为中铁九局与六局电务公司联合体中标，电务公司负责四电工程，四电（含三电迁改）中标价值 11015 万元。本工程已于 2010 年 4 月 10 日开工，计划于 2013 年 6 月 30 日完工，至 2010 年底已完成产值 3304 万元，完成总工作量的 30%。

【成都地铁站后工程（接触网及供电系统）】 中铁八局承建。成都地铁 1 号线一期工程供电系统（包含牵引降压混合变电所、降压变电所、跟随式降压变电所、杂散电流防护系统、35 千伏环网电缆等。由电务公司施工。合同总价 1.3 亿元。

【成都东车辆段灾后重建工程】 中铁八局承建。主要施工工作为成都北新建 40000 平方米车辆段联合厂房，配套给排水、暖通、轨道、电力、通信、信息、信号工程。总造价约 3.8 亿。该工程于 2010 年 7 月 1 日开工，2010 年 12 月 30 日基本完成建设，车辆段生产设备将于春运后陆续搬迁，5 月份新车辆段形成生产能力。

【成昆线接触网改造工程】 中铁八局承建。该工程是成都铁路局灾后为了提高成昆线运输能力的应急扩能项目，主要施工内容为：更换载流承力索 492 条公里，载流整体吊弦 43500 根，更换钢支柱 286 根，供电线单支改双支 30 条公里，加装预绞丝保护条 5000 根及下锚绝缘子更换。该工程是在既有电化运行线路上利用停天窗从事作业，安全风险非常大，通过精心组织，精心施工仅用 12 个月时间就安全、优质、按期的完成了该工程。

【达成东段提速改造信号工程】 中铁八局承建。该工程是成都铁路局为了提高达成东段运输能力的应急扩能项目，将列车速度从 120 公里提高到 200 公里。该工程在既有线施工 120 公里。主要施工内容为敷设光缆及应答器电缆、安装应答器、安装 LEU 设备、安装列控中心及微机监测、CTC、电源屏改造等。难点在于信号机械室内改配线，各站改配线在 2000 根左右。该工程于 2010 年 4 月 25 日开工，2010 年 8 月 30 日全部开通投入使用，

【宝成线广元至黄许镇 ZPW-2000 自动闭塞改造工程】 中铁八局承建。宝成线灾后重建信号工程施工范围为走马岭-黄许镇全线 210 正线公里（复线）ZPW-2000 自动闭塞，新建走马岭等 11 站计算机联锁联锁，新建上寺等 4 个中继站，更新改造江油等 5 站自动闭塞设备。该工程于 2009 年 9 月 1 日开工，2009 年 12 月 16 日开通投入黄许镇至皂角铺段，在 2010 年一月份开通皂角铺至斑竹园段。

【西安铁路局灾后重建宝成线冉家河至军师庙信号工程】 中铁八局承建。西安铁路局灾后重建宝成线冉家河至军师庙信号工程施工范围为冉家河至军师庙全线 61 正线公里（复线）ZPW-2000 自动闭塞，新建走马岭等 4 站计算机联锁联锁。该工程于 2010 年 3 月 21 日开工，2010 年 9 月 28 日一次性顺利开通投入使用。

【渝湘高速西黔段机电安装工程】 中铁八局承建。该工程是公司进军高速公路机电安装领域的一项开拓性工程，参战技术人员均无经验，一片空白。广大参战员工发扬艰苦拼搏，坚韧不拔的战斗精神，攻艰克难，特别是消防水池的修建，翻山越岭，拨山涉水，针对困难地形作变更设计，修建施工便道，增加挡墙，克服了重重困难。消火栓箱的安装，反复研究，不断修改方案，为的是向业主交一份满意的答卷。该工程历时仅 180 天，修建水池 3200 立方米，安装消火栓箱 473 个，敷设光缆 32 公里。2010 年 9 月 30 日，该工程顺利开通投入使用。

【新建德阳车站普速场电气化铁路工程】 中铁八局承建。该工程正线及站线总长 3.3 公里，包括了拆迁、路基、桥涵、轨道、通讯信号及信息、电力及电力牵引供电、站场等工程内容，投资额 4017 万元。计划于 2011 年 3 月底全部完工。2010 年已经完成了全部线下工程，线上工程（轨道、通讯信号及信息、电力及电力牵引供电）完成了 2.2 公里。

【阜淮线电气化改造工程 I 标段】 中铁十局承建。工程概况：阜阳枢纽袁寨站（不含）-淮南站（含）段范围内的路基、轨道、桥涵、站场、电力、通信信号、三电迁改、房屋等工程，标段全长 114 公里。工程造价 6.5 亿元。合同工期 2009 年 10 月-2011 年 3 月。

主要工程数量：路基土石方 16.5 万立方米，路基声屏障 8463 平方米，线路防护栅栏 227 单侧公里；平改立框架桥 13 座，上跨公路立交 1 座，小桥 5 座，涵洞 16 座；正线铺轨 5.38 公里，站线铺轨 12.38 公里等。

路基土石方完成 10 万立方米 ，涵洞接长施工完成，线路防护栅栏完成 206 公里，路基声屏障完成 7850 平方米 。

桥隧工程

【大胜关铁路大定坊特大桥】 中铁四局承建。范围为：（1）京沪高速铁路大定坊特大桥中心里程：DK1013+841.385，桥段长度:L=1555.66米设计范围： DK1013a+063.55～DK1014+619.21。具体孔跨布置为（6-32+1-24）米箱梁+(40+64+64+40)米连续梁+（2-24米+2-32米+3-24米)箱梁+(32+40+40+32)米连续梁+(1-32米+3-24米+22-32米）箱梁。（2）沪汉蓉铁路大定坊特大桥中心里程：HDK1215+038.515，桥段长度:L=1551.34米，设计范围：HDK1214+262.84～HDK1215+814.18。具体孔跨布置为(6-32)米箱梁+(40+64+64+40)米连续梁+(4-32+1-24)米箱梁+(32+42+42+32)米连续梁+(1-32+3-24+21-32)米箱梁。总工期：2008年7月1日开工，2010年2月28日完成全桥施工。总共28个月。节点工期：①京沪线于2010年2月28完成全桥施工。②沪汉蓉要求2010年2月28日完成全桥施工。2010年完成建安产值4469万元。累计完成建安产值16902万元。

【新建铁路兰新第二双线西宁至大通段站前工程LXSQZ-2标段二十里铺特大桥】 中铁五局承建。桥长6902.09米，上部结构为2（1-24+23-32米+2-24米+92-32米+2-24米+11-32米+(32+48+32)米连续梁+25-32米+2-24米+22-32米+1-24米+28-32米简支箱梁），简支箱梁209孔，下部构造为钻孔灌注桩基础，圆端形桥墩，矩形空心桥台。本桥现浇连续梁多，简支箱梁数量大，同时为本标段的架梁首架方向，为本标段的桥梁重点工程之一。2010年，桩基设计1717根，完成1516根，承台设计213个，完成133个，墩身设计213个，完成65个，设计桥长6902米，累计成桥3798米。

【新建铁路兰新第二双线西宁至大通段站前工程LXSQZ-2标段毛家寨特大桥】 中铁五局承建。桥长4767.1米，简支梁145孔。现浇连续梁多，简支箱梁数量大，同时与宁大高速公路黎明匝道及兰青铁路大通支线交叉，施工干扰大，为本标段的桥梁重点工程之一。2010年，孔桩设计1216根，完成937根，承台设计150个，完成60个，墩身设计150个，完成12个，设计桥长4789.19米，累计成桥1880米。

【向莆铁路抚州特大桥】 中铁五局承建。抚州特大桥全长2368.56米，中心里程DK89+729.04，为向莆铁路JX—3标第二长特大桥。该桥全桥孔跨布置形式为2台71墩。抚州特大桥在抚水河左岸河崖上，以3 2米简支梁跨越临水河，又以连续梁形式跨越抚水河右岸防洪大堤。到2010年底，桩基承台完成，墩身完成71个，剩余1个；完成0号台。72号台完成基础混凝土。连续梁完成所有工作，已经顺利在上面完成了架梁工作。

【杭甬客专绍兴特大桥】 中铁五局承建。绍兴特大桥起讫里程DK47+985.25～DK65+704，全长17709.13米，特殊结构分布17个，即（60+100+60）米悬灌梁1联、(48+80+48）米悬灌梁1联、（40+64+40）米悬灌梁3联、(40+64+40）米支架现浇梁3联、（32+48+32）米悬灌梁7联、40米非标简支现浇梁2孔、32米预制梁430孔、24米预制梁61孔。路堑长105.58米。二标曹娥江特大桥制架梁73孔，支架现浇24米标准梁1孔。2010年，设计17709.13延米，已完成17347延米。其中孔桩全部完成；承台（含扩大基础）完成538个；墩身完成534个；17个特殊结构已全部开工，完成11个，即1号～10号、16号特殊结构。路基工程：完成土石方开挖3.7万立方米 ，完成设计的99%。

【安（康）毛（坝）高速公路7标流水河大桥】 中铁五局承建。安毛公路是国家高速公路包（头）茂（名）线的重要组成部分，是包茂线在陕西境内施工最难的一段。中铁五局承建的流水河吨构大桥，全长387米，由左右两幅双桥组成，主桥设计为（75＋140＋75）米预应力连续刚构，主桥箱梁为单箱室断面，顶面宽12.25米，底面宽6.5米，梁高3米至8米，其间梁底下缘按二次抛物线变化。引桥设计为（30+2×30）米预应力混凝土简支T梁。大桥左、右两幅共10墩4台，主桥桥墩采用双薄壁空心墩，最高墩墩高60米，水中墩最深18米，全同工期36个月。流水河大桥地处陕西省安康市汉滨区瀛湖库区“U”形河谷，主桥桩基础位于河谷，河底有几米厚的角砾泥砂覆盖层，下伏全风化泥质板岩，孔桩施工难度极大。2008年4月1日，大桥第一根桩开钻；2008年9月23日，2号墩身提前7天施工到最高水位线9.5米，2009年12月31日，大桥左幅中跨合龙；2010年3月31日，大桥右幅中跨合龙；2010年4月14日双幅架通，主体完工；2009年大桥被树为全线“安全质量管理”示范点。受到了陕西省交通厅等各级领导的好评。

【沪昆铁路客运专线（江西段）贵溪特大桥】 中铁五局承建。贵溪特大桥全长8487米，有箱梁244孔，(60+100+60）米、（32+48+32）米、(70+125+70）米连续梁各一联，同时2次跨越既有粮库专用线，1次跨越既有皖赣铁路。2010年成桥2369米，完成年计划的131.6%。下部工程实际开工时间为2010年9月10日，计划2012年2月20日完工。

【沪昆铁路杭长客运专线浙江段HCZJ-5标金华江特大桥】 中铁五局承建。金华江特大桥桥长11435.35米，施组工期为2010年5月30日至2012年6月30日，共计900天，截至2010年12月30日，累计完成成桥2161.08延米。

【成绵乐8标峨眉车站特大桥】 中铁五局承建。峨眉车站特大桥全长7628.143米，孔桩55929米/1914根，承台341个，制架梁218孔，特殊结构4联，其中两联双线变四线道岔连续梁上跨既有成昆线峨眉山车站出线处新建峨眉车站站台，亦为标段重难点控制性工程。2010年成桥2451米，完成年度计划125%米，开累完成2451米，剩余5177米。

【新建铁路衡茶吉线HCJ-2标云阳山隧道】 中铁五局承建。云阳山隧道全长5083米，是衡茶吉线HCJ-2标最长的隧道，地质情况复杂（穿越含煤系地层段、断层地段、高地温），隧道围岩情况差（Ⅱ级围岩8.5%，Ⅲ级围岩46.5%，Ⅳ级围岩33.3%，Ⅴ级围岩11.7%）。工期紧（控制工期为20.5个月），是本标段的控制隧道。2010年成洞2274米，完成年计划3520米的64.6%，开累2707米，剩余2376米。

【沪昆铁路客运专线壁板坡隧道】 中铁五局承建。隧道位于云南曲靖市富源县境内，起迄里程DK977+667～DK992+423，全长14756米，进口1353米合修，其余分修，设贯通平导（长14802米），是我国在建时速350公里高速铁路第一长大隧道。该隧道最大埋深750米，集大涌水、岩溶、滑坡、破碎岩体、煤层瓦斯及采空区、有害气体、断层、高地震烈度、高地应力及岩爆等不良地质为一体，号称隧道地质“博物馆”。其中许多断裂规模巨大，切割深，主要区域大断裂有盘县断裂、弥勒——富源大断裂，难度罕见，是沪昆客专云南段确定的3座Ⅰ级风险控制隧道中最长的隧道，也是中铁五局建局以来独立承建施工的第一长大隧道，被铁路部列为沪昆铁路全线头号重难点工程。工期60.5个月，2010年12月7日，沪昆云南公司组织曲靖指挥部、监理单位对壁板坡隧道进口平导进行复验，验收通过，于12月8日开工，预计2015年6月30日完工。

【安邵高速公路清塘铺隧道】 中铁五局承建。该隧道左线长4800米，右线4775米，是安化邵阳高速公路重点控制性工程，为湖南省第二长高速公路隧道。2010年3月16日开工。

【渝利铁路Ⅵ标段都亭山隧道】 中铁五局承建。都亭山隧道全长9739米，由进口、1号斜井、2号斜井及出口共四个工作面施工。2010年完成成洞5113米，开累完成7078米，剩余2661米。

【渝利铁路Ⅵ标段福宝山隧道】 中铁五局承建。福宝山隧道，全长6224米，穿越岩性主要为泥岩、砂岩，夹煤线，为水平缓倾岩层，易坍塌，地下水相对发育，为渝利线重难点控制工程。福宝山隧道进口自2009年5月以来，涌水不断增大，隧道的平均涌水量达到每天18000立方米 左右，且由于是反坡施工，工效严重降低，施工进度较慢；福宝山隧道出口及斜井，全部为泥岩，且渗水大，围岩稳定性差，遇水易膨胀软化。经专家组现场调研，2010年3月25日，渝利公司批复：将福宝山隧道纳入高风险隧道进行管理。2010年完成成洞2960.62米，开累完成3876米，剩余2348米。

【兰新铁路二线西宁隧道】 中铁五局承建。西宁隧道全长5743米，位于青海省西宁市，是兰新铁路二线重难点控制性工程，被铁道部定为Ⅰ级高风险隧道。该隧道地质极其复杂，其中Ⅳ级围岩1310米，Ⅴ级围岩2740米，Ⅵ级围岩1650米，根据设计要注，隧道增设1号和2号斜井，与进口和出口组成6个工作面同时进行开挖掘进。2010年完成成洞260米，剩余5483米，完成年计划的65%；计划1号、2号斜井全部完成， 1号、2号斜井开累成辅助导坑256与643米，全部完成计划； 2号竖井完成围护桩19根，3号竖井因拆迁问题还未开工。

【湘桂铁路改扩建工程Ⅰ标陡岭山隧道】 中铁五局承建。陡岭山隧道全长3346米，是湘桂铁路改扩建工程Ⅰ标段最长的隧道。因其集断层、涌水、软弱围岩、浅埋层、溶洞群于一体，号称“五毒”隧洞，被业主列为全线咽喉工程。2009年4月1日开工，2010年10月6日完工。出口与2号斜井区间，比计划工期提前87天胜利贯通，成为湘桂铁路第一座提前贯通的 3000 米以上长隧。2010年完成2220.76成洞米，开累完成3330.97成洞米。

【昆河铁路玉蒙段秀山隧道】 中铁五局承建。秀山隧道全长10302米，隧道进口里程为DK27+060，出口里程为DK37+362，中心里程为DK32+204，位于云南省通海县境内，是昆河铁路玉蒙段重要控制工程。具有“地质条件复杂、围岩变化频繁、地下水丰富、涌水突砂石多、安全风险高”的特点，相当于在“渗水的沙堆里开凿隧道”，被铁道部列为Ⅰ级高风险隧道，在全国11座高风险隧道中位居第二。中铁五局承担隧道出口正洞5460米、平导5452米和一座168米的盖板箱涵及10.8万立方米 的路基土石方施工任务。开累完成18231万元。

【朔州至准格尔新建铁路工程ZSXS-2标段黄河特大桥】 中铁六局承建。黄河特大桥是为朔州至准格尔新建铁路上跨黄河而设，位于即将蓄水的龙口水库库区，其中上游距离万家寨水电站约19公里，下游距离龙口水电站约6.5公里。桥东西两岸分别位于山西省河曲县（朔州岸）与内蒙古自治区准格尔旗境内（准格尔岸）。

该桥由引桥及钢管拱主桥组成，中心里程为朔准DK134+850.57，全长655.53米。

主体结构按照铁路一次双线桥设计，全桥位于4.8‰及6‰的下坡道上，除东侧引桥位于R=600米的曲线段外其余均位于直线地段。

桥跨布置形式为（2×24米＋3×32米）预应力混凝土T梁＋1×380米上承式钢管混凝土拱＋（2×32米+2×24米）预应力混凝土T梁。

引桥基础为明挖基础和挖井基础，墩身形式为单线、双线圆端型实心桥墩和空心桥墩，桥台采用吨型桥台。

截至2010年底，完成产值20311万元。

【大广公路固安（京冀界）至深州段高速公路工程LQ17合同段跨京九转体桥】 中铁六局承建。标段造价1.6亿元，合同工期2009年3月12日～2010年9月31日。建设单位:河北省道路开发中心，项目管理单位:大广高速京衡段筹建处，监理单位:江苏润通交通工程监理咨询有限公司，设计单位:河北省交通规划设计院。

2010年完成产值5470万元，累计完成14625万元，工程全部完工。

【唐山市古冶城区外环路七座上跨桥工程】 中铁六局承建。K0+082上跨七滦铁路立交桥、K0+225分离式立交桥、K14+643上跨林范铁路立交桥、K18+473.5上跨七滦铁路立交桥、K28+982.1上跨赵古铁路立交桥、K37+800.332上跨采石场专用线立交桥、K38+272.854上跨卑水铁路立交桥。

上跨卑水铁路立交桥跨卑水铁路，桥长98米，全宽24.5米，上部结构采用先简支后连续的预应力混凝土箱梁结构，跨度布置为（3×30米）混凝土后张法预应力小箱梁结构（24片梁），下部采用双柱式框架桥墩和肋板式桥台，钻孔灌注桩基础。

工程开工前，合同额暂定为7000万元，具体合同额根据审计情况而定，现林范（K14+643）、七滦（K18+473.5）两座桥正在进行审计中，其余五座上跨桥项目部正在积极组织、联系业主开展审计工作。故各桥产值暂时未定。

工程开工日期为2008年5月，林范（K14+643）、七滦（K18+473.5）两座桥于2009年9月28日竣工通车，赵古桥（K28+982.1）于2009年11月28日竣工通车，采石场（K37+800.332）、卑水（K38+272.854）两座桥仅剩余伸缩缝施工作业，七滦（K0+082）、205桥（K0+225）两座桥仅剩余防水层、伸缩缝施工作业。由于温度等原因，业主暂未安排其他施工单位进行沥青混凝土铺装，故暂时未能施工。但已联系好附属工程施工劳务队伍，随时可进场施工。

【古交滩上村隧道工程】 中铁六局承建。中海能源煤焦集运铁路专用线工程于古交市以西5公里，其中滩上村隧道全长330米（原设计为295米，经设计变更后，隧道加长35米），隧道总造价1313万。进口里程为0+345，出口里程为0+675，穿越滩上村山丘，隧道内设置有半径为1000米的曲线，曲线段长度106米，隧道设置坡度为13‰上坡，汾河大桥的起始桥台设置在隧道内，隧道全段设计围岩为Ⅴ围岩，经变更后DK0+345-DK0+415为Ⅴ围岩，其余地段围岩等级为Ⅲ-Ⅳ级围岩。

滩上村隧道超前支护DK0+345～DK0+375米段采用拱部120°范围Φ42超前小导管+Φ108大管棚进行超前支护，DK0+375～DK0+675段超前支护采用拱部120°范围Φ42超前小导管进行超前支护。初期支护采用C25网喷混凝土进行喷护，喷护厚度为23厘米，边墙及拱部采用Φ22砂浆锚杆+全环形I16工字钢进行加固。二次衬砌采用C30钢筋混凝土浇注，厚度为40厘米，衬砌混凝土抗渗等级不小于P8。隧道仰拱填充采用C20混凝土进行填充。

建设单位：古交市中海能源煤焦集运有限公司；设计单位：中国中铁二院工程集团有限责任公司；监理单位：山西铁建工程监理咨询有限责任公司；

截至2011年4月，完成317万元，其中：隧道仰坡防护工程全部完成，隧道上台阶掘进140.3米，下台阶掘进96.2米，初期支护上台阶完成140.2米，初期支护下台阶完成96米，仰拱完成62米，矮边墙完成48米，二衬完成34.5米。

【赵家口隧道】 中铁六局承建。位于山西平朔煤矿专用线的赵家口隧道设计为单线电气化铁路隧道全长719米，均为3.5‰的单面下坡。隧道洞身通过吕梁——太行断块云岗块坳平鲁向斜Ⅳ、Ⅴ级围岩地层，其中隧道进口端Ⅴ级围岩（长350米）、出口端Ⅴ级围岩（长20米）设计为加强衬砌段，开挖采用超前小导管及超前锚杆注浆加固。全隧道拱、墙范围均采用锚、喷、网、格栅钢架进行初期支护，复合式衬砌背后铺设全断面HDPE防水板，每隔10米设置环向软式透水管盲沟一道。全隧道设计均为曲墙带仰拱衬砌，其中Ⅴ级围岩地段设置衬砌双层加强钢筋。合同价：1329万元，合同工期2009年6月～2010年3月。建设单位：中煤平朔煤业有限责任公司；设计单位：中铁工程设计咨询集团太原设计院；监理单位：北京中铁诚业工程监理有限公司。

截至2010年底完成755万元，剩余574万元。完成开挖支护418米，仰供388米，矮边墙370米，二衬330米，折合360成洞米。

【笔架山隧道】 中铁六局承建。合福铁路安徽段站前六标笔架山隧道，起讫里程为DK222+127～DK228+075，全长5948米。本隧道起于安徽省泾县黄田乡李园村，穿越笔架山，出于安徽省旌德县乔亭乡汤村，长5948米。隧道平面设计为：DK222+127～DK222+355.76段位于左偏曲线的缓和曲线上，左线曲线半径为9000米；DK222+781.58～DK224+713.96段位于右偏曲线上，左线曲线半径10000米，其他地段位于直线上。

隧道进口段明洞开挖完成24米，暗洞上部开挖完成28米；出口明洞开挖完成109米，隧道进尺34米；折合成洞68米，剩余5880米。笔架山斜井进尺103米。

【梅王尖隧道】 中铁六局承建。合福铁路安徽段站前六标梅王尖隧道，起讫里程为DK242+240～DK246+564，全长4324米。

本隧道起于安徽省旌德县板书乡下夹岩村，穿越梅王尖大山，出于安徽省绩溪县板桥头乡陈村，长4324米。隧道平面设计为：DK242+240-DK244+580.01段位于左偏曲线上，左线曲线半径9000米，DK245+851.75-DK246+564段位于右偏曲线上，左线曲线半径10000米。隧道的纵断面设计为：从进口到出口为20.0‰的上坡。

隧址区属于低山丘陵地貌，为构造剥蚀山地，测区内植被发育、灌木杂草丛生。进口段自然坡度为20°～30°。出口段自然坡度为10°～30°。

隧道进口段明洞开挖完成20米，暗洞上部开挖完成161米；

出口明洞开挖完成 39 米，隧道进尺 140 米；折合成洞 254 米，剩余 4070 米。

【王家冲隧道】 中铁六局承建。合福铁路安徽段站前 6 标王家冲隧道起讫里程为 DK215+695～DK216+495，全长 800 米。本隧道位于安徽省宣城市泾县境内，隧道平面设计为：DK215+695～DK216+475.02(出口)段位于直线上；DK216+475.02～+495 段位于右偏的曲线上，左线曲线半径 9000 米；隧道的纵断面设计为：从进口到出口为 8‰的上坡。地层为 γδ 花岗闪长岩，全风化呈砂土状，强风化呈块状，下为弱风化，岩质坚硬，节理发育，地下水为孔隙潜水及基岩裂隙水，预测最大涌水为 372 立方米/天，为中等富水区。表层为 Qel+dl 粉质黏土，褐色、褐红色，硬塑，下伏 γδ 花岗闪长岩，全风化呈砂土状，强风化呈块状，下为弱风化，岩质坚硬，节理发育，地下水为孔隙潜水及基岩裂隙水，预测最大涌水为 353 立方米/天，为中等富水区。

隧道进口段明洞开挖完成 25 米，暗洞上部开挖完成 75 米，折合成洞 57 米，剩余 743 米。

【集宁隧道】 中铁六局承建。集宁隧道位于既有古营盘车站和葫芦车站之间，设计为两座并行单线隧道，左线长 5875 米，右线长 6070 米。隧道设计各级围岩长度总和分别为Ⅲ级 5410 米、Ⅳ级 3482 米、Ⅴ级 3053 米。

隧道位于华北地台内蒙台隆的凉城断隆之中，主要通过第三系的泥岩、砂岩，太古代的花岗岩、片麻岩，还有呈脉状分布的闪长岩、辉绿岩等。受后期地质构造运动的作用，岩体节理发育，完整性差。

2010 年 11 月 22 日，集宁隧道左线胜利贯通，2010 年 12 月 11 日，集宁隧道右线胜利贯通。至年末，左线共完成开挖支护 5875 米，仰拱全部施工完成，二衬剩余 121 米（包括跳打的大避车洞段），水沟电缆槽、垫层共完成 4494 米，剩余 1381 米；右线共完成开挖支护 6070 米，仰拱施工全部完成，二衬剩余 147 米（包括跳打的大避车洞段），水沟电缆槽、垫层共完成 4392 米，剩余 1678 米。

【昆明枢纽项目桃花村隧道】 中铁六局承建。桃花村隧道位于温泉中间站至桃花村中间站的联络线上，设计行车速度 80 公里/小时，隧道全长 415 米，全部为Ⅴ级围岩，起讫里程为 LDK1073+255～+670，隧道平面呈 S 形曲线，其中隧道进口段位于曲线半径 400 米的左偏曲线上、出口段位于曲线半径 300 米的右偏曲线，隧道 LDK1073+255～LDK1073+390 下穿在建安晋高速公路段设计为明挖法施工，其余为暗挖法施工。隧道 LDK1073+350～+670 为 7.9‰的单面下坡，设计在隧道进口洞口左侧设 2 根抗滑桩、洞身明暗分界处线路两侧分别设置 1 根抗滑桩、隧道出口洞口设置 6 根抗滑桩，共计 10 根抗滑桩。全隧共弃碴 6.86 万立方米。

隧址区属剥蚀丘陵地貌，丘槽相间，地形起伏小。地面高程 1862～1915 米，相对高差 10～60 米，自然坡度在 10°～30°，局部较陡，测区附近有昆阳支线铁路及鑫盛物流公司新建场坪，施工便道困难。

隧道出口上台阶开挖支护 22 米，施工时发现本段围岩比预想的还要差，膨胀性较大，掌子面开挖时人工掘进一小部分，围岩便会自行坍塌，掌子面已停止掘进并封闭，进行地表注浆加固施工，洞顶地表注浆 60 米；隧道进口段正在进行明洞开挖施工，由于高速公路的限制，铁路隧道明洞下穿安晋高速公路段进行半幅施工；进口明洞段设计土方共 3.5 万立方米，当前已完成 1.5 万立方米。

【太兴项目重点隧道】 中铁六局承建。新横岭隧道起讫里程：DK15+333～DK20+255.9，为全长 4922.9 米单线隧道。位于太原市郊区，隧道穿越黄土和石灰岩地层，隧道进口端为第四系全新统黏质黄土，出口端为弱风化石灰岩，隧道最大埋深约 510 米。隧道Ⅴ级黄土围岩 566 米，Ⅳ、Ⅴ普通围岩 245 米，Ⅱ、Ⅲ围岩 4099.9 米，采用全断面方法施工，隧道进口端 5 米明洞，出口端 7 米桥隧相接。

截至 2010 年 12 月 28 日，隧道进口开挖累计完成 552.5 米，衬砌累计完成 458.1 米；出口端开挖累计完成 762 米，衬砌累计完成 449.4 米，隧道剩余 3608.4 米。

新峙头隧道起讫里程：DIK24+371～DIK28+783，为全长 4412 米单线隧道。位于太原市郊区，隧道进口端地表有崩积物覆盖，左侧与既有太岚线相距最近 30 米；出口端为弱风化石灰岩，隧道最大埋深约 350 米。Ⅳ普通围岩 278 米，Ⅱ、Ⅲ围岩 4127 米，隧道进口端 5 米明洞。

截至 2010 年 12 月 28 日，隧道进口开挖累计完成 446 米，衬砌累计完成 285 米；出口端开挖累计完成 231 米，衬砌累计完成 184 米，隧道剩余 3735 米。

新风坪岭 1 号隧道起讫里程：DIK48+510～DIK48+643，为全长 133 米单线隧道，隧道最大埋深约 23 米；新风平岭 2 号隧道起讫里程：DIK48+689～DIK49+565，为全长 876 米单线隧道，隧道最大埋深约 87 米。两隧道左侧距既有太岚线线间距均为 15 米。既有隧道中病害较多，两隧道间岩柱裂隙发育。

施工方案通过专家评审，等待设计单位确认，暂未开工。

【窑沟隧道】 中铁六局承建。准朔铁路Ⅱ标窑沟隧道，起止里程为 DK128+915～DK133+547，总长 4632 米。设置进、出口、斜井（DK131+150）3 个口，共 4 个施工作业面。窑沟隧道进口 DK128+915 至 2 号斜井 DK131+150，全长 2235 米，其中Ⅴ级围岩 1267 米，Ⅳ级围岩 968 米。窑沟隧道出口至 2 号斜井 DK131+150，全长 2397 米，其中Ⅴ级围岩 290 米，Ⅳ级围岩 177 米，Ⅲ级围岩 570 米，Ⅱ级围岩 1360 米。窑沟隧道设置进、出口、斜井（DK131+150）3 个口，共 4 个施工作业面。窑沟隧道进口 DK128+915 至 2 号斜井 DK131+150，全长 2235 米，其中Ⅴ级围岩 1267 米，Ⅳ级围岩 968 米。窑沟隧道出口至 2 号斜井 DK131+150～

DK133+547，全长2397米，其中Ⅴ级围岩290米，Ⅳ级围岩177米，Ⅲ级围岩570米，Ⅱ级围岩1360米。

截至2010年12月29日，共完成掘进1571米，共完成仰拱1293米，共完成二衬926米。

【赵家沟隧道】 中铁六局承建。准朔铁路Ⅱ标赵家沟隧道，起止里程为DK135+220～DK138+910，总长3690米。其中Ⅴ级围岩150米，占总长的4.1%，Ⅳ级围岩44米，占总长的1.2%，Ⅲ级围岩2070米，占总长的56.1%，Ⅱ级围岩1420米，占总长的38.5%，明洞6米。共设置进口、出口2个施工作业面。

截至2010年12月29日，共完成掘进1169米，共完成仰拱988米，共完成二衬656米。

【新建张家口至唐山铁路工程】 中铁六局承建。新建张唐铁路Z吨SG-1标北草帽山隧道及其进口100米、出口450米路基和DK16+656～DK37+306段所有线下工程施工，其中主要包括6座隧道，北草帽山隧道（1750米）、清寺山隧道（438米）、木瓜山隧道（249米）、烟筒山隧道（3676米）、山字梁隧道（5875米）、板山隧道（4911米）共16899米；五座桥梁，木瓜山大桥、烟筒山大桥、西泡沙大桥、东泡沙特大桥和西葛峪特大桥；4公里路基和涵洞。

合同工期：2010年9月1日至2013年8月31日

合同总价：7.3134亿元

2010年完成产值2274万元。

【哈大客专文官屯特大桥】 中铁九局承建的哈大客专沈阳站沈阳北站改建工程文官屯动车出入库线特大桥工程，中心里程WZDK402+992.945，全桥长2538.12单延米，本桥为跨越客专左右线、哈大线、崇山路等立交而设。工程自2008年11月11日开工，预计2011年6月20日竣工，工程总造价11363万元。全桥采用20-32米单线T梁+2-20米单线T梁+52-12米单线T梁 +1-20米双线T梁+1-24米双线T梁+1-(40+64+40)米双线连续箱梁+12-32米双线T梁结构，圆端形桥墩，T型桥台，钻孔桩基础。建设单位为沈阳铁路局哈大客专沈阳枢纽工程建设指挥部，设计单位铁道第三勘测设计院集团有限公司，监理单位为沈阳铁路建设监理有限公司。

2010年完成产值5375万元，开累完成产值7231万元，完成总价的63.6%。完成钻孔桩600根，承台105座，墩台88座，架梁11孔等。

【哈大客专跨北皇线特大桥】 中铁九局承建的哈大客专沈阳站沈阳北站改建工程跨北皇线特大桥，中心里程为右DK398+378.865，全桥长1194.49单延米。本桥为跨越北皇线、长江南路、华山路等立交而设。工程自2008年9月8日开工，预计2011年6月20日竣工，工程总造价3809万元。大桥孔跨形式为19-32米单线T梁+5-24米单线T梁+3-（40+64+40）米单线连续梁，圆端形桥墩，吨型桥台，钻孔桩基础。建设单位为沈阳铁路局哈大客专沈阳枢纽工程建设指挥部，设计单位铁道第三勘测设计院集团有限公司，监理单位为沈阳铁路建设监理有限公司。

2010年完成产值1618万元，开累完成产值2714万元，完成总价的71.2%。开累完成钻孔桩260根，承台31座，墩台 31座。

【盘营客专跨秦沈线特大桥】 中铁九局承建的盘营铁路客专跨秦沈线特大桥全长4514.04米，起点位于京哈线秦沈通道上的锦北站，起止里程为盘营客专DK0+719.79～DK5+234.83。本桥跨越G305线、京哈线秦沈通道、沟海线后在赵荒地线路所处与盘锦北上行联络线跨沟海线特大桥(右线)并线。工程于2009年7月15日开工，计划2012年5月31日竣工，总造价1.65亿元。全桥为单线预应力混凝土简支T梁128孔、单线预应力混凝土连续梁3联（其中跨秦沈客专为60+100+60米连续梁)组成。建设单位为京沈铁路客专辽宁有限责任公司，设计单位为铁道第三勘察设计集团公司，监理单位沈铁监理公司盘营客专监理一标监理站。

截至2010年底完成产值1.011亿元，完成总价的61.3%。钻孔桩、承台、墩身已完成。

【盘营客专跨沟海线特大桥】 中铁九局承建的盘锦北上行联络线跨沟海线特大桥全长2254.37米，起点位于京哈线秦沈通道上的锦北站，起止点里程为右DK2+180.49～右DK4+434.86。本桥部分利用秦沈沟海联络线，并跨越沟海线，在赵荒地线路所处与盘锦北下行联络线跨秦沈线特大桥(左线)并线。上部结构为单线预应力混凝土简支T梁66孔、1联连续梁(其中跨沟海线为48+80+48米连续梁)组成。工程于2009年7月15日开工，计划2012年5月31日竣工，总造价7565万元。建设单位为京沈铁路客专辽宁有限责任公司，设计单位为铁道第三勘察设计集团公司，监理单位沈铁监理公司盘营客专监理一标监理站。

至2010年底，桥梁下部工程已完成。

【盘营客专绕阳河特大桥】 中铁九局承建，全长21198.32米，起点位于新建盘营客专赵荒地线路所处，起止点里程为DK5+974.65～DK27+172.97，在沟海线左侧与既有沟海线并行，跨越西沙河、绕阳河进入盘锦站。上部结构为双线预应力混凝土简支箱梁641孔，4联连续梁(其中跨京沈高速公路为80+128+80米连续梁)。工程于2009年7月15日开工，计划2012年5月31日竣工，总造价11.36亿元。建设单位为京沈铁路客专辽宁有限责任公司，设计单位为铁道第三勘察设计集团公司，监理单位沈铁监理公司盘营客专监理一标监理站。

截至2010年底完成产值8.42亿元，完成总价的74%。

【盘营客专盘锦特大桥】 中铁九局承建，全长19188.18米，起点位于新建盘营客专盘锦站，起止里程为 DK29+368.68～DK48.569.69，自盘锦站引出，跨起盘锦市东风街、双台子河后，跨越新工街，在渤海站前跨越沟海线，在沟海线右侧与既有线并行，并跨越盘锦市兴油街等多条主要街道。上部结构为双线预应力混凝土简支箱梁546孔、1座连续刚构、2联道岔连续梁、8联连续梁(其中跨沟海线为80+128+80米转体合拢连续梁)。工程于2009年7月15日开工，计划2012年5月31日竣工，总造价11.63亿元。建设单位为京沈铁路客专辽宁有限责任公司，设计单位为铁道第三勘察设计集团公司，监理单位沈铁监理公司盘营客专监理一标监理站。

截至2010年底完成产值8.313亿元，完成总价的74.19%。

【杭长客专夏金特大桥】 中铁九局承建，位于浙江省龙游县内，全桥长6659米，双线预应力混凝土简支箱梁199片，连续梁2联。工程自2010年7月1日开工，预计2012年12月7日竣工，总造价34600万元。建设单位为沪昆铁路客运专线浙江有限责任公司，设计单位为中铁第四勘察设计院集团有限公司，监理单位为华铁-德铁国际联合体杭长铁路客专（浙江）监理总站。

2010年完成产值6794.8万元，完成总价的19.6%。完成钻孔桩1422根，承台66座，墩台身15座。

【杭长客专安仁特大桥】 中铁九局承建，位于浙江省龙游县内，全桥长2951米，上部为双线预应力混凝土简支箱梁结构。工程自2010年7月1日开工，预计2012年12月7日竣工，总造价12584万元。建设单位为沪昆铁路客运专线浙江有限责任公司，设计单位为中铁第四勘察设计院集团有限公司，监理单位为华铁-德铁国际联合体杭长铁路客专（浙江）监理总站。

2010年完成产值4980.8万元，完成总价的39.6%。完成钻孔桩546根，承台80座，墩台身72座，预制梁架设20片。

【杭长客专上山溪特大桥】 中铁九局承建，位于浙江省衢州市郊，全桥长5668米，钻孔桩932根，承台171座，墩台身171座，双线预应力混凝土简支箱梁164片，现浇连续梁2联。工程自2010年7月1日开工，预计2012年12月7日竣工，总造价29451.3万元。建设单位为沪昆铁路客运专线浙江有限责任公司，设计单位为中铁第四勘察设计院集团有限公司，监理单位为华铁-德铁国际联合体杭长铁路客专（浙江）监理总站。

2010年完成产值2975.3万元，完成总价的10.1%。完成钻孔桩428根，承台68座，墩身56座。

【杭长客专乌溪江特大桥】 中铁九局承建，位于浙江省衢州市郊，全桥长5799米，钻孔桩1510根，承台180座，墩台身180座，双线预应力混凝土简支箱梁175片，现浇连续梁1联，1-132米提篮拱一联。工程自2010年7月1日开工，预计2012年12月7日竣工，总造价30132万元。建设单位为沪昆铁路客运专线浙江有限责任公司 设计单位为中铁第四勘察设计院集团有限公司，监理单位为华铁-德铁国际联合体杭长铁路客专（浙江）监理总站。

2010年完成产值1299.4万元，完成总价的4.3%。完成钻孔桩270根，承台12座，墩台身2座。

【杭长客专江山港特大桥】 中铁九局承建，位于浙江省衢州市内，全桥长5225米，钻孔桩1323根，承台157座，墩台身157座，双线预应力混凝土简支箱梁136片、现浇连续梁5联及斜连续钢构1联。工程自2010年8月2日开工，预计2012年12月7日竣工，总造价27149.5万元。建设单位为沪昆铁路客运专线浙江有限责任公司， 设计单位为中铁第四勘察设计院集团有限公司，监理单位为华铁-德铁国际联合体杭长铁路客专（浙江）监理总站。

2010年完成产值5667.8万元，完成总价的20.9%。完成钻孔桩696根，承台50座，墩身10座。

【兰新铁路酒泉立交特大桥】 中铁九局承建，位于甘肃省嘉峪关市内，全桥长7371.8米，钻孔桩1876根，承台222座，墩台身222座，双线预应力混凝土简支箱梁212孔，工程自2010年4月1日开工，预计2012年5月31日竣工，总造价42506万元。建设单位为兰新铁路甘青有限公司，设计单位为中铁第一勘察设计院集团有限公司，监理单位为北京铁城建设监理有限责任公司兰新铁路甘青段监理站。

2010年完成产值12539万元，完成总价的29.5%。完成钻孔桩1630根，承台144座，墩台38座。

【兰新铁路河口村1号特大桥】 中铁九局承建，位于甘肃省嘉峪关市内，全桥长7980.5米，钻孔桩2102根，承台246座，墩台身246座，双线预应力混凝土简支箱梁237孔，工程自2010年4月1日开工，预计2011年10月5日竣工，总造价46016万元。建设单位为兰新铁路甘青有限公司，设计单位为中铁第一勘察设计院集团有限公司，监理单位为北京铁城建设监理有限责任公司兰新铁路甘青段监理站。

2010年完成产值14817万元，完成总价的32.2%。完成钻孔桩2007根，承台149座，墩台86座。

【兰新铁路北大河特大桥】 中铁九局承建，位于甘肃省嘉峪关市内，全桥长1119.7米，钻孔桩340根，承台52座，墩台身34座，双线预应力混凝土简支箱梁32孔，工程自2010年4月1日开工，预计2011年8月28日竣工，总造价6456万元。建设单位为兰新铁路甘青有限公司，设计单位为中铁第一勘察设计院集团有限公司，监理单位为北京铁城建设监理有限责任公司兰新铁路甘青段监理站。

2010年完成产值1924万元，完成总价的29.8%。完成钻孔桩178根，承台8座，墩台2座。

【兰新铁路黑山湖跨兰新立交特大桥】 中铁九局承建，位于甘肃省嘉峪关市内，全桥长3351.6米，钻孔桩593根，承台71座，墩台身100座，双线预应力混凝土简支箱梁93孔，工程自2010

年 4 月 1 日开工，预计 2011 年 11 月 20 日竣工，总造价 19326 万元。建设单位为兰新铁路甘青有限公司，设计单位为中铁第一勘察设计院集团有限公司，监理单位为北京铁城建设监理有限责任公司兰新铁路甘青段监理站。

2010 年完成产值 6803 万元，完成总价的 35.2%。完成钻孔桩 589 根、承台 40 座、墩台 36 座。

【兰新铁路嘉峪关既有线跨兰新第二双线特大桥】 中铁九局承建，位于甘肃省嘉峪关市内，全桥长 1913.2 米，钻孔桩 370 根，承台 61 座，墩台身 61 座，双线预应力混凝土简支 T 梁 60 孔，工程自 2010 年 4 月 1 日开工，预计 2011 年 5 月 30 日竣工，总造价 8739 万元。建设单位为兰新铁路甘青有限公司，设计单位为中铁第一勘察设计院集团有限公司，监理单位为北京铁城建设监理有限责任公司兰新铁路甘青段监理站。

2010 年完成产值 4253 万元，完成总价的 48.7%。完成钻孔桩 370 根、承台 59 座、墩台 13 座。

【兰州枢纽南坡坪黄河特大桥】 中铁九局承建，位于甘肃省兰州市西固区境内，该桥起于石岗站东咽喉，经兰州铝厂，以 32+56+32 米连续梁形式跨越国道 312 线，引至黄河南岸，又以 40+64+64+40 米连续梁形式跨越黄河，在南坡坪接红山顶隧道，全长 597.78 米。工程自 2009 年 8 月 10 日开工， 2010 年 11 月 1 日竣工，总造价 3740.7 万元。建设单位为兰州铁路局，设计单位为中铁第一勘察设计院集团有限公司，监理单位为甘肃铁一院监理工程有限公司。

【前庄铁路卧龙特大桥】 中铁九局承建，位于辽宁省丹东东港市北井子镇的东侧，桥位经过东港市北井子镇孙家屯村、林屯村以及长山镇长山村。全桥长 4314.03 米，中心里程为 DK106+859.2，起讫里程为 DK104+701.15～DK109+015.18。大桥孔跨样式为（49-32 米）+（1-24 米）+（59-32 米）+（1-24 米）+（22-32 米），钻孔桩 1186 根，承台 133 座，墩台身 133 座，双线预应力混凝土简支 T 梁 132 孔。工程自 2010 年 6 月 18 日开工，预计 2011 年 5 月 31 日竣工，总造价 19324 万元。建设单位为丹大快速铁路有限责任公司，设计单位为铁道第三勘察设计院集团有限公司，监理单位为沈阳铁路建设监理有限公司。

2010 年开累完成产值 7519 万元，完成总价的 38.9%。完成钻孔桩 1108 根、承台 94 座、墩台身 57 座。

【前庄铁路龙太河特大桥】 中铁九局承建，位于辽宁省丹东东港市北井子镇，桥位经过东港市北井子镇王家坨子村、徐家坨子村以及石桥村，全桥长 4144.45 米，中心里程为 DK98+583.23，起讫里程为 DK96+511～DK100+655.45。大桥孔跨样式：（9-32 米）+（2-24 米）+（6-32 米）+（3-24 米）+（81-32 米）+（2-24 米）+（25-32 米），桩基础 1044 根，墩台 129 座，双线预应力混凝土简支 T 梁 128 孔。工程自 2010 年 5 月 9 日开工，预计 2011 年 6 月 5 日竣工，总造价 18187 万元。建设单位为丹大快速铁路有限责任公司，设计单位为铁道第三勘察设计院集团有限公司，监理单位为沈阳铁路建设监理有限公司。

2010 年开累完成产值 6221 万元，完成总价的 34.2%。完成钻孔桩 1044 根、承台 129 座、墩台身 94 座。

【前庄铁路枣儿河特大桥】 中铁九局承建的东北东部铁路新建前阳至庄河段工程 D 吨 2 标段枣儿河特大桥，位于辽宁省丹东东港市椅圈镇，桥位经过东港市椅圈镇黄城村，全桥长 3701.9 米，中心里程为 DK94+249.49，起讫里程为 DK92+366.93～DK96+133.86。大桥孔跨样式：（12-32 米）+（2-24 米）+（12-32 米）+（1-24 米）+（29-32 米）+（2-24 米）+（58-32 米），桩基础 956 根，墩台 117 座，双线预应力混凝土简支 T 梁 116 孔。工程自 2010 年 5 月 10 日开工，预计 2011 年 9 月 9 日竣工，总造价 16184 万元。建设单位为丹大快速铁路有限责任公司，设计单位为铁道第三勘察设计院集团有限公司，监理单位为沈阳铁路建设监理有限公司。

2010 年完成钻孔桩 956 根，承台 46 座，墩台身 4 座。

【前庄铁路大洋河特大桥】 中铁九局承建，位于辽宁省丹东东港市大孤山镇，桥位横跨大洋河，全桥长 3781.5 米，中心里程为 DK75+144.46，起讫里程为 DK73+264.1～DK77+024.13。大桥孔跨样式：（3-32 米）+（1-24 米）+（2-32 米）+（2-24 米）+（99-32 米）+（4-32 米道岔连续梁）+（7-32 米道岔连续梁），桩基础 912 根，墩台 117 座，双线预应力混凝土简支 T 梁 105 孔，2 联道岔梁，其中 100 号-109 号墩位于大洋河水中。工程自 2010 年 10 月 20 日开工，预计 2012 年 4 月 7 日竣工，总造价 22497 万元。建设单位为丹大快速铁路有限责任公司，设计单位为铁道第三勘察设计院集团有限公司，监理单位为沈阳铁路建设监理有限公司。

2010 年开累完成产值 3937 万元，完成总价的 17.5%。完成钻孔桩 340 根、承台 12 座、墩台身 4 座。

【前庄铁路石佛跨 201 国道特大桥】 中铁九局承建的东北东部铁路新建前阳至庄河段工程 D 吨 2 标段石佛跨 201 国道特大桥，位于辽宁省丹东东港市前阳镇，桥位经过前阳镇石佛村，全桥长 3498.36 米，中心里程为 DK125+156.12，起讫里程为 DK123+406.84～DK126+905.2。大桥孔跨样式：（3-32 米）+（1-24 米）+（25-32 米）+（48+80+48 米连续梁）+（33-32 米）+（1-24 米）+（26-32 米）+（2-24 米）+（11-32 米），桩基础 890 根，墩台 106 座，双线预应力混凝土简支 T 梁 102 孔，1 联连续梁。工程自 2010 年 10 月 15 日开工，预计 2012 年 1 月 4 日竣工，总造价 17128 万元。建设单位为丹大快速铁路有限责任公司，设计单位为铁道第三勘察设计院集团有限公司，监理单位为沈阳铁路建设监理有限公司。

2010 年开累完成产值 2606 万元，完成总价的 15.2%。完成钻孔 510 根、承台 1 座。

【前庄铁路石头沟特大桥】 中铁九局承建，位于辽宁省丹东东港市新城区，桥位经过新城区宣城村、八棵树村、柞木村、刘家泡村，全桥长3432.3米，中心里程为DK118+377.17，起讫里程为DK116+661～DK120+093.33。大桥孔跨样式：(10-32米)+(1-24米)+（32-32米）+（1-24米）+（1-32米）+（32+48+32米连续梁）+（48-32米）+（1-24米）+（7-32米），桩基础964根，墩台106座，双线预应力混凝土简支T梁102孔，1联连续梁。工程自2010年10月9日开工，预计2011年11月7日竣工，总造价15082万元。建设单位为丹大快速铁路有限责任公司，设计单位为铁道第三勘察设计院集团有限公司，监理单位为沈阳铁路建设监理有限公司。

2010年开累完成产值3294万元，完成总价的21.8%。完成钻孔503根。

【前庄铁路前阳跨201国道特大桥】 中铁九局承建的东北东部铁路新建前阳至庄河段工程D吨2标段前阳跨201国道特大桥，位于辽宁省丹东东港市前阳镇，桥位经过前阳镇农民村、新疆村，全桥长2843.95米，中心里程为DK134+451.99，起讫里程为DK133+028.42～DK135+872.37。大桥孔跨样式：（23-32米）+（1-116米简支系杆拱）+（60-32米），桩基础724根，墩台85座，双线预应力混凝土简支T梁83孔，1联简支系杆拱。工程自2010年7月15日开工，预计2012年2月21日竣工，总造价9067万元。建设单位为丹大快速铁路有限责任公司，设计单位为铁道第三勘察设计院集团有限公司，监理单位为沈阳铁路建设监理有限公司。

2010年开累完成产值3388万元，完成总价的37.4%。完成钻孔519根、承台16座、墩身10座。

【前庄铁路潘家坝跨丹大高速特大桥】 中铁九局承建的东北东部铁路新建前阳至庄河段工程D吨2标段潘家坝跨丹大高速特大桥，位于辽宁省丹东东港市黄土坎镇与椅圈镇之间，桥位经过黄土坎镇赵家岭村和椅圈镇德祥村，全桥长1402.5米，中心里程为DK83+189.01，起讫里程为DK82+454.88～DK83+923.14。大桥孔跨样式：（29-32米）+（1-116米简支系杆拱）+（12-32米），桩基础354根，墩台43座，双线预应力混凝土简支T梁41孔，1联简支系杆拱。工程自2010年7月16日开工，预计2011年12月16日竣工。总造价7191万元。建设单位为丹大快速铁路有限责任公司，设计单位为铁道第三勘察设计院集团有限公司，监理单位为沈阳铁路建设监理有限公司。

2010年开累完成产值1100万元，完成总价的15.3%。完成钻孔286根，承台7座。

【前庄铁路跨铁甲灌渠特大桥】 中铁九局承建，位于辽宁省丹东东港市长山镇，桥位经过长山镇卧龙村和大顶子村，全桥长2401.5米，中心里程为DK113+094.3，起讫里程为DK111+893.53～DK114+295.56。桩基础604根，墩台74座，双线预应力混凝土32米简支T梁73孔。工程自2010年6月6日开工，预计2011年9月10日竣工，总造价11758万元。建设单位为丹大快速铁路有限责任公司，设计单位为铁道第三勘察设计院集团有限公司，监理单位为沈阳铁路建设监理有限公司。

2010年开累完成产值2561万元，完成总造价的21.8%。完成钻孔425根、承台9座。

【前庄铁路长家岭特大桥】 中铁九局承建，位于辽宁省丹东东港市长山镇，桥位经过长山镇长山村和卧龙村，全桥长2271.1米，中心里程为DK110+582.05，起讫里程为DK109+446.15～DK111+717.25。桩基础622根，墩台70座，双线预应力混凝土32米简支T梁69孔。工程自2010年6月7日开工，预计2011年7月10日竣工，总造价11117万元。建设单位为丹大快速铁路有限责任公司，设计单位为铁道第三勘察设计院集团有限公司，监理单位为沈阳铁路建设监理有限公司。

2010年开累完成产值3452万元，完成总价的31%。完成钻孔599根、承台58座、墩台身22座。

【沈丹客专本溪枢纽太子河特大桥】 中铁九局承建，位于辽宁省本溪市境内，全桥长1355.42米，钻孔桩246根，承台24座，墩台身38座，明挖基础4座，挖井基础10个，双线预应力混凝土简支箱梁35孔，(32+48+32)米连续梁1孔，(60+100+60)米连续梁1孔。工程自2010年7月26日开工，预计2012年6月20日竣工，总造价9770万元。建设单位为沈阳铁路局沈丹客专本溪枢纽工程建设指挥部，设计单位为铁道第三勘察设计院集团有限公司，监理单位为沈阳铁路建设监理有限公司。

2010年完成产值2827.4万元，完成总价的28.9%。完成钻孔桩74根，挖井基础6个，承台2座，墩身2座。

【沈丹客专本溪枢纽改乙线太子河特大桥】 中铁九局承建，位于辽宁省本溪市境内，全桥长1128米，钻孔桩262根，承台24座，挖井基础10个，墩台身34座，双线预应力混凝土简支T梁32孔，96米钢管拱1孔。工程自2010年6月3日开工，预计2011年5月30日竣工，总造价7696万元。建设单位为沈阳铁路局沈丹客专本溪枢纽工程建设指挥部，设计单位为铁道第三勘察设计院集团有限公司，监理单位为沈阳铁路建设监理有限公司。

2010年完成产值4032.1万元，完成总价的52.4%。完成钻孔桩222根，挖井基础10个，承台21座，墩身29座。

【湘桂铁路湘江1号特大桥】 中铁九局承建的湘桂铁路衡阳至永州段扩能改造工程G吨XG-3标段湘江1号桥位于微丘陵地区，主要为跨越湘江而设。大桥全桥孔跨布置为：1-31.5米简支梁（组合梁）+（48+4×80+48）米预应力混凝土连续梁+4-31.5米简支梁组合梁，全桥长593.40米。工程自2009年6月20日开工，预计2011年6月30日竣工，总造价8509.12万元。建设单位为广州铁路（集团）公司湘桂铁路扩能改造工程建设指挥部，设计单位为中铁第四勘察设计院集团有限公司，监理单位为华南铁路建设监理公司。

2010年完成61根桩基，12座承台,9座墩身，2座桥台，开累完成产值6257万元，占总价值的73.53%。

【湘桂铁路湘江2号特大桥】 中铁九局承建，位于湖南省永州市境内，横跨湘江，连接冷水滩区高溪市镇及竹山桥镇，起止里程为DK118+849.075～DK119+920.405，桥梁全长1071.33米，墩台身23座，承台23座，钻孔桩252根。桥梁孔跨布置为：2孔-32米简支组合箱梁＋(60+100×2+60)米连续梁＋1孔-24米简支组合箱梁+3 孔-32 米简支组合箱梁＋(60+100+60)米连续梁＋10孔-32 米简支组合箱梁，双线。连续梁采用挂篮悬臂浇筑施工，简支箱梁采用预制架设施工。工程自2009年8月8日开工，预计2011年6月29日竣工，总造价10945.2万元。建设单位为广州铁路（集团）公司湘桂铁路扩能改造工程建设指挥部，设计单位为中铁第四勘察设计院集团有限公司，监理单位为华南铁路建设监理公司。

2010年完成钻孔桩101根，承台19座，墩身21座。开累完成产值8488万元，完成总价的77.55%。

【湘桂铁路王家屋特大桥】 中铁九局承建，位于湖南省永州市内，起止里程为 DK146+002.50～DK147+783.110，桥梁全长1780.61米，孔跨布置为：12孔-32米简支T梁+（40+64+40）米连续梁+36孔-32米简支T梁+2孔-24米简支T梁。本桥梁部除跨越采用1-（40+64+40）米预应力混凝土连续梁外，其余的地段均采用预制后张法简支T梁，连续梁采用挂篮悬臂浇筑施工，简支T梁采用预制架设施工。工程自2009年6月13日开工，预计2011年5月30日完工，总造价8078.38万元。建设单位为广州铁路(集团）公司湘桂铁路扩能改造工程建设指挥部，设计单位为中铁第四勘察设计院集团有限公司，监理单位为华南铁路建设监理公司。

2010年完成钻孔桩114根，承台21座，墩身43座，扩大基础2座。开累完成产值6410万元，完成总价的79.35%。

【湘桂铁路杨家桥特大桥】 中铁九局承建，全长1260.86米，铁路里程为 DK148+089.15～DK149+350。桥梁基础为明挖扩大基础和钻孔灌注桩基础，圆端型实体墩，钢筋砼矩形空心桥台。上部结构跨径布置为2（38孔-32米）预制简支T梁。工程自2009年6月20日开工，预计2011年4月10日完工，总造价5722.33万元。建设单位为广州铁路（集团）公司湘桂铁路扩能改造工程建设指挥部，设计单位为中铁第四勘察设计院集团有限公司，监理单位为华南铁路建设监理公司。

2010年完成钻孔桩21根，承台7座，墩身28座，扩大基础6座，开累完成产值4483万元，完成总价的78.34%。

【扎阿铁路八一特大桥】 中铁九局承建的新建扎兰屯至阿荣旗铁路施工Ⅰ标段八一特大桥工程，位于扎兰屯市八一村附近，全长865.24米，桥址地貌为丘陵区和宽谷区，该桥跨越山谷所设，谷深约 28 米。桥墩均采用圆端型实体桥墩，墩台最高为 7～26米，桥台均采用吨型桥台，全桥墩台均为钻孔灌注桩基础，桩径均为φ1.25米，孔桩深度为9～26米。线下工程工期：2009年6月20日-2010年9月30日，架梁及桥面系：2011年8月20日至2011年9月10日，工程总造价1642万元。建设单位为呼伦贝尔阿扎铁路有限责任公司，设计单位为铁道部第五勘察设计院集团有限责任公司，监理单位为黑龙江中铁建设监理有限责任公司。

2010年完成产值553万元，累计完成产值1320万元，完成总产值的80.4%。

【扎阿铁路音河特大桥】 中铁九局承建，位于音河乡附近，全长1360.07米，为跨越音河而设。桥墩均采用圆端型实体墩，墩台最高为6.5～7.5米，桥台均采用T型桥台，全桥墩台均为钻孔灌注桩基础，桩径均为φ100厘米。孔桩深度为24～30米。线下工程工期：2009年6月20日-2010年9月，架梁及桥面系：2011年8月20日至9月10日，工程总造价2473万元。建设单位为呼伦贝尔阿扎铁路有限责任公司，设计单位为铁道部第五勘察设计院集团有限责任公司，监理单位为黑龙江中铁建设监理有限责任公司。

2010年完成产值897万元，累计完成产值1978万元，完成总产值的79.9%。

【萧甬铁路柯桥特大桥】 中铁九局承建的萧甬铁路绍兴县城区段改造工程柯桥特大桥，位于浙江省绍兴市内，全桥长 5660.82米，钻孔桩1416根，承台176座，墩台身176座，双线预应力混凝土简支T梁175孔，工程自2010年7月1日开工，预计2011年10月31日竣工，总造价26070万元。建设单位为上海铁路局宁波铁路枢纽工程建设指挥部，设计单位为中铁上海设计院集团有限公司，监理单位为上海华东铁路建设监理有限公司。

2010年完成产值730万元，完成总价的2.8%。完成钻孔桩140根，承台4座。

【贺珠线铁路切日呼都格特大桥】 中铁九局承建，全桥长1073米，中心里程 WDK10+325，桥墩均采用圆端型实体墩，墩台最高为16-22米，桥台均采用T型桥台，全桥墩台均为钻孔灌注桩基础，钻孔桩206根，承台33座，墩台身33座，桥台及桥墩均设双侧钢筋混凝土步板人行道，桥上设护轮轨。单线60 公斤/米钢轨普通线路。工程自2010年5月开工，2010年11月竣工，总造价2173万元。建设单位为沈阳铁路局通辽工程建设指挥部，设计单位为沈阳铁道勘察设计院，监理单位为北京华铁工程咨询监理有限公司。

【贺珠线乌德勒好来特大桥】 中铁九局承建，全桥长1202米，中心里程 DK235+034 ，桥墩均采用圆端型实体墩，墩台最高为

20-22 米，桥台均采用吨型桥台，全桥墩台均为钻孔灌注桩基础，钻孔桩 220 根，承台 37 座，墩台身 37 座。 桥台及桥墩均设双侧钢筋混凝土步板人行道，桥上设护轮轨。单线 60 公斤/米钢轨普通线路。工程自 2010 年 5 月开工，2010 年 11 月竣工，总造价 2285 万元。建设单位为沈阳铁路局通辽工程建设指挥部，设计单位为沈阳铁道勘察设计院，监理单位为北京华铁工程咨询监理有限公司。

【贺珠线额吉诺尔 2 号特大桥】 中铁九局承建，全桥长 2604 延米，中心里程 DK263+006，桥墩均采用圆端型实体墩，墩台最高为 20-25 米，桥台均采用 T 型桥台，全桥墩台均为钻孔灌注桩基础，钻孔桩 484 根，承台 80 座，墩台身 80 座。 桥台及桥墩均设双侧钢筋混凝土步板人行道，桥上设护轮轨。单线 60 公斤/米钢轨普通线路。工程自 2010 年 5 月开工，2010 年 11 月竣工，总造价 5570 万元。建设单位为沈阳铁路局通辽工程建设指挥部，设计单位为沈阳铁道勘察设计院，监理单位为北京华铁工程咨询监理有限公司。

【贺珠线巴嘎额吉特大桥】 中铁九局承建，全桥长 4802 米，中心里程 DK 273+978，桥墩均采用圆端型实体墩，墩台最高为 25-32 米，桥台均采用 T 型桥台，全桥墩台均为钻孔灌注桩基础，钻孔桩 916 根，承台 147 座，墩台身 147 座。 桥台及桥墩均设双侧钢筋混凝土步板人行道，桥上设护轮轨。单线 60 公斤/米钢轨普通线路。工程自 2010 年 5 月开工，2010 年 11 月竣工，总造价 16562 万元。建设单位为沈阳铁路局通辽工程建设指挥部，设计单位为沈阳铁道勘察设计院，监理单位为北京华铁工程咨询监理有限公司。

【资中沱江二桥】 中铁九局承建的省道 207 线资中县沱江二桥工程，位于四川省内江市资中县境内，该桥起于资太路罗汉洞村四社，经罗汉洞村三社、七社，在一社以箱梁和连续钢构桥跨沱江至南岸松山坝村下穿成渝铁路，在水南镇交通村接国道 321 线和省道 207 线，全长 2965 米，其中大桥长 583.7 米，引道长 2381.3 米，引道及大桥宽 23 米，沥青混凝土路面。工程自 2008 年 2 月 24 日开工，预计 2011 年 6 月 30 日竣工，总造价 9652.17 万元。建设单位为资中县交通建设开发公司，设计单位为中铁大桥勘测设计院有限公司，监理单位为云南交通基建工程监理有限公司。

至 2010 年末，开累完成产值 9002.22 万元，完成总价的 92.99%。

【宇松铁路下山头隧道】 中铁九局承建的靖宇至松江河线新建铁路工程下山头隧道，进口里程为 DK53+770、出口里程为 DK61+730，全长 7960 米。隧道平面入口位于直线上，出口位于左偏、R=1200 米的曲线上。隧道进口处自然坡度约 32 度，出口处自然坡度约 17 度。最大埋深为 323.14 米。隧道开挖方 41.9 万立方米，初衬砼 20556 立方米 ，二衬砼 79055.6 立方米 ，注浆锚杆（φ25）54924 米，φ22 药卷锚杆 48754 米，超前小导管 19362 米等。工程自 2009 年 9 月 25 日开工，预计 2011 年 10 月 30 日竣工，总造价 15218.99 万元。建设单位为沈阳铁路局，设计单位为吉林铁道堪察设计研究院有限公司，监理单位为沈阳铁路建设监理有限公司。

2010 年完成产值 6956.95 万元，完成总价的 45.7%。洞身开挖 3385 米，仰拱及回填 3051 米，二衬 2126 米完成，完成总量的 42.5%。

【宇松铁路花园口 1 号隧道】 中铁九局承建，进口里程为 DK22+980、位于爬犁沟村西南侧，河谷东岸，出口里程为 DK28+330、位于花园口镇西南方，腰甸子村东北方，全长 5350 米。隧道所经地区为低山地貌，地势较为陡峻，"V"字型冲沟较发育，地形相对高差较大，相对高差最大约 268 米，最大埋深为 296.21 米。隧道开挖方 27.4 万立方米 ，初衬砼 12646 立方米 ，二衬砼 52334.1 立方米 ，注浆锚杆（φ25）29700 米，φ22 药卷锚杆 35773 米，超前小导管 4323 米等。工程自 2009 年 9 月 25 日开工，预计 2011 年 6 月 30 日竣工，总造价 10576.35 万元。建设单位为沈阳铁路局，设计单位为吉林铁道堪察设计研究院有限公司，监理单位为沈阳铁路建设监理有限公司。

2010 年完成产值 5692.05 万元，完成总价的 53.8%。洞身开挖 2826 米，仰拱及回填 2538 米，二衬 1788 米完成，完成总量的 52.8%。

【宇松铁路迟榆顶子隧道】 中铁九局承建，进口里程为 DK20+855,出口里程为 DK22+440。位于爬梨沟村西南方，河谷西岸，全长 1585 米，为单线铁路隧道，其中Ⅲ级围岩 192 米，Ⅳ级围岩 638 米，Ⅴ级围岩 755 米，施工采用出入口双侧作业。围岩开挖 8.5 万立方米 ，衬砌圬工方 2.2 万立方米 ，水沟电缆槽 3170 米（双侧）。隧道最大埋深为 73.77 米，出口洞口段为隧道最小埋深处，埋深仅为 8.22 米，属洞口浅埋地段。考虑进洞困难，进口采用 50 米长的φ108 大管棚超前支护;出口采用 140 米米长的φ108 大管棚超前支护。工程自 2009 年 9 月 20 日开工，预计 2011 年 10 月竣工，工程总造价 3885.42 万元。建设单位为东北东部新建铁路靖宇至松江河线工程建设指挥部，设计单位为吉林铁道勘察设计院有限公司，监理单位为沈阳铁路建设监理有限公司。

2010 年完成合同内产值 1206.85 万元，完成总价的 31.06%。

【宇松铁路花园口 3 号隧道】 中铁九局承建，进口里程为 DK31+425,位于花园村正东方，河谷东岸，出口里程为 DK32+455，全长 1030 米，为单线铁路隧道，其中Ⅲ级围岩 645 米，Ⅳ级围岩 235 米，Ⅴ级围岩 150 米，施工采用入口作业。围岩开挖 5.04 万立方米 ，衬砌圬工方 1.16 万立方米 ，水沟电缆槽 2060 米（双侧）。工程自 2010 年 5 月 20 日开工，预计 2011 年 10 月竣工，工程总造价 2035.67 万元。建设单位为东北东部新建铁路靖宇至松江河线工程建设指挥部，设计单位为吉林铁道勘察设计院有限公司，监理单位为沈阳铁路建设监理有限公司。

2010年完成合同内产值398.13万元，完成总价的19.56%。

【宇松铁路珠宝1号隧道】中铁九局承建的靖宇至松江河线新建铁路工程珠宝一号隧道进口里程为DK32+935，位于珠宝沟屯西北侧，珠宝河西岸，出口里程为DK35+046，全长2111米，为单线铁路隧道，其中Ⅲ级围岩1235米，Ⅳ级围岩760米，Ⅴ级围岩116米，施工采用出入口双侧作业。围岩开挖10.26万立方米，衬砌圬工方2.39万立方米，水沟电缆槽4222米（双侧）。工程自2009年10月10日开工，预计2011年11月竣工，工程总造价4015.49万元。建设单位为东北东部新建铁路靖宇至松江河线工程建设指挥部，设计单位为吉林铁道勘察设计院有限公司，监理单位为沈阳铁路建设监理有限公司。

2010年完成合同内产值1081.13万元，完成总价的26.92%。

【宇松铁路珠宝2号隧道】中铁九局承建，进口里程为DK35+355，位于珠宝沟屯西北，珠宝河西岸，出口里程为DK38+478，全长3123米。为单线铁路隧道，其中Ⅳ级围岩2930米，Ⅴ级围岩193米，施工采用出入口双侧作业。围岩开挖16.78万立方米，衬砌圬工方4.43万立方米，水沟电缆槽6246米（双侧）。工程自2009年10月10日开工，预计2012年3月竣工，工程总造价7185.3万元。建设单位为东北东部新建铁路靖宇至松江河线工程建设指挥部，设计单位为吉林铁道勘察设计院有限公司，监理单位为沈阳铁路建设监理有限公司。

2010年完成合同内产值2104.3万元，完成总价的29.29%。

【宇松铁路双河村隧道】中铁九局承建的靖宇至松江河线新建铁路工程双河村单线铁路隧道进口里程为DK41+320，位于高句丽古城址南方约1.5公里处，出口里程为DK43+948，全长2628米。为单线铁路隧道，其中Ⅲ级围岩1500米，Ⅳ级围岩960米，Ⅴ级围岩168米，施工采用出入口双侧作业。围岩开挖12.89万立方米，衬砌圬工方3.01万立方米，水沟电缆槽5256米（双侧）。隧道最大埋深为175.82米，进口采用10米长的φ108大管棚超前支护，出口采用30米长的φ108大管棚超前支护。工程自2009年10月10日开工，预计2012年2月竣工，工程总造价4783.38万元。建设单位为东北东部新建铁路靖宇至松江河线工程建设指挥部，设计单位为吉林铁道勘察设计院有限公司，监理单位为沈阳铁路建设监理有限公司。

2010年完成合同内产值1410.26万元，完成总价的29.48%。

【宇松铁路江沿村隧道】中铁九局承建的靖宇至松江河线新建铁路工程江沿村单线铁路隧道进口里程为DK45+106，位于徐家沟东约800米处，出口里程为DK46+355，全长1249米，为单线铁路隧道，其中Ⅲ级围岩20米，Ⅳ级围岩1138米，Ⅴ级围岩91米，施工采用入口作业。围岩开挖6.90万立方米，衬砌圬工方1.79万立方米，水沟电缆槽2498米（双侧）。隧道最大埋深为107.16米，进口采用30米长的φ108大管棚超前支护。工程自2009年10月10日开工，预计2012年3月竣工，工程总造价2649.5元。建设单位为东北东部新建铁路靖宇至松江河线工程建设指挥部，设计单位为吉林铁道勘察设计院有限公司，监理单位为沈阳铁路建设监理有限公司。

2010年完成合同内产值934.86万元，完成总价的35.28%。

【宇松铁路庙岭1号隧道】中铁九局承建，位于白山市抚松县松江河镇松江村，隧道全长1145米，为单线铁路隧道，其中Ⅱ级围岩、Ⅲ级围岩736米，Ⅳ级围岩288米，Ⅴ级围岩121米，施工采用出口作业。围岩开挖5.47万立方米，衬砌圬工方1.6万立方米，水沟电缆槽2290米（双侧）。工程自2010年4月30日开工，预计2011年12月竣工，工程总造价2135.06万元。建设单位为东北东部新建铁路靖宇至松江河线工程建设指挥部，设计单位为吉林铁道勘察设计院有限公司，监理单位为沈阳铁路建设监理有限公司。

2010年完成合同内产值417.7万元，完成总价的19.57%。

【宇松铁路庙岭2号隧道】中铁九局承建，位于白山市抚松县松江河镇松江村，隧道全长1935米，为单线铁路隧道，其中Ⅱ级围岩355米、Ⅲ级围岩557米，Ⅳ级围岩248米，Ⅴ级围岩775米，施工采用进出口两端同时掘进。围岩开挖9.69万立方米，衬砌圬工方3.1万立方米，水沟电缆槽3870米米（双侧）。工程自2010年5月30日开工，预计2012年1月竣工，总造价4153.2万元。建设单位为东北东部新建铁路靖宇至松江河线工程建设指挥部，设计单位为吉林铁道勘察设计院有限公司，监理单位为沈阳铁路建设监理有限公司。

2010年完成合同内产值663.9万元，完成总价的15.99%。

【前庄铁路草莓沟1号隧道】中铁九局承建，位于辽宁省丹东市草莓沟村，起讫里程DK248+775～DK251+980，全长3205米，为单洞双线隧道，设计时速200公里/小时，洞身最大埋深约105.33米，隧道开挖方43.6万立方米，仰拱填充砼32647立方米，二衬砼52976立方米，注浆锚杆（φ25）116321米，φ22砂浆锚杆51679米，超前小导管115500米。工程自2009年10月1日开工，预计2012年9月3日竣工，工程总造价19003.4万元。建设单位为沈阳铁路局，设计单位为铁道第三设计勘察设计院集团有限公司，监理单位为沈阳铁路建设监理有限公司。

2010年完成产值2739万元，完成总价的14.41%。洞身开挖319.3米，仰拱及回填79.4米，完成总量的9.96%。

【前庄铁路草莓沟2号隧道】中铁九局承建，起讫里程吨JLDK154+965～吨JLDK159+227，全长4262米，进口位于草莓沟村东，出口位于山城一组南侧，为单洞双线隧道，设计时速120公里/小时，隧道内埋深约20～150米。隧道开挖方43.3万立方米，仰拱填充砼23801立方米，二衬砼54451立方米，注浆锚杆（ф25）104385 米，ф22 砂浆锚杆 88379 米，超前小导管 51083 米等。工程自 2009 年 10 月 1 日开工，预计 2012 年 3 月 26 日竣工，工程总造价 19548.32 万元。建设单位为沈阳铁路局，设计单位为铁道第三设计勘察设计院集团有限公司，监理单位为沈阳铁路建设监理有限公司。

2010 年完成产值 2032 万元，完成总价的 10.39%。草莓沟 2 号隧道洞身开挖 385 米，仰拱及回填 134 米，完成总量的 9.03%。

【前庄铁路盘道岭隧道】 中铁九局承建，位于辽宁省丹东市振兴区，起讫里程 JDLDK0+355～吨 JLDK5+225，进口位于锦江山东侧，出口位于山城一组南侧，全长 4870 米，为单线隧道，设计时速 120 公里/小时，隧道内埋深约 17.5～106.5 米。隧道开挖方 25.8 万立方米 ，仰拱填充砼 12139 立方米 ，二衬砼 39627 立方米 ，注浆锚杆（ф25）36862 米，ф22 砂浆锚杆 29074 米，超前小导管 27836 米等。工程自 2009 年 10 月 1 日开工，预计 2012 年 8 月 6 日竣工，工程总造价 14377.92 万元。建设单位为沈阳铁路局，设计单位为铁道第三设计勘察设计院集团有限公司，监理单位为沈阳铁路建设监理有限公司。

2010 年完成产值 1392 万元，完成总价的 9.68%。盘道岭隧道洞身开挖 382.25 米，仰拱及回填 106.75 米，完成总量的 7.85%。

【沈丹客专本溪枢纽新岭隧道】 中铁九局承建，穿越本溪市北中低山区，地貌形态复杂，沿线所经之处山峦叠嶂，沟谷纵横，地形起伏较大，局部山体基岩裸露。进出口里程为 DK44+255，出口里程为 DK45+794.91，全长 1539.9 米，为单洞双线隧道。隧道最大埋深 103 米。隧道开挖方 21.07 万立方米 ，初衬砼 9067 立方米 ，二衬砼 48248.545 立方米 ，中空锚杆（ф25）52434 米，ф22 砂浆锚杆 23830 米，超前小导管 48712 米等。工程自 2010 年 6 月 29 日开工，预计 2011 年 8 月 30 日竣工，工程总造价 7621 万元。建设单位为沈阳铁路局沈丹客运专线本溪枢纽工程建设指挥部，设计单位为铁道第三勘察设计院集团有限公司，监理单位为沈阳铁路建设监理有限公司。

2010 年完成产值 742 万元，完成总价的 9.7%。

【沈丹客专本溪枢纽唐家堡子隧道】 中铁九局承建，位于辽宁省本溪市境内，穿越北中低山区及凹地，沟谷发育，地形起伏较大。进口里程为 DK46+078.44，出口里程为 DK47+095，全长 1016.56 米，为单洞双线隧道，隧道最大埋深为 90 米。隧道总开挖方量 126764.7 立方米 ，二衬混凝土总量 15972.5 立方米 ，仰拱回填混凝土总量 8055.65 立方米 ，回填量进口帽檐式洞门 13 米，出口帽檐式洞门 13 米，偏压式明洞 34 米等。工程自 2010 年 9 月 15 日开工，预计 2011 年 8 月 31 日开通，工程总造价 5030.97 万元。建设单位为沈阳铁路局沈丹客运专线本溪枢纽工程建设指挥部，设计单位为铁道第三勘察设计院集团有限公司，监理单位为沈阳铁路建设监理有限公司。

2010 年完成产值 173.215 万元，完成总价的 3.44%。洞身开挖 50 米，初期支护完成 50 米。

【沈丹客专本溪枢纽威宁营隧道】 中铁九局承建，位于本溪市威宁营，为双线铁路隧道。进口里程为 DK49+659.21，出口里程为 DK52+167.77，全长 2508.56 米。洞身最大埋深约 157 米，最小埋深约 13 米。隧道开挖方 35 万立方米 ，初衬砼 12540 立方米 ，二衬砼 68970 立方米 ，中空锚杆（ф25）65659 米，ф22 砂浆锚杆 27824 米，超前小导管 85639 米等。工程自 2010 年 7 月 20 日开工，预计 2012 年 5 月 31 日竣工，工程总造价 11051 万元。建设单位为沈阳铁路局沈丹客运专线本溪枢纽工程建设指挥部，设计单位为铁道第三勘察设计院集团有限公司，监理单位为沈阳铁路建设监理有限公司。

2010 年完成产值 322.3 万元，完成总价的 2.9%。洞身开挖 62 米，初期支护完成 62 米。

【沈丹客专本溪枢纽小明沟隧道】 中铁九局承建，位于辽宁省本溪市境内，进口里程为 DK52+301，出口里程为 DK53+830.24，全长 1529.24 米。隧道开挖方 21 万立方米 ，初衬砼 7620 立方米 ，二衬砼 39624 立方米 ，中空锚杆（ф25）52438 米，ф22 砂浆锚杆 24944 米，超前小导管 36131 米等隧道位于 R=2200 曲线上，进口至出口为 4‰的上坡，最大埋深约 99.8 米。工程自 2010 年 7 月 15 日开工，预计 2012 年 5 月 31 日竣工，工程总造价 6380.8 万元。建设单位为沈阳铁路局，设计单位为铁道第三勘察设计院有限公司，监理单位为沈阳铁路建设监理有限公司。

2010 年完成产值 92.4 万元，完成总价的 1.5%。洞身开挖 17 米，初期支护完成 17 米。

【库俄铁路却勒塔格 1 号隧道】 中铁九局承建，位于库车河西岸低山区，是重点工程之一，施工采用进、出口同时作业。本隧道地处丘陵地区，地形起伏，隧道穿过山峰高程为 1270-1375 米，最大埋深 40 米。起讫里程为 DK24+000～DK26+864，全长为 2864 米，为单线隧道，洞身为直线洞内纵断为+5‰和-4.8‰。Ⅴ级围岩的开挖及支护 1373 米；Ⅳ级围岩的开挖及支护 1391 米；明洞 100 米；保温水沟 2864 米，隧道弃碴 174000 立方米 ，喷混凝土 10598 立方米 ，二衬混凝土 30257 立方米 ，仰拱混凝土 12870 立方米 ，衬砌钢筋 1540 吨，型钢钢架 716 吨。工期：2009 年 5 月 30 日至 2010 年 10 月 15 日，工程总造价 7050 万元。建设单位为乌鲁木齐铁路局，设计单位为铁道部第一勘察设计院集团有限责任公司，监理单位为乌鲁木齐铁建监理有限责任公司。

【库俄铁路依地克隧道】 中铁九局承建，位于库车河东岸低山区，全长1569.17米，为单线铁路隧道，施工采用进、出口同时作业。其中暗洞1539.17米，明洞30米。围岩开挖8.7万立方米，二衬1539.17米，电缆槽（双侧1569.17米），检查井4个。工程自2009年7月1日开工，预计2011年4月20日竣工，工程总造价4191万元。建设单位为乌鲁木齐铁路局，设计单位为铁道部第一勘察设计院集团有限责任公司，监理单位为乌鲁木齐铁建监理有限责任公司。

【库俄铁路卡克马克琪隧道】 中铁九局承建的新疆铁路库俄线ZHS标段卡克马克琪隧道位于库车河峡谷区左岸区，隧道全长2232米，隧道施工里程DK52+147-DK54+379，最大埋深140米，为单线隧道。其中Ⅴ级抗震设防为147米，Ⅳ复合357米，Ⅲ复合357米，施工采用进口、出口作业。围岩开挖12.1万立方米，衬砌圬工方28993立方米，电缆槽2232米（双侧）。工程自2009年6月25日开工，2011年5月30日竣工，工程总造价5494万元。建设单位为乌鲁木齐铁路局，设计单位为铁道部第一勘察设计院集团有限责任公司，监理单位为乌鲁木齐铁建监理有限责任公司。

【扎阿铁路新发村隧道】 中铁九局承建的新建扎兰屯至阿荣旗铁路施工Ⅰ标段新发村隧道工程，位于新发村附近，为单线铁路隧道，是全线的重点工程之一，施工采用进、出口加斜井同时作业。隧道起迄里程为DK5+449～DK8+718，全长3269米。隧道Ⅴ级围岩的开挖及支护1573米，Ⅳ级围岩的开挖及支护468米，Ⅲ级围岩的开挖及支护1375米，明洞241米，喷混凝土10724立方米，二衬混凝土25137立方米，仰拱混凝土5131立方米，衬砌钢筋762吨，型钢钢架640吨。工期：2010年4月10日至2011年7月15日，工程总造价8615万元。建设单位为呼伦贝尔阿扎铁路有限责任公司，设计单位为铁道部第五勘察设计院集团有限责任公司，监理单位为黑龙江中铁建设监理有限责任公司。

2010年完成产值1540万元，累计完成产值1682万元，完成总产值的19.5%。

【扎阿铁路五星隧道】 中铁九局承建，位于五星村附近，全长1855米，施工采用进、出口同时作业。隧道Ⅴ级围岩的开挖及支护619米，Ⅳ级围岩的开挖及支护56米，Ⅲ级围岩的开挖及支护1180米，明洞50米，二衬混凝土13963立方米，仰拱混凝土2776立方米，衬砌钢筋277吨，型钢钢架206吨。工期：2009年8月10日至2011年4月15日，工程总造价4014万元。建设单位为呼伦贝尔阿扎铁路有限责任公司，设计单位为铁道部第五勘察设计院集团有限责任公司，监理单位为黑龙江中铁建设监理有限责任公司。

2010年完成产值536万元，累计完成产值1747万元，完成总产值的43.5%。完成456米Ⅴ级围岩的开挖支护及衬砌，完成了11米Ⅲ级围岩的开挖支护。

【通霍铁路云端隧道】 中铁九局承建，位于扎鲁特旗阿日昆都楞苏木境内既有通霍线云端站南侧3公里处霍林河南岸山包中，起讫里程DK383+365～DK384+355，全长990米，为双线铁路隧道，其中明洞为190米，暗洞800米，Ⅵ级围岩340米，Ⅴ级围岩170米，Ⅳ级围岩225米，Ⅲ级围岩195米，Ⅱ级围岩60米。施工进口采用明挖法施工。进、出口暗挖段前40米拱部均采用大管棚超前支护，I20b型钢钢架加强支护；软若围岩地段均采用Φ22系统砂浆锚杆、定位系筋（Φ42注浆小导管），安装I20b（I18）型钢钢架，铺设钢筋网片，喷射混凝土进行系统、加强支护。工程自2010年3月1日开工，2010年11月30日开通，工程总造价5716.14万元。建设单位为通霍铁路有限责任公司筹备组，设计单位为沈阳铁道勘察设计院有限公司，监理单位为黑龙江中铁监理有限责任公司通霍工程监理部。

【通灌铁路新开岭1号隧道】 中铁九局承建的东北东部铁路新建通化至灌水段工程D吨3标段新开岭一号隧道工程，隧道全长1841米，进口位于辽宁省桓仁县拐磨子镇新开岭村，进口里程DK119+059，出口里程DK120+900。隧道Ⅴ级围岩的开挖及支护266米，Ⅳ级围岩的开挖及支护60米，Ⅲ级围岩的开挖及支护250米，II级围岩开挖支护1220米，明洞35米，隧道弃碴83278立方米，喷混凝土3373立方米，二衬混凝土17636.65立方米，衬砌钢筋352吨，格栅钢架232吨。工期：2009年4月10日至2011年9月15日，工程总造价3645万元。建设单位为沈阳铁路局东北东部铁路新建通化至灌水段工程建设指挥部，设计单位为铁道部第三勘察设计院集团有限责任公司，监理单位为沈阳铁路局建设监理公司。

2010年完成了隧道开挖支护1070米，仰拱1120米，二衬1310米，完成产值2138万元。

【通灌铁路李家堡子隧道】 中铁九局承建的东北东部铁路新建通化至灌水段工程D吨3标段李家堡子隧道位于吉林省通化县市大泉源乡和胜村西侧，为单线Ⅰ级铁路隧道，全长1786米，进口里程DK129+600，出口里程DK131+386。隧道所处山体地势起伏较大，最大高差198米，最大埋深193.49米。隧道Ⅴ级围岩的开挖及支护383米，Ⅲ级围岩的开挖及支护330米，II级围岩开挖支护1030米，明洞45米，隧道弃碴81779立方米，喷混凝土4002立方米，二衬混凝土16467立方米，衬砌钢筋468吨，格栅钢架315.8吨。工程自2009年6月开工，预计2011年5月竣工，总造价3261万元。建设单位为沈阳铁路局东北东部铁路新建通化至灌水段工程建设指挥部，设计单位为铁道部第三勘察设计院集团有限责任公司，监理单位为沈阳铁路局建设监理公司。

2010年完成合同内产值2051.9万元，完成总价的62.92%。

【通灌铁路施家屯2号隧道】 中铁九局承建的东北东部铁路新

建通化至灌水段工程D吨3标段施家屯二号隧道，位于吉林省通化县大泉源乡新胜村，全长1409米，进口里程DK138+524，出口里程DK139+933。隧道最大高差129米，最大埋深112.5米。隧道明洞为58米，Ⅴ级围岩为603米，Ⅳ级围岩48米，Ⅲ级围岩343米，Ⅱ级围岩357米。围岩开挖73927立方米，衬砌圬工方16977立方米。工程自2009年5月20日开工，2010年11月30日竣工，工程总造价2572万元。建设单位为沈阳铁路局东北东部铁路新建通化至灌水段工程建设指挥部，设计单位为铁道部第三勘察设计院集团有限责任公司，监理单位为沈阳铁路局建设监理公司。

【庄盖高速公路戴峪岭2号隧道】 中铁九局承建，为双线隧道，位于盖州市徐屯镇与小石棚镇境内，庄河端左线洞口里程为ZK81+975，右线洞口里程为K81+985，盖州端左线洞口里程为ZK84+905，右线洞口里程为K84+850。其中左线长2930米，右线长2865米，共5795米。隧道开挖方59.34万立方米，初衬砼22722立方米，二衬砼55179立方米，砂浆锚杆（φ25）48480米，砂浆锚杆（φ22）231869米，超前小导管10411米等。工程自2009年10月1日开工，预计2012年6月30日竣工，工程总造价23961.9万元。建设单位为辽宁省高等级公路建设局，设计单位为辽宁省交通勘测设计院，监理单位为辽宁驰通公路工程监理事务所。

2010年完成产值9683万元，完成总价的40.41%。洞身开挖3273米，仰拱及回填1200.25米，二衬1515米完成，完成总量的56.48%。

【抚通高速公路红升隧道】 中铁九局承建，位于新宾县红升乡附近，施工采用进、出口同时作业。起讫里程为ZK75+455～ZK76+490，K75+455～K76+498.529，全长2078.5米，为双线隧道。隧道Ⅴ级围岩的开挖及支护410米，Ⅳ级围岩的开挖及支护1573米，明洞95.5米，中心深埋水沟2064米，隧道弃碴237590立方米，喷混凝土13919立方米，二衬混凝土20933立方米，仰拱混凝土7325立方米，衬砌钢筋920吨，型钢钢架1198吨。工期：2009年6月15日至2011年6月30日，工程总造价10976万元。建设单位为辽宁省高等级公路建设局，设计单位为辽宁省交通勘测设计院，监理单位为沈阳公路工程监理有限责任公司。

2010年完成产值7436万元，开累完成产值9602万元，完成总价的87%。

【广河高速公路凤凰山隧道】 中铁九局承建，起于渔沙坦村凤凰山前，向东进入凤凰山隧道，在凤凰山隧道内接上第3合同段起点，路线长963米，其中左线隧道833.94米，右线隧道851米，单洞设计为三车道。隧道开挖方239058立方米，初衬砼9105立方米，二衬砼32412立方米，管棚1548米，注浆锚杆（φ25）57299米，φ22药卷锚杆80533米，超前小导管16720米等。工程自2008年7月4日开工，预计2011年5月30日竣工，工程总造价9497.87万元。建设单位为广州市公路开发公司，设计单位为中交第二公路堪察设计研究院有限公司，监理单位为广州诚信公路建设监理咨询有限公司。

2010年完成产值2126万元，完成总价的20.4%。

【广陕高速公路古家山隧道】 中铁九局承建的四川境陕川界至广元公路施工Ⅵ标段古家山隧道工程，位于龙门村附近，起讫里程为ZK17+409～ZK18+570，K17+422-K18+330，全长为2069米，为双线隧道，左线Ⅴ级围岩的开挖及支护71米，Ⅳ级围岩的开挖及支护1090米，明洞5米，中心深埋水沟2069米，隧道弃碴1418.23万立方米，喷混凝土704.9万立方米，二衬混凝土909.1万立方米，仰拱混凝土483.7万立方米，衬砌钢筋6145.7吨，型钢钢架1611.8吨。工期：2009年3月12日至2010年3月11日，工程总造价6235万元。建设单位为福建隆盛建筑有限公司，设计单位为华杰工程咨询有限公司，监理单位广东虎门技术咨询有限公司。

【温州七都大桥2标】 中铁十局承建。施工地点：温州市鹿城区七都镇。合同价17513万元，合同工期2006年6-2011年6月。业主调整竣工日期2012年12月。

主要工程数量：特大桥1121米/0.5座，匝道桥500米/2座。

桩基施工完成，水中承台施工。

【济宁市洸府河斜拉桥】 中铁十局承建。施工地点，山东省济宁市太白楼东路。大桥全长1831米，主桥全长600米，合同价3.62亿元，合同工期2008年1月至2010年5月。

主体工程完成。

【长春市光复路斜拉桥工程】 中铁十局承建。施工地点，长春市亚泰大街。桥梁长度368米，合同工期2010-9---2012-7，合同价16900万元。

主要工程量：砼4.8万立方米，钢筋7652吨，预应力钢绞线431吨，索塔2座，斜拉索120根。

施工准备工作完成。

【向莆铁路FJ-2标尤溪隧道】 中铁十局承建。施工地点：福建莆田。合同工期，土建工程2008年10月～2011年11月30日；

尤溪隧道（设计6192米）完成5659米。

【兰渝14标龙凤隧道】 中铁十局承建。龙凤隧道（设计5214米）完成2725米。

【兰渝1、2标马家坡隧道】 中铁十局承建。马家坡隧道（设计5830米）完成2122米。

【云桂1标隆安3号隧道】 中铁十局承建。隆安3号隧道（设计3045米）完成315米。

【云桂4标：长庆坡隧道、幸福隧道、天星隧道】 中铁十局承建。长庆坡隧道（设计12681米）施工准备，幸福隧道（设计12812米）完成102米，天星隧道（设计6555米）完成65米。

【福州市琅岐闽江大桥】 中铁大桥局承建。福州市琅岐闽江大桥及接线工程第Ⅱ合同段位于琅岐侧，起讫里程桩号K3+657.000～K6+789.000，长约3.132公里。包括主桥（琅岐侧全长646米，含跨中合龙段）、琅岐侧水中引桥、琅岐侧陆上引桥、琅岐环岛路互通和道路。琅岐闽江大桥主桥为跨径(60+90+150+680+150+90+60)米双塔双索面钢箱梁斜拉桥，大桥全长1280米，桥面宽28.7米。

【武汉二七长江大桥正桥工程第2、3标段】 中铁大桥局承建。武汉二七长江大桥是武汉市第七座长江大桥，目的在于缓解长江大桥、二桥交通压力，大桥南连武昌余家头，北接汉口二七路，工程总投资约21.7亿元。正桥工程具体包括通航孔主桥、非通航孔深水区及两岸非通航孔岸滩区，总长度为2922米。桥跨布置从北至南依次为：（2×45+70+2×45）米预应力砼连续箱梁+5×50米预应力砼连续箱梁+6×90 米钢砼结合连续梁+（90+160+2×616+160+90）米三塔斜拉桥+（45+60+45）米预应力砼连续箱梁。

4号塔柱完成200米，5号塔柱完成163米，钢梁安装198.7米。

【嘉绍大桥5、7标段】 中铁大桥局承建。嘉(兴)至绍(兴)跨江公路通道嘉绍大桥工程，全长10.137公里，主要由南岸水中区引桥、水中主桥、北副航道桥、北岸水中区引桥及北岸陆地区引桥等部分组成。

5标为北岸水中区引桥和北副航道桥的基础和下部结构(含钻孔灌注桩、承台及墩身等)，Ⅶ标段为其上部结构，起止里程为K43+975～K48+975，全长5000米。桥式为：[5×（4×70）米+3×（5×70）米]预制拼装箱梁＋（70+2×120+70）米连续刚构+[5×（5×70）米＋（6×70）米]预制拼装箱梁，上下行分幅。2个标段共有φ3.8米钻孔桩130根，φ2.0米钻孔桩62根，φ13.6米圆形承台10个，墩身140个，预制节段梁2878片，4孔连续刚构，混凝土44.33万立方米 ，钢材6.33万吨。

钻孔桩完成146根；承台完成8个，墩身完成100个，节段梁预制完成579块，架设完成201块。

【莫家寨双线特大桥】 中铁隧道承建。莫家寨双线特大桥属于新建贵阳至广州铁路站前工程GG吨J-2标，位于贵州省黔南、黔东南自治州，全长696.13米。6×32+(72+128+72)连续刚构+5×32+2×24米，连续梁均采用悬臂现浇施工，下部结构基础采用钻孔桩、挖孔桩和明挖施工，墩柱一般采用支架法翻模施工，莫家寨双线特大桥最高墩 85 米，采用塔吊提升、翻模施工。该工程2008年底开工，至2010年底完成成桥400米。

【丰都车站双线特大桥】 中铁隧道承建。丰都车站双线特大桥属于新建铁路重庆至利川线土建施工4标段，位于重庆丰都与石柱县境内。全长701.5米。为连续梁，最高墩87.5米（空心墩）。施工工艺复杂，技术含量高。工程于2008年12月开工，至2010年底完成614成桥米。

【金竹滩龙河特大桥】 中铁隧道承建。金竹滩龙河特大桥属于属于新建铁路重庆至利川线土建施工4标段，位于重庆丰都与石柱县境内。全长544.26米。为连续刚构梁，施工工艺复杂，技术含量高。工程于2008年12月开工，至2010年底完成401成桥米。

【苏村坝大桥】 中铁隧道承建。苏村坝大桥属于四川省雅泸高速公路C13合同段，位于四川省石棉县，苏村坝大桥横跨大渡河，大渡河水流湍急，水深约20米，桩基施工难度大。主桥桥跨组合为132米+220米+67.65米预应力砼高低塔斜拉桥，斜拉索采用双索面、密索、对称扇形布置，主梁为预应力钢筋砼双纵肋主梁。索塔为A型塔，高塔塔高为121.5米，低塔塔高为101.5米。深水大直径长桩施工难度大，泸沽端低塔便道修建困难、材料机具运输困难，斜拉桥施工工艺复杂，该桥是本标段的重点控制工程，同时由于受大渡河汛期和瀑电水电站蓄水时间的影响，工期节点任务重，也是本工程的难点。工程于2008年1月20日开工，2010年底桥梁已合拢。

【南平建溪特大桥】 中铁隧道承建。京福铁路客运专线闽赣VI标南平建溪特大长1231.42米，跨越建溪（闽江一级支流）、205国道、既有横南铁路（单线）。特殊桥梁结构施工技术要求高、难度大，为全线难点桥梁工程之一。同时位于河中的水中墩施工水深约11米，采用钢套箱围堰施工。位于山坡、铁路边的桥墩施工时，施工工艺复杂，技术含量高，保证方案可行，稳步推进科学施工组织是本工程的难点。该桥于2010年7月开工。

【中天山隧道】 中铁隧道承建。属新建南疆吐鲁番至库尔勒二线铁路工程（Ⅰ级），工程位于吐鲁番的托克逊县与巴州和硕县境内，隧道全长22467米，为国内在建的第二铁路长隧，进口采用TBM掘进，出口钻爆法施工。工程于2007年4月26日开工，计划2011年2月28日完工。施工队伍于2007年5月1日陆续进场建点，2007年6月8日正式开工，项目合同线下工程竣工日期为

2011年2月28日，业主于2010年4月16日组织召开加快中天山隧道施工进度协商会，以会议纪要的形式将工期延迟至2012年6月30日。截至2010年底隧道开累成洞16670米。

【关角隧道】 中铁隧道承建。关角隧道属新建青藏铁路西宁至格尔木段增建二线工程XGZHQ5-2标，工程位于青海省天峻县乌兰县，关角隧道通过区属青藏高原亚寒带半干旱气候区，海拔3417米，高寒缺氧，年平均气温-0.5℃，极端最高气温28.0℃，极端最低气温-35.8℃，最大月平均日温差24.7℃，常冬无夏，春秋相连，施工环境恶劣。关角隧道单洞长32.605公里，中铁隧道承建的XGZHQ5-2标长15.253公里。工程于2007年11月6日开工，计划2012年3月31日完工。截至2010年底隧道开累成洞21195米。

【大南山隧道】 中铁隧道承建。大南山隧道属新建铁路厦深铁路广东段XSGZQ-2标段，工程位于广东省揭阳市境内，隧道全长（单洞双线）12697米，设计有1号、2号斜井，独头掘进近4公里， 2007年11月28日开工，计划2010年11月28日完工。截至2010年底隧道施工全部完工。

【北京铁路地下直径线工程】 中铁隧道承建。北京铁路地下直径线隧道属于北京铁路枢纽北京站至北京西站地下直径线2标，位于北京市中心区。线路大致呈东西走向，包含一个出口段明挖工程、一个西端预埋段工程、一个拱形暗挖段工程、一个风井兼盾构井工程、一个宣武门至吊出井区间盾构工程、一个盾构吊出井和区间轨道工程，其中宣武门盾构井（DK4+756）至盾构吊出井（DK6+782.5）盾构区间隧道长5075米。2005年12月25日开工，原计划2007年12月完工，由于业主的原因，工期顺延。截至2010年底暗挖隧道施工全部完工，盾构掘进3024米。

【西秦岭特长隧道】 中铁隧道承建。系兰渝铁路重点隧道，位于甘肃省陇南市武都区境内，进口位于透防乡潘家沟，出口位于洛塘镇老盘底，左线DK395+116～DK423+352，长28236米，中铁隧道施工长度为27105米（DIK402+519～DIK403+650段1131米为XQLS1标施工任务），其中钻爆法施工段长度为10958米，TBM法施工段长度为16147米，采用的TBM直径为10.2米，中铁隧道还包括2739米右线隧道的施工任务。截至2010年底隧道开累成洞14914米。

【通海隧道】 中铁隧道承建。系玉蒙铁路重点隧道，通海隧道全长10.032公里，中铁隧道负责隧道正洞4842米、平导4933米的施工，此隧道围岩变化频繁，隧道穿越的主要地质构造有五里箐向斜、里山背斜及关营F4等五个断层，破碎带宽20～200米不等。进口工区需进行帷幕注浆地段，正洞838米，平导840米。截至2010年底隧道正洞开累成洞3963米，平导开累成洞3973米。

【象山隧道】 中铁隧道承建。象山隧道为龙厦铁路ZD—Ⅰ标重点工程，也是龙厦铁路的控制性工程。该隧道位于福建省龙岩市及漳州市，为双洞单线隧道，左、右线长度均为15898米。2006年12月开工，计划2011年12月完工。截至2010年底开累完成成洞31332米，剩余464米。

【狮子洋隧道】 中铁隧道承建。新建广深港客运专线狮子洋隧道是国内第一条水下铁路隧道，也是国内第一条长大水下盾构隧道和国内第一条铁路客运专线盾构隧道，号称中国铁路世纪隧道。隧道全长10.8公里。狮子洋隧道（出口）位于广东东莞沙田镇，包括引道段180米，明挖暗埋段597米，盾构井23米，盾构段左线4450米，右线4750米。左线正线长5.25公里，右线正线长5.55公里。中标价款118840万元，合同工期35个月（2006年5月26日至2009年11月30日）。截至2010年底盾构隧道左线（设计4900米）开累掘进5200米。右线开累掘进5096米。均超过分界里程。

【三联隧道】 中铁隧道承建。系六沾铁路重点隧道，由中铁隧道和中铁十六局共同施工，中铁隧道承担7499.92米的施工任务，设计为两斜井+平导方案。平导位于线路右侧，全长1342.95米，平导中线与隧道左线中线间距约35米，其轨面以上断面净空尺寸为3.5米宽×3.6米高，设计采用有轨单车道运输，与正洞同坡，设四个横通道与正洞相通。合同工期42个月（2008年1月1日至2011年6月30日），截至2010年底隧道开累成洞2013米。

【大相岭隧道】 中铁隧道承建。大相岭隧道属于雅泸高速公路C6合同段，位于四川省雅安市荥径县，其中左线4846米、右线4877米；通风斜井1926.45米，其中排风斜井924.21米、送风斜井1002.24米；隧道施工通过高埋深地段和断层破碎带，可能出现岩爆、高地温、大变形以及涌突水等不良地质问题。2007年12月12日开工，计划2011年底完工。截至2010年底隧道左线开累成洞3428米，隧道右线开累成洞3724米。

【穿黄隧道】 中铁隧道承建。隧道属于南水北调中线一期穿黄工程Ⅱ—A标，位于河南省焦作市温县赵堡镇黄河滩，穿黄隧洞包括过黄河隧洞和邙山隧洞，全长4250米（其中邙山隧洞进口段35米采用矿山法施工，由Ⅰ标施工），过黄河隧洞长3450米，邙山隧洞长765米。使用泥水平衡式盾构机自北向南推进，盾构机掘进长度分别为3450米和749米，盾构隧洞开挖直径φ8.94米。

该工程2005年9月10日开工，计划2010年3月31日完工。截至2010年底盾构隧道掘进全部结束。

【胶州湾隧道】 中铁隧道承建。隧道位于山东省青岛市黄岛经济技术开发区薛家岛，工程包括长3300米的右线主隧道，长3250米的服务隧道以及横通道工程。主隧道海域段约1750米，覆盖层厚度约在25.4～35.1米之间。服务隧道海域段约1755米。该工程规模宏大，地质条件复杂，隧道结构耐久性施工、防水等级要求高，海域段施工风险大。该隧道2007年8月开工，计划2010年8月完工。截至2010年底隧道正洞开累成洞3252米，服务隧道开累成洞3415米。

【引大济湟调水总干渠工程引水隧洞出口段】 中铁隧道承建。“引大济湟”工程是青海省内一项跨流域大型调水工程，由石头峡水利枢纽、调水总干渠、黑泉水库、湟水北干渠、湟水南岸提灌工程组成，引大通河水穿越大坂山进入湟水流域。引水隧洞进口位于门源县境内，布置在大通河右岸泄水闸（坝）轴线上游约40米处，出水口位于大通县境内宝库河牛场至孔家梁之间的纳拉，距西宁91公里。TBM段隧洞长20877.83米，出口钻爆段隧洞长263米。该工程合同价款57300万元，2005年3月开工，原计划2008年11月完工，由于种种原因，工期推迟，完工时间未定。截至2010年底TBM隧道开累成洞7293米。

【永寿梁隧道】 中铁隧道承建。新建西安至平凉铁路永寿梁隧道位于陕西省咸阳市境内，通过黄土浅埋段、土石分界及不整合接触带和圆砾土段、膨胀（岩）土段、近水平岩层段、黄土地段及黄土陷穴段、突涌水段等不良地质地段，出口紧临银武高速。Ⅰ线DK95+607～DK112+765，长17160.76米，Ⅱ线DK95+591～DK112+750，长17154.92米，单线隧道，一次建成双线。全隧围岩为Ⅲ级、Ⅳ级、Ⅴ级，设计辅助坑道有4座斜井和1座横洞。截至2010年底Ⅰ线隧道开累成洞9905米，Ⅱ线隧道开累成洞9720米。

【太峪隧道】 中铁隧道承建。新建西安至平凉铁路太峪隧道位于陕西省咸阳市境内，隧道起讫里程DK115+050～DK120+644，长5594米，其中DK115+050～DK115+092（42米）为单洞双线大跨段，DK115+092～DK115+131（39米）为双连拱段，Ⅱ线（右线）一次施工至DK115+260（129米），预留Ⅱ线位置。隧道除进口947.49米段位于半径为1600米的曲线上外，其余均位于直线上，线路纵坡依次为950米(10.5‰),4300米(11.0‰),348米（7.0‰）的单面下坡，进口端采用单压式明洞门，出口端采用翼墙式洞门，设计辅助坑道有1座斜井和1座横洞，全隧围岩为Ⅳ级、Ⅴ级。截至2010年底左线隧道开累成洞2081米，右线隧道开累成洞1859米。

【三都隧道】 中铁隧道承建。新建贵阳至广州铁路三都隧道位于贵州省三都县普安镇，全长14598米，是全线控制工期工程。该隧道地质复杂，隧道进口段及以西段存在岩溶施工高风险，为Ⅰ级风险隧道。2008年底开工，计划工期为44.5个月（不含隧道内整体道床施工）。截至2010年底隧道开累成洞6629米。

【大寨隧道】 中铁隧道承建。新建贵阳至广州铁路大寨隧道位于贵州省黔南、黔东南自治州，全长8969米，隧道穿越含汞地层。沿线穿越众多断层破碎带。隧道设2座斜井。2008年底开工，计划工期为44.5个月（不含隧道内整体道床施工）。截至2010年底隧道开累成洞5537米。

【羊甲隧道】 中铁隧道承建。新建贵阳至广州铁路羊甲隧道位于贵州省黔南、黔东南自治州，全长8069米，2008年底开工，计划工期为44.5个月（不含隧道内整体道床施工）。截至2010年底隧道开累成洞3993米。

【同马山隧道】 中铁隧道承建。新建贵阳至广州铁路同马山隧道位于贵州省黔南、黔东南自治州，全长13929米，隧道设2座斜井，1座横洞。2008年底开工，计划工期为44.5个月（不含隧道内整体道床施工）。截至2010年底隧道开累成洞7033米。

【大梁隧道】 中铁隧道承建。新建重庆至利川铁路大梁隧道位于重庆市丰都县和石柱县境内，全长10942米，设1座斜井，1座平导，为全线第三长隧道，也是全线的控制工程。2008年底开工，计划工期为60个月。截至2010年底隧道开累成洞8206米。

【长洪岭隧道】 中铁隧道承建。新建重庆至利川铁路长洪岭隧道位于重庆市丰都县和石柱县境内，全长13287米，设1座横洞，两座斜井。为全线第二长隧道，也是全线的控制工程。长洪岭隧道下穿江池镇，控制地表下沉，确定居民安全，是重点也是难点。2008年底开工，计划工期为60个月。截至2010年底隧道开累成洞10686米。

【方斗山隧道】 中铁隧道承建。新建重庆至利川铁路方斗山隧道位于重庆市丰都县和石柱县境内，全长4870米，是全线5座高风险岩溶隧道之一，地质构造复杂，不良地质主要有岩溶、煤层瓦斯、断层和高地应力等，施工中可能突水突泥、瓦斯突出等危急施工风险，因此施工难度大，风险性高。2008年底开工，计划工期为60个月。截至2010年底隧道开累成洞4652米。

【南白洞隧道】 中铁隧道承建。新建重庆至利川铁路南白洞隧道位于重庆市丰都县和石柱县境内，全长4870米，是全线5座高风险岩溶隧道之一，地质构造复杂，不良地质主要有岩溶、煤层瓦斯、断层和高地应力等，施工中可能突水突泥、瓦斯突出等危急施工风险，因此施工难度大，风险性高。2008年底开工，计划工期为60个月。截至2010年底隧道开累成洞3336米。

【五指山隧道】 中铁隧道承建。新建南宁至广州铁路五指山隧道位于广东省云浮市和肇庆市境内，全长12207米，设两座斜井，是全线控制工程。2009年3月开工，计划工期为36个月。截至2010年底隧道开累成洞7208米。

【北岭山隧道】 中铁隧道承建。新建南宁至广州铁路北岭山隧道位于广东省云浮市和肇庆市境内，全长11669米，设1座斜井，是全线控制工程。2009年3月开工，计划工期为36个月。截至2010年底隧道开累成洞4218米。

【飞鹰隧道】 中铁隧道承建。新建南宁至广州铁路飞鹰隧道位于广东省云浮市和肇庆市境内，全长7143米，设两座斜井，是全线控制工程。2009年3月开工，计划工期为36个月。截至2010年底隧道开累成洞2393米。

【木寨岭隧道】 中铁隧道承建。新建兰州至重庆铁路木寨岭隧道位于甘肃省定西市，全长19050米（右线19068米），为双洞单线特长隧道。含8座辅助坑道。隧道地质构造复杂，地处地震区，不良地质发育，山体滑坡、泥石流、岩堆、危岩落石及人为坑洞等频繁存在，断层破碎带数量众多（约18个）且带宽较长（最长近1公里），隧道洞身穿过岩层富含板岩及炭质板岩，该岩石遇水易崩解软化，围岩稳定性较差；局部有灰岩，推测存在岩溶水；洞身穿过板岩及炭质板岩比例较大，约46.53%；同时，木寨岭隧道中段有约350米长的纯灰岩段，推测存在大量岩溶水，开挖中可能发生突水突泥；另外，木寨岭隧道先后间断通过11条断层破碎带，断层破碎带长度约200～950米，合计占总隧长约23.66%；开挖遇断层破碎带时围岩易产生大滑坍；该座隧道为极高风险隧道。是本标段控制性重难点工程。2009年2月开工，计划工期为67个月。截至2010年底隧道开累成洞14860米。

【哈达铺隧道】 中铁隧道承建。新建兰州至重庆铁路哈达铺隧道位于甘肃省定西市，隧道全长16591米，其中中铁隧道施工出口段左右线4090米（含1座单车道无轨斜井，设计断面5米×5.9米），为双洞单线特长隧道。隧道地质构造复杂，地处地震区，不良地质发育，山体滑坡、泥石流、岩堆、危岩落石及人为坑洞等频繁存在，断层破碎带数量众多（约18个）且带宽较长（最长近1公里），隧道洞身穿过岩层富含板岩及炭质板岩，该岩石遇水易崩解软化，围岩稳定性较差；局部有灰岩，推测存在岩溶水；开挖遇断层破碎带时围岩易产生大滑坍隧道板岩夹灰岩和板岩夹砂岩合计占总隧长约50.03%，同时通过1条断层破碎带长约100米，该座隧道为高风险隧道。隧道施工难度大、风险性高，是本标段控制性重难点工程。2009年2月开工，计划工期为67个月。截至2010年底隧道开累成洞4265米。

【马家山隧道】 中铁隧道承建。新建兰州至重庆铁路马家山隧道位于甘肃省定西市，隧道全长7435米。2009年2月开工，计划工期为67个月。截至2010年底隧道开累成洞3588米。

【平郎隧道】 中铁隧道承建。新建铁路云桂线（云南段）站前工程1标段平郎隧道(8840米）本标段的重点工程。开挖跨度达22米的平郎出口施工控制难度极大，故既是重点又是难点。工程开工日期为2010年6月1日，于2014年12月10日竣工。截至2010年底隧道开累成洞28米。

【孟村隧道】 中铁隧道承建。新建铁路云桂线（云南段）站前工程1标段孟村隧道(10002米)是本标段的重点工程。工程开工日期为2010年6月1日，于2014年12月10日竣工。截至2010年底隧道开累成洞30米。

【富宁隧道】 中铁隧道承建。新建铁路云桂线（云南段）站前工程1标段富宁隧道(13748米）是本标段的重点工程，富宁隧道地质构造复杂，不良地质主要有断层破碎带、危岩落石、岩溶、岩体风化破碎、软岩变形问题和地温等，为全线Ⅰ级风险隧道，因此施工难度大，风险性高，工期紧。工程开工日期为2010年6月1日，于2014年12月10日竣工。截至2010年底隧道开累成洞57米。

【那坡隧道】 中铁隧道承建。新建铁路云桂线（云南段）站前工程1标段那坡隧道(6451米)，工程开工日期为2010年6月1日，于2014年12月10日竣工。截至2010年底隧道开累成洞9米。

【平安隧道】 中铁隧道承建。新建铁路云桂线（云南段）站前工程一标段平安隧道(5920米)、平安进口三线大跨、浅埋、偏压隧道施工既是重点又是难点。工程开工日期为2010年6月1日，于2014年12月10日竣工。截至2010年底隧道开累成洞6米。

【南吕梁山隧道】 中铁隧道承建。山西中南部通道南吕梁山隧道为双洞单线特长隧道，左线全长23441米，右线全长23464.7米（中铁隧道负责进口段：左线长12628米、右线长12650米，1号斜井为无轨运输，全长2630米，2号斜井为无轨运输，全长2450米）；南吕梁山隧道为全线控制性工程，主要有黄土、砂岩、页岩、泥岩、灰岩、角砾状白云质泥灰岩及白云质泥灰岩、膏溶角砾岩、页岩夹灰岩、页岩夹砂岩、白云岩与泥灰岩互层等；通过煤系地层，存在煤与瓦斯突出、煤层自燃的可能性，属于瓦斯隧道（进口分部），为风险隧道。本工程计划开工日期为2010年4月10日，计划竣工日期为2014年1月15日。截至2010年底隧道开累成洞953米。

【隰县隧道】 中铁隧道承建。山西中南部铁路通道隰县隧道全长10505米，斜井均为无轨运输，1号斜井全长420米，2号斜井全长 645 米；隰县隧道通过砂岩、泥岩及泥质砂岩，部分地段穿越膨胀性粉质粘土地段，施工中可能发生软岩大变形，个别地段地下水位高，存在突泥、涌水的危险，为一级风险隧道。进口洞门位于陡壁黄土上，且洞口明洞要在高填方路堤上修筑，进洞安全是难点。本工程 2010 年 4 月 10 日开，计划 2014 年 1 月 15 日完工。截至 2010 年底隧道开累成洞 486 米。

【南雅隧道】 中铁隧道承建。京福铁路客运专线闽赣 VI 标南雅隧道(全长 8690 米)是本标段最长的隧道，且隧道穿越煤系地层，存在瓦斯突出的可能性，是本标段的重点和难点。本工程计划开工日期为 2010 年 8 月 1 日，计划竣工日期为 2012 年 12 月 4 日。截至 2010 年底隧道开累成洞 84 米。

【雪峰山 3 号隧道】 中铁隧道承建。沪昆客专六标雪峰山 3 号隧道全长 6815 米，隧道存在多条断破碎带、富水地层、放射性、高地应力、岩爆、危岩落石等诸多不良地质段，成为隧道施工的技术难题。施工进度指标较大。隧道辅助坑道多且地质条件较差，施工进度对总工期影响大。本工程为新上项目，2010 年 9 月 1 日开工，计划竣工日期为 2013 年 10 月 31 日。

【梨子坪隧道】 中铁隧道承建。沪昆客专 6 标梨子坪隧道全长 6315 米，隧道存在多条断破碎带、富水地层、放射性、高地应力、岩爆、危岩落石等诸多不良地质段，成为隧道施工的技术难题。施工进度指标较大。隧道辅助坑道多且地质条件较差，施工进度对总工期影响大。本工程 2010 年 9 月 1 日开工，计划 2013 年 10 月 31 日完工。

【长城岭隧道】 中铁隧道承建。沪昆客专 6 标长城岭隧道全长 7554 米，隧道存在多条断破碎带、富水地层、放射性、高地应力、岩爆、危岩落石等诸多不良地质段，成为隧道施工的技术难题。施工进度指标较大。隧道辅助坑道多且地质条件较差，施工进度对总工期影响大。本工程 2010 年 9 月 1 日开工，计划 2013 年 10 月 31 日完工。

【燕山隧道】 中铁隧道承建。张家口至唐山铁路 Z 吨 SG-2 标段燕山特长隧道长 21167 米，是本标段的控制性工程，隧道洞身穿越的主要地层岩性为花岗岩。隧址区的断层、构造裂隙带岩体破碎，节理裂隙发育，燕山隧道洞身穿越断层多达 14 条。洞身埋深超过 200 米硬岩地段存在岩爆，施工风险高。隧道采用 7 座斜井辅助施工，现场施工组织管理难度大，因此，安全、优质、按期完成该隧道的施工任务将是本标段的重点。本工程 2010 年 9 月 1 日开工，计划 2014 年 8 月 31 日完工。截至 2010 年底隧道开累成洞 77 米。

【赤城隧道】 中铁隧道承建。张家口至唐山铁路 Z 吨 SG-2 标段赤城隧道长 15053 米，是本标段的控制性工程，存在湿陷性黄土、断层破碎带(洞身穿越 9 条断层)、岩爆等不良地质，存在较大的安全风险和工期压力，施工难度极大，对组织管理要求极高。确保在不良地质地段的快速安全施工属于本标段施工的难点。本工程 2010 年 9 月 1 日开工，计划 2014 年 8 月 31 日完工。截至 2010 年底隧道开累成洞 24 米。

【白草鞍隧道】 中铁隧道承建。张家口至唐山铁路 Z 吨 SG-2 标段赤城隧道长 11794 米，是本标段的控制性工程，存在湿陷性黄土、断层破碎带(洞身穿越 6 条断层)、岩爆等不良地质，存在较大的安全风险和工期压力，施工难度极大，对组织管理要求极高。确保在不良地质地段的快速安全施工属于本标段施工的难点。本工程为新上项目，2010 年 9 月 1 日开工，计划 2014 年 8 月 31 日完工。截至 2010 年底隧道开累成洞 16 米。

【李家峰隧道】 中铁三局中标，重组前中铁三局一公司承建，重组后中国航空港建设集团三公司承建。

合同价 21326.8 万元。合同工期 2010 年 3 月 10 日～2011 年 11 月 14 日，实际开工日期 2010 年 6 月 23 日。

设计技术标准：采用 350 公里/小时客运专线铁路建筑限界，CR 吨 SI 型双块式无渣轨道；隧道进出口洞门：斜切式帽檐洞门结构，隧道衬砌类型：暗挖为复合式衬砌结构。

李家峰隧道是浅埋黄土隧道(最大埋深 58 米)，为新建铁路大同至西安客运专线站前施工 7 标段的重点控制工程，位于山西省霍州市李曹镇境内，起讫里程改 DK448+123 至改 DK451+005，隧道全长 2882 米。截至 2010 年底完成产值 2516 万元，完成开挖支护完成 427 米，仰拱 352 米，衬砌 252 米。

【襄渝铁路既有线人行天桥项目】 中铁西南院承建。襄渝铁路既有线跨线人行天桥工程是襄渝线人行通道改造工程中的一座跨线人行天桥。桥墩台为人工开挖扩大基础，重力式桥台；主桥桥跨采用转体施工预应力钢筋混凝土梁，下行左侧桥台处采用现浇钢筋混凝土板梁；桥面铺装设防水混凝土，全桥面在梁缝处设简易绅缩缝，支座为 GJZ 系列板式橡胶支座。

该项目于 2010 年 3 月开工，合同额 1520 万元。已完成天桥施工 2 座，正在施工的 6 座，尚未开工的 7 座。

公路工程

【重庆巫山至奉节段 A10 合同段】 中铁一局承建。合同工期 2007 年 11 月 16 日～2010 年 8 月 17 日，合同价 14462 万元。

工程概况：管段 2.407 公里。桥梁共 5 座（特大桥 1 座、大桥 4 座）。路基土石方设计 45 万立方米，重点何家坪特大桥为斜拉桥，塔座高 3 米，塔墩高 20.5 米，塔柱高 127.7 米，总高度达 151.2 米。制梁设计 487 片。

施工进展情况：何家坪特大桥桩基设计 52 根，完成 52 根;7 号主墩塔柱完成，7 号主墩悬灌完成 16 号段/21 段。梁场设计 480 片梁，完成 345 片。现在共架设梁 330 片。路基设计 45 万立方米 土方，完成 36 万立方米，剩余 9 万立方米 路基变更设计 10 月已下达。整个全线进度总体都滞后。计划 2011 年 6 月底完工。

【山西太原至古交高速公路 S3 标】 中铁一局承建。工程概况：中标价 51005 万元，本标段右线为 YK7+550～YK14+800，左线为 ZK7+550～ZK14+800，左右线长度均为 7.25 公里（单幅），主要工程为西山隧道古交端左线（包括 110 米路基、2 号斜井）、右线（包括 210 米路基、2 号竖井）。主要工程数量：路基土石方 16.1 万立方米，西山隧道：左洞 7110 米，右洞 7030 米，2 号斜井 412 米，2 号竖井 168 米，圆管涵 151.9 米/1 座。2009 年 4 月 8 日开工。

2010 年累完成 13467 万元，占年计划 17459 万元的 77.1%；开累完成 19795.4 万元，完成施工总额 45208 万元的 43.8%。因围岩与设计不符，影响施工进度.总体进度左线较施组滞后 2 个月，右线较施组滞后 1.5 个月。山西省目前节能减排、水泥供应紧张.业主正在联系解决。11 月 15 号起出口左、右线电力局每天限电、影响施工进度。业主要求工期提前 2011.9.25 隧道要求贯通，工期压力大。

重点-西山隧道：设计 14140 米，年完 3627 米，累完 4717 成洞米。累计开挖 5155 米，二衬 3963 米。

左线出口累计开挖 1908/4020 米，剩余 2112 米；二衬累完 1676.5 米。

右线出口累计开挖 2103/4020 米，剩余 1917 米；二衬累完 1938.5 米。

斜井设计 1130 米，2010 年 5 月 16 日打至与正洞交汇点。

斜井施工正洞右线开挖累完 735/3010 米，剩余 2275 米、二衬累完 264/3010 米。斜井施工正洞左线开挖累完 409/3090 米、二衬累完 84/3090 米。

左线距分界点剩余 1772 米。右线距分界点剩余 1552 米。

【绵遂高速公路遂宁段 A 合同段】 中铁二局承建。绵遂高速公路是国家高速公路规划网“7918”中成渝环线的重要路段，其遂宁段是遂宁市建设“一环六射”高速公路交通网络、构建四川第二大交通枢纽的重要组成部分，是四川省、遂宁市政府 2008 年全面开工建设的重大基础设施项目和灾后重建项目。主要工程：管段全长 96.966 公里，路基挖方 1728 万立方米，填方 1558 万立方米；桥梁 98 座（按分离式、整体式分开计），其中特大桥 1 座，大桥 55 座，中桥 20 座，小桥 1 座，跨线桥 21 座，共计 25242 单幅延米；隧道 11 座计 9126 单幅米；互通 7 处。

2010 年，完成施工产值 6.40 亿元(含已下令变更 1.2575 亿元)，为年度计划 5.443 亿元的 117.6%。开累完成施工产值 24.135 亿万元(含变更)，占 0 号清单 22.877 亿元的 105.5%。

实物指标预计完成情况为：路基土石方完成 86.36 万立方米（含新增过军坝数量)，占年度计划 25 万立方米 的 345.4%，开累完成 3399.16 万立方米，占设计 3339.16 万立方米 的 100%；桥梁完成 1.1 万成桥米（含新增过军坝数量），占年度计划 1.08 万成桥米的 101.4%，开累完成 2.83 万成桥米，占设计 2.83 万成桥米的 100%；涵洞成涵 723.25 横延米，占年度计划 155 横延米的 466.7%，开累完成 1.36 万横延米，占设计 1.36 万横延米的 100%；隧道成洞 1666.4 成洞米，占年度计划 1510 成洞米的 110.4%，开累完成 9126 成洞米，占设计 9126 成洞米的 100%。

【张花高速公路 12 标】 中铁二局机筑公司承建。施工里程 K45+700～K48+700，长链 93 米，2009 年 7 月 27 日中标，2009 年 9 月 9 日开工，计划 2012 年 3 月 9 日竣工，合同工期 30 个月；投标合同价 43936 万元；工程地点为湖南张家界，线路长 3.093 公里。主要工程量：路基土石方 29.6 万立方米、桥梁 5 座 2361 成桥米，2010 年完成施工产值 21712 万元，累计完成施工产值 21712 万元。

【贵阳北京东路 A 标】 中铁二局承建。贵阳市北京东路道路工程为城市主干道一级公路，双向六车道，线路宽度 40 米。起讫里程为 K0+000～K1+600，全长 1.6 公里。线路最大纵坡为 5.99%，最小纵坡为 0.468%；主要工程有隧道工程、路基及排水工程；其中隧道两座:0 号隧道（投标后优化设计增加）长 2×400 米，1 号隧道左线长 710 米，右线长 750 米（投标时长度为 2×320 米，），均为小净距浅埋隧道；项目于 2009 年 7 月 15 日以股份公司资质中标，中标金额为 1.75 亿元，中标后由于设计发生重大优化，预计工程竣工后施工产值约在 5.5～6 亿元左右；项目于 2010 年 3 月 1 日开工，预计竣工时间 2011 年 8 月

30日。

2010年，完成建安产值15287万元，为股份公司年度计划15000万元的101.9%。实物指标完成情况为：路基土石方完成14.42万立方米 ，占设计24.47万立方米 的58.9%；锚索完成90束，占设计221束的42.6%；抗滑桩完成13根，占设计13根的100%；钢管桩完成143根，占设计282根的50.7%；盖挖桩灌注完成11根，占设计11根的100%；隧道成洞364.3米，占设计2248米的16.2%。

【贵州水盘高速公路10标】 续建工程，中铁二局一公司承建。贵州水盘高速公路是贵州省规划的2003～2020年干线公路“3388网”中“三纵”毕节至安龙高速公路的一段，同时也是国家高速公路网中杭瑞线与沪昆线之间的横向联系大通道。公司承建的第10标段，中标价15901.2078万元，合同工期为2009年9月1日至2012年3月1日（900天）；标段位于贵州省境内，线路起讫里程为K35+940～K37+710，全长1.77公里；主要工程内容有路基工程0.41公里，桥梁工程1360公里/3座。

2010年完成施工产值4563万元，为股份公司计划9395万元的48.6%，实物指标完成情况为：路基土石方累计完成14.37万立方米 ，；桥梁累完成桥458.7米；预制梁片50片；架梁42片。

【思剑高速公路2标】 新建工程，中铁二局一公司承建。贵州思南至剑河高速公路是《贵州省骨架公路网规划》“678”网中第2纵——沿河至榕江高速公路的中间路段，起于思南，与杭瑞线思南至遵义高速公路相接，终于剑河，与沪昆线三穗至凯里高速公路相接，全长152.74公里，设计时速80公里/小时，路基宽21.5米，双向四车道。中标价50551.8万元，合同工期为30个月，2010年8月17日至2013年2月15日；项目位于贵州省思南县境内，线路起讫里程为YK10+250～K18+000，全长8.008公里。主要工程内容有路基工程6.126公里，挖方总量约135.8万立方米 ，填方总量约126.6万立方米 ；桥梁工程1882米/5座（特大桥1083.5米/1座，大桥775.5米/2座，小桥23米/1座，互通式立体交叉跨线桥161米/1座，不分左右幅），现浇连续箱梁6联（最大跨度116+220+116米）。乌江特大桥、清渡河大桥为标段及全线控制性工程。

2010年完成施工产值15029.42万元，为股份公司年度计划15000万元的100.2%，实物指标完成情况为：路基土石方累完133.7万立方米 ；桥梁累完成桥591米；涵洞累计成洞601.06横延米；重点工程施工基本达到预计目标。

【达州至万州高速公路DW6合同段】 续建工程，中铁二局四公司承建。工程中标价27457.17万元，总长4.7416公里，工程造价24680.36万元。施工工期2009年9月1日到2011年12月31日，总工期28个月。正式工程2009年12月4日破土动工。

2010年度完成施工产值10494.40万元，占年度计划10173万元的103%。累计完成10494.38万元，占总造价的42.5%。重点工程天坪寨隧道为左右分离式隧道，月成洞187.73米，累计成洞1568.68米，占设计的42.7%。

【奉巫高速公路E6标】 续建工程，中铁二局五公司承建。巫溪高速公路起起点接奉节至云阳高速公路，路线全长46.369公里。主要控制点有：巫溪墨斗城、凤凰镇、上磺、王家坪、香家坪、杨家湾、寂静坝、奉节东互通。该工程的建设，对打造以奉节-巫溪-巫山旅游“金山角”为重点的特色生态经济板块，促进三峡库区发展具有重要意义。公司承建的E6合同段起止于RK18+400－RK22+320(LK18+420－LK22+250)，路线全长3920米。主要工程量有：岩头溪左线大桥（8×15米钢筋混凝土现浇连续板梁）1座，岩头溪右线中桥（3×16米钢筋混凝土现浇连续板梁）1座；钢筋砼盖板涵74.58米/4座；隧道4座分别为：王家坪隧道（左线长1170米，右线长1240米）；岩头溪隧道（左线长515.5米，右线长606.5米）；石卡子隧道（左线长282米，右线长385米）；曲龙坡隧道（左线长1520米，右线长1475米）。小院子滑坡处治一处（抗滑桩19根）；路基挖方3.23万立方米 ，填方1.5万立方米 ，台背回填1113方。合同工期2009年12月31日 至 2012年6月29日，合同标价30760.0850万元。截至2010年底，隧道工程累完1325.57米，占设计的18%。

【炎汝高速6标】 新建工程，中铁二局五公司承建。炎陵至汝城（湘粤界）高速公路是湖南省“五纵七横”高速公路网中的第一纵—岳阳至汝城高速公路的一段。公司承建第6合同段，起点位于船形乡沿潭村余家，终点位于船形乡沿潭村大湾背，线路起讫里程为K28+650～K31+937，全长3.287公里。本工程公路等级为高速公路，双向四车道，设计速度为80公里/小时，路基宽度整体式为24.5米，分离式为12.25米。荷载等级为公路Ⅰ级，设计洪水频率1/100。主要工程为大桥1935.5米/2座（左右幅），隧道4185米/1座（左右幅），路基防护及排水等工程。合同工期2010年1月19日 至 2012年6月19日，合同价 27233.2626 万元。

截至2010年底，路基土石方累完7.9万立方米 ，占设计56%。附属圬工累完4349方，占设计24%。桥梁工程累完497.82米，占设计的26%。隧道工程累完1171.4米，占设计的28%。

【湖北谷竹高速公路GZTJ-25】 中铁四局承建。工程造价3.58亿元，合同工期 2010年9月25日～ 2012年8月31日。起讫桩号为K156+000～K160+610，全长4.61公里。位于竹山县城关镇和潘口乡境内，起点位于城关镇莲花村八组，线路向西北前行穿竹山隧道后利用铜皮沟为开阔的地形设竹山互通连接新旧305省道，跨堵河，经水晶沟到达本合同段终点。建设单位：湖北省谷竹高速公路建设指挥部；设计单位：中交第二公路勘察设计研究院有限公司；监理单位：湖北顺达公路工程咨询监理有限公司；施工单位：中铁四局集团有限公司。

主要工程数量：路基挖土石方 101.1 万平方米、填土石方 152.4 万平方米；主线桥梁 1850.75 米/4 座、匝道桥梁 366.08 米/1 座；盖板涵洞和通道 395.15 米/15 座；分离式隧道 1 座(左幅长 970 米，右幅长 965 米）；竹山互通 1 处。本标段地面相对高差大，路基土石方被桥隧分成 4 个段落，路基挖方最大深度在 40 余米，最大填方高度接近 20 米。堵河大桥和竹山互通连接线跨越堵河均在堵河内进行水中施工的问题， 2009 年冬天设计院测量水深为 2.27 米，堵河大桥有 7 个墩位位于水中。本标段 30 米与 40 米 T 梁预制共计 593 片，受地形的限制，只有在路基上进行预制，因路基的段落较短，梁场的规模将受到限制，合理组织 T 梁的预制和架设是确保工期的关键；杜家沟、竹山隧道进、出口滑坡；竹山互通 A 匝道与国防光缆存在干扰，路基施工前应注意与光缆的管理部门 61345 部队进行联系。水晶沟 2 号大桥的桥台与 26 标的小漩隧道进口仅 2 米多，施工过程中应与相邻标段磋商，合理安排施工。工程重点、难点，软土、松软土地段的路基基底处理及机械化施工组织。滑坡段工后沉降控制及路基沉降观测和信息化施工。堵河大桥和竹山互通 A 匝道堵河大桥深水基础施工。施工顺序以“突出重点，减少干扰，利于结构物施工，满足标段内土石方调配和利于各分项工程顺利展开”为原则，并以此为基础制定各区段路基施工方案。首先进行试验段施工，在取得施工参数后，严格按照“三区段、四阶段、八流程”的施工工法和有关全风化软岩改良路基施工的成功经验进行施工，组织机械化施工作业，确保工程质量。路堑采用横向台阶开挖。以路堑土石方开挖、松软土地基加固、构造物台背施工为重点，以关键结构物或横向道路为分界点，按照土方调配合理，管理长度适中，便于质量控制，工作量基本均衡的原则进行施工。根据工期核定施工机械设备，合理组织填料供应，分区段组织机械化施工。路基施工顺序与架梁方向一致，路基施工进度与后序工程施工进度相适应。隧道开挖按设计文件的要求进行，隧道采用模板台车衬砌，混凝土采用自动计量拌合工艺，混凝土浇筑采用泵送混凝土。隧道工程开挖与支护采用“两头掘进、分部开挖、及时支护、封闭成环、仰拱超前、衬砌完善配合”的总体施工方案。总体实施掘进（钻爆、无轨运输出碴）、支护（管棚、锚、网、喷）、衬砌（拌、运、灌、振捣）三条机械化作业线，把“超前地质预报、及时、加强支护、强化通风施工管理”作为施工重点。主要形象进度堵河大桥 9～13 号墩在堵河水中，桩基有 40 根。纵向施工便道已全部拉通，已进场冲击钻机 13 台，成桩 20 根；竹山互通 A 匝道堵河大桥目前已经进场 10 个挖孔施工班组，成孔 6 根，共挖 123.5 米。5～8 号墩在堵河中，水深约 4 米，正施工围堰筑岛，构造桩基作业平台。水晶沟 1 号桥和水晶沟 2 号桥两桥的桩基大部分在山上，现场已开孔 43 个，成桩 1 根，成孔 21 根，累计进尺 842 米。YK157+704（1-4.0×3.0 米）涵洞左侧墙身施工 4 节，右侧基础已开挖；EK0+200(1-2.0×2.0 米）涵洞基础施工完毕， K157+915（2-4.0×4.0 米）通道准备开挖基础。竹山隧道进口端左洞施工仰拱，右洞施工管棚；出口端左洞正在施工拉槽土方，右洞管棚施工完毕，准备进洞施工。

【福建宁武高速公路 A19 标】 中铁四局承建。工程造价：39283.56 万元，开工日期：2009 年 10 月 30 日，合同工期 24 个月。国家高速公路沈阳至海口纵线，福建宁德至江西上饶联络线。本标段为 A19 标段，位于武夷山市洋庄乡境内，起讫桩号为 K273+600，跨佛岭大桥穿伞街隧道和伞街大桥（跨横南铁路），沿崇阳溪河床过三渡中桥再沿河床跨四渡大桥进入武夷山北互通区到洋庄服务区，穿洋庄隧道建郑家大桥、水槽大桥穿天子岗隧道终天子岗大桥，终点分界桩 K283+500，路线全长 9.9 公里。

主要工程数量，本标段共设桥 12 座 2474.55 米，隧道 4 座 2416.5 米，涵 9 道 256.48 米；盖板涵 13 道 529.46 米；互通一座，服务区 1 处，主线省际收费站 1 处；路基挖方 84.88 万立方米 ，路基填方 145.25 万立方米 。工程特点和难点，制梁工程量大，品种繁多。共有 20 米、25 米、30 米、35 米、40 米 T 梁预制任务共 947 片，预应力空心板 54 片，因为部分大桥附近无场地建制梁场，所以制梁场离大桥均较远，且都处于高挖高填地段，制梁场建设受土方施工及防护工程影响较大，运梁任务相当繁重，最长运距达到 6.5 公里。隧道数量较多且形式多样，有分离式、双连拱、小间距、大断面多车道等各种形式，且通过地段普遍地质条件较差，洞口段存在浅埋偏压等不利条件，施工安全风险高。武夷山景区，环境保护要求高，尤其对于跨河桥梁水中墩施工。路基土方量大，涵洞多，纵向便道修建贯通及土方调配相当困难。且利用方中有较大数量不符合填料要求，须改良后使用。沿线取土场工程量巨大，环保工程任务艰巨，费用庞大。五渡 1 号大桥、五渡 2 号大桥、郑家大桥、葛山隧道紧临 S303 省道施工难度大，尤其是葛山隧道进出口均在 S303 省道上方无机械进场空间及施工专业空间。本标段的重难点工程集中在了各种形式的隧道上，为确保隧道工程的安全质量有序可控，在施工中重点做好了动态设计、动态施工，充分利用超前地质预报与监控量测控制施工全过程，及时修改完善相关支护技术参数保证施工安全。在处理隧道洞口段浅埋偏压、围岩软弱等不利地质条件时，采用了地表预注浆加固，开挖方法根据实际采用“CD”法、“CRD”法、“三台阶临时仰拱法”等多种工法，确保了各条隧道的顺利进洞。

截至 2010 年底累计完成建安产值 19200 万元，占合同产值的 35401 万元的 54.2%。主要形象进度有：累计完成路基填方 114.6 万立方米 ，占设计数量 142.6 万立方米 的 80.4%，路基挖方 56.32 万立方米 ，占设计数量 71.6 万立方米 的 78.7%，软基换填全部完成。桥梁桩基累计完成 451 根，占设计数量 494 根的 91.3%；墩柱累计完成 191 根，占设计数量 330 根的 57.8%；盖梁累计完成 72 个，占设计总量 212 个的 34%；制梁梁累计完成 231 片，占设计总量 1001 片的 23%。设计数量 24 道，已完成 21.5 道，占设计量的 89.6%。完成隧道开挖 3920 延米，占设计数量 4833 延米的 81.1%，二衬完成 2912 延米，占设计数量 4833 延米的 60.2%。

【贵州板江公路 T9 标】 中铁四局承建。工程造价：2.264 亿，开工日期：2009 年 10 月 28 日，竣工日期：2012 年 3 月 5 日。贵州省板坝（桂黔界）至江底（黔滇界）公路，是《国家高速公路网规划》中汕头至昆明高速公路组成部分。本合同段起讫桩号为 YK29+345～YK34+505，路线全长 5.159 公里（以右幅贯通）。起点位于安龙县坡脚乡小长冲，经小长冲隧道、小长冲高架桥、瓦窑坡隧道和者要隧道到达本合同段终点。本工程业主单位为贵州省汕昆高速贵州境板坝至江底公路工程项目办，监理单位为贵州科达公路工程咨询监理有限公司，中交第二公路勘察设计研究院有限公司。由中铁四局五公司施工。路基开挖土石方共计 43.16 万立方米 ，路基填方共计 69.63 万立方米 ；涵洞 6 座 243.64 横延米；隧道 3 座为别为小长冲左线长 1426.628 米，右线长 1456 米，瓦窑坡左线长 1024 米，右线长 1037.417 米，者要隧道左线长 265 米，右线长 230 米。工程特点、难点，因地处山区，施工便道较为困难，便道多为绕山公路，挖填方数量较大，且沿线山体多为石山，便道施工周期较长。路基土石方爆破工程量大。沿线山体多为石方，石方所占比例超过 90%，且多为次坚石和坚石。由于地表及地下水部较少，且埋深较大，桥隧及结构物施工取水部极不方便。地质条件差。沿线地质构造包含褶皱、断层，受其影响节理裂隙发育，局部地段岩层为顺层，容易导致滑坡、崩塌等地质灾害，路基边坡防护需加强锚固。石方爆破、边坡防护、小长冲隧道为本标段重点工程。 隧道溶洞溶腔较多，路基工程：一个作业队，配备 2 台挖机，1 台推土机，1 台压路机，1 台装载机，4 台自卸汽车，1 台平地机和 1 台强夯冲击碾。涵洞作业队：配备 2 家涵洞作业队，每家作业队配备工人 20～30 人。全年完成成建安产值 18307.2660 万元，占合同总造价的 80%。主要形象进度如下：完成挖土石方 425345.2 立方米，占设计的 98.5%。完成填土石方 627326.13 立方米；占设计的 90.1%。小长冲隧道(左线长 1426.6 米、右线长 1456 米)：采用进、出口两头掘进施工，进口左线：全断面完成开挖和初期支护进 972 米；二次衬砌完成 787 米，进口右线：全断面完成开挖和初期支护进 924 米；二次衬砌完成 681 米；出口左线：上台阶完成开挖 456.638 米，下台阶完成开挖 425.638 米；二衬完成 454.638 米，出口右线：上台阶完成开挖 468 米，下台阶完成开挖 395 米，二衬完成 297 米。瓦窑坡隧道(左线长 1024 米、右线长 1037.4 米)：左线：上台阶完成开挖 1024 米，下台阶完成开挖 1024 米，仰拱 1024 米，二次衬砌完成 450 米；剩余 574 米。右线：上台阶完成开挖 1037.417 米，下台阶完成开挖 1037.417 米，仰拱 1037.417 米，二次衬砌完成 950 米，剩余 87.417 米。者要隧道(左线长 265 米、右线长 230 米)左线：上台阶完成开挖 265 米，下台阶完成开挖 265 米，仰拱 265 米，二次衬砌完成 265 米；右线：上台阶完成开挖 230 米，下台阶完成开挖 230 米，仰拱 230 米，二次衬砌完成 230 米。

【贵州板江公路 T13 标】 中铁四局承建。工程造价：1.91 亿元。开工日期：2009 年 5 月 20 日，竣工日期：2011 年 8 月 27 日。本合同段起讫桩号为 K77+830.232～YK82+940，路线全长 5.097131 公里（以右幅贯通）。起点位于顶效开发区郭家湾，经周家湾至海子边左转设置顶效 1 号、2 号隧道，于木陇村穿出山体。本合同段终点位于顶效 2 号隧道中部桃花谷。324 国道和南昆铁路与线路并行。本合同段主要工程数量有：路基土石方挖方 60.8 万立方米 ，填方 63.8 万立方米 ；小桥 2 座；涵洞 17 座；隧道 1.5 座计 1507.3 延米。截至到 2010 年 12 月 31 日开累完成建安产值 18353.1 万元。路基土石方全部完工；涵洞全部完工，中小桥两座均全部完工。顶效Ⅰ号隧道左洞长 292.6 米，右洞长 275 米，已全部完工；顶效Ⅱ号隧道左洞长 1210 米，右洞长 1237 米，除洞门墙镶面以及洞内路面工程外，其余均已全部完工。

【江西奉铜高速公路 B4 标】 中铁四局承建。工程造价：1.502 亿，开工日期：2010 年 8 月 9 日竣工日期为 2011 年 10 月 8 日。奉铜高速 B4 标起讫里程 K70+900～K79+554.836，主线全长 8.655 公里。设计为全封闭、全立交，双向四车道高速公路，其中含互通一处。 主要工程包括路基土石方、桥梁、涵洞。路基开挖土石方共计 93.4 万立方米 ，路基填方共计 104.9 万立方米 ；大桥 2 座 500.6 延长米；中桥 3 座 233.2 延米；分离立交 1 处 132.4 延米；互通匝道桥 2 座 226.15 延米；桥式汽车通道 5 座 254.5 延米；盖板涵 20 座 689.90 横延米；箱涵 3 座 102.78 横延米；圆管涵 8 座 245.59 横延米。路基工程：分四个作业队，共配备 8 台挖机，4 台推土机，4 台压路机，8 台装载机，32 台自卸汽车；另配备 2 台平地机。完成建安产值 4938.2 万元，占合同总造价的 33%。挖土方完成 55 万立方米 ；占设计的 75%；挖石方完成 10.5 万立方米 ；占设计的 100%；填土方完成 61.2 万立方米 ；占设计的 65.8%；填石方：完成 8.3 立方米 ；占设计的 74%；大、中桥，分离，互通及通道桥桩：完成 292 根；占设计的 71%；16 米空心板梁：完成 32 片；占设计的 27%；13 米空心板梁：完成 48 片；占设计的 27%；30 米箱梁：完成 19 片；占设计的 19%。涵洞通道完成 716 延米；占设计的 96.5%；通道涵：完成 102.4 延米；占设计的 100%；圆管涵：完成 275 延米；占设计的 97%。

【江西奉铜高速公路 B8 标】 中铁四局承建。工程造价：2.04 亿，开工日期：2010 年 8 月 5 日，竣工日期：2011 年 10 月 5 日。奉新至铜鼓高速公路 B8 标段起点 K106+280 位于江西省宜丰县草坪村，终点桩号 K114+255.148，全长 7.975 公里。路线途经下坑水库和山塘水库，在彪马岭处建彪马岭大桥，上跨县道 X574，终于大广高速天宝互通。主要工程数量，本工程大桥

7座2802.0米；中桥7座348.82米；制架梁：25米后张箱梁576片,20米空心板梁36片，现浇梁19孔；路基挖方111.3万立方米，填方102.8万立方米；涵洞及通道42座1374.4米。路基土石方完成时间2011年2月25日；涵洞、中小桥完成时间2010年12月25日；大桥的完成时间2011年10月25日。路基土石方采用4家协作队伍平行作业；桥梁采用6～9家协作队伍；涵洞及通道采用8～11家协作队伍；设置两个预制场，采用2家协作队伍。完成建安产值5975.11万元,占合同总造价的29%。主要形象进度如下：路基土石方：完成挖土石方75.3万立方米；占设计的66%;填土67.3万立方米，占设计的65%;桥梁工程：桩基设计439根，实际已浇筑365根，占设计的83%;系梁设计148道，实际已浇筑44道，占设计的30%；墩柱设计352个，实际已浇筑75个，占设计的21%；盖梁设计188道，实际已浇筑9道，占设计的5%；25米预制箱梁设计576片，实际已浇筑7片，占设计的1%；涵洞工程：涵洞设计1405.79延米，实际完成1176延米；占设计的84%.

【重庆长安汽车综合试验场道路及附属工程】 中铁四局承建。工程造价：4.896亿元。

工程所处位置地形复杂，山坡、丘陵占一半以上，部分山坳为水田。本试车场有多达约60种特殊道路，某些特殊道路在国内试车场首次采用，没有相关施工经验可以借鉴，必须设计新工艺和新方法进行施工，具有一定的挑战性。工程内容主要包括高速环道路基、高速环道直线段路面；各种特殊道路（含路基和路面）：制动测试道路（BPS）、舒适性路段（EFB）、车外噪声测试道路（AKS）、动态广场（FDF）、越野道路（OFK）、基本性能环道（LS）(摩托车试验道)、主动连接道（HVS）、一般操纵稳定性路面（H千伏）、湿滑动态广场、8字形掉头车道、标准坡道（S吨H）、特殊操纵稳定性路面（H千伏）及内部交通连接道路、防护及维修道路；进场桥梁、排水工程以及道路相关机电设备安装、试车场电力、照明、通讯、网络系统等。其中高速环道全长5437.2米，南北曲线各有2段400米长的布劳斯曲线，各856.637米的半径为400的圆曲线。具体包含土石方工程挖方574.6万立方米，填方376.4万立方米，15种特殊路面44.2万平方米；桥梁4座；盖板涵1500延米，圆管涵4000延米。附属工程、边坡防护工程暂无具体数量。工程位于重庆市垫江县黄沙乡外环，起讫里程为K0+000～K5+437.2。合同工期：528天（2010年9月20日～2013年3月3日）实际开工时间：2010年9月20日，累计完成投资：2765万元。建安产值数：2765万元。工程进度：场内便道完成5.7公里，1号桥0号台、1号台完；2号桥0号台、1号台完；3号桥0号台（台背回填完），1号台完。试验段及路基土方挖方15.5万立方米，回填改良土14.5万立方米。主要剩余工程量：土石方工程挖方558.6万立方米，填方360.4万立方米，15种特殊路面44.2万平方米；现浇箱梁3座；盖板涵1000延米，圆管涵3000延米。

【娄新高速公路3标】 中铁四局承建。工程造价：196302471元。主要工程数量：路基挖土方：75.1万立方米；路基挖石方：50.7万立方米；路基填方：95.5万立方米；涵洞：65座；桥梁：大桥一座，小桥2座，互通跨线桥1座，天桥4座。起讫里程和地理位置：本合同段位于湖南娄底杨市镇，起讫里程为K25+500～K34+500,合同段路线全长9公里。工期：总工期720天（2009年4月17日～2011年4月17日）,实际开工时间：2009年4月17日。累计完成投资：1.78亿元。建安产值数：1.78亿元工程进度：已完成挖方13.73万立方米，填方12.7万立方米，级配碎石1.45万立方米；孙水河大桥下部结构完、桥面系基本完，人行天桥下部结构全完。

【黄祁高速15标】 中铁四局承建。工程造价：1.96亿元。

主要工程数量：路基工程：挖土方45.09万立方米，挖石方86.38万立方米，填方125.78万立方米，弃方16.8万立方米，结构物台背回填7.72万立方米，平均每公里土石方14.6万立方米，路基防护及排水工程4.7万立方米。桥涵：27座涵洞通道共1374.6延米；预制16米空心板36片，预制20米空心板217片，25米箱梁400片，现浇箱梁6跨；桩基共279根，立柱257根，盖梁102片，系梁91片。隧道工程：隧道工程单洞共4座共计2147米，具体为大丘里隧道右线267米、大丘里左线394米、新安岭隧道右线758米。起讫里程和地理位置：工程位于安徽省黄山市祁门县新安乡，起讫里程为：K95+400-K102+978.576，合同工期：670天（2009年9月1日～2011年6月31日），开工时间：2009年7月1日。累计完成投资：1.32亿元，建安产值数：1.32亿元。工程进度：已完成土方132万立方米，大中小桥完成436延米，立交桥303顶平方米，制梁270片，架梁104片，隧道1004米，涵渠324横延米。

【怀通高速35标】 中铁四局承建。工程造价：1.78亿元。主要工程数量：路基清表10.58万平方米，路基挖方78.7万立方米，填方80.7万立方米，陇城高架桥636米/1座，桩基90根合计1872米，30米T梁210片；涵洞、通道405.51米/9座，八斗坡隧道2537米(单洞延米)，隧道开挖硬土22.5万立方米，混凝土7.2万立方米，钢筋4527吨，浆砌片石2.6万立方米。起讫里程和地理位置：工程位于湖南省怀化市通道县陇城镇，合同工期：总工期28个月（2009年12月10日～2012年4月9日）实际开工时间：2009年10月30日。累计完成投资：10602.4449万元，建安产值数：10602.4449万元。工程进度：已完成路基挖方33.9万立方米，填方42万立方米；桩基82根，系梁62个，墩柱52个，盖梁12个；制梁3片，涵洞7座完；隧道进洞2304米（单洞）。

【永古高速公路YG10标】 中铁五局承建。连霍国道主干线永登（徐家磨）至古浪高速公路是连云港至霍尔果斯国道主干线的重要组成路段，全长42.8327公里，线路起于天祝县安门乡陈家沟，止于古浪县天桥庄村，与已建成的古永高速公路相连接。YG10合同段位于武威市古浪县古丰乡境内，线路起点里程为：YK2412+300～ZK2412+243.19，终点里程为：K2417+740，线路全长5440米(以右线计)。主要承担K2412+300～K2417+740段路基、桥涵、隧道等施工任务（全长5.440公里）。路基长度2.2公里，通道桥5座长153.22米；盖板涵8座长326米；通道涵4座长115米。桥梁为16米和20米预应力空心板梁，共70片，基础结构为扩大基础。深埋石质特长隧道0.5座（高岭隧道），单口掘进长度长（3.4公里），左线长3413.81米，右线长3404米，共计：6817.81米。工程于2009年4月1日开工， 计划2012年6月30日竣工。

2010年完成建安产值6112万元，路基土石方52.772万立方米 、涵洞307.26横延米、隧道1082.97成洞米。

【安邵公路第一标段】 中铁五局承建。二连浩特至广州国家高速公路湖南省安化（梅城）至邵阳高速公路第一标段起于湖南省安化县梅城镇东南侧拿爬仑村，经清塘镇至娄底涟源市的伏口镇，里程范围为：K94+112.169～K127+660，总长33.548公里。本施工段共计有7座隧道8152.5米（双洞），最长隧道为清塘铺特长隧道，采用分离式双洞，左线长4800米，右线长4775米；桥梁按单幅为10076/24座；土石方挖方184.11万平方米，填方184.26万立方米。项目地点位于湖南省益阳市安化县清塘铺镇，工程于2010年3月16日开工，清塘铺隧道工期30个月，其它工程工期为26个月。

2010年完成建安产值21662.55万元、路基土石方83.24万立方米，桥梁483.10延长米、涵洞599.55横延米、隧道2346.78成洞米。

【宜巴高速公路土建24标】 中铁五局承建。湖北省宜昌至巴东（鄂渝界）高速公路第二十四合同段，起讫桩号YK139＋452～K144＋397.404，线路总长4.95公里，主要工程量：桥梁2座长1460延长米，隧道1座长7928延长米。重点工程为马家坡隧道。工程于2009年8月10日开工，计划2013年1月26日竣工。

2010年完成建安产值13649.45万元、桥梁503.23延长米、隧道3914.091成洞米。

【十天高速汉中西段H-C25标】 中铁五局承建。本标段位于陕西省汉中市勉县武侯镇境内，施工里程为YK391+040-K395+729.057，线路长4.689公里，主要工程项目有路基、桥梁、隧道、涵洞及防护排水等工程。其中桥梁5座6338米，隧道2座单洞855米，土石方68.7万立方米，涵洞通道共6道，防护及排水工程14467 立方米。工程于2009年6月12日开工，计划2010年11月19日竣工。

2010年完成建安产值19367.3万元，土石方49.4万立方米 ，桥梁3682.9延长米，涵洞208.2横延米，隧道501.0成洞米，

【荔波官塘大桥】 中铁五局承建。荔波县官塘大桥位荔波县城东面，樟江大桥下游800米官塘大道上，是连接荔波县城时来坝片区与老城区的重要桥梁。桥梁起点桩号K0+030.5，起讫点桩号K0+210.5，桥长180米。跨径布置为85+85米双拱式独塔斜拉桥（无引桥）。桥梁平面从桥梁起点至K0+208.294位于直线上,K0+208.294至桥梁终点位于半径为251米的圆曲线上。桥梁中心点桩号为K0+120.5，从中心向两端均为3%的下坡。桥面为1.3%的双向横坡。桥面宽度：总宽度为32米，双向四车道。工程于2009 年 12月 15 日开工，计划2010 年 12 月 22日竣工。

2010年完成建安产值4007.5万元。

【乐山至宜宾高速公路工程LJ16合同段】 中铁六局承建。乐山至宜宾高速公路工程LJ16合同段起点里程为K130+251.4，终点里程为K137+950全长7.6986公里。管段位于宜宾北约10公里,起于宗场镇北，止于象鼻镇，主要工程包括路基、桥梁、涵洞、排水及防护等工程。合同价：378009606元，合同工期：2007年11月24日至2009年11月10日竣工。建设单位：山东高速集团四川乐宜公路有限公司；设计单位：云南省公路规划勘察设计院；监理单位：山东东泰咨询工程有限公司。

截至2010年12月26日已全线完工。LJ16合同段已开通运营，正在办理竣工资料的移交工作。

【长安高速环城段第17合同段】 中铁六局承建。长安高速公路长治至平顺段是山西省高速公路网“三纵十一横十一环”的重要组成部分，同时也是长治市公路交通“三通一环”发展规划的重要组成部分，是山西省东南部地区的一条重要出省通道。承建的长安高速公路长治至平顺段LJ17合同段工程项目，里程桩号为HK6+300～HK11+100，位于潞城市微子镇。主线全长4.8公里。合同总价19295.1万元。工期为2009年6月15日～2010年9月31日，共计15个月。

建设单位:长平高速公路建设管理处 ，监理单位：河南省宏力工程咨询有限公司，设计单位：山西省交科公路勘察设计院。

截至2010年底完成19295万元，其中：路基挖方11.1万立方米 ，填方77.9万立方米 ，预应力砼连续箱梁(辛庄大桥)1座6×25米，微子跨线转体桥，全长：755.08米，潞城东互通一处， 1-16米 小桥2座，涵洞、通道共计11座。

【京化高速公路（二期）工程铁路桥合同段】 中铁六局承建。北京至化稍营公路土木至洋河南段及支线洋河南至胶泥湾高速公路项目（京化二期工程），起于土木枢纽互通(京化高速一期工程终点)，终于胶泥湾与张石高速相接，路线全长约 71.341 公里。位于张家口市中南部，是河北省高速公路网规划的重要路段。工程造价：2.96 亿元，合同工期：2009 年 7 月至 2011 年 6 月。建设单位：河北省张家口市交通局，监理单位：张家口市路桥工程监理咨询有限责任公司，设计单位：中铁咨询设计研究院。

本合同段为铁路桥合同段，共分为五段，分别是 K0+550～K1+100 京包 1 号铁路立交桥及其引道、K2+600～K3+200 丰沙铁路立交桥及其引道、K4+070～K4+260 沙蔚铁路箱涵及其引道、K38+310～K39+050 洋河 2 号桥(上跨京包铁路和洋河) 及其引道和 K44+870～K45+420 京包 2 号铁路分离立交桥及其引道。

洋河 2 号桥薄壁空心墩墩柱高 48.6 米、京包铁路 2 号桥双幅转体，单幅梁体重 9200 吨、球铰半径较大是工程的难点；如何保证京包线的运营安全是重点。

工程自 2009 年 7 月进行工程实体施工，至 2010 年 12 月 29 日半幅通车。

【新建张涿高速公路保定段第 LJ-S6 标工程】 中铁六局承建。合同价 32504 万元，标段合同工期为 21 个月，开工日期为 2009 年 11 月 1 日；计划竣工日期为 2011 年 7 月 31 日。根据施工组织安排，松树口隧道工程、拒马河 1 号大桥工程为整个工程的控制工期工程。建设单位：保定市张涿高速公路筹建处，监理单位：保定市交通建设监理咨询有限公司、四川国际工程监理有限公司，设计单位：河北交通规划设计院。

截至 2010 年底，①拒马河 1 号大桥：桩基总计 174 根，2010 年度累计完成桩基 159 根；承台总计 29 个，至 2010 年 12 月 31 日完成 23 个；墩柱设计总高度为 824.68 米，2010 年累计完成 325.25 米；盖梁设计 27 个，2010 年完成 7 个盖梁；箱梁共 116 片，至 2010 年 12 月 31 日共完成 3 片梁的预制。2010 年度累计完成产值 3309.18 万。②路基工程：路基总长 355 米，路基挖方 10 万余立方米，路基填方 12 万余立方米，现均已完成，其中低填浅挖处理 3 千余平方米，填石路堤强夯处理 1.8 余平方米，排水和附属工程浆砌石量 7000 余方。φ4 米钢波纹管涵洞 2 座，共计长度 97 米。中心里程 YK94+225.00；YK94+353.00。采用分片螺栓拼接方式施工，现在也均已完成。2010 年度累计完成产值 485.83 万。③松树口隧道：隧道共计 4375 米，累计完成 1191 米，完成 27.2%。2010 度累计完成产值 8983.12 万元。

【江西省祁门至浮梁高速公路建设项目 FP 合同段】 中铁六局承建。祁门至浮梁高速公路良禾口（赣皖界）至桃墅店段工程项目起点为赣皖两省交界处的良禾口，经浮梁县的西湖乡，终点为桃墅店，与济广高速公路景鹰段相连接。FP 合同段属路面工程类别，起讫桩号为 K102+978.476～K118+633.653，线路全长 15.6 公里，主要工程项目为桩号范围内的路面施工(包括桥面铺装)、路面排水工程等。本合同段工程采用双向四车道高速公路标准，设计行车速度为 80 公里/小时，整体路基宽 24.5 米。本工程开工日期是：2010 年 10 月 10 日；合同总造价为 13327 万元

2010 年施工内容主要有：各施工层面的备料及该项目的临时设施建设，本年度开累完成产值是 562 万元。

【永宁高速公路 A5 合同段】 中铁六局承建。福建省永安至宁化高速公路 A5 合同段位于三明市明溪、清流县境内，桩号范围 K31+860～K40+800，路线起于明溪县胡坊镇柏亨村，终于梧地萤石矿区，路线全长 8.703 公里。管段内互通 1 处（明溪互通），位于明溪县胡坊镇瓦口村，交叉桩号为 K32+310，共设 6 条匝道。

主要工程数量：路基工程：正线长 8.703 公里，挖方 2259365 立方米，填方 1713387 立方米，浆砌片石边沟 7756 米，浆砌片石排水沟 7663 米，浆砌片石截水沟 2592 米，浆砌防护及坡面排水 19630 平方米。

桥涵工程：大桥 883.6 米/2 座（双幅），小桥 58.5 米/1 座；下部为桩基础，柱墩和薄壁空心墩，上部为预制 T 型梁和现浇箱型梁；涵洞、通道共计 34 座。

隧道工程：1712.75 米/2 座（双幅），梧地隧道 1405.5 米进口：1405.5 米。

出口：1405.5 米；星东隧道左线：250.5 米 右线：364 米。

2010 年完成产值 16961 万元，主要工程量有：土方完成 98.57 万立方米，桥梁完成折合米 828.5 米，隧道完成折合米 2081.5 米。隧道工程已经完工。

明溪互通主线桥：桩基 27 根，墩柱完成 5 道，盖梁完成 2 道，桥台 4 座，承台 2 个，折合成 63.5 米。

梧地隧道进口：开挖、初支完成 1225.5 米，仰拱及填充完成 142 米，二衬完成 1288.8 米，折合成洞米完成 817.5 米；梧地隧道出口：开挖、初支完成 912.5 米，仰拱及填充完成 55 米，二衬完成 1302.5 米，折合成洞米完成 904 米。

景秀 2 号桥：桩基 5 根，墩柱完成 16 道，系梁完成 7 道，桥台 1 座，承台 8 个，盖梁完成 6 道，悬浇梁 244 米，折合成桥 227 米。

【永安至宁化线永宁高速 A9 标段】 中铁六局承建。福建省永安至宁化高速公路土建路基工程 A9 合同段位于三明市清流县境内，线路起点 K69+700 位于龙津镇大路口村，途经雷公铺、供坊村，终点 K74+900 位于基头村，线路全长 5.2 公里。

本合同段有路基挖方 1978455 立方米，填方 1324248 立方米；水泥稳定碎石基层 31895 平方米，级配碎石基层 37772 立方米，水泥混凝土面板 37007 平方米，砼调平层 1828 平方米。

本合同段共有大中桥 1842.7 米/7 座(含互通桥 1271.7 米

/5 座)，本合同段有分离式隧道两座，隧道总长 1890 米(单洞米)，分别为雷公铺隧道、七里坑隧道. 隧道暗洞Ⅴ级围岩 881 米，Ⅳ级围岩 275 米，Ⅲ级围岩 605 米，明洞 129 米。

2010 年完成产值 18109 万元。

【陕西青兰高速公路 LJ29 标段】 中铁七局承建。工程概况：LJ29 标段起讫里程 K2+315～K7+050 全长 4.73 公里，左右幅分离设计，位于陕西延安宜川县仕望河及 C309 国道峡谷地带，跨越 C309 国道 10 处。本段路基挖方 179 米 3，路基填方 5.28 万立方米，主要构筑物为主线桥十一座，匝道桥四座，单幅桥全长 4271.2 米，隧道一座，单幅全长 558 米，主要工程量为桩基 572 根，总长 8976 米。薄壁空心墩 86 个，总长 3601 米，20 米箱梁 54 片，30 米箱梁 179 片，35 米箱梁 88 片，40 米箱梁 162 片，50 米 T 梁 323 片，合计 806 片。其中 K2+635 一号桥为悬灌钢构，墩高 79 米，是项目部重点控制工程。

合同工期：12 个月，开工时间 2009 年 3 月，完工时间 2010 年 2 月。合同价值：4.9 亿元

工期要求：2010 年 6 月底左线贯通，7 月底右线主体完工。9 月 13 日，青兰高速 LJ29 标主体工程施工全部完成。

工程进度： 2010 年 10 月青兰高速（陕西境）全线贯通。

【广西岑溪至水汶公路土建工程№3 合同段】 中铁七局承建。项目概况：岑溪至水汶公路土建工程№3 合同段起讫桩号：左线 K13+140～HK30+041.691，右线 K13+140～GK30+051.732。线路起于第二与第三合同段分界点，在大隆镇附近 K14+426.093 设大隆互通立体交叉与 G207 连接后经虎山塘、屋地垌、竹围、南新后到达水汶镇，于 K23+909.372 设置水汶互通式立体交叉与 G207 连接。

本合同全长 16.87 公里，互通一处 222.9 米/1 座、土石方约 276 万立方米、桥梁 2316 米/11 座、隧道 1083 米/2 道、涵洞通道 2402 米/40 道、房建工程 9045 平方米，路面工程、交通安全设施。

合同工期：2010 年 8 月 1 日至 2013 年 4 月 30 日。

合同价 8.33 亿元，开累完成 2100 万元。

工程进度：

临时工程：驻地建设完成；临时用电正在施工；便道已完。搅拌站场地已经平整。

路基工程：路基清表完，开始软基处理换填。

隧道：洞门正在施工。

【兰州至海口国家高速公路广元至南充段工程项目第 D 类 GN4 标段】 中铁八局承建。该工程起于 K18+000，止于 K26+290，路线全长 8.283 公里（以右线贯通计）。由二公司施工。合同工期：2009 年 2 月 22 日～2011 年 8 月 21 日，合同价：33232 万元。

【拉贡路基 1 标情况】 中铁八局承建。拉贡路基 1 标全线 1.65 公里，路基、涵洞、桥梁工程全完，隧道仅余右洞 160 米衬砌，2010 年全年完成产值 9450 万元，盈利 410 万元，合同价 15359 万元。

【映汶高速 A6 合同段项目】 中铁八局承建。本合同段工程位于映秀镇桃关村境内，起讫里程为 K18+850～ K22+572，线路长 3.722 公里。主要工程为福堂隧道、福堂岷江大桥、桃关 1 号隧道、桃关沟大桥及 G213 线分离式拱桥。福堂隧道、桃关 1 号隧道均为分离双向四车道高速公路隧道，其中福堂隧道左幅长 2680 米，右幅长 2600 米，桃关 1 号隧道左幅长 611 米，右幅长 670 米。其中福堂特长隧道为主要控制性工程。施工时间为 2009 年 10 月 10 日-2012 年 4 月 9 日。隧道工程已完成开挖及初支 3610 米，二衬 3134 米，桥梁工程已完成钻孔桩基础 3090 米，墩身 370 米，拱桥承台 8 个，桥台 3 个。路基工程已完成主动防护网 26000 平方米，挡护工程 8200 平方米。截至 2010 年年底完成验工产值：13862.389 万元。合同价为 25323 万元，2010 年累计完成投资 13916 万元。

【宜都项目相关工程】 中铁八局承建。项目起于宜都市陆城清江二桥收费站附近，与正在改建的宜昌长江公路大桥至宜都市洋溪公路相接，经过路滩、凤凰山、朱家大堰、石羊山、五眼泉到达聂家河，其后沿江而行，经金涧电站，熊渡水库、蒋家台子、潘家湾、邓家湾、止于五峰县渔洋关镇，与 S242 省道相接，本标段为第四合同段，起讫里程为 K26+770～K28+700，全长 1.93 公里。工程内容：桥梁 1 座，涵洞 1 道，隧道 1 座，其余为路基工程。具体分布如下：其中本标段熊渡电站大桥为分离式桥梁，起讫里程桩号分别为 K26+770.5～K27+336.5，全长 566 米，ZK26+780～ZK28+348，全长 568 米。 左右线上均为 14×40 米预应力混凝土 T 梁，先简支后连续结构。左线 2～12 号墩和右线 5～12 号墩采用空心薄壁墩，其余采用圆柱墩。左线 6、9、10、11 号和右线 6～12 号采用挖孔桩，其余采用钻孔桩。桥台左右线都为 U 型桥台，明挖扩大基础。熊渡 2 号隧道也为左右分离式隧道，其中左线隧道起讫里程桩号为 ZK27+357～ZK28+638，隧道全长为 1.28 公里；右线隧道起讫里程桩号为 K27+337.5～K28+612.5; 隧道全长为 1.275 公里。于 2009 年 3 月 24 日正式开工，截至 2010 年业主验工产值:6617 万元。

【成都－自贡－泸州－赤水（川黔界）高速公路 CR2 合同段】 中铁八局承建。成都－自贡－泸州高速公路成都境、眉山境段是《四川省高速公路网布局规划》中成都至赤水公路的重要组成部分。项目起于成都绕城高速公路，止于泸州分水岭，接泸州至赤水高速公路。成都－自贡－泸州－赤水（川黔界）高速公路 CR2 合同段位于成都市区锦江区双流县境内。成都－自贡－泸州高速公路 CR2 合同段为高架桥工程，主要技术标准：设

计速度为 100 公里/小时；设计荷载为公路-Ⅰ级；设计净空高度为 5 米；地震动峰值加速度为 0.1 克；主线最大纵坡为 3.0%；路基（桥面）宽度为：2×16.75 米（主线分离式）；路拱横坡为 2%；设计洪水频率为 1/10（桥涵及主线路基）。本标段起讫里程桩号为 K2+938.5～K7+495.5，全长 4557 米，本标段工程数量合计：桩基 861 根、承台 376 个、墩身 401 个、盖梁 362 个、预制梁 1746 片。全桥砼共计 196407 平方米，钢筋 31013502Kg。开工至 2010 年底开累完成产值 10829.7 万元，工程总投资为 49300 万元。

【乐雅 TJ11 标】 中铁八局承建。标段里程：K80+370～K90+050，线路长 9680 米。2 座隧道合计长度 4535 米；8 座桥梁合计长度 1321 米；桩基 227 根、墩柱 140 根、系梁 52 个、箱梁 331 片。涵洞及通道 34 处/1083 延米；路基土石方挖方 70 万平方米，回填 110 万平方米，软基换填处理 11.07 万平方米。路基工程完成挖方 0.2 万平方米，填方 0.35 万平方米,桩基已浇筑 136 根,墩柱已完成 36 根,系梁已完成 17 个,承台已完成 3 个,肋板已完成 6 个,盖梁已完成 7 个;箱梁预制 1 片；K85+735 钢筋混凝土盖板涵完成半幅、k86+057.5 钢筋混凝土盖板涵完成半幅。隧道工程水口隧道左线掘进完成 317 米,二衬 96 米;水口隧道右线掘进完成 124 米。共计完成金额为 2542 万元。合同工期为 24 个月，合同金额为 31098 万元。

【广南 GN4 标】 中铁八局承建。施工里程为：K18+000～K26+290，全长 8.293 公里，主要工程数量为：桥梁 3243 米/10 座，涵洞（通道）375.2 米/12 道；停车区一处，路基挖方 91.5 万立方米 ，路基填方 37.4 万立方米 及附属工程。控制性工程为祝神庙大桥（墩高 103 米），杨家沟大桥（墩 68 米）和三个梁场的 988 片 T 梁预制。枢纽部分：全长约 5 公里，主要工程数量为：桥梁 2179 米/6 座，涵洞（通道）83.5 米/6 道；其中：整体式大桥 532 米/2 座，单幅式大桥 1647 米/4 座。路基挖方 45.7 万立方米 ，路基填方 3.6 万立方米 及附属工程。控制性工程为 A、B 匝道桥的高墩，分别为 97 米和 92 米，以及 453 片 T 梁预制。工程自 2009 年 5 月 1 日开工，预计 2011 年 10 月 30 日完工。2010 年完成产值 1.2 亿元。原合同工程造价 3.3 亿，增加枢纽后预计合同总价 3.9 亿。工程总投资为 3.3 亿元。

【绵遂高速公路】 中铁八局承建。中铁八局承建的绵遂高速公路遂宁过境段队分为两段，里程分别 K147 +255 - K151+475 和 k171+795-k174+640，全长 7.065 公里。合同工期为 2008 年 11 月 15 日-2009 年 12 月 31 日，因跨铁路施工和甲供料影响，工期调整到 2010 年 10 月 30 日。该工程土石方开挖 140 万余方，土石利用方 132 万立方米 ；正线大中桥 5 座单幅 1600 延米，分离式立交 2 座 132 延米；涵洞 30 座。工程造价 1.1 亿元。公路等级为四车道高速公路，路面宽度 24 米，路拱正常横坡：1.5%，工程总投资为 1.1 亿元。至 2010 年底开累完成产值 1.09 亿元。

【乐雅 TJ5 标】 中铁八局承建。标段起讫里程为 K30+800～K37+300，线路长 6500 米。3 座桥梁合计长度 2597.5 米；桩基 4444 根、墩柱 292 根、地系梁 146 个、墩系梁 11 个、盖梁 146 个、一座隧道单洞合计长度 5069.5 米、路基挖方 87922 平方米，填方 328841 平方米及附属工程。工程总工期 24 个月（2010 年 4 月 30 日～2012 年 4 月 30 日），年度完成产值 8071 万元。工程总投资为 3.56 亿元。

【广甘高速 G1 标】 中铁八局承建。兰州至海口高速公路是 8 条西部大通道之一，是国家高速公路网“7918”网中，9 条南北纵线中的第 8 纵，是新疆、西藏、甘肃、四川、重庆、贵州等西部地区进入海南的主要通道。川甘界至广元界 G1 合同段地处甘肃省文县中庙乡侯家沟村境内，靠近国道 212 线 3.5 公里；将军石隧道全长左线 5805 米、右线全长 5804 米。左线施工范围正线 ZK0+010～ZK2+890，全长 2880 米，右线施工范围正线 K0+015～K2+900，全长 2895 米。主要工程量为隧道施工 5775 米及隧道进口端路基 25 米，无桥梁。全线采用全封闭、全立交、控制出入的双向四车道高速公路标准。施工工期为 2009 年 9 月 1 日至 2012 年 4 月 31 日。工程 2009 年 9 月开工，预计 2012 年 4 月 31 日完工，较计划工期滞后 3 个月。2010 年完成产值 0.52 亿元，累计完成 0.66 亿元。工程总投资为 3.56 亿元。

【彭木公路相关工程】 中铁八局承建。彭木项目部施工范围为：国道 319 线至彭木公路连接道工程，该项目为中铁二院成都勘察设计研究院 EPC 项目（设计、施工总承包项目），业主单位为重庆市彭水县交委下属的福冠交通投资建设有限公司，公司承担该项目土建施工任务，整个项目土建投资 4605 万元，2010 年度开累完成合同内实物产值 4257 万元，完成合同内产值 100%（已扣除由业主指定的沥青路面产值），完成投资额为 92.4%，另完成业主合同外新增工程约 52 万元（含改移道路及路基防护工程）。项目合同内主要工程（路基、路面、桥梁工程）已于 2010 年 12 月 30 日前完成，现剩余工程主要为高边坡坡面 C20 喷射砼防护工程（设计工程量：746 立方米）。 彭木项目主要工程已完，近期主要工作是做好项目收尾工作，完成项目内部成本清算，并协助总承包单位（二院成勘院）做好项目交验、审计等一系列工作。

【广甘高速公路 G15 标】 中铁八局承建。中铁八局集团广甘高速 G15 标段合同段起于宝轮镇龙泉村，止于宝轮镇小林村，施工起止里程为 K50+235～K55+696.627,全长 5.46 公里。工程有桥梁 6 座：清江河特大桥（全长 1704.55 米）、徐家梁 1 号（全长 393.5 米）、徐家梁 2 号大桥（全长 226.1 米）、晏家河大桥（全长 186.1 米）、李家沟大桥（全长 278.1 米）、宝轮服务区中桥（长 28 米）一座，涵洞 7 道、人行通道 5 道，路基挖方 66.6 万立方米，填方 67.3 万立方米，抗滑桩 21 根，横重式挡土墙共 6 段，累计 297.5 米，服务区改河一处以及边坡防护工程等。路基土石方完成 130 万余方；路基原设计抗滑桩 21 根全部施工完成，正在对变更新增的抗滑桩施工；路基框架锚杆完成400余延米，挡墙施工完成3800余方；清江河特大桥下部构造全部施工完毕， T梁已经架设130片；李家沟大桥下部构造施工全部施工完成；晏家河大桥下部构造全部施工完成，该桥箱梁已经架设全部施工完成，桥面铺装及防撞护栏全部施工完成，徐家梁二号大桥下部构造全部施工完成；徐家梁一号大桥桩基、地系梁全部施工完成；墩身完成26根，盖梁完成8片；完成下部构造总产值的90%；梁片预制：20 米箱梁共计310片，预制完成137片； T梁共计310片，预制完成137片；梁片预制设计共850已共计完成264片。该标段合同开工时间为2009年1月，合同工期32个月，计划竣工日期为2011年8月19日。广甘高速G15标段合同净价22303万元；实际完成1.3820亿元；2010年完成8400万元。

【福建三明台江大桥】 中铁八局承建。台江大桥工程位于三明市三元区台江片区。台江大桥西接工业南路（泉三高速公路出入口引道）、西岸滨江路；东接江滨南路（G205国道）、新市南路，全长1213米，分为西岸道路工程、桥梁工程和东岸道路工程。东岸道路工程西起于大桥与江滨南路（G205国道）交叉道口，止于大桥引道与新市南路交叉道口，与新市南路相接，长为355.576米。西岸道路工程西起于工业南路，止于台江大桥与西岸滨江路交叉道口，与西岸滨江路相接，长为 319.552米。桥梁工程西起于台江大桥与西岸滨江路交叉道口，东侧止于大桥与江滨南路（G205国道）交叉道口，与三明市东、西岸的江滨路直接相连。台江大桥桥梁部分长453米，引道部分长85.426米。台江大桥为跨越沙溪河的大桥，采用钢拱塔斜拉桥结构形式，桥长453.0米，跨径布置为50+60+110+110+60+50米；P3号墩的拱塔为钢结构，主梁及下部结构为钢筋混凝土结构；桥宽29.5米，主桥按双向四车道设计。主要工程数量：主梁总长440延米、混凝土11159立方米，主拱塔钢结构1424.245吨，斜拉索215.163吨。2010年完成投资1610万元，主梁完成6米合龙段砼浇筑，钢绞线穿束及张拉547吨，斜拉索挂设及张拉215吨，400延米桥面系及附属工程。工期要求：2007年12月18日～2009年12月10日，合同工期724天。工程投资：1.26亿。

【省道 S364 十水线改建工程小榄水道特大桥】 中铁八局承建。小榄水道特大桥位于中山市东凤镇沙口大桥下游约3.5公里处的广珠城际快速轨道小榄水道特大桥的两侧，本桥分左右幅设计，中间预留33米空间置轻轨桥，左右幅主塔墩基础错位15 米布置。小主线桥左线起于K6+700.2，终于 K7+715.4，总长1015.2米；右线起于K6+700.2、终于K7+682.7，总长982.5米。主桥为跨越小榄水的一座预应力混凝土双塔双索面斜拉桥，跨径布置为98+220+98=416米。两侧为引桥部分，引桥跨越小榄岸大堤处采用一孔 50米预制T梁外，其余各跨均采用 20～34米跨径的预制T梁，并采用先简支后桥面连续体系。主要工程数量：主桥长832米，引桥长1198.4米。桩基168根，系梁承台112个，墩柱99个，箱梁832米，预制T梁350片。工期要求： 2013年1月30日完成。2010年完成投资1550万元，桩基完成16根，完成临设建设。工程总投资： 22649万元。

【重庆长寿湖旅游专用高速公路】 中铁八局承建。起点位于渝宜高速K78（梁长高速K102+957.028），途经江龙湾、廖家湾、李家湾、沙塘湾、黄桷岩、岩上至终点长寿湖景区大门夹钳口。起止里程为互通式立交及K0+500～K9+162.716（原终点里程为K9+437.773，因长寿湖管委会统一道路规划，已变更为K9+162.716）。本合同段内填方多，利用方、借方多，且借方运输较近，靠近既有公路；路基填方142万平方米，线路经过地段水网、稻田较多，而且沟多、塘多，排水困难。工期紧，设计工期18个月，但根据业主要求调整到12个月，故工期压力大。质量要求高，按照省部级优质工程质量要求。主要工程数量：主线线路全长8.663公里，匝道全长3.096公里，含桥梁4座，互通式立交1座，土石方挖方146万立方米 ，填方142万立方米 ，涵洞45座，人行天桥7座，车行天桥5座，交安设施、管理用房、收费站和绿化。2010年完成投资14241万元，架梁完成14片，路面完成48.1万平方米。已于2010年5月1日通车。工程投资:2.55亿元。

【长安高速公路长治至平顺段（主线段）路基和桥隧工程LJ2】 中铁八局承建。本合同段工期紧，资源投入大，施工组织难度大。施工高峰期有多个工作面同时作业，人力、物力、财力需求投入大，施工过程中必须作好协调，有效调度，做到均衡生产，确保工期、质量、安全，控制施工成本。桥隧比重大，施工条件差。隧道工程施工是本标段施工组织的重点和难点，是控制工期、质量和成本的关键。长大隧道施工组织要求高，是本标段最显著的特点。主要工程数量：挖土方93万立方米 ，挖石方28万立方米 ，填方73万立方米 ；大桥2座：槐树坪大桥75+130+75米的连续刚构，碑滩大桥(虹梯关互通主线)13孔40米；匝道桥12孔30米；通道涵1处，互通立交1座，服务区1座；槐树坪分离式隧道：左线1561.7米，右线1577米。设计速度为80公里/h，双幅四车道，路基宽度24.5米。工期要求：2009年9月1日～2011年12月31日。2010年完成投资16937万元，土石方完成133万平方米，孔桩完成199根，承台完成38个，墩柱完成20个，预制梁预制15榀。隧道洞身掘进完成3170.5米，仰拱完成2444米，二次衬砌完成2306.3米。工程投资：3.58亿元。

【泉州市后渚至东通道工程-北山隧道工程】 中铁八局承建。泉州市后渚至城东通道工程-北山隧道工程，位于北山村，起讫桩号K2+278～K2+588，隧道全长310米，属于短隧道。左右线内轮廓净间距为6.95米，为小间距隧道。隧道采用双向六车道，设计车速60公里/小时，道路等级为城市Ⅰ级主干道。隧道左线净宽13.25米，右线净宽15米，车行道净高5米，人行道净高2.5米。北山隧道场址区地貌属残坡积台地区，地形起伏大，其中进口地形属缓坡状，山坡植被发育（主要为龙眼树），出口地形较为陡峭。隧道进口段左洞基岩埋藏较深，右洞基岩埋深较浅；隧道出口段围岩主要为残积土及全风化岩，天然坡体稳定，进口段坡度约10度～20度，出口段坡度约为25度～35度。主要工程数量：隧道长310米，双线六车道。工期要求：2011年7月22日完。 2010年完成投资1250万元，左洞上台阶开挖55米，右洞上台阶开挖168米，下台阶开挖82米，仰拱79米、二衬完成24米。工程投资：5127万元。

【四川木里河沿河通乡公路卧落大桥工程】 中铁八局承建。卧落大桥位于四川省凉山彝族自治州木里县后所乡大弯子村以西，右岸逆流而上至立洲水电站坝区下游，左岸至博科乡连接S216省道，是沿河通乡公路上的一座重要桥梁。该桥主跨为160米箱形拱桥，引桥采用预应力混凝土空心板梁。桥跨布置形式为20米+170米+20米，总长222米，总宽7米。主桥净跨径为160米的C50钢筋混凝土箱形拱箱，净矢高26.667米，矢跨比1/6，采用悬链线拱箱，拱轴系数米=1.756。主拱采用预制与现浇结合的箱形截面，共4个箱室，组合截面高2.70米。主拱箱采用无支架缆索进行吊装，每个箱肋分7段，最大吊装重量95吨，节段长24.67～25.19米、宽1.71～1.86米。拱上建筑采用梁式建筑形式，全桥采用简支腹孔，腹孔由立柱、帽梁、纵向桥面板组成。主桥桥面纵梁为C40先张法预应力混凝土T梁，梁高0.9米，宽1.395（1.39）米，长9.96（9.94）米，横向5片对称布置，共85片，最大吊装重量16吨。引桥桥面纵梁为C40后张法预应力混凝土空心板，板高1米，宽1.5米，长19.94米，横向4片对称布置，共8片，最大吊装重量46吨。主要工程数量：主跨160米，引桥222米。拱箱28榀，10米T梁85片，20米箱梁8片。工期要求：调整为2011年4月30日完。 2010年完成投资2933万元，预制拱箱23榀，拱箱吊装28片，预制10米T梁85片，吊装67片，预制20米箱梁2片，工程投资：3724万元 。

【重庆市港口大道（梧木公路一期）工程】 中铁八局承建。港口大道起于通江大道，终点与东港工业园区外环高速延伸道相连，途径磨盘山、下湾、大山坝、赵家岩、马颈、马家岩、河口场等地，全长7.91公里，横跨苦竹溪、牛头溪、鱼溪三条溪流，经过峡口镇、迎龙镇、广阳镇。港口大道道路等级为二级公路，设计行车速度为60公里/小时，标准轴载为BZZ-100，道路结构组合形式为马蹄脂S米A13+双层AC面层+半刚性基层，设计年限为15年。采用双向四车道，道路全宽为24米，横断面布置设计为4米（人行道）+0.25米（路缘带）+3.75米×2（车行道）+0.25米×2双黄中隔带+3.75米×2（车行道）+0.25米（路缘带）+4米（人行道）=24米。路拱坡度采用1.5%，路拱曲线采用半立方米次抛物线形式。纵断面除K0+682.209～K1+169段纵坡5.2%，坡长478米外，其余纵坡控制在5%内，全路段纵向变坡17次，平均每公里5.846次，最大纵坡5.2%/1处。竖曲线最小半径，凸形2000米/1处，凹形2500米/1处，最短坡长217.36米，竖曲线占路线总长36.9%。 工期要求：调整为2011年10月9日完。2010年完成投资8278万元，土石方完成挖填约120万立方米，苦竹溪大桥下部结构完成，架梁24片；渔溪大桥下部结构完成，架梁30片；牛头溪大桥桩基完成，承台污工完成约2000立方米。K0+180处挡墙9000立方米砼全完。抗滑桩设计186根，成孔140根，浇筑70根，K5+815处桩板挡墙全完。工程投资：18996万元。

【南宁外环NO.5标】 中铁八局承建。本合同段全长12.424公里。主要工程内容包括：临时工程及设施、路基、特殊路基处理、防护、排水、路面、桥梁、互通、分离式立交、涵洞、通道等，合同段内土石方364万立方米 ，共布设桥梁22座（含互通式跨线桥、分离式立交桥及改路桥梁共4842米）、涵洞79道、通道34道。总工期为24个月，开工时间2010年10月20日，截至2010年末完成土石方145万立方米 ，桥1320成桥米，涵洞54横洞米。预计2012年10月完工。合同总造价为32355万元。

【昆明市新机场专用高速公路工程】 中铁八局承建。全长0.342公里，合同工期为2009年06月08日～2010年03月31日，实际开工时间为2009年06月08日。完成桥梁35延米。合同价为11000万元。开累完成投资5500万元。

【昆明市黄土坡至马金铺高速公路工程】 中铁八局承建。全长4.79公里，合同工期为以开工令算21个月总工期。完成大临及驻地建设、预制梁场建设，土石方3.5万立方米，制梁8片，涵洞43延米，钻孔桩30米。合同价为25000万元。

【抚顺旺清门至南杂木高速公路第二合同段】 中铁九局承建的抚顺旺清门（吉辽界）至南杂木高速公路第2合同段，起点位于新宾县红升乡旧门村的 K72+500，终点止于新宾县红升乡白旗村东南方向的K82+400处，沿线经过红升乡，跨越的主要公路有省道沈通线、村通工程白妈线，跨越的主要河流有苏子河，线路全长9.9公里。工程自2009年6月15日开工，预计2011年6月30日竣工，总造价2.19亿元。主要工程数量：路基土石方209万立方米，路基附属1.3万立方米；大桥282米/2座，中桥486米/6座，小桥94米/9座，涵洞11座；隧道2078.5米。建设单位为辽宁省高等级公路建设局，设计单位为辽宁省交通设计院，监理单位为沈阳公路监理有限公司。

2010年完成产值10477万元，开累完成产值17646万元，完成总价的81%。路基土石方完成55万立方米，完成总量的26%；桥梁已完成；隧道洞身支护完成1317.5米，完成总量的63%；二次衬砌完成1983.5米，完成总量的96%。

【大连皮炮高速公路路基 3 标段】 中铁九局承建的大连皮炮高速公路路基 3 标段，位于辽宁省普兰店、瓦房店境内，起点桩号为 K30+000.000，终点为金岛枢纽互通立交 G 匝道与沈大高速公路的交叉点，桩号为 GK1+529.362，路线全长 14.01 公里。工程自 2009 年 9 月开工，预计 2011 年 7 月末竣工，总造价 2.18 亿元。主要工程数量：路基挖方 95.87 万立方米 ，路基填方 262.78 万立方米 ；大桥 3 座，中桥 3 座，小桥 3 座，涵洞、通道 66 座。 建设单位为辽宁省高等级公路建设局，设计单位为辽宁勘测设计院，监理单位为丹东诚达建设监理有限公司。2010 年完成产值 13483 万元，开累完成产值 18580 万元，完成总价的 92%。

【庄盖高速公路第 9 合同段】 中铁九局承建的庄河至盖州高速公路第 9 合同段，里程桩号为 K81+600-K84+910，路线全长 3310 米。有上跨分离式立交桥 1 座，隧道 1 座 5795 米，路基挖方 0.55 万立方米 ，填方 9.3 万立方米 。工程自 2009 年 10 月 1 日开工，预计 2012 年 6 月 30 日竣工，总造价 2.4 亿元。建设为单位为辽宁省高等级公路建设局，设计单位为辽宁省交通勘测设计院，监理单位为辽宁驰通公路工程监理事务所。

2010 年完成产值 8933 万元，开累完成产值 11614 万元，完成总价的 48%。隧道进尺 3180.7 米，二衬 1803 米，洞身挖方 32.40 万立方米 ；路基填筑 8.1 万立方米 ，完成总量的 82%；桩基完成 28 根，墩台身完成 10 座，盖梁 10 个等。

【增从高速公路 S11 段】中铁九局承建的增从高速公路 S11 段，位于广州市从化市温泉镇境内，长度为 2.88 公里，起点里程为 K55+415，终点里程 K58+290。工程自 2009 年 4 月 1 日开工，预计 2011 年 9 月 30 日竣工，工程总造价 2.1 亿元。主要工程数量：路基土石方 27 万立方米 ；大桥 564 米/1 座，涵洞 4 座；隧道 3742 米/4 座。建设单位为广州市公路开发公司，设计单位位中交第二公路勘察设计研究院有限公司，监理单位为广州诚信公路建设监理咨询有限公司。2010 年完成产值 11662 万元，开累完成产值 17672 万元，完成总价的 84.1%。

【梅大高速公路 1 标段】 中铁九局承建的梅大高速公路 1 标段（梅县三角至大埔三河段），起点位于梅江区三角镇，与梅州西环高速公路程江至三角段相接。起点桩号为 K0+000，终点桩号为 K7+567.588，全长 7.57 公里。工程自 2010 年 11 月 4 日开工，预计 2013 年 5 月 31 日竣工，工程总造价 5.06 亿元。主要工程数量：圣人山隧道（左线长 2576 米、右线长 2565 米）、龙坑隧道（左线长 609 米、右线长 582 米）；三角分离立交桥全桥长 450 米，漳龙铁路分离立交桥 1130 米，泮坑大桥 480 米，径下大桥 330 米以及总长为 2064 米的路基工程。建设单位为广东博大高速公路有限公司梅大分公司，设计单位为广东省公路勘察规划设计院有限公司，监理单位为北京华通公路桥梁监理咨询有限公司。

2010 年开累完成产值 3000 万元，完成总价的 6%。其中：土石方完成 12.5 万立方米 ，完成总量的 10%；桥涵完成总量的 2.2%；隧道完成总量 3.5%。

【沈阳市绕城高速公路改扩建工程桥梁 2 合同段】 中铁九局承建的沈阳市绕城高速公路改扩建工程桥梁 2 合同段，起讫桩号 K57+250～K59+604，位于下深沟立交与白塔堡立交之间，全长 2.35 公里。工程自 2010 年 11 月 15 日开工，预计 2012 年 9 月 30 日竣工，工程总造价 3.58 亿元。施工范围：特大桥 1 座（浑南高架桥 A 段）等。建设单位为辽宁省高等级公路建设局，设计单位为辽宁省交通规划设计院，监理单位为辽宁驰通公路工程监理事务所。

截至 2010 年末，开累完成产值 608 万元，完成总价的 1.7%。完成钻孔灌注桩 69 根，拆除路基 71000 立方米 ，拆除路面 2496 立方米 。

【江西德兴至上饶高速公路项目 B4 合同段】 中铁九局承建的江西德兴至上饶高速公路项目 B4 合同段位于江西省上饶市玉山县境内，主要经过必姆镇与临湖镇。起点桩号为 K44+600，终点桩号为 K48+900，全长 4.3 公里。工程自 2010 年 10 月 28 日开工，预计 2012 年 2 月 26 日竣工，总造价 1.17 亿元。主要工程数量：土石方 196 万立方米 ，大桥 626 米/4 座、小桥 30 米/2 座、涵洞 192 米/8 座、互通立交 1 处。建设单位为江西省高速公路投资集团德兴至上饶高速公路项目建设办公室，设计单位为中国公路工程咨询集团有限公司，监理单位为江西省嘉和工程咨询监理有限公司。2010 年完成产值 300 万元，完成总价的 2.6%。

【广巴高速公路路基土建工程 LJ19 合同段】 中铁九局承建的广巴高速公路路基土建工程 LJ19 合同段起于巴中市福星乡，止于巴中市西华山八大王沟，正线全长 5.55 公里，在东兴场乡设东兴场隧道、八大王沟设巴中西互通式立交桥。其中整体式路线长 3.38 公里、分离式路线长 2.16 公里。2006 年 5 月 16 日开工，预计 2011 年 6 月 30 日竣工，总造价 3.18 亿元。主要工程数量：路基挖方 97.7 万立方米 ，路基填方 107.5 万立方米 。东兴场隧道 1 座（双线），左线长 750 米，右线长 780 米。特大桥 850 米/1 座，大桥 566 米/2 座，互通立交 1 处，涵洞 13 座。全线共有浆砌圬工 8.4 万立方米 ，混凝土圬工 19.2 万立方米 。建设单位为四川省交通厅广巴高速公路工程建设指挥部，设计单位为四川省交通厅公路规划勘察设计研究院，监理单位为广东虎门公路工程咨询监理有限公司。2010 年完成产值 3421 万元，开累完成 30272 万元，完成总价 95%。

【四川省棋盘关至广元公路 LJ6 合同段】 中铁九局承建的四川省棋盘关（陕川界）至广元公路工程第 LJ6 合同段位于四川省广元市朝天区宣河乡境内，起讫桩号为 K15+692－K18+450，路线全长 2.76 公里。工程自 2008 年 3 月 12 日开工，预计 2011 年 4 月 30 日竣工，工程总造价 1.46 亿元。主要工程数量：李家湾特大桥、陈家坝大桥；古家山左、右线隧道共长 2069 米；路基挖石方 15 万立方米 ，路基附属 13950 立方米 。建设单位为四川省成绵（乐）高速公路建设指挥部，设计单位为四川省交通厅公路规划勘察设计研究院，监理单位为广东虎门技术咨询有限公司。2010 年完成产值 4217 万元，开累完成产值 10253 万元，完成总价 70.4%。

【宁波穿山至好思房公路相关工程】 中铁十局承建。施工地点，宁波市北仑区。标段长度 5339 米，合同价 74112 万元，合同开竣工日期 2010 年 3 月 -2012 年 2 月。

主要工程数量：路基挖方 4.32 万立方米 ，路基填方 0.42 万立方米，圬工砌体 1.01 万立方米 。本合同段共有桥梁 2 座，其中北仑高架主线桥 2904 米/1 座，大碶主线桥 2409 米/1 座，（其中包括匝道桥 8 座）。桥梁完成 1506 米。

【滨州至德州高速公路工程 15 标段】 中铁十局承建。工程概况：工程造价 31821 万元，合同工期 2008 年 11 月～2010 年 10 月。

主要工程数量：高架桥一座，桥梁长度为 6544 米；互通立交一座（于庄互通立交），德城互通主线桥北线第十一、十二联；天桥一座 。桥梁完成 4802 米。

【辽宁省桓仁至丹东高速公路 19 标】 中铁十局承建。施工地点：辽宁省丹东市。全长 11.20 公里，合同价 32298 万元。合同工期 2008 年 9 月～2010 年 9 月。

主要工程数量：路基土石方 379 万立方米 ，桥梁 3493 延长米/18 座，隧道 2247 米。主体工程全部完成。

【西久公路 XJA1 合同段】 中铁十局承建。施工地点：青海省湟中县境内。线路总长 5.93 公里，合同价 16000 万元。合同工期 2007 年 9 月-2009 年 6 月。业主调整工期，2012 年 12 月竣工。

主要工程数量：路基土石方 18.7 万平方米，沥青砼路面 1.9 万平方米，水泥砼路面 1.2 万平方米。桥梁 654 米/2 座，隧道长 2650 米，土方完成 8 万立方米 ，桥梁完成 461 米，隧道完成 1932 米。

【汉鄂高速公路 HETJ-4 标工程】 中铁十局承建。施工地点：湖北鄂州。标段长度 8.5 公里，工程造价 31236 万元，合同工期日期 2009 年 7 月-2011 年 5 月。

主要工程数量：特大桥 2 座 2590 延米，预制箱梁 544 片，小港特大桥连续梁 35+60+35 米，广山高架桥连续梁 72+125+125+72 米。路基土方完成 60 万立方米 ，桥梁完成 1814 米。

【厦漳高速公路厦门段 A1 标工程】 中铁十局承建。施工地点：厦门市海沧区。标段长度 4.1 公里，工程造价 1.64 亿。工期 24 个月，计划竣工日期 2011 年 12 月。

主要工程数量：桥梁：钻孔桩 452 根、承台墩身 226 个、箱梁 50 联（213 孔）；路基：土石方 35.5 万立方米 ，预应力管桩 2.02 万米。

土方完成 8 万立方米 ，桥梁完成 425 米。

【广珠西线三期第 5 合同段工程】 中铁十局承建。施工地点：广东省中山市三乡镇。标段长度 3.288 公里，工程造价 27089 万元。合同工期 2009 年 12 月 30 日-2012 年 2 月 28 日。

主要工程数量：桥梁 799.42 米/6 座（左、右线）；隧道 2901 单洞米/6 座；涵洞、互通 234.1 延米/7 座。隧道完成 173 米。

【贵州省六盘水至盘县高速公路土建工程施工第 8 合同段】 中铁十局承建。施工地点：贵州省六盘水市。全长 1.88 公里，合同价 14625 万元。合同工期 2009 年 5 月 1 日～2012 年 10 月 30 日。

主要工程数量：路基土石方 18.4 万立方米；桥梁 1219.04 延长米/4 座。

路基土方完成 17 万立方米 ，桥梁完成 278 米。

【贵州省六盘水至盘县高速公路土建工程施工第 20 合同段】 中铁十局承建。施工地点：贵州省盘县。全长 7.355 公里，合同价 14232.28 万元。合同工期：2009 年 5 月 1 日～2012 年 10 月 30 日。

主要工程数量：路基土石方 187.8 万立方米；桥梁 2095 延长米/5 座，涵洞 963 横延米/36 座。

路基土方完成 122 万立方米 ，桥梁完成 1045 米.

【湖南省张家界至花垣高速公路土建工程 4 标段】 中铁十局承建。施工地点：湖南张家界。全长 2.02 公里，合同价 22808.53 万元。合同工期：2009 年 7 月 1 日～2011 年 12 月 30 日。

主要工程数量：路基土石方 230.3 万平方米；桥梁 1458 延长米/13 座；涵洞 841 横延米/31 座，隧道 857 横延米/3 座。

路基土方完成 93 万立方米 ，桥梁完成 968 米.

【南安至厦门高速公路泉州段路基土建工程施工第 A4 合同段】 中铁十局承建。施工地点，福建泉州。全长 6.396272 公里，合同价 34624 万元。合同工期：2009 年 9 月 1 日～2011 年 9 月 1 日。

主要工程数量：路基土石方 364.8 万平方米；桥梁 3617.5 延长米/8 座；涵洞 421 横延米/12 座。隧道 2408 横延米/2 座.

路基土方完成 199 万立方米 ，桥梁完成 1486 米.隧道完成 1520 米。

【永定湖雷至城关高速公路 LA1 合同段】 中铁十局承建。施工地点，福建龙岩市永定县。全长 9.992 公里，造价 30251 万元。合同工期 2010.8.12-2012.8.11。

主要工程数量：路基土石方 189.6609 万立方米;级配碎石底基层 28134 平方米；级配碎石基层 2205 平方米；水泥稳定碎石基层 27729 平方米；水泥混凝土面板 27168.1 平方米;大桥 1174.3 米/5 座；隧道 1136.5 米 /1 座，路基土方完成 153 万立方米 ，桥梁完成 80 米.隧道完成 257 米。

【广东沿江高速（深圳段）Ⅱ标段】 中铁大桥局承建。钻孔桩年度完成 109 根，完成年计划的 47.8%。承台完成 124 座，完成年计划的 70%，墩身完成 159 个，完成年计划的 75.7%。机场特大桥下部结构全部完成，剩余下部结构均为机场互通主线桥。60 米箱梁(228 片)已预制 192 片，完成年计划的 114%；架设 182 片，架设完成年计划的 118%，30 米梁预制 19 片，完成年计划的 14%。

【马鞍山长江公路大桥 MQ-1 合同段】 中铁大桥局承建。马鞍山长江公路大桥主桥桥型方案为 2×1080 米三塔两跨悬索桥，桥跨布置为 360 米+1080 米+1080 米+360 米，主桥净宽 33 米，设计车速 100 公里/小时。

MQ-01 合同段为马鞍山长江公路大桥左汊主桥中塔，主要工作内容包括钢吊箱安装，群桩、承台、混凝土下塔柱施工，钢塔柱节段及塔梁固结段、上钢横梁吊装及为施工以上永久工程而必须建设的临时工程的施工和缺陷修复。

完成主桥中塔桩基 32 根，承台 1 个，塔座 2 个。

【武西高速公路桃花峪黄河大桥 TJ-5、TJ-6 标段】 中铁大桥局承建。桃花峪黄河大桥全长 7691.5 米，由北至南分别包括：北侧堤外引桥、跨大堤桥、北侧堤内引桥、副桥、主桥、南引桥。

TJ-5 标为北侧堤内引桥，起讫里程为 K32+418 至 K34+534，全长 2.1 公里，主要结构物包括：1.8 米钻孔桩、承台、薄壁墩、空心墩及预应力混凝土箱梁。TJ-6 标起讫里程为 K32+418 至 K34+534，全长 2086.74 米，主要结构物包括：副桥(50+9×80+75)米变截面预应力混凝土刚构连续梁桥，主桥（160+406+160+50）米四跨自锚式悬索桥和南引桥（4×50+5×50）米等截面预应力混凝土连续梁桥。

两个标段桩基完成 727 根，承台完成 71，墩身完成 4 个，现浇梁完成 2 孔。

【青兰公路（陕西）高速公路 LJ12 合同段工程】 中铁电气化局承建。续建工程。2009 年开工建设，合同额 2.36 亿元，计划工期 12 个月。该工程于 2010 年 10 月 15 日交工，2010 年 11 月 10 日开通。青（岛）兰（州）公路陕西境壶口至雷家角高速公路 LJ12 合同段工程，位于陕西省富县，工程全长 2.292 公里，主要工程内容：路基、桥梁、互通式立交工程。主线路基 600 米、涵洞 14 道、桥梁 5 座，折合半幅计长 1102 米。互通立交 1 处，其中主线桥 1 座，匝道桥 4 座。富县南连接线长 8.044 公里。

【神木至府谷高速公路 LJ-1-1 标段】 中铁电气化局承建。续建工程。2009 年开工建设，合同额 3.99 亿元，计划工期 12 个月。本标段起讫里程为 K0+000～K3+058，全长 3.058 公里。主要施工内容：路基挖方 174.9 万平方米，填方 27.1 万平方米，桥梁 2 座，神木枢纽互通立交 1 处（含 2 座匝道桥）。其中乔家梁大桥为 15×30 米预制箱梁桥；窟野河特大桥为 23×30 米箱梁+9×40 米箱梁+（88+4×165+88）米连续刚构桥，主桥最大墩高 76 米，最大跨径 165 米。

2010 年完成投资额 12427.5 万元，开累完成投资额 14323.4 万元。窟野河特大桥盖梁累计完成 58 个（完 88%）；空心墩完成 1198 米（完 86%）；预制梁累计完成 265 片（完 74%）；架梁完成 220 片（完 69%）；悬臂梁连续钢构 33 号～37 号墩左右幅的 0 号、1 号块灌注完，挂篮拼装完，准备施工 2 号块。

【广明高速公路相关工程】 中铁电气化局承建。合同额 2.9799 亿元，计划工期 20 个月。2010 年开工建设。主要施工内容：该工程桥梁 4 座、（花卉大道跨线桥、文登路高架桥、佛陈大道跨线桥、陈村互通立交）路基、涵洞。花卉大道跨线桥左幅桥长 271 米，右幅桥长上 288.5 米；文登路高架桥左幅桥长 1878.71 米，右幅桥长上 1378.5 米，佛陈大道跨线桥左幅桥长 552.97 米，右幅桥长上 1435.3 米；陈村互通立交 A 匝道桥梁全长 395 米，B 匝道桥桥梁全长 469.71 米。

2010 年完成投资额 5130 万元，开累完成投资额 5130 万元。佛陈大道、花卉大道跨线桥、文登路高架桥钻孔桩累计完成 255 根（完 53%）；承台完成 71 个（完 26%）；墩柱完成 88 个（完 23%）。

【厦漳高速公路土建工程】 中铁电气化局承建。厦门（海沧）至漳州（天宝）高速公路（厦门段）主体工程 A4 合同段左线起讫桩号为 ZK7+015～ZK9+185，全长 2170 米；右线起讫桩号为 YK7+000～YK9+150，全长 2150 米。主要工程项目有青礁枢纽互通北鼻端约 400 米和雷公山双向分离式六车道大跨公路隧道 3437 米（其中左线 1711 米，右线 1726 米）；涵洞工程 5 座，114.6 横延长米，其中雷公山隧道为全线控制性工程。建设单位：厦门市路桥建设集团有限公司；监理单位：厦门市路桥咨询监理有限公司；设计单位：中交第二公路勘察设计研究院有限公司；施工单位：中铁电气化局集团公司。合同额：252107.9379 万元；合同工期：2010 年 4 月 29 日-2012 年 4 月 29 日。该工程于 2010 年 4 月 29 日开工，到 2010 年年底完成实物工作量；隧道掘进 83.3 洞米，征地完成 1 处。

【广明高速公路陈村至西樵 S02 合同 A 段工程】 中铁三局中标，重组前中铁三局一公司承建，重组后中国航空港建设集团深圳分公司承建。

合同价：55718.69 万元。合同工期：2010 年 1 月 16 日至 2011 年 9 月 15 日，共 20 个月。

设计技术标准：高速公路双向六车道，时速 100 公里/小时，路基宽度 34.5 米。

广明高速公路陈村至西樵 S02 合同 A 段，位于广东省佛山市境内，起讫里程：K0+726.246 至 K7+344.297，全长 6.618 公里。主要工程数量：桥梁 9 座 7100 延米，下部采用桩、柱及预应力盖梁，上部为预制小箱梁，跨越既有道路处采用现浇箱梁，其中跨佛山一环匝道桥采用钢箱梁。收费站 1 座，长 500 米。软基处理采用袋装砂井、CFG 桩。

【仁怀至赤水高速公路 RCTJ-19 合同段】 中铁三局中标，重组前中铁三局一公司承建，重组后中国航空港建设集团三公司承建。

合同价：26993.2 万元。合同工期：2010 年 8 月 30 日至 2012 年 8 月 30 日，共计 24 个月。

设计技术标准：高速公路双向四车道；路基及桥幅宽度，整体式 21.5 米，分离式 11.25 米；设计时速为 80 公里/小时。

仁怀至赤水高速公路 RC 吨 J-19 合同段，位于贵州省习水县土城镇赤水河西岸，起讫里程：K100+000 至 K109+820，全长 9.819 公里。主要工程数量：大桥 1045 米/5 座,中桥 94 米/1 座，互通立交主线跨线桥 147 米/2 座。停车区一处；路基工程长度 8774.084 米，路基土石方开挖 228 万立方米，土石方填筑 154 万立方米。

【郑卢高速公路洛阳至洛宁段 1 标】 中铁一局一公司中标，重组前中铁一局一公司承建，重组后中国航空港建设集团一公司承建。

合同价：21870 万元。合同工期：2010 年 9 月 15 日至 2012 年 6 月 30 日，总工期 21.5 个月。

设计技术标准：高速公路双向 4 车道，路基宽度 26 米，设计速度 100 公里/小时。

郑卢高速公路洛阳至洛宁段 1 标，起讫里程：K0+022.399 至 K5+000，全长 4.978 公里，标段起点对接洛阳市九都路，标段中心跨越洛阳西南绕城高速，立体交叉中心桩号为 K2+549.023。主要工程数量：大、中桥 20 座，共计 2950.63 米；盖板涵 4 座，圆管涵 1 座，拱涵 1 座，通道 6 座；路基填方 66.02 万平方米，挖方 24.54 万平方米，路面工程：底基层 213952 平方米，基层 209938 平方米。

【山西省山阴至平鲁高速公路 lj6 标】 中铁一局五公司中标，重组前中铁一局一公司承建，重组后中国航空港建设集团一公司承建。

合同价：25989 万元。合同工期：2010 年 10 月 15 日至 2011 年 10 月 31 日，总工期 12.5 个月。设计技术标准：高速公路双向 4 车道，路基宽度 26 米，设计速度 100 公里/小时。隧道单洞净宽 10.75 米，净高 5 米。山西省山阴至平鲁高速公路 1j6 标，起讫里程：K190+900 至 K195+000，全长 4.1 公里。主要工程数量：大桥 1521 米/4 座；吴辛寨隧道 628 米/1 座；通道 1 处，涵洞 3 座；路基挖土石方量为 96 万平方米，填方为 19 万平方米；重锤夯实 2 万平方，强夯 1.7 万平方，灰土桩 1.2 万米。

【榆商线榆林至绥德高速公路路基桥隧工程第 N6 标】 中铁一局一公司中标，重组前中铁一局一公司承建，重组后中国航空港建设集团一公司承建。

合同价：29298 万元。合同工期：2010 年 3 月 8 日至 2011 年 7 月 31 日（调整后），总工期 17 个月。

设计技术标准：全封闭、全立交、控制出入的双向 4 车道高速公路，路基宽度 26 米。设计速度为 100 公里/小时。

榆商线榆林至绥德高速公路路基桥隧工程第 N6 标，起讫里程：K37+700 至 K49+700，共计 12 公里。主要工程数量：大中桥 2698.6 米/13 座，通道 11 道，涵洞 17 道；榆林南服务区 1 处；另有路基土石方、排水、防护等附属工程。

【福建省永春至永定高速公路龙岩段 A15 合同段】 建设分公司承建。该项目为福建省永春到永定（闽粤界）高速公路龙岩段 A15 合同段（K222+700～K229+960）路线起点位于文科村东南，与 A14 合同段终点顺接，起点桩号为 K222+700。设永定互通式立体交叉、岩前大桥、增瑞 1 号、2 号、3 号大桥、荷花隧道、增瑞隧道。终点桩号为 K229+665，路线全长 7.26 公里。主要施工控制地点有：县道 X606、增瑞水库、钼矿矿区。

本合同段主要工程量有桥梁 1338.5 米/4 座；隧道 2419.46 米/2 座，其中 2 座隧道设计 III 级支护形式共 405.01 米，占全部的 8.37%，其它全部为 IV、V 级支护形式；RC 盖板涵洞 391.09 米/9 道；RC 盖板通道 279.49 米/6 道；互通立交 1 处（互通区内有桥梁共计 1104.25 米/4 座，大桥有 1038.25 米/3 座，中桥有 66 米/1 座）；土石方 388 万立方米 ，其中弃方 34 万立方米 ；浆砌共有 2.9 万立方米 ；锚杆、锚索共 23105 米。

总工期：18 个月，2009 年 6 月 16 日-2011 年 6 月 15 日。截至 12 月 31 日，本项目开累完成产值 31035 万元，占合同价值 35645.57 万元的 65%。

【莆永线莆田段路基土建工程 A6 合同段】 建设分公司承建。本合同段路线起点位于莆田市仙游县大济镇溪口村，起点桩号 K80+400；终点位于莆田市仙游县大济镇古濑村，终点桩号右线 YK91+400，本合同段路线长度 11.00 公里；主要工程项目包括路基土石方、防护及排水、桥梁工程、涵洞及通道、隧道工程等。

本合同段共有桥梁 5 座，其中大桥 4 座，中桥 1 座；隧道 2.5 座，其中白鸽岭隧道全长 1680 米，古濑隧道全长 535 米，佛堂隧道全长 437 米；涵洞 23 道；通道 7 处。

本合同段工期要求为 610 日历天，即 20 个月，开工日期为 2010 年 4 月 1 日，竣工日期为 2011 年 12 月 1 日。截至 12 月 31 日，本项目开累完成产值 11843 万元，占合同价值 43884 万元的 27%。

【青海省西久公路拉脊山隧道工程 1 合同段】 建设分公司承建。本项目位于青海省东部，路线走廊所经地区位于拉脊山区，总体地势中高南北低，为高海拔严寒地区，冬季施工环境较为恶劣；西久公路作为青海省路网的重要组成部分，是贯穿青海东部的纵向通道，是联结省会西宁、海东地区和海南、黄南、果洛藏族自治州的重要经济干线。本工程路线长度为 5.930 公里，主要工程内容：路基土石方 18.7 万立方米 ，防护工程 3.8 万立方米 ，沥青混凝土路面 1.9 万平方，水泥混凝土路面 1.2 万平方，预应力 T 梁 85 片，预应力空心板梁 36 片，大桥两座：其中骟马台大桥长度 522 米，大马鸡沟大桥长度 132 米，涵洞四道。老路改线 1280 米。总工期：23 个月。截至 12 月 31 日，本项目开累完成产值 8421 万元，占合同价值 11080.16 万元的 76%。

【广东省中山市沙溪至月环土建工程施工招标第 5 合同段】

建设分公司承建。本合同段为第五合同段，起点 K89+250，终点K92+537.5，路线总长 3.2875 公里。

主要工程有：桥梁 421.24 米/4 座；隧道 2901 单洞米/3 座；互通立交 1 处，即三乡互通（含涵式通道 43 米/2 道、涵洞 152.3 米/6 道）；涵洞 20 米/1 道，1-10 米桥式通道 2 座。

计划 2010 年 03 月 01 日开工，2012 年 02 月 03 完工，总工期 23 个月。截至 12 月 31 日，本项目开累完成产值 3411 万元，占合同价值 27088 的 12.6%。

【福建厦门至漳州高速公路漳州段路基土建工程 A1 标】 建设分公司承建。本工程为福建省国家高速公路网厦成线厦门（海沧）至漳州（天宝）高速公路漳州段路基土建工程 A1 合同段，线路起讫里程为 K18+005.124～K22+650，线路全长 4644.876 米，项目位于漳州市境内。主要工程项目包括路基土石方、防护及排水、大、中桥、涵洞及通道、隧道工程。

本合同段共有分离式隧道 0.5 座，涵洞及通道 7 座，大桥 1 座，中桥 2 座。其中灯火寨隧道进口端左线起讫里程为 ZK20+633-ZK22+650，长 2017 米，右线起讫里程为 YK20+640-YK22+650，长 2010 米。

合同价值 30319 万元，本合同段工期要求为 730 日历天，即 24 个月，开工时间为 2010 年 3 月 1 日，竣工日期为 2012 年 2 月 29 日。

截至 12 月 31 日，本项目开累完成产值 4717 万元，占合同价值 30319 的 15.6%。

【福建福州至永泰高速公路路基土建工程 A8 标】 建设分公司承建。福州至永泰高速公路 A8 合同段起点位于福州城峰镇穴利村附近，本合同段路线长 5.76 公里；主要工程内容包括路基土石方、隧道工程、桥梁工程、涵洞工程。有隧道 1.5 座，即丘山隧道和湖台隧道 0.5 座。其中丘山隧道左线 765 米，右线 708 米，湖台隧道左线 999 米，右线 996 米。

本工程 2009 年 12 月 31 日开工，2011 年 12 月 30 日交工，总工期 731 日历天。

截至 12 月 31 日累计完成施工产值 10483 万元，占合同价值 32337 万元的 32.4%。

【辽宁丹通高速路基工程第 11 合同段】 建设分公司承建。本工程为鹤大高速公路桓仁新开岭（辽宁界）至丹东古城子段第 11 合同段，里程桩号范围为 K88+000～K94+600(YK94+606.332)，线路全长 6.6 公里。2008 年 11 月 13 日中标，合同价值 41198 万元，合同工期：23 个月，2008 年 11 月 17 日－2010 年 9 月 30 日。

主要工程有大桥 4 座、隧道 2 座、通道涵 4 座和 60 多万立方米 的路基土石方工程，其中错草沟大桥（桥长 131.1 米）、五道岭子林场大桥（桥长 106 米）、五道岭子 3 号公公分离立式立交桥（桥长 381 米）、新丰公公分离式立交桥（左桥长 282.1 米,右桥长 405 米）、通道桥 2 座。桥梁主要结构形式为钻孔桩基础和浅基础，柱式桥墩，重力式、肋板式桥台，上部结构为采用预应力砼简支空心板梁、装配式预应力砼箱梁和预应力砼连续箱梁。

截至 12 月 31 日累计完成施工产值 35150 万元，占合同价值 41198 万元的 92.1%。

【汕梅高速公路汕头至揭阳段 4 标】 建设分公司承建。本工程位于广东省潮州市潮安县，莅临沿海，靠近汕头市经济特区。起于 K8+290 位于潮州市潮安县庵埠镇，经龙坑村、郭陇村、梅林湖进入揭阳市揭东县地都镇，终点为 K12+600 位于地都镇军民村东北，线路全长 4.31 公里。

主要工程包括路基施工 1473.6 米；特大桥一座长 1276.7 米、跨线桥一座长 1403.7 米，通道桥三座长 156 米；钢筋砼圆管涵三座、钢筋砼箱涵一座。本工程主线按双向 4 车道设计，设计荷载为汽车—超 20 级，挂车—120；设计时速：100 公里/h。本项目路线经过地形较复杂，沿线较多鱼塘、沟渠、河流。路基施工穿过居民区、工业区，民房、厂房拆迁困难，路基穿过几处坟场，迁移工作困难。

工程 2008 年 9 月 11 日中标，合同价值 21007 万元，合同工期 19 个月。截至 12 月 31 日累计完成施工产值 21457 万元，占合同价值 21007 万元的 102.1%。

【山西阳五高速公路阳泉至盂县段 A1-6 合同段】 建设分公司承建。本项目为阳泉至五台山高速公路阳泉至盂县第六合同段，位于阳泉市河底镇境内，起止里程为 K27+360～K33+260，沿线经过五个村，线路全长 5.9 公里。设计公路等级为双向四车道高速公路，设计荷载为公路—Ⅰ级，计算行车速度为 80 公里/h，路基宽为 24.5 米，桥面净宽为 2× 11.0 米，设计洪水频率为 1/100，地震动峰值加速度为 0.10 克。

主要工程包括路基土石方 175.75 万立方米 、特殊路基处理 5276 米、防护及排水浆砌圬工 9.67 万立方米 、8 座涵洞及通道折合 431.26 横延米、3 座天桥 267.4 米、4 座大桥 1672.4 米，被交线 960.87 米。

工程 2008 年 11 月 11 日中标，合同价值 16950 万元，合同工期 12 个月，2008 年 12 月 16 日开工，2009 年 12 月 15 日竣工。截至 12 月 31 日累计完成施工产值 14785.8 万元，占合同价值 16950 万元的 87.2%。

【山西平定至阳曲高速公路路基、桥隧及采空区治理工程】 建设分公司承建。本工程为山西平定至阳曲高速公路第四合同段；工程位于阳泉市平定县境内；标段起讫里程为：ZK8+060～ZK10+780，2.72 公里；K8+080～K10+780，2.7 公里。工程范围包括隧道工程、路基土石方、防排水工程、桥梁工程、涵洞工程。

本合同段结构包括秋林隧道一座、郝家庄 1 号大桥一座；其中秋林隧道在本标段的施工范围为左线进口端 ZK8+060-ZK10+170，右线出口端 K8+080-K10+115。郝家庄大桥采用钻孔灌注桩基础，墩柱采用柱式墩，0 号桥台采用肋板式，12 号桥梁采用 U 型台；桥梁上部结构为 12X30 米的预应力砼箱梁，最大墩柱高度为 33.86 米。

截至 12 月 31 日累计完成施工产值 16581.8 万元，占合同价值 40878.89 万元的 40.6%。

【福建省永春至宁化高速公路路基土建工程 A2 合同段】 建设分公司承建。福建省永安至宁化(闽赣界)高速公路土建路基工程 A2 合同段地处福建省三明市境内,主线起讫里程为 K8+140～K15+855,路线全长 7.717401 公里。大湖应急通道（三级路）全长约 2.26 公里，与主线 K12+580 处相接。

本合同段共有分离式隧道 1.7 座，其中樟林隧道左线长 1223 米，右线长 1160 米；石林隧道(进口端）左线长 2002.44 米，右线长 1990 米；大桥 1 座，渡槽、涵洞及通道 21 座（含大湖三级路)，分离式立交 1 座。

截至 12 月 31 日累计完成施工产值 20284 万元，占合同价值 48072.83 万元的 56.9%。

【陕西省十天高速 A-CD40 标】 建设分公司承建。本工程为十堰至天水联络线(G7011)陕西境白河至安康公路路基桥隧工程 A-CD40（旬阳连接线，山区二级路）标段，分 LAK0+000～LAK12+231、LBK0+000 ～LBK2+550 两条线，全线长 14.781 公里。主要包括路基 10.68 公里，大中桥 12 座，长度 1889 延米；涵洞 32 座， 隧道 3 座，长度 2143 米。

路基挖方 78.72 万立方米，路基填筑 38.44 万立方米，软基处理 9600 立方米，防护工程 22145 立方米，C15 片石砼 13981 立方米，路基防护及排水用钢筋 373 吨，桥梁现浇 C50 混凝土 7513 立方米，预制 C50 砼箱梁 8062 立方米，墩身砼 15400 立方米，桩基础 C25 砼 6374 立方米，C25 砼扩大基础 2273 立方米，钢绞线 617 吨，钢材 4550 吨，涵洞共 453 横延米，明洞 74 米，V 级浅埋段 669 米，IV 级深埋 1320 米，IV 级深埋停车带 80 米。

合同工期 12 个月，2009 年 4 月 20 日－2010 年 4 月 20 日。截至 12 月 31 日累计完成施工产值 12221.98 万元，占合同价值 25323 万元的 48.3%。

【陕西省十天高速 A-CD45 标】 建设分公司承建。本合同段为陕西境白河至安康公路路基桥隧工程 A-C49 标段，起讫里程为：K97+970～K99+150，路线全长 2.18 公里。项目按双向四车道高速公路标准建设，设计车速 80 公里/小时，路基宽度 24.5 米，桥涵设计荷载采用公路—Ⅰ级，其余技术指标均符合部颁《公路工程技术标准》（JTGB01-2003）的规定值。磨河村隧道左右线长 2090 米/2112 米，为双车道单线分离式隧道。

主要有隧道 4.215 公里、路基 60 米，涵洞 2 座共 49 米。

合同工期 18 个月，2009 年 3 月 20 日－2010 年 9 月 20 日。

截至 12 月 31 日累计完成施工产值 12103.6 万元，占合同价值 20019 万元的 60%。

【广东博罗至深圳高速公路土建工程第 4 合同段】 建设分公司承建。粤湘高速公路博罗至深圳段 SJ-1 合同段 4 标起点位于银屏山自然保护区西北侧的旗岭下，起点桩号为 K28+315，路线在铁甲冒顶西北侧露头至本标段终点，终点桩号为 YK32+446 处，本合同段路线长度 5.129 公里 。工程范围主要包括路基工程、防排水工程、涵洞工程、桥梁工程和隧道工程等。水涧山隧道（5835 米）、水流田特大桥（2698 米）、银瓶山中桥：（57.88 米）、挖方 11.98 万立方米 、填方 54.37 万立方米 、涵洞工程 2 道（128.07 米）。

合同工期 30 个月，2009 年 7 月 1 日－2011 年 12 月 31 日。

截至 12 月 31 日累计完成施工产值 18368.5 万元，占合同价值 38392 万元的 47.8%。

【四川黔川界至纳溪段高速公路 C19 合同段】 建设分公司承建。本项目位于四川省泸州市纳溪区境内，起讫里程为 K125+850－K131+100，线路全长 5.25 公里。包括分离式隧道、路基、桥梁、涵洞、分离式立交、服务区。主要工程有路基土石方：185.2 万立方米 ；防护 17256 方；排水 4889.8 方；梨子坪大桥 536 米（左右幅相加）；涵洞 784.69 米/11 道；铜锣山隧道左线 2140 米，右线 2068 米。分离式互通 4 处；人行通道 117.5 米/2 道。

合同工期 18 个月，2009 年 3 月 20 日－2010 年 9 月 20 日。

截至 12 月 31 日累计完成施工产值 20944.7 万元，占合同价值 22598 万元的 92.7%。

【广东遂溪至徐闻公路项目土建工程 C1 合同段】 建设分公司承建。广东省遂溪至徐闻公路项目位于广东省西南部雷州半岛上，线路经过湛江市麻章区、遂溪县、雷州市、徐闻县境内。起点始于渝湛高速公路东坡岭立交，终点与 G207 国道于徐闻徐城城北处连接。里程 K396+500～K510+738.261，全长 114.302 公里。线路总体走向呈南北向。

本标段起讫桩号为 K498+550～K510+738.261，标段长度 12.188 公里。含下桥停车区所有匝道、下桥互通、徐城互通所有匝道，下桥互通连接线，大桥（黎宅大桥［9×20 米桥长 185.44］、鲤鱼潭 1 好大桥［7×20 米桥长 145.44］、鲤鱼潭 2 号桥［7×20 米桥长 145.44］、南园大桥［左幅 6×25 米右幅 8×25 米桥长左幅 156.06 米、右幅 203.76 米］)、下桥跨线桥［3×35 米桥长 66.06］。

合同工期：10 个月，2009 年 6 月 1 日－2010 年 3 月 31 日。截至 12 月 31 日累计完成施工产值 19335 万元，占合同价值 22598 万元的 96.2%。

【广三高速公路扩建工程 S03 标段】 建设分公司承建。广三高速公路扩建工程起于广佛高速雅瑶立交，西至三水布心接 G321 国道。本项目是在既有广三高速公路基础上左右两侧整体式加宽，由原来双向四车道扩建为双向八车道。项目全长 14.00 公里，起点桩号 K3+000.000，终点桩号 K17+000.006。

合同工期为 15 个月，2009 年 10 月 10 日－2011 年 1 月 9 日。截至 12 月 31 日累计完成施工产值 2078 万元，占合同价值 9518 万元的 22%。

城轨工程

【北京地铁 8 号线 01 合同段】 中铁一局承建。本项目包括两站两区间：西三旗站、西三旗南站、西三旗站～西三旗南站和西三旗南站～永泰站两个盾构区间。

⑴西三旗站：为地下两层 11 米标准岛式车站，结构全长 199.8 米，标准段宽度 19.9 米，总建筑面积 11838 平方米。车站围护采用 φ800@1400 米米钻孔灌注桩加钢支撑，车站主体除 4 号出入口采用明、暗结合施工外其余均采用明挖顺作法施工。

⑵西三旗南站（改为清河小营站）：为地下两层 11 米标准岛式车站，结构全长 186 米，标准段宽度 20.7 米，总建筑面积 11700 平方米。车站基坑围护采用 φ800@1400 米米钻孔灌注桩加钢支撑，全部采用明挖顺作法施工。

⑶盾构区间：西三旗站～西三旗南站区间总长 1285.5 米，西三旗南站～永泰站区间总长 538 米，两个区间单线总长 3611.4 米。区间地段地质以粉质粘土、粉土为主，有部分中砂。

合同总价：42692 万元。合同工期 2007 年 11 月 28 日至 2013 年 4 月 1 日。2008 年 5 月 22 日开工。

西三旗车站：西三旗站一期北段主体结构顶板回填土本月完成；基本完成二期主体结构范围正式围挡的施作，钻孔桩范围内路面已经破除，并开始进行钻孔桩挖探工作及钻孔桩钢筋笼加工；附属 C 号出入口第一段顶板砼完成。第二段施工底板浇筑完成，人防门进场安装完成，完成侧墙钢筋绑扎，侧墙支立模型并搭设满堂红脚手架。第三段底板砼浇筑完成，第三道钢支撑的拆除完成，侧墙防水施工完成。第四施工段底板砼浇筑完成。楼梯段及疏散通道底板钢筋绑扎。第三施工段侧墙钢筋绑扎。2 号风道继续加工钻孔桩钢筋笼，骨架已经加工完成 55 个，继续进行钻孔桩施工。

清河小营站：清河小营站顶板继续土方回填，目前剩余回填 1500 立方米。清河小营站 2 号风道土方开挖施工完成，清底工作完成，与结构接口处桩体破除完成，地基验槽完成，浇筑垫层砼完成，底板防水及保护层施工完毕。正在进行底板钢筋绑扎。C 号通道冠梁及挡土墙完成。开始进行土方开挖。安装 C 号出入口第一道钢支撑托板，剩余马道口处四个托板待开挖至冠梁以下时安装。C 号出入口基坑周围场地硬化完毕，开始安装 C 号出入口基坑临边防护栏杆 C 号出入口基坑周围场地硬化完毕。C 号出入口网喷挂网准备喷射砼。

清河小营站-永泰站区间盾构机自清河小营站左线 11 月 4 日始发，累计掘进 440.4 米/813.1 米。西三旗站业主要求 2011 年 5 月底达到洞通，清-永区间左线受临标暗挖区间结构施工影响贯通时间视临标结构完成时间而定，此项已经向业主报告协调。计划于 2011 年 2 月 10 日到达永泰庄站。

西-清盾构区间右线 2009 年 10 月 16 日盾构始发累计完成 1292 米。2010 年 3 月 14 日贯通。左线掘进 2010 年 9 月贯通，累计完成 1288 米。西-清盾构区间联络通道开始进行开挖，上导洞完成 14 榀（8 米）开挖和初期支护施工，反挖施工全部完成，下部开挖洞门管片破除完成，下部开挖完成 14 榀，左线洞门管片切割完成，上部洞门管片拆除完成。

【天津地铁 2 号线 17 合同段】 中铁一局承建。中标价 26415.26 万元，工程包括：东南角站车站全长 139 米，标准段宽 22.7 米，三层；建国道站车站全长 138 米，标准段宽 20.5 米，三层。东南角站至建国道站区间左线长 813.21 米，右线长 826.82 米；建国道站至天津站（不含）区间左线长 581.63 米，右线长 563.58 米。工程特点：东南角站～建国道站区间需过海河，水文地质较复杂，容易发生隧道涌水，并且工期紧，对施工技术水平和管理能力要求高，工期：2007 年 9 月 20 日开工，2011 年 5 月 31 日竣工。建设单位：天津市地下铁道总公司。

建国道站：主体结构完成。东南角站：主体结构完成。

建天区间：完成盾构始发加固；完成左线盾构始发准备工作；完成右线盾构始发准备工作。

东建区间：完成盾构始发加固；完成左线掘进 306 环；完成右线掘进 564 环。

【沈阳地铁 2 号线一期工程 9 标】 中铁一局承建。工程概况：沈阳地铁 2 号线一期工程第 9 合同段：其范围包括：一站一区间，即青年公园站（明暗挖）；青年公园站—工业展览馆站区间（盾构）。总价 1.89 亿。

工期要求：2008 年 4 月 15 日正式开工，总工期：852 天。原 2007 年 12 月 1 日至 2010 年 4 月 1 日。沈阳地铁指挥部对沈阳地铁 2 号线总体工期进行筹划，合同工期调整为 2011 年 8 月 15 日。

青年公园站位于青年大街与滨河路交叉路口正下方，呈南北走向。车站为双层双跨 12 米岛式站台车站，标准段宽度为 20.7 米，采用明挖和“PBA”工法施工。主体总长 169.1 米，设三个出入口、两处风亭、一部直升电梯、一个疏散通道。

车站主体南端头明挖段位于南运河内，宽度为 24.90 米，顶板覆土为 2 米，上部为南运河，河底水位埋深 5.0 米，采用明挖施工，须围堰后才能施工。车站暗挖段为双层双跨 12 米岛式站台车站，标准段宽度为 20.7 米，计算站台中心处顶板覆土厚度为 7.6 米，轨面埋深为 21.99 米，底板底埋深 23.75 米，采用“PBA”工法施工。

青年公园站～工业展览馆站区间长度 1122.7 米。盾构法施工，线间距最大为 35.58 米，线间距最小为 12 米。线路纵向呈“人”型坡，最大纵坡为 5‰。区间隧道结构底最大埋深 24.31 米（覆土厚度 18.31 米），最小埋深 21.66 米（覆土厚度 15.66 米）。本区间设一个联络通道，设置里程为右 K11+615。区间隧道埋置较深，其拱顶埋深约为 15.66 米～18.31 米。区间在下穿南运河段，长150米左右，河底深4～5米，隧道结构顶距河底高度大约11.8米。

工程特点：⑴车站明挖段基坑位于南运河内，须围堰后才能施工。车站暗挖段采用"PBA"工法施工，施工难度大，附属结构多，施工环境复杂，制约施工的因素多。⑵盾构区间长，且下穿南运河，须注浆加固，安全防护措施要求高。

2010年累完成8503.5万元占年度计划8340万元的102%；开累完成16100.6万元，完成施工总额17285万元的93.1%，总体施工正常。

进度：青年公园车站明挖段、暗挖段主体已完，出入口施工正常；盾构管片预制累完1876/1876环。青—工区间盾构右线8月20日1125.65米已贯通。青～工盾构区间左线计划施工时间9月14日—12月20日，因10标场地影响经业主同意顺延一个月，10月28日已始发掘进，累计掘进819.6米/1125.65米，计划2011.1.31盾构完，总工期到2011.8.15。

【西安地铁1号线金花路车站】 中铁一局承建。西安地铁1号线规划西起咸阳市森林公园，东至纺织城，全长31.8公里。金花路车站是规划中的地铁1号线与地铁3号线的换乘站，也是1号线规模最大、施工难度最高的车站，设计为框架箱型结构三层岛式车站，建筑面积19426平方达31个月，计划2011年6月竣工，总投资约2.1亿元。工程位于金花北路与长乐东路十字路口。2008年10月30日开工。

目前车站施工正常。12月计划250万元，完成250万元，占计划的100%；年累完成4330万元占年度计划4230万元的102.3%；开累完成9080万元，完成施工总额19376万元的46.9%。

1号线车站主体2010年10月8日已封顶；3号线车站计划今年年底施工完围护结构，共有178根维护桩，目前因场地、管线切改、交通导行等影响，现具备施工条件的有138余根，已完成125/178根。

【武汉汉青项目相关工程】 中铁一局承建。原合同工期2007年10月1日至2009年5月30日，盾构隧道总长4405米，范汉区间右线盾构机2008年9月19日始发，08年12月30日贯通。左线2009年3月4日始发，6月19日隧道贯通。开累总掘进2014米，隧道总剩余2391米。

目前进展情况：本月施工正常。青年路站从11月下旬恢复拆迁工作，目前已拆迁完，进行高压旋喷加固施工。青年路站双管高压旋喷桩51根，累计完成101根。

二环线地下通道工程：（这是汉青区间大合同外的另外一项合同工程，由汉青项目部负责施工。）属于武汉市二环线汉口段下穿通道（6+646.742～6+800.000）段，它位于发展大道和青年路交叉路口，汉口火车站前，属于城市人口密集区，人流和车流量很大。目前完成二环线地下通道主体结构施工，包括K6+700-K6+800主通道、u型槽钢筋绑扎、砼浇注。

【深圳地铁5号线5301标段等】 中铁一局承建。2010年累完成77976.9万元；开累完成211282万元.占施工总额217844万元的97%。

5301标段：月完成1783.56万元，完成月度计划1879万元的95%；5301标段翻身路站因业主及政府不能及时解决交通疏解、管线改迁等工作，影响出入口、风亭等附属工程的施工安排；5301标段开累完成79089万元，完成总金额80318万元的98%；

5308标段：月完成6154.75万元，完成月度计划6560万元的94%；塘朗车辆段因车辆段工程施工涉及的专业多，各专业间交叉施工频繁，且场区道路、电力外线、室外给排水等室外附属工程及室内装修、段内轨道工程的施工又受制于土建工程的施工进度和场地移交，致使未能完成生产计划。5308标段开累完成109326万元，完成总金额113736万元的96%；

5310标段月完成37.61万元，完成月度计划38万元的100%。5310标段开累完成13070万元，完成总金额13070万元的100%；

5501标段：月完成2376.72万元，完成月度计划2800万元的85%。5501标安装装修工程计划任务重、工期紧，且设计图纸到位不及时，工程所需的甲供设备材料不能及时供应，系统设备安装交叉施工，影响施工生产。5501标段开累完成9797万元，完成总金额10720万元的91%。

【深圳地铁2号线东延段2221标】 中铁一局承建。合同工期2008年3月1日-2010年3月；合同总价40388.69万元。

2221标段工程包括两站（侨城北站、深康站）三区间（世界之窗站～侨城北站、侨城北站～深康站、深康站～安托山站）土建工程及其他附属工程，全长3.57公里双延米，2号线2221标段车站主体围护结构工程（含土石方及支撑工程）、区间（含施工竖井、联络通道）为设计～施工总承包，其他工程为施工图施工总承包。

2010年累计完成产值11446.94万元，开累完成35741.67万元，占设计40388.69万元的88.5%。其中：世侨区间:左线1244米，右线1219米。现左、右线已贯通。1、2号联络通道已全部完成。世侨区间进行隧道清理、管片错台处理、资料整理以及区间的验收准备工作。

【哈尔滨地铁1号线8标段工程大学-太平桥-交通学院站】 中铁一局承建。工-太区间：右线盾构3月1日始发，设计881.45米，累计完成807.6米，年内完成掘进；前期大电的影响盾构的始发时间，左线盾构10月30日始发，掘进118.8米，计划明年3月完成掘进，同节点目标对比滞后15天；砂层地质情况影响盾构机掘进。其他车站主体结构在今年年底全部完成，太-交区间明挖段进度正常。由于天气原因，项目除太平桥站和工太区间、工大3号出入口在施工，其他都已停工。

【深圳地铁5号线相关工程】 续建工程，中铁二局承建。深圳地铁5号线工程项目经理部组织施工。

深圳地铁5号线贯穿深圳市第一、二圈层，连接西、中、东三条发展轴，并与10条轨道交通线换乘，是构成深圳市近中期线网的骨干线路，是联系沿线各组团和三大交通枢纽的快速走廊。5号线是深圳市首例采用BT模式建设的城市轨道交通项目，也是目前国内最大的BT工程项目，是中国中铁总公司对建设运作管理方式的一次全新尝试，也是对各参建单位提出的全新挑战。施工任务采取直接划分，由中国中铁系统十个局级单位负责具体实施。

中铁二局在深圳地铁5号线主要承担5305标土建工程、5312标西丽主变电所工程、5317标塘朗山车辆段综合楼附楼工程，以及5503A标和5505标共8站8区间的安装装修工程任务，总价约21亿元。

2010年，完成施工产值46225万元，开累完成181548万元，完成分阶段产值计划和年度计划。各工点主要形象进度如下：

1.5305标土建主体工程于2010年2月28日前基本完成，顺利实现预验收和初验，保证"洞通"和"轨通"目标。其中百鸽笼站、下水径站、长龙站以及长龙站至百鸽笼站区间四个单位位工程获深圳市"优质结构工程"奖。项目部全年完成主体工程区间隧道开挖930米，二衬施工4086米；完成车站主体结构砼57758立方米；完成车站出入口16座，风井10座，占设计的100%，是全线唯一在2010年12月25日前车站附属工程完工率达到100%的标段，获得深圳市轨道办和中铁南方公司的表扬和奖励。

2.5312标西丽主变电所工程按期实现各项工期目标，于2010年8月25日通过业主验收并开始送配电。

3.5317标塘朗车辆段综合楼附楼工程进展顺利，确保各节点目标，已通过验收并于2010年12月24日交付地铁公司投入使用。工程质量优良，获得深圳市"优质结构工程"奖。

4.在安装装修方面，项目部共完成8站8区间的常规设备安装95%，装饰装修工程90%，剩余车站附属工程的设备安装及装饰装修预计在2011年4月底全面完成。

【杭州地铁1号线火车东站】 续建工程，中铁二局二公司承建。2008年8月5日中标，中标价13504.89万元（变更合同价41000万元），合同工期为2008年7月28日-2010年1月31日（变更完工时间为2011年8月1日），车站总长270.986米（以1号线左线为准），标准段宽 50.1 米。车站标准段主体基坑开挖深度23.76米，含承台最深处约28米。2010年完成建安产值5810.56万元，占年度计划5000万元的121.5%；开累完成建安产值20460.4万元，为合同总额41000万元的49.9%，剩余20539.6万元。钻孔灌注桩设计504根，年完44根，累完504根，占设计的100%。高压旋喷桩设计9399.7立方米，年度完成3476.42立方米，累计完成9399.7立方米，占设计100%；砼支撑（设计7003.6立方米），年度完 7003.6 成立方米，累计完成 7003.6 立方米，占设计的100%；钢支撑（设计225根），年度完成196根，累计完成196根，占设计的87.1%；土方开挖（设计39.8万立方米），年度完成27.45立方米，累计完成37.35万立方米，占设计的93.8%；钢管柱（设计20根），年度完成6根，累计完成6根，占设计的30%，剩余14根；钢筋（设计13666吨），年度完成3903吨，累计完成3903吨，占设计的28.6%，剩余9763吨；砼（设计64301立方米），年度完成14717立方米，累计完成14717立方米，占设计的22.9%，剩余49584立方米。基坑共分12段施工，目前五段至十二段已挖到底部。基坑西端（P轴以西）砼支撑施工完毕，土方挖运中，结构五段承台土方挖运中；PQ段钢支撑已完工，结构六、七段承台正在施工中；基坑东端钢支撑已完工，结构十二段承台浇注完毕，结构十一段中板施工中，结构九、十段搭设脚手架，结构八段中板中。

【广州黄榄快速干线1标】 续建工程，中铁二局四公司承建。广州市番禺区黄榄快速干线（西段）工程包括黄榄快速干线主线和规划三路跨线工程。主线桥长1781.5米，路基长218.5米。规划三路全长0.580公里，采用桥梁形式上跨黄榄快速干线。合同工期为2009年10月至2010年12月31日，开工令于2010年1月5日下达。受亚运会影响，市建委要求2010年11月10日开始停工至12月22日复工。正式工程于2010年1月7日破土动工。受各种因素影响项目施工工期到2011年12月。

累计完成施工产值1.05亿元，占总价2.93亿元的35.9%。桥梁工程方面，西樵水道特大桥采用挂篮悬浇施工，计划投入8套挂篮，设计图纸已经送达厂家加工。连续梁施工方案已经编制完成，10月23日组织专家评审，并经建设单位同意。

【苏州轨道交通1线08标】 续建工程，中铁二局五公司承建。苏州轨道交通1号线Ⅰ—吨S—08标（广济路站）由车站1号线、车站 2 号线、北联络线及控制中心等四部分组成，总建筑面积43195平方米。其中：1.车站1号线为东西向，有效站台中心里程为右CK10+361，车站外包总长度315.2米（净长312.2米），外包总宽度32.4米（净宽29.4米），1号线车站近期设有5个出入口，2个风亭。2.2号线车站为南北向，外包总长度113.5米，外包总宽度24.5米，1号线和2号线"T"型换乘，2号线车站设有2个风亭，1个冷却塔。3.北联络线位于车站2号线北端，联络线长约168米，为地下负三层结构，预留远期2个出入口。4.控制中心位于1号线北侧，长约108米，宽约60米，为地下负一层结构。合同工期2007年12月28日 至 2010年10月2日，合同标价34159万元。

截至2010年底，项目主体工程全部完成，已进入收尾施工阶段。

【成都地铁2号线一期工程土建14标】 续建工程，中铁二局城通公司承建。2009年12月15日开工， 2011年10月31日竣工，工程总价约3.5亿元。主要工程内容包括3个区间隧道、4个联络通道（其中2个含泵房）和12个洞门，隧道总长4615.64单线延米。钢管厂站为地下二层三跨岛式明挖车站，全长256.56米，总建筑面积2.77万平方米。2010年度累计完成2.46亿元，为城通公司年度计划2.44亿元的101%，占地铁公司年度计划2.12亿元的116.3%。盾构隧道提前8个月贯通。车站主体结构提前7个月封顶。施工期间，项目部第二季度被业主评为“优秀土建承包商”第三名，年度曾被授予成都市“工人先锋号”、成都市“扬尘治理先进单位”、成都市“安全文明标准化工地”、“社会管理先进单位”等光荣称号。

【深圳地铁2号线东延线工程土建2225-2标】 续建工程，中铁二局城通公司承建。工程于2009年10月16日开工，2010年10月31日完工。该项目合同造价8812.7554万元，属于半途进场的”增援”项目，是深圳市头号风险工程，含燕南站～大剧院站盾构区间、始发井及风井。工程自2009年进场以来，项目部克服施工场地狭小、工期紧张、施工安全风险极高等障碍，盾构机连续突破号称魔鬼地层的孤石群、近距离下穿运营地铁1号线、长距离上软下硬地质三大重难点，截至到2010年12月31日，累计完成建安产值8812.7554万元，为总造价的100 %，圆满完成合同工期。同时项目部获2010年深圳市下半年优质结构工程奖、2010年深圳市双优工地等荣誉称号。

【武汉市轨道交通2号线一期18标18A分标】 续建工程，中铁二局城通公司承建。工程中标时间为2008年11月30日， 2009年5月11日开工，计划竣工时间为2011年12月31日，合同造价为3.047亿元，本标段建设规模为车站1座，出入口3个及风亭10个。本车站位于武汉市洪山广场，为武汉地铁2号与4号线换乘车站，主体建筑面积10333平方米，2号线方向长度为171.5米，4号线方向长度为147.6米，2号线和4号线线路走向呈V字形，换乘形式采用H形换乘，最大开挖深度26.8米；车站为地下三层岛式车站，主体采用盖挖逆作法施工。截至2010年12月31日，完成建安产值0.98亿元。完成车站所有桩基，其中包括φ1200米围护桩229根，φ800米围护桩231根，φ1800米中间桩121根；土方开挖5.6万立方米 ，为设计26.3万立方米 的21.3%；顶板主体结构累计完成砼6889立方米 ，为设计砼11105立方米 的62%。该部自主编制的《钢管混凝土柱施工工法》，其在行业内达到先进水平，创造一定的经济效益及社会效益；负层侧墙施工时，该部引进新材料(芬兰VISA板)，同时，积极与厂家联合研制单侧移动式整体模板，大大提高施工效率及质量，被武汉建设事业总部先后组织参观学习40余次；项目部《加快复杂地质条件下钻孔桩施工进度》QC成果，荣获2010年度全国工程建设系统优秀QC成果一等奖，钻孔桩施工班组被中国质量协会评为2010年全国质量信得过班组。

【广州市轨道交通6号线盾构8标】 续建工程，中铁二局城通公司承建。该标段土建工程包括长湴站～天河客运站、天河客运站～洒水车队吊出井两个盾构区间，单线长3260.183米，隧道穿越地层主要为硬塑～坚硬花岗岩残积土层。沿线地质复杂，隧道纵坡大（最大纵坡为39.782‰），穿越密集建筑，小半径曲线施工，地质详勘揭露可能存在孤石。工程由中水珠江规划勘测设计有限公司设计，广州轨道交通建设监理有限公司监理。合同开工日期2007年1月28日，合同竣工日期2009年2月28日，合同总造价14655.7531万元。受始发车站施工滞后影响，工程实际开工日期为2010年6月23日。开工以来，项目部以轨道运输安全和地面沉降控制为切入点抓安全管理，以创省部级优工程抓质量管理，工程施工始终处于可控之中。因广州亚运会停工，12月18日项目部召开施工动员大会，现各项施工准备工作已完成，待广州地铁公司、市质监站检查通过和复工报告审批后，项目将正式恢复施工。

【杭州地铁1号线2标】 续建工程，中铁二局城通公司承建。本工程于2008年9月份进场，受管线迁改、房屋拆迁影响，到2010年3月盾构才正式掘进施工，预计2011年12月31日前完工。该项目合同造价13528.3888万元，包含两个盾构区间，即富春路站至秋涛路站区间、秋涛路站至城站站区间，主要重难点有：盾构进洞端冷冻加固及盾构水土进洞、盾构连续下穿157栋老旧密集房屋、下穿原水管渠（杭州市上城区唯一生产生活用水管道）及过贴沙河、下穿杭州火车站铁路设施（包含铁路栈桥、15股股道、高架候车厅、地下通道、铁道综合大楼）、盾构在铁路下方带压换刀、以及盾构在铁路下方过废桩等。

截至2010年12月31日，累计完成建安产值6985.71万元，为总价值13528.3888万元的51.6%。主要形象进度为：完成富春路站至秋涛路站右线掘进任务，并成功攻克杭州特殊地层垂直冷冻加固及水土进洞技术；秋城区间左、右线两台海瑞克盾构顺利始发，并分别安全地穿越24栋、52栋老旧房屋，所有房屋监测点累计沉降均控制在10米以内。本工程为杭州地铁1号线三大难点工程之一，为中铁二局重点工程科研项目，自正式开工以来，受到社会各界广泛关注，多次受到地铁公司表扬，并组织兄弟单位进行观摩学习，为公司在杭州市场赢得良好口碑。

【昆明轨道交通1号线4标】 续建工程，中铁二局城通公司承建。工程于2009年12月21日开工，预计2011年12月31日前完工，该项目合同造价38897.2585万元。昆明轨道交通首期工程四标为呈贡北站至呈贡南站土建工程，合同内容包括呈贡南站、行政中心站、呈贡南站～呈贡站～行政中心站～呈贡北站盾构区间，其中呈贡南站和行政中心站车站外包长度均为192.5米，结构形式为地下两层岛式明挖车站，两车站各设4个出入口及两个风亭，区间盾构隧道全长5737.43单线延米。

截至2010年12月31日，累计完成建安产值1.8亿元，为总价值3.8897亿元的46.28%，顺利完成呈贡南站、行政中心站车站主体开挖、封顶任务，同时实现呈贡北站——行政中心站区间隧道的双线贯通。2010年度昆明地铁建设“先进单位”，2010年度昆明市建筑施工 “优良工地”， 2010年度呈贡县建设工程安全生产先进单位，2010年度城通公司“优秀项目经理部”、“安全文明工地”、“人才培养先进单位”、“五好党支部”。

【广州地铁6号线13标】 续建工程，中铁二局四公司承建。根据广州市城乡建设委员会穗建质[2010]1188号文件即《关于2010年广州亚运会残运会期间严格控制建设工地施工作业管理的通知》的相关要求，广州地铁项目部已于2010年9月30日正式停工，在2010年12月25日复工，做施工准备。

2010年，完成施工产值4757.16万元，累计完成1.52亿元，占总价2.16亿元的70.3%。2010年4月15日批复天河站总工期2008年3月30日至2011年12月30日，附属工程2011年9月30日前完成。3号线三号通道2011年12月30日前完成。长湴站总工期2008年5月16日至2011年12月30日，2011年6月30日前完成车站主体工程，其中：2010年4月30日前完成南段主体工程，9月30日前完成北段基坑土方工程及底板结构工程，2011年6月30日前完成轨排井结构移交和地面部分场地，2011年11月30日前完成附属工程。该项目正式工程于2008年5月18日正式破土动工。

【北京地铁15号线相关工程】 中铁三局承建。合同价款：33938万元。合同工期：2009年10月1日至2010年10月1日。

形象进度：一期一段工程双线轨道铺通，铺轨40.688公里，铺道岔58组；马泉营站左右出入线2.1公里铺设完毕；马泉营车辆段运用库、轨道车库铺轨完成11.319公里；一期二段后沙峪～俸伯段铺轨完成8.8公里。

5月18日一期一段工程双线轨通；8月17日、20日进行冷热滑试验。

【西安市地铁1号线一期工程汉城路～纺织城段D1TJSG-14标段】 中铁三局承建。合同价款：37604万元。合同工期：2009年2月1日至2011年7月15日。

形象进度：半坡～纺织城区间右线盾构机累计掘进595环；左线盾构机累计掘进499环；半坡～纺织城区间f6暗挖隧道左右线初支及二衬全部施工完成，特殊变形缝施工完成6道；长乐坡～浐河区间盾构吊出井暗挖隧道初期支护右线小里程施工完成11.77米，右线大里程施工完成9.38米；左线暗挖隧道初期支护小里程施工完成4.88米，左线暗挖隧道初期支护大里程施工完成4.75米；长乐坡～浐河区间风井暗挖隧道初期支护右线小里程初期支护施工完成90米；右线暗挖隧道大里程初期支护施工完成71.5米；左线小里程初期支护施工完成65.75米；左线大里程初期支护施工完成46.75米；

长乐坡暗挖隧道中导洞初期支护累计施工完成22.9米；中导洞中隔墙底板二衬施工完成。

【天津地铁2号线第9合同段】 中铁三局承建。合同价款：13702万元。合同工期：2007年4月1日至2010年12月31日。

形象进度：新开路车站主体完成；红星路站～新开路站区间全部完成；新开路站～天津站右线盾构机掘进开累545环，占设计553环的98.6%；左线盾构机掘进开累496环，占设计544环的91.2%。

5月20日新开路站～天津站右线盾构机始发；10月15日左线盾构机始发。

【重庆市轨道交通1号线（朝天门～沙坪坝）11标段】 中铁三局承建。合同价款：13449万元。合同工期：2007年7月1日至2008年12月15日。

形象进度：区间平洞1115米、中隔墙927.3米、高庙村车站设计196.15米、站内结构、1号出入口142.6米、楼梯105米、2-B号风道73.1米全部完成；3号出入口114.3米开挖完成，衬砌完成60.877米。

【重庆市轨道交通3号线一期工程】 中铁三局承建。合同价款：13150万元。合同工期：2007年8月1日至2008年12月30日。

形象进度：新郑区间、郑家院子车站主体完成；郑唐区间明挖隧道主体结构11月6日顺利封顶。

【天津地铁3号线16合同段】 中铁三局承建。合同价款：9500万元。合同工期：2010年1月1日至2010年7月31日。

形象进度：列检库混凝土承台基础1125立方米完成，钢结构屋面板完成7465平方米，占设计8913平方米的83.8%；综合楼基础土方完成18500立方米（设计19000立方米）；混凝土墙完成1295立方米，占设计2026立方米的64%；混凝土梁板1320立方米全部完成；小淀停车场混凝土基础梁完成2361立方米，占设计4701立方米的50%；混凝土梁板完成1257立方米，占设计3101立方米的40.5%；隔油池设计2座完成1座；站场路基填土方完成17352立方米，占设计34000立方米的51%；电缆井设计54座完成28座。

【北京地铁6号线一期一合同段】 中铁三局承建。合同价款：67254万元。合同工期：2007年12月15日至2013年10月1日。

形象进度：十里堡站：二期1～3轴地下一层侧墙及端墙砼浇筑完成17.5米；4～9轴顶板防水施工完成39.3米；3号出入口冠梁施工完成60米；2号出入口围挡施工完成。

青年路站：二期60～62轴顶板、58～56轴地下一层施工完成；三期土方开挖完成50000立方米；桩间网喷完成3500平方米；17～20轴地下二层侧墙防水完成29.3米；2号风道土方开挖完成1500立方米，桩间喷混80平方米；1号出入口暗挖出土平台搭设完成。

青～褡区间左线掘进220环；右线掘进138环。

【北京地铁10号线二期05合同段】 中铁三局承建。合同价款：41670万元。合同工期：2008年12月28日至2013年9月30日。

形象进度：大红门站22～27轴中层板、10～13轴站厅层侧墙、4～8轴顶板、13～17轴站厅层中柱混凝土浇筑完成；石～大区间左线掘进完成796环；右线掘进完成619环。

【北京地铁 14 号线 00 合同段】 中铁三局承建。合同价款：40064 万元。合同工期：2009 年 9 月 15 日至 2013 年 12 月 31 日。

形象进度：基坑开挖完成 54003 立方米，占设计的 98%；网喷完成 4912 平方米，占设计的 90%；钢支撑完成 142 根，占设计的 88.1%；腰梁 324 吨全部完成；综合接地完成 56 米，占设计的 63%；底板垫层完成 56 米，底板砼完成 48 米；陶然桥站灌注桩完成 19 根，占设计的 16%。

【大连地铁 209 标】 中铁三局承建。合同价款：19937 万元。合同工期：2009 年 11 月 1 日至 2011 年 12 月 31 日。

形象进度：红旗西路站围护桩开挖完成 1645 米；红～南区间横通道上台阶掘进 9 米。

【杭州地铁武林广场站】 中铁三局承建。合同价款：25731 万元。合同工期：2008 年 1 月 28 日至 2009 年 10 月 14 日。

形象进度：武林广场站盖挖土方完成 25750 立方米 ，占设计 114540 立方米 的 22.5%；车站分 8 段施工，累计完成 8 段顶板、3 段地下一层楼板和 2 段地下一层侧墙、2 段地下二层楼板及侧墙、2 段底板及地下三层侧墙，车站北端、南端设备夹层楼板及侧墙全部完成；车站北风亭围护结构 SMW 工法桩、地基加固旋喷桩、冠梁全部完成，土方开挖 600 立方米；风武区间结构主体完成。

【郑州市轨道交通土建施工 01 合同段农业东路站】 中铁三局承建。合同价款：9847 万元。合同工期：2008 年 11 月 18 日至 2010 年 6 月 11 日。

形象进度：主体结构、1 号风亭、4 号出入口完成，剩余附属正在施工；施工受场地狭小、地下管线复杂等影响。

【成都地铁 2 号线 23 标】 中铁三局承建。合同价款：14173.85 万元。合同工期：2009 年 7 月 17 日至 2010 年 10 月 20 日。

形象进度：沙河堡站-站东广场站区间左线停车线 263.333 米隧道开挖及仰拱完成，衬砌累计完成 204 米，剩余 59.3 米；右线 415.929 米单线隧道主体完成；路基段长 312 米，80 米围护桩明挖段和 38 米段全部完成，维护结构抗拔桩 189 根全部完成；U 型槽段 180 米底板、侧墙、通讯电缆沟、强电缆沟、水沟全部完；70 米明挖段受拆迁影响未施工；出入线 156 米暗挖段主体完成；出线段暗挖 170 米开挖、仰拱全部完成；变更新增村道、出入段线煤气改造工程、路基段接口挡墙防护工程、出入段线暗挖断洞口加固工程等工程全部完成。

【莞惠城际 GZH-7 标（含 SKZH-1 标）】 中铁三局承建。合同价款：103900 万元。合同工期：2009 年 9 月 18 日至 2012 年 1 月 31 日。

形象进度：DK30+266 竖井左线交通疏解路面浇注完成，右线围蔽基础浇筑完成；DK39+800 竖井 27、22 桩各钻进 21 米；DK40+458 竖井 26 桩灌注混凝土，11 号钻进 41.8 米、20 桩钻进 19 米、27 号桩进钻进 10 米；DK41++376 竖井 18 号桩钻进 19 米、27 号桩钻进 9 米；箱涵管道预制管埋设完成； DK42+190 竖井围挡基础施工完成；DK51+339 竖井施工现场进行整改；DK45+805 竖井挂设钢筋网片 9.6 吨、打设锚杆 1995 米；常平隧道洞口开挖 4980 立方米；常平东 2 号桥 20 号、21 号承台完成，28 号、40 号承台施工。

K43+303.95 竖井开挖 37.7 米、立格栅 5 榀；DK44+050 竖井横通道中台阶开挖支护完成 33.4 米；DK42+720 竖井钻孔灌注桩完成 30 根；DK45+176 竖井土方开挖 709 立方米，挂网喷锚完成。

【苏州轨道交通 1 号线 I-TS04 苏州乐园站】 中铁三局承建。合同价款：21963 万元。合同工期：2009 年 9 月 1 日至 2011 年 1 月 31 日。

形象进度：附属结构 2 号出入口新增段、3 号出入口圈梁已完成， 4 号出入口挖土 1100 立方米，5 号出入口挖土 1000 方， 8 号出入口顶板、备战风井、消防通道、西风井侧墙、顶板正在施工。

【苏州轨道交通 1 号线工程 I-TS-09 标】 中铁三局承建。合同价款：23100.6 万元。合同工期：2008 年 3 月 1 日至 2010 年 9 月 15 日。

形象进度：养育巷车站主体结构完成，主体结构二期第二段已完成混凝土浇筑；附属结构 8 月 12 日开工；2 号联络通道左线 12 月 21 日、右线 23 日开始开挖；1 号联络通道进行冷冻设备的安装；养育巷站内热风通道施工完成；站台板下墙完成 50%；养育巷站西端头及中间预留孔封堵已完成顶板浇筑；3 号出入口施工场地道路改迁、施工围挡完成。

7 月 27 日养育巷站至广济路站右线区间盾构完成；8 月 1 日广济路站至养育巷站左线区间盾构完成。

【宁波市轨道交通 1 号线一期工程地下工程】 中铁三局承建。合同价款：37937.587 万元。合同工期：2009 年 6 月 1 日至 2013 年 5 月 28 日。

形象进度：换乘站完成地连墙 171 幅，完成 63%；1 号线车站地基加固钻孔桩完成 122 根、土方开挖 12 平方米，封堵墙以西主体结构 15 块板、封堵墙以东第 5、4 段结构底板完成。

【上海轨道交通 11 号线北段二期三林站、济三风井土建工程】 中铁三局承建。合同价款：20968 万元。合同工期：2008 年 12 月 30 日至 2010 年 4 月 30 日。

形象进度：标准段 215 米已完成 40 米（逆作法施工）；三林路与上南路施工地连墙；东端头井 183 米底板全部完成；西端头井完成全部的砼支撑、圈梁浇筑。

【苏州市轨道交通 1 号线正线轨道工程】 中铁三局承建。合同价款：31642 万元。合同工期：2009 年 9 月 1 日至 2011 年 1 月

31日。

形象进度：12月底木渎站至乐园站右线、乐园至养育左线、养育至乐桥右线、乐桥至中南街左线全线轨通，完成铺轨52.788公里。

【无锡市轨道交通1号线GD01TJSG-18标段】 中铁三局承建。合同价款：41116万元。合同工期：2009年11月7日至2012年4月30日。

形象进度：湖滨路主体结构已完成，剩余四个出入口，1、3、4号出入口正在施工围护结构桩，2号出入口因拆迁影响未施工；雪浪站被震泽路南侧分11段施工、北侧分5段、震泽路下分3段施工，南段完成了3块底板、北段5段底板已完成；出入场线180米敞开段底板完成90米；围护结构钻孔桩段约300米分11段施工，完成3段底板；工法桩段约600米分25段施工，完成7块底板及相对应的顶板。

【北京地铁7号线工程土建施工02合同段】 中铁三局承建。合同价款：78536万元。合同工期：2010年5月1日至2014年12月30日。

形象进度：菜市口站东南角4号场地正在进行热力管线改移暗挖段开挖、明挖段二衬施工；西侧一期Φ1550污水管线改移竖井开挖、顶管施工；广安门内站完成S20、S18、S17、S16号降水井；存在问题:热力管线改移、大栅栏大厦拆除问题影响小室竖井和隧道施工，需要尽快协调相关部门解决。

【沈阳至铁岭城际铁路（松山路～道义）工程土建施工第二合同段】 中铁三局承建。合同价款：31215万元。合同工期：2010年4月5日至2012年2月5日。

形象进度：师范大学站围护桩完成400根，剩余72根。

【沈阳至铁岭城际铁路（松山路～道义）工程土建施工第三合同段】 中铁三局承建。合同价款：21400万元。合同工期：2010年5月4日至2012年3月3日。

形象进度：师～工区间盾构井围护桩84根全部完成;冠梁、挡墙施工完成，土方开挖完成900方。

【无锡市地铁2号线土建施工GD02TJSG-04标段】 中铁三局承建。合同价款：24259万元。合同工期：2010年6月25日至2011年5月31日。

形象进度：浅埋段分左右线6×2段施工，完成7块底板、5块顶板、5段侧墙；U型槽段分9段施工，完成8段底板、7段侧墙；标准段和盾构井第一道圈梁已经完成。

7月7日项目正式开工。

【青岛地铁3号线8标段】 中铁三局承建。合同价款：23834万元。合同工期：2010年6月1日至2013年12月31日。

形象进度：保儿站正在进行围挡、临建施工；管线拆迁占路手续基本完成，待调流路标线铺设完成后开始进行占路，管线拆迁施工也将随之开展；双山站管迁方案已初步确定，具体方案正在优化完善中。

【北京地铁6号线1标】 中铁三局承建。合同价款：67254万元。合同工期：2007年12月15日至2013年10月1日。

形象进度：十里堡站及1号风道全部施工完成，3号出入口完成30%；青年路站分三期施工，一期125米、二期140米全部完成，三期围护桩施工318根，占总量的81%；降水井施工53眼，占总量的72%；土方开挖6米3，占总量的51%；主体结构施工完成20%；2号风道施工完成40%，2、4号出入口全部施工完毕；十～青盾构区间完成；青～褡盾构区间左线掘进800米、右线掘进600米，旋喷桩端头加固全部完成，管片生产2000环。

【北京地铁14号线00标】 中铁三局承建。合同价款：40064万元。合同工期：2009年9月15日至2013年12月31日。

形象进度：永定门外站管线改移6条，围挡完成设计的80%；明挖段围护结构灌注桩、冠梁、挡墙及降水全部完成；土方开挖完成52600方，占总量的96%；底板完成45%，地下三层侧墙第一段完成；陶然桥站西侧围挡完成20%；西侧主体明挖段灌注桩完成80根，占总量的67%；陶～永区间端头加固累计完成设计量的50%。

【南京地铁12号线高架区间01标】 中铁三局承建。合同价款：12000万元。合同工期：2010年8月1日至2011年11月30日。

形象进度：二期江南段钻孔桩完成157根（设计190根）、承台完成27个（设计38个）、墩 身完成11个（设计38个）；江北段：钻孔桩完成90根（设计132根）、承台完成5个（设计22个）、墩 身完成1个（设计22个）；一期工程接触网立柱基础完成51根（设计126根）、伸缩缝完成19套（设计102套）、砼挂板完成3040米（设计8340米）

【南京地铁3号线14标】 中铁三局承建。合同价款：47319万元。合同工期：2010年12月1日至2013年9月20日。

形象进度：临建场地已规划协调完毕，即将展开临建施工；围护结构桩机设备准备进场。

【广佛地铁3A标】 中铁三局承建。合同价款：6645万元。合同工期：2009年4月10日至2010年12月31日。

形象进度：朝安站2010年主要完成主体、附属顶板土方回填并移交市政公司恢复路面，附属Ⅰ号出入口、A端风亭侧墙及顶板施工，产值为520万元。

【沈阳地铁2号线一期轨道工程】 中铁三局承建。合同价款：17011万元。合同工期：2010年9月1日至2011年5月30日。

形象进度：正在进行宁山路、松山路铺轨基地建设。

【深圳地铁5号线及深圳北站枢纽工程】 深圳地铁5号线建设采用BT模式(股份公司与深圳市政府合作，全国最大的BT项目)。线路全长40.001公里，中铁四局负责深圳地铁5号线的工程有：5304标（主体土建)、5309标(上水径停车场)、5311标（轨道二标)以及站后设备安装及装修工程5503B标、5504标5个标段(工程造价约19.596亿元)。

5304标：

由中铁四局施工的深圳地铁5号线5304标项目合同工期：2008年1月20日～2011年6月30日。

本标段起点为长岭陂站（不含)，终点至坂田站，标段起止里程DK18+540～DK25+142.2，管段长6.602公里。管段内有4站4区间：长岭陂－深圳北站区间、深圳北站（龙华站)、深圳北站－民治站区间、民治站、民治站－五和站盾构施工区间、五和站、五和－坂田区间、坂田站。

工程特点是工程范围广，安全隐患多，施工组织难度大。

5309标(上水径停车场)：

深圳地铁5号线5309标(上水径停车场)因地方场地移交滞后开工时间估计延后至2011年开工。

轨道5311标：

深圳地铁5号线轨道工程5311标，位于深圳市宝安区、龙岗区和罗湖区，起自民治站小里程DK21+440，沿线经过民治站、五和站、坂田站、杨美站、上水径站、下水径站、长龙站、布吉站、百鸽笼站、布心站、太安站、怡景站，到达终点站黄贝岭站大里程DK39+800.482，共有13站12区间，铺轨总长度共计18457.16双延米。

本标段全部为地下线，道床型式包括普通整体道床和金属弹簧隔振器浮置板式整体道床两类。浮置板道床共长5130单延米，主要分布在百鸽笼基地往标段终点段。

合同工期：2009年12月25日～2010年10月31日

项目于2009年12月25日正式开工，首组道岔开铺。

深圳地铁5号线站后设备安装、装修5503B 、5504标：

深圳地铁5号线5503B、5504标主要承担西丽站至坂田站共8站7区间的动力照明设备安装工程、环控设备安装工程、给排水设备安装工程以及车站的装饰装修工程。

本项目的特点是工期非常紧张。

工程进展及产值计划完成情况：

2010年2月10日，5304标比计划目标提前18天在全线率先实现主体洞通目标。

5311标、5503B、5504标均在2009年12月25日同时开工。到2010年7月中下旬，轨道5311标左右线分别如期实现轨通目标。到2010年年底，5503B、5504标的设备安装工程已完成总工程量的82%，装饰装修工程已完成总工程量的61 %。

到2010年年底，中铁四局深圳地铁5号线开累完成产值计划15.2805亿元，占工程已开工工程总设计造价的77.98%，其中2010年度完成产值计划1.7592亿元。

【深圳北站综合交通枢纽工程】 中铁四局承建。工程造价：1.45亿元。 深圳北站综合交通枢纽工程位于深圳市宝安区龙华西南部，是深圳市总体规划重点发展区域，集合铁路车站（广深港客运专线与厦深铁路交汇点)、城市轨道交通（地铁4、5、6号线)、常规公交、长途汽车、出租车以及社会车辆等各种交通方式，将成为东南亚地区大型的综合客运交通枢纽。深圳北站枢纽是由上塘路、规划路、玉龙路、留仙大道围合而成的约600米×800米的矩形区域，铁路车站大致南北向横贯中央，将枢纽划分为三部分：中区为国铁车站、两侧分别为东广场和西广场施工域。

中铁四局主要负责东广场区域施工，承建的单位工程有：场平土石方、新区大道改造工程、枢纽范围内地铁4/6号线区间工程、东广场建筑、玉龙路改造工程及上塘路。

工程推进情况：

自2008年初进场施工以来，整个工程始终在安全、有序的前提下，平稳推进。截至2010年底，深圳市政府确定的16项重大节点工期全部提前或按期完成。已完成建安产值15.2805亿元，占工程合同价12.218亿元的79.96%，其中，2010年度完成建安产值4.841亿元。土建工程已完成工程总量约93%，设备安装工程已完成总工程量约76%，装饰装修已完成工程总量约39 %。

【成都地铁2号线1期工程 21标】 中铁四局承建。合同造价：6350万元

合同工期：2009年5月4日；计划竣工日期2010年10月30日。

工程概况：成都地铁2号线始于郫县犀浦站，止于龙泉区龙泉东站，规划线路全长41.30公里，共设车站28座，包括地下车站21座，高架桥7座。东部副中心站为2号线的中间站，位于成都市龙泉区驿都大道（原老成渝路)与洪河大道（原十洪大道)交叉路口西北角的下，呈东西走向。车站的两端为盾构区间，上下行线的盾构从车站通过。车站一共设有2个通道（1号通道设东西2个出入口，2号通道预留与规划东部副中心城区结合的12米通道及与规划道路结合的1个出入口)、2组共6个风井、一个紧急疏散通道。

车站总长178米，标准段宽18.9米，车站总建筑面积9200平方米，其中车站主体建筑面积6950平方米，附属建筑面积2250平方米。车站中心里程YCK42+606.000，车站设计起点YCK42+530.000，截至2010年12月31日主体工程完工。

形象进度：主体施工完，余附属施工。

【合肥轨道工程 1 号线试验段】 中铁四局承建。中标合同价：19982万元，合同工期：2009年7月30日～2010年5月25日，计划总工期300天。

工程概况：试验段工程位于合肥市滨湖新区，本标段工程起讫里程为：K22+868.00-K24+700.00，全长1.832公里。包括中山

路站（K22+867.799-K23+062.200）、中山路站-方兴大道站区间（K23+062.200-K23+780.442）、方兴大道站(K23+780.442-K24+035.342)、方兴大道站-试验段设计终点区间（K24+035.342-K24+700.000），工程内容主要为车站主体及区间土建工程。

中山路站位于庐州大道与中山路交叉口位置，沿庐州大道东侧，跨中山路布置，呈南北向。车站主体为地下一层三柱四跨钢筋砼箱型结构，车站标准段为一柱两跨地下布置。设备机房外挂段为地下一层多跨箱型结构。车站有效站台中心里程：K22+967.000，有效站台长度120米，每侧站台宽8.25米。车站总长194.4米，标准段宽度25.9米，车站中部18.4米，标准段基坑深度约11.3米，车站主体标准段、设备机房外挂段覆土3.359米，车站与南北区间结合处覆土约为4.5米。车站标准段结构尺寸分别为：底板800、外挂风机房800，侧墙700、外挂风机房700/600，顶板500/700、屋面板400、外挂风机房700。车站采用明挖顺作法施工。基坑围护结构采用Φ800钻孔桩加钢支撑或预应力锚索。

中山路站-方兴大道站区间位于合肥市庐州大道东侧，线路出中山路站后沿庐州大道东侧绿化带向南，下穿规划塘西河，沿绿化带到方兴大道站。区间结构为单层双线双跨矩形箱式断面，区间最大覆土厚度6.1米，最小覆土厚度3.3米，宽度10.3-13.55米，在左K23+301.320-K23+306.020排水泵房段宽度为15.05米。全部采用明挖顺作法施工。

方兴大道站位于庐州大道与方兴大道交叉路口东南侧，在车站南端有电力有一座220千伏的输电塔架，距离基坑较近，施工过程中应予以保护。车站采用半地下结构形式，侧式站台，有效站台中心里程右K23+908.642，有效站台中心线处轨面埋深9.197米，基坑深度约10.56米，车站围护结构标准段采用Φ800米米的间距1300米米钻孔桩加钢支撑联合支护，其余部分采用钻孔桩加预应力锚索。主体结构采用明挖顺筑法施工。

方兴大道站-试验段设计终点区间隧道由南向北，从方兴大道站南端沿规划的庐州大道下穿行到达云谷路站北端。规划的庐州大道现状为空地，无地下管线。在区间起点处有一高压塔架，塔基距离基坑边最近处为5米。采用明挖顺作法施工。

2010年施工进展：除剩余中山路站～方兴大道站之间30米区间框架未完工，其余工程均已完工。2010年完成产值13825.56万元。

【天津地铁2号线相关工程】 中铁四局承建。中标合同价：14382.76万元

合同工期：2009年4月1日～2010年12月31日，计划总工期：21个月

工程概况：天津地铁2号线第2合同段工程范围包括：延安路站和盾构井（起点）～延安路站(含)及延安路站(含)～芥园西道站(不含)的区间，正线1910双线米，起讫里程为DK2+150～DK4+065.4；土建、水电安装以及附属或特殊工程（防迷流及综合接地工程，机电、市政公用设施、管网等的预埋件和预留孔洞等）。

延安路站，延安路车站中心里程为DK3+140，设计起点为DK3+028.22，设计终点为DK3+213.320。车站总长度185.1米，标准段宽度为20.7米。

延安路车站设计为地下二层明挖岛式车站，车站底板埋深约14.65米，顶板覆土厚度约1.09米。地下一层为站厅层，地下二层为站台层。车站总建筑面积为10757.71平方米，其中主体建筑面积为7923.46平方米，附属建筑面积为2834.25平方米。车站结构高13.21米，站厅层层净高为4.8米，站台层净高为4.55米。站厅中部为公共区，两端为设备管理区。设备管理区主要布置了车站管理用房和设备管理用房，在设备管理区设置一组楼梯通向站台供车站工作人员使用。车站地下二层为站台层，站台有效长度按远期列车六节编组，长度118米，岛式站台宽度12米。

车站共布置有四个通道和出入口，分别设置在延安路与规划广乐路交叉路口的四个象限，一个消防出入口于地铁2号出入口结合设置。

盾构区间，第2合同段包括盾构井（起点）～延安路站(含)及延安路站(含)～芥园西道站(不含)两个区间。

盾构井（起点）～延安路站区间，盾构井（起点）～延安路站区间全长约877米。

延安路站～芥园西道站区间，延安路站～芥园西道站区间全长约840米。

2010年施工进展：延安站:主体已完工，土方设计1.15万立方米，开累0.63米3；1号、2号风道:垫层设计328立方米，开累164方；1号、2号、3号、4号出入口:垫层设计379.6方,开累238立方米；底板砼设计1000立方米，开累250立方米，边墙砼设计930立方米，开累230立方米；延安站至芥园站、延安站至曹庄站：区间左、右线主体已完工。2010年完成产值6554万元。

【重庆市轨道交通1号线13标段】 中铁四局承建。合同价：6355.27万元

合同工期：2007年7月～2009年1月

本工程位于重庆市沙坪坝区，南起石小路东侧的平顶山下（K14+001.482）北至黄角湾179号附近的地下（K14+713.3），线路总体呈南北走向。重庆市轨道交通1号线（朝天门～沙坪坝）13标段(马家岩车站及区间隧道)工程设计里程为K14+001.482～K14+713.3；其中马家岩车站起讫里程K14+001.482～K14+185.882，总长184.4米，为暗挖双层岛式车站；区间里程为K14+185.882～K14+713.3，区间为左右单洞单线隧道。在区间K14+440处设324.88米施工斜井作为施工通道。

合同段施工里程为K14+001.482～K14+713.3，全长711.818米。其中车站184.4米，区间隧道527.418米。主要工程数量：工程施工项目包括车站主体及辅助通道、区间暗挖法隧道、施工通道。

2010年施工进展：仅剩余1号、4号出入口未完工，其余工程均已完成。2010年完成产值2423.56万元。

【武汉轨道交通2号线一期第25标段土建工程】 中铁四局承建。工程造价： 2.42亿元。

开竣工日期：2008年8月20日～2010年12月31日完成车站主体结构施工

名都站～光谷广场站区间，左线起点里程：ZDK26+408.307，终点里程：ZDK27+448.000。右线起点里程：YDK26+408.307，终点里程：YDK27+448.00。采用矿山法施工。

光谷广场站位于光谷广场交通绿化岛西端和光谷广场南端的虎泉街地下，呈东西走向，光谷广场站为线间距13米的标准地下二层车站，在站前设有渡线。结合地面交通状况，车站设有四个出入口与一个预留出入口，满足了最大客流方向的使用要求，同时兼具地下过街功能，且无须穿过车站主体。车站有效站台中心线的里程为右DK27+577，车站总长度为278.7米。车站主体结构（含双连拱隧道），采用明挖顺作法施工，为现浇钢筋混凝土地下二层双跨箱形框架结构，由侧板、梁、板、柱等构件组成。

主要工程数量：土石方203170立方米 ，混凝土60580立方米 ，φ800旋喷桩3269米，防水层52626平方米。

2010年项目部共完成建安产值8093.4万元，累计完成建安产值20592.6万元，已全部完成区间隧道施工和路面恢复工作；光谷广场站完成围护结构，深基坑土方开挖10.7万立方米 ，土方回填3万立方米 ，完成光谷广场站主体结构底板252.2米，中板232.5米，顶板207.2米。

工程获2010年湖北省建筑工程安全文明施工现场（楚天杯）。

【苏州轨道交通1号线人民路站】 中铁四局承建。合同造价：2.35亿元。开竣工时间：2007年12月28日～2010年9月28日(附属结构施工工期调整至2011年6月30日)，施工单位：中铁四局集团六公司。

苏州轨道交通1号线人民路站土建工程位于苏州市中心古城区人民路与干将路十字型交叉路口地下，为1号线和4号线间换乘车站，其中1号线车站主体沿干将路东西方向布置，4号线车站主体沿人民路方向南北布置。工程施工范围为人民路站及其附属工程(9个出入口，其中预留3个，5组风亭等)。

车站主体围护结构采用1000米、80米、60米的钢筋砼连续墙侧墙体系，主体结构1号线和4号线部分采用钢筋混凝土双层三跨的框架结构。

1号线车站主体结构外包长度286.3米标准段外包宽度22.7米、、最大宽度达56.4米,标准段基坑开挖深度21.8米，顶板覆土为2.249～3.9米。亿元。

4号线车站主体结构外包长度为310.35米。本期施工,车站长度为155.55米、标准段外包宽度31.8米、标准段基坑开挖深度15.3米，顶板覆土为1.76～3.1米。

截至2010年底，累计建安产值2.08亿元。占造价88.5%。

围护结构：一期、二期围护结构已全部施工完毕，累计施工连续墙230幅，土方开挖220000立方米 ，钻孔灌注桩168根；主体结构：主体结构已全部完成；主体内部结构站台板、结构风道完成90%。

乐桥恢复：乐桥施工完成，12月25日通车；干将河槽剩余2段共计40米仍未施工，其余10段已施工完毕。

【北京地铁9号线07标】 中铁四局承建。工程造价：1.42亿。开竣工时间：2009年3月～2012年9月（提前至2011年12月31日）。

北京地铁9号线是一条位于城市西部、整体呈南北走向的线路，主要分布在丰台、海淀两个行政区。线路起点设在丰台区郭公庄，沿万寿路南延向北，从丰台火车站东侧穿过并一直向北至广安路口，右转沿道路向东，穿过六里桥，至羊坊店路路口，左转沿道路向北，穿过北京西客站以及玉渊潭公园，沿首都体育馆南路继续向北，从白石新桥的东侧穿过，至长河桥以北与4号线衔接。

北京地铁9号线全长为16.5公里，全部为地下线，共设车站14座，车辆段一座。

本标段为9号线07合同段，主要工程内容包括：郭公庄站站后出入线区间土建工程、安装工程、专项工作、总负责及协调配合等。

北京地铁9号线郭公庄站站后出入线区间（以下简称“本工程”或“区间”）起止桩号：YZCK0+400.000～YZCK1+650.004，全长1250米(双线延米)。

本工程明挖隧道型式有单层单跨和单层双跨两种箱形结构型式，结构外设置外包防水层，基坑围护结构全部为钻孔桩+钢支撑做为支护体系。

本工程在YZCK1+500和YZCK1+600处设一雨水泵房，泵房上设管道井，通过管道连接至地表排水系统；在YZCK0+570.281和ZZCK0+550处设置人防防护段；在里程YZCK1+350、YZCK1+450安装两处区间射流风机，并设置区间配电室。

施工作业点多，深基坑、临电、高空作业等高风险作业，受前期拆迁滞后及工期提前的影响，抢工压力较大。

至2010年底，项目部累计完成建安产值8529万元，获得“2010年度上、下阶段业主综合评比第一名”；获北京市重大办授予的“安全优胜杯”荣誉称号。

【杭州地铁1号线湘湖站（19号盾构）】 中铁四局承建。工程造价： 30621.4188万元。其中（车站：18995.5392万元；盾构11625.8796万元）。由于11.15事故后，设计进行了补强设计，新增工作量较多，造价待定。

合同工期：原计划总工期目标706日历天个月，计划开工日期：2007年7月20日，计划竣工日期：2009年6月30日。因征地拆迁影响开工日期为2008年4月28日。因11.15事故，计划竣工日期为:2012年6月30日

本工程为杭州地铁1号线湘湖站及湘滨区间，位于杭州市湘湖旅游度假区内，湘湖站位于风情大道与规划中湘西路交叉口处；

湘滨区间沿风情大道方向，下穿浙赣铁路，一直延伸到滨康路与风情大道交叉口转盘。

工程范围包括湘湖站、湘湖站～滨康站区间及中间风井和联络通道施工。

湘湖站车站总长约934.5米，标准段总宽20.5米，为12米宽岛式站台车站，包括车站主体工程及附属工程（14个出入口、1个紧急疏散口、7个风亭）。

湘湖站～滨康路站盾构区间（19号盾构），采用单圆隧道，隧道内径φ5.5米，左右线标准间距12米。区间盾构采用加泥式土压平衡盾构机掘进施工。总长左线约1626.87米，右线约1687.57米。以及其中的1个联络通道、1个中间风井（兼作联络通道及泵房）等附属结构。

项目部现有挖掘机11台，汽车吊机2台，履带吊机1台，旋喷桩6台，钻孔桩机5台，运输车辆20台。机械管理有专人负责，对进场设备的检测、保养、验收，确保机械设备完好率，有效保障现场施工需要。

2010年计划投资完成：14715万元，当年完成：17750.95万元，开累完成30489.33万元；建安产值计划14933.79万元，当年完成 17750.95元，开累完成：30489.33万元。

北一、北二、北三-1、南二基坑已施工完；南一基坑已施工四块底板、两块中板、一块顶板，目前正在进行岩层开挖；南三基坑钻孔桩已施工完，正在施工旋喷桩；南四基坑已开挖到第二道钢支撑位置；北三-2基坑已施工完一块底板，目前正在进行土方开挖；北三-3钻孔桩已施工完，旋喷桩剩余100根正在施工。

区间隧道一号联络通道已施工完；二号联络通道处于冷冻过程中。

【青岛地铁相关工程】 中铁四局承建。合同造价：38268万元。合同工期：2010年10～2013年元月。

1.工程概况：标段为青岛地铁一期工程3号线土建施工01标段，起点桩号为K0+000（国铁青岛火车站），终点为K2+747.3（地铁汇泉广场站），线路全长2747.3米，工程内容包括青岛火车站、青岛火车站～人民会堂站区间、人民会堂站、人民会堂站～汇泉广场站区间，共两个车站、两个区间。

（1）青岛火车站

青岛火车站是青岛市地铁一期工程（3号线）的起点站，同时也是与规划2号线的换乘车站，2号线车站主体已施工完成，是结合周围地下开发的地下二层岛式车站，未预留换乘条件，需本次结合改造。本站为地下三层岛式车站。车站全长214米，车站中心里程K0+126.5。该站所处位置地形变化较大，西端地面高程约5.7米，东端地面高程约12米。

本站站前区间为线路安全线，长约68米，下穿既有2号线车站（在下穿处其底板底埋深约为14米），本站的埋深主要受制于此。

（2）青岛火车站～人民会堂站区间

青岛火车站～人民会堂站区间工程，起点位于青岛火车站大里程端K0+214，终点位于人民会堂站小里程端K1+467.259，全长1253米，本区间设置施工竖井一座，其中心里程为右线K0+922，自竖井向青岛火车站方向长度708米，向人民会堂站方向长度545米，区间竖井深约29米，井口净空尺寸为10×7.5米，横通道净宽5米，净高6.5米，采用拱顶直墙断面。

（3）人民会堂站

人民会堂站位于大学路与太平路交汇路口北侧，西北侧紧临人民会堂，南侧和西侧有7棵银杏树，车站全长144.4米，标准段总宽18.8米，设备用房全部外挂于东侧空地。车站有效站台中心里程为K1+538.059，车站起点里程K1+467.259，车站终点里程为K1+611.659。有效站台长120米，宽10米。

（4）人民会堂站～汇泉广场站区间

人民会堂站～汇泉广场站区间工程，起点位于人民会堂站大里程端区间起点里程K1+611.659，终点位于汇泉站小里程端区间终点里程K2+747.3，全长1135.650米。区间在两端车站各设置施工竖井一座，井口净空尺寸为5×8米，人民会堂站端竖井深度16.67米，汇泉广场站端竖井深度14.4米，横通道净宽5米，横通道净高均为5.978米，采用拱顶直墙断面。

2.主要工程数量：

2010年完成产值743万元，开累743万元。

【昆明市轨道交通首期土建施工项目5标段】 中铁四局承建。合同价值：26831万元，合同工期： 2010年4月20日～2011年10月1日，共548日历天，昆明市轨道交通首期工程包括1号线一期、1号线二期和2号线一期。线路沿南北走向，全长41989.820米，其中高架段长11501.480米，地下段长29603.944米，路基307.396米，高架与地下过渡段长577.000米。全线设站31座，其中高架车站6座，地下车站25座。本工程为标段五的呈贡站。该站位于彩云南路与联大路交叉口处的地下，车站与彩云南路平行，沿南北偏西向布设。车站总建筑面积为26134.6平方米，车站主体总长度473.2米，标准段总宽度20.7米，标准段基坑平均深度16.85米（换乘节点处23.6米，南端头井段深约17.1米，北端头井段深约17.9米），覆土厚度2.43～3.25米，地面设计标高约1929.46～1931.1米。车站共设15个出入口，属于近期工程的有4个1号线车站出入口、一个消防疏散口和6个物业开发出入口共11个。截至到2010年年底，围护结构施工全部完成。主体结构共分成22段，其中15段底板、5段中板施工完成，共计完成建安产值10069万元。

【长沙市轨道交通2号线一期工程SG-4标】 中铁五局承建。该标段工程范围为湘江中路站，位于湘江东岸绿地内，顺橘子洲大桥东西向呈一字型布置，下穿湘江大道；车站北边为橘子洲大桥，西边为湘江东岸堤坝，东侧为橘子洲大桥南侧引桥匝道。车站为地下四层三跨岛式车站，站台宽12米，车站总长度137.5米，标准段宽21.3米。车站围护结构采用1000米厚地下连续墙+钢筋混凝土内支撑支护形式，车站采用明挖顺作法施工，基坑深约30.11

米，基坑宽21.3～28.5米。车站主体内部结构采用整体式现浇钢筋混凝土矩形框架结构。工程于2010年3月1日开工，计划2012年7月28日竣工。

2010年完成建安产值103.26万元。

【长沙市轨道交通2号线一期工程SG-5标】 中铁五局承建。该标段包括溁湾镇站～橘子洲站区间、橘子洲站及橘子洲站～湘江中路站区间。橘子洲站位于湘江橘子洲岛上，车站顺橘子洲大桥东西向呈一字型布置，站址周边为停车场；橘子洲站施工范围包括车站主体和出入口、风亭风道等附属结构，采用明挖顺作法施工。车站为12米宽的岛式站台，主体结构型式采用四层三跨整体式现浇钢筋混凝土矩形框架结构。区间隧道施工范围包括隧道主体和联络通道、洞门等附属工程，区间隧道采用盾构法施工，盾构内径5400米米，管片厚度300米米，溁湾镇端设盾构端头始发井，湘江中路端设的盾构端头接收井。工程于2010年3月1日开工，计划2012年7月28日竣工。

2010年完成建安产值176.40万元。

【武汉地铁2号线23标】 中铁五局承建。武汉地铁交通2号线一期工程23标，包括广虎区间及虎泉站。广埠屯站～虎泉站区间里程范围为右DK23+645.207～右DK24+681.123，暗挖区间线路总长1035.96米，采用矿山法开挖。虎泉站起点里程为右ZK24+681.123～车站终点里程右ZK24+906.707范围内的主体工程（包括站台层和站厅层）、附属部分（包括出入口、通道、风亭和冷却塔），采用明挖法施工。工程于2008年11月开工，计划2010年8月31日竣工。

2010年完成建安产值5805万元。

【武汉地铁2号线青年路站】 中铁五局承建。武汉地铁2号线一期工程青年路站，是2号线与规划线的换乘站，起讫点左线为DK7+166.325～DK7+364.825，右线为DK7+166.325～DK7+477.761，车站左、右线设计长度分别为198.5米、311.436米，建筑面积15163平方米。车站主体采用地下二层12米岛式站台，双柱三跨矩形框架结构，采用内衬墙与围护结构间设置柔性防水层的复合墙结构。右线预留部分联络线工程，与规划线换乘。车站共设置4个出口，两个风道及风亭，采用明挖法施工。主要数量：土石方开挖11.77万立方米，回填土方2.26万立方米，钢支撑1332吨。地下连续墙钢筋砼32132立方米，钢筋、型钢制安3971吨，三重管旋喷桩8767米，SMW桩8065立方米，主体结构钢筋砼23635立方米，出入口风道5058立方米，矩形盾构顶管60.8米。工程于2010年7月开工，计划2012年5月31日竣工。

2010年完成建安产值1906.65万元。

【无锡地铁1号线16标】 中铁五局承建。无锡市轨道交通1号线工程土建施工GD01吨JSG-16标主要为落霞路站、苏锡路站的施工，落霞路站有效站台中心里程为右CK21+273.716，车站起点里程右CK21+202.316，车站终点里程为右CK21+392.216，车站总长189.9米。苏锡路站有效站台中心里程为YCK23+503.75，车站起点里程YCK23+430.95，车站终点里程为YCK23+580.95，车站总长150米。两车站土建工程主要包括车站主体及附属土石方工程、围护工程、主体结构、防水工程、接地工程及加固工程，出入口及通道、风道等。工程于2009年3月开工，计划2012年7月31日竣工。

2011年开累完成产值8477万元。苏锡路站完成车站主体结构柱8根，累计完成40根，占设计总量84根的47.6%。落霞路站完成中板1段（237立方米），累计完成5段（935立方米），占设计总量8段（1486立方米）的63%。完成柱5根，累计完成30根，占设计总量48根的62%。

【大连地铁一期工程103标】 中铁五局承建。该标段管段长度2244.264米，其中盾构区间全长944.004双线米，区间平面线路沿长兴街侧边绿化带走行，横穿成仁街后下穿家乐福等建筑，到达西安路站。施工里程为CK10+673.126～CK11+617.13。西安路站里程范围为CK11+617.101～ CK11+810.651，全长193.6米。西安路站为暗挖单拱双柱三层车站，车站有效站台宽度为14米，有效站台长度为118米，建筑面积为25424平方米。工程于2009年9月8日开工，计划2012年1月27日竣工。

2010年完成建安产值5829万元、土石方7.9米3、隧道794.5成洞米。

【深圳地铁2号线轨道工程】 中铁五局承建。深圳地铁2号线由南山区的赤湾站至罗湖区的新秀站，全长35.772公里，共设车站29座，全线均为地下段。其中首期工程由赤湾站至世界之窗站，线路长15.14公里，设车站12座，在赤湾设车辆段1处；东延线工程由世界之窗站至新秀站，线路延伸后在首期工程后海站接轨设停车场1处，线路长20.632公里，设车站17座。本标段主要工程量：首期工程正线轨道工程单线总长30.250公里，其中普通整体道床地段21.582公里、轨道减振器整体道床地段3.895公里、弹性短轨枕整体道床地段3.667公里、钢弹簧浮置板整体道床地段1.106公里；辅助线轨道工程单线总长5.064公里。首期工程区间消防水管长度约为31605米，压力排水管长度约为10931米；车站区间弱电支架15托臂3470套，隧道区间弱电支架5托臂30470套。东延线工程正线轨道工程单线总长41.294公里，其中普通整体道床地段31.973公里、ZE减振扣件整体道床地段5.765公里、弹性短轨枕整体道床地段0.60公里、钢弹簧浮置板整体道床地段2.644公里、梯形浮置板整体道床地段0.312公里；辅助线轨道工程单线总长4.497公里。东延线工程区间消防水管长度约为41490米，压力排水管长度约为12696米；车站区间弱电支架15托臂4750套，隧道区间弱电支架5托臂41640套。

2010年完成建安产值20023.97万元、正线铺轨（单线）42.189公里、辅助线铺轨（单线）6.027公里、整体道床砼40079立方米 、整体道床62.121公里、道岔21组。

【深圳地铁 5 号线 5306 标】 中铁五局承建。深圳地铁 5 号线土建 5306 标包括百鸽笼站(不含)～布心站区间、布心站、布心站～太安路站区间和太安路站，共 2 站 2 区间，(右线里程 CK33+192.588～CK35+931.6，右线线路全长约 2.739 公里， 左线里程 CK33+217.318～CK35+996.42，左线线路全长约 2.779 公里)。工程于 2008 年 2 月 12 日开工，2011 年 6 月 30 日竣工。主要工程量：百布区间竖井 2 座，暗挖区间隧道 1935 延长米，车站 2 座，其中布心站主体结构长 243.5 米，土石方：91798 立方米，混凝土：20150 立方米；太安站主体长度(含 7 号线叉线)为 621.4 米，土石方：314600 立方米，混凝土：70640 立方米

2010 年完成建安产值 10194 万元，土石方 1.465 万立方米，隧道 625.6 成洞米。

【北京轨道交通房山线上跨铁路节点桥】 中铁六局承建。北京轨道交通房山线上跨铁路节点桥，建设单位：北京市轨道交通公司。

主要工程数量：跨丰西编组站节点桥共 31 轴 31 跨，上跨 7 股道线路，包含 4 座转体桥，全场 1005 米；上跨京广铁路桥共 8 轴 7 跨，全场 252 米，过铁路采用 36+44 连续梁顶推施工；跨黄良铁路节点桥共 6 轴 5 跨 180 米，跨铁路采用 32 米预制箱梁吊装施工。

本工程累计上跨 11 股道线路，分别采用了预制梁吊装（黄良 1 股道)、连续梁顶推（京广 3 股道)、转体（丰西 7 股道含京沪正线）施工工艺，施工工艺种类多，线路多，重点是如何保证施工过程中营业线安全，难点是工艺复杂，工点分散，施工组织难度较大。

工程施工情况：

截至 2010 年 6 月完工已完成，8 月份完成验收交付。

【北京地铁 10 号线二期工程角门西站】 中铁六局承建。角门西站位于嘉禾路（规划）和马家堡西路交叉路口下，沿嘉禾路东西向设置。车站东、西站厅选用双柱三层三跨矩形框架结构型式，采用明挖法施工，桩撑支护。东站厅位于马家堡西路东侧，基坑深 26.785 米，长 86.9 米，顶板覆土厚度约 4.8 米；西站厅位于西侧，基坑深 26.467 米，长 85.5 米，顶板覆土厚度约 4.5 米～4.7 米。本站主体采用两端厅形式，两端为明挖站厅，中间过既有线段采用暗挖施工。附属除换乘通道及消防疏散口采用暗挖施工外，其余均采用明挖法施工。合同造价：38289 万元，合同工期：2008.12.28～2012.10.17。建设单位：北京市轨道交通建设管理有限公司，监理单位：中咨工程建设监理公司，设计单位：中铁第四勘察设计集团有限公司。

截至到 2010 年底工程施工情况：

1.车站主体结构围护结构施工完成，土方开挖 11 立方米。

2.下穿北京地铁 4 号线主体暗挖段施工完毕，目前车站主体结构施工约完成 70%。角角区间盾构段正在紧张施工，左线计划于 2011 年 4 月 25 日洞通角门西站。

【北京城铁房山线 PIS 系统安装工程】 中铁六局承建。房山线初期线路全长约 24.728 公里，其中高架线约 21.430 公里，地下线约 2.978 公里，过渡段约 0.32 公里，地下线路位于世界公园站至郭公庄站；沿线设车站 11 座，其中高架站 9 座，地下站 2 座；平均站间距 2.3 公里。全线设车辆段一处，选址于东阎村，占地约 22.8 公顷，接轨于苏庄大街站。备用控制中心设于阎村车辆段，待小营控制中心二期建成后迁入。主要工程量有 24.728 公里的双正线、1 座控制中心、11 座正线车站、一座车辆段（含出入线段、停车库、试车线）的 PIS 系统设备安装；各种管线及桥架的安装敷设；PIS 系统应用接口测试的配合；与其他系统设备间的配线、跳接及接口互联的配合；与乘客信息系统设备集成商进行本系统调试，并配合其他相关系统的大联调。工程价值 822 万元，本工程 2009 年 12 月开工至 2010 年 12 月 28 日正式开通。

【成都地铁 2 号线一期工程土建 15 标段（塔子山站+10 号、11 号盾构区间）】 中铁八局承建。成都地铁 2 号线一期工程土建 15 标段（塔子山站+10 号、11 号盾构区间)，塔子山公园站为地下二层岛式车站，站台宽度 10 米，车站总长度 149.5 米，标准段宽 18.7 米，车站最宽处 43.2 米，车站中心里程为 YDK37+543，总建筑面积为 9450 平方米。车站共设 4 个出入口（包含一个紧急疏散出入口）和两组风亭，由二公司施工。合同工期 2008 年 9 月 1 日～2012 年 12 月 30 日，开工日期 2009 年 2 月 6 日。合同总价 22991 万元，完成 16585 万元。

【哈尔滨市轨道交通 1 号线一期工程第四标段工程】 中铁八局承建。哈尔滨市轨道交通 1 号线一期工程第四标段工程，由昆建公司施工。合同工期 2008 年 10 月 15 日～2011 年 4 月 15 日，开工日期 2008 年 10 月 25 日。合同总价 23689 万元，完成 19562 万元。

【青岛市地铁一期工程（3 号线）十三标段工程】 中铁八局承建。全长 2.06 公里；合同价 34004.76 万元；合同工期：2010 年 7 月 20～13-12-21；实际开工：2010 年 9 月 13 日。完成：驻地建设，竖井 28 米，横通道 12 米，钻孔桩 422 米。

【大连市 202 路轨道线路延伸 6 标段工程】 中铁八局承建。全长 1.514 公里；合同价 6671 万元；合同工期：2009 年 12 月 3 日 1～2011 年 06 月 30 日。实际开工：2010-03-18。完成：隧道 1020 延米。完成投资 5520 万元。

【大连市 202 路轨道线路延伸 9 标段工程】 中铁八局承建。全长 4.94 公里；合同价 21739 万元；合同工期：2009 月 11 月 20 日～2011 年 9 月 30 日；实际开工：2010 年 3 月 25 日。完成：桥梁 2680 延米。完成投资 12135 万元。

【西安地铁渭河车辆段新建工程 2 标段】 中铁九局承建的西安地铁渭河车辆段新建工程 2 标段，位于陕西省西安市北郊尚稷路，总建筑面积为 7.42 万平方米，主要包括检修库、运用库和物资总库在内的共计 16 个单体工程、站场及轨道线路，总长 13.64 公里，以及相应的信号、机电设备安装等工程。工程自 2008 年 12 月 25 日开工，预计 2011 年 3 月 15 日竣工，工程总造价 3.6 亿元。主要工程数量：房屋建筑面积 7.42 万立方米 ，桥涵 1 座，轨道线路总长 13.64 公里；铺碴 3.77 万立方米 ，铺岔 36 组等。建设单位为西安市地铁有限责任公司，设计单位为中铁第一勘察设计院集团有限公司，监理单位为陕西兵器建设监理咨询有限公司。

截至 2010 年末，累计完成产值 35953 万元，主体完工。

【沈阳地铁 2 号线 16 标】 中铁九局承建的沈阳市地铁 2 号线一期土建工程第十六合同段，位于沈阳市东陵区上深沟村，本标段工程线路连接下深沟车站至地铁 2 号线浑南车辆段，共包括下深沟站-上深沟站区间、上深沟车站、上深沟车站-终点区间 3 个子单位工程，正线起点里程 K20+548.3，终点里程 K22+120.74，正线长度为 1572.44 米，采用明挖法和盾构法施工。工程自 2008 年 7 月 18 日开工， 预计 2011 年 6 月竣工，工程总造价 1.27 亿元。主要工程数量：总建筑面积 7929.9 平方米，地面厅建筑面积 1174.2 平方米，风亭建筑面积 127.8 平方米，地下建筑面积 6627.9 平方米。机械成孔灌注桩 20757.6 米，主体结构混凝土 30616.4 立方米 ，主体结构防水 43217.7 平方米，混凝土管片 1086 环，挖方 17.42 万立方米 ，填方 5.13 万立方米 ，钢结构雨棚 3399.69 平方米。建设单位为沈阳地铁有限公司，设计单位为北京城建设计研究总院有限责任公司和沈阳市市政工程设计研究院联合体，监理单位为沈阳市振东建设工程监理有限公司和上海上咨建设工程咨询有限公司联合体。

【大连地铁 204 标】 中铁九局承建的大连地铁一期工程 204 标段，位于辽宁省大连市内，包括姚家站、姚家～南关岭区间、南关岭站和南关岭~~南关岭镇部分区间。姚家站为半地上、半地下两层结构，站台中心里程 CK1+267.571，起迄点里程分别为 CK1+203.921、CK1+339.921，车站长 136 米，采用明挖施工。姚家～南关岭区间位于大连市华北路北侧，起止里程为 DK1+339.921～DK2+380，线路长度为 1040 米。其中暗挖段 470 米，明挖段 570 米。南关岭车站为地下二层结构，车站中心里程 DK2+770.901，车站设计起、迄点里程为 DK2+380、DK3+114.001，长度 734.001 米，包括站前明挖结构 249.101 米、车站主体 484.9 米，采用明挖施工。南关岭～南关岭镇暗挖区间起、迄点里程 DK40+234、DK40+945.599，长度 711.599 米。工程自 2009 年 12 月 01 日开工，预计 2011 年 07 月 31 日竣工，总造价 3.47 亿元。建设单位为大连市地铁工程建设指挥部，设计单位为铁路部第三勘察设计院，监理单位为甘肃铁科建设工程咨询有限公司。

2010 年累计完成产值 7300 万元，完成总价的 21%。

【大连地铁 109 标段】 中铁九局承建，位于辽宁省大连市境内，全长 1.7 公里，起点里程 DK0+0，终点里程 DK1+749.41。工程合同工期自 2010 年 2 月 1 日开工，2011 年 9 月 24 日竣工，工程总造价 3.4 亿元。施工范围：东海公园站后区间、东海公园车站、东海公园至东海新区车站区间、东海新区车站，包括地基处理、旋喷桩施工、主体结构施工、主体回填等工作内容。主要工程数量：挖填土石方 156.32 万立方米 ，止水旋喷桩帷幕 40.86 万延长米，工程钢筋用量 1.72 万吨，工程混凝土用量 10.61 万立方米 ，防水卷材铺设 10.55 万平方米。建设单位为大连市地铁建设指挥部，设计单位为沈阳铁道勘测设计院有限公司，监理单位为上海天佑工程咨询有限公司。

2010 年开累完成产值万 14204 万元，完成总价的 41.78%。

【成都地铁 2 号线东广场站工程】 中铁九局承建，位于四川省成都市三环路东五段与规划道路的十字交叉口下方，呈东西布置。车站中段 80 米长的单层暗挖段完全穿越三环路车行道，两端采用明挖法施工，车站有效站台中心里程为 YCK40+047.000，暗挖段宽 23.78 米，明挖标准段宽 22.7 米，车站总长 182.3 米，车站总建筑面积 11565 平方米。工程自 2008 年 11 月 12 日开工，预计 2011 年 6 月 30 日竣工，工程总造价 9120.07 万元。主要工程数量：车站明挖部分面积 7150 平方米，暗挖部分面积 1590 平方米，4 个出入口、2 个风亭总面积 2825 平方米，开挖及运输土方 98891.5 立方米 ，回填土方 25848 立方米 ，混凝土 31198 立方米 。建设单位为成都轨道交通有限公司，设计单位为中铁二院集团有限公司，监理单位为四川铁科建设监理公司。

2010 年完成产值 4613.63 万元，开累完成产值 8503.73 万元，完成总价的 93.24%。

【青岛地铁一期工程】 中铁九局承建的青岛地铁一期工程（3 号线）土建施工 06 标段西起自市南区的青岛火车站，向东沿广西路、太平路、文登路、香港路，至市政府拐入南京路向北，经江西路、宁夏路、辽阳西路，后进入哈尔滨路、黑龙江路、万年泉路至李村，向西沿京口路、振华路至终点铁路青岛北站。工程自 2010 年 6 月 1 日开工，预计 2013 年 12 月 31 日竣工，工程总造价 37013 万元。主要工程数量：车站 315.7 米/2 座，区间 2286.25 米/3 段，出入口 8 处，风亭 4 处，紧急疏散通道 1 座。 建设单位为青岛市地下铁道公司，设计单位为中铁第一勘察设计院中铁隧道勘测设计院，监理单位为山东济铁工程建设监理有限责任公司。

2010 年开累完成产值 269 万元，完成总价的 0.7%。

【大连市 202 路轨道线路延伸工程】 中铁九局承建的大连市 202 路轨道线路延伸工程 13 标段，位于大连市旅顺口区，连接中心城区和旅顺口区，线路东起 1 号线河口站，沿旅顺南路经黄泥川、龙王塘、经郭家村向西北，由郭水路横穿水师营后至终点旅顺新港站，线路全长约 41.60 公里。本标段为大连市 202 路轨道线路延伸工程旅顺站—铁山镇站（DK30+820—DK33+380）高架线路工程。全长 2.56 公里。工程自 2010 年 3 月 1 日开工，预计 2011 年 6 月 30 日竣工，工程总造价 9868.5 万元。主要工程数量：桩基础 167 根、墩柱 96 座、桥台 1 座、箱梁 33 联，桥面铺装 25660 平方米等。建设单位为大连市 202 路轨道线路延伸工程总指挥部，设计单位为铁道第三勘察设计研究院，监理单位为辽宁诚信建设监理公司。

2010 年开累完成产值 5100 万元，完成总价的 54%。

【大连市地铁 201 标段】 中铁十局承建。工程概况：本标段包括 1 个车站-交通大学站（为地下双层岛式车站）；1 个区间-西安路站至交通大学站区间，其中盾构段长 1330.674 米，矿山法区间长 466.39 米，共 1797.064 米。工程总造价 22010 万元，合同工期：2011 年 1 月-2012 年 2 月（共 14 个月）。

盾构始发、接收井施工。

【大连市地铁 205 标段】 中铁十局承建。工程概况：主要包括南关岭站～华北路站区间、华北路站、华北路站～泉水路站区间，即"一站两区间"。区间长度为 2087.01 米，车站长 161.50 米，工程合同造价 1.508 亿元 。合同工期 2009 年 12 月-2012 年 6 月。

区间开挖完成 500 米。

【重庆市轨道交通 3 号线一期工程设备供电设备系统】 中铁电化局承建。重庆轨道交通 3 号线一期供电设备项目为从 110 千伏电源引入点至供电系统各类变电所工程的设备采购及相应的安装调试、技术服务，包括 4 个 110 千伏电源引入点、4 条 110 千伏线路、2 个 110 千伏主变电所、8 个 35 千伏/1500V(DC)牵引降压混合变电所、13 个 35/0.4 千伏降压变电所（其中一个为跟随式降压变电所）、四公里车站太阳能光伏发电子系统、供电维修车间子系统、电力监控系统（电力监控设备由综合监控包供货）。主要工程数量：各类设备安装 883 台/套，光、电缆敷设 170.3 公里，各类电缆头制安 9782 个，光纤连接 212 处，太阳能光伏发电子系统 1 套。合同额：2.3949 亿元。建设单位：重庆市轨道交通（集团）有限公司；设计单位：中铁电气化勘测设计研究院有限公司、重庆电力设计院；施工单位：中铁电气化局集团有限公司。

该工程合同工期为 2010 年 1 月至 2010 年 12 月，由于土建施工滞后，造成工期延后。至 2010 年底完成合同额的 93.2%。

【重庆轨道交通 3 号线二期工程通信系统设备集成项目】 中铁电化局承建。重庆轨道交通 3 号线采用跨座式单轨交通方式，二期工程（龙头寺～江北机场）起于龙头寺站后 YCK20+050，向北沿金渝大道、金开大道、兴科路、凯歌路经过北部新区、鸳鸯镇、凉井、两路镇进入双龙东路，主线从双龙东路站向北接空港开发区站，主线终点里程为 CK37+400，江北机场支线从双龙东路站经机场高速公路后接入江北机场站，支线终点里程为支 CK1+525。二期工程全长 18.875 公里，其中主线长 17.350 公里，支线长 1.525 公里；高架线路总长为 15.602 公里，占线路总长的 82.7%；全线设童家院子、经开园、江北机场支线 3 处地下区间，隧道总长为 2.614 公里，占线路总长的 13.8%；明槽过渡段总长为 0.659 公里，占线路总长的 3.5%。 二期工程（龙头寺～江北机场）设童家院子、金渝、经开园、鸳鸯、翠云南、翠云北、凉井、回兴、双龙、滨港、江北机场共 11 个车站，设主变电所一座；除童家院子站为地面站，江北机场站为地下站外，其余均为高架车站。建设单位：重庆市轨道交通（集团）有限公司；设计单位：中国中铁二院工程集团有限责任公司；施工单位：中铁电气化局集团有限公司。

工程概况：通信系统包括：传输系统、公务电话系统、专用电话系统、无线系统、闭路系统、广播系统、时钟系统、综合电源系统、综合布线、集中告警、光电缆共 11 个子系统。通信系统施工地点范围包括：3 号线二期工程的 11 个车站、1 个主变电所、1 个区间牵引所、两路口控制中心扩容、沿线区间等地点。

3 号线二期合同分为两个部分，1.重庆轨道交通 3 号线二期工程通信系统设备集成项目：为系统集成供货一揽子工程，采用联合体方式实施项目，联合体牵头方为：烽火通信科技有限公司，联合体负责整个项目的系统设计、制造、装配、运输、仓储、调试、联调、成品保护、试运行、向政府部门报检（如需要）、主要系统指标第三方测试和全套技术服务，以及确保上述系统正常运营所需的附件、材料、工具、仪器仪表、备品备件等；并提交施工图设计所需的全部资料并配合业主委托的设计单位进行工程施工设计。中铁电气化局集团公司负责部分设备材料的供货工作。2.重庆轨道交通 3 号线二期通信系统施工工程：总承包单位为：重庆单轨交通工程责任有限公司。中铁电气化局集团公司负责 3 号线二期工程通信专业施工安装、配合调试工作。其内容包括，管道及管线施工；终端设备安装；区间施工；设备安装施工；设备配合调试。即于全线 14 个站点及 10 个区间进行各类设备安装 10254 台/套，各类线缆敷设 385 公里，光纤熔接 3520 芯。该工程合同额为 1132 万元，工期计划：2010 年 3 月完成系统设计；2010 年 3 月完成施工准备；2011 年 2 月完成通信子系统安装及调试；2011 年 5 月完成系统联调和系统间联调；2011 年 6 月试运行通车。工程于 2010 年 4 月正式开工。当年已完成总工程量的 41%。

【重庆轨道交通 3 号线二期工程信号系统工程】 中铁电化局承建。重庆轨道交通 3 号线二期工程信号系统工程内容包括，正线以及折返线、渡线、存车线的室外信号设备； 11 座正线车站室内信号设备； 1 列 6 辆编组列车的车载信号设备；信号维修工区；与 3 号线一期信号系统的接口。主要工程数量：各类设备安装 1135 台/套，各类线缆敷设接续 276 公里。

合同额：2124 万元；建设单位：重庆市轨道交通（集团）有限公司；设计单位：北京城建设计研究总院有限责任公司；施工单位：中铁电气化局集团有限公司。开竣工日期：2010 年 3 月至 2011 年 5 月。

该工程大部分为高架区间，轨旁设备的安装精度高、难度大。2010 年基本完成实物工程量。

【青岛胶州湾隧道工程机电设备总承包项目】 中铁电化局承建。青岛胶州湾隧道工程是连接青岛市主城与辅城的重要通道，南接薛家岛，北连团岛，下穿胶州湾湾口海域，隧道工程（含接线隧道）全长约 7800 米，其中海底段约 3950 米。双向六车道，设计车速 80 公里/小时，设两条主隧道和一条服务隧道，以及各项运营管理设施，并预留市政管线敷设通道。青岛胶州湾隧道工程机电系统设备、材料供货及安装工程主要包括：隧道通风系统、给排水系统、配电及照明系统的各类设备材料供货及安装，并包含上述各系统联合设计、上述各系统设备和系统集成、设备及系统调试、检测、试验、验收、培训、质量保障期服务等。负责对甲供设备、消防、供配电系统的接口、联合设计、联动调试等的配合与协调。其中，隧道轴流风机、消音器、组合风阀、照明灯具及部分变压器、高压柜等为甲供设备，由业主提供。合同额：166730086 元；建设单位：青岛国信胶州湾交通有限公司；设计单位：中铁隧道勘测设计院有限公司；施工单位：中铁电气化局集团有限公司。开竣工日期：2010 年 9 月至 2011 年 6 月 30 试运行。

主要工程量及当年完成工作量情况：供配电系统一套，包括 8 个普通变电所和一个箱式变电所；给排水系统一套，包括废水排水系统和雨水排水系统各一套；通风系统一套，包括隧道通风和加压送风系统各一套、排烟系统三套及通风系统土建工程一项；防火门及防火卷帘系统一套。该工程的重点和难点在于交叉施工，现场协调，在仅有的 7800 米隧道内，聚集着土建承包方、机电承包方、供电承包方、通信监控及收费承包方等众多施工单位。各单位交叉施工带来的现场工作协调工作量亦不小。2010 年完成 70%的实物工程量。

【深圳地铁 3 号线设备系统集成项目】 中铁电化局承建。深圳地铁 5 号线线路全长 40.001 公里，高架线路 3.424 公里，地下线路 35.801 公里，过渡段 0.776 公里。共设车站 27 座、车辆段一座、停车场一座，共用控制中心一座。新增系统设备安装工程范围包括：5 号线通信系统安装工程、信号系统安装工程（含车辆段微机联锁）、35 千伏变配电安装工程（含 35 千伏环网电缆和 1500V 直流供电电缆）、接触网工程（含分段绝缘器及隔离开关）、消防（气体灭火与防灾报警）系统安装工程和综合监控系统安装工程共六项设备系统安装工程。小营二期正式中心建设时，在小营指挥中心二期建设房山线全线路（含其延伸线）的控制中心，同时将东阎村车辆段临时控制中心降级作为房山线全线路（含其延伸线）的备用中心使用。合同额：7.11043920 亿元，建设单位：深圳市地铁集团有限公司；设计单位：铁道第三勘察设计院集团有限公司、北京城建设计研究总院有限责任公司、中铁电气化勘测设计研究院有限公司；施工单位：中铁电气化局集团有限公司。

主要工程数量：通信系统：各类设备安装 12532 台/套，线缆敷设接续 1603 公里；信号系统：各类设备安装 2980 台/套，线缆敷设 898 公里，波导管安装 80.2 公里；接触网系统：刚性接触网安装 80 条公里，柔性接触网安装 42 条公里；供电系统（包括变电所、环网、电力监控、杂散电流防护）：各类设备安装 1402 台/面，线缆敷设 1462 公里；综合监控系统（包括综合监控和综合安防）：各类设备安装 14148 台/套，线缆敷设 1746 公里；消防系统（包括 FAS 和气灭）：各类设备安装 27171 台/套，线缆敷设接续 681 公里，感温光纤敷设 80 公里，气灭管网安装 16 公里。

该工程开竣工日期：2010 年 8 月至 2011 年 5 月，施工重难点为：综合工程量大，系统工程接口多。2010 年完成合同额的 85.71%，基本完成实物工程量。

【西安市地铁 1 号线土建施工 TJSG-9 标工程】 续建工程。中铁电气化局承建。2009 年开工建设， 合同额 4.3940 亿元，计划工期 26 个月。工程位于西安市北大街至康复路，全长 2880.3 双延米。主要施工内容：朝阳门站明挖施工、北大街站～五路口站区间盾构、五路口站～朝阳门站区间盾构、朝阳门站～康复路站区间浅埋暗挖。工程一站三区间，区间总长 2880.3 双延米，施工面积 12932 平方米。施工内容包括浅埋暗挖法和盾构法施工，车站采用明挖法。

2010 年度完成投资额 12727.5 万元。开累完成投资额 14833.3 万元。北五区间暗挖段双连拱隧道开挖支护及二衬施工完成；喇叭口 B 型隧道开挖支护 17.5 米。五朝区间右线隧道盾构掘进施工 165 米；左线盾构顺利始发。朝阳门站顺利封顶。朝康区间正洞贯通、二衬合计完成 306.9 米，完成设计的 19.8%。

【深圳地铁 2 号线接触网项目】 续建工程。中铁电化局承建。深圳地铁 2 号线工程包括首期工程和东延线工程全长 35.5 公里。首期工程起于赤湾站，止于世界之窗站，线路全长约 15 公里，均为地下线，设车站 12 座，在蛇口西设置车辆段，在世界之窗站设 1、2 号线联络线。东延线工程起于首期工程终点世界之窗站站后，止于新秀站，线路全长 20.5 公里，均为地下线，设车站 17 座，在后海设置停车场。合同额：1.25446 亿元。开竣工日期：2009 年 5 月至 2011 年 6 月。建设单位：深圳地铁集团有限公司；设计单位：中铁二院工程集团有限责任公司；施工单位：中铁电气化局集团有限公司。

主要工程量及完成情况：刚性接触网安装 55 条公里。2010 年完成实物工程量的 80%。

【深圳轨道交通 4 号线二期工程——车站通信系统】 续建工程。中铁电化局承建。深圳轨道交通 4 号线,已建成的 4 号线一期工程线路始于皇岗边防检查站,向北延伸至福田区的少年宫站,共 5 座车站,正线全长 4.5 公里。二期工程延伸线从少年宫站向北延伸至龙华中心区的清湖,正线全长约 15.8 公里,共设 10 座车站,1 个车辆段,1 个控制中心,另设主变电站 1 座。4 号线二期的车站通信系统(462C)应包括以下系统及设备:闭路电视系统/广播系统/旅客信息系统(备选)/时钟系统/压力垫系统/二期工程车载反恐

CCTV 系统(备选)。合同范围包括新建二期工程车站通信系统和既有一期工程车站通信系统改造，使得一期系统与二期系统之集成能统一运作与管理。工程内容包括车站通信设备的设计、设计联络、接口管理、制造、工厂监造及测试、出厂检验、包装、供货、付运、存放、安装、现场测试、核证、协调、性能审核、联调、备件、培训及在试运行和缺陷通知期限内修补缺陷并提供维护和维修服务，并须符合合同条款中的有关规定。该工程包含车站通信系统以及传输和电话系统。合同额：13580889 元。开竣工日期：2007 年 10 至 2011 年 6 月。建设单位：港铁轨道交通（深圳）有限公司；设计单位：北京城建-奥雅纳联合体(初步设计)； 施工单位：中铁电气化局集团有限公司。

该工程主要工程量，包含 CCTV 系统、闭路电视系统改造、时钟系统、UPS 系统、PA 系统、旅客信息系统，共计安装各类设备 6332 套/块，线缆 17 公里。2010 年基本完成实物工程量。

【重庆市轨道交通 3 号线一期信号系统工程】 续建工程。中铁电气化局承建。开竣工日期：2009 年 6 月至 2011 年 5 月。合同额：9175 万元。建设单位：重庆市轨道交通（集团）有限公司；设计单位：北京城建设计研究总院有限责任公司；施工单位：中铁电气化局集团有限公司。

3 号线一期工程 20.2 公里正线及车辆段，包括其中的折返线、渡线、存车线及车辆段出入段线等； 18 座正线车站； 19 列 6 辆编组列车； 1 座控制中心；童家院子车辆段（含维修、培训中心)；试车线。主要工程数量：各类设备安装 1880 台/套，各类线缆敷设接续 292 公里。2010 年基本完成实物工程量。

【南京地铁 1 号线南延线工程】 续建工程。中铁电化局承建。开竣工日期：2008 年 12 月至 2010 年 5 月。合同额：9429 万元。建设单位：南京中铁电化投资管理有限公司；设计单位：北京城建设计研究总院有限责任公司；监理单位：中铁电气化勘测设计研究院有限公司；施工单位：中铁电气化局集团有限公司。该工程是地铁 1 号线正线的延伸线，由安德门站向南延伸至南京副中心江宁区。线路由安德门站接轨，向南延伸到江宁的城东路站，经由宁丹路、宁南大道、规划玉兰路、宁溧路、天元中路等。线路全长 17.954 公里，全线设宁丹路站、共青团路站、花神庙站、南京南站站、岔路口站、河定桥站、胜太路站、百家湖站、小龙湾站、竹山路站、天印大道站和城东路站共计 12 座车站。其中地下站 8 座、高架站 4 座、主变电站 1 座、停车场 1 座。南延线大学城段线路全长 6.516 公里，全线设经贸学院站、海事职业技术学院站和药科大学站 3 座车站，均为高架车站。所含专业为供电系统（含接触网)、信号系统、通信系统、综合信息管理系统、设备与环境监控系统。

【福州市轨道交通 1 号线白湖亭站土建工程】 中铁建工承建。白湖亭站为福州市轨道交通 1 号线的第 14 站。该站位于福州市仓山区则徐大道则徐广场西南侧，车站骑跨迎宾路，线路沿则徐大道布置。白湖亭站位于则徐大道下，基本呈东南至西北走向，全长 180 米，宽为 19.2 米。站台中心处埋深 15.86 米，南端头井埋深 16.786 米，而相邻附属结构部分底板的埋深约为 9.34 米。地下 2 层，总建筑面积 10688 平方米，主体结构为双柱三跨地下二层车站，岛式站台。

本工程由福州市城市地铁有限责任公司建设，上海市隧道工程轨道交通设计研究院设计，上海三维工程建设咨询有限公司监理。合同额 7762 万元。合同工期 2009 年 12 月 26 日至 2011 年 6 月 21 日。2010 完成产值 2309 万元。年底进行基坑加固、三重旋喷桩、地连墙、钻孔灌注桩、基坑降水施工。

【西安市地铁 2 号线 TJSG-24 标航天城站工程】 中铁建工承建。西安地铁 2 号线是贯穿西安南北的首条地铁线路，航天城站位于长安区长安北街与文化街和新华街相交路段下，车站呈南北向布置。本车站为地下 2 层岛式明挖车站，基坑长度 163.4 米，标准段宽度约 19.5 米，车站底板埋深约 16.8 米，基坑深度约 23.5 米，总建筑面积 9688 平方米。围护结构为设置有内支撑的钻孔灌注桩形式。

本工程由西安市地下铁道有限责任公司建设，中铁第一勘察设计研究院集团有限公司设计，广东重工建设监理有限公司监理。合同额 6145 万元。合同工期 2010 年 1 月 1 日至 2011 年 12 月 31 日。2010 完成产值 3000 万元。年底进行冠梁砼、砼支撑连梁、挡土墙砼、土方开挖（一层）施工。

【北京地铁 10 号线二期工程土建施工 13 合同段】 中铁建工承建。本工程位于北京市海淀区，为 S1 线、6 号线和 10 号线三线换乘站，6 号线车站长 313.5 米，S1 线站前交叉渡线段区间长 83.5 米，车站标准段宽度 23.3 米～27.1 米， 10 号线车站长 176.7 米，车站标准段宽度 22.1 米～26.1 米，为北京地铁所有车站建筑规模之最，总建筑面积 60197 平方米，地下 3 层，箱型框架结构、纵梁立柱体系。

本工程由北京市轨道交通建设管理有限公司建设，北京城建设计研究总院有限责任公司设计，北京希地环球建设工程顾问有限公司监理。合同额 94012 万元。合同工期 2009 年 6 月 1 日至 2012 年 12 月 28 日。2010 完成产值 10896 万元。主要形象进度为，钢支撑、锚索、主体施工。

【天津地铁 3 号线 16 标】 中铁三局中标，重组前中铁三局一公司承建，重组后中国航空港建设集团三公司承建。

合同价：12341 万元。

合同工期：2010年3月7日至2011年6月30日，共15个月。

设计技术标准：使用年限50年；结构安全等级二级；耐火等级二级；屋面防水二级；抗震设防烈度7度；地基基础设计丙级。

天津地铁3号线16标工程由小淀站、小淀停车场、出入线土建工程、地面线土建工程组成；小淀站包括DK28+929.500至DK29+47.500之间的站厅、站台、出入口、变电所、设备管理用房等，全长118米。小淀停车场包括综合楼和停车列检库。

主要工程数量：小淀停车场停车列检库约10067平方米，高约12.55米，单跨跨度63.9米；综合楼框架结构地上4层，地下2层，高16.95米，地下7.5米深，建筑面积约6629.04平方米。

【长沙市轨道交通2号线一期工程8标段】 中铁一局中标，重组前中铁一局一公司承建，重组后中国航空港建设集团二公司承建。

合同价：24213万元。

合同工期：自2009年10月28日至2011年11月28日，共25个月。

设计技术标准：使用年限为100年，车站结构安全等级为一级。车站结构抗震设防烈度6度。

长沙市轨道交通2号线一期工程8标段由芙蓉广场站和迎宾路口站两个地铁车站组成。

芙蓉广场站位于五一大道与建湘路交汇处，主要位于五一大道上，为地下三层岛式车站。车站全长149米，围护结构采用1米厚的地下连续墙加设钢筋混凝土和钢管内支撑体系，标准段基坑宽度21.8米，挖深26.8米。车站共设5个出入口，2组风亭。本站为盾构过站。

迎宾路口站位于五一大道与迎宾路交汇处，车站沿五一路东西向布置，为地下二层岛式车站。车站全长270.8米，围护结构采用Φ1米的桩基加设钢筋混凝土和钢管内支撑体系，标准段基坑总宽度18.7米，挖深15.86米。车站共设6个出入口，2组风亭。迎宾路口站西端为盾构始发井，东端为盾构接收井。

【重庆轨道交通3号线一期工程8标段】 中铁工程建设分公司承建。重庆轨道交通3号线一期工程八标全长858米，主要工程包括唐家院子高架车站（长120米）、狮子坪高架车站（长120米）、龙头寺明挖车站（长189.5米）、火车客站～龙头寺站区间隧道及龙头寺站～童家院子车场区间隧道等。合同价值10055.64万元，合同工期15.5个月，合同工期2007年10月1日－2009年3月8日。

唐家院子站及狮子坪站工程位于新溉路中绿化隔离带上方，沿新溉路中间分隔带前行，处于城区主干道上，交通较繁忙，车站结构较复杂，施工干扰大；龙头寺站及区间隧道位于规划道路下方，现状为旱地和水田，交通不便，区间隧道断面变化频繁、形式多，结构非常复杂。

截至12月31日，开累完成产值15641万元，占合同价值10055万元的155.5%。

【杭州地铁1号线湘湖站及湘滨区间】 中铁工程建设分公司承建。本工程位于浙江省杭州市江南副城湘湖旅游度假区内，湘湖站位于风情大道与规划中湘西路交叉口处，工程包括一站一区间以及区间盾构施工。

湘湖站中心里程为K0+314.184，工程范围为车站的主体工程及附属工程（15个出入口、1个紧急疏散口、7个风亭）等土建工程。

湘湖站～滨康路站盾构区间(19号盾构)里程范围K0+434.59（左线K0+495.29）～K2+122.16，区间总长左线约1626.87米，右线约1687.57米。以及其中的1个联络通道、1个中间风井（兼作联络通道及泵房）等附属结构。

截至12月31日，本项目开累完成产值28701万元，占合同价值30642万元的93.7%。

【重庆市轨道交通1号线杨公桥、烈士墓车站及区间隧道工程】 中铁工程建设分公司承建。本项目为“重庆市轨道交通1号线杨公桥、烈士墓车站及区间隧道工程”项目的土建工程部分。施工范围为K16+495.995～K17+102.2；K17+219.42～K18+696.145，

线路全长2083米。主要包括两站三区间：①沙坪坝车站站后折返线终点至杨公桥车站约606米区间隧道；②杨公桥车站非开发结合部分盖挖段（约42米）；③杨公桥车站至烈士墓车站646米区间隧道；④烈士墓车站（约183米）；⑤烈士墓车站至烈～磁区间隧道出洞口（约604米）。

总工期：24个月，2009年6月1日－2011年5月30日。

截至12月31日，本项目开累完成产值23036万元，占合同价值14090万元的163.5%。

市政工程

【集疏港公路二期中段2标项目】 中铁一局承建。工程概况：本项目合同总价约为119092万元，合同工期2008年11月15日～2010年8月30日，本工程为集疏港公路二期中段的泰达大街互通立交和疏港一线互通立交，设计桩号为K15+228.689～K20+418.539，全长5189.85米。桥梁面积共计257754平方米，道路面积18.4万平方米，排水14.7公里。

主线全部为高架桥，高架桥双向八车道，总宽43米，匝道桥宽8米，10米两种，地面辅道双向六车道，泰达大街互通立交位于海滨大道与泰达大街相交处，本立交上跨泰达大街。除主线两幅、吨线两幅外，另有匝道A线、B线、C线、D线。疏港一线立交位于疏港一线与海滨大道相交处，西侧接九大街和开发区，东侧接疏港二线和集装箱物流中心，为部分互通立交。除主线两幅外，另有匝道A线、B线、C线、D线。

开累完成情况：完成钻孔桩2823根/2844根，承台468个/484个，墩柱873个/888个，盖梁182片/182片，预制梁1056片/1056片，架梁1056片/1056片，现浇梁89联/96联。

【莆田市妈祖填海造地工程】 中铁二局二公司承建。2008年10月15日中标，中标价55183万元，合同工期为2009年3月1日-2011年8月31日（30个月）；签约合同价26196.68万元，变更工期：2009年8月31日～2012年8月31日（36个月）。二公司主要承担妈祖城项目5座桥的任务。2010年完成建安产值6386.51万元，为公司年度计划5000万元的127.7%，开累完成建安产值9693万元，为合同总额26196.68万元的37.0%。桥梁设计841.84米/4座，开工4座，年完成桥430.64米，累完513米，占设计的60.3%，剩余328.84米。路网工程完成路基排水板设计87.9万米，年完66万米，累完66万米，剩余21.9万米。

【青岛胶州湾隧道土建工程】 中铁二局二公司承建。2007年7月25日中标，中标价52645.50万元，合同工期为2008年3月1日～2010年6月30日(28个月)，因拆迁滞后，进场较晚，合同工期调整为2008年9月26日～2010年12月31日(27个月)。

2010年完成建安产值2.41亿元，占年度计划1.6亿元的150.6%；开累完成建安产值4.68亿元，为合同总额52645.5万元的88.9%。右线主隧道(设计2870米/1座)：年完成洞1499.29米，累计成洞2835.88米，占设计的98.8%，剩余34.12米。主要形象：上断面开挖及支护年完932米，开累完成2870米，为设计的100%；下断面开挖及支护年完1347米，累计完成2870米，为设计的100%；仰拱及铺底年完1612米，累计完成2870米，为设计的100%；二次衬砌年完1927米，累计完成2856米，为设计的99.5%。

【青岛胶州湾海底隧道连接线工程】 中铁三局承建。合同价款23699万元，合同工期2007年11月1日～2010年6月30日。

形象进度：隧道暗挖段1570米、明挖段68米及人行横洞全部完成；1号、2号、3号、4号紧急出入口主体完成，正在施工附属工程；电缆沟和玻璃钢管铺设完成1505米。

【沈阳南部污水处理厂工程】 中铁四局承建。工程总价8.83亿元（含设备费用3.57亿元）。合同开工日期2009年7月16日～2010年10月3日。本工程为沈阳南部污水处理厂工程项目总承包－土建安装、设备采购及安装、联合试运行、运行验收等工作。包括粗格栅及污水提升泵房、细格栅及曝气沉砂池、改良A2/O生化池、二沉池及配水井、中途提升泵房及雨水泵房、高效沉淀池、V型滤池间、紫外线消毒池、鼓风机房、加药间、废水回收池及生产用水池、甲醇投配间、预处理系统除臭间、自用水泵房、1～3号生化池变电所、综合楼、机修车库仓库、1号大门及门卫、2号大门及门卫、污泥缓冲池、污泥脱水间及变电间、除臭设备及鼓风机间、生物滤池间、污泥储料间、工人休息室、仓库、雨水收集井、出水计量及采样井、总出水泵房、厂区土方（回填与平整）、挡土墙、道路、围墙、地沟、F1-F5阀门井、L1-L7 流量计井、沉砂池事故排放井、超越井、雨水切换井、进水流量计井、污泥缓冲池配水井总出水渠、进水渠、超越渠、沉砂池出水渠、二沉池出水渠、生化池进水渠、生化池出水渠及污水回流渠、厂区自用管线、厂区雨水管线、厂区污排水管线、厂区供热管线、厂区电缆敷设、厂区照明、室外工艺、仪表、自控、闭路电视监控系统、设备采购及安装、联合试车、运行验收等。此项目整个2010年未曾动工，主要原因是业主单位及人员变动影响拆迁工作。截至2010年年底累计完成产值共计6623万元。

【上海市白龙港城市污水处理厂污泥处理工程BST2.3标】 中铁四局承建。工程造价23000万元，合同工期2008年12月～2010年4月（要求2011年4月底具备竣工验收条件），此项目位于上海市浦东新区合庆镇长江新围海堤内、龙东镇尽头，距市中心40公里，包括污泥机械浓缩、污泥消化系统、污泥干化系统土建施工及设备系统，2008年9月28日开工。该工程建设单位：上海市城市排水有限公司，勘察单位：上海市政工程勘察设计有限公司，设计单位：上海市政工程设计研究总院，监理单位：上海宏波工程咨询管理有限公司。

施工重难点：DN800PHC管桩和8个卵形消化池施工。截至到2010年年底，现场主体工程完工，剩余部分绿化及厂区道路及局部完善工程施工，共计完成建安产值万元21204万元。

【合肥长江西路高架B标】 中铁四局承建。工程造价30420万元。合同工期2009年7月～2010年9月。标段起讫里程为K6+407.5～K7+583，管段主线（长江西路）1175.5米，西二环路1125米。长江西路高架桥主线全长1175.5米，另设E、F、G、EN、ES、WN六个匝道桥。桥梁上部标准跨径（不大于40米）采用大悬臂等截面预应力砼连续箱梁；桥梁下部采用钻孔灌注桩基础，其中ф1.2米桩基192根，ф1.5米桩基140根，141根矩形柱式墩、115个承台；高架桥连续梁共33联，主线12联，匝道21联；另主线第36联以40米跨度预应力混凝土小箱梁跨越合武绕行上下行、合九引入、十八公里专用线等4股铁路，下部结构采用门式墩。西二环路南北向下穿改造范围K-0+515～K0+610,其中桥梁范围桩号为K0+055.03～K0+063.68.长江西路北侧引道挡墙采用咬合桩和悬臂式挡墙。南侧采用排桩、咬合桩和悬臂式挡墙，其中ф1米咬合桩326根；ф1.2米咬合桩301根；ф1.3米排桩147根，ф1.5米排桩68根。下穿桥梁由北向南共分A、B、C、D、E、F六幅，上部结构为两跨预应力T形梁简支结构，15.5米T梁62片，19米T梁62片。A、B、C三幅桥中间桥墩采用桩柱式接盖梁，D、E、F三幅桥中间桥墩采用明挖基础接墩柱盖梁。WN匝道下穿箱涵长60米，净跨径为8.5米。2010年已完工通车。当年完成产值14376万元。

【合肥裕溪路高架工程】 中铁四局承建。合同价31700万元，合同工期2009年10月～2011年1月，建设单位：合肥市重点工程建设管理局。

标段起讫里程为裕溪路高架K1+776.903～K3+106.903和二环路改造工程K3+640～K5+090，管段长度：2.78公里（裕溪路高架1330米，二环路改造1450米）。主要设计工程量：管段内桥梁3座，其中特大桥1座：裕溪路高架桥1330米；大桥2座：东二环与裕溪路立交桥111米和当涂路新桥246米，桥梁累计1687延米；桥梁钻孔桩累计276根，咬合桩874根、承台78个、墩台78个、支架现浇连续梁共56跨（16联）、挂篮法施工46节段；路基累计管段长度2534米，路基换填天然级配碎石24万立方米，余方弃置38万立方米；设计为沥青砼路面，113711平方米；当涂路雨水泵站1座，沉井设计15.3米，建筑面积487平方米。2010年工程进展：合裕路道排土方外运设计45万立方米，开累46.16万立方米；级配碎石设计24.5万立方米，开累21.9万立方米，混凝土沥青设计24784.8立方米，开累11745方立方米 水泥稳定碎石设计9.01万立方米，开累4.36万立方米；雨水管设计3909.9米，开累3269.9米；污水管设计2133.7米，开累2201.6米；二环路下穿桥已开通；合裕路高架下部主体完；连续梁:设计12联，开累完工8联。当涂路桥现浇梁余2个合龙段。2010年完成产值19943.08万元。

【深圳机场相关工程】 中铁四局承建。工程造价1.819亿元。工程位于深圳宝安国际机场的西侧，珠江口伶仃洋东侧，扩建区域内主要为海域和鱼塘，普遍覆盖5.0～12.0米厚的海相沉积淤泥。施工区域大致为长方形，长1047米,宽329米，总施工面积245000平方米，主要以吹填砂、填石(土)、排水固结堆载预压处理为主的填海及软基处理方案。主要数量包括：塑料插板2882591米，砂井102125米，土工布229897平方米,砂垫层525086立方米，填砂设计总量为795575立方米，预压砂1269775立方米，换填石方288819立方米。合同工期2008年1月～2010年7月。2010年度完成建安产值590万元，累计完成建安产值15699万元。

【青岛海湾大桥接线工程】 中铁四局承建。工程造价11488万元。工程为青岛海湾大桥（北桥位）青岛端接线工程，桥梁西起海湾大桥李村河互通立交东侧，向东跨过四流路、规划周口路、重庆路、台柳路、黑龙江路、海尔路等主要道路，接规划长沙路，形成青岛市快速路系统的第三“横”。本合同段为第十一合同段(主线里程K6+904～K7+684)，主线长780米，位于308国道至海尔路西北侧，包括大桥接线主线7联、匝道3联、3座地面桥。主线桥：为双幅结构，钻孔桩为嵌岩桩基础，柱式及圆端式墩身，上部结构为预应力连续箱梁，共单幅7联，计21跨，共27508.9平方米。匝道桥：为单幅结构，钻孔桩为嵌岩桩基础，柱式及圆端式墩身，上部结构为预应力连续箱梁，全部为单箱单室结构，共3联，计9跨，共2440平方米。地面桥：ZZ2匝道跨张村河桥为1跨简支板梁结构，计有梁板9片，共248.4平方米；海尔工业园桥为8跨简支板梁结构，计有梁板176片，共1748平方米；株洲路跨张村河桥为现浇空心板结构，共3920平方米。工期2009年12月10日～2011年4月30日。2010年完成建安产值6507万元，累计6507万元。

【天水过境线】 中铁四局承建。工程造价35160万元。本项目起点位于天水市麦积区甘泉镇，与在建的宝天高速公路牛背至天水段终点相接，而后路线沿谢家河南岸逆流而上，至杨湾跨谢家河后沿谢家河北岸山坡布布设，在陈家河穿越梁家山隧道进入大江河流域后，沿大江河北岸山坡布线，途径阳湾、归凤在K103+900（王家窑）二跨大江河，沿大江河南岸阶地布线至邓家河，穿越卧牛山隧道进入吨SGJ-2标段。本项目为高速公路工程，按照全立交、全封闭、控制出入、设有完整的交通安全设施和服务设施的四车道高速公路标准进行设计。本工程全长36.858公里。TSGJ-1标段位于甘肃省天水市麦积区甘泉镇境内，线路起点桩号为K94+560，位于天水市麦积区甘泉镇屈家坪村，接在建的宝天高速公路牛背至天水段终点；路线终点桩号K105+800，位于天水市麦积区甘泉镇邓家河村，路线长11.24公里。主要结构物为隧道1座，整体式路基大桥5座，分离式路基大桥2座，中桥1座，涵洞、通道29座，服务区1处，避险车道2处。梁家山隧道，最大埋深170.9米，进口地形偏压严重。路基（含甘泉服务区）挖方共108.02万立方米，其中挖土方 87.78 万立方米 ，挖石方 16.36 万立方米 ；改河、渠开挖方 3.88 万立方米 。路基(含甘泉服务区)填方共 106.03 万立方米，其中路基利用土方 56.43 万立方米，利用石方 12.6 万立方米，借土填筑 29.15 万立方米，利用弃渣土方填筑 5.51 万 立方米；改河、改路填筑利用土方 2.34 万立方米。大桥 6 座 3423 米(单幅长)，中桥 1 座 53.4 米，上部结构为预应力空心板梁、预应力箱梁，下部结构为桩基础、双柱式墩、肋板式台、U 台。30 米箱梁 184 片；20 米、16 米板梁 734 片。钢筋混凝土盖板涵、通道合计 31 座。梁家山隧道上行线里程 SK97+280～SK99+110，长 1728.592 米；下行线里程 XK97+295～XK99+037，长 1743.519 米；隧道最大埋深 170.9 米，隧道中间下穿梁家山村庄，本隧道属松软黄土、亚粘土和弱胶结岩石型深埋长隧道。合同工期 2008 年 10 月 31 日～2010 年 11 月 1 日。2010 年完成建安产值 18842 万元，累计完成 34419 万元。

【顺德 BT 项目快速干线高富路工程】 中铁四局承建。工程造价 8008 万元。佛山市顺德区快速干线高富路工程全长 13.046 公里，分为 5 个项目：安富跨线桥段工程、百安互通立交段工程、西登至昌教段工程、齐宁跨线桥段工程、杏坛二环路段工程。本工程项目线路起点西起于顺禺公路安富交叉路口的中心点上，与甘竹滩大桥顺接，路线向东沿安富旧路穿过安富村，之后进入鱼塘养殖区域，并沿线规划了哥山港口内侧穿过南华村，在 K3+894 与百安公路交叉，在 K6+646 上跨西登河及金登公路，之后穿过西登村，在 K9+252 处与齐宁路交叉，在 K10+755 与四乡公路分离式立交，并上跨东海大河，路线终点迄于杏坛镇二环路，并与高赞大桥西连接线顺接。K29+952.306～K31+965.060，路线长 2.012 公里。在 K30+245.306 与四乡公路分离式立交，并上跨东海河，在 K30＋505.306 上跨南铆道，在 K31＋455.760 与杏坛二环路菱形立交（主线上跨），与高赞大桥西连接线顺接。本单位为第 6 合同段，负责施工路基及软基处理工程。截至 2010 年底，完成路基填方 212634 立方米 ，挖方 17281 立方米 ，水泥搅拌桩 63984 米，袋装砂井 2091062 米，PHC 管桩 17739 米，水泥搅拌桩 63984 米，CFG 桩 550160 米。61.75 箱式通道 1 道和 130.5 米，圆管涵 2 道。合同工期：2008 年 8 月～2009 年 9 月。2010 年完成建安产值 1282 万元，累计完成 11739 万元。

【莆田妈祖城 BT 项目核心区基础设施建设项目 II 合同段】 中铁四局承建。工程造价 10191 万元。妈祖城核心区基础设施建设项目是中国中铁股份有限公司承建的妈祖城核心区土地开发的 BT 项目，面积约 5.68 平方公里，投资总额约为 25 亿元，建设工期约为 2 年。该 BT 项目甲方为福建省莆田市人民政府，乙方为中国中铁股份有限公司。甲方项目履约实施主体为莆田市妈祖城开发建设有限公司，乙方项目履约实施主体为中国中铁海西投资发展有限公司。中铁四局在妈祖城核心区基础设施建设项目 II 合同段。公司在目前承建的主要工作内容为：东仙采石场，2 公里环城路（HCK0+000～HCK2+000）、次干道 1 (CG1K0+000 ～ CG1K0+466.9) 、以及贤良路（ XLK0+000 ～ XLK0+611.2)，内容包括：路基土方 259629 立方米 、抛石护脚 171850 立方米、路面、排水、交通、路灯、园林绿化工程及小桥一座（全长 27 米，桥跨布置为：2×13 米，上部结构为钢筋混凝土简支空心板梁（80 片）；下部结构采用柱式墩，嵌岩桩基础 40 根，累计 1028 米，柱径采用Φ100c 米，桩径采用Φ120c 米；扶壁式桥台，嵌岩桩基础，桩径Φ100c 米）。开竣工时间：2009 年 10 月～2012 年 12 月。2010 年完成建安产值 3631 万元，累计完成 4439 万元。

【瓜星项目相关工程】 中铁四局承建。工程造价 9112 万元。瓜星项目位于甘肃省西北部地区，是古丝绸之路上甘新运输大通道之一，也是中国东部及西南各省市通往新疆的主要陆路运输道路。标段起讫里程：K63+800-XK72+605，全长 8.805 公里。管段内包括柳园服务区、柳园互通（收费站广场）各一处。采用双向四车道高速公路标准设计，整体式路基宽度 26 米（分离式路基宽度 13 米)，利用旧路为 12 米，设计速度第小时 100 公里。主要工程数量：挖方 55.7 万立方米 ，填方 73.07 万立方米 ，路基防护（米 7.5 浆砌片石)：24199 立方米 ，大桥 1 座，中小桥、通道立交桥共计 11 座，涵洞 16 道。合同工期 2010 年 6 月～2011 年 5 月。2010 年完成产值 4292 万元，开累 4292 万元。

【淮南山南新区路网及水系工程建设项目】 中铁四局承建。本工程为淮南山南新区路网及水系工程建设项目，共计 6 条道路和两个水系改造。中铁四局承建 2 条道路的路基工程，南经十二路道路长 2100 米，红线宽度 30 米；南纬七路 1+200～2+800，红线宽度 60 米。合计合同总价 4007 万。淮南山南新区三期路网及水系工程项目合同造价 13000 万元。2010 年完成产值 3274 万元，开累 3274 万元。

【宁波东绕城公路土建工程 2 标】 中铁四局承建。工程造价 27654.76 万元。国道主干线宁波绕城公路东段是宁波绕城公路的重要组成部分，直接连接甬台温复线、沈阳至海口高速公路浙江段、穿山疏港高速公路及舟山大陆连岛工程，是杭州湾南岸高速公路网核心的一部分。本项目的建设对于完善国家高速公路网，促进宁波－舟山港口一体化发展，促进长江三角洲经济一体化和现代化进程具有重要作用。宁波绕城公路东段起始于甬台温高速公路的姜山北互通，终点与宁波市绕城高速公路西段于颜家桥相接，形成封闭高速公路环线（宁波绕城高速公路)。环线全长约 86 公里，东段长约 43.5 公里。第二合同段起点桩号 K1+511，终点桩号 K4+134.2，路线全长 2.623 公里，互通方案采用匝道上跨苜蓿叶＋定向型，主交通方向采用半径较大的定向匝道，次交通方向采用环圈匝道。本合同段主要工程为云龙互通立交主线，A 匝道、B 匝道、C 匝道、D 匝道、G 匝道的GK0＋000至GK0＋465.554，甬台温复线高速公路YK0＋000至YK0＋840以及收费站1处。截至2010年12月31日，除控制工程跨甬台温铁路钢梁（设计168节段，安装完157节段）个，其余主体工程完工。计划于2011年10月全部工程完工。

【云南大理——丽江高速公路联络线工程】 中铁四局承建。工程造价28379万元。云南大理至丽江高速公路是国家公路网规划的杭州——瑞丽高速公路的联络线，是云南省通往西藏、四川、青海的重要通道，是云南省重要旅游区迪庆香格里拉的主要交通运输路线。16合同段起止桩号K110＋380～K113＋600，线路全长3.22公里。太平村特大桥全长1187.8米，中心里程K111+077。白玉村大桥全长1502.58米，中心里程K112+775。截至2010年，土石挖方：设计22.0193万立方米，本月完成2.44万立方米，开累完成20.24万立方米。路基土石填方：设计1.7861万立方米，本月完成0.58万立方米，开累完成1.78万立方米。桥梁工程：设计2座桥，开工2座。

【重庆长安汽车综合试验场道路及附属工程】 中铁四局承建。工程造价4.896亿元。本试车场有多达约60种特殊道路，某些特殊道路在国内试车场首次采用，没有相关施工经验可以借鉴，必须设计新工艺和新方法进行施工，具有一定的挑战性。工程内容主要包括高速环道路基、高速环道直线段路面；各种特殊道路（含路基和路面）：制动测试道路（BPS）、舒适性路段（EFB）、车外噪声测试道路（AKS）、动态广场（FDF）、 越野道路（OFK）、基本性能环道（LS）（摩托车试验道）、主动连接道（HVS）、 一般操纵稳定性路面、湿滑动态广场、8字形掉头车道、标准坡道、特殊操纵稳定性路面及内部交通连接道路、防护及维修道路；进场桥梁、排水工程以及道路相关机电设备安装、试车场电力、照明、通讯、网络系统等。其中高速环道全长5437.2米，南北曲线各有2段400米长的布劳斯曲线，各856.637米的半径为400的圆曲线。具体包含土石方工程挖方574.6万立方米 ，填方376.4万立方米，15种特殊路面44.2万平方米；桥梁4座；盖板涵1500延米，圆管涵4000延米。附属工程、边坡防护工程暂无具体数量。起讫里程和地理位置：工程位于重庆市垫江县黄沙乡外环，起讫里程为K0+000～K5+437.2。合同工期： 528天（2010年9月20日～2013年3月3日）实际开工时间： 2010年9月20日。累计完成投资：2765万元，建安产值数：2765万元，工程进度：场内便道完成5.7公里，1号桥0号台、1号台完；2号桥0号台、1号台完；3号桥0号台（台背回填完），1号台完。试验段及路基土方挖方15.5万立方米，回填改良土14.5万立方米。主要剩余工程量：土石方工程挖方558.6万立方米，填方360.4万立方米，15种特殊路面44.2万平方米；现浇箱梁3座；盖板涵1000延米，圆管涵3000延米。

【安徽江北产业区芜马巢工程】 中铁四局承建。工程造价：7.36亿元。 安徽江北产业集中区起步区是2010年1月12日国务院正式批复《皖江城市带承接产业转移示范区规划》，为适应产业大规模、集群式转移趋势，充分发挥长江黄金水道的作用，依托中心城市，突破行政区划制约，在皖江沿岸适宜开发地区高水平规划建设承接产业转移集中区，推进沿江城市跨江联动发展，地理位置在巢湖市和县沈巷镇。中铁四局负责施工的皖江大道（K0+000～K2+189）、皖跃路（K0+000～K1+866）、长河北路（K0+000～K2+620）、和州大道（K0+000～K2+008）、和美路（K0+000～K2+040）位于集中区24平方公里起步区内，是起步区城市骨架重要组成部分，线路长度分别为：2.189公里、1.866公里、2.620公里、2.008公里、2.040公里，总长10.723公里，主要工程内容有：土石方工程、道路工程、交通工程、市政管网工程、道路绿化工程、涵洞、电力排管工程等。道路分幅为：人行道+非机动车道+分隔带+机动车道+分隔带+非机动车道+人行道，其中和美路、皖跃路道路宽40米，皖江大道道路宽50米，和州大道道路宽60米。

截至2010年底，完成产值5220.12万元。

【四川蓝光云鼎高层建筑土建总包工程】 中铁四局承建。工程造价：合同造价1.4亿元（其中土建造价9000万元）。

工程位于成都市金牛区蜀蓉路与蜀心路交口，占地面积22亩。规划建筑面积9万平方米，设计住户831户，容积率3.8。本工程地下室三层建筑面积3万平方米，地上建筑面积6万平方米，工程由主楼1号、2号楼、会所及裙房组成，主楼为31层，总高度110.8米，单层建筑面积1200平方米，3单元，两梯四户每层12户。主楼为框架剪力墙结构，筏板基础，基础开挖深度为16米（主楼部位）和15米（裙楼及地下室车库部位）；建筑物重要性等级为一级，场地等级为二级，本基坑开挖面积约13000 平方米，基础平面型式为矩形，长度177米，宽度70米，基坑周长540米。基坑安全等级为一级，坑壁重要性系数r0=1.1；基坑护壁采用人工挖孔桩+预应力锚索支护，深浅交接处采用人工挖孔桩支护，支护结构合理使用期限为18个月。基坑北侧紧邻蜀兴路，基坑距离路中心为15米，距离北侧3栋30层高层住宅建筑为30米，距离东侧11层住宅建筑为14.5米。本工程地下水位（丰水期）相对标高为-5.5米，地下土质为杂填土、粉土及松散卵石为主。合同工期22个月，质量目标：达到成都市结构优质工程，争创“天府杯”。安全目标：创四川省及成都市安全文明标准化工地。工期目标：关键进度节点计划完成100%，确保2011年5月22日和6月30日主体结构封顶。

【贵阳市三桥马王庙片区雅河及蔡家关截污工程（隧道工程）第一、三合同段】 中铁五局承建。本合同段内工程为连接贵工污水泵站与二桥污水处理厂的污水管线隧洞，是为了避开在阿哈水库边安装大污水管道给环境带来的风险，因此在原隧洞起点后再铺设一段管线，经五里冲Ⅰ号隧洞，然后埋管至原贵工污水泵站东南侧 200 米处，再经五里冲Ⅱ号隧洞进入二桥污水处理厂。主要工程有：五里冲Ⅰ号隧洞全长 440 米，起讫点里程分别为 K0+005～K0+445，纵向坡度为 1.5%，洞轴为直线；五里冲Ⅱ号隧洞 B 段，起止桩号：K2+077.95-K3+004.617，全长 926.667 米，先后与花二线路基、贵广高铁隧洞、杨家山公路隧洞立体相交。合同总额 2072 万元，合同开工时间 2010 年 1 月，合同竣工时间 2010 年 11 月；实际开工时间 2010 年 5 月，实际完工时间 2011 年 8 月。建设单位：贵阳云岩新纪元基本建设投资开发管理有限公司；设计单位：上海林同炎、李国豪土建工程咨询有限公司、贵州省建筑设计研究院；监理单位：贵州众益建设监理咨询有限公司。2010 年完成 1676 万元。

【柳东大道延长线道路工程及桥梁工程-石榴河桥工程】 中铁五局承建。柳州市柳东大道延长线道路工程及桥梁工程-石榴河桥工程，起止里程 K11+100～K13+100，道路红线宽度 70 米，近期实施宽度 40 米，道路等级为城市主干道Ⅰ级，沥青砼路面。其中桥梁 1 座 150 米（石榴河大桥），5-30 米预应力连续箱梁桥，墩台均采用桩基础。主要工程数量：路基土石方约 46 万立方米，桥梁 1 座/150 米，涵洞 2 座/139.5 横延米，市政排水管道 4373 米，沥青路面 44000 平方米。合同总额 3490 万元。合同开工时间：2009 年 11 月，合同竣工时间 2011 年 2 月，实际开工时间 2009 年 12 月 5 日。建设单位：柳州东城投资开发有限公司；监理单位：南宁品正建设咨询有限责任公司。2010 年完成施工产值 2750.34 万元。

【昆明清水海供水及水源环境管理土建 15 标】 中铁五局承建。昆明市清水海供水及水源环境管理项目引水工程（一期）主要通过工程措施将昆明市清水海附近的石桥河、板桥河、新田河、塌鼻子龙潭等水源点的水汇集到清水海水库后，通过输水线路将水引至昆明新国际机场附近的金钟山末端水库，作为空港和昆明市的工业及生活用水。昆明市清水海引水工程（一期）由水源工程和输水工程两部分组成，其中水源工程包括：石桥河水库、板桥河水库、新田河水库、塌鼻子龙潭、清水海水库和金钟山水库；输水工程包括：石桥河水库～清水海水库、板桥河水库～石清干线、塌鼻子龙潭～清水海水库、新田河水库～清水海水库、清水海水库～同心水库分水闸、同心水库分水闸～金钟山分水口的输水线路。本合同段内正线总长 5991.651 米。主要工程包括：白石山渡槽、金鸡山隧洞、金鸡山渡槽、新村箱涵、新村渡槽、新村隧洞、葛根塘渡槽、葛根塘隧洞工程、弃渣场防护工程、金属结构安装以及其他临时工程。合同总额 5886 万元。合同开工时间 2009 年 4 月 26 日，合同竣工时间 2011 年 8 月 27 日，实际开工时间 2009 年 3 月 21 日。建设单位：昆明自来水集团有限公司清水海水源开发建设分公司；监理单位：北京中水科工程总公司。2010 年完成产值 3653.22 万元，隧道完成 2557.44 折合米。

【红河至绿春农村公路通畅工程（红河段）改造工程二标段】 中铁五局承建。管段长度 41.746 公里，主要工程数量：土方 8.217 万立方米，石方 8.1949 万立方米，挡土墙 1.312203 万立方米，涵洞 41 道 244.77 米。合同总额 3042.1 万元。工程于 2010 年 10 月 1 日开工，合同竣工时间 2011 年 4 月 30 日。建设单位：红河县农村公路建设指挥部；设计单位：西安市公路勘察设计研究院；监理单位：云南云通监理咨询有限公司。2010 年完成产值 315 万元。

【广州黄榄快速干线（西段）工程道路桥梁标】 中铁五局承建。项目地点：广州市番禺区榄核镇顺河村。应该标段工程途经番禺区榄核镇顺河村及顺德区五沙工业园区，线路呈东北～西南走向，主线里程 K5+960～K7+571.525，主线全长 1.61 公里，双向八车道城市快速干线，以路基与桥梁为主。主要工程数量：设计图路基挖土方总数为 2963 立方米，路基填土方总数为 148387 立方米；共有大桥 1 座 562 延米，中桥 1 座 42 延米，跨线桥 1 座 252.4 延米，小桥 1 座 20.4 延米，人行桥 1 座，梯道桥 2 座；过街箱涵 4 座 269.370 延米。合同总额 17457.41 万元。合同开工时间 2010 年 1 月 18 日，合同竣工时间 2011 年 6 月 30 日，实际开工时间 2010 年 3 月 4 日。建设单位：广州市番禺交通建设投资有限公司；设计单位：武汉市政工程设计研究院有限责任公司；监理单位：广州市广州工程建设监理有限公司。2010 年完成产值 5652.13 万元。

【贵阳花溪二道起点段道路工程 A 标段】 中铁五局承建。贵阳市花溪二道起点段道路工程施工 A 标段，位于贵阳市三桥片区改茶村。道路桩号：K0＋054.7～K1＋500，包括道路、桥梁、隧道、排水及其它附属工程，重点工程有杨家山隧道，起点高架桥。杨家山隧道为小净距隧道，左右幅净距为 6～63 米，进出口小，中部最大，隧道全长 1340 米，道路等级为双向六车道城市快速路，下穿贵广铁路隧道，建筑限界宽 14.25 米，高 5.0 米，隧道衬砌采用复合式衬砌，内轮廓为三心圆曲线结构，内轮廓拱顶高 7.99 米，净宽 15.058 米，内净空面积 96.8 平方米。起点高架桥起于三桥中坝路，跨三桥南路，接杨家山隧道进口上层道路，道路等级为城市主干路Ⅰ级，主线桥计算行车速度 60 公里/小时，全长 911 米，共设置 4 座匝道桥连接下层道路，上部结构为 11 联现浇等截面预应力混凝土连续箱梁，下部结构采用独柱墩，承台桩基础，重力式 U 型桥台，扩大基础。合同总额 22530 万元。合同开工时间 2010 年 1 月 18 日，合同竣工时间 2010 年 12 月 31 日，业主调整工期目标 2011 年 3 月 28 日，实际开工时间 2009 年 10 月 18 日。建设单位：贵阳市建设投资控股有限公司；设计单位：中交公路规划设计院有限公司；监理单位：中国市政工程西南设计研究院工程监理部。2010 年完成产值 13716.81 万元。

【北京南站外部路网工程第 8 标段】 中铁六局承建。工程简介：凉水河南侧路西延起点为右外大街，向东下穿马西路、拟建南站站场和南侧立交后，与万芳亭公园东侧路交，经马家堡路北段终于马东路，全长约 1.992 公里。现况无路，马西路西侧现况为绿地，东侧为铁路及绿地。合同造价：11228 万元，合同工期：428 天；建设单位：北京市工联公路联络线有限责任公司，设计单位：北京市市政工程设计研究总院，监理单位：北京铁研建设监理有限责任公司。

该路主要功能为缓解南三环及南二环主、辅路的交通压力，沟通马西路东西区域交通的联系，减少绕行距离。

【雪莲南路地道桥工程】 中铁六局承建。工程概况：本工程位于天津市河东区境内，铁路里程为 K148+178.94。公路中线与现状铁路中线交角为 75° 20′。桥跨结构为 6-12.5-12.5-6 米四孔地道桥，桥高 8.65 米，净高 6.7 米。铁路现状为 2 股铁道（津山上行、津山下行），另有一条规划的还建卸油线路，线间距依次为 4.45 和 5.3 米。钢轨为 60 公斤/米无缝线路，碎石道床，桥址处各股线路都为直线，电气化铁路，没有道岔、信号等设施，线路情况较简单。地道桥长度 28.67 米（垂直长度 27.75 米），宽度 42.88 米（垂直宽度 41.5 米）。底板厚度为 1.05 米，顶板和立墙厚度均为 0.9 米。前悬臂 5.17 米（垂直长度 5 米），后悬臂长度 3.1 米（垂直长度 3 米）。刃角与竖直方向夹角为 56° 7′ 17″。

工期安排：2009 年 12 月-2011 年 6 月；合同额 3877 万元。

施工情况：地道桥顶进就位，完成产值 4179 万元，待设计院出图，进行 U 型槽施工。

【沙河堡成都新客站片区基础设施建设（一期）D 标段】 中铁八局承建。该标段施工任务为机场路东延线以东、铁路站场以西、米 7 线以南范围内的道路、桥梁、下穿隧道及电力隧道工程，主要工程数量为机场路东延线下穿隧道（双向四车道，长度 624 米）、驿都大道下穿隧道（双向 6 车道，长度 517 米）、机场路东延线跨线立交桥、机场路东延线道路工程、N7、N8、N10、N11、N14、M7、W2、W3、W4、W5 道路工程、机场路东延线电力隧道、纬四路电力隧道及跨秀水河小型桥涵 3 座。2009 年完成投资 30911 万元，孔桩 5333 米，承台及墩台身砼 4344 立方米，混凝土箱梁 C50 浇筑 17150 立方米，沥青砼路面铺设完成。该工程竣工时间为 2011 年 4 月，总投资 2.4 亿元（投标价），施工合同无合同价。

【成金（青）路三环路龙潭立交改造工程】 中铁八局承建。工程位于三环路与成华大道交叉结点即现状三环路龙潭寺立交，在现有部分互通立交基础上，改造为全互通立交主要工程数量：共 6 条匝道桥，桥长 3268.5 米，共计 42 联、125 跨，桥梁改造面积 29476.8 平方米，其中钢箱梁 3 联 5 跨，总长 158.5 米，引道总长 863 米，孔桩 214 根，墩柱 172 根，全桥混凝土 32000 平方米。2010 年已完成投资 9160 万元，孔桩完成 85 根，墩柱完成 144 个，箱梁砼浇筑 36 联，完成桥面铺装，沥青路面等，竣工时间为 2010 年 7 月，工程投资 1.13 亿元。

【重庆市园博园主要基础设施工程】 中铁八局承建。重庆园博园位于重庆主城核心区—北部新区龙景湖片区。金开大道、金山大道、金兴大道、金渝大道等四条城市快速干道为园区边界，据机场高速、渝宜高速、渝邻高速、内环高速、渝合高速、重庆铁路客运枢纽江北客运站、重庆江北客运机场均在 15 公里内，距渝中区 15 公里。主要工程数量：仿古拱桥 5 座（2 号拱桥长 110 米；3 号、4 号、6 号拱桥分别长 73 米；5 号拱桥长 56 米）；单洞双向车道隧道 3 座（核心景区隧道长 87.5 米；大中华展区 1 号隧道长 165 米；大中华展区 2 号隧道长 147 米）；道路、边坡挡墙约 6.8 公里 2010 年已完成投资 7782 万元，二号桥及六号桥桥台完成，在施工墩身；三、四、五号桥下部结构完成；1 号、2 号隧道贯通，未二衬；3 号隧道进口端掘进 15 米；道路在施工手摆片石。2011 年 1 月 31 日前完成所有桥梁；2011 年 3 月 31 日前完成所有隧道，工程总价为 8000 万。

【城（口）万（源）快速公路通道工程 CW9 合同段八台山隧道】 中铁八局承建。八台山隧道分属 CW09、CW10 合同段，主洞里程桩号 K43+205～K48+480、长 5277 米，避难通道里程桩号 YK43+206～YK48+450、长 5244 米，属特长隧道。隧道穿越的八台山，受地质构造控制，山脊由东向西横亘，山脊两侧为面积较小的山湾。形成山丘、山脊与沟谷相间形态，以山丘为中心形成向四周发育的“爪”状山沟；隧道轴线地面最高点位于洞身段 44+610 的山脊顶部，标高为 1797.74 米，一般地面标高 740.0～1596.2 米，最低点位于隧道进口的溪沟底部，标高为 731.50 米左右，相对高差 856.2 米。隧道区地貌形态为构造剥蚀、溶蚀中山地貌单元区。主要工程数量为八台山隧道（主洞）2800 米，避难通道 2800 米。2010 年已完成投资 1270 万元，主洞开挖及支护 539 米，仰拱铺底 295 米，二衬 96 米；避难通道开挖及支护 406 米。工期为 720 天，工程投资 1.67 亿元。

【金西大道延伸段道路工程Ⅱ、III 标段工程】 中铁八局承建。第Ⅱ合同段施工里程 K 1+000-K 3+000，全长 2000 米；第 III 合同段施工里程 K 3+000-K 4+438.017，全长 1438.017 米，第Ⅱ合同段为 2.28 亿；第 III 合同段为 1.49 亿，第Ⅱ合同段施工时间为 2010 年 3 月 5 日至 2011 年 8 月 30 日；第 III 合同段施工时间为 2010 年 3 月 5 日至 2011 年 6 月 30 日。

【六盘水市康乐北路延伸段 B 标段工程】 中铁八局承建。该标段里程为 K1+600～K2+734.199，全长 1.134 公里，施工时间为 2010 年 9 月 21 日至 2011 年 9 月 21 日，工程投资为 7052 万元。

【贵阳市北京东路 D 标】 中铁八局承建。该工程于 2010 年 6 月 28 日开工，起止里程为 K4+800～K6+600，全长 1.8 公里，桥左右幅桥梁相对独立，共5座桥，(南明河大桥左幅桥，南明河左幅1号桥，南明河大桥右幅桥，南明河右幅1号桥，南明河右幅2号桥)总长2304.983米，占标段总长64%。截至2010年末完成桥486.32米。道路总长1295.017米，占标段总长36%。路基土石方设计数量挖方75万立方米，填方40.65万立方米，2010年末完成挖方11.1万立方米。2010年末完成产值4356.912万元 。竣工时间为2011 年6月30日。合同工期：19个月，该合同总造价为26052.53万元。

【毕节市迎宾路及郭家湾高架桥】 中铁八局承建。该项目全长0.93公里，道路总宽度33-45.5米不等；其中主路宽45.5米，辅路为33米，主路双向六车道；辅路为双向四车道，郭家湾高架桥倒天河三号桥总长为52米。郭家湾高架桥梁全长494米.倒天河辅桥构造为 1X40 米的预应力砼现浇简支箱梁，桥梁全长52米. 工程路线全长930米，路基挖方67116立方米，路基填方61118立方米，；结构物台背回填8496立方米，挡土墙10891立方米；C30毛石砼(引道挡墙)1077立方米；级配碎石层1267立方米，水泥稳定碎石基层33031平方米，中粒式沥青砼、粗粒式沥青砼、改性沥青混合料各29644平方米，2010年末该工程已全部竣工，已顺利通车，工程总价7332万元，工期28个月。由于该工程得到业主的好评，另新增土石方12万立方米及部分挡墙、路面工程，补充合同金额1000万元。计划工期2011年3月30日完成。

【广汉金雁大桥灾后重建工程】 中铁八局承建。该项目位于广汉市雒城镇西北，北起大同路与保定路平交口处，跨越鸭子河，上跨长沙路，南接既有韶山路。本次施工图设计范围为主线K0+040～K0+830，同时包括韶山路改建及改移道路工程内容。改建韶山路平面310米，其中K0+520～K0+640段仅拓宽既有路幅，K0+640～K0+830段除拓宽既有路幅外，对纵断面也根据工程要求做了相应调整。改移道路一条，为北岸河堤路，改移长度150米。自2009年4月28日开工，至2010年5月12日竣工。完成4399.046万元。工程总造价4399.046万元。

【广西柳州市北外环路工程】 中铁八局承建。该项目全长10.5公里；合同工期：2009年2月8日～2011年2月8日。实际开工2009年7月22日。完成路基土石方144.3万立方米；级配碎石8.9万平方，水泥稳定层5.8万平方米；雨污水管14.49公里，沥青砼2.6万平方米。完成投资4996万元。合同价：36317万元。

【昆明市西北三环闭合工程】 中铁八局承建。该项目全长2.15公里；合同工期：2009年7月1日～2010年5月1日。实际开工：2009年08月15日。完成：土石方30万立方米；桥梁179.58延米；道路2.06公里。完成投资22360万元。合同价：25000万元。

【阜阳市颍上路泉河大桥】 中铁八局承建。该项目全长0.89公里；合同工期：10-07-06～12-01-26。实际开工：10-07-06。完成：桥梁500延米。完成投资7003万元。合同价：14847.99万元。

【阜阳市颍河大桥】 中铁八局承建。该项目全长1.71公里；合同工期：08-10-16～10-04-16。实际开工：2008-11-12。完成：桥梁170延米。完成投资3650万元。合同价：23432万元。

【昆明市呈贡乌龙片区B地块一标段工程】 中铁八局承建。该项目全长1.352公里；合同工期2010-06-13～11-04-05。实际开工：2010-06-14。完成：土石方52万立方米；钻孔桩1.6万米；圬工4.5万立方米。完成投资10011万元。合同价：22000万元。

【成都市政工程一环路高升桥桥板预制工程】 中铁八局承建。一环路高升桥桥板预制工程合同数量351块桥板：合同工期：将于2010年1 2月30日完工，2010年10月20日开始试生产第一块桥板，至2010年12月底共生产桥板259片。合同金额1366万元。

【成都武侯大道与铁路西环线立交】 中铁八局承建。B标段2008年7月30日开工，于2010年5月24日完工交验，一次合格。工程投资4457万元。

【金堂大道南段(淮口至土桥)工程E标段】 中铁八局承建。金堂大道连接金堂县与乐至县，本标段位于金堂县远郊，线路经过地区人口密度大，村庄众多。该公路设计等级为一级，双向六车道，设计车速80公里/小时，路基面、桥梁同宽，为29米。本段施工长度8.54公里(k22+700-k31+240)。主要工程数量：陈家湾隧道左线长470米，右线长468米；桥梁4座：烂堰河大桥全长263.5米；蔡家河大桥全长218米；三湾堰大桥全长159米；石鸭子河中桥长86.06米。各式涵洞21座。路基土石方：挖方158万立方米，填方132万立方米。2010年完成投资11895万元，隧道掘进938米，仰拱758米，二衬568米；预制梁130片，架设65片。路基土石方290万立方米。工期为420天，工程投资3.16亿元。

【川陕路改造工程大天立交桥及底层道排工程】 中铁八局承建。该项目为川陕路改造项目，位于成都市城北，是一条规划的放射性交通型主干路，路线经过金牛区、成华区、新都区，道路全长14.9公里，南端起点位于三环路口，北端终点位于规划新都鸿运大道路口，将现状40米宽度道路改造为63～69.5米宽道路。工程跨353军事专用线。施工桩号为42+20～49+40，包含该范围内的工程量有大天立交和底层道排、截洪沟、电力浅沟等。工程所在地公路纵横交错，交通十分方便。其中大天立交桥孔跨布置为简支小箱梁(4×30)＋现浇连续梁(30＋45＋45＋30)＋简支小箱梁(4×30)米，现浇连续梁段跨越353专用线，全桥长395.06米，桥梁设计总宽为38米，为双向8车道，机动车(大件车除外)单幅宽17米，其横断面布置为1米(防撞墙)+0.5(路缘带)+4×3.5米(行车带)+0.5(路缘带)+1米(防撞墙)=17米。上部结构采用预制预应力混凝土小箱梁及现浇连续梁，下部结构分别为钻孔灌注桩(桩径分别为1.5米及1.8米)、承台、带椭圆开洞的花瓶式圆端形板式桥墩及预应力盖梁。桥梁两侧为底层道路和人行道。2010年完成投资6677万元，2010年9月建成通车。工程投资1.23亿元。

【振连路大连湾三标段工程】 中铁九局承建，位于大连市甘井子区大连湾镇镇内，本标段长度为1129米，其中桥梁长度为810米，起点里程为K5+948，终点里程为K6+758，路基长度为319米，起点里程为K6+758，终点里程为K7+077。与既有振连路开发区段桥梁连接。工程自2010年2月4日开工，预计2011年10月31日竣工，工程总造价1.02亿元。施工范围：7联34米宽共计810米长的现浇连续箱梁，319米长34米宽的道路路基。建设单位为大连开发区振连路工程建设指挥部，设计单位为大连市市政设计研究院，监理单位为大连市大开建设咨询监理有限公司。

2010年开累完成产值1960万元，完成总价的19.2%。路基土石方完成3.4万立方米，完成总量的93.3%；桩基完成36根，完成总量的49.3%；桥墩完成28根，完成总量的41.2%。

【沈北新区陵园街道路贯通工程】 中铁九局承建，工程连接沈阳沈北地区与市区的道路，工程起点沈北区界（K0+910.25），工程终点蒲盛路，与沈北新区孝信街相连接。道路全长1275.24米。新建下穿立交桥，铁路里程为于虎下行线K15+632，桥宽2-20.75米（全宽45.9米），净高4.5米，公路与铁路交叉角86.8度。桥梁预留东北环二线线位。本桥为两节不等高框构桥，于虎下行线下一节（1号桥），东北环线、于虎上行及预留东北环二线下一节（2号桥）。1号桥顺道路方向长度15.8米，2号桥顺道路方向长26米。轴线与线路中心线交角86.86度，1号桥桩号K1+976.90—K1+990.70，2号桥桩号K1+950.97—K1+990.70。工程2010年2月7日开工，2010年10月1日完工，工程造价11943.3万元。建设单位为沈阳蒲河新城建设局，设计单位为沈阳铁路铁道勘察设计院，监理单位为北京通达建设监理有限公司。

【辽阳河东新城新运大桥工程】 中铁九局承建，是辽阳市主城区的重要交通干道，位于辽阳市主城区的中心位置。新运大桥为斜桥，斜交角为71° 43’ 20”。工程全长822.94米，由主桥、引桥、引道三部分组成。桥梁主桥为4跨大跨径变截面连续箱梁桥，长度为380米，跨径布置为70+120+120+70=380米。侧引桥采用连续箱梁形式，西引桥长120米，东引桥长160米，西引道长105米，东引道长57.94米。工程2009年11月23日开工，预计2011年9月完工，工程总价19913万元。建设单位为沈阳市河东新城开发建设有限公司，设计单位为沈阳市市政工程设计研究院，监理单位为沈阳市振东建设工程监理有限公司。

截至2010年末累计完成产值8940万元，完成总价的45%。

【鞍山虹桥改建工程】 中铁九局承建，属既有桥改建工程，位于鞍山市火车站内北侧新建桥与沈大铁路正交，里程K306+705.22，桥面宽29米，桥孔布置为8×20+28+34+28+4×20米主桥三跨预应力钢筋砼组合变截面连续箱梁，引桥为20米跨至先张法预应力空心板，两侧坡均设为4%，桥上变坡凸竖曲半径R＝700米，一字型桥台，下与承台相连。钻孔桩基础，桥梁全长330米。工程2008年8月开工， 2010年5月完工，工程造价为9507.9万元。建设单位为鞍山市城建局，设计单位为沈阳中铁铁道勘察设计院，监理单位为辽宁铁道建设监理事务所。

【长春市东风大街立交桥工程】 中铁九局承建，主线桥桥梁全长408.43米，匝道桥E、F、G、H长度分别为321米、299.5米、309米、100米。预应力钢筋混凝土连续箱梁桥，钻孔灌注桩基础。2008年3月1日开工，2010年12月30日竣工，工程造价13690万元。建设单位为长春市政府投资项目管理中心，设计单位为长春市市政工程设计研究院、深圳市市政工程设计院，监理单位为东北设计院。

【海湾大桥青岛端接线工程桥梁工程】 中铁十局承建。工程概况：青岛海湾大桥青岛端接线工程第一合同段，西起海湾大桥北桥位，跨越胶济铁路，东至胜利桥。施工地点，青岛李沧区。标段长度，主线桥954米、SA匝道长442米，SD匝道长237米。工程总造价1.53亿元。合同工期2009年12月至2011年4月。

主要工程数量：桩基292根、承台140个、墩柱148个、箱梁C50混凝土27172立方米。

桩基完成281根，墩柱完成127个，主线桥箱梁（945米）完成635米。

【上海通用汽车研发试验中心（广德）工程】 中铁十局承建。施工地点，安徽省广德县。合同价12451万元，合同工期2010年4月～2011年9月。

主要工程数量：高速环道路基工程全长9036米；沿高速环道路基两侧均设排水，排水工程分明沟、管涵和箱涵；进场地道工程全长68米，横断面净宽8.5米，净高4.5米。

路基土方（设计203万立方米）、地道沟结构砼（设计2751立方米）完成。

【长春市长白铁路框构桥工程】 中铁十局承建。工程概况：标段长度0.44公里，合同工期2009年9月～2010年9月，合同价 11115 万元 。

主要工程量：路基土方 19.5 万立方米，框构桥 1 座。

主体工程完成。

【合肥滨湖新区环湖北路珠江路-包河大道道排工程】 中铁十局承建。施工地点，合肥滨湖新区临巢湖一带珠江路-包河大道段，标段长度 1.96 公里。合同价 24000 万元，合同工期 2010 年 7 月-2011 年 5 月。

主要工程数量：挖填方 160 万立方米，边坡防护工程，水泥混凝土 115000 方，水泥稳定碎石 80000 平方米，沥青混凝土 275500 平方米，非预应力钢筋 18500 吨，预应力钢筋 760 吨，钢筋砼管道 4000 米，PVC-U 管道 4200 米。

完成路基土方 57 万立方米，浆砌片石 1080 立方米。

【海滨大道南段二期工程第二合同段】 中铁十局承建。施工地点位于天津市，标段全长 6.8 公里，合同工期 2009 年 1 月～2010 年 12 月，合同价 73243 万元。

主要工程数量：特大桥 1 座 5085.56 延米，中桥 1 座 80 延米，盖板箱涵 1 道 42 横延米；土方 31.8 万立方米；沥青路面 4.7 万立方米。

工程竣工。

【浙江舟山普陀区沈家门港海底隧道工程】 中铁隧道集团承建。浙江舟山普陀区沈家门港海底隧道工程作为重难点项目之一，前期北岸围堰施工出现较大的沉降，从处理设计方案、专家评审到最后正式图纸下发耽误了较长时间；南岸由于地方征地拆迁滞后影响，设备材料进场困难，无法按期开展施工，目前工程进度滞后合同工期较多。

【长沙营盘路湘江隧道工程】 中铁隧道集团承建。长沙营盘路湘江隧道工程工期紧，安全风险高，施工工法多。两岸均设一进一出两匝道，分为明挖段和暗挖段，主体结构形式多样。同时隧道穿越流塑、粉质粘土地层以及砂卵石地层，施工风险很高，2010 年该工程施工受制于地质条件的影响，工期约滞后合同工期 4 个月。

【杭州沿江大道运河隧道工程】 中铁隧道集团承建。杭州沿江大道运河隧道工程，西接钱江新城一期之江东路、钱潮路，东连新城二期沿江公路、东运河路，跨越京杭运河线，位于钱塘江与京杭运河交汇口。设计为双向四车道公路隧道，北线隧道全长 1189.51 米，其中河西敞开段 161.07 米，暗埋段 131.3 米，盾构段 550.66 米，河东暗埋段 146.32 米，敞开段 156.04 米。南线隧道全长 1188.00 米，其中河西敞开段 161 米，暗埋段 131.00 米，盾构段 550 米，河东暗埋段 146 米，敞开段 156 米。该工程 2010 年初开工，至 2010 年底盾构机进场，计划 2011 年一季度开始掘进。

【顺德 BT 项目碧桂路、容桂大道工程】 中铁工程建设分公司承建。顺德 BT 项目是中国中铁股份公司与顺德区政府战略合作的重点项目，也是广州市 2010 年亚运会的重点工程。碧桂路工程项目全长 14.12 公里，合同工期二年，合同价值 16.5 亿元，2008 年 5 月 20 日开工， 2010 年 4 月 20 日竣工。

该项目主要包括三洲路口整治工程、碧桂路南国路立交工程、碧桂路高架工程、碧桂路德胜路立交工程、小黄圃至华口村公路跨线桥工程、扁滘村至容边村公路跨线桥工程、大岑村至南区快速路改造工程、红星至海尾快速路改造工程等 8 个单项工程。主要工程数量：特大桥 6 座/6034.2 延米，大桥 7 座/1775.54 延米，小桥 1 座/30 延米，涵洞 9 座/261.82 横延米，地道 5 座/2325.24 延米，软基处理段总长度 9577.54 米。

截至 12 月 31 日，本项目累计完成产值 125353.0 万元，占合同价值 165000 万元的 76.0%。

【顺德 BT 项目高富路、红旗路工程】 中铁工程建设分公司承建。佛山市顺德快速干线高富路、红旗路工程，全长 24.6 公里，是佛山市一环南拓工程的重要组成部分，也是顺德区快速干线网首期工程的重点项目。合同价值 23.6 亿元， 2008 年 8 月 30 日开工， 2010 年 10 月 31 竣工。

高富路工程为新建公路，全长 13.046 公里，起点(K18+918.72)与佛山市快速干线甘竹滩大桥段相接，路线终点讫于 K31+965.06，与高赞大桥西侧引桥衔接，位于杏坛镇境内，途经右滩、安富、南华、麦村、西登、昌教、马宁、上地、高赞九个行政村，沿线 90%为渔塘，10%为民居和厂房。主要工程有：高富路跨线桥工程（3.534 公里），百安互通工程（1.6 公里），西登至昌教段工程（2.6 公里），齐宁路跨线桥工程（3.3 公里），杏坛二环路跨线桥工程（2.012 公里）。总建安产值约 13.6 亿元。

红旗路工程为既有公路改造，全长 11.594 公里，工程分布在杏坛镇和容桂镇内，重点工程有：大福基～龙涌口村快速路工程(2.08 公里)、细滘～红旗村快速路改造工程(2 公里)、红星至海尾快速路改造工程(2.206 公里)、海尾立交工程(1.14 公里)、高赞大桥容桂岸桥底调头车道(1.518 公里)和高赞立交(2.65 公里)。总建安产值约 10 亿元。

截至 12 月 31 日，本项目累计完成产值 110734.0 万元，占合同价值 236000 万元的 46.9%。

【深圳观澜河污水工程】 中铁工程建设分公司承建。调蓄池位于深圳市宝安区观澜镇观澜河北侧，已建观澜湖高尔夫球场南侧，观澜河污水处理厂二期北侧，占地面积约 3.2 万平方米，现状地形为凸起的山丘，地面高程为 33～57.6 米，埋深约 13.5～38.1 米，开挖深度为 15.2～25.4 米，周长约 747 米。

工期计划：计划总工期 2 年，计划开工日期：2010 年 5 月 1 日，计划竣工日期：2012 年 4 月 30 日。

截至 12 月 31 日，本项目开累完成产值 2898 万元，占合同价值 21000 万元的 13.8%。

工业和民用建筑

【玉树灾后重建项目】 新建工程，中铁二局玉树指挥组织施工。青海省玉树州发生地震后,中央立即启动应急预案，抗震救灾工作从4月14日开始至6月20日结束,灾后重建工作随即从6月20日开始。整个灾后重建工作拟投资320亿元，由国家投资和地方投资两部分，其中国家投资初步估计为75%，规划定性为原址重建，并将整个玉树州结古镇划分为东南西北四大板块，分别由中国铁建、中国中铁、中国水利水电和中国建筑四家央企承担，加上定点援助巴塘乡的辽宁省援建和结古镇的市政配套援建北京市，共有6家援建单位。中央要求，要力争三年时间基本完成恢复重建任务，使灾区基本生产生活条件和经济社会发展全面恢复并超过灾前水平，生态环境切实得到保护和改善，实现“居民拥有新家园、生态迈上新台阶、设施得到新改善、城乡呈新面貌、社会和谐新局面”的五新重建目标。

玉树重建规划由中规院编制。结古镇南区由中国中铁负责，规划面积86万平方米，3年内需要完成城南片区内的城镇居民住房建设，教育、医疗、文化、社会管理等公共服务设施建设，交通、能源、水利、市政、农牧区等基础设施的建设，生态环境保护建设，特色产业和服务业设计建设，干线公路建设；共计120余个项目,涉及到房建、水利、市政、电力、公路、桥梁、绿化等相关专业内容，其中房建面积约为63万平方米，308省道569公里、水电站1座，便民桥梁加固6座，输电线路敷设27公里。由中铁二局和中铁建工两个独立局各承担50%的援建任务，总造价45亿左右，建工和二局各一半，中铁二局22.5亿元。一公司承建的辽宁援建巴塘乡项目，总规模为农牧民住房1400套，公建3万平方米。

2010年年度实际完成5600万元，为年度计划8200万元的68%。中铁二局开工的项目有：

1. 玉树县第一民族中学（由四公司、建筑公司施工)。玉树县第一民族中学为玉树灾后重建的第一批开工项目。项目位于青海玉树地区，占地面积约66.32亩，规划建筑总面积约24951.04平方米。该工程包括教学楼、实验楼、综合楼、体育馆及其他配套设施组成，建筑抗震设防烈度按7度设防计算，按8度加强其抗震措施，建筑耐火等级为二级，设计使用年限为50年,工程总投资9462万元，单体于2010年07月20日开工，其主体结构于2010年9月20日全面封顶，实现玉树灾后重建率先开工、率先封顶的目标。该工程砌体施工完成80%，完成产值5600万元，计划于2011年8月15日竣工交验。

2. 扎西大同南统归自建区（由四公司、建筑公司施工)。共计781套，80平方米/套，现已开工39户。该组团规划为城镇居民用房，规划面积6.25万平方米，工程建安造价约1.16亿元。玉树县西杭商住组团，规划面积32000万平方米，工程建安造价约7000万元。该组团规划为城镇居民用房。该工程于2010年9月7日举行开工仪式，由于拆迁和地质灾害评估、当地政府建设政策的改变等影响，该工程正在抓紧规划设计。

3. 巴塘项目农牧民住房建设（由辽宁援建一公司承建)。经过与当地政府及业主协调，已进入下巴塘、铁力角、老叶、岔来四个村共13个施工点施工。目前已开挖243户，基础完成239户，主体砖砌筑完成160户，封顶149户。完成产值2000多万元。

4. 下拉秀乡农牧民住房建设（由四公司、建筑公司施工)。2010年10月14日晚接到青海省委省政府和中国中铁股份有限公司紧急援建任务通知，前期由地方政府组织的青海方正承建的1240套下拉秀乡牧民住房工程由于不能按时完成施工目标，将1000套交中国中铁援建，其中中铁二局承担500套，建筑面积40000平方米，工程造价约1.2亿元。指挥部连夜召集会议研究任务落实方案，15日进行现场勘察形成施组调查报告，17日组织人员设备进场，并在10月22日以最短时间召开誓师动员大会，破土动工，已开工户数185户，其中10户已封顶，2011年8月底全部完工。

【新北川中学】 续建工程，中铁二局建筑公司承建。新北川中学灾后重建项目位于北川羌族自治县新县城51号街坊，建设单位是中国侨联援建北川中学指挥部。合同总造价19800万元，总建筑面积为72380平方米。合同工期为2009年5月12日～2010年6月30日，总天数425个（含国家法定假日)。工程内容包括4栋宿舍楼共642间，3栋教学楼共108间，1栋礼堂-综合实验楼，1栋办公楼-图书馆，1栋食堂-看台，以及装修、体育场施工、所有设备采购、安装工程、室外园林、市政工程、后期教学、生活用品的采购及安装等所有项目，即交钥匙工程。建成后将容纳5200名学生学习和生活。该工程由中国侨联援建，北京市建筑设计研究院设计，四川振川工程管理咨询有限公司监理，中铁二局股份公司施工总承包，中铁二局建筑有限公司承建。2009年5月12日举行开工典礼，7月19日打下首根载体桩，8月14日全面进入基础承台施工阶段，9月5日主体工程开始施工，11月1日3号宿舍楼率先封顶，12月28日主体结构全面封顶，2010年8月5日顺利完工交验，9月1日投入使用。2010完成产值10133万元，占总产值的51.18%。

【四川蓝光云鼎高层建筑土建总包工程】 中铁二局承建。工程位于成都市金牛区蜀蓉路与蜀心路交口，占地面积22亩。规划建筑面积9万平方米，设计住户831户，容积率3.8。本工程地下室三层建筑面积3万平方米，地上建筑面积6万平方米，工程由主楼1号、2号楼、会所及裙房组成，主楼为31层，总高度110.8米，单层建筑面积1200平方米，3单元，两梯四户每层12户。主楼为框架剪力墙结构，筏板基础，基础开挖深度为16米（主楼部位）和15米（裙楼及地下室车库部位)；建筑物重要性等级为一级，场地等级为二级，本基坑开挖面积约13000平方米，基础平面型式为矩形，长度177米，宽度70米，基坑周长 540 米。基坑安全等级为一级，坑壁重要性系数 r0=1.1；基坑护壁采用人工挖孔桩+预应力锚索支护，深浅交接处采用人工挖孔桩支护，支护结构合理使用期限为 18 个月。基坑北侧紧邻蜀兴路，基坑距离路中心为 15 米，距离北侧 3 栋 30 层高层住宅建筑为 30 米，距离东侧 11 层住宅建筑为 14.5 米。本工程地下水位（丰水期）相对标高为-5.5 米，地下土质为杂填土、粉土及松散卵石为主。合同工期 22 个月，合同造价 1.4 亿元（其中土建造价 9000 万元）。合同工期 2009 年 12 月 15 日～2011 年 9 月 30 日。主楼 2010 年 6 月 13 日开工，会所、样板房工程已施工完毕并交付业主使用。主楼地下室已经完成 3/4；剩余 5 号楼由于施工需要预留，现正组织人力物力抢工。主楼 1 号楼施工至 12 层、2 号楼施工至 7 层。

【青岛国际贸易中心】 续建工程，中铁二局沿海公司承建。本工程位于山东路、香港中路，东海路交汇处，总建筑面积约 7 万平方米，地上六层为商业裙房，塔楼在地面以上用防震缝与裙房断开成为独立的结构单元，C 塔楼地面以上高度为 189.43 米（结构高度 188.2 米）。C 塔楼地面以上为 46 层，6 层以上为公寓，6～39 层层高为 3.6 米（其中 15、30 层为设备层，层高为 5.7 米），40～45 层层高为 3.9 米，46 层层高为 8.1 米。工程于 2009 年 6 月 11 日中标，2010 年 3 月 2 日开工，合同工期为 2009 年 6 月 22 日 ～2012 年 6 月 28 日。2010 年完成产值 9500 万元，为计划 6000 万元的 158.3%。

【淮南阳光·国际城】 中铁四局承建。2004 年，中铁四局房地产开发公司通过投资收购“淮南阳光城公司”原股东 70%股权控股开发阳光“·国际城”项目，2008 年 7 月收购剩余股权，实现独资开发。项目位于淮南市田家庵区洞山东路，盘踞淮南政治中心，交通十分便利。开发单位淮南阳光城建设有限公司，规划设计单位中国城市规划设计研究院。占地 219 亩，总建筑面积 28 万平方米，多层 18 栋，高层 35 栋，共 2214 户，总投资规模为 5.6 亿元， 2006 年 8 月开工建设，2009 年底，开工面积达总建筑面积的 4/5，开盘面积达总可售面积的 3/4。2010 年，“阳光•国际城”全年销售商品房 481 套、车库 23 套，新签合同额 2 亿元。

【中铁置业·彩虹新城】 中铁四局承建。工程总投资 6.5 亿元。2006 年 1 月 10 日，中铁四局房地产开发公司通过摘牌取得“彩虹新城”项目地块使用权，该项目位于肥东新城开发区合店路与祥和路交接处，距合肥市中心 11 公里，距肥东县城 3 公里。开发单位中铁四局集团房地产开发有限公司合肥分公司，规划设计单位杭州博敖建筑设计工程有限公司和合肥都市规划建筑设计事务所，项目占地 393 亩，总规划建筑面积 44 余万平方米，多层 38 栋，高层 54 栋，共 3519 户，配套幼儿园、会所及商业用房。2008 年 2 月开工建设，2009 年底，共开工 18.5 万平方米，E、F、C、A 四个组团共 35 栋楼先后开盘。 2010 年，“彩虹新城”全年销售商品房 540 套，新签合同额 2 亿元，共开盘三次。元月 2 日，B 组团开盘，推出多层洋房 284 套，当日售出 274 套，销售率达 96%，取得新年开门红；7 月 3 日，D 组团 1 号和 2 号楼开盘，当日销售率破 60%；10 月 23 日，D 组团的 3 号、5 号和 7 号楼隆重推出，当日销售过半。

【贵阳绿地联盛国际一期及 4、5、6、7 栋】 中铁五局承建。本工程采用框架结构，由 11 栋商住楼的土建及安装工程组成，其中 1～2 号楼 5 层，8～9 号楼 6 层，3～4 楼 28 层，5～7 号、10～11 号楼 31 层，建筑总高 98.1 米。合同面积 374759 平方米，合同额 52947 万元。2008 年 8 月开工，截至 2010 年底开累完成施工产值 20802 万元。

【上海市闸北区 327 号街坊市北 5 号地块商办项目】 中铁五局承建。本工程采用框筒结构，由 1 号、2 号楼的土建及安装工程组成，其中 1 号楼地下室 2 层，裙楼 3 层，塔楼 16 层，建筑总高：73.35 米；2 号楼地下室 2 层，裙楼 2 层，塔楼 12 层，建筑总高：59.35 米。合同工期 16 个月。合同面积 82974 平方米，合同额 10000 万元。2010 年 5 月 4 日开工，截至 2010 年底开累完成施工产值 5902 万元。

【贵阳银海元隆广场（A 区）1 号、2 号楼】 中铁五局承建。本工程采用框支结构，由 2 栋商住楼的土建及安装工程组成，其中整体地下室 4 层，裙楼 2 层，主体 31 层，建筑总高 97.5 米。1 栋独立附属建筑，2 层地下室，主体 6 层。合同工期 650 天。合同面积 85396 平方米，合同额 15057 万元。2010 年 7 月 5 日开工，截至 2010 年底开累完成施工产值 3331 万元。

【青海交通职业技术学院新校区 A 栋段】 中铁五局承建。本工程采用框支结构，由 5 栋宿舍和食堂的土建及安装工程组成，宿舍 6 层，建筑总高 24.6 米，食堂 3 层，局部 4 层。合同工期 20 个月。 合同面积 59455 平方米，合同额 12231 万元。2009 年 9 月 29 日开工，截至 2010 年底开累完成施工产值 999 万元。

【成都清水路苑】 中铁五局承建。本工程采用剪力墙结构，由 1 栋酒店的土建及安装工程组成，地下室 1 层，裙楼 1 层，塔楼 17 层，建筑总高 54 米，合同工期 18 个月。合同面积 159271 平方米，合同额 25784 万元。2010 年 5 月 1 日开工，截至 2010 年底开累完成施工产值 8412 万元。

【太原铁建（榆次）小区住宅楼工程】 中铁六局承建。太原铁建（榆次）小区分 1 号、5 号、6 号、7 号、8 号住宅楼及地下车库，工程位于山西省晋中市榆次区迎宾街中段。本工程结构形式为钢筋混凝土剪力墙结构，全部为地下一层，地上十九层，设计使用年限为 50 年，抗震设防烈度为八度，地基处理形式为水泥粉煤灰碎石桩（CFG 桩），外窗采用双层真空玻璃塑钢窗，屋面防水为卷材防水，室内采暖形式为低温辐射地采暖。地下车库为钢筋混凝土框架结构，抗震设防烈度为八度。

1 号楼建筑面积 30590 平方米，共 248 户，5 号、6 号楼建筑面积均为 12630.12 平方米，共 228 户，5 号楼、6 号楼中间地下车库建筑面积为 1824.3 平方米，7 号、8 号楼建筑面积分别为 12893.36 平方米和 16418.85 平方米，7 号楼 114 户，8 号楼 152 户，7 号楼、8 号楼中间地下车库建筑面积为 1518.67 平方米。合同价 13000 万元，合同工期 2008 年 10 月 1 日～2011 年 9 月 30 日。建设单位：中铁六局太原铁路建设有限公司；设计单位：晋中建筑勘察设计院，太原市建筑设计院；监理单位：山西广森工程项目管理公司。截至 2010 年底本工程已完成 1 号室内装修完成，5～8 号楼及中间地下车库主体结构工程完成和 5～6 号楼二次结构工程完成。2010 年年底累计完成产值 6115 万元。

【天津汉沽喜盈盈大酒店工程】 中铁六局承建。该工程属民营投资开发商的项目，含 1 号、2 号酒店及裙房工程和餐饮综合楼工程两个单位工程，工程的总建筑面积为 54959 平方米，合同额约 1.24 亿元。其中 1 号、2 号酒店为框架剪力墙结构，采用桩基础，地下 2 层，地上 14～15 层，檐口高度 59.61 米，裙房为地下 2 层，地上 2 层，建筑面积为 45961 平方米 ；餐饮综合楼为框架结构，采用桩基础，地下一层，地上五层，檐口高度 21.8 米，建筑面积为 8998 平方米。建设单位：天津安冶置业有限公司，设计单位：北京周文瑶建筑设计事务所， 监理单位：天津建设工程监理公司、天津开发区泰达国际咨询监理有限公司。工程施工情况：工程于 2009 年 5 月正式开工，2010 年 7 月完成工程的主体机构施工。

【丰泰家园工程】 中铁六局承建。该工程位于北京市丰台区洪泰庄 99、100 号，占地面积 58089.987 平方米，总建筑面积 52328.94 平方米。本工程包括 3 栋住宅楼及 1 栋办公楼，其中住宅部分建筑面积 36564.16 平方米，办公楼建筑面积 9216.75 平方米。住宅楼均为二类高层建筑，建筑耐火等级一级，基础结构形式为筏板基础，主体结构形式为剪力墙结构。抗震设防烈度为八度，结构安全等级二级。其中 1 号住宅为高层住宅，建筑面积为 26661.75 平方米，地下 2 层，地上 15 层，建筑檐高 45 米。地下二层为人防，人防部分战时为二等人员掩蔽室，平时为自行车库。2 号、3 号楼为中高层住宅，均为地下 1 层、地上 9 层，建筑檐高 27.6 米。2 号楼建筑面积为 5971.81 平方米，地下一层为住宅配套用房，3 号楼建筑面积 7081.63 平方米，地下一层为自行车库。2010 年 5 月 6 日举行丰泰家园开工典礼暨工程开工奠基仪式，2010 年 6 月 11 日 1 号、3 号楼正式开槽动工，2010 年 7 月 5 日 1 号、3 号楼地基验槽，预计 2011 年 1 月 6 日 3 号楼主体结构封顶，2011 年 3 月 29 日 1 号楼 4 层及以下、3 号楼主体结构验收。1 号楼累计完成产值 2559 万元，占总产值 49.2%，3 号楼累计完成产值 850 万元，占总产值 75%。

【太原铁路建设有限公司生产调度指挥中心楼】 中铁六局承建。该工程位于太原市建设北路，北侧毗邻铁路中心医院，南临太铁体育馆，区位条件优越，交通便利。该建筑地上 12 层，地下 2 层，建筑总面积 20063.11 平方米，建筑总高度 48.75 米，局部 53.40 米，室内外高差 1.2 米，功能包括生产、调度、指挥用房和会议室用房等。该建筑呈一字形布置，与建设北路平行，框架剪力墙结构，基础型式为桩承台与桩筏结合基础，桩基为后压浆钢筋混凝土灌注桩。外墙装饰装修由玻璃幕墙和石材幕墙组成。室内装修风格为现代化办公室。建设单位：中铁六局集团太原铁路建设有限公司；设计单位：太原市建筑设计研究院；监理单位：北京中城建建设监理有限公司山西分公司。

建筑面积 20063.11 平方米，外墙石材面积 4000 平方米，玻璃幕墙 2000 平方米，涂料外墙 3000 平方米，室内精装修工程 13000 平方米。截至到 2010 年底完成产值 8680 万元。

中铁六局太原铁建生产调度指挥中心楼工程于 2010 年 10 月 30 日竣工，2010 年 11 月 15 日竣工验收完成。预计 2011 年 3 月 20 号工程资料移交太原市城建档案馆。

【山西省体育中心运动员训练 A 馆工程】 中铁六局承建。该工程为丙级体育建筑（没有赛事要求的体育建筑），合同价 8000 万元，合同工期 2009 年 11 月 15 日～2011 年 6 月 30 日，总工期 594 天。建设单位：山西省政府工程建筑事务管理局，设计单位：中建国际（深圳）设计顾问有限公司，监理单位：山西天地衡建设工程项目管理有限公司。训练 A 馆工程总建筑面积约 24122.10 平方米，建筑高度 22.45 米（最高点高度），地上四层。场地位于太原市新晋祠路东侧，新修滨河西路西侧，晋源区金胜乡西寨村南；A 馆首层为体操综合馆、击剑馆、举重馆、跆拳道馆、蹦床训练厅、艺术体操厅，各个训练厅之间设置了配套的运动员更衣室等辅助用房以及交通和设备用房；二层为教练和随队技术管理人员的办公用房，包括兴奋剂检测用房；三层为武术训练厅、散打厅、拳击馆、配套的更衣室及部分办公用房；四层为各训练队共用的力量器械训练区。结构形式：主体结构为钢筋混凝土框架结构，屋顶为钢结构。2010 年完成产值 5292 万元。

【昆明市金江小区】 中铁八局承建。该项目地下二层，地上 28 层，属商业和住宅楼；总建筑面积 15597 平方米，剪力墙结构。由昆建公司施工。合同工期 2009 年 3 月 20 日～2010 年 3 月 28 日。合同总价 2.1 亿元。

【蓝光·香碧歌 3 号地】 中铁八局承建。该项目总建筑面积 171340 平方米，框架-剪力墙结构；31～38 栋 34 层高层住宅。由建筑公司施工。合同工期 2008 年 4 月 20 日～2010 年 3 月 10 日。合同总价 1.4 亿。

【清水·路苑】 中铁八局承建。该项目投资 31831 万元，2010 年 9 月 28 日开工，计划 2011 年 10 月 30 日完工。主体完工，完成投资 6000 万元。

【渝铁家苑·西区】 中铁八局承建。该项目投资 14600 万元，2009 年 12 月 15 日开工，计划 2011 年 6 月 30 日完工，主体完工，完成投资 3500 万元。

【金怡源购物中心 B 区】 中铁八局承建。该项目投资 8500 万元，2010 年 2 月 1 日开工，计划 2012 年 1 月 24 日完工，主体已完工，完成投资3500万元。

【中铁瑞景茗城】 中铁八局承建。瑞景茗城一期住宅楼投资109400万元，2007年9月22日开工，于2010年3月18日完工交验，一次合格。二期总建筑面积为177118平方米，由建筑公司施工。合同工期2009年7月31日～2011年7月31日。合同总价16322万元。

【瑞景澜庭】 中铁八局承建。瑞景澜庭一期住宅楼投资7061万元，2009年5月31日开工，于2010年2月25日完工交验，一次合格。瑞景澜庭二期住宅楼投资8336万元，2010年5月31日开工，计划2011年12月2日完工。主体部分完50%，完成投资1400万元。

【榕树嶺】 中铁八局承建。该项目投资11567万元，2008年7月9日开工，计划2011年2月10日完工。安装完成50%，完成投资8600万元。

【江苏连云港金榜华府】 中铁八局承建。该项目投资28000万元，2010年10月30日开工，计划2011年11月1日完工。主体部分完工，完成投资300万元。

【紫东芯座住宅区】 中铁八局承建。该项目投资64300万元，2008年5月26日开工，于2010年3月26日完工交验，一次合格。

【蓝光·香江国际土建总包工程】 中铁八局承建。该项目共计3个标段，15号、18号、19号楼为一个标段；16号、17号楼为一个标段；28～32号楼为一个标段，总面积98913平方米（建筑面积），施工时间从2010年1月30日～2010年10月30日，工程合同价为1.19亿元。

【清水·路苑】 中铁八局承建。该项目投资31831万元，2010年9月28日开工，计划2011年10月30日完工。主体已完工，完成投资6000万元。

【富仕康保障性安居住房】 中铁八局承建。该项目投资10500万元，2010年9月1日开工，于2011年1月14日完工交验，一次合格。

【成都晶宝.盛世桃源住宅小区工程】 中铁八局承建。该项目位于四川省成都郫县犀浦镇梓潼村，共有1号、2号、3号、4号楼四栋主楼，每栋楼18层。2-1、2-2、4-1、4-2副楼，每栋楼2层，总建筑面积95459平方米，其中钢材约5400吨，砼约50000立方米。2010年完成投资3082万元，完成部分室内防水、楼地面找平层、面砖、内墙腻子及2-2副楼、4-2副楼施工。工期为2008年9月30日～2010年9月30日，工程已竣工。工程投资为1.45亿元。

【遂宁世界华人财富会所二期】 中铁八局承建。遂宁世界华人财富会所工程位于遂宁市河东新区，北临遂宁涪江三桥东引道，西南临东平大道，东临城市规划路，北望遂宁新行政中心，西、东、南为规划居住区、商业区环绕。本工程为原遂宁世界华人财富会所门厅、报告厅、大展厅部分功能调整和改造项目。总建筑面积为54952.23平方米，建筑基底面积为39112.07平方米，共有5层（其中±0.000以下两层，±0.000以上3层），建筑总高度33.35米（室外地面至玻璃外壳顶），其中±0.000以下高度为6.0米（至室外地面）；±0.000以上主体建筑高度为23.82米。总建筑面积54952.23平方米，建筑基底面积39112.07平方米，共有5层。2010年完成报告厅、门厅主体结构，宴会厅、大展厅部分主体结构。工程投资与工期要求暂时未定，完成投资1844万元。

【昆明"云内动力"技测大楼】 中铁八局承建。该项目总建筑面积3.94万平方米；合同工期为2010年7月25日～2011年9月18日。实际开工时间为2010年7月25日。完成1.6755万平方米。完成投资3643万元。合同价为7638万元。

【昆明市金江小区3-5标段工程】 中铁八局承建。该项目总建筑面积7.3027万平方米；合同工期2009年3月11日～2010年3月1日；实际开工2009年03月28日。完成3.5万平方米。完成投资6520万元。合同价10000万元。

【昆明市金江小区5-2标段工程】 中铁八局承建。该项目总建筑面积8.2948万平方米；合同工期2009年3月20日～2010年3月5日；实际开工2009年3月20日。完成0.5万平方米。完成投资2041万元。合同价11300万元。

【重庆工业职业技术学院新校区】 中铁八局承建。该项目建筑面积82000平方米。工程主要包括：综合教学楼、产学结合中心、图文信息中心、地下车库、学校行政中心，2010年末综合教学楼与学校行政中心已全部竣工。2010年末完成施工产值17056万元，完成建筑面积64755平方米。其他项目协作对方资金不到位，材料供应严重不足，业主方案变更造成施工进度缓慢，计划2011年6月30日全部竣工。合同开工日期为2009年4月，合同价12000万元。

【贵阳金阳汇城项目】 中铁八局承建。该项目位于贵阳市金阳新区。建筑面积40725平方米，地下2层，地上21层。总高75.1米。结构为现浇框架-剪力墙。该工程于2010年9月10日开工，2010年末孔桩合计32个，开挖完成32个，砼填芯浇筑完成32个。独立柱基合计70个，开挖完成70个，独立柱基垫层、砖模完成70个。地梁砖模及底板垫层合计面积4500平方米，完成4500平方米。完成地下室主体施工，完成裙楼1层主体施工。完成建筑面积13000平方米。模板铺设40000平方米。合同工期为23个月。该工程计划2011年11月30日完成。合同价4200万元。

【中铁堰澜山商住楼一期工程】 中铁九局承建。该工程位于四川省郫县三道堰镇，建筑面积 90876.77 平方米，其中地上建筑面积 72344.17 平方米，地下建筑面积 18523.6 平方米。工程自 2008 年 9 月 30 日开工，预计 2011 年 10 月 30 日竣工，工程总造价 15000 万元。主要工程数量：混凝土 45038 立方米，砌体工程 12381 立方米，塑钢门窗 21035 平方米，防水 98624 平方米，铁艺 16000 延长米；单体住宅 42 栋，其中 A 户型 2 栋，B 户型 2 栋，C 户型 19 栋，D 户型 2 栋，E 户型 19 栋，商业中心 1 栋。设计单位为广州南方建筑设计研究院，监理单位为四川元丰建设项目管理有限公司。2010 年完成产值 5373.29 万元，开累完成产值 10041.23 万元，完成总价的 66.94%。

【沈阳数字识别技术装备产业园建筑工程】 中铁九局承建。位于沈阳东陵区南大甸子村 365 号，建筑面积为 64586.4 平方米，由七栋多层和五栋高层组成。工程 2010 年 5 月 1 日开工，竣工日期：多层 2010 年 10 月 31 日；高层 2011 年 9 月 31 日。工程总造价 6000 万元。主要工程数量：钢筋制作安装 3975 吨，商品混凝土 24856 立方米，砌筑工程 17016 立方米。建设单位为沈阳维润科技发展有限公司，设计单位为中国建筑东北设计研究院有限公司，监理单位为辽宁建新工程监理咨询有限公司。2010 年开累完成产值 1058 万元，完成总价的 18%。多层 15838 平方米主体结构完工。

【沈阳洗衣厂新建及客技站改造工程】 中铁九局承建。该工程位于沈阳车辆段内。工程自 2010 年 6 月 14 日开工， 2010 年 10 月 15 日竣工，工程总造价 8400 万元。施工范围：沈阳洗衣厂新建及其附属房建、给排水、电力等工程。主要工程数量：房建工程 12000 平方米，室外排水、给水、蒸汽地沟 10000 米，铺设沥青路面 8000 平方米。建设单位为沈阳铁路局沈阳工程建设指挥部，设计单位为沈阳铁道勘察设计院有限公司，监理单位为沈阳铁路局建设监理公司。

【中铁九局总部大厦工程】 中铁九局承建。该工程位于辽宁省沈阳市和平区南五马路与胜利大街交界处，地下 2 层，地上 22 层，结构形式为筏板基础。工程自 2010 年 8 月 18 日开工，预计 2011 年 12 月 26 日竣工，工程总造价约为 15000 万元。主要工程数量：总建筑面积 43080 平方米，其中混凝土工程 30000 立方米、钢筋工程 4500 吨。设计单位为东北设计研究院，监理单位为沈阳建都建设监理公司。2010 年开累完成产值 1800 万元，完成总价的 12%。

【广州盛德大厦工程】 中铁九局承建。该工程位于广州市天河区黄埔大道 371 号，工程总用地面积 6302.7 平方米，由写字楼一栋，地上 20 层，地下室两层，住宅楼一栋，地下室两层，地上 37 层，裙楼六层的建筑物组成，均为钢筋混凝土框架剪力墙结构，写字楼建筑总高度为 88.6 米，住宅楼建筑总高度 123.7 米。地下室建筑面积为 8396 平方米，地上建筑面积为 58186 平方米，总建筑面积 66582 平方米，总投资约 25000 万元。设计单位为广东省建工设计院，监理单位为广州建筑工程监理有限公司。2010 年完成产值 12183 万元，开累完成产值 20516 万元，完成总价的 82%。

【济铁南苑高层住宅Ⅱ期工程】 中铁十局承建。工程位于山东省济南市。 建筑面积 62239 平方米，合同价 14163 万元，合同工期 36 个月。2010 年主体工程完工。

【中铁•汇展国际 4、6、7、8 号楼】 中铁十局承建。该工程位于济南高新区， 6～8 号楼建筑面积 57274 平方米，合同价 9000 万元。合同工期 2009 年 5 月～2010 年 7 月。中铁汇展国际 4 号楼及地下车库工程，建筑面积 37839 平方米，合同价 8000 万元，合同工期 2009 年 12 月～2011 年 5 月。6～8 号楼竣工，4 号楼收尾。

【南苑小区高层住宅楼工程】 中铁十局承建。该工程合同工期 2008 年 3 月～2010 年 3 月，工程造价 14100 万元。房建工程 6.2 万平方米，主体工程完成。

【南郊经八路高层住宅工程】 中铁十局承建。该工程合同工期 2007 年 11 月～2009 年 4 月，工程造价 4372 万元。房建工程 2.4 万平方米。主体工程完成。

【中航广场】 中铁建工承建。本工程是集办公、公寓及商业为一体的综合楼，位于福田区深南路原天虹商场地块。总建筑面积 238645.7 平方米，地上建筑含 2 栋塔楼，其中办公楼 49 层，建筑高度 245.2 米；公寓 46 层，建筑高度 166.1 米。商业裙楼 6 层，高度 31.0 米，地下室 4 层，总深度 19.8 米，框筒结构，人工挖孔灌注桩基础。

深圳中航广场工程由深圳和记黄埔中航地产有限公司投资开发，深圳市建筑设计研究总院设计，深圳市华西建设监理有限公司进行监理。合同额 26626 万元，合同工期 2007 年 6 月 8 日～2010 年 2 月 2 日，2010 年继续列为集团重点工程，完成产值 9123 万元，年底进行办公楼屋顶钢架安装，砌筑抹灰，公寓楼装饰装修。二期工程临时支护桩、旋喷桩施工。

【重庆国际大厦】 中铁建工承建。本工程是集办公、商业、宾馆为一体的综合性、智能性大厦，位于重庆市渝中区新华路 201 号，占地面积 8000 平方米，总建筑面积为 99470.15 平方米，建筑总高 250.8 米（不含设备机房高度），建筑层数 63F/－5F，筒中筒结构，地下 5 层，地上 63 层，框筒结构，人工挖孔灌注桩基础。本工程由重庆市建筑设计院设计，重庆展翔房地产开发有限公司、重庆中兴房地产开发有限公司进行开发，北京中建建设监理公司进行监理。合同额 8233 万元。合同工期 2008 年 11 月 1 日 ～2010 年 9 月 30 日。2010 年继续列为集团重点工程，完成产值 1115 万元。年底主体结构施工至 68 层。

【深圳南山商业文化中心】 中铁建工承建。本工程是一座集办公、酒店、公寓及商业为一体的综合性超高层综合建筑群，位于深圳市南山区后海片区，海德一路与后海大道交汇处东北角。总用地面积 25727.8 平方米，总建筑面积 232045 平方米，地下室 3 层，覆盖了基本上整个用地面积，上部分为 A、B 2 栋塔楼及 1 栋裙房，其中：A 栋塔楼建筑高度为 300.8 米，建筑面积 116970 平方米， 61 层；B 栋塔楼建筑高度 156 米，建筑面积 44280 平方米， 36 层；裙房建筑高度 24 米， 4 层。地下室覆盖面积大，呈东西方向长 129.65 米，南北方向长 140.4 米，地下 3 层，用做停车场及设备房，停车场车位 1130 个。框筒结构，人工挖孔灌注桩基础。深圳南山商业文化中心工程由深圳市香江置业有限公司投资兴建，北京市建筑设计研究院设计，深圳市九州建设监理有限公司进行监理。合同额 87334 万元。合同工期 2008 年 12 月 18 日～2011 年 12 月 30 日。2010 年继续列为集团重点工程，完成产值 9512 万元。年底进行主体施工。

【青岛国际贸易中心】 中铁建工承建。本工程是集办公、酒店、商业、疗养于一体的综合性大厦，位于青岛市东海路北侧，香港路南侧，山东路西侧，毗邻华仁大厦，建筑面积 37.8 万平方米，地下 4 层，地上为 A 座、B 座、C 座及裙房四部分，A 座 47 层、B 座 51 层；C 座 46 层。基础结构形式为筏板基础，地下部分为框架剪力墙结构，主体结构为框肢－剪力墙结构。本工程由青岛中金渝能置业有限公司建设，北京市建筑设计研究院青岛北洋设计有限公司设计，青岛理工大学建设工程监理咨询公司进行监理。中铁建工集团承建 A 座和 B 座，合同额 156613 万元。合同工期 2009 年 6 月 1 日～2012 年 5 月 31 日。2010 年继续列为集团重点工程，完成产值 46389 万元，年底 A 塔 42 层结构施工，B 塔 43 层结构施工。

【泰山·基业工程】 中铁建工承建。本工程是集办公、商业、宾馆为一体的综合性智能化大厦，位于青岛市香港中路以南、汕头路以西的中央商务 CBD 区心腹地段，南北长约 70 米，东西长约 93 米，总建筑面积为 109092 平方米，其中地下 24109 平方米，地上 84983 平方米，地下 5 层，地上 46 层（自然层 65 层），地上建筑总高 242 米，高位转换框支剪力墙结构，筏板基础。该工程由青岛中核元诚置业有限公司建设，山东大卫国际建筑设计有限公司设计，山东新昌隆建设咨询有限公司监理。合同额 19596 万元。合同工期 2009 年 2 月～2012 年 1 月。2010 年完成产值 5054 万元，主体施工阶段。

【南京鼓楼医院】 中铁建工承建。本工程位于南京市中山路 321 号，建筑面积 222165 平方米，设计床位数 1632 个，建筑高度 56.8 米，地上 14 层，地下 2 层，框剪混凝土结构，桩基-筏板基础。该工程由南京建筑设计研究院有限责任公司设计，江苏建科建设监理有限公司监理。合同额 322478 万元，合同工期 2007 年 11 月～2010 年 2 月。2010 年完成产值 1852 万元，年底进入装饰装修阶段。

【北京市广安门铁路住宅小区施工总承包工程 A 标段】 中铁航空港承建。中铁建工集团中标，重组前中铁建工集团北京公司承建，重组后中国航空港建设集团北京公司承建。合同价：51202 万元，合同工期 792 日历天， 2010 年 8 月 1 日～2012 年 9 月 30 日。该标段工程位于北京市宣武区手帕口南街 80 号，由北京京铁房地产开发公司开发，总建筑面积约 18.4 万平方米，由 5 栋住宅、7 栋公建和 1 个地下车库组成。车库及住宅楼地下二、三层部分为人防工程，抗力级别为核五级。车库及住宅均为地下三层；B3 住宅地上 27 层，B4、B5、B6、B7 住宅地上 29 层。公建地上 3 层。基础为筏板基础，住宅为剪力墙结构，公建及车库为框架剪力墙结构。

【山西阳泉市天融中兴商业广场一期工程】 中铁航空港承建。中铁建工集团中标，重组前中铁建工集团北京公司承建，重组后中国航空港建设集团北京公司承建。合同价 25000 万元，合同工期 931 日历天， 2010 年 6 月 1 日～2012 年 12 月 17 日。

天融中兴商业广场一期工程项目为山西省阳泉市“百项工程”之一，阳泉城区重点建设工程，是一座集商业、办公和住宅为一体的综合性建筑。总建筑面积 10.2 万平方米。地下 3 层，地上 30 层，其中地下 3 层为车库、超市，地上 4 层裙房为商场，裙房以上南侧为 26 层住宅楼、北侧为 8 层商业办公楼。裙房建筑高度为 21.60 米，商业办公楼建筑高度为 56.10 米，住宅楼建筑高度为 99.58 米。结构形式：基础为筏板基础，地下室、裙房及办公楼为框架剪力墙结构，住宅为剪力墙结构。

【中铁西南院研发中心与产业基地】 中铁西南院研发中心与产业基地项目建设地点位于成都市高新西区。规划地块基本成“一”字型，总用地面积 41300.27 平方米（约 61.95 亩），其中：总建设用地 33919.11 平方米（约 50.88 亩），道路代征用地 5971.86 平方米(约 8.96 亩)，绿化代征地 1409.3 平方米(约 2.11 亩)。地块北面为双柏路，南面为古楠街，西面为双柏东二街，东面为规划用地。场地从南到北依次为办公区、生活服务区、生产区和仓储区。基地总建筑面积 51401.39 平方米(地下车库 2954.84 平方米)，建筑系数 48.03%，容积率 1.43。该项目于 2009 年 6 月 11 日隆重奠基，开始淤泥质地基勘察处理。2009 年 11 月初，完成地质勘察和水、电接入，道路贯通。研发基地项目 3 号生产厂房及附属工程于 2009 年 11 月 13 日正式开工建设，2010 年 6 月 29 日进行 3 号厂房及附属工程的竣工验收，一期工程全部完成投入使用。

1 号研发大楼、4 号配套楼及 2 号试验楼等主要建筑于 2010 年 2 月 11 日正式开工建设。2010 年 9 月 10 日，1 号研发大楼顺利封顶，二期工程开始进入装修阶段。

其他工程

【锦屏电站引水洞工程】 续建工程，中铁二局二公司承建。2007年8月10日中标，中标价80011.69万元，合同工期为2007年8月18日 ～2013年9月30 日(73个月)；引1号隧道二公司施工长度4572米(K0+128～K4+700)，要求2012年10月31日达到充水条件；引2号隧道施工长度5872米(K0+128～K6+000)，要求2013年7月31日达到充水条件。辅助洞室工程（横通道500米、横向排水洞400米）。2010年完成建安产值10619.5万元，占年度计划10000万元的106.2%；开累完成建安产值34931.6万元，为设计80011.69万元的43.6%。隧道设计10444米/1座（1号、2号线），年完成洞2242.2米，累完5840.71米，完成设计的55.9%。排水洞累计完成165米，剩余235米；横通道累计完成257米，剩余243米。

【铁路运输工作】 1.临管运输：中铁三局运输分公司承担神朔线、朔黄线、包神线、郭白线、赤大白线等煤炭运输任务。继续保持稳步发展态势，通过加强管理，精心组织，科学安排，全年完成运输量8813.7万吨，完成货物周转量185.05亿吨公里，运输综合收入46218万元，实现安全运输4866天。

2.工程运输：2010年中铁三局集团有限公司使用路用车984辆，满足了京沪高铁、广珠城际、哈大客专、临策线、海南东环线、两伊线、宜万线、朔准铁路等8条重点工程项目的铺架需要。

3.桥梁运输：2010年为中铁三局播明、涉县、新郑桥梁厂申请使用循环运梁专列4列/192辆。满足了桥梁厂循环运梁需要。

【云南省牛栏江至滇池补水工程大公山隧洞施工1标】 中铁五局承建。牛栏江至滇池补水工程是一项水资源综合利用工程，是滇中调水的近期重点工程。工程由德泽水库水源枢纽工程、德泽干河提水泵站工程及德泽干河提水泵站至昆明（盘龙江）的输水线路工程组成。输水线路自干河泵站干河隧洞进口至昆明大公山隧洞出口，总长115.72公里（含龙泉渠道974.0米），其中隧洞9条、总长103.65公里，单洞长度最长为大公山隧洞，长36.137公里。工程建设总工期为45个月。本标段包括大公山隧洞1+682～13+269段洞身（全长11618.972米）及大公山1号支洞、2号支洞、3号支洞，8号支洞。大公山隧洞本标段位于寻甸县境内嵩（明）待（补）高速公路右侧，起点在寻甸县城以北三眼井村附近，高程1952.379米，终点位于花菁哨村附近，高程1946.586米，隧洞内断面采用标准马蹄形断面，底拱半径为4.0米，侧底拱半径为6.0米，顶拱半径为2.0米，开挖断面约4.8米×5.4米（宽×高）。本标段共设四个施工支洞，均为城门洞形断面，其中2号支洞已于2008年12月底开工，并计划于2009年4月30日完工后交本合同工程使用，2号施工支洞后期需改造为永久检修洞。工程于2009年7月13日开工，计划2012年11月30日竣工。2010年完成建安产值2399.88万元，隧道2878.67成洞米。

【云南省牛栏江-滇池补水工程输水线施工06标】 中铁五局承建。本标段范围为大公山隧洞13+269～25+006，工程位于寻甸和嵩明县境内嵩（明）待（补）高速公路右侧，包括输水线路大公山隧洞13+269～25+006段洞身及大公山4号支洞、5号支洞、6号支洞、7号支洞和10号支洞五条施工支洞。其中本合同范围输水隧洞长11802.462米，起点高程1946.641米，止点高程1940.772米，隧洞内断面采用标准马蹄形断面，底拱半径为4.0米，侧底拱半径为6.0米，顶拱半径为2.0米，开挖断面约4.8米×5.4米（宽×高）。工程于2009年10月10日开工，计划2012年11月30日竣工。

2010年完成建安产值2884.4099万元、隧道1401.962成洞米。

【卡杨水电站项目】 中铁六局承建。本标段工程范围为桩号K72+100～K80+860，全长8.76公里。隧道共3座，分别为立尔隧道（长570米）、无龙沟隧道（长533米），喇嘛寺沟隧道（长1037米），隧道工程地质条件较差，围岩大部分为Ⅳ级和Ⅴ级围岩。桥梁共2座，分别为立尔桥（4×35米预应力混凝土简支变连续T梁桥）、喇嘛寺沟大桥（66米+120米+66米预应力混凝土连续刚构桥），2座桥梁墩身都很高，最高的喇嘛寺沟大桥墩身达到83米，施工难度较大、风险高。路基工程长约6.2公里，土石方开挖共计约45万立方米。

卡杨项目暂定合同价为27170万元（含暂定金2000万元）。

【翠亨车站施工】 中铁八局承建。中山制梁场承建广珠城际翠亨车站建设。翠亨站设计共二层，第一层为站房，站房屋顶为钢桁架，站房内为钢筋混凝土框架结构；第二层为站台，为钢结构无柱雨棚结构，侧站134.4米，主站为97.8米。站房总建筑面积2941.6平方米；站台建筑高度10.2米，雨棚最高点高度19.47米，站台无柱雨棚建筑面积7628平方米；站房钢桁架与无柱雨棚钢结构总重约730吨。梁场承建车站的以下几部分：钢筋混凝土结构工程、站房钢桁架与无柱雨棚钢结构工程、通风空调工程、给排水及消防安装工程、站房与站台装修工程、照明工程和标识系统等。翠亨站无柱雨棚钢结构加工于2010年9月开始，至2010年11月完成；翠亨站剩余工程计划于2011年3月开始，至2011年12月底完成。

【瓜州干河口风电场】 中铁八局承建。该项目于2009年5月8日开工，2010年11月30日完工待设备安装调式后交验，合同价为5007万元。

【长河坝水电站】 中铁八局承建。长河坝水电站项目部承担的长河坝水电站响水沟大桥、大渡河大桥及枫林沟大桥工程。其工程主要包括：响水沟大桥（一孔净跨径为133米中承式钢管混凝土拱桥，桥梁全长为154.0米）、大渡河特大桥（93.5米+210米+93.5米三跨一联的预应力砼连续刚构桥，桥梁全长411.4米，桥高210米）、枫林沟大桥（48+80+48米三跨一联预应力砼连续刚构桥，桥全长182米，桥高60米），以及边坡防护工程。工程于2011年1月9日正式开工，总工期22个月。其中响水沟大桥22个月，大渡河大桥14个月，枫林沟大桥19个月，均以监理工程师下发的开工令为准。主要工程量包括：浮渣清理20000立方米，锚索50束，边坡喷锚2534平方米，边坡柔性防护网610平方米；枫林沟大桥钻孔桩480米，承台墩台砼2754.9立方米，C50预应力箱梁砼2046.24立方米；大渡河大桥挖孔桩270米，墩台身砼7920.16立方米，C60预应力箱梁砼8576.7立方米；响水沟大桥挖孔桩90米，下部结构砼7176立方米，上部结构砼1223立方米。工程总造价10639万元。

【宾川鸡足山索道】 中铁八局承建。该项目全长1.2公里，合同工期为2010年8月2日～2010年12月31日，合同价为1440万元。实际开工时间是2010年8月1日。年内已完成索道600米，完成投资5520万元。

【四川木里河俄公堡水电站引水隧洞】 中铁八局承建。木里河俄公堡水电站引水系统工程C4-1标工程位于四川省木里县境内的木里河上，该隧道为引水隧道，其主要为俄公堡水电站发电而建，里程范围：引0+050～引4+350，全长4.3公里，为圆形有压隧洞。标段起点里程标高为：2297.368米，标段终点里程标高为2290.801米，纵向流水面坡度为-1.65‰。引用流量191.1平方米/秒，混凝土衬砌洞段成洞洞径8.00米，喷锚支护洞段成洞洞径8.30米。分别于里程1+470和3+250位置与1号支洞和2号支洞相交。其中1号支洞长316.65米，2号支洞长777米。主要工程数量：1号支洞长316.85米；2号支洞长777米，主洞长4300米。工期2008年12月15日～2012年3月31日，工程投资1.14亿元。2010年完成投资3105万元，2号支洞完成掘进支护362米，主洞完成掘进及支护2174米。

海外工程

【股份公司海外工程情况】 2010年国际业务完成情况分析，见表5-2、5-3。

表5-2 2010年中国中铁完成境外业务营业额按行业分类统计构成表

分项／类别	铁路	公路	市政	房建	水电	港码	机场	城轨	劳务	贸易	境外办厂	其他
金额	139377	87554	8885	40455	3825	1342	5504	828	2658	11558	1816	12054
占比例	44.13%	27.72%	2.81%	12.81%	1.21%	0.42%	1.74%	0.26%	0.84%	3.66%	0.57%	3.82%

注：总营业额315856 万美元

表5-3 2010年中国中铁完成境外业务营业额（按区域划分）

分项／类别	亚洲	非洲	拉美	欧洲	大洋洲
金额	26413	141897	133403	11479	2664
占比例	8.36%	44.92%	42.24%	0.84%	3.63%

注：总营业额315856 万美元。

【委内瑞拉北部平原铁路项目】 委内瑞拉Tinaco-Anaco铁路（简称迪阿铁路）为委内瑞拉国家规划铁路网中北部平原铁路（全长1115公里）中的一段，线路西起科赫德斯（Cojedes）州的迪那科（tinaco），东至安索阿特吉（Anzoátegui）州的阿那科（Anaco），优化后的线路正线全长462.3公里，路基开挖土石方4750万断面方，路基填筑土石方2512断面方，铁路桥梁13.23公里，375孔钢混结合梁，涵洞1005座，上跨立交公路桥8万平方米。

2009年7月30日中国中铁股份公司与委内瑞拉公共工程和住房部在委内瑞拉首都加拉加斯签订了迪阿铁路工程合同。该合同为集设计、施工、设备采购为一体的EPC合同，总造价75亿美元，合同工期40个月。迪阿铁路设客运站10个，货运站3个。

2010年项目设计完成投资1.75亿美元，累计完成投资1.94亿美元。设计主要完成全线的测绘工作、地勘工作，完成全线包括线路、路基、桥涵、站场（部分）专业的站前详细设计及站后各专业详细设计，全线（包括四段改线段）正线的第二阶段环评（AOT）获得环境部审批通过，正线的第三阶段环评（AARN）报告完成，获得环境部许可授权395.2公里。

2010年完成建安产值12.14亿美元，累计完成建安产值12.17亿美元。

完成路基开挖土石方1788万立方米，路基填筑土石方821万立方米，路基成型109公里；完成桥梁钻孔桩1092根，总计22601延长米，完成承台7个；涵洞完成折合成涵7595横延米，291座涵洞主体完成；排水工程完成混凝土浇注5.4万立方米。

【中海外境外项目】 1.肯尼亚NYERI乡村公路项目。该项目是与肯尼亚乡村公路局签订的公路项目，于2010年1月正式开工，合同额2300万美元。

2.南部苏丹援建小学项目。该项目是与中国商务部国际经济合作事务部签订的援外项目，于2010年7月正式开工，合同额744万人民币。

3、南部苏丹世界银行朱巴分行房建项目。该项目是与世界银行签订的房建项目，于2010年4月正式签订合同，合同额289万美元。

4.博茨瓦纳塞洛维BHC266套住宅项目。该项目是与博茨瓦纳住房公司BHC签订的房建项目，于2010年1月正式开工，合同额1598万美元。

5.南非卡拉盖迪锰矿土方项目。该项目是与卡拉盖迪锰矿(控股)有限公司签订的土方项目，于2010年4月正式签订合同，合同额6400万美元。

6.巴布亚新几内亚东新不列颠省沿海公路升级改造项目。该项目是与克克波联合区计划预算编制委员会签订的公路项目，于2010年4月正式签订合同，合同额540万美元。

7.巴布亚新几内亚西高地省Minj镇公路升级改造项目。该项目是与巴布亚新几内亚工程部签订的公路项目，于2010年6月正式签订合同，合同额233万美元。

8.巴布亚新几内亚东新不列颠省Malabunga HS至Gaulim段公路升级改造项目。该项目是与巴布亚新几内亚独立省签订的公路项目，于2010年8月正式签订合同，合同额248万美元。

9.巴布亚新几内亚西高地省Baiyer公路第二标段项目。该项目是与巴布亚新几内亚独立省签订的公路项目，于2010年10月正式签订合同，合同额707万美元。

10.毛里塔尼亚努瓦迪布COMECA加工厂项目。该项目是与COMECA公司签订的房建项目，于2010年8月正式签订合同，合同额117万美元。

11.摩洛哥丹吉尔高速公路边坡治理工程项目。该项目是与摩洛哥国家高速公路公司签订的公路项目，于2010年1月正式签订合同，合同额177万美元。

12.摩洛哥贝尔希德——贝尼马拉高速公路五标段项目。该项目是与摩洛哥国家高速公路公司签订的公路项目，于2010年2月正式签订合同，合同额12089万美元。

13.摩洛哥布里格里格河谷斜拉桥工程项目。该项目是与摩洛哥国家高速公路公司签订的公路项目，于2010年5月正式签订合同，合同额9580万美元。

【中铁国际海外项目】 2010年，中铁国际在建项目40个，合同总额8.79亿美元，年度完成营业额1.87亿美元，分布于10个国家和地区，其中：

香港：

1.临时建筑废物处理设施。合同额1323万美元，工期45个月，已完成111.2%。

2.宝珊道隧道工程施工总包项目。合同额784万美元，工期24个月，已完成120.73%。

3.荃湾排洪隧道EPC项目。合同额4347万美元，工期48个月，已完成39.4%。

4.沙田污水处理厂改扩建项目。合同额1781万美元，工期24个月，已完成84.2%。

5.湾仔绕道工程二期。合同额12987.1万美元，工期80个月，已完成9.62%。

马来西亚：

6.沙巴铁路更新改造项目。合同额3393万美元，工期39个月，已完成97%。

印度尼西亚：

7.印尼南苏门答腊煤炭运输项目初步设计分包合同。合同额1600万美元，工期12个月，已完成71%。

澳大利亚：

8.FMG南HEDLAND房建项目。合同额838万美元，工期9个月，已完成100%。

9.美丽池港HEDLAND房建工程。合同额376万美元，工期9个月，已完成100%。

10.Quigley 6套房屋项目。合同额58万美元，工期8个月，已完成100%。

安哥拉：

11.安铁项目(一、二期)。合同额11611万美元，工期36个月，已完成96.7%。

12.爱顿花园项目ridge房建项目17、18合同。合同额4426万美元，工期16个月，已完成62%。

13.万博市BULA学校修复项目。合同额580万美元，工期18个月，已完成55.3%。

14.万博市Dangereux学校修复项目。合同额689万美元，工期18个月，已完成74.3%。

15.Biula－muconda公路重建项目。合同额12454万美元，工期24个月，已完成25.1%。

16.KITULU 217房建项目。合同额1296万美元，工期24个月，已完成117%。

17.奎托市Casa Protocolar-Sp房屋建设项目。合同额468万美元，工期12个月，已完成122.4%。

18.安哥拉凹固宫固洁具厂厂房基础。合同额237.2万美元，工期6个月，已完成41.3%。

19.马兰热渔业部三个别墅。合同额340万美元，工期12个月，已完成47%。

尼日利亚：

20. KOGI 州体育场项目。合同额 1574 万美元，工期 18 个月，已完成 99.75%。

21. KOGI 州 EJULE-ALLOMA 公路项目。合同额 1753 万美元，工期 18 个月，已完成 78%。

22. KOGI 州 EGUME 公路项目。合同额 1161 万美元，工期 15 个月，已完成 91.4%。

23. KANO 州三座公路桥项目。合同额 570 万美元，工期 12 个月，已完成 94.3%。

24. 卡诺州 ZARIA 公路项目。合同额 611 万美元，工期 12 个月，已完成 96.7%。

25. 卡诺州会议中心项目。合同额 657 万美元，工期 12 个月，已完成 48.5%。

26. KEIBI 州 JEGA 公路项目。合同额 393 万美元，工期 12 个月，已完成 26.5%。

27. GOMBE 州 AWAK 桥梁项目。合同额 427 万美元，工期 3 个月，已完成 100%。

28. KOGI 州 ISANLU 公路项目。合同额 192 万美元，工期 3 个月，已完成 100%。

29. KOGI 州政府办公楼二期工程。合同额 753 万美元，工期 15 个月，已完成 37%。

30. OMOTOSHO 二期电站项目基础工程项目。合同额 3663 万美元，工期 11 个月，已完成 63%。

31. KOGI 州 AJEGWU-IDAH 公路项目。合同额 1050 万美元，工期 15 个月，已完成 11%。

32. KANO 州 JANGUZA-KAREYE 公路项目。合同额 2283 万美元，工期 24 个月，已完成 1.5%。

33. KOGI 州 EJULE-AJAOKUTA 公路改建项目。合同额 407 万美元，工期 8 个月，已完成 7.6%。

柬埔寨：

34. 八号公路项目。合同额 1398 万美元，工期 32 个月，已完成 99.4%。

摩洛哥：

35. 吨 AZA 桥梁建设项目。合同额 2382 万美元，工期 26 个月，已完成 99.2%。

36. 姆鲁亚高架桥项目。合同额 2352 万美元，工期 26 个月，已完成 92.4%。

37. tanger- Kenitra 高速铁路线软地基处理项目。合同额 4322 万美元，工期 11 个月，已完成 21%。

委内瑞拉：

38. 农业灌溉项目 II 期项目。合同额 1400 万美元，工期 12 个月，已完成 69%。

39. 新中心卡港电厂中方营地项目。合同额 600 万美元，工期 10 个月，已完成 99.3%。

南非：

40. Eagle Canyon Lakeside16 栋别墅。合同额 324 万美元，工期 8 个月，已完成 100%。

【文莱 356 套住房项目】 中铁二局承建。文莱 356 套住房项目业主是文莱达鲁萨兰国政府发展部公共工程局（JKR），对外合同主体是 ALISANJAYA 和中铁二局联合体，为固定单价合同，合同金额 3683 万美元，合同生效日期、开工日期为 2010 年 2 月 25 日，工期 2 年。该项目分为 Type-D 型（15 栋 126 套）、Type-E 型（12 栋 106 套）、 Type-F 型（12 栋 106 套）、Type-SD 型（9 栋 18 套），分两期交付。

根据文莱市场的特点和 356 住房项目的实际，国际部对该项目的定位是探索属地化管理模式。项目经理部含厨师共 6 名中方员工，现场的项目经理、测量工程师、计量工程师等，都实行属地化聘用。2010 年，该项目完成营业额 1088 万美元，是年度计划 1000 万美元的 108.8%。

【埃塞俄比亚亚的斯亚贝巴-吉布提铁路铁路勘察设计项目】 中铁二局承建。埃塞俄比亚亚的斯亚贝巴－吉布提铁路 Sebeta-Adama-Mieso 段勘察设计项目合同金额 6254 万美元，合同生效日期为 2010 年 8 月 6 日，工期为 2010 年 9 月至 2012 年 3 月。该项目业主是埃塞俄比亚铁路总公司，对外合同主体是中铁二局和中铁二院联合体。作为联合体的主导方，项目经理部充分发挥商务、合同、财税、清关等经验优势，与中铁二院的技术优势互补，逐步融洽合作关系，建立良好的内部合作环境。

自 2010 年 9 月 1 日开工以来，317 公里的铁路勘察设计项目进展顺利，2010 年共完成施工产值 120 万美元。前期资料收集完成，线路整体方案已定，现场勘察工作全线铺开。

【越南容橘造船厂 I 期工程项目】 中铁二局承建。越南容橘造船厂 I 期工程是 EPC 卖方信贷项目，合同金额 9980 万美元，合同生效日期为 2006 年 8 月 18 日。项目业主是越南造船工业总公司，对外合同主体是 YMC-TRANSTECH 联合体，实施主体是中铁二局。

2010 年 5 月 5 日，350 吨龙门吊取得初验证书，标志着越南容橘造船厂 I 期工程项目全面竣工。除 350 吨龙门吊以外，全厂其余各车间、厂房和设备都已经取得终验证书。证明代理已经签署整个项目的安全性和适用性证书。2010 年 9 月，与业主的各个部门全面清理、审核并签字确认完工工程数量。

【中铁四局尼泊尔建设项目】 2010 年，中铁四局尼泊尔分公司共有在建项目 7 个，分别为撒克木公寓楼项目、维卡斯小区项目、那可撒公寓楼项目、撒尼帕公寓楼项目、康姆博克瑞公寓楼项目、普尔乔克公寓楼项目、喜马银行办公楼项目。其中，撒克木公寓楼项目已于 2010 年 7 月 20 日竣工并交付业主，撒尼帕公寓楼项目和康姆博克瑞公寓楼项目、喜玛银行办公楼项目已经进入收尾阶段，普尔乔克公寓楼项目和那可撒公寓楼项目预计在 2011 年 4 月份结束合同内工作。2010 年，尼泊尔公司共完成产值 5615 万元人民币。

【毛里塔尼亚政府办公楼项目】 中铁四局承建。工程造价 1.02 亿元人民币。 2010 年 7 月，毛里塔尼亚项目实现竣工；8 月，通过国家商务部组织的验收。9 月，项目移交给毛里塔尼亚政府。年内项目部留守 2 名主要管理人员及几名维修工人，主要开展经营工作及做好项目后期维保工作。2010 年，毛里塔尼亚政府办公楼项目共完成产值 3500 万元人民币。

【阿曼项目】 中铁四局承建。工程造价 0.382 亿元人民币。阿曼项目于 2009 年 12 月份中标，由于受阿曼国对新建使馆项目各种严格审批制度的限制，使馆工程难以按原计划顺利开工。经研究，中铁四局公司选派两名优秀员工前往阿曼国配合业主开展各项准备工作，取得了实质性进展。年内，阿曼项目开工前的准备工作已临近尾声，分公司注册事宜已完成。

【埃塞俄比亚公路项目】 中铁四局承建。工程造价约为 3.8224 亿元人民币。埃塞公路项目于 2010 年 11 月份正式中标，从 2010 年 10 月份起，中铁四局成立埃塞公路项目筹备组，开始着手埃塞公路项目实施前的各项筹备工作。2010 年，项目筹备组主要开展了以下工作：一是对项目资料进行系统管理，以之作为各项工作开展的基本依据。二是组织精干人员编制“项目实施进度计划”。三是安排人员赴埃塞进行现场考察和开展施工准备工作。四是为项目配备主要管理人员。五是初步建立项目各项规章管理制度。

【塔吉克斯坦公路第三标项目】 中铁五局承建。塔吉克斯坦公路，起点杜尚别，终点塔吉克斯坦、吉尔吉斯斯坦东部边境。第三标段起讫里程为：K248+000～K337+000，全长 89 公里.属于既有公路改造工程，包括道路改线、改坡、拓宽的土石方工程、挡护工程、桥梁维修、涵洞改（新）建工程、路面工程和道路交通设施工程。2008 年 9 月 24 日开工，2011 年 5 月 23 日完工。2010 年完成施工产值 10615 万元人民币。

【加纳恩沙瓦姆-阿坡德瓦公路工程改造项目(N-A)】 中铁五局承建。加纳 NA 项目是加纳首都阿克拉至第二大城市库玛西公路主干道的一部分，始于援建项目终点,终点到 Akuffokrom，绕开恩沙瓦姆集镇。本施工合同段其里程桩为 CH23+800～CH33+100,道路全长 9.3 公里,采用双向四车道,道路结构层从下往上分别为:20 厘米水泥处理底基层+20 厘米级配碎石基层+8 厘米沥青碎石层+撒透层和粘层+6 厘米沥青下面层+6 厘米沥青下面层。合同额 6256.8 万美元。合同开工时间 2008 年 6 月 19 日，合同竣工时间 2010 年 6 月 18 日，实际开工时间 2008 年 9 月 20 日。建设单位：加纳政府公路局；设计单位：加纳 COMPTRAN 工程咨询公司；监理单位：加纳 COMPTRAN 工程咨询公司。2010 年完成 12415 万元人民币。

【加纳阿基摩塔-欧芬卡公路工程项目(A-O)】 中铁五局承建。项目位于加纳共和国大阿卡拉地区，是连接加纳首都 ACCRA 和第二城市 KUMASI 主干道的一部分，起点为 ACHIMOTA,终点 OFANKOR,为双向 8 车道，全长 5.7 公里，合同额 4380 万美元。主要工程数量：换填片石 10 万立方米,路基填方 32 万立方米，砂砾底基层 4.82 万立方米，级配碎石基层 3.65 万立方米,沥青面层 3.99 万立方米,立交桥 3 座，人行天桥 6 座。预制梁 848 片，钻孔桩 672 米，挡墙为 15 公里；圆管涵为 1800 米以上。合同总额 4380 万美元（3.46 亿人民币），合同开工时间 2006 年 10 月 9 日，合同竣工时间 2010 年 12 月 31 日，实际开工时间 2006 年 11 月 16 日。建设单位：加纳政府公路局；设计单位：加纳政府公路局；监理单位：加纳政府公路局。2010 年完成产值 18770 万元人民币。

【加纳 N1 公路项目】 中铁五局承建。项目地点：加纳阿克拉。该标段包括修建一条双向六车道公路（每车道 3.5 米）（不含辅道），从 km0+475～ km6+000，（从 tetteh Quarshie 立交桥到 Apenkwa 立交桥，在 Apenkwa 立交桥以西），合同价 4216.8 万美元。合同工期 2009 年 1 月 1 日～2011 年 6 月 30 日，实际开工时间 2009 年 3 月 27 日。建设单位：加纳千年发展局；监理单位：ICT-BANS 联营体。2010 年完成产值 13170 万元人民币。

【荣市至胡志明市铁路通信信号现代化项目】 中铁六局承建。该项目正在施工过程中，2010 年完成样板区段的房建工程和线路引入工程。由于物价和工费发生变化，双方协商对可研造价进行调整，可研调整报告于 2010 年 10 月得到越南交通部批准，可研调整报告的 EPC 造价比原可研报告上调 2.29 亿元人民币，业主将通过缩小一期通信信号项目内容和增加配套资金完成房建等配套工程来解决资金短缺问题，同时也保证了不超过使用本期中国政府优惠贷款总额的原则。10 月 20 日越南铁路总公司召开预算编制方案会，在预算编制问题上确定了基本原则，中铁六局根据所调查的越南设备物资价格和经过协商的中国进口物资设备价格对原预算进行了修改，上报越南铁路总公司审批，待预算审批后将全面展开该项目的施工。

【越南河内市轻轨项目】 中铁六局承建。自 2009 年 5 月 22 日与越南铁路局正式签署 EPC 总承包合同后，2010 年 9 月双方正式签署了合同专用条款和通用条款。

根据合同规定，中铁六局于 2010 年 12 月收到工程预付款，款额为 1.8 亿元人民币和等值 2745 万美元的人民币，该款项已划入中铁六局集团在中国进出口银行的人民币账号，完成全部预付款的提款工作。

由于越南河内在 2010 年 10 月份举行建都 1000 周年庆典，要求提前完成市内栋多湖的桥梁建设，经过和设计单位的共同努力，提前完成此区段的详勘、技术设计和施工图设计，并于 2010 年 4 月 17 日开始钻孔桩施工，至 9 月底完成湖区 7 个桥墩施工及 BY3～BY6 共计 16 根桩基施工。

项目全线技术设计图纸已经完成，于 2010 年 11 月正式交付业主进行审核，并开始编制技术设计总预算的工作。同时中铁六局积极督促业主办理施工土地的交付手续，对黄球至好南路大约 1.3 公里的土地进行交接，并要求业主尽快交付车辆段的剩余土地 11.7 公顷和阮寨路 3 公里建设用地，以保证施工。

【卢当德里 4.5 公里道路项目】 中铁八局承建。道路全长 4.5 公里，施工内容包括包括路基、沥青路面、排水沟、桥涵、人行道和照明工程等。工期 18 个月， 2009 年 1 月 1 日～2010 年 6 月 30 日，根据业主付款进度施工，于 2010 年 12 月 31 日完工。合同总价 2100 万美元，2010 年累计完成产值 404 万美元，完成进度比例 100%。

【旅游大道沿河路段 6.8 公里道路项目】 中铁八局承建。道路全长 6.8 公里，施工内容包括包括路基、沥青路面、排水沟、桥涵、人行道和照明工程等，工期 18 个月， 2009 年 1 月 1 日～2010 年 6 月 30 日，根据业主付款进度施工，于 2010 年 12 月 31 日完工。合同价 2436 万美元，2010 年完成产值 1183 万美元，完成进度比例 100%。

【金沙萨市政道路整修工程】 中铁八局承建。道路全长 40.28 公里，合同总价 1609 万美元。2010 年完成产值 231.84 万美元，完成进度比例 41.4%。

【金沙萨市凯旋大道市政道路工程】 中铁八局承建。道路全长 3.665 公里，施工内容包括路基、沥青路面、排水沟、桥涵、人行道和照明工程等。合同额 2923 万美元，工期 18 个月， 2010 年 1 月 1 日～2011 年 6 月 30 日，其中 K1+500～K3+665 段，按刚方要求于 2010 年 6 月 30 日前交付，满足刚方建国 50 周年“6·30”阅兵需求。合同总价 2923 万美元，2010 年完成产值 2262.45 万美元，完成进度比例 77.4%。

【金沙萨市 630 大道 2 标市政道路工程】 中铁八局承建。道路长 2.5 公里，宽 15 米，主要施工内容包括场地清理、给排水工程、桥涵工程、路基、路面、交通和照明工程等，工程造价 1934 万美元。工期 18 个月，2011 年 1 月 1 日～2012 年 6 月 30 日。合同总价 1934 万美元，2010 年完成产值 0 万美元，完成进度比例 0%。

【金沙萨市木西路 1.87 公里道路项目】 中铁八局承建。道路长 1.85 公里，宽 9 米，主要施工内容包括场地清理、排水工程、桥涵工程和路基、路面等，合同造价 413 万美元，预计 2011 年 3 月 31 日完工。2010 年完成产值 219 万美元，完成进度比例 53%。

【阿尔及利亚 67 公里铁路复线工程】 中铁九局承建，位于阿尔及利亚首都阿尔及尔至第二大城市澳兰之间，全长 67 公里，起点在阿尔及尔以西 120 公里的黑密斯站，终点至威德福德站。工程自 2007 年 2 月开工，预计 2011 年 2 月 15 日完工，工程总造价为 1494 万美元。主要工程数量：2 座上跨铁路桥、80 座排水小涵洞接长、19.2 公里车站围挡以及车站站舍改造、线路两侧排水沟以及路网连接工程等。建设单位为阿尔及利亚国家铁路公司，设计单位为 SETI-RAIL 公司。2010 年完成产值 116.39 万美元，开累完成产值 695.02 万美元，完成总价的 46.5%。

【肯尼亚阿如沙－那门嘎-阿色河道路发展项目阿色河-那门嘎公路（A104）工程】 中铁十局承建。项目名称：ATHI RIVER—NAMANGA ROAD，业主单位：肯尼亚道路与公共工程部。工期：自开工之日起 36 个月。资金来源：非洲开发银行贷款。

工程位置与内容：本工程位于肯尼亚东部省的麦卡考思地区和裂谷省的卡佳都地区，道路起点为内罗毕东南 25 公里的阿色河镇。合同内容包括阿西里佛-纳曼加间的公路（A104）重建加宽成单向两车道沥青路面的道路至距内罗毕至蒙巴萨公路（A109）立交 600 米处和阿西里佛-纳曼加间的公路（A104）位于阿色河处，工程总长度 136 公里。除了主道路外，合同内容还包括总计 5.5 公里的服务车道，5.5 米宽和 1 米的路肩，进出卡佳都镇的环线道路，总计 2 公里的现存沥青道路路面及排水工程的重建，清单中提供主道路及附加工程的内容。2010 年底已累计完成施工产值 7022 万美元。

【肯尼亚基苏木机场改造工程】 中铁十局承建。业主单位：肯尼亚机场管理局（Kenya Airports Authority）

工期：22 个月，开工日期 2008 年 9 月 10 日，竣工日期 2010 年 7 月 9 日。工程总造价：29 亿肯先令，按合同签定日的汇率折算为 4700 万美元，包含税款总计折算为 5783 万美元。工程位置与内容：本工程地点位于肯尼亚 KISUMU，维多利亚湖畔，工程主要包括三部分，一部分为房屋建筑工程（Building works），一部分为室外飞机跑道、停机坪等工程（Civil woks），一部分为导航灯光系统。2010 年底已累计完成施工产值 3354 万美元。

【援乌干达医院项目】 中铁十局承建。援乌干达医院项目是中国政府援建乌干达政府的一所医院，定位为区级综合医院。

业主单位：乌干达政府，工期（包括动员） 22 个 月， 2010 年 1 月～2011 年 10 月。项目投资 4400 万元人民币。工程位置与内容：本工程为商务部的援建项目，由中铁十局集团建筑工程有限公司与中国成套设备进出口（集团）总公司合作，以“中成套”的名义投标，投标报价为 4400 万元人民币。

工程建设场址位于乌干达首都坎帕拉市市区西部的 Nakawa Division, Naguru 1 Parish, Block 5, Plots 7-15，距市中心约 3.5 公里。项目建设总用地面积 17993 平方米，建设规模 5772.8 平方米，建筑占地面积 3161 平方米，地面机动车停车位 35 辆，床位数为 100 床（含急诊科病床）。2010 年底，累计完成施工产值 2200 万元人民币。

【伊朗德黑兰北部高速公路一期工程】 中铁隧道承建。伊朗首都德黑兰和北部里海旅游城市查卢斯，全长约 120 公里。一期工程路线全长 31.481 公里；业主为德黑兰北部高速公路公司；资金来源为 85%中国政府提供买方信贷，15% 伊朗业主自筹；合同金额 4 亿美元。该项目于 2007 年 10 月 5 日开工，预计 2012 年 4 月 20 日完工，合计 54 个月，现剩余工期 17 个月。正按计划施工。

【波兰 A2 高速公路项目】 中铁隧道承建。波兰 A2 高速公路设计施工总承包项目位于罗兹（Lodz）市与华沙（Warsaw）市之间。总长约 91km，设计时速 120km/h 的 A 级路，共分 5 个标段。以中国海外工程有限公司为牵头方，由中铁隧道集团有限公司、上海建工（集团）总公司、波兰 DECOMA 公司组成的联营体中标两个标段，即 A 标（km365+261.42～394+500）和 C 标（km411+465.8～431+500）。主要工程内容包括高速公路、连接线、旅行服务区、建设收费站、对有冲突的道路进行改建、建造桥梁、技术服务通道、应急道及应急道的出入口、高速公路排水系统、环境保护设施、高速公路沿线附属建筑所需要的基础设施、照明和通讯设备和交通管理系统、街道元素和相关的标志、道路交通安全设施。合同额：A 标段合同总价 754578186 兹罗提，约折 26165 万美元；C 标段合同总价 534548523 兹罗提，约折 18535 万美元。两个标段合同额共约 4.48 亿美元。工程于 2009 年 10 月 5 日开工。

【乌兹别克斯坦土库马其——安格让段电气化铁路改造工程】 中铁电化局承建。2008 年 4 月 15 日开工，计划于 2010 年 4 月 15 日竣工，实际开工日期为 2009 年 6 月 11 日，实际竣工日期为 2010 年 7 月 31 日，合同额 1.3566 亿元。项目实施单位为集团公司国际工程部，设计单位为中铁电气化局集团天津电气化勘测设计研究院有限公司，施工单位为中铁电气化局集团第二工程公司。

线路概况：该工程起于土库马奇车站，止于安格林车站，为单线电气化改造。线路路基大多属于填方，土壤多为松散沙土夹河卵石。接触网工程架设公里数为：84.4 正线公里。线路技术特点：线路从土库马奇到安格林为由西向东走向，最大坡度达 20‰；路肩很窄，无护坡，小曲线半径线路较多，许多锚段关节设置在小曲线的弯曲处，线路极不平整，高低起伏较大，原列车运行速度低于 80 公里/小时。

工程内容：主要涉及接触网、变电、电力，土房建。其中土房建由当地建筑商分包施工，集团公司和中国技术进出口有限公司双方共同监管质量和验收。通信、信号及远动工程分别为其它单位承包施工。

接触网专业：接触网承导架设为库奇卢克站（不含）到安格林站（含）6 站 6 区间，84.4 正线公里；其中 116 个锚段，3 个分相，3 个分区亭，共计 138.285 条公里。供电线架设为（含塔什南的增加一路供电线）7.136 公里，架空地线架设 77.126 公里，两线一轨电力贯通线（含诺若伊尔到库奇卢区间）架设 199.406 公里，回流电缆埋设 600 米。供电方式为直接供方式，接地采用架空地线集中接地，通过钢轨回流到变电所，每个架空地线锚段长度不大于 400 米；另外在接触网支柱同杆架设两根 27.5 千伏的两线一轨电力贯通线，变压后用于沿线道口，列车超限限界门，红外线轴温检测，及车站照明的供电。变电专业：新建 110/27.5 千伏牵引变电所（兼 10 千伏配电所）3 个，分区所 3 个，开闭所 1 个。电力专业：新建 27.5/0.4 千伏电力变台 8 处，新建 27.5/0.23 千伏电力变台 20 处，新建 10/0.23 千伏电力变台 7 处，新建 10/0.4 千伏电力变台 1 处；完成四个车站照明安装新建，4 个车站照明电源改造；完成 11 个道口照明灯具安装；新建 10/27.5 千伏升压变电站 1 个。

接触网专业特点。接触网采用直接供电方式，接地和回流，沿线采用架空地线锚段集中接地到钢轨，在变电所外由吸上线（直接连钢轨）连接回流线到变电所，架空地线下锚不设拉线，为保证支柱承载力，每个架空地线锚段不超过 400 米，零散支柱采用单独接地，接至钢轨或者大地。由于沿线 10 千伏不设自闭线，故采用和接触网支柱同杆架设 27.5 千伏的双支两线一轨电力贯通线，为沿线和车站提供电源，对锚不设拉线。车站站线采用半补偿链形悬挂结构，跨 3 股道以上支持结构方式为硬横跨。两变电所之间的分区所处于常合状态，通常情况为变电所单边供电。所有关节均为 3 跨关节，分相为 7 跨分相，隔离开关在支柱侧面安装。

变电、电力专业特点：本工程是乌兹别克斯坦铁路供电系统中第一个采用微机继电保护装置和变电所综合自动化系统的工程。乌兹别克斯坦以往的牵引变电所、分区所、开闭所均采用老式电磁继电器，进行继电保护。牵引变电所与 10 千伏配电所合一，主变压器为 110/27.5/10 千伏三绕组变压器，变电所还负责向 10 千伏自闭线供电。主变电压调整采用有载调压装置。乌兹别克斯坦电网系统较落后，目前电网系统与牵引变电所的通信仍采用老式电力载波方式。本工程牵引变电所综合自动化系统与铁路电力调度之间的数据信息交换较国内简单很多，只需要上传遥测、遥信，不需要上传故障报告和滤波波形图。分区所在正常运行状态下处于常闭状态，牵引变电所供电臂供电距离约为 40-50 公里，所内 27.5 千伏侧正常为单边供电。牵引变电所为单主变运行，整个工程有一台主变移动备用。本工程与国内工程最大的区别在于新建 27.5 千伏 两线一轨电力贯通线，两线一轨电力贯通线是乌兹别克铁路使用的电力贯通线，采用两线一轨方式供电，这种电力线路常见于前苏联国家。

人员机具投入情况。项目管理人员：国际工程部项目管理常驻现场人员最多达到 13 人。接触网专业：施工平常投入国内员工 40 人，雇用当地工人 20 人，送工车辆 4 辆，货车 2 辆，放线车和作业车各 1 辆，吊车 1 辆，小叉车 1 辆，指挥车 1 辆；抢工高峰期当地雇工达 100 人，送工车 8 辆，货车 5 辆，吊车 2 辆，叉车 2 辆。自购了部分车辆，其余大部分为当地租用。变电电力专业：施工平常投入国内员工 20 人，当地长期雇工 10 人，送工车 3 辆，货车 2 辆，吊车一辆；抢工高峰期当地雇工达到 30 人。自购了部分车辆，其余大部分为当地租用。

施工重点难点。该线 3 座下承钢桥，由于净空过低无法保证原设计跨中最短吊弦长度，施工中采用在低净空铁桥横弦梁上增加悬挂点，保证跨中最低吊弦长度符合要求。5 座公路跨铁路立交桥，由于净空过低原设计无法保证 27.5 千伏两线一轨电力贯通线安全距离通过，施工中采用在桥外下锚，桥下水平通过。为保证承力索下锚张力达到要求，车站站线半补偿链形悬挂结构，采用先补偿下锚，延伸期过后再改为硬锚。由于承租的放线车陈旧、操作困难，放线架无张力控制，最后采用大方木加链条葫芦松紧来控制张力，避免导线架设时造成硬弯。由于在国外施工，材料进关后，海关检查繁琐，延误时间。通过大量工作，海关同意直接到工地料场核对，节约了施工时间。抢工中针对大量雇用当地工人，租用当地车辆，点多线长，作业面分散，语言交流困难等问题，进行上岗前安全技术培训，施工时每位中国员工代领和监护 2-3 名当地员工，保证施工安全、有序进行。

针对施工安装方式存在的差异，与乌兹别克斯坦铁路技术人员多次协商，部分按照中国的方式安装，其余变电所软母线施工、沿线电力变台地网敷设、并联电容补偿装置网栅安装等，则按乌方的方案进行施工或返工。

完成的工作量：2009 年接触网专业完成除新阿卡恰站和库奇卢克以托依捷帕接火锚段以外所有工作量；电力专业完成除新阿卡恰站的电力工程和沿线的接地网埋设以外所有工作量；变电专业完成除 135 变电所试验工作以外的所有工作量。2010 年 4 月 15 日接触网专业完成新阿卡恰站和库奇卢克以托依捷帕接火锚段所有工作；电力专业完新阿卡恰站的电力工程和沿线变台的接地网埋设所有工作；变电完成 135 变电所的试验工作。本工程于 2010 年 8 月 1 日进入质保期。全部工程量已经完成。完成产值情况：2008 年完成产值 308.2652 万元。 2009 年完成产值 9685.089 万元。2010 年完成产值 798.2147 万元。

【伊朗德黑兰地铁 5 号线工程】 中铁电化局承建。于 1997 年开工，合同额 4400 万美元。北方公司为总承包商，电化局为分包商，设计单位为电化局通号院和电化院。该项目是集团公司集设计、供货、安装、调试、培训和技术服务于一体的大型交钥匙工程，包括 230 千伏输电线，车站电力，牵引供电，通信，信号，控制系统和机车车辆检修设备。全长 43.7 正线公里，起自德黑兰地铁 2 号线的终点站阿扎地（Azadi）站（E2）站，经过西部郊区重镇卡拉季等 11 个站（含新增加的 1 个车站），终点为高乐沙车站，并向西延伸到梅沙检修基地及停车场。

全线按双线双向运行设计，最大运行速度 130 公里，最小列车间隔 5 分钟。牵引供电系统采用 AT 加直供的方式，63 兆伏安斯科特牵引变压器，AT 变电器的通道保护和网络化技术，SCADA 和新型智能数据库；接触网工程采用全线钢支柱，银铜电车线，铜承力索和青铜线整体吊弦；通信工程采用光数字传输和程控交换系统，调度电话和内部电话系统，无限列调和维护系统，闭路电视监控系统，集中控制时钟系统，客运自动广播系统；信号工程采用行车，调度集中系统 CTC，列车超速自动防护系统 ATP，车站电气集中联锁系统 RCI 和备用电源等。

该工程根据业主要求，分多期开通。其中一期工程（阿扎地-卡拉季）于 1999 年 2 月开通运营，二期工程（卡拉季——高乐沙）于 2005 年 3 月开通运营，三四期工程（高乐沙-梅沙）于 2010 年 8 月开通，在本期工程中还增加 CTC 控制中心升级，通信传输系统改造以及新增一个默罕默德（mohammad Shahr）车站等工程。

【伊朗地铁北延线工程】 中铁电化局承建。于 2007 年 1 月与中信国际合作公司签订分包合同，电化局承揽该项目中盖塔瑞耶（Gheytariyeh）高压变电所的施工、安装、调试、交付运营工作。设计单位为中机中电设计研究院。合同总价 34.5 万美元，工期为土建完成后 6 个月，该所于 2009 年底开通送电并投入使用。

【伊朗地铁 4 号线工程】 中铁电化局承建。2008 年 5 月与北方公司签订分包合同，承担该项目中的 H4 高压变电所的供货、安装、试验、技术培训及服务等工作，设计单位为中机中电设计研究院。合同额为 390.5 万欧元，2009 年 1 月 30 日开工， 2011 年 1 月开通并投入使用。

【伊朗地铁供货项目即 102 项车间设备供货项目】 中铁电化局承建。2005 年 4 月 5 日，电化局和北方国际合作股份有限公司签订梅莎检修基地扩建设备采购及安装合同，业主为伊朗德黑兰车辆制造公司（TWM）。合同共 102 项车间设备，包括设计、供货、安装、调试、试运行。合同价格为 418 万美元，包括设备及备件本身的价格及伊方人员的培训费。截至 2011 年 6 月，共交付 87 项设备。目前的主要工作是消除缺陷及剩余设备的移交。因土建配合滞后，部分设备安装前已老化，其中一些设备本身存在质量问题，加之出厂资料不全、缺少厂家现场服务、伊方监理人员流动大等诸多因素，增加了移交、验收工作难度。

【阿尔及利亚巴哈吉四万人体育场】 中铁建工承建。本工程位于阿尔及利亚的阿尔及尔省 BARAKI（巴哈吉）县，是一座 40000 人座的足球体育场。场地平面近似椭圆形，长轴长约 230 米，短轴长约 209.6 米。整个体育场采用下沉式设计，结构由碗状钢筋混凝土看台与钢结构罩棚构成，看台下结构在南侧部分为地上 3 层，在东、西、北侧部分为地上 2 层。南侧有 3 个车道由地面经地下 2 层入口进入场内，东、西、北侧有 25 个观众入口从地上 1 层进入四周看台区。从场内地面开始计算，看台高度则为 24.00 米～32.33 米，钢结构罩棚的最大高度为 52.18 米。

该工程由阿尔及尔省青年体育与旅游局米 OKHTARI.H 建设，法国 ATSP 公司 、法国 DVVD 公司 、法国 GLI 公司、中铁工程设计院有限公司设计，法国 ATSP 公司 、法国 DVVD 公司 、 法国 GLI 公司监理。合同额 102255 万元，合同工期 2009 年 8 月～2010 年 12 月。2010 年完成产值 9367 万元，年底进行承台施工。

工业篇

生产组织经营

【工业生产概况】 中国中铁股份有限公司由总部工业设备部对全公司施工机械设备和工业生产进行归口管理。“十一五”期间通过结构调整、企业重组和产业布局，股份公司直属企业有4家，分别是：中铁山桥集团有限公司、中铁宝桥集团有限公司、中铁科工集团有限公司、中铁隧道装备制造有限公司。截至2010年底，4个直属企业有职工1.29万人，各类设备10578台（套），功率近2万千瓦，资产净值6.9亿元。

【主要产品和生产组织】 工业板块主要产品为铁路（含城市轨道交通）道岔及其系统配件，大型钢梁钢结构，轨道车辆、桥梁运架设备、铁路线路铺架设备、起重设备等专用工程机械，隧道掘进机及其配套设备，隧道施工专用设备等。工业板块的产品主要在国内市场销售，主要客户包括铁道部、交通部及所属行业企业、城市轨道交通行业，多家大型建筑施工企业等。部分产品出口国外，其中钢梁钢结构产品出口至巴基斯坦、孟加拉、泰国、缅甸、柬埔寨、挪威、德国、塞尔维亚、伊拉克、乍得、加拿大等国家，道岔产品出口至亚洲、非洲、欧洲、南美洲、北美洲、大洋洲的近30个国家和地区。2010年4个工业企业营业额96.7亿，同比增长17.75%；新签合同额118.01亿，同比增长24.97%。

【技术动力装备】 截至2010年底，中国中铁股份有限公司自有施工机械64319台，原值289.99亿，净值174.43亿，总功率520.56万千瓦，全员技术装备率（按净值计算）7.07万元/人，动力装备率21.09千瓦/人，装备生产率22.98，设备新度系数0.60。全年根据股份公司大型设备集中采购管理办法，批复和委托各集团公司集中采购设备1573台套，金额22.3亿元（委铁动车组1.4亿美元未计算），大型施工设备集中采购度达到75%，进一步增强了公司技术装备水平。

【工业主导产品生产经营情况】 1.道岔产品：工业企业全年生产道岔9929组，为沪宁、长吉、郑西、石武、汉宜、哈大等客运专线和高速铁路提供了1007 组客专和高速道岔；锰钢辙岔12500组，其中出口3380组。股份公司直接组织的道岔研发取得新成绩，组织完成了铁道部科研项目GLC（07）02W、GLC（07）03W无砟道岔的研究、设计和试制，该道岔现已在沪杭、京沪高速铺设，这是我公司第一次牵头进行客专无砟道岔的研制，项目的实施充分展现了股份公司道岔研发的综合能力。组织实施了委铁道岔的研究设计，方案设计已通过IFE的B级审查。

2.桥梁钢结构：三个工业企业全年新承揽桥梁钢结构46.4万吨，承揽了南京长江四桥、嘉绍大桥、贵广铁路北江特大桥、安庆大桥等项目，生产桥梁钢结构29.3万吨， 为辽河特大桥、泰州长江大桥、崇启长江大桥、柳州维义大桥等提供了钢梁；桥梁钢结构占有国内75%以上的市场。“十一五”期间实现桥梁7跨黄河，12跨长江，为一批跨海大桥和重点项目提供了钢梁，海外项目取得新突破，承揽了德国、挪威、塞尔维亚、缅甸等钢结构桥梁项目；

3.机械产品：在工程机械方面，中铁科工开发了500米长钢轨铺轨机、公铁两用架桥机和穿隧道混凝土箱梁架桥机；新组建的中铁隧道装备集团开拓创新，在股份公司各单位尤其是隧道集团大力支持下当年新承揽盾构16台，生产完成14台。

【工业市场经营情况】 工业板块各项主要经营指标全面完成股份公司下达的任务，其中四个直属企业营业收入90.81亿元，同比增长26%；利润总额6.38亿元，同比增长71%。工业企业全年生产道岔9929组，为沪宁、长吉、郑西、石武、汉宜、哈大等客运专线和高速铁路提供了1007组客专和高速道岔；锰钢辙叉12500组，其中出口3380组；三个工业企业全年新承揽桥梁钢结构46.4万吨，承揽了南京长江四桥、嘉绍大桥、贵广铁路北江特大桥、安庆大桥等项目，生产桥梁钢结构29.3万吨，为辽河特大桥、泰州长江大桥、崇启长江大桥、柳州维义大桥等提供了钢梁；桥梁钢结构占有国内75%以上的市场。“十一五”期间实现桥梁7跨黄河，12跨长江，为一批跨海大桥和重点项目提供了钢梁；海外项目取得新突破，承揽了德国、挪威、塞尔维亚、缅甸等钢结构桥梁项目；在工程机械方面，中铁科工开发了500米长钢轨铺轨机、公铁两用架桥机和穿隧道混凝土箱梁架桥机；新组建的中铁隧道装备集团开拓创新，在股份公司各单位尤其是隧道集团大力支持下当年新承揽盾构16台，生产完成14台。股份公司直接组织的道岔研发取得新成绩，组织完成了铁道部科研项目GLC（07）02W、GLC（07）03W无砟道岔的研究、设计和试制，该道岔现已在沪杭、京沪高速铺设，这是股份公司第一次牵头进行客专无砟道岔的研制，项目的实施充分展现了股份公司道岔研发的综合能力。组织实施了委铁道岔的研究设计，方案设计已通过 IFE 的 B 级审查。

【工业重大产品市场开拓】 以正在筹建的中山基地为依托，瞄准举世瞩目的港珠澳大桥组织工业企业开展项目研究，集体拜访了港珠澳业主，效果显著。股份公司成立了港珠澳大桥钢结构技术研究组，配合业主进行大桥钢结构的相关研究，全面介入项目的前期工作。为保证股份公司委内瑞拉项目的顺利进行，股份公司承担了委铁道岔的研发和生产制造任务，股份公司组织山桥、宝桥、西南交大、通号院等 GLC（工总联合道岔研制）成员单位完成了委铁道岔的方案设计，在通过业主审查后，已完成技术设计，即将进入试制阶段。为加强股份公司产业链一体化建设，促进工业制造企业为施工生产服务，股份公司将盾构、客运专线箱梁制运架设备和常规铁路施工铺架设备、混凝土湿喷机等产品列入股份公司内部统一采购产品并加强统一采购的组织和管理。为加强股份公司工业企业的交流合作，实现共同提高，5 月底股份公司组织中铁宝桥、中铁科工、中铁装备班子成员和主要中层领导干部 40 人到中铁山桥观摩学习，取得良好效果。利用第七届世界高铁大会和第十届铁路装备展览会在北京召开之际，工业设备部组织直属工业企业和部分重点三级工业企业组成中国中铁联合展团参加了装备技术展，获得好评。

【新产品研发和技术升级】 2010 年，公司开展了工业系统新产品研发和技术升级工作，通过加大新产品系统研发力度，逐步向主导产品的“上游”、“下游”产品延伸，形成主导产品的产业链。在道岔研发和盾构生产等方面形成了品牌效应，在钢结构、地下岩层探测、起重设备等领域取得了一定成绩。在港珠澳大桥建设项目中，针对大桥钢结构的有关问题专门成立了技术研究组；组织了中铁山桥、宝桥、西南交大、通号院等道岔联合研制单位（GLC），完成了铁道部科研项目 GLC（07）02W、GLC（07）03W 无砟道岔的研究、设计和试制，该道岔已在沪杭客专、京沪高速铁路等线路铺设；完成了委铁道岔的方案设计，方案设计已通过 IFE 的 B 级审查，即将进入试制阶段。

【大型设备集中采购】 公司加强大型设备集中采购管理工作，完善采购和评价体系，建立合格供应商名单、建立大型设备调配机制等。将盾构、客运专线箱梁制运架设备和常规铁路施工铺架设备、混凝土湿喷机等产品列入股份公司内部统一采购计划，加强统一采购的组织和管理。单价 500 万元/台（套）以上的设备实行集中招标采购，股份公司和所属各单位两级机构大型设备采购集中度达到占全年新增设备投入的 65%以上。

【中铁山桥生产经营情况】 2010 年是中铁山桥集团有限公司实施“两大调整，两大改善”，全面加快建设崭新山桥步伐的开局之年。

中铁山桥 2010 年实现新签合同额 47.2 亿元，实现工业总产值(现价)37.4 亿元，营业收入 36.5 亿元，利润总额 3.3 亿元，工业增加值 13.8 亿元。

2010 年完成钢梁钢结构 14.2 万吨，折合标准吨 18.7 万吨，完成整组道岔 4737 组，折合标准组 12937 组，完成尖轨配件 12462 根，完成锰钢辙叉 13387 个，完成机加工辙叉 13708 个，完成钢水 19626 吨，完成机械产品 21 台，完成高强度螺栓 160 万套，完成铸铁件 3000 吨，完成道岔锻件 1314 吨。

【中铁山桥法人治理】 2010 年，按照股份公司要求，中铁山桥集团有限公司董事会认真履行职责，积极开展了各项工作，进一步完善了法人治理结构。全年召开四次董事会并形成相关决议。按照股份公司要求，重新修订《董事会议事规则》和《监事会议事规则》；组织外部董、监事到哈尔滨市政桥、鄂尔多斯桥项目部进行调研，监事会针对公司财务预算和董事会决议执行情况进行了专项检查。通过调研和检查，对公司的建设项目和财务预算等工作提出了指导性意见和要求。

【中铁山桥企业管理】 2010 年，中铁山桥集团有限公司加强了重点工作实施计划和经营责任目标管理，加大考核力度和监督约束机制，企业管理水平得到提升。

在人力资源管理上，加强领导班子和后备干部队伍建设，加强专业培训力度，组织钢结构技术专业培训、全面预算管理培训等，提高员工专业水平；先后提拔 5 名挂职锻炼大学生进入了基层领导班子；继续开展优秀学生工转正工作，扩大转正工种和人员数量，增加人才储备。

在经营考核上，完善干部考评体系和经营责任考核体系，加大考核责任奖罚及责任追究力度，促进各项重点工作顺利实施。

在质量管理上，通过美国铁路协会 AAR 认证和欧盟铁路 TSI

道岔产品认证，取得了进军美国正线市场以及采用欧盟标准国家和地区的通行证；通过美国钢结构协会认证换证和加拿大焊接认证复审。

在工程项目管理上，开展以保安全、保质量、保工期、增效益的“三保一增”活动并取得实效；建立并完善工程管理信息平台，对提高项目管理水平起到推动作用；制定下发《项目经理部标准化建设细则》，有力的促进了项目标准化管理。

在财务、审计和资本运营工作上，下发《2010年货款回收目标、分解指标及考核办法》，成立货款回收工作领导小组，加大了应收账款回收力度；制定《专项资金管理办法》，对各重大项目进行重点跟踪和监督；加强生产成本管理，提高企业成本竞争优势。

在物资管理上，继续坚持“三五三三”的工作思路，随时掌握车间需求、项目进展和供应商情况，积极与生产、经销、技术、车间、项目部做好沟通，加强物资动态管理、市场预见性和采购计划性，做到了未雨绸缪，合理储备，确保供应。

在安全管理上，加强员工的安全教育和培训工作，加大安全检查力度，开展 “全国安全生产月”活动和内审工作，保证了全年无较大安全生产事故发生和各项环境指标达标。

【山桥产业园建设及外埠合作】 山桥产业园项目已经完成了可行性报告、用地合同签订等前期工作。编制了钢结构、工程机械的工艺布局方案图，初步确定了产业园发展规划和施工设计方案。

如皋基地二期建设临江堆场防洪设施建设已经完成，800吨龙门吊已经完成主体安装，板件加工与重钢结构厂房正在进行土建施工，主要设备已定制加工，总变电站、1#变电站土建施工已经完成。

客专厂房二期、高锰钢辙叉表面硬化、钢结构丙烷切割气管道工程等技改更新项目也取得了较大进展。

为应对激烈的市场竞争，经过三年多调研，形成了在湖北、内蒙古投资建厂的可行性分析报告，并得到了股份公司的认可和支持。目前合资合同已经签订，两个项目筹备组也已经成立。

秦皇岛山桥多诺芬锰钢硬化有限公司在2010年5月18日成功开业并举办了庆典仪式。该公司所采用的爆炸深度硬化技术是目前世界上最先进的用于锰钢铸件硬化技术和工艺集成。目前，山桥多诺芬硬化公司已经进行批量生产。

【中铁山桥新办公楼及山桥家园建设】 新办公大楼和单身公寓主体工程已经完工，目前正在进行配套设施安装及内外装修等工作。山桥医院迁址新建工程正在紧张实施，已完成设计方案，现正在进行场地前期准备等基础工作。山桥家园810余户职工住宅已经分发钥匙并具备入住条件。职工休息室和旱厕改造基本完成。

【中铁山桥获欧盟铁路标准TSI认证】 2010年，中铁山桥通过欧盟铁路标准TSI认证审核，这是亚洲第一家获得此项认证的道岔生产企业，此次欧盟铁路标准TSI证书的获得意义重大，它为中铁山桥铁路道岔产品打入欧洲市场提供了必要的保证。

【中铁宝桥生产经营情况】 2010年集团公司完成企业营业额35.9亿元，比上年增长26%。新签合同额50.7亿元，比上年增长23%。实现利润总额2.5亿元，比上年增长53%。全年生产道岔5177组，钢梁钢结构104788吨，入库辙叉12552个，制造起重机械36台。

2010年集团公司机械产品扩能正式启动，已完成了2处共116 亩土地购置手续的办理工作和地面建筑的拆迁任务，工艺布局和厂房设计图纸交付使用，土建工程开工建设。南京公司自3月17日开工以来，争分夺秒，精打细算，签订土建、设备、附属工程合同213项，完成投资2.2亿元，于当年12月29日试生产运行，以建设速度快、投产早、组织严密被南京市经济技术开发区誉为项目建设的典范。扬州公司、房地产公司等单位密切配合，克服困难，完成了铆焊厂房扩建、打砂厂房、存梁场地、生活配套设施等工程项目。3000吨港池式码头开工建设。

2010年，中铁宝桥集团公司围绕沪宁城际、石武客专、工联岔系列道岔、大秦线12号重载道岔等重点项目，积极开展科技攻关，全年开发道岔新品82种，开发辙叉新品（含合金钢辙叉）57种，完成制造工艺改进及焊接试验11项。“站场用特殊结构道岔研制”被列为中国中铁重大开发项目，“沪宁高速铁路道岔研制”被宝鸡市列为重大奖项和陕西省“13115”科技创新工程重大奖项，共获185万元研发经费支持。时速350公里客运专线 18 号单开道岔(无砟)研制项目获宝鸡市科技进步一等奖。

2010年集团公司完成了泰州大桥钢箱梁、南京四桥锚定及塔柱横梁、维义大桥、鄂尔多斯东胜桥、缅甸央东大桥的技术准备工作。编制钢结构投标技术方案29项。舟山大陆连岛工程西堠门大桥钢箱梁焊接工程获全国优秀焊接工程一等奖，南京三桥钢塔制造技术获第十九届全国发明展览会金奖，特大跨径悬索桥分体式钢箱梁制造关键技术研究项目获宝鸡市科技进步一等奖。

2010 年集团公司机械产品技术创新实现新突破。（1）39 套 178 种道岔板模具，设计出图快，技术准备快，优化设计和现场技术服务迅速有效，为公司短平快项目的技术准备工作积累了经验。（2）重庆单轨交通三五开道岔厂内试制通过了出厂验收，系列产品研制通过了国内专家鉴定。（3）完成了中低速磁浮三开、交叉渡线道岔的初步设计以及对开道岔、单渡线道岔的整体设计，填补了磁浮关节型道岔的空白。（4）引进集装箱门式起重机技术，完成了首台试制工作，积累了技术和工艺经验。

【中铁科工生产经营情况】 2010 年，中铁科工集团实现新签合同额 18.37 亿元，完成营业额 15.6 亿元。中铁科工集团共完成各类工程 38 个，在建项目 33 个。年内，完成钢结构制造约 6 万余吨、安装约 3 万吨，完成企业营业额约 7.7 亿元，完成各类设备制造约 500 台套，完成企业营业额约 5 亿余元。

2010 年，集团通过抓市场、强管理，企业经营规模进一步扩大，市场空间得到有效拓展。主要取得以下五方面成绩：

1. 机械产品制造。2010 年，集团完成专用与常规设备制造 470 多台套，完成企业营业额约 5.38 亿元。主要产品有：1. 高铁混凝土箱梁搬、提、运、架施工专用装备；2. 高铁无砟轨道板运、铺设备；3. 普通铁路施工铺架设备；4. 基础施工桩工机械；5. 大型桥钢梁架设施工专用设备；6. 盾构及后配套设备。其中高铁施工大型运架设备的研制，处于行业领先地位，充分展示了科工集团的技术实力。

2. 钢梁制造与安装。2010 年，集团完成钢梁钢结构制造总量超过 6.7 万吨，钢梁架设拼装约 3 万吨，完成企业营业额约 7.7 亿元。充分展现了集团钢梁制造与安装“一体化”优势。

已完工及正在进行的主要项目有：厦深铁路榕江特大桥、南广铁路郁江桥、缅甸帕克库桥、穗莞深城际铁路东江南特大桥、柳州广雅特大桥、马来西亚柔佛州大桥、武汉二环线、武汉金桥、九江景观桥（4 座）、安徽南淝河特大桥、合肥南环线大桥、西安渭河桥、武汉大道高架桥、珞狮路高架桥等多座大桥钢梁及福州动车段、三亚动车段钢结构产品的制造与安装项目。

3. 工程施工业务。2010 年，完成企业营业额约 2.3 亿元（含钢梁安装）。主要项目有南广铁路郁江大桥、广东南二环高速公路 16 标、湖北潜江东荆河大桥、修水东门大桥、江西进贤李渡大桥、杭瑞高速陆水河大桥等多项工程的土建施工。

4. 科技检测业务。2010 年，集团通过加大投入，增添设备，开展了大型运架设备及结构工程的检测业务，形成了新的经济增长点。1. 在大型架桥机成套装备检测方面：机械院设立了施工机械检测所，制定了相应的标准，开展了施工机械的检测及监控技术的研究，延伸了产业链。2010 年共检测 900 吨搬提运架设备 10 台套，T 梁架桥机 5 台套，创造了较好的社会效益和经济效益。2. 在钢梁钢结构工程检测方面：九江检测公司完成了宁波云龙互通项目钢梁、西安西铜高速Ⅲ标钢箱梁、武汉二环线钢梁的无损检测以及九江周边钢结构的无损检测业务。

5. 资质申报。2010 年 4 月集团公司取得了“钢结构工程专业承包、地基与基础工程专业承包”等两项壹级资质，同时还获批“超大型起重机械、桥式和通用门式起重机制造与安装、改造与维修”两项许可证，为集团经营开发工作扩大了市场空间。

【中铁装备生产经营】 2010 年 5 月 15 日，以中铁装备公司为发起和依托单位的河南省盾构产业技术创新战略联盟正式签约组建。这是全国第一家盾构产业联盟，以中铁装备公司为核心，吸纳了河南省内 7 家盾构部件制造大型企业和 6 家参与盾构科研的高等院校，为拓展中国中铁盾构产业链条，推动国产盾构的深度开发，提升中铁装备公司在河南盾构领域里的领军地位和打造“国内领先、国际先进”的盾构综合服务商提供了更加广阔的支持平台。

2010 年 8 月 2 日，中铁装备公司与民生银行金融租赁公司合作协议暨 9 台硬岩盾构销售合同签字仪式在郑州举行。这是中铁装备公司通过银企合作拓展市场的成功举措。此次销售的盾构机是“硬岩盾构成套装备关键技术研究及应用”项目在施工实践的第一次检阅，一次签下 9 台、价值 5 亿多元的盾构合同既是中铁装备公司成立后签订的国内最大一单盾构合同，也创造了世界隧道掘进机销售史上的新纪录。

【中铁电气化局电气化器材生产情况】 2010 年，中铁电气化局电气化器材生产情况见表 6-1。

表 6-1　2010 年中铁电气化局电气化器材生产情况表

	单位	工厂处合计		
		计划	完成	%
一、产值				
1. 现行价格	万元	176300	282863	160
2. 销售产值	万元	176300	282863	160
二、主要产品产量				
1. 接触网配件	万套		1030	
2. 砼支柱	根		82162	
3. 砼等径支柱	根		31323	
4. 电力电杆	根		3769	
5. 钢柱、硬横梁	根		41761	
6. 变压器	台		2732	
7. 开关板	面		2047	
三、质量				
1. 机电产品一次合格率	%	90	100	111
2. 砼支柱合格率	%	98	99	101
3. 配件（钢件）	%	98	100	101
（铸件）	%	60	100	167
（精铸件）	%	73	74	101
四、劳动生产率				
1. 全员劳动生产率	元/人	1159597	2032815	175
五、安全				
1. 千人负伤率	‰	6	0	
六、利润				
1. 利润总额	万元		1520	
七、设备				
1. 机械利用率	%	90	100	111
2. 主要设备完好率	%	90	96	107

【中铁八局工业完成情况】　2010 年，八局工业完成收入 5.54 亿元，实现利润 2042 万元，详见表 6-2、3。

表 6-2　2010 年中铁八局集团工业收入和利润情况统计表

序号	单位	所属板块	经营实体名称	2010 年度收入（万元）			2010 年度利润（万元）		
				年度计划	累计完成	比例%	年度计划	累计完成	比例%
1	一公司	工业	修造厂	2700	3963.82	146.81	130	275.10	211.62
2	三公司	工业	混凝土分公司	4800	6680.28	139.17	410	826.59	201.61
3	昆建公司	工业	钢结构分公司	400	480.00	120.00	20	72.00	360.00
4	桥梁公司	工业	制品分公司	14000	25000.00	178.57	300	300.00	100.00
5			兴桥公司	7000	6500.00	92.86	100	150.00	150.00
6			昆明轨枕公司	5800	6400.00	110.34	100	220.00	220.00
7	电务公司	工业	达利公司	1200.00	3631.00	302.58	-60	38.95	-64.92
8			器材厂	2100.00	2773.94	132.09	100	159.69	159.69
合计				38000.00	55429.04	145.87	1100.00	2042.33	185.67

表6-3　2010年中铁八局工业企业完成主要指标

单位	经营实体名称	固定资产原值(万元)	流动资产(万元)	工业产值现价(万元)	销售收入(万元)	实现利润(万元)	劳动生产率(万元)	资产保值增值率(%)
一公司	修造厂				3963.82	275.10		
三公司	混凝土分公司				6680.28	826.59		
昆建公司	钢结构分公司				480	72		
桥梁公司	轨枕公司				6400	220		
桥梁公司	混凝土制品分公司				25000	300		
桥梁公司	兴桥公司				6500	150		
电务公司	达利公司				3631	38.95		
电务公司	器材厂				2773.94	159.69		
合　计					55429.04	2042.33		

【中铁港航生产经营】　设备管理。截至2010年底，公司共有各类设备93台套，固定资产原值11868万元，净值9279万元。其中船舶13艘、车辆41台、测量设备28台套、其他施工设备11台套。

2010年新购机械设备6台，采购金额301万元。

2010年主要机械完好率99.6%，利用率93.4%。全部职工技术装备率18万元/人，机械设备动力数14801千瓦。共组织对机械设备的检验验收124台，全年无重大机械事故。

物资管理。2010年，公司采购供应的物资总金额为9133万元。其中：钢材2826吨，水泥33363吨、商品混凝土29740立方米、排水板200万米、土工布598768平方米、真空密封膜938977平方米。

集中采购。2010年全年共计招（议）标29次，集采金额8904万元，节约成本约480万元，集采覆盖率为76.1%。

基础管理。2010年4月6日颁发《关于印发<中铁港航工程局有限公司物资管理办法>的通知》及《关于印发<中铁港航工程局有限公司设备物资集中采购招标实施细则>的通知》。

2010年10月9日颁发《关于成立中铁港航工程局设备物资集中采购领导小组的通知》。

2010年10月20日颁发《关于成立中铁港航工程局有限公司船舶购建工作领导小组的通知》。

航船舶建造。2010年3月编写并上报了《2010年中铁港航局船舶投资可研报告》。

2010年4月29日向股份公司上报了《关于中铁港航工程局有限公司船舶设备购建计划的请示》。

2010年9月27日召开了2010年船舶投资专题会议，确定了拟建造船舶为：83米打桩船、600吨起重船、3700吨半潜驳、18方抓斗挖泥船。

2010年10月22日召开了关于船舶设计事宜的专题会议，确定了各船舶的设计单位，并于2010年10月底签订打桩船设计合同，2010年12月签订起重船、半潜驳、抓斗式挖泥船的设计合同。

2010年10月28日完成了2009年船舶投资计划中2*298kw锚艇的建造。

2010年12月11日向股份公司工业设备部上报了《关于2010年船舶投资计划相关事宜的报告》。

【中铁西南院生产经营】　2010年公司新签合同额再创历史新高。全年完成经营开发指标10.08亿元，其中：

中铁西南科院有限公司的全资子公司中铁岩锋成都科技有限公司（以下简称“岩锋公司”），主要产品有：TK系列转子活塞式混凝土湿喷机、模板台车、炮泥机、喷射混凝土外加剂及外掺料等，具备年产湿喷机3000台的能力。岩锋公司2010年新签合同额为1.088亿元，实现销售收入10604万元（含税），与2009年同比增长20%；实现经营净利润1356万元，同比增长21%。

【中铁物贸物资管理】　2010年，中铁物贸公司为保证年度各项经营指标的完成，采取多领域、多渠道、多方式扩大经营范围，从国内到国外，从生产到研发均取得了显著成效，较去年有大幅度上升。参与国内投标26个包件，中标5个，中标率为19%。签订中标合同5个，合同额5.66亿元，物资销售合同2.66亿元，物资代理3亿元；实现净利润850万元，比去年同期减少47%；上缴税款662万元，比去年同期增加3%。此外，根据海外项目施工生产需要，公司从南非采购发运沥青5020吨，CIF价值432万美元，折合人民币3024万元。

2010 年，为进一步提高企业发展质量和经营效益，武汉公司召开专题会，对钢结构分公司经营现状、未来发展进行研讨，与会人员经过充分讨论，最终形成一致意见，撤销钢结构分公司组织结构，组建专业架子队。2010 年 8 月 11 日，公司正式下文成立中铁七局集团武汉工程有限公司铺架分公司。

在管理制度方面，武汉公司以落实管理责任为重点，制定《特种设备管理办法》、《合同管理办法实施细则》、《外部劳务队伍管理办法》、《科技管理办法》、《工程队（架子队）管理暂行办法》、《业务带头人评审管理办法（试行）》等 9 项制度，狠抓分片包保责任制，强化经营风险防范，执行统一样本合同，发挥标准化管理试点示范作用，实行节点工期目标竞赛考核，落实两级检查制度，通过开展协作队伍信誉评价和座谈沟通，公司凝聚了一批有实力的合作队伍，大大弥补了公司资源不足，促进了全年施工生产均衡发展，标准化管理和架子队建设逐步推开。

生产厂家及主要产品

【中铁山桥产业园】 2010 年中铁山桥集团有限公司山桥产业园项目已经完成了可行性报告、用地合同签订等前期工作。编制了钢结构、工程机械的工艺布局方案图，初步确定了产业园发展规划和施工设计方案。

【中铁山桥如皋基地二期及客专厂房二期】 如皋基地二期建设临江堆场防洪设施建设已经完成，800 吨龙门吊已经完成主体安装，板件加工与重钢结构厂房正在进行土建施工，主要设备已定制加工，总变电站、1#变电站土建施工已经完成。

客专厂房二期、高锰钢辙叉表面硬化、钢结构丙烷切割气管道工程等技改更新项目也取得了较大进展。

为应对激烈的市场竞争，经过三年多调研，形成了在湖北、内蒙古投资建厂的可行性分析报告，并得到了股份公司的认可和支持。目前合资合同已经签订，两个项目筹备组也已经成立。

【中铁山桥秦皇岛山桥多诺芬锰钢硬化有限公司】 秦皇岛山桥多诺芬锰钢硬化有限公司在 2010 年 5 月 18 日成功开业并举办了庆典仪式。该公司所采用的爆炸深度硬化技术是目前世界上最先进的用于锰钢铸件硬化技术和工艺集成。目前，山桥多诺芬硬化公司已经进行批量生产。

【中铁宝桥生产厂家】 中铁宝桥集团有限公司下属 9 个子公司：天元发展实业有限公司、汕头宝桥钢结构有限责任公司、宝鸡桥源工贸有限责任公司、宝桥科技有限公司、宝桥房地产有限公司、宝桥实业有限公司、宝桥（扬州）钢结构有限公司、宝桥（南京）有限公司、中铁宝工有限责任公司。

【中铁科工江夏工业制造基地】 中铁科工集团机械成套分公司完成了江夏制造基地建设后，购置了加工设备，形成了基础施工“桩工机械”生产线和高铁施工“运架设备”生产线；在 2010 年年初，集团将重工公司钢结构制造产业全部迁入江夏制造基地，初步形成了钢箱梁生产线；在 2010 年 7 月，集团将新成立的轨道装备（控股）公司设立在江夏制造基地，形成了盾构结构件及大型厚重结构件的制造加工生产线。使集团江夏制造基地资源得到有效利用，对外充分展示了科工集团的制造实力。2010 年，在成套分公司与集团相关部门的努力下，江夏基地建设获武汉市重大技术改造贴息资金 300 万元，有效推进了江夏基地建设。

【中铁科工九江制造基地】 中铁科工九江制造基地，填充了江边岸线，扩大生产用地 20 多亩；新建钢梁喷砂涂装车间，自制大型龙门起重机多台，完善了钢梁制造、总装生产线，使九桥工程公司钢梁年生产能力得到了较大的提升。

【中铁科工重工公司制造基地】 中铁科工武北厂改造扩能项目全面完成，购置了起重设备和部分机加工设备，完善了铁路铺架装备机加工和总装生产线；在江夏制造基地，购置了数控切割机、起重机、电焊等设备，钢结构年加工能力达到近 2 万吨，在市政钢梁制造与架设方面，能力得到较大的提升。

【中铁科工工程机械研究设计院】 2010 年，中铁科工集团将原桩工厂厂房及物资仓库划归机械院，拓展科技检测与电控制作业务。机械院对其进行长远规划、分步实施。在 2010 年，将原物资大楼改造成现代电气制作中心和新的办公区，硬化和美化了楼前场地，添置了相关检测仪器，为拓展电气制作、科技检测与监控技术业务创造了条件、打好了基础。

【中铁科工新研发产品】 中铁科工集团全年研发的新产品有：适应山岭地区运架设备及箱梁转运平台、客货共线架梁设备、无缝线路长轨条铺设机组、混凝土公路路面全浮动式共振破碎机、双杆双向搅拌桩机、步履式整节段架梁起重机等多台新产品。

【中铁科工机械产品】 2010年，中铁科工集团完成专用与常规设备制造400多台套。主要产品有：高铁混凝土箱梁搬、提、运、架施工专用装备；高铁无砟轨道板运、铺设备；普通铁路施工铺架设备；基础施工桩工机械；大型桥钢梁架设施工专用设备；盾构及后配套设备。其中高铁施工大型运架设备的研制，处于行业领先地位，充分展示了中铁科工集团的技术实力。

【中铁科工钢梁钢结构制造】 2010年，中铁科工集团完成钢梁钢结构制造总量超过6.7万吨，钢梁架设拼装约3万吨，充分展现了集团钢梁制造与安装“一体化”优势。主要项目有：厦深铁路榕江特大桥、南广铁路郁江桥、缅甸帕克库桥、穗莞深城际铁路东江南特大桥、柳州广雅特大桥、马来西亚柔佛州大桥、武汉二环线、武汉金桥、九江景观桥（4座）、安徽南淝河特大桥、合肥南环线大桥、西安渭河桥、武汉大道高架桥、珞狮路高架桥等多座大桥钢梁及福州动车段、三亚动车段钢结构产品的制造与安装项目。

【中铁科工施工业务】 中铁科工集团施工业务（含钢梁安装）主要项目有南广铁路郁江大桥、广东南二环高速公路16标、湖北潜江东荆河大桥、修水东门大桥、江西进贤李渡大桥、杭瑞高速陆水河大桥等多项工程的土建施工。

【中铁科工检测业务】 中铁科工集团通过加大投入，增添设备，开展了大型运架设备及结构工程的检测业务，形成了新的经济增长点。在大型架桥机成套装备检测方面，中铁科工集团机械院分公司设立了施工机械检测所，制定了相应的标准，开展了施工机械的检测及监控技术的研究，共检测900吨搬提运架设备10台套，T梁架桥机5台套，创造了较好的社会效益和经济效益。在钢梁钢结构工程检测方面，中铁科工集团九江检测公司完成了宁波云龙互通项目钢梁、西安西铜高速III标钢箱梁、武汉二环线钢梁的无损检测以及九江周边钢结构的无损检测业务。

【中铁二局南宁机械厂】 中铁二局南宁机械厂位于广西南宁市友谊路19公里处，占地面积15000平方米，有设备固定资产200万元，钢结构年生产能力4000吨，是中国模板协会会员。现有员工27人。主要以加工平面钢模、圆柱钢模、T梁、挂篮、液压衬彻台车、液压自爬模等产品。在工民建模板、水工模板、道桥模板以及各种钢结构加工方面均积累丰富的经验。2010年承揽各种钢结构加工产品 29个项目共5200吨，全年完成总产值3180万元。截至2010年12月31日，年实现净利润50.2万元。

【中铁二局勤宏钢结构有限责任公司】 中铁二局四川中铁勤宏钢结构有限责任公司位于成都市龙泉驿区大面镇青台山路381号。主要从事设计、制造大型公路、铁路桥墩及桥梁模板、挂篮、钢结构厂房架设等工程。现有正式员工43人，劳务工107人，其中高级专家、各类专业技术人员及管理人员70余人，高级技工和经过培训的技术工人80多人；拥有大中型冲压、机械加工、检测通（专）用设备160余台（套）。

2010年钢模生产总量达6000吨，生产总值达4400万元。相继为贵广、兰新、兰渝、成渝、钦北和郑开铁路设计、生产双线隧道衬砌台车、隧道仰拱快速施工设备以及箱梁和桥梁墩模。2010年钢结构加工总收入4400万元。年实现净利润118.03万元。

【中铁二局铁达商品混凝土公司】 生产经营场地38余亩，搅拌能力每小时360立方米以上，各类进口、国产混凝土搅拌运输车50辆，其中10立方米沃尔沃搅拌运输车15辆，拥有进口、国产混凝土输送泵25台，泵车2台；意大利CIFA泵车1台，德国“大象”泵车1台。公司注重人才培养和科技投入，先后成功开发C80高强度高性能混凝土和P18高抗渗性混凝土；成功开发回收废水、砂、石再利用科研项目，实现环保、社会和经济效益。

2010年，承揽经营任务50万立方米，完成董事会制定的年度新签合同额1亿元的目标。其中：承揽老客户中海.金沙府10万立方米、成都地铁2号线西延伸线9.2万立方米、中铁八局.塔米亚4万立方米、倍特建司.水韵华府4.5万立方米、青羊绿州.世纪舞4万立方米等工程项目，占全年承揽经营任务数量的76%。积极开发成都铁路局.清水路苑6万立方米经营任务。

2010年实现销售收入15,462万元，实现净利润530万元，公司资产总额为18,332万元，应收款项原值为11,660万元，资产负债率为57.39%，固定资产投资为281.40万元，上交资金率101.60%。

【中铁四局工程材料科技有限公司】 中铁工程材料科技有限公司现有职工140人，其中正式员工79人，聘用员工14人，临时聘用员工47人。正式职工中：各类专业技术人员45人，大专以上学历61人，研究生7人，30岁以下青年47人。公司下辖技术中心、销售部、安质部、党群部、综合部、物资部、经营部、计财部及乳化沥青和外加剂生产车间。

2010 年实现销售额 4.06 亿元，新签合同额 4.07 亿元，同比增长 167.1%和 65.4%。全员劳动生产率位居全局前列。公司全员劳动生产率 271.3 万元，位居全局前列。实现净利润 460.38 万元，同比增长 105.74%。9300 万元局内部融资贷款和 2300 万元流动资金贷款已经全部还清，并超额完成局现款上缴任务。纳入清欠范围的外欠款回收率达 98.02%。2010 年，在生产销售规模急剧扩张，安全质量压力非常巨大的情况下，公司实现了安全年 “效能年”的目标。引进高校毕业生 16 名，其中硕士研究生 4 名。15 名见习生通过考核取得了初级职称。1 名中级职称晋升为高级职称。全年新增设备等资产 220 万元。

2010 年，先后申报了 13 项发明和实用新型专利，其中 1 项发明专利和 3 项实用新型专利已获得专利证书，其他专利都已经进入实质性审查阶段。乳化沥青和聚羧酸外加剂二个项目参加了中国中铁股份公司评奖评审工作，分别获得国内领先和国内先进的评价。其中乳化沥青科研项目通过安徽省科研成果鉴定并获中国中铁科学技术一等奖。水泥乳化沥青砂浆施工质量控制 QC 成果发表获集团公司一等奖。获安徽省“十佳环保创新企业”、局“三工”建设示范单位和“模范职工之家”称号和 2010 年下半年单位夺金杯劳动竞赛“优秀组织奖”。石武项目部获 2010 年度局“红旗项目部”称号。

【中铁四局百瑞得交通工程科技有限公司】 中铁百瑞得交通工程科技有限公司，坐落于合肥国家高新技术开发区。前身成立于 1995 年“合肥百瑞得工贸有限公司”，隶属于中铁四局集团一公司。1997 年更名为“百瑞得反光材料有限公司”，2004 年，通过变更隶属关系和收回投资的方式变更为中铁四局集团控股子公司。公司是国内首家自主研发、生产反光膜的高新技术企业，填补了国内反光材料生产领域的空白。多年来，公司的产品遍及全国各地，并远销多个国家和地区，应用领域包括铁路、公路反光标牌，车身反光标识，公路交安设备等，产品质量达到甚至超越国际同类产品水平，得到了广大客户和业内同行的一致认可。为了进一步扩大营销，经过长期的研究论证，2009 年公司正式更名为合肥中铁百瑞得交通工程科技有限公司。公司更名后，在保留原有的高强级反光膜生产经营的基础上，增加了“铁路、地铁、城市轨道及交通设施产品的开发、制造、安装”等业务，大大拓展了企业生产经营的范围。新开发的铁路声屏障、铁路道路标志牌、RPC 盖板等交安产品陆续投入生产，公司产品实现了多样化的发展。通过进行产品结构调整，大大增加了公司产品的附加值，改变了公司单纯销售反光膜的单一盈利模式。

2010 年，百瑞得公司营销完成新签合同额 6892 万元，占局下达年度计划 3200 万元的 215.4%，完成营业额 8716 万元，占局下达年度调整计划 2800 万元的 311%，实现利润 190.4 万元，占局下达年度计划 80 万元的 238%，完成了年初局下达的各项指标任务。公司完成了淮南山南新城多条公路路标，承接了合蚌客专项目的所有 RPC 盖板，石武客专河南段和河北段的 RPC 盖板、立柱等铁路设施产品，另外还有国内多条铁路的反光标牌和公路路标的生产和安装。2010 年，反光膜产品无客户投诉，在客户中建立了良好的信誉。公司石武客专线河南新郑经理部生产、安装的 RPC 盖板、栏杆、Ⅱ型盖板，在河南先导段一同接受业主的检查，得到业主高度评价，铁道部卢春房副部长对其 RPC 盖板更是交口称赞。

【中铁六局生产厂家及主要产品】 中铁六局集团有限公司有 5 个独立工厂，分别为丰桥公司的密云钢结构分公司，太原公司的晋中鑫合公司、天工公司、天和公司和呼和公司的混凝土搅拌站。

2010 年度中铁六局共完成独立工业总产值 6400 万元，比 2009 年同期减少 3405 万元，同比下降 34.73%；产品销售产值完成 8603 万元，比 2009 年同期减少 51 万元。

2010 年丰桥公司完成工业生产产值 3418 万元，较去年同期 6830 万元减少 3412 万元，减少 49.9%；工业销售产值 1020 万元，较去年同期 2790 万元减少 1770 万元，减少 63.4%。

2010 年太原公司完成工业总产值 1585 万元，产品销售产值 1585 万元。主要包括晋中鑫合公司生产桥梁支座 353 孔，其他钢结构加工 128 孔，实现产品销售产值 1173 万元；天工公司生产洗手液 2.23 万瓶、洗衣液 2.45 万瓶，护肤霜 1.58 万瓶，实现产品销售产值 121 万元；天和公司生产服装 37880 件，大衣 2730 件，实现产品销售产值 291 万元。

呼和公司所属的混凝土搅拌站主要经营预拌商品混凝土。2010年出售44733立方米，完成工业总产值1397万元。

【中铁建工主要产品】 高速铁路轨道板专用设备：高速铁路

无砟轨道施工专用的设备及配套辅助器具。适用于Rader2000的钢轨精调器；适用于CRTSⅠ型无砟轨道板铺设的DTC型轨道板调整器；适用于CRTSⅡ型无砟轨道板及道岔板铺设施工用DTA、DTB 、DTP和DTQ调整器、调整器护套、定位锥、中间压板、侧面压板、灌浆侧堵系统、灌缝挡板、CRTSⅡ型轨道板吊具、CRTSⅡ型轨道板板翻转机等辅件、辅具、CRTSIII型板调整器。

汽车铰链：北京汽车制造厂“骑士”“勇士”汽车铰链，四川绵阳华鑫汽车有限公司6390铰链，天津宇傲渌侨公司风窗铰链等汽车车门铰链。

非标设备：铁路移车台、机车转盘、钻孔机、锯轨机、高压带电清扫机、工程车辆清洗机等。

【中铁建工北京机械制造有限公司】 中铁建工集团北京机械制造有限公司原名中铁建厂工程局涿州机电设备安装公司，2002年8月7日，公司依据中铁建工集团改制的统一部署，注销原中铁建厂工程局涿州机电设备安装公司，成立了中铁建工集团北京机械制造有限公司，中铁建工集团下设全资子公司，注册资本金2000万元。

2010年公司有职工147人，其中高级职称6人，中级职称13人，初级职称13人，专业技能人才11人。公司主要承接工业冲压产品开发、设计及制造，钢结构及桥梁模板制作与安装，铁路非标设备、机电设备设计、制作与安装工程。

2010年公司累计营业收入9695万元，营业成本7225万元，营业税金及附加 69万元、管理费用980万元、售销费217万元、财务费68万元、资产减值损失 55万元、营业利润1081万元、营业外收入0.36万元、营业外支出3.21万元、利润总额1078万元。

【中铁建工钢结构有限公司】 中铁建工集团钢结构有限公司是中铁建工集团有限公司的全资子公司。公司是在组建于20世纪70年代的原铁道部建厂工程局三处机械厂（后更名为中铁建工集团上海分公司钢结构公司）的基础上，由中铁建工集团强力整合内部资源组建成立中铁建工集团南京钢结构分公司，2009年注资2000万元注册全资子公司，2010年在原有注册资本金的基础上追加8500万元（总资本金为1亿500万），更名为中铁建工集团钢结构有限公司。

公司主营各类型钢结构工程设计、施工；钢结构构件研发、制造、加工、销售、安装及技术服务；地基与基础工程、房屋建筑工程施工；机械设备租赁；建筑材料销售；自营和代理各类商品及技术的进出口业务。

公司座落于南京市六合区，占地面积180余亩，建有一、二加工厂房、机加工车间、喷砂车间、行政办公楼、科技楼、科研楼等生产办公设施，总建筑面积约99700平方米；拥有箱型梁生产线、H型钢生产线8条，七辊校平机、折边机、剪板机、相贯切割机、数控钻床、自动切割设备、自动焊接设备300多台套。拥有20吨至220吨汽车吊机、履带吊机、龙门吊机30余台。钢结构年制作生产能力可达3～5万吨，钢结构年安装生产能力可达10万吨。

【中铁建工新产品开发】 工程车辆清洗机：在消化、吸收国外先进技术的基础上，自行设计、研制的工程车辆清洗机，用于各类建筑工地、矿业工场、煤矿、发电厂、垃圾填埋厂、城市进出车辆的清洗，用自动装置代替人工清洗，具有喷头多、分布合理、水压大、自动化程度高、冲洗速度快、安装简便、循环用水、泥沙快速沉淀、自动排除泥沙、自动供水、排水，可满足不同场地、随时转场等特点，并于2010年12月在中铁建工集团北方分公司广州南车地铁项目进行使用。

道岔板调整器：为满足用户的需要，在充分总结Ⅱ轨道板型板调整器的设计基础上，创新设计了可同时进行横向、纵向和高程方向调整道岔板调整器，丰富了调整器的种类，体现了公司作为高铁施工机具专业厂家的设计能力。

钢梁钢结构

【钢梁钢结构项目概况】 全年新承揽桥梁钢结构46.4万吨，承揽了南京长江四桥、嘉绍大桥、贵广铁路北江特大桥、安庆大桥等项目，生产桥梁钢结构29.3万吨，为辽河特大桥、泰州长江大桥、崇启长江大桥、柳州维义大桥等提供了钢梁；桥梁钢结构占有国内75%以上的市场。“十一五”期间实现桥梁7跨黄河，12跨长江，为一批跨海大桥和重点项目提供了钢梁；海外项目取得新突破，承揽了德国、挪威、塞尔维亚、缅甸等钢结构桥梁项目。

【中铁山桥钢梁钢结构产品】 2010年，中铁山桥集团有限公司在钢结构产品方面，承揽了浙江嘉绍大桥、湖南矮寨大桥、郑州桃花峪黄河大桥、厦漳跨海大桥、贵广铁路思贤窖大桥、乌苏大桥等项目。其中矮寨大桥是目前世界上跨越峡谷最大的钢桁梁悬索桥，乌苏大桥位于中国版图最东边，是连接亚欧的“大陆桥”，被誉为“东方第一桥”。公司全年钢结构订货达到21万吨，订货额22亿元。2010年完成完成钢梁钢结构14.2万吨，折合标准吨18.7万吨，

中铁山桥集团有限公司全年累计展开大小钢结构项目53个，完成国内外项目46个。公司1～8月份月产量连续刷新同期最高纪录，最高月产达到15745吨，平均月产量达到1.2万吨，实现了产能新突破。

【中铁宝桥钢梁钢结构产品】 1.鄂尔多斯苏扬公路2号桥钢结构主要包括钢箱梁和钢塔两部分，主塔钢箱截面为双箱室变截面曲线钢塔，钢塔箱体顺桥向自塔底向上尺寸变小；钢塔箱体横桥向自塔底向上尺寸变大，主塔结构整体线形类似成倒“U”状，钢塔两支均由两段曲线构成，钢箱梁为分体结构形式，横桥向主要划分为中间钢箱梁、边箱梁及横向连接箱三部分。钢结构重量6000余吨。

2.广州穗盐钢箱梁桥为独塔双索面弯斜拉桥，主要由钢箱梁及索塔钢锚箱构造等部分组成，总重约6500余吨，钢箱梁分A～M共计13种类型26个梁段，钢混结合段共计4段，合龙段共计2段。梁段长度为12m左右，单梁段重约200t，索塔锚固区采用钢锚箱，总高度29.02m。钢锚箱全塔共计14段。锚箱高度为3.2～5.2m，单段最大重量约为45t。

3.缅甸伊洛瓦底江（央东）公铁两用桥位于仰光至勃生的铁路上，横跨伊洛瓦底江，主桥由18跨6联（每3跨1联）连续钢桁梁和2跨简支钢桁梁组成（共20跨），桥跨布置为60m+（100+2×120）m+4联（3×120）m+（100+2×120）m+60m，公路、铁路均位于钢桁梁下平面，且并列于主桁内侧。

主桁由两片钢桁架组成，采用节间长10m的三角形连续桁架，桁高13.4m，支点处桁高加高至19m，主桁中心距为14.8m。主桁架之间设有纵、横向联结系，重量9000余吨，材质Q420C。

4.海南文昌清澜大桥主桥采用124.2m＋300m＋124.2m三跨双塔双索面钢与混凝土组合梁斜拉桥，半漂浮体系，桥塔采用钻石型索塔，桥梁全宽34m 。主桥钢梁采用主纵梁、横梁及小纵梁通过节点板及高强螺栓连接形成的钢构架。主梁为箱形截面，节段间连接采用M30高强度螺栓四面拼接。主梁上斜拉索的锚固采用钢锚箱的锚固形式，在钢纵梁两腹板间设置钢锚箱，钢锚箱以焊接形式与钢纵梁腹板焊接。

钢锚梁为箱形结构，由锚垫板、承压板、顶板、横隔板、连接板、加劲肋等构件组成，两块主板之间设置横隔板，厚度16mm；承压板厚40mm，承压板上另有与钢绞线拉索配套的锚垫板。

【中铁科工钢梁钢结构产品情况】 2010年，中铁科工主要中标钢梁钢结构工程项目信息见表6-4。

表6-4　中铁科工2010年主要中标钢梁钢结构工程项目信息

序号	合同名称	合同签订日期	甲方名称	工期	合同额（万元）
一	铁路市场				
1	中铁三局柳州市广雅大桥钢箱拱梁及桥面梁制造	2010.1	中铁三局柳州市广雅大桥项目经理部	2010.8.30-2011.8	17435
2	南广客运专线工程NGZQ-3-2标右线贵港特大桥钢梁门市墩	2010.3	中铁二十五局集团柳州公司南广铁路NGZQ-三标项目部	10个月	911
3	北江特大桥钢桁梁安装工程施工	2010.5.18	中交四航局第一工程有限公司	2010.10-2011.6	4338
4	缅甸帕克库公铁两用桥项目钢桁梁设备采购合同	2010.7.13	中工国际工程股份有限公司	2011.11.30前	13306

序号	合同名称	合同签订日期	甲方名称	工期	合同额（万元）
5	中铁大桥局股份有限公司穗莞深城际 SZH-1 标东江南特大桥加劲式刚桁梁制造	2010.8.15	中铁大桥局第三工程公司穗莞深城际轨道交通工程 SZH-1 标项目经理部	2010.9-2011.2.28	6030
6	重庆市江津区粉房湾长江大桥主桥钢桁梁制造合同	2010.8.26	中建第六工程局有限公司重庆市粉房湾工程项目经理部	2010.9.1-2011.11.30	5820
7	钢箱梁施工框架协议书	2010.10.10	北京中铁遂建筑有限公司合肥工程项目部	2010.3.15 前	5709
二	公路市场				
1	宁波绕城公路钢箱梁架设-涂装	2010.2.10	中铁四局集团二公司宁波绕城高速公路项目经理部	2011.6.30 前	1004
2	武汉市政二公司武汉机场	2010.9.19	武汉市政二公司	2011.3-2011.8	3200
3	中核建设集团花山大道	2010.11.18	中核集团花山大道三标项目部	按要求完成	1467
4	浙江天都广场仿埃菲尔铁塔钢结构主体结构拆除施工补充协议	2010.12.9	浙江天都实业有限公司	4 个月	110
	合计				59330

钢梁、钢结构重点项目介绍：

1.东江大桥钢梁制造、安装：

中铁科工集团承建该桥钢梁生产总量为 14796 吨，截止 2010 年 1 月，全桥钢梁已全部架设完毕。

2.上海闵浦二桥钢梁制造、安装：

共 27 个整节段，2 个合拢段，合同总量（含引桥）10229 吨。2009 年 11 月 28 日全桥合拢，2010 年 5 月份附属结构等全桥架设工作量全部完成。

3.南昌向莆线东新大桥钢桁梁制造、安装：

东新赣江特大桥全长 27 千米，主桥采用(126+196+126)米连续钢桁梁结构，为四线铁路桥，位於新建县生米镇，南昌县冈上镇境内。中铁科工集团承建的钢梁生产总量为 7992 吨。截止 2009 年 8 月 20 日，全桥钢梁已全部制造、发运完毕。2010 年 4 月架设安装完毕。

4.马来西亚柔佛州斜拉桥钢箱梁制造、安装：

生产总量为 8807 吨。2008 年已制造完成。2010 年 11 月底现场箱梁组拼架设全部完成。

5.山西北深沟钢管拱钢梁制造、安装：中铁科工集团承建该桥钢梁生产总量为 3594 吨。5 月全桥架设工作完成，上半年架设完成 1474 吨，占总量的 41%。

6.武汉大道钢箱梁制造、安装：

武汉大道是横跨武汉市汉口、武昌长江两岸的一条城市快速路，设计时速 60 公里的城市快速路。中铁科工集团重工公司承接了中交二航局六公司委托的 4000 吨、中铁十一局第四工程有限公司委托的 3000 吨，共计 7000 吨武汉大道钢箱梁制作任务，分别为整个工程中的二联、五联、六联 3 个大节段，合同工期为 2010 年 4 月至 2010 年 11 月。10 月底厂内制造完成，11 月中旬现场架设完工。

7.西安渭河大桥钢箱梁制造、安装：

渭河大桥为路线跨越渭河所设的一座特大桥，桥梁位于直线及 R=2600 米、5600 米、2000 米、Ls=1081.665、Ls=894.427 米的左偏平曲线上。桥梁范围为 K2+657.9～K12+074.0，桥梁全长 9416.1 米。

桥梁起点为 K2+657.9，终点桩号为 K12+074.0。由中铁科工集团重工承建的标段自桩号 K4+440（第 57#墩）开始，截至桩号为 K7+315（第 137#墩）。共有 3800 吨任务量。工期到 2010 年 10 月。10 月底箱梁架设工作完成。

8.厦深线榕江特大桥钢梁制造、安装：

厦深铁路榕江特大桥是厦深铁路控制性工程，为连续钢桁梁柔性拱结构，全长 662 米，重量为 15506 吨。全桥孔跨为(110+2×220+110) m，共 60 个节间，节间长度 11 米。桁宽 15 米，平弦桁高 15 米。弦杆及拱肋的基本截面形式为“口”形箱形截面。

本项目由中铁科工集团九桥公司承建，合同工期为 2009 年 11 月至 2010 年 6 月底，生产任务量为 15400 吨。截止 2010 年 12 月底工厂内制造全部完成，其中钢梁涂装已完成 11888 吨，占全桥总重约 77.2%；榕江桥杆件已发运 9841 吨，约占全桥总重 63.9%，能够满足工地中跨 E28～E28 共 5 个节间架设及南岸前 12 节间架设需要，北岸 19 节间已架设完成。截止 12 月底榕江桥北岸已架设完成 19 个节间，南岸已架设完成 12 个节间，中跨已架部分加劲弦构件，重量共计 6681.5 吨，约占全桥总重 43.4%。

9.广西桂平郁江特大桥钢梁制造、安装及工程施工：

广西桂平郁江双线特大桥位于广西壮族自治区桂平市境内，主桥为(36+96+228+96+36) m 双塔钢桁梁斜拉桥，全长 492 米，主塔采用 C50 钢筋混凝土结构，H 形塔高 105 米。

南广铁路郁江双线特大桥中心里程 k106+537，由 327-32m+5-24m 预应力砼梁和（2-36m+2-96m+1-228m）钢桁斜拉梁组成，全长 11328.106m。

中铁科工集团九桥公司承接了该项工程的基础施工、上部结构制造以及上部结构安装，工期为 26 个月。

钢梁制造生产任务量为 10045 吨，2010 年 12 月底工厂制造全部完成，涂装完成 2205 吨，占总量的 22%，发运 1500 吨，占总量的 15%。工地南宁、广州侧 2010 年 10 月份已开始架设，截止 12 月份各架设 3 个节间；第一台吊机 12 月份发运，第二台吊机计划 2011 年元月份发运。

截止 2010 年 12 月份土建水下部分基本完成，总体形象进度完成 59.26%。

10. 缅甸帕克库桥钢梁：

生产任务量为 14795 吨，12 月底下料已完成 10219 吨，拼焊完成 6838 吨，制孔完成 5930 吨，成品报检完成 5930 吨，涂装完成 4142 吨，发运完成 3500 吨。截止 12 月底全部设备发运完成 15 吨架梁吊机 5 台、运梁台车 8 台、吊索塔架 4 套。

11. 柳州广雅特大桥钢梁制造、安装：

广雅大桥主桥结构形式为（63m+2×210m+63m）海鸥式双孔中承式钢箱拱桥，主桥全长 546m。主拱肋为钢箱拱，主桥桥面结构为格子梁+钢砼组合桥面板形成的正交异性主梁体系，主跨吊杆间距为 12 米。

本项目由中铁科工集团九桥公司承建，共 13200 吨钢箱梁制造任务，安排在九江基地制造，材料 7 月上旬到库，9 月上旬发 4 件工地安装，10 月发完，11 月份架设完成。其余主桥构件考虑超大件运输情况安排在桥址附近的江门市制造，截止 12 月底下料完成 3200 吨。

12. 安徽安庆长江大桥制造：

总工程量约为 19521 吨，甲方供料。3 月份准备各项技术准备工作，正式设计图纸 3 月 27 日到，4 月 8 日甲方安排设计技术交底，材料采购计划已提交 15000 吨，6 月 29 日局指在宝桥公司扬州分厂组织召开了第一次焊接工艺评审会，第二次拟定 9 月 19 日在九桥公司召开。截止 12 月底工厂到料 14411 吨，材质复验已完成 20 组。

13. 武汉二环线钢箱梁制造、安装：生产任务量为 6915 吨（其中 U 肋总共 1300t），甲供料。L10 联（1246t）于 2010 年 8 月架设完成；L13 联(1968t)于 2010 年已架设完成 1700 吨，计划 2011 年元月份架设完剩余的 268 吨。L18 联(1838t)于 2010 年已架设完成 300 吨，后续构件及 L6（1863t）联将陆续安排涂装发运。

14. 武汉金桥钢箱梁制造、安装：

武汉市黄浦大街---金桥大道快速通道工程（工农兵路——三金潭立交）主线桥三跨 100m+150m+100m 的连续钢箱梁，位于无分叉的干道上，沿路面线形延伸，路面宽度可达 45m 左右，中跨路面地下横向穿一涵洞，约 10m 宽左右。

中铁科工集团九桥公司承制总重 3750T 钢箱梁的制造及工地施工内容，含左侧的端支墩和中间一个支墩。合同工期为 2010 年 7 月底前完工。

生产任务量约 3743 吨（其中 U 肋总共 310 吨），甲供料。工地用 2 台 20 吨龙门吊机 7 月 10 日改造完成；8 月份赶制临时支架 1 套 300 吨；截止 12 月底，全桥底板、隔板、腹板、挑臂已发至工地。

15. 湖北潜江东荆河大桥工程：

湖北 318 国道是潜江市交通的重要轴线，东连仙桃，西接荆州，担负着贯通东西的繁重交通任务。本项目合同段起点桩号为 K8+048.500，终点为 K9+595.500，为东荆河特大桥。本桥全长 1547m，为单幅桥。上部构造共分十一联跨，桥面宽度为 25.5m。

本项目由中铁科工集团九桥公司承建，合同工期为 2009 年 9 月至 2010 年 11 月。截止 2010 年 12 月份，全桥桩基（380 根）完成 380 根；承台（49 个）完成 45 个；立柱（188 根）完成 176 个；盖梁（47 片）完成 39 个；T 梁（576 片）完成 240 片；T 梁已架设 7 孔，共计 84 片 30m T 梁；总体形象进度完成 54.2%。

16. 合肥钢箱梁制造、安装：总工程量 5233 吨。截止 12 月底，完成约 890 吨钢箱梁的制造，占总工作量的 17%。

17. 东沙线钢箱梁（一期）制造、安装：总工程量 3120 吨。截止 12 月底，完成 1500 吨钢箱梁的制造，占总工作量的 44%。

18. 关山二路—老武黄钢箱梁：

武汉市三环线南环段（关山二路～老武黄公路）工程位于武汉市三环线的东南角，与正在建设的关山二路高架桥东侧落地点接顺，与规划中的武汉市三环线东环段相接。近期主线设计全长为 7131.518 米。全线共设置三座立交桥和一座跨线桥，三座立交分别为武黄高速立交、关山路立交和老武黄立交，跨线桥为跨南环铁路高架桥。

中铁科工集团重工公司承接武汉市弘特建筑工程有限公司委托的约 1650 吨，分 G3、B5、B7、E5 四个节段，合同工期为 2010 年 5 月至 2010 年 10 月。

【中铁四局钢结构产品】 中铁钢结构有限公司是中铁四局集团有限公司的专业子公司，具有钢结构制造企业特级资质、钢结构工程专业承包壹级资质、钢结构专项设计甲级资质、机电设备安装工程专业承包一级资质、消防设备安装工程专业承包二级资质，是集设计、制作、安装为一体的钢结构专业施工企业。2010 年，公司参与投标的项目有 47 项，其中铁路项目 37 项，中标 12 项，中标率 32.4%；非铁路项目 10 项，中标 2 项，中标率 20%。公司完成新签合同额 22.21 亿元（不含德阳站、水家湖站、合肥北城站、委铁二标、南昌西站），铁路项目 18.76 亿元，非铁路项目 3.45 亿元。占局年初计划指标 15 亿元的 148.06%，占公司董事会年初确定的 20 亿元的 111.05%。

2010 年承揽了沪杭客运专线施工总承包 HHZF-1 和 HHZF-2

标段、沪宁城际南京站北扩、蚌埠站、大连站、大连新站、德阳站、亳州站、滁州站、襄樊东站、水家湖站等雨棚钢结构工程。

2010年，参与合肥南环线两座柔性钢桁拱桥施工，中标委铁钢箱梁的国内加工制造项目，参与的大西线、合福、德龙烟等综合标均包含了大量的钢桥梁项目。

【中铁九局钢结构产品】 中铁九局目前有两家钢结构施工企业，分别为中铁九局四公司钢结构公司和中铁九局一公司锦州机电设备制造安装分公司。

中铁九局四公司钢结构公司主要从事各种钢构件的设计、制作和安装，具有10000平方米的钢结构加工基地，2100平方米的钢结构加工车间，一套H型钢生产线。2010年，主要承建：哈大客专动车运用所检修库及边跨(文官屯)工程，建筑面积15000 平方米，跨度27米，用钢量540.9吨，钢结构部分造价555 万元；沈吉线东陵站客车停留线雨棚工程，站台新建雨棚长550米，宽10米，水平投影面积5500平方米,为全钢结构，柱距为12米，用钢量794.3吨，钢结构部分造价为1400万元；新建沈丹客专本溪过渡站房，建筑面积 2673 平方米，用钢量239.44吨，钢结构部分造价250万元；沈阳北站临时候车室过渡（二期）工程，建筑面积7134平方米,独立基础，彩板维护结构，造价1314万元等。全年完成钢结构产值4107万元。

中铁九局一公司锦州机电设备制造安装分公司具有钢结构工程专业承包壹级资质，拥有机械动力设备195台（辆）。2010年，先后承建了沈阳枢纽、吉林无站台柱雨棚制作安装工程，凌源、建昌、凌海、葫芦岛站雨棚制作安装工程；伊白48米钢桥制作安装工程；锡乌、通霍、阿扎线和盘营客专等线的钢模板制作安装工程；锦州经济技术开发区多晶硅厂房制作安装工程；西部战略桥栏杆制作安装工程；通辽电力改造工程；宇松、通辽、营口等线的高低压开关柜及箱式变电站的制作安装等工程。全年累计新签合同额4.5亿元，创历史最好水平。

【中铁建工钢结构产品】 1.太原南站钢结构工程由中央站房钢结构及两侧雨棚钢结构工程组成。太原南站站房钢结构分为A、B、C三个区，其中A区为西站房，B区为高架候车站房，C区为东站房。根据结构层次分为站台层（标高±0.00）、标高+10.35m的高架候车层，标高18.40m的商业夹层及35.6m屋盖结构层。站房两侧为D、E区雨棚结构，为钢柱支撑的方管桁架屋盖体系，屋盖最大标高为18.46m。太原南站钢结构工程总体用钢量约4.5万吨。

2.成都东站钢结构工程由主站房和雨棚钢结构两部分组成。主站房结构体系采用空间桁架结构体系，设计采用了三跨连续结构，屋面建筑总高39米，建筑宽度204米，进深为445.8米，整个主站房总用钢量约24000吨。无柱站台雨棚位于主站房南北两侧对称布置，为7跨连续结构；最大跨度为46.8米，结构柱距为21米，与主站房轴线统一，雨棚结构采用钢管桁架结构。雨棚总用钢量为6500吨。

3.本工程钢结构共分站台雨棚钢结构和东西站房屋面钢结构两部分。站台雨棚钢结构平面投影顺股道方向长470.5m，与股道垂直方向两侧长164m，中部86.5m范围内长175.3m，东西两跨各外延 5.65m。整个雨棚屋面呈三跨连续拱状，屋面张弦梁通过树状撑杆与钢柱销轴相连，主弦梁通过斜撑杆与下部预应力拉索连接。雨棚总用钢量12000吨。

站房分为东、西两个区，屋盖采用钢结构屋盖，支撑于钢骨混凝土柱柱顶滑动支座或埋件上，其两侧为平屋面，站房屋面钢结构总投影面积为2.9万平方米,钢结构总量8811吨。

4.天津西站站台无柱雨棚结构为纵向（顺股道向）箱型梁框架结构；横向（垂直股道向）为多跨弧形刚架结构；基本柱间距为30米×21.5米，东西两侧雨棚的宽度为138米，长度为290.75米，总高度为18米，投影面积74187 ㎡、钢金属重量7000吨左右。

5.吉林站钢结构工程结构形式为拱形空间钢管桁架结构体系，主要由15榀屋盖大拱桁架，12片桁架间单层钢管网壳和4只焊接球网架结构三部分结构组成。屋盖桁架结构跨度 63m，两端各向外悬挑 4088mm，标高自+28.73m 至+41.48m，高差达12.75m，每片网壳宽17.050m～22.150m不等，每榀桁架重量为67～120吨不等，采用整榀吊装，每片网壳重约80吨，采用分4段吊装。西站房、东站房各重约 500 吨，采用直接吊装的方式，候车大厅总重约1400吨。

道岔和提速道岔

【道岔产品概况】 工业企业全年生产道岔9929组，为沪宁、长吉、郑西、石武、汉宜、哈大等客运专线和高速铁路提供了1007组客专和高速道岔；锰钢辙叉12500组，其中出口3380组。

【中铁山桥道岔产品】 2010年，中铁山桥集团有限公司克服了百年一遇的恶劣低温天气和长期限电以及道岔产品供货期集中等困难和压力，道岔产品产量再创新高。

道岔产品生产，全年生产份额中高速可动心道岔所占比重大、工期紧，其他类型道岔具有品种杂、数量多的特点，生产难度很大。特别是哈大客专项目作为铁道部重点工程，高速道岔全部由山桥供应，生产压力很大，中铁山桥集团有限公司通过提前谋划生产及售后服务共同努力，积极加强与监造配合，保障了合同兑现和产品质量，消除了业主对高速道岔完全国产化以及只由山桥一家单独供应的担忧，得到了业主的肯定，树立了山桥高速道岔的品牌形象。

全年签订了厦深客专、南广客专、蒙冀铁路、京沪高铁济南西站项目、漯阜铁路、通辽枢纽、京沪线、韶赣线、湘桂线等40余个项目，订货额23亿元，其中客运专线和高速道岔310组。从总体上看2010年订货数量与往年相差不大，但金额增长较多，这说明道岔订货在向客专及高速等高附加值道岔发展。在机械产品方面，承揽了800吨造船门式起重机、哈尔滨局满洲里3台集装箱门吊、南昌局百吨吊中修等项目。在海外市场方面，中标了沙特阿拉伯利雅得轻轨、印度尼西亚、香港、澳大利亚道岔等项目，美国、韩国锰叉整体出口形势有所好转，海外市场全年新签合同额约1.1亿元人民币。

【中铁宝桥道岔产品】 中铁宝桥集团有限公司2010年主要道岔品种见表6-5。

表6-5　中铁宝桥集团有限公司2010年主要道岔品种一览表

序号	图号	产品名称	主要结构特点	容许通过速度（km/h）直向	容许通过速度（km/h）侧向	应用时间
1	CZ2299	50kg/m钢轨6.5号对称道岔	尖轨用50AT钢轨制造，尖轨尖端采用藏尖式，跟端采用活接头结构。尖轨转换设一个牵引点，采用联动内锁转换装置。为减小尖轨侧磨，尖轨前端设置迎轮护轨，采用高锰钢整铸式。护轨采用分开可调式槽型护轨，用33kg/m槽型轨制造。扣件采用Ⅰ型弹条分开式可调扣件，基本轨外侧设扣压轨撑。道岔轨下基础采用无挡肩混凝土岔枕。	35		2010.4
2	CZ2300	50kg/m钢轨6.5号对称道岔	尖轨用50AT钢轨制造，尖轨尖端采用藏尖式，跟端采用活接头结构。尖轨转换设一个牵引点，牵引点处动程为152mm，采用联动内锁转换装置。为减小尖轨侧磨，尖轨前端设置迎轮护轨，采用高锰钢整铸式。护轨采用分开可调式槽型护轨，用33kg/m槽型轨制造，扣件采用Ⅰ型弹条分开式可调扣件，基本轨外侧设扣压轨撑，道岔轨下基础采用木岔枕。	35		2010.4
3	CZ2302	50kg/m钢轨7号单开道岔	道岔的轨下基础为木岔枕，采用半割线型曲线尖轨（割距4mm），割线型直线辙叉（割距12mm），转辙器采用50AT尖轨，跟端采用间隔铁式活接头联结，尖轨转换设一个牵引点。设置1个连杆以形成稳定的框架结构。辙叉采用高锰钢整铸式，辙叉下设置垫板。.护轨为分开式，采用43kg/m钢轨制造，道岔采用Ⅰ型弹条扣件，道岔范围内不设轨底坡或轨顶坡。	80	25	2010.12
4	CZ2713	60kg/m钢轨12号Ⅱ型4.4m间距(无砟)	道床基础为无砟道床，采用分动外锁闭装置。道岔设置1：40轨底坡或轨顶坡。转辙器采用60AT弹性可弯尖轨，尖轨尖端为藏尖式，跟端采用限位器结构。辙叉采用焊接式高锰钢辙叉，扣件采用Ⅱ型弹条分开式可调扣件。	160	50	2010.1
5	CZ2722	时速160公里60kg/m钢轨9号单开道岔	轨下基础采用混凝土岔枕，辙叉采用高锰钢整铸辙叉。为保证列车以较高的速度通过道岔直股，改善轮轨相互作用条件，辙叉为不对称形式。尖轨采用复曲线半切线型，采用弹性可弯尖轨，用60AT钢轨制造，尖轨尖端为藏尖式，跟端采用限位器结构。（尖轨设二个牵引点，采用分动外锁闭装置，转辙器第一、第二牵引点后设置尖轨防跳限位装置，减小列车通过时尖轨斥离状态下的振动。道岔设置1：40轨底坡或轨顶坡。护轨采用UIC33槽型钢轨制造，护轨调整片采用横插式。护轨垫板采用整铸加厚护轨垫板，以防止护轨垫板断裂。扣件采用Ⅱ型弹条分开式可调扣件。	160	35	2010.2

序号	图号	产品名称	主要结构特点	容许通过速度（km/h）		应用时间
				直向	侧向	
6	CZ2724	92改进型60kg/m钢轨9号6米间距交叉渡线	扣件采用Ⅱ型弹条分开式可调扣件，为改善列车运行条件，便于制造和维修，在钝角辙叉范围内轨距采用1440mm，在菱形中轨距过渡到1445mm。转辙器采用联动内锁闭转换装置，道岔不设轨底坡，道岔前后的顺坡垫板。	120	35	2010.3
7	CZ2727	60kg/m钢轨7号单开道岔	为冶金企业4350m 高炉320吨鱼雷罐走行铁路设计。 尖轨采用 60AT钢轨制造，尖轨尖端为藏尖式，跟端采用间隔铁式活接头联结。尖轨转换设一个牵引点。采用整铸高锰钢辙叉，辙叉下设置铁垫板，护轨为分开式，采用50kg/m钢轨制造，导曲线内侧设置护轨，采用60kg/m钢轨制造， 扣件采用分开式Ⅱ型弹条扣件。垫板下设置5mm厚的橡塑垫板。	15		2010.4
8	CZ2729	60kg/m钢轨9号复式交分道岔	轨下基础采用混凝土岔枕，道岔不设轨底坡或轨顶坡，轨下和垫板下均采用橡胶垫板，轨下及锰叉下设置5mm厚橡胶垫板，垫板下设置10mm厚橡胶垫板，护轨垫板下设置5mm厚橡胶垫板。锐角辙叉采用高锰钢整铸辙叉。.双转辙器尖轨跟端及钝角辙叉活动心轨跟端均采用间隔铁式活接头结构。双转辙器直、曲尖轨各设一个牵引点，心轨设一个牵引点。护轨采用分开可调式槽型护轨，护轨垫板采用整铸式垫板结构，扣件采用分开式Ⅱ型弹条。	90	35	2010.4
9	CZ2639W	160km/h-60kg/m钢轨18号(R1000m)可动心轨辙叉单开道岔(无砟)	尖轨为半切线型，采用60AT弹性可弯尖轨，尖轨尖端为藏尖式；尖轨设三个牵引点，采用分动钩型外锁闭装置，转辙器尖轨跟端按设间隔铁和不设传力结构两种方案设计；可动心轨辙叉采用钢轨组合式，心轨采用60AT钢轨，短心轨后端为滑动端，翼轨采用轧制翼轨。.心轨设二个牵引点，采用钩型外锁闭装置，道岔钢轨设置1：40的轨底坡或轨顶坡；可动心轨辙叉侧线设置护轨，护轨采用33kg/m槽型钢轨，扣件采用分开式Ⅱ型弹条扣件，在特殊部位用Ⅲ型弹条扣件。	160	80	2010.4
10	CZ2733	200km/h 60kg/m钢轨18号(R1100)可动心轨辙叉单开道岔(无砟)	尖轨为半切线型，采用60AT弹性可弯尖轨，尖轨尖端为藏尖式；尖轨设三个牵引点，采用分动钩型外锁闭装置，转辙器尖轨跟端按设间隔铁和不设传力结构两种方案设计；可动心轨辙叉采用钢轨组合式，心轨采用60AT钢轨，短心轨后端为滑动端，翼轨采用轧制翼轨。心轨设二个牵引点，采用钩型外锁闭装置，道岔钢轨设置1：40的轨底坡或轨顶坡；可动心轨辙叉侧线设置护轨，护轨采用33kg/m槽型钢轨，扣件采用分开式Ⅱ型弹条扣件，在特殊部位用Ⅲ型弹条扣件，钢轨轨下设置5mm厚橡胶垫板，板下设置20mm厚橡胶垫板。	200	80	2010.6
11	CZ2734	60kg/m钢轨7号改进型复式交分道岔(木枕)	道岔按解放型（JF6）和大连工矿320T混铁车为控制机车和车辆进行设计的；双转辙器采用60AT半割线型曲线尖轨，尖端为藏尖式；钝角辙叉与锐角辙叉均为高锰钢直线型辙叉，趾端和跟端均采用接头夹板固定连接;护轨采用50kg/m钢轨制造，护轨工作边顶面高出基本轨顶面12mm；.轨下及锰钢下均设置5mm厚橡胶垫板，锰钢辙叉及垫板下均设置5mm厚塑料垫片；扣件采用Ⅱ型弹条。	—	20	2010.6
12	CZ2736	60kg/m钢轨12号5.3m间距交叉渡线	渡线单叉为可动心轨型式，钝叉和锐叉部分为固定型式。扣件采用分开式弹条Ⅱ型扣件,钢轨轨下设置5mm厚橡胶垫板，板下设置14(10)mm厚橡胶垫板，合理调整不同部位轨下和板 ，渡线单叉部分所用的翼轨采用轧制特种断面翼轨。可动心单叉采用槽型护轨，锐叉采用整铸护轨。护轨顶面高出基本轨顶面12mm。钝角辙叉采用高锰钢整体铸造型式。为改善列车运行条件，便利制造和维修，在钝角辙叉范围内采用1440mm轨距，在单开道岔导曲线，道岔区内的钢轨设1：40的轨顶或轨底坡。道岔轨下基础采用混凝土岔枕。	200	50	2010.12

机械类产品

【机械产品概况】 中铁科工开发了500米长钢轨铺轨机、公铁两用架桥机和穿隧道混凝土箱梁架桥机；新组建的中铁隧道装备集团开拓创新，在股份公司各单位尤其是隧道集团大力支持下当年新承揽盾构16台，生产完成14台。

【中铁科工机械产品情况】 2010年，集团完成专用与常规设备制造470多台套，完成企业营业额约5.38亿元。主要产品有：1.高铁混凝土箱梁搬、提、运、架施工专用装备；2.高铁无砟轨道板运、铺设备；3.普通铁路施工铺架设备；4.基础施工桩工机械；5.大型桥钢梁架设施工专用设备；6.盾构及后配套设备。其中高铁施工大型运架设备的研制，处于行业领先地位，充分展示了科工集团的技术实力。

中铁科工集团2010年机械产品销售情况见表6-6。

表6-6　中铁科工集团2010机械产品销售情况

产品类别	新签合同	已交付
箱梁架桥机	7台	7台
T梁架桥机	10台	2台
运梁车	8台	8台
搬运机	6台	6台
提梁机	1台	1台
铺轨机	1台	1台
无砟轨道运板车	2台	2台
无砟轨道小门吊	49台	49台
电机车	16台	16台
桥面吊机	4台	4台
盾构机	9台	2台
桩工机械	306台	306台
合　计	419台	404台

机械类主要产品介绍：

1. JQ900A型步履式箱梁架桥机

架设梁型为32m、24m、20m双线等跨箱梁及变跨箱梁，额定起重重量为900吨，最小架设曲线半径为2500m，架设最大纵坡为2%，整机质量约512吨，理论架梁速度为4小时/孔，配用YL900型轮胎式运梁车。

2. JQ900B型全轮胎行走式箱梁架桥机

架设梁型为32m、24m、20m双线等跨箱梁及变跨箱梁，额定起重重量为900吨，最小架设曲线半径为2500m，架设最大纵坡为1.5%，整机质量约540吨，理论架梁速度为4小时/孔，配用 YL900型轮胎式运梁车。

3. JQ900C型轮胎行走导梁式箱梁架桥机

架设梁型为32m、24m、20m双线等跨箱梁及变跨箱梁，额定起重重量为900吨，最小架设曲线半径为2000m，架设最大纵坡为2.5%，整机质量约598吨，理论架梁速度为4小时/孔，配用YL900型轮胎式运梁车。

4. 城际铁路组合梁型箱梁架桥机

该架桥机专为城际铁路建设而研发，额定起重量700吨。适应城际铁路特殊梁型和32m,30m,24m双线单箱、双线双箱、双线三箱及四线七箱预制梁片的架设。

5. 双线多箱同步起吊箱梁架桥机

采用轮胎式运梁车运梁、架桥机起重小车同步吊梁、移梁、横移落梁的作业方式，额定起重量450吨。主要特点：架桥机采用轮轨走形、悬臂过孔，起重小车同步取梁，通过小车横移实现多箱梁架设、用于架设城际铁路32m、24m跨度及24-32m间变跨双线多箱整孔预制混凝土箱梁。

6. TJ165 型架桥机

TJ165 型架桥机由主机、机动平车、倒装龙门吊三大独立部份组成，是自轮运转单臂式铁路架桥机。TJ165 型架桥机采用主机定位架桥，机动平车运送梁片，龙门吊倒装梁片的作业方式，作业程序简单，施工安全。

7. 190吨铁路T梁倒运架设备

190吨铁路T梁倒运架设备用于新建客货共线无缝线路T型梁的倒装、运输和架设，整套设备由JQ190型架桥机、YL190型运梁车和MD190倒装龙门架组成。能满足16m、20m、24m、32m双线T型梁架设要求，可以方便地进行曲线架梁、变跨架梁和首、末跨架梁，能够满足隧道口架梁，满足机上空中移梁的横移量要求，桥间转移和通过隧道采用自行走方式，架桥机不需解体。满足公路运输要求。主机额定起重量190吨，主机总重195吨，架梁时最小曲线半径R=600m，自行最大爬坡度20‰。

8. 运梁车

YL900 型运梁车是为客运专线及高速铁路建设而研制的大型成套专用设备之一，主要用于将大型箱梁从存梁场运至架桥工地，同时，还能驮运架桥机作长距离桥间转移。载重量为900T，接地比压为0.6MPa，适应最大坡度为4%，最小转弯半径为60m，整机重量255吨。

9. MDEL900提梁机

该设备是为高速铁路建设而研制的特大型成套专用设备之一，主要用于从制梁场将预制混凝土箱梁吊至存梁场或将箱梁吊装至运梁车上。同时，能完成架桥机在梁场组装及拆卸工作。该设备采用了多项先进的控制技术，操作灵活方便，安全可靠。

10. TLJ450(TLJ380)提梁机

适用于铁路客运专线32m、24m、20m整孔双线箱梁和单线箱梁在预制场内的起吊、转移以及为运梁车装梁等工作。此外，提梁机还可以完成架桥机地面组装、架桥机和运梁车提升到桥面，以及在预制场内用于吊装额定起吊重量以内的其它物品。

11. DPK32 型铺轨机

是一种全悬臂的多功能重型铺轨机，是适用于铁路新线施工和既有线改造工程中铺轨架梁作业的专用设备，可以满足铺轨作业的各种要求，综合速度高的特点，运梁速度达到 60km/h。

12. CPG500 高速铁路铺轨机组

高速铁路铺轨机组专为铺设无缝线路而研制，它完全不同于传统的铺轨机，把生产流水线搬到了铺轨设备上，是铺轨设备的一次革命性进步。具有施工效率高，布枕精度好，自动化程度高，对曲线适应能力强，能够有效保障和提高轨道的初始平顺性等优点，对提高线路开通速度和保证高速行车具有重要作用，将成为我国高速铁路建设中的主要设备。

13. 运板车

无砟轨道全液压双向行驶运板车是用于铁路无砟轨道的轨道板运送的运板车辆，也可用于双块式无砟轨道的双块式轨枕。其走行系统采用变量泵——变量马达闭式液压驱动回路，具有驱动力大、无级调速的特点。轮组通过油缸串接组成三点支承系统使车体三点受力，同时轨道板运板车行走时可根据路况调整车体左右侧的高度，使车体始终处于基本水平状态。运板车能双向操作运行。

14. PH-5 系列粉喷桩机

PH-5 系列多头钻机采用双传动输入装置，通过两组传动系统来同时驱动一个转盘。该钻机一次成桩数根，桩与桩之间有足够的重叠，可以起到挡水墙的作用。

15. 系列高频液压振动锤

SFA、HFA、HFV 系列高频液压振动锤是新一代环保桩工机械，可沉拔型钢桩、钢管桩、PHC 管桩、异性桩、筒桩等多种桩型。

16. DLW1 型螺纹桩机

DLW1 型螺纹桩机施工完成的混凝土螺纹桩是一种钢板桩。既能承受土层的摩擦力和桩端压力，又能承受剪切力，并挤压桩间土使其充分发挥承载力。

17. 郑州地铁盾构盾体结构件制造

郑州地铁盾构机盾体结构件制造共分为前盾、中盾、盾尾、盾体走台、推进油缸安装附属件、螺旋输送机前闸门及人员舱前舱门七大类。

混凝土及其他产品

【中铁三局预制预应力梁等产品】 2010 年中铁三局预制预应力梁共计 1854 孔，其中，T 梁 219 孔，箱梁 1635 孔。

中铁三局与株洲旭阳机电科技开发有限公司联合研制的“无砟轨Ⅰ型道轨道板运输车”，采用双向走行和液压传动，解决了长大桥上轨道板的运输问题；联合研制的无缝线路铺轨机组，改进了铺轨机前拖和后推动作的同步控制以及前拖车拖动力的自动控制系统，解决了 500 米长钢轨的铺设效率和铺设范围问题。

【中铁九局混凝土产品】 中铁九局一公司锦州制梁厂以生产预应力混凝土铁路简支梁为主，兼营公路桥梁、工业、民用构件。公司具有预制构件二级、预应力工程三级资质，并通过铁道部质检中心认证，于 2010 年 8 月取得了 32 米后张法预应力混凝土铁路桥 T 型简支梁生产许可证。公司拥有桥梁生产台座 12 个，年生产 32 米桥梁能力可达 200 孔，拥有 5 个存梁区，可存放 32 米桥梁 85 孔。公司构件生产场区面积 3 万平方米，年生产各类工业民用构件可达 20000 立方米。公司场内拥有三条铁路专用线、两个搅拌站，一个二级试验室，场区内有 80T 双梁门式起重机两台、10t 单梁门式起重机两台、5t 单梁门式起重机一台。

2010 年完成桥涵盖板 9350 块，共计 221.8 立方米；完成各型铁路桥梁 133.5 孔，产品已远销到通霍线、盘营客专、铁法煤业、大郑线、东乌旗等地。产品合格率 100%，产值达 4294.1 万元。

中铁九局桥梁分公司具有预制构件贰级资质，2001 年取得 32 米后张法混凝土铁路简支梁生产许可证书。 2010 年，桥梁分公司通化梁场、东乌旗梁场、嘉峪关梁场、东港梁场通过铁道部产品质量技术监督检验中心的鉴定，获得《32 米铁路预制后张法简支 T 梁国家生产许可证》；同时嘉峪关梁场、衢州梁场通过铁道部产品质量技术监督检验中心的鉴定，获得《32 米铁路预制后张法简支箱梁国家生产许可证》。桥梁分公司为辽宁省混凝土协会理事单位，公司生产的 32 米后张法预应力混凝土简支梁被评为 2009-2010 年度辽宁省混凝土协会“金厦杯”奖。公司现有后张法制梁台座 100 座，先张法生产线 1 条。年生产能力：预制梁 1500 孔，CRTSⅠ型无砟轨道板 20000 块；存梁场存放能力：铁路桥梁 1140 孔、CRTSⅠ型无砟轨道板存板 10000 块。公司具有计量器具 260 台，试验室具备部二级试验室能力。

2010 年，完成各种跨度的桥梁 2198 孔，折合长度 71654.8 延长米；预制 CRTSⅠ型无砟轨道板 16028 块；新建 7 个 T 梁梁场、2 个箱梁梁场、1 个轨道板场。2010 年完成产值 8.5 亿元。

【反光材料生产】 2010 年，中铁百瑞德公司为加强技术开发和新产品的研发工作，推进公司勇立科技潮头，公司进行了以下技术开发和新产品研发工作：1.22米幅宽发光膜；正在进行1.22米幅宽IE高强膜中试；完成了海事膜新产品研发，样品已送国家道路交通安全产品监督检验中心进行检测；正在进行高亮级反光布、工程级反光膜的研发；实现凹版印刷技术反光材料批量生产中的应用。改进了涂布压花和复合工艺；进行了玻璃微珠、压敏胶和胶沾材料试验，RPC 掺和料的试验取得成功并正式投产。

生产工艺及技术创新

【技术创新概况】 股份公司直接组织的道岔研发取得新成绩，组织完成了铁道部科研项目GLC（07）02W、GLC（07）03W无砟道岔的研究、设计和试制，该道岔现已在沪杭、京沪高速铺设，这是股份公司第一次牵头进行客专无砟道岔的研制，项目的实施充分展现了股份公司道岔研发的综合能力。组织实施了委铁道岔的研究设计，方案设计已通过IFE的B级审查。

【中铁山桥生产工艺和技术创新情况】 2010年，中铁山桥集团有限公司积极开展新技术、新产品和新工艺的研发工作，全年共获得国家级成果1项，省部级成果2项，国家发明专利1项，实用新型专利8项。还完成4项股份公司重大课题、3项省部级课题研究和43项公司重点开发项目。

【中铁山桥钢结构技术研发】 2010年，中铁山桥20吨空中翻身机的研制成功，解决了杆件翻身的难题；正交异性板U形肋角焊缝熔透焊接试验取得了重大突破，对焊缝的疲劳强度及桥梁的使用寿命将产生重要影响；以济南黄河桥、哈尔滨跨松花江松蒲大桥为依托进行的低温焊接试验研究，为以后低温环境下焊接积累了第一手资料和经验。重庆菜园坝长江大桥获中国土木工程詹天佑大奖，苏通长江大桥获国家建筑工程鲁班奖，济南黄河大桥获全国焊接工程一等奖，润扬长江大桥获国家优质工程金奖。

【中铁山桥道岔技术研发】 2010年，中铁山桥共完成新型道岔设计129项，锰叉51项，进行了62号客专道岔的试制试铺工作；为重载线路研发了75kg/m钢轨12号高锰钢拼装辙叉。在工艺开发方面，高速道岔先后完成了尖轨跟端扭斜机研制，尖轨轨顶通长铣削加工，翼轨、短心轨、叉跟轨以铣代刨等新工艺，使高速道岔的轨件加工质量上了一个大台阶；开发了长大高锰钢辙叉新工艺，为开发海外市场打下了坚实基础；美国拼装辙叉由普法工艺改为V法工艺，提高了辙叉内部质量，满足了爆炸硬化工艺要求，达到了美国一级市场标准，同时解决了国内重载铁路辙叉和合金钢辙叉寿命短、安全性差的突出问题。

【中铁宝桥生产工艺和技术创新情况】 2010年中铁宝桥围绕沪宁城际、石武客专、工联岔系列道岔、大秦线12号重载道岔等重点项目，积极开展科技攻关，全年开发道岔新品82种，开发辙叉新品（含合金钢辙叉）57种，完成制造工艺改进及焊接试验11项。“站场用特殊结构道岔研制”被列为中国中铁重大开发项目，“沪宁高速铁路道岔研制”被宝鸡市列为重大奖项和陕西省“13115”科技创新工程重大奖项，共获185万元研发经费支持。时速350公里客运专线18号单开道岔(无砟)研制项目获宝鸡市科技进步一等奖。

2010年集团公司完成了泰州大桥钢箱梁、南京四桥锚定及塔柱横梁、维义大桥、鄂尔多斯东胜桥、缅甸央东大桥的技术准备工作。编制钢结构投标技术方案29项。舟山大陆连岛工程西堠门大桥钢箱梁焊接工程获全国优秀焊接工程一等奖，南京三桥钢塔制造技术获第十九届全国发明展览会金奖，特大跨径悬索桥分体式钢箱梁制造关键技术研究项目获宝鸡市科技进步一等奖。

【中铁宝桥机械产品技术创新突破】 中铁宝桥机械产品技术创新实现新突破。(1) 39套178种道岔板模具，设计出图快，技术准备快，优化设计和现场技术服务迅速有效，为公司短平快项目的技术准备工作积累了经验。(2) 重庆单轨交通三五开道岔厂内试制通过了出厂验收，系列产品研制通过了国内专家鉴定。(3) 完成了中低速磁浮三开、交叉渡线道岔的初步设计以及对开道岔、单渡线道岔的整体设计，填补了磁浮关节型道岔的空白。(4) 引进集装箱门式起重机技术，完成了首台试制工作，积累了技术和工艺经验。

【中铁科工科技创新】 中铁科工集团十分注重人才培养和创新体系的建设。通过加大企业科技投入力度，加强与高校、科研院所的联系，实行奖励、激励等措施，大力开展技术创新活动，不断培养和提升自主创新能力，努力提高企业核心竞争力，充分给技术工作者提供创新和成长的平台，使技术创新与企业的发展联系起来，真正为企业创造效益。

中铁科工集团对公司内科技资源进行了有效的整合，集团所属的中铁工程机械研究设计院、中铁九桥工程有限公司、中铁重工有限公司均成立技术中心。研究院及各企业技术中心为集团公司新技术、新产品、新工法等技术研发的核心队伍。集团公司可根据重点研发项目的需要合理调配技术人员和试验设施。

一、技术创新体系建设：2010年，中铁科工集团有限公司被评为“国家火炬计划重点高新技术企业”、“湖北省首批创新型企业”、“中国中铁股份有限公司‘十一五’科技创新先进企业”等称号。

二、科研立项：中铁科工集团有限公司申报各级、各类纵向科技计划项目30项次，获批科技立项15项。

三、科技获奖：中铁科工集团有限公司申报各级、各类科技奖励16项次，共获中国铁路工程总公司科学技术奖一等奖等成果奖励8项次。

四、科技成果鉴定情况：中铁科工集团有限公司完成的“小曲线大坡度单线箱梁架桥机”和“小曲线单线箱梁运梁车”两个项目通过湖北省科技成果鉴定，分别达到“国际领先”和“国际先进”水平。

五、知识产权工作情况：中铁科工集团有限公司申请发明专利5项，实用新型专利7项；获得授权发明专利2项，实用新型专利4项，详见表6-7、8。

表6-7　中铁科工集团2010年度专利申请情况表

序号	成果名称	申请号	专利类型
1	一种箱梁转运平台及其移梁和装梁工序	201010146619.5	发　明
2	自行式转盘车	201010151500.7	
3	能通过隧道且实现隧道口架梁的架桥机及其架桥工序	201010195716.3	
4	一种低重心三轴螺旋钻机及其钻孔方法	201010195718.2	
5	共振破碎机	201010215034.4	
6	一种箱梁转运设备	201020159063.9	实用新型
7	自行式转盘车	201020164558.0	
8	能通过隧道且实现隧道口架梁的架桥机	201020220129.0	
9	山岭地区超低位过隧道的运梁车	201020220125.2	
10	一种低重心三轴螺旋钻机	201020220122.9	
11	共振破碎机	201020244151.9	
12	搅拌桩机的双向搅拌钻头	201020264012.2	

表6-8　中铁科工集团2010年度专利授权情况表

序号	成果名称	专利号	专利类型
1	钢梁制孔先孔施工方法	ZL200710168462.4	发　明
2	轮胎式门吊	ZL200710052897.2	
3	双制动蓄电池工矿电机车	ZL200920153911.2	实用新型
4	三管高压旋喷钻具	ZL200920351931.0	
5	适用于客货共线无缝线路铺架施工工法的铁路T梁架桥机	ZL20092029953.8	
6	自行式转盘车	ZL201020164558.0	

六、工法：“全焊接双层钢桁梁斜拉桥主梁节段预制施工工法”被湖北省住房和城乡建设厅评定为湖北省省级工法。

七、标准制修订情况：由中铁科工集团归口编制的《铁路T梁架桥机》（GB/T 25335-2010）、《铁路轨排铺轨机》（GB/T 25339-2010）、《重型轨道车　技术条件》（GB/T 10082-2010）、《铁路铺轨机、架桥机词汇》（GB/T 25342-2010）、《液压复轨器》（TB/T 2333-2010）、《移动式焊轨车》（TB/T 3241-2010）标准已颁布。

八、攻关研究课题

1.国家科技部科研院所技术开发研究专项资金项目

（1）山岭地区隧道口箱梁快速运架设备的研制：完成样机试制工作，即将投入到中铁隧道局所承接工程中使用。

（2）客货共线快速无缝线路新型铺架工法之关键设备：样机试制工作即将结束，即将投入到中铁一局所承接工程中使用。

2.股份公司科技计划项目

（1）无砟道床维护关键技术及其专用成套设备的研究：正在进行调研和采集国内外无砟道床病害的基础信息和数据，拟提出调研报告。

（2）南广铁路桂平郁江钢桁斜拉桥建造技术研究：深水基础技术于2010年7月研究完成，正在进行研究成果整理工作。主塔正在施工，施工工艺拟进行成果鉴定。

（3）股份公司企业标准：《箱梁架桥机大修规程》的研究与编制：明确大修规程的目的、作用和设计方、使用方、检测方、修理方之间的关系。

（4）在役箱梁运架设备安全技术状态的检测、评估研究及设备群远程监控系统的研制：接受了国家质检总局的检查，成果鉴定工作于2011年4月29日举行。

（5）不过轨运输无缝线路长轨条铺设机组的研制：样机试制工作完成，正在进行工厂调试。

（6）适用SMW工法的低重心可伸缩钻杆式三轴螺旋钻机的研制：完成了方案设计和技术设计，即将进行样机试制工作。

（7）ZPC160型自行式转盘车的研制：工地使用情况较好，正在安排省级科技成果鉴定。

（8）不过轨运输新型轨排铺轨机的研制：工地使用情况较好,择时进行科技成果鉴定。

（9）非自轮运转过轨运输式新型铁路T梁架桥机的研制：工地使用情况较好,择时进行科技成果鉴定。

（10）引进运架一体式箱梁架桥机电控系统的国产化研制：工地使用情况较好,择时进行科技成果鉴定。

（11）全断面隧道超前支护钻机研制：完成了方案设计。

（12）悬索桥负重走行式跨缆架梁起重机及工法研制：已完成设备方案设计，架梁工法方案设计。

（13）厦深铁路榕江桥钢桁梁柔性拱制造：该项目经过项目实施前的充分策划，实施过程中的严格控制，较好的完成了工厂制造任务，通过现场架设情况反馈，制造质量总体较好，也达到了业主关于项目的阶段性工期目标。

九、成果和进步

1.轨道交通成套及配套施工设备：在此领域，中铁科工集团有限公司有两项成果通过湖北省科技成果鉴定，且分别达到国际领先和国际先进水平，为成灌线的顺利建成通车提供了设备保障，并以此技术为基础，不断创新，山岭地区过隧道运架设备已完成技术设计工作，样机试制接近尾声。

2.基础施工新型桩工机械：在此领域，中铁科工集团有限公司提出的“适用SMW工法的低重心可伸缩钻杆式三轴螺旋钻机”获得了股份公司科技计划项目立项，该成果是公司传统喷粉桩机的衍生，其研制成功具有较大的市场前景。

3.钢梁制造及专用设备：在此领域，中铁科工集团有限公司承接了“厦深铁路榕江桥钢桁梁柔性拱制造”、“合肥铁路枢纽南环线钢桁梁柔性拱多点顶推架设钢导梁设计与制造”、“武汉二环汉口段L6，L10，L13，L18联钢箱梁制造及架设和工地焊接”、“武汉金桥-黄浦大街L32联钢箱梁制造安装及工地焊接”、“北江桥架梁施工组织设计”以及“CWQ20型拼装吊机”、“160t船用起重机制造”、“郁江桥40t桅杆起重机”、“北江桥75t全回转吊机”的研制任务，“钢梁制造先孔施工方法”获中国发明专利授权，充分体现了公司在钢梁制造与架设、专用施工机械的研发实力。

4.传统铺架设备：在此领域，中铁科工集团有限公司提出了“不过轨运输无缝线路长轨条铺设机组的研制”、“不过轨运输新型轨排铺轨机的研制”、“非自轮运转过轨运输式新型铁路T梁架桥机的研制”等课题并获得股份公司科研立项，其研发成果均为TJ165架桥机等传统铺架设备的再创新，较好地适应了中国铁路建设的现状，市场前景广阔。

【中铁装备硬岩盾构研制】 中铁装备公司在国家“863”计划成果的基础上，2010年又开发出硬岩盾构新产品，填补了国内空白，并实现当年评审立项、当年研制成功、当年投入使用。

硬岩盾构是集岩石掘进机与软土盾构机于一体的新型盾构机，既具有硬岩快速掘进功能，又具有开挖面平衡功能。“硬岩盾构成套装备关键技术研究及应用”被列为河南省“十一五”重大科技专项，2010年1月通过评审立项，原计划2010年底生产出第一台样机，2012年8月实现硬岩盾构产业化。中铁装备公司从市场需要出发，集中精兵强将加快研制步伐，8月底第一台样机出厂，至12月1日，应用于重庆轨道交通工程的9台硬岩盾构全部验收出厂，比原计划提前两年完成研制及应用任务。

【中铁装备隧道全断面防水卷材铺设台车研制】 2010年12月9日，中铁装备公司研制的隧道全断面防水卷材铺设台车在公司新乡制造基地通过铁道部专家组验收。

隧道全断面防水板铺设台车科研项目是针对中国国情，采用目前国内在经济上能接受的设备成本方案，以普通摩擦式卷扬机为铺设装置，与有轨自行走装置相配合，既可铺设防水板，又能铺设其他防水卷材，一机多用，具有较高的实际应用价值。与施工单位过去使用的简易防水卷材铺设台架相比，新型的隧道全断面防水卷材铺设台车不仅机械化程度高、操作简单，而且具有圆周辐射状液压支撑装置，铺设半径可调，设置多点焊接作业平台，实现铺、焊同台作业，大净空门架设计减少对掌子面空气回流的影响。

【中铁装备无门架隧道衬砌模板台车研制】 2010年12月9日，中铁装备公司研制的无门架隧道衬砌模板台车在公司新乡制造基地通过铁道部专家组验收。

无门架隧道衬砌模板台车依靠模板自身刚度承受衬砌压力，使模板台车内净空面积大大提高，有效缓解了施工时空气流通不畅的问题。该机充分利用三角形稳定原理，有效防止因侧压过大而造成模板偏移或损坏。台车中底部丝杆交错的布置也将丝杆的支撑力发挥到极致，有效防止跑模，为隧道施工中的安全、快速与环保提供了新的技术装备。

【中铁装备专利成果】 1.实用新型专利：复合盾构碴土改良系

统的泡沫注入装置，专利申请号 200820182814.1；授予时间 2009 年 11 月 4 日，申报单位：中铁隧道集团，发明人：王杜娟、韩亚丽、陈馈。

2. 实用新型专利：膨润土注入盾壳润滑系统，专利申请号 200920000945.8；授予时间 2009 年 11 月 4 日，申报单位：中铁隧道集团，发明人：王杜娟、赵振威、张红星、肖俊祥、韩亚丽。

3. 实用新型专利：盾构刀盘驱动变频控制系统，专利申请号 200920000948.1；授予时间 2009 年 11 月 4 日，申报单位：中铁隧道集团，发明人：唐健、蒲晓波、齐保卫、韩兴超、徐受天。

4. 实用新型专利：碴土卸载装置，专利号 ZL 2009 2 0088149.4；授予时间 2009 年 10 月 28 日，申报单位：中铁隧道集团隧道设备制造公司，发明人：王伟、张宁川、卓兴建。

5. 实用新型专利：盾构机的气压过渡舱，专利号 ZL 2008 2 0230958.X；授予时间 2009 年 10 月 28 日，申报单位：中铁隧道集团隧道设备制造公司，发明人：王柏松、李楠、肖俊祥。

6. 实用新型专利：一种盾构机开挖舱压力平衡的自动控制系统，专利号 ZL 2008 2 0230675.5；授予时间 2009 年 12 月 2 日，申报单位：中铁隧道集团隧道设备制造公司，发明人：王柏松、蒲晓波、唐健。

【中铁建工机械制造技术革新及专利成果】 2010 年，中铁建工集团北京机械制造有限公司各车间积极开展技术创新的五小发明活动，设计、改进工艺装备 14 项，解决了生产中的技术难题，一批年轻人从干中学，在工作实践中取得长足的进步，达到了锻炼新人，岗位成才，缩短产品开发周期的目的。积极推广新工艺、新设备、新材料的应用，采用 SK55 新材料制造冲头，使模具寿命提高 4-5 倍，采用旋风铣床加工 LT90 调整器的 M36 的内螺纹，提高工作效率 5-8 倍。

公司在加大技术研发的同时，也加大了对科技成果专利的申报和保护，共申报 3 项实用新型专利，其中，CRTSⅡ轨道板调整器和 CRTSⅡ轨道板调整器专利获得了国家知识产权局的批准。《CRTSⅡ轨道板张拉锁件研制及相关行业标准编写》获集团公司 2010 年度一等奖；《高速铁路施工器具的设计与制造》获集团公司 2010 年度二等奖；《CRTSⅡ轨道板张拉锁件研制及相关行业标准编写》分别获集团公司 2010 年度 QC 成果创新奖，股份公司 2010 年度优秀 QC 成果奖。

【中铁建工钢结构技术革新及专利成果】 2010 年，钢结构公司继续加大科研经费投入，加强科研技革项目立项，取得的主要科研成果如下：1. 福州南站《雨棚三跨连续不等跨张弦梁同步张拉施工工法》评为国家级工法；2. 太原南站《大跨度放射伞状空间桁架高精度信息化分块安装技术研究》获得股份公司科学技术奖二等奖；3. 太原南站《地下室临时钢栈桥施工工法》和《卷扬机拆除钢结构临时支撑施工工法》获得山西省级工法；4.《大跨度放射伞状空间桁架的分块安装技术》和《变截面交叉五箱型钢柱的制作技术》获得集团公司科研技革二等奖；5. 成都东站《钢结构逆作换撑法施工技术》获得集团公司科研技革一等奖。

【中铁西南院生产工艺及技术创新】 湿喷机优化研究。完成了 TK600 型湿喷机过渡版和 2011 版的设计工作，其中过渡版投入生产并实现年销售 500 多台，2011 版样机于 11 月投入试制，预计 2011 年 2 月份完成样机。

混凝土喷射机械手的研制。混凝土喷射机械手的研制正在进行设计和试制工作，2011 年上半年进行工程应用。

新材料的应用研究。新材料的应用研究：如研发高性能复合掺合料，无碱液体速凝剂，相关产品已经进入到筹备投产阶段。

专利。“一种适合于 TBM 施工的地质超前预报方法”获国家发明专利；“隧道掌子面水平测微计”、“岩质边坡纯生态固土防护层”和“整体挡块结合板”获得国家实用新型专利 3 项；“中铁西南院隧道及地下工程施工监测信息系统”获得软件著作权。

科技篇

科技管理

【科技管理概况】 2010年，科技设计部在股份公司、股份公司党委的正确领导下，紧密围绕公司“保增长、调结构、转机制、争效益”中心任务，坚持以科学发展观为指导，开拓思路，规范管理，精心安排，周密部署，团结协作，圆满地完成了各项工作任务。

2010年列入股份公司2010年度重点科技开发计划的课题共180项，总经费共计70514万元，其中由股份公司牵头组织实施并提供支持经费的重大重点课题共103项，支持经费共计2686万元。列入股份公司科技开发预算，由股份公司各子、分公司及直属工程指挥部负责组织实施的科技开发课题共1180项，总经费共计262017.12万元。

2010年股份公司共获国家科技进步奖2项，获中国土木工程詹天佑奖9项，省部级科技进步奖167项，获财政部优秀科技成果专项奖5项，并获财政资金奖励210万元。中国施工企业协会科学技术奖50项，其中特等奖2项，一等奖21项，二等奖27项；获中国公路学会科学技术奖4项，其中二等奖1项，三等奖3项。全公司共481项科技成果通过了鉴定评审，其中通过省（市）科技成果鉴定（评审）62项，股份公司评审95项，年共评审出中国铁路工程总公司科学技术奖95项，其中特等奖7项，一等奖27项，二等奖33项，三等奖28项。各单位自行评审和验收325项。新增省部级工法125项，新增专利授权333项，其中发明专利104项。

2010年，股份公司被国资委授予“科技创新特别奖”，并在国资委第二届科技大会上作交流发言，获得国资委领导和与会代表的一致好评；全公司共6家单位获中施企协“技术创新先进企业”称号、17人获中施企协“技术创新先进个人”称号；9家企业被评为“十一五”全国建筑业科技进步与技术创新先进企业，6人被评为“十一五”全国建筑业企业优秀总工程师，14人被评为“十一五”全国建筑业科技进步与技术创新先进个人。

2010年，全公司能源消耗总量为335.8596万吨标煤，其中工业企业消耗9.7129万吨标煤，非工业企业消耗326.1467万吨标煤。万元营业收入综合能耗0.0785吨标煤，比基期下降29.21%，其中非工业企业万元营业收入综合能耗0.0780吨标煤，比基期下降27.71%；工业企业万元产值综合能耗0.1069吨标煤，比基期下降45.32%。超额完成了国资委下达的“十一五”节能减排目标。2010年8月，中国中铁荣获人民网2010年首届低碳中国年度创新“领军品牌奖”，是唯一一家获此殊荣的中央建筑企业。2010年12月，中国中铁获“首届全国低碳经济示范单位”称号。刘辉副总裁、总工程师荣获“首届全国低碳经济突出贡献人物”称号。

2010年，完成了总部新办公楼信息化建设，确保各项工作运转正常。推进“五统一”信息化基础平台项目应用和软件正版化工作，落实战略内容，实现标准统一。完成软硬件集中采购任务，有效降低成本。完成股份公司网站技术架构的升级改造工作，推动OA与门户整合，奠定站群建设基础。2010年，股份公司信息化建设成果突出，股份公司网站建设获国资委年度网站绩效评估A级。

【中铁二院科技管理概况】 中铁二院设立技术中心，负责全院技术管理、质量管理、三大部类管理、科技情报管理，承担公司技术文件和图纸审查、重大技术方案会审、勘察设计现场调研与指导、公司规程规范编制、科研项目实施等，兼管公司史志、交通战备、工程地质勘察质量检查、博士后科研工作站等工作。

2010年，中铁二院通过了高新技术企业认定，公司的技术中心也获得四川省企业技术中心认定，设立的博士后科研工作站也为科研生产提供了有力支撑。年内完成了中铁二院“十一五”科技工作总结，完善了科研管理系统申级工作，完成了“2009-2013年科技发展战略实施意见及措施”，建立完成科技成果管理平台。中铁二院的技术专业达41个，基本能满足基本建设工程全过程的技术需要，企业的综合优势、系统集成优势得到加强。

【中铁二院综合技术管理】 一、根据铁路建设形势发展要求，补充和完善各项技术管理规章制度

1.加强各专业技术接口，根据不同的设计阶段，强化设计者、复核者、审查者的责任，把好各项目重大方案及重大设计原则最后关口，确保工程勘察设计文件质量。制定了《关于铁路道岔、桥梁支座、通信信号、电气化及其它设备设计要求》、《铁路工程文件审查暂行要点》、《铁路建设项目站前各阶段设计原则标准格式（第一册）》、《中铁二院国（境）外工程项目勘察及设计技术管理办法》等技术管理规章制度25项。2.为适应铁路建设快速发展的需要，满足铁路工程测量技术标准、勘察设计一体化及设计要求，牵头组织各专业人员对新建、改建铁路及高速铁路勘察细则进行了修编，出版发行了10400本分发给技术人员使用。

二、专业设计分工协调工作

为加强和规范中铁二院技术管理，参与和协助公司总（副总）工程师、公司生管部对给排水及暖通专业设计分工、铁路建设项目FAS、BAS系统设计、隧道内接触网梯车洞设计、动车运用所路基加固设计、枢纽及车站内轨道设计、隧道防火系统设计等专业分工进行了协调，进一步明确专业分工并形成了会议纪要，以便各相关专业遵照执行。

三、技术公文汇编编制工作

1. 完成2009年度技术公文汇编编制工作，下发各有关单位使用。2. 加强对各类技术文件和各项技术管理规章制度的动态管理，对历年技术公文汇编中的作废文件进行了清理，并在院局域网上公布作废文件目录清单。

四、综合性技术文件转发工作

综合技术管理科对铁道部、中铁总公司以及政府其他部门下发的有关技术文件、规定等，及时转发公司各有关部门贯彻执行。

五、节能减排管理工作

1. 制定集团公司2010年度能源资源工作要点。2. 编制完成了2009年集团公司节能减排统计报表上级有关部门。3. 完成了集团公司公司节能减排工作总结并上报总公司。4. 完成了2009年能源资源汇编工作，发放各单位使用。5. 拟订了《关于印发2010年节能工作要点通知》、《关于做好节能减排统计工作的通知》、《关于调整中铁二院节能减排工作领导小组的通知》等相关文件，下发各单位贯彻执行。6. 完成中铁股份公司所需的调研资料上报。

六、开展对各生产单位2007年以来的技术、质量、科研管理工作情况的调研工作。

【中铁二院科研标准管理】 一、科研管理

1. 组织申报2010年铁道部科技开发计划22项、股份公司科技开发计划20项。2. 组织铁道部科研开发计划项目投标11项，投中7项(主投4项、参投3项)。3. 拨付铁道部科研外协合同经费46项，签订集团公司科研外协合同36项。4. 完成铁道部科技开发计划课题年度执行情况表22项。5. 通过评审、鉴定39项（其中：铁道部技术审查5项，四川省鉴定10项，中国中铁评审11项，集团公司评审13项）。6. 组织申报国家级、省级科技进步奖6项，中国中铁科技奖25项，组织申报各类学会、协会科技进步奖及技术创新15项。7. 完成科研项目36项（其中：铁道部10项，集团公司26项)。

二、标准管理

1. 编制2010年标准化工作计划，计划下达共111项。2. 组织申报铁道部工程建设标准建议计划40项。3. 主编及参编技术标准《铁路工程混凝土配筋设计规范》、《铁路声屏障施工质量验收标准》2项，隧道、路基、及站场等专业通用参考图2项。4. 编制2010年《现行有效常用规范目录》，编制2010年《现行有效标准设计图纸目录》。5. 组织各单位原线参图升级为公司通用图20余项。6. 组织中铁二院2010年优秀标准设计评奖20余项。

三、业务建设管理

2010年，业务建设及其它共下达计划共计98项，年度计划产值1493万元，其中：部控项目11项， 产值246.54万元，公司控项目87项，产值1246.46万元。年度经费208.17万元。

【中铁二院博士后工作站】 2010年，是中铁二院博士后工作站取得首次成果的一年，年初，有两位博士以优异的成绩顺利出站，他们所研究的课题分别是“大型滑坡多排抗滑桩力学机理研究”（项目研究人员徐骏）、“铁路公路类土质边坡预加固组合措施设计理论研究”（项目研究人员赵晓彦)。前一课题已经获得“土工离心试验模型测试桩”国家实用新型专利，该成果应用于重庆县政府武隆滑坡整治设计中取得经济效益2500万元。后一课题获得“土拱试验仪”实用新型专利，其发明专利在审批过程中。

2010年在站博士4名，分别从事大跨度铁路斜拉桥抗风性能技术研究、风能风机关键技术及其应用研究、路堤沉降动态控制方法研究、基于“路线(路段、桥梁、隧道)-驾驶人-车辆”系统动力学仿真的公路行驶特性分析与设计控制。前3个项目均通过中期考核并获得优秀。

杨咏漪博士的大跨度铁路斜拉桥抗风性能技术研究项目已经获得2项专利，其中国家发明专利：ZL 200910059983.5 铁路钢桁梁T型加劲肋正交异性板桥面的施工方法；国家实用新型专利：ZL 2009 2 0082264.0 剪力键。王子云的风能风机关键技术及其应用研究课题获得国家实用新型专利：ZL 2009 2 0082263.6立式换热器。

【中铁三局科技管理】 2010年，中铁三局科技管理：

1. 2010年5月27日，中铁三局有9个研发项目列入“2010年度股份公司科技开发计划”，其中重大课题1项、重点课题2项、引导课题6项。2. 2010年5月28日，中铁三局表彰奖励2009年度科研成果、工法及专利等获奖科技成果，奖金总额为81.4万元。3. 2010年4月27日、6月4日、8月27日，中铁三局“200公里/小时时速铁路大跨V型连续刚构拱组合桥施工关键技术及其理论研究”、“高速铁路CRTSII型轨道板预制测量系统的研究和应用”、“ 京沪高速铁路变截面连续箱梁阶梯式循环施工方法研究”3项科技成果经山西省科技厅组织鉴定，分别达到国际领先、国际先进和国内领先水平。4. 2010年5月24日，铁道部重点课题“客运专线大跨度混凝土V型连续刚构拱组合桥施工技术研究”通过铁道部科技司组织的技术审查。5. 2010年10月29日，中铁三局“黄土地层中盾构下穿既有古建筑物及始发过站安全技术研究”等6项科技成果通过股份公司评审，其中4项达到国际先进水平、2项达到国内先进水平。6. 2010年12月10日，审议通过“中铁三局集团有限公司技术创新管理办法”确立“统一规划、分级管理”的技术创新总体原则和“以集团公司技术中心为核心、指挥（经理）部为依托、子分公司为主体”的工作模式。7. 中铁三局电务公司顺利通过国家高新技术企业认定。8. 2010年2月，中铁三局技术中心被评为2009年度省级技术中心建设成就奖；2010年11月，中铁三局被授予山西省科技奉献“先进集体特等奖”。

【中铁四局科技管理】 2010年，中铁四局共下达两批科研计

划，列转上年度45项，新立项56项，其中局立项42项（包括8项标准、总结的汇编），14项子分公司新立项；共承担股份公司一项重大课题“无砟道床维护关键技术及其专用成套设备的研究”；四项重点课题：“铁路大跨度钢—混混合梁斜拉桥技术研究”、“合肥地铁膨胀土深基坑施工技术”、“试车场（汽车、拖拉机、轮胎）综合施工技术研究”、“大口径长距离顶管施工关键技术”；四项引导课题；承担铁道部重点科研课题一项“合肥南环铁路枢纽1-128米系杆拱施工技术研究”，参加铁道部科研课题招标三项，与铁科院、铁三院共同承担铁道部科研课题两项。申报国家专项资金资助项目2项，获资金资助1项。2010年度共完成局科研成果评审20项、省级鉴定11项、总公司成果评审10项，“铁路客运专线整孔箱梁快速预制技术”等4项成果通过铁道部科技司技术审查，“客运专线无砟道岔铺设技术研究”通过铁道部结题评审。完成2006-2009年度科技成果汇编工作，并印刷成册。完成股份公司“十一五”科技成果汇编工作。

2010年，中铁四局1项科技成果被评为“中国铁路工程总公司‘十一五’十大科技成果”；获安徽省科技进步奖二等奖1项，三等奖3项；获总公司科学技术一等奖4项、二等奖2项、三等奖2项；获中国施工企业管理协会科学技术奖一等奖4项，二等奖3项，获中国公路学会科学技术三等奖1项，获中国岩石力学与工程学会科学技术三等奖1项。局先后被评为“‘十一五’全国建筑业科技进步与技术创新先进企业”、中国铁路工程总公司“‘十一五’科技创新先进企业”、“安徽省产学研示范企业”；局技术中心被评为“安徽省优秀企业技术中心”；2项工程获第六批全国建筑业新技术应用示范工程，获1项股份公司“十佳”节能减排工地。2010年，局总工程师闫子才获股份公司“中青年专家”称号，李学民副总经理获政府特殊津贴及中国建筑业协会“优秀总工程师”称号，杨仲杰副总工程师获中国建筑业协会“‘十一五’科技创新先进个人”称号并获“安徽省青年科技奖”，宿万副总工程师获中国施工企业管理协会“科技创新先进个人”称号。

【中铁五局科技管理】 2010年中铁五局以“筹备开好全局科技大会”和确保贵州省重大科技专项——《贵广高速铁路工程关键技术研究及应用》立项实施为年度工作重点。3月，成功召开了全局科技大会，出台了《中铁五局(集团)有限公司2010～2015年技术创新规划》和《中铁五局党委和中铁五局关于进一步加强科技工作的决定》等重要文件，交流了技术创新经验，展示了近5年来的主要科技成果，表彰奖励了“十大科技标兵”、“十大技能人才”、“百名优秀科技工作者”和一批科技成果，创造了良好的技术创新氛围。通过科技大会的筹备，还全面修订了《中铁五局（集团）有限公司科技进步奖励办法》、《中铁五局（集团）有限公司科技经费管理办法》、《科技项目管理办法》、《工法管理办法》和《专利工作管理暂行办法》等科技管理办法。在技术管理和创新方面，建立健全了技术创新体系，各子公司相继设立了技术职能部门，加强了技术组织机构的建设。6月，中铁五局与贵州省科技厅签订了贵州省重大科技专项——《贵广高速铁路工程关键技术研究及应用》合同。

【中铁七局科技管理】 进一步健全我局技术中心管理体系，实现有效的系统管理，同时也为满足技术中心省级认定、总承包特级资质就位和享受国家税收优惠政策要求，对我局工程技术、科技管理、试验室系统进行调整，从而形成两级技术中心（局、公司）、三级技术研发体系（局、公司、项目部）。

【中铁八局科技管理】 2010年，中铁八局集团科技工作紧密围绕标准化管理年和经营方针目标以及总公司科技创新的总体部署有序地进行。在充分调研的基础上，根据各子公司的自身实际，并结合股份将公司科技工作的具体要求，及时制定了《中铁八局集团有限公司2010年科研项目计划》；并分别针对科技开发、工法成果、QC成果、专利工作、科研经费、科技奖励以及节能减排等方面的问题，完善了《中铁八局集团有限公司科研项目经费使用管理办法》、《中铁八局集团有限公司节能减排工作考核办法》及《中铁八局集团有限公司专利管理工作奖励办法》，建立健全了科技管理制度，确保了科技成果的质量和水平，成果管理流程更加有序、便捷和高效。同时加大了激励和监管力度，更加充分地调动了广大科技人员的积极性、主动性和创造性。

【中铁十局科技管理】 2010年，中铁十局大力实施科技兴企战略，以“引进、消化、吸收再创新”为主要科研路线，狠抓重点项目科技攻关，广泛开展学术、技术交流活动，努力提高企业的自主创新能力，稳步推进“五个统一”平台建设，制定了财务系统的容灾备份，提高抗风险能力。全年，中铁十局科研课题立项共计22项，组织课题验收12项。截至2010年底，全局在研科研项目共计32项，重点监控项目23项。集团公司申报高新技术企业已获公示，省级技术中心完成复审；获得9项省部级科技进步奖；获得8项省部级工法；申请并获得专利21项，其中实用新型专利14项，发明专利7项。

【中铁隧道科技管理】 中铁隧道集团有限公司技术中心（原中铁隧道集团有限公司洛阳科学技术研究所，以下简称“中心”）为中铁隧道集团公司技术创新管理体系职能职权实体单位，主要从事隧道及地下工程领域新技术、新材料、新工艺、新设备研究开发和应用推广。中心始建于1978年，2010年经国家发改委、科技部、财政部、海关总署和国家税务总局联合认定为国家级企业技术中心。

中心拥有先进的仪器设备及雄厚的技术力量，固定资产超过2000万元；现有职工113人，其中博士、硕士共18人，大专以上学历人员92%；有副高级及以上职称20人，中级职称人员31人；有一级注册建造师5人，注册岩土师1人；有享受国务院特殊津贴1人，中国中铁总公司专家4人，集团公司专家及学科带头人14人。中心下设发展规划部、研发管理部、技术推广部、人力资源部、财务部和综合管理部等六大系统管理部门；拥有结构工程研究所，岩土工程研究所，环境工程研究所，材料、装备及信息技术研究所等四大研发团队，具备专业化的科技研发能力；同时，还拥有作为集团公司专业化协作体系组成部分的注浆公司。

2010年，技术中心（科研所）紧紧围绕城市地铁、市政工程和山岭隧道修重难工程项目，全面开展技术攻关和科技创新活动，取得成果显著。2010年，中心共承担科研项目54项。其中“十一五”国家科技支撑计划重大项目1项、铁道部科研项目3项、总公司科研项目4项、集团公司科研项目40项，自揽科研项目6项。2010年，中心通过各级鉴定、评审或验收的科研项目共16项；获总公司科学技术奖5项、华夏建设科技进步奖1项、河南省科技情报成果奖1项。2010年共申报国家专利14项（发明专利9项，实用新型专利5项），全部被受理，获得授权国家专利5项（发明专利2项，实用新型专利3项）。

【中铁建工科技管理】 中铁建工集团有限公司科技创新管理工作由集团公司技术中心负责。2010年中铁建工集团的科研开发工作紧密围绕施工生产经营管理，开展科技立项、科技成果鉴定、工法开发、专利研究等工作，覆盖了集团公司在建的重点工程项目，解决了施工生产中技术难题。2010年科研立项共123项，总计完成92项，延续至下一年46项（含往年延续项目）；评审出集团级科技进步奖37项；评审通过集团级工法50项。通过“股份公司科技成果评审”5项，获得股份公司“科学技术奖”7项，获得省部级及社会力量科技奖项共7项，2项科技示范工程通过住建部评审立项，14项工法通过省部级评审。授权实用新型专利9项、发明专利2项。

组织申报并获得全国科技创新企业、科技成果及优秀个人。在中建协主办的全国科技创新表彰大会上，建工集团获得“十一五”全国建筑业科技进步与技术创新先进企业；建工集团总工程师杨煜获得“十一五”全国建筑业企业优秀总工程师；郑明、袁振兴分别获得科技创新先进个人。在中施企协主办“全国科技创新论坛暨表彰大会”上，上海分公司福州南站项目部获得科技创新先进企业，陈淑民获得科技创新先进个人。建工集团设计院获北京市规委颁发的北京市轨道交通建设贡献奖。

【中铁港航科技管理】 2010年科技工作完成情况：

1.各项目部工作整体开展较为顺利，期间部门领导及两位专家先后到南沙游艇码头、广机、南方基地、深圳机场、新会港、大亚湾防波堤、珠海大坪湾、珠海科技园、福建崇武、闽台渔港、鸿山电厂、海西、江苏华润、盐城大丰港等工地协助指导工作，对各个项目部的工程技术质量控制、程序文件运作、作业指导书应用、施工组织设计以及进度计划的实施提出建议和要求，并对施工中遇到的技术难题提出解决方案，如崇武方块出运滑道设计施工方案中采用大模袋灌砂纵横铺叠法施工工艺，为企业节省成本几十万。

2.辅助配合相关部门工作，及时审核由各部门、各子公司上报的合同评审表、施工组织设计等文件，针对文件中可能存在的争议提出相应修改意见，确保工程效益的最大化。参入招投标工作，对连云港、盐城大丰港等大型开发项目进行标前考察，结合局自身实力确定施工可行性，避免盲目投标给公司今后的生产经营工作中带来不必要的损失。审核各子公司对新工地制定施工组织设计和进度计划安排，对施工中可能遇到的重点、难点问题提出解决方案。

3.响应股份公司科技发展要求，并提高公司科技创新能力和水平，结合公司现状，组织各子公司开展科研计划并上报总公司审批。其中《水下炸礁减少大块、浅点爆破技术》、《复杂环境地区深孔爆破技术》两项已被总公司列为重点科研课题和引导课题，目前部门已组织相关子公司开展该项课题研究。

4.加强各项目部的技术力量管理，针对项目施工中可挖掘的新技术、新材料及时进行技术成果转化，并申报国家、省部级科技成果奖。今年下半年，由部门牵头组织申报的《海底深水沟槽开挖和炸礁技术》、《高大冷却塔、烟囱群爆破拆除技术》已获得中国工程爆破协会颁发的科技进步一等奖。

5.加强行业学术交流沟通，积极组织公司参加有益于公司技术发展和工程交流的行业协会，进一步提高公司在水工、爆破领域的影响力。2010年公司加入的专业类技术协会共四个，分别是：中国工程爆破协会、广东省工程爆破协会、水运建设行业协会、广东省建筑行业协会，并加入水运工程科技信息网和上海港口科技杂志社，其中公司在中国工程爆破协会已获得2项科学技术一等奖。

6.为促进产学研结合，充分发挥科学技术对施工生产的推动作用，总工办已牵头组织开展科研中心的建设、合作工作。期间部门领导针对与武科大共建爆破技术研究中心一事已组织局领导、各部门领导进行研讨，目前该项合作已完成投资设备、仪器清单审核，并签订合作协议，后期拨款事宜已报送公司领导审批。

7.牵头组织各子公司编写相关技术成果申报专利，确保2011年港航局“保一申特”工作的顺利进行。截至至2010年12月，部门已组织编写完成6项技术成果，并进行专利申报工作，申报名称如下：海底深水深孔精细钻孔技术、海底深水基坑爆破技术、基坑双船掏槽技术、深水深孔水下起爆网路贴身防护方法、用于水下钻孔套管的柱状扶正器、深水深孔钻孔护孔的长大重套管装置。

攻关研究课题

【加大科技投入】 2010年，股份公司发布年度科研开发计划，确定新开立项科研课题1180项，科技投入超过80亿元，其中重大重点课题103项由股份公司牵头组织实施。

【中铁二院2010年度重点攻关研究课题】 2010年，中铁二院科学技术研究计划项目共有180项，计划经费8953.5万元(含产值及科研经费，下同)。其中铁道部项目20项，计划经费2732.5万元；建设指挥部项目4项，计划经费395万元；中铁二院项目156项，计划经费5826.00万元。其部控项目具体内容及进展情况见表7-1：

表7-1　2010年部控科学技术研究项目表

顺序	项　目　名　称	2010年进度要求	主持单位	参加单位
1	大瑞铁路复杂地质艰险山区重大工程地质问题研究——高边坡稳定性分析评价与预测和特殊支挡工程研究	1.研究地震期间和震后土压力及其分布图示与地震三要素的关系，提出设计使用的水平地震系数修正曲线； 2.大瑞高黎贡山越岭段典型高陡边坡稳定性分析研究； 3.典型高边坡变形监测与安全监控技术研究； 4.提交中期研究成果，并对成果进行初步评审； 5.对研究成果进行总结、补充与完善； 6.提交最终研究报告，进行科研成果鉴定。	土建一院 冯俊德	中国科学院力学研究所 西南交通大学 中南大学 香港科技大学
2	大瑞铁路复杂地质艰险山区工程建设成套技术研究——综合地质选线技术研究	1.根据研究结果，编制研究报告； 2.验证、补充研究成果，进行优化、完善； 3.完成研究报告并申请成果审查。	土建一院 许佑顶、曾榜荣	铁道部经济规划研究院 西南交通大学 昆明局
3	大瑞铁路复杂地质艰险山区工程建设成套技术研究——高地温深埋特长隧道修建关键技术研究	1.初步完成高温热害隧道恶劣区域强制降温技术的研究； 2.编写完成《灾害防治新技术和新材料研究》阶段性报告； 3.建立高地温环境下铁路隧道施工的风险管理体系； 4.开展并完成衬砌结构抗减震措施的振动台试验； 5.开展高黎贡山隧道竖井配套工程及竖井施工安全保证措施研究； 6.提出救援站外隧道区间的疏散联络通道的设置间距和几何尺寸。	土建一院 张海波、杨昌宇	西南交通大学 煤炭科学研究总院抚顺分院 煤炭工业济南设
4	大瑞铁路复杂地质艰险山区工程建设成套技术研究——高墩大跨桥梁修建关键技术研究	1.铁路高墩大跨桥梁合理结构形式研究： （1）推荐桥式施工方法研究和施工过程分析； （2）编写报告。 2.铁路大跨度钢桁拱桥抗风设计及试验研究： （1）最大悬臂状态气动弹性模型试验； （2）结构抖振计算分析及风载内力计算分析； （3）完成最终研究报告。 3.钢桁拱桥局部构造分析及模型试验研究： （1）模型细化计算、模型加工、运输； （2）模型安装、贴片、调试； （3）静载试验加载； （4）疲劳试验加载； （5）整理静载试验中间报告，整理疲劳试验中间报告； （6）中间报告评审，修改完善； （7）最终报告评审、验收； （8）整理并提交研究报告。	土建一院 陈克坚、何庭国	中铁大桥局 兰州交通大学 西南交通大学 北方交通大学 铁科院 成都亚佳公司

顺序	项　目　名　称	2010年进度要求	主持单位	参加单位
5	大瑞铁路复杂地质艰险山区工程建设成套技术研究——高陡边坡特殊支挡工程技术研究	1. 典型支挡工程地震动力响应和动力特性的数值模拟研究； 2. 支挡工程抗震改进措施和结构动力学分析方法研究。 3. 提交中期研究成果，并对成果进行初步评审； 4. 提交典型支挡工程地震动力响应和动力特性的数值模拟研究报告。	土建一院 冯俊德	中国科学院力学研究所 西南交通大学 中南大学
6	铁路工程结构物抗震设计标准与方法研究	1. 完善并完成《汶川地震及国内外工程震害报告》； 2. 完成理论分析、数值模拟等理论研究工作； 3. 开始并完成模型试验，整理试验数据； 4. 编写并完成《中外结构物抗震规范对比研究报告》； 5. 编写并完成中间成果报告； 6. 根据审查意见，完善并完成研究报告； 7. 成果鉴定。	土建一院 陈克坚、冯俊德	西南交通大学 北京交通大学 中南大学
7	大跨度桥梁建造关键技术研究—大跨度铁路斜拉桥建造关键技术研究	1. 完成索梁锚固区疲劳模型试验；完成主梁节段模型静动力风洞试验；结合试验结果，完成子课题 2、3 的的理论分析工作；完成斜拉索耐久性研究工作；完成钢桁斜拉桥运营养护标准研究及手册的编制工作；完成大桥健康监测的初步设计方案； 2. 完成课题阶段技术成果报告； 3. 完成课题总报告。	土建二院 刘名君	西南交通大学 中南大学 兰州交通大学 中铁大桥局
8	大跨度桥梁建造关键技术研究—大跨度双桁结构连续钢桁梁建造关键技术研究	1. 进行整体钢桥面构造细节疲劳试验； 2. 进行四线双桁连续钢桁梁复杂、典型节点静载试验； 3. 进行整体钢桥面计算分析方法研究；采取理论分析、数值分析与模型试验相结合的方法对东新赣江桥的构造细节疲劳性能进行研究； 4. 完成施工综合技术研究分项报告，组织分项评审。	土建二院 戴胜勇	铁科院 东南大学 西南交通大学
9	成灌线无砟轨道试验段板式无砟轨道结构研究	1. 2010 年 3 月～5 月现场实车实验； 2. 2010 年 8 月，申请项目结题验收。	土建二院 朱颖、颜华	成都市域公司 铁科院 西南交大 中铁二十三局 中铁二局 铁三院
10	200 公里/小时等级城市及城际铁路技术研究	完成全部合同内容。	土建二院	
11	铁路长大隧道综合勘探及集成技术研究	1. 完成长大隧道遥感技术应用研究； 2. 完成长大隧道地质调绘野外数据采集装备及应用研究； 3. 申请成果鉴定。	地勘分院 屈科、李光辉	成都理工大学 复旦大学
12	大瑞铁路复杂地质艰险山区重大工程地质问题研究—高地温场分析评价与预测和热害评估研究	1. 开展子课题各项内容补充研究，在生产使用过程中验证、补充研究成果，进行优化、修改、完善； 2. 研究报告送审稿； 3. 成果鉴定。	地勘分院 蒋良文、杜宇本	中国地质科学院 铁道部经济规划研究院 云南地质工程第二勘察院腾冲地热队 成都理工大学

顺序	项　目　名　称	2010年进度要求	主持单位	参加单位
13	大瑞铁路复杂地质艰险山区重大工程地质问题研究—深大活动断裂工程影响分析评价和强震及其诱发地质灾害预测研究	1. 向生产使用过渡，在生产使用过程中验证、补充研究成果，进行优化、修改、完善； 2. 研究报告送审稿； 3. 成果鉴定。	地勘分院 屈科	中国地质科学院 中国地震局地壳应力研究所 铁道部经济规划研究院 成都理工大学 西南交通大学
14	大瑞铁路复杂地质艰险山区重大工程地质问题研究——大规模涌水突泥灾害分析预测研究	1. 在生产使用过程中验证、补充分析预测研究成果，反复优化、修改、完善危险性评价体系与软件； 2. 研究报告送审稿； 3. 成果鉴定。	地勘分院 李光辉	成都理工大学 中国地质科学院 云南地质工程第二勘察院腾冲地热队 铁道部经济规划研究院
15	大瑞铁路复杂地质艰险山区重大工程地质问题研究—高地应力、大变形、岩爆、围岩稳定性的分析评价与预测研究	1. 围岩二次应力测试技术方法研究和深埋越岭隧道地应力动态测试方法与对比分析研究； 2. 向生产使用过渡，在生产使用过程中验证、补充研究成果，进行优化、修改、完善； 3. 研究报告送审稿； 4. 成果鉴定。	地勘分院 王科	中国地质科学院 中国地震局地壳应力研究所 成都理工大学 铁道部经济规划研究院
16	成兰铁路地震次生地质灾害特征及分布规律研究	1. 进行现场补充调查，完成成兰铁路沿线潜在次生地质灾害的预测研究；进行物理模拟及数值模拟研究；进行成兰铁路地质灾害潜在危险性评价研究，初步建立评价指标体系和评价模型； 2. 提交初成兰铁路山区地震次生地质灾害特征及分布规律研究初步研究报告。	地勘分院 屈科	成都理工大
17	成兰铁路高烈度地震山区铁路综合选线关键技术研究	1. 进行现场补充调查，完成成兰铁路沿线潜在次生地质灾害的预测研究；进行物理模拟及数值模拟研究；进行成兰铁路地质灾害潜在危险性评价研究，初步建立评价指标体系和评价模型； 2. 提交初成兰铁路山区地震次生地质灾害特征及分布规律研究初步研究报告。 3. 结合成兰铁路勘察设计，开展成兰铁路高烈度地震山区铁路综合选线研究。	地勘分院 朱颖、李光辉	西南交大
18	大瑞铁路复杂地质艰险山区工程建设成套技术研究——灾害防治新材料和新技术研究	1. 完成轨道结构关键部件的试制与组装、轨道结构室内模型试验； 2. 开展电气绝缘材料、电缆及其附件的工厂试验方案； 3. 开展接触网结构型式以及接触网零件工厂试验方案和内容； 4. 通过仿真计算结果确定接地技术方案； 5. 编制完成《高黎贡山隧道高温高湿高地震烈度高土壤电阻率长大隧道电气安全工程新技术研究》的分年度阶段性报告； 6. 根据《提高道床漏泄电阻，解决“红光带”的方法研究》评审结论，修改完善，推广使用，项目结题。	通号处 许佑顶、杨岗	西南交通大学 江西新龙电瓷电器制造有限公司 广东东莞市高能实业有限公司 中铁电气化局集团宝鸡器材有限公司 北京交通大学电气学院

顺序	项 目 名 称	2010年进度要求	主持单位	参加单位
19	铁路站段绿色生态塘污水处理技术	1. 分阶段提供中间试验成果报告、最终研究试验成果报告； 2. 完成研究总报告。	环研院 王庆生	
20	成兰铁路生态敏感区环境保护关键技术研究	1. 完成《成兰铁路大熊猫生命廊道及其栖息地植被恢复技术方案》；《成兰铁路生态脆弱区植被恢复技术研究技术方案》； 2. 选择合适的试验样地，开展试验示范研究。	环研院 韩鹏	四川大学 中科院成都生物所
21	复杂地质环境与高列度地震区高墩大跨桥梁抗震技术研究	1. 完成科研报告 2. 申请评审或鉴定。	土建一院 游励辉	兰州交大
22	南广铁路桂平郁江钢桁斜拉桥设计关键技术研究	1. 完成模型试验； 2. 完成车桥动力性能研究； 3. 完成设计研究报告，对设计研究进行阶段性中间评审；	土建一院 许智艳	西南交大
23	南广铁路郁江大跨钢桁斜拉桥桥上无缝线路受力特性研究	1. 完成郁江桥桥上无缝线路方案设计与结构算； 2. 完成各研究报告编写； 3. 进行成果审查鉴定。	土建一院 姚力	西南交大
24	玉蒙铁路高列度地震区特殊路基修建技术研究	1. 现场测试、调研、指导施工； 2. 现场测试，中期审查； 3. 现场观测，完成研究报告； 4. 申请评审或鉴定。	土建三院 蒋楚生	西南交大

【中铁设计咨询科研开发课题】 2010年中铁咨询承担铁道部科研项目3项、中国中铁股份有限公司科研项目9项、中铁设计咨询内部立项17项。（铁道部、中国中铁科研课题见表7-2、3）

表7-2 2010年中铁咨询承担的铁道部科研课题一览表

序号	合同编号	项目名称
1	2010G002-D	高速铁路轨道技术深化研究—高速铁路有砟道岔钢岔枕和铰接装置技术研究
2	2010G003-F	高速铁路路基技术深化研究
3	2010G018-1	高速铁路大跨度钢桥无砟轨道关键技术

表7-3 2010年中铁咨询承担的中国中铁科研课题一览表

序号	合同编号	项目名称
1	重点-73-2010	城际轨道交通信号系统关键技术研究
2	重点-72-2010	高标准无砟轨道黏性土、粗粒土地基沉降控制技术综合研究
3	重点-41-2010	复杂地质环境下NTR工法（新管幕法）修建地铁车站综合技术研究
4	重点-42-2010	客运专线大跨度深埋地下车站综合技术研究
5	重点-13-2010	拖拉法施工的大跨度曲线预应力混凝土斜拉桥技术研究
6		时速200公里城际铁路简支箱梁试制、试验研究
7		跨海特大桥接触网防风、防腐的研究
8		时速200公里城际铁路减振轨道结构研究
9		数字地面摄影测量在铁路勘测中的应用研究

【中铁电化院攻关与研究课题】 广州地铁四号线直线电机牵引直流1500伏三轨供电系统设计》获得中国铁路股份有限公司优秀设计奖一等奖。《北京南站接触网景观优化设计》和《萧甬铁路电气化改造工程牵引供电系统设计》获得了中国铁路股份有限公司优秀设计奖二等奖。

【中铁一局科技研发】 2010年，中铁一局进一步提高中铁一局的技术研发能力，提升企业科技创新及核心竞争能力，以科技为企业发展的强力支撑方面，经过充分调研，制定发布《技术研发项目化管理实施细则》，并已全面推行技术研发项目化管理。

2010年初，在各单位申报技术研发立项的基础上，核实项目，召开有机关有关部门、专家委员会参加的立项论证审查会，遵循“面向市场，依托工程，突出重点，统筹计划”的原则，编制下发2010年中铁一局技术研发计划，共立项A类技术研发项目70项，计划申报专利23项。年中期，根据中铁一局后续中标变化情况和工程施工对技术研发提出新的需求，以及对原立项项目进展情况跟踪调查结果。对年度技术研发项目计划A类项目进行调整，新增立项9个。计划总科技投入22860万元，其中：中铁一局投入3280万元，各项目承担单位投入19580万元。

【中铁二局科技开发】 2010年，中铁二局共安排科技开发及推广项目93项，计划总经费2843.56万元（研究费2808.56万元，仪器仪表设备购置费35万元）。其中，股份公司投入2792.56万元（研究费2757.56万元，仪器仪表设备购置费35万元），集团公司投入51万元。

本年度共完成科研项目31项，其中3项通过四川省科技厅鉴定，5项通过总公司评审。

【中铁三局科研攻关课题】 2010年，中铁三局科研攻关课题项目：

1. 中铁三局承担的铁道部重点课题——高速铁路桥梁技术深化研究：南广铁路郁江大跨度钢桁斜拉桥施工技术研究，形成深水基础桩堰平行施工技术、水下大体积混凝土不分仓浇筑封底施工技术、钢桁斜拉桥塔梁快速施工方法、长节段钢桁梁拼装吊机设计等多项首创性研究成果，并开发专利5项，荣获省部级工法2项。

2. 中铁三局承担的铁道部重点课题——城际轨道交通桥上无砟轨道设计及施工技术研究：形成了城际轨道交通桥上框架板式无砟轨道大跨度桥上设计计算模型技术、桥上框架板式无砟轨道结构受力计算分析技术、桥上框架板式无砟轨道的结构设计、城际轨道交通框架板式无砟轨道桥上关键技术、框架式轨道板制造技术、水泥乳化沥青砂浆的试验与制配技术、桥上框架板式无砟轨道施工技术和框架板式轨道现场施工设备配置方案及专用施工设备，并顺利通过铁道部的验收。

3. 中铁三局承担的铁道部重大课题——高速铁路无缝线路铺设技术研究：通过研究、确定高速铁路无缝线路钢轨焊接技术的参数取值，解决轨道的焊接条件；通过研制优化无缝线路铺轨机组，提高铺轨机组的施工效率，扩大铺轨机组的使用范围；通过存轨台座的和吊轨门吊的研制，解决长钢轨的存放和吊装问题；在国内无砟轨道无缝线路铺设工艺基础上，根据中国高速铁路无砟轨道的结构特点，深入研究钢轨焊接、锁定、锁定轨温以及轨道精调的工艺和方法，提高施工质量和施工效率；通过改造运轨支架的锁定装置，解决长钢轨的运输固定问题；通过研制现场施工使用的小型器具，提高无缝线路的施工质量和施工效率；通过研制无缝线路钢轨温度和位移自动监测系统，提高精调效率等。

4. 中铁三局以京沪高速铁路京杭运河特大桥（90+180+90）米的连续梁拱组合桥为工程依托，承担了股份公司重点科研课题。通过对时速350公里铁路大跨度无砟轨道连续梁拱组合桥的下部基础和上部结构的成套施工技术和关键工序的系统研究，形成了诸多研究成果，特别是给出了实现钢管拱吊杆力一次性张拉的优化算法，并提出了大跨度梁拱组合桥成桥后不同加载时间引起的主梁徐变变形规律，为评估无砟轨道荷载上桥时机提供了理论依据，解决了施工生产中的重大技术问题。

5. 中铁三局以西安地铁二号线TJSG-10标项目为依托，完成的股份公司科研课题“黄土地层中盾构下穿既有古建筑物及始发过站安全技术研究”，形成省部级工法1项，专利技术3项，其中发明专利2项。其研究成果被股份公司鉴定为国际先进水平，被股份公司评为科学技术二等奖。

6. 中铁三局集团有限公司以郑西客运专线工程为背景，开展的“砂质黄土超大断面隧道综合施工技术研究”，通过计算分析、工艺研究及现场监测分析达到了指导施工的目的，同时通过技术总结形成省部级工法4项，成果获得股份公司科学技术二等奖及中国施工企业管理协会科学技术奖创新成果二等奖。

【中铁四局科研开发】 2010年共下达两批科研计划，列转上年度45项，新立项56项，其中局立项42项（包括8项标准、总结的汇编），14项子分公司新立项；共承担股份公司一项重大课题“无砟道床维护关键技术及其专用成套设备的研究”；四项重点课题：“铁路大跨度钢—混混合梁斜拉桥技术研究”、“合肥地铁膨胀土深基坑施工技术”、“试车场（汽车、拖拉机、轮胎）综合施工技术研究”、“大口径长距离顶管施工关键技术”；四项引导课题；承担铁道部重点科研课题一项“合肥南环铁路枢纽1-128米系杆拱施工技术研究”，参加铁道部科研课题招标三项，与铁科院、铁三院共同承担铁道部科研课题两项。申报国家专项资金资助项目2项，获资金资助1项。

【中铁五局科研成果】《贵广高速铁路工程关键技术研究及应用》被列为贵州省重点开发项目，完成了《铁路站场工程施工质量验收标准》、《铁路瓦斯隧道技术规范》（征求意见稿）的撰写，作为第二参编单位参与了《铁路工程混凝土拌和站技术指南》标准的制定。

2010年，获詹天佑土木工程奖1项（“遂渝铁路无砟轨道综合试验段”），4项成果通过总公司评审，1项成果通过贵州省验收，11项成果通过局评定，2项成果获得股份公司2010年度科学技术三等奖。获省部级工法3项，企业级工法26项。申请专利25项（其中发明专利9项），获得正式授权3项。《高速铁路复杂岩溶双线隧道（海棠隧道）施工技术》成果荣获2009年度中国施工管理协会科技技术奖技术创新成果二等奖。《遂渝线无砟轨道施工技术研究与应用》成果获得2010年度国家科技进步一等奖；中铁五局获得了中国建筑业协会“‘十一五’全国建筑业科技进步与技术创新先进企业”称号，夏真荣被评为中国建筑业协会“‘十一五’全国建筑业科技进步与技术创新先进个人”和“2009年度中国施工企业管理协会科学技术奖技术创新先进个人”称号。

【中铁五局科研课题检查调研】 2010年6月，中铁五局与贵州省科技厅签订了贵州省重大科技专项——《贵广高速铁路工程关键技术研究及应用》合同。项目合同签订后，中铁五局按照政府重大科技专项的高标准、高要求，对在研项目进行了检查、布置，促使全局在研课题研究再上新水平。8月16日至9月2日，中铁五局科技设计部对全局11项在研科技项目进行了检查调研，根据对11项在研科技项目总结调研情况，完成了对检查总结情况通报，对每一个项目的情况进行了分析评价，对进展情况滞后的科技项目提出了加快进度的要求。10月24至26日，股份公司在成都召开课题评审会，中铁五局《深厚软土层CFG桩一板复合地基工作机理与变形控制技术试验研究》、《海产品养殖区桥梁基础施工技术研究》、《哈大客运专线TJ-1标简支箱梁预制架设关键施工技术研究》、《轨道板的制作铺设技术研究》等4个项目课题全部通过评审。其中，《哈大客运专线TJ-1标简支箱梁预制架设关键施工技术研究》、《轨道板的制作铺设技术研究》还获得股份公司2010年度科学技术三等奖。

中铁五局对承担的贵州省经信委技术中心能力建设课题——《隧道施工安全监测技术研究应用》报告进行了多次修改完善。11月下旬，贵州省经信委技术创新与质量处组织召开《隧道施工安全监测技术研究应用》验收会，经过专家对照课题合同要求进行了审查，专家对项目评价较高，认为资料翔实，为今后的隧道安全施工起到了较好的保证作用，可进一步完善资料，向煤矿、公路等建设领域推广。

【中铁七局攻关研究课题】 围绕地铁、长大隧道、铁路客运专线、新型桥梁施工技术及大型设备研制等并结合我局科技发展战略及行业发展趋势，本年共申报的58个项目进行了审核，最终批准了《煤渣高填路基大型铁路箱桥架空顶进施工技术研究》等31项为2010年度自主立项课题。结转上年度未完成项目30项，共计61项。

【中铁九局课题研究】 2010年，中铁九局完成课题13项，经评审委员会评审出企业级科技成果9项，奖励科技成果9项；完成 1.青岛海湾大桥浅海桥梁基础施工技术研究 2.深水施工吊箱钢围堰关键技术研究 3.严寒地区无碴轨道CRTSI型板式无砟轨道板施工技术研究省级科技成果鉴定3项；与东北大学联合开发的“盾构隧道施工引起地下管线变形规律及地表沉降预测研究”科技成果获股份公司科学技术三等奖；与东北大学联合开发的“新型GFRP管钢骨高强混凝土组合构件关键技术研究”科技成果分别获沈阳市科技进步二等奖和辽宁省科技进步二等奖。同时，掌握了“CRTS Ⅰ型无碴轨道板铺设技术”、“CRTS Ⅲ型无碴轨道板预制技术”、“18号大型道岔铺设技术”及“CPⅢ客运专线精密测量技术”等新技术多项；另外，推荐上报了绿色环保节能建筑关键技术研究、多层多线复杂空间铁路客专隧道群交叉并行段设计与施工关键技术研究、盾构隧道施工引起地下管线变形规律及地表沉降预测研究、沈阳地铁隧道衬砌混凝土腐蚀状态检测技术研究等股份公司级课题立项4项，其中3项为重要课题，1项为普通课题。

【中铁十局重大科研课题】 2010年，集团公司科研课题立项共计22项，组织课题验收12项。截至2010年底，全局在研科研项目共计32项，重点监控项目23项，进展较好的项目有：

“斜拉桥叠合梁施工技术研究”（济铁），以济宁市太白楼东路洸府河双塔双索面混合式叠合梁斜拉桥为工程依托，主要研究“跨既有铁路悬臂拼装钢梁施工技术”、“钢砼叠合梁施工技术”、“斜拉索多次张拉与线形控制技术”；该工程正在进行中跨叠合梁合拢施工，已初步形成“大直径钻孔桩施工研究”、“深基坑支护”、“大体积混凝土施工”、“大吨位球型钢支座”技术研究报告或科技论文。

“城际铁路无砟轨道轨道板预制、安装施工技术研究”（沪宁），以新建沪宁城际铁路为工程依托，其中 CRTS Ⅰ型无砟轨道工程为集团公司首次施工，主要研究“CRTS Ⅰ型无砟轨道板预制制造技术”、“CRTS Ⅰ型无砟轨道板吊装、运输技术”、“CRTS Ⅰ型无砟轨道板安装综合技术”；沪宁城际客运专线现已全面开通运营，课题组正在着手进行关键技术的总结和研究报告的编制工作。

“兰渝铁路人和场隧道软弱围岩浅埋隧道结构稳定性分析及围岩变形监控量测新技术应用研究”（与西南交大合作），以新建兰州～重庆铁路 LYS-14 标段人和场隧道工程为依托，通过现场监控量测的手段及理论计算相结合的研究方法，进行软弱、破碎围岩地质结构特性及其力学参数研究、穿越敏感建筑群浅埋软弱破碎岩体隧道的围岩变形机制研究、穿越敏感建筑群浅埋软弱破碎岩体隧道的开挖稳定性及支护技术研究、非接触隧道监控量测技术方法研究。合同签订后，课题组已完成前期资料收集和项目调研工作，编制研究方案和试验大纲；现场采集地质资料，组织相关现场试验与分析。

“兰渝铁路人和场隧道穿越城市住宅、水库等特殊地段电子爆破综合技术研究”（与北方交大合作），以新建兰州～重庆铁路 LYS-14 标段人和场隧道工程为依托，主要进行电子雷管降振技术研究、电子雷管与非电导爆管雷管综合网路爆破减振技术研究等内容的课题研究。合同签订后，课题组已完成前期资料收集和项目调研工作，编制研究方案和试验大纲；根据科研进度计划组织购买现场试验用的爆破试验材料，进行相关现场试验与测试。

“客运专线复合加固深层软土技术研究”（铁道部立项）已形成课题成果资料，根据课题组的安排，正待结题。

“沪宁城际铁路施工安全与沉降监测技术研究”课题相关的试验研究工作基本结束，正在进行资料的整理与成果报告的编制工作，目前已形成初步成果报告。

【中铁大桥局课题攻关研究】 2010 年，新签铁道部科研项目 2 项：《高速铁路桥梁技术深化研究-大跨度公铁两用斜拉桥关键技术研究-大跨度公铁两用斜拉桥全焊桁片的制造及架设关键技术研究》，合同金额 64 万元；《南京大胜关长江大桥主桥施工关键技术研究》，合同金额 80 万元。

新签总公司科研项目 11 项：《高速铁路桥梁智能安全监测成套技术研究》、《渤海湾桥隧工程相关技术的研究》、《琼州海峡跨海通道建造技术研究》、《高速铁路桥梁减振降噪技术研究》、《复杂地形、不良地质条件下后锚碇施工设计研究》、《港珠澳大桥修建技术研究》、《特殊条件下大跨度拱桥施工技术研究》、《1000t 臂杆式起重船研究与制造》、《5000t·m 塔式起重机研究》、《基于非线性电磁超声探伤的钢箱梁质量检测新方法研究》、《铁路桥梁拉索强度与疲劳损伤机理研究》。合同金额共 310 万元。

进行了武汉市重大科技产业化专项课题《桥梁与钢结构关键技术研究与产业化》的研究，获经费支持 40 万元。

“大跨度桥梁建造关键技术及其产业化”科研课题通过武汉市科技成果评审，成果被评定为“达到国际领先水平”。

延续国家 863 计划科研课题“铁路钢桥疲劳损伤自感应自诊断系统的研究”已通过国家科学技术部验收。

【中铁隧道攻关研究课题】 2010 年研究课题有：

1. 矿山法隧道施工地质风险跟踪预警预报系统建立与设备研制，本课题研究开发配套一个伴随隧道开挖面推进的集地质信息采集、地质风险分析、施工安全预警预报为一体的、快速、高效，适用于矿山法施工的隧道施工跟踪地质风险预警预报信息系统。

2. 大断面山岭隧道修建技术及相关机具配套技术研究，本课题研究重点解决铁路、公路、水利隧道、隧洞等在复杂地质条件下快速施工技术方面的机具配套问题，对促进施工进度，缩短工期，保证施工质量和安全，提升隧道施工修建技术与机具配套水平，形成中国修建大断面隧道理论技术体系作用重大。

3. “钢-混凝土组合桁架梁”桥梁上跨既有高速铁路施工过程中的关键技术及控制措施研究，本课题结合西平项目太峪大桥工程，通过对钢-混凝土组合结构桥梁的结构和受力特点的研究，明确其施工过程中的关键技术环节和控制变量，并确定其对桥梁内力和变形的影响，指导制定桥梁最优的施工工序和施工工艺，保障桥梁在施工过程和成桥后主桥的应力在设计容许范围，确保成桥后主桥的线形满足设计线形的要求，保障桥梁结构施工和运营安全。

4. 盾构刀具磨损超声波检测技术研究及应用，本课题旨在中铁隧道集团公司现有技术的基础上，针对盾构掘进刀具磨损的超声波检测技术进行深入研究和应用，根据检测结果指导现场及时进行刀具更换，减少被迫停机次数。

5. 郑州地铁中心商业区车站及盾构区间隧道施工技术研究，本课题在中铁隧道集团现有的施工技术的基础上，针对郑州市轨道交通1号线一期工程的施工难点和重点技术问题进行深入研究，全面掌握在郑州地铁以粉土、粉质粘土为主的地层中，盾构长距离穿越火车股道群、近距离穿越火车站无柱雨棚及平行、横穿洞室施工的技术和工艺，进一步提高施工质量，加快施工进度和保证施工及环境安全。

6. 地铁明挖车站、钢箱梁高架桥合建综合技术研究，本课题研究解决马鞍山路高架桥和两个地铁车站合建设计和施工过程中存在的问题，为工程建设提供技术支持和保障，形成系统的地铁明挖车站与高架桥同步同位合建设计和施工技术，为今后类似工程的修建提供参考和借鉴。

7. 复杂条件浅埋大跨水下隧道修建关键技术研究，通过本课题研究，建立研究综合超前地质预报体系，为隧道施工提供准确预报信息；建立超大深基坑开挖对沿线临近高层建筑物的影响下评价体系；提出超大深基坑开挖对临近结构物及地下生命管线的影响下的保护措施；建立近距离双线隧道穿越大型断层及分岔大跨段施工工法；形成地层加固注浆技术及支护可靠性评价体系；建立湘江隧道工程特点的风险管理系统；提出湘江隧道风险应急预备处理措施；建立高水压条件下隧道的防排水准则；提出适用于水下隧道防排水材料的合理安铺工艺；建立水下浅埋暗挖施工工法和支护的可靠性评价体系；提出湘江隧道风险应急预警及处理措施；为水下隧道设计和施工提供技术借鉴和理论支持。

8. 木寨岭隧道围岩变形机理与控制技术研究，通过本课题研究，掌握木寨岭隧道炭质板岩的变形机理；克服木寨岭隧道地应力对隧道变形的影响；研究出木寨岭隧道软岩变形段应力控制方法；提出一套木寨岭隧道软岩变形段的开挖方式、支护参数及工艺；为安全优质高效建成兰渝铁路木寨岭隧道工程提供技术支持，并为以后类似工程施工提供参考。

9. 浅埋暗挖地铁区间隧道机械化快速施工关键技术研究，本课题研究，旨在解决北京地铁隧道施工长期以来以人力开挖为主的现状，提高机械化施工技术水平，拟在北京地铁6号线东四站——朝阳门站区间标准段隧道施工中，和有实力的机械企业联合对地铁隧道的开挖、排管、注浆设备以及全断面施工及运输的机械配套技术，进行科技攻关并总结成果。

10. 复杂环境下地铁暗挖区间隧道群洞施工技术及群洞影响效应研究，本课题研究提出重叠段隧道组织及施工技术措施，科学安排各开挖面步局，最大限度降低群洞间相互影响，有效控制地表沉降，快速、经济、安全、高质量的完成该工程，同时也为后续类似工程提供借鉴经验。

【中铁建工重大科研课题】 2010年，中铁建工重大研究课题见表7-4：

表7-4 2010年中铁建工重大研究课题情况表

序号	课题名称	立项级别	进展情况
重点-64-2010	铁路行包（邮政）自动运输系统	总公司重点课题	延续
重点-65-2010	成都东客站工程综合施工技术	总公司重点课题	完成
重点-66-2010	石武客专郑州东站复杂结构技术研究	总公司重点课题	延续
重点-67-2010	复杂地质条件下60米深T型地连墙施工综合技术	总公司重点课题	完成
重点-30-2009	超高层建筑施工技术研究	总公司重点课题	延续

成果和进步

【股份公司科研成果情况】 2010年股份公司共获各种奖项有：

1. 国家科技进步奖2项，其中一等奖2项；

2. 全国优秀工程咨询成果奖17项，其中一等奖4项，二等奖5项，三等奖8项；

3. 中国土木工程詹天佑奖9项；

4. 省部级科技进步奖167项，其中特等奖9项，一等奖50项，二等奖68项，三等奖40项；

5. 省部级优秀工程勘察设计奖32项，其中特等奖1项，一等奖14项，二等奖11项，三等奖6项；

6. 省部级优秀工程咨询成果奖24项，其中一等奖7项，二等奖10项，三等奖7项；

7. 财政部优秀科技成果专项奖5项；

8. 中国中铁股份有限公司优秀工程勘察设计奖63项，其中一等奖22项，二等奖25项，三等奖16项；

9. 中国中铁股份有限公司优秀工程咨询成果奖26项，其中一等奖12项，二等奖10项，三等奖4项。

【中铁二院2010年科研成果情况】 2010年，中铁二院勘察设计创优工作成效显著，工程勘察、设计、咨询创优工作取得了可喜的成绩。全年共列支科研经费1.42亿元，开展了191项科研课题研究，结题了36项。其中“高速铁路超大断面黄土隧道修建技术”成功突破了大断面黄土隧道的技术限制，累计为郑西客运专线黄土隧道节省工程投资3.2亿元。全年新获国家专利73项，获科技成果奖42项（09年度39项，2010年度3项），其中：国家科技进步奖2项（其中1项为公示项目）；省级科技进步奖4项；铁道学会科学技术奖7项；中铁股分公司科学技术奖10项；集团公司科技进步奖17项；协会科学技术奖2项。获铁道部优秀标准设计奖1项（09年度）。获中国土木工程詹天佑奖3项，优秀工程咨询成果奖国家级6项、省部级8项，省部级优秀工程勘察设计奖28项。

【中铁设计咨询科技成果获奖】 2010年中铁设计咨询有3项科技成果获中国铁道学会科学技术奖一等奖。（见表7-5）

表7-5 2010年中铁设计咨询科技成果获奖项目情况一览表

序号	项目名称	获奖类别	获奖等级
1	新建合肥至南京铁路关键技术	中国铁道学会科学技术奖	一等奖
2	客运专线预应力混凝土简支箱梁预制场工业化技术及应用	中国铁道学会科学技术奖	一等奖
3	华北地区集疏运系统工程研究	中国铁道学会科学技术奖	一等奖

——《华北地区集疏运系统工程研究》是由铁道部运输局牵头，中铁设计咨询等单位参加，研究实施华北地区集疏运系统规划建设工作。该课题实现了五个方面的突破与创新：首次系统研究了客运专线投产后的运力资源优化配置问题；首次开展了规模化的区域性集疏运系统研究；首次采用了科学研究、规划设计、工程实施、运输管理四位一体的运作模式；首次提出了货物集疏运方式的分类处理理论与方法；首次形成了较完整的集疏运系统理论，为铁路货运资源整合和铁路集约化发展提供了新的理论依据和技术方法，体现了科学发展观的思想，对优化铁路运力资源配置具有很强的理论价值。

——《客运专线预应力混凝土简支箱梁预制场工业化技术及应用》提出了预制箱梁制造过程中的控制参数，在梁场布局、设备选用、施工周期等方面发挥了重要作用。由中铁设计咨询设计的预制箱梁（包括时速250公里和时速350公里客运专线铁路简支箱梁）广泛应用于中国客运专线建设中，对该项目的推广应用提供了有利条件。

——《新建合肥至南京铁路关键技术》开创性地提出了客运专线简支箱梁关键技术参数，填补了中国客运专线大吨位先、后张简支箱梁的空白，为中国客运专线建设提供了宝贵经验。中铁设计咨询作为时速250公里客运专线64米下承式钢桁结合梁的设计单位，对中国客运专线上使用的双线下承钢桁结合梁桥面系采用密布横梁、桥面板与主桁全结合的设计，设计理念先进，结构构造合理，高速运行安全。

【中铁设计咨询科技成果评审（验收）】 2010年中铁设计咨询科技成果通过外部评审（或验收）的有3项：“高速铁路轨道基准网数据采集与处理系统” 通过铁道部评审；“大跨度市政斜拉桥转体法施工关键技术” 通过住房建设部验收；“体育场罩棚大跨钢拱架设计研究” 通过中国中铁股份有限公司评审。

【中铁电化院成果和进步】 智多星和金点子小组参加中国铁路股份有限公司、集团公司系统的QC小组成果发表会，分别获得铁道部和全国工程建设优秀质量管理小组，并入选铁道行业QC小组活动成果汇编。

【中铁一局主要成果项目】 中铁一局2010年度获科技成果奖项目见表7-6。

表 7-6　2010 年中铁一局科技成果获奖项目情况一览表

序号	获奖名称	科技奖励种类	获奖级别
1	黄土地区高速铁路修建关键技术-郑西客专陕西段专题研究	陕西省科学技术奖	一等奖
2	大跨度不等跨预应力斜拉桥施工技术	陕西省科学技术奖	二等奖
3	高墩收折式钢拉杆变跨移动支架施工技术	陕西省科学技术奖	三等奖
4	高性能混凝土设计及施工质量控制	陕西省科学技术奖	三等奖
5	厦门翔安海底隧道施工关键技术	中国施工企业管理协会科学技术奖	特等奖
6	宜万铁路云雾山岩溶隧道关键施工技术	中国施工企业管理协会科学技术奖	一等奖
7	铁路客运专线桥梁用 RPC 人行道盖板制备技术与生产工艺研究	中国施工企业管理协会科学技术奖	二等奖
8	宜万铁路渡口河特大桥高墩、大跨连续刚构综合施工技术	中国施工企业管理协会科学技术奖	二等奖
9	泸州泰安长江大桥大跨度不等跨预应力斜拉桥施工技术	中国施工企业管理协会科学技术奖	二等奖
10	非煤系变质岩地层瓦斯硫化氢隧道施工技术研究	中国施工企业管理协会科学技术奖	二等奖
11	宜万铁路云雾山岩溶隧道关键施工技术	中国中铁股份有限公司科学技术奖	一等奖
12	Z-GP150 型管棚机研制	中国中铁股份有限公司科学技术奖	一等奖
13	城铁钢弹簧浮置板轨道及整体道床快速施工新技术	中国中铁股份有限公司科学技术奖	一等奖
14	穿越复杂地层和浅基建筑物地段盾构法隧道施工关键技术研究	中国中铁股份有限公司科学技术奖	二等奖
15	沈阳地铁一号线保工街站及保工街站~铁西广场站区间综合施工技术	中国中铁股份有限公司科学技术奖	二等奖
16	南京河西长江漫滩复杂地层盾构施工综合技术	中国中铁股份有限公司科学技术奖	二等奖
17	客运专线铁路有砟轨道综合施工技术研究	中国中铁股份有限公司科学技术奖	二等奖
18	秦岭终南山特长公路隧道综合快速施工技术研究	中国中铁股份有限公司科学技术奖	二等奖
19	武广高速铁路岳阳段无砟轨道路基工后沉降控制研究	中国中铁股份有限公司科学技术奖	二等奖
20	RPC 混凝土预制构件生产技术与工艺研究	中国中铁股份有限公司科学技术奖	二等奖
21	CRTSⅡ型轨枕辊道法生产技术研究	中国中铁股份有限公司科学技术奖	三等奖

【中铁二局成果项目】　四川省科技进步三等奖 2 项：大跨径曲线梁非对称外倾拱桥建造技术、风积沙地区高速公路下伏采空区综合整治技术。

中国铁道学会科学技术奖特等奖：京津时速 350 公里线路工程技术及应用。

中国铁道学会科学技术奖一等奖 3 项：京津城际铁路路基设计和施工关键技术、京津城际铁路大跨度桥梁设计和施工关键技术、新建合肥至南京铁路关键技术。

中国公路学会科学技术奖特等奖 1 项：大跨径曲线梁非对称外倾拱桥建造技术。

中国公路学会科学技术奖一等奖 2 项：风积沙地区高速公路下伏采空区综合整治技术、50 米先张法折线配筋预应力混凝土 T 梁施工技术。

中国施工企业管理协会科学技术奖创新成果一等奖 2 项：大跨径曲线梁非对称外倾拱桥建造技术、高瓦斯特长隧道建设关键技术研究。

总公司科学技术奖一等奖 1 项：青岛胶州湾海底隧道钻爆法施工关键技术研究。

总公司科学技术奖二等奖 3 项：榆神风积沙地区高速公路建造技术、独塔斜拉连续刚构组合桥关键施工技术、高速公路建设信息化整体解决方案研究与应用。

总公司科学技术奖三等奖 1 项：CRTSⅡ型无砟轨道板制造技术国产化研究。

【中铁三局成果及进步】　2010 年，中铁三局所获成果与进步有：

1. 大跨度无砟轨道连续梁（连续刚构）桥梁施工技术取得突破

中铁三局集团有限公司以国内外高速铁路跨度最大的无砟轨道预应力混凝土连续刚构桥——广珠城际铁路容桂水道特大桥为代表，克服众多施工技术难点，取得多项技术集成和再创新，此项成果综合技术达国际先进水平，获股份公司 2010 年度科学技术奖一等奖。

2. 客运专线大跨度梁拱组合桥施工技术国际领先

中铁三局集团有限公司在铁道部重点课题的支撑下，对广珠城际铁路小榄水道（100+220+100）米的 V 型连续刚构拱组合桥施工技术进行科研攻关，形成了 V 型墩组合式支撑体系分段现浇施工工艺、大跨度桥梁夹片式群锚锚下有效预应力变化规律、大跨度钢管拱竖转合龙技术、施工全过程空间受力特性变化规律等多项研究成果，获省部级工法和国家专利多项，综合技术达国际领先水平，获股份公司 2010 年度科学技术奖二等奖。

3. 高速铁路湿陷性黄土路基填筑技术获国内同行业认可

中铁三局集团有限公司以郑西、石武、大西客运专线建设为依托，对湿陷性黄土路基填料改良及压实工艺进行科研攻关，在铁道部重点课题的支撑下，首次对中国高速铁路湿陷性黄土填料改良技术进行了系统研究，并应用于生产实践，其中，以发现“水泥改良黄土最大干密度随时间的衰减规律”为创新成果代表，为湿陷性黄土路基的填料改良提供了理论和试验依据，确保了高速铁路路基填筑质量，综合技术达国际先进水平，获股份公司 2010 年度科学技术奖三等奖。

4. 桥隧相连 900 吨级架桥机研发解决行业架梁难题

中铁三局集团有限公司以石太客运专线建设为依托，对桥隧相连地段 900 吨箱梁的架设进行科研攻关，与爱登公司联合开发了“桥隧相连 900 吨级架桥机”。该架桥机能够在距离隧道口大于 7 米的位置进行 900 吨箱梁的架设而且能够在不拆解或者是少拆解的条件下通过隧道，解决了桥隧相连地段 900 吨箱梁的架设难题，综合技术达到了国际领先水平，获 2009 年度山西省科学技术奖三等奖。

5. 黄土地层中盾构下穿既有古建筑物及始发过站安全技术研究取得突破

该技术攻克了盾构在黄土地区安全经济快速下穿既有古建筑的难题，同时该项成果以施工过程非线性仿真技术和现场实时监测技术进行信息反馈和优化控制，采用盾构法施工技术并综合应用地面加固技术与盾构推进参数的交叉控制技术完成了盾构进出洞端头加固合理范围的确定方法、盾构下穿古城墙及护城河、盾构通过既有车站及矿山法隧道等多项关键技术的研究与总结，提高了现有盾构施工技术水平。通过课题攻关形成省部级工法一项，专利技术三项，其中发明专利两项。其研究成果被股份公司鉴定为国际先进水平，被股份公司评为科学技术奖二等奖。

6. 客运专线砂质黄土超大断面隧道综合施工技术研究成果显著

本科研以当时国内最长的大断面湿陷性黄土隧道-函谷关隧道(7851 米)和阌乡隧道下穿连霍高速公路为工程背景开展技术攻关，成功解决了浅埋、偏压、砂层等不良地质段施工等关键性技术难题。该研究，施工工艺技术有创新、施工手段技术有创新、施工支护技术有创新、施工开挖技术有创新，并形成省部级工法四项。该成果获得股份公司科学技术奖二等奖及中国施工企业管理协会科学技术奖创新成果二等奖。

【中铁四局科研立项与成果鉴定】 2010 年共下达两批科研计划，列转上年度 45 项，新立项 56 项，其中局立项 42 项（包括 8 项标准、总结的汇编），14 项子分公司新立项；共承担股份公司一项重大课题“无砟道床维护关键技术及其专用成套设备的研究”；四项重点课题：“铁路大跨度钢—混混合梁斜拉桥技术研究”、“合肥地铁膨胀土深基坑施工技术”、“试车场（汽车、拖拉机、轮胎）综合施工技术研究”、“大口径长距离顶管施工关键技术”；四项引导课题；承担铁道部重点科研课题一项“合肥南环铁路枢纽 1-128 米系杆拱施工技术研究”，参加铁道部科研课题招标三项，与铁科院、铁三院共同承担铁道部科研课题两项。申报国家专项资金资助项目 2 项，获资金资助 1 项。2010 年度共完成局科研成果评审 20 项、省级鉴定 11 项、总公司成果评审 10 项，“铁路客运专线整孔箱梁快速预制技术”等 4 项成果通过铁道部科技司技术审查，“客运专线无砟道岔铺设技术研究”通过铁道部结题评审。

【中铁四局获奖科技成果】 2010 年，中铁四局科技成果详见表 7-7、8。

表 7-7　2010 年中铁四局科技成果获奖项目情况一览表

序号	成果名称	获奖等级	授奖单位
1	客运专线 900t 箱梁制、运架施工技术及关键设备	二等奖	安徽省人民政府
2	SLC1500B 高速铁路水泥乳化沥青砂浆搅拌泵送灌注车研制	三等奖	安徽省人民政府
3	夏热冬冷地区节能省地型住宅关键技术及应用研究	三等奖	安徽省人民政府
4	双块式轨枕制造成套设备与工艺研究。	三等奖	安徽省人民政府
5	铁路客运专线整孔箱梁快速预制技术	一等奖	中国铁路工程总公司
6	甬台温铁路雁荡山特大桥叠合拱桥施工技术研究	一等奖	中国铁路工程总公司
7	复杂条件下浏阳河隧道施工关键技术及风险管理研究	一等奖	中国铁路工程总公司
8	高速铁路乳化沥青用乳化剂及水泥乳化沥青砂浆用聚合物乳液的开发	一等奖	中国铁路工程总公司
9	高速铁路下穿城市复杂环境下大断面隧道施工技术研究报告	二等奖	中国铁路工程总公司
10	大口径长距离钢管顶管施工技术	二等奖	中国铁路工程总公司
11	CRTS Ⅰ型板式无砟轨道施工技术及关键设备研究	三等奖	中国铁路工程总公司

序号	成果名称	获奖等级	授奖单位
12	客运专线无砟道岔铺设技术研究	三等奖	中国铁路工程总公司
13	夏热冬冷地区节能省地型住宅关键技术应用研究	一等奖	中国施工企业协会
14	大跨度曲线空间管桁架混合结构成套关键技术研究和应用	一等奖	中国施工企业协会
15	一拖试验场高附着系数路面施工技术研究	一等奖	中国施工企业协会
16	五跨（箱肋）拱桥保护性拆除与七跨部分斜拉桥施工技术研究	一等奖	中国施工企业协会
17	大体积无粘结预应力混凝土卵形消化池施工关键技术	二等奖	中国施工企业协会
18	SLC1500B高速铁路水泥乳化沥青砂浆搅拌泵送灌注车	二等奖	中国施工企业协会
19	长大隧道内双块式无砟轨道施工设备配套及施工技术研究	二等奖	中国施工企业协会
20	五跨（箱肋）拱桥保护性拆除与七跨部分斜拉桥施工技术研究	三等奖	中国公路学会
21	高富水砂层地铁隧道施工技术研究	三等奖	中国岩石力学与工程学会

【中铁七局成果与进步】 2010年11月参加了“中国施工企业管理协会科技发展论坛暨颁奖会”，会上公布了集团公司上报的四个课题“大吨位曲线斜拉桥自平衡转体施工技术”、“单线隧道接触网腕臂机构安装技术”、“HZQ550型单线和双线并置箱梁兼用架桥机研制和应用”、“旋挖钻机套管跟进斜桩施工应用技术研究”获得中国施工企业管理协会科学技术奖二等奖。

股份公司组织专家对中铁七局申报的“穿越复杂地层和浅基建筑物地段盾构法隧道施工关键技术研究”进行了科技成果评审，经过现场答辩和严格审查，顺利通过评定，被认定为国内领先水平。

河南省科技厅在郑州组织专家对中铁七局完成的《城市轨道交通供电、弱电系统工程验收标准指南》、《京沪高铁上海虹桥枢纽牵引供电综合应用技术研究》二项科研成果进行了鉴定，认定这二个项目的研究成果总体水平均达到了国内领先。截至目前，我局共有二十项成果通过省级鉴定。

【中铁七局QC活动开展】 2010年围绕“讲求方法，扎实有效”这一QC小组活动主题，积极开展QC小组活动，总结QC小组成果32个，其中获全国工程建设优秀质量管理小组一等奖1项、二等奖2项；获河南省工程建设优秀质量管理小组一等奖1项、二等奖9项、三等奖2项；获铁道部优秀质量管理小组2项；获股份公司级优秀质量管理小组2项，集团公司还荣获“2010年度全国工程建设质量管理优秀企业”、“2010年河南省工程建设优秀QC小组活动优秀企业”称号。

【中铁八局获奖情况】 2010年，共完成局级科技成果23项，通过省部级科技成果评审及鉴定6项，获省部级科技进步奖7项；完成局级QC成果45项，获省部级以上QC成果奖45项，其中国家级QC成果10项；申报专利12项，获得专利授权9项，其中发明专利4项；全年还完成局级工法成果23项，获省部级工法成果16项，其中四川省二级工法成果10项、重庆市二级工法成果3项、贵州省二级工法成果3项。

2010年，中铁八局集团获总公司以上的省部级科技进步奖7项，其中由中铁八局集团与二院共同完成的《遂渝线无砟轨道综合试验段关键技术试验研究》获国家科技进步一等奖。《武广客专武汉综合试验段无砟轨道施工技术研究》获中国施工企业管理协会科学技术奖特等奖。《全自动水泥乳化沥青砂浆搅拌车》获中国施工企业管理协会科学技术奖一等奖。由一公司完成的《重庆城市交通嘉华工程桥隧综合施工技术研究》获重庆市科技进步三等奖。《主跨340米双塔单索面不对称斜拉桥设计与施工技术研究》和《贵阳花溪1-175米钢管混凝土拱桥施工关键技术研究》获总公司科学技术奖二等奖。由四公司完成的《高速铁路桥梁栏杆机械化生产工艺及装备研究》获总公司科学技术奖。

【中铁十局科技奖励】 2010年，集团公司共申报各类科技奖励11项，获得省部级科技进步奖9项（云南省科技进步奖1项，中国施工企业管理协会科学技术奖4项，股份公司科学技术奖1项，河北省科技进步奖2项，住房与城乡建设部科学技术奖1项，中国建筑业协会科学技术奖1项）（详见表7-9）。

表7-9 2010年中铁十局科技成果获奖项目情况一览表

序号	成果名称	奖项等级	设奖单位
1	碎裂玄武岩夹凝灰岩型铁路单线隧道综合技术研究	二等奖	云南省
2	胶济铁路客运专线青岛站综合施工技术研究	二等奖	中国施工企业管理协会
3	城际铁路单箱双室无砟轨道整孔式箱梁制、提、运、架综合施工技术研究	二等奖	中国施工企业管理协会
4	石家庄和平路跨铁路曲线连续钢箱梁墩顶转体施工技术研究	二等奖	中国施工企业管理协会

序号	成果名称	奖项等级	设奖单位
5	富水碎裂玄武岩夹凝灰岩长大铁路隧道综合施工技术研究	二等奖	中国施工企业管理协会
6	胶济铁路客运专线青岛站综合施工技术研究	二等奖	股份公司
7	功能图形建模技术及其在路桥工程中的应用	三等奖	河北省
8	青岛站新技术应用通过第六批全国建筑业新技术应用示范工程		住房与城乡建设部
9	“十一五”全国建筑业科技进步与技术创新先进企业		中国建筑业协会

【中铁十局成果鉴定】 2010 年集团公司共有 9 项新成果完成省部级以上鉴定评审工作，技术水平都达到国内领先水平。（详见表 7-10）。

表 7-10　2010 年中铁十局通过省部级科技成果鉴定项目一览表

序号	成果名称	鉴定（评审）组织单位	成果技术水平
1	石家庄和平路跨铁路曲线连续钢箱梁墩顶转体施工技术研究	山东省科技厅	国内领先
2	城际铁路单箱双室无砟轨道整孔式箱梁制、提、运、架综合施工技术研究	山东省科技厅	国内领先
3	胶济铁路客运专线青岛站综合施工技术研究	山东省科技厅	国内领先
4	客运专线简支箱梁施工阶段收缩徐变仿真分析与控制技术研究	山东省科技厅	国内领先
5	适应河床地形的异型双壁钢围堰施工技术研究	山东省科技厅	国内领先
6	沙溪河特大桥岩溶钻孔与水下裸岩爆破钢板桩围堰施工综合技术研究	山东省科技厅	国内领先
7	客运专线车站信号改造工程安全、低停点施工技术研究	山东省科技厅	国内领先
8	客运专线简支箱梁施工阶段收缩徐变仿真分析与控制技术研究	股份公司	国内领先
9	基于信息化技术的连续梁上跨既有线安全防护技术研究	股份公司	国内领先

【中铁大桥局成果和进步】 2010 年，中铁大桥局所获国际及省市科技进步奖有：

1.“武汉天兴洲公铁两用长江大桥”获 27 届美国国际桥梁大会（IBC）乔治•理查德森奖。

2.“京沪高速铁路南京大胜关长江大桥主墩深水基础施工技术”、“城市桥梁施工与控制对桥梁生命周期环境影响研究”获湖北省科技进步二等奖。

3.“三索面三主桁公铁两用斜拉桥建造技术”获中铁总公司科学技术奖特等奖；“京沪高速铁路南京大胜关长江大桥大跨度钢桁拱安装与合龙技术研究”、“郑州黄河公铁两用桥大跨长联多点连续同步顶推技术设计与应用”、“斜拉索新型杠杆质量减振装置（LMD）研发及其应用”获中铁总公司科学技术奖一等奖；“自浮式钢底板单壁吊箱围堰设计与施工技术”获中铁总公司科学技术奖二等奖。

4.“三索面三主桁斜拉桥跨中合龙技术”、“京沪高速铁路南京大胜关长江大桥大跨度钢桁拱安装与合龙技术”和“泰州长江公路大桥南锚碇陆上超大沉井基础施工技术”获中国施工企业管理协会创设的科技创新成果一等奖；“开口式基坑支护设计与施工”获中国施工企业管理协会创设的科技创新成果二等奖。

5.“京沪高速铁路南京大胜关长江大桥大跨度钢桁拱安装与合龙技术”和“铁路钢桁梁整节段架设关键技术”获中国钢结构协会科技进步三等奖。

6.集团公司获中国建筑业协会“十一五”全国建筑业科技进步与技术创新先进企业称号。

7.《斜拉索杠杆质量阻尼减振系统研究》获得中国中铁科技进步一等奖。

8.《新型缆索结构体系桥梁应用技术研究》获得江西省科技进步三等奖。

【中铁隧道成果和进步】 2010 年，中铁隧道集团所获省市科技进步奖有：

1.《复合盾构样机的研制》获 2010 年度洛阳市科技进步一等奖。

2.《建筑群下富水风化花岗岩地层浅埋大跨近距隧道修建技术》获 2010 年度洛阳市科技进步一等奖、2010 年度总公司科学技术奖一等奖、2009 年度中国施工企业管理协会科学技术创新成果二等奖。

3.《复杂城市环境下地下拱箱组合结构隧道修建关键技术》获 2010 年度洛阳市科技进步二等奖。

4.《沉管隧道设计与施工关键技术研究》获 2010 年度总公司科学技术奖二等奖。

5.《大型地铁换乘站紧邻既有建（构）筑物安全施工关键技术研究与应用》获 2010 年度总公司科学技术奖二等奖。

6.《浅埋暗挖水下隧道关键技术研究》获 2010 年度总公司科学技术奖一等奖。

7.《太中银铁路兴旺峁隧道富水全、强风化砂岩和含水砂层施工关键技术研究》获2010年度总公司科学技术奖三等奖、2009年度中国施工企业管理协会科学技术创新成果二等奖。

8.《高压富水岩溶深埋特长隧道修建技术》获2010年度总公司科学技术奖特等奖、总公司“十一五”十大优秀科技成果奖、2009年度中国施工企业管理协会科学技术创新成果一等奖。

9.《软硬不均地层及复杂环境隧道复合盾构的研制与掘进技术》获总公司“十一五”十大优秀科技成果奖。

10.《大长岩溶隧道水害综合治理技术研究》获2010年度河南省科技进步二等奖。

11.《厦门翔安海底隧道施工关键技术》获2009年度中国施工企业管理协会科学技术创新成果特等奖。

12.《武汉长江隧道盾构法施工技术研究》获2009年度中国施工企业管理协会科学技术创新成果一等奖。

13.《盾构控制系统检测试验台的研制》获2009年度中国铁道学会科学技术奖三等奖。

14.《膏溶角砾岩特殊岩体隧道施工技术研究》获2009年度中国铁道学会科学技术奖二等奖。

15.《城市密集建筑区、明暗挖结合立体交叉洞室群地铁车站修建技术》获2010年度华夏建设科学技术奖三等奖。

【中铁电气化局成果和进步】 2010年中铁电气化局获省市及总公司科技创新成果奖如下：

1、“北京南站改扩建工程”获 北京市科学技术奖二等奖。

2、“京津城际铁路牵引供电系统集成技术” 获北京市科学技术奖三等奖 。

3“北京机场线东直门站立体穿越M13折返线关键技术研究”获北京市科学技术奖三等奖 。

4、“高速铁路客运专线施工专用工具研究” 获中国施工企业管理协会科学技术奖二等奖。

5、“高速电气化铁路用高强高导接触网导线及其配套零部件” 获中铁工程总公司科学技术奖特等奖。

6、“客运专线接触网零件系列产品的研制” 获中铁工程总公司科学技术奖一等奖。

7、“高速铁路电气化施工关键技术研究”获中铁工程总公司科学技术奖二等奖。

8、“DCR-2000型道岔电加热融雪系统” 获中铁工程总公司科学技术奖三等奖。

9、“地铁既有线信号系统更新改造工程关键技术研究”获中铁工程总公司科学技术奖三等奖。

【中铁建工集团科技成果和进步】 2010年，建工集团共有9项新成果完成省部级以上鉴定评审工作，技术水平都达到国内领先水平。（详见表7-11）。

表7-11　2010年中铁建工科技成果获奖项目情况一览表

序号	成果名称	评奖单位及等级
1	成都东站工程综合技术研究	总公司科学技术奖一等奖
2	长沙南站工程综合施工技术	总公司科学技术奖二等奖
3	广州新客站21米高架候车层结构工程综合施工技术研究	总公司科学技术奖二等奖
4	青藏铁路那曲物流中心工程综合施工技术	总公司科学技术奖三等奖
5	于家堡站复杂地质条件下六十米T型地连墙综合施工技术研究	总公司科学技术奖三等奖
6	国家图书馆二期工程暨国家数字图书馆工程新技术应用	中施企协科技创新一等奖
7	福州南站主体结构及节能环保综合施工技术	中施企协科技创新二等奖
8	新建广州和谐型大功率机车检修基地项目（机车新造系统）可行性研究报告	全国优秀工程咨询成果三等奖
9	新建广州和谐型大功率机车检修基地项目（机车新造系统）可行性研究报告	总公司优秀工程勘察设计奖一等奖
10	沈阳铁路局苏家屯机务段内燃机车检修基地建设项目	总公司工程咨询成果奖二等奖
11	四川平武县文体中心（512灾后重建项目）	获得四川省优秀工程设计二等奖
12	苏州工业园区生物纳米科技园研发楼	苏州市优秀工程设计二等奖
13	苏州高新区邓蔚路1#地块	苏州市优秀工程设计三等奖
14	苏地2006-B-36地块-住宅	苏州市优秀工程设计三等奖
15	置地甲江南（一期）	詹天佑住宅小区金奖
16	苏州工业园区荣域花园住宅工程	詹天佑住宅小区优秀建筑奖

法规与专利

【股份公司知识产权与工法】 2010年，股份公司新增省部级工法125项，新增专利授权333项，其中发明专利104项。

【中铁二院专利与工法管理】 2010年，中铁二院专利与工法：

1.受理专利共20项（其中：发明专利5项，实用新型15项）；2010年国家知识产权局共授权57项（其中：发明专利8项，实用新型49项）；申请专利资助48项（其中：成都市专利资助申请24项，金牛区专利资助申请24项）。

2.通过评审并颁布集团公司级铁路建设施工工法3项。

3.组织申报了铁路建设工程部级工法3项。

4.组织申报第十二届中国专利奖1项。

【中铁设计咨询专利与工法】 截至2010年底，中铁设计咨询共有有效专利31项，其中发明专利8项。2010年中铁设计咨询新增授权专利11项，其中发明5项；编制的“水中大跨度三角刚构斜腿无支架施工工法” 获得部级工法；完成的部级标准设计项目5项；主编完成铁路规范编制项目1项；主编或参编的部级标准设计项目共6项；参编或主编的标准、规范编制项目10项。（具体情况见表7-11、12、13、14、15、16、）

表7-11　2010年中铁设计咨询新增有效专利一览表

序号	专 利 名 称	授权日	专利号	类型
1	一种先张法预应力混凝土T形梁及其制造方法	2010-1-13	200710065594.4	发　明
2	一种防脱护轨装置	2010-2-10	200920106020.1	实用新型
3	简支箱梁及其制造方法与预应力筋导向装置	2010-7-14	2006101716103	发　明
4	铁路单轴三维测量标志组件	2010-8-4	200920247191.6	实用新型
5	拖拉桥梁拱肋的滑移支架	2010-8-11	200710306313.X	发　明
6	一种简支箱梁的制造方法	2010-8-11	200810104232.6	发　明
7	一种地铁暗洞支撑组件	2010-8-18	200920246602.x	实用新型
8	单索面W形腹板截面索梁锚固区结构	2010-9-8	200810222942.9	发　明
9	预埋件扣压垫板		201020289108.4	实用新型
10	一种城市轨道交通用的扣件装置		201020262360.6	实用新型
11	用于拱肋结构的竖转铰系统		201020509087.2	实用新型

表7-12　2010年中铁设计咨询主编完成标准、规程编制项目表

序号	标 准 名 称	标 准 号	施行日期	发 布 文 号	类别
1	铁路工程摄影测量规范	TB10050-2010	20100801	铁建设[2010]106号	勘察

表7-13　2010年中铁设计咨询开展的标准编制项目表

序号	项　目　名　称	类 别	参主编
1	铁路桥梁钢结构设计规范	修订	参编
2	铁路工程混凝土配筋设计规范	制定	参编
3	高速铁路有砟轨道预应力混凝土轨枕技术条件	制定	参编
4	高速铁路桥梁梁体和桥墩防公路车辆撞击的结构物技术条件	制定	主编

表 7- 14 2010 年中铁设计咨询开展的产品标准编制项目表

序号	项　目　名　称	类别	参主编
1	高速铁路混凝土桥梁伸缩装置	制定	参编
2	高速铁路岔区轨枕埋入式无砟轨道混凝土岔枕	制定	参编
3	高速铁路人行道步板、电缆槽盖板	制定	参编
4	高速铁路有砟轨道预应力混凝土宽轨枕	制定	主编
5	高速铁路有砟轨道预应力混凝土桥枕	制定	主编
6	铁路线路及信号标志		参编

表 7-15　2010 年中铁设计咨询完成的部级标准设计项目表

序号	名　　称	图　号	发 布 文 号	发布日期
1	时速 160 公里客货共线铁路单线明洞(普通货物运输)	通隧[2010]1051	经规标准[2010] 79 号	20100625
2	时速 160 公里客货共线铁路双线明洞(普通货物运输)	通隧[2010]1052	经规标准[2010] 79 号	20100625
3	铁路线路及信号标志(第三分册:高速铁路线路标志图集)	通线[2010]8024-Ⅲ	经规标准[2010]121 号	20100830
4	时速 160 公里客货共线铁路单线明洞(普通货物运输)	通隧[2010]1051	经规标准[2010]79 号	20100625
5	时速 160 公里客货共线铁路双线明洞(普通货物运输)	通隧[2010]1052	经规标准[2010]79 号	20100625

表 7-16　2010 年中铁设计咨询承担的部级标准设计项目表

序 号	项　目　名　称	类 别	参 主 编
1	时速 350 公里高速铁路双线简支箱梁	修 订	主 编
2	时速 350 公里高速铁路双线组合箱梁	修 订	主 编
3	时速 250 公里高速铁路（兼顾货运）双线简支箱梁	修 订	主 编
4	时速 250 公里高速铁路双线组合箱梁	修 订	主 编
5	时速 250 公里高速铁路站线简支箱梁	修 订	主 编
6	时速 250 公里高速铁路单线简支箱梁	修 订	主 编

【中铁大桥院专利】 2010 年，公司共获得发明专利 7 项，实用新型专利 4 项，见表 7-17。

表 7-17　中铁大桥院 2010 年专利项目情况表

专利名称	专利类型	专利号
预顶导向移梁方法	发明	ZL200810048165.0
旧桥加固用体外预应力之钢结构锚固转向体系	发明	ZL200710168974.0
跨海大桥预制桥墩与承台的榫头式连接方法	发明	ZL200810197721.0
单索斜拉桥双幅混凝土箱形主梁无缝连接构造	发明	ZL200810237430.X
涂刮法粘贴钢板施工用钢板固定装置及固定方法	发明	ZL200810197045.7
贯穿式拉索锚固结构	发明	ZL200810048852.2
一种新型桥梁横向荷载支座	发明	ZL200910063049.0
板桁整体节点围焊结构	实用新型	ZL201020000703.1
栓焊组合构件	实用新型	ZL201020105163.3
一种变截面箱型杆件	实用新型	ZL201020104920.5
用于钢桁梁的多肋箱型杆件	实用新型	ZL201020108731.5

【中铁西南院专利】 2010 年，中铁西南院获得专利和申请专利见表 7-18、19。

表 7-18 中铁西南院 2010 年获得专利一览表

序号	专利名称	申请日期	授权日期	专利证书号	专利类型
1	一种适合于 TBM 施工的地质超前预报方法	2008.4.21	2010.6.9	ZL200810044256.7	发明专利
2	隧道掌子面水平测微计	2009.2.11	2010.1.27	ZL200920301797.3	实用新型
3	陡坡落石灾害纯生态防护技术	2009.12.30	2010.9.8	ZL200920298680.4	实用新型
4	整体挡块结合板	2009.12.15	2010.11.24	ZL200920243986.X	实用新型
5	中铁西南院隧道及地下工程施工监测信息系统（简称：隧道及地下工程施工监测系统）V3.0		2010.3.27	软著登字第 0250893 号	软件著作权

表 7-19 中铁西南院 2010 年申请专利一览表

序号	专利名称	申请时间	专利类型
1	适用钻爆施工隧道连续皮带出碴方法及其实施系统和设备	2010.5.11	发明专利
2	不等螺距双螺旋搅拌输送机	2010.6.7	实用新型
3	一种混凝土湿式喷射台车	2010.11.19	实用新型
4	一种喷射砼管道输送中间补风装置	2010.11.19	实用新型
5	一种用于锚杆无损检测的电控式应力波发生器	2010.11.29	实用新型
6	一种采用水平声波剖面测试进行隧道超前地质预报的方法	2010.12.15	发明专利
7	轻型桥梁转铰装置	2010.12.21	实用新型
8	可控式电火花声波震源	2010.12.22	实用新型

【中铁二局专利与工法】 2010 年，中铁二局开发并申请 22 件实用新型专利，8 件发明专利，软件著作权 1 件；获得实用新型专利授权 15 件，发明专利授权 14 件。开发局级工法 24 项，获得四川省省级工法 9 项，获得公路工法 5 项。

【中铁三局专利与工法】 2010 年，中铁三局法规与专利：

1. 2010 年 5 月 31 日，经集团公司专家鉴定，“铁路无砟轨道桥梁路缘石现浇施工工法”等 24 部工法被评为 2009 年度企业级工法。

2. 2010 年 8 月 13 日，“铁路无砟轨道桥梁路缘石现浇施工工法”等 18 项工法被山西省住房和城乡建设厅评为“2010 年度山西省省级工法”。

3. 2011 年 1 月，“无砟轨道无缝线路施工工法”等 4 项工法被铁道部建设司评为“2010 年度铁路建设工程部级工法”。

4. 2010 年 1 月 13 日～12 月 6 日，集团公司开发的“单端张拉锁定自适应框架梁”等 23 项专利被国家知识产权局专利局授权、获得知识产权保护，其中发明专利 5 项。

【中铁四局专利、工法与标准】 中铁四局全年下达两批工法开发计划，共立项工法开发项目 46 项；跨年度在执行项目 23 项。全年有 38 项工法开发项目完成了结题，并组织了工法项目评审会及企业级工法审定会，审定出“CRTSI 型板式无砟轨道 JTXT 系统精调施工工法”等 35 项为企业级工法，所开发的工法涉及：线路、桥梁、隧道、机械、建筑、钢结构等施工技术领域，部分项目在国内为首次施工，并具有专利技术，施工技术处于国内领先水平。2010 年有“时速 350 公里客运专线无砟轨道长枕埋入式道岔铺设工法”、“CRTS Ⅰ 型板式无砟轨道轨道板铺设施工工法”等 27 项获得省部级工法，其中，2009-2010 年铁道部部级工法 3 项，2009 年度交通部公路工法 1 项，2010 年度省级工法 23 项。从铁道部、安徽省、股份公司等推荐四局申报 2009-2010 年度国家级工法 28 项，是企业级工法和获得省部项目数量创局历年来新高。

2010 年全局共申请了“CRTS Ⅱ 型板横向出板方法及板场”、“铁路客运专线无砟轨道床板双线施工方法”等 104 项专利，其中，发明专利 43 项，申请数量是 2009 年的 2 倍多；有“预应力混凝土系杆拱桥逆序拆除方法”、“高、低弹模水泥乳化沥青砂浆通用搅拌泵送灌注车泵送系统”等 33 项专利申请获得国家授权，其中，发明专利 4 项，使用新型专利 28 项，著作权 1 项。专利申请和授权的数量为历年之最，这些专利涉及高铁、客运专线的无碴轨道施工、CA 砂浆材料与施工设备研制、桥梁、隧道及市政工程等重技术领域。专利的取得，有效地保护了企业的自主知识产权，提高了企业的核心竞争力，为企业发展提供了有力的技术支持。（见表 7-20）

2010 年，中铁四局完成了《高速铁路路基工程施工技术指南》（主编）、《铁路桥梁钻孔桩施工技术指南 TZ322—2010》（共同主编）、《铁路预应力混凝土连续梁（附构）悬臂浇筑施工技术指南 TZ324—2010》（参编）、《铁路移动模架制梁施工技术指南 TZ323—2010》（参编）的编写和报批工作。

2010年，中铁四局及子分公司共8个需要换证的单位全部通过外审，完成了测量管理体系认证工作。10月中启计量体系认证中心带领审核组来我局进行测量管理体系年度监审，体系复审一次性通过。根据局2010年度内部审核工作安排，六至七月份检查了局各相关单位及项目质量、测量、环境和职业健康安全管理体系运行的有效性。从审核结果看，体系运行达到了预期效果。方针和目标得到实施。并对体系审核过程中发现的一些问题及时进行了整改。为了规范全局计量管理，保证测量管理体系的有效运行，九月份举办了计量管理员培训班，各子（分）公司和工指共55人取得计量员证书。

表7-20　2010年中铁四局获得国家授权专利项目

序号	专利名称	类型	专利号
1	水泥乳化沥青砂浆搅拌灌注车	实用新型	Zl2009 2 0 142862.2
2	水泥乳化沥青砂浆搅拌灌	实用新型	Zl2009 2 0143542.9
3	高速铁路施工用乳化沥青恒温及防沉淀罐	实用新型	Zl.2009 2 0143539.7
4	预应力混凝土系杆拱桥逆序拆除方法	发明	Zl 2007 1 0192046.8
5	可调同步液压支座滑道	实用新型	ZL 2009 2 0171931.2
6	钢箱梁动态液压纠偏系统	实用新型	ZL 2 009 2 0171932.7
7	高、低弹模水泥乳化沥青砂浆通用搅拌罐	实用新型	ZL 2009 2 0047292.9
8	高、低弹模水泥乳化沥青砂浆通用搅拌罐泵送灌注车自动控制系统	实用新型	ZL 2009 2 0186860.3
9	高、低弹模水泥乳化沥青砂浆通用搅拌罐泵送灌注车	实用新型	ZL 2009 2 0186921.6
10	水泥乳化沥青砂浆通用搅拌泵送灌注车围箱	实用新型	ZL2009 2 0047291.4
11	水泥乳化沥青砂浆搅拌灌注车电器控制系统	实用新型	ZL 2009 2 0143541.4
12	高、低弹模水泥乳化沥青砂浆通用搅拌泵送灌注车泵送系统	实用新型	ZL2009 2 0186003.7
13	水泥乳化沥青砂浆搅拌搅拌灌注车气控系统	实用新型	ZL 2009 2 0186860.3
14	一种自应力预锁紧杆结构	实用新型	ZL2009 1 0144737.X
15	大型箱梁兜底吊装装置及其方法	发明	ZL 20071 0302498.7
16	一种镶嵌式模板	实用新型	ZL 2009 2 0087431.0
17	角度可调操作平台挂架	实用新型	ZL 200920087430.6
18	隧道内已成初支软弱围岩地段扩挖管棚工作室的方法	发明	ZL 2008 10 155272.3
19	丙烯酸酯的酯化生产装置	实用新型	ZL 2009 2 0172438.2
20	一种精确测量高速铁路用乳化沥青砂浆膨胀率的装置	实用新型	ZL 2009 2 0172440.X
21	高附着路面施工方法	发明	ZL2008 1 0242748.7
22	一种双块式无碴轨道散枕器	实用新型	ZL2009 2 0 188869.8
23	聚羧酸型减水剂聚合生产装置	实用新型	ZL 2009 2 0172439.7
24	预制空心楼板砖混结构房屋楼面抗震加固装置	实用新型	ZL2009 2 0187035.5
24	预制空心楼板砖混结构房屋楼面抗震加固装置	实用新型	ZL2009 2 0187035.5
25	建筑物内部吊顶施工用顶板钻孔装置	实用新型	ZL 2010 2 0189470.4
26	高、低弹模水泥乳化沥青砂浆通用搅拌罐灌注车灌注中断保护系统	实用新型	ZL2009 2 0180055.X
27	CRTSⅡ型轨道板横向出板小车专用锁定器	实用新型	ZL 2009 2 02993117
28	工具轨横向位移锁	实用新型	ZL 2009 2 02993117
29	板式无砟轨道板底座混凝土无级微调模板	实用新型	Zl 2009 2 0299770.5
30	轨道板运输一体机	实用新型	Zl 2009 2 099771.X
31	提梁机的柔性轨道基础	实用新型	ZL2009 2 0180834.X
32	跨板、线间行驶两用式水泥乳化沥青砂浆灌注小车	实用新型	ZL2009 2 0186004.8
33	高、低弹模水泥乳化沥青砂浆万能配方程序应用、管理、保存系统软件	著作权	2010SR067304

【中铁五局专利与工法】 2010年，共组织申报25项专利（其中9项发明专利，16项实用新型专利），有《一种挖掘装载机刮板的锻造模具》、《一种挖掘装载机的运碴机构》、《一种挖掘装载机的轨式行走机构》等3项实用新型专利获得实用新型专利证书；获省部级工法3项，企业级工法26项。

【中铁七局专利与工法】 2010年各公司上报的工法27项，经评审确定了23项2010年度局级工法。推荐了《提速铁路小半径曲线上立交桥架空顶进施工工法》等13项申报河南省省级工法，其中通过12项；推荐了《长螺旋钻泵压混合料施工CFG桩工法》等4项申报铁路建设工程部级工法，其中通过3项；

推荐了《单球铰大吨位曲线箱梁斜拉桥平面转体施工工法》等5项申报2010年度公路工程行业部级工法，其中通过2项。

【中铁七局知识产权】 2010年，授权专利6项，“铁路既有线250公里/小时接触网系统的施工方法”获得发明专利授权，“用于板式无砟轨道的精调滑架”等5项获得实用新型专利授权。申报专利5项，其中，发明专利2项，实用新型3项。

【中铁九局专利与工法】 2010年，中铁九局新获授权专利2项，新申请专利8项。正式授权为：“连续梁悬臂浇筑混凝土0#块支撑装置”，专利号“200920203133.3”；“水下混凝土灌注导管双向谐振拔出装置”，专利号“200910013238.7”。

2010年，中铁九局总计完成工法24项，评审出企业级工法14项，奖励企业级工法10项。其中，推荐2009年企业级工法上报到铁道部级工法3项，并获部级工法3项；推荐到辽宁省级工法7项，并获省级工法6项。

【中铁十局专利与工法】 2010年度下达三级工法开发计划共计23项，其中18项工法顺利完成开发任务，经局级工法评审委员会评审，12项工法被确定为2010年度局级工法。

2010年，新增专利申请及授权21项，其中实用新型专利14项，发明专利7项，详见表7-22。

表7-22 中铁十局2010年专利开发情况一览表

序号	专利名称	专利类型
1	异型钢围堰施工方法	发明
2	异型钢围堰	发明
3	龙门吊电缆线收放装置	发明
4	箱涵顶进施工中防止箱涵低头的方法及所用的钢制船头坡	发明
5	高速铁路预制箱梁收缩徐变仿真分析用的模型梁的制作方法	发明
6	一种线杆作业椅	发明
7	轻便型张拉架	发明
8	一种泥浆过滤装置	实用新型
9	一种吊装装置	实用新型
10	异型钢围堰	实用新型
11	龙门吊电缆线收放装置	实用新型
12	箱涵顶进用钢制船头坡	实用新型
13	高速铁路预制箱梁收缩徐变仿真分析用的模型梁	实用新型
14	悬挑式建筑施工卸料平台	实用新型
15	橡胶管用穿束器	实用新型
16	滴水槽模具	实用新型
17	无碴轨道板安装方向调节仪	实用新型
18	轻便型放线架	实用新型
19	轻便型张拉架	实用新型
20	一种泥浆过滤装置	实用新型
21	一种吊装装置	实用新型

【中铁大桥局专利与工法】 制定并发布实施了《中铁大桥局集团有限公司专利管理办法》（桥技[2010]229号），并对下属单位专利开发、申报提供技术支持，以提高专利开发质量。本年新获47项国家专利授权，其中35项科技成果获国家发明专利授权，12项科技成果获国家实用新型专利授权。本年度获得授权专利具体名称见表7-23。

表7-23 2010年中铁大桥局专利项目情况表

编号	专利类型	专利名称	专利号	授权日期
1	发明	大跨度连续钢桁拱的架设方法	ZL200710053009.9	2010.01.06
2	发明	单双壁结合钢围堰施工方法及其单双壁结合钢围堰	ZL200810107225.1	2010.06.02
3	发明	栽植钢棒建造的钢管桩基础及其建造方法	ZL200710168515.2	2010.09.08
4	发明	钢梁制孔先孔施工方法	ZL200710168462.4	2010.01.13
5	发明	多跨连续拱桥拱肋竖转技术方法	ZL200710168602.8	2010.01.20
6	发明	一种预应力混凝土箱梁桥的体外预应力加固方法	ZL200710169033.9	2010.02.03

编号	专利类型	专利名称	专利号	授权日期
7	发明	大跨度双线箱梁串架法施工造桥机	ZL200710168605.1	2010.06.09
8	发明	一种预应力砼箱梁液压内模车及液压内模系统	ZL200810132693.4	2010.06.02
9	发明	开口式明挖基坑支护方法	ZL200810141374.X	2010.03.03
10	发明	重型架梁起重机	ZL200710168893.0	2010.06.02
11	发明	一种半封闭单支连通管式桥梁挠度测试装置及方法	ZL200810237454.5	2010.06.23
12	发明	异型钢箱与正交异性板底模组合式移动模架及其施工方法	ZL200710053008.4	2010.12.08
13	发明	扣、锚索系统双向简支无扭转塔顶张拉锚固方法	ZL200710168976.X	2010.06.30
14	发明	拉森钢板桩围堰的简易快速止水方法	ZL200810243220.1	2010.06.02
15	发明	多层水平拉索的挂设方法	ZL200810246301.7	2010.10.06
16	发明	一种混凝土双箱节段梁施工方法	ZL200810191705.0	2010.11.24
17	发明	刚构桥合拢临时锁定方法	ZL200810191706.5	2010.09.15
18	发明	高度可调的支撑座	ZL200810187502.4	2010.09.15
19	发明	一种大型桥梁支座的定位及安装方法	ZL200810180142.5	2010.09.15
20	发明	三桁钢桁梁线形控制方法	ZL200910119848.5	2010.09.15
21	发明	大型预制梁海上长距离运输临时支撑固定装置	ZL200810047846.5	2010.10.06
22	发明	移动模架托架吊挂转运方法及装置	ZL200810047798.X	2010.10.06
23	发明	注浆帷幕法防治大直径深孔钻孔灌注桩漏浆和坍孔的方法	ZL200710168516.7	2010.10.06
24	发明	箱梁箱内张拉装置	ZL200810136533.7	2010.07.14
25	发明	大跨度箱梁后张法预应力孔道的制备方法及防堵方法	ZL200810136274.8	2010.08.04
26	发明	钢塔自升式安装方法	ZL200710055068.X	2010.07.07
27	发明	梯形挂篮及其施工方法	ZL200710055069.4	2010.08.04
28	发明	钢桁梁桥顶面钢柔性拱的安装及合龙施工方法	ZL200810243222.0	2010.11.10
29	发明	移动式托架、模板整体系统及其施工连续梁的方法	ZL200810234324.6	2010.08.25
30	发明	预顶导向移梁方法	ZL200810048165.0	2010.07.05
31	发明	一种桥梁架设方法	ZL200810220613.0	2010.09.15
32	发明	原位现浇钢桁梁铁路桥桥面预应力砼槽形梁的施工方法	ZL200810243221.6	2010.09.15
33	发明	长大重型构件下河施工方法	ZL200810231564.0	2010.11.17
34	发明	钢管混凝土桩及钢管桩锚岩嵌固方法	ZL200710300006.0	2010.12.08
35	发明	大跨度钢箱提篮拱桥Y构施工方法	ZL200810136577.X	2010.10.06
36	实用新型	一种光纤光栅组合式测力螺母	ZL200820241095.6	2010.01.13
37	实用新型	一种悬索桥吊索索夹横向刚性连接构造	ZL200820241094.1	2010.01.13
38	实用新型	一种可移动式多点同步结构模型静载试验加载装置	ZL200920083721.8	2010.02.10
39	实用新型	一种悬索桥加劲梁节段模型静载试验悬吊装置	ZL200920083720.3	2010.02.10
40	实用新型	大吨位爬坡起重机的联动保险装置	ZL200920231577.8	2010.05.19
41	实用新型	大型吊箱围堰定位导缆器	ZL200920231578.2	2010.06.02
42	实用新型	钢管支承桩插打时快速定位和连接系统	ZL200920235561.4	2010.07.21
43	实用新型	箱梁钢筋骨架整体绑扎、整体吊装系统	ZL200920232031.4	2010.06.23
44	实用新型	一种粘土芯墙止水围堰	ZL200920297174.3	2010.09.15
45	实用新型	二次封底围堰	ZL200920297173.9	2010.09.15
46	实用新型	单根钢绞线张拉用夹片式工具锚	ZL201020003332.2	2010.12.08
47	实用新型	自锚式托架	ZL201020183774.X	2010.12.15

本年度共获7项湖北省级工法，7项铁路建设工程部级工法，3项公路工程部级工法，详见表7-24。

表7-24　2010年中铁大桥局工法情况表

工法名称	审批机构
深水桩基础浮式平台施工工法	湖北省住房和城乡建设厅
岩溶地质冲击钻孔施工工法	湖北省住房和城乡建设厅
大型双壁钢套箱围堰施工工法	湖北省住房和城乡建设厅

工法名称	审批机构
双壁钢吊箱围堰整体吊装施工工法	湖北省住房和城乡建设厅
高速铁路无砟轨道路基基床施工工法	湖北省住房和城乡建设厅
预应力混凝土简支箱梁节段拼装施工工法	湖北省住房和城乡建设厅
全焊接双层钢桁梁斜拉桥主梁节段预制施工工法	湖北省住房和城乡建设厅
大型双壁钢围堰气囊法下水施工工法	铁道部建设管理司
大型双壁钢吊箱围堰重锚系统施工工法	铁道部建设管理司
既有线旁开口式基坑防护施工工法	铁道部建设管理司
铁路钢桁梁桥面槽形梁原位现浇施工工法	铁道部建设管理司
MZ3200 型双幅箱梁造桥机施工工法	铁道部建设管理司
大跨度连续刚构桥梁施工工法	铁道部建设管理司
客运专线铁路路基沉降观测施工工法	铁道部建设管理司
拉压杆三角架竖向转体施工工法	中国公路建设行业协会
大型钢箱梁多点顶推施工工法	中国公路建设行业协会
全焊接双层钢桁梁斜拉桥整节段安装施工工法	中国公路建设行业协会

【中铁隧道局专利与工法】 2010 年，评审通过企业级工法 23 项，获河南省工法 6 项、铁道部工法 2 项、交通部工法 4 项。（见表 7-25）

表 7-25 中铁隧道 2010 年省部级、企业级工法项目一览表

序号	工 法 编 号	工 法 名 称	单位	级别
1	GZSJGFSD-10-01	小间距大跨浅埋暗挖水下隧道施工工法	中铁隧道股份	企业级
2	GZSJGFSD-10-02	大跨拱形结构隧道施工工法	中铁隧道股份	企业级
3	GZSJGFSD-10-03	公路隧道运营通风轻型排烟道板施工工法	中铁隧道股份	企业级
4	GZSJGFSD-10-04	海底隧道断层破碎带综合施工工法	中铁隧道股份	企业级
5	GZSJGFSD-10-05	淤泥质地层大跨度地道无横撑明挖施工工法	中铁隧道一处	企业级
6	GZSJGFSD-10-06	早高强 C40 钢纤维喷射混凝土施工工法	中铁隧道一处	企业级
7	GZSJGFSD-10-07	淤泥质地层多条小间距隧道下穿建筑物施工工法	中铁隧道二处	企业级
8	GZSJGFSD-10-08	超浅埋软弱地层大型地铁车站暗挖拱部施工工法	中铁隧道二处	企业级
9	GZSJGFSD-10-09	中心水沟切割劈裂施工工法	中铁隧道三处	企业级
10	GZSJGFSD-10-10	双重管钻机进行全断面水平搅拌注浆施工工法	中铁隧道京隧建	企业级
11	GZSJGFSD-10-11	隧道钻孔注浆一体化施工工法	中铁隧道技术中心	企业级
12	GZSJGFSD-10-12	海滩软基础桩基组合支架法现浇混凝土箱梁施工工法	中铁隧道杭州分公司	企业级
13	GZSJGFSD-10-13	水底隧道软弱透水地层盾尾密封洞内液氮冻结更换工法	中铁隧道股份	企业级
14	GZSJGFSD-10-14	富水砂卵石地层有水桥梁桩基托换工法	中铁隧道股份	企业级
15	GZSJGFSD-10-15	开敞式 TBM 长距离弧形导槽空载步进工法	中铁隧道二处	企业级
16	GZSJGFSD-10-16	第三纪地层富水隧道快速施工工法	中铁隧道二处	企业级
17	GZSJGFSD-10-17	邻近建（构）筑物大断面洞桩法隧道沉降控制工法	中铁隧道二处	企业级
18	GZSJGFSD-10-18	长寿命沥青混凝土路面施工工法	中铁隧道二处	企业级
19	GZSJGFSD-10-19	运营地铁车站结构混凝土静力切割施工工法	中铁隧道二处	企业级
20	GZSJGFSD-10-20	运营铁路明洞修建工法	中铁隧道二处	企业级
21	GZSJGFSD-10-21	运营地铁车站接驳施工工法	中铁隧道三处	企业级
22	GZSJGFSD-10-22	变截面空心薄壁高墩翻模施工工法	中铁隧道四处	企业级
23	GZSJGFSD-10-23	超长大管棚有线导向独头跟管施工工法	中铁隧道京隧建	企业级
24	EJGF71-2010	大跨度黄土公路隧道施工工法	中铁隧道一处	省级
25	EJGF72-2010	有轨运输模式下隧道模筑衬砌与 TBM 掘进同步施工工法	中铁隧道南疆吐库二线指挥部	省级
26	EJGF73-2010	富水砂卵石地层土压平衡盾构施工工法	中铁隧道股份	省级
27	EJGF74-2010	Φ299 超前双层管棚近距离下穿地铁运营车站夯进工法	中铁隧道二处	省级

序号	工 法 编 号	工 法 名 称	单位	级别
28	EJGF75-2010	复杂地层中双洞重叠隧道施工工法	中铁隧道京隧建	省级
29	EJGF76-2010	新黄土大跨度隧道三台阶六部开挖快速施工工法	中铁隧道四处	省级
30	TJBJGF-09.10-075	新黄土大跨度隧道三台阶六部开挖快速施工工法	中铁隧道四处	部级
31	TJBJGF-09.10-090	大直径铁路隧道泥水盾构掘进与后序工序平行作业施工工法	中铁隧道股份	部级
32	GGG(中企)C4151-2010	海滩软基础桩基组合支架法现浇砼箱梁施工工法	中铁隧道杭州分公司	部级
33	GGG(中企)D1161-2010	早高强C40钢纤维喷射混凝土施工工法	中铁隧道一处	部级
34	GGG(中企)D1162-2010	海底隧道断层破碎带综合施工工法	中铁隧道股份	部级
35	GGG(中企)D2163-2010	大跨拱形结构隧道施工工法	中铁隧道股份	部级

【中铁电气化局专利与工法】 2010 年，审定局级（三级）工法 7 项。“铁路车站客运服务信息系统施工工法”、“ITCS 信号系统室内外施工工法”、“新建计算机联锁站场过渡施工工法”获部级（二级）工法。“非对称外倾式拱肋钢～混连接段施工工法”、“非对称外倾式拱桥曲线钢箱梁安装工法”、“隧道施工钻孔雷达超前地质预报工法”获股份公司级工法。2010 年专利授权获发明专利 1 项，实用新型专利 19 项，外观设计专利 1 项。2010 年中铁电气化局受邀参加由国家知识产权局举办，各省市知识产权局和优秀企业代表参加的全国“实用新型专利保护与运用研讨会”，在会上做题为“营造自主创新良好环境，扎实推进企业实用新型专利的保护与应用”的专题发言。截至 2010 年底，中铁电气化局拥有发明专利 5 项，实用新型专利 85 项，外观设计专利 10 项。

【中铁建工专利与工法】 2010 年，中铁建工工法与专利开发情况见表 7-26、7-27。

表 7-26　中铁建工工法情况表

序号	名称	年度	级别
1	大型铁路客站桥建合一结构体系城轨层施工工法	09-10	铁道部
2	工具是超高单侧支模工法	09-10	铁道部
3	大高差大跨度张弦梁滑移施工工法	09-10	铁道部
4	雨棚三跨连续不等跨张弦梁同步张拉施工工法	09-10	铁道部
5	大型树状柱施工工法	09-10	铁道部
6	超高大跨度空间高空单元式吊顶安装施工工法	09-10	铁道部
7	全回转钻机拔桩施工工法	09-10	铁道部
8	钢柱内多层小孔隔板自密性混凝土施工工法”	09-10	山西省
9	卷扬机拆除钢结构临时支撑施工工法	09-10	山西省
10	双层仿青砖窗花式组合幕墙施工工法	09-10	山西省
11	地下室临时钢栈桥施工工法	09-10	山西省

注：2010 年度评为集团公司级工法 50 项工法。

表 7-27　中铁建工专利开发情况表

序号	专利名称	专利类型	申请日期	授权日期	专利号	申报单位
1	动车组检修移动式顶层作业平台	发明	2010-11-5	暂未授权		设计院
2	施工用重型升降机	实用新型	2011.3.22	2011.10.19	201120076949.1	深圳分公司
3	扣件力学性能检测机	实用新型	2010.6.1	2010/11/19	201020220032.X	北京分公司
4	施工工地用货架	实用新型	2010.5.24	2011/2/16	201020212837.X	西北分公司
5	倒置屋面组合式落水装置	实用新型	2009.7.22	2010/6/2	200920134069.8	深圳分公司
6	移动式砂浆车得应用	实用新型	2010.8.30	2011/3/23	201020512648.4	上海分公司
7	临时电缆绝缘挂钩	实用新型	2009.12.29	2010/9/15	200920350696.5	装饰公司
8	手持木工圆锯安全保护装置	实用新型	2010.1.13	2010/9/22	201020046777.9	装饰公司
9	CRTS Ⅰ无砟轨道板调整器	实用新型	2010.2.10	2011/3/9	201020111146.0	机械公司
10	CRTS Ⅱ无砟轨道板调整器	实用新型	2010.2.10	2011/3/9	201020111156.4	机械公司

设计管理

【股份公司勘测设计概况】 2010年，股份公司各勘察设计咨询企业紧紧抓住国家加大基础设施建设的难得机遇，努力开拓市场、精心组织生产，全部提前超额完成了股份公司生产计划，圆满完成了勘察设计与咨询业务。高起点、高水平、高标准、高质量地开展了一大批重大的、有影响的云贵、南广、京张、西成、山西中南部通道等高速铁路、客运专线、复杂山区铁路项目，北京、上海、广州、深圳、成都、长沙、郑州等城市轨道交通项目，黄冈公铁两用长江大桥、澜沧江大桥、马鞍山长江公路大桥、琼州海峡跨海工程等重大桥梁工程项目，成都-自贡-泸州、成安渝、珠海高栏港等高速公路项目，委内瑞拉铁路、中（国）老（挝）昆明至万象铁路等国际工程项目。随着股份公司设计咨询业务不断扩张，股份公司设计咨询板块业务在国内、国际上的地位和社会信誉得到了进一步的提升。

2010年，股份公司的社会知名度和行业地位不断提升。股份公司位列2010全球150家最大设计企业第44位，名次较上年度上升了24位，在入选的中国企业中列第6位；在200家最大国际设计企业中，名列第152位，名次较上年度上升了37位，在入选的中国企业中排名第17位；中铁二院位列ENR“中国工程设计企业60强”第5名、全国工程勘察设计企业勘察设计收入排名第1位；中铁设计咨询在全国工程勘察设计企业勘察设计收入排名第19位，名次较上年度上升了9位；华铁咨询公司位列全国监理百强企业第2位。

2010年全公司获得全国优秀工程咨询成果奖17项，省部级咨询成果奖24项，创造了股份公司获全国优秀工程咨询成果奖的最高纪录；省部级优秀工程勘察设计奖32项，全国优秀质量管理小组2项，国家工程建设（勘察设计）优秀质量管理小组10项，铁道部优秀质量管理小组11项。2010年股份公司共评出优秀工程勘察设计奖63项，优秀工程咨询成果奖26项，优秀质量管理小组28项。

【设计资质管理】 1.中铁西南院首次取得市政行业（轨道交通工程）甲级设计资质，为西南院开拓城市轨道交通设计市场打下了坚实的基础。2.股份公司积极开展工程设计资质证书更新换证和资质申报、审核工作。2010年股份公司共审核申报了4家单位15项勘察设计资质，其中换证9项、升级4项、增项2项。经住房和城乡建设部评审，共有10项资质申请获得通过，5项申请待批。3.积极开展工程咨询单位资格认定工作，初审了2家单位申请的工程咨询资质。资质的不断提升和扩大，为勘察设计咨询企业提供了更为广阔的发展空间。4.中铁二院在国家发改委委托重大工程项目评估方面取得历史性突破。中铁二院首次受国家发改委委托组织了《重庆市轨道交通六号线二期工程可行性研究报告》的评估，改变了过去由中国国际工程咨询公司独家垄断这一市场的格局。

【企业重组、资源整合及产业布局】 1.合资组建了中铁二院（广东）港航勘察设计有限责任公司，拓展新业务领域，加快开发以勘察设计为龙头的工程总承包业务。2.中铁二院与中铁西北院在甘肃省兰州市合资组建中铁二院西北勘察设计有限责任公司，拓展西北市场，瞄准中亚市场。3.中铁大桥院升格为正局级由股份公司直接管理单位。4.华铁咨询实行升格管理，华铁咨询重组了燕丰饭店，适应股份公司战略结构调整的需要。5.中铁二院与德国PEC+S集团公司合资成立“四川华德工程咨询监理有限责任公司”，华铁咨询与德国德铁国际有限公司共同出资组建了北京华京德柏国际工程咨询有限公司，更好的拓展监理市场，促进企业又好又快发展。6.中铁二院成立华东、重庆勘察设计研究院有限责任公司，进一步扩大了市场经营主体和领域。7.加快推进股份公司的科技产品产业化进程，由中铁二院、中铁置业与成都市金牛区政府合作开发的成都中铁轨道交通高科技产业园项目正式签约并实施；中铁二院与上海高格公司合资组建的成都中铁二院高格工程勘察设计有限公司正式挂牌成立；中铁西南院“研发中心与产业基地”正在建设中，中铁西北院研发中心与产业基地前期工作稳步推进。

【设计咨询】 1.充分发挥设计咨询的作用，作好项目实施前期工作。先后为深圳地铁5号线、郑州城市轨道交通工程等项目提供前期调研或专题研究，并参与筹备了深圳地铁五号线BT项目建设管理模式研讨会；为股份公司承担的印尼苏门答腊煤炭运输系统、伊朗高速铁路项目等海外工程项目提供评估或评审。2.主动收集整理勘察设计信息。定期编辑《科技设计信息》，及时收集、整理、更新《中国铁路、公路、城市轨道交通规划与建设情况》，为领导决策提供服务。3.开展全国勘察设计企业情况分析，查找差距和问题，制定措施，认真组织落实。4.积极为股份公司和所属单位施工特级资质重新就位勘察设计要素的配置出谋划策。

【中铁二院设计工作概况】 2010年度，中铁二院共完成实物工作量4926.19折算公里，比2009年同期5115.95折算公里减少3.7%，为年度计划的114.5%，完成的实物工作量中，铁路合计完成3388.84折算公里，同比减少8.2%，其中勘察1824.34折算公里，同比减少19.9%；设计1564.50折算公里，同比增加10.5%。公路市政完成378.51折算公里，同比增加28.6%。城轨完成1158.84折算公里，同比增加2.6%。完成地质工程钻探实钻米 3730185 米，同比减少 29.3%。

全年共承担勘察设计、咨询及总承包项目 399 项。分述如下：

一、铁路项目 134 项，其中前期项目 28 项、在建项目 57 项、收尾配套项目 12 项、咨询项目 29 项、站房项目 8 项。

二、城市轨道交通项目 100 项，其中设计总承包项目 9 项、总体总包管理项目 13 项、前期项目 19 项、工点及系统项目 48 项、设计咨询项目 11 项。

三、公路及市政交通工程项目 137 项，其中前期项目 21 项、新开工项目 58 项、在建项目 53 项、咨询项目 5 项。

四、国外工程项目 6 项。

五、工程总承包项目 22 项，其中新开工项目 12 项、续建项目 10 项。

【中铁设计咨询设计工作概况】 中铁工程设计咨询集团有限公司（英文名称：China Railway Engineering Consultants Group Co.，Ltd. 缩写 CEC）（以下简称中铁设计咨询），始建于 1953 年 2 月，前身是铁道部专业设计院，2004 年 7 月 1 日改制重组，注册为现名，是中国中铁股份有限公司的全资子公司，注册资本 3.2986 亿元人民币，注册地：北京中关村科技园区丰台科技园。主要经营范围：工程勘察、工程设计、工程咨询、工程监理、工程总承包，产品与技术研发。公司通过了 ISO9001 质量管理体系认证。截至 2010 年底，总资产 16.72 亿元人民币。中铁设计咨询 2008 年 12 月再次被北京市科学技术委员会、北京市财政局等部门认定为北京市高新技术企业；2009 年被北京市认定为“中关村国家自主创新示范区第三批百家创新型试点企业”。

中铁设计咨询拥有工程设计综合甲级资质、工程勘察综合甲级资质；工程咨询、工程造价咨询、工程监理、测绘、地质灾害治理工程勘查、地质灾害治理工程设计、地质灾害危险性评估等专项甲级资质；建设项目环境影响评价乙级资质；具有轨道交通施工图设计文件审查资质和建设工程质量检测机构资质证书、计量认证证书；拥有国家商务部批准的对外工程承包经营资格。

根据主要业务流程和专业分工，中铁设计咨询生产组织机构设置为：本部设立了线路站场设计研究院、航测遥感研究院、地质路基设计研究院、桥梁设计研究院、城市轨道交通设计研究院、轨道设计研究院、工程经济设计研究院、建筑设计研究院、电气化设计研究院、通讯信号设计研究院、环境工程设计研究院、机械动力设计研究院、矿产冶金设计研究院和工程总承包公司等十四个专业分公司，在异地注册设立了济南设计院、郑州设计院、太原设计院三个综合勘察设计分公司；并设立了产品中心、信息中心；设立了编辑出版《铁道标准设计》和《铁道勘察》两个科技刊物的编辑部；在上海、沈阳、哈尔滨、呼和浩特、武汉等地设立了驻外办事处。

下设北京中铁诚业工程建设监理有限公司、中铁济南工程建设监理有限公司、中铁太原工程建设监理有限公司、济南鸿运铁路岩土工程有限责任公司、中铁设计咨询集团北京工程检测有限公司等五家全资子公司。

中铁设计咨询截至 2010 年底，共有 2133 人。其中各类专业技术人员 1920 人，占职工总数的 85%以上；专业技术人员中，具有高级专业技术职称的 577 人，中级专业技术职称的 718 人。拥有各类专家 105 人，其中：勘察大师 1 人，享受政府特殊津贴 3 人，省部级突出贡献中青年专家 2 人，总公司级突出贡献中青年专家 3 人，新世纪百千万人才工程国家级人选 1 人，詹天佑科技奖 5 人、茅以升铁道工程师奖 1 人，铁路专业技术带头人 2 人，铁道部青年科技拔尖人才 12 人，总公司青年科技拔尖人才 25 人，提高工资待遇高级工程师 59 人。取得国家各类注册执业资格人员 480 余人。

中铁设计咨询截至 2010 年末拥有航测遥感设备 35 台、电子计算机 2858 台、土工试验设备 184 台、勘察测量设备 196 台，设备合计 3273 台套，设备价值 1.90 亿元。

2010 年度，中铁设计咨询承担勘察设计、咨询项目 107 项（按建名计），其中铁路综合勘察设计项目 75 项；城市轨道交通项目 11 项；技术咨询（含地勘监理、工程检测）项目 13 项；海外工程项目 8 项。

1.铁路综合勘察设计：完成了叶柏寿至绥中港铁路、石太线及白阿线扩能改造工程、东胜至鄂尔多斯机场铁路等项目的预可行性研究；郑州机场至许昌城际铁路、北京至张家口铁路、呼和浩特至张家口城际铁路；柳州至肇庆铁路、新建嘎鲁图至新上海庙铁路、赤峰至叶柏寿增建二线、富裕至古莲铁路改造等项目的可行性研究；荆州至岳阳铁路、郑州至焦作、郑州至新郑机场城际铁路、郑州至焦作城际铁路云台山支线、新建陶利庙至靖边铁路、吉林至珲春城际铁路等项目的初步设计；截至 2010 年底尚在进行施工图设计的项目主要有：南广铁路、新建德龙烟铁路（德州至大家洼段）、太原至兴县铁路、山西中南部铁路通道、南同蒲铁路电化改造、包西铁路包头至大保当段、天鹅湖至策克铁路、龙口至烟台铁路、海天至青岛铁路等项目。

2. 城市轨道交通设计：分别承担了北京地铁 7 号线、8 号线、9 号线、房山线；上海地铁 12 号线内江路站；大连地铁 1 号线、2 号线；太原轨道交通 1 号线；深圳地铁 7 号线、9 号线；苏州市轨道交通 4 号线等一些标段的土建或轨道系统设计，2010 年内分别在开展可行性研究、初步设计或施工图设计。

3.工程咨询（含技术咨询、地勘监理、工程检测、工程总承包）：承担了郑州至徐州客运专线、张家口至唐山铁路、邯长铁路扩能改造工程、南昌至九江城际铁路轨道系统等铁路施工图审核项目；北京轨道交通房山线全线、北京地铁 6 号线和 9 号线（标段）的轨道交通项目的施工图审核；广州地铁 3 号线、9 号线总体咨询；津秦铁路客运专线等项目的地勘监理；太中银铁路、邯济铁路扩能工程等项目的工程检测；承揽了察哈素矿井铁路专用线、罕台川煤炭集疏运系统等项目设计施工总承包和一些专项总承包任务。

4. 海外项目：承担了利比里亚邦矿铁路改造工程可行性研究；完成了刚果（金）金沙萨 630 大道修复工程、松杜威和凯旋大道延长段工程、MKM 铜钴矿项目铜萃取电机车间的施工图设计；刚果（金）卢本巴希绕城公路工程项目年底尚在配合施工。尚有个别海外项目在开展前期工作。

2010 年中铁设计咨询累计完成勘察设计实物工作量：线路 2599.46 线路折算公里；工程地质 157.25 万实钻米。

【中铁大桥院设计工作概况】 中铁大桥勘测设计院有限公司，简称中铁大桥院，始建于 1950 年，2003 年完成股份制改造，成立“中铁大桥勘测设计院有限公司”。

大桥院是国内唯一一家以桥梁为主的专业勘测设计院。公司持有国家颁发的勘测综合类、工程测绘、工程设计、工程总承包、工程咨询、工程造价咨询、工程监理、建筑设计、城乡规划等甲级资格证书，主要承担规划测量与工程测量，岩土工程及工程地质勘察，铁路和公路桥梁设计，市政桥梁、地铁轻轨、隧道设计，建筑设计，城乡规划编制，以及工程咨询、工程监理等业务。

公司着力强化长期以来形成的专业优势，并以此为基点，不断向产业链上下游和横向业务领域延伸，以期达到集群化、规模化发展效应。业务集群上，从纵向产业链看，公司以桥梁勘测设计为中心，向上延伸到工程咨询领域，向下延伸到设计审核、工程监理、桥隧健康诊治领域，已基本深入到产业链各个细分市场；从横向业务领域看，从单一的桥梁工程，扩展到市政工程、轨道工程、隧道工程等新领域。

公司下设子公司四个：中铁武汉大桥工程咨询监理有限公司、中铁大桥（南京）桥隧诊治有限公司、中铁芜湖规划设计研究院有限公司、中铁芜湖建筑设计研究院有限公司；分公司四个：华东分公司、郑州分公司、沌口分公司、福建分公司。

截至 2010 年末，公司有职工 794 人，其中有中国工程院院士 3 人，全国工程设计大师 4 人，国家级专家 3 人，教授级高工 52 人。

2010 年，公司生产经营再上新台阶，超额完成了各项生产任务。新签合同额 5 亿元，完成营业额 4.18 亿元，利润总额 4129 万元。勘测设计质量合格率 100%，优良率 100%。年内承担的主要勘测设计项目有：京福铁路铜陵长江公铁两用大桥、宁安城际铁路安庆长江大桥、武黄城际铁路黄冈公铁两用大桥、武汉二七长江大桥、武汉鹦鹉洲长江大桥、成贵铁路金沙江特大桥和鸭池河特大桥、兰新铁路第二双线黄河特大桥、运三铁路三门峡黄河特大桥、宝兰客运专线渭河特大桥、山西中南部铁路通道汾河特大桥、海南洋浦海湾大桥、武汉市八一路延长线、港珠澳大桥主体工程控制测量测控中心建设等。

【中铁西北院设计工作概况】 中铁西北科学研究院有限公司是“中国中铁”技术中心主要成员单位之一，公司是以特殊路基与地质灾害防治为重点专业，以特殊、重大应用理论及灾害防治工程措施为主攻方向，集研究、勘测、设计、试验、工程检测、监测、监理、咨询、施工、环保与环评等专业为一体，通过 ISO9001 质量认证的甘肃省综合性高新技术企业。

公司党政领导班子由 9 人组成，董事长刘成军，法定代表人、副董事长、总经理朱本珍，党委书记、工会主席牛怀俊，副总经理马惠民，党委副书记、纪委书记刘文龙，副总经理方建生，副总经理张国帅，副总经理、总工程师郑静，副总经理、总法律顾问王引生。

中铁西北院设有 14 个职能管理部门，下属 3 个全资子公司：甘肃铁科建设工程咨询有限公司、甘肃中铁地质灾害防治技术工程公司和甘肃兴科物业管理有限公司；9 个分支机构：勘察设计分公司、岩土工程检测试验中心、南方分院、西南分院、西安分院、新疆分院、贵州分院、西藏分院、科研所；1 个驻外机构，即北京办事处。

截至 2010 年 4 月，中铁西北院在册职工人数 372 人，拥有由多名国际、国内知名岩土工程专家组成的专家委员会和一支由 3 名博导、10 名硕导、21 名正高、49 名副高组成的高新技术人才队伍。

2010 年度，公司立足铁路主战场，在科研、咨询、监理、检测等业务方面成效显著。先后承揽了青藏铁路、新建兰新铁路二线、大西铁路、包兰二线、丹大铁路客专、昆明轨道交通、京沪高铁、昆明地铁、沪昆铁路客专等国家重大、重点工程中的技术服务类项目。主要经营范围为：土木工程及地质灾害防治工程的科学研究、工程测量、试验、测试、检测、监测、勘察、设计、施工（均凭资质证）；文物保护和加固工程、防腐工程、土石方工程、建筑防水工程（均凭资质证）；工程技术咨询服务，成果转让、新工艺的开发应用，绿化环境工程治理，环境设备的制造、销售、安装、调试，房地产开发、房屋租赁；节能材料、五金交电（不含进口摄录像机）、化工产品（不含危险品）、建筑材料的批发零售；物业管理、住宿（限分支机构经营）。

2010 年，公司董事会审议通过了重大议案 32 项，在科学决策、促进企业改革发展各个方面发挥了重要作用；监事会在监督力度、监督范围、监督方式等方面都有了改进和加强，发挥了监督公司经营运作的职能作用。

在市场经营方面，公司经理层按照董事会审议通过的年度目标任务，继续坚持“大咨询”战略和“区域经营、技术经营、协作经营、合作经营”理念，全公司所属项目在本年度未发生质量、安全责任事故，完成项目实现了零亏损。全年公司新签合同额达 6.3 亿元，完成全年计划 5 亿元的 114.5%，同比增长 14.5%；实现营业收入 4.566 亿元，完成全年预算 3.5105 亿元的 130.07%，同比增长 56%；实现利润总额 5122 万元，完成全年预算 3830 万元的 133.73%，同比增长 99%，实现净利润 4127

万元，完成全年预算3065万元的134.64%；资产总额达到4.55亿元，比2009年3.03亿元增长了50.16%，职工收入明显增长，实现了国有资产保值增值，各项指标创历史最好水平。

在科技创新方面，2010年，新开科研项目21项，合同额1240万元；延续项目32项；申请专利14项，其中发明专利7项，实用新型专利7项；6项专利获得证书，2项发明专利，4项实用新型专利。有7项成果通过评审和验收，6项成果获奖，其中1项成果获得福建省科学技术二等奖，1项成果获得甘肃省科技进步三等奖，1项成果获得中国施工企业管理协会科学技术奖技术创新成果一等奖，股份公司科学技术奖3项(1项特等奖和2项三等奖)。“青藏铁路风火山多年冻土长期综合观测与工程试验与应用”荣获股份公司“十一五”十大优秀科技成果奖。新增1人享受“国务院特殊津贴”，1人获股份公司第四届劳模，1人获“第七届詹天佑青年奖”，3人获“甘肃省领军人才”，1人获中国中铁“十一五期间十佳科技创新标兵”称号，3人获中国中铁“青年科技拔尖人才”称号，10人次获得“火车头”奖章。

在企业改革和管理方面，2010年12月14日中铁西北院与中铁二院签订成立合资公司“中铁二院西北勘察设计有限责任公司”的投资协议，并圆满召开了第一届董事会（第1次）会议。启动了“中铁西北科学研究院研发中心与产业基地”的筹备工作。完成了对公司组织机构设置的调整优化工作，将综合办公室划分为党群办公室和行政办公室；设立了企业战略与法律事务处和兼职总法律顾问；资产处归并于财务处；对原市场经营处进行机构改革，成立市场经营与生产管理中心，下设市场经营处与生产管理处；将文物保护与特殊工程加固中心从工程公司分离出来，作为重点培育发展专业；成立了战备设计保障大队和治安保卫科；对部分中层干部进行了调岗轮岗，将一批年轻的优秀人才推上了领导岗位。通过这一系列组织结构改革和人力资源优化配置，为公司逐步完善现代企业管理制度起好了步，为公司在“十二五”期间开展好生产经营与科研工作提供了合理有效的组织机构保障和人力资源保证。

【中铁西南院设计工作概况】 中铁西南科学研究院有限公司(China Railway SouthWest Research Institute Co.，Ltd)(以下简称中铁西南院)，始建于1959年，原为铁道部科学研究院西南分院，2006年更为现名，是中国中铁股份有限公司的全资子公司，是从事隧道及地下工程、桥梁与工程结构、地质灾害防治工程的科学研究、检测、咨询、设计、施工、监理、试验和配套产品开发的科技型企业。2010年，被评为中国中铁股份公司“十一五”科技创新先进企业。

中铁西南院拥有工程勘察证书（工程测量、岩土工程）、工程设计证书 (轨道交通工程）、公路水运工程试验检测机构等级证书（综合乙级、桥隧专项）、住建部房建、市政、公路、铁路工程监理甲级、铁路工程施工总承包三级、隧道工程专业承包贰级、爆破与拆除工程专业承包贰级、地质灾害危险性评估单位、工程勘查单位、工程设计单位、工程施工单位资质甲级、四川省科技咨询行业经营资格证书甲级、工程咨询资格证书铁路甲级、实验室认可证书、计量认证合格证书、建设工程质量检测机构资质证书（地基基础和室内环境）、转子式混凝土喷射机矿用产品安全标志证书等资质。下设中铁岩锋成都科技有限公司、四川铁科建设监理有限公司、中铁成都工程检测咨询有限公司、中铁成都轨道交通设计院有限公司、中铁成都桥梁技术有限公司、中铁西南科学研究院工程有限公司等6个全资子公司和科技研发中心、广东分公司、西北分公司、华北分公司、东北分公司等5个分支机构。

50年来，中铁西南院在锚喷支护技术、隧道监测技术和信息化设计、软弱围岩隧道修建技术、隧道地质超前预报、工程岩体稳定性分级、长大隧道机械化施工技术、消防技术、客运专线隧道空气动力学、新型桥梁结构技术、泥石流灾害防治技术、工程检测新技术以及隧道工程信息研究等方面，取得一批具有重大社会效益和经济效益的研究成果。特别是在成昆铁路、大瑶山隧道、秦岭隧道、青藏铁路、广州地铁等重大工程的科技攻关中以及高速铁路隧道设计参数、沉管水下隧道可行性研究项目的研究工作中创造出不俗的业绩。截至2010年底，中铁西南院共取得重大科研成果200余项，获国家及省部级科技奖129项，国家发明专利5项、实用新型18项，参编国家、部和行业规范（标准）23项，主编或参编著作14部，编辑出版国内外公开发行的《现代隧道技术》等科技期刊。

截至2010年底，中铁西南院共有员工818人，在职员工433人，其中，高级专业技术人员69人，中级专业技术人员137人。公司拥有一批包括国家级专家、省部级专家、博士生导师、硕士生导师、青年科技拔尖人才在内的高素质科技人员，还面向全国招收隧道、桥梁、水工水文、地质灾害防治、工程机械、仪器仪表等专业的博士、硕士研究生。

2010年，中铁西南院新签科研项目24项，5项科技成果通过股份公司评审；11项科技成果获奖；获授权专利4项，其中发明专利1项，实用新型专利3项；获软件著作权1项。承担工程项目10项、勘测设计54项、工业产品1166台、技术咨询180项、工程监理15项、其它经营1项，共计1426项（工业产品按台数 ）。

【中铁工程设计院设计工作概况】 中铁工程设计院（以下简称中铁工程设计院）的前身是1953年成立于北京的铁道部工厂设计事务所，是国家为建设新中国铁路事业而早期组建的勘察设计单位，后来根据国家建设和自身发展需要，又先后使用了铁道部专业设计院工厂处、铁道部第五设计院（中铁建工集团的前身）、铁道部建厂局设计院、北京中铁工建筑工程设计院等不同名称。2007年9月，随着中国铁路工程总公司的改制上市，设计院正式更名为中铁工程设计院有限公司。

法定代表人：刘文斌。注册资本：5279.35 万元。

中铁工程设计院工种齐全、专业配套、拥有机械行业、建筑行业、市政公用行业、工程勘察综合类、工程咨询、工程造价咨询、工程总承包等国家甲级资质的综合性设计院。从事的业务包括民用建筑工程、铁路工业工程、机械工业工程及城市轨道交通工程的勘察设计和工程咨询工作，以及基础工程和轨道交通专用设备制造等。

在铁路工业设计领域，中铁工程设计院作为全国唯一一家从事铁路机车车辆工业建设的勘察设计单位，几乎承担了中国所有铁路机车车辆工厂的新建、改建、扩建、技术改造的勘察设计工作以及改制重组、融资上市设计咨询工作。

早在上世纪的五、六十年代，中铁工程设计院就创造了 6 项“共和国第一”，设计了新中国的：

第一个木材防腐工厂：汉阳枕木防腐工厂

第一个铁路车辆修理厂：西安三桥车辆修理厂

第一个机车车辆厂：成都机车车辆厂

第一条钢筋混凝土轨枕生产线：丰台桥梁厂轨枕生产线

第一个铁路内燃机车制造厂：资阳内燃机车厂

第一个援外铁路项目的火车站：达累斯萨拉姆火车站，成为坦赞铁路的标志性建筑

进入二十一世纪以来，尤其是在“十一五”期间，中铁工程设计院抓住铁路跨越式发展的机遇，立足自主创新，突破技术难关，积极参与铁路机车车辆装备如大功率机车、高速列车、高原列车、动车组、重载货车的更新换代工作，完成了以北车唐山轨道客车有限公司时速 300 及 350 公里动车组技术引进消化吸收和国产化技术改造、长春轨道客车股份公司时速 350 公里动车组制造平台、南车资阳电力机车公司大功率电力机车制造基地及长江车辆有限公司货车制造基地等为代表的一系列南北车集团各铁路工厂的投资建设任务，为中国高速重载铁路技术以及城市轨道交通车辆的创新与发展做出了重要贡献。

近 60 年的铁路工业工程项目业绩和专业技术积淀，使中铁工程设计院一直在中国铁路工业设计领域保持着绝对的领先地位，并具有广泛的社会知名度。

在民用建筑设计领域，中铁工程设计院早期主要服务于铁道部的各种民用建筑工程项目，完成了北京火车站、铁道部办公大楼以及各铁路工厂的工业厂房及民用建筑设施的设计任务。改革开放以来，中铁工程设计院推倒行业围墙，开拓路外市场，进军社会民用建筑工程设计领域，积极参与到了高度竞争的市场经济当中，并在各个不同时期都留下了标志性作品。

八十年代：设计了建筑在软土地基上的高层建筑——上海龙门宾馆，该建筑被编入《八十年代的上海高层建筑》一书。

九十年代：设计了上海浦西第一高的钢筋混凝土结构超高层建筑--南证大厦。

新世纪之初：设计了兼具购物、餐饮、商务、展示和文化功能为一体，建筑面积达 46 万平米的综合性商业体——上海百联中环购物广场。

2006 年：成功中标《2008 城市公路自行车赛配套工程和设施项目》，成为国内十家参与 2008 年北京奥运场馆设计的单位之一。

2007 年：完成了高度 198 米的超高层建筑——苏州高新商务广场设计。

2010 年：参与了国家重点工程，也是股份公司重点工程的“玉树灾后恢复重建”任务，在股份公司所承建的约 80 万平米建筑中，中铁工程设计院承担了 40 多万平米的各类建筑设计工作。

中铁工程设计院完成的代表性民用建筑工程还有北京亮马河大厦、北京铁路总医院、中科院微重力实验室落塔、中国铁道博物馆、山西国贸大厦、兰州民航大厦、深圳福田区政府大楼、武广铁路客运专线站房（郴州、韶关、清远站）、萨摩亚水上运动中心。

目前，民用建筑工程设计已发展成为中铁工程设计院的另一项重要支柱产业，中铁工程设计院已经突破了单一的铁路工业勘察设计咨询领域，初步完成了产业结构的调整和完善。

近 60 年来中铁工程设计院完成了国家各类大中型工业工程和民用建筑工程千余项，项目遍布国内 30 多个省、市、自治区及海外 20 多个国家，为中国的铁路工业发展、城市建设事业以及对外友好交往做出了重要贡献。

先后获国家发明奖、国家专利、国家级科技进步奖、优秀设计奖、优秀咨询奖及优秀标准设计奖数十项，获省部级科技进步奖、优秀设计奖、优秀勘察奖、优秀 QC 小组活动成果奖近百项。

1997 年通过 ISO9001 质量体系认证，1998 年获得英国皇家（UKAS）质量体系认证证书。2007 年荣获华夏认证中心荣誉顾客奖牌。2008 年轨道交通院纳入质量管理体系，标志着质量管理体系已全面覆盖中铁工程设计院重点产品。2010 年 3 月，中铁工程设计院正式颁布执行 2008 版新版质量管理体系文件，同年 8 月份以无不合格报告的成绩顺利通过了华夏认证中心的年度监督审核，取得了 2008 版质量管理体系认证证书。这表明中铁工程设计院自我改进、自我完善的机制得到了有效的保持。

2010 年底，中铁工程设计院在册员工 377 人（其中干部 342 人、工人 35 人），外聘员工 158 人。

年龄结构：30 岁以下的员工 218 人，31-40 岁的员工 131 人 ，41-50 岁的员工 145 人，50 岁以上的员工 41 人。

学历结构：博士研究生 1 人，硕士研究生 35 人，大本 354 人，大专 84 人，中专及以下 61 人。

技术职务：全院 392 人具有专业技术职务，其中：5 人为教授级高级工程师，118 人有高级专业技术职称，114 人有中级专业技术职称，155 人有初级专业技术职称。

执业资格：全院 112 人具有国家执业资格，其中：一级注册建筑师 18 人，二级注册建筑师 5 人，一级注册结构工程师 25 人，注册岩土工程师 5 人，一级建造师 2 人，二级建造师 2 人，注册造价工程师 10 人，注册安全工程师 2 人，注册电气工程师 7 人，注册公用设备师 14 人，注册设备监理师 1，注册机械工程师 8 人，注册咨询工程师 13 人。

中铁工程设计院下设 10 个生产单位：工业工程公司、轨道交通院、建筑分院、北京分院、苏州分院、上海分院、深圳分院、民用分院、勘察分院、造价咨询分院；6 个管理部门：市场部、技术部、企业策划部、财务部、人力资源部、综合办公室及生活服务中心；1 个合资公司：京澳凯芬斯设计有限公司。

全院共有台式计算机 266 台；便携式计算机 238 台；绘图仪 10 台；激光打印机 17 台；传真机 15 台；复印机 16 台；数码照相机 19 台；摄像机 2 台；投影仪 5 台；网络交换机 5 台；网络服务器 3 台；程控交换机 1 台；水准仪 2 台；地震仪 2 台；工程检测仪、GPS 定位仪、全站仪、基桩动测仪、KTG 土试系统、电子水准仪、室内全自动固结仪等各 1 台；各种车辆 40 台等。

【中铁电化院设计工作概况】 中铁电气化勘测设计研究院有限公司概况：

1. 人员状况：

全院职工 448 人。其中：在岗职工 411 人，内部退养 37 人；工人 52 人，干部 396 人；各类专业技术人员 386 人(高级职称 95 人，中级职称 129 人，初级职称 144 人；工程技术人员 350 人，经济人员 10 人，会计人员 13 人，翻译人员 1 人，政工人员 9 人，其他人员 3 人)。

2. 设备状况：

全院共有台式计算机 380 台；便携式计算机 302 台；绘图仪 5 台；激光打印机 32 台；传真机 15 台；复印机 12 台；数码照相机 23 台；投影仪 19 台；全站仪 3 台；水平仪 1 台；水准仪 2 台；GPS 定位仪 3 台；南方 RTKGPS1 台；光电测距仪 2 台；测高仪 2 台；对讲机 4 台；各种车辆 32 辆；地质钻机 3 台；网络设备系统 6 套;箱式变配电站 2 套；检测化验仪器 115 台套。

3. 技术简况：

（1）完善体系文件。1. 根据公司组织机构改革，修改了院质量体系文件；2. 根据质量控制要求，修订完善了《设计质量控制和奖惩管理办法》，重点对工程质量各级职责、控制流程、项目策划、技术会议等内容作了修订和完善；增加了项目优秀奖励和设计质量问题处罚的详细规定。3. 根据公司发展规划的要求，增编了《专业建设管理把法》，把公司“基础建设、科研创新、人才培养”与公司铁路综合甲 II 资质结合起来，为公司又好又快发展奠定了理论基础。

（2）技术培训。针对工程项目经验进行了以“设计案例”为基础的项目间技术交流；针对公司专业拓展，开展了外聘专家院内“通风空调”“信号系统”的专业培训；针对图纸版面问题，开展了设计基本功的培训；针对市场技术发展，先后与“ABB”“施耐德”“阿海珐”等国际知名公司的技术交流。

（3）科研及创新。制定以“高速、城轨”牵引供电技术为核心的科研技术创新方向，承担局集团公司 2 个项目 1）城市轨道交通基于 IEC61850 规约的数字化电流保护技术研究，2）高速铁路接触网电连接系统优化方案研究。承担中国中铁股份有限公司 3 个项目 1）城市轨道交通雷害防治研究，2）能馈式牵引供电系统方案设计及相关装备研制，3）高速铁路接触网电连接系统优化方案研究。 承担铁道部 1 个项目：高速铁路技术总结。

（4）设计质量控制。1. 改变传统一年进行一次质量检查的做法，实施季度设计质量检查；2. 按照院《设计质量控制及奖惩管理办法》，强调项目、专业策划的重要性，把设计策划切实作为指导开展设计的工具，并在设计的不同阶段分层次控制设计质量，重点控制设计过程。3. 在设计各阶段重点抓各级复核这一环节，充分调动专业负责人的积极性，提高文件出所前的设计质量。根据每季度统计质量评定的具体情况，公布各设计所和项目部存在的问题，并将这些存在问题发给对应部门负责人，分析原因，提出具体改进的建议。4. 技术部在项目运作过程中，坚持与设计所、项目部进行 9000 标准执行的交流沟通，结合员工应用需要，改进程序控制方式。

（5）设计评审。改变传统做法，以不同的形式进行宣贯和讲解，设计评审是“对项目成果满足目标能力的识别，存在问题的分析；设计评审应在项目开展前期和中期进行”。坚持文件出院前设计评审不走形式，在评审前积极与项目部沟通，对存在问题和疑点，及时进行论证，确认符合评审要求的工作完成后，文件才允许出院。年内组织完成了电气化铁路、城市轨道交通相关项目的初步设计评审，确保了项目方案的正确性。

（6）技术研究。技术部重点从项目预可行性研究、可行性研究、初步设计等阶段，自始自终，参与项目方案论证工作，先后组织如下技术课题的研究：1. 电气铁路牵引供电系统防雷研究；2. 京沪高速变电、接触网方案研究；3. 北京地铁钢轨焊接研究；4. 南京供电系统保护方案研究；5. 钢轨电位技术研究；6. 广州地铁高架桥电缆防护研究；7. 北京地铁非晶合金变压器技术研究；8. 南京地铁大胜关供电系统综合技术研究；9. 南京地铁无功补偿技术研究；10. 上海地铁高架桥建筑防雷研究；十一城市轨道交通 0.4kV 谐波治理研究；十二高架桥刚性悬挂技术研究。

（7）信息化建设。由技术信息管理部牵头，组织公司各管理部门梳理 EIP 存在的问题，提出了完善方案；初步完成了公司新基地 5A 系统用户需求方案；补充完善了公司档案管理程序；重新布置了驻外项目部 SDH 专线。

4.完成经济指标：2010 年完成营业额 25729 万元，其中：勘测设计产值 14707 万元，其他收入产值 11022 万元。完成实物工作量为：电化折算公里 1105；完成设计（折合 1 号）图纸 1452324 张。

【中铁通号院设计工作概况】 北京电铁通信信号勘测设计院有限公司（简称通号院）成立于 1983 年 4 月，是国家甲级设计单位和北京市高新技术企业。1996 年 12 月通过 ISO9001 标准质量体系认证。具有电子通信广电行业有线通信专业甲级、无线通信专业乙级，铁道行业通信信号专业甲级和市政行业轨道交通工程通信信号甲级工程设计专业资质；具有铁路专业和通信信息专业甲级、建筑专业甲级和城市轨道交通专业丙级工程咨询资质。注册资金 1747.1 万元

通号院主要从事铁路、地铁的通信信号专业设计咨询和电力、房建、电磁兼容的配套设计咨询以及相关工程的系统集成、监理等任务。具有年设计生产能力 3.5 亿元以上，其中设计咨询产值 1.5 亿元，系统集成及其它 2 亿元以上。“十一五”期间，通号院积极应对市场变化，加快业务调整，大力拓展地铁设计和防灾系统集成等业务，开展产品研制，培育工程监理，初步形成了以勘测设计、产品研制、系统集成、监理咨询“四大支柱”为一体的经济架构。

通号院下设综合办公室、人力资源部、经营计划部、技术发展部、财务部和党群工作部 6 个职能部门，设有通信信息所、信号所、电力所、电磁兼容所、建筑所、地铁所、监理所、文整工厂 8 个生产单位及北京电铁海丰技术发展有限公司、北京电铁通号工程技术开发有限公司两个子公司。

到 2010 年 12 月 31 日止，通号院共有职工 237 人。有国家级专家 1 人，部级专家 1 人，部中青年拔尖人才 1 人，总公司科技拔尖人才 7 人，总公司有突出贡献的中青年专家 1 人。各类专业技术人员 212 人，其中教授级高工 3 人，高级职称 58 人，中级职称 96 人，初级职称 55 人。具有雄厚专业科研技术实力。

2010 年，通号院完成企业营业额 14652 万元，较 2009 年增长 37.7%。其中完成设计产值 6000 万元，其他产值 8652 万元。2010 年完成和在设在建项目主要是 39 个。其中：1.铁路设计及咨询项目 29 个：蓝烟线电气化改造工程施工图设计、施工配合及竣工开通；广梅汕铁路龙川至龙湖南段电气化工程施工图设计准备；滨绥线、图佳线平山至林口段自动闭塞改造工程施工图设计、施工配合及竣工开通；丰沙大线丰台西至郭磊庄段自动闭塞改建工程施工图设计、施工配合及竣工开通；新建铁路玉林至铁山港线工程初步设计及施工设计；沪昆线株娄间 ZPW-2000A 改造工程初步设计及施工设计；胶(州)新(沂)铁路电气化工程初步设计；华东二通道电气化改造工程可行性研究；湘桂铁路柳州至南宁段电气化工程预可研、可研审查及修改；郑武线自动闭塞改造工程可行性研究；滨北绥佳线江北至佳木斯段自动闭塞改造工程可行性研究；2010 年部管信号设备大修工程初步设计及施工设计；北京至上海新建高速铁路防护工程施工设计；平齐线自动闭塞改造工程施工图设计、施工配合及竣工开通；轨道交通运行控制系统国家工程研究中心建设项目工程可行性研究及初步设计；京通线电气化改造工程预可研；沪昆线百亩井-酒店塘间自动闭塞改造工程可行性研究；京广线（北京局、郑州局管内）自动闭塞改造工程可行性研究；沪昆线湘潭-新晃段 CTC 系统建设工程可行性研究；沈阳铁路局既有线 CTC 系统改造工程可行性研究；南广客运专线四电集成；杭甬客运专线防护咨询服务；杭州至长沙铁路客运专线浙江段超高压迁改等咨询服务。2.轨道交通咨询、设计及集成项目 9 个：南京地铁一号线南延线工程（PPP 项目）设计联络；上海市轨道交通 10 号线信号系统集成设计；广州地铁 6 号线一期工程信号系统工程集成设计；重庆市轨道交通工程系统集成、设计及咨询；北京地铁 15 号线一期工程施工设计；北京地铁 7 号线工程初步设计及施工设计；南昌市轨道交通 1 号线一期工程初步设计；长沙市轨道交通 1 号线一期工程初步设计；福州市轨道交通 1 号线工程初步设计。3.国外咨询及设计项目 2 个：安哥拉通信工程施工设计和土耳其安卡拉-伊斯坦布尔高速铁路二期项目咨询。4.工程项目 4 个：京石客专电力迁改施工；洛阳孟津电厂专用线四电工程施工；新建铁路武汉至广州客运专线防灾安全监控系统集成；沪杭铁路客运专线防灾安全监控系统集成。5、监理项目 1 个：无锡地铁 1 号线弱电集成。

2010 年通号院共完成新签合同额 12347 万元，较 2009 年增长 20.2%；共签订项目合同 16 项。主要是：丰沙大线丰台至郭磊庄段自动闭塞改造工程 782 万元；2009 年部管信号设备大修改造工程 327 万元；2009 年全路轨道电路分路不良整治 77 万元；广梅汕铁路龙川至龙湖南段电气化改造工程前期费 198 万元；滨绥及图佳线平山至林口段自动闭塞工程 985 万元；北京地铁 15 号线工程 2082 万元；北京地铁 13 号线、八通线车载视频监控系统工程 141 万元；北京地铁十五号线一期工程信号系统集成 295 万元；南昌市轨道交通 1 号线一期工程 2076 万元；长沙市轨道交通 1 号线一期工程 1383 万元；孟津电厂铁路专用线工程四电工程 3953 万元。

2010 年，通号院设计创优取得突出成绩。“北京地铁 1、2 号线消隐改造 2 号线信号系统更新工程”获 2010 年中国中铁股份公司优秀设计二等奖；“滨绥及图佳线平山至林口段自动闭塞改造工程可行性研究”获 2010 年中国中铁股份公司优秀咨询成

果二等奖;"北京市轨道交通首都机场线通信信号系统设计"继2009年获得中国中铁股份公司优秀设计一等奖后,2010年又获得中国勘察设计协会颁发的"全国优秀行业设计(市政公用)"一等奖和北京市规划委员会颁发的"北京市第十四届优秀工程设计奖"一等奖;"新建铁路玉林至铁山港线可行性研究"获2010年广西自治区优秀咨询成果一等奖、全国优秀工程咨询成果三等奖。"滨绥及图佳线平山至林口段自动闭塞改造工程可行性研究"获2010年度北京市优秀工程咨询成果二等奖;"沪昆线株洲至娄底段自动闭塞改造工程可行性研究"获2010年度北京市优秀工程咨询成果三等奖。积极开展质量管理活动,2项QC成果获中铁电气化局集团公司优秀质量管理成果奖;地铁所革新QC小组"地铁高架区间漏缆固定卡具设计"获中国中铁股份公司优秀质量管理成果奖;信号所万吨列车工程QC小组"万吨列车集结－车站信号设计方案"获铁道部优秀质量管理成果,信号所"万吨列车工程QC小组"被授予"铁道部优秀质量管理小组"称号。积极开展质量体系监督审核工作,顺利通过北京华夏认证中心对院质量体系的审核。坚持对ISO9001质量体系实行动态管理,过程把关,使设计质量得到有效控制。2010年全院设计文件优良率达100%,没有发生质量事故和顾客投诉;完成成册设计文件178件,质量评定全部优良。

2010年通号院科研立项5项。其中,在中铁电气化局集团公司立项3项,在中国中铁股份公司立项2项。上年延续项目15项。参加了国家科技部国家科技支撑计划课题"中国高速列车关键技术研究及装备研制"中"高速列车牵引供电技术"项目研究。有两项成果通过评审。2010年7月"DCR-2000型道岔融雪系统"通过了铁道部运输局基础部评审;2010年10月"滑坡预警系统研究"通过了中铁电气化局集团公司评审。其中,"DCR-2000型道岔融雪系统"获2010年中铁电气化局集团公司科学技术一等奖。取得实用新型专利成果3项:新型节能灯反光器、油库电火花防护设计技术、HBP-B通用型匹配盒。向铁道部有关部门申请制订标准1项;修订标准1项。

2010年,通号院实现利润总额776.2万元,较2009年增加248.7万元;净利润678.5万元,较2009年增加306.6万元。按电化局集团公司考核标准,2010年业绩指标考核在良好以上。

【中铁四局设计工作概况】 中铁四局设计研究院成立于2002年,是一家专门从事土木工程设计、咨询、监理、科研的综合性设计研究院,业务涉及工业与民用建筑、市政、铁道、城市轨道交通等领域,持有建筑工程甲级、市政公用行业(桥隧、道路、排水)乙级、铁道行业综合乙级设计资质、勘察(岩土工程、工程测量)乙级、房建工程监理甲级、铁路工程监理乙级和规划、园林及工程总承包等各项资质,并通过ISO9001:2000质量管理体系认证。设计院下辖设计研究一所(道路、桥梁)、设计研究二所(房建)、设计研究三所(铁路)、方案图文所、监理分公司、工程技术服务公司等部门。设计院组织机构完善,技术全面,有一支人才结构合理、整体素质较高的专业技术队伍,各类专业技术人员占院总人数的90%,其中各类国家注册工程师比例达37%。

2010年,设计研究院明确了以"工程设计、工程监理、工程检测"三大业务统筹发展的战略,完成营业额4400万元,占年度计划3500万元的126%;完成新签合同额3260万元,占年度计划2400万元的136%。建筑工程设计:完成中铁山桥厂前区改造工程、好而优购物广场、淮南金湾香都小区、合肥清华名苑、中铁置业龙子湖安置房等建筑工程30余项,共计45万平米。市政公用桥隧、道路工程设计:完成了昆明市轨道交通全线桥梁设计、巢湖湖光路跨铁路桥设计、桐城和平路桥设计、宿松开发区桥梁等18座桥涵设计,总长8286米,完成旌德城西路设计、旌德篁嘉园区道路设计、肥东桥头集路设计、桐城市望溪东路道路、宿松开发区等23条道路设计工作,总长26.8公里。铁道工程设计:完成天安化工铁路专用线、苏鲁粮食物流中心等铁路设计8公里,和上海铁路局设计研合作完成了水蚌线平改力。正在进行的杭甬客专、宁安城际、杭长高铁、宁启铁路等监理工程15项;正在进行的合蚌线、兰新线、宁波铁路枢纽北线等工程检测项目5项;安哥拉项目生产稳步推进,截至目前,共完成住宅施工图设计1535133平方米,共计401栋,占总任务量的89%,公建施工图设计共完成建筑面积34925平方米,占总任务量的2%(总建筑面积1718881平方米,其中住宅面积1643881平方米,公建75000平方米)。

【中铁六局设计工作概况】 中铁六局工程设计院于2010年1月29日正式成立。2010年完成工程设计及技术劳务新签合同额259.9万元,其中,集团内部检算32项,共计75.5万元;与其他设计院合作完成设计项目9项,共计164.4万元;独立完成"京原线大涧煤站改扩建可研及施工图项目"共计20万元。

2010年完成工程设计及技术劳务营业额189.9万元,其中,集团内部检算26项,共计65.5万元;与其他设计院合作项目共完成3项,共计104.4万元;铁路专用线设计1项,共计20万元。

设计经营

【中铁二院设计经营管理】 2010年，中铁二院全年实现营业收入58.10亿元，较2009年增长了31.15%，为年度目标的107.34%，同比增长30.81%；实现净利润3.85亿元，为年度目标的106.95%，同比增长27.48%；新签合同额64.77亿元，为年度目标的107.96%，同比增长26.49%。公司毛利率由2009年的24.31%上升至26.54%，资产负债率由2009年的74.99%下降至67.53%。在2010年中铁股份公司对所属企业的风险评级中，中铁二院连续三次列属C级正常安全企业。

一、国内市场经营开发

2010年，中铁二院为扩大市场份额，持续优化经营布局，成立了华东公司以巩固和提高华东地区的市场占有率。设立了新疆分院，组建了西北公司，为全面开发西北、边疆地区市场创造了先决条件。合资成立的港航公司、高格公司，为进军水运、海洋工程和景观设计市场打下了坚实基础。全年新签铁路勘察设计合同额27.29亿元，公路和市政勘察设计合同额4.61亿元，城市轨道交通勘察设计合同额7.02亿元，工程总承包合同额11.64亿元，工程管理技术服务及其他方面合同额3.71亿元，房地产项目合同额4.94亿元，产品产业化项目合同额7023万元、其他1099万元。

二、海外市场经营开发

2010年，中铁二院加大了海外市场布局力度，先后在尼日利亚、阿尔及利亚、越南、老挝、香港等地设立了分公司和办事机构，取得了企业境外机构证书，全年新签合同额4.76亿元。在委内瑞拉、尼日利亚等国家既有项目基础上积极开展二次营销，形成了良好的经营开发循环。海外勘察设计项目已遍及亚洲、非洲、南美洲，涉及委内瑞拉、尼日利亚、埃塞俄比亚、越南、缅甸、格鲁吉亚、阿根廷、几内亚、伊朗、加纳、也门等多个国家，项目多达40项。其中委内瑞拉北部铁路、中老铁路、埃塞俄比亚铁路、尼日利亚铁路拉各斯至卡杜纳段及阿布贾城轨、阿尔及利亚公路、阿根廷贝尔格拉诺货运铁路改造等6个项目已进入实施阶段。先后成功签订了中老铁路、埃塞俄比亚铁路、越南河内轻轨技术咨询等项目合同。成功召开了第一届海外工作会，明确将海外业务作为公司支柱业务板块重点发展，并制订出台了一系列激励政策，为高效开发海外市场奠定了基础。

三、项目生产管理

中铁二院勘察设计任务的快速增长，使得有限的生产资源尤其是人力资源与快速增长的生产任务之间的矛盾日益凸显。2010年，随着大量项目进入施工图设计阶段，这种矛盾在站前专业尤其是隧道、桥梁专业表现得尤为明显，加之随着建设标准提高，长隧、特殊桥等特殊设计工点越来越多，对设计人员的要求也越来越高，更加剧了人力资源的紧张局面。为有效缓解土建院及站后院生产资源日趋紧张的现状，大力挖掘设计潜力，充分考虑重庆公司、昆明公司、成都公司、武汉公司、贵阳院、南宁院等子公司、外业分院的生产能力和技术水平，中铁二院加大了对子公司、外业分院的任务分配力度，先后安排重庆公司承担了重庆至万州、三江至万盛至南川、渝怀复线涪陵至怀化段等项目，贵阳院承担了重庆至贵阳、织金至纳雍、贵阳至开阳、金城江至南宁、久长至永温等项目，成都公司承担了合浦至湛江、达州至万州、林歹至织金、广梅汕铁路龙湖南至汕头段增二线等项目，武汉公司承担了武汉新港铁路滠口至香炉山段、香炉山至黄州段、孟庙至平顶山、湄洲湾南岸铁路支线、福建漳州港尾铁路等项目，昆明公司承担了昆明枢纽东南环线、黄桶至百色、昆明至玉溪复线、玉溪至磨憨等项目，南宁院承担了南宁至凭祥、广西沿海铁路、南昆增二线南宁至百色段等项目，济南分院承担了盘锦港疏港铁路。任务分配的多元化，提高了子公司、外业分院的技术水平，一定程度上缓解了中铁二院生产能力紧张的局面。

在加大子、分公司任务承揽份额的同时，中铁二院加强了技术与计划的统筹协调，推广实施了“以周保月、以月保年”的周计划管理模式，用活既有资源，用好社会资源，有效提升了生产能力。

四、多元产业

2010年，中铁二院面对国家房地产宏观调控，公司及时调整思路，强化营销手段，加快资金回笼，房地产板块成功实现财务收入4.94亿元。旗下产业公司展现出良好的创利能力，新签合同额6781万元。其中，中铁天宝公司挂牌伊始就紧盯数字化建设市场，并将在中老铁路全力开展数字化施工试点；轨道交通高科技产业园项目建设公司——“成都中铁晨丰有限公司”已组建完毕并正式运转，在此基础上，产业园的建设节点已经排定，精选首批入园企业等前期工作也已开展。

五、管控体系

2010年，中铁二院正式启动了筹备已久的内部控制体系建设。制度、流程等方面的梳理已经开展，为下一步管理工作的程序化、规范化、制度化和标准化奠定了基础。颁布实施的《安全生产责任制》强化了事故的预防和责任的落实。推行的资金管理平台加强了资金的集中管理，刚化了成本费用、现金流、资本性开支等预算，提高了资金管理水平。制定颁发的《铁路工程文件审查暂行要点》等规章制度进一步规范了质量管理和技术管理流程。推进的“五个统一”信息基础平台建设进一步完善了信息化体系。在全院范围内开展的“小金库”专项治理工作有效规范了企业经费管理。

六、科技创新

2010年，中铁二院坚持以市场需求为导向，以重点工程建设为载体，全面提升勘察设计技术水平，健全科技创新体系，大力培养科研队伍，加大科技研发投入，推进科技成果转化，推动企业向创新型企业转变。在高速铁路精密测量、无砟轨道、站后四电集成等技术领域达到了行业领先和国际先进水平，并继续在艰险山区铁路、既有铁路提速、城市轨道交通等勘察设计领域保持国内领先水平。全年共列支科研经费 1.42 亿元，开展了 191 项科研课题研究，结题了 36 项。其中“高速铁路超大断面黄土隧道修建技术”成功突破了大断面黄土隧道的技术限制，累计为郑西客运专线黄土隧道节省工程投资 3.2 亿元。

中铁二院全年新获国家专利 73 项，获各级科技进步奖 49 项（其中国家级 1 项，省部级 5 项），获中国土木工程詹天佑奖 3 项、优秀工程咨询成果奖国家级 6 项、省部级 8 项，省部级优秀工程勘察设计奖 28 项。特别值得一提的是，“遂渝无砟轨道关键技术研究与应用”获得了 2010 年度国家科技进步一等奖，该成果打破了国外技术壁垒，为中国铁路采用无砟轨道提供了技术支撑。在此基础上研制出的 CRTSIII型无砟轨道系统已成功应用于成灌铁路，形成了中国第一条具有完全自主知识产权的成套无砟轨道系统。

【中铁设计咨询设计经营管理】 2010 年，中铁设计咨询完成企业营业额 17.03 亿元，同比 2009 年增长了 37%；实现利润总额 1.7 亿元，同比 2009 年增长了 62%。新签合同额共计 28.08 亿元，同比 2009 年增长了 71%，其中：铁路合同额 12.44 亿元，占新签合同额的 44.3%；城市轨道交通合同额 0.92 亿元，占新签合同额的 3.3%；海外项目合同额 0.35 亿元，占新签合同额的 1.2%；工程总承包合同额 7.13 亿元，占新签合同额的 25.4%；工程监理合同额 3.98 亿元，占新签合同额的 14.2%；技术咨询合同额 1.36 亿元，占新签合同额的 4.8%；其它领域合同额 1.9 亿元，占新签合同额的 6.8%。

2010 年，中铁设计咨询继续加大铁路市场的经营开发力度，通过方案竞选、投标，先后中标了淄博至东营铁路扩能、毕节至遵义铁路、韩家园至呼玛至黑河铁路等 3 个项目的勘察设计，线路总长 564 公里；并中标了大西客专、张唐线、邯长线、唐山至唐山北客车线等一些项目的施工图审核工作。通过积极有效的经营开发，先后获得了白阿线扩能改造、多伦至丰宁增建二线、锡林浩特至赤峰铁路、郑州至新乡铁路、焦作至晋城铁路、东胜至鄂尔多斯机场城际铁路等 6 个项目的勘察设计，线路总长度 947 公里，并承担了南广铁路贵港站、云浮东站、南江口站站房等项目的勘察设计。

2010 年，中铁设计咨询在完成好已承担的轨道交通设计项目的同时，积极开发二、三线城市轨道交通设计项目，取得了太原市轨道交通 1 号线的可行性研究报告的编制工作；通过投标，中标了南京地铁 3 号线与西延过江线轨道系统设计、苏州地铁 4 号线轨道系统（含声屏障系统）设计及支线车辆段设计、无锡地铁 2 号线轨道系统设计、广州地铁 13 号线首期工程设计咨询、深圳地铁 9 号线 3 站 3 区间土建设计、深圳地铁 7 号线 3 站 3 区间土建设计、广州市轨道交通十三号线首期工程轨道工程等项目；首次通过中标进入苏州城市轨道交通设计市场。

【中铁工程设计院设计经营管理】 2010 年全院新签合同 222 项，新签合同额 25500 万元，其中：工业设计 3733.20 万元，占总合同额 14.64%；装备制造 12505.20 万元，占总合同额的 49.04%；民用项目 7820.85 万元，占总合同额的 30.67 %；岩土与勘查项目 1440.75 万元，占总合同额的 5.65%；全年营业收入 25755 万元。实现利润 897 万元，增长率为 110.6% 。

2010 年，设计院坚持以市场开拓为龙头不动摇，落实好“经营生产、科学发展”两大重点工作，深入开展“创先争优”活动，在全院开展“管理年”活动，进一步夯实中铁工程设计院“三二一”发展战略的基础，经过全院员工的共同努力，在“十一五”发展战略的收官之年，生产经营又创出了新的亮点。

第一次独立中标兰新铁路第二双线站房（甘青段的民和站、乐都站、平安南站、大通西站、门源站）设计项目，在站房设计方面迈出了实质性的一步，这是铁路站房设计的历史性突破；

第一次创新合作模式建筑设计融入集团公司房地产板块，优势互补，实现了投资开发、策划设计的“双向纳入”；

第一次开辟设备总承包项目新领域，中标重庆市轨道交通一号线沙大段工程赖家桥车场设备包，并且创造了中铁工程设计院单项合同额最高记录。

铁路工业设计进一步在铁道部和南、北车集团确立行业领军和优势地位，实现了项目来源的多元化，提高了企业抗风险能力；城市轨道交通设计咨询在锻炼中前行，地铁、轻轨行业在中铁工程设计院未来调整与转型中发挥着极其重要的作用。

中铁工程设计院现代企业制度建设进一步健全，公司法人治理结构进一步完善，形成了比较科学的企业战略决策机制和运营机制。中铁工程设计院申报北京市高新技术企业已经通过初核，技术创新、科技进步再添新成果，中铁工程设计院获得了北京市规划委颁发的北京市轨道交通建设贡献奖，又被中国勘察设计协会评选为全国工程勘察与岩土行业诚信单位。

2010 年三大部类和科技管理工作取得了可喜的成绩：

（1）《新型采光天窗的研发》和《降低铝合金车间的焊接烟尘》QC 小组分获铁道部和股份公司优秀 QC 小组称号。

（2）《沈阳铁路局苏家屯机务段内燃机车检修基地建设项目》获股份公司优秀工程设计二等奖；《新建广州和谐型大功率机车检修基地项目（机车新造系统）可行性研究报告》获股份公司优秀工程咨询成果一等奖。

（3）《货车车辆冲击试验线的研发及在制造企业中的应用》、《工厂变配电综合自动化系统的设计及节能研究》获集团公司科技进步二等奖；《铝合金焊接烟尘治理工艺与设备技术》、《采暖系统计算软件开发》获三等奖。

（4）2010 年，中铁工程设计院《动车车底自动吹扫除尘装置》取得了“实用新型专利”授权；与集团公司共同申报完成《排架式结构工业厂房用横向下沉式天窗结构》取得“发明专利”授权；

另有 3 个发明专利和 6 个实用新型专利已获得受理申请。

此外，在其他类型的评比中，中铁工程设计院也取得不同等级的奖项：《置地甲江南（一期）》获“2010 中国土木工程詹天佑奖优秀住宅小区金奖”;《苏州工业园区荣域花园住宅工程》获“詹天佑奖住宅小区优秀建筑奖”;《苏州工业园区生物纳米科技园研发楼》项目获苏州市城乡建设系统优秀勘察设计二等奖;《苏州高新区邓蔚路 1#地块》及《苏地 2006-B-36 地块-住宅》获苏州市城乡建设系统优秀勘察设计三等奖;四川汶川 5.12 地震灾后重建项目《四川平武县文体中心》获四川省住房和城乡建设厅颁发的 2010 年度工程勘察设计“四优”二等奖；中铁工程设计院获北京市规划委颁布发的“北京市轨道交通建设贡献奖”。

【中铁二局设计经营管理】 中铁二局加强资质增项升级，在已有建筑甲级资质基础上，又获得勘察、市政及风景园林等设计资质；通过与兄弟单位合作，承担的铁路、公路设计任务大幅增长。设计的玉树第一民族中学，赢得广泛赞誉；设计的成都金证公司金融后台服务基地，进入高难新建筑设计领域；参与埃塞俄比亚铁路总承包项目，走向国际市场。 全年新签合同额与营业额比上年翻一番，实现新签合同额 3524 万元，完成产值 2881 万元。中标的成都金证公司金融后台服务基地等设计项目，对设计院走向市场及后续经营将产生积极影响。

铁路设计

【中铁二院 2010 年承担的国内铁路勘设项目】 2010 年，中铁二院共承担铁路项目 134 项，其中 97 项约 17600 公里为铁路项目的勘察设计工作（57 个项目约 10000 公里在开展施工图设计、配合施工工作，占铁路设计总里程的 57%; 12 个项目约 2600 公里在开展投资检算等收尾配套工作，占铁路设计总里程的 15%;28 个项目约 5000 公里已经完成了可行性研究或初步设计，即将进入初步设计或施工图设计阶段，占铁路设计总里程的 28%），另有咨询项目 29 项、站房项目 8 项。

铁路重点项目计划执行情况分述如下：

一、前期项目（可研、初步设计共 28 项，约 5000 公里）

1．贵阳枢纽小碧至白云联络线（75 公里）初步设计文件已报部，正在开展补定测及施工图设计准备。

2．渝怀复线涪陵至怀化段（538 公里）已完成可研审查后修编工作，正在开展定测及初步设计。

3．铜仁至玉屏铁路（48 公里）正在开展初步设计，计划 2011 年 1 月完成报部。

4．黔桂铁路增二线（520 公里）可研设计准备。

5．成都枢纽货车洗刷所可行性研究已于 2010 年 12 月 30 日完成，报成都铁路局。

6．成都至雅安铁路（99 公里）正在开展初步设计，计划 2011 年 2 月底完成报部。

7．成昆铁路峨眉至广通复线（530 公里）可研设计准备。

8．叙永至毕节铁路（82 公里）可研设计准备。

9．毕节至织金铁路（82 公里）正在开展初步设计工作，计划 2011 年 3 月底完成报部。

10．织金至纳雍铁路（75 公里）可研审查后修编已报部，正在开展初步设计工作，计划 2011 年 3 月底完成报部。

11．南宁至金城江铁路（220 公里）可研修编已报部，正在开展定测及初步设计准备。

12．黄桶至百色铁路（292 公里）可研文件已报部。

13．南宁至凭祥铁路（200 公里）可研修编已报部，正在开展定测及初步设计。

14．南昆增二线南宁至百色段增二线（220 公里）完成可研设计。

15．丽江至香格里拉铁路（139 公里）初步设计审查后修编文件已于 2009 年 10 月上旬完成上报，受正在开展的金沙江桥设计方案研究影响，初步设计未批复，补定测已完成，下步工作待初步设计批复后开展。

16．玉溪至磨憨铁路（520 公里）开展可研设计，计划 2011 年 1 月完成报部。

17．磨憨铁路物流园区一期工程可研报部。

18．合浦至湛江铁路（121 公里）开展初设审查后修编工作，计划 2011 年 1 月 20 日完成。

19．海南西环快速铁路（345 公里）可研审查后修编材料已报部，目前正在开展初步设计，计划 11 年 3 月完成报部。

20．广梅汕铁路龙湖南至汕头段增建二线（23 公里）可研完成，待批复后开展初步设计工作。

21．浦城至建宁至龙岩铁路（220 公里）可研设计准备。

22．琼州海峡跨海工程（43 公里）可研实施计划已上报琼州海峡跨海工程前期工作领导小组，但急需开展的各项专题研究合同未签订。

23．深圳至中山过江通道铁路部分正在开展科研设计准备。

24．孟平线增建二线孟庙至平顶山西段（99 公里）为施工图招标项目（初步设计未批复），正在开展补充定测。

25．武汉新港铁路香炉山至黄州段（39 公里）初步设计文件报部，待审。

26．临泉支线（30 公里）完成可研设计。

27．珲春至东宁铁路（170 公里）可研设计完成，开展可研审查后修编工作。

28．郑渝铁路（450 公里）可研设计准备。

二、在建项目（共 57 项，约 10000 公里）

1．沪昆客专玉屏至昆明段（744 公里）完成约 45%站前施工图设计。

2．西成客专广元至江油段（170 公里）为施工图招标项目（初步设计未批复），已完成约 45%站前施工图。

3．成都至贵阳铁路（486 公里）为施工图招标项目（初步设计未批复），已完成初步设计审查后修编工作，正在开展补定测，计划 2011 年 6 月完成施工图设计。

4．成都至兰州铁路（450 公里）为施工图招标项目（初步设计已批复），完成 3 段先期开工段落的施工图，约占总工作量的 20%。

5．重庆至贵阳铁路（347 公里）为施工图招标项目（初步设计未批复），完成初步设计审查后修编工作，正在开展补充定测及稳定段落施工图设计。

6．成渝客运专线（307 公里）完成约 45%站前施工图设计。

7．云桂铁路（715 公里）完成约 65%站前施工图设计。

8．南宁至广州铁路（160 公里）站前施工图基本交付完毕，站后施工图已交付 10%。

9．贵阳至广州铁路（600 公里）完成 95%站前施工图设计。

10．重庆至万州城际铁路（250 公里）为施工图招标项目（初步设计未批复），已完成初步设计审查后修编工作，正开展补充定测及稳定段落施工图设计。

11．柳南城际（220 公里）完成约 95%站前施工图，站后施工图已交付 10%。

12．兰渝铁路广元至重庆段（401 公里）站前施工图基本交付，站后招标未完成，正在做站后施工图准备工作。

13．厦门至深圳铁路（204 公里）站前施工图基本交付完毕，站后施工图已交付 55%。

14．海南东环城际铁路（308 公里）建成通车。

15．成都至都江堰铁路（59 公里）站前施工图、站后施工图均完成。

16．成昆线成都至峨眉段（100 公里）为施工图招标项目（初步设计未批复），正在开展补充定测及稳定段落施工图设计，计划 2011 年 4 月完成交付。

17．成绵乐城际铁路（322 公里）江油至眉山段已完成 70%施工图；眉山至乐山段已完成 90% 施工图。

18．重庆至利川铁路（259 公里）站前施工图及不受设备招标影响的站后施工图已基本交付完毕。

19．南川至涪陵铁路（85 公里）站前施工图及不受设备招标影响的站后施工图已基本交付完毕。

20．三江至万盛至南川铁路（57 公里）站前施工图已基本交付完毕。

21．和谐型大功率电力机车检修段为施工图招标项目（初步设计未批复），正在开展补充定测及稳定段落施工图设计，

22．成都至浦江铁路（99 公里）完成约 65%站前施工图设计。

23．巴中至达州铁路（125 公里）站前施工图完成 90%，站后施工图正在准备开展。

24．成都至都江堰铁路彭州支线（21 公里）站前施工图基本交付完毕，站后施工图交付 80%。

25．成都站扩能改造（99 公里）为施工图招标项目（初步设计未批复），正在开展补充定测及稳定段落施工图设计，计划 2011 年 4 月完成交付。

26．达州至万州电化铁路（157 公里）站前施工图基本交付完毕，站后施工图交付 99%。

27．渝怀复线重庆至涪陵段（99 公里）站前施工图基本交付完毕，正在开展站后施工图设计。

28．贵阳市环城快速铁路东北环段（55 公里）完成 45%站前施工图设计。

29．贵阳枢纽改貌铁路货运中心站前施工图全部交付，站后施工图交付 10%。

30．贵阳至开阳铁路（55 公里）站前施工图设计完成 80%。

31．久长至永温线（36 公里）站前施工图设计完成 90%。

32．林歹至织金铁路（130 公里）完成 85%站前施工图设计。

33．成都动车组检修设施工程为施工图招标项目（初步设计未批复），正在开展补充定测及稳定段落施工图设计，计划 2011 年 4 月完成交付。

34．成都东客站（2.5 公里）正在配合开通。

35．成都货车外绕线（58 公里）已全部完成，正在完成技术总结。

36．遂渝增建二线铁路（140 公里）站前施工图基本交付完毕，站后施工图已交付 80%。

37．广通至大理扩能（173 公里）国家发改委批复可研报告。该项目为施工图招标项目（初步设计未批复）完成约 20%站前施工图。

38．昆明枢纽扩能改造工程（50 公里）完成 70%站前施工图设计。

39．昆明枢纽东南环线（37 公里）完成 90%站前施工图设计。

40．昆明至玉溪复线（49 公里）完成 70%站前施工图设计。

41．大理至瑞丽铁路（338 公里）：大理至保山段站前施工图已全部交付；保山至瑞丽段在高黎贡山隧道及怒江桥专题研究的基础上，开展补充可研及站前施工图设计。

42．昆明至广通铁路（112 公里）站前施工图基本交付完毕设计，站后招标施工图全部交付。

43．玉溪至蒙自铁路（143 公里）站前施工图基本交付完毕，站后施工图已交付 95%。

44．蒙自至河口铁路（141 公里）站前施工图基本交付完毕，站后施工图已交付 10%。

45．仁和至丽江铁路（14 公里）站前施工图及不受设备招

标影响的站后施工图已基本交付完毕。

46．六盘水至沾益铁路（253公里）站前施工图全部交付，站后施工图交付95%。

47．广西沿海铁路（261公里）：南宁东至钦州北段站前施工图已交付95%；钦州北至防城港段站前施工图已交付90%；钦州北至北海段站前施工图已交付80%。

48．南宁枢纽：柳南、南黎引入已交付85%站前施工图；云桂引入已交付80%站前施工图。

49．湘桂线永州至柳州段（350公里）站前施工图全部交付，站后施工图交付10%。

50．武汉新港铁路滠口至香炉山段（18公里）站前施工图交付90%。

51．漯河至阜阳扩能改造（206公里）站前施工图及不受设备招标影响的站后施工图基本交付完毕。

52．湄洲湾南岸铁路支线（40公里）站前施工图已基本交付，站后施工图交付15%。

53．盘锦港疏港铁路（54公里）站前施工图交付完毕，正在开展站后施工图设计。

54．福建漳州港尾铁路（46公里）站前施工图已基本交付完毕，站后施工图已交付15%。

55．青岛北站站前施工图已基本交付。

56．衙门庙至白音华（167公里）正在开展施工图投资检算

57．南昌枢纽引入相关工程（193公里）：京九引入站前施工图已交付100%，向莆引入站前施工图已交付100%，西环线已完成概算清理，昌九城际引入正在配合开通。

三、收尾配套项目简介（共12项，约2600公里）

承担并完成了襄渝线、黔桂线、黄织铁路、乐巴铁路、贵阳枢纽贵阳南编组站及客车外绕线、武广客运专线、郑西客运专线、胶济客运专线、大理至丽江铁路、福厦线、洛阳至张家界电化、青岛集装箱等12个项目的概算清理及收尾配套工作。

四、咨询项目（共29项）

2010年，中铁二院按照建设单位的要求，开展并完成了武汉至广州客专、石家庄至太原客专、广州至珠海（含中山至江门）城际快速轨道交通、广州至珠海铁路复线、广深港客运专线广州至深圳段、北京至上海高速铁路、龙岩至厦门铁路、北京至石家庄客运专线、石家庄枢纽、石家庄至武汉客运专线（河北段）、石家庄至武汉客运专线（河南段）、武汉至宜昌铁路客专、武九线电气化改造、兰新铁路第二双线甘青段、新建沪昆铁路客运专线湖南段、石长复线电气化工程、合肥站改造工程施工图审核、京福客专合肥至福州客运专线（安徽段）、京福客专合肥至福州客运专线（南昌段）、吉林至图们至珲春、广西沿海铁路黎塘至钦州段、玉林至铁山港铁路、新建拉萨至日喀则铁路工程、新建铁路合肥铁路枢纽南环线工程、西宁站改及相关工程施工图审核、武汉至黄石城际铁路、武汉至咸宁城际铁路、武汉至孝感城际铁路、武汉至黄冈城际铁路等29个项目的相关咨询工作，项目进展顺利。

五、大型站房项目（共8项）

2010年，中铁二院开展了合肥南站、青北站北站、石家庄站、厦门站、成都东客站、重庆西站、重庆北站、绵阳站等大型站房设计。

六、其他项目

2010年，中铁二院还承担并完成了环评报告14项、水保报告13项。完成了各类航测制图约42600平方公里、精密测量约3300公里、地质钻探约373万实钻米。完成了约6900公里的初测、约4700米的定测、约4600公里的补定测工作。

【中铁设计咨询勘设项目】 2010年，中铁设计咨询管控完成不同阶段的主要勘测设计、咨询项目共276项，比2009年增加了79项，完成的不同阶段的勘测项目主要有：

1．完成韩家园至呼玛至黑河铁路、攀枝花至毕节至遵义铁路、湖苏沪铁路等方案竞选和投标项目19项；吉通公司集疏运系统、锡盟铁路、赤峰市元宝山区铁路，集宁至阳高铁路、莱芜地区新建联络线等规划研究、方案研究项目19项；锡赤绥铁路、毕节至遵义铁路、多伦至丰宁铁路增二线、包神万吨扩能、新郑机场至许昌铁路等预可行性研究项目47项。

2．完成柳肇铁路、大莱龙铁路、云台山支线铁路、郑州机场至许昌城际铁路、白阿线等项目的可研或可研修编51项。

3．完成张呼铁路、吉图珲铁路客运专线、荆岳铁路、东乌与包西铁路联络线、罕台川煤炭集运站、海青铁路等项目的初步设计或初设鉴定后修改57项。

4．完成吉图珲铁路站前专业、锡二线、太兴线、京广铁路保定站改造、荆沙线、茶双线等项目的施工图设计36项。

5．完成吉图珲铁路、郑州机场至许昌城际铁路、云台山支线、莞惠城际铁路、山西中南部铁路东段、白阿线、柳肇铁路等47个项目不同阶段的勘察工作。

【新建荆州至岳阳铁路工程初步设计】 新建荆州至岳阳铁路位于湖北省中南部和湖南省东北部，线路自荆沙线沙市站引出，经江北农场、江陵县马家寨，于宋家台东侧跨长江至公安县，经麻豪口镇、裕公乡、藕池镇、高陵、南口、石首，过高基庙镇进入湖南省境内，于万庾镇重阳村跨越华容河，在蒋家湾设华容县站；出站后经三封寺镇，穿松木桥隧道，并行岳常高速公路至君山，跨洞庭湖口，于通海路西侧分上下行引入京广线岳阳北站。荆岳正线长169.487公里，其中湖北省境内87.588公里，湖南省境内81.898公里。岳阳北上行疏解线3.582公里；公安长江大桥公铁合建段2.01公里；洞庭湖口特大桥为双线桥，君山至岳阳北一次建双线17.393公里；松阳湖港区支线长5.843公里。全线近期新设车站11个，线路所1个；新建桥梁57座81.578公里；隧道2座1.795公里；桥隧占线路比例48.17%。最长桥梁14991.21米；最长隧道1265米。

中铁设计咨询为项目总体设计单位，负责全线除中铁大桥院、中铁电化院设计范围外的勘察设计；大桥院负责长江特大桥、洞庭湖口特大桥勘测设计；电化院负责完成全线电力及电气化勘测设计。2010 年 10 月完成初步设计。

【新建郑州至焦作铁路工程初步设计（鉴修）】 新建郑州至焦作铁路位于河南省境内，本线全部运行动车组列车，设计速度目标值 200 公里/小时。线路自郑州站利用既有京广线向北至南阳寨站，出站后新建线路从南阳寨站北方向引出，跨改建上行京广线、连霍高速公路后并行于既有京广线西侧，在黄河南岸设黄河景区站，出站后在京广线黄河桥东侧与改建后京广四线并行跨黄河，折向西北经二铺营、跨在建武西高速公路，于武陟县东侧设武陟东站，向北相继跨郑焦高速公路、大狮涝河、新月第二双线、长济高速公路 ，在修武县西侧设修武西站，出站后线路折向西，跨大沙河，经侍王镇北，沿新月线南侧西进，与改建后新月线并行跨南水北调工程，并行于新月线南侧线路引入焦作站。线路全长 77. 785 公里，其中，新建线路 68. 137 公里，利用既有京广线 9. 648 公里；新建车站 3 个，改建车站 2 个；全线桥梁长 29. 982 公里，桥梁比 44. 0%。郑焦线在郑州市境内正线线路长度 27. 305 公里，焦作市境内正线线路长度 50. 480 公里。相关既有线配套改建工程的线路全长 27. 005 公里。特大桥主要有：京广线改线段郑州黄河特大桥，双线桥，桥梁全长 11291. 1 米；郑焦线郑州黄河特大桥，双线桥，桥梁全长 9633. 37 米。

中铁设计咨询于 2010 年 6 月完成初步设计鉴定后修改。

【郑州至新郑机场城际铁路初步设计（鉴修）】 郑州至新郑机场城际铁路是郑州至许昌城际铁路的组成部分，设计速度目标值 200 公里/小时。线路起自郑州枢纽郑州站，与在建的郑焦城际铁路相连，向东利用陇海客线经原郑州车站，再利用郑西客运专线的西南联络线向南沿石家庄至武汉客运专线引出枢纽，于经济技术开发区设经开站，出站后并行于机场高速公路东侧，上跨南水北调工程、京珠高速公路、在建四港联动大道后，沿四港联动大道东侧下钻入地并折向东，沿迎宾路在 T1 航站楼北侧设新郑机场站（地下站），至本线设计终点，机场线正线全长 43.024 公里，其中利用既有线及在建西南联络线 14.155 公里，改建陇海线上行线 0.8 公里，新建线路 28.069 公里，新建经开站、机场北站，新郑机场站，全线桥梁长 16.448 公里，桥梁占新建线路长度的 59.60%；地下段长 8.73 公里，隧道占新建线路长度的 31.10%；桥隧总长 25.178 公里，占新建线路长度 89.70%；新郑机场站南端预留新郑机场至许昌方向城际铁路接轨条件。为方便郑州东部及开封方向旅客去往新郑机场，修建郑州东站至二郎庙线路所的客车联络线，下行联络线全长 5.735 公里，其中桥梁长 4.510 公里，桥梁占线路长度的 78.64%。上行联络线全长 6.170 公里，其中桥梁长 5.780 公里，桥梁占线路长度的 93.67%

重点桥隧：1.郑机线，跨南水北调特大桥，双线桥，全长 7533.95 米；机场北站南特大桥，双线桥，全长 4469.15 米；2.郑州联络线，跨陇海线特大桥，双线桥,全长 3487.02 米；3.郑州机场站车站，明挖双层地下双岛四线车站，车站总建筑面积 48949.7 平方米。

中铁设计咨询于 2010 年 11 月完成初步设计（鉴修）。

【新建吉林至珲春客运专线铁路初步设计】 新建吉林至珲春铁路位于吉林省中东部吉林市和延吉市境内，为客运专线，设计速度目标值 250 公里/小时。线路自吉林站城际场引出，向东跨越松花江，自龙潭山保护区的建设控制地带穿过，沿松花江三湖自然保护区北侧至庆岭镇，以 9. 9 公里隧道穿越老爷岭，经蛟河市西南部，跨过蛟河，经爱林隧道后，沿长吉图高速公路南侧前行，于威虎岭北设站，出站后跨越既有长图线，经明川屯、铁北村进入敦化市区，之后线路跨牡丹江沿既有长图线南侧前行，至龙山村跨布尔哈通河后设安图西站，出站后线路一直沿布尔哈通河南侧前行，向东经过龙井市老头沟镇，于光石村东设延吉西站，后向东北并跨越延吉市外环线，向东跨越烟集河，于磨盘山北出延吉，之后向东北于曲水站东侧设图们北站，出站后线路依次跨越既有长图线、图佳线，穿越后安山，经凉水镇，跨域越图珲高速凉水连接线，向东南绕过三道岭煤矿后向东进入珲春市北郊设珲春北站，线路全长为 359. 755 公里，其中，吉林市境内正线建筑长度 113. 926 公里，延吉市境内正线建筑长度 245. 829 公里。桥梁总长度为 87. 024 公里/106 座，桥梁占线路总长度的 24. 19%；隧道总长度为 148. 97 公里/86 座，隧道占线路总长度的 41. 41%；桥隧占线路总长度的 65. 60%，路基总长度为 123. 761 公里，占线路总长度的 34. 40%。重点桥隧：1.第二松花江特大桥；2.天太特大桥，桥梁全长 4056.4 米；3.拉法山隧道，隧道全长 9877 米。

中铁设计咨询于 2010 年 10 月完成初步设计。

【新建龙口至烟台铁路初步设计】 本线位于山东省东北部沿海地区，线路自既有大莱龙铁路龙口西车站东端处接轨，出站后线路上跨 608 省道和龙口疏港公路；经芦头后，上跨引黄调水工程、215 省道，经东江镇横埠村，穿凤凰山后上跨 302 省道和黄水河，经蓬莱市北沟镇后，线路利用已施工的王格庄大桥、王格庄隧道、蓬莱隧道以及位钟院特大桥后，设蓬莱站，出蓬莱车站向东经小院水库，跨过龙王河、平畅河，经大季家镇后，再向南上跨威乌高速公路、牟黄公路和绕城高速古现出口匝道，穿过东龙夼隧道、东吴家隧道、荣乌高速后，在福山区藏家、巨盆李家南侧设烟台西站，出站后上跨荣乌高速福山互通立交，沿沈海高速北侧向东跨越夹河，穿越规划玺萌小区，向东引入珠玑站。福山联络线向南接入福山站。正线新建长度 112. 512 公里，福山联络线 11. 387 公里。重点桥隧工程：1. 平畅河特大桥，桥梁全长 3475. 13 米；2. 藏家特大桥，桥梁全长 2451. 87 米；3. 跨同三高速互通立交及夹河特大桥，桥梁全长7120.15米；4.东吴家隧道：全长3170米，为双线隧道。

中铁设计咨询于2010年4月完成初步设计。

【新建陶利庙至靖边铁路初步设计】 线路位于内蒙古自治区西南部鄂尔多斯市和陕西省北部靖边县境内，北起在建恩陶线陶利庙南站，走行于沙地柏保护区西南侧后跨过通长线，并行通长线西侧南行至无定河镇，先后跨越纳林河及纳巴线，在纳林河矿区西侧设纳林河站，经包尔陶勒盖继续沿纳巴线前行，绕行统万城保护区后跨越无定河，绕行窑洞宾馆和巴图湾古墓群东侧后，转向西南走行于巴图湾水库东侧，沿省道S215西侧，经河南、红境滩后进入陕西省靖边县境内，穿越毛乌素沙漠活动沙丘地带后，经冯家峁，接入在建太中银铁路靖边站。新建正线全长88.12公里。冯家峁至靖边新建疏解线全长6.627公里。全线新建车站2座，改建既有车站1座。重点桥梁为无定河特大桥，桥梁全长932.8米。

中铁设计咨询于2010年6月完成初步设计。

【新建陶利庙至鄂托克前旗铁路初步设计】 线路位于内蒙古自治区西南部鄂尔多斯市乌审旗、鄂托克前旗境内，线路东起在建恩格阿娄至陶利庙铁路的陶利庙站（原终点站陶利庙北移10公里），向西先后上跨省道S215、老S215、陶利河后并行陶昂公路向西，在13公里处预留陶利北站，继续向西行至呼和芒哈三队设呼和芒哈车站，出站后继续沿陶昂公路北侧西行，在45公里处预留桃里木车站，西行至昂素镇东北侧于60公里处设昂素站，出站后折向西南，继续并行于敖昂公路北侧至敖勒召其镇。在73公里处预留察汗呼舒车站，于87公里处设敖高图日车站。新建正线全长97.705公里。全线共分布车站7个，其中陶利庙为在建恩陶线的会让站，也是本线的接轨站。近远期新设车站3个，分别为呼和芒哈、昂素、敖高图日，预留远景车站3个，分别为陶利北、桃里木、察汗呼舒。

中铁设计咨询于2010年完成初步设计。

【新建鄂托克前旗至上海庙铁路初步设计】 线路位于内蒙古自治区西南部鄂尔多斯市鄂托克前旗境内，线路东起拟建陶利庙至鄂托克前旗铁路敖高图日车站，出站后向西北走行，跨越X628道后折向西，紧靠X628道在距鄂托克前旗旗府北侧2公里处设鄂托克前旗站，出站后跨过省道S216西行2.9公里进入越岭爬坡地段，在123公里（从陶利庙计起）处预留红旗队车站，西行至三道泉设三道泉站，出站后沿敖银公路向西前行，在148公里处预留图毕车站、于156公里处设特布德车站，经特布德后从华阳农牧万亩示范田和鄂尔多斯文化旅游村中间上跨敖银公路，取直向西南行至明长城遗址，再折向西沿明长城遗址在胡家井设上海庙东站，继续西行至李家窑与既有三新线贯通，引入上海庙站。新建正线全长91.384公里。全线共分布车站9个，其中上海庙为三新线的中间站，也是本线的接轨站。近期新设车站3个，分别为鄂托克前旗、特布德、上海庙东，远期增开三道泉；预留远景车站3个，分别为红旗队、图毕、胡家井。

中铁设计咨询于2010年完成初步设计。

【北京至张家口城际铁路可行性研究】 线路位于北京市西北和河北省北部境内，城际铁路客运专线，设计速度目标值250公里/小时 ～300公里/小时。线路东起北京市，途径北京市海淀、昌平两区和延庆县，由延庆县康庄镇入河北省境内，跨官厅水库，经怀来县、下花园区、宣化区，西迄张家口市，呈东西向沟通两市。北京北站至张家口南站，正线长度174.316公里。包括引入北京枢纽、张家口地区配套工程。全线正线路基长59.235公里，占正线长度的33.92%,土石方1293.88万立方米；正线桥梁78.390公里/68座，占正线长度的44.97%；隧道36.691公里/9座，占正线长度的21.05%；正线铺轨345.85公里，铺岔173组；通信光缆469.40公里；电力线路567.2条公里；接触网504.54条公里。

中铁设计咨询于2010年8月完成可行性研究。

【新建张家口至呼和浩特铁路可行性研究】 线路位于河北省西北部和内蒙古自治区中部，城际铁路客运专线，设计速度目标值250公里/小时。线路东起河北省张家口南站，过河北省怀安县后穿大尖山隧道进入内蒙古自治区境内，经兴和县、乌兰察布市（集宁市）、卓资县、西迄于呼和浩特市呼和浩特东站，设计正线全长286.044公里，包括引入张家口地区、呼和浩特地区、配套工程。其中河北省境内75.71公里，内蒙古境内210.330公里。全线新设4个车站怀安、兴河北、乌兰察布、卓资东，既有站1个，在建站1个，全部为中间站。全线正线路基长92.875公里，占正线长度的32.47%；土石方1965.52万立方米；正线桥梁133.514公里/115座，占正线长度的46.68%；隧道59.655公里，占正线长度的20.86%；正线铺轨589.705公里，铺岔168组；通信光缆778.0公里；电力线路1056.1条公里；接触网838.2条公里。

中铁设计咨询于2010年11月完成可行性研究。

【新建郑州机场至许昌城际铁路可行性研究】 线路位于河南省中部，郑州至许昌城际铁路客运专线的组成部分，设计速度目标值200公里/小时。线路起自新郑机场站南端隧道出口CK44+100，出隧道后于苑陵古城北侧设机场南站，出站后依次上跨京珠高速、石武客专、京广线、南水北调工程，于京广线西侧设新郑东站。出新郑东站后上跨回京广线东侧，并行既有京广线东侧一路南行，在长葛市葛天大道西端设长葛南站，于苏桥镇东侧新设许昌北站后，引入既有许昌站，同时对许昌站南北两端京广线进行改建。郑州机场至许昌城际铁路正线全长57.493公里，改建既有京广线总长3.6公里。土石方426.03万立方米；正线桥梁19.407公里，占新建正线长度的33.76%；正线铺轨119.77公里，站线铺轨20.12公里，铺岔90组；通信线路162条公里；电力线路194.2条公里；接触网185.67条公里；新建生产及生活房屋共30552平方米。本线改建京广线车站1个（许昌），利用郑州～新郑机场城际线车站1个（新郑机场站），近期新设中间站4个（机场南、新郑北、长葛南、许昌北）。重点桥梁：1.机场南特大桥，全长6549.70米；2.小陈庄特大桥，全长4592.08米。

中铁设计咨询于2010年11月完成可行性研究（送审稿）。

【新建柳州至肇庆铁路可行性研究】 新建柳肇铁路位于广西自治区和广东省境内，客货共线铁路。线路自柳州枢纽进德站引出，向东南经象州、金秀、桂平、平南、藤县、梧州进入广东境内，经封开、德庆至肇庆东站。该线西与黔桂、湘桂、焦柳线及在建的柳南城际铁路相连，中间与洛湛铁路南段相交，东接贵广、南广、三茂铁路，是西北、西南地区与广东“珠三角”地区货物交流的重要通道，也是柳州、河池等地与“珠三角”地区的客运通道。线路正线长400.633公里，含进德右线绕行7.603公里，肇庆东右线绕行6.232公里。全线正线路基长度146.258公里，占线路长度的36.5%；正线桥梁长度75.728公里，占线路长度的18.9%；正线隧道134座178.647公里，占线路长度的44.6%；正线铺轨816.439公里；站线铺轨53.201公里，无砟道床120.78公里；生产房屋5.59万平方米。近远期共分布车站11个（含既有进德、梧州站及在建肇庆东站），其中新建中间站5个、新建越行站3个、既有车站2个、在建车站1个；远景预留站1个。重点桥、隧：1.象州柳江特大桥，全长2115.6米。2.崖望山隧道，全长15.987公里，最大埋深约500米。3.象牙山隧道，全长12.570公里，最大埋深约799米。

中铁设计咨询和中铁隧道院联合设计，中铁设计咨询为项目总体设计单位。2010年3月完可行性研究报告（送审稿）。

【新建郑州至焦作铁路云台山支线可行性研究】 云台山支线位于河南省西北部，焦作市和新乡市境内，城际铁路客运专线，设计速度目标值200公里/小时。云台山支线线路起于郑焦线修武西站，向北跨大沙河及既有新月线，绕避修武县北部的采空区，在新乡市辉县张屯煤矿东端折向西，跨南水北调工程后至云台山景区，线路长36.632公里，桥梁长11.574公里，桥梁占线路总长31.6%。云台山支线在焦作市境内长度17.955公里，辉县境内长度为18.677公里。本线利用郑焦线中间站1个（修武西），新建始发站1个（云台山），中间站1个（吴村）为远期增开车站。重点特大桥：1.大沙河2号特大桥，单线桥，桥梁全长3422.6米；2.跨煤矿专用线特大桥，双线桥，桥梁全长1551.3米；3.王敬屯跨南水北调特大桥，双线桥，桥梁全长1084.1米；4.云台山特大桥，双线桥，桥梁全长1928米。

中铁设计咨询于2010年9月完成可行性研究鉴定后修改。

【改建铁路叶赤线增建二线可行性研究】 叶赤线位于辽宁省西部和内蒙古自治区东部，北起蒙东地区交通要塞赤峰市，由西北向东南经内蒙古自治区宁城县后进入辽宁省内建平县叶柏寿结束，全长147公里。叶赤线现状为单线半自动闭塞铁路，设备陈旧、标准偏低，不能适应增长的运量和列车提速的要求，需进行改建，改建技术标准主要为：增建二线，到发线有效长延长至1050米，闭塞方式改造为自动闭塞。本次改建分为两段进行：

叶赤线叶柏寿（不含）至天义（不含）段（辽宁省境内），线路长度37.844公里，其中路基23.21公里，桥梁7.949公里，隧道6.68公里，桥隧占线路长度的38.7%。正线铺轨75.234公里，站线铺轨22.21公里，铺道岔14组。重点桥隧：1.南沟门特大桥，全长1128.5米。2.于家营子隧道，单洞双线隧道，全长5260米，最大埋深105米。

叶赤线天义至马林段线路起于叶赤线K32+980（辽宁内蒙省界），向西北增建二线至汐子站、平庄南站、平庄站，上跨在建赤朝高速公路至热水站，出站后采用双绕取直至终点马林站。线路全长91.733公里，其中路基88.926公里，桥梁2.807公里，隧道6.68公里，桥梁占线路长度的3.06%。正线铺轨254.56公里，站线铺轨38.45公里，铺道岔156组。另修建赤大白铁路至叶赤线货物外绕线33.12公里。

中铁设计咨询于2010年4月完成可行性研究。

【白阿线铁路（芒罕屯至明水河段）扩能改造工程可行性研究】 线路位于内蒙古自治区兴安盟境内，线路始于锡乌线与白阿线交汇站—芒罕屯站（不含），由东南至西北，途径索伦、明水河、五岔沟、白狼各镇和阿尔山市，终到伊尔施线路所。既有白阿线修建于1935年，线路标准低、质量差，最大坡度21.5‰，最小曲线半径294米，DF_4机车牵引质量1100吨，列车运行速度低，虽经过大修但所用钢轨绝大部分为再用轨。不能适应增长的运量和列车提速的要求，需进行改建，改建技术标准主要为：增建二线，改建为电气化铁路，到发线有效长延长至1050米，闭塞方式改造为自动闭塞。本次改建分为两段进行：

芒罕屯（不含）～明水河（含）（K144+700～K243+500段）既有线长98.8公里，改建后线路长度98.626公里，其中改线58.417公里，改小半径曲线6.15公里，利用既有线34.159公里，既有线利用率40.77%。新建双线特大桥3座3086延长米，新建双线大、中桥9座945延长米，平交改立交20处；新建双线隧道5座6710延长米，桥隧长度占线路总长10.89%。正线铺轨195.774公里，站线铺轨13.846公里，铺道岔64组，生产房屋1.0716万平方米。

明水河（不含）～阿尔山（含）（K243+500～K342+600）段既有线长99.1公里。改建后线路长度105.735公里，其中双线绕行段88.98公里，与既有线并行段16.755公里，既有线利用率15.84%。扩能改造后全段设车站4个，其中改建既有站2个，新建中间站1个，新建客运站1个；新建双线特大桥2座2089延长米，新建单线特大桥1座931延长米，新建双线大、中桥

12 座 1813 延长米，平交改立交 12 处；新建双线隧道 1 座 14700 延长米，桥隧长度占线路总长 17.59%。正线铺轨 209.424 公里，站线铺轨 18.341 公里，铺道岔 76 组，生产房屋 1.4447 万平方米。

中铁设计咨询于 2010 年 7 月完成可行性研究。

【大莱龙铁路扩能改造工程可行性研究】 本线扩能改造工程为既有线增建二线，线路单线引自起点德大线 DK257+530.37，跨越弥河分洪河后在围滩河南侧向东引入大家洼车站，出站后并行既有线增二线前行至新建双河站，出站后跨弥河、经寒亭站后折向东南，跨白浪河、利民河、新沙路（S320）、虞河后前行至昌邑北站，出站后跨潍河、蒲河、辛沙路（S320）后引入海天站，出海天站后跨越胶莱河、经平度北站（封闭）、跨泽河、沙河、南阳河、海莱路后进入莱州站，出站后并行既有线左侧前进，跨朱旺河、成三路、王河，至可门大王家北侧进入朱桥站，出站后继续前行先后跨越朱河、省道 S304、国道 G206、诸流河后引入招远站，出站后继续东行引入本次研究终点龙口西站，正线全长 175.364 公里（其中益羊线东宅科～大家洼 8.526 公里，大莱龙铁路大家洼～龙口西 166.838 公里），改建地段长 90.758 公里（其中双线绕行地段长 73.034 公里），利用既有线 84.606 公里。增建二线改建地段 12 次换侧，与既有线交叉 8 处；全线特大、大中桥长 14.095 公里，桥梁占线路比重 8.04%；新建框架桥 6 座，接建框架桥 8 座；新建公路上跨桥 19 座，平交道口改上跨公路桥 17 座，改下穿框架桥 46 座，加固利用铁路梁桥 30 座。全线新建、改建车站共 9 个。新建海天（大莱龙线）至新河镇（海青线）疏解线，正线长 5.47 公里。按照铁道部路企直通运输要求对龙口港进港线进行适应性改造，龙口港进港线正线长 23.885 公里（其中既有线改造 15.086 公里，新建正线长 8.799 公里）。

中铁设计咨询于 2010 年 10 月完成可行性研究。

【新建海阳至凤城地方铁路可行性研究】 本线为山东省地方铁路（标准为国铁Ⅱ级），线路自蓝烟线海阳站站中心为海凤线起点，出站后并行蓝烟线约 2 公里，在蒿夼村南侧折向东，以隧道穿山，出隧道在姜家村西侧跨河后南行，先后跨越建新水库支流、210 省道，沿 210 省道南行约 1.5 公里，线路折向东南，跨越 309 国道，再以隧道穿山，出隧道先后五次跨越昌水河，在沟杨家村东侧线路南行，在约 26 公里处设朱吴站，出站后线路前行，在三王家村西侧进入隧道，在东庵村北侧出隧道，线路东行在北鲁家村北侧折向南，跨越咀子前河、招虎山水库、在建烟海高速、202 省道、威青高速，在约 57 公里处设凤城站，出站后前行至港口码头的线路终点，线路全长 67.309 公里。重点桥隧：1.跨烟海高速公路特大桥，桥梁全长 1281.98 米；2.吼山隧道，隧道全长 4380 米；3.三王家隧道，隧道全长 4795 米。

中铁设计咨询于 2011 年 1 月完成可行性研究。

【塔日海德尔斯至查干淖尔矿区铁路专用线可行性研究】 线路位于内蒙古自治区锡林郭勒盟阿巴嘎旗境境内，线路从查干淖尔煤田铁路专用线（白查线）查干淖尔站西咽喉接轨修建，出站后沿查干淖尔煤矿工业广场西侧，在那然宝力格设梁桥上跨 Y027 公路，经德尔斯台、霍勒音诺尔、查干陶勒盖布尔嘎斯、珠日和南侧、木呼都格、金鑫石膏厂东侧，向西上跨 Y221（阿巴嘎旗至查干淖尔）公路，在准哈巴上跨省道 S101 公路后向西北至锡二线哈朱尚德站东咽喉，线路全长 82.6 公里。预留哈朱尚德重车疏解线，长约 5.9 公里。全线共设一个中间站，在查干陶勒盖布尔嘎斯处设查干陶勒盖站，预留红格尔煤田专用线的接轨条件；预留两个会让站，为巴嘎呼斯勒站和多尔博勒金站。全线共设大中桥 7 座-2760.9 延米，桥梁比重为 3.34%。主要技术标准为：国铁Ⅱ级、单线、内燃（预留电气化铁路条件）、到发线有效长 1050 米（预留 1700 米条件）、自动站间闭塞。

中铁设计咨询于 2010 年 12 月完成可行性研究。

【新建海天至青岛铁路施工图设计】 本线位于山东省东部，德龙烟铁路与胶济线的重要联络通道，客货共线。线路自德龙烟线海天站接轨，出站后跨越胶莱河，经新河化工园区于宁家北侧设新河站，跨 G206、威乌高速，线路沿青银高速折向东南于潘家洼东侧设三堤站（预留），跨双山河，于张舍镇的东吴家屯南侧设置张舍站（预留），跨潍莱高速、G309 和泽河后，于同和街道办的沟崖村西侧设置平度西站，出站再次跨越泽河，沿平度市西外环南行，跨青银高速和 S220 后，折向东南于庄头西南侧设蓼兰站（预留），跨 S394、白沙河、S603、清水河后于姚丘村西南侧设兰底站（预留），跨引黄济青干渠、南胶莱河进入高密境内，跨郭杨河，经大栏滞洪区后折向西南跨胶河、顺溪河，于两县屯东侧设置大栏站，出站后先后跨越济青高速、墨水河、胶济客专，再次跨越墨水河后跨潍胶公路（省道），于韩伍屯村东侧设韩伍屯线路所，最后引入胶济线芝兰庄站，线路长度 90.186 公里（其中利用大莱龙线 0.663 公里）。全线车站分布：海天站和芝兰庄站为既有车站。全线共分布 3 处中间站（新河、平度西、大栏）。近期根据运量需求，需开放 2 处会让站（张舍、兰底）；远期增开三堤、蓼兰 2 处会让站。主要技术标准为：国铁Ⅰ级、单线、电气化铁路、到发线有效长 1050 米、自动站间闭塞。中铁设计咨询于 2010 年 6 月完成施工图设计，至 2010 年年底，共开工特大桥 3 座，大桥 4 座，中桥 3 座，涵洞 34 座，累计完成投资 6.7 亿元，占总投资（静态部分）的 24.5%。

【新建德龙烟铁路德州至大家洼段施工图设计】 新建铁路德龙烟线德州至大家洼段自京沪线黄河涯站起，途经德州市德城区、平原县、陵县、临邑县，济南市商河县，滨州市阳信县、惠民县、滨城区，东营市利津县、东营区、广饶县，东迄于潍坊市境内寿光市，利用既有益羊线引入大家洼车站，终于益羊线 K61+821。新建正线全长 255.565 公里；疏解线 4.12 公里，联络线长 9.051 公里。主要技术标准为：国铁Ⅰ级、单线（预留复线条件，黄河特大桥堤内一次性复线)、电气化铁路、到发线有效长1050米、自动站间闭塞。

中铁设计咨询于2010年12月完成施工图设计。

【新建锡林浩特至二连浩特铁路施工图设计】 本线位于内蒙古自治区锡林郭勒盟境内。线路东起锡桑线的锡林浩特北站，途经海彦呼都格、阿巴嘎旗、苏尼特左旗，西至集二线西里站。线路呈东西走向，全长375.048公里，同时修建与郭白线的联络线6.55公里以及那仁宝力格煤田专用线35.5公里。全线近期共设25个车站，其中新建阿巴嘎旗站、呼和德尔斯站、苏尼特左旗站3个中间站，其余22个为会让站。主要技术标准为：国铁Ⅰ级、单线（海彦呼都格至呼和德尔斯预留双线条件)、内燃（预留电气化铁路条件)、到发线有效长1050米、自动站间闭塞。2010年末，中铁咨询已完成部分站前专业施工图设计。

【新建策克口岸站及临策铁路天鹅湖西站至策克口岸站铁路联络线施工图设计】 线路位于内蒙古自治区西北部额济纳旗境内，在额济纳旗府达来库布镇以东约50公里，新建策克口岸站，新建联络线自临策铁路预留的天鹅湖西站引出，向西北跨S312道后折向北，经毛仁陶勒盖、居延海至新设的策克口岸站，线路呈南北走向。正线长度约68.8公里，桥梁比约1.3%。全线近期设置天鹅湖西、居延海、策克口岸等三个车站，其中策克口岸站设置统筹考虑“一关两检”等配套设施布局，满足国际联运对口岸站建设的要求。规划预留蒙古国宽轨引入后的准轨场、宽轨场、换装场等设施布置条件。主要技术标准为：国铁Ⅱ级、单线、内燃（预留电气化铁路条件)、到发线有效长1050米、自动站间闭塞。

中铁设计咨询于2010年5月完成施工图设计。

【中铁电化院铁路设计项目】 中铁电气化勘测设计研究院有限公司铁路设计方面。承担重大项目及完成情况：

1.京沪高速铁路工程。新建京沪高速铁路北京南站（不含）至虹桥站及相关工程，起讫里程为DIK1+750～DK1305+700，正线长度1318公里，包括黄河大桥、大胜关长江大桥、相关新建线路(联络线、动车走行线)、天津西站及枢纽、济南站及枢纽、南京南站、上海虹桥站及枢纽的全部电气化工程。全线将按设计速度350公里/小时，初期运营速度300公里/小时设计，一次建成高速铁路双线线路。2010年4月完成虹桥变电所施工图；7月完成南京南牵引变电所及枣庄至蚌埠段各专业施工图；9月完成全线其余变电工点房建、给排水施工图；10月完成全线各专业其余施工图，全线共出图2万余张，蓝图40余万张；配合先导段、虹桥牵引变电所施工及联调联试，开展全线施工配合及调试。

2.新菏兖日电气化工程。新菏兖日铁路正线全长647.29正线公里(含兖州地区北环线28.1双线公里)，既有正线全长612双线公里。于2009年底，2010年4月和6月分三段先后完成初步验收，开通了与京九线电气化接口段和郑州局管内、济南局管内线路。

完成施工处理、配合、竣工验收及开通配合，2010年6月29日全线正式开通运营。

3.广梅汕铁路龙川至潮安段电气化改造工程。广（州）梅（州）汕（头）铁路是一条横贯中国广东中部和东部的铁路，跨越17个市县，总长度480公里，该铁路是粤东铁路干线。始于广(州)深(圳)铁路东莞常平站，经惠州、博罗、河源、龙川、五华、兴宁、梅州、丰顺、榕城、湘桥等县(市)区，止于汕头市龙湖区。汕头段起自汕头市下蓬镇的家园村，向南经陈厝寨、渔洲、跨汕樟路、汕汾公路、陈厝寨、合仔寮、南片埔、陈厝合、书斋脚，终于合仔村北侧，长11.5公里。境内设汕头北站，含位于陈厝寨西侧的货运区段站和位于泰山路中段与珠池路尾交汇处的汕头客运站。建成后将与京广铁路、京九铁路、广深铁路、三茂铁路相连。线路全长349.7公里，2010年主要完成了补充定测工作（目前暂停)。

4.宁启铁路电气化改造工程。宁启线西起南京站，迄与东端的南通市，线路全长283.018正线公里。2010年完成了自闭线、贯通线、电化工点的现场补充定测工作，完成了三电迁改配合站前施工提前出施工资料，完成了技术规格书的编写、开展了设备招标配合，开展了外部电源配合的设计联络工作，完成了接触网既有线的下部设计及桥梁支柱的预留设计和配合工作，开展了电力贯通线的设计工作。

5.蓝烟铁路电气化改造工程。蓝烟铁路起自胶济铁路蓝村站，经姜家坡、莱阳、桃村至烟台，线路全长约183公里。2010年1月完成珠玑至烟台段补充初步设计；4月完成了全部施工设计文件；3月至8月设置现场施工配合组，陆续配合现场验收工作，2010年8月30日正式开通运营。

6.胶新线电气化改造工程。胶新线自胶济线的胶州站接轨至陇海线的新沂西站，单线铁路正线全长303公里，另外有其他线路长度18.8公里,为东部地区的路海通道及山东铁路“四纵四横”的重要组成部分。胶新线沿途经过胶州、诸城、五莲、莒县、沂水、沂南、临沂北、至新沂，跨越了山东省东南部及江苏省北部的新沂市。2009年主要完成了预可行性研究和可行性研究工作，完成了部分初测和初探工作。2010年完成了定测及补充定测工作，完成了初步设计，并于9月22日通过了审查，开展了部分站前施工图设计。

7.湘桂铁路柳州至南宁段电气化工程。湘桂线期自湖南省衡阳市，经湖南的永州市，广西的桂林、柳州、南宁，止于凭祥市，线路全长1013公里。其中永州至柳州段，既有为单线铁路，线路全长约384公里，柳州至南宁段为复线铁路，线路全长约251公里。2010年5月，完成预可行性及审查工作，6月份报送预可性研究修编资料，7—8月完成现场初测，10月完成可研设计文件，11月5日进行了审查，11月25日完成可行性研究补充材料，11月配合环评单位完成环评初审工作，12月5日完成土地预审图纸。

8.京通铁路电气化工程。京通铁路起于北京枢纽的昌平站，终于通辽枢纽的通辽站，线路全长804.765公里。京通铁路隶属北京铁路局和沈阳铁路局管辖，分界里程为K244+565。连接华北与内蒙古东部地区，是进出关对外客货运输的辅助通道之一，现状为单线、内燃机车牵引，牵引定数为3500t、4000t，部分5000t。京通铁路昌平（不含）至通辽，共有车站88个；其中区段站4个（怀柔北、隆化、赤峰、通辽站），中间站55个，会让站29个。全线共有桥梁478座42569.2延米，占线路全长的5.3%，最长的桥梁为k511+684老哈河特大桥，桥长1446.8延米。最大跨度桥为白河大桥的3-128米连续下桁钢梁桥。全线共有隧道116座，总长73441.1延长米，占正线全长的9.1%；隧道均位于昌平～赤峰之间，其中昌平～隆化段有隧道92座51597延长米占该段线路长度的21.1%。最长的隧道是k209+642处的红旗隧道，长度5848.3延长米。2010年8月25日～9月30日完成了线路的现场调查，收集图纸等资料，10月1日～11月9日完成了预可行性研究文件的编制并报部，12月2日参加了北京局组织的预审，年底完成汇报提纲补充设计。

【胶新线铁路电气化改造工程】 胶新线铁路电气化改造工程。胶州至新沂铁路位于山东省的东南部和江苏省的东北部，东濒黄海，是东北至长江三角洲地区陆海通道的组成部分。胶新线北起胶济线的胶州站，向南经诸城市、五莲县、莒县、沂水县、沂南县，在临沂市境内与兖石线相接，再经郯城县至陇海铁路的新沂站止。正线全长303.330公里。

工程设计。由中铁电气化勘测设计研究院、北京电铁通信信号勘测设计院、中铁工程设计咨询集团有限公司济南设计院共同设计，中铁电化院为总体设计单位。北京电铁通号设计院承担该工程的通信、信息、信号、通信信号供电、三电房屋及路外通信防护设计。根据铁道部工程设计鉴定中心铁鉴函[20105]17397号文《关于胶新铁路电气化改造工程初步设计的批复》进行设计。

通信、信息、信号、通信信号供电、三电房屋及路外通信防护设计于2010年5月开始初步设计，2010年8月完成初步设计并报部审批，2010年12月进行鉴定，同年12月铁道部组织专家进一步论证，审查初步设计，本项目承担的设计范围内总投资为25490万元。

设计院各专业于2010年12月开始施工图设计，通信、信息、房建、电力专业计划于2011年4月完成全部施工图设计，信号专业由于受设备选型的限制，计划于2011年4月完成室外图纸设计，室内结配线图要等到设备招标确定厂家后进行设计。

【平齐线自动闭塞改造工程】 平齐线全长约571公里，是锦齐线的北段，东北西部干线南北大通道的主要组成部分，其北接滨洲线、齐北线、嫩黑线，南连沈山线、京通线，中间衔接通让、通霍、集通、大郑、京哈线，与通辽、长春、四平、沈阳、哈尔滨等重要枢纽沟通。现已形成了以京哈、通让、平齐、南大郑线为纵向通道，集通线、北大郑、长白、白阿、滨洲线为横向通道的铁路交通网。

工程设计。由北京电铁通信信号勘测设计院、沈阳铁道勘察设计院共同设计，北京电铁通号院为总体设计单位。北京电铁通号设计院承担该工程的通信、信息、信号、通信信号供电、三电房屋设计。

通信、信息、信号、通信信号供电、三电房屋设计于2010年4月开始可行性研究设计，2010年5月完成可行性研究报沈阳铁路局审批，2010年6月通过审查，本项目设计院承担的设计范围内总投资为37790万元。

设计院各专业于2010年6月开始施工图设计，通信、信息、信号、房建、电力专业于2010年9月完成全部施工图设计，由中铁九局承担施工总承包，于2010年11月全部竣工。

【丰沙大线自动闭塞改建工程】 丰沙大线正线起讫里程：丰沙大线丰西Ⅴ场（K0+823）～沙城（丰沙下行102+182、上行101+837；京包K117+812）～郭磊庄局界（京包K225＋000），正线长度约221公里；丰台（K18+350）～石景山南（丰沙K4+176），正线长度约14.2公里；西道口至丰台西Ⅰ场（京沪京广上行联络线），西信号～小刘庄～丰台西Ⅰ场，丰西Ⅴ场至丰西Ⅰ场，共计正线长度约9公里。总计长度244.2公里信号自动闭塞改造及电力、房建、暖通等相关专业配套工程。铁道部批复该工程概算30271万元。设计年度近期2015年，远期2020年。

设计院承担初步设计、施工设计，涉及通信、信号、房建、电力专业。根据北京局的要求同步完成了本工程封闭3个车站的Ⅰ类变更文件及相关施工图。同时，受北京局的委托完成了相关15个站计算机联锁大修改造可行性研究、初步设计及11个站施工图设计。其主要技术标准为：区间采用ZPW2000轨道电路四显示自动闭塞设计，追踪间隔6分钟；车站联锁设备进行四显示自动闭塞结合改造；25Hz相敏轨道电路改造为97型；车站电码化采用四线至预叠加方式，发送设备与区间同制式；微机监测、TDCS结合本工程利旧改造。

新增设备按26号文标准设计系统防雷。主要设计内容为：初步设计文件及概算；封闭车站Ⅰ类变更文件及概算；大修站可行性研究文件、初步设计文件及概算；ZPW2000R自动闭塞施工图14册（2册／站）；ZPW2000A自动闭塞施工图32册（2册／站）；车站电码化改造施工图22册（1册／站）；车站计算机联锁施工图22册（2册／站）；微机监测改造施工图33册（1册／站）。本工程设计于2010年11月全面完成。

【蓝烟线铁路电气化改造工程】 蓝烟铁路位于山东半岛东部，途经青岛、烟台、威海三市所属地区，是胶东半岛一条重要的南北向铁路，也是山东省一条重要的南北向干线铁路。蓝烟铁路自胶济铁路的蓝村站接轨，向东北方向经莱西、莱阳至烟台，其中桃威地方铁路在桃村站与本线接轨，蓝烟铁路构成烟台港和威海港与胶济铁路联系的重要运输通道。设计院承担了预可行性研究、可行性研究、初步设计、施工设计各个阶段的通信、信号、信息、路外电磁干扰、通信信号房屋、通信信号供电等专业的设计工作。

本次电气化工程的设计范围：青岛西站至烟台站（含烟大轮渡烟台端）。其中青岛西站至烟台站段，为自胶济铁路的青岛西站（胶济 K54＋510）接轨，向东北方向经蓝村（胶济 K51＋711=K0－674）、莱西、莱阳至烟台站（K183＋179），既有正线全长 186.652 公里。其中烟大轮渡烟台端，为自蓝烟铁路的珠玑站前方（K174＋194.33=K0＋000）接轨，向东至烟台北站轮渡端（K12＋113），既有正线全长 12.113 公里（单线）。正线全长共计 198.765 公里，共计 18 个站（场）。该工程于 2009 年 3 月开工建设，2010 年 8 月全面竣工，总投资 15.5 亿元。

【滨绥线、图佳线平山至林口段自动闭塞改造工程】 滨绥线和图佳线位于东北，滨绥线平山站至牡丹江站 k88+171～k351+465、图佳线牡丹江站上行到达场至林口站 k245+597～k359+087，正线长度 376.784 公里。涉及 31 个站（场）。

全线处于“东部山地”地区，线路曲线半径较小，坡度较大。沿线冬季寒冷多雪，最低气温山区内可达到零下三十多摄氏度，秋季冷暖变化显著。

主要技术条件及设计原则：追踪间隔时分：6 分钟布置信号机，7 分钟计算能力；牵引种类：内燃；机车类型：客车 DF4D；货车主机采用 DF8、DF4；运行速度：客车 140 km/h（预留 160 km/h）；货车 80 km/h；牵引重量：客车 1000 吨；货车上行：DF8+DF4 或 DF4+DF4 双机牵引 5000 吨，DF8+DF8 双机牵引 6500 吨；货车下行：单机 DF8 牵引 1500 吨；自动闭塞：全线运行方向为双线双方向，信号机显示方式正方向采用四显示自动闭塞；机车信号：采用通用式机车信号加列车运行监控装置。

主要工程设计内容：自动闭塞改造采用 ZPW-2000 系列无绝缘四显示制式，正方向按 6 分钟追踪间隔布点，反向运行采用自动站间闭塞，预留电化条件。道口信号设备利旧改造； 车站电码化按正线叠加预发码、到发线叠加发码设计，发码设备与区间同制式；站内联锁进行自动闭塞结合改造；对信号微机监测按 2006 版新建或改造，车站综合防雷系统进行相应改造，TDCS 系统利旧改造； 对达到和超过大修期的车站联锁设备，结合本工程按相同标准同步安排大修；相配套的通信、电力、房建设计。该工程设计计划 2011 年 6 月全面完成。

该工程总投资为 38945 万元。

城轨设计

【中铁二院承担的城轨设计项目】 2010 年，中铁二院承担的城市轨道交通工程项目主要分布在华南、华东地区和川渝地区以及北京。承担并开展了设计总承包项目 9 项约 186 公里、总体总包管理项目 13 项约 259 公里、前期研究项目 19 项约 373 公里、工点系统 48 个、咨询项目 11 项。

城轨主要项目执行情况分述如下：

一、设计总承包项目（9 项）

1．深圳城市轨道交通 11 号线（51.73 公里）：总体设计已完成设计及审查，试验段（高架段）初步设计已完成大部分工作，于 11 月 10、11、12 号进行了工可预评估，初步设计已完成大部分设计工作，于 12 月 30 日向地铁公司提交初步设计报告（中间稿）。总包工作正在开展。

2．东莞市城市快速轨道交通 R2 线工程（37.768 公里）：全线共 15 个车站，14 个区间，总体设计、初步设计已完成，已完成 12 个区间、12 个车站的土建招标设计。试验段（二站二区间）、东莞火车站过轨段、车辆段施工图正在进行中。进行总体、总包工作。

3．重庆市轨道交通三号线二期工程施工图设计（18.875 公里）初步设计已完成。施工图设计已完成 90%，总承包工作正在开展。

4．深圳地铁三号线首期段（32.912 公里）施工图设计完成；首期段高架段 3104 标、3106 标、3107 标完成竣工验收工作，高架段进入试运营阶段；首期段地下段 3101 标、3101-1 标、3102 标配合进行设备安装及分部分项验收。

5．深圳地铁三号线工程横岗辆段与综合基地（183428 平方米）施工图设计完成，横岗车辆工程进入试运营阶段。17 个单体中除了运营管理综合楼外，其他的都通过初步验收。

6．深圳地铁三号线西延段工程（8.733 公里）施工图设计完成，正开展配合施工，完成变更设计。配合分部分项验收及总体验收。

7．布吉客运枢纽工程总体总包工作（车站 69900 平方米，线路 1.38 公里）：施工图设计已完成；正开展配合施工，完成变更设计。配合设备安装。开展布吉枢纽东、西广场联络通道施工图设计。

8．深圳地铁二号线（13.86 公里）初步设计完成，施工图设计完成，配合施工接近尾声，正进行验收、技术总结工作以及结算工作，总包工作仍在开展。完成试运营专家验收，12 月 28 日试运营。

9．深圳地铁二号线东延线（20.65 公里）初步设计完成，施工图设计完成 98%以上，进入安装及装修的施工配合工作，同时对初期工程进行技术总结成果运用到东延段，总包工作正在开展。

二、总体总包管理项目（13 项）

1．深圳市益田中心广场地下停车库工程（益田站配套工程）

（65400 平方米）初步设计、施工图设计完成，正开展配合施工及总包工作。

2. 成都地铁 2 号线一期工程（22.38 公里）土建施工图及配套机电系统施工图设计工作完成，并交付了正式施工图纸。公共区装修设计 2010 年底拿出招标设计，2011 年 1 月底交付正式施工图。系统招标工作陆续招标完成。

3. 成都地铁 2 号线二期工程（19.5 公里）车站土建施工图设计工作完成，配套机电系统施工图设计工作也已进入收尾阶段。公共区装修设计 2011 年 1 月底交付正式施工图。西延线工程各机电系统招标工作与一期工程一并完成。

4. 成都地铁 4 号线一期工程总体（19 公里）：6 月 25～28 日已完成初步设计专家审查工作。土建施工图设计进度计划已下发，各设计单位正在开展车站主体围护结构施工图设计，总体组会签及监理审查工作正进行中。

5. 杭州地铁 2 号线一期（30.488 公里）东南段施工图设计工作基本完成，西北段施工图设计正在开展中。东南段 14 个车站部分开工，有调整的车站正在进行变更设计，机电系统正在配合业主单位进行东南段部分的机电设备招标工作。

6. 北京地铁 8 号线二期工程总体总包（17.5 公里）初步设计完成，施工图设计和总包管理工作仍在开展。

7. 北京轨道交通昌平线与八号线联络线工程总体总包(6.3 公里）初步设计完成，施工图设计和总包管理工作正在开展。

8. 郑州市轨道交通 2 号线一期工程（18.045 公里）土建初步设计及概算于 2010 年 5 月 28 日至 30 日通过专项评审。

9. 长沙市轨道交通 1 号线一期工程总体总包(23.86 公里）初步设计于 2010 年 7 月 17 日至 19 日完成初步设计评审。 8 月底完成土建招标设计，正在进行施工图设计。勘察工作完成 17 站、16 区间详勘任务，11 月 25 日和 12 月 23 日对部分车站进行基坑支护审查工作。

10. 广州市轨道交通五号线滘口～文冲（原文园）段设计联合总体（40.5 公里）正在进行设计变更清理、合同变更清理、设计总结编写和归档工作。

11. 广州市轨道交通六号线首期工程（浔峰岗～燕塘段）设计联合总体（21.7 公里）土建进行配合施工，机电工程正在进行施工图设计。

12. 广州市轨道交通六号线东延段工程（燕塘～高塘石）设计联合总体（21.7 公里）土建开始配合施工，机电工程正在进行招标设计。

13. 广州市轨道交通六号线二期工程高塘石～香雪段设计联合总体（24.3 公里）土建工程完成施工招标，机电工程准备进行招标设计。

三、前期项目（19 项）

1. 深圳轨道交通 11 号线工可（52 公里）重新签订工可合同，中铁二院承担工况报告、环评、水保，共计 320 万元。已预先开展了总承包合同中的总体设计，11 月进行工可预评估。

2. 深圳市城市轨道交通 12 号线工程可行性研究报告(34.3 公里）目前暂停。

3. 上海轨道交通 9 号线三期（东延伸）工程正进行 9 号线三期东延伸工程的工可修编工作。

4. 上海轨道交通 18 号线（44.3 公里）将总体方案设计移交至上海隧道院。

5. 郑州市轨道交通 4 号线（33.21 公里）开始运行（总体负责人及合同额待最后落实）。

6. 北京市轨道交通昌平线与八号线联络线工程（5.92 公里）初步设计变更设计通过专家评审。将开展施工图设计。总体总包合同及土建工点的变更设计合同尚未签订。

7. 北京地铁八号线三期工程（18 公里）进行线站位方案研究。合同正与业主商谈中。

8. 成都地铁 1 号线南北延线工程（8.5 公里）项目延后，等待业主进一步通知。

9. 成都地铁 3 号线一期工程（19 公里）项目延后，等待业主进一步通知。

10. 成都地铁 4 号线一期工可（8.5 公里）交付。

11. 昆明市轨道交通 3 号线工程可行性研究勘察设计总承包（19.11 公里）初步设计、总体设计、土建招标设计同时开展。设计会签工作正在进行。

12. 杭州地铁 6 号线工程可行性研究报告（54.8 公里）提交规划选线报告。

13. 南京地铁二号线西延线（西延过江线）（15 公里）通过评审。

14. 南京地铁 5、7 号线预可及用地控规进行了现场踏勘，对沿线地物变动情况做了统计并反馈业主。对沿线若干个开发项目与 5、7 号线的关系进行了核查，并将结果报于业主。

15. 南京地铁 10 号线控地规划收集了线网规划资料，对白下科技园与王五庄之间区间做了初步的控地方案，并以向业主做了汇报。

16. 长沙轨道交通 1 号线一期工程可行性研究报告（33.7 公里）将工可报告补充材料提交给业主，并送至上海隧道院。

17. 青岛市轨道交通 2 号线工程可行性研究报告：2010 年 10 月初完成工可报告正式稿并上报国家发改委。完成了环评报告（初稿）并上报国家环保总局。

18. 青岛地铁 2 号线一期工程台东车站设计：待可研报告审批后安排风、水电及概算人员进场，开展台东站的项目初步设计工作。

19. 合肥地铁二号线（27.3 公里）初步方案与合肥市规划部门沟通，待进行工可报告的编制。

四、工点系统（48 个）

1. 广州地铁 6 号线（21.7 公里)：一期工程给排水及消防系统和集中供冷系统施工图设计、8 车站 10 区间设计咨询、二期工程给排水及消防系统和暹岗站～萝岗站～香雪站区间招标设计以及参与联合总体组的工作。

2. 广州地铁 2、8 号线（31.98 公里)：除西延段已开通。

3. 广佛线（32.32 公里）：1 站（季华园站）、6 区间、3 系统设计及 10 车站 10 区间设计咨询，正进行设计变更清理、合同变更清理、设计总结编写归档及配合施工。

4. 广州地铁 3 号线北延段正进行设计变更清理、合同变更清理、设计总结编写和归档工作。

5. 广州地铁 4 号线北延段进行设计变更清理、合同变更清理、设计总结编写和归档工作。

6. 广州地铁 7 号线（27.831 公里）开展招标设计。

7. 广州地铁 9 号线（20 公里）完成初步设计，开展系统招标设计。

8. 广州地铁 13 号线（57 公里）招标设计完成，配合业主进行土建招标。

9. 深圳地铁 2 号线（32.22 公里）6 站 6 区间工程设计完成。

10. 深圳地铁 2 号线东延线（20.65 公里）完成延长线工可报告、总体设计、初步设计、招标设计。

11. 深圳市地铁 3 号线在建段及西延段（20.65 公里）施工图完成率为 100%。进行施工配合、全面进入竣工验收阶段。

12. 深圳机场轨道交通枢纽工程正进行变更设计和配合施工。

13. 成都地铁 2 号线一期工程（22.38 公里）土建施工图及配套机电系统施工图设计工作完成，并交付正式施工图纸。公共区装修设计 12 月底拿出招标设计，2011 年 1 月底交付正式施工图。系统招标工作陆续完成。

14. 成都地铁 2 号线二期工程（19.5 公里）完成初步设计，正在开展土建施工图设计工作，配套风水电机设备区装修施工图也在设计中。

15. 成都地铁 4 号线一期工程（19.5 公里）完成初步设计文件的编制，目前正在开展施工图设计前期的方案稳定工作。

16. 重庆市轨道交通三号线二期工程（18.875 公里）工点、系统设计正在开展中。

17. 贵阳城市轨道交通一号线（31.9 公里）交付文件，等待审查。

18. 贵阳城市轨道交通二号线（26.8 公里）开始线站位研究。

19. 上海轨道交通 2 号线东延伸线（29.63 公里）于 2010 年 3 月底通车试运营，施工图完成率 100%。

20. 上海轨道交通 7 号线（37723.42 平方米）于 2009 年 11 月底通车，各车站施工图均已交付，部分工程因客观边界条件滞后而造成的局部单项不能同步建设，将在世博后结合实际情况再进行施工配合工作。

21. 上海轨道交通 9 号线总体设计正在进行中。

22. 上海轨道交通 10 号线老西门站于 2010 年 4 月通车，施工图完成率 100%，目前工作为协调解决试运营过程中的技术问题。

23. 上海轨道交通 11 号线完成补充初步设计文件编制及审查意见的修改，正在进行土建施工图限界会签工作，配合申通地铁集团业主进行车辆招标工作。

24. 上海轨道交通 12 号线（29.63 公里）工点、系统的设计正在进行中。

25. 上海轨道交通 13 号线祁连山南路站、真北路站（13040 平方米：已完成真北路站内部结构施工图，祁连山南路施工图已交付项目公司，正配合项目公司完成祁连山南路站周边公交配套工作。

26. 杭州地铁 1 号线工点、系统设计正在开展中。

27. 杭州地铁 2 号线一期工程工点、系统设计正在开展。

28. 宁波地铁 1 号线一期工程工点、系统设计正在开展。

29. 宁波市轨道交通 2 号线一期工程：214 标（通信）、215 标（信号）完成全部土建部分施工图设计，配合开展土建施工图设计工作以及编制用户需求书的前期工作。

30. 南京地铁 1 号线南延线施工图和施工变更图已完成交付，配合施工进行中。补充签署小龙湾站设计合同，完成施工图并交付，配合施工进行中。

31. 南京地铁 2 号线进行土建及设备安装、装修配合施工，相应处理现场变更设计工作。

32. 西安地铁 1 号线完成 2 站 3 区间主体部分施工图。

33. 西安地铁 2 号线车站封顶，正进行装修及设备安装的施工配合，风亭出地面部分的施工图已送业主，出入口出地面部分的施工图已报送业主。

34. 西安地铁 3 号线根据经业主审查通过后的专家意见回复修改完成各自初步设计。

35. 厦门西站交通配套工程正在进行配合施工。

36. 北京地铁 7 号线土建工点标（08、09 合同段）正进行施工图设计。

37. 北京地铁 7 号线土建工点标（16 合同段）正进行施工图设计。

38. 北京地铁 8 号线二期工程工点、系统设计正在开展。

39. 北京轨道交通昌平线与八号线联络线工程工点设计（区间土建设计）正进行施工图设计。

40. 武汉地铁计划 2011 年底建成青山车辆段。

41. 郑州地铁 1 号线四个站主体施工图完成，区间施工图设计完成。西三环站、桐柏路站附属结构和附属建筑交图。凯旋路站附属建筑通道送总体一签，凯旋路站的施工图 12 月 25 日前送强审，2011 年 1 月 1 日前送咨询审查。秦岭路站附属结构和附属建筑设计中。

42. 南昌地铁 1 号线完成土建工点、系统的初步设计文件，正等待评审。

43. 青岛地铁 3 号线一期工程工点、系统设计正在开展。

44. 长沙地铁 1 号线一期工程工点、系统设计正在开展。

45. 长沙地铁 2 号线一期工程工点、系统设计正在开展。

46. 石家庄地铁正在进行施工图设计。

47. 合肥地铁正在进一步优化线路和车站方案，待稳定方案后进行工可报告的编制。

48. 东莞市城市快速轨道交通R2线所有车站均完成总体设计、初步设计和招标设计，开展基坑审查文件的设计工作。全线所有区间均已完成总体设计、初步设计和招标设计，开展施工图的设计工作。

五、咨询项目（11项）

1. 宁波市轨道交通1号线一期工程设计咨询（20.89公里）完成城西段施工图审查工作，正在进行海晏北路站、樱花公园站等车站主体围护、车站主体结构变更图的审查。

2. 宁波市轨道交通2号线一期工程设计咨询（28.41公里）完成土建施工图的审查工作。

3. 昆明市轨道交通首期工程设计监理（含施工图审查）（42公里）完成施85%土建施工图的审查，正开展首期工程施工图审查（强审）工作。

4. 郑州1号线施工图强审：车站主体、建筑完成，正进行车站附属及内部施工图审查。

5. 青岛地铁3号线一期工程设计咨询（包括施工图强审）完成施部分施工图的审查。

6. 深圳城市轨道交通11号线勘查测量监理（51.73公里）处于详勘阶段。

7. 广州市轨道交通五号线工程（滘口～文园段）设计咨询[5SZC]正进行设计变更清理、合同变更清理、设计总结编写和归档工作。

8. 广州市轨道交通六号线工程（浔峰岗~燕塘段）设计咨询（6SZD标）：土建进行配合施工，机电工程正进行施工图设计。

9. 广佛线设计咨询正进行设计变更清理、合同变更清理、设计总结编写和归档工作。

10. 广州市轨道交通一号线加装屏蔽门工程设计咨询正进行设计变更清理、合同变更清理、设计总结编写和归档工作。

11. 广州市轨道交通三号线工程后评估完成初稿，准备和地铁公司交流后出正式稿。

【阿根廷布宜诺斯艾利斯市地铁G线工程可行性研究】 中铁设计咨询设计。布宜诺斯艾利斯市地铁扩建工程（一期）G线项目是布市轨道交通规划网中一条由西向东贯穿布市中心城区的轨道交通线路，覆盖了全市15个大区当中的8个大区。线路全长12.819公里，全部地下敷设，共设15个车站。G线设车辆段及综合维修基地、控制中心各一处，车辆采用标准B型车、DC1500V架空接触网的供电、4辆编组。G线与已建成B线、D线、C线、H线及规划中的F线、I线等多条轨道交通线路换乘。本项目是中国铁路企业以设计、供货和施工总承包方式在拉美市场参与的第一个项目，且采用中国技术规范和标准。2010年8月G线项目技术方案通过机电商会组织的评审。

【太原市轨道交通1号线一期工程可行性研究】 中铁设计咨询设计。1号线一期工程线路起于西山矿务局，终于龙城大街东站，东西向沿迎泽大街，途经客运西站、理工大学、大南门、柳巷、五一广场、太原站等客流集中点，南北向沿朝阳街、太行路、马练营路敷设，途经朝阳街服装城、双塔公园、东太堡、太原南站综合交通枢纽等地。是联系迎泽、武宿两个市级中心点和太原站、太原南站两个铁路交通枢纽的骨干线路，线路全长约24.07公里，设桥梁1座，长约0.215公里，其余全为地下线；共设置车站20座，全部为地下站，平均站间距为1.247公里，在线路西端设西山矿务局停车场1座、南端设马练营车辆段及综合维修基地1座及全线网共享控制中心1座。中铁设计咨询2010年完成工程可行性研究报告初稿。

【广州地铁9号线902标施工图设计】 中铁设计咨询设计。902标工程内容为花果山公园站和广州北站两座地下车站。花果山公园站车站主体位于花都区云山大道北侧、花果山公园南门广场偏西处，呈南北向布置，为地下二层岛式站台车站，站台宽度11米，全长228.2米，标准段宽19.7米，建筑面积31347平方米，站内共有4台盾构机始发，为全线之最，因此车站南端设盾构始发井（结合车站设置），北端与独立设置的盾构始发井（兼轨排井）相接，盾构始发井（兼轨排井）长47.85米，宽21.5～25.5米，与车站明挖基坑一同开挖。同时，本站为全线铺轨基地，站内左、右线分别预留轨排井下料口，以满足双线四个工作面双向同时铺轨要求。广州北站沿秀全西路敷设，为地下二层岛式站台车站，站台宽度16米，站前设停车线，全长539米，车站东、西两端均设盾构吊出井，标准段宽24.9米，建筑面积13115平方米，站址地下石灰岩分布很广泛，且发育强烈，须进行加固处理。中铁设计咨询2010年完成了该站招标设计及第三方审核施工图设计。

【北京地铁7号线（04、05标段）施工图设计】 中铁设计咨询设计。北京地铁7号线04、05标段土建部分共包括5站6区间，分布在原宣武、崇文两个行政区域，沿两广路大街地下敷设，虎坊桥站按远期与12号线换乘设计，珠市口站按远期与8号线三期换乘设计、磁器口站与既有5号线换乘，崇文三里河站与广渠门内站为中间非换乘站，5座车站及区间全部采用暗挖施工，车站主体采用洞桩法施工。磁器口站埋深达到33米，且结构进入第二层承压水，为目前北京设计最深车站之一，崇文三里河站及广渠门内站由于场地原因，临时施工竖井需设置在车站顶部，在国内尚无先例。中铁设计咨询承担设计，2010年施工图设计正在进行中。

【北京地铁大兴线生物医药基地站施工图设计】 中铁设计咨询设计。大兴线生物医药基地站位于黄村规划的新源大街西侧，地处规划商业生活区，北接永大路，南临永兴路。车站为地下一层、地上二层岛式站台车站，站台宽度12米，有效站台长度

120米，车站总长度为149.45米，标准段总宽度为21.1米。车站建筑总面积10384平方米，地上二层上盖开发预留用房层建筑面积 1200 平方米，地上三层上盖开发预留用房层建筑面积4093 平方米。土建工程投资约5500万元。中铁设计咨询2010年完成设备装修设计和配合施工，12月建成通车。

【北京地铁大兴线天宫院站施工图设计】 中铁设计咨询设计。天宫院站为大兴线的终点站，位于规划的新源大街与思邈路交叉路口，车站沿新源大街南北向布置，为地下二层岛式站台车站，站台宽度为 12 米，有效站台长度 120 米，车站主体总长260.5米，标准段宽20.9米，车站总建筑面积为15065平方米。车站设计利用出入口通道与周边商业、居住区、公交枢纽相连接，靠近地铁站出入口处设置公交终点落客区；将长途客运落客区和短时发车区安排在公交换乘枢纽附近，实现“零换乘”的设计概念。土建工程投资约 1.44 亿元。中铁设计咨询 2010年完成设备装修设计和配合施工，12月已建成通车。

【深圳地铁1号线续建前海湾站施工图设计】 中铁设计咨询设计。前海湾站是和深圳地铁 5 号线、广深城际线的换乘站，地处前海-宝安城市次中心，东连通福田和罗湖城市中心，西连接深圳机场，前海湾站交通功能定位为综合枢纽站。站址位于前海填海施工的待规划开发区，规划晨文路道路下，车站呈南北走向。车站标准段外包尺寸为 21.10 米×12.94 米，车站总长度为237 米。本车站和轨道交通 5 号线、穗广深城际线车站平行布置，5号线位于1号线西侧，为地下双层岛式站台车站；穗莞深城际线位于 5 号线西侧，为地下三岛四线车站。三者形成”站厅-站厅”平行换乘。中铁设计咨询承担设计，2010年，1、5号线主体及附属工程初步建成。

【深圳地铁9号线红岭北站初步设计】 中铁设计咨询设计。红岭北站是9号线与7号线换乘站，采用侧岛十字换乘方式，两站同期建设。7 号线车站位于红岭北路与八卦三路、梅园路十字路口处，沿八卦三路、梅园路呈东西走向布置，9 号线车站布置红岭北路东侧绿化带下。红岭北路为深圳市南北向主干道，连接泥岗路、深南中路、滨河路三条东西走向的主干道，并向北接到清平高速路上，现状道路宽度29米，两侧各有5.5米宽的人行道。车站整体覆土约 2.9 米，底板位于中、微风化岩层。本站基坑深度约 22.5～22.9 米，宽约 21.1 米，采用明挖顺筑法施工，围护结构采用连续墙+内支撑。本车站总建筑面积 23389.3 平方米，总投资约 3.86 亿元。中铁设计咨询 2010年完成初步设计。

【沈阳地铁2号线一期工程施工图设计及施工配合】 中铁设计咨询设计。中铁设计咨询承担沈阳地铁 2 号线一期工程第二标段共包括三站两区间，分别为新乐遗址站、北陵公园站、崇山路站、新乐遗址站至北陵公园站区间、北陵公园站至崇山路站区间，其中崇山路站为换乘站，线路总长为2249.2米。2010年完成了新乐遗址站、北陵公园站、崇山路站建筑B版图的及相应的结构图变更设计，3 个车站站台板轨顶风道内部结构设计，风、水、电施工图设计，综合吊挂设计；并进行施工配合截至2010年底新乐遗址站、北陵公园站、崇山路站均完成车站主体施工，新乐遗址站-北陵公园站、北陵公园站-崇山路站两盾构区间实现双线洞通，两区间联络通道施工完毕。

【大连地铁1、2号线工程施工图设计】 中铁设计咨询设计。中铁设计咨询承担大连地铁 1 号线 4 站 4 区间，线路设计长度 4.086 公里；2 号线 2 站 2 区间线路设计长度 2.539 公里。1 号线 4 个车站均为暗挖车站，其中，胜利广场站、友好街站、长春路站 3 个车站主体为洞柱法施工，洞柱法为结合大连地质特征由洞桩法优化而来，由喷锚支护替代传统洞桩法的边桩；一二九街站为拱盖法施工，也是结合大连地质上软下硬的特征首创的一种工法，车站为单跨结构，跨度19.7米，通过施工双层初期支护扣拱后大开挖施工；4 个区间均为矿山法区间，其中一二九街站～长春路站区间设有故障停车线及岔线，此段为大跨结构，开挖宽度 20.4 米，采用双侧壁导坑法施工。2 号线 2个车站均为明挖车站，2 区间均为矿山法间。2010 年主要完成初步设计 B 版、各暗挖车站风井风道结构及主体结构施工图设计、各明挖车站主体围护结构及主体结构施工图设计、各区间施工竖井及横通道结构与正线结构施工图设计、主体建筑施工图设计及配合现场施工。

【青岛市地铁一期工程3号线土建5标段施工设计】 中铁设计咨询设计。青岛地铁3号线全长约24.9公里，设车站 22 座，通过投标，中铁设计咨询中标该工程 4 标段（5 个车站 5 个区间）设计，其中，清江路站及万年泉路站为暗挖双层单拱大跨结构、10米岛式站台车站，两个车站主体及风道均采用矿山法施工，风井采用倒挂井壁法施工，出入口为明暗挖施工相结合；双山站为明挖双层框架结构，10米岛式站台车站，出入口局部暗挖；保儿站站台宽度为 9 米，主体采用明挖法施工，中部公共空间采用单跨无柱拱形结构，两端采用两层两跨箱型框架结构体系，车站出入口局部暗挖；河东站主体为两层框架结构，10米站台岛式车站，主体结构采用明挖施工。2010年主要完成了5站5区间的施工招标图设计、施工图设计的大部分工作。

【中铁电化院城轨设计】 1.广州二八拆解工程。工程为 2 号线南延伸段和 8 号线晓港至凤凰新村的拆解工程，其中于 2 号线中计划实施23.88公里，设车站16座。其中南延段均为地下线，长约14.39公里，设车站九座。北延段全长 9.5 公里，地下线长 1.4 公里，高架线长 7.71 公里，过渡段 0.39 公里，设车站 7 座。设车辆段、停车场各一座，车辆段位于嘉禾站东北侧，停车场位于官坑站西南侧。于 8 号线中计划实施晓港至凤凰新村 3.32 公里，设车站 4 座，均为地下站。在跃进村与 2 号线十字换乘，在沙园站与广佛线平行换乘。故广州市轨道交通2、8号线拆解工程全长为27.2公里。广州轨道交通2、8号线延长段线路起始于文化公园，止于凤凰新村，与六号线文化公元站形成十字换乘。本段线路为一站两区间，长约1.25公里。供电系统、变电所系统、杂散电流防护及接地系统、刚性接触网系统、电力监控（SCADA）系统、供电车间的初步设计、施工设计。采用直流1500V架空刚性接触网供电。2010年完成了现场施工配合、设计变更、系统调试、短路试验、接触网冷热滑、系统送电、施工验收和开通运营等工作，于2010年9月25日正式开通试运营。

2.深圳地铁1号线续建工程。全线23.3公里。采用直流1500V架空接触网供电。供电系统、变电所系统、接触网系统、杂散电流防护系统、电力监控系统的初步设计、施工设计。采用直流1500V架空接触网供电。计划2010年12月建成通车。2009年完成了施工图设计及部分现场配合，首通段于09年9月28日开通试运行，2010年开展了现场施工、调试和电通配合。

3、重庆市轨道交通3号线一期工程。线路全长21.16公里，设18座车站，其中地下车站5座， 高架车站13座。在唐家院子附近设车辆段及综合基地1处，在龙头寺火车客站附近黑房子设控制中心1座，建成后将服务于本线及6号线的运营管理，通过环线与4号线、5号线控制中心实现功能互补，也可与大坪控制中心(一、二线共用）实现联网。包括供电系统、牵引、降压变电所系统、综合接地系统、接触轨系统、电力监控系统、供电车间的初步设计设计、施工设计。采用直流1500V跨座式独轨供电。计划2011年建成通车。2010年完成了完成全部施工图设计，开展施工处理、配合，年底将配合完成11座车站的送电。

4、南京地铁2号线一期工程。工程西起河西新城汪家村站，东止紫金山麓马群站，线路总长25.145千米，其中地下线20.747千米，地上线4.398千米。全线设19座车站，地面站2座，高架站1座，地下站16座。全线设主变电站两座，车辆段一座、停车场一座，控制中心设在珠江路，本工程设1、2号线联络线一条，供电系统、变电所系统、杂散电流防护及接地系统、刚性接触网系统、电力监控系统、供电车间的初步设计及施工图设计。采用直流1500V架空刚性接触网供电。计划2009年建成通车。2010年完成了全部施工、调试、送电、验收、通车等配合工作，于2010年5月28日正式开通运营。

5、南京地铁3号线工程。工程起自江北浦口区的林场站，由北向南至江宁区的吉印大道站，线路全长40.17公里，其中高架线0.91公里，地下线38.67公里，地面线0.59公里。共设车站28座，其中高架站1座，地下站27座，计划2014年建成通车。2010年完成了初步设计及评审，完成了接地网施工招标技术文件编制并开展施工招标配合工作，开展了施工图设计配合。

6、上海轨道交通11号线（安亭至花桥）工程。线路呈东西走向，途径花桥集中型自由办公区（先导区）、国际化商住配套区、复合型生态办公区（核心区）和行政居住综合区四个规划区域。线路全长约5.992公里，均为高架线，设站3座，分别为兆丰路站（高架三层半路侧车站）、光明路站（高架三层路中车站）、花桥站（高架三层路中车站）。2010年完成了供电方案比选及初步设计文件。

7、上海轨道交通10号线工程。线路全长42.085公里（其中地下线长35.985公里，高架线长6.1公里）。共设车站35座（其中地下车站31座，高架车站4座），主、辅停车场各1座，主变电站3座，控制中心1座。全线分二期建设：一期工程（即本次工程设计范围）由高速铁路客站站至新江湾城站，线路长32.765公里，均为地下线，设地下车站29座，设吴中路停车场1座，主变电站2座和控制中心1座。 二期工程由新江湾城站（不含）至外高桥保税区站，线路长9.32公里，其中高架线长6.1公里，设车站5座，其中高架站4座。设港城路辅助停车场1座和主变电站1座。接触网系统的初步设计、施工设计。采用直流1500V架空刚性接触网供电。计划2010年建成通车。2010年完成了施工处理及送电调试、验收、开通等配合工作，于2010年4月10日正式开通试运营。

8、北京地铁9号线工程。位于城市西部，整体呈南北走向，分布在丰台、海淀两个行政区。线路全长为16.5公里，全部为地下线，共设车站14座，线路在南端的六圈沿六圈路东西向设车辆段1座。9号线工程除西客站及其两端区间和白石桥站及其两端区间已经建成外，其他一次建成。采用B型车，3动3拖的6辆编组方案。包括供电、杂散电流防护、牵引、降压变电所、综合接地、牵引网及全线车站UPS电源整合的初步设计、施工图设计。采用DC750V三轨供电。预计2011年12月底建成通车。2010年完成了初步设计概算审查修改，完成了施工招标文件编制及施工招标配合工作，完成了各车站及车辆段房屋、孔洞、管线配合等工作，完成了环网电缆及部分接触轨施工图，开展了设计联络及施工图设计。

9、北京地铁6号线一期工程。从五路站至草房站，线路全长30.1公里，共设车站22座。计划2012年12月31日竣工通车。2010年完成了土建施工设计配合，完成了综合接地及杂散电流防护的施工图并交底，完成了设备用户需求书、开展了设备招标、施工招标配合。

10、北京地铁8号线二期工程。为南北走向的一条线路，基本贯穿北京市南北中轴线，线路全长39.888公里，运营长度39.127公里，其中一期工程（奥运支线）4.528公里，二期工程（回龙观东—森林公园、熊猫环岛—美术馆东街）18.122公里，远期工程（地安门—五福堂）17.238公里，全部为地下线；设车站30座，其中一期工程4座，二期工程12座，远期工程14座，全部为地下站，在回龙观设车辆段一处、在大红门设停车场一处，计划2012年12月31日竣工通车。2010年完成了设备招标及合同谈判等配合工作，完成了设备设计联络，完成了土建施工设计配合工作，开展了北段施工图设计。

11、北京地铁大兴线工程。线路全长22.55公里.沿途经过丰台区南苑地区、大兴区西红门地区、大兴新城主城区、生物医药产业基地，终端位于大兴新城南部建设区南部边缘的南兆路，共设车站12座。计划2010年12月31日竣工通车。2010年完成了完成了现场施工、调试、验收、开通等配合工作，于2010年12月30日正式开通运营。

12、苏州市轨道交通2号线工程。线路全长26.386公里，高架线长6.57公里，地下线长19.146公里、地面线及敞开段长0.67公里。全线设22座车站，其中高架车站5座，地下车站17座；计划2012年12月31日竣工通车。2010年开展了施工图设计配合，完成了杂散电流通用图及先期开工的车站接地网施工图，完成了用户需求书的编写，完成了施工招标图纸。

13、长沙市轨道交通2号线一期工程。长沙市轨道交通2号线一期工程起点为汽车西站站，向东穿越岳麓山丘陵，在溁湾镇附近穿越湘江，然后沿五一大道到古曲路站转向南，经黎托，到新长沙站站，最后到达终点光达站，正线长22.262公里，均为地下线路；共设车站19座，均为地下站；设置一个运营控制中心，在线路终点光达站附近设置一座黄兴车辆段与综合基地。计划将于2013年建成通车。2009年开展了土建施工图设计配合工作，完成了接地网施工图设计，完成了杂散电流防护土建施工通用图设计，完成了用户需求书的编写及修改，开展了设备招标的配合工作。

14、郑州市轨道交通2号线一期工程。线路起于天山路，止于站马屯。途经开元路、郑花路、花园路、紫荆山路、花寨路，全长26.7公里，全线设车站21座，车辆段一处，停车场一处。平均站间距1.3公里。2号线一期工程由广播台站至终点站马屯，均为地下线，共设15个站，分别为新龙路站、国基路站、北环路站、东风路站、农业路站、黄河路站、紫荆山站、东大街站、陇海东路站、帆布厂街站、航海东路站、长江路站、南环路站、向阳路站、终点；包括换乘站6处，分别为：国基路站、农业路站、紫荆山站、东大街站、陇海东路站和航海东路站；在站马屯设车辆段1处；在国基路站设置1座110/35kV主变电所。计划2012年12月31日建成通车。2010年完成了初步设计配合工作，开展初步设计及修改工作，开展土建施工图设计配合工作。

15、天津地铁5号线供电系统工程。工程北起北辰区双街，南至西青区梨园头，沿线经过北辰、河北、河东、河西、南开、西青六个行政区；正线规划全长33.595公里，其中地下线32.6公里，地面线及过渡段0.995公里；全线共设29座车站，其中地下车站28座，地面站1座。另在梨园头设车辆段1座，在双街设停车场1座，全线设主变电所2座、控制中心1座（与4、6号线的控制中心合建）。本工程线路长，站点密集，地下车站多，换乘站多，工程量大，结构复杂。2010年6月初，完成了初步设计修改，并通过天津发改委的评审，7—8月，完成了分期实施方案和远期预留7节编组方案的设计，8—12月，完成了前期开工车站的施工图配合设计，10—12月，完成了前期招标车站施工招标资料的配合，开展了全线杂散电流通用图设计工作。

【北京地铁15号线通信信号系统工程】 北京电铁通号院设计。北京地铁15号线一期工程线路西起清华大学东，沿清华东路、大屯路向东，下穿奥林匹克中心区后，继续沿大屯路向东至鼎成路转向南，穿过京承高速至望京西后，沿湖光中街进入望京核心区域，再向北至望京北扩地区，折向东沿香江北路敷设，逐渐由地下出地面，线路以高架形式沿京顺路向北，跨过机场南线、温榆河、枯柳树环岛、机场北线后转向东，沿顺于路敷设，在南法信府前街前由高架过渡到地下，沿顺义区府前街敷设，向东过潮白河后到达河东地区。

一期工程线路全长约41.4公里，共设车站20座，其中地下线27.7公里，高架线13.7公里，地下车站16座，高架车站4座；在望京北设置马泉营车辆段一座，与14号线共用，在潮白河东设俸伯停车场一座。

北京地铁15号线一期工程于2009年3月开工建设，分三段实施：中段：望京西（含）—后沙峪（含），长约20.2公里，地下线路长10.1公里，高架线路10.1公里，9座车站，其中5座地下车站，4座高架车站，已于2010年12月28日先期建成通车；东段：后沙峪（不含）—俸伯（含），长约10.8公里，4座地下车站，计划于2011年12月28日开通；西段：望京西站（不含）—清华东站（含），长约10.4公里，全部为地下线路，7座地下车站，计划于2014年7月开通。

通号院负责北京地铁15号线一期工程的通信、信号系统设计工作。通信系统包含专用通信系统、民用通信系统、公安通信系统、政务通信系统及办公自动系统。其中专用通信系统包含传输系统、公务电话系统、专用电话系统、无线通信系统、闭路电视监视系统、广播系统、时钟系统、电源系统及接地、集中告警系统及车辆段\停车场通信系统；民用通信系统包含传输系统、无线覆盖系统、电源系统及接地、集中告警系统；公安通信系统包含计算机网络系统、公安监视系统、公安消防无线通信系统、电源系统及接地；政务通信系统包含传输系统、政务无线通信系统。信号系统设计范围包含20座正线车站（其中有岔站7座，无岔站13座）、1座车辆段（含试车线）、1座停车场、1座主用控制中心、1座备用控制中心、初期配属的32组列车、1处维修中心及1处培训中心。正线信号系统包含ATP子系统、ATS子系统、ATO子系统以及CI子系统。

至2010年底，设计院已完成15号线一期工程通信、信号系统初步设计、设计联络工作，按期全部完成中段及东段的施工设计图纸，紧密配合现场施工及系统调试工作。其中，15号线中段已于年底投入点式后备模式运营。东段处于施工配合阶段。

【北京地铁7号线通信信号系统工程】 北京电铁通号院设计。北京地铁7号线起点位于北京最大的铁路交通枢纽——北京西客站，以地下线方式敷设，沿羊坊店南路向南至广安门外大街后转向东，线路沿广安门大街、广渠门大街向东至东四环，在化工二厂东侧转向南，沿着规划仓储西路向南穿越规划绿地到达化工路，穿过化工路后沿垡头西路向南至垡头南路再转向东，穿过双丰铁路，进入玻璃二厂、染料厂等工业用地范围，线路沿规划道路向东南敷设，到达终点焦化厂站。线路全长 23.67 公里，全部为地下线，全线共设车站 21 座，平均站间距 1.14 公里，原焦化厂内设置车辆段一处。本线控制中心设在小营的第二指挥中心，并在焦化厂车辆段内设置备用控制中心，当主用中心遭到不可测因素破坏时能够人工切换至备用控制中心继续监控线路列车运行。

北京地铁 7 号线由设计院负责通信系统和信号系统的设计。设计范围包括：23.67 公里的正线，包括其中的折返线、渡线、存车线及与车辆段联络线等。21 座正线车站；初期配属的 6 辆编组列车；1 座控制中心及一座备用控制中心；焦化厂车辆段（含试车线）1 座；维修及培训中心。

通信信号系统工程投资总概算为：88572 万元，其中通信系统 46850.54 万元，信号系统 36685.64 万元，PIS 系统 5066 万元。工程初步设计自 2009 年 2 月开始，经过与车站建筑、线路、车辆、运营、供电及其它设备专业密切配合，通信信号专业完成了设计方案比选与推荐、工程接口实施细则、工程维修管理体制及相关工程配合等设计文件，同时绘制了通信信号系统图、设备布置图等。2009 年 8 月 26 至 28 日，文件正式通过北京市规划委组织的北京市地铁 7 号线工程初步设计专家评审，项目进入施工设计阶段。至 2010 年底，设计院已完成北京地铁 7 号线工程通信、信号及乘客信息系统初步设计修编工作，并与各土建标段进行施工设计配合，开始通信、信号及乘客信息系统招标文件的编制。

【长沙市轨道交通 1 号线一期工程】 北京电铁通号院设计。长沙市轨道交通 1 号线线路呈南北走向，为长沙市轨道交通骨干线，贯穿城市南北发展轴，覆盖城市北向放射客流走廊和南向放射客流走廊，联系开福区、芙蓉区、天心区城市核心区并为北部地区、南部地区提供快速联系，引导促进城市向南、北方向发展，拓展城市空间。1 号线规划起点位于长沙市开福区内彩霞路站，终点位于天心区内万家丽路站，与长株潭城市轨道交通的规划建设相互协调，将加速促进长株潭城市一体化建设的进程。线路全长 33.86 公里。共设车站 25 座，其中地下站 19 座，高架站 6 座，线路北端设停车场，南端设车辆段。全线在尚双塘设车辆基地 1 处，占地面积约 30.7 公顷，设主变电所 2 座，控制中心准备与 2 号线同设在火车站处，地铁 1、2 号线共用。

长沙市轨道交通 1 号线一期工程，起点为汽车北站，终点至万家丽路站接尚双塘车辆段，线路全长 23.55 公里；1 号线一期工程最大站间距 1.903 公里，最小站间距 0.61 公里，平均站间距 1.212 公里。共设车站 20 座，其中地下站 19 座，高架站 1 座。一期工程终点站附近尚双塘设置车辆段。

信号系统应满足列车 6 辆编组、初期行车间隔 5 分钟、近期行车间隔 3 分钟、远期行车间隔 2 分钟、全线预留 2 分钟通过能力、设计区间行车间隔 90s 的要求；端站折返能力及车辆段的出入能力应与正线行车间隔相适应。

（一）总体设计于 2010 年 3 月完成。主要设计成果：明确了信号系统采用 CBTC 即基于无线通信的移动闭塞模式；明确了通信系统由专用通信、商用通信、警用通信三大系统组成。

（二）初步设计于 2010 年 8 月完成。主要设计成果：信号系统设计：信号系统采用 CBTC 即基于无线通信的移动闭塞模式；后备模式采用点式 ATP 控制方式和仅基于联锁级的控制方式；驾驶模式包括 ATO 驾驶模式、ATP 驾驶模式、限制人工驾驶模式、非限制人工驾驶模式；通信系统设计：专用通信传输系统技术方案采用 MSTP（RPR）方案，并采用双环相切的结构；专用通信无线系统采用 800M 频段 TETRA 制式数字集群技术；专用通信闭路电视监视系统采用模拟摄像机与数字传输相结合的方案；乘客信息系统车站采用高清制式，车地无线传输采用 WLAN 方案；专用通信电源系统在车站实行弱电系统电源整合方案；商用通信系统采用独立新建模式；警用通信系统由计算机网络，警用消防无线通信、警用视频监控、警用有线调度、警用电源及接地五个系统组成。

【福州市轨道交通 1 号线工程】 北京电铁通号院设计。福州市轨道交通 1 号线全线由象峰站至东部新城站。福州市轨道交通 1 号线一期工程线路长约 24.8 公里，全部为地下线。共设 21 座车站，最大站间距为 1.834 公里，最小站间距为 0.730 公里，平均站间距 1.144 公里。全线设 1 座车辆综合基地和 1 座停车场，分别为新店车辆综合基地和福州南停车场；1 个控制中心设于达道路车站地块，与 2、4 号线控制中心合设；2 个主变电所及配套机电系统工程。新店车辆综合基地与规划 3 号线共场址，并与 2、3 号线共用厂、架修。

设计院于 2009 年年底中标福州市轨道交通 1 号线通信系统（含 PIS）、信号系统合同段并开始设计。2010 年 3 月通过了总体设计的审查。2010 年 9 月通过了初步设计审查。2010 年 9 月开始施工设计，编写用户需求书及配合土建专业出施工图。

【南昌市轨道交通 1 号线一期工程】 北京电铁通号院设计。南昌市轨道交通 1 号线一期工程起于双港大道与铁路老昌北支线交汇处的双港大道站，终点为瑶湖西侧的奥体中心站。线路长约 28.743 公里，均为地下线，共设地下车站 24 座，平均站间距 1239 米。双港大道站、奥体中心站均预留线路延伸的条件。全线设一段一场，在京九铁路西侧、双港大道北侧设蛟桥停车场，接轨于双港大道站；在紫阳大道南侧、尤氨公路西侧设瑶湖定修段，接轨于紫阳大道站。全线设两个主变，分别设置在双港大道站和北京东路站旁，其中北京东路主变与 4 号线共享。控制中心设置在世贸路站旁，1～5 号线 5 线合建且可以同时兼作地铁运营指挥中心。近期27列车。

主要设计工作完成情况：

2010年1月，完成信号系统初步设计文件的编制，2月，完成信号系统设计概算的编制；2010年8月，完成信号系统初步设计修编文件及设计概算修编；2010年11月30号，完成信号系统用户需求的V1版编制并提交总体、咨询审查；2010年12月13号，按意见修改完成信号系统用户需求的V2版编制并提交业主方及相关单位；2010年12月22号，完成机电系统接口文件的编制并提交总体院。

桥隧设计

【中铁二院承担的桥梁设计主要项目】 一、沪昆客专桥梁设计主要项目：

1.沪昆客专北盘江特大桥：桥址位于北盘江光照电站下游，线路穿岗乌隧道后横跨北盘江，桥尾紧接光照隧道进口，轨面距谷底高达310米，两岸均有贵州省光照水库库区公路从桥下通过，交通较方便。桥梁全长727.25米。主桥为445米上承式钢筋混凝土拱桥，引桥及拱上孔跨布置为1×32米简支箱梁+2×65米预应力混凝土T构+4×42米预应力混凝土连续梁+4×42米预应力混凝土连续梁+2×65米预应力混凝土T构+2×40米预应力混凝土连续梁。

2.沪昆客专坝陵河特大桥：坝陵河特大桥桥面距谷底140米，桥跨布置为1×32米简支梁+(88+168+88)米预应力砼连续刚构+4×32米简支梁，桥长521.7米。以（88+168+88）米预应力混凝土连续刚构跨越坝凌河沟谷。

3.沪昆客专姚官屯特大桥：该桥跨贵黄高速公路，该路面宽约25米，斜交角度25°，桥长1004.20米。拟采用（42+128+42）米拱加劲连续梁跨越该路。该桥同时跨越既有贵昆铁路，斜交角度23°，拟采用（60+100+60）米连续梁主跨跨既有贵昆铁路。全桥孔跨布置为：7×32米+（42+128+42）米拱加劲连续梁+4×32米简支箱梁+2×24米简支箱梁+（60+100+60）米连续梁+3×32米简支箱梁+2×24米简支箱梁。

4.沪昆客运专线沙坡特大桥：桥梁跨越镇胜高速公路主干道和红果匝道，与主道斜交角度32°，桥长1297.942米。采用主桥（72+128+72）米连续梁128米主跨和72米边跨分别跨越筑岛和一侧匝道，采用主桥（48+80+48）米连续梁主跨80米跨越另一侧匝道。

5.沪昆客专城头清水江特大桥：桥址位于贵州省黔东南苗族侗族自治州施秉和台江两县交界处，大桥在施秉县马号乡和台江县施洞镇跨越清水江。孔跨布置（72+128+72）米连续梁+7×32米。

二、云桂铁路桥梁设计主要项目

1.云桂铁路南盘江特大桥：桥址位于弥勒雷打滩水电站库区上游18.5公里处，跨越南盘江河谷，桥位处江面宽约100米，水面至轨面距离约270米。主桥为416米上承式钢筋混凝土拱桥，桥梁全长852.430米。引桥及拱上梁孔跨布置为3×42米连续梁+（60+104+60）米连续刚构+4×39.5米预应力砼连续梁+4×39.5米预应力砼连续梁+2×60米T构+1×42米简支箱梁。

2.云桂铁路南宁邕江四线特大桥：桥址位于广西南宁市区，桥梁中心里程DK3+619.8，全长为1782.28米。孔跨式样为1×24米+10×32米+（36+64+36）米连续梁+2×24米+1×32米+（72+2×128+72）米连续梁+（52+88+52）米连续梁+2×32+（36+64+36）米连续梁+12×32米，（72+2×128+72）米连续梁主墩采用圆端型实体墩，边墩及其余桥跨桥墩均采用矩形墩，桩基础，T形空心桥台。

3.云桂铁路平果右江双线特大桥：桥址位于广西平果县，桥梁中心里程DK105+961，孔跨式样为17×32米+(80+144+80)米连续梁+19×32米，桥梁全长为1495.719米。(80+144+80)米连续梁主墩采用圆端型墩，边墩及其余引桥桥跨均采用矩形墩，桩基或明挖基础，矩形空心桥台。(80+144+80)米连续梁右主墩采用双壁钢围堰，左主墩采用钢筋混凝土围堰，在枯水期施工主墩的桩基础；连续梁梁部采用轻型挂篮分段悬臂对称灌注施工，先合拢中跨，再合拢边跨。

4.云桂铁路百色右江双线大桥：桥址位于广西百色市，桥梁中心里程DK254+475，孔跨式样为1×32米+(80+144+80)米连续刚构+2×32米，桥梁全长为417.08米。(80+144+80)米连续刚构主墩采用矩形桥墩外包圆弧端面，边墩及其余引桥桥跨均采用矩形墩，桩基或明挖基础，矩形空心桥台。(80+144+80)米连续刚构主墩采用钢筋混凝土围堰，在枯水期施工主墩的桩基础；连续刚构梁部采用轻型挂篮分段悬臂对称灌注施工，先合拢中跨，再合拢边跨。

5.云桂铁路南丘河双线大桥：桥址位于云南省丘北县，桥梁中心里程DK494+535，孔跨式样2×32米+(68+128+68)米连续刚构+1×32米+1×24米，桥梁全长为400.18米。主桥采用矩形空心墩（主桥墩高约88米、110米），桩基础，引桥采用T形空心桥台、矩形墩，桩基或明挖基础。本方案主桥右主墩置于山坡陡崖下，承台边距离陡崖坡脚5～8米，陡崖与水平面夹角约78°，为消除陡崖垮塌而撞击墩身的安全隐患，方案设计时结合岸坡稳定对陡崖进行部分清除，而后加以锚索框架梁进行边坡防护。连续刚构采用轻型挂篮分段悬臂对称灌注施工，先合拢边跨，再合拢中跨。

三、成绵乐客运专线桥梁设计主要项目

1. 新津金马河特大桥：上跨成雅高速公路、S103 省道(大件路)处，受成雅高速公路及其匝道、大件路、成雅高速收费站出入口道路控制，设计采用（68+118+63.2）米连续梁+（33.2+2×64+38）米连续梁宽孔跨布置，满足地方道路运营的要求。由于连续梁边跨采用不对称布置，且边跨与中跨比接近 0.5,在运营过程中支座可能出现负反力，设计采用新型智能测力调整支座，以实现施工与运营中的检测与监控，确保施工及运营期间的安全。为满值施组工期要求，设计对（68+118+63.2）米连续梁采用大节段支架现浇施工，确保现场施工需要。连续梁已完成基础及下部墩台施工，正在进行连续梁节段支架现浇施工。（图 7-1）

图 7-1 移动模架施工 9 孔 48m 简支梁跨越新津金马河

2. 鸭子河特大桥：为满足线路小角度跨越宝成铁路及尽可能减小梁高、确保施工高度及运营安全，鸭子河特大桥在设计中采用（56+112+56）米连续梁拱桥跨布置跨越宝成铁路。目前已完成连续梁拱基础及桥墩施工，正开始连续梁 0 号段施工。

3. 既有西环铁路桥、三环路互通立交桥、成雅高速公路桥及多处人行天桥桥梁基础桩基托换处理：线路出成都南站后顺机场高速公路而行设机场路隧道，机场路隧道与既有西环铁路桥、三环路互通立交桥、成雅高速公路桥及多处人行天桥桥梁墩柱及基础干扰，为尽量减小对既有铁路、公路及市政设施的影响，设计经研究及充分论证，对上述铁路桥、公路桥、人行天桥基础进行桩基托换处理。经多方、多次专家评审，设计方案进一步完善后交付施工图，目前已开始桩基托换基础施工工作。

4. 乐山青衣江特大桥：设计分别采用（72+128+72）米连续梁跨越乐雅高速公路、（68+120+68）米连续梁跨越乐宜高速公路、（60+100+60）米连续梁跨越高速公路收费站，满足地方道路需要。设计对上述大跨度连续梁采用大节段支架现浇施工，确保现场施工工期要求。设计采用 35 米 +2×64 米 +40 米连续梁跨越青衣江通航河道，满足地方通航要求。目前连续梁下部正在施工中。

四、贵广客运专线桥梁设计主要项目

贵广客运专线桥梁以 32 米、24 米简支结构为主，尽量采用统一的孔跨类型，便于施工和养护维修，优先采用简支标准梁跨，预制架设施工。跨越高速公路、铁路、峡谷以及位于城市附近的桥梁结构采用 48 米、56 米、64 米、80 米、88 米连续梁、（72＋128＋72）米连续刚构、（48＋3×80＋48）米连续刚构、（48＋4×80＋48）米连续梁、（48＋5×80＋48）米刚构-连续组合梁、（40＋6×80＋40）米刚构-连续组合梁及 68、80 米系杆拱。在道岔区，采用 5×32 米、6×32 米、7×32 米、8×32 米变宽度道岔连续梁。重视建筑景观设计，与周围环境和当地人文景观相协调，尽可能减少对既有公路、铁路行车的干扰。常用跨度桥梁墩台，桥台采用双线矩形空心台、T 形空心桥台；桥墩墩高超过 30.0 米者，采用空心墩，反之采用实体（矩形或圆端形）墩；跨公路或铁路既有线的墩采用实体墩，全桥一般采用同一种类型桥墩，一般不应超过 2 种以上墩型；桥梁基础类型根据地质、水文条件，一般采用明挖扩大基础和钻（挖）孔桩基础。

设计创新及关键技术

1.梁部施工方案：贵广客运专线为山区高速客运专线铁路，全线采用无碴轨道，桥梁梁部采用箱梁，由于线路多段桥隧相连，所采用的梁型除需满足结构受力及列车运行的需要外，还需满足箱梁运架的需要，满足全线总工期的要求。综合比较了双线整孔箱梁、双线组合箱梁、现浇箱梁的经济性、技术性，结合全线制梁场布置及桥隧分布情况，确定全线桥梁所采用梁型方案。

2. 长联、大跨、高墩、小半径曲线刚构桥梁设计关键技术的研究：圣泉 1 号特大桥主跨采用（40+6×80+40）米刚构-连续组合梁弯梁桥式方案。本桥位于 R=600 米曲线上，本段设计速度 120 公里/小时，桥梁墩高 89 米。为解决长联、小半径曲线刚构桥的系列技术问题，现已结合本桥开展温度变位对长联、大跨、高墩、小半径曲线刚构桥梁设计关键技术的研究。

3. 陡峭峡谷及危岩落石防护处理：排搞河中桥位于羊甲隧道与同马山隧道之间，跨越山涧“U”形河谷，河谷深切，深约 60 米，坡面陡峻，贵阳端坡面近于直立，广州端纵坡约 45°，且有危岩落石需防护。为适应桥位处陡峭地形及防护危岩落石，经方案比选，设计采用了 1-45 米上承式钢筋混凝土板拱桥式方案，其上设置钢筋混凝土护拱对危岩落石进行防护处理，护拱也采用上承式钢筋混凝土肋拱方案，肋拱上设置防护棚防止危岩落石。

截至 2010 年底，本线桥涵施工设计基本完成，其中圣泉 1 号特大桥、幸福源水库特大桥已完成全桥施工图设计；排搞河中桥已确定方案，部分细部构造仍在比选之中。其中约 70%桥梁基础、40%左右墩台身已施工完成，常用跨度预制简支箱梁已开始架设、现场移动模架制梁也已开始，大跨度连续梁梁部大部分开始浇注。

五、成贵客运专线

2010年，成贵铁路桥梁完成时速350公里的桥涵初步设计，成贵铁路地处四川盆地西南边缘、云贵高原，山高谷深，桥涵分布较密，工程量较大。全线乐山至白云段桥梁482座（含框架4座、站台桥3座等）、贵阳枢纽14座（含框架7座），乐山至白云段左线拉通正线桥梁总计455座-165787.27米（其中框架桥4座-78.8 米）占线路总长的32.8%，其中连续梁、连续刚构等特殊桥梁54座-57846.09米。

1.香坝河双线特大桥：桥式布置为2×32 米 +(93+168+93)米连续刚构+7×32 米，全长 661.48 米。其中主跨采用（93+168+93）米连续刚构，基础采用钻孔灌注桩。该桥桥墩主墩采用矩形空心墩，最大墩高为110.5 米，边墩为43.5 米，为高速铁路同类型桥梁中，主边墩高差较大的桥梁，需要开展科学研究，分析高墩和矮墩相对变形对无砟轨道的影响，以便采取相应的措施。

2. 西溪河双线大桥：桥式布置为3×32 米 +（1-240）米拱桥+4×32 米，桥梁全长为494.68米。其中主跨采用1-240米上承式钢管砼拱，最大墩高度为58米。基础采用钻孔灌注桩。1-240 米上承式钢管砼拱拱圈采用：两拱肋向桥轴方向倾斜，在拱顶合拢提篮式桁架结构。拱上墩柱采用部分型钢混凝土框架墩，框架墩向桥轴方向内倾。桥面系采用正交异性钢箱梁，梁高1.5米，箱梁顶板宽12.00米，底板宽6.00米。施工采用平面转体方法进行，转体吨位约15000吨，是中国目前同类型桥梁中转体吨位最大的桥梁。

六、厦深线韩江特大桥

桥梁全长为17634米，全桥设15联大跨度预应力混凝土连续梁。广梅汕铁路疏解联络线在跨西溪河段桥上出岔，线路由二变四，受通航、行洪控制，出岔段采用(48+2×80+88+48)米变宽连续梁。梁体长度345.5米，桥面板宽度12.2～26.76米，箱体宽6.7～21.66米。跨中及端支点梁高为4.5米；中支点处梁高为7.5米。

七、厦深铁路九龙江双线特大桥

全长4572.657米。以（48+2×80+48）米连续梁跨越北溪北港，以（32+48+32）米连续梁跨越北溪南港堤岸，以（40+2×56+40）米连续梁跨越北溪南港，主桥根据西溪航道、厦漳高速公路西溪大桥及过江自来水管高架桥的要求，采用(70.5+154+80) 米不等跨连续梁。全桥简支梁均采用制梁场集中预制，运、架桥机架设，所有连续梁均采用悬臂对称悬灌法施工。其特点主要有：主桥采用不对称连续梁，为了消除小边跨侧的负反力，小里程侧梁部设计成牛腿，使得引桥可置于连续梁上；支座采用减隔震球型支座，主墩吨位为80000kN；在活动主墩上设置LUD装置，在突发荷载作用下，与固定桥墩一起承担所有纵向荷载。

八、南钦线三岸邕江特大桥

全桥孔跨布置为：2（4×24 米+8×32 米+2×24 米+9×32米+（132+276+132）米钢桁拱+39×32 米）。主桥为下承式双线连续钢桁拱桥结构，主桁采用N型桁架，桁宽15米，标准节间长度12米（C11E12、E12C13 节间长度15米）。边跨为变高度桁架，中支点处设第三加劲弦，高度18米。主跨拱肋下弦杆距系杆中心58米，拱顶桁高9米。拱肋采用二次抛物线，拱肋上弦与边跨上弦圆曲线匀顺过渡。

九、南广线桂平郁江特大桥

位于西江航运干线贵港至桂平河段，处于桂平航运枢纽的库区范围内，平均水深10米左右，桥位处河面宽410米。桥梁孔跨布置受郁江通航净空和净高控制，桥梁全长11.3276公里。主桥为钢桁斜拉桥，采用半漂浮体系，主塔与主梁间设纵向阻尼器，采用纵向阻尼约束体系。主梁为下承式钢桁梁，三角形桁架，两片主桁，桁间距15米，桁高14米，节间长度12米。主桁采用焊接整体节点结构形式，材质Q370qE。主桁弦杆均采用箱形截面，腹杆根据受力的不同采用箱形截面和H形截面。

十、湘桂铁路柳江双线特大桥

位于柳州岩溶盆地西侧新圩一带，为跨越柳江、黔桂铁路、柳太公路而设。桥梁中心里程为：DK504+879.7。左单线桥长451.51米，右单线桥长453.19米。衡阳端台尾里程为DK503+748.83，左线柳州端台尾里程为 DK505+717.46，右线柳州端台尾里程为DyK505+791.24。双线矩形空心台，圆端形空心墩及实体墩，明挖基础、钻孔桩基础。本桥简支梁均采用压应力混凝土简支 T梁，制梁场集中预制，架桥机架设，（60+5×104+60）米连续梁采用轻型挂篮分段悬臂对称灌注施工。

十一、委内瑞拉北部铁路桥梁设计主要项目

2010年，完成全线的详细设计工作，目前正在配合施工阶段。

桥梁设计创新点：

（1）国内首个采用UIC规范设计的时速220公里/小时客货共线铁路钢混结合梁：本项目最终确定桥梁简支梁梁型采用钢-混结合梁方案，满足设计速度和运营要求、具有施工组织灵活、节约工期明显的优势，较T梁方案减少49美元/延长米(0.16万美元/孔)。

（2）桥面布置形式的优化：根据UIC标准及IFE的要求对桥梁标准横断面及梁部断面进行专项研究，提出了满足规范及合同要求的经济、合理的断面尺寸。经过监理和IFE认可后的桥面宽度确定为10.4米（与线间距4.4米对应），较中国国内时速200公里客货共线铁路桥面宽度10.9米减窄了0.5米，较时速250公里客运专线铁路桥面宽度12.4米减窄了2米。

（3）桥墩墩型：基于中国规范和 UIC 标准，通过对 Ag=0.21g、0.23g，0.26g、0.31g 地震区钢—混结合简支梁配套桥墩进行常规力作用下静、动力分析研究和地震响应分析研究，最终确定采用技术经济合理的双柱式轻型桥墩。节省混凝土约 25%至 30%。

(4) 优化立交通道方案以减少投资：根据现场实地情况，对于道路改移尽量采用框架桥方案，减少上跨立交桥降低工程投资。

【中铁二院承担的隧道设计主要项目】 一、长昆客运专线隧道设计主要项目

1. 壁板坡隧道：位于盘县车站与富源北车站之间，全长 14756 米，为本线第一长隧。设计时速为 350 公里，主要通过灰岩、玄武岩、沙泥岩等地层。洞身通过 3 条区域性断层和 3 条推测断层，工程地质条件复杂，地下水丰富，本隧最大涌水量为 18.4×104 立方米/d。隧道不良地质主要为岩溶、瓦斯、高地应力及岩爆等。设计要求加强超前地质预测预报工作及沿线地表泉眼流量的观测，针对有可能发生突水、突泥等施工灾害地段和引起地表水环境发生变化地段有针对性设计了超前帷幕注浆、超前局部注浆及开挖后径向补注浆的工程措施，确保事故安全及地表水环境安全。截至 2010 年底，本隧道采用“进口合修，出口分修”的分修方案，辅助坑道为贯通平导。已施工。

2. 大独山隧道：位于关岭至普安区间，为单洞双线隧道，设计时速为 350 公里，最大埋深 380 米，隧道设计纵坡为人字坡，全长 11882 米，为本线第三长隧道。主要通过地层岩性为白云岩、角砾状白云岩，灰岩、泥质灰岩等可溶岩及砂泥岩夹泥灰岩等非可溶岩，洞身断层破碎带发育，发育区域断层 7 处，下穿暗河 1 处最大涌水量约 17 万立方米/d。施工图设计辅助坑道采用“一平两横”方案。贯通平导长 11840 米，位于线路前进方向右侧；一号横洞设于 D1K856+500 处线路左侧，长 1054 米。二号横洞设于 D1K861+500 处线路左侧，长 1365 米。截至 2010 年底，已完成洞口及辅助坑道设计。

3. 岗乌隧道：位于关岭至普安区间，为双线单洞隧道，设计时速为 350 公里，全长 13186 米，为本线第二长隧。最大埋深 543 米，纵坡为单面下坡，主要通过地层岩性为白云岩、角砾状白云岩，灰岩、泥质灰岩等可溶岩及砂泥岩夹泥灰岩等非可溶岩，最大涌水量约 9 万立方米/d。施工图设计辅助坑道采用“一平三横”方案。一号横洞设于 D1K872+000 线路左侧，长 1590 米。二号横洞设于 D1K875+500 线路左侧，长 1546 米。三号横洞设于 DK881+000 线路右侧设置长约 653 米；为缓解出口段的施工压力，在三号横洞内线路右侧向进口端设置平导。截至 2010 年底，完成洞口及辅助坑道设计。

二、广昆线安禄隧道

位于禄丰南车站与双湄村车站之间，全长 13187 米。设计为时速 200 公里，单洞双线隧道，洞内采用单面上坡。主要通过泥质板岩、砂质板岩、泥岩、白云岩、灰岩等地层，洞身通过 5 个褶曲构造及 8 条区域性断层，工程地质条件复杂，地下水丰富，最大涌水量为 14×10^4 立方米/d。设计要求加强超前地质预测预报工作及沿线地表泉眼流量的观测，针对有可能发生突水、突泥等施工灾害地段和引起地表水环境发生变化地段有针对性设计了超前帷幕注浆、超前局部注浆及开挖后径向补注浆的工程措施，确保事故安全及地表水环境安全。截至 2010 年底，共有 5 个工区 8 个掌子面同时施工，共掘进正洞 8810 米（剩余 5017 米）、斜井及平导 8810 米。

三、六沾线隧道设计主要项目

1. 乌蒙山二号隧道：位于背开柱车站与扒挪块车站之间，设计为时速 160 公里，单洞双线隧道，全长 12260 米，为六沾线第一长隧。主要通过砂岩、泥岩、泥灰岩、灰岩、白云岩、页岩等地层，洞身穿越 7 个断层及 1 个向斜，最大涌水量为 22.9×104 立方米/天。设计要求施工中结合超前地质预报工作进行涌水突泥危险性和地下水环境影响程度评价。全隧按进口工区、出口工区、中部平导工区组织施工。

2. 六沾线三联隧道：位于云南省境内新背开柱车站出站端，设计为时速 160 公里，单洞双线隧道，全长 12214 米。该隧道最大埋深约 220 米，隧道区域发育 6 条断层和 1 个向斜。隧道进口下穿既有贵昆线，并位于丁家村滑坡及错落体内，隧道中部约 1080 米范围分布宣威群煤系地层，含煤约 20 层，层厚 0.02～2.37 米，煤层瓦斯含量为 10.59～12.87 立方米/吨，煤层瓦斯压力为 0.3834～3.2290MPa，C2、C3 层煤与瓦斯具突出危险性。1#斜井工区为瓦斯突出工区。

四、大瑞线隧道设计主要项目

1. 秀岭隧道：秀岭隧道全长 17623 米，位于漾濞车站与太平车站之间。设计为时速 140 公里单线隧道，本隧辅助坑道设置“1 贯通平导＋1 横洞”的辅助坑道方案。主要穿越侏罗系（J）泥岩夹砂岩，断裂构造主要有草坪断层、杨梅岭断层、太平 1#、2#断层、山祖—左白达断层。截至 2010 年底，共有 2 个工区 4 个掌子面同时施工，共掘进正洞 1817 米，还剩 15806 米。

2. 大坡岭隧道：大坡岭隧道全长 14665 米，位于北斗车站与初一铺车站之间，设计为时速 140 公里单线隧道。本隧为人字坡，最大埋深约 700 米。隧道施工主要穿越白垩系石英砂岩夹泥岩，砂岩、泥岩互层；侏罗系泥岩夹砂岩，泥岩、砂岩互层。洞身发育有 1 条背斜和 2 条向斜，隧道穿越 5 条断层（长度共计 650 米），断层为麦地凹断层、烂泥塘断层、垛房断层、湾箐弧形逆断层、大平子断层。截至 2010 年底，秀岭隧道共有 2 个工区 4 个掌子面同时施工，共掘进正洞 1650 米，还剩 13015

米。

五、蒙和线屏边隧道

位于沙田坝车站与屏边车站之间，全长10381米，为全线最长隧道，设计时速140公里单线隧道。本隧出口屏边车站伸入洞内，采用"左洞双线＋右洞单线"(2+1)分修，形成544.743米的三线隧道，其余段落为单线隧道。设计采用"一平一斜一横"的辅助坑道方案。洞身岩性以板岩、灰岩夹砂岩、板岩夹砂岩为主。洞身范围有断裂8条、褶皱7条，地质条件复杂。隧道洞身大部分在地下水位以下，地下水丰富，最大涌水量为为5.1×10^4立方米/天。设计要求加强超前地质预测预报工作，根据超前钻探揭示的地质情况，采取相应的堵水措施，针对有可能发生突水、突泥等施工灾害地段和引起地表水环境发生变化地段有针对性设计了超前帷幕注浆、超前局部注浆及开挖后径向补注浆的工程措施，确保安全施工及地表居民正常生活生产用水。截至2010年底，共有4个工区6个掌子面同时施工，共掘进正洞2715米（余7666米），辅助坑道（包括横洞、斜井、平导）共掘进5681米（余2683米）。

六、厦深线梁山隧道

位于福建省漳浦县、云霄县境内，全长9888米，为厦深铁路福建段最长隧道，设计时速250公里双线隧道。本隧设置1#斜井（621米）、2#斜井(2527米)、洞身平导（1500米）三个辅助坑道。梁山隧道所在构造单元为闽东火山断坳带的福鼎—云霄断陷带，洞身最大埋深680米，共通过18条规模不同的软弱带及1条断层破碎带。设计要求加强超前地质预测预报工作及地表水库监测，根据超前探孔情况，对有可能发生突水、突泥等施工灾害地段和引起地表水环境发生变化地段有针对性地设计了超前帷幕注浆、超前局部注浆等堵水预加固措施。截至2010年底，梁山隧道共有3个工区组织施工，共掘进正洞7467米，剩余工程2421米。

七、云桂线隧道设计主要项目

1．石林隧道：位于弥勒至石林板桥之间，全长18208米，设计为时速250公里单洞双线隧道。采用"人"字坡，辅助坑道方案为"贯通平导+2斜井"。洞身通过6个断层，最大涌水量为28.3×10^4立方米/天。设计要求加强超前地质预测预报工作，有针对性地设计了超前局部注浆及开挖后径向补注浆的工程措施，确保施工安全及地表水环境安全。

2．坡录元隧道：位于阳圩至平安区间，全长11926米，设计为时速250公里单洞双线隧道。辅助坑道模式为"进口平导+2斜井"。隧道最大埋深约443米。洞身主要穿过的地层为泥岩夹细砂岩、泥岩夹砂岩偶夹灰岩、细砂岩、泥岩，穿越1断层、1背斜、2向斜。隧区范围内不良地质主要为顺层。

八、海南东环铁路-美兰机场隧道

美兰机场隧道全长4600米(含美兰机场地下站)，中部设有美兰机场地下车站（536米），开通速度250公里/小时。为国内第一条中间设有地下车站的高速铁路隧道，也是已建成工程项目中最长的深基坑明挖隧道。该隧道在高水位砂土地层中成功地采用了锚拉式围护结构，并结合基坑降水、监控量测、制定应急预案，为此类工程提供了一个安全可行的样板。全隧采用明挖顺作法施工，基坑宽14.2米～45.46米，深15.2～22.8米；围护结构采用钻孔灌注桩+桩间旋喷桩共同形成，支撑系统以锚索+钢支撑或混凝土撑+钢支撑综合支撑系统为主；衬砌结构除车站咽喉区大跨段采用直墙有仰拱拱形明洞衬砌外，其余段均采用直墙平底拱形明洞衬砌。2008年3月开工，2009年12底主体工程已全部完工。

该隧道中部的美兰机场为四线地下车站，采用双岛式站台。采用四线大跨衬砌一次跨越，衬砌内净宽23.36米，轨面以上净高10.95米，设计最大填土高度为8米。是国内最大净跨的高速铁路隧道。地下站设屏蔽门、隧道洞身设减压井、洞口设缓冲井的措施，有效缓解了车站内空气动力学效应以及洞口微压波的影响。"高速铁路地下车站气动效应缓解设施" 获2009年国家实用新型专利，其研究成果对今后高速铁路隧道，特别是隧道内设置车站的工程有十分重要的借鉴意义。

九、贵广铁路隧道设计主要项目

1．岩山隧道：隧道全长14695米，最大埋深640米，为贵广线第一长隧。隧道穿越泥质砂岩、含砾泥质砂岩、变余砂岩、砂质板岩夹绢云母板岩和含砾砂岩及断层带内物质；发育有22条断层及5个褶曲，全隧预测涌水量114424立方米/天。进口浅埋且近接木材厂厂房段，设计中通过反压回填方案成功穿越。洞身3次浅埋下穿寨蒿河，最浅处拱顶埋深4米，设计中采用咬合桩结合抗浮压顶梁等新型结构穿越。全隧设置3座斜井和1座横洞，设计中创新地利用正洞和平导坡度差，在浅埋地段设计了一座"剪刀差"平导，降低了施工风险，解决了排水问题。

2．三都隧道：隧道全长14637米，最大埋深660米，为贵广线第二长隧，Ⅰ级风险岩溶隧道。穿越的主要地层岩性为白云岩、灰质白云岩，钙质粉砂岩、泥质灰岩夹页岩，泥灰岩以及断层破碎带物质，预测涌水量150428立方米/d。全隧顺坡排水，进行超前地质预报、注浆、施工防灾等设计，以有效降低岩溶隧道施工风险。全隧设置2座平导、3座横洞，创新地设计了一号横洞跨正线过水构筑物，使横洞顺接洞身平导顺坡排水。

3．天平山隧道：隧道全长14005米，最大埋深760米，为贵广线第三长隧。洞身基岩为以页岩、炭质页岩为主的软质岩，埋深大，存在塑性变形问题。设计中对洞身软质岩变形段，通过辅助坑道选取试验段，得出合理的支护参数应用于正洞施工。

4．油竹山隧道：隧道全长9896米，最大埋深700米，Ⅰ

级风险岩溶隧道。洞身基岩主要为白云岩、灰岩，穿越 2 条断层、1 个背斜，节理密集带众多，预测涌水量 168250 立方米/天。进、出口各设计一座平导，全隧顺坡施工排水。

5．斗篷山隧道：隧道全长 7369 米，I 级风险隧道。基岩主要为泥质灰岩、灰岩、砂岩、页岩、粉砂岩等，穿越 4 条断层、1 个向斜，节理密集带众多，预测涌水量 90000 立方米/天。洞身三次下穿高速公路隧道或路基，最小埋深 18 米，设计采用控爆、大管棚预支护等方案实现公路路面零沉降。出口段约 110 米处于漂石土不良地质体内，设计中采用了“外层衬砌+桩基托梁+内层衬砌”的新型结构及支护体系。

6．两安隧道：隧道全长 12658 米，出口段 95 米为花岗岩的全风化层，地下水丰富，设计时借鉴城市基坑经验，采用“钢管桩+冠梁+锚杆+横撑”相结合的支护体系成功穿越。（图 7-2）

图 7-2　两安隧道出口明挖基坑

十、成绵乐客运专线隧道设计主要项目

1．机场路隧道：隧道位于成都市区，全长 5390 米。隧道沿机场路左侧辅导引入双流机场方向，沿线地表房屋密集，道路纵横交错。隧道依次下穿成昆铁路西环联络线、三环路蓝天立交、3 座市政管线隧道、成雅高速公路、机场高速、绕城高速公路及 4 家 4S 汽车专卖店。沿线区域地下通讯电缆、光缆、水管、气管、电力线密集。隧道洞身主要穿越泥岩与卵石土层，全隧采用明挖法施工，施工工法主要为围护桩+钢支撑或全放坡开挖。隧道设计难点为下穿蓝天立交桥及 3 座市政隧道隧道段，此段基坑开挖深度 23 米，围护桩距三环路主桥桩基 1.5～4 米，距匝道桥桩基 3.2～7.8 米，市政隧道断面尺寸为 4 米×6 米，埋深地表以下 9 米。为保证市政隧道内各类管线的正常运营，设计采用托架方案对市政隧道进行保护，创造了显著的社会、经济效益。

2．双流机场隧道：隧道位于成都市双流机场，隧道全长 6470 米（包含双流机场车站）。隧道采用双线明挖衬砌与四线明挖衬砌渐变过渡的方式衔接。隧道沿线区域地下通讯电缆、光缆、水管、气管、电力线密集。隧道洞身主要穿越卵石土层，施工工法主要为围护桩+钢支撑或全放坡开挖。隧设计难点主要为与双流机场地下站相接停机坪段四线大跨衬砌，衬砌最大净跨 23 米，隧道上部为双流机场停机坪。

十一、兰渝铁路隧道设计主要项目

1．熊洞湾隧道：隧道全长 6938 米，设计时速 200 公里。隧道进口端以可溶岩为主，出口端以煤系地层为主。地下水发育，为高瓦斯隧道。隧道出口下穿绵广高速公路，埋深仅 5 米左右。设计采用掌子面封闭、大管棚超前支护，并对支护措施进行加强暗挖通过。出口端设置有轨运输平导以形成巷道式通风，施工高瓦斯段。设计工期为 48 个月（含无砟道床施工作业）。

2．梅岭关隧道：隧道全长 8271 米，设计时速 200 公里。隧道穿越厚层砾岩、砂岩、泥岩、泥岩互层，有深层天然气等有害气体可能顺着岩层构造裂隙上逸，为高瓦斯隧道，设置进出口平导，采用巷道式通风，施工工期为 38.97 月（含无砟道床施工作业）。

3．肖家梁隧道：隧道全长 5215 米，设计时速 200 公里。隧道穿越白垩系泥岩、砂岩不等厚互层。有深层天然气等有害气体可能顺着岩层构造裂隙上逸，为高瓦斯隧道。设计采用 2 个通风竖井和 1 个通风斜井进行施工通风。通风竖井采用反井钻开挖。隧道设计工期 32.9 月。

十二、成贵铁路姚家坪隧道

隧道全长 8836 米，为全线第一长隧。洞身穿越二叠系下统栖霞组（P_1q）灰岩、二叠系下统梁山组（P_1l）砂岩、页岩夹煤层、志留系下统龙马溪组（S_1l）泥质灰岩、砂岩、页岩、炭质页岩、奥陶系中上统（O_{2+3}）泥灰岩、灰岩夹泥质灰岩、奥陶系下统（O_1）砂岩、页岩、砂质泥岩、灰岩、白云岩，寒武系上-中统娄山关群（$\in_{2-3}ls$）白云岩，局部含石膏、盐岩。地质构造主要发育有 1 个褶皱，2 个断层。本隧设置一横洞和一个平导，施工工期 44 个月。

十三、成渝铁路隧道设计主要项目

1．新龙泉隧道：隧道全长 7328 米，全线第一长隧，穿越地层为泥岩夹砂岩，是本线最长的高瓦斯双线隧道。本隧设置进口平导、主辅斜井+出口斜井的方案。施工工期为 32.2 个月。

2．新中梁山隧道：隧道左右线分修，左线隧道全长 4105 米、右线隧道 4100 米，隧道主要穿越地层泥岩夹砂页岩，泥岩夹砂页岩及灰岩，隧道岩溶发育，地质复杂。隧道三次出岔引入重庆北左右线联络线及重庆西右线联络线，并依次与襄渝线、遂渝高公路、童西线、襄渝二线在洞内立交。本隧出口设置一斜井，左线施工工期 35.5 个月，右线施工工期 32.2 个月。

3．新红岩隧道：隧道位于沙坪坝~重庆路段重庆市沙坪坝区，全长 3796 米，地表房屋建筑密布。穿越地层为泥岩夹砂岩。隧道沿既有段由单线隧道扩挖成双线隧道、双线绕行段为新建双线。本隧洞身设置一个横洞。埋深 0～15 米采用非爆破法开挖、15～30 米采用非爆开挖+控制爆破法开挖、30～50 米采用控制爆破法开挖、埋深 50 米以上采用弱爆破法开挖。

【新建南广铁路北岭山隧道】　中铁设计咨询设计。新建南广铁路桂平至新肇庆段线路总长 284.917 公里，本线速度目标值为120公里/小时，线路等级为国铁Ⅰ级。共有隧道98座，均为双线隧道，左线正线隧道总延长米104.666公里，占线路总长的36.5%。全线大于10公里的特长隧道2座，分别是北岭山隧道12438米，五指山隧道12208米。自2009年初开工以来，目前隧道已经贯通70座，预计2011年底前隧道全部贯通。北岭山隧道为全线最长隧道，也是全线控制性工程之一。北岭山隧道位于肇庆市市区北部，穿北岭山、鸡笼山与鼎湖山，隧道最大埋深约750米，隧道设两座斜井，分别长1395.5米和1059.4米，2座斜井与隧道采用斜交单联式，无轨运输双车道衬砌断面，井口采用端墙式洞门。2010年隧道正在施工中。

【新建长吉城际铁路盘道岭隧道】 中铁设计咨询设计。位于吉林省九台市的盘道岭隧道为新建长春至吉林城际铁路的控制工程，隧道全长1352米，设计时速250公里/小时的双线客运专线铁路隧道。最大埋深约120米，当地气候环境最冷月平均气温为-15.9℃。 隧道按新奥法原理进行设计，进口段设明洞衬砌，其余均采用曲墙带仰拱的复合式衬砌，喷锚网初期支护，围岩较差时设置钢支撑，二衬采用模筑混凝土。洞口段结构采取抗震设防加强措施。为防止冬季洞内排水系统冻结，采取洞内设置双侧保温水沟、中心水沟，洞外设置保温盲沟与保温出水口的措施。该隧道由中铁设计咨询设计，2008年4月开工，2009年8月全部贯通，2010年建成通车。

【马鞍山长江公路大桥】 该桥位于安徽省东部，跨越长江及江心洲，直接连接马鞍山和巢湖两市，该项目在安徽省域高速公路网中具有重要地位。

桥址处长江河道宽阔，水文条件复杂，通航条件多变，为降低工程风险，满足防洪及通航要求，创造性地提出了2×1080米的三塔悬索桥方案，该方案具有以下特点：

1.三塔悬索桥方案比两塔悬索桥方案大幅度降低工程造价，降低了工程的施工难度。

2.三塔悬索桥方案两主跨覆盖了全部可通航水域，很好地适应了该河段河床多变、通航繁杂的特点，较好地保证了长江黄金水道的安全。

3.创造性地提出了多项技术方案，很好地解决了工程界多年未解决的中主塔主缆抗滑移、双主跨竖向刚度不足等关键技术难题。

该桥由中铁大桥院设计，2010年进入施工配合阶段。

【宁安城际铁路安庆铁路长江大桥】 安庆铁路长江大桥是南京至安庆城际铁路和阜阳至景德镇铁路的重要组成部分，位于长江下游河段，上距已建成通车的安庆长江公路大桥约22公里。安庆铁路长江大桥全长约3公里，通行四线铁路，主桥桁宽2×14米。根据通航净空要求，对技术、经济、河势与通航的影响等多方面综合比选，推荐钢桁梁斜拉桥方案，为（103+188.5+580+217.5+159.5+117.5）米的五跨钢桁梁斜拉桥，技术复杂，设计难度大。采用了三主桁、Q420qE钢、正交异性板整体钢桥面、外置钢锚箱等新技术、新材料，特别是主桁外置钢锚箱为该桥首次采用，目前已申报专利。

该桥由中铁大桥院设计，2010年进入施工配合阶段。

【武黄城际铁路黄冈公铁两用长江大桥】 黄冈公铁两用长江大桥是武汉城市圈规划的重要工程，大桥地理位置重要，既是京九和武九两条铁路联络线上的过江通道，也是大广高速公路和汉鄂高速公路连接的重要纽带，同时，还是武汉城际轨道通往黄冈的重要过江通道。该桥公路为双向四车道高速公路，铁路为两线客运专线，兼顾货运功能。主桥跨径布置为（81+243+567+243+81）米，上层为公路面，下层为铁路面，其主梁采用平弦等高度连续钢桁梁。

该桥由中铁大桥院设计，2010年完成施工图设计。

【京福铁路铜陵长江公铁两用大桥】 铜陵长江公铁两用大桥主桥为两塔五跨钢桁梁斜拉桥，跨径布置为（90+240+630+240+90）米，主跨630米，单孔双向通航。该桥下层为设计时速350公里京福铁路双线和200公里合庐铜铁路双线共四线铁路，上层为设计时速100公里的双向六车道高速公路。该桥是当今世界上已建成和在建的最大跨度公铁两用斜拉桥，并首次采用桁片式整体制造和架设。

该桥由中铁大桥院设计，2010年完成全桥总体布置和下部结构施工图设计工作。

【武汉二七路长江大桥】 武汉二七长江大桥为三塔斜拉桥，主桥桥长1732米，主桥为跨径布置为（90+160+616+616+160+90）米的钢-砼结合梁桥，本桥是世界上目前跨度最大的结合梁桥，也是跨度最大的三塔斜拉桥。采用了大量的新技术、新材料、新工艺，建成后，必将有效地解决市中心城区过江通行不足的问题，缓解长江大桥和长江二桥的过桥压力，对完善武汉市道路系统功能、促进武汉经济的发展具有极为重要的意义，同时其本身亦将成为武汉的标志性建筑之一。

该桥由中铁大桥院设计，2010年进入施工配合及监控阶段。

其他设计

【中铁二院承担的公路及市政交通工程设计项目】 中铁二院2010年度承担的公路及市政交通工程项目主要分布在珠海、广州、深圳、四川、云南地区，前期项目21项约74公里、新开工项目58项约827公里、在建项目53项约181公里、咨询项目5项约610公里。项目计划执行情况简介如下：

一、前期项目（21项）

1.郑州市紫荆山路、长江路组合立交系统及相关工程(6公里）完成。

2.编制郑州市四港联动大道－郑汴路组合立交系统(21公里）已完成。

3．明溪联络线高速公路项目（30公里）已完成。

4.深圳至中山过江通道计划2010年6月底完成该项工作。

5．合川白鹿山路网建设工程小安溪大桥（0.4公里）2008年5月30完成方案设计工作。

6．重庆九龙坡黄磏（铜罐驿）、白市驿、重庆西站三个物流园区2009年6月30日完成控制性规划送审稿交付业主。

7．重庆黔江区正舟大桥扩建工程设计（0.2公里）2009年7月25日提交方案设计。

8．仁寿县汪洋循环经济园区物流通道公路已完成。

9．南京经四路改造方案已完成。

10．汕头至昆明高速公路广西境河池至白色段公路工程勘察设计投标：已完成。

11．老挝首都万象公路项目建议书编制2010年8月25日交付13#公路，15#公路待定。

12．珠海市香（洲）至海（泉湾）路工可投标已完成。

13．湛江市东海岛对外交通工程预可行性研究报告策划书投标已完成。

14．贵州省贵定县盘江镇社会福利院金海雪山老年公寓项目建设书及详细规划报告建设工程：项目建议书已按要求于2009年9月25日完成报送业主。

15．开阳县污水收集管网及人工湿地处理工程：2010年3月25日完成工可送审稿交付业主。

16．湄潭县中央大道道路工程：2010年11月25日完成工可送审稿交付业主并通过评审。

17．湄潭县天文大道道路工程：2010年11月25日完成工可送审稿交付业主并通过评审。

18．遵义市高新快线（长沙路口至新蒲）建设项目：设计已按期完成，待审查。

19．贵阳市小河区清水江路（黄河路-浦江路）路面改造工程：2010年10月15日交付文件，待评审。

20．贵阳市小河区开发大道至王武监狱道路工程：2010年10月15日交付文件，待评审。

21．贵阳市小河区长江路二期桥梁工程:2010年10月15日交付文件，待评审。

二、新开工项目（58项）

1．昆明南连接线高速公路二期工程（17.4公里）不受方案影响地段的施工图设计正在开展。

2．珠海市高栏港高速工程（24.1公里）已完成。

3．南京城西干道快速路改造工程（6.04公里）一期施工图送审稿已交付，现根据审查意见进行修改。

4．成都市元华路入城段改造工程2008年10月13日交付初设文件，现项目处于暂停阶段。

5．广州东南西环异形梁加固（6000平方米）已完成。

6．大广高速公路粤境良口至中和里段勘察设计（34.3公里）：初步设计修编文件均交付，总体组正在现场进行定测工作。

7．大广高速公路粤境连平至从化段勘察设计（84公里）：初步设计修编文件均交付，总体组正在现场进行定测工作。

8．成自泸高速公路勘察设计（111公里）已完成。

9．南充～大竹～梁平高速公路勘察设计（58公里）：送审稿已交付，2011年初交付正式施工图。

10．成安渝高速公路勘察设计（115公里）已完成。

11．广深沿江高速公路（56公里）正在开展施工图设计。

12．湖南省洞口至新宁高速公路（30.8公里）已完成，正进行配合施工工作。

13．云阳新县城北部新区（紫金沟片）路网建设工程（6.2公里）：地方规划有变，方案重新调整。

14．巴中至南部高速公路交通工程勘察设计（114公里）：2010年11月20日完成施工图设计，正开展配合施工工作。

15．合川工业园区核心区南沙路B段道路工程设计（5.0公里）正对方案设计进行修改。

16．郑州市京广路沙口路快速通道工程（5.4公里）已完成。

17．货运大道绕城高速公路互通立交工程2010年12月31日交付修编的初步设计。

18．南宁南编组站及沙井铁路货运中心箱场道路及堆场铺面设计工程已交付初步设计。

19．机场高速公路北延线二期东湖上下道增设匝道工程2011年1月10日左右交付施工图。

20．大广高速公路桥梁、隧道安全风险评估已完成。

21．厦深线厦门前场路大型货场施工图已完成。

22．广西柳州至武宣公路工程勘察设计初步设计送审稿已交付，等待评审。

23. 重庆枢纽金渝大道交通组织设计已完成。

24. 射洪县长林乡书房嘴村石拱桥改造工程已完成。

25. 青岛集装箱中心标志、标牌施工图设计已完成。

26. 成渝客专、兰渝、成绵乐、贵广铁路桥梁施工图设计正在进行施工图设计。

27. 成都第二绕城高速公路（113.37 公里）已完成。

28. 广西沿海铁路钦州至北海段扩能改造工程（钦江双线特大桥施工图设计）（2.2 公里）已完成。

29. 六合区江北绕行线（机场段）改造工程（3.25 公里）工可已完成，正式初设文件已于 9 月 12 日交付。

30. 福建海西高速明溪联络线（30.52 公里）：业主要求春节前完成初步设计，目前设计标准及接线范围都还未定，目前正在进行初测、初勘工作。

31. 黔东循环经济工业区核心区城市主干道道路工程建设工程（6.7 公里）施工图设计已完成。

32. 贵州省大方县大方镇金鱼村至龙昌村环境综合整治工程建设工程（6.01 公里）施工图已于 2010 年 3 月 23 日交付。

33. 贵州省铜仁市兴市桥改扩建工程桥梁施工图设计建设工程（1 座桥梁）已完成施工图设计 95%。

34. 贵州省玉屏县茅坪道路基础设施建设项目（6.3 公里）施工图已完成 95%，部分设计待地勘资料返回后开展。

35. 凯里市滨江大道工程（9.0 公里）一次性施工图设计，已完成 30%。

36. 贵州大龙循环经济生态工业基地 1 号主干道建设工程（6.0 公里）初步设计已于 2010 年 3 月 23 日完成，施工图已完成约 50%。

37. 遵义市新火车站片区新南大道（7.3 公里）工程施工图于 2010 年 3 月 23 日交付。

38. 遵义市新蒲新区东联 2 号路工程（二标段、三标段）（12.0 公里）：1 月 30 日交付满足业主招投标需要的资料，三标段施工图设计已于 2 月 25 日交付，二标段施工图完成 90%。

39. 遵义市新蒲新区 1 号路道路工程（3.1 公里）施工图已经完成。

40. 遵义市新蒲新区 5 号路道路工程（3.5 公里）施工图于 6 月 25 日交付。

41. 遵义市高新快线 3 号隧道工程（1.65 公里）初步设计于 3 月完成并通过审查，施工图进行中。

42. 遵义市湘江大道道路工程（2.5 公里）施工图于 7 月 25 日交付，业主正准备施工招投标。

43. 遵义市子尹路南延线工程（1.1 公里）测量、地勘工作未完（业主另行委托其他单位），初步设计完成 60%。

44. 贵阳市小孟工业园 1 号路道路工程（1.5 公里）初步设计 5 月 15 日交付，施工招标图已经完成，完成施工图设计约 90%。

45. 贵阳市小孟工业园 2 号路道路工程（1.5 公里）待业主完善相关程序后开展后续工作。

46. 贵阳市小孟工业园 4 号路道路工程（1.3 公里）已完成施工图设计约 80%。

47. 贵阳市小孟工业园 5 号路道路工程（1.2 公里）完成约 80%施工图设计。

48. 贵阳市阿哈水库水源保护工程（4.7 公里）施工招标图已经完成。

49. 贵阳市小河区浦江路至清水江路工程（1.0 公里）施工图于 2 月份交付。

50. 大方县大方镇丰登大道道路工程（1.8 公里）工可于 10 月 5 日交付并通过评审，目前完成初步设计约 50%。

51. 合川白鹿山路网建设工程小安溪大桥（0.4 公里）施工图(送审)已于 10 月 18 日完成交付。

52. 重庆快速路一横线歇马隧道工程（4.3 公里）初步设计已完成,正开展施工图设计。

53. 合川区猴溪村片区路网建设工程（4.3 公里）方案设计已经交付，待审。

54. 江津德感中路工程（1.8 公里）正开展初步设计。

55. 合川白塔坪南侧道路工程（2.1 公里）方案设计已交付,待审。

56. 北碚十里温泉城温泉大道 C 段市政道路工程勘察设计（两阶段）（2.7 公里）方案设计已完。

57. 广州增城沙庄至花都北兴二期工程 12 月 30 日召开初测验收评审会。

58. 昆明东连接线广卫立交施工图设计文件正行内部审查，预计 2011 年 1 月初交付施工图。

三、在建项目（53 项）

1. 郑州市中心区铁路跨线桥工程（1.71 公里）正进行配合施工工作。

2. 深圳东部高速公路莲塘至盐田段（11.3 公里）主线已通车，目前配合施工已基本完成。

3. 深圳市南光高速公路（31 公里）正在进行配合施工。同时各标有零星变更设计。

4. 205 国道深圳段改建工程（37.53 公里）全线进行配合施工，同时各标段有局部变更设计。

5. 渠县渠江明月大桥（0.57 公里）正在进行配合施工工作。

6. 新洲至化龙快速路（11 公里）正在进行配合施工工作。

7. 南京市苜蓿园大街南下（一期）工程（1.2 公里）正在进行配合施工工作。

8. 津蓟高速公路延长线（17.5 公里）主线已通车，因业主新增田家峪互通正在进行配合施工外，其它已基本完成。

9. 厦门公铁大桥（8.53 公里）主线已通车，隧道已贯通，正进行其它附属工程的施工。

10. 崇州街子外绕线（9 公里）正进行配合施工工作。

11. 武隆县政府滑坡、柏杨坪滑坡整治工程原地路处签合同，目前正在进行配合施工。

12．珠海市金凤路凤凰山隧道工程（3.84 公里）正进行配合施工及零星变更工作。

13．昆明市主城二环快速系统改扩建工程（3.5 公里）正进行配合施工工作。

14．成都至简阳旅游快速通道（16.1 公里）正进行配合施工工作。

15．云阳工业园（B）区大涵洞工程（1.4 公里）已完成施工图设计，正开展配合施工工作。

16．铜梁蒲吕工业园区 I\II 号骨干道路工程（4.5 公里）已完成施工图设计，正开展配合施工。

17．铜梁中兴路道路工程（1.2 公里）已完成施工图设计，正开展配合施工。

18．大渡口朝阳寺立交与双山公园大道连接道工程（0.35 公里）已完成施工图设计，正开展配合施工。

19．重庆西部现代物流园金属材料交易区跨铁路桥工程（0.2 公里）已完成施工图设计，正开展配合施工。

20．达州市野茅溪大桥（0.5 公里）已完成施工图设计，正开展配合施工。

21．广州东圃特大桥连续刚构加固（0.5 公里）已完成施工图设计，正开展配合施工。

22．铜梁中兴路道路工程（4.5 公里）已完成施工图设计，正开展配合施工。

23．合川白鹿山路网建设工程道路工程（4.0 公里）已完成施工图设计，正开展配合施工。

24．合川工业园南溪路二期道路工程（3.7 公里）已完成施工图设计，正开展配合施工。

25．郑州花园口立交工程（6 公里）10 月 20 日完成施工图设计工作，正开展配合施工。

26．莆田市妈祖城核心区一级土地开发项目（5 平方公里）：9 月 15 日交付填海造地、内湾护岸工程及区内道路网工程及港里路、莆喜路桥施工图设计正式文件。11 月 6 日完成贤良路 1#、2#桥梁施工图设计工作。正开展配合施工。

27．四川省地震灾区重大地质灾害防治工程都江堰市深溪沟泥石流、玉垒关危岩、鲜家沟滑坡勘察设计已完成施工图设计，正开展配合施工。

28．福建平潭岛铁路规划方案已完成施工图设计，正开展配合施工。

29．台湾海峡轮渡专题报告已完成施工图设计，正开展配合施工。

30．广西沿海铁路钦州至北海段扩能改造工程正进行上部基础的施工图，下部基础的施工图已完成。

31．粤赣高速公路河源桂山互通及连接线已完成施工图设计，正开展配合施工。

32．长沙经韶山至娄底公路工程勘察设计投标已完成施工图设计，正开展配合施工。

33．成自泸高速公路施工图已完成施工图设计，正开展配合施工。

34．湖南省洞口至新宁高速公路工程已完成施工图设计，正开展配合施工。

35．珠海市金凤路凤凰山隧道工程已完成施工图设计，正开展配合施工。

36．广深沿江高速公路勘察设计已完成施工图设计，正开展配合施工。

37．深圳布吉客运枢纽已完成施工图设计，正开展配合施工。

38．广州东莞大道延长线已完成施工图设计，正开展配合施工。

39．成都成彭高速入城段改造工程已完成施工图设计，正开展配合施工。

40．阿尔及利亚东西高速公路已完成施工图设计，正开展配合施工。

41．郑州西三环－科学大道立交工程已完成施工图设计，正开展配合施工。

42．成都东客站及相关工程已完成施工图设计，正开展配合施工。

43．成都－自贡－泸州高速公路项目工程已完成施工图设计，正开展配合施工。

44．广州东南西环高速公路异形板梁加固工程已完成施工图设计，正开展配合施工。

45．广汉金雁大桥已完成施工图设计，正开展配合施工。

46．广州市北环高速公路浔峰洲至沙贝互通恢复工程已完成施工图设计，正开展配合施工。

47．大邑县市政基础设施工程总承包已完成施工图设计，正开展配合施工。

48．遵义市河上坡路立交桥工程（5 平方公里）已完成施工图设计，正开展配合施工。

49．贵州中烟工业公司贵阳卷烟厂易地技改项目 1、2 号桥梁工程（1 座桥梁）已完成施工图设计，正开展配合施工。

50．贵阳市小河区珠显路二期道路工程（2 座桥梁）已完成施工图设计，正开展配合施工。

51．贵阳市小河区中曹路一期道路工程（1.05 公里）已完成施工图设计，正开展配合施工。

52．贵阳市小河区珠清路道路工程（0.84 公里）已完成施工图设计，正开展配合施工。

53．大龙循环经济工业基地 1 号主干道道路工程（0.59 公里）已完成施工图设计，开展配合施工。

四、咨询项目（5 项）

1．福建省永安至宁化高速公路工程（160 公里）已完成。

2．福建省莆田至永定(闽粤界)高速公路龙岩市漳平至永定段公路工程（170 公里）已完成。

3．四川省绵阳至遂宁高速公路（176 公里）已完成。

4．福建省泰宁至建宁高速公路（104 公里）已完成。

5. 福建省永定湖雷至城关高速公路已完成。

【中铁二院承担的房建工程设计项目】 2010年，中铁二院开展的铁路站房建设工程项目，共完成投标24项、预可研、可研30项、初设、施设50项、国外项目10项、配合施工13项、咨询19项。分述如下：

一、投标项目

长汀至泉州铁路、霍尔果斯、同江口岸站、攀枝花至毕节至遵义、六盘水至毕节、库尔勒至格尔木、鄯善至沙尔湖、成绵乐客运专线站房实施方案、成都北站房改造、柳州站站房、毕节站房、遵义东站房、成渝客专站房、南广线站房、柳南客专站房、云桂线站房、沿海铁路站房、成彭支线站房、杭州南站房、无锡站房、沪昆客专湖南段施工图审核、杭州地铁6号线、上海9号线三期、委内瑞拉“ENCRUCIJADA～SAN JUAN 及 ENCRUCIJADA～CHARALLAVE”铁路EPC项目等24项个项目。

二、预可研、可研项目

成昆线增建二线（攀枝花至元谋段）、成雅城际客运专线、遵义至金沙至毕节铁路、柳州至贺州铁路、宝成线皂角铺车站综合货场、重庆龙头港物流园区专用线、六盘水至毕节、集装箱办理站（南昌、贵阳、海口、乐山、南宁、防城、厦门、湛江、柳州）等30个项目。

三、初步设计、施工图设计项目

成绵乐城际铁路、成都新客站、成都至都江堰客运专线、西成客专广元至江油段、成都至贵阳铁路、成都至兰州铁路、成昆线成都至峨眉段扩、重庆至贵阳铁路、成渝客运专线、重庆至万州城际铁路、三江至万盛至南川铁路、云桂铁路、合浦至湛江铁路、海南西环快速铁路、、丽香线、广大铁路、昆明枢纽、广西沿海新建铁路、昆广线、兰渝线、湘桂线、柳南城际段、贵广线、南川至涪陵线、渝利线、南宁至广州铁路、成都至九寨沟(兰洲)、达万线、贵阳铁路“一射两联环”、昆玉线、南宁铁路局调度中心、青岛北站房、石家庄站房、合肥站房、贵阳站房,南宁站房，石家庄，合肥，青岛，南宁地铁站等50个项目。

四、配合施工项目

洛湛线、黔桂线、河湛线、襄渝线、达成线、黄织线、沾昆线、成都枢纽、贵阳枢纽、海南东环线、大丽线、六沾线、襄石线等13个配合施工项目。

五、国外项目

尼日利亚铁路、委内瑞拉铁路可研、尼日利亚阿布贾城铁、中缅铁路通道瑞丽至腊戌至皎漂段、泛亚铁路中通道磨憨至万象段、万象经曼谷、沙溦铁路、南非约翰内斯堡－德班高速铁路客运专线、几内亚马塔康码头—卡利亚矿山铁路、埃塞俄比亚铁路等10个项目。

六、咨询项目

武广铁路客运专线、广佛江珠城际线预可行研究、广深港客运专线广州至深圳段施工图、广州至珠海(含中山至江门)城际快速轨道交通工程施工图、广州至珠海铁路新建工程复工施工图、武汉至宜昌铁路新建工程施工图设计、杭州至长沙客运专线 设计原则及系统集成方案、新建铁路合福线合肥至福州段施工图、新建铁路北京至上海高速铁路徐州至上海段施工图设计、新建南京枢纽大胜关长江大桥南京南站及相关工程施工图设计、西宁地区铁路西宁站过渡工程施工图、新建铁路龙厦线电气化工程施工图、京石客专、石武客专（河北段)、石武客专（河南段)、改建铁路武九线武昌至九江段电气化该造工程、珠海城轨地下交通换乘中、沈阳南施工图审查、新建福州站北站房施工图审核等19个项目。

2010年中铁二院主要车站房建工程简介及完成情况：

一、成绵乐客运专线站房实施方案

成绵乐铁路客运专线以成都为核心，向北由德阳、绵阳连接成都至西安铁路客运专线；向南由眉山、乐山延伸至贵阳，与贵广铁路相连。北起四川省江油市火车站，途径李白故居青莲站、绵阳站、罗江站、黄许站、德阳站、新德阳南站、广汉站、青白江站、新都站、新成都站(沙河堡站)、成都南站、双流机场站、双流站、新津站、彭山站、眉山站、青神站、乐山站，南至四川省峨眉市，全线以四川省会成都为中心。线路等级为双线客运专线，全长323公里，全线近期设车站20座，设计列车运行时速250公里，建设工期4年。成绵乐客运专线2008年12月29日正式开工建设。正在实施路基及桥涵下部结构工程。全线计划于2012年底建成投入运营。

二、合肥南站房

合肥南站是华东地区新建的大型客运站，设计规模达10万平方米，是典型的高大空间建筑。合肥南站地处合肥市包河区，站址位于包河大道以西、宿松路以东，站房位于城市区域规划主轴线上，车站设计与站区规划应与城市发展、景观相互协调。站场北侧大致与城市标高一致，南侧与城市地面有8米高差，南侧为线上式站房，北侧为线平式站房。作为城市的代表，文化的名片，其站区规划、建筑风格、广场空间应充分体现“安徽”文化的丰富内涵，让来往的旅客深刻感受到徽地的历史与人文风貌。合肥南站车场设计规模为22站台面26线（含合福场)。(450米×20.0米×1.25米，450米×15.0米×1.25米)基本站台各1座，(450米×11.5米×1.25米)中间站台10座。站房建筑面积合计99283平方米。工程等级为特级；建筑结构安全等级为一级。设计使用年限为50年，桥梁结构的设计使用年限为100年，本工程±0.00米（即站台层）以下设计使用年限为100年；混凝土结构耐久性为100年；±0.00米以上设计使用年限为50年；混凝土结构耐久性为100年；钢结构为50年，耐火等级为一级。

合肥南站站房项目建设内容包括旅客站房（含出站层、站台层和高架层)、站台无柱雨棚、高架站场部分、高架道路及高架平台等。站房面积约为9.92万平方米，站台无柱雨棚覆盖1至12站台，覆盖面积6.13万平米。

三、石家庄站房

石家庄站客运车场按两场设计，自东向西分别为高速场和普速场，规模为13台30线，其中普速场规模为4台9线，高速场规模为9台21线。新站房将形成东主西辅局面。高架道路及平台同时贯通东西广场，连接被铁路隔断的城市片区。站内交通采用"上进下出为主，平进下进为辅"的高架站房流线组织形式，形成不同层面解决不同交通的流线方式，以此达到人车分流的目的。站房总长度491米，宽204.9米；高架候车区长367.9米，宽146.4米；主站房檐口高度36.87米；雨蓬最高点16.60米，最低点高度11.00米。车站建筑共有五层，地上2层、地下3层。其中地面层为站台层，东西侧设地面站房并局部设办公设备夹层；地上二层为高架层，为主要的旅客候车区域；地下一层为出站大厅、换乘通道和设备用房，东西两侧与城市交通体系连接，东西站房地下设有部分设备及管理用房。地下二层为地铁3号线站厅和轨道层，地下三层为地铁二号线站台层。

石家庄站于2010年5月开工建设，西站房预计于2011年底完成投入使用，东站房预计于2012年6月底建成。截至2010年底，工程已完成西站房0.000标高结构。

四、委瑞内拉铁路（初步设计）

委内瑞拉北部铁路迪那科（Tinaco）-阿那科（Anaco）段，线路全长约470公里，共设10座车站。设计阶段分为概念设计、初步设计、详细设计。在车站造型设计上，力求符合当地的城市色彩，符合当地的特殊文化背景。由于该线车站所在区域气候炎热、干燥，尤其中午日照特别强烈，对建筑通风有非常高的要求，力求通透，简明，并不失当地人文色彩。车站站位力求符合委内瑞拉轨道交通网络规划、城市总体规划的要求，最大限度地吸引客流。注重轨道交通建设与周边经济发展的互动效应，为其可持续发展创造条件。

北部铁路车站设计于2009年11月12日审查通过，车站功能布局及立面造型得到确定。

【中铁二院承担的海外工程设计项目】 2010年，中铁二院追踪或承担了40余项海外项目，主要分布在亚洲、非洲、南美洲。其中，正在开展工作的项目6项、即将开展工作的项目4项、前期追踪投标项目29项。主要项目执行情况如下：

一、正在开展工作的项目（8项）

1. 委内瑞拉北部铁路（471公里）：概念设计、初步设计已完成并获IFE审批通过。详细设计，站前专业均已交完，除货场、桥梁参考图、油气管线影响段(长约5公里)外其余设计均已通过审查并交付施工；站后专业除四电外均已交付，尚在审查中。

2. 尼日利亚阿布贾城铁项目（70公里）及尼日利亚国铁伊都至卡杜纳段（187公里）：阿布贾城铁项目一期工程39.7公里、二期工程（38.1公里）的站前专业施工图已经完成，除0～7公里和20公里处需要业主确定方案外，其余已满足现场施工需要。站后受设备选型和招标的制约，只能开展不受设备招标影响的部分设计，已完成IDU站综合维修中心及综合办公楼的设计。伊都至卡杜纳段补充定测工作已完成。站前施工图设计工作已基本完成。

3. 中老铁路磨憨（磨丁）至万象段（420公里）：可研文件已于2010年12月20日完成，并根据铁道部专家组现场踏勘的意见完成了可研修编工作。在完成可研修编的同时，稳定地段的定测工作也进行中。

4. 埃塞俄比亚铁路（320公里）正在现场开展可研设计工作。

5. 阿根廷贝尔格拉诺货运铁路改造（1400公里米轨）已成立项目部。

6. 阿尔及利亚高速公路项目（52公里）工程基本结束。

此外，委内瑞拉中部铁路（75公里）经与IFE友好协商，中止执行原中部铁路设计合同，同时启动中部铁路EPC技术谈判。

二、即将开展工作的项目（4项）

1. 阿尔及利亚175双线电气化铁路

2. 老挝万象车站至万象工业园区新建单线铁路项目

3. 埃塞俄比亚国铁

4. 埃塞俄比亚轻轨

三、前期追踪投标项目（29项）

计有印尼苏门答腊煤炭专用铁路、伊朗德黑兰-库姆-伊斯法罕高速铁路项目、南非约翰内斯堡—德班高速铁路、阿根廷贝尔格拉诺铁路修复改造项目、几内亚既有铁路改造项目等。

【中铁二院承担的EPC工程设计项目】 2010年，中铁二院承担EPC总承包项目22项，完成产值6.1亿元，实现收款5.5亿元。主要项目执行情况如下：

一、在建（续建）项目（10项）

1. 台泥龙祖山至黄练矿山道路下穿南广铁路地道工程EPC（设计、采购、施工）总承包项目合同额680万元。项目已经完成，正在办理项目结算和尾款追收工作。

2. 六盘水市人民路改造工程上跨沪昆铁路（K2240+650）立交桥工程EPC项目合同额1930万元。项目工程已全部结束，正在进行收尾的竣工资料整理和变更价款调整及余款催收工作。

3. 东方汽轮机有限公司汉旺生产基地灾后异地重建铁路专用线工程EPC项目合同额7700万元。主体工程全部完成并通过验收，正进行调概工作。

4. 彭水县保家工业园区连接道路、桥梁及铁路防护工程EPC项目合同额4800万元。已完成95.7%，工程基本完工。

5. 瀑布沟水电站泄洪雾化对成昆铁路影响工程EPC总承包项目合同额9460万元。完成88.7%。

6. 四川福溪电厂2X600MW级燃煤机组新建工程铁路专用线工程EPC项目合同额8200万元。项目进展顺利，工期稍微滞后，已完成83.8%。

7. 桐梓煤化工基地铁路专用线工程项目合同额 32000 万元。2010 年 10 月 8 日取得了铁道部行政许可，完成产值 933 万元，累计完成 2.92%。

8. 青川新城梁沙坝主干道与宝成铁路立交工程设计、施工总承包项目合同额 3828.29 万元。已经全部完成并通过验收，除质保金外的应收款也已全部收完。

9. 中国铝业水江铁路(企业)专用线工程 EPC 总承包项目合同额 3332 万元。项目进展比较顺利，累计完成 79.25%。

10. 都江堰市老成阿公路灵岩山隧道建设工程 EPC 总承包项目合同额 15797 万元。项目进展顺利，累计完成 84.8%。

二、新开工项目（12 项）

1. 中国石油大庆石化 120 万吨/年乙烯改扩建工程厂内铁路扩建项目 EPC 总承包项目合同额 6300 万元。项目进展较为顺利，累计完成产值 3157.44 万元。

2. 攀成钢旺苍 60 万吨焦化项目铁路专用线工程 EPC 合同项目合同额 7000 万元。工期有所延误，累计完成产值 3050 万元。

3. 云南省蒙自北火车站城市道路下行式铁路立交桥工程 EPC 总承包项目合同额 1500 万元。项目主体已完工，累计完成产值 1437 万元。

4. 法贷四川省城镇市政基础设施大邑县灾后重建 DB 项目合同额 3001.46 万美元。项目因甲方操作环节多，监理不到位等原因影响，延误达半年以上，累计完成产值 2030.96 万元。项目还受美元汇率影响很大。

5. 改建工业企业铁路陕西钢铁有限责任公司铁路专用线改扩建工程总 EPC 总承包合同项目合同额 7261.858 万元。累计完成 420 万元，由于业主方征地原因，工期可能会延长。

6. 法贷四川省城镇市政基础设施广汉灾后重建 DB 项目合同额 1113.66 万美元。项目因甲方原因延误近半年，累计完成产值 700 万元。

7. 遵义县南楠公路上跨川黔铁路立交桥及铁路防护迁改工程总承包项目合同额 3700 万元。受路局安全协议审查影响，累计完成产值 869.5 万元。

8. 国电电力酒泉热电厂（2×330MW）新建工程（F 标段）铁路专用线工程总承包项目合同额 16198 万元。受站改方案及铁路局指定分包单位影响，项目进展不顺利，工期滞后，累计完成产值 2683.5272 万元。

9. 遵义县枫香镇人工湿地污水处理示范工程总承包项目合同额 130 万元。项目已经全部完工，现正在催收尾款。

10. 六盘水市花园路至水钢集团下穿贵昆线隧道工程 EPC 项目合同额 12600 万元。项目刚开始，累计完成产值 110 万元。

11. 咸阳北八道物流铁路专用线 EPC 项目框架协议合同额 3510 万元。项目已基本完成，处于收尾阶段。

12. 国电驻马店热电有限公司 2×330MW 供热机组铁路专用线工程电厂站工程总承包项目合同额 3827.7609 万元。由于业主无法提供满足施工弃土所需场地，累计完成产值 1350 万元。

【焦作市人民路延伸工程下穿新月铁路立交桥施工图设计】 焦作市人民路是城市主干道，道路红线宽度 70 米，全长 11.6 公里，延伸工程，拟东延至修武县的青龙大道，长 10.2 公里；西延至博爱县的林邓线，长 8.17 公里，延伸工程全长 18.37 公里，在焦作与小尚车站之间下穿新月线下行铁路，设计方案：人民路道路中线与新月铁路中心线的夹角 23° 12′ 30″，道路规划机动车道宽 15.5 米，非机动车道宽 4.5 米，人行道宽 4.0 米。桥位处铁路为路基，路基高约 4.0 米。因斜交角度太大，规划路面较宽，根据已定的道路中线，交叉角度，地形现状等，施工图设计采用 2×（8.5 米+8.5 米+8.5 米）钢筋混凝土框构形式，采用架空顶进施工。框架顺铁路线路方向长 208.40 米，顺道路方向 30.7 米，共 2521.6 顶面平米。

中铁设计咨询于 2010 年 10 月完成施工图设计。

【河南省林邓线焦作市界至月山段一级公路下穿新月铁路立交工程工程施工设计】 河南省林邓公路起于安阳市林州红旗渠至豫鄂省界止，路线全长 613 公里，该线在焦作市中国石油博爱油库东侧转向西后，下穿新月铁路下行线和规划增建铁路新乡至月山第二双线左线，设计方案：两孔分离式箱桥下穿铁路。公路与铁路斜交交角为 41.8°，设计采用斜交正做的方式解决了由斜角角度过大引起的设计难点。箱桥孔径：标准段：净 12.15 米。概算总额 6409 万元。中铁设计咨询于 2010 年 7 月完成施工图设计。

【郑州市沙口路-北三环立交与北环大桥、科学大道立交、南阳路立交衔接道路工程施工图设计】 郑州市上跨铁路编组场和京广铁路的北环大桥位于三环快速路北段，西起在建的科学大道立交，中间跨越郑州铁路编组场，东接规划的沙口路高架桥和既有南阳路立交，是联接郑州市高新技术开发区和郑东新区的东西主要通道之一。现状北三环跨铁路编组场大桥为机动车双向 4 车道，机非混行，道路通行能力低；西三环-科学大道立交正在修建，南阳路-北三环为现状全苜蓿叶立交，该段已成为三环快速路上的交通瓶颈，直接影响快速路系统的交通运行效率。在北环大桥南、北两侧分别修建单向通行地面辅道，连接西三环-科学大道立交和南阳路立交辅道。辅道在下穿郑州铁路北站编组场上发场、机车折返段、下到场、京广铁路南阳寨车站位置处按道路规划断面采用 1-净 18 米的箱桥结构，共设计 8 座箱桥下穿上述四处铁路，五龙口明沟及五龙口支沟在辅道设计位置处各设计为 2-6 米和 2-3 米箱涵。北侧辅道长 1459.14 米；南侧辅道长 1447.918 米。工程包括道路、路基、路面、桥梁、排水、照明工程，工程范围内铁路通信、信号、电力、电气化设备的迁移、改造及施工过渡防护工程，引道雨水泵房。工程概算总额 4.33 亿元。中铁咨询于 2010 年 6 月完成施工图设计。

【济南市刘长山路西延线下穿京沪铁路立交桥工程施工图设计】 刘长山路为济南市城区规划的东西主干道，道路红线宽50米，绿线控制总宽70米，该道路在济南市水屯站与既有铁路相交，水屯站既有7股道，预留2股。设计为下穿铁路框架桥，顶进法施工，框架宽度为10.5米+15.0米+15.0米+10.5米四个分体框架，框架横长65米，共计3770顶平方米。施工顶进时采用D型便梁防护线路，分孔对顶施工。工程总投资1.08亿元。

中铁设计咨询于2010年7月完成施工图设计。

【兖州市城市道路下穿铁路立交桥二期工程施工图设计】 工程包括2处城市道路下穿铁路立交桥工程及配套设计。其中，北护城河路东延下穿京沪铁路立交桥，孔跨为6.0米+15.0米+15.0米+6.0米钢筋混凝土框架桥，两边孔分别为排水和城市管线；两中孔为通行车辆，每孔下布置3个机动车道及非机动车道，通行净高5.2米。桥梁顺铁路线方向长50.24米，顺道路方向长33.32米，建筑面积3433.8平方米。此桥下穿京沪铁路线兖州站北咽喉区，桥上有五股线路加两组渡线，施工中需加固线路、防护及过渡，分次分孔顶进框架箱体。引道北护城河路与酒仙桥路“T”形交叉，北护城河路宽31.9～40.0米，酒仙桥路宽30.0米，引道全长785.7米，建筑面积26237.0平方米。

荆州路下穿菏日铁路立交桥，孔跨样式为6.0米+11.0米+11.米+6.0米钢筋混凝土框架桥，两中孔每孔下布置3个机动车道，两边孔通行非机动车和行人，通行净高中孔5.2米，边孔3.5米。桥梁顺铁路线方向长40.57米，顺道路方向长14.22米，建筑顶面积1156.1平方米。此桥下穿菏日铁路线，桥上有两股线路，施工中需加固线路，分次分孔顶进框架箱体。引道平面线形成“S”形与两端道路衔接，全长417.43米，建筑面积13784.3平方米。

工程投资预算总额为14012.1万元。中铁咨询于2010年8月完成施工图设计。

【京广铁路保定站改造施工图设计】 京广线保定站改造，设计最高旅客聚集人数为6000人，站场按5台10线（含正线2条）规模设置。站房为“上进+下出”线上式高架候车车站，由东站房、西站房和高架候车厅三部分组成，地上三层，地下一层，设东、西两个站前广场；地下层与保定市规划的市政地下停车场和地下步行商业街衔接。总建筑面积为34493平方米。立面设计采用中轴对称、三段式、传统中式大屋顶的抽象等手法，充分体现“京畿重地”、“首都南大门”的庄重、大气。室内设计延续室外设计的庄重、辉宏的风格，以暖色为主基调。装饰细节运用中式元素体现保定市深厚的文化底蕴和传统。中铁咨询于2010年末完成东站房施工图设计。

【援老挝人民民主共和国建国阵线培训中心项目初步勘察】 中华人民共和国援老挝人民民主共和国建国阵线培训中心项目，位于老挝首都万象市中心区的建国阵线院内西侧。培训中心项目其功能主要用于建国阵线内部员工的培训，举办300人会议及供其它相关部委等团体机构租用。其建设的主要内容有：学员及教师宿舍、会议室、图书阅览室、教室以及餐厅厨房等附属用房。本工程总建筑面积约3730平方米，其中建国阵线培训中心约3630平方米，附属用房约100平方米。中铁咨询于2010年9月完成了考察及初勘工作，截至2010年底正在进行测量及详勘的外业。

【援老挝人民民主共和国元首接待楼项目初步勘察】 中华人民共和国援老挝人民民主共和国元首接待楼项目，位于老挝首都万象市中轴线澜沧路的主席府院内东侧。元首接待楼项目其功能主要用于接待对老挝进行国事访问的外国元首。项目建设用地呈梯形，北侧宽约84米，南侧宽约66米，南北深约110米，总用地面积约8140平方米。总建筑面积约3340平方米。中铁咨询于2010年9月完成了考察及初勘工作，截至2010年末正在进行测量及详勘的外业。

【援毛里塔尼亚伊斯兰共和国努瓦克肖特大学医学院项目施工图设计】 该项目位于毛里塔尼亚首都努瓦克肖特市市中心以北约8公里处，新规划的努瓦克肖特大学新区的北侧，努瓦克肖特—努阿迪布公路的东部，总用地面积为21784平方米。医学院建筑设施是由教学实验楼、行政办公楼、阶梯教室与餐厅及咖啡厅、动物房及病源生物实验室、教师公寓、发电机房、泵房、污水处理间等组成。建筑主体由两栋三层的建筑组成，分别为教学实验楼和行政办公楼，整个布局中教学区、行政办公区及生活区功能分区明确，在教师公寓区内布置有单独的停车场。总建筑面积为8952平方米。中铁咨询于2010年底已基本完成施工图设计。

【援吉布提共和国人民宫整体维修项目施工图设计】 建成于1984年的吉布提共和国人民宫，是目前吉布提全国最大的公共建筑。总建筑高度20米。总建筑面积8992平方米。本次援建人民宫整体维修项目，主要内容是翻新，保持原人民宫主要功能不变、规模不变，重新装修，恢复其会议功能。对部分需要加固的结构节点进行加固处理，对屋面、防水等设施老化部位更换及维修，对在使用中遇到的实际问题进行通过改造予以解决，新建柴油发电机房、水塔等设备用房。中铁咨询于2010年底完成施工图设计。

技术咨询与服务

【专家咨询】 股份公司先后组织技术专家对玉蒙线秀山隧道工地、大瑞线中铁八局管段隧道工程和中铁九局新建兰新二线嘉峪关隧道进行了现场咨询服务，帮助解决现场施工技术难题。积极组织专家开展所属企业局级预制梁场的投产鉴定工作，先后组织完成了高台、衢州、通化等15个局级制梁场的投产鉴定以及各梁场的取证工作，为保证工程建设工期和质量奠定了坚实的基础。积极开展港珠澳大桥岛隧工程投标的组织协调、联合体引进、技术方案审查和投标工作，为股份公司高端市场营销工作提供技术支持。

【太中银铁路工程检测】 该项目为中铁咨询承担2009年延续的检测项目，2010年内完成桥梁基桩低应变法检测3314根、声波透射法检测415根，搅拌桩桩身质量检测6238.5米，静载试验49点，隧道衬砌质量检测2408米。太中银铁路第JC-1标段（DK17+700～DK81+550）”复合地基检测，2010年共完成搅拌桩钻孔取芯3132延米，静力载荷试验38处，年内该标段的检测任务全部完成，该项目累计共完成碎石桩动力触探18900延米，搅拌桩钻探取芯39204延米，复合地基载荷试验483处，出具正式检测报告96份。

【厦深铁路闽粤省界至惠州南（不含）段桥梁基桩检测】 该项目为中铁咨询承担2009年延续的检测项目，2010年内完成桥梁基桩低应变法检测2967根、声波透射法检测1435根。

【太原西南环线铁路桥梁基桩检测】 该项目为中铁咨询承担2009年延续的检测项目，2010年内完成桥梁基桩低应变法检测690根，声波透射法检测222根。

【其他项目工程检测】 中铁咨询2010年完成山西晋煤公司太中银战略装车点、山西中南部铁路中铁一局标段等工程的桥梁基桩低应变法检测287根，声波透射法检测38根，搅拌桩取芯3603米，静载试验147点。

【新建海天至青岛铁路工程基桩和复合地基检测】 中铁咨询承担了“新建海天至青岛铁路工程”桥梁基桩及复合地基的检测工作。该铁路全长90.3公里，计划检测桥梁基桩约2868根，复合地基以搅拌桩为主，计划检测约360根，累计2851延米，静力载荷试验200余处。拟采用低应变反射波法、声波投射法、钻孔抽芯法、静载试验等手段对桥梁基桩、复合地基进行检测。2010年末，该项目检测工作刚启动不久，已完成桥梁基桩检测48根。

【邯济铁路扩能改造工程基桩和复合地基检测】 中铁咨询承担了“邯济铁路扩能改造工程”桥梁基桩及复合地基的检测工作。该项目自京广线邯郸南站起，跨京广铁路，经馆陶进入山东省境内，经冠县、聊城、茌平，跨101省道后并行津浦线引入晏城北站，由晏城向南展线，先后跨津浦、京福高速后引入焦斌站，全长240余公里，计划施工总工期为二年。本项目基桩检测拟采用低应变反射波法、声波投射法、钻孔抽芯法、动力触探法、静载试验等手段对桥梁基桩、复合地基进行检测。2010年末，该项目检测工作刚刚启动，已完成桥梁基桩检测27根。

【内遂高速公路内江沱江大桥连续梁桥施工监测监控】 中铁西南院承担。项目于2010年3月开工，合同额为78万，甲方单位为中国葛洲坝集团股份有限公司五公司分部，项目正在进行中。

【中铁二局大西铁路客运专线软基处理检测项目】 中铁西南院承担。项目于2010年8月开工，合同额为450万，甲方单位为中铁二局股份有限公司大西铁路客运专线指挥部，项目正在进行中。

【新建成都至重庆铁路客运专线第三方检测】 中铁西南院承担。项目于2010年11月开工，甲方单位为成渝铁路客运专线有限责任公司，合同额为162.8万,项目正在进行中。

【宁杭客运专线桥梁基桩无损检测】 中铁西南院承担。项目开工为2009年，于2010年12月结束，甲方单位为湖北诚科工程质量监测有限公司，合同额317万元。

【国道318线成都邛崃至名山高速公路工程项目工地试验室】 中铁西南院承担。项目于2008年开工，2010年11月结束，甲方单位为中国水电建设集团路桥公司邛名高速公路总承包部，合同额为750万。

学会及学术活动

【学会及学术活动】 1.围绕股份公司发展需要，积极组织召开专项技术论坛。2010年，与中国工程院共同主办了“2010中国城市轨道工程技术论坛”，论坛倡导中国城市轨道交通工程技术创新以及“产学研”的联合，促进了建设安全、高效、可持续的发展，有利于推动轨道交通建设整体技术水平的提高；促进了中国中铁城市轨道工程技术创新，促进了中国中铁城市轨道工程人才的培养和队伍的建设，促进了中国中铁巩固和扩大在全国城市轨道工程建设市场的份额，助推中国中铁的快速发展。本次论坛共有10名中国工程院院士、十几个城市的城市轨道交通建设公司的主要负责人参会。2.做好铁道工程分会工作，积极组织开展学术研讨会。先后组织开展了铁路工程地质学术研讨会、工程地质与路基分专业委员会第22届年会暨学术交流会、桥梁分专业委员会2010年学术年会、铁路工程爆破技术研讨会等技术交流会。3.积极参与社团工作。先后参加了“茅以升科学技术奖——建造师奖”、“茅以升科技教育基金会2010年全体委员会”、“高速列车控制技术报告会”、“第八届海峡两岸通道（桥隧）工程学术研讨会”、“综合铁路产业高峰论坛”等高层次专题会议。4.向国家发展与改革委推荐申报了23位建筑、城市轨道专业“国家综合评标专家库”评标专家，为国家重大建设项目和民生工程提供了高质量的专家资源。5.继续保持与加强了与政府有关主管部门和行业协会的联系，为企业搭建沟通的桥梁。

【期刊管理】 2010年对股份公司主管的《铁道标准设计》、《电气化铁道》、《世界桥梁》、《高速铁路技术》等10种国内外公开发行的科技期刊进行了统一管理，进一步提高了全公司期刊的办刊水平。股份公司主办刊物《铁道工程学报》及时高效地报道了交通、建筑领域工程技术的发展方向和最新研究成果，着重解决了工程项目中的重大技术难题和关键技术问题，研究了工程建设规划与管理方面的新思路和新主张，推动和促进了本行业的技术创新。办刊质量迈上了新台阶，得到业界的高度好评和认可，继波兰《哥白尼索引》、美国《乌利希期刊指南》收录之后，2010年又被美国《剑桥科学文摘（自然科学）》收录。

【中铁三局学会工作】 2010年，中铁三局学会及技术交流情况：1.2010年10月18～19日，“集团公司总工程师会暨桥梁施工技术创新交流会”在太原召开。会议由集团公司总工程师常乃超同志主持，集团公司领导、各子分公司和指挥部（经理部）总工以及集团公司相关部门负责人出席了会议。桥梁施工技术创新交流会对收集的论文进行评选，共评出一等奖论文5篇，优秀论文奖14篇。2.2010年8月3日上午，由股份公司组织、中铁三局承办的中国中铁“十二五”科技发展规划土木工程修建技术（综合组）座谈会在太原召开。中国中铁股份公司副总裁、总工程师刘辉主持座谈会并做了重要讲话。中国中铁股份公司副总工程师刘成军等出席了座谈会。来自中铁一局等8家单位的总工程师出席了座谈会。集团公司总经理刘宝龙出席了座谈会并致欢迎辞。集团公司总工程师常乃超出席了座谈会并代表中铁三局做了“十一五”科技工作总结及“十二五”科技发展规划汇报。

【中铁四局学会工作】 安徽省铁道学会日常工作由中铁四局负责管理。2010年，该学会在安徽省科协的领导下，在中国铁道学会和各会员单位的指导和关怀下，学会通过开展学习实践科学发展观活动，紧紧围绕挂靠企业的生产经营工作中心积极开展学术交流、科技咨询、科普宣传和期刊出版等工作，较好地完成了2010年学会各项工作和任务。由于成绩突出，被省民政厅评为安徽省2010年度“百优社会组织”。2010年省学会、各分会和专业委员会开展各种学术活动20个，参加人数1830人，交流学术论文595篇。根据中国铁道学会、铁道部科学技术司、铁道部政治部宣传部、铁道部运输局联合发文学秘〔2010〕16号文《关于开展铁路2010年科技周、科普日活动的通知》和学秘〔2008〕13号《关于加强站段科普建设指导意见的通知》要求，以“携手建设创新型国家”和“节约能源资源，保护生态环境，保障安全健康”为主题，围绕“建设和谐铁路，服务人民群众”这个中心任务，广泛开展群众性科普宣传活动。活动中共制作各种宣传展板、挂图126套，横幅标语90个在省学会和各分会的主要站段进行广泛宣传，收到较好效果。各分会结合实际，开展了贴近生活、贴近群众，内容丰富、形式多样的科技知识普及活动。2010年学会主编的《铁道建设》、《科技信息》两个刊物，认真贯彻国家有关科学技术和出版方面政策、法令、条例，不断提高刊物的质量和水平，受到读者普遍欢迎，为学会提供了一个学术交流的平台，也为部分会员晋升技术职称发表论文提供了方便。同时通过互相交流，也加强了与兄弟省级学会和有关高校的联系及学术交流。2010年，学会出版发行《铁道建设》、《科技信息》8 期，共发表学术论文 168 篇，学会还出版发行《铁道建设》增刊一期共发表论文 170 篇。

【中铁五局学会工作】 换届工作是 2010 年中铁五局学会的一项重要工作，为此，贵州省铁道学会秘书处积极行动，精心做好会议的各项筹备工作，通过了第五届理事会工作报告，选举产生了第六届理事会理事 50 名、常务理事 21 名、副理事长 10 名（其中，设常务副理事长 1 名），理事长和秘书长分别由张敏和王贵霞连任。确定了第六届理事会 3 个工作委员会、6 个专业委员会和《贵州铁道》杂志编辑委员会的挂靠单位及主任委员名单。会员单位中新增了贵广铁路有限公司、成都铁路局黄织铁路有限公司、成都铁路局贵阳建设指挥部、中铁五新钢模有限公司等 4 个会员单位。

以学会会员单位内部交流为基础，积极组织并参与各类学术活动。组织中铁二院贵阳院设计人员到五局、二局贵广工地观摩；上报第七届世界高速铁路大会征文 5 篇；筹办和承办好贵州省科技讲坛——贵广客运专线关键施工技术研究报告会。11 月 26 日在贵州省科技馆学术报告厅举办了学术报告会。

组织 20 名技术人员参加贵州省科协组织的“科普日”活动；统筹指导或开展会员单位各类技术讲座 32 场次。

为会员及会员单位服务。向省科协推荐了中铁二局一公司的总工程师朱家稳同志参加第四届“贵州省优秀科技工作者”评选；及时传递相关信息，为科技人员搭建高层次技术交流平台；编发简报 4 期及时向会员通报学会工作情况。

【中铁七局学会工作】 2010 年参加的学会有《城市轨道交通研究》杂志社理事会常务理事；《路基工程》协办单位；《现代隧道技术》协办单位；铁道基建科技信息网；河南省铁道学会；河南省科技创新促进会；中国省土木工程学会，河南省科技信息网、詹天佑科学技术发展基金会，参加各类学术技术交流会等。2010 年 3 月份，公司被河南省建筑业协会评为技术创新先进企业。

【中铁十局学会工作】 2010 年参加了中国铁道工程建设协会等 12 个学术团体协会，与《路基工程》等 6 个业内主流期刊杂志开展长期合作，同时间与合肥工业大学、西南交大、中南大学、石家庄铁道学院、北京交通大学等高等院校、科研院所建立多种形式的合作协同关系。

【中铁隧道学会工作】 1. 换届选举。中国土木工程学会同意中铁隧道集团为中国土木工程学会隧道及地下工程分会的挂靠单位。根据中国土木工程学会《关于中国土木工程学会隧道及地下工程分会第八届理事会组成方案的批复》意见，2010 年 11 月 5 日在长沙进行换届选举，中铁隧道集团高级顾问郭陕云为分会第八届理事长，董事长、党委书记郭大焕为副理事长，总工程师洪开荣为秘书长，常翔为秘书长助理，集团公司总经理张继奎、科技设计部部长卓越为理事，王梦恕院士为高级顾问，副总经理周振国、陈建为特邀常务理事，副总工程师刘招伟为名誉理事等。

2. 主要活动。2010 年 5 月 14 日～20 日，中铁隧道派 9 名代表参加在加拿大温哥华（Vancouver Canada）举行的世界隧道大会。2010 年 5 月 19 日～21 日，在上海新国际博览中心举办第四届中国国际隧道与地下工程技术展览会。2010 年 8 月 18 日～19 日，中铁隧道集团与分会联合主办第九届海峡两岸隧道与地下工程学术及技术研讨。2010 年 11 月 5 日～7 日，中铁隧道集团联合中南大学在长沙举办中国土木工程学会第十四届年会暨隧道及地下工程分会第十六届年会及中国土木工程学会隧道及地下工程分会第八届理事及会员大会。2010 年 12 月 25 日～27 日，“2010 中国城市轨道工程技术论坛” 会议在重庆召开，由中国工程院和中国中铁股份有限公司主办，中铁隧道集团有限公司、中国铁道学会地下工程分会承办。

【中铁电气化局学会工作】 中国铁道学会铁道电气化委员会 1978 年 10 月在西安成立，挂靠中铁电气化局集团公司。铁道电气化委员会是中国铁道学会的组成部分，是二级学会组织，受中国铁道学会的领导。按章程规定，每届任期四年。第五届委员会在 2000 年 12 月换届后，任至 2010 年 7 月。第六届委员会 2010 年 7 月换届成立，按照中国铁道学会 8 月 23 日批复，集团公司总经理刘志远任主任委员，集团公司总工程师于增任常务副主任委员。王宝国（铁道部运输局）、蒋勇（铁道部计划司）、宁滨（北京交大）、陈春阳（西南交大）、康熊（铁科院）、阎平（北京局）、王刚（广铁集团公司）、丁树奎（北京地铁建设公司）、寇宗乾（中铁建电化局）任副主任委员。集团公司科技部部长王作祥任秘书长，李虹任副秘书长，委员会由全路 27 个单位的 36 名委员组成。专业委员会实行主任委员领导下的秘书长负责制，电气化委员会下设变电、供电、接触网、电力、电磁兼容、接触网零件、运营维护、城轨交通供电八个分委员会。这八个分委员会集中了设计、施工、运营和应用技术研究的力量，共有 176 名路内外专家，为电气化委员会开展高质量的学术活动提供了智力保障。

2010年8月19日～20日中国铁道学会电气化委员会、中国铁道学会电气化委员会接触网分委员会在长春联合召开“高速铁路接触网系统新技术研讨会”。27个单位的代表 70余人参加会议，此次研讨会共征集论文38篇，评出优秀论文17篇，对优秀论文颁发优秀证书，并编辑出版《高速铁路接触网系统新技术研讨会》论文集。研讨会针对客运专线、高速铁路等选线的合理性、可行性、技术支持等问题以多媒体形式演示论述，具有较高理论水平和实践经验。11个厂家在会上介绍了自主研制，已达到国内先进水平或接近国际先进水平的新产品。会上针对如何解决工程建设中的技术难题，进行深入探讨，对高速铁路弓网系统电接触特点、动态性能、电弧产生的原因、标准体系、设计规范研究等问题进行深入探讨，并建议北京交大和西南交大将高速铁路弓网系统的一些新的研究成果写入教科书。

教育与培训

【总公司党校教育与培训】 2010年，总公司党校搬迁，6月份回迁，于7月21日开始办班，至12月23日，先后举办了三级公司领导人员培训班、创先争优理论骨干培训班、团干部培训班、宣传骨干培训班、工会《中铁工运》通讯员培训班、水利水电考前培训班、港口航道考前培训班、纪委书记培训班、企业法律顾问考前培训班、中铁建工纪检监察干部培训班、总工程师培训班、摄影摄像及影视制作培训班、团支部书记培训班等13个不同类型的培训班，累计培训学员1021名。

在办班过程中，党校致力于教学组织管理的不断创新，努力打造高端培训品牌。1.不断完善师资库建设，为各期培训班精心配置优秀师资；培训班结束前，由学员对每位授课老师进行综合教学评估，实行对师资库的动态管理。2.不断丰富教学内容和手段。采取了专题讲座、案例分析、学员论坛、学员座谈会、拓展训练、参观考察等形式多样的教学方式，来提高培训效果。3.建立健全各项教学管理制度。先后建立和完善了《党校培训工作流程》、《学员手册》、《班主任工作规范》，为提高培训质量提供了制度保障。同时，还通过填写《干部培训鉴定表》对学员进行考核评定，加强了学员管理。4.与西柏坡纪念馆密切合作，在西柏坡挂牌建立了“中国中铁党校干部培训教育基地”，为进一步加强学员党性教育，培养高素质干部人才队伍创造了良好条件。

为提高回迁后的教学管理、服务水平和培训质量，回迁大厦前，党校就有针对性地开展了调研、科研活动。1.先后组织专人到国家电网石家庄电力培训中心、中国铁建培训中心、中国石油化工管理干部学院（中石化党校）调研，学习交流了培训中心的运营模式、培训模式和组织机构设置等相关情况。2.选派有关人员分别到中铁四局、中铁五局，对精细化管理、标准化管理、项目党建等项工作进行调研，了解了企业发展的先进经验及干部培训需求，从而丰富了教学资源，并在此基础上撰写了2篇调研报告，对新的办学模式进行了有益的探索。3.围绕教学开展了多项课题研究，教师在各类期刊发表学术论文12篇。4.加强和改进了校刊工作。坚持“立足企业，面向社会”的办刊方向，以宣传企业为重点，将《学习与探索》、《中外建筑最新动态》进行了改版增刊。“两刊”由季刊、不定期刊，均改为定期的双月刊，并调整、增设了栏目，提高了办刊质量，拓宽了发行渠道。5.进一步提高了服务水平。在办班过程中，全校教职工坚持“视品牌如生命，待学员如亲人”的办学理念，各部门团结协作，从工作细节着手，做实工作、细化服务，不断提高了管理服务水平。通过举办学员座谈会和各种形式的信息反馈，学员对我校的教学管理、后勤服务和硬件环境都给予了高度赞誉。

一年来，党校认真按照总公司党委、石家庄市委的部署，扎实推进创先争优活动，各项工作取得了阶段性成果。1.在校委的领导下成立了学校创先争优活动领导小组和办公室，并结合学校实际制定了活动实施方案。2.完善了领导干部联系点和活动点评制度，有效促进了各支部相关活动的开展。3.建立了示范党支部、党员示范区和示范岗；制定了工作职责、工作标准，实行了党员挂牌上岗。4.向职工群众公开承诺，校委、机关党委、各支部分别公示了承诺的具体内容。5.注重把创先争优活动与创“四个一流”、“争当爱校立功标兵”、深入学习巨晓林活动结合起来，并组织全校党员和入党积极分子在西柏坡开展了“重温入党誓词，牢记两个务必，努力建设一流中央企业党校”主题实践活动。

一年来，党校将创先争优活动与先进文化建设相结合，坚持“视品牌为生命，待学员如亲人”的办学原则，牢固树立“我是党校人，党校是我家，我为党校做贡献”的发展理念，外树形象，内强素质；经过认真提炼和归纳总结，制定出台了《教职工行为规范》，该《规范》体现了党校职工共同的理想信念、人生追求、价值观、利益观和人文关怀，囊括了教职工在日常工作、生活中言谈举止等多方面的内容，是今后一个时期党校各项工作规范运作的行为标准。

回迁大厦后，党校在做好办班工作的同时，积极适应大厦新环境的要求，建立了与大厦运营相配套的合作经营、管理服务等相关制度，完善了资产管理办法和财务管理办法。除上述相关制度和规范外，为更好地实施合作共赢战略，党校针对合作经营管理的餐饮部与客房部，分别制定了管理办法，还出台了会议室管理办法和相关管理制度；为充分利用党校教育培训的软硬件条件，有效缓解大厦运行成本给学校带来的经济压力，党校研究制定了《对外联系会议及培训业务管理办法（暂行）》，并号召全校教职工紧密围绕学校发展大局，积极对外联系会议和培训业务，为学校开拓教育培训市场贡献力量。与此同时，党校在努力完成当年多经创收经营合同的基础上，还通过到系统内相关单位和项目部进行市场调研，学习交流，推介产品等措施，尝试探索新的多种经营途径。

【咸阳干院教育与培训】 2010年，在总公司的领导下，以科学发展观为指导，以建设功能齐全的培训机构为目标，以做强岗位培训、职业教育、成人教育为重点，加强科学管理，深化内部改革，提高教学质量，努力创收节支，各项工作再创佳绩，是学院近十年来经营状况最好的一年。全年举办各类学历教育班19个，在校生867人，各类短期培训班25个，培训各类管理人员和技术干部3415人次，联合办学在校生2808人；全年创收1239万元，同比去年增长7.93%，实现了年初提出的基本目标和任务。

一、抓好岗位培训，努力提高办学效益。培训工作以适应市场需要为导向，以坚持特色培训为目标，全年共举办各类培训班25个，培训人数3415人次，较上年增长12%。1.抓好土建类施工企业专业技术管理人员培训，举办各类施工企业政府考前培训班15个，培训2414人次，既扩大了培训规模，提高了培训效益，又扩大了学院在地方的影响力。2.抓好中国中铁系统内岗位培训。举办隧道、桥梁、公路工程师继续教育和注册一级建造师等培训班9个，培训学员1001人次。3.抓好精品项目培训。为满足股份公司所属各单位现场施工管理的需求，举办了铁路客运专线施工技术、盾构及TBM施工技术等项目培训，培训学员281人次。4.根据培训市场的需求。在原建筑类培训项目的基础上，新开发了物资设备人员等业务培训，拓宽了培训渠道。5.为培训处增加了3名副教授，加强了师资力量。

二、努力办好职业教育，扩大学院办学规模。1.继续办好高等职业教育。土木系强化就业指导，做好毕业生就业推荐，主动走出校门，积极与用人单位联系，使毕业生基本就业，就业率达97.2%。2.积极开展中等职业教育。今年5月份组建了咸阳中铁工程职业技术学校，在时间紧，任务重的情况下，号召全院各单位部门全体教职工开展多形式多渠道的招生工作，经过努力，招收学生161名，初步开设道路与桥梁施工技术、建筑施工技术两个专业。制定了教学管理中的各项规章制度，教学工作步入正规。3.技校教学稳步发展。通过大量的宣传和招生工作，目前在校生达82人。

三、成人教育规模持续扩大，形势喜人。充分利用西安建筑科技大学在设计院设立的咸阳函授站，开设有工程造价、建筑工程技术、工程管理、土木工程、会计学等五个专业，现有注册学生649人，其中今年新招专科生98人，本科生124人。新成立的哈尔滨工业大学设计院远程教育校外学习中心，开设土木工程、工程管理、工程造价与管理、建筑工程技术、机械设计制造及其自动化、电气工程及其自动化、焊接技术与工程、管理科学与工程、会计学、金融学、工商管理等本科、专科专业，现有注册学生249人。目前函授、远程教育共有注册学生898人。

四、充分利用现有资源，重点抓好联合办学。在与陕西工业职业技术学院、西安铁路工程职工大学、咸阳师范学院等院校进行联合办学的基础上，新增加了陕西商贸学院、陕西财经职业技术学院等院校，使在校人数达2808人，增加了创收。

五、强化教学常规管理和教学质量监控体系。坚持组织教学检查，鼓励教师改进教学方法，针对不同学生特点，采取课堂讲授、专题讲座、案例教学、模拟教学、集体研讨、多媒体课件等教学方法组织教学，提高了教学效果。调整教学系统部分机构。使教务处与土木工程系合署办公，科研处与培训处合署办公，撤销计算机培训中心，成立计算机中心。办理了2名教授、2名副教授的晋升手续。并对2009年度公开发表论文作者进行奖励。鼓励教职工开展学术研究，努力提高业务能力和科研水平，全年在国内公开发表论文7篇，其中国家级核心期刊4篇。

六、坚持以人为本，注重思想教育。学院落实“成才德为先”的育人举措，以人为本，注重学生全面发展。1.开设形式多样的政治理论学习与思想道德修养课程，加强学生爱国主义教育、集体主义教育、社会主义教育，帮助学生树立正确的世界观、人生观和价值观。2.组织650人次学生参加义务劳动，并组织学生向咸阳市儿童福利院传爱心送温暖活动，陶冶了道德情操。3.进一步落实了学生综合考评办法，使学生管理工作规范化。表彰三好学生标兵、三好学生、优秀学生干部等74名，发放奖学金66800元；评选省级优秀毕业生1名、国家奖学金1名、国家励志奖学金16名，发放奖学金88000元，激励了学生的学习积极性。4.组织学生参加各类职业资格培训考试。先后组织325人次通过英语A、B级考试、造价员、施工员、材料员、质检员等资格证考试，为充分就业打下了基础。5.帮困助学，鼓励学生勤工俭学。为家庭经济困难学生发放临时生活补贴、冬寒补助30800元，为171名家庭特别困难和一般困难的学生申请国家助学金427500元。利用各种机会为学生提供勤工助学岗位 30 余人次，发放津贴 4592 元。6.组织学生上党课，有 356 人正式递交了入党申请书，通过考查，确定培养对象 54 人，严格按照发展党员程序，发展学生党员 21 人。

七、适当加大办学投入，使办学条件得到了改善。结合咸阳市“三创”活动，在经费十分紧缺的情况下，筹资 28 万元改善办学条件，为师生提供良好的学习、工作、生活环境。1.完成 38#、58#住宅楼外墙粉刷等修缮工程 9 项。2.维修了院内供暖交换站热交换器、循环泵及各类管道 208 米，使供热效果有所改善。3.投入设备资金 8 万元，共采购电脑、打印机、消毒柜、空调、办公家具等 72 台件，使教学条件有所改善。

【中铁三局教育与培训】 2010 年 3 月 10 日，中铁三局在太原举办了“全局地铁施工培训”学习班，邀请的中国矿业大学江玉生教授、浙江建筑设计研究院刘兴旺副总工程师、西南交通大学杨其新教授、集团公司魏家君、于东雨和王海东等 6 名专家，就地铁车站、区间隧道和盾构的施工技术及风险管理等专题进行授课，参加培训的有二公司、五公司和六公司的有关领导和技术管理人员 50 人。

【中铁四局教育与培训】 积极做好管理和专业技术人员业务培训工作。开展了职业培训情况调研，对 2010 年全局培训需求情况进行了分析，拟定了《2010 年全局职工教育培训计划》。按照中国中铁股份有限公司 2010 年培训计划，共选送 47 人参加中国中铁股份有限公司组织的领导干部和管理、技术人员培训班。加大了工程技术人员继续教育培训力度，先后选派 68 人到铁道部高新培训基地参加客运专线桥梁工程技术、施工技术、检验检测等新知识、新技术、新工艺培训，取得了合格证书。按照全局职工教育培训计划和企业施工生产需要，举办了 1 期路基无砟轨道培训班、2 期隧道施工技术培训班和杭州地铁监控量测技术培训班，共有 740 人参加了培训。全年共举办建设厅、交通部安全“三类人员”培训班 14 期（其中 6 期公路水运安全证共 583 人参加培训、8 期建设厅安全证共 1475 人参加培训）。4 期试验员班 396 人参加培训、质检员班 2 期共 324 人参加培训、2 期材料员班共 372 人参加培训、1 期施工员班 89 人参加培训，均已取证。开展执业证书考前培训工作。组织一级建造师考前培训班 1 期，试验工程师考前培训班 1 期。按照局新资质就位工作要求，选送员工参加中国中铁股份有限公司举办的注册一级建造师（铁路、公路、港口、水利水电）、注册岩土工程师、注册结构工程师、注册会计师考前培训班。举办了委内瑞拉北部平原项目经理部出国人员安全质量、施工技术培训班（449 人参加了培训）。举办了委内瑞拉铁路项目安全质量施工技术培训班，80 人参加了培训。积极开展重点工程项目安全质量施工技术培训工作，先后到西宝、大西、甘青、兰青、南环、杭长浙江段、杭长江西段、合福、南宁铁路、张唐、金温、集包铁路客专线等重点工程项目现场举办培训班，2058 人参加培训并取得岗位培训合格证书。

【中铁六局教育与培训】 2010 年，中铁六局年度计划办班 402 期，实际办班 419 期，培训 26413 人次，平均计划办班完成率 104.2%。其中，中铁六局本部年度计划办班 49 期，实际办班 49 期，培训 3959 人次，计划办班完成率 100%；各子分公司年度计划办班共 353 期，实际办班 370 期，培训 22454 人次。同时结合中铁六局实际需求，选送 215 人参加了股份公司培训。2010 年，全局围绕企业中心任务，重点突出了以下五类培训班次：

1.针对经营管理人才，以强化思想政治素质和管理能力为重点，开展了以党性与作风、信誉与环境、管理与沟通、领导力与执行力为主要内容的领导人员培训班。实施过程中严格教学组织和管理，确保培训质量。培训结束后，所有学员均撰写了心得体会并汇集成册，印发全局，供各级领导人员参阅学习。

2.针对项目经理人才，结合施工生产繁忙的特点创新培训方式，运用新开发的网络教学管理平台，成功开展了以项目管理策划、安全生产管理为主要内容的项目经理网络培训，培训期间严抓过程监控，从在线学时、在线考试、心得体会、论坛活跃度等四个方面严格培训考核。网络培训方式克服了工学矛盾，得到了项目经理的普遍欢迎。

3.针对安全生产的薄弱环节，为深刻吸取事故教训，认真落实铁路营业线施工管理制度，通过全局上下的通力配合，上半年先后在北京、天津、石家庄、秦皇岛、太原、呼和浩特等 6 个地区开设 27 个考场，派出监考 82 人，分三批组织了铁路营业线施工管理规章专题考试。参加考试的三批人员共计 1523 人，总体及格率（90 分以上）达 98.9%。在“8.13”事故发生后，全局上下大力开展安全生产“大反思、大检查、大整顿”活动，利用各种形式加强对广大员工安全意识教育，推动专项活动的落实，为扭转安全生产被动局面奠定了基础。

4.强化专业技术人员培训。结合生产经营实际需要，充分利用社会资源，采取“请进来，送出去”等多种形式，以广大青年技术人员为主体，重点开展了铁路、公路、隧道、桥梁、市政等工程施工技术培训，参培 7401 人次。

5.强化技能人员培训。以改善高技能人员队伍结构为主线，以提升员工技能水平为导向，积极开展与产品结构相匹配的各类技能培训，共举办工程线路工、试验工、混凝土工、桥梁工等现场人员培训班 13 期，培训 581 人次。

【中铁九局职工培训】 2010 年，举办培训班 2383 个，培训 86928 人（次）。其中：局自办培训班 35 个，培训人数 11794

人；管内各子分公司自办培训班2193个，培训人数63933人；直属项目经理部自办培训班130个，培训人数11040人；委外培训班25个，培训161人。年度培训工作按照领导人员、项目管理及专业技术、管理业务能力、作业技能、执业资格五个层次开展，课程清晰、突出重点、分工合作，两级机关、管内项目经理部能够结合自身实际，通过委外培训、自办培训、夜校培训等多种形式开展培训，取得了良好的培训效果。重点开展了领导人员培训、一级建造师考前培训、隧道施工培训、海外人才培训和高校毕业生培训。与清华长三角研究院、克劳士比学院、建设部考试中心、石家庄铁道大学、东软培训中心等机构合作，聘请行业专家授课，拓宽了视野、强化了技能。严格按照管理程序，重点对培训所达到效果的进行了追踪评价。针对每一个培训班，在办班前对其目的、意义及所要达到的效果等做前期规划，通过办班过程的实施，以考试或考核的方式检验学习效果。在培训后，对参加培训人员所学专业知识在实际工作中的运用情况进行考核，以此对培训的有效性进行评价。

【中铁十局教育培训情况】 2010年集团公司本部计划办班72期，培训4289人次，实际办班71期，培训4320人次，培训人次完成计划的101%。集团公司及各子分公司共举办各类培训班300余期，并采取其它灵活多样的培训方法，培训员工及部分外协队伍人员13950人次。集团公司及所属各单位紧紧围绕企业发展战略和生产经营需要，有针对性地加大了员工培训工作力度，促进了员工队伍整体素质的不断提高。

集团公司认真贯彻落实《公司人才培训规划》，强化年度培训计划的落实，以各类管理干部、工程技术人员、高技能人员等人才的培训为重点，加强对培训过程的控制，保证了培训质量。

举办了集团公司第五期领导干部培训班和第三期中青干部培训班，请有关知名的专家教授和集团公司领导授课，使119名参培人员强化了党性修养，学到了先进的管理理念，管理方法和领导艺术，更新了观念，开阔了视野，提高了综合素质。建立了机关干部定期培训机制，先后办班五期，请有关专家进行了"把工作当使命"、"有效沟通"、"压力与心态调适"、"商务礼仪"等专题讲座，提升了机关干部素质。

举办了无碴轨道施工技术培训班、测量新技术培训班、连续梁施工技术等培训班。选送人员参加了股份公司举办的盾构施工技术、桥梁工程技术等培训。同时，建立了施工一线技术人员工休时间学习制度，开展技术讲座，组织技术研讨，促进专业技术人员整体素质的提高。

认真督促落实现场作业人员的培训计划，积极开展了多项技术比武活动。围绕安全生产，强化了对"三类人员"和特种作业人员的培训。采用内部培训和委外培训相结合的方式，培训了一批企业紧缺的技术工人。认真开展了高技能人才评价和职业技能鉴定工作。出台并认真落实《集团公司高技能人才评价实施细则》和评价示范标准，参与了股份公司高技能人才评价教材编写及题库建设工作。对申报技师及高级技师的人员组织进行了工作业绩评价和核心能力考核，深入现场举办了线路工、焊工、钢筋工、测量工、试验工、通信工、信号工、电工等工种的技能鉴定，共评价及鉴定400余人，其中技师104人、高级技师42人。认真落实高技能人才的待遇，完善了激励机制，促进了高技能人才队伍整体素质的提升。

同时，加强对各类管理人员的培训，年内举办安全、质量、科技、物资设备、财务、法律、法律、党群等各类人才培训班，提高了管理人员的综合素质。

【中铁建工教育与培训】 2010年，建工集团以满足企业管理需求为重点，全力做好管理培训工作。组织培训72期，参培人员8022人次。

1. 为适应企业跨越式发展客观需求，进一步提高领导干部的综合素质和履职能力，努力实现领导干部能力素质提升与企业的发展同步，组织举办了2期领导干部培训，培训116人。

2. 联合北京市建委相关部门到施工现场共同举办安全生产培训考核和关键岗位培训考核取证工作，集中培训考核5期，共培训考核取证1199人。

3. 联合安质环保部开展了集团公司安全培训月培训活动，共10期培训员工4530人。

4. 联合中铁十六局在天津举办了为期12天的铁路实验工程师和实验员培训班，培训考核取证86人，解决了集团公司铁路实验人员短缺的难题。

5. 联合集团公司经济管理部在北京分公司举办了铁路工程预算知识培训班，共103人参加培训，解决了北京分公司铁路工程预算经验不足的问题。

6. 配合财务部进行了财务会计人员岗位培训考核，培训考核财会人员65人。

7. 指导二级公司开展业务技能培训，全面提高管理人员专业技术水平。

8. 继续推进集团公司学历教育工作。组织完成了北京交通大学工商管理MBA班44名学员和西北工业大学工程管理硕士班56名学员（两期）学历教育工作，完成了集团公司126名员工石家庄铁道学院本科学历教育工作，完成了华东交大会计硕士研究生入学考试及授课相关工作。

职业技能培训鉴定工作：

1. 完成股份公司职业技能鉴定任务，初、中、高级工职业技能鉴定245人，在自有员工逐步减少的情况下，积极探索外部劳务队伍职业技能鉴定工作。

2. 完成了集团公司高技能人才评价工作，评审通过技师20人，高级技师28人。

3. 完善职业技能和高技能人才评价管理工作，制定了高技能人才评价管理办法，编制印发了《集团公司技能鉴定和高技能人才评价质量督导管理实施细则》。

4. 完成了股份公司下达的工程木工、工程管道工、工程油漆工、工程抹灰工、工程砌筑工五个工种的岗位评价标准的编制和教材、试题库的编写工作。

5. 组织参加了股份公司和国家人力资源社会保障部在山海关举办的职业技能鉴定和高技能人才评价质量督导员培训，10人取得了国家技能鉴定质量督导员岗位证书。

6. 积极参加股份公司在成都举办的工程测量技能大赛并取得优异成绩，集团公司抽调一线测量技术人员46人，在成都铁路工程学校进行为期12天的脱产培训。

7. 积极参加股份公司在哈尔滨铁道职业技术学院举行的全系统CAD绘图技能大赛活动，组织40多名选手进行初赛，选取前四名参加该院为期7天的集中培训，最终荣获全系统第五名。

8. 积极参加股份公司在山海关技校举办的电工、工程机械维修、电焊高技能培训班， 22 名员工取得了高技能职业资格证书。

【中铁大桥局教育与培训】 2010年中铁大桥局共举办各类干部培训班30期，培训2270人次。其中：安全质量、信息管理、科技档案管理、企业法律与合同管理、办公室主任等各类管理干部培训班21期，培训1637人次；试验工程师、测量工程师、桥梁施工技术等专业技术人员培训班9期，培训633人次。全年培训作业层员工(含农民工)40495人次。

【中铁隧道教育与培训】 2010年，中铁隧道集团本部举办培训班43期，培训人员2939人次，完成年度计划的150%；依托片区指挥部，举办综合培训7期，培训员工877人；以施工型子、分公司为依托，举办总工程师培训6期，培训人员330余人次。全集团委外送培人员44批次，共计262人次，按人员类别划分：集团高管培训2人，其他管理技术人员培训252人，作业人员培训10人；按送培内容划分：安全培训29人，新技术培训124人，其他管理技术培训104人。委外培训人数较上一年度增加111%，完成股份公司培训计划的485%。

【中国航空港教育与培训】 2010年，中国航空港建设集团有限公司及所属各子、分公司，紧紧围绕企业重组后的发展战略和生产经营需要，加强对各类人才的培训力度。2010年全集团组织参加各类培训班共计224期，培训员工及劳务人员逾万人次。

1. 航空港集团公司组织参加股份公司举办的机械维修和电工培训班1期，共计9人次；集团举办建造合同准则培训2期，共计200人次；组织安全生产考核合格证的续期332人次；造价员证书复审16人。

2. 原中铁建工集团北京公司组织参加北京市建筑工程施工技术、技术资料规程、国家级工法专利、房地产开发与投融资知识及注册安全工程师继续教育等培训7期，共计18人次；参加总公司、集团公司举办的领导干部培训班、宣传骨干培训、一级建造师执业资格考前培训、技能鉴定质量监督员、岩土工程师、质量工程师、机械维修技术、铁路客运专线施工技术、总工程师、铁路试验培训班和注册造价工程师继续教育培训11期，共计 80 人次；公司组织举办的幕墙施工技术、合同管理培训、项目软件管理、物资管理系统、财务管理及新员工入职教育等培训8 期，共计345 人次；组织员工参加各岗位取证培训 158 人次；组织取得各类岗位证书人员参加北京市建委举办的继续教育10人次；组织各类证书年审、培训考核 113 人次，其中安全生产合格证书复审111人，特殊工种年审2人；组织学历教育52 人次，其中研究生11人、本科生41 人。

3. 组织参加建造师、安全工程师、质量工程师考试申报工作115人次。为取得一、二级建造师、造价工程师、安全工程师执业资格人员办理注册及变更22人次。组织员工参加职业技能鉴定培训工作，取得电工高级技师1人，取得北京市建筑业联合会优秀项目经理2人。

4. 原中铁一局一公司组织参加各类培训班109期，培训员工5706人次，组织参加职业技能竞赛4次，总计参赛人数26人；完成年度计划的93.16%，按培训人次计算，完成年度培训计划的92.81%。

5. 原中铁三局一公司组织参加各类培训班87期，培训员工3599人次。通过培训，120人取得各类职业资格证书。

【中铁二院职工培训】 1. 为进一步规范和促进中铁二院员工培训管理工作，依据《中国中铁股份有限公司员工培训管理办法》的有关精神和内容，制定了《中铁二院员工培训管理办法》。

2. 开展教育工程师的业务培训，组织学习《中铁二院员工培训管理办法》、中铁二院企业发展战略与规划、中铁二院“十二五”人才发展规划、中铁二院“十二五”员工培训规划、人力资源控制程序文件等。组织研讨、修订、完善培训管理评优及奖励办法、在职攻读研究生管理办法、专业技术人员继续教育及证书管理办法。

3. 开展内部控制体系建设专项培训，18 个职能部门的领导和业务骨干，14家全资子公司的领导和职能部门人员，共计112人参与了培训。

4．举办各类有针对性的培训班。如“人力资源 e-HR 管理系统”培训班、EPC 工程总承包培训班、客运专线关键技术培训班、各类外语培训班、“项目管理与协同设计平台”系统培训班、以及安全、财务、统计和工人技能培训班等。全年计划内办班 26 期，培训人数 2258 人次。另外，还根据实际工作需要，及时补充新增培训项目，共计组织计划外办班 6 期，培训人数 525 人次；临时送外培训 54 人次，学历学位培训 62 人。培训总计达 2899 人次。组织各类干部 80 人次出国学习考察。

5．按照上级文件精神，结合职称评审要求，组织了职称计算机报名、征订及考务工作，报考人数 441 人，1143 个模块。

6．完成年内学历验证工作，进行学籍资料的审核、验证、报送验证通知、资料归档，共计验收整理学籍档案资料 62 份（其中成人本科 45 人，专科 6 人；党校本科 2 人，专科 1 人；硕士研究生 4 人，硕士学位生 4 人）。

7．根据程序文件要求，完成培训记录资料的收集、整理和归档。配合质量审核检查工作，在内部、外部质量审核中无观察项和不合格项，得到了认证机构的认可。

8．完成全院继续教育工作管理及证书的发放、登记、验证工作。开展国际项目管理证书的换发工作。审核了 71 人个人资料及项目报告 213 项，报认证机构 B 级 6 人，C 级 65 人资料，全部审验通过并换发了新的证书。

【中铁设计咨询职工培训】 根据中铁设计咨询发展战略和 2010 年工作目标，在了解各单位培训需求和人力资源现状的基础上，编制下发了《集团公司 2010 年度职工教育培训计划》，计划落实结果，全年参加教育培训员工总计 5500 余人次。教育经费支出 462 万元。在参加培训的人员中以工程技术人员为主，全年工程技术人员参加培训 4479 人次，占参加培训总人次的 81%。一年中，中铁设计咨询自行组织了 EMBA 班、工程硕士学位班（总工班）、新员工岗前培训班、通讯员培训、基层党组织负责人培训班、轨道设计系列讲座、钢-混组合结构技术培训、隧道设计知识培训、人力资源系统软件培训、安全生产管理培训班、统计人员业务培训、实验室人员岗前培训班、团干部业务培训等，参加培训人员 940 余人次；送出人员参加中国中铁干部培训 11 人次，会计、审计从业人员继续教育 50 余人次，各类注册执业资格人员考前辅导及继续教育 500 余人次，专业技术人员技术培训 270 余人次，管理人员岗位及业务培训 30 余人次，共计 940 余人次；参加在职研究生等学历学位教育 70 余人次。

【华铁咨询教育与培训】 2010 年，华铁咨询继续有效开展教育与培训各项工作，参加建设部组织的国家注册监理工程师、设备监理师、造价工程师继续教育共三期 73 人次，监理工程师培训共三期，58 人取得相应培训证书，监理员培训二期，41 人取得相应培训证书；参加铁路监理协会、设备监理协会组织的铁路监理工程师继续教育共二期，23 人取得相应培训证书，铁路总监理工程师培训共二期，30 人取得相应培训证书；共 6 人参加股份公司组织的注册安全监理工程师继续教育培训，培训效果明显。

在股份公司的统一安排与部署下，华铁咨询教育培训活动有效，教育培训结果有效，安全质量管理体系继续有效运行、实施，监理工作水平大幅提升，人力资源基础稳固、扎实。

管理篇

董事会、监事会工作

【“三会”筹备和服务】 筹备“三会”会议38次（股东大会2次、董事会会议13次、董事会专门委员会及专题会13次、监事会会议4次、总公司董事会会议6次）；制作会议材料177份，决议纪要76份。

【信息披露】 起草并发布公告及通函228项。其中A股公告73项（上市公告14项，其它46项，定期报告6项，公司治理类5项，股东大会资料2项），H股公告及通函155项（公告31项，海外监管公告84项，通函26项，财务报告2项，股份变动月报表12项）。公司于2010年12月被上海证券交易所评为十家“2010年度信息披露奖”单位之一；连续两年被上海证券交易所评为“优秀的董事会秘书及其领导的信息披露工作团队”。

【定期报告编制及披露】 完成了2009年年报、2010年一季报、2010年半年报、2010年三季报、2010年年报的编制及披露工作；编制了《业绩路演模拟问答》、《业务数据一览表》以及《与中国铁建、中交建业绩比较分析》；制作了公司宣传短片和推介PPT。

【投资者关系管理】 接待投资者调研采访80次，举办9次公开说明会，组织或陪同高管走访投资者共21次；组织接听投资者热线约1200人次，接待投资者来访500人次，出席境内外国际投资论坛和投资策略会议近20场；安排《中国证券报》、中央二套财经频道专访2次。积极参与评选，公司荣获2010年度上市公司信息披露奖、2010年最佳董事会奖、2010年最佳公司治理奖、中国百强上市公司奖、中国上市公司最佳董事会奖、最佳市值管理董事会奖、最佳公司治理董事会奖、优秀董事会奖、中国上市公司十佳董事会奖、中国投资者关系IR公司百强奖、最佳披露奖、中国最受尊敬上市公司奖等多项荣誉；董事长荣获金牛公司最佳领袖奖、金圆桌最具战略眼光董事长奖；董秘荣获第六届、第七届新财富金牌董秘、2010年最具创新力董秘、中国上市公司最佳董秘、中国上市公司十佳董事会秘书、2010中国最佳创富IR奖、金牛公司最佳董秘奖等多项荣誉称号。入选香港恒生指数有限公司发布的“恒生可持续发展企业指数系列”。撰写《关于近期股份公司两地股价走势情况的汇报》、《关于资本市场对股份公司非公开定向发行A股股票反应的汇报》、《关于股份公司类别股东大会投资者关系工作的汇报》等4份专报。

【股权管理】 收集分析股东持股资料；完成公司控股股东限售股解禁和董事、监事和高级管理人员信息申报工作；年内公司董事、监事和高级管理人员及其他内幕信息知情人未发生违规持股现象。

【产权代表管理】 召开产权代表述职会议1次，组织产权代表参加各类会议近300次，参加学习培训120人次，参加调研考查75人次，撰写调研报告61份。配合中铁五局、六局、八局等单位多次组织产权代对衡茶吉铁路、长沙职工住房、越南轻轨等项目进行调研。

【规范子公司董事会运作】 制定子公司董事会监事会议事规则模板，进一步规范子公司董事会监事会规范运作。年内26家单位制定上报了议事规则，批复执行22家，4家正在进一步修改；制定了《中国中铁××公司董事会报告范本》、《中国中铁××公司监事会报告范本》。

【董事会试点工作】 撰写了《2009年度董事会履职报告》和《总公司2009年度董事会试点工作报告》；配合完成国资委对2009年度董事会、董事评价工作和董事会对高管人员薪酬管理和考核评价工作；在2010年国资委对董事会试点单位评价中，公司董事会被评定为运作良好试点单位之一；组织接待中国移动、国家投资、中国恒天、中国新兴铸管等企业的来访。

【配合证券监管机构工作】 报备公司所有董事会、监事会决议，完成所在线调查12项；报备公司所有的公告及相关材料，报送各类统计表格15项；提出规范资本市场的建议数十条；申报完成公司董监高职务变动信息。

【服务国有企业监事会工作】 完成了2009年度企业年度报告；及时通知其参加有关会议，并提交有关材料；配合其对中铁置业等18家单位监督检查。

【公司治理业务培训】 参加国资委证监会、证券交易所、证监局培训11次；组织董事、监事和其他高级管理人员培训3次；对子公司授课7次；应国务院国资委和地方国资委邀请，向中央企业和地方国有企业的领导人员授课5次。

综合管理

【总公司办公厅】 总公司办公厅与股份公司总裁办（党办）合署办公，是总公司、总公司党委和股份公司、股份公司党委的综合办公机构，是协助公司领导处理公司日常工作的职能部门。履行总部机关办公系统职责，负责文秘、会务、事务、值班、综合协调、督查督办、信息调研、信访、保密、文件流转、档案管理、史志年鉴、对外接待、机关事务等方面工作；履行对各成员企业办公室和党委办公室工作的指导职责，负责对各成员企业的上传下达、信息沟通、工作督办、调查研究、经验推广等方面的工作；履行对上级机关的联系沟通职责，负责向国资委、铁道部、住房和城乡建设部、交通运输部等有关政府部门的请示汇报、联系沟通和信息选报等方面的工作。

总公司办公厅下设综合处、秘书处、信访处、保密办、行政处，行政处下设汽车队。2010年5月，股份公司成立机关事务管理中心，原总裁办机关事务方面的工作转由机关事务管理中心负责。

【以文辅政】 2010年，股份公司重要会议较多，总裁办（党办）积极发挥参谋助手职责，先后参与起草了一届七次党委（扩大）会、2010年度工作会、首届首次职代会、纪念建党89周年暨七一表彰会、总公司领导干部大会、创先争优活动推进会、二届八次全委（扩大）会、重组工作视频会、架子队建设暨标准化管理视频会、部分中央企业负责人座谈会等一系列重要会议材料、领导讲话以及向上级有关汇报材料、函件等300余篇，文稿质量有了明显提高。

【综合协调】 2010年，公司高层次的交流互访较为频繁，企业生产经营任务异常繁重。总裁办（党办）坚持高标准、严要求，认真谋划，精心组织，加强内外协调和沟通联系，圆满完成了各重大事项的协调服务工作。先后完成国内外大型公务接待活动135次，服务人次超过1300余人，月均出车430台次。特别是积极协助配合有关单位和部门，仅用3个多月就完成了新办公楼的装修改造、办公家俱购置、搬迁入住工作。并在春节后一周之内成功组织了9个会议，以及公司历史上在工程项目召开规模最大、层次最高的深圳地铁贯通表彰会和BT项目建设管理模式研讨会，成功举办了国外嘉宾最多的国际基础设施高峰论坛高速铁路分论坛，积极参与了第七届世界高速铁路大会。先后组织安排了节假日值班96人次，接听值班电话超过5000个，处理国家各部委紧急通知27项，特别是在玉树抗震救灾抢险中较好地发挥了组织协调作用，提高了企业整体运转效能和效率。

【督查督办】 2010年，总裁办（党办）围绕企业中心工作、重要会议、重要决议、领导重要指示等加强了督查。根据2010年工作会议精神，下发了《关于对落实2010年工作会议任务进行集中督办的通知》，对涉及总部各部门的重要事项进行了任务分解，明确了202项落实措施和时间节点。先后组织了6次党委办公会，11次总裁办公会，12次大交班会，36次小交班会，50余次专题会议，对会议决定的各项事项及时进行了跟踪督办，并先后对上、下半年董事会和总裁办公会议决议执行情况进行了梳理汇总。同时制定印发了《中国中铁党委办公会议规定》、《中国中铁行政办公会议规定》，进一步规范了党委办公会、行政办公会程序；建立健全了督查督办工作制度，全面开展了重大决策、重要会议、领导重要指示和指示的重点督查和追踪督办，确保了全公司重点工作的贯彻执行。

【信息调研】 进一步加大了信息调研工作力度，调整加强了信息编报力量，切实做好信息参谋服务。1.修订出台了《中国中铁信息工作管理办法》；2.对2009年全年及2010年各季度的信息调研工作情况进行了综合评分通报，对2009年度信息调研工作先进单位和先进个人进行了评比表彰。3.全年共收到基层单位上报信息10767条，共编发《中国中铁信息》911期、《情况通报》67期，其中国资委网站刊用相关信息405条，《央企要情》刊发相关信息93条，累计得分105分，排名中央建筑企业第一名。办公厅谭风华、余金平等两名同志被评为国资委2010年度中央信息工作先进个人。按照公司领导的指示和要求，结合工作实际，坚持统筹协调，积极策划调研方案，自七月份以来，先后陪同公司主要领导到中铁五局、中铁置业、中铁资源、中铁国际、中铁四局及其所属单位等21家单位进行了调研，并结合调研情况，分工协作，分别起草完成了单位调研报告18篇，综合性调研报告1篇，经验性调研报告1篇，并已汇编成册分送公司领导参考，还有近期调研的2家单位的调研报告正在起草。年初拟定的高速公路运营、工程项目预算管理、对标管理等调研课题初稿基本完成，正在积极修改完善。

【维稳信访】 办公厅信访处（总公司信访办公室）现员2人，其中处长1人。主要负责全公司维稳信访工作，代表总公司对所属单位维稳信访工作进行协调、指导及考核；受理、交办、转送信访人提出的信访事项，检查、督促所属单位和部门及时、妥善处理信访事项。年内主要工作：1.进一步健全维稳信访工作责任体系，制定了《总部非正常上访事件应急处置预案》，规范了发生在股份公司总部的非正常上访事件的处理程序和责任，在处置进京越级非正常上访和解决疑难信访突出问题中发挥了积极作用。2.不断强化维稳信访源头治理，从源头上预防矛盾纠纷问题的发生。3.深入开展矛盾纠纷排查化解工作，妥善处理一批突出矛盾。4.坚持日常督查与重点督查相结合，形成了抓重点、重点抓的工作合力。5.建立完善了敏感时期维稳信访工作机制，实现了敏感时期正常上访渠道畅通规范、非正常上访劝返接回依法文明、没有大规模进京聚集上访的工作目标。2010年，全公司共收到群众来信2011封，比前一年同期下降37%，接待群众来访9800人次，同比下降8.75%，其中个人访3781人次，同比下降22.1%；全公司到股份公司总部上访411人次，比前一年同期下降7%，其中个人访208人次，同比下降30%；全公司到国务院国资委上访10批次，同比下降63.2%，在中央企业到国务院国资委上访量排名中由2009年第7位下降为第13位，首次退出前10名，再次受到国资委的通报表扬。

【公文处理】 认真做好股份公司和股份公司党委及总公司和总公司党委文件的收发、登记、分办、传递、用印、整理、归档、销毁工作。1.全年共处理各类发文1514件，同比增加31%；各类收文3637件，同比增加26%；机要文件1553件，同比增加49%。2.制订下发了《股份公司报送公文评价办法》。3.按时将外发函件、信件、特快等送交国务院机要交换站、铁道部文书交换站，或通过邮局寄发有关单位。机要文件交换：发件49件，收件990件（其中，国资委交换站247件，国务院交换站743件）。4.总公司办公厅综合处荣获中央国家机关机要文件交换站先进单位，总公司获国资委中央企业机要文件交换优秀集体，综合处员工徐朵分别荣获以上两单位表彰的机要文件"优秀交换员"；国资委传输平台接收文件521件，国务院来文105件。

【证照管理】 严格执行有关规定，认真做好总公司、股份公司印、信、证照的保管和使用工作。认真做好总部各部门和相关成员企业印章的刻制、启用、更换及归档工作；做好总公司、股份公司法人代码、营业执照证书归口管理工作；做好股份公司相关介绍信函的办理工作。全年非网上审批流程登记用印人次1444人次；办理证照借用29人次，满足了各单位工作需要的同时确保证照近期归还；监刻印章25枚；为配合下属单位投标工作，外出监督用印5次；全年共开具证明及介绍信155封。

【档案工作】 2010年总部档案管理工作是人员新老交替及国资委对中央企业档案工作提出新要求、施行新管理机制的关键时期。1.将原存于老办公楼档案室的全部库存档案、资料进行分类、打包，搬运至新办公楼档案库房，并进行整理、上架，确保了总部在搬迁过程中全部库存档案、资料的安全和完整。2.完成了《中国中铁电子文档管理系统》的后期完善、查新、评审、培训、结题等工作，在股份公司总部正式运行，并举办了一期培训班，全公司有48人参加了培训。完成了2010年电子档案1516条，电子资料3008条等的整理、著录工作，完成了2010年前各类电子档案、资料的导入工作，累计导入15840条次。3.完成了财务部移交的历年会计档案的整理工作，其中整理上架2641卷，整理后装箱封存76箱；完成了西南铁路线51卷项目档案的整理工作；完成了2009年全年有关文件材料的归档工作。

【史志工作】 史志工作规范有序。1.年内完成《中国铁路工程总公司年鉴》（2009年卷）的定稿、出版和发行工作，全书计100万字，共印700册，书号为：ISBN 978-7-113-13411-2。2.分别完成向国资委《国资委年鉴》、铁道部《中国铁道年鉴》、建设部《中国建设年鉴》等提供稿件的任务，约10万字。3.完成《中国铁路工程总公司年鉴》（2010年卷）的资料收集、组稿、编辑和审稿等工作，本卷计100万字。4.完成铁道部部署总公司承担的《中国铁路志》编修等工作，其中第五卷《桥梁隧道轮渡》完成了长篇资料的撰写工作，全书计200万字，并报铁道部验收通过，得到好评。5.完成《中国铁路志》工程工业分志等的资料收集和编写工作，按计划完成阶段性任务。

【值班管理】 由综合模块负责公司总部日常行政事务工作，包括对外重要接待工作、值班管理、汽车队管理等工作。综合模块现员13人，其中经理2人，主管2人，管服人员9人。加强节假日值班管理，共安排各类值班人员57人次，接听各类咨询、报告电话9000多个，处置紧急电话和传真16起，及时将各种信息和情况向领导报告，有力地保障了公司的安全稳定。

【重要接待工作】 年内优化接待程序，规范接待流程，提高接待质量，圆满地完成了公司高层各项接待任务。共完成各类接待任务67批次，接待服务四百余人次。主要接待了英国前首相布莱尔、哈萨克斯坦铁路局、印尼雄鹰集团、澳大利亚源库公司、缅甸亚洲世界、瑞典高铁考察团、澳大利亚Hancock煤矿公司、新加坡客人等重要外宾，接待了国资委、外交部、商务部、铁道部、中宣部、财政部、人社部、安监总局、林业局、国管局以及对外商会、国家开发银行、中国银行、中国信保、亚洲卫视、汇丰集团和云南省、昆明市、深圳市、沈阳市、武汉市、石家庄市、长春市、桂林市、珠海市、湘潭市、德州市、江门市、宝鸡市等国内重要客人，接待了中国北车、铜陵有色、中信建设、昆明铁路局、港珠澳大桥局、山河智能等公司重要客人。

【打字室工作】 认真做好总公司和股份公司公文的打字、修版、文印工作。全年共完成公文流转文件套红848个，打印文件资料等35813页。

【收发室工作】 认真做好邮局来的包裹单、汇款单、挂号信件等邮品登记、分发、通知到本人来签收。需邮寄文件（信函）

的统一暂存、清点、登记、装封等工作。2010年度总收发量为89987多件；特快7580件；汇款,包裹单等等是450件；外发邮件额度19086.8元；全年股份公司总部报刊杂志订阅共发生费用44558.33元，比上年略有增加报刊额度3万元左右。

【车队管理】 在总部公务用车量增加、车队人员紧张，年龄老化及机辆老旧的情况下，努力克服困难，超前设想，合理调配，制定详细周密的保障方案，加班加点，在确保公司领导业务用车的同时尽最大努力保证总部经营接待等全部公务用车。全年车队行车约50多万公里，月均出车630台次。在北京车辆上牌严控的情况下，积极努力为基层单位办理调配车务手续等十多部车。车管业务近百台，全年交通安全和维修保养工作又上新台阶，节约车管费用近九万元。

战略管理

【企业战略研究】 2010年初，股份公司下发了《关于编制股份公司“十二五”发展规划工作安排的通知》，要求各单位重点在三个方面开展前期研究：1.企业发展的环境变化与影响，尤其要加强应对国际金融危机的研究；2.企业发展的目标与思路；3.企业发展重点与对策措施，理清企业“十二五”发展的总体思路，将企业发展规划编制好、落实好、实施好。

股份公司和股份党委高度重视“十二五”规划的编制工作，提出了明确的指导思想、发展目标、重点工作和主要措施，对“十二五”发展规划起草工作提出明确要求。2010年5月股份公司成立了“十二五”发展规划编制的工作机构， 2010年8月完成了股份公司“十二五”发展规划的初稿编制工作，并提交中国中铁党委二届八次全委（扩大）会议征求意见。2010年11月23日股份公司第十次总裁办公会议和2010年12月23日第一届董事会第三十九次会议审议通过。

【企业内部重组和优化资源配置】 2010年，完成了北京、上海、广州地区企业内部重组。将中铁大桥局三公司、中铁五局三公司等三家企业整体重组并入中铁港航工程局；将中铁建工集团北京有限公司、中铁三局一公司、中铁一局一公司整体重组并入中国航空港建设总公司；将中铁三局华海公司、中铁四局六公司、中铁四局市政分公司、中国中铁上海分公司整体重组并入到新设立的中铁上海工程建设有限公司。完成燕丰饭店与华铁咨询公司的并入式重组，在物贸分公司基础上设立中铁物贸有限责任公司。

【内控体系建设】 2010年，对总部内控体系文件进行进一步的修改完善，全面梳理管理制度，业务尽职调查、管理框架设计、流程图绘制及描述编写、关键控制点辨识与措施制定、重大风险识别与评估、业务流程优化、管理工作改进、内控手册编制等阶段工作。先后两次召开专题会议，开展了全面对标检查，结合总部部门调整，职责重新分配，先后两次进行了全面的修订完善。确保建立起既满足企业内控规范体系，又符合总部实际的内控制度体系。

2010年3月1日，中海外、中铁四局、中铁六局、中铁设计咨询、中铁科工、中铁置业、中铁资源七家试点单位，先行组织开展内控体系建设工作，各试点单位先后安排7次集中培训，参加培训的人员达到近5000人次。2010年9月底，各试点单位的各项工作基本完成，并分别向股份公司上报了评审验收报告。各试点单位内控体系建设工作达到了预期的效果，为全公司开展内控体系建设工作起到了示范作用。

2010年10月18日股份公司召开了全公司内控体系建设推进会议，股份公司董事长、党委书记李长进做了重要讲话，总结了全公司内控体系建设工作，对二级企业全面开展内控体系建设进行了全面部署。股份公司总裁白中仁就全面推进内控体系建设工作提出明确要求。股份公司总部内控体系文件建立工作已经完成。

2010年12月10日，副总裁马力主持召开专题会议进行了评审，于2010年12月20日第十一次总裁办公会审议通过。按照工作进度要求，2011年3月底以前完成二级单位内控体系建设工作。

【制度评审工作】 按照股份公司《规章制度管理办法》，对每项新制定和修订规章制度，与主责职能部门充分协商和征求相关部门、各所属单位意见，组织召开评审会议，按照不同层级规章制度审批权限，决定提请总裁办公会审议和审批，2010年召开五次评审会，对近30个规章制度进行了有效评审，编制了《2009年股份公司规章制度汇编》，确保规章制度符合法律法规和切合企业实际。

【认证工作】 结合质量管理体系标准换版，全面修订了管理体系文件。结合内控体系建设工作，开展了全面对标，查找不足和不断改进工作，2010年8月接受了华夏认证中心的年度监督审核，认为股份公司管理体系运行有效，符合质量、安全、环境标准，颁发了换版认证证书。

【资质管理工作】 按照建设部特级资质就位工作安排，2010

年初各特级企业均按要求报送了特级资质就位资料，股份公司组织有关部门专业人员进行了评审，并将评审意见反馈各单位，各单位根据评审意见进行了整改。等待建设部《施工总承包企业特级资质标准实施办法》发布后进行申报。根据股份公司领导班子变更情况及时办理了资质变更。2010年股份公司取得了公路路面工程专业承包一级资质。2010年通过重组、分立等方式取得了二级和三级子公司26项资质，其中总承包一级资质5项，总承包三级3项，专业承包一级资质18项。已申报待批资质9项。

【计划统计工作】 2010年2月8日，发布《关于下达2010年生产经营指导性计划的通知》（中铁股份划〔2010〕31号），其中，成企业营业额4010亿元，新签合同额4713亿元。根据上半年统计，其中，新签合同额已完成年度计划的78.8%，同比增长了44.8%。6月下旬股份公司企业营业额计划由4010亿元调整为4460亿元，增长11.2%，新签合同额由4713亿元调整为6210亿元，增长31.8%。2010年全公司完成企业营业额4718.8亿元，为调整后计划的105.8%，完成新签合同额7354.8亿元，为调整后计划的118.4%。

组织了统计标准的修订工作，并经11月24日总裁办公会审议通过，发布了股份公司新版统计标准（中铁股份划〔2010〕397号）。

每月按时编发一期《统计信息》。《统计信息》从股份公司、二级公司两个层面入手，全面反映各项经营、生产指标，并按业务板块、境内境外、企业类别、工程类别进行详细统计，特别是对统计进行分析，为领导决策提供服务。《统计信息》还摘录有关部委和权威机构宏观经济分析、交通发展规划、固定资产投资、基础设施建设等方面的文件、会议精神等信息，以求扩大信息范围，拓展信息视野。

2010年6月初，股份公司发布了《关于开展2010年度统计法执行情况大检查的通知》，要求各子（分）公司进行自查和在本公司内部进行抽查，要求自查率达到100%，抽查率不得低于25%，并上报执法检查报告。9月份股份公司组成检查组对所属四家子公司进行了检查。全公司现有专兼职统计人员5341名，原始凭证收集、统计台帐建立、统计报表填报等基础工作比较扎实，做到了数出有据。能及时按照地方政府和股份公司要求报送统计资料，未发现虚报、瞒报、伪造、篡改统计资料的现象，也未发生拒报、迟报或其他统计违法违纪行为。统计工作在及时性、准确性、完整性和规范性方面有了很大提高，统计工作的制度化、标准化和规范化进一步加强。

2010年12月7日～8日，股份公司在西安召开了统计工作会议，总结自2007年上市以来全公司的统计，分析统计工作面临的新形势，提出当前和今后一个时期统计工作的总体要求，对今后一个时期开展好统计工作进行了安排和部署。会上有6家单位进行了经验交流，对股份公司新版统计标准进行培训，介绍了股份公司《统计信息化管理系统》初步方案，对2010年统计年报和2011年统计报表提出了具体要求。

2010年11月初，启动了全公司统计工作信息化建设工作。制定了统计信息化管理系统建设的初步方案，明确了信息化建设的指导思想、总体安排、实施步骤和具体措施。2010年股份公司在国家统计局建筑业行业报表年度评比中荣获一等奖。

【参加协会活动】 股份公司与中国企业联合会、中国企业家协会、中国建筑业协会、中国施工企业管理协会、中国铁道工程建设协会、中国铁道企业管理协会、中国公路建设协会等六家协会有会员关系，战略规划部重点抓了以下几项工作：

1.组织申报国家优质工程。3月－12月，组织了2010年度国家优质工程申报，经过材料初审、现场复查、审定委员会审查和公示，全公司共有10个工程荣获国家优质工程奖，其中金质奖1项，银质奖9项。至此，股份公司已累计荣获114项国家优质工程。

2.组织“三优”评审。根据股份公司“三优”评审办法，组织了股份公司优秀企业、优秀企业家、优秀项目经理的申报、初审和评审。经评审，13家单位荣获2010年度股份有限公司优秀企业称号、16名企业负责人荣获2010年度股份有限公司优秀企业家称号、128名项目经理荣获2010年度股份有限公司优秀项目经理称号。同时，按照全国“三优”申报要求，提出了推荐参评名单，目前正组织候选单位或个人准备申报材料。

3.组织申报质量管理先进成果、优秀企业、先进个人。2010年4月组织召开了股份公司施工系统第30次质量管理小组成果发布会，有43个质量管理小组成果在现场发表，46个质量管理小组成果交流。根据现场发表情况评选出6个最佳发表奖，根据小组成果制作水平评选出6个最佳制作奖。在股份公司评选的基础上，组织向中国铁道企业管理协会推荐24个质量管理成果，向中国施工企业管理协会推荐35个质量管理成果，向中国建筑业协会推荐9个质量管理小组成果。还向中国建筑业协会推荐全国建筑业先进企业5家、全国工程建筑质量管理优秀先进工作者6人、全国建筑业企业优秀项目经理22人、中国建筑业协会茅以升科学技术奖－建造师奖3人。向中国施工企业管理协会推荐全国工程建设优秀项目经理31人。

股份公司受邀参加了中国建筑业协会组织的《中国建筑业产业政策和建筑业发展“十二五”规划课题研究》，并与同济大学一起承担了《建筑业人力资源状况与发展》子课题的研究。目前，课题研究报告已初步形成，总字数约60万字。

干部管理

【股份公司新老班子交替工作】 2010年，因公司董事长、党委书记石大华调任国有重点大型企业监事会主席，公司领导班子发生了较大调整，期间，中组部、国资委党委先后五次组成干部考察组，到公司总部进行了石大华同志赴任新职考察、公司董事会和董事考核评价、公司领导班子考核评价及公司领导班子主要领导接替人选和副职后备人选推荐考察。干部部先后组织了600多人次参加了干部大会、370多人次进行了个别谈话，保证了考察工作的顺利进行。同时，根据国资委党委对公司领导班子的调整决定，及时上报公司有关领导人员任免的请示及相关材料，并获得了国资委党委的批复，保证了公司董事会、党委和经理层班子及时到位，实现了公司新老班子顺利交替和平稳过渡。

【领导班子考察调整】 突出抓好重点班子建设，针对部分班子存在的问题，由公司领导带队到中铁二局、三局、五局、六局、七局、大桥局、中铁港航等单位进行调研考察，对领导班子正职进行了调整和补充，及时解决了存在的问题，强化了班子整体功能。根据企业内部重组需要，深入到被重组企业进行全面考察，选拔了7名同志进入到三个新单位班子，并从所属企业和公司总部考察选拔了19名优秀干部，补充进新单位领导班子，加强了班子整体力量。全年先后4次大规模组织考察组，对33家所属单位领导班子进行考察、调整和补充，共调整变动领导人员224人，其中提拔正职15人、提拔副职76人，交流19人，免职5人，调出1人，退休6人，职务调整102人，进一步优化了所属单位班子结构，提升了整体功能，较好地适应了企业改革发展的需要。

【所属企业领导人员公开招聘】 从3月开始，历时4个月，在全公司范围内对二级企业领导人员进行了第三次公开招聘，报名参加竞聘人数161人，参加笔试143人，通过笔试、面试后，有50人进入考察范围，最后有21名同志成功竞聘上所属15个单位领导班子副职岗位。

【四好班子建设】 深入推进“四好”领导班子创建活动。授予中铁一局、中铁四局、中铁八局、中铁大桥局、中铁电气化局、中铁建工、中铁二院、中铁设计咨询、中铁山桥、中铁置业、中铁南方公司和委内瑞拉分公司等12个单位领导班子为2010年度股份公司“四好班子”称号。

【法人治理结构建设】 针对所属企业董事会任届期满的实际，历时23天，通过采取董事会和董事分别撰写工作总结、述职报告，组织填表评价，进行个别谈话，查阅董事会有关资料等方式，先后对所属23家企业任期届满的董事会和126名董事进行了全面考核评价，广泛听取了多方的意见和建议，逐一对每个单位董事会的运行情况、存在主要问题及加强董事会建设的意见进行了分析评价，并撰写了综合考核评价报告，总结了6条经验，查找出9个问题，提出了12条改进措施，为今后进一步加强和改进董事会建设、推进所属企业董事会科学化、规范化运作起到了较好的指导作用。同时确定了23家企业新一届董事会的组成人员。同时，根据工作需要，调整充实了专职董事、监事队伍。目前，股份公司派往所属企业专职董事监事共有27人，其中续聘18人，新聘9人。专职董事监事队伍中，所属单位领导班子成员18人，总部机关部门负责人9人。

【职业项目经理评审】 认真落实项目经理管理办法，启动并开展了职业项目经理的评审工作，首批认定了一级职业项目经理资格人员24人，顺利召开了股份公司一、二级职业项目经理资格评审会议，全年评审通过一级职业项目经理86人、二级职业项目经理162人。

【人力资源信息系统软件开发】 加强了股份公司人力资源信息系统上线培训，完成了全系统27万人的数据采集和系统上线运行的各项准备工作，目前正在积极推进，为加强和改进人力资源管理奠定了基础。

【干部培训】 为统筹安排2010年的系统培训和总部培训工作，制定下发了《关于股份公司2010年度培训工作安排的通知》、《2010年股份公司总部培训计划》。股份公司系统培训计划共安排了40个班次，计划培训4100多人次；总部培训计划安排了10个班次，计划培训1000多人次。

2010年，选派了4名股份公司领导参加中组部组织的培训班。8月5日—6日，股份公司举办了新任职领导人员培训班，共有42人参加。9月1日—10日，股份公司在中央党校举办第五期领导人员理论培训班，，共有50名总部部门负责人和所属单位领导班子成员参加了培训。指导石家庄党校举办了第八期三级公司领导人员培训班，共有61名处级领导人员参加。2010年5月份安排2名所属企业正职领导参加中央党校地厅级干部进修班。选派了9名所属企业的副总经理参加国资委组织的第十九期国有重要骨干企业领导人员培训班。

2010年，举办了一级注册建筑师、注册会计师、一级建造师（水利水电、港口航道）、一级注册结构工程师、注册岩土工程师等执业资格考试考前辅导培训班，共培训220人。10月股份公司在石家庄党校举办第一期总工程师培训班，共有87名二级公司大型重点项目和三级公司总工程师参加了培训选送了13人参加国资委国有企业总会计师岗位培训班、21人参加国资委国有企业组织人事干部培训班、29人参加国资委外事翻译培训班、6人参加国资委国有企业领导人员财务知识培训班，并选派10人赴境外参加学习培训。

2010年加强了对总部员工的培训，在总部建立了学习日制度，每月最后一周的周五作为总部员工的学习日，上午员工自学岗位专业知识，下午集中组织开展通用性知识及综合管理知识培训。总部先后举办了“语言表达、沟通技巧培训班”、“礼仪知识培训班”，参加学习人员达200多人，深受参培人员的好评。总部还先后选派了40人次参加外部培训。

劳资社保管理

【劳资社保部机构、编制变动情况】 调整后劳资社保部总编制18人，其中部长1人、副部长2人、职员15人，部内不再设处级机构。

【总部机构改革】 2010年，完成总部机构编制和职能调整工作，调整后的机构设置为19个部门和3个管理中心，编制285人，取消了部门内设机构，按部门职能科学划分56个业务模块，调整了总部行政部门岗位设置，设立了56个高级经理岗位，加大了中青年骨干员工激励力度，充分调动总部机关全体员工的工作积极性。

【经营管理机构设立】 2010年，完成了股份公司全员业绩考核工作领导小组、股份公司“小金库”专项治理工作机构、股份公司资源板块上市工作领导小组和工作小组、中老铁路建设领导小组、玉树灾后重建领导小组、云南地区铁路建设领导小组、伊朗德伊高速铁路建设领导小组、企业重组工作领导小组、安全质量稽查总队等10个工作机构的设立工作。及时设立了玉树灾后重建现场指挥部、郑州地铁工程指挥部、蚌埠土地开发项目建设指挥部、中老铁路磨万工程建设指挥部等4个指挥部。完成了中铁南通投资建设管理有限公司、中铁中原投资发展有限公司、中铁物贸有限责任公司等3个子公司和中老铁路分公司的设置成立工作。完成了临海高等级公路如东段BT工程总包项目经理部、国投新集公司矿区铁路改扩建工程项目经理部、阳春市铁路支线标段Ⅰ工程项目经理部等3个项目经理部的设置成立等工作。

【劳动用工、劳务队伍和劳动合同管理】 认真落实《劳动合同法》和相关法规要求，强化劳动合同管理，规避企业法律风险，指导规范所属各单位加强劳动关系管理，不断巩固和提升企业劳动合同管理水平。协助开发和推广运用人力资源管理软件劳动合同模块，促进劳动合同管理信息化。督促各单位认真履行股份公司《2010年集体合同》，有效落实国家有关部门关于劳动关系和谐稳定的政策要求，促进了企业劳动关系和谐稳定。

组织企业内退管理工作调研，制定了《关于加强企业内退管理工作的指导意见》，落实股份公司第一次职代会关于内退政策提案，规范各单位内退政策和内退员工管理，解决了内退人员管理存在的一些突出问题，得到了广大员工的好评。

组织专项检查组，深入所属单位城市轨道交通、公路市政工程项目部进行了外部劳务队伍管理专项督导检查，客观评价现场管理水平，提出针对性管理咨询建议，推动所属单位进一步强化外部劳务队伍管理工作，规避了企业劳动用工风险，夯实了企业工程项目管理基础，提高项目管理水平。

参与铁路施工项目实施架子队管理的情况调研，形成《股份公司架子队管理模式调研报告》，为股份公司推行架子队管理和召开“中国中铁深入推进标准化管理暨架子队建设视频会议”提供详实资料，进一步推进了架子队建设和管理工作。

【分离移交工作】 继续做好第二批中央企业分离办社会职能工作，至2010年末还有一局、二局、三局、七局、八局、十局、隧道集团、铁三院等单位公安机构（涉及42个公安机构998人）没有全部完成移交，涉及到7个省市（河北、山西、陕西、四川、天津、河南、山东）。督促和协调各企业继续积极与地方政府沟通联络，解决移交中人员身份、职级、待遇、资产、经费等各种问题。继续妥善解决部分单位仍留企业的先期停办中小学退休教师待遇问题。

【薪酬管理制度】 2010年，制定了《股份公司薪酬管理指导意见》、《股份公司高级管理人员薪酬与考核管理暂行办法》、《股份公司加强全员业绩考核工作的指导意见》、《中国中铁股份有限公司总部绩效考核暂行办法》（草案），编制了股份公司《薪酬相关规章制度汇编》。

【工效挂钩管理】 完成子公司2009年工效挂钩清算和2010年工效挂钩基数审核下达工作，子、分公司2010年工资总额预算年初审核、中期调整工作。初步建立了通过预算调控工资总额的机制，起草了《股份公司人工成本管理办法》，设计了人工成本分析指标体系，发布实施后将建立了股份公司人工成本预警机制，增强企业收入分配自我调控能力，强化了全系统人工成本管理工作。

【薪酬福利管理】 完成了所属企业负责人 2009 年薪酬结算和 2010 年基薪下达工作，开展了子、分公司总部典型岗位的收入情况调查工作，审核批复了中铁三局、中原公司、航空港机关本部薪酬方案，调整哈大指挥部 2007 年制定的"薪酬管理办法"中的薪酬标准。

完成了企业职工薪酬调查工作，配合国资委开展的中央企业福利保障情况调查工作，召开所属单位薪酬会议，研究股份公司"十二五"薪酬规划，制定了以完善岗位价值为基础、以业绩为导向的薪酬分配制度。

完成总部 2010 年薪酬管理工作，包括核算、统计、查询、考勤、社保扣缴、补贴发放、奖金兑现、工资预算、配合审计等大量日常工作。对总部人员进行了薪酬调整工作，比上年增长 12%，充分调动了总部员工的积极性。

【高管薪酬管理】 进一步规范了股份公司高管薪酬管理，建立了高管薪酬管理台帐，完成高管薪酬的兑现和 2010 年度基薪的调整工作。完成了国资委《中央企业负责人年度薪酬手册》、《董事会试点中央企业年度董事报酬手册》等报告。配合完成了国资委监事会和德勤审计对公司高管薪酬的审计工作。完成公司外部董事的薪酬发放和会议津贴的发放工作。

【中央财政补助申请】 完成中央财政补助资金申请等工作，2009 年清算中央财政特定政策补助资金 1510.94 万元，有效解决了原再就业中心 40、50 人员社保费缴纳问题，缓解企业经济压力。及时办理 2010 年中央财政特定就业政策补助资金的申请和预拨工作，共申请拨付中央财政特定就业政策补助预拨资金 700.69 万元。

【技能人才队伍建设】 股份公司是国家人力资源和社会保障部 100 家试点单位开展高技能人才评价工作的第一家，2010 年度共完成鉴定评价人数为 10236 人，合格 8620 人。鉴定通过初级工 1008 人、中级工 1925 人、高级工 3008 人，评价通过技师 1962 人，审核通过高级技师任职资格 717 人。2010 年末股份公司技师、高级技师占技能人才比例超过 9 %，提前完成国资委提出的到 2020 年中央企业高技能人才培养目标，保持了股份公司高技能人才优势。

完成 2009 年度全公司 8571 名职业技能鉴定合格人员上报人保部鉴定中心发证申请和组织验印等有关工作，完成 2008 年部分职业技能鉴定合格人员 3200 人劳保部旧版证书报人保部补办验印工作。

组织编写、审订了 79 个主要工种高技能人才评价示范标准，共 1400 万字。此项工作得到了国家人力资源和社会保障部的充分肯定，在中央企业中起到了示范作用，保证了全系统高技能人才评价工作的科学、规范、有序开展。

组织编制《高技能人才评价示范标准》职业（工种）培训教材和试题库工作。第一批高技能人才评价 39 个职业(工种）3500 万字的培训教材、题库的组织编写、审订工作已完成。发布了 40 个职业（工种）的高技能人才评价培训教材、试题库光盘。组织有关单位进行试题库计算机组卷和自动化考试软件的研究制作。

【技能培训工作】 2010 年，各单位共举办技能培训近 2000 班次，累计 28 万人次参加培训。4 月份在成都铁路工程学校举办了的工程测量技能培训班，153 名学员参加了培训。五、六月份，在中铁山桥集团高级技工学校举办了焊工、电工、工程机械修理培训班，共 203 人参加了培训。7 月在哈尔滨铁道职业技术学院组织 CAD 制图技能培训，共 171 人参加培训。10 月、11 月分两期在中铁隧道集团职工大学举办了盾构施工技术培训班，共 138 人参加培训。2010 年共组织 228 名班组长参加了国资委和清华大学共同举办的"中央企业班组长岗位管理能力资格认证网络培训班"。

【职业技能大赛】 5 月 29 日至 6 月 2 日在成都铁路工程学校成功举办了第九届青年技能竞赛工程测量工技能大赛，全系统共 16 家单位，148 人参加了比赛，前 12 名选手通过集训后组队参加 2010 年中央企业职业技能大赛工程测量工决赛，为中国中铁争得国家荣誉。7 月 19 日，在哈尔滨铁道职业技术学院举办中国中铁第九届青年技能竞赛 CAD 制图技能大赛，通过大赛涌现出一批计算机制图方面的岗位标兵和技术尖子。

2010 年 6 月在成都铁路工程学校举行国资委与国家人力资源和社会保障部联合举办的中央企业职业技能大赛工程测量工决赛，共 25 家单位、142 名选手参加了比赛。中国中铁代表队获得 1 金 5 银 4 铜的优异成绩，选派的 10 名参赛选手全部获奖。中国铁路工程总公司被国务院国资委授予"2010 年中央企业职工技能大赛突出贡献奖"。

【技能人才评价】 制定《职业技能鉴定、高技能人才评价质量督导管理办法》和《关于开展中国中铁股份有限公司职业技能鉴定及高技能人才评价工作年检评估的通知》，建立和完善了质量督导工作的制度体系。在中铁山桥海源培训中心举办了全系统质量督导员培训班，培训取证 172 名质量督导员，做好了质量督导员队伍储备。两项工作有效保证了高技能人才评价工作督导工作的顺利开展。

【社会保险统计工作】 完成了各类社会保险的信息统计工作，2010 年参加基本养老保险统筹人数 53.34 万人，缴纳养老保险费 29.01 亿元；离退休人员 25.01 万人，发放养老金 47.36 亿元。获得社保经办机构拨付的养老金差额款 18.36 亿元，企业负担 2.8 亿元。2010 年参加医疗保险统筹人数 50.03 万人，缴纳医疗保险费 11.03 亿元。2010 年参加工伤保险统筹人数 26.41 万人，缴纳工伤保险费 6375.75 万元。2010 年参加失业保险统筹人数 26.83 万人，缴纳失业保险费 2 亿元。2010 年参加生育保险统筹人数16.94万人，缴纳生育保险费3443万元。

参加补充养老保险人数48103万人，缴纳企业年金5086.51万元，积累企业年金基金4.19亿元。参加补充医疗保险人数20.73万人，当年缴纳补充医疗保险费6785.7万元。历年积累补充医疗保险基金1亿元。

2010年养老保险基金管理成效突出，调整了养老保险基金的收缴方式，保证了在京单位离退休人员养老金的按时足额发放。2010年从北京市社保中心获得养老金差额款1.66亿元。

代办机构机制正常运行。全年规范做好了在京单位缴费基数的采集，社会保险登记证的换发工作；完成养老、失业、工伤、生育保险的增减变动、收缴、支付及分析，维护北京市社会保险管理信息系统；新退休人员的初审及申报；总部离退休人员基本信息库的建立和维护；总部及非法人单位的基本医疗保险管理；总部企业年金和补充医疗保险管理；做好数据的动态维护、传递及档案管理。

【退休人员保险】 完成新退休人员的初审及申报、养老保险稽核检查任务等相关工作。规范新退休人员的初审和申报，继续坚持并完善了特殊工种公示制度，全年初审及申报新退休人员700人。完成社保征缴工作的稽核自查和稽核检查任务。完成四险数据库与医保数据库的比对工作，顺利通过了北京市社保经办机构的数据验收。

调整股份公司在京单位退休人员基本养老金标准。在京单位共计22762名退休人员月增加养老金总额495.24万元，月人均增加217.75元。股份公司机关总部177名退休人员月增加养老金总额5.5万元，月人均增加310.88元。

【养老保险】 开展养老保险关系转移接续和领取待遇资格认证工作，召开在京单位基本养老保险关系转移接续会议，落实国家和北京市的要求。根据北京市《领取社会保险（障）长期待遇人员资格认证管理暂行办法》的规定，对在京23个单位2.3万多名离退休人员包括京外异地安置人员开展资格认证工作。

【工伤保险】 调整工伤职工及供养亲属待遇标准，为股份公司在京单位296名工伤职工及供养亲属调整了工伤保险定期待遇标准，月增加待遇总额4.6万元，月人均增加150元。所需费用由北京市统筹基金支付。

【医疗保险】 规范医疗保险管理。公司总部机关医疗保险管理，已进入制度化、规范化的运行轨道，基本实现了程序化的工作机制。管理办法及日常业务规程已配套衔接到位，工作流程井然有序，使参保人员特别是退休人员比较满意。

【企业年金】 完成了企业年金的制定和汇报材料，制订了股份公司《企业年金方案》和《管理办法》及其他相关文件，并修订了股份公司总部《企业年金实施方案》。9月份，征求成员企业和总部相关部门意见，并与国资委进行了预沟通。目前正按照反馈意见着手方案、管理办法和相关文件的修订、完善。计划报经总裁办公会、董事会审议，报国资委审批。

财务管理

【财务部职责及定员】 总公司财务部是全公司财务工作的主管部门，设股份公司财务部部长1人，总公司财务部部长1人，副部长2人，定员35人，现员25人。

财务部的职责为：(一)负责制订和组织实施公司财务战略。（二）制订和组织实施公司财务管理制度、会计政策和会计核算办法。(三）负责组织实施统一会计核算，编制、合并（汇总）公司满足境内外要求的财务会计报告和其他财务会计信息。（四）组织财务预算的编制和执行，提供相关财务预算管理工作的分析报告。(五)负责组织公司业绩考核体系的建立和实施；组织建立财务风险管理体系，实施财务风险预警管控。(六）监督、检查公司各级财务机构对会计准则、财务会计政策、财务战略和财务制度的贯彻实施情况。(七）组织建立和实施财务绩效评价制度，组织实施财务绩效评价工作。(八）组织实施公司直管项目财务管理工作，负责公司总部工资和资产管理。(九）负责组织实施公司财务信息化工作。(十）负责会计学会管理工作。（十一）负责公司的涉税管理和税收筹划工作。

【全面预算管理】 在公司财务预算管理委员会的指导下，财务部积极推动各级子企业完善预算管理体系，加大预算工作组织力度，落实预算管理责任，改进预算编制方法，优化预算管理流程，充分发挥了预算在统筹经营管理、实现科学发展中的引领作用。

为有效应对国际金融危机的不利影响，牢牢抓住国家加大基础设施建设的有利机遇，公司董事会及管理层高度重视企业2010年度预算编制工作。2009年11月底，财务部按照国资委“早启动、准预测、细安排”的要求，根据公司领导指示，在各预算主责部门有力配合下，提前明确了下年度收入、利润、融资、投资等主要预算指标的编制原则。随后，各部门、各子企业积极行动，密切配合，积极启动全面预算工作，将财务预算与业务预算、投融资预算、资本性预算、薪酬预算相互衔接，相互结合，初步建立起全面预算管理体系并切实开展年度预算编制工作。年底前，在全面审核子企业预算基础上，履行完相关决策程序后，财务部对各子企业2010年预算逐户进行了批复。

2010年，在预算执行过程中，受益于国家宏观经济政策，股份公司加大经营开发力度，加大施工生产，各业务板块均保持快速发展势头。财务部根据公司领导安排，并结合公司实际组织进行了中期预算调整并逐户批复。国资委对公司的调整预算进行了批复，认为“公司预算基本合理，预算管理程序和机制进一步完善，财务预算与业务预算紧密衔接，预算管理的作用和功能进一步显现”。

在2010年度财务预算的统领下，经过公司上上下下共同努力，即将全面完成年度各项生产经营目标。从目前预算管理工作开展情况看，经过几年努力，公司内部更加重视预算管理工作，各项预算目标既起到了引领作用，且与实际经营成果偏离度进一步缩小，预算工作较为科学合理。

2010年，财务部在圆满完成2009年度国有资本经营决算编制工作的同时，积极向财政部争取财政补贴。一年中，财务部会同有关部门主动沟通，多方申请，从国家争取到各类财政资金25933万元，其中重组中国航空港建设总公司补助10000万元、中央企业境外资源权益投资9998万元、产业基地建设补助1517万元，技工校改造补贴1000万元，中央企业施工新技术补贴854万元，中央企业离休干部医药费补助808万元，国别政策进口专项资金718万元，对外经济技术合作专项资金684万元，施工企业科研奖励210万元，战备装备费144万元。

【提高会计信息质量】 财务部组织全公司顺利完成了2009年度、2010年一、三季报和中报，其中中期报告首次接受了审计机构的审阅，按时、完整、真实地向资本市场披露了公司的经营业绩。

在2009年度决算编报工作中，财务部通过组织引导各子企业加强决算组织，明确工作责任，严肃决算纪律，规范报表编制，股份公司所属38家二级子企业的审计报告全部为标准无保留审计意见。2010年7月，国资委对股份公司2009年度财务决算进行了批复，批复意见指出股份公司2009年度财务决算编报情况较好，会计信息质量较以前年度有较大提高，真实、完整地反映了2009年度财务状况、经营成果和现金流量。批复中同时也指出公司在金融衍生工具业务、对外借款、投融资和项目资金集中管理中的一些问题，需要公司在今后的工作中加以关注和解决。股份公司以《关于落实国务院国资委2009年度财务决算处理意见及批复股份公司所属各企业2009年度企业财务决算的通知》（中铁股份财〔2010〕369号）进行了转发，要求各子企业总结经验，关注问题，及时整改。

10月份，国资委、财政部分别在《国资委关于表彰2009年度财务决算管理先进单位的通报》（国资发评价[2010]151号）、《财政部关于2009年度全国企业财务会计决算工作情况的通报》（财企〔2010〕200号）中，同时对中国中铁2009年度财务决算工作进行了通报表扬。

【制定统一会计政策】 股份公司上市后，为适应公司经营管理需要，满足新形势下外部环境和内部发展对财务管理特别是会计核算的要求，企业亟需制定一整套财务核算管理办法。4月，财务部组织精干业务人员组成项目组，在各子企业大力支持下，着手制定统一的会计核算手册。

项目组在实地调研访谈基础上，围绕工作重点和各级子企业对手册的期望，收集了股份公司及42家二级单位的相关会计政策、制度、科目及报告文件，并结合企业基本业务情况及有关管理性文件，对各单位的会计政策、科目体系、报告体系的设置及运用现状进行了对比分析。在调研基础上，项目组用6周时间进行诊断分析，对发现的问题、重点关注事项及手册整体框架的设计，与各级财务领导和业务骨干进行了广泛交流，在基于行业最佳实践和经验，并结合中国中铁实际，拟定手册的整体方向。最后，项目组通过16周的详细设计，多次召开专题研讨，通过各种方式与各单位就具体问题进行了详细沟通，在大部分会计政策、经济事项核算处理及科目设置和调整上与各单位达成一致，并于9月中旬在成都召开了由38家二级单位及14家成都地区三级单位共计70余人参加的研讨会，详细研讨了核算手册中会计政策、科目体系、财务报告、合并案例以及经济事项举例等具体问题，进一步修订和完善了手册中的重点、难点事项。手册内容丰富，超过1000页，必将对公司财务会计工作起到很大的助推作用，具有重要的价值。目前手册已经编写完成，公司总裁办公会议已经研究批准。财务部近期已组织三期培训班，培训各企业财务业务骨干650人，大面积培训随后展开，确保会计核算手册2011年1月1日在公司内全面实施。

【业绩考核】 财务部深入研究国务院国资委相关业绩考核政策，积极与国资委相关部门进行沟通，贯彻落实相关文件精神，修订相关考核办法，进行专项课题研究，圆满完成了业绩考核各项相关工作。

2010年，财务部按照国资委统一部署，根据总公司决算报告，向国资委正式呈报了《关于2009年度和2007-2009年任期中央企业负责人经营业绩考核完成情况的总结分析报告》，并积极争取有利于公司实际的一些政策。公司2009年业绩考核得分133.85，考核结果为A级；2007-2009年任期业绩考核得分129.312分，考核结果为A级，这也是中国中铁第一次在国资委对企业业绩考核中获得A级。

在分析总结2009年内部业绩考核经验的基础上，财务部不断完善现有考核办法。2010年修订了《股份公司业绩考核管理暂行办法》，制订2010年度考核标准值；在广泛征求意见基础上，制订了《项目部业绩考核管理指导意见》；根据委内瑞拉项目的重要性与特殊性，制订了《委内瑞拉分公司委内瑞拉迪-阿铁路项目业绩考核办法》。相关办法意见经过总裁办公会审议后已下发到各单位。

2010年，财务部组织进行《EVA在建筑企业业绩考核中的运用》课题研究，在广泛调研讨论的基础上，通过研究反映企业创造价值的EVA调整项，重点探索真正适合衡量建筑企业自身业绩的EVA考核计算方式，该课题研究的初步结果得到了国资委考核局的较高评价，将组织专家进行专题研讨，以此作为中央建筑企业在EVA运用过程中的调整标准。

【资产管理】 2010年，财务部在产权转让和资产评估工作中严格执行国资委、财政部有关制度和办法，严把机构选择、评估审核、进场交易和协议转让关，规范产权管理行为，所有的评估报告均由股份公司选定的评估机构出具。

在产权转让工作中，股份公司荣获上海产权交易所和北京产权交易所“2009年度最佳产权交易组织奖”。委托在产权交易所挂牌交易的产权转让项目5个，经过挂牌后均已顺利完成交易，相关手续已取得各产权所出具的产权交易凭证。综合来看项目成交价较挂牌价有较大幅度的溢价，促进了国有资产的保值增值。

在资产评估工作中，财务部完成资产评估备案25项。评估工作中，强调过程控制，要求在整个工作中留下必要的内控轨迹：在评估工作的最开始，要求各单位提交评估申请，对委托方的选择和评估机构的选择进行控制；确定了业内执业能力较强的八家中介机构作为评估工作的备选机构，并将根据实际的工作情况进行动态调整；在评估报告提交后，进行多级复核制度，即国有资产持有方初步复核，财务部合规性复核，对于一些复杂的项目交由专家小组进行三次复核，从而保证了资产评估报告的质量。

为帮助子企业及时揭示经营活动中的财务风险，财务部按照《财务风险预警管理暂行办法》，根据2009年度和2010年一、二季度各二级企业的财务状况，在初步预警和各单位风险自查的基础上，及时发布各期财务预警报告。通过财务预警工作，及时警示风险，确保子公司持续稳健发展。

此外，财务部还开展完成了推动主辅分离，实施精算费用管理，相关企业注入上市公司、并购自查、公安移交资产处置等一系列工作，保证资产管理工作能够扎实稳定地不断推进。

【经济活动分析】 为进一步提高股份公司经济运行质量，研究分析经营管理中的主要问题，落实年度预算指标和KPI管理目标，4月份和7月份，财务部组织召开了2009年度暨2010年一季度经济活动分析大会和2010年半年度经济运行视频会，股份公司李长进董事长、白中仁总裁及经理层所有成员，监事会领导，总部相关部门负责人，各子企业主要负责人、总会计师及财务部长参加了会议。会议分析了企业发展的宏观形势和具体情况，要求各企业加强经营力度，抢抓市场机遇，在安全质量可控的前提下，进一步加强项目管理、成本管理和预算管理，全面提高盈利能力。会议采取“对标”形式指出了各企业中存在的综合毛利率下降、资产负债率攀升、应收款项居高不下、子企业亏损严峻等四方面突出问题，对参会企业提出了明确的控制目标和具体要求。

【项目财务监管】 2010年，财务部不断深化项目财务管理工作，落实项目收入、成本及资金的控制责任，积极组织规范直属项目机构的财务会计工作，加强对直属项目机构的指导、监督和服务，有效提高了直属项目机构财务会计工作质量，项目财务监管得到逐步规范。

为落实精细化管理，真实反映重大工程项目阶段性经营成果，深化项目财务监管制度，财务部对京沪高铁，哈大、武广、郑西、石武客专，贵广铁路，北京-承德高速公路，深圳地铁5号线、安哥拉社会住房等30个在建重点项目实施财务监管，完成了2009年四季度及2010年一、二季度《重点项目季度财务分析报告》编报工作。

《重点项目季度财务分析报告》按照业务板块、施工企业、重点项目就项目预算、决算收入与成本、应收应付款项、存货（含已完工未结算）、工程结算、设备投入等指标进行分析研究，发现重点项目经营管理中的突出问题，并提出相应管理建议。10月初，财务部根据股份公司近来新中标项目情况，发文调整纳入监管的重点项目名录，将选取46项在建、新中标及收尾项目，涉及合同金额5240亿元，从2010年四季度起实施监管。

【税务管理】 2010年，财务部加强了对各涉税税种、税收优惠政策、境内外税收政策差异、地方特殊税收政策以及企业内部重组、关联交易等特定涉税事项的研究，并制定相应税务应对措施，积极实施税收筹划，减轻企业税收负担。各级财务部门积极与税务部门沟通，争取各项税收优惠政策。

年中，财务部下发通知要求各企业上报本单位2009年度税务管理和税收筹划工作总结，对全集团涉税问题进行系统地梳理研究，集中解决公司涉税突出问题，为下一步的集中筹划做好准备。

7月初，为增强各单位对最新税法知识的了解，充分合理地运用税务政策进行管理和筹划，以降低企业税负，规避税务风险，财务部在北京举办了一期纳税筹划培训班，邀请了财政部、税务总局负责制定相关税务政策的专家和具有丰富实践经验的税务咨询机构的专家授课，解读最新税务政策，研讨热点、重点和难点问题，并与财政部、国家税务总局领导直接进行沟通、汇报和反映问题，取得了预期效果。

针对三类人员精算费用税前扣除以及国家税务总局发布《关于跨地区经营建筑企业所得税征收管理问题的通知》（国税函156号）执行中存在的增加工作量和企业税负等问题，财务部与国家税务总局进行反映和多次沟通，力争取得政策支持。

此外，为配合国家税务总局对武广高铁项目税收检查工作，财务部成立武广高铁税收自查工作领导小组，对工作进行了认真部署，组织有关参建单位进行了认真自查和抽查，并积极和国家税务总局稽查局沟通汇报，取得理解和信任，相关工作进展顺利，规避了税务风险，维护了公司整体利益。

【财务信息化】 经过数年的建设和完善，财务部在诚易核算系统和浪潮报表系统等基础财务信息平台的基础上，成功搭建了局、处两级财务数据中心，建立了整合核算系统模块、财务业务管理模块、账转表、浪潮报表、浪潮久其转换以及决策分析BI模块等功能的中国中铁财务信息集成平台（CRECFIS2.0），并在全公司各成员企业全面推广应用，基本满足了上市公司财务信息管理要求，为各项财务会计工作的开展提供手段支持，减轻了财会人员工作压力。

6月，召开了由国资委、财政部、人民大学等权威部门和研究机构的领导和业内专家组成评审验收会，对财务信息集成平台进行了阶段性验收，与会专家听取了项目实施、项目应用、系统运行及运行成效等方面的情况汇报，查阅了有关项目的技术资料，认为该项目的实施有力的推动了中国中铁财务基础管理工作，为加强企业经营管理奠定了基础，对中国中铁财务信息集成平台做出了很高评价。

在9月底财政部召开的2010年决算布置会上，财政部对中国中铁财务信息化建设进行了公开表扬。股份公司也以中铁股份财〔2010〕360号文的形式对近年来在财务信息化建设中涌现出来的中铁二局等8家先进集体和15名先进个人进行了通报表彰。

【“小金库”专项治理】 7月，在国资委统一部署下，总公司在全公司范围内展开“小金库”专项治理工作。公司党政领导在此问题上形成共识，齐抓共管，相应成立了“小金库”治理工作领导小组和日常工作机构，财务部作为日常工作牵头人，根据企业所处行业特点有针对性地制订了本企业的“小金库”治理方案。通过各单位自查及公司组织的重点检查，发现了公司部分子企业在合同和资产管理上存在漏洞，需要完善相关的管理措施。财务部正在推进有关工作，深入剖析产生“小金库”的原因，强化源头治理，查找管理的薄弱环节，建立完善的内部控制制度，尤其在合同管理和资产管理方面建立有效管理措施，将作为下一步专项治理工作整改落实阶段的主要工作。

【扎实开展财会学会工作】 2010年，财会学会围绕股份公司中心工作和企业发展战略目标，在强化培训教育，加强财会队伍建设，深化课题研究工作，提高财务人员理论研究水平，加强会计信息化建设，建立网络交流平台，丰富活跃财会队伍等方面，充分发挥了其作为桥梁纽带的积极作用。

根据国管局要求，财会学会积极组织开展股份公司机关高、中、初级会计人员继续教育培训工作与股份公司在京单位会计人员继续教育培训工作，均取得了良好的预期效果。

4月份，在铁道财会学会软科学课题专家评审会上，公司报送的课题取得了一等奖2项、二等奖19项、三等奖7项；2010年课题立项工作中，全系统共报2010年财会软科学研究课题申请39项，已上报中国铁道财会学会进行立项。此外，财会学会大力鼓励财会论文创作，2010年征集财会论文100多篇，经评审后，精选出50篇论文送《国际商务财会》编辑部发表。

下半年，财会学会组织了中国中铁首届财务系统摄影作品比赛。经过认真评选，共报送参评照片1008幅，其中：财务人员作品835副，占参赛作品总数的83%。最终评出评委特别推荐奖1名，一等奖2名，二等奖3名，三等奖4名，优秀奖20名。活动最终取得圆满成功，得到了各单位的一致好评。

【内部管理与团队建设】 财务部注重优化部门内部信息流程管理，不断提升部门工作效率和服务水平，安排专人负责历次总裁办公会、董事会等专题会议的议案办理，制定了标准化的财务信息流转流程，建立了财务部KPI数据库，规范财务工作流程，有效提高财务信息流转质量与效率。

结合学习实践科学发展观、创优争先活动，财务部大力加强部门建设，特别是部门党支部建设。财务部党支部获得了中国中铁总部机关“先进党支部”的荣誉称号。

财务部采用多种形式积极组织支部活动，不断提高党员整体的政治素养和党性修养，使党员在思想上、行动上与党中央保持高度一致，力求建立一支作风正派，勇于创新，团结协作，求真务实，勤政廉洁，具备超强凝聚力和战斗力的党员队伍。

在学习与人才培养上，财务部号召部门财务人员强化学习财务专业知识，并建立开展部门内部定期学习制度，紧抓当今先进财务工作的创新实践，要求部门员工做到学习“四个要”：“要向理论学习，更要向实践学习，要向国际先进公司学习，也要向各级基层单位学习”，以使总部财务人员不断开阔理论视野、优化知识结构、增强能力素质；注重对年轻职工的培养和引导，培养财务人才梯队，树立部门内学习模范典型，保持部门内积极进取的学习风气。

资本运营管理

【资本运营部】 根据职能定位，资本运营部主要负责制订、实施公司资金管理的规章制度，集中管理公司资金和账户，管理公司各项担保、反担保及保函等中间业务，并承担公司资金管理中心及各子分中心的业务管理职能；负责组织编制、汇总、审核公司年度融资预算及调整业务；负责管理公司及各子分公司的股权和债券融资、金融投资、股权投资及金融信用资源管理等工作。

【资金管理系统】 截至 2010 年年末，资金管理系统使用累计达 184.23 万人次，月均登陆使用 5.12 万人次，与初始投入使用阶段相比，呈现急速增长状态。2010 年融资管控和定期报表模块已单独开发完成并实施，经过一定时期的稳定运行后，根据积累的经验进行优化，并植入资金管理系统中。

【融资集中管控】 2010 年全公司融资集中管控取得很大成绩，在保障生产经营的基础上，有效的控制了全公司的融资规模，缓解了存贷双高的现象。截止 2010 年年末，所有单位融资规模都处于年初批复预算范围内，公司合并层面融资总规模 822.71 亿元，为年初预算的 86.33%。

【外币集中管理体系】 2010 年资本运营部构建外币集中管理体系，保障境外资金安全。通过收集和掌握公司海外项目资金管理资料，召开境外资金管理会议，确定境外资金集中管理合作银行，并初步开展境外资金集中业务。截至 2010 年年末，已在香港开立境外资金中心账户，并将中海外和中铁四局纳入境外渣打银行资金管理体系，将委铁分公司纳入工行 NRA 账户资金管理体系。股份公司本部的已通过该中心实施境外资金收付款。

【拓宽融资渠道】 2010 年与农业银行总行和上海浦发银行总行开展了战略合作，并签署了战略合作协议，获得上海浦发银行新增集团授信 200 亿元，进一步拓宽了金融资源。同时，资本运营部积极与中国人寿、中国太保等保险公司接洽，拟通过引入长期保险资金置换 BOT 项目贷款，一方面实现资金期限上的匹配，另一方面可以创新资金来源渠道，降低资金成本，创造更多的效益。

【落实直接融资】 2010 年宏观走势较为复杂，货币政策由积极转向稳健，资本运营部准确判断利率走势，适时通过公司债、短期融资券等获得低成本资金，确保股份公司资金需求，保证公司主业发展及战略转型。2010 年分两期顺利完成 5 年期、10 期和 15 年期公司债券共计 120 亿的发行工作，扣除发行手续费用，共取得低成本资金 119.3 亿元。同时，续发 17 亿到期短期融资券，并开展了 50 亿新增短期融资券的发行工作。此外，2010 年年末启动了 120 亿中期票据的注册工作。

【推进股权再融资】 公司拟通过股权再融资获取更多的资金，并有效降低公司资产负债率。该工作自 4 月 7 日启动以来，资本运营部在主要公司领导的支持下，积极开展和各部门、单位以及中介机构的沟通工作，经过两个多月的努力，完成了前次募集资金审核报告、法律尽职调查等一系列工作，并于 6 月 18 日经公司一届三十一次董事会审议通过， 6 月 24 日正式行文报国资委审批。8 月 11 日，公司临时股东大会审议通过了该议案，预计可从资本市场直接获取资金 60 多亿元。但由于证监会对主业中有房地产业务的企业增发股票审批条件趋于严格，目前该项工作中止。

【资金统筹调配】 资金统筹调剂是发挥资金集中后的规模优势，降低企业财务成本的重点工作。资本运营部在加大资金集中力度，控制头寸风险管理的基础上，积极开展资金内部调剂使用工作。截至 2010 年年末，合并层面月均资金集中度为 70.99%，超额完成 62%的年度考核目标。各级资金中心年末集中内部资金合计 603 亿元，利用集中的资金开展内部调剂总额为 552 亿元，各级资金中心全年节约财务费用合计 17 亿元，公司合并层面人民币存贷比已由 2007 年的 99.10%降低到 62.98%的合理水平。

【投资项目实施状况月度快报制度】 2010 年 4 月建立了投资项目月度快报制度，完善投资项目实施状况监督，满足股份公司按月及时了解全公司投资项目实施状况的需要，体现着投资管理的精细化管理方向。月报自 2010 年 4 月份起顺利实施，初步建立起对全公司的本月投资、本月收入（回购或销售）、本年投资、本年收入（回购或销售）及项目有息负债等指标的监控，同时，建立起对股份公司董事会决策通过的项目重点监控的机制，及时报告重点项目的重要进展事项。因部门职能调整，自 2010 年 8 月起，该项工作终止。

【投资预算编制和调整】 根据股份公司实际情况和投融资预算管理办法，开展了投融资预算的编制、调整和批复工作，并按照要求将年度投资计划顺利上报国资委，同时定期（季度）收集预算执行情况，跟踪投资进度，实现了公司投资“整体家底清楚”和“计划执行有序”。

【投资项目评审】 公司职能调整之前，共组织完成 17 个投资项目（都是房地产项目）的评审，并提交公司决策机构审议。全年共提交总裁会议案 22 个（包括 15 个房地产开发、2 个股权融资、3 个增资、1 个配股、1 个资源开发）、董事会议案 21 个，以及总公司总经理办公会和董事会议案各 1 个。通过这些项目的评审，逐步提高了对投资项目、投资与风险、投资与能力的科学化管理，并为下一步全面调整投资管理体系奠定了一定理论和较丰富的实践基础。

【金融投资研究】 2010 年积极开展金融投资研究，1. 关注汇率动态和趋势研究，完成了三期汇率分析综合报告，为公司 H 股资金领导小组及时做出外币资金兑换决策提供了研究支持。2. 对股份公司目前持有的金融衍生产品结构、风险以及未来趋势作了分析，并完成《中国铁路工程总公司关于金融衍生产品的年度报告》并提交国资委等。

【产融结合专项研究】 2010 年资本运营部成立课题组等形

式，主持和参与了多个专项课题研究并形成课题论文和专项研究报告。其一参与总结深圳地铁5号线BT模式经验。撰写了《对深圳地铁5号线投资建设管理模式的解析与探索》和《建筑行业内分工和整合大趋势初探》两篇会议论文；其二对地方债务危机的分析研究和预警，形成了《关于地方政府债务对股份公司基础设施投资项目的影响分析》等报告，并在《资本营运简报》03期中发布《有关基础设施领域的重要预警》；其三定期分期国内外宏观经济，并在《资本营运简报》上定期发布相关研究报告；其四参与国资委组织的投资项目量化风险分析和中央企业重大投资项目风险量化分析系统等研究课题。

【规划组建财务公司】 财务公司是资金中心的未来发展方向，不但可以解决地位合法性问题，规避税务风险，同时能在现有企业内部资金中心的基础上，为内部成员单位提供更多、更好的业务支持和金融服务。2010年资本运营部已开展了部分前期工作，包括政策研究、同业分析、潜在目标资源分析等，争取在2011年内启动财务公司组建规划工作，组织专业人才、咨询机构，认真研究、拟订财务公司组建方案。

投资发展工作

【投资发展部】 2010年7月，中国中铁股份有限公司组建成立投资发展部，定员13人、现员9人，主要负责制定、实施股份公司BT、BOT、EPC等新型建设管理模式业务、房地产和资源板块的战略发展、投资计划和管理制度。对股份公司及所属单位BT、BOT、EPC等新型建设管理模式业务、房地产和资源板块的监管工作。以股份公司名义开展的BT、BOT、EPC等新型建设管理模式业务的信息收集、追踪、可行性研究，项目合同谈判、评审、签约和建设管理工作。组织股份公司所属单位投资项目的可行性研究和项目评审、报批等工作，配合做好股份公司投资项目的后评价有关工作。负责股份公司所属单位运营公路、水务等BOT项目的归口管理工作。指导股份公司所属单位开展BT、BOT、EPC等新型建设管理模式业务、房地产和资源项目的开发、管理等工作。

【完善规章制度】 制定出台了《中国中铁股份有限公司高速公路运营管理办法》和《中国中铁股份有限公司关于加快发展房地产业务的若干意见》，起草了《中国中铁股份有限公司房地产管理办法》和《中国中铁股份有限公司矿产资源管理办法》、正在完善评审中。

【规避投资风险】 根据基础设施投资、房地产和矿产资源三大板块（以下简称“三大板块”）的投资特点，从政策风险、市场风险、回购风险、资金风险、管理风险等五个方面，全面加强对投资项目的评审论证和建设管理全过程的监管，有效规避或降低投资风险。

【制定投资条件】 从投资范围、建设模式、地域选择、投资回报、项目周期等各方面分别制定了三大板块的基本投资条件，确保新运作的项目满足投资条件和回报要求。

【实施分级决策】 根据单项BT项目、土地一级开发项目、房地产二级开发项目、股权投资项目和非主业投资项目的投资规模、全投资内部收益率和自有资金内部收益率等指标情况，采用分级授权决策机制，由股份公司经理层和董事会分别决策，提高投资项目的决策效率。

【严格预算管理】 对三大板块严格执行年度投资预算和融资预算管理，合理控制三大板块的投资节奏和投资规模。

【投资基础工作】 投资发展部成立后，对三大板块全部146个在建项目进行逐一梳理、建立项目台帐，指定专人进行动态管理。其中（至2010年底）：BT项目25个、BOT收费公路项目10个，BOT污水处理厂1个、TOT污水处理厂1个、PPP项目1个，土地一级开发项目10个，房地产二级开发项目80，矿产资源项目18；三大板块投资规模为2857亿元，开累完成投资1206亿元，剩余投资1652亿元。先后对中铁置业长沙、沈阳、贵阳、厦门、石家庄房地产公司，以及电气化局北京和石家庄的项目进行检查和调研；针对领导关心的问题，对房地产一二级开发进行多次调研，撰写多篇市场调查报告供领导决策参考。

【投资回报符合预期】 BT项目年度完成投资62亿元、回购资金55亿元，预计收益率16.1%。10条BOT收费公路全部建成通车，总投资398亿元，开通里程880公里，年度完成投资39亿元，实现清分收入15亿元、较去年大幅增长52%，有岑兴、全兴、渝邻、榆神共4条公路的日均清分收入超过盈亏平衡点。土地一级开发年度完成投资38亿元、出让土地3302亩、回收资金18亿元，测算收益率为40.8%。房地产二级开发年度完成投资220亿元，在建开发土地面积6380亩，年度施工建筑总面积640万平米、竣工204万平米、销售197万平米、销售率72%、实现销售额142亿元，营业收入117亿元、净利润7.8亿元。矿产资源年度完成投资31亿元，营业收入10.6亿元，实现利润1.9亿元，现有3个矿山生产实物产品。

【投资节奏和风险总体可控】 加大项目可研评审力度、有效规避投资风险，确保项目满足投资条件和回报要求。年度评审BT项目31个，审核通过并新签6个、投资总额108亿元，预期利润30亿元；年度评审房地产项目50个、否决8个，新签土地一级开发项目1个、投资额23亿元、预期利润15亿元，获取房地产二级开发用地14宗、土地面积3476亩、购地款97亿元；资源立项8个、其中有4个项目进入实质运作阶段、投资总额86亿元。年度全部新签项目的投资回报率均大于股份公司要求。

【探索房地产商业开发模式】 成功运作了“贵州国际旅游体育休闲度假中心”项目，总用地约3万亩，基本地价4.6万元/亩，预估投资268亿元，预期利润38亿元。探索商业、旅游、高尔夫、一二级联动、基础设施投资带动房地产等多种商业开发模式，公司第一次实现了大规模低价拿地，全面提高运作项目的规模和品质、最终形成品牌效应。

【加强政策营销、深化政企合作】 成功组织了深圳地铁5号线BT模式研讨会，该模式得到了建设部、发改委等与会领导的高度认可，在全国地铁市场引起了轰动效应和政策导向作用。受其影响，郑州地铁2号线实现了施工总承包、重庆地铁6号线会展中心支线实现了BT投资施工总承包建设；同时，深圳地铁7、9、11号线已决定继续采用BT模式建设，郑州、厦门、重庆、成都、桂林、南京、宁波、长沙、石家庄、东莞、沈阳等40多个城市和建设单位与公司开展互访、商谈地铁等基础设施投资建设事宜。

法律事务管理

【法律事务部】 法律事务部定员编制9人，主要负责贯彻国家及国家部委有关法制工作三年目标的要求，组织拟定并督促全公司系统法制工作三年目标的实现。负责组织拟定全公司系统法律顾问队伍建设的规划及组织实施；组织实施对股份公司系统法律顾问的管理工作，协调、检查和指导股份公司所属各公司法律事务机构及法律顾问的工作，不断提高企业法律顾问的执业水平。负责制定、审核股份公司的重要规章制度。负责组织合同评审、合同管理工作。负责组织股份公司重大项目、重大经济活动的法律谈判和论证，重大经营决策的法律论证。针对股份公司生产经营的实际情况，提出预防法律风险的措施和对策。接受法定代表人的委托，负责组织代理股份公司的重大疑难诉讼、仲裁和非诉讼案件，依法承办案件。负责组织提供上市公司规范运作的法律服务。负责组织其他国家的法律研究和提供相关法律服务。

【法律事务工作会议】 2010年，召开了股份公司全系统法律事务工作会议，股份公司总裁李长进、副总裁、总会计师、总法律顾问李建生以及国资委、铁道部、交通部等部委领导出席了会议并做了重要讲话，股份公司法律事务部部长、所属各单位总法律顾问及法律部部长均参加了会议。会上，李长进总裁指出，法律事务工作是企业经营管理的重要组成部分，是企业依法经营的重要基础、防范风险的重要手段、维护企业合法权益的重要措施，加强法律事务工作更是股份公司建设具有国际竞争力的综合型建筑企业的重要途径。这次会议，是继2003年法律事务部成立以来的第三次全系统法律工作会议。会议深化了对法律工作重要性的认识，明确了今后的工作思路，指明了工作方向，为今后更好地开展法律工作奠定了坚实的基础。

【总法律顾问制度】 2010年，法律事务部紧紧围绕国资委关于法制工作三年目标的相关要求，以人员到位和职责落实为核心，加强指导、积极推动，着力完善总法律顾问制度建设，大力培养法律人才，全力推动企业法律顾问队伍建设，在国资委贯彻落实三年法制工作目标第二年度推进情况考核评比中，在123家中央企业中取得了建筑业第一名和总体第十名的好成绩。

2010年度，在股份公司确定的27家重要子企业中，已全部设立了总法律顾问，设置率达到100%，有23户设立了独立法律事务机构，法律事务机构设置率达85.1%。为实现重要子企业总法律顾问设置率达100%的目标，股份公司法律部向尚未完成总法律顾问设置工作的相关单位下发了《关于按要求设置企业总法律顾问的通知》（股份办法发〔2010〕27号），并要求其于2010年底前完成总法律顾问设置。在三级子公司中，建立总法律顾问制度，设立总法律顾问和独立法律事务机构的企业越来越普遍。如，中铁四局有12家单位建立了总法律顾问制度，成立了独立法律机构，设立了作为公司高级管理人员的专职总法律顾问，总法律顾问专职率达到85%；中铁七局下属10家子公司均设置了总法律顾问，其中有七家设置了独立法律事务机构；中铁十局16家子、分公司中规模较大的11家重要子公司设立了独立法律事务机构。尤为突出的是，中铁八局在在四级子公司中设立了总法律顾问，不仅开设了股份公司总法律顾问制度的先河，也走在了中央企业总法律顾问制度建设的前列。

【三个审核把关率】 2010年，法律部根据国资委三年法制工作目标的要求，主动结合企业经营管理实际，努力促进法律事务工作与企业经营管理的有效结合，狠抓各级公司经济合同、规章制度和重要决策的法律审核把关工作，实现了三个审核把关率达100%的目标，基本杜绝了法律风险的发生，基本杜绝了企业因违法经营发生的重大法律纠纷案件，历史遗留的重大法律纠纷案件也基本得到解决。

【合同管理工作】 2010年，法律事务部在“合同未经法律审核不得签订”的管理原则指导下，进一步加强了合同审核把关及合同履行的监控。据统计，全公司法律系统共审查合同66520份，标的额约计11699.82亿元，均比上一年度有大幅地增长。其中，股份公司法律部全年共审核了深圳地铁5号线BT项目工程承包合同、科技城普陀山路跨浒光运河桥工程施工承包合同、龙子湖西岸滨湖新区合作开发合同、塔吉克斯坦交通信息部与股份关于签订瓦赫达特-亚湾铁路项目的设计及施工意向书、人力资源信息系统服务器等设备采购合同等各类合同198份，标的额约计241亿元。

为贯彻落实项目管理的标准化建设工作，有效控制合同风险、提高合同管理水平，实现合同管理标准化，2010年，法律事务部紧密结合公司项目管理实际情况和水平，开展了工程承包项目合同管理课题的研究，取得了阶段性成果，形成了《中国中铁股份有限公司工程项目合同管理办法》、《中国中铁股份有限公司工程项目合同管理标准》和全公司适用的大量常用工程合同范本的初稿。

【法律纠纷处理】 股份公司法律纠纷主要外部纠纷和内部纠纷两个部分组成。2010年，公司全系统共发生各类法律纠纷2415起，比去年减少了约200起，涉及标的额44亿元，比去年减少了约11亿元，纠纷发生数量和涉及标的额均大幅度降低。其中以股份公司为直接当事人的各类法律诉讼纠纷共9起，比去年下降了31%，涉及标的额5496.75万元，比去年下降了63%；对于内部纠纷，为加强股份公司内部管理，维护股份公司的整体利益，法律部本着沟通、和解、公正、执法必严的原则，很好地履行了内部调解的职责。2010年，法律事务部受理案件共计20件，涉及标的额达3430.85万元，其中经股份公司法律部调解，双方达成和解协议的案件共10件，涉案金额达1410万元，其余案件仍在调解过程中。股份公司通过内部纠纷调解工作不仅为全公司系统节约外聘律师费、诉讼费、执行费和其他办案经费达近1000万元，更重要的是维护了上市公司的整体形象。

【贯彻“五五”普法规划】 2010年是中央企业贯彻落实“五五”普法规划的总结验收年。法律事务部作为“五五”普法规划的归口部门，结合生产经营实际，针对经济发展模式的深刻变化，不断加大法制宣传力度，积极开展法制宣传教育，不断增强企业管理人员及全体员工的法律意识及风险防范意识，积极应对危机、防范企业经营风险，进一步扩大了普法教育的成果。法律部一方面利用集中讲座、报纸等传统形式进行普法宣传，通过网络、征文、12·4普法宣传日进行普法宣传等形式来进一步提高员工学法、守法的积极性，深入开展法制宣传和教育，同时又利用中国中铁报，组织刊载普法文章加大了法制工作的宣传力度；组稿编辑出版了《中国中铁法律事务》，提高了全体员工学法用法的积极性。通过不断创新普法形式，加大法制宣传力度，不断增强企业管理人员及全体员工的法律意识及风险防范意识，进一步扩大了普法教育的成果。

【其他法律事务工作】 2010年，法律事务部共完成包括总公司、股份公司企业法人营业执照年检、总公司、股份公司法定代表人变更、中铁中原投资有限公司、中铁工物贸有限公司、中铁上海局工程有限公司等企业名称核准等各项工商登记事务9件；审核、修改、批复子公司章程修正案30份；办理商标申请权的转让及商标注册及权利的保护等工作。截止目前，总公司、股份公司共拥有商标5个，包括“铁工”、“工总”、“中铁工程”、“CERC”及“CREC”图形商标；顺利完成国家实验室登记注册事项。中国中铁股份有限公司获得全国法制宣传教育先进单位，王怀远获全国法制宣传教育先进个人，王怀远、陈晓平、吴青获得国资委中央企业法律事务先进工作者。

审计工作

【审计部职责与工作】 根据《关于公布中国中铁股份有限公司总部机构编制、部门职能、业务模块和岗位系列的通知》(中铁股份劳〔2010〕455号)，股份公司内控审计部更名为审计部，定员由10人增至13人。股份公司审计部是股份公司内部审计职能部门，主要职责是：

（一）负责制订、实施股份公司审计规章制度。负责行使内部审计监督权，实施内部审计监督。负责开展股份公司董事会审计委员会赋予的工作。

（二）负责制订和实施股份公司审计工作计划。负责组织开展各类审计业务，提交审计报告和建议。

（三）负责对股份公司经济活动、资本运营、国有资本变动等实施审计监督。

（四）负责股份公司内部审计工作规范化和信息化建设。履行股份公司内部审计协会的职责。

（五）负责协调与国家审计署、国资委和中国内部审计协会等单位的工作关系。

（六）负责股份公司内部控制评价等工作。

2010年，股份公司内部审计工作在国资委的正确领导下，在董事会审计委员会和中国内部审计协会的指导下，紧密围绕股份公司“保增长、调结构、转机制、争效益”的中心工作，积极履行内部审计监督职责，坚持“依法审计，服务大局，围绕中心，突出重点，求真务实”的审计工作方针，以内控制度和风险管理审计为导向，认真开展工程项目审计、企业领导人员经济责任审计、财务审计、内控制度评审以及专项审计调查等工作，在促进企业加强管理、建立健全内控制度、防范经营风险、提高经济效益以及维护企业合法权益等方面发挥了积极作用。

2010 年度，全公司共完成审计项目 2386 项，其中：工程项目审计 832 项，经济效益审计 297 项，经济责任审计 250 项，财务审计 164 项，管理绩效审计 133 项，内控制度审计 73 项，财务决算审计 86 项，专项审计、基建项目审计等其他项目 551 项。通过审计，已纠正违规金额 76,186 万元，促进增收节支 31,750 万元，提出审计建议被采纳 6430 条。股份公司审计部完成审计项目 14 项，其中：工程项目审计 1 项，经济责任审计 7 项，财务审计 1 项，内控制度及财务收支审计 2 项，审计调查 1 项，专项资金审计 1 项，2009 年度审计项目后续审计 1 项。

【审计工作重点与审计项目计划】 2010 年初，股份公司审计部及时制定下发了《中国中铁股份有限公司 2010 年审计工作要点》。在《股份公司审计工作要点》中，认真分析了股份公司审计工作面临的形势，准确把握企业发展的目标，针对公司施工毛利下降、投资和贷款增长过快、资产负债率不断上升、投资房地产、矿产资源和海外业务还存在一些风险、“三个集中”和预算管理需要进一步加强等问题，明确了 2010 年股份公司审计工作的主要思路是紧密围绕股份公司“保增长、调结构、转机制、增效益”的中心工作，积极发挥内部审计监督与服务的职能作用，以促进企业规范公司治理、完善内部控制、加强风险管理和提高经济效益为目标，以管理审计和效益审计为重点，加强工程项目审计，全面开展各项审计工作，为促进股份公司实现持续健康、又好又快发展发挥更大的作用。同时，提出了全年股份公司审计工作的十项重点工作安排，并拟定下发了股份公司总部全年的审计工作项目计划，对股份公司各单位及时制定 2010 年的审计工作计划起到了指导作用。各单位也都根据股份公司要求并结合企业实际，制订了本企业的审计工作计划，对推动 2010 年审计工作的全面开展起到了重要作用。

【内部控制工作】 配合股份公司 2009 年报披露工作，及时完成了《股份公司董事会关于公司内部控制的自我评估报告》。内控审计部根据《上海证券交易所上市公司内部控制指引》和《企业内部控制基本规范》的有关要求，对公司内部控制制度的建立及运行情况进行了认真梳理和检查，完成了《股份公司董事会关于 2009 年度公司内部控制的自我评估报告》。《评估报告》对股份公司内部控制目标及遵循原则、内部控制基本要素、2009 年公司内部控制重要事项和 2010 年公司内部控制工作计划进行了简明扼要的阐述，对上述所有方面的内部控制进行了自我评估，保证了股份公司年报披露工作的顺利进行。

【工程项目审计】 按照股份公司 2010 年审计工作计划，内控审计部于 2010 年 5 月对中铁南方投资发展有限公司进行了就地审计，审计范围包括南方公司本部、深圳地铁 5 号线 BT 项目、深圳北站综合枢纽及相关配套工程。中铁南方投资公司积极与深圳市政府、深圳地铁公司合作，充分利用 BT 模式这一新的体制机制资源，有效地控制了工期、节约了投资、减少腐败发生的中间环节，在全国地铁建设领域创造了较大的影响。在 5 号线项目仍在建设期间，深圳市又陆续授予了深圳北站配套、前海湾枢纽，地铁 4 号线接口等合同，使在建项目总规模由原来的 95 亿元增加到 149.13 亿元，实现了干好在建工程，获取更多合同的良性循环。在审计过程中也发现了中铁南方投资公司在公司治理、项目合同管理、内部控制与财务管理等方面存在一些缺陷，如固定资产管理、机构设置、全线成本测算与控制等方面仍需加以健全和完善。

【经济责任审计】 2010 年，股份公司审计部根据国资委《中央企业经济责任审计管理暂行办法》和《中央企业经济责任审计实施细则》要求，认真组织实施了中铁三局集团公司原董事长刘成山、范国富、原总经理黄天德，中铁九局集团公司原总经理柳汉桥，中铁建工集团公司原总经理郑勇，中铁港航局原总经理于洪潮，中铁宝桥集团公司原董事长曹连生、原总经理黄振宇以及中国铁路工程总公司石家庄党校原常务副校长王宏光等领导人员离任经济责任审计。审计过程中，重点把握了主要经济指标完成情况，资产、负债及利润的真实性与完整性，潜盈潜亏因素，资产质量，重点关注了公司治理以及内部控制的健全性、有效性等情况，通过审计客观公正地反映企业经营状况，如实披露存在的问题，对领导人员任期内经营业绩与经济责任进行了客观公正的分析和评价。经济责任审计为企业正确评价和选用干部，界定企业领导人的任期经济责任，促进规范企业经营行为，改善经营管理，完成企业经营目标起到了很大的作用。

【投资项目审计调查】 根据股份公司董事会要求和 2010 年股份公司审计工作计划，股份公司内控审计部组织开展了股份公司董事会审议通过的投资项目审计调查。审计调查的范围是股份公司董事会成立以来截止至 2010 年上半年，历次董事会会议审议通过的房地产项目、BOT（BT、TOT）项目以及矿产资源等投资项目，目的是加强对投资项目的审计监督，进一步完善企业内部控制机制，有效规避风险，提高资产运营质量与效益，促进股份公司董事会决策项目的正确实施。自 2007 年股份公司董事会成立以来截止 2010 年 6 月 30 日，股份公司共召开董事会会议 32 次，审议通过的房地产、BOT（及 BT、TOT）以及矿产资源等投资项目共计 57 项，其中：土地一级开发项目 4 项，房地产（二级）开发项目 27 项，BOT 项目 2 项，TOT 项目 2 项，BT 项目 9 项，矿产资源项目 13 项。通过审计调查，摸清了股份公司董事会审议通过的各类投资项目的开发实施及效益情况，提出了应合理规划企业发展战略、控制投资项目总规模以及采取措施加快投资项目开发进度、加强投资项目的内控制度建设，防范和控制经营风险等 7 项建议，起到了内部审计为企业经营管理服务的积极作用。

【财务收支与内控制度审计】 根据 2010 年审计工作计划安排，内控审计部于 2010 年 2 月至 3 月对中国海外工程有限公司经营情况及公司内部控制状况进行了就地审计。2008 年、2009 年中海外公司在世界范围金融危机和激烈的市场竞争环境下，在生产经营和企业内部管理上做了很多工作。2008 年和 2009 年公司合计新签合同额 1,468,871 万元、完成营业额 819,850 万元、实现利润总额 17,156 万元、归属母公司净利润 13,877 万元。但经过审计，也发现了中海外公司在企业内部管理上，公司本级及子公司在公司治理、董事会运作和企业内部控制、财务管理、会计核算及投资项目管理、BT 项目款回收、企业发展战略、财务预算管理、资产管理以及对项目、子分公司监督检查等方面，还存在一些问题，还需进一步加强和完善。

【同级审计】 根据北京证监局和股份公司董事会审计委员会的要求，为完善企业自我约束机制，充分发挥内部审计监督服务职能，2010 年 4 月，内控审计部以股份公司文件形式下发了关于股份公司各子分公司开展同级审计的通知（中铁股份审〔2010〕116 号），要求股份公司各级审计机构积极落实北京证监局和股份公司董事会审计委员会的要求，开展同级审计监督工作。《通知》中明确要求各单位在 2010 年审计工作中，应安排开展同级审计，以完善内部审计职责，同时明确股份公司内控审计部将对各单位落实开展同级审计情况进行检查。2010 年 6 月，内控审计部开展了对股份公司本部 2009 年度预算收入审计，通过审计了解了股份公司本部财务预算管理基本情况，对 2009 年股份公司本部收入预算、决算情况进行了审计检查，提出了财务预算管理、会计核算等方面存在的七个方面的问题，并提出了相应的审计建议。通过审计，对促进股份公司本部加强财务预算管理起了积极作用。

【企业年金运营情况审计】 开展了中国中铁总部企业年金运营情况审计。根据《中国中铁总部年金暂行办法》及总部企业年金管理委员会的委托，内控审计部于 2010 年 8 月对总部年金运营管理情况进行了审计。审计范围包括 2004 年年金设立至 2010 年 6 月期间，企业年金的缴纳、支付、收益情况，以及企业年金运行的合规性、安全性及效益性。通过审计，指出了总部企业年金在运行管理中，由于未完成上报审核，同时也未交付合资格运行机构管理，使企业年金在合规性管理、内控制度建设、定期报告及会计核算等方面还存在一些问题，同时内控审计部提出了相应的审计建议，对规范股份公司年金管理起到了建设性作用。

【其他审计工作】 配合国资委组织的对股份公司原董事长石大华任期经济责任审计。按照公司领导的指示，内控审计部负责此次审计的配合、接待和联络工作。国资委于 2010 年 3 月在公司组织召开了审计进点会，并委托信永中和会计师事务所对石大华董事长进行任期经济责任审计的财务基础审计工作，审计期间为 2007 年至 2009 年。信永中和会计师事务所对总公司和股份公司总部、部分所属企业等 22 个单位进行了现场审计，并就问题与被审单位交换了意见。在财务审计结束后，国资委收益局领导与公司领导班子成员及部门负责人进行访谈，并请外部专家对财务和绩效报告进行评审，然后出具任期审计报告，并与公司和本人交换意见。

2010 年，股份公司审计部加强了对审计结果落实情况的跟踪管理，督促被审计单位或有关部门对审计问题和建议认真进行整改，发挥审计的监督作用，不断提升审计价值。股份公司审计部对 2009 年度开展的审计项目，都进行了后续跟踪审计，检查审计意见和审计决定执行情况，督促被审计单位积极实施整改，促进了审计意见的落实，提高了审计执行力。

【评先表彰工作】 为推动内部审计工作发展，调动各单位审计人员积极性，根据《股份公司审计工作评比办法》，内控审计部组织开展了 2009 年度股份公司内部审计工作先进单位和先进工作者评选表彰工作。经过认真评选，中铁一局集团有限公司、中铁四局集团有限公司、中铁六局集团有限公司、中铁八局集团有限公司和中铁大桥局集团有限公司等 5 个单位被评为 2009 年度股份公司审计工作先进单位，53 名个人被评为先进审计工作者，受到股份公司表彰，对推动审计工作深入开展起到了积极作用。

安全质量环保工作

【安质环保部】 2010 年，安质环保部按照国务院办公厅继续深入开展“安全生产年”的活动要求，坚持“安全第一、预防为主、综合治理”方针，深入贯彻落实科学发展观，坚持安全发展理念，全面贯彻《中央企业安全生产监督管理暂行办法》，根据企业实际情况，狠抓责任落实，强化安全监管，扎实开展了安全生产宣传教育、安全生产稽查、重大事故隐患排查治理

“三项行动”，切实加强安全生产规章制度、安全生产应急保障能力、安全总监及安全稽查队伍“三项建设”，努力实现企业安全生产持续稳定、强化安全质量责任制，加强内部监督检查，狠抓安全质量稽查，全面提高全员的安全生产意识，逐级落实“一岗双责、岗岗有责”安全生产责任制，使全公司安全生产形势基本处于稳定状态，工程质量有序可控、环境保护和职业健康和谐发展，质量创优工作取得成绩。

【制度建设】 结合股份公司实际，在全方位、多层次征求意见的基础上，修订并重新发布了中国中铁股份有限公司《安全质量事故责任追究办法》（中铁股份安〔2010〕77号）等安全生产规章制度，确保企业规章制度合规。国务院《关于进一步加强企业安全生产工作的通知》（国发〔2010〕23号）发出后，结合股份公司管理实际，党政工团联合下发了《中国中铁股份有限公司关于进一步加强安全生产工作的通知》，从总体要求、健全“一岗双责、岗岗有责”的安全生产责任体系、施工项目安全管控、技术保障体系、生产安全监督管理、应急救援体系、目标考核和责任追究、企业安全文化等八个方面，对全公司今后较长一段时间的安全生产工作提出了要求，具有指导作用。

【“安全生产年”工作】 2010年是国务院办公厅确定的继续深入开展“安全生产年”。为深入落实国务院安委会有关“安全生产年”各项工作要求，结合公司施工生产实际情况，在深入开展安全生产宣传培训、安全生产稽查、重点领域隐患排查专项治理“三项行动”的同时，全面加强了安全生产规章制度体系、项目安全生产应急保障能力，安全生产总监及安全生产稽查队伍“三项建设”，并注意与日常安全生产管理、群众安全监督员以及“安全生产月”活动相结合，努力推动安全生产状况的持续稳定好转。实现了“安全生产月”无事故目标。截止12月22日，全公司安全生产形势基本平稳。

【安全生产工作会议】 2010年3月3日，股份公司召开了全公司安全生产工作会议，李长进董事长从提高思想认识、加强组织领导、落实安全责任、健全监管体系、培育安全文化、推进标准化管理、注重科技兴安、强化责任追究等八方面对公司的安全生产提出了要求。白中仁总裁作了《坚持预防为主、全面落实责任，推动全公司安全生产形势持续稳定好转》的主题讲话，回顾总结了全公司2009年的安全生产工作，安排部署了2010年安全生产工作任务，要求全公司进一步采取有效措施，努力抓好2010年的安全生产工作，推动全公司安全生产状况持续稳定好转，为企业实现新的更大的发展提供有力的保障。

【安全生产应急预案工作】 安质部先后拟稿并发出《关于做好“五一”生产安全和汛期地质灾害预防工作的通知》（2010-58号）电报，要求各单位严防因特殊气候和地址灾害引发生产安全事故；发出《关于进一步加强在建工程安全质量管理工作的通知》（2010-75号）电报，要求各单位吸取其他单位教训，加强消防安全管理，加强过程控制，消除质量隐患，持续升入开展安全生产大检查。发出《关于在全公司开展2010年“安全生产月”应急预案演练周活动的通知》（2010-98号）电报，对全公司的应急演练周活动（6月份第三个星期）进行了统一部署，6月14至20日，公司各项目部结合工程实际和汛期施工特点，开展了多种形式的应急演练。

【安全生产基础管理工作】 2010年，股份公司规范了稽查总队管理，安质部长兼任稽查总队总队长，增设了稽查总队编制，配置了定员。今后将对铁路建设项目进行常态化质量安全检查和重点建设项目的半年定期生产安全稽查，定期通报稽查情况和质量安全不良行为。

6月17日～29日，股份公司安全稽查总队对近五年来发生生产安全事故最多的三级子公司（中铁三局五公司）进行了安全稽查。对五公司8个在建工地进行了量化评分稽查，提出整改建议50条；带着现场发现的问题稽查组对五公司机关本部职能部门进行了系统检查，提出整改建议10条。有力地促进了五公司的安全生产管理。

9月1日～20日，公司稽查总队四个稽查组，以铁道部22号电报 “机构设置与人员配置，规章制度建设与制定，现场管理，过程控制”等项目标准化建设为重点，采用《中国中铁安全（质量）稽查手册》，对公司所属一、二、四、五、七、八、九、十、大桥、隧道、建工集团等11单位的43个在建项目的168个工点进行了现场化评分稽查，共发现隐患和问题294项（类），提出工作建议及整改要求126条，现场下发“股份公司安全（质量）稽查总结报告表”43份。

12月10日～25日，公司稽查总队根据刘辉副总裁关于强化2010年下半年生产安全质量稽查工作的指示，继续针对“重点地区、重点领域的铁路施工现场、营业线施工、轨行车辆及大型机械设备、城市地铁工程”开展了专项生产安全质量稽查。

【安全生产大检查】 按照2010年3月18日总裁办公会议的决定，4月份，股份公司成立了六个督查组，由六位公司领导亲任组长，公司副总工程师和有关部门负责人任副组长，各相关部门全面参与并抽调有关单位人员组成了覆盖全国31个省市的六大片区督查组21个检查小组，对股份公司所属各单位的246个在建项目进行检查，各督查小组按照《安全生产大检查评分汇总表（试行）》对所检查的项目的生产安全管理及内业资料、现场生产安全、职业健康、环境管理、文明工地建设、安全质量事故、分包队伍管理、文件传达落实和业主评价等9大方面的内容进行了量化评分检查。形成了《检查评分汇总表》，并对发现的主要问题提出了整改要求，共发现各类现场安全隐患605条，提出整改要求1107条，并由各集团公司安质部门负责验证闭合。除去刚开工项目和收尾项目，这次大检查的抽检率超到了10%。

【逐级签订安全质量责任书】 长期以来，公司所属企业坚持每年、各项目逐级签订安全质量责任书，通过指标量化，层层分解，将安全生产责任、目标、任务落实到各级“一把手”，使“一岗双责、岗位有责”的安全生产责任得到有效落实。3月3日全公司安全生产工作会议上，股份公司总裁进分别与各子公司法定代表人、分公司总经理、哈大指挥部常务副指挥长等34家单位签订了《安全质量责任书》。《责任书》明确了责任目标，坚决把安全生产与“帽子”挂钩，做到“谁不重视安全，组织上就让他不安全；谁不把安全生产当回事，组织上就不把他的职位当回事”，从重从严追究事故责任。股份公司按照新的责任追究办法，对一般伤亡事故也按文件规定追究局级领导的管理责任。

【召开安全质量视频例会、专题例会和工作座谈会】 2010年3月29日至31日在南宁举办了股份公司安全质量环保监管工作座谈会。总裁白中仁亲临会议并作了重要讲话，会议就如何实现“一岗双责、岗岗有责”的安全生产责任制定期量化考核、2010年鲁班奖联合创优进行了具体研究，统一了所属各单位2010年的安全质量环保工作思路。

根据公司项目分布广、管理跨度大的特点，从2004年开始，公司积极探索“地方政府属地监管”的有效途径，已连续多年召开地区安全生产管理会议，通过邀请国家有关部委及地方政府安有关部门领导、专家到会讲话、讲座，建立了有效的工作联系，有力的促进了地区安全生产管理工作。2010年12月8日至9日股份公司在铜陵召开了安徽地区施工项目安全生产座谈会。会议邀请了安徽省和铜陵市安监局领导到会并做了讲话，刘辉副总裁全程参加会议并就公司近几年以来及安徽地区在建施工项目安全生产形势作了重要讲话，要求各单位和项目制度建设向制度落实转变，制度落实到位；从事后抢险向事先预防转变，风险管理到位；从过程纠偏向严格工艺标准转变，严格过程控制到位；从事后重整改、轻问责任及时问责转变，铁腕治安全到位。并就加强今冬明春的安全生产工作提出了具体要求。会议还组织与会人员参观大桥局铜陵长江大桥施工现场，并对参会人员进行了安全知识培训。

【群众安全生产监督工作】 设立群众安全生产监督员工作，有利于夯实一线作业班组的安全生产基础，促进作业员工的提高安全生产意识。自去年公司下发《关于在生产一线设立群众安全生产监督员进一步加强群众安全生产监督工作的意见》(中铁股份办〔2009〕127号）文件后，公司各单位高度重视群众安全生产监督员活动工作，拟定实施细则、管理办法、考核制度，全面深化落实群众安全生产监督工作。在择优选拔、岗前培训的基础上，在一线班组配备群众安全生产监督员，对“群安员”的日常管理中采用定岗定责、定期考核、奖惩兑现等形式，明确他们的安全监督责任。把群安员工作纳入安全生产管理体系；纳入单位集体合同；纳入各单位安全稽查、安全大检查的重要内容；纳入项目经理和项目班子年度考核指标；纳入安全文明标准化工地评比条件等，实践证明，群众安全生产监督员对一线安全生产起到了很好的作用。

【安全生产宣传教育活动】 1.发出《关于在“全国安全生产月”开展安全质量宣誓活动的通知》（2010-84号）电报，决定6月1日上午9时在全公司开展安全质量宣誓活动，将此活动作为公司安全生产月活动的启动仪式。接到通知后，各单位和现场项目部领导高度重视，认真贯彻落实通知要求，精心组织，在规定时间，在全公司所有工作场所开展了庄严的安全质量宣誓活动。据不完全统计，全公司6000余个项目经理部、28万职工和约200万劳务作业人员参加了本次宣誓，总部机关全体员工200余人同时参加了此次安全质量宣誓仪式。2.利用报纸、板报、有线电视，开展安全生产宣传教育。2010年4月26日中国大陆第一条海底隧道厦门翔安海底隧道建成通车，交通运输部和国家安全监管总局联合下发《关于对厦门翔安海底隧道安全生产工作给予表彰的通报》(交质监发〔2010〕202号)，通报表彰中铁隧道局和中铁一局施工的厦门翔安海底隧道安全生产工作，要求建设项目要以厦门翔安海底隧道为榜样，学习他们的安全生产理念和管理经验，始终坚持以人为本、安全发展的原则，不断提升建设工程安全生产能力，确保施工安全。3.编辑制作了《安全生产宣传教育片》，发放各成员单位。

【全国安全生产应急知识竞赛】 股份公司高度重视全国安全生产应急知识竞赛活动，成立了竞赛组委会，股份公司总裁白中仁和工会主席姚贵清担任领导组长，及时下发了《关于组织参加全国安全生产应急知识竞赛活动的通知》，股份公司参加全国安全生产应急知识竞赛人数达11万多人。股份公司、中铁隧道局、中铁电化局、中铁四局、中铁三局、中铁八局、中铁九局、中铁宝桥、中铁置业、中海外10个单位荣获全国安全生产应急知识竞赛优胜单位奖。股份公司任乐春、中铁隧道局雷宏亮等5人荣获百名竞赛优秀组织者奖。

【质量监管工作】 2010年，确定了工程质量监管工作的思路，即：遵循“政府监督、社会监理、企业自控、用户评价”的监督管理模式和实行“百年大计、质量第一”的质量方针，以工程项目建设为载体，以争创国家级、省部级优质工程为目标，以加大科技投入和技术创新为手段，以狠抓过程控制为保证，认真落实工程质量终身负责制，继续保持质量管理有序可控的总体态势。这个思路进一步明确了质量监管工作的载体、目标、手段以及控制措施，对于指导全公司质量监管工作起到了很好的指导作用。

【质量安全专项活动】 2010年8月20日，为认真贯彻落实铁道部8月13日《关于开展高铁项目安全质量专项检查活动的通知》，全公司部署开展了为期 1 个半月的高铁项目质量安全专项检查活动。从思想认识、源头控制、过程控制、责任落实、实体质量等方面开展了全面的自查自纠，分发动部署、专项检查、总结分析三阶段，以“六位一体”和标准化要求为重点，全面开展了质量检查专项活动。同时积极与铁道部质量安全监督总站沟通，将发现质量通病和薄弱环节通报全公司，要求全公司上下高度重视安全生产，高度重视工程质量，高度重视企业形象，努力在工程质量上做到“不留遗憾、不当罪人、建不朽工程”。结合全国“质量月”活动，开展一次为期一个月的，以“加强标准化管理，杜绝安全质量事故”为主题的质量安全警示教育暨安全质量大检查活动。

【质量创优工作】 在总结上年优质工程申报中存在问题、了解各类优质工程申报条件变化等情况的基础上，根据各成员单位人员变动较为频繁的实际情况，股份公司安质部除专门发出工作电报，对质量创优工作涉及到的工程规模、工程类别、资料填写、申报时间、复查配合等多个方面的细节问题进行了明确，促进了全公司质量创优工作的规范化、标准化。

2010 年，质量创优工作成果显著，全年共获得鲁班奖 6 项，由股份公司组织申报的京津城际（二局主承建）、北京南站（建工集团局主承建）、大别山隧道（隧道局主承建）、武汉北编组站（大桥局主承建）4 项铁路工程和中铁六局承建的天津市快速路南仓道铁东路立交工程、中铁五局塔吉克斯坦沙尔—沙尔隧道公路项目 2 项非铁路项目共 6 项工程获得鲁班奖。获国家优质工程 10 项，火车头优质工程 70 项，股份公司优质工程 101 项。

国际业务管理

【出国来访情况】 2010 年 1-12 月份，股份公司办理公派出国团组 475 个，其中：自组团 436 个，双跨团 39 个，出访人员 1594 人次；办理出国（赴港澳台）团组护照、签证和通行证 825 本；办理(赴港澳台)签证、签注 1262 人次；涉及国家和地区有香港、澳门、台湾、泰国、马来西亚、新加坡、越南、老挝、蒙古、印度、日本、缅甸、伊朗、沙特、阿联酋、巴基斯坦、印尼、斯里兰卡、哈萨克斯坦、土库曼斯坦、乌兹别克斯坦、阿尔及利亚、英国、德国、法国、丹麦、奥地利、意大利、乌克兰、俄罗斯、白俄罗斯、波兰、塞尔维亚、瑞典、土耳其、美国、加拿大、墨西哥、阿根廷、委内瑞拉、巴西、智利、哥伦比亚、摩洛哥、利比里亚、塞内加尔、塞拉利昂、南非、肯尼亚、埃塞俄比亚、安哥拉、刚果（金）、苏丹、马里、哥斯达黎加、坦桑尼亚、澳大利亚、斐济、新西兰等 59 个；邀请来华访问团组 36 个，人员 89 人次。

【重大事件与活动】 2010 年 3 月 9 日，李长进总裁在总部会见了马来西亚前财长顿•达因阁下一行，双方就如何进一步推进马来西亚南部铁路项目交换了意见，并共同出席了中国中铁股份有限公司和大洋成功有限公司组建联营体协议的签字仪式。

3 月 25 日，李长进总裁赴刚果（金）视察了中铁资源绿纱公司、国际矿业公司实施的开发项目，听取了绿纱矿情况汇报，并提出了下一步工作要求和希望。

3月12日，李长进总裁参加了铁道部组织召开的铁路“走出去”战略工作座谈会。李长进总裁代表中国中铁作了重要发言。首先，对铁道部长期以来给予中国中铁“走出去”开拓境外铁路市场的关心、支持和帮助表示了感谢，其次，简要介绍了中国中铁开展国际业务的开展情况，第三，明确表示服从铁道部协调、服务大局，积极推进中国铁路又好又快地“走出去”的决心。

3 月 30 日，李长进总裁在刚果（金）拜见了刚果（金）总理穆齐托阁下，向穆齐托总理通报了资源换项目进展情况和中方企业所遇到的困难。穆齐托总理表示刚果（金）政府将全力支持中方企业在刚执行“一揽子”项目。李长进总裁在刚果（金）期间，视察了中海外、华刚公司、SGR 公路管理公司和基建项目管理公司的工作和中铁资源“两矿一厂”项目，听取了各单位的情况汇报，并针对各在刚单位的不同情况分别提出了具体工作要求。

4 月 19 日，李长进总裁在总部会见了埃塞俄比亚财政部长苏菲安・艾哈迈德阁下、埃塞驻华大使海里克洛斯・格瑟塞和铁路公司总经理格塔丘・伯特鲁等一行，双方就如何进一步推进埃塞俄比亚国家铁路网项目建设等问题交换了意见，并共同签署了战略伙伴关系合作备忘录。

5 月 14 日，周孟波副总裁在中国中铁大厦会见了上海贝尔股份有限公司总裁华罗鑫、副总裁唐辉、汪卫国等一行，双方就如何进一步推进市场信息资源共享，促进双方合作交换了意见。双方表示，要积极推进印尼南苏门答腊煤炭专用线、利比亚黎波里地铁和委内瑞拉北部平原铁路项目工作。

6 月 9 日上午，李长进董事长在总部会见了伊朗交通部部长哈米德・贝巴哈尼、副部长马吉德・阿萨迪、伊朗驻华大使萨法利等一行，双方就伊朗高速铁路建设和融资、设计标准、规划等双方共同关心的话题进行了深入交流。

7 月 8 日，白中仁总裁在股份公司总部会见了澳大利亚南澳基础交通部兼能源部部长帕特里克・康龙先生一行。双方就南澳矿石、铁路、房地产等开发项目和南澳艾尔半岛至北部陆地的铁路项目等情况进行了沟通与交流。

7月20日，周孟波副总裁在股份公司总部会见了南非共和国议会交通委员会主席洛丝·班古女士一行。双方就外国企业在南非的投资方式、如何满足当地的黑人经济振兴计划、基础设施建设等问题进行了深入、坦诚的交流。

7月26至27日，股份公司董事长李长进赴马来西亚吉隆坡参加了“第三届全球基础设施建设年会”。李董事长代表建筑企业做了题为《中国高速铁路建设》的主题发言，全面介绍了中国高速铁路建设的概况以及中国中铁在高速铁路建设中所取得的技术突破和技术成果，同时，也对中国高速铁路建设与发展进行了展望。

8月19日，股份公司总裁白中仁在总部会见了尼日利亚交通部长尤苏夫·苏莱曼一行。中尼双方相关人员针对尼日利亚南部沿海铁路的设计施工方案和相关问题进行了进一步交流。

8月20日，股份公司总裁白中仁、副总裁周孟波在总部会见了来访的加纳道路公路部部长吉迪苏一行。

10月4日至8日，股份公司董事长、党委书记李长进随中国铁道部代表团赴伊朗访问期间，于5日下午出席并见证了中铁国际与伊朗交通部基础设施建设公司在伊朗交通部大楼举行的“伊朗德黑兰—伊斯法罕高速铁路EPCF承包合同（EPCF：设计施工总承包加融资）签订仪式。

10月15日，股份公司董事长李长进在总部会见了印度尼西亚圣鹰集团董事长兼总裁彼得·松达一行，双方就印度尼西亚南苏门答腊煤炭运输项目进展情况和关键问题交换了意见。

10月18日，股份公司总裁白中仁在总部会见了白俄罗斯驻华大使阿纳托利·托济克先生，双方就白俄罗斯铁路建设相关问题交换了意见。

11月7日，股份公司总裁白中仁在总部会见了英国前首相托尼·布莱尔先生一行。布莱尔先生表示，愿意利用联合国中东地区协调员身份，将积极努力帮助中国中铁与该地区政府和政要建立联络；白总裁对布莱尔先生的诚意表示感谢，随后提出双方合作区域不仅仅限于中东地区，业务范围也不仅限于铁路，而是以中东为基点辐射亚洲和非洲；业务上扩大到公路、港口、机场、码头等基础设施和资源开发等领域，倡议布莱尔先生欣然接受。

12月1日，李长进董事长在股份公司总部会见了伊朗交通部副部长玛吉迪·阿萨迪一行，双方就伊朗德黑兰-库姆-伊斯法罕铁路项目有关事宜深入交换了意见。

12月28日，股份公司周孟波副总裁在总部会见了埃塞俄比亚财政和经济发展部长苏菲安·阿哈姆德，双方就埃塞俄比亚轨道交通和国家铁路网建设等有关问题交换了意见。

【委内瑞拉铁路项目】 2010年3月23日，召开视频会议，与委内瑞拉分公司前方进行远程交流。白中仁副总裁详细了解近期项目开展情况后针对委铁项目施工设计、工程进度、质量环保、技术标准、材料采购、人身安全和项目开展所面临的困难以及和需要防范的风险问题提出八点要求。1.要高度重视项目的设计，加快中铁二院委铁项目设计进展，积极做好线路设计优化；2.要认真抓好施工现场管理，要求委内瑞拉分公司加强对各参建单位的协调、督促和指导；3.严格要求各参建单位要按照高铁技术标准施工，强化过程控制；4.加强施工进度与质量管理，确保计划落实和质量全优；5.要求委内瑞拉分公司认真研究轨枕设备的采购，及早拿出“四厂”建设等方案；6.加强员工安全教育管理，确保全体员工的人身安全，杜绝一切安全责任事故；7.关心职工生活，积极开展各类联谊活动，丰富员工业余文化生活；8.注重项目实施过程中劳动竞赛、施工经验、技能技法、当地法律以及好人好事的学习和宣传报道工作。

5月26日，召开了委铁项目重大事项专题研究会议。研究委内瑞拉迪纳科（TINACO）-阿纳科（ANACO）铁路设计、四电系统集成、机车车辆招标采购、钢轨焊接试验等事项，并制定了相应的具体措施。会议决定成立股份公司委内瑞拉铁路机车车辆采购领导小组，全面负责采购招标工作。针对钢轨焊接及轨枕检验、轨枕厂及焊轨厂建设以及轨枕和扣件标准与型号采用等问题进行了详细研究和讨论，强调了合同执行、科学组织，质量受控的重要性；提出了预防施工中可能出现的问题和必须解决的困难；制定了确保项目顺利推进的具体措施。

【国际化经营规划座谈会】 2010年1月21日，召开股份公司各子公司《对外承包工程资格证书》换领工作及2010—2015年国际化经营规划座谈会。会议针对各单位下一阶段国际化经营业务的开展提出了要求：1.各单位领导要高度重视外经工作，要有完善的组织机构，要有持续改进的配套机制，要有适量的外经人才队伍和人才队伍的培养制度；2.各单位要结合“十二五”计划的编制以及本次座谈会的情况，认真组织落实股份公司国际化经营战略，要求国际业务部及时修订、调整股份公司国际化经营战略，制定股份公司国际化经营可持续发展管理办法和调整年度考核内容与考核指标措施；3.要加强海外市场的经营开发工作，力争实现2010年新签合同额达到80亿美元，完成营业额30亿美元目标；4.要努力推进如马来西亚南部铁路项目、刚果（金）一揽子合作基建项目、利比亚地铁项目、伊朗伊斯法罕铁路项目、阿尔及利亚高原铁路等重点工程项目的开发；5.要高度重视风险防范体系建设和做好外事管理工作。

【国际基础设施投资与建设高峰论坛】 2010年5月11日，由中国对外承包工程商会主办、中国中铁股份有限公司等单位协办的“国际基础设施投资与建设高峰论坛”在北京国家会议中心开幕，来自国内外政府、行业组织、企业以及相关机构的600余名代表参加，股份公司总裁李长进出席论坛并发表主旨演讲。商务部、住建部、铁道部、交通部、国家开发银行的到会领导分别致辞；世界银行和世界自然基金会等机构的代表也就“后金融危机时代的世界经济走势”、“低碳经济背景下的基础设施发展之路”等问题做了主旨发言。论坛中，与会者紧紧围绕“后金融危机时代的国际工程市场机遇”论坛主题以及融资、设计咨询、施工承包、运营管理等问题展开深入讨论和交流。本次论坛得到了来自中国、俄罗斯、马来西亚、加拿大、秘鲁、澳大利亚等五大洲的40个国家的业内同行的热烈响应。

【“走出去”战略实施情况】 中国中铁股份有限公司2010年新签工程项目合同所在的国家和地区：巴新、毛塔、科特迪瓦、博茨瓦纳、刚果（金）、赞比亚、摩洛哥、南部苏丹、南非、澳门、马里、安哥拉、尼日利亚、阿根廷、阿联酋、香港、斐济、文莱、埃塞俄比亚、厄瓜多尔、委内瑞拉、贝宁、加纳、萨摩亚、坦桑尼亚、泰国老挝边境、汤加、津巴布韦、塞拉利昂、乌干达、沙特、斯里兰卡、缅甸、孟加拉、哈萨克斯坦、伊朗、蒙古、利比里亚、吉布提等42个。

2010年新签道岔及钢结构产品加工项目合同所在国家和地区：丹麦、孟加拉、美国、韩国、香港、新西兰、马来西亚、加拿大、印尼、越南。约旦、塞尔维亚、捷克、沙特、尼日利亚等15个。

2010年新签设计合同项目所在国家和地区：蒙古、利比里亚、埃塞、塞内加尔、吉布提、刚果（金）、加蓬、委内瑞拉、尼日利亚、阿尔及利亚、越南等11个。

截止到2010年12月底，股份公司全系统境外在建项目总数312个，涉及51个国家和地区，其中，在建项目中：500万美元以上较大的项目有202个；上亿美元项目有18个；道岔及钢结构产品加工涉及15个国家和地区。

科技设计管理

【科技设计部】 定员22人，部长1人，副部长6人。部门职责为：

1. 负责制订和落实股份公司科技发展战略、中长期科技发展规划以及科技工作管理规章制度；

2. 负责股份公司科研及勘察设计咨询管理工作。负责股份公司技术标准、工法的编制和管理，专利技术申报和知识产权保护等工作。承担设计咨询分公司工作；

3. 负责股份公司科技项目研究开发和重大科技项目攻关工作。负责先进技术的引进、消化、吸收和创新工作。指导国家重点实验室和博士后工作站工作。承担股份公司技术中心职能；

4. 负责股份公司科技学术类团体的归口管理工作。负责与外部相关学术类团体的联系，承担中国铁道学会铁道工程分会秘书处工作。负责《铁道工程学报》的编辑出版及其它相关工作。负责总公司科技期刊的主管工作；

5. 负责股份公司各类科技专家委员会工作，参与专家和科技人才队伍建设，参与对专家委员会专家的考核和调整工作；

6. 负责股份公司信息化战略、信息化建设及信息管理工作。负责股份公司节能减排管理工作。

【自主创新体系建设】 2010年采取了一系列措施，加强企业创新体系和创新制度建设。**一是**开展总部高新技术企业重新认定工作。按照年度工作安排，在丰台园区的大力支持下，根据公司领导指示，科技设计部牵头组织总部有关部门，共同开展了总部高新技术企业重新认定工作，先后经历了遴选咨询机构、敲定工作方案及内容、签订服务合同、搜集相关资料、编制技术服务合同及研发经费分劈指南等，目前已经通过了小组审查。**二是**积极完善、规范国家工程实验室的运行管理。根据高速铁路建造技术国家工程实验室第五次理事会的要求，完成了注册的各项准备工作，于2010年7月底完成了注册并办理了税务、开户等工作；提出了实验室建设经费超支问题提案，追加建设投资564万元；实验室事业单位法人注册后，针对实验室注册后将以法人实体方式运行的特点，我部起草了新的实验室章程、印章使用管理办法、实验室主任工作条例等规章制度，拟提交实验室理事会审议。**三是**为了总结和推广股份公司近年来产生的优秀工法，编辑整理了《中国中铁股份有限公司2007－2008年度优秀工法汇编》，内容包括国家级工法103项，省部级工法205项，已经分发给所属各单位。**四是**编制的《施工工艺指导手册》初稿已基本完成，即将及逆行评审。该手册的施工技术和工艺技术先进、标准、成熟，推广后将有效的规范工程项目工艺流程，提高整体工程技术水平。**五是**参加编制的建设部十大新技术中的“施工监测和检测技术”章节，已被住房和城乡建设部批准并颁布。**六是**积极应对国家博管委对总公司博士后工作站的综合评估工作，准备各项评估材料，并积极与全国博管委、北京市人事局博士后与专家处沟通，确保评估工作顺利通过。2010年全公司共6家单位获中施企协“技术创新先进企业”称号，17人获中施企协“技术创新先进个人”称号。

【科研立项和技术攻关】 **一是**结合股份公司“十一五”科技发展规划，积极组织制定《中国中铁股份公司2011年度科技开发计划立项指南》，共分为12大类93个研究方向，主要围绕高速铁路、桥梁、地下工程、高层建筑、轨道工程、通信信号、节能减排等领域开展。**二是**为提升全公司科技管理水平，组织开发的股份公司科技设计管理综合信息平台，已经完成了系统开发工作，正在进行试运行，目前试点单位运行平稳，反响较好；待根据试运行结果修改完善后，将申请股份公司上网前评审，通过后将在全公司推广。**三是**积极为现场服务，先后组织相关知名专家到中铁八局秀山隧道、中铁九局嘉峪关隧道等工地提供技术服务，解决现场施工技术难题。**四是**积极组织专家对所属单位局级预制梁场的投产鉴定工作，先后组织完成了高台、衢州、通化等 15 个局级制梁场的投产鉴定以及各梁场的取证工作，为保证工程建设工期和质量奠定了坚实的基础。**五是**积极开展港珠澳大桥投标技术方案的组织协调、联合体引进、技术方案审查和投标工作，为营销工作提供技术支持。

【科技成果验收管理和奖励管理】 一是加大了对科技成果的评审和验收力度。2010 年对股份公司总部以及各子、分公司完成并提出评审申请的 102 项成果进行了形式审查，并报经领导同意，对符合要求的 94 项科技成果进行了专家评审。在通过评审的 94 项成果，其中国际领先水平成果 10 项，国际先进水平成果 35 项，国内领先水平成果 38 项，国内先进水平成果 9 项，验收 2 项。这些成果的完成，大大提升了股份公司的核心竞争力。**二是**加大了科技成果的组织申报和评审力度。在中国施工企业协会科技创新奖评审中，股份公司推荐申报的 50 项成果全部获奖，其中特等奖 2 项，一等奖 21 项，二等奖 27 项。在推荐申报的财政部中央建筑施工企业优秀科技成果奖励评审中，公司推荐的 5 项成果全部获奖，其中一等奖 2 项，二等奖 2 项，三等奖 1 项，是财政部决定评选该奖项以来第一家申报项目全部获奖的单位，共获财政部奖励经费 210 万元。在 2010 年度中国铁路工程总公司科学技术奖申报以来，共收到申报申请 137 项，经审查有 135 项成果上会参加评审。经专业小组评议、专家打分和投票表决，共评出特等奖 7 项，一等奖 27 项，二等奖 33 项，三等奖 28 项。本年度科学技术奖的申报数量和获奖成果数量，均是中国铁路工程总公司科学技术奖成立以来最多的一届。同时，在本届科学技术奖评审会上，还从申报的 24 项成果和 18 家单位中评选处了股份公司“十一五”十大优秀科技成果和 8 家科技创新先进企业，并将在股份公司“第四届”科技创新大会上颁发奖牌予以表彰。

【筹备召开股份公司“第四届”科技创新大会】 为了筹备召开股份公司“第四届”科技创新大会，科技设计部先后组织召开了四电、工程机械和工业产品、桥梁、隧道及地下工程和综合五个专题座谈会，邀请了有关设计、施工单位的领导和专家进行了专题座谈，重点是总结股份公司“十一五”取得的成就和“十二五”重点科技攻关方向，在调研的基础上，股份公司在 11 月 20 日完成了《中国中铁股份有限公司“十二五”科技发展规划》（初稿）的编制工作，并完成了股份公司《关于提高自主创新能力，全面推进创新型企业建设，支撑中国中铁二次创业又好又快发展的决定》（初稿）的编制工作，为股份公司“第四届”科技创新大会的顺利召开做好了材料基础。

【节能减排】 2010 年股份公司制定了《中国中铁股份有限公司节能减排监督管理暂行办法》，并研究制定了股份公司节能减排量化考核实施细则，纳入了《中国中铁股份有限公司业绩暂行考核办法》，全公司的节能减排体系进一步得到完善。建立了总部～局～处～项目部（车间）全覆盖的组织体系，明确了主责部门，设立了节能减排工作岗位，形成了一级抓一级、层层抓落实的良好工作局面；建立起了自下而上的统计监测体系，制定了统计监测报表制度和通报制度，实现了定期收集、定期汇总、定期分析、定期上报；建立了逐层量化考核的奖惩体系，分解节能减排年度量化考核指标，纳入企业领导人员经营业绩考核，层层落实节能减排主体责任，确保实现公司节能减排工作目标。

2010 年，全公司能源消耗总量为 335.8596 万吨标煤，其中工业企业消耗 9.7129 万吨标煤，非工业企业消耗 326.1467 万吨标煤。万元营业收入综合能耗 0.0785 吨标煤，比基期下降 29.21%，其中非工业企业万元营业收入综合能耗 0.0780 吨标煤，比基期下降 27.71%；工业企业万元产值综合能耗 0.1069 吨标煤，比基期下降 45.32%。超额完成了国资委下达的“十一五”节能减排目标。2010 年 8 月，中国中铁荣获人民网 2010 年首届低碳中国年度创新“领军品牌奖”，是唯一一家获此殊荣的中央建筑企业。2010 年 12 月，中国中铁获“首届全国低碳经济示范单位”称号。刘辉副总裁、总工程师荣获“首届全国低碳经济突出贡献人物”称号。

2010 年制定了《节能减排标准化工地建设实施意见》和《节能减排标准化工地评选办法》，积极推行以“节材、节能、节水、节地和环保”为主要内容的节能减排标准化工地建设，实现节能环保、降本增效的可持续发展目标。2010 年股份公司开展了首次节能减排标准化工地评选活动，对 16 家单位申报的 43 个项目进行了合规性审查和现场检查，通过定量打分综合评价，评选出 22 个股份公司节能减排标准化工地，并在此基础上推荐表彰“十佳节能减排标准化工地”。2. 以设备制造业务为主体，推行绿色制造模式。工业行业积极开展技术改造，不断提高能源利用效率，推动制造企业低碳发展。3. 以设计咨询业务为主体，推行绿色设计模式。设计院严格执行国家和行业的节能减排标准，在设计文件的节能减排篇章中，优选节能新技术、新工艺、新产品（设备）、新材料，把好工程建设节能减排关源头关。4. 以房地产业务为主体，推行绿色开发模式。房地产业务坚持低碳环保理念和绿色方案设计，推行绿色施工，建造绿色产品，鼓励并支持绿色住宅开发，为客户营造了节能、舒适、健康的环境。

2010 年共有 9 项节能减排科研课题列入了总公司年度科技开发重大重点计划，各子公司共立 50 余项节能减排科研课题。股份公司还组织申报了财政部 2010 年度中央国有资本预算节能减排项目 3 项，积极争取国家节能减排经费支持，开展重大重点节能减排项目技术攻关，提升节能减排技术水平。中铁隧道局在北京铁路地下直径线项目通过施工方案优化，用一台泥水盾构代替 2 台土压平衡盾构，通过技术创新，掌握了一整套城市地铁泥水盾构施工技术，节约投资2亿元，年节电28万度，节地8000平方米，实现废水零排放，并且保证了工程安全、质量和进度。中铁九局、建工集团在拌合站加装节电柜实现节能。

【信息化建设】 信息化建设“三分技术七分管理”，建立健全各项制度尤其重要，进一步完善和规范管理制度。**一是**根据公司发展的要求，为进一步指导、评价各成员单位的信息化工作，广泛调研后制定了《公司信息化等级考核管理办法》。**二是**按照内控制度建设的要求，全面系统地规划制定了信息化内控管理制度。信息化内控管理制度共有17项，涵盖信息系统从规划到更新的全生命周期管理。将推动信息化工作的进一步规范化和标准化。

【搭建股份公司办公大楼数据中心】 **一是**根据公司的统一部署，按期保质完成了新办公大楼综合布线和数据中心的建设，强化了运行维护，确保了系统和设备运行稳定；**二是**完成了股份公司与所属企业专线组网工作；**三是**加强网络安全，注重病毒防范；**四是**工程项目、科技、外事审批、惩防体系、电子档案等信息系统有序推进；**五是**OA系统升级、运行和维护进一步规范化；**六是**建成全公司高清视频会议系统和积极推动各管理信息系统的开发建设。

【软件正版化工作】 **一是**按照正版化相关合同，在全公司范围内进行了正版化办公软件的使用技巧培训，对下属成员单位发放了中国中铁版的光盘。**二是**“五个统一”项目的各信息系统在总部和试点单位稳定运行。**三是**数字认证中心CREC CA系统建设和管理不断加强，目前总部和4个CA分中心（北京、成都、武汉和西安）运行稳定。**四是**有序实施信息化水平登高计划。根据股份公司登高计划，协调、指导所属单位结合自身实际，认真分析、查找差距，有序实施本单位的信息化水平登高计划，提升股份公司整体信息化水平。

【计算机软硬件集中采购】 根据公司的要求，经过广泛调研、征求各方意见后，制定了《计算机软硬件集中采购管理办法（试行）》。配套建设了采购平台，加强了各单位采购计划管理，审核公布了第一批公司的合格供应商名单。组织了首次集中采购，共四家供应商投标，实际中标价3,883,768元，发挥集团了优势，有效了降低成本，堵塞了管理漏洞。

【学会工作】 始终以学术交流为主，坚持开展好各项学术交流活动，以不断提高整个学科领域的学术水平为已任，各方面工作全面推进。**一是**由中国中铁股份有限公司和中国工程院土木水利与建筑工程学部主办，由重庆市建委、中铁隧道集团、中国铁道学会工程分会承办，由重庆市轨道公司、中铁隧道集团一处有限公司协办的“2010中国城市轨道工程技术论坛”。会议将于2010年12月25日-27日在重庆召开；**二是**根据铁道部关于“做好第七届世界高速铁路大会论文提交的通知”，学术工作处下发了关于征集“第七届世界高速铁路大会”论文的通知。经过学术工作处近一周的努力，对上报的论文进行了严格的审核，最终共报送优秀论文71篇。三是在2010年10月22至24日，由中国铁道学会、中国铁道学会工程分会和中国铁路工程总公司联合主办，中铁二院承办，在四川成都召开了“铁路工程地质学术研讨会”。**三是**组织召开“中国铁道学会工程分会工程地质与路基分专业委员会第22届年会暨学术交流会”；**四是**协助组织召开“中国钢结构协会桥梁钢结构分会和中国铁道学会工程分会桥梁分专业委员会2010年学术年会”；**五是**组织中国铁道学会工程分会爆破分专业委员会召开“2010年铁路工程爆破技术研讨会”；**六是**做好“中国铁道学会工程分会换届大会”的召开筹备工作；**七是**先后代表股份公司应邀出席了“茅以升科学技术奖——建造师奖”、“茅以升科技教育基金会2010年全体委员会”、“高速列车控制技术报告会”、“第八届海峡两岸通道（桥隧）工程学术研讨会”、“综合铁路产业高峰论坛”等高层次专题会议，展现了股份公司风采，提升了股份公司的社会形象，也为全公司的技术人员成长搭建了交流平台。

【学术期刊管理】 **一是**《铁道工程学报》在国家新闻出版总署、中国科协、中国铁道学会以及股份公司的直接领导、关心和支持下，坚持正确的舆论导向，严格遵照办刊宗旨，圆满完成了月刊的出版工作任务。继《铁道工程学报》被波兰《哥白尼索引》（IC，Index of Copurnicus）、美国《乌利希期刊指南》收录之后，2010年又被美国《剑桥科学文摘（自然科学）》（CSA（Nat Sci）收录。**二是**2010年12月底出版的《铁道工程学报》增刊——《铁路工程地质学术研讨会论文集》和《工程建设论文集》，对近年来我国铁路，特别是高速铁路大规模建设中工程地质领域的热点、难点问题，国内外工程地质理论、勘探技术的现状和发展，以及我国铁路工程地质工作中存在的主要矛盾和解决措施进行了深入的探讨。**三是**对股份公司所主管的《铁道标准设计》、《电气化铁道》、《世界桥梁》、《高速铁路技术》等10种国内外公开发行的科技期刊进行了有序的管理；**四是**《路基工程》出版单位名称由“铁道部《路基工程》编辑部”变更为“《路基工程》编辑部”；**五是**《世界桥梁》由季刊变更为双月刊，推动了期刊出版的健康发展；**六是**办理了《铁道标准设计》、《高速铁路技术》编辑部提交的增刊出版申请。

经营开发管理

【经营开发部职责】 2010年8月，股份公司调整了部门职能，经营开发部全面负责股份公司的国内基建业务经营开发工作，11月份又增加了全公司的成本管理和二次经营工作管理职能，分工更为明确，管理更加顺畅，对促进全公司的经营工作和成本管理工作具有重要的意义。

【市场开发】 2010年铁路市场规模大、招标密集；国内城轨市场总体规模不断扩大；公路市场招标规模较上年大幅缩减；受政府宏观调控的影响，房建市场规模起伏不定。在铁路一级市场，铁道部对各集团公司中标实行限额封顶制度，股份公司只有14家单位具备资质，劣势明显。结合这些市场形势和特点，股份公司7月初在武汉召开的经营工作会议，全面分析了市场形势，明确了下半年工作的目标、原则和重点，要求各单位在紧盯路内大型项目的同时，进一步加大非铁路市场的开发力度，确保路内、路外两个市场全面发展；在确保合同额增长的同时，强化提高经营质量，促进经济效益提高；推动企业经营模式的创新，经营方法向以效益为中心的全过程经营转变，经营手段向加强高端合作、源头介入和运作项目的经营转变；加强经营基础工作，完善经营协调机制；推行投标理性报价、成本报价，从源头上保障项目经济效益。特别对3季度铁路项目密集招标做出了全面部署和动员，要求各单位在各自的优势区域，做好前期投标准备、抓好经营基础工作、加强信息沟通和经营协调；超前谋划、统一思想、明确任务，为下半年取得丰硕的经营成果创造了条件。

完善经营协调机制，推动与外部单位的合作，加强内部单位横向协调，突出重点，注重实效，铁路、城轨重大项目协调成果突出，增强了股份公司的凝聚力。

开展工程总承包不仅有利于拓展市场份额，而且能够提升项目利润空间、扩大企业市场影响力。股份公司在技术、管理、品牌、信誉等方面具有综合优势，是开展工程总承包项目的有利条件，2010年加大了工程总承包项目的经营力度，成功实现对郑州地铁2号线的工程总承包；组织完成港珠澳大桥的投标工作；超前策划、高层推动，密切跟踪青海、新疆等地的公路工程总承包项目和昆明的地铁工程总承包项目。

系统指导各集团公司提高经营工作水平。1.推动、指导各集团公司强化经营协调机制。通过资源与资质的有机结合，优势互补，超前运作，取得了良好的效果。2.指导各局做好大型项目投标综合策划。铁道部2010年对各集团公司实行中标限额封顶制度，限制了综合实力较强的集团公司能力的发挥，经营开发部指导所属各单位充分发挥管理、技术、信誉等综合优势，加大组织协调力度，做好每一次标前策划，并在接近中标限额的最后一次投标中尽量争取合同额大的标段，从而尽可能多地突破铁道部的封顶限额，扭转了我们资质数量少的劣势。3.全面修订新签合同额月快报数据报送制度，提高管理效率。部门职能调整以后，经营开发部对原来的月快报表重新进行了整理修订，完善了报表格式，简化了各单位数据收集、整理的工作量，提高了信息的时效性和准确性。

【资质使用管理】 2010年为建设分公司和上海分公司办理资质使用审批89个项目，中标15项，中标额23亿元。为所属子分公司办理外地建筑企业施工备案证明、投标项目上级主管单位证明、中标项目《承包人上级公司合同履约承诺书》等20余次。

根据股份公司3个下属单位重组后的经营开发需要，适时调整上海工程局、中国航空港、中铁港航以及建设分公司的经营区域，指导协调其有序开展经营开发工作，本着“区域经营、滚动发展”的原则，加强股份公司资质的使用管理。对股份公司直属的建设分公司、上海分公司和西南公司，按区域经营原则，通过标前评审选择优良的内部合作方，确保股份公司资质使用的规范化、合理化、高效化。

综合工程局、专业工程局、重组企业在资质方面各有优势，经营开发部充分发挥服务职能，对于部分单位在具体项目投标中出现的资质缺乏或等级不足问题，及时牵线搭桥，推动内部单位联合投标，共同合作开发市场。

【成本管理和二次经营】 根据调整后的部门职能，经营开发部迅速展开了成本管理和二次经营工作，明确了成本管理工作的重点和关键环节，以硬化合同管理为主线，以政策研究为先导，以现场原始资料签认积累为基础，对发生的合同外费用按照类别、性质，按照个性和共性，分层次进行汇总反映，有理有节、扎扎实实的推动二次经营工作的开展；加强成本管理基础工作，落实责任成本预算，强化成本管理，促进项目管控能力和经济效益的提高。

【玉树灾后重建】 认真贯彻《国务院关于做好玉树地震灾后恢复重建工作的指导意见》的精神，落实国资委提出的中央企业要充分发挥主力军作用、积极参加抗震救灾、塑造好中央企业社会形象的要求，按照国资委关于玉树灾后重建工作的具体部署，公司迅速成立了以董事长李长进为组长的玉树灾后重建领导小组，领导小组办公室设在市场营销部后转经营开发部，按照领导小组的指示要求，经营开发部负责落实公司领导小组玉树灾后重建工作的具体部署，建立与国资委和青海省政府的沟通、联系和汇报，配合现场及时报告和帮助解决存在的问题，组织完成了玉树重建工作的现场调研、任务划分、现场组织施工、联络协调等各项工作，中国中铁的玉树重建工作受到国务院国资委和青海省政府的高度评价。

工程管理

【工程管理部职责及人员变动】 负责制订和实施股份公司工程项目管理的规章制度。指导、监督、协调股份公司所属单位的工程项目管理工作。负责组织生产调度会议，检查落实生产调度命令。负责股份公司国内工程项目建造合同台账管理。负责在建国内工程项目信息管理。负责指导股份公司所属单位的铁路运输工作，协助办理路用车审批、自轮运转设备过轨运输等事宜。负责股份公司国防交通战备和人防等工作。参与股份公司国内工程项目安全质量事故调查和相关处理工作。

2010 年 7 月，梁勇调离到经营开发部工作。

2010 年 11 月，杨启兵调离到京沪高速铁路股份有限公司。

2010 年 12 月，史青退休。

【工程项目管理制度】 2010 年，股份公司调整了相关部门的管理职能，工程管理部负责股份公司所有工程项目的管理工作。为此，工程管理部起草了《中国中铁股份公司施工生产管理暂行办法》（征求意见稿），进一步明确股份公司施工生产管理职责，明晰施工生产管理程序，提高施工生产管理效率。编制了《中国中铁股份公司重大风险管理指导意见》（征求意见稿），将项目风险进行了严格分级，为提高各层级项目风险管理意识和管理能力提供了支持。

【工程项目管理思路】 创新了工程项目管理思路。股份公司调整部门管理职能后，工程管理部认真分析当前铁路、公路、市政、轻轨等各类工程项目的管理现状和管理形势，结合股份公司的实际情况，提出了新的工程项目管理思路。1. 以股份公司名义中标或者承建的工程项目必须列为工程管理部重点管理的项目。2. 各子公司中标或者承建的工程项目中被建设单位或者社会高度关注的项目列为工程管理部重点管理的项目。3. 各子公司中标或者承建的工程项目中需要股份公司协调或者帮助的工程项目应列为工程管理部重点关注的项目。4. 继续深入开展了项目管理先进经验总结。工程管理部加大了对工程项目实施过程中的管理模式、成本控制、技术管理、设备管理、队伍建设、标准化管理等多方面的管理经验的调研，对个别工程项目（中铁四局的合福、石武项目部、中铁隧道局的兰渝项目部、中铁一局的哈大项目部等）的先进项目管理经验进行了认真的总结和对比，为提高股份公司整体项目管理水平提供了理论支持。

【视频会议制度】 为了及时、准确地传达和贯彻股份公司施工生产管理要求，真实、直接地了解和掌握股份公司各工程项目的施工生产管理信息，全面、系统地分析和总结各工程项目存在的共性和个性突出问题。股份公司建立了施工生产季度视频会议制度。会议将对各工程项目上季度的施工生产管理情况进行通报、分析总结施工生产管理情况，对下一季度的施工生产管理提出要求和施工生产管理重点。该项制度的建立，对各工程项目的施工生产管理提出更高的要求。

【细化部门岗位管理职责】 根据股份公司制定的各部门岗位职责，工程管理部进一步细化了部内人员的工作职责，进行详细分工，落实岗位责任。其中按照铁路（隧道、桥梁）、公路（隧道、桥梁）、地铁、轨道、BT 项目、本年度开通项目、重点关注项目等等对部门内部人员进行了管理分工，要求按照管理分工分类别建立了各项目的工程项目信息台帐，及时分类收集、整理工程项目资料及工程进展情况，汇总项目暴露或存在的突出问题，定期或不定期编制工程项目施工简报，为领导决策提供服务。

【完善施工生产管理内容】 作为股份公司施工生产管理的主责部门，结合股份公司各项目部的管理实际，完善了施工生产管理的内容。工程管理部对各工程项目的管理，主要是对项目实施过程中施工组织设计、重大技术方案、设备、物资、成本、安全、质量、环保等方面控制情况的日常检查、监督、协调和服务工作。一年来，工程管理部先后对京石客专、石武客专、哈大客专、向蒲、襄渝、贵广、南广、大瑞、渝利等铁路工程项目进行了多次检查。检查内容包括项目整体情况、项目组织情况、工程施工进展情况及总体计划完成情况、重难点工程进展及节点工期完成情况、项目施工技术管理情况、工程质量创优规划及实施情况；工程安全施工情况、主要设备管理情况、材料管理情况、队伍建设情况、标准化管理情况、财务及资金管理情况、项目风险管理及合同管理情况等。

【项目督导制度】 对于工程项目较为集中、项目存在突出问题、项目引起建设单位或者社会高度集中的地区或者城市，股份公司成立专门的督导组，加强对该地区或者该城市所有工程项目的督导和检查。年内，股份公司相继成立了广珠城际项目督导组、深圳地铁 2 号线项目督导组、云南地区重点铁路工程项目督导组。这些督导组的成立和深入一线的工作，协助项目部或者承建单位做好与当地政府、建设单位、设计院以及兄弟单位之间等多方面的沟通和协调，同时，利用和发挥股份公司的整体优势和协作平台，指导、协调项目施工生产工作，为项目顺利实施提供外部环境及内部技术、设备及组织力量的支持。

【工程项目检查制度】 根据股份公司工程项目特点及部门人员实际，工程管理部在分类别建立工程项目台帐的基础上，制定了工程项目检查制度，以指导施工生产检查工作。对于被列为重点监控的项目作为股份公司施工生产管理的重点，对工程项目的检查频率不少于每半年一次。对于重点地区、重点工程项目以及引起业主重视和反映的工程项目，项目的检查频率不少于每季度一次。对于各子公司自行承揽被股份公司列为重点监控的工程项目，检查频率不少于每年度一次。

【安全生产稽查】 按照股份公司的工作安排和股份公司安全稽查总队的总体部署，工程管理部作为股份公司工程项目管理的主责部门，积极参与股份公司组织的年度安全生产稽查活动。年内，工程管理部共派出十几人次参加了安全生产稽查活动，稽查的地区遍布全国大部分省市和地区，稽查的项目包括铁路、公路、市政、地铁、轨道等等。通过安全生产稽查活动，对工程项目实施过程中，标准化管理情况和现场管理情况进行了深入的了解，对项目存在和暴露的突出问题进行了分析，提出了合理的意见和建议，并对项目的管理情况进行了打分评价，对提出的问题要求项目部限期整改到位并按时反馈，形成了一个闭合环，对工程项目科学、高效、高质的完成奠定了基础。

工程管理部向北京、天津、深圳、广州、杭州等11个城市的轨道交通建设单位发出了客户意见征询函，以便股份公司督促、协调有关参建单位，及时处理存在的问题，持续改进项目管理工作。

【项目标准化管理】 2010年，工程管理部组织了多次对工程项目标准化管理以及架子队管理方面的专项检查和联合检查。总体上看，股份公司的工程项目标准化管理暨架子队建设工作提高了企业劳务用工的管控能力，有力遏制了项目的违法分包、以包代管的问题，有效维护了农民工的合法权益，实现了健全管理制度、规范项目运作、深入全面推进、提高项目管理水平的目的。11月8日，股份公司召开了“深入推进标准化管理暨架子队建设会议”，铁道部党组成员、副部长卢春房出席会议并做了重要讲话。

【综合管理】 一年来，工程管理部以加大管理力度为目的，夯实基础资料，提高综合管理能力。第一加强了项目信息管理工作。编制《生产周报》30期、《施工月报》12期、定期发布《主要在建铁路项目台账》和《主要在建铁路项目概况》，及时掌握在建重点项目、重点工程的进度情况和存在的主要问题。第二全心全意做好公司运输服务管理工作。全年批准路用车总数达到2575辆，确保各单位铺轨架桥及电气化施工任务的顺利完成并节约了工程成本。第三常抓不懈做好战备管理工作。及时下发了股份公司2010年战备工作要点，对全年战备工作进行了全面部署。组织所属专业保障队伍，按时完成了规定的训练演练任务。克服困难，在较短时间内完成了“十一五”战备建设计划。第四突出重点做好人防管理工作。委派人员参加了中央国家机关人防干部行政执法培训班，提高人防管理人员素质。成立领导小组，落实责任人员，加强地下空间安全管理。

【施工技术交流会】 根据年初的计划安排，7月，工程管理部在合肥组织召开了“中国中铁2010年桥梁施工技术交流会”，对项目的标准化管理工作和技术创新工作进行了认真的学习和交流。10月，工程管理部在兰州组织召开了“中国中铁2010年隧道施工技术交流会”。通过对股份公司内部或者外部管理相对较好的项目的经验介绍或现场观摩，从而提高股份公司整体工程项目管理水平。

【施工专题会议】 11月，工程管理部组织召开了玉蒙铁路秀山隧道视频专题会议。对秀山隧道的进展情况作了详细的汇报，对当前项目存在的突出问题提出了较为合理的解决方案，要求参建单位加大工作力度，加强整改措施，确保实现各项阶段性目标。

工业设备管理

【工业设备部】 （一）负责编制、实施股份公司工业板块发展战略。负责制订和落实股份公司机械设备装备规划和机械设备管理制度。

（二）负责组织新型、大型机械设备的研制开发及相关技术的推广、应用等工作。

（三）负责组织大型施工设备集中招标采购和调配工作。负责协调股份公司重大总承包项目的机械设备配置工作。负责对重要工业产品生产进度、产品质量，重大工程的重大机械装备项目进行监管。

（四）负责对股份公司工业企业重大投资项目、技术改造项目，重大设备投资项目进行评审、监管。

（五）协调股份公司工业企业生产经营等工作。协助工业企业办理产品生产许可证等有关工作。

（六）配合有关部门开展工业企业改制重组等有关工作。

聘请全国星和贤惠两位同志助勤。

【工业企业改革整合重组】 根据股份公司部署，去年12月底由股份公司控股、中铁隧道集团和中铁科工参股的中铁隧道装备集团公司在郑州顺利挂牌。中铁隧道装备在挂牌成立后，一方面抢抓市场机遇，加强市场承揽和产品生产，另一方面加快生产布局和组织结构调整，投资在郑州购地130亩，建立公司总部、实验室和组装车间，目前主要生产设施建设已经完成，将于年底建成投产。与中铁科工合作，共同出资在武汉成立盾构配套件加工的合资企业。中铁宝桥在南京成立的道岔加工基地工程建设顺利进行，预计年底可建成投产。中铁山桥与美国多诺芬公司成立辙岔爆炸硬化公司，5月18日挂牌，标志着辙岔生产制造技术达到世界一流水平并为产品全面进入北美市场打造了一个很好的平台。中铁山桥产业园项目开始启动。中山中铁港航船舶基地暨钢结构基地项目建设项目工作全面推进，签订了1000亩土地购买合同，项目的可行性研究和规划已完成，目前基地吹填工作已基本完成，3万平米的软基处理试验段正在实施，开发区通往基地的专用道路已完成70%，通往基地的水电将于本月中旬拉通，基地建设、专用码头建设等立项工作正在有序推进，用地指标预计在2011年初能解决300-500亩。大桥局参股中铁科工九桥公司，进一步加强了企业的资本纽带和产业关联。

【装备水平】 2010年全公司新增主要施工设备15000台，设备采购投入70亿元。装备结构有效改善，全公司围绕高速铁路、城市轨道交通、长大桥梁和隧道、大体量和超高层建筑等高技术工程建设领域，加大设备投入和技术创新，增加大型、专用、高技术含量、高价值的设备，为企业工程建造水平的提高起到了重大作用。目前，全公司共有600吨以上混凝土箱梁制运架设备89套，原值40.7亿元，无砟轨道施工设备100多套，原值10多亿元，地铁和隧道施工盾构/TBM超过110台，原值61.3亿元。所拥有的盾构设备占国内近一半的保有量，使企业牢牢控制了全国城市轨道交通54%左右的市场份额。中铁大桥局围绕江海长大桥梁，投入巨资打造大型水上施工装备；中铁电气化局近两年投资增加了十多台先进的恒张力放线车和十多台全调平接触网作业车，保持了国内电气化接触网施工领域的领先地位。通过“十一五”投入，全公司装备结构更加合理，初步形成了符合企业主营业务发展战略要求，以大、精、尖、专等自有设备为核心，关键通用设备为骨干，充分利用社会资源的资源配置体系。

【设备管理】 全公司设备管理工作围绕现场，加大制度建设和现场管理，各集团公司结合本企业特点，创新管理，相应出台了一系列有特色的管理制度与办法。这些措施有效提高了本单位施工机械化水平，有力地推动了工程项目机械设备标准化管理工作。全公司进一步加强了现场设备管理，各集团公司坚持对设备进行全过程管理，抓设备配置、设备进场、人员培训、制度执行、维护保养、检查督导等环节，保证设备安全、可靠使用。在大规模使用机械设备进行施工，尤其是各类架桥机、起重机、轨行设备等高风险设备大量使用的情况下，设备安全基本处于可控状态。

工业设备部对股份公司所属单位近年来设备管理情况、执行股份公司大型设备集中采购与调配情况和执行股份公司投入预算情况进行了全面调研。全面参加了股份公司4月份的安全大检查工作和下半年9月和11月的两次安全稽查工作，5、6月份又参加了二局5.22架桥机倾覆事故处理和对三局五处的专项稽查活动。通过这些活动，进一步掌握了基层设备管理工作现状，总结了一些好的经验，确定了一些进一步加强公司设备管理的思路。2010年11月召开了全系统设备管理工作会议，会议对“十一五”期间设备管理工作进行了全面总结，深入分析了当前和今后一个时期面临的形势，确定了“十二五”设备管理工作的指导思想和目标，对今后两年重点工作进行了部署，制定了措施。

【设备集中采购和调配工作】 根据股份公司大型设备集中采购管理办法，股份公司共集中采购或批复和委托各集团公司集中采购设备1573台套，金额22.3亿元（委铁动车组1.4亿美元未计算）。2010年大型施工设备集中采购度达到75%。股份公司加强盾构、客运专线箱梁提运架等大型设备采购的管理和闲置设备的协调，每月在OA平台上公布上述大型设备动态，提供调剂信息，提高资源的利用率，避免盲目投资、重复投资和低效投资。

【委内瑞拉铁路机车车辆采购】 4月股份公司向工业设备部下达了组织委铁机车车辆采购的工作任务。面对不熟悉产品，人力资源缺乏，采购需求不明确，沟通渠道不顺畅和系统复杂、工作任务十分繁重等问题，工业设备部积极行动，成立了以工业设备部牵头负责的项目工作组。工作组克服困难，创造条件，积极寻找和组织相关资源，加强学习、交流，加强研究和沟通，在股份公司领导的关心支持下，在中铁二院和委铁分公司大力配合下，编制完成委铁动车组招标文件，并开展了竞争性谈判工作，确定了动车组生产商。组织编制了动车组技术规格书，11月组织生产商到委内瑞拉与IFE进行设计联络，经过沟通和商谈，技术规格书得到IFE批准，即将进入技术设计阶段。工作组还针对电力机车、内燃调车机、多种货车等进行了调研和技术研究，编制了初步的招标文件，一旦主要参数确定后即可进行招标。

【自轮运转特种设备管理】 根据铁道部大型养路机械和轨道车驾驶员培训考试管理委员会的要求，4月份结合股份公司实际情况，制定颁布了《关于规范大型养路机械、轨道车驾驶资格考试报名工作的通知》（中铁股份工〔2010〕124号）。对报名工作采取了分级管理原则，并对各级职能做出规定，同时对报名流程进行了规定。从而使报名工作处于可控状态。自 2 月份以来，组织了股份公司轨道车司机、接触网作业车司机、大型养路机械司机（机车驾驶员 D、E）春、秋季理论、实作考试报名工作。理论考试大养司机 76 人，轨道车司机 991 人。实作考试大养司机 22 人，轨道车司机 346 人。以上共 1435 人。7 月份以来，共通知轨道车实作考试 12 批次，269 人。同时，积极配合铁道部建设司做好轨行铺架设备的管理工作，通过出台《关于规范办理铺架设备确认手续的通知》等办法，规范了各级部门的职责和确认手续的办理流程，为铺架设备及时转场奠定了基础。全年共办理过轨确认手续 14 次。

行政管理

【行政管理部定员与职责】 2010 年 4 月 6 日股份公司第一届董事会 28 次会议决定，成立“机关中心”。2010 年 8 月“机关中心”改为行政管理部，其职责从总裁办、工程公安局、宏达中心、人力资源部、总部新办公楼装修现场办公室、机关党委、机关工会七个部门归集而成。行政管理部部门定员 6 人，其中部长 1 人、副部长 1 人、职员 4 人。主要职责：

1. 负责股份公司总部机关办公用品、办公电话管理以及低值易耗品的计划、采购和领用管理。

2. 负责股份公司总部机关办公楼的物业管理公司选用、物业合同签订和履行及日常监督管理工作。

3. 负责股份公司总部机关的办公室、会议室、办公家具的使用管理。负责股份公司总部机关劳动保护用品的计划、采购、发放工作和员工健康体检、计划生育、贯标等工作。

4. 负责股份公司安全保卫工作的指导和总部机关的安全保卫、卫生防疫、绿化、“门前三包”、消防及社会治安综合治理、公务车辆泊位管理等工作。

5. 负责组织落实股份公司总部机关所在地各级地方政府要求的其他社会事务工作，总部机关其他日常事务和后勤保障等工作。

6. 负责股份公司离退休工作的指导和总部离退休人员的管理工作。

【制度建设】 行政管理部成立 5 个月以来，先后确定了办公用品、办公设备、办公电话、物业管理、治安保卫、日常事务、后勤服务、离退休干部管理八项管理职责，制定出台了《中国中铁总部物业管理手册》、《中国中铁总部办公用品、办公设备和办公电话管理暂行办法》、《中国中铁总部办公用品和办公设备招标采购管理暂行办法》、《中国中铁关于加强企业内部治安保卫工作指导意见》、《中国中铁内部治安保卫工作暂行规定》、《中国中铁总部治安保卫实施细则》六个管理制度。同时，坚持制度创新、工作创新，在整合部门职责与工作中，推进总部行政管理工作与时俱进，实现了与形势、任务的相统一，受到了公司领导和总部员工的称赞。

【物业管理】 强化服务意识，提高服务质量。针对总部新办公楼、新物业、新管理模式、新服务的特点，行政管理部对总部搬迁到新办公楼近一年的物业管理与服务进行了全面的总结与分析，通过系统检查、问卷调查，对总部领导与员工反应的问题进行逐项研判，及时进行整改。并针对性的编制下发了《总部物业管理手册》，建立了高管服务、贵宾接待、会议服务、楼内保洁、维修维保、治安消防等工作流程。

加强设备设施维保维护，保证总部新办公楼有效运转。针对总部办公楼设备多、设备新、分布广的特点，指导物业公司进行了系统分类，摸清底数，建立档案，并将新办公楼划分为配电、应急、安全防范、车场、消防报警、升降设备、会议、给排水、空调、公共照明、避雷等 11 个系统，对其进行分类管理，集中巡视，及时保养，保证了总部员工有序工作。同时，为领导及员工餐厅加装了空调供暖设备。

【安全管理】 针对总部新办公楼内部安全保卫、突发事件处置和员工人身财产安全等工作，坚持建立制度，落实责任，积极防范，严抓安全管理。

强化了人防责任落实。成立了总部新办公楼治安、消防安全工作领导小组，制定了《总部治安消防实施细则》、确立了总部治安保卫方案，明确了各部门的治安、消防安全的职责。与此，行政管理部和物业管理处，物业管理处与总部各部门签订了治安、消防责任书，把责任落实到部门，落实到人头。同时，加强了对物业保安工作的考核，清退了 8 名内保人员，增至 14 名内保人员、29 名外包保安。并强化了夜间人员巡视力度，对新办公楼 6 个出口派专人负责，做到人防责任的落实。

加强了物防管理。针对总部新办公楼周边特殊地理位置和环境，在公司领导支持下，经多次反复与五棵松文体中心洽谈，与工程公安局协商，为总部设置了警务室，安装了围挡围栏和治安岗亭，整治了地下车场的秩序，在 B2 层安装了门禁系统，更新了中控室，强化了新办公楼的物理防范。

完善了技防工作。对新办公楼的监控系统进行了更新、调试和完善，重新安装了 11 个监控探头。积极与五棵松文体中心协商，将新办公楼外部 17 个监控探头切换至中控室，形成了楼内外、底层与顶部完善的、有效的网络监控系统。

【沟通协调与接管准备工作】 理清与五棵松文体中心过户衔接工作。总部新办公楼购置中的事务工作已经基本理清理顺。除新办公楼用水、产权证过户、加层面积核对外，其他用电、供暖日常基本保障全部由五棵松文体中心过户股份公司。

加强了租赁管理工作。认真清理了总部办公楼相关租赁合同，就租赁费用进行摸底调查，就相关合同、费用结算等事项与五棵松文体中心进行洽谈，进而加强了租赁的管理。目前，除天使食府以外其他三家单位均已经正常营业。针对天使食府近期装修施工，建立了施工安全监督机制，对施工现场防火、防盗、防漏等重大安全事项进行监督，保障总部C座办公楼整体安全和正常运行。

狠抓新办公楼装修中的工程消项工作。针对新办公楼的遗留工程问题，按照购买、装修、使用三个层面对工程项目进行消项。事前，进行了全面的调查摸底，找出了261个具体项目，并根据三个层面分门别类同装修单位、新办公楼出售单位和物业管理单位进行核查核对，进而建立了定期沟通协商机制和消项核查制度，有效推进工程消项工作，2010年已有189项工程消项。

【日常服务工作】 做好总部日常服务工作，是行政管理部保障总部正常工作秩序的一项重要工作，根据股份公司对总部组织机构和人员的不断调整，行政管理部努力做到超前预想谋划，及时征集有关需求，确保做到有备无患。在办公用品方面，对日常消耗品制定年度采购计划，临时性办公用品每月征求各部门意见后制定零星采购计划，尽量做到随到随领；在办公耗材和设备维修方面，全面了解总部各部门现有复印机、打印机、传真机数量、型号，熟悉各种耗材型号、使用时间，提前购买，定期维护，保障各种设备的正常使用。在办公电话的安装上，加强与通信公司的沟通协商，加快安装时间，全年共办理新装、移机和增加功能等520多项；在办公房间和家具的配备上，合理筹划，按需配置，尽最大程度做好匹配，全年共调配公司高管、董办、总裁办、劳资社保部、经营开发部、投资发展部及德勤审计、委内瑞拉分公司、工业器材研发中心等办公用房38间，配备62套办公家具；在劳保用品的发放上，严格执行年度预算，及时发放到人。

【离退休工作】 2010年10月离退休干部管理划入行政管理部。主要有以下工作：

1. 认真落实了老同志的政治和生活待遇。2010年1月在总部新办公大楼，召开了有160名老同志参加的迎新春茶话会，股份公司领导及有关部门负责同志 20 余人到会和老同志共贺新春；长进总、石书记向老同志通报了情况；进行了抽奖活动；为老同志发了纪念品。配合有关部门为离退休干部发放节日补贴和节日慰问等。走访、慰问、探视了生病、住院的老同志120余人次，重点走访慰问了老战士、遗属和老局职领导80余人次，使老同志体会到了党和组织的温暖。进一步做好老同志的来信来访，半年来，共接待处理老同志来信来访180余人次，为老同志排忧解难。为5名去世老同志办理了丧葬事宜，并协助家属妥善处理了善后工作。

2. 因地制宜开展适合老同志特点的文体活动。2010年组织了多次离退休老干部春游活动，有139老同志，游览了风景名胜，使老同志亲身体验改革开放政策给首都带来的新发展和新变化。机关老年体协，组织了钓鱼活动7次，有近80余人次参加；桥牌组、书法绘画组也适当组织活动，30多人次参加，丰富了老同志的晚年生活。为近30名离退休干部办理了铁道部老干部活动中心活动证。

3. 进一步加强了老干部党总支建设。2010年组织老同志阅读文件9次，参加近300人次；及时宣传贯彻了党的十七大和十七届四中全会精神，为每个老同志购买、发送学习资料，并把《中国铁路工程报》、《工总信息》等及时发到每个老同志手中。召开了党总支扩大会，传达上级精神，组织安排各支部活动，研究组织和思想政治工作。及时将上级的有关文件、《党支部工作》、《党课》等学习资料，及时发到每个党支部和党员。

物资管理

【物资集中采购工作】 2010年中铁物贸有限责任公司紧密围绕股份公司年初工作会议提出的“保增长、调结构、转机制、争效益”这一中心任务，认真落实股份公司深圳物资工作会议精神，深入推进“三个集中”的工作目标，在股份公司领导高度重视、各子分公司和物资系统广大干部的共同努力下，全面完成了股份公司年初下达的集采计划，实现了股份公司提出的“全公司物资集中采购总额800亿元以上，新开工项目全部实施物资集中采购供应，集中采购供应总额占自行采购供应总量的65%以上。”的管理目标。

【物资集中采购指标】 根据各集团公司初步统计上报情况，2010年全公司累计在1943个重点工程项目上实施了物资集中采购；物资集中采购供应总额为1215.43亿元，占施工项目所需主要物资供应总额 1574.71 亿元的 77.18%，超年度集采指标 812 亿元的 49.68%，与去年同期集中采购632.266亿元相比增加92.23%。

1. 各单位积极推进物资集中采购工作，物资供应额不断增加，供应品种和范围不断扩大，实现了物资集中采购的较大突破，其中中铁二局集中采购达到了152亿元，中铁一局、四局集中采购达到了141亿元，中铁三局集中采购达到了111亿元，中铁五局集中采购达到了89亿元。

2. 各单位认真落实股份公司深圳物资工作会议精神，全面完成了股份公司下达集采计划，超集采指标达20-30%之间的单位的有五局、八局、大桥局、科工集团，超集采指标达30-40%之间的单位有三局、六局，超集采指标达40-50%之间的单位有一局、四局、七局，超集采指标达50-60%的之间的单位有十局、宝桥集团，超集采指标达60%-70%之间及以上的有二局、九局、隧道局、建工集团、山桥集团、电气化局。

3. 2010年股份公司提出的物资集中采购工作目标：物资集中采购总额占自行采购供应总量的 65%以上，完成指标达65-70%之间的单位有八局、九局、建工集团、电气化局，完成指标达70-80%之间的单位有三局、五局、六局、七局、十局、隧道局、宝桥集团，完成指标达 80%-90%之间及以上的单位有一局、二局、四局、大桥局、山桥集团、科工集团。

4. 全公司自2008年下半年实施物资集中采购以来，经过两年半努力，在股份公司领导高度重视、各子分公司和物资系统广大员工的共同努力下，集中采购项目数量从2008年78个增长到2010年1943个，增长24.9倍；集采金额从2008年144.57亿元增长到2010年1215.43亿元，增长8.4倍，在供应品种和范围逐步扩大基础上，物资集中采购供应额保持持续增长，物资集中采购迈上了新的台阶。

【健全机构，完善制度】 股份公司单位认真落实深圳物资工作会议精神，健全了各级物资管理机构，重视配备物资管理人员，结合实际情况修订了物资集中采购管理办法和物资集中采购考核办法，划分了集中采购管理权限、集采程序、量化考核指标，有效推动了集中采购平台的建设。中铁三局、八局成立了物资公司；中铁九局、大桥局将管理职能同物资采购供应职能分开，从不同角度对物资集中管理体制方面进行了积极探索。

【推进大宗物资实施招标采购】 为堵塞漏洞，降低成本，对新开工项目，采购管理中心大力督促各单位搞好集中采购前期策划，按照“集团公司负责资源管理、区域中心负责推广集中采购、项目负责物资的使用管理”的三级管理体系，对区域的内项目统一管理，大宗物资实施集中招标采购。中铁一局按季度召开物资集中采购洽谈会，对新开工非铁路项目的钢绞线、锚具、锚杆、支座、伸缩缝、防水材料、土工材料等六大类物资，实施集中采购，其中锚具的中标价格16元/孔，实际市场平均价格21元/孔，综合采购成本降低约23%，其他各类物资的采购单价均有了显著的降低，提升了项目的盈利能力。中铁四局对新开工项目，要求项目部从制度落实、采购计划、现场供应验收、资金结算等实施集中采购交底制度，并编制了物资集中采购供应方案，所有主要材料由物资工贸公司组建的工地材料厂进行集中采购，实现了物资集中采购全过程控制。大桥局重新修订了《物资管理办法》、《招标管理办法》、《质量证明文件管理办法》，规范了局直管项目招标采购，严格各处的招标文件进行审核把关。

【强力推行物资管理信息化】 根据深圳物资工作会议精神，要全部建成物资管理信息系统管理目标，物资采购管理中心成立了推广小组，并有专人负责物资管理信息系统建设，对整体方案实施监督协调管理，要求各子、分公司物资管理信息系统负责人要与采购中心建立定期回报制度，并通过简报形式及时对各单位服务器安装调试、人员培训、合同签订和试运行等情况进行通报和点评，截止11月底，8个集团公司按期完成了股份公司推广计划。采购管理中心还根据进展情况，及时召开了研讨会和推进会，确保物资管理信息系统不断完善和按期完成。明年元月份正式启用的物资管理信息系统，物资集中管理将跨入新的发展平台，届时在股份公司范围内建立一个公平、公正、公开的采购环境，实施“阳光采购”战略，借助搭建电子商务管理系统，能有效协助采购谈判定价，实现网上招标投标采购、网上竞价采购、网上询比价采购，达到最大限度控制采购成本目的。

【落实集中采购工作管理目标】 2010 年股份公司物资集中采购目标为：全公司物资集中采购总额800亿元以上，新开工项目全部实施物资集中采购供应，集中采购供应总额占自行采购供应总量的65%以上。年初制定下发《关于下达2010年物资集中采购工作计划的通知》，明确了各单位集采供应额指标计划，并将此项指标列为考核各单位实施集中采购的重要指标，通过简报形式，对各单位集采数据月度统计、季度考核、年度评比情况进行通报和点评，截止11月底17个集团公司提前完成了股份公司下达集采计划。

召开由山桥、宝桥、武汉科工等单位的钢轨、钢板集中采购会，由各集团参加的钢材、水泥集中采购研讨会。经过专题会议研讨，形成了《落实股份公司与建材企业战略合作，实施钢材、水泥集中采购方案》，明确认识、达成共识：通过物资集中采购为股份公司建立资源渠道，对影响大，规模大的企业和具有控制性资源的企业，形成战略合作关系。逐步达到覆盖全部施工项目“主要物资”的资源渠道。

【加强检查，督促狠抓工作落实】 物资采购管理中心定期或不定期的对各子分公司物资集中采购管理情况进行检查指导，对存在的问题，并要求定期整改及时反馈。督促各子、分公司从制度建设、计划管理、现场管理、供应商管理、合同管理、成本核算、招标成效、内业资料等方面制定了检查考核标准。

非上市资产管理

【组织机构及编制情况】 中铁宏达中心共分三级管理，一级为中心本部，截至2010年底，二级为分支机构18家，三级为非上市单位39家。中心本部下设5个部门（综合部、财务部、资产管理部、人力资源部、社会事业部），共计30人。全系统年末职工人数5312名。

2010年三级单位通过主辅分离、移交、关闭撤销等途径由73家减少了34家。

2010年1月11日，中铁宏达中心召开党政联席（扩大）会议，总公司党委常委、股份公司副总裁马力出席会议，宣布了中铁宏达中心领导班子调整决定。高树堂不再担任中铁宏达资产管理中心主任、法定代表人职务；中铁宏达资产管理中心副主任姜洪友主持行政工作，为法定代表人；免去高树堂中铁宏达资产管理中心党工委书记、党工委委员职务；中铁宏达资产管理中心党工委副书记姜洪友主持党工委工作。

2010年9月2日，中铁宏达中心在本部机关召开全体干部大会。中国中铁股份有限公司副总裁马力，总经济师、人力资源部部长许廷旺参加会议并作了重要讲话。许廷旺宣读了总公司对宏达中心新任领导班子人员的任命：姜洪友同志任宏达中心主任、法定代表人、党工委副书记；韩仁海任党工委书记；董晓明任副主任、纪工委书记、工会工委主任。

【计划执行情况】 2010年，宏达中心在总公司党委和总公司的正确领导下，在股份公司总部及其子分公司的大力支持下，紧密围绕改革发展大局，主动加强和股份公司各子分公司的沟通协调，积极发挥分支机构的作用，注重调动各层级的积极性，工作思路清晰，工作重点突出，方法得当，措施得力，效果明显，全面实现了全年各项工作目标。

1. 全年完成营业收入7.2亿元，比年初计划增长26.78%；

2. 宏达中心实现利润总额340万元，扭转了连续三年亏损的局面；

3. 资产经营合同收入2631万元，是年初计划的131.55%；

4. 撤销困难单位34家，是年初计划的113.33%；

5. 全系统员工人均收入3.49万元，较2009年提高10.4%，在岗员工人收入均3.73万元，较2009年提高8.7%；

6. 全年无重大恶性上访事件和群体进京上访突发事件。

【系统发展情况】 2010年，宏达中心重点单位在发展方面实现了突破，整体发展取得了阶段性成果。职业教育单位发展速度较快。哈尔滨铁道职业技术学院成功申办国家100所骨干高职院校，成为国家首批建设单位；衡水电气化学校新校区建设将于2011年投入使用；兰州铁路技师学院新建8000多平米的综合楼；中铁山桥集团高级技工学校获得国家财政1000万元的资金支持，综合楼项目建设已经启动；哈尔滨铁道职业技术学院、郑州铁路技师学院购置土地建设新校区已取得实质性进展，武汉桥校和培训中心两校整合工作正积极推进，医疗服务单位扭亏为盈。一局中心医院、四局二公司、四公司医院等一些医疗单位在较好的基础上，盈利水平不断提高，一些基础较差的单位向好的方向发展，部分亏损单位实现扭亏为盈。

【系统改革情况】 2010年，是宏达中心改革年。年初，宏达中心在充分调研的基础上，在与各单位和主管企业沟通的前提下，制定了非上市单位改革目标，年内要撤掉30家困难单位，这比前两年撤销困难单位总和还多，压力大、困难多。在工作中，一些单位和领导对总公司战略意图、宏达中心改革部署不理解，执行不坚决，有怨言也遇到了一些阻力。宏达中心多次耐心做分支机构和主管领导的工作，使之充分认识到通过移交政府、重组合并、撤销关闭等方式，对资产规模小、人员少，困难和亏损的单位加大改革力度，是企业发展的需要，是企业完善产业结构的需要，经过各单位的努力和各级领导的支持，到目前为止，共完成困难单位从宏达系统序列撤销34家，实现并突破了年初制定的目标，做到了职工满意，企业满意，保证了职工队伍的稳定。

【资产经营】 2010年，宏达中心土地盘活和资产经营取得了显著成效，在数量和规模上呈上升趋势，在单位和地域覆盖面上逐步扩大，在方式和经营渠道上逐步实现多元化。在工作中，加大了对资产盘活的组织领导，宏达中心主要领导亲自挂率，多次深入基层单位对重点项目进行现场查勘，与股份公司各集团公司领导沟通，在个别项目中更是深入到股份公司三级单位宣传政策、指导工作、协商合作。宏达中心与各分支机构认真核对资产数据库，对主业回购土地房产、城市整体规划占用、危旧房改造、主业集资建房等项目进行规划和审批，全年共办理集资建房8项，建筑面积35万平方米，较好的支持了主业的发展。特别是在燕丰饭店、电化局建筑公司北京市丰台区靛厂路、建工集团北京市东城区永外西革新里土地房产等土地资产盘活开发利用取得了良好效益，土地房产盘活处置签约金额合计2631万元，处置资产增值率554.26%。

【系统管理情况】 经过近三年的运作，宏达系统管控体系基本建立，运行有效，宏达系统控制力显著提高，执行力明显增强，总公司和宏达中心各项规章制度能够得到较好贯彻落实。针对资产经营管理当中出现的未按规定擅自处理非上市资产、资产数据库帐实不符、不履行审批程序集资建房或建办公用房和改革单位资产财务处置不规范等问题，宏达中心组织了两个调研督导小组，对重点单位、重点问题、重点项目进行大范围的检查督导工作，在检查督导工作中，调研督导小组认真宣传政策、坚持原则、耐心沟通，及时解决了在政策执行中错误观念、错误做法和错误行为。同时，要求各分支机构将检查督导发现问题的落实情况到宏达中心汇报，各单位都能按照宏达中心的要求及时加以改进，并在工作不断完善。

【"小金库"专项治理】 按照总公司的统一部署，宏达中心在全系统深入开展了"小金库"专项治理工作，成立了"小金库"治理工作领导小组和日常工作机构，并根据宏达中心工作的特点和实际情况，有针对性地制订了"小金库"专项治理工作实施方案。扎扎实实，认认真真地进行了自查自纠、重点检查、整改落实等工作。在自查自纠阶段发现有两个单位存在"小金库"现象，资金合计 34.69 万元，现已全部纳入单位法定账簿。在这次"小金库"专项治理过程中，不仅认真分析了个别单位形成"小金库"的原因，还对没有发现"小金库"的单位进行了重点抽查，找到管理的薄弱环节，并建立了相应的内部管理控制和责任追究制度，形成综合防止体系，从根本上消除"小金库"的思想根源、制度根源和资金来源。

【队伍建设】 宏达中心始终高度重视加强领导人员建设、机关队伍建设和员工队伍建设。2010 年，宏达中心认真按照总公司、总公司党委的要求，1. 围绕打造创业型、开拓型、务实型、服务型和自律型领导团队，加强了领导人员建设；2. 围绕企业中心任务，加强了本部机关队伍建设。多次召开全体员工大会，通过形势报告会、劳模报告会、员工座谈会等形式，加强对本部员工新形势宣传和教育。根据工作需要，适时调整了宏达中心本部中层人员，加强了员工业务培训，开展了本部员工年度考核工作；3. 所属各单位围绕企业改革发展和各项重点工作，加强了员工队伍建设。坚持内抓管理，外树形象，开展了"视品牌为生命，待学生如亲人"、"专家医疗服务下基层"、巡诊义诊、医学专家进社区等活动。同时，制定保证本单位职工工资正常增长和支付保障的具体措施，坚持收入分配重点向一线职工倾斜；4. 注重提炼和归纳总结企业文化理念，制定出台了反映员工共同的理想信念、人生追求、价值观、利益观的各种企业文化宣传标语和手册，激发了广大干部职工立足本职创一流的工作热情，涌现出了一批先进典型，取得精神和物质文明的双丰收。宏达中心全系统有 2 人获"火车头"奖章、1 人获总公司劳模，1 人获总公司优秀党员，有一批单位受到了上级的表彰。

【总部机关委托事项】 1. 先后办理了中铁四局万寿路西街 16 号院、中铁六局洪泰庄职工住宅建设和丰桥公司职工住宅改造、中铁设计咨询职工住宅配售等审批项目，并认真办理全公司在京单位土地利用计划。有力支持全公司各单位通过职工集资建房、合作建房、危旧房改造等多种形式解决职工住房困难和职工队伍稳定；2. 结合全公司住房制度改革和住房管理工作情况，不断加强对住房制度改革工作政策指导，逐步实行住房分配货币化，督促全公司各单位稳步推进住房分配货币化。办理了中铁六局、电气化局、建工集团和总部机关公有住房的出售手续；3. 落实中国铁路工程总公司与北京市公安局签订的《公安机构移交协议》，完成了中铁大厦 B 座向公安移交工作并及进行了中铁工程大厦 A、B 座房产土地的分割工作；4. 基本完成了总部机关职工住房评估配售调整等工作，完成了月坛住宅楼 2 部电梯的更新改造等；5. 较好的协调了沈阳桥梁厂破产项目中的困难问题的解决。

【创先争优活动】 按照总公司深入开展创先争优活动实施意见的总体安排和部署，宏达中心党工委高度重视、积极行动，成立了创先争优活动领导小组，设立了领导小组办公室，明确了工作职责和任务，制订深入开展创先争优活动实施方案，并结合本单位实际紧密围绕"推动科学发展、促进企业和谐、服务职工群众、加强基层组织"的目标要求，开展了"深入学习实践科学发展观，推动非上市单位改革发展和资产经营管理上水平"主题活动。在活动中，始终围绕宏达中心年度各项工作目标，坚持以正在干的事情为中心，以推进改革发展、强化经营管理、加强党建思想政治工作、解决职工群众生产生活中的实际困难和问题为重点，制定和落实了 8 个方面 22 项创先争优活动公开承诺事项，对全系统所有分支机构和领导班子成员联系点单位，通过现场点评、会议点评、电话点评和书面点评等方式开展了领导点评工作，完成了创先争优活动规定的主要内容，取得了明显成效。截至目前，宏达中心及其所属各单位公开承诺事项兑现率普遍达到了 90%以上，并有望年底 100%兑现承诺。党建思想政治工作日趋活跃，服务保障作用得以有效发挥，部分解决了员工群众关心关注的实际困难和问题，较好地维护了员工群众的合法权益和根本利益，确保了员工队伍稳定，为下一步创先争优活动的深入开展打下了良好基础。

党群篇

企业党的工作

【总公司党委】 2010年，全公司各级党组织围绕企业中心工作，开拓创新，扎实工作，为实现企业持续快速发展提供了坚强有力的政治保证。特别是公司党委在加强党建思想政治工作，推进企业改革发展方面抓了十件大事，取得了明显成效。

【党委办公室】 企业重组上市后党委办公室与行政办公室合并，作为中国铁路工程总公司总部的机构，称总公司办公厅，作为中国中铁股份有限公司总部的机构称总裁办公室，一个部门两个牌子。党委办公室的工作，包括保密办公室，均在总裁办中履行职责，具体工作情况参见管理篇中的综合理节。

【巩固深化学习实践活动成果】 按照公司党委的统一部署和安排，总裁办（党办）以创建中央企业一流办公室为目标，进一步加强和改进办公室自身建设。6月4日，召开了全公司办公室工作视频会议，认真总结了两年来的工作，对今后一个时期工作做了全面部署。特别是李长进董事长、姚桂清书记在会上做了重要讲话，对新形势下全公司办公室工作提出了明确要求，使全公司办公室系统统一了思想，坚定了信心。同时，制定并下发了《关于进一步加强全公司办公室工作的指导意见》，提出了新形势下全公司办公室工作的总体目标、主要任务和具体措施。按照国资委办公厅的要求，广泛征求各方面意见，制定下发了《全公司报送公文评价办法》，进一步推动办公室工作流程标准化、工作制度规范化、工作质量示范化。

【开展创先争优以及“学、争、创”活动】 按照公司党委和机关党委的统一部署和要求，总裁办（党办）坚持从基层、基础工作抓起，坚持不走形式、不走过场，坚持少说空话、多干实事，以“四比两创”为活动载体，扎实开展创先争优以及“学、争、创”活动。7月15日，召开了支部全体员工“创先争优”暨“四比两创”活动动员会，并结合公司KPI考核要求和办公室工作实际，研究确定了8项具体目标，提出了5项具体的工作措施；9月10日，召开了支部“创先争优”暨“四比两创”活动推进会，全体党员在会上结合工作岗位实际，就“四比两创”活动开展以来完成的主要任务、工作体会、存在的一些问题，以及需要进一步改进的工作不足等情况进行交流；10月19日，召开了支部创先争优专题民主生活会，党支部制定了5项公开承诺，支部全体党员分别作出承诺，特别是股份公司党委书记、董事长李长进，总裁白中仁以一名普通党员的身份参加会议，并按要求向全体党员作出公开承诺。

【办公室自身建设】 继续深入开展创先争优、“学争创”以及“四比两创”活动，加强办公室制度创新和职能建设，探索办公室工作的规律，推动办公信息化平台建设，严格执行各项规章制度，做到工作有标准、做事有规范、奖惩有依据，以优良的工作态度、优质的工作水平和优异的工作业绩推动办公室工作上新的台阶。

【保密工作】 公司保密办公室设在办公厅内，总公司党委始终高度重视保密工作，针对形势、任务及保密工作的重大问题及时作出具体部署。2010年的主要工作，1.根据国资委的统一要求和近年来总公司商业秘密保护形势的变化，完善修订了《中国中铁股份有限公司商业秘密保护暂行办法》，进一步从制度上为保密工作提供了保证。2.开展了多种形式的保密宣传教育活动，不断增强了领导干部和广大员工保密意识。3.加强了计算机和网络安全的管理。在总部OA系统建立了数字证书中心，与每一名领取CA数字证书的人员签订了计算机网络安全保密责任书。进行了涉密载体清理检查，杜绝了个人擅自持有涉密载体的现象。4.坚持了在重大项目、重大工程、重要活动保密提醒工作。5.认真执行了对外提供资料、发布信息的保密审查工作。6.坚持节假日和年底安全保密定期检查工作，对检查中发现的问题和隐患及时进行了整改。

组织工作

【党组织和党员队伍状况】 截至2010年底，总公司系统共有党的基层委员会772个，其中局级党委32个，处级党委342个，其他党委398个。有党总支708个，党支部7597个，其中生产一线党支部5198个，多经党支部81个，离退休党支部735个，机关党支部1107个，其他党支部476个。全公司共有党员145352名，其中预备党员6549名；女党员22564名，占党员总数15.52%。党员队伍年龄结构：35岁以下40706名，占党员总数28%；36—45岁33115名，占党员总数22.78%；46—54岁25562名，占党员总数17.59%；55—59岁12420名，占党员总数8.54%；60岁以上33549名，占党员总数23.08%。文化结构：大专以上文化程度70566名，占党员总数48.55%；中专及高中文化程度41897名，占党员总数28.82%；初中及以下32889名，占党员总数22.63%。职业结构：在职党员99942名，占党员总数68.76%，离退休党员44869名，占党员总数30.87%。在职党员中工人党员22649名，占党员总数15.58%；党政管理人员31367名，占党员总数21.58%；各类专业技术人员43730名，占党员总数30.09%。

【组织部】 总公司党委组织部是主管全公司党的组织建设工作的业务部门。其主要职责是：贯彻执行党的路线、方针、政策和总公司党委及上级组织部门的指示、决定，调查、了解和掌握全公司党的组织工作情况；负责研究制定党建工作方面的政策、制度、规划和实施办法，并负责贯彻落实；检查公司所属企业党委贯彻执行民主集中制、参与重大问题决策和发挥政治核心作用的情况，针对突出问题提出加强改进意见和建议；检查指导全公司各级党委贯彻执行党代会、民主生活会等项制度情况；做好公司所属企业党委换届选举和届中增补委员的指导、审批工作；负责所属企业党员领导干部民主生活会的检查指导；会同有关部门了解掌握公司所属企业党委班子建设情况，协同干部部门完成公司党委交办的所属企业党委班子的考核工作；负责贯彻落实公司党委加强基层党组织建设的总体要求，规划指导全公司基层党组织建设，提出加强项目部党组织和基层党支部建设的意见和措施；制定全公司加强党员教育、管理和发展党员工作的规划和措施，检查指导贯彻落实情况，提出加强改进意见；指导全公司开展党内“创先争优”、“创岗建区”等创建活动，负责做好公司党委和上级党组织表彰的先进基层党组织、优秀共产党员、优秀党务干部的推荐工作，会同政研会抓好党建工作方面的研究，做好先进典型的选树和总结推广工作；检查指导公司所属企业党费的收缴、使用和管理工作；负责公司党委留用党费的收缴、使用和管理；指导所属企业党委组织部门搞好党内统计工作；做好公司党内资料统计和分析工作；做好党内有关刊物的征订、分发工作；管理和指导全公司党员党籍、组织关系工作，受理与党的组织工作相关的来信、来访；负责公司本部党群机构设置及编制定员工作；了解和掌握所属企业党群工作机构定编定员及有关情况；负责全公司确定和更改参加革命工作时间以及落实干部政策遗留问题的政策指导和协调；承办局级干部更改参加革命工作时间以及落实干部政策遗留工作；完成上级组织和领导交办的其它工作。定员5人，设部长1人，副部长1人，现员3人。

【领导班子思想政治建设】 2010年，全公司各级组织部门和广大组织工作者，深入学习贯彻党的十七大和十七届五中全会精神，全面落实科学发展观，紧密围绕企业生产经营中心和党委工作重心，大力加强领导班子思想政治建设和作风建设，为增强企业党组织的创造力、凝聚力和战斗力，全面完成企业年度各项任务提供了强有力的思想和政治保证。党的十七届五中全会召开以后，公司党委组织部及时起草下发了《转发中央创先争优活动领导小组关于认真学习贯彻党的十七届五中全会精神深入推进创先争优活动通知的通知》，要求所属各单位采取中心组学习、召开民主生活会、“三会一课”、举办培训班等多种形式，认真学习贯彻党的十七届五中全会精神，并以全会精神指导开展创先争优活动、指导基层党组织建设和党员队伍建设、指导党群共建等基础性工作，推动企业党建工作再上新台阶。公司党委还组织领导班子召开了为期两天的中心组学习会议，集中学习研讨了胡锦涛总书记在党的十七届五中全会上所作的工作报告和重要讲话，学习了《中共中央关于制定国民经济和社会发展第十二个五年规划的建议》，学习了温家宝总理就《建议》所作的说明，进一步统一了思想认识，明确了发展方向，形成了发展思路。全公司各级领导班子成员认真学习胡锦涛、习近平、李源潮等领导的在有关会议上的讲话精神，深入探索新形势下国有企业党组织发挥作用的有效途径，坚持在改革创新上下功夫，在突破重点难点上下功夫，在做好基础工作上下功夫，在提高工作水平上下功夫，不断增强党建工作的创造性、针对性和实效性，努力把国有企业党组织的政治优势转化为企业的科学发展优势。8月19日，公司党委组织部按照上级党组织要求，协助党委召开了领导班子调整以来的首次专题民主生活会，公司领导班子成员结合国资委企干二局负责同志向领导班子和班子成员个人反馈的考察意见，联系公司领导班子建设和自身思想工作实际，分析查找了存在的问题和不足，开展了批评与自我批评，制定了切实有效的整改落实措施。公司所属41家单位也分别召开了以“深入开展创先争优活动”为主题的党员领导干部专题民主生活会，对照检查了在推动企业科学发展、带头创先争优、发挥示范表率作用和遵守廉洁从业有关规定等方面存在的差距和不足，并提出了整改措施，进一步增强了各级领导班子的凝聚力、向心力和战斗力。

【基层党组织建设】 公司党委组织部坚持以夯实企业党建工作基础为重点，坚持不懈地抓好抓基层打基础各项工作，不断创新和丰富基层党建工作载体，推动了全公司基层党组织建设再上新水平。1.开展了百个基层党支部作用发挥情况的调研。3月份，党委组织部根据公司党委的安排部署，下发了《关于认真做好百个基层党支部作用发挥情况调研的通知》，组织全公司各级党委组织部门重点围绕基层党支部发挥作用情况和三级子分公司党委抓党支部建设情况进行了一次专题调查研究。全公司所属33个单位共组织成立了53个调研组，采取听取汇报、查阅台账、问卷调查、召开座谈会、个别谈话、走访工地等多种形式，对49个三级子分公司党委、156个各级党支部进行了深入调研，了解了包括项目党组织的机构设置情况、项目党支部书记的配备情况、项目党支部的民主建设情况、项目部重要事项党政会签制度落实情况、基层党建主题实践活动开展情况、党员教育管理情况及党员先锋模范作用发挥情况等有关信息，为下一步有针对性地开展工作奠定了基础。2.起草下发了加强基层党组织建设的两个文件。10月份，党委组织部结合公司项目党建工作实际情况，按照规范化、标准化、科学化的思路，研究起草了《关于进一步加强党支部建设的指导意见》和《关于推行工程项目党建工作标准化管理的指导意见》，进一步规范了全公司工程项目党建工作和党支部建设工作制度，提高了企业党建工作的科学化水平。3. 指导所属各级组织部门结合企业中心工作，围绕现代企业制度下开展和创新党建工作、现代企业制度条件下充分发挥企业党组织政治核心作用、探索加强改进基层党建工作、企业党委组织工作存在的重点难点问题等专题，开展了广泛深入的调查研究，形成了专题调研报告和典型经验，探索出了一批指导和推动企业基层党建工作不断向纵深发展的新思路、新办法和新途径。4. 指导所属单位建立健全党的组织结构，并做好换届选举工作。2010 年，公司党委组织部督促指导中铁一局、二局、八局、九局、设计咨询、宝桥等六家单位筹备召开了党代会，帮助他们按照《党章》和党的有关选举工作条例制定了规范的选举程序和选举办法，选举产生了党委会和纪律检查委员会，完成了党委的换届选举工作。在对中国中铁玉树灾后重建现场指挥部进行调研的基础上，指导成立了玉树灾后重建现场指挥部党工委和纪工委，明确了党组织和纪检监察组织的隶属关系、主要职责、基本职能和机构配置。结合中铁西南投资管理有限公司发展现状和党组织、党员数量不断增加实际情况，撤消了中铁西南投资管理有限公司党工委和纪工委，指导成立了中铁西南投资管理有限公司党委和纪委，明确了党组织和纪检监察组织的工作职责、基本任务和机构配置。同时，党委组织部还分别对中铁四局、中铁工程建设分公司等两家单位的党委、党工委委员进行了增补，完善了领导班子结构，确保了党组织政治核心作用的充分发挥，推动了党建思想政治工作的深入开展。

【党员队伍建设】 一年来，全公司各级组织部门也坚持以全面提升广大党员各项综合素质为抓手，深入结合创先争优活动、学习贯彻党的十七届五中全会精神、“学习型”党组织建设、“保增长、调结构、转机制、争效益”等年度重点工作，采取中心组学习、形势任务教育、领导干部宣讲、党员党课学习等多种形式广泛开展党员教育管理工作。1. 加强教育培训。按照公司党委工作安排，于 8 月 2 日至 6 日在石家庄党校组织举办了中国中铁创先争优活动理论培训班，对所属各单位党委组织部长、部分三级单位党委书记及项目书记等共计 59 人进行了系统培训。所属各单位也分别举办 60 多期党支部书记培训班，培训党支部书记达 2200 多人。2. 深入开展“争创‘四强四优’”活动。3 月 22 日，党委组织部印发了《关于开展争创“四强”党组织争做“四优”共产党员活动的通知》，在全公司开展争创以政治引领力强、推动发展力强、改革创新力强、凝聚保障力强为主要内容的“四强”党组织，争做以政治素质优、岗位技能优、工作业绩优、群众评价优为主要内容的“四优”共产党员活动。所属各单位紧贴企业实际，将争创“四强四优”活动与深化拓展学习实践活动、争创四好班子等活动紧密结合起来，制定了具体实施方案和考核制度，并将“四强四优”作为评选表彰先进基层党组织和优秀共产党员的重要标准，把争创活动开展情况和工作成效作为考核基层党建工作的主要内容深入开展，进一步增强了基层党组织的创造力、凝聚力和战斗力。3. 大力培养选树先进典型。全公司各级党组织坚持把培育选树先进典型、总结推广党建经验作为一项重点工作来抓，充分发挥了先进典型的示范带动作用。“七一”前夕，公司党委隆重表彰了 59 个先进基层党组织、109 名优秀共产党员和 55 名优秀党务工作者，推荐上报国资委表彰了 3 个中央企业先进基层党组织、4 名中央企业优秀共产党员和 2 名中央企业优秀党务工作者。通过培养选树党建工作先进典型，进一步激发了广大职工群众学习先进、赶超先进、争当先进的积极性和主动性，在全公司形成了“典型引路，齐争共创”的生动格局。

【开展创先争优活动】 2010 年，按照中央企业创先争优活动领导小组和公司党委的部署安排，全公司各级组织部门精心组织开展了创先争优活动。公司党委组织部作为创先争优活动的主责部门，在活动开展之前就超前采取措施，广泛收集中央和国资委的创先争优活动的相关文件资料，提前与上级部门联系沟通，筹划制定了全公司创先争优活动实施方案及重点工作计划，做到了早预热、早策划、早部署。创先争优活动开展以来，组织部按照公司创先争优活动领导小组的工作安排，筹备召开了全公司深入开展创先争优活动视频动员大会和创先争优活动推进会，推动活动有序开展；建立了领导小组定期检查、所属单位定期报告、办公室定期考核、领导干部定期深入联系点指导工作、定期向党员群众通报活动情况的“五定期”工作制度；起草了《关于建立领导干部创先争优活动联系点及做好领导点评工作的通知》、《关于做好领导班子成员创先争优活动公开承诺工作的通知》等有关文件，协助公司党委在认真调研、反复论证的基础上作出 2010 年公开承诺，同时协调领导班子成员利用董事会换届考核、参加所属单位民主生活会、进行党风廉政建设责任制检查等机会，深入联系点对创先争优活动开展情况进行专项点评，帮助解决实际问题；制定了《关于开展百千万创先争优示范工程的通知》，对“基层示范党委”、“示范党支部”、“党员示范岗”的活动标准进行了明确，并指导所属单位对“百千万创先争优示范工程”进行细化分解；积极响应中央关于党群共建创先争优的号召，协助公司党委在工会组织、共青团组织中深入开展创先争优活动和“百千万创先争优示范工程” 活动，形成党群共建、齐争共创的工作格局。公司党委开展的“创先争优”活动情况，先后在中央企业创先争优活动动员大会上作了经验交流，在部分中央企业深入开展创先争优活动座谈会上向李源潮等中央领导作了汇报。12 月 7 日和 9 月 1 日，王勇主任、金阳副主任分别来公司机关听取了公司党委创先争优活动情况的汇报，给予了充分肯定。

【自身建设】 一年来，全公司各级党委组织部门认真研究新形势下企业党建工作面临的新情况、新问题，深入贯彻党的十七大和十七届五中全会会议精神，大力落实胡锦涛、习近平、李源潮等中央领导同志对组织部门自身建设提出的新要求，不断加强自身建设，努力推动全公司党建思想政治工作再上新台阶。公司各级党委组织部门按照党委的要求，在配齐配强党务干部的同时，结合企业实际，采取送高校深造、举办培训班、交叉任职、岗位交流等形式，加强了对组工干部的培训，不断提高组工干部的思想政治素质和理论基础，提高组工干部的工作能力和业务水平，努力培养一支讲党性、重品行、做表率的复合型组工干部队伍，增强了广大组工干部做好企业党建工作的信心。公司各级党委组织部门还紧密围绕现代企业制度条件下党建工作面临的新情况、新问题和新任务，深入开展调查研究，坚持以改革创新精神研究和解决党建工作、组织工作中的新情况和新问题，对今后一个时期全公司党建思想政治工作提出了许多有益的意见和建议，推动基层党建工作持续深入开展。

企业文化、党委宣传工作

【企业文化（党委宣传）部】 企业文化（党委宣传）部是公司主管宣传思想文化工作的职能部门，主要负责全公司广大干部职工思想政治教育和企业生产经营中的宣传思想工作；宣传党的路线、方针、政策；大力开展企业文化建设，搞好职工职业道德教育，促进企业精神文明建设；负责公司内外新闻宣传报道工作；负责全公司统战工作、政工职评等工作。定员6人，现员6人，设部长1人，副部长2人。

2010年，全公司宣传思想文化工作认真学习贯彻党的十七届四中、五中全会精神，紧密围绕“保增长、调结构、转机制、争效益”的中心工作，着力抓好“三项主题教育”，着力组织“三大宣传战役”，着力加强基层一线思想政治工作、工程项目文化建设和宣传各类先进典型，努力为企业科学发展提供思想保证、精神动力、舆论支持和文化支撑。

【推进学习型党组织建设】 1.起草下发了股份公司党委《关于推进学习型党组织建设的指导意见》，成立了学习型党组织工作协调小组。各单位根据《指导意见》，制定了《建设学习型党组织实施方案》，相应成立了领导小组，使这项工作扎实有效推进。2.认真学习贯彻胡锦涛总书记在全党深入学习实践科学发展观活动总结大会的讲话精神。4月7日至8日，股份公司党委召开中心组学习会议，认真学习研讨胡锦涛总书记的重要讲话、《国资委党委关于推进中央企业学习型党组织建设的实施意见》、中央关于《党政领导干部选拔任用工作责任追究办法（试行）》和《中国共产党党员领导干部廉洁从政若干准则》。国资委简报和网站转发了股份公司党委《深化学习、扎实整改、把握规律、推动发展》和《认真搞好“五个结合”，推动企业各项工作》的经验材料。7月13日～14日，股份公司召开中心组学习会议，围绕13个课题，深入研讨当前企业改革发展面临的重大问题，对科学制定股份公司“十二五”规划起到了重要的指导作用。3.认真学习宣传党的十七届五中全会精神。起草下发了股份公司党委《认真学习贯彻十七届五中会会精神的通知》。11月11日至12日，股份公司党委中心组集中一天半时间，认真传达学习和研讨了五中全会精神。

【开展“三项主题教育”】 1.继续以《历史性的跨越》为教材，对广大员工进行企业核心价值体系教育。下发了股份公司党委《关于开展向青海玉树地震灾区捐款的紧急通知》，及时组织广大员工捐款，以实际行动实践企业核心价值。4月21日，中宣部、民政部等部委在中央电视台联合举办“情系玉树、大爱无疆”抗震救灾捐款晚会，中国中铁在主席台现场举牌捐款500万元。为配合玉树灾后重建工作，起草下发了宣传提纲。2.深入开展形势任务教育。股份公司年初“三会”召开后，股份公司宣传部编发了宣传提纲，在全公司深入开展了《推进两大转变、实现二次创业》形势任务教育，把广大员工思想统一到了股份公司会议精神上来。3.深入进行安全生产教育。股份公司宣传部会同安质部拟定了《安全誓词》。6月1日上午9点，全公司广大员工在各工点组织了安全宣誓活动，营造了推动企业安全发展的浓厚氛围。随后，两次下发了关于开展“班前安全质量宣誓”活动的通知，并以股份公司网络电报形式发出《关于实行“班前安全质量宣誓”责任制的通知》。各单位以不同形式开展班前宣誓活动，取得显著成效。11月10日，建设部专家在股份公司安全生产许可证检查中，对安全质量宣誓活动给予了肯定。

【宣传报道“三大战役”】 1.组织了深圳地铁5号线宣传。3月27日，股份公司在深圳地铁5号线召开全线贯通表彰大会暨铺轨启动仪式和BT项目建设管理模式研讨会。新华社、人民日报等29家媒体进行了现场采访报道，报道稿件70多篇。2.加大哈大线的宣传力度。6月下旬，中国中铁承建的哈大铁路率先在全线铺轨，中央人民广播电台早上《新闻和报纸摘要》节目和晚上《全国各地新闻联播》节目进行了报道，充分展示中国中铁形象。3.组织中央新闻媒体深入京沪高速铁路进行宣传报道。4月1日至2日，股份公司宣传部配合铁道部组织30人采访团到京沪高速铁路大胜关大桥和南京南站进行了采访报道，中铁大桥局文武松参加了中央电视台《当代工人》“五一”特别节目采访。在中铁电化局北京动车段组织的《相信中国——走进高铁时代》大型文艺晚会上，中国中铁组织了员工方阵，5月1日，中央电视台一套“五一”特别节目播出。10月26日，中央电视台新闻频道对沪杭高速铁路开通运行进行了现场直播。在打好三大战役的同时，各级宣传部门还加强了上海世博会宣传。3月26日，《人民日报》海外版刊登了中国中铁为世博工程建功立业的报道。加强了抗洪救灾宣传。中国中铁所属各单位针对南方部分省市发生严重洪涝灾害，积极开展抗洪自救，全力投入铁路和地方抗洪抢险。股份公司宣传部及时组织各单位进行宣传报道，并在股份公司网站进行了集中反映。同时，编写了《积极投入抗洪抢险，全面履行社会责任》的事迹材料。7月22日，在国资委宣传局召开抗洪救灾新闻通气会上，中国中铁等4家中央企业在会上发言。加强了世界高速铁路大会宣传。根据铁道部要求，股份公司及时制作了中国中铁宣传广告片中英文版，上报了企业标识、企业简介、宣传文章及有关图片材料，制作了《脊梁——前进中的中国中铁》专题片中英文版。加强了外宣工作。5月5日，中央外宣办和国资委联合召开座谈会，中国中铁作为8家中央企业代表参加会议，并在会上发言。11月29日至30日，股份公司召开国际化经营暨外宣工作研讨会，会议专门用半天时间研讨了海外党建思想政治工作。

【企业文化建设】 1.继续抓好项目文化示范点（示范线）建设，组织了示范点的评选工作，表彰了53个股份公司项目文化建设示范点。同时，将53个项目文化建设示范点经验汇编成册，下发全公司。2.积极参与股份公司“三会”期间的文艺汇演。参与了三场文艺演出的节目编排、审定工作，推出了《开路先锋》大合唱（拟代司歌）。并组织中宣部、中组部、国资委宣传局及中央主要新闻媒体观看了演出。3.重新编制《中国中铁宣传画册》、中国中铁专题片《脊梁——前进中的中国中铁》、《中国中铁企业文化手册》。完成了中国中铁展示厅的设计布展工作。编制发布了《2009年社会责任报告》，被评为优秀企业社会责任报告。4.加强文化产品的制作播出。3月26日到4月中旬，由中央统战部、铁道部主办，中国中铁等单位联合拍摄的38集电视连续剧《雪域天路》在中央电视台一套黄金时段播出。9月份，组织凤凰卫视记者对委内瑞拉铁路进行了采访。11月7日和13日，凤凰卫视分别播出《铁流撼海——中国中铁走向海外记实》上下集，每集36分钟，展示了中国中铁的国际化形象，股份公司宣传部制作了光盘下发各单位。5.组织了“感动非洲十大中国企业”网上投票和“2010感动中国年度人物”网上投票评选活动。中国中铁最终入选“感动非洲10大中国企业”；中铁电气化局巨晓林被推荐为“2010年感动中国年度人物”候选人之一。在10月9日国资委召开的中央企业并购重组文化融合工作交流会上，中国中铁等18家中央企业在会上交流了文化融合工作的经验和做法。

【宣传先进典型】 1.继续深入开展学习宣传窦铁成活动，总结宣传创建“窦铁成班组”、“窦铁成夜校”的成效。国庆期间，窦铁成同志参加了中宣部组织的“共和国双百人物”代表参观上海世博会及“中国馆日”活动，受到贾庆林等中央领导的亲切接见。2.组织了“农民工楷模”巨晓林的学习宣传活动。5月3日，中共中央政治局常委李长春同志做出了大力宣传巨晓林事迹的批示。5月4日，中宣部部长刘云山同志也做出了批示。5月26日，中宣部新闻局发出《关于巨晓林同志先进事迹的报道通知》。5月31日，中宣部在中铁电化局机关组织了集中采访会议，31家新闻媒体39名记者参加采访会议。6月1日至2日，组织中央采访团到巨晓林的工作现场进行了采访。6月3日至6日，中央各大新闻媒体进行了集中宣传报道。中央电视台新闻联播连续4天报道了巨晓林同志的先进事迹。7月1日出版的《求是》杂志刊登评论文章《人人都可以成才》，《党建》杂志第7期以《巨晓林：领跑时代》为题进行了报道。巨晓林先进事迹在全国宣传后，在全公司广大干部职工中引起了强烈反响。5月28日，总公司党政工团发出《关于学习宣传巨晓林同志先进事迹的通知》，掀起了学习宣传巨晓林热潮。6月28日，巨晓林在股份公司纪念建党89周年暨“一先两优”表彰会上，作了事迹报告；6月29日，在国资委党委“一先两优”座谈会上，巨晓林作大会发言。9月26日，组织召开了“加强国有企业党建和农民工工作暨巨晓林成才环境座谈会”，中央有关部委领导和新闻单位参加会议，巨晓林代表中国中铁180万农民工向全国农民工发出倡议。巨晓林分别荣获“十大责任公民”和“2010年度三农人物”。股份公司组织编印了《巨晓林成才环境座谈会材料汇编》。

【宣传干部队伍建设】 各级党组织注重培养选拔和充实宣传思想文化干部队伍，通过以会代训、办班培训、岗位锻炼等形式，提高宣传干部的思想政治素质和业务工作能力。2010年，股份公司宣传部在石家庄党校举办三期宣传干部培训班，强化了宣传干部围绕中心、服务大局、引导舆论、释疑解惑、调查研究、开拓创新的能力和做好宣传思想文化工作的光荣感、责任感和使命感。

【统战工作】 1月12日，参加了中央统战部六局召开的国有企业党外知识分子联系点会议，经验材料被收集到《中央统战部内部资料汇编》。6月10日至11日，在中央统战部、国务院国资委党委在东风汽车公司召开的中央企业“爱企业、献良策、做贡献”主题活动研讨会上，中国中铁作为8家发言企业之一就开展“爱献做”主题活动情况进行了交流。

【其他工作】 2010年，加强了各级网站建设，确保信息披露和企业宣传的真实性、及时性和统一性。2010年股份公司网站更新信息1238条。派员参加了国资委网络评论员培训班。2010年，全公司审批高级政工师任职资格184人。

纪检监察工作

【组织机构】 中国铁路工程总公司和所属 39 个单位及其下属 287 个子公司全部建立了纪检监察组织。全公司共配备专职纪检监察人员 769 名，配备兼职纪检监察人员 562 名。总公司和所属 39 个单位纪委书记都由同级党委副书记担任（其中中铁大桥院、中铁信托、华铁咨询、西南投资、海西公司、咸阳干院纪委书记由党委书记担任）。总公司纪委监察部配备人员 11 人，其中，总公司党委副书记、纪委书记 1 人，纪委副书记、监察部长 1 人，纪委副书记 1 人；办公室 2 人，案件检查处 2 人，案件审理宣传教育处 2 人，执法监察处 2 人。

【主要职能及工作】 总公司纪委监察部在总公司党委、总公司的领导下，全面贯彻党的十七大精神，以邓小平理论和“三个代表”重要思想为指导，以科学发展观为统领，深入贯彻落实十七届中央纪委五次全会和中央企业纪检监察工作会议精神，围绕公司“保增长、调结构、转机制、争效益”中心任务，以“廉洁文化建设年”为主线，以工程建设领域突出问题专项治理工作为重点，全面加强党风和反腐倡廉建设，为企业科学发展营造了良好环境、提供了有力保证。

【廉洁文化建设】 各级纪委把廉洁文化建设作为培育良好风尚、促进廉洁从业的重要载体，扎实开展了“廉洁文化建设年”主题教育活动。1. 开展了读书修德、读书思廉活动。组织领导干部和关键岗位人员认真学习“国有企业廉洁从业教育读本”——《镜鉴》，引导党员干部自觉筑牢拒腐防变的思想道德防线。中铁四局以《镜鉴》为主要教材，开展警示教育 261 场次、6563 人次受到教育。2. 开展了廉洁格言警句、廉洁价值理念征集活动。各单位共推荐格言警句、廉洁用语、廉洁理念等近万条。公司纪委在《中国中铁》报开辟专栏，进行广泛宣传，营造了人人思廉、全员倡廉的浓郁氛围。通过征求意见，初步形成了具有中国中铁特色的廉洁理念——“风清气正、人和企兴”。李书记、白总裁分别为《中国中铁廉洁文化手册》题词“廉洁、诚信、守法、敬业”和“诚信守法、修德律已、求真务实、公正廉洁”。3. 开展了廉洁文化知识答题活动。公司纪委制作了《廉洁文化知识问答 100 题》，组织领导干部、关键岗位人员共计 72120 人参加答题，使党员干部受到了一次系统的廉洁文化教育。4. 开展了形式多样的廉洁从业教育活动。公司纪委组织在京地区领导干部参观“法治与责任——全国检察机关惩治和预防渎职侵权犯罪展览”，纪委主要领导亲自到所属单位作反腐倡廉辅导报告、讲廉洁从业专题党课 10 场次，612 人次受到教育。中铁二局举办“廉洁文化项目行”文艺巡演，中铁二院举办“弘扬廉洁文化”书画摄影作品展，中铁置业举办廉洁文化主题征文和演讲比赛，进一步增强了党员干部的廉洁意识，为企业改革发展营造了良好环境。

【工程建设领域突出问题专项治理】 公司纪委把专项治理工作作为强化项目管理、推进企业科学发展的有利契机，精心组织、深入排查、狠抓整改，达到了把握现状、解决问题、促进管理的目的。首先，第一次全面排查了工程项目的基本情况。公司纪委在各单位对 2725 个项目进行全面排查的基础上，对 246 个在建项目进行了重点抽查。其次，第一次全面把握了在建项目的现实状况。2008 年至 2010 年 3 月底期间，全公司共有各类建设项目 6463 个，使用协作队伍 30793 支次，使用协作人员 160 余万人次。第三，第一次全面查找了项目管理中的突出问题。在全面排查、补充排查和重点抽查中，共发现各类问题 6645 个，主要集中在项目亏损、协作队伍管理、物资设备集中采购、资金管理、安全生产、项目招投标、违纪违法问题等七个方面。第四，第一次全面开展了项目管理的整治工作。公司纪委针对项目管理中存在的突出问题，向 29 个单位下发整改通知书，提出整改要求 110 条，并及时召开专项治理推进会，李书记、白总裁亲自到会讲话，对专项治理提出明确要求，中铁隧道、中铁建工集团等 11 个单位交流了开展专项治理工作的经验。截止到去年年底，整改的 767 个亏损项目，有 495 个实现扭亏减亏。

【查办违纪违法案件】 全公司各级纪检监察组织共受理群众来信、来访、电话举报 502 件（次），初步核实线索 161 件，立案查办 79 件，其中大案要案 48 件。违纪违法案件涉案总金额 2772.52 万元，受到党纪政纪处分 152 人。为了准确把握案发的特点和规律，公司纪委对 2007—2009 年信访举报和查办案件情况进行了分析，总结出“工程项目仍是违纪违法案件易发高发的重点部位；配合司法机关办案数量不断攀升；由‘小金库’引发的案件呈明显上升趋势；失职渎职、贪污贿赂案件仍占较大比例”等特点，提出了预防腐败的具体措施。为了确保查办案件工作的整体推进，公司纪委成立了督导组，对部分单位查办案件情况、配合办案应急预案建立情况等，进行了督导检查。为了有效防控企业风险，各级纪委认真做好配合办案工作。2010 年，全公司各级纪委共配合司法机关查办案件 78 件，为企业挽回经济损失 284.22 万元，既严肃惩治了腐败，又维护了企业合法权益。

【惩防体系】 公司纪委把工程项目作为有效预防腐败的切入点和着力点，把推进企业科学发展作为惩防体系建设的出发点和落脚点。1.进一步深化廉洁示范点、示范线建设。各单位把廉洁示范点、示范线创建活动，与规范项目管理、堵塞管理漏洞相结合。中铁一局把加强协作队伍管理作为创建活动的重点，中铁九局与地方检察机关共同打造“廉洁盘营客专”，中铁五局、八局等单位把创建活动融入项目标准化管理的全过程，促进了资金安全、工程优质、干部优秀。2.深入开展区域联建活动。各片区把惩防体系建设、廉洁文化建设作为联建工作的重点。西南片区采取现场会的方式，把如何全面推进“架子队”管理作为区域联建的主要内容，西北片区、华北一片区、华北二片区把廉洁文化建设和企检共建作为区域联建的主题，华中片区围绕反腐倡廉重点任务开展研讨、加强协作，形成了工作合力。3.进一步加大“双清”工作力度。2010年，全公司共收回各类外欠款 195.98 亿元，占纳入全年清欠总额的88.86%。其中收回拖欠两年以上的外欠款30.93亿元，完成计划指标104.17%；收回拖欠一年的外欠款165.05亿元，完成计划指标 100.05%。各单位在着力清欠的同时，还超前运作，提前收回未到期工程款、各类保证金41.02亿元，扩大了清收成果；收回欠款利息、滞纳金及账销案存资金 4368.8 万元，为企业挽回了经济损失。

【党风廉政建设责任制】 公司党委高度重视党风建设和反腐倡廉工作，党政主要领导和两位副书记亲自带队，对中铁一局、三局、四局、山桥等 7 个单位领导班子履行“一岗双责”、落实“三重一大”、开展专项治理和廉洁从业等情况进行了检查，使党风廉政建设责任制检查既纳入党委工作重要议事日程，又达到了固本强基，促进领导班子建设的目的。公司纪委积极协助党委落实检查方案，通过问卷调查、召开座谈会、进行廉洁谈话等方式，深入了解党风建设的基本情况和存在的主要问题，提出整改要求和措施，确保了责任制检查的顺利进行。检查中，共召开座谈会12个，进行问卷调查832人，与48名领导干部进行了廉洁谈话，推进了党风廉政建设责任制的进一步落实，促进了领导人员自律意识的进一步增强。

【自身建设】 为了认真贯彻中央纪委等四部委《关于加强和改进中央企业和中央金融机构纪检监察组织建设的若干意见》，公司纪委在深入调查研究的基础上，起草了调研报告，提出了进一步加强纪检监察组织建设的意见和建议；组织全公司纪检监察干部认真观看反映优秀纪检监察干部王瑛同志先进事迹的电视剧——《远山的红叶》；举办了信访业务和案件管理软件培训班、三级企业纪委书记培训班，对143名纪检监察干部进行了系统培训，进一步提高了纪检监察干部的政治素质和业务能力。为了整合监督资源、形成监督合力，公司纪委开展了三级企业监督资源整合工作。目前，全公司共有 79 个三级企业实行了纪检监察、审计合署办公，实现了监督资源的优势互补和统一调配使用。公司纪委还认真总结经验，在中央纪委召开的“三重一大”座谈会上，公司党委书记、董事长李长进介绍经验，得到了中央纪委领导的高度评价。

【重要事件和活动】 1月8日～12日，公司党委副书记、纪委书记王秋明带队，采取自下而上方式，对中铁六局丰桥东光轨道板场、北京铁建津秦客专秦皇岛项目部、北京铁建公司、电务公司和六局总部的党风廉政建设责任制落实、惩防体系建设和领导干部薪酬管理等情况进行了检查。

1月12日～18日，公司党委副书记、纪委书记王秋明带领检查组，对中铁建工集团上海铁路客专调度所项目部、天津天保房地产项目部，上海分公司、北方公司及集团总部党风廉政建设责任制和惩防体系建设情况，进行了检查调研。

1月29日，国资委召开中央企业纪检监察工作视频会议，总结2009年中央企业反腐倡廉工作，部署2010年中央企业反腐倡廉任务。国资委党委书记、主任李荣融，监察部副部长郝明金作重要讲话，国资委党委员、纪委书记贾福兴做工作报告。公司在总部机关和所属各单位设分会场。公司董事长、总经理石大华，党委书记李长进及领导班子成员、总部机关部门负责人、纪委全体人员和所属各单位领导班子成员、部门主要负责人、纪检监察干部共1500余人参加了视频会议。

3月2日，国资委召开中央企业开展工程建设领域突出问题专项治理工作座谈会。公司党委副书记、纪委书记王秋明参加会议并作交流发言。

3月3日，公司纪委召开了纪委书记座谈会，通报了2009年查办案件情况，部署了 2010 年查办案件的重点任务；安排了“廉洁文化建设年”主题教育活动进行；调整充实了中铁工程纪检监察支会领导机构和组织机构；部署了区域联建工作。公司董事长、总经理石大华到会看望大家并对当前工作提出要求。公司党委副书记、纪委书记王秋明对党风建设和反腐倡廉工作提出了要求。公司纪委全体人员及所属成员企业纪委书记共45人参加了会议。

3月16日～18日，公司党委副书记、纪委书记王秋明带领调研组，深入中铁港航局三公司承建的珠海大平湾六期填土工程、一公司承建的中山舾装码头工程以及局机关，对企业重组以来的改革发展情况、工程建设领域突出问题专项治理工作情况、党建思想政治工作和党风建设情况，进行了深入调研。

3月18日～19日，公司党委副书记、纪委书记王秋明对深圳地铁五号线的建设情况、党建思想政治工作情况、BT模式下的党风和反腐倡廉建设情况、以及工程建设领域突出问题专项治理工作开展情况，进行了深入调研。

4月13日～15日，公司党委副书记、纪委书记王秋明带领安全检查组和党建思想政治工作调研组，在中铁资源党委书记李辉的陪同下，对中铁资源国金矿业常福龙矿、中铁资源芒来矿业公司安全生产管理工作进行了全面检查，对党建思想政治工作进行了深入调研。

5月11－14日，国资委纪委举办中央企业纪委书记（纪检组长）培训研讨班，公司党委副书记、纪委书记王秋明参加培训。

5月10日，中央纪委召开贯彻落实《关于加强和改进中央企业和中央金融机构纪检监察组织建设的若干意见》座谈会，中共中央政治局常委、中央纪委书记贺国强出席会议并讲话。中国建设银行党委书记、董事长郭树清，中国兵器工业集团公司党组纪检组组长王庆龙，中央组织部常务副部长沈跃跃，国务院国资委主任、党委书记李荣融先后就贯彻落实《意见》在会上发言。中央纪委监察部领导同志马駇、黄树贤、吴玉良、郝明金出席会议。公司党委副书记、纪委书记王秋明参加会议。

5月17日～20日，公司党委副书记、纪委书记王秋明带领调研组，先后深入中铁三局华海公司、中铁四局杭州东站项目和上海白龙港项目，对党建思想政治工作和工程建设领域突出问题专项治理工作进行检查调研。

6月1日，公司党委副书记、纪委书记王秋明来到中铁建工集团成都东客站项目部，对项目党建思想政治工作、党风和反腐倡廉建设及专项治理工作进行了检查调研。

6月2日，中国中铁西南片区2010年区域联建会议在中铁五局成绵乐铁路客专召开。公司党委副书记、纪委书记王秋明出席会议并讲话。中铁八局对2009年西南片区联建活动进行了总结；中铁五局对2010年区域联建活动进行了安排部署；西南片区各成员单位查摆了本单位协作队伍管理中存在的突出问题；召开了加强纪检监察组织建设专题座谈会。

6月3日，国资委召开传达学习中央纪委监察部贯彻落实《关于加强和改进中央企业和中央金融机构纪检监察组织建设的若干意见》座谈会精神会议。国资委副主任金阳传达贯彻落实《若干意见》座谈会精神，国资委纪委书记贾福兴主持会议。公司董事长、总经理李长进，党委副书记、纪委书记王秋明出席会议。

7月20日，中纪委召开“贯彻落实‘三重一大’决策制度，推进国有（金融）企业党风建设和反腐倡廉工作座谈会”。中共中央书记处书记、中央纪委副书记何勇出席会议并讲话；监察部副部长郝明金介绍了《关于进一步推进国有企业贯彻落实“三重一大”决策制度的意见》起草情况；中国中铁等5个国有（金融）企业作大会发言。中组部副部长王尔乘、国务院国资委纪委书记贾福兴、以及中国银监会、证监会、保监会纪委主要领导出席会议。中纪委、中组部、国务院国资委有关部门负责同志参加会议。公司董事长、总经理李长进，党委副书记、纪委书记王秋明参加会议，李长进介绍了公司党委贯彻落实“三重一大”决策制度的经验。中央纪委副书记、监察部部长马駇主持了座谈会。

7月21日～23日，公司党委副书记、纪委书记王秋明在中铁西南公司董事长蔡甲胜、党委书记吴泽林、总经理徐坤甲的陪同下，对西南公司BT、BOT项目及创先争优、工程建设领域突出问题专项治理工作开展情况进行检查调研。

7月29日～30日，公司纪委以新调入的案件检查人员为重点，在山海关海员培训中心举办了纪检监察信访业务和案件管理软件培训班，进一步提高了案件检查人员的业务能力，规范了纪检监察信访和案件管理工作。

8月5日，公司党委副书记、纪委书记王秋明为公司新任职领导干部进行集体廉洁谈话。

8月9日～11日，总公司党委副书记、纪委书记王秋明在西北院总经理朱本珍，党委副书记、纪委书记刘文龙等领导的陪同下，对中铁西北科学研究院“创先争优”活动推进情况和纪检监察工作开展情况，进行了检查调研。

8月17日～22日，公司纪委在公司党校举办了基层纪委书记培训班。公司党委副书记、纪委书记王秋明讲话并授课。中央纪委六室主任耿欣秋，国资委纪委执法监察室主任李正义等领导分别作了专题讲座。总公司所属27个公司119个单位的党委副书记、纪委书记和有关人员共120人参加培训。

8月27日，公司纪委副书记、监察部长王宏光，纪委办公室主任王珂平参加了国资委惩防体系建设第六组工作推进会，并做经验发言。

9月6日，公司党委副书记、纪委书记王秋明在中铁建工集团董事长刘荣耀，党委副书记、纪委书记李选民的陪同下，到中国中铁党校为中铁建工集团三级企业纪委书记培训班作辅导报告。

9月11日～14日，国资委纪委举办中央企业监察部长（主任）培训班。公司纪委副书记、监察部长王宏光参加培训。

9月15～16日，公司2010年纪委书记会议暨工程建设领域突出问题专项治理工作推进会在公司总部机关召开。会议传达了公司党委二届八次全委（扩大）会议精神，总结了党风和反腐倡廉建设情况，部署了当前及今后一个时期的重点任务，对深入推进专项治理整改工作提出了要求。公司董事长、总经理李长进，党委书记白中仁出席会议并作重要讲话；党委副书记、纪委书记王秋明作工作报告。公司领导戴和根、许廷旺，公司纪委委员，公司专项治理领导小组成员，公司纪委全体人员，以及所属子（分）公司纪委（纪工委）书记，部分单位的纪委副书记、监察部长，共计80余人参加了会议。

9月21日，公司党委副书记、纪委书记王秋明及公司纪委监察部全体人员，在京单位党员干部、纪检监察干部120余人，共同参观了全国高检举办的“法治与责任—全国检察机关惩治和预防渎职侵权犯罪展览”。

10月15日，公司党委副书记、纪委书记王秋明结合反腐倡廉面临的严峻形势和经营工作中存在的突出实际，以《规范经营行为，防控经营风险，推进企业持续、快速、健康发展》为题，为参加公司经营工作座谈会的经营人员上了一堂廉洁经营专题党课。公司副总裁段秀斌、章献，各单位分管经营的副总经理、经营部长共计60余人参加。章献主持了廉洁经营专题党课。

10月18日～22日，公司党委副书记、纪委书记王秋明带领检查组，采取自下而上的方式，对中铁一局党风廉政建设责任制、“创先争优”活动特别是工程建设领域突出问题专项治理工作进行了检查。

10月14日～15日，公司党委书记白中仁，副董事长、党委副书记、工会主席姚桂清，副总裁、总会计师、总法律顾问李建生等领导，结合到中铁四局考察调研，对四局的党风廉政责任制落实情况进行了检查。

10月28日，国资委纪委书记贾福兴对2008年以来国资委新提任的中央企业（京内企业）领导人员进行集体廉洁谈话。公司党委书记白中仁、副总裁章献参加谈话。

11月1日～5日，公司党委副书记、纪委书记王秋明带领检查组，深入中铁大桥局六公司承建的广深沿江高速公路中山制梁场、黄冈长江大桥、六公司和大桥局机关，对中铁大桥局党风廉政建设责任制、“创先争优”活动特别是工程建设领域突出问题专项治理工作进行了检查。

11月3日—4日，公司董事长、总经理李长进，副总裁段秀斌、章献等一行，采取召开座谈会、进行问卷调查、听取工作汇报、与主要领导进行廉洁谈话等方式，在对中铁宝桥“创先争优”活动和企业改革发展情况进行检查调研的同时，对党风廉政建设责任制落实情况进行了检查。

11月5日，公司纪委副书记、监察部长王宏光参加国资委纪委召开的部分中央企业惩防体系建设经验交流会，并做了经验发言。

11月9日，公司董事长、总经理李长进，副总裁段秀斌、章献等一行到中铁山桥，对创先争优活动、党风廉政建设责任制进行检查，并与党政主要领导进行了廉洁谈话，对党建思想政治工作、生产经营管理等情况进行调研。

11月10日，国资委纪委召开中央企业学习《镜鉴—国有企业反腐倡廉教育读本》座谈会。国资委纪委书记贾福兴出席会议，并对中央企业开展《镜鉴》学习活动，深化反腐倡廉警示教育，促进领导干部廉洁从业提出了要求。公司党委副书记、纪委书记参加了会议，并作交流发言。

11月25日，国资委纪委召开中央企业惩防体系建设工作会议。国资委纪委书记贾福兴出席会议，并对深入推进惩防体系建设提出要求。公司党委副书记、纪委书记王秋明参加会议。公司纪委《坚持“三者并重”、构筑“六个机制”，全面推进具有中国中铁特色的惩治和预防腐败体系建设》的经验材料收录进《中央企业惩防体系探索》一书。

12月2日，公司召开“双清”工作视频会议，会议总结了前一阶段“双清”工作，对在年末岁首开展清收清欠攻坚战进行动员部署。公司党委书记白中仁出席会议并作重要讲话，公司党委副书记、纪委书记王秋明参加会议并做工作报告。

【中铁工程纪检监察支会】 中铁工程纪检监察支会召开理事扩大会议对支会领导机构和工作机构做了相应的调整。1、因工作调动等原因下列同志不再担任中铁工程纪检监察支会的相关职务：黄江刚同志不再担任中铁工程纪检监察支会常务理事、理事；谢建蒙、徐文斌不再担任中铁工程纪检监察支会理事。2、增补王宏光为中铁工程纪检监察支会副会长；杨建华、林道明为中铁工程纪检监察支会副秘书长；王宏光、杨建华、林道明、赵超英、于保林、张跃进、郭亨民、梁德智为中铁工程纪检监察支会常务理事；王宏光、杨建华、林道明、赵超英、于保林、安保成、黄刚、张跃进、郭亨民、梁德智为中铁工程纪检监察支会理事。

工会工作

【组织机构】 股份公司工会隶属于中华全国铁路总工会和国务院国资委群众工作局领导，下有41个所属单位工会和工会工委组织。股份公司工会机关设：办公室、组织民管部、生产宣传部、生活保障女工部、火车头体育协会。

【“两节”送温暖活动】 2010年两节期间，全公司各级党政工组织切实加强对“两节”送温暖的领导，精心组织安排，筹集资金5480余万元，走访慰问了2.3万余名困难员工、一线员工、劳模先进、离退休老同志和15.4万名农民工。

【组织召开各类会议】 1.股份公司召开一届一次职工代表大会。3月3日至3月5日，中国中铁股份有限公司一届一次职代会在北京召开。股份公司领导班子成员及来自基层单位的职代会代表共240多人参加了会议。国资委群工局局长李学东、中华全国铁路总工会副主席张岩到会致辞，对中国中铁民主管理等工作取得的成绩进行了充分肯定，对今后进一步落实党的依靠方针，加强厂务公开民主管理工作提出了要求。股份公司党委书记、董事长石大华作重要讲话，总裁李长进作工作报告。公司工会代表职工与公司行政就职工劳动报酬、工作时间、休息休假、劳动安全卫生、保险福利、职工培训等涉及员工切身利益的问题签订《中国中铁股份有限公司2010年集体合同》。会议审议通过了公司职工代表大会民主评议领导人员办法、公司2010年集体合同和公司薪酬管理工作指导意见等重要决议，审议通过了中国中铁一届一次职工代表大会各专门委员会成员名单。

2.股份公司工会召开二届七次全委（扩大）会议。3月3日，中国中铁股份公司工会二届七次全委（扩大）会议在北京召开。股份公司工会一届委员会委员以及所属单位工会主席四十余人参加了会议。股份公司党委书记、董事长石大华作重要讲话，要求各级工会和广大工会干部要认真履行基本职责，在企业改革发展中发挥更大的作用。股份公司党委副书记、监事会主席、工会主席姚桂清对 2009 年的工作进行了总结，提出了 2010 年工会工作的重点工作：1.适应企业发展需要，积极打造“四个一流”职工队伍；2.服务企业中心工作，进一步提升群众安全监督员和劳动竞赛活动的内涵及影响力；3.适应新形势要求，努力突破工会工作中的难点问题；4.加强人文关怀和心理疏导，积极促进职工队伍的稳定；5.深入开展“大调研、大走访、大表彰”活动，全力打造女职工工作创新品牌；6.进一步强化机制建设，提高工会组织建设科学化水平。

3.股份公司工会召开二届八次全委（扩大）会议。9 月 7 日至 9 月 8 日，股份公司工会召开二届八次全委（扩大）会议。股份公司党委书记、董事长李长进，总裁白中仁出席会议并讲话，股份公司副董事长、党委副书记、工会主席姚桂清代表工会常委会作工作报告，股份公司工会二届委员会委员及所属各单位工会主席参加了会议。

李长进代表股份公司党委，对各级工会截至目前所做的工作予以高度评价，对“十二五”企业发展远景进行了阐述，并提出三点要求：一要深入开展劳动竞赛活动，团结带领广大职工为促进企业又好又快发展做出新贡献；二要旗帜鲜明地维护职工合法权益，努力维护职工队伍的和谐稳定；三要积极推动工会工作改革创新，进一步提高工会组织的吸引力、凝聚力、感召力。

白中仁在讲话中通报了前八个月全公司的生产经营状况，他要求各级工会要大力推进“四个一流”的职工队伍建设，为企业又好又快发展提供坚强的人才保证和智力支持；要坚决打好施工生产攻坚战，扭转安全生产的被动局面；要关心和安排好职工群众的生产生活，努力维护职工队伍的稳定；要进一步深化“三工”建设，积极促进项目管理标准化；要坚持和完善农民工“五同”管理，维护企业和谐发展环境。

股份公司副董事长、党委副书记、工会主席姚桂清在工作报告中对前八个月的工会工作进行了总结，要求工会组织要认真处理工作中的十二项关系，并对今后一个时期的重点工作进行了部署：一要加强检查与协调工作，认真落实一届一次职代会的各项职权；二要进一步完善机制，不断深化群众安全生产监督工作；三要深入开展劳动竞赛活动，全面完成全年生产经营目标；四要以召开劳模大会为契机，进一步激发广大职工的积极性、创造性；五要进一步深化“创争”活动，推进“四个一流”职工队伍建设；六要进一步深化“三不让”承诺工作，抓好“三不让”各项救助政策的细化和落实；七要组织开展女职工工作专项调研，进一步打牢女职工工作的基础；八要进一步加强和改进工会工作，更好地为基层和职工服务。

4.工会第二届经费审查委员会第四次全体会议。3 月 31 日，股份公司工会经费审查委员会主任刘建媛主持召开了二届四次经费审查委员会会议，9 名经审会成员参加会议。会议审查了股份公司工会 2009 年经费收支预算执行情况和 2010 年经费收支预算（草案），增替补了二届经审会委员。

5.深圳地铁 5 号线全线贯通暨铺轨表彰动员大会。3 月 27 日，股份公司在深圳地铁施工现场召开“深圳地铁 5 号线全线贯通暨铺轨表彰动员大会”。5 个项目部荣获中华全国总工会授予的全国“工人先锋号”称号，深圳地铁 5 号线项目高级工程师刘继强等 6 名同志荣获全国“五一”劳动奖章。中国中铁股份有限公司还分别授予 10 名员工“劳动模范”荣誉称号。

6.群众安全生产监督员表彰暨安全大检查通报视频会。5 月 21 日，股份公司组织召开了全公司群众安全生产监督员表彰暨安全大检查通报视频会。股份公司党政工领导和受表彰的群安员“十佳集体”和“百优个人”代表，总部机关相关部门负责人，工会、安质部全体人员，北京地区各单位工会负责人、主管安全副总经理、安全总监、工会生产部负责人等 80 余人在主会场参加了会议。股份公司所属各单位约 2000 余人分别在各分会场参加了会议。会议表彰了 10 个群众安全生产监督员活动优秀组织单位和 100 名优秀群众安全生产监督员。“十佳集体”代表和“百优个人”代表作了经验介绍。

7.工会 2010 年财务工作会议。6 月 28 日，股份公司工会召开了 2010 年财务工作会议。来自公司所属单位工会的 32 名财务科长、财务负责人参加了会议。股份公司副董事长、党委副书记、工会主席姚桂清到会并做了重要讲话。会上，对全公司 2009 年工会财务工作进行了总结，部署了 2010 年的工会财务工作，特别对工会财务预决算、贯彻新《工会会计制度》、会计基础达标、建立健全工会内部财务内控制度、工会会计工作规范化建设、工会经费收缴和清欠、工会票据管理、工会事业单位资产监督检查、财务管理的监督检查等 10 项重点工作进行了认真安排。

8.群众安全生产监督员活动研讨会。8 月 3 日，股份公司工会在苏州召开中国中铁群众安全生产监督员活动研讨会。股份公司工会副主席刘建媛参加会议，来自所属 17 个单位的 51 名生产一线的工会负责人和职工代表参加了会议。会议期间，14 个单位对本公司或项目部在生产一线开展群众安全生产监督员活动情况进行了介绍，并提出了一些很好的意见和建议。

9.生活保障工作会议。8 月 10 日至 11 日，股份公司工会召开生活保障工作会议，来自全公司所属 29 个单位的工会保障部部长、负责人共 30 余人参加了会议。中华全国铁路总工会副主席郭润英、中国中铁工会副主席刘建媛出席会议并讲话。会议就当前和今后一段时期全公司工会生活保障重点工作进行了安排部署。

10.组织民管工作研讨会。8月20日，股份公司工会在北京召开组织民管工作研讨会，来自10个下属单位工会的组织民管部长参加了会议。会议听取了基层单位关于《中国中铁股份有限公司2010年集体合同》履行情况的汇报；职代会制度建设方面和加强、改进职工民主管理工作的意见和建议；研讨了中央企业职工董事考核评价和薪酬激励方案。

11.“小金库”专项治理工作专题会议。8月27日，股份公司工会召开了“小金库”专项治理工作专题会议，对全公司工会“小金库”专项治理工作进行了全面部署。股份公司副董事长、党委副书记、工会主席姚桂清，股份公司副总经理、总会计师李建生到会并讲话。来自全公司所属单位的工会主席、财务负责人共68人参加了会议。姚主席在讲话中要求，各单位工会要高度重视“小金库”专项治理工作，按照规定步骤和时间要求，认真做好摸底、排查工作，开展自查自纠，积极主动解决问题。会上，股份公司财务部部长杨良对如何认定、界定“小金库”，如何规范工会管理的各类资金等问题进行了详细的讲解；会议对工会系统开展“小金库”专项治理工作进行了具体部署。

12.《中铁工运》特约编辑年会、优秀通讯员表彰会。7月27日至30日股份公司工会举办了《中铁工运》特约编辑年会、优秀通讯员表彰会暨通讯员培训班。来自股份公司所属28个单位的《中铁工运》特约编辑、通讯员共80余人参加了会议及培训。股份公司工会副主席刘建媛出席了开班典礼，为优秀组织单位和优秀通讯员颁奖。

【各类先进表彰及活动】 1.劳模表彰大会暨先进人物事迹报告会。4月27日，股份公司在总部机关隆重召开庆五一全国劳模表彰暨先进人物事迹报告会。受国务院表彰的中国中铁17名全国劳动模范、总部机关全体人员、在京单位及所属在京三级企业工会负责人、先进模范人物代表等共计280人参加了会议。股份公司领导在会上发表重要讲话，对受到表彰的17名全国劳动模范给予高度赞扬，对他们创造的不平凡业绩给予充分的肯定，梁莹、胡开颜、赵秀丽三位全国劳动模范作了事迹报告。

2.开展学习宣传巨晓林同志先进事迹活动。6月4日始，新华社、人民日报、工人日报、光明日报、经济日报、农民日报等中央及首都各报社，中央电视台新闻联播、焦点访谈、北京电视台、中央人民广播电台以及人民网、新华网、央视网的各大新闻媒体对中铁电气化局一公司农民工巨晓林的先进事迹作了集中宣传报道，在全国引起强烈反响。巨晓林同志先后研发和革新43项工艺工法，创造直接经济效益600多万元，荣获了2010年度“北京市劳动模范”。中央领导同志、国资委、铁道部领导同志对巨晓林同志的先进事迹作出重要批示，确定作为全国重大典型进行宣传。股份公司党政工团作出决定，在全公司广泛开展学习宣传巨晓林同志先进事迹的活动。各级工会采取报告会、座谈会、讨论会等宣传形式，在全公司迅速掀起学习宣传巨晓林同志先进事迹的高潮。

3.表彰群众安全生产监督员活动优秀组织单位。1月22日，股份公司工会根据各单位群众安全生产监督员活动开展情况、提报的总结及掌握的安全生产状况，授予中铁一局工会、中铁六局工会、中铁八局工会、中铁十局工会、中铁大桥局工会5个单位为“中国中铁群众安全生产监督员活动优秀组织单位”。

4.中国中铁24个班组、25名职工荣获中央企业红旗班组（科室）和先进职工荣誉称号。9月16日，国资委在人民大会堂隆重召开中央企业红旗班组（科室）和先进职工表彰大会。会上表彰的1000个“中央企业红旗班组（科室）”和1000名“中央企业先进职工”中，中国中铁一局电务工程有限公司窦铁成班组等24个班组荣获“中央企业红旗班组（科室）”称号，中国中铁一局四公司郑州地铁项目总工程师邹超等25名同志荣获“中央企业先进职工”称号。其中，中国中铁一局电务工程有限公司窦铁成班组、中铁五局机械化有限责任公司路面施工摊铺班等2个班组荣获“中央企业红旗班组（科室）标杆”称号，中铁四局第二工程公司宁杭客专线第二项目部安全员、钢筋工赵春花，中铁十局电务公司徐连电气化项目部作业队长沈廷山等2名同志荣获“中央企业先进职工标兵”称号。

5.第四届“中国中铁劳动模范”表彰大会。9月28日下午，第四届“中国中铁劳动模范”表彰视频大会在北京隆重召开。股份公司党委书记、董事长李长进，总裁白中仁，副董事长、党委副书记、工会主席姚桂清以及李建生、马力、戴和根、段秀斌、许廷旺领导出席了会议。所属各单位及三级子、分公司党政工主要领导、职工代表，有视频条件的项目部领导班子等4500余人分别在各自分会场参加会议。党委书记、董事长李长进作重要讲话，向荣获第四届中国中铁劳动模范等荣誉称号先进职工表示热烈的祝贺和崇高的敬意，并对今后一个时期企业改革发展提出了新要求。总裁白中仁代表股份公司党政工宣读了《关于表彰第四届中国中铁劳动模范的决定》。副董事长、党委副书记、工会主席姚桂清宣读了国务院国资委《关于表彰中央企业红旗班组(科室)和先进职工的决定》，以及《关于表彰中国中铁工程项目文化建设示范点的决定》。会上，劳模代表赵春花、李治国、肖佳鹏3位同志作了事迹报告。

6.股份公司获全国推进厂务公开工作先进单位荣誉称号。11月20日，股份公司荣获全国推进厂务公开工作先进单位荣誉称号。近年来，公司工会积极推进厂务公开规范化建设，拓展公开内容，丰富公开形式，抓好公开责任制度落实，使职工群众的知情权、民主参与权、民主监督权得到较好落实。公司工会还认真贯彻落实全总、国资委有关文件要求，坚持成员企业工会主席和副主席以职工董事和职工监事身份进入企业法人治理结构。并将此项制度纳入了《公司章程》。经过职代会选举，各成员企业的工会主席和副主席大都以职工董事和职工监事身份进入企业法人治理结构，依法代表职工行使职权。

7.“建功立业杯”劳动竞赛。12月20日，股份公司行政和工会联合发文，在全公司范围内评选表彰100个重点工程劳动竞赛活动的先进集体。2010年以来，所属各单位紧密围绕股份公司“立足发展促转变、依靠转变谋发展”的新思路，在全公司广泛开展了以“六比六创”为主要内容的“十一五建功立业杯”劳动竞赛活动，将劳动竞赛领域不断向经营开发、管理创新等新领域拓展，将劳动竞赛的覆盖面向协作队伍拓展，进一步扩大和提升了劳动竞赛活动的影响力和感召力，为推动股份公司实现又好又快发展做出了重要贡献。

【女职工工作】 1.纪念“三八”节100周年座谈会暨女工委二届三次全委（扩大）会议。3月5日，股份公司工会纪念“三八”节100周年座谈会暨女工委二届三次全委（扩大）会议在总部机关报告厅举行。股份公司党委书记、董事长石大华，总裁、党委副书记李长进，党委副书记、监事会主席、工会主席姚桂清，副总裁、财务总监、总法律顾问、女工委名誉主任李建生等领导出席了座谈会。股份公司领导石大华、李长进、李建生在座谈会上分别做了重要讲话。中国中铁一届一次职代会女职工代表、股份公司工会第二届女工委委员参加了座谈会。在随后召开的股份公司工会女职工委员会二届三次全委（扩大）会议上，股份公司工会副主席、女工委主任刘建媛部署了股份公司工会2010年女职工重点工作。

2.举办工会干部和先进女职工素质提升研修班。4月11日至16日，股份公司工会在清华大学举办工会干部和先进女职工素质提升研修班。股份公司所属各单位工会干部及先进女职工120人参加了培训。股份公司党委副书记、监事会主席、工会主席姚桂清，股份公司工会副主席刘建媛、毛小民出席了开班仪式。来自清华大学、北京大学等国内一流学府的专家学者，就《领导者综合素质修炼》、《现代企业公司治理》以及《产业结构调整下的企业战略管理》等主题，进行了高水平的专题讲座。

3.女工工作专项调研。9月14日至27日，由股份公司工会副主席、女工委主任刘建媛带队，对公司所属中铁一局、二局、四局、隧道局、中铁二院等14家单位的工会女职工工作进行专项调研。重点调研女职工权益保护专项集体合同签订和履行的情况，女职工队伍及女干部队伍建设情况，了解培养选拔女干部工作所面临的主要问题及建议。

4.召开“慧女性”联谊活动。2010年，由中铁九局、中铁宝桥、中铁七局分别于5月、9月、11月在大连、宝鸡、郑州承办了“智慧女性”联谊会，共有92名副处级女领导、女高级技工及女工工作者参加了活动，股份公司工会副主席、女工委主任刘建媛到会指导活动开展。与会人员围绕女性在打造企业软实力中如何体现优势，女职工组织如何围绕企业中心更好地发挥作用、充分发挥中国中铁女性品牌引领和示范作用等话题进行了广泛的交流和研讨，联谊活动期间，股份公司女工委还就女工队伍建设情况开展了问卷调研。

【重要事件与活动】 9月8日上午，中共中央政治局委员、全国人大副委员长、中华全国总工会主席王兆国，团中央第一书记陆昊在陕西省委书记赵乐际、陕西省代省长赵正永等陪同下，来到中铁一局机关，看望全国劳模窦铁成等先进人物和中铁一局员工。在听取了中铁一局的工作汇报后，王兆国说：窦铁成是全国劳模的典型，在全国影响很大。他不仅为中铁一局发展做出了贡献，也给全国产业工人树立了很好的榜样。祝劳模们在新的岗位上做出新的优异的成绩，做出新的表率。

10月21日至11月5日，股份公司工会会同安质部并组织中铁一局等11家单位的工会副主席、生产部长、安质人员组成联合互检组，分赴郑州、济南、重庆地区检查群众安全生产监督工作。联合互检组分成3个专业小组，深入地检查了21个重点工程项目部的群众安全生产监督工作及安全生产情况，召开座谈会14场次，与20余名基层工会主席和50余名群众安全生产监督员进行了交流座谈，并对检查情况及时地进行了反馈，提出了加强和促进群众安全生产监督工作的意见和建议。

10月22日，股份公司工会下发《关于在全公司工会组织和广大职工中深入开展党工共建创先争优活动的实施意见》，要求在各级工会组织、工会干部和职工中开展创建党工共建创优争先活动。通知要求要将此活动融入企业党委创先争优活动整体之中，认真解决广大职工最关心、最直接、最现实的突出问题，让职工享受企业发展成果。同时，要动员广大职工开展劳动竞赛，全身心投入到施工生产攻坚战行动中，用扎扎实实的业绩来确保“党工共建创先争优”活动取得实效。

11月10日，股份公司工会、劳资社保部、法律事务部等部门联合成立检查组，深入公司所属6个单位及其三级公司和项目部，就2010年公司集体合同履行情况，主要围绕规范企业用工制度、和谐劳动关系；完善薪酬管理机制、稳步提高职工收入水平；加大教育培训力度、努力提升职工队伍素质；关心职工生产生活、积极营造企业和谐发展环境等若干方面进行督促检查。

【组织各类文体活动】 1.西部片区职工保龄球比赛。6月18日，股份公司体协西部地区诸单位职工保龄球比赛。经过激烈的角逐，中铁宝桥、中铁一局、中铁二院、中铁八局 、中铁信托、中铁西北院最终分获比赛前六名。中铁五局荣获“体育道德风尚奖”。中铁二局被授予“优秀组织奖”。

2.举办中原片区职工桥牌赛。11月16日至17日，股份公司工会和体协在武汉大桥局举办中原片区2010年职工桥牌赛，来自中国中铁中原地区诸单位6支代表队41名选手参赛，股份公司体协秘书长姜华义到场指导比赛。经过紧张角逐，中铁大桥局代表队荣获冠军，中铁四局代表队和中铁隧道局代表队分获亚军和季军。

3.中铁代表队在全路第五届体育锻炼标准测试赛中取得较好成绩。10月15日至17日在银川铁路体育馆举行全国铁路第五届普通人群体育锻炼标准测试赛，铁总副主席黄永斌出席了开幕式并讲话。股份公司体协指派中铁西北院组队参加该项赛事。在测试赛中，中铁参赛运动员和教练员共同努力，获得了全国铁路第五届普通人群体育锻炼标准测试赛团体比赛的第十名、男子个人第一名和第七名，女子个人第七名的良好成绩。

【“三不让”资金使用情况调研】 3月25日至4月9日，股份公司工会组织人员到中铁一局等下属12家三级企业，通过召开座谈会、听取汇报、查看账目、走访困难职工等方法，对“三不让”资金使用情况进行实地调研。针对存在问题，制订下发了《股份公司“三不让”资金使用问题的补充通知》。对进一步提高救助标准、扩大困难职工救助范围和加强“三不让”资金的管理，提出了新的要求。

【建立联系点项目部工会工作信息直报制度】 为了及时、直接了解和掌握基层工会尤其是项目部工会组织开展活动的情况，9月15日，股份公司工会下发了《通知》，决定在全公司施工企业建立联系点项目部工会工作信息直报制度，所属16个施工企业工会分别建立了局属和处属联系点30个，为进一步加强基层工会建设，增强工作活力起到了促进作用。

【群安员队伍建设】 10月18号，股份公司下发通知，要求进一步做好群众安全生产监督工作。对在排查隐患、防止重大事故发生等方面做出突出贡献的群安员提高奖励标准。同时，在《中国中铁报》开设“群安员在一线”专栏，为发挥群安员队伍的作用营造良好的舆论氛围。截止10月中旬，全公司共在3364个重点工程项目、13896个生产班组（工点、工序、重点设备）设立群安员22985名，其中职工16021名，协作队伍人员6964名。累计发现并排查事故隐患4万余处，其中重大隐患550余处，有效地发挥了群安员在安全生产中的积极作用。

【筹备建立“中国中铁职工网络技术学院”】 为积极探索加强职工技术业务培训新途径，研究创建了中国中铁“职工网络技术学院”，经过可行性研究、建立专项课题、组织技术开发等阶段，现已进入网站设计阶段。此举是充分利用网络技术优势，为广大职工提供以计算机网络为载体的技术培训，形成立体覆盖、全员参与的职工技能素质提升网络，为一线施工技术人员、职工和劳务人员构建职工学习、培训、交流平台。

【“百千万党工共建创先争优示范工程”活动】 11月15日，股份公司工会下发《关于在全公司工会组织和广大职工中深入开展党工共建创先争优活动的实施意见》，决定在全公司工会组织和广大工会干部、职工群众中开展“百千万党工共建创先争优示范工程”活动，即创建100个“四好工会班子”、培养1000名“四强”优秀工会工作者和选树10000名“四个一流”水平先进职工活动，并以此项活动作为党工共建创优争先活动的主要内容和重要载体。该意见的贯彻实施，进一步突出了党工共建创先争优活动中工会组织的特色，创新了活动内容和载体，扎实有效推动党工共建创先争优活动深入发展。

【“四个一流”职工队伍工程】 12月22日，根据企业“推进两大转变，实现二次创业”的发展战略目标，股份公司决定，在全公司范围内实施建设一流职业素养、一流业务技能、一流工作作风、一流岗位业绩的“四个一流”职工队伍工程。五年内在全公司实现：建设10个国家级“职工书屋”示范点；争创国家级学习型组织20个，国家级知识型员工10名；培养20名专家型职工、500名金牌职工、1000名首席职工，建成“铁成式班组”（科室、项目部、架子队）1000个；实施高技能人才培养工程，高技能人才由60000人增加到80000人，增长30%以上，到“十二五”末，全公司高级技工以上的高技能人才占技能劳动者的比例达60%以上，其中技师、高级技师占技能劳动者的比例达10%以上；高级专业技术人才、省部级以上专家、国家有突出贡献的中青年专家比“十一五”增加50%以上。

【工会经费收缴清欠工作】 股份公司工会财务按照清欠目标要求，加大工会经费收缴力度，扎实推进清欠工作。截止12月底，清回拖欠工会经费1283万元，占拖欠经费总额的63%。协助铁总经审委完成了对股份公司工会本级财务管理和经费使用情况的全面审计工作，并按要求及时进行了整改。组织对中铁六局、九局、十局、隧道、电气化局、科工和总公司机关等六个单位进行了经费审查。

共青团工作

【股份公司团委】 中国共产主义青年团中国中铁股份有限公司委员会（简称股份公司团委）成立于2007年12月，前身为中国铁路工程总公司团工委、团委，受中央企业团工委和同级党委的领导。中国中铁股份有限公司现有35岁以下青年16万人，其中团员青年5万余人。有32个直属团（工）委，290个二级团委，近3337个团（总）支部。

2010年，在公司党委的正确领导下，全公司各级团组织高举中国特色社会主义伟大旗帜，深入学习实践科学发展观，大力开展创先争优活动，围绕“保增长、调结构、转机制、争效益”的中心任务，认真遵循企业发展规律、履行组织根本职责，凝聚青年思想，促进企业发展，服务青年成才，加强自身建设，为推动企业改革发展和实现各项奋斗目标做出了积极贡献。

【团的组织思想建设】 紧紧抓住学习实践科学发展观活动这一重大契机，全面配合完成活动各环节任务，深入开展以“科学发展观”为主题的知识竞答、演讲比赛、征文、建言献策等活动，解放青年思想，突出实践特色，不断提升青年理论素养，促进各项工作科学化、上水平。充分利用建国60周年、五四运动90周年等重大节日契机，继续深化“与祖国共奋进，与中国中铁同发展”主题教育实践活动，积极开展主题宣传、主题团日、主题教育实践和五四评选表彰等活动，组织召开“向吴大观同志学习”青年座谈会，切实加强民族精神和时代精神教育，弘扬时代主旋律。紧密结合国际金融危机和国家加大基础设施建设给企业带来的严峻考验与巨大挑战，广泛开展青年企业观、实践观、创业观教育活动，统一青年思想行动，坚定青年与企业同发展的信心。以弘扬企业精神为核心，深入开展读《历史性的跨越》一书征文活动，集中开展学习宣传、技能比武、帮扶互助等主题活动，激发青年投身企业改革发展的工作热情和创造精神。按照上级团组织的工作部署，制订详细的引导方案，开展青年思想调研，扎实推进分类引导青年试点工作，积极探索引导青年的有效路径和载体，股份公司团委在中央企业共青团工作视频会议上作了经验交流。

【共青团中国中铁一届六次全委（扩大）会议】 3月6日，共青团中国中铁一届六次全委（扩大）会议在北京公司总部胜利召开。股份公司党委书记、董事长石大华，党委副书记、监事会主席、工会主席姚桂清出席会议并作重要讲话。各单位团干部81人参加了会议。会议传达了团十六届三中全会、中央企业群众工作会议和公司2010年工作会议精神，表彰了2009年度五四红旗团委、五四红旗项目团支部、优秀团干部、优秀团员，进行了青年心理咨询室、青年劳务工技能大赛、青年讲习会、项目管理人才储备、模拟竞聘等特色工作项目交流。

【共青团中国中铁一届七次全委（扩大）会议】 9月16日，共青团中国中铁一届七次全委（扩大）会议在中国中铁党校胜利召开。股份公司副董事长、党委副书记、工会主席姚桂清，副总裁段秀斌出席会议并作重要讲话。会议主要传达了股份公司党委二届八次全委（扩大）会议精神，股份公司团委书记李新生代表股份公司团委作了题为《围绕中心，服务大局，为开创中国中铁改革发展新局面而努力奋斗》的工作报告。各单位团干部109人参加了会议。中国中铁2010年团干部培训班与本次全委（扩大）会议同期举办，来自全公司各单位的89名专兼职团干部参加培训。

【青年思想状况调查】 4月20日，下发《关于开展中国中铁青年思想状况调查的通知》，统一编制了调查问卷，采取抽样填答、实地考察、个别访谈等方式，在全公司广泛开展了青年思想状况调查。其中，调查问卷分为基本信息、思想和价值观、社会认同感、企业认同感、工作学习和生活、共青团和青年工作等6大方面、72个小题。目前，已发放问卷1263份，回收1263份，股份公司团委正在进行问卷数据分析，随后将根据分析结论展开进一步调研，并在此基础上形成调研报告。

【服务企业发展大局】 以重点工程项目为依托，深入现场进行调研，全面推进工程项目青年突击队、青年安全生产、青年创新创效、组织建设的四线创建活动，“号、手、队”创建活动有声有色，先后组建青年突击队350多支；以青年创新创效成果评选为重点，通过青年工程师协会、青年科技创新论坛、青年QC评选、“五小”、青年读书行动、导师带徒及青年科技成果转化等多种形式，积极探索活动融入企业管理流程的长效机制，引导青年开展创新实践。以“中国中铁青年安全监督岗岗员臂章”评选和推广为重点，深入开展“安全生产、青年争先”主题实践活动，组织青年开展提合理化建议、安全隐患排查和安全创优实践，强化青年岗位安全意识和技能，先后提合理化建议 43500 多条，举办安全主题演讲 320 多场次，安全知识竞赛 280 多场次，开展安全隐患自查 25800 多次，开展安全主题团日 8650 多次。以“青年节能减排示范行动”为主题，积极开展“收旧利废、奉献爱心”、“节能减排，从我做起”、“我为节能作贡献”、节能减排月等内容深化、载体丰富的活动，有效增强青年的节能减排意识和技能。积极响应上级组织号召，服务企业履行社会责任，建立 30 个“青年就业创业见习基地”，圆满完成第三届“共创新世界”香港大学生暑期实习交流团活动。

【履行社会责任】 大力弘扬志愿服务精神，广泛开展社会公益和志愿服务活动，在各类突发事件中，快速行动，周密部署，带领青年积极履行社会责任。在西南五省抗旱救灾中，募集捐款 80 余万元，组织送水志愿服务队 96 次，为灾区捐建水窖、水井、蓄水池、饮水管道 47 处。在青海玉树抗震救灾中，积极配合党政组织开展青年突击队、爱心捐献、志愿服务、心理疏导等工作，为塑造良好形象做出了积极贡献。

【服务青年成长成才】 继续深入推进青年素质工程，充分利用社会中介、高校党校、自考函授等资源，深入开展“迎新”活动、导师带徒、青年职业导航、建“工地书屋”、领导荐书、团组织送书、青年读书、集体评书、上技术团课等活动，进一步健全了组织领导机构，完善了各项培训考核机制，创造了良好的政策环境。深入实施青年社会化技能人才培养，先后联合有关部门和单位成功举办团干部培训班、团干部和优秀团员青年项目管理硕士班以及青年技能大赛接触网工、桥梁工和工程试验工竞赛活动，参加了上级单位组织的焊工、数控车工、抹灰工技能竞赛。大力开展青年典型选树，注重发挥先进典型的先锋模范和示范导向作用，积极上报各类先进典型材料，引导青年向榜样学习，向先进看齐。一年来，全公司实现师徒结对 5100 多对，参加学历教育 6000 多人，考取注册证书 1200 多人，考取工程硕士 160 多人，建立青年书架 800 多个。通过技能大赛，全公司共举办培训班 560 多个，培训人员 20000 多人，使 600 多人通过了技术鉴定，晋升了技术等级。表彰优秀（杰出）青年项目经理（总工）109 名，命名青年岗位能手（标兵）98 名，命名“青年文明号”44 个，优秀青年安全生产示范岗岗员 50 名，青年安全生产示范岗 43 个。200 多个集体和个人荣获省部级表彰。股份公司副总裁戴和根当选为中青企协十届副会长，并作为建筑房地产产业委员会主任；股份公司董事会秘书于腾群当选为中青企协十届理事；中铁八局张峰、中铁十局傅明俊入选为中央企业青年“身边的榜样”。

【推动先进典型选树】 8 月 24 日～26 日，中华全国青年联合会第十一届委员会全体会议在北京召开。中铁大桥局总经理胡汉舟、中铁三局副总经理谢大鹏当选为中央企业青联委员，公司董秘于腾群增补为中央企业青联副秘书长。各级团组织积极引导青年树立人人是才、人人都能成才、有用就是才的理念，努力提高青年成才意识和主动性。加大青年先进典型的选树力度，大力开展第五届中国中铁“十大杰出青年”评选等活动，积极为青年成长成才和脱颖而出畅通渠道。

【团组织的自身建设】 不断加强和改进团干部队伍建设，继续推动各单位落实团委负责人的政治经济待遇，扎实推进团干部队伍建设“123”工程，全公司专职团干部数达到 250 余人。积极推进青年特色工作，分别开展了青年模拟竞聘、团干部挂职交流、项目团建有形化建设等八项工作试点。坚持调查研究，圆满完成《中央企业共青团基层组织建设研究》课题调研，并荣获一等奖。积极开展合作交流，与上海市交流合作团工委签订团建合作交流协议，接待了德国青年代表团、中国商飞有限责任公司团委的来访。按照常项工作流程化、重点工作项目化的思路，建立健全了二级团委班子书面述职、重点工作督办落实、常项工作催办记录、省部级以上荣誉备案等制度。加大对外宣传力度，继续完善中国中铁青年网服务栏目和内容，先后向中央企业青年网上报信息 490 多条，在中国中铁青年网发布信息 1730 多条，1 个集体、2 名个人获中央企业共青团信息报送工作先进称号。

【创先争优全面启动】 10 月 22 日～29 日，分四个协作区分别召开中国中铁共青团深入开展创先争优活动启动暨组织全覆盖工作推进座谈会。把创先争优活动作为学习科学发展观实践活动的继续和延伸，以党团联合形式下发活动实施意见，成立活动领导小组及办公室，设立青年网活动专栏，作出阶段性公开承诺，启动“党团共建创先争优百千万示范工程”。各级团组织结合企业实际，认真落实党的创先争优活动部署，积极探索了富有特色、实效明显的活动载体。

机关党委工作

【机关党委】 机关党委、机关工会与行政管理部合署办公，机关党委书记、机关工会主席与行政管理部负责人交叉任职。主要负责公司总部及直属单位党员、员工的政治理论学习，公司总部及直属单位党组织的思想、组织、作风建设，定期召开总部党员大会，督促检查党组织召开党员大会和生活会的情况。负责抓好机关党风建设，监督检查机关完善惩防体系和落实党风廉政建设责任制及有关规定的落实情况，做好对违纪党员的教育和处理工作，抓好机关精神文明建设，做好员工的思想政治工作。负责制定总部员工培训规划，协助有关部门抓好总部员工培训计划的落实。负责机关党内统计工作，做好总部党费收缴、使用和管理工作，转递党组织关系。抓好机关党组织“三会一课”制度的落实；组织开展党内建设活动，做好表彰和推荐先进党组织和优秀共产党员、优秀党务干部工作。负责机关和直属单位党委、总支和支部换届选举工作。做好发展党员工作。指导党组织做好对预备党员和积极分子的培养教育和考查工作。加强党员教育和管理，发挥党组织的战斗堡垒作用和党员的先锋模范作用，提高机关党组织的战斗力。

【机关党的思想建设】 2010年，机关党委和各支部以党的思想建设为先导，强化科学理论和业务知识学习，使总部机关广大党员和员工的理论水平和业务能力得到进一步提高。1.认真贯彻中央《关于推进学习型党组织建设的意见》和股份公司党委的部署，以提高思想政治水平为基本目标，认真组织总部机关干部和党员深入学习党的理论创新成果，积极参加股份公司党委开展的“建设学习型党组织、培养知识型员工”的活动，组织开展了多种形式的学习教育活动。为加强总部员工的学习，提倡多读书，推动学习型党组织建设，积极为各支部购置了相关学习资料，为每一位党员发放了购书卡。2.认真落实《总部机关学习培训制度》，加强总部员工培训力度。机关党委与有关部门一起针对总部机关的实际，从政治理论、业务知识、上市知识、职业道德、企业发展、形势任务、廉洁自律、人文素质等10个方面，对总部员工进行教育与培训。举办了“劳动模范先进事迹”和“知识型新型工人、农民工楷模巨晓林”报告会等一系列活动，推进了机关党的思想建设。

【“学争创”活动】 为了巩固学习实践科学发展观活动成果，推进企业“保增长、调结构、转机制、争效益”中心任务的完成，机关党委组织开展了“建设学习型党组织、争当先进部室、创建五型机关”活动，并纳入了股份公司党委创先争优活动之中。活动中，机关党委和各支部行动迅速，精心组织，加强领导，联系实际，并通过制定学习计划、组织交流会、公开承诺、召开专题民主生活会等多种形式，将“学、争、创”活动与创先争优活动有机结合，取得了阶段性成果。总部机关员工的思想受到教育，观念有了新的转变，业务素质有了新的提高，机关党的先进性建设得到了加强。

【党组织建设加强】 为使总部机关党组织适应企业发展的新形势、新任务的要求，机关党委着力加强机关党的组织建设，努力发挥党组织的作用。1.根据机关组织机构的变化和人员的变动，及时建立健全党支部。2010年新建了投资发展部、经营开发部、行政管理部、干部部、劳资社保部五个党支部，调整补充了总裁办（党办）、纪委监察部、安质环保部三个党支部的人员组成。2.按照党员标准慎重做好党员发展工作。2010年对11名入党积极分子安排了脱产培训，新发展党员2名，8名预备党员转正。3.选树典型，推荐并受到股份公司党委表彰的先进基层党支部2个，优秀共产党员2名，优秀党务工作者2名。

【机关党的作风和廉洁建设】 2010年，机关党委以“廉洁文化建设年”为载体，不断推进总部机关的反腐倡廉建设。1.认真组织广大党员干部学习胡锦涛总书记在十七届中央纪委五次全会上的重要讲话精神，深入贯彻落实股份公司党委、纪委提出的各项要求，开展了廉洁文化知识问答活动，组织参观全国检察机关惩治和预防渎职侵权犯罪展览，进一步提高了机关党员干部和员工对反腐倡廉工作的认识。2.认真执行《中国共产党党员领导干部廉洁从政若干准则》和《国有企业领导人员廉洁从业若干规定》，将加强党风建设和反腐倡廉工作作为一项重要工作来抓，把“遵纪守法、廉洁从业”作为争当先进部室的重要条件，落实党风廉洁工作的各项规定，提高了总部领导干部和广大党员廉洁从业的自觉性。一年来，总部机关尚未发现党员违纪违法案件。3.认真落实党风廉政建设责任制。各支部把落实责任制与构建惩防体系、强化企业管理结合起来，充分发挥了责任制在预防腐败和推动企业科学发展中的重要作用。各部门负责人高度重视，切实做到负总责，亲自抓，确保党风廉洁建设责任制的贯彻落实。机关党委按照股份公司党委《实施办法》的要求，坚持整体推进，落实了责任分工，完善了制度规定，确保了惩防体系建设的全面推进。

机关工会工作

【搬迁工作】 保证了总部员工场馆厅的如期使用，年初按照搬迁办的部署，对原办公楼的餐厅、阅览室、库房、各办公室配备的电视做了清点移交处理工作。对健身房、乒乓球室、体育馆内的器械设备拆卸、打捆、搬迁。克服人少，工作量大的困难在短期内将新办公址的员工活动场馆，健身房、乒乓球室、体育馆、羽毛球场地器械安装就位，保证员工活动锻炼需要。同时，完成了搬迁期间的两地职工餐厅、领导餐厅送餐工作，以及两个餐厅的搬迁工作，始终保证供应了总部领导员工的餐饮不间断。完成了对新办公楼的总部员工健身房、乒乓球室、乒乓球贵宾室及羽毛球场地的铺设，购置更新器械、活动室装潢，各类用品的配置工作。

【职工文体生活】 为活跃丰富总部机关文化生活，上半年举办总部机关第三届摄影作品展，总部机关有187幅作品参展，有111幅入选展出，有13幅获奖，体现了员工热爱工作，热爱生活的精神面貌。8月初举办了主题为“金色之秋”总部机关员工书画展的50多幅书画作品，展示交流机关员工的书画技艺。提高机关员工文化修养。受到广大员工的喜爱。为加强办公大厦体育场馆的管理，确保体育器械、用品完好率，满足机关员工日常锻炼的需要，制定了《体育场馆使用管理暂行规定》《场馆使用须知》公布在场馆门前。为机关各工会配备、发放了运动套装，提醒大家坚持冬季运动，增强体质，保证健康身体。办理2011年公园年票478张。

【“送温暖”慰问工作】 坚持经常性送温暖活动，春节期间慰问机关困难员工6人次，共计12000元。坚持日常员工生老病、住院送温暖。“三八”节“六一”节为64名女职工和14岁以内儿童员工发放慰问金133人，共计47000元，在传统节日为职工办福利，总部机关全员节日购物卡发放330人，共计17万，把企业的关怀送达到每位员工。

【机关事务管理】 召开了两次总部机关民管会议，分别审议了“总部薪酬优化调整方案”和“总部企业年金实施方案”。广泛听取委员的意见，修改完善方案，体现职工参政议政的权力。清理互助保险基金，理清了近年来退休及调出人员132人的互助保险金，遵照原办法进行了清退工作。

【女职工工作】 切实做好女职工工作，按期组织了每年的女职工妇科体检工作，有67名参加了检查，没发现一例妇科病症。以“三八”妇女节、“六一”儿童节、女职工妇科检查为载体，逐年增加慰问费，续保了“女职工安康保险”。

【计划生育工作】 落实国策积极为育龄职工服务，完成计生各项指标任务。做好日常的计生工作，为6名初婚员工办理了生育光荣证。核准办理了独生子女补贴，热情办理育龄职工的“准生证”，独生子女关系转接等工作，年终将2010年调入人员的计划生育关系，进行了统计、确认、核算，发通知单配合劳资部，保证年终计生补贴的按时发放。

【会费管理】 及时收缴、上缴工会会费，管好、用好工会经费努力为职工办实事。根据工会财务工作群众性和独立性特点，坚持做到收好、管好、用好各项经费，使有限工会经费发挥较大的作用。

接受了上级工会经费审计，机关工会认真充分准备，将近年来经费的收缴、管理、使用等情况向经审委做了总结汇报，并与经审委交换了意见，得到肯定和好评。

【体检防疫】 为做好每年的职工体检工作。对体检中心进行实地考察、比较、确定，组织了总部全体员工体检工作。根据员工健康情况体检项目做了适当调整，更适合机关员工身体特点。联系安排了总部机关接种“流感疫苗”的防疫工作，分几次为员工接种。

【餐厅日常管理】 积极做好总部高管及职工餐厅的日常管理工作，努力保持与送餐公司的沟通，监督饭菜的卫生、质量、品种、数量，及时提出意见、建议，要求迅速改正。根据职工就餐的需要，改造了加热箱线路，填装了监视器，为做好餐厅就餐保暖工作。请示领导批准，购买了7台空调为大小餐厅安装，督促有关部门尽快安装并密封门窗的，千方百计的想办法保证职工就餐环境的适宜。

【社会公益活动】 进一步加强与配合总部相关部门相互协作，参与社会公益活动。组织总部员工为玉树灾区捐款献爱心活动，总部机关及直属单位共有489人参加，共捐善款143137元。响应国务院号召，配合科技部在机关本部开展了“节能减排，绿色出行”的活动及组织机关员工350人“节能减排知识答卷”等活动。为解决总部机关员工和篮球爱好者的活动场地问题，筹备策划与消防中队在8月份开展拥军活动。8月4日机关工会机关篮球队和机关篮球爱好者，到五棵松消防中队举办了“军企共建、和谐发展”为主题的拥军共建篮球友谊赛活动，进一步增进了相互关系，促进军企共建，和谐发展。

报社

【报社】 《中国中铁》报创刊于2003年元月，原名《中国铁路工程》报，是由中国铁路工程总公司党委主办的、在全公司内部发行的报纸，迄今已出刊389期。目前报社定员5人，现员5人，设总编1人，副总编2人，部员2人。

2010年，在股份公司党委的正确领导下，中国中铁报社以十七届四中、五中全会与股份公司工作会议精神为指导，深入贯彻落实科学发展观，认真开展“创先争优”活动，牢固树立政治意识、大局意识、责任意识和阵地意识，按照新闻宣传“三贴近”要求，积极创新新闻宣传的观念、内容、形式、方法和手段，较好地发挥了《中国中铁》报统一思想、凝聚人心，打造品牌、树立形象，指导工作、交流信息的重要作用。全年共出版发行报纸49期（第341期-389期）、特刊（增页）7期，累计218个版；共收到来稿37111篇，编发稿件3374篇。

【工作会议宣传报道】 3月初召开的工作会议，是股份公司搬迁新址后召开的首次工作会议，在企业发展史上具有里程碑式的重要意义。为此，报社及时推出了8个版的工作会议特刊：在一、二、三、四版用了近四个整版的篇幅，图文并茂、全方位地报道了中国中铁2010年工作会议及一系列相关会议的情况、领导讲话精神，从而为各单位准确掌握股份公司战略部署、明确未来发展方向、谋划全年工作安排提供了可靠依据；在五、六、七、八版推出《高挂云帆济沧海—中国中铁各单位2009年改革发展成果回眸》特刊，在广大读者中引起了强烈反响。

【加大新闻宣传报道力度】 围绕股份公司“保增长、调结构、转机制、争效益”的中心工作要求与公司党委不同阶段的宣传工作重点，报纸各版相继推出《保增长、调结构、转机制、争效益》、《地震无情 人间有爱 一方有难 八方支援》、《抗旱救灾 共献爱心》、《众志成城 共抗灾害》、《学习巨晓林事迹，争当知识型员工》、《廉洁文化建设年活动专栏》、《“群安员”在一线》、《中国中铁十一五科技成果回眸》等专题栏目。五一前夕，推出了《企业的栋梁 时代的楷模—中国中铁全国劳模风采录》劳模事迹专刊，用4个整版的篇幅，全面展示了以“专家型技术工人”窦铁成等为代表的17名全国劳模的感人事迹与崇高品质；为配合股份公司开展的为期一个月的安全生产大检查活动，成功策划了《安全生产大检查》专版；及时策划组织了股份公司所属各单位积极参与抗旱救灾、抗洪防汛、玉树地震救灾及重建、上海世博会等企业改革发展、社会重点热点资讯的新闻报道，在8月初推出了《担当社会责任 展现央企风采—中国中铁各单位抗洪救灾实录》特刊，真实再现了中国中铁各单位在危急关头挺身而出、勇于担当、敢打必胜的企业精神和员工风采；加大重大典型的宣传力度，在6月初用4个整版的篇幅编发了图文并茂的《知识型新型工人·农民工楷模巨晓林特刊》。

【创先争优活动】 自去年初总部机关“创争”活动全面启动以来，报社党支部结合部门和人员工作实际情况，及时推出了《创先争优活动实施方案》，把“创争”活动同转变思想观念、解决实际问题、推动实际工作相结合，较好地促进了报社各项工作的全面发展。同时，高质量地抓好全公司创先争优活动的宣传报道，在一、三版上开辟了“深入开展创先争优活动栏目”，以多种形式新闻体裁，重点报道股份公司及各所属单位积极贯彻落实党中央、国资委、公司党委有关精神，深入推进“创争”活动，推动企业改革发展的好经验、新举措及阶段性成果，全年共刊发相关文字及图片稿件近300篇（幅），较好地发挥了新闻舆论的强势引导作用。

【落实十七届五中全会精神】 报纸在11月10日第382期一版全文刊登了股份公司党委《关于认真学习贯彻党的十七届五中全会精神的通知》；在第383期头版头条刊登了股份公司党委中心组集体学习党的十七届五中全会精神，李长进书记结合股份公司实际，就学习贯彻好党的十七届五中全会精神、做好后一个半月的工作提出要求的消息。同时，在三版开辟了《深入贯彻五中全会精神 推动企业又好又快发展》专栏，刊发各子分公司深入学习贯彻全会精神、推动各项工作不断取得阶段性成果的动态稿件。

【配合企业战略重组工作】 报社在11月3日381期一版刊发了中国中铁启动新一轮企业内部重组的消息，三版以将近半个版的篇幅，全文刊载了中国中铁企业重组工作宣传提纲，为深入推进、全面实施这项做大做强中国中铁的重大战略决策营造了良好的舆论氛围。此外，报社还重点报道了股份公司召开国际化经营暨外宣工作研讨会、第七届世界高速铁路大会，以及大力宣传各单位加快“走出去”步伐、开拓海外市场的做法和经验，广泛展示股份公司实施“走出去”战略和全系统开展国际业务的重要成果，进一步扩大了“中国中铁”品牌在国内外市场竞争中的知名度和影响力。

【开展新闻采访工作】 紧密配合股份公司领导及总部机关的各项重大活动、重要会议和重要来访接待活动，在人手相当紧张的困难条件下，派出记者现场采访约200多人次，撰写相关稿件近百篇，并为公司领导及来访贵宾、总部机关总裁办、董办、工会、人力资源部、工程部、财务部、《中国中铁党建》杂志、《中铁工运》杂志等部门提供了大量图片资料。

【举办中国中铁报社首次编委会】 7月27日，中国中铁报社召开首次编委会暨新闻业务研讨会。股份公司副董事长、党委副书记、工会主席、《中国中铁》报编委会主任姚桂清，副总裁、《中国中铁》报编委会副主任马力出席会议并讲话。《中国中铁》报编委会委员、股份公司各单位报社负责人30余人参加了会议。会上，通报了《中国中铁》报2009年优秀通讯员、优秀发行员、优秀发行单位、最佳投稿组织单位；评审通过了《中国中铁》报2009年度好新闻；与会编委进行了新闻业务交流研讨，介绍了各单位报纸工作及新闻宣传工作经验，并对进一步办好《中国中铁》报提出了意见和建议。

【基层通讯员培训工作】 报社抽调人员利用业余时间到各单位举办通讯员培训班，讲授新闻业务知识，去年先后在中铁二局、六局、党校、中铁咨询等单位授课，，培训500多人次。报社各版编辑通过电话及网络对通讯员的稿件进行点评或提出修改意见，帮助基层骨干通讯员提高稿件质量和业务水平。

【好新闻评选与新闻摄影比赛】 2010年1月初，完成《瞬间与永恒—“中国中铁杯首届摄影大赛优秀作品集》一书的编辑出版工作，书中共收录在首届“中国中铁杯”摄影大赛中获奖的新闻、艺术类图片91幅，受到基层单位和广大摄影爱好者的欢迎，营造了健康向上的文化氛围，提升了广大员工的艺术品味与鉴赏能力。4月份，根据《中国中铁报好新闻评选办法》的要求和条件，按消息、通讯、言论、新闻图片、版面及文艺副刊作品等种类进行新闻作品评选，对获奖作品给予表彰鼓励，并在报纸予以公布。按照有关条件评选出2009年度优秀通讯员98名、优秀发行员8名、优秀发行单位10家、最佳投稿组织单位3家。从5月份开始，举办第二届“中国中铁杯”新闻摄影比赛，有效地激发了广大通讯员的创作热情。

【新闻汇编工作】 11月底，完成了《见证丰碑—<中国中铁>报优秀新闻作品集》和《<中国中铁>报社首次编委会暨新闻业务研讨会文件汇编》两本书的编印发行工作，其中《见证丰碑》收集了2007年以来报纸发表并分别在全国铁路记协和《中国中铁》报好新闻评选中获奖作品96篇；《首次编委会文件汇编》收集公司领导有关讲话及全公司15家报社做好报纸工作和新闻宣传的经验交流材料20篇。

【参加全国铁路好新闻评选】 6月上旬，在全国铁路记协组织的2009年度全国铁路好新闻评选中，《中国中铁》报共报送4篇作品和1篇新闻业务论文，其中2篇获得一等奖、1篇获得二等奖，新闻业务论文获得一等奖，再一次创造了同类报纸在全国铁路好新闻评选中的最好水平。

【通讯员管理及数字报纸工作】 报社在册统计的骨干通讯员队伍人数已达1800多人，全年通过OA和网络平台与通讯员联系2000余次，及时掌握、了解骨干通讯员个人资料、投递地址变更等信息，有效地改进了《中国中铁》报的通联发行工作，确保报纸及稿费及时、准确投递到位。随着企业生产经营规模的快速扩张，工程施工项目点越来越多，因此对《中国中铁》报的需求量也日趋增大。针对这些要求，报社每期及时上传电子数字报，解决对报纸大量需求的燃眉之急，有效缩短了读者看到报纸的时间。完成了全年各期《中国中铁》数字报的制作及网上发布工作，传送各类稿件大约180多万字、各类图片649幅。

政研会工作

【落实工作部署】 2010年，公司党建思想政治工作研究会认真贯彻落实党的十七届四中、五中全会精神，紧密围绕公司“保增长、调结构、转机制、争效益”的中心工作，加强重点课题研究成果的转化和应用，全面加强党建政研会自身建设，努力办好《中国中铁党建》，为促进企业科学发展、和谐发展提供了理论和思想保证。

2010年，在总结学习实践科学发展观活动成果和经验的基础上，制定印发了《关于加强和改进全公司党建政研会工作的指导意见》、《2010年公司党建思想政治工作研究会工作要点》。进一步明确了党建政研会的性质地位和职责，当前和今后一个时期的工作重点，进一步加强党建政研会组织建设，提高工作质量和研究水平的要求。提出公司党建政研会，是在公司党委领导下，在全国党建研究会和中央企业党建政研会的指导下，公司所属各单位党建政研会自愿组成，负责组织开展党建思想政治工作研究，从事理论论证和实践探索的群众性组织，是各级党委开展思想政治工作的参谋、智囊和助手，是联系职工群众的桥梁和纽带。公司党建政研会，是集党的建设研究会、思想政治工作研究会、企业文化研究会于一体的综合研究会。

【重点课题调研】 3月份确定将《提高党的制度建设科学化水平问题研究》和《如何发挥国有企业党组织政治核心作用》作为重点立项课题，报全国党建研究会审批后，成立了由公司党委领导任组长，党建政研会的同志为成员，组成《提高党的制度建设科学化水平问题研究》课题研究组，于5月底开始深入中铁一、二、四、六、八、隧道、大桥局，电化、建工、设计咨询集团等二级企业，采取听、查、问、访的方式，进行专题调研。于7月中旬完成研究成果初稿，呈送公司党委领导审阅，根据党委领导的批示进行修改，9月份参加了中组部全国党建研究会在江苏溧阳召开的“提高党的建设科学化水平课题研究交流会”，11 月上旬，再次修改课题研究报告，上报全国党建研究会参加评审。

【课题成果交流与呈报】 完成了在中央企业党建政研会2009——2010年度立项课题研究成果的交流和呈报工作。在2009年研究工作的基础上，一季度对在中央企业党建政研会立项的《积极探索科学发展规律，推进企业体制机制创新的研究》、《现代企业制度条件下企业党组织发挥政治核心作用的方法途径研究》、《关于加强项目文化建设问题研究》三个重点课题成果初稿进行了再次修改，呈送公司党委领导审阅，根据党委领导的批示又进一步修改，形成了高质量的研究成果。

作为中央企业党建政研会第一课题组牵头单位，在中铁隧道集团有限公司的大力协助下，于5月15日至16日在厦门成功举办了中央企业党建思想政治工作研究会第一课题组研究成果交流会。中国中铁等十八家中央企业的代表在会上进行了研究成果交流发言，推出了一批党建思想政治工作研究的新成果。

9月26～28日，第一课题组研究成果初评会在珠海召开，会议由中国中铁股份公司主办，中国港中旅集团公司承办，第一课题组成员企业代表20多人参加了会议。会议认真进行了研究成果初评，经过投票，16 个参评单位中有 15 个单位得票达到半数，其中，中国中铁股份公司的研究成果材料为全票通过。作为中央企业第一课题组的牵头单位，收集整理了16个成员企业研究成果主附件和推荐表等资料，写出第一课题组的工作总结，于11月中旬向国资委党建政研会报送了各单位的材料。

【党建政研会研究成果】 在中央企业党建政研会立项的《积极探索科学发展规律，推进企业体制机制创新的研究》、《现代企业制度条件下企业党组织发挥政治核心作用的方法途径研究》、《关于加强项目文化建设问题研究》三个研究成果分别获得 2009——2010 年度中央企业党建思想政治工作优秀研究成果一、二、三等奖，实现了中央企业党建思想政治工作优秀研究成果一等奖四连冠。自选课题《如何发挥国有企业党组织政治核心作用》的研究成果在全国党建研究会评审中获得二等奖，《关于提高国有企业党的制度建设科学化水平的探索与研究》子课题研究成果获得三等奖。

【深化党建思想政治工作研究】 认真组织各单位党建政研会紧密联系企业改革发展和生产经营实际，开展党建思想政治工作研究，建立和完善推动企业科学发展的长效机制，重点解决和突破制约企业科学发展的深层次问题，解决党建工作、项目管理、队伍建设、职工素质、文化建设、干部作风等方面的突出问题。各级党建政研会在开展课题研究的同时，重视并抓好课题研究成果的转化，初步形成了融入中心、促进管理、服务大局、实践应用的成果转化应用机制，不断提高了研究成果的转化和实践应用水平。

【深化农民工“五同”管理工作的调查研究】 2010年6月初，专程到中铁四局四公司进行调研，写出了关于中铁四局四公司传承农民工“五同”管理，探索“五自”发展的调研报告，公司党委副书记姚桂清批示由股份公司工会分别向中国铁路总工会和国资委群工局呈报。《中国中铁》报和《中国中铁党建》杂志分别刊登了政研会的调研报告；国资委《企业文明》杂志第八期刊登了中铁四局农民工“五同”管理向“五自”发展的报告，在国资委和社会上产生很大影响。

【加强职工队伍建设工作的调查研究】 10月中旬，配合《工人日报》社副总编和记者到中铁九局二公司和吉林火车站站改工地调研，写出对中铁九局“铁军”发展历程的调研报告，呈送公司领导审阅，受到公司领导的肯定。《工人日报》、国资委《企业文明》杂志、《中国中铁》报和《中国中铁党建》杂志分别刊登了对中铁九局“铁军”的经验通讯稿和调研报告。

【企业文化建设】 11月中旬，参加了由中国企业文化研究会主办的“新中国60年企业精神传承与创新—中外企业文化2010 北京峰会”。经中国企业文化研究会组织专家评审，中国中铁董事长、党委书记李长进荣获“新中国60年企业精神培育十大杰出人物”称号；中国中铁股份有限公司的“勇于跨越、追求卓越”企业精神被评为“新中国 60 年企业精神60 佳”；中国中铁及中国中铁党建思想政治工作研究会、中铁五局、中铁六局、中铁电气化局、中铁七局武汉工程有限公司被评为“2010 年企业文化建设先进单位”；中国中铁工会副主席、党建政研会副会长毛小民，中铁六局党委副书记、纪委书记矫希伟被评为“2010年企业文化建设优秀工作者”。

【《中国中铁党建》办刊工作】 以改革创新精神办刊物，紧紧围绕企业改革发展和生产经营中心，紧紧围绕企业党建思想政治工作的重点工作和重大活动，精心策划，精心选题，精心组稿、选稿、编稿，把《中国中铁党建》办成了版式新颖、图文并茂、内容丰富、理论联系实际，体现中国中铁特色和基层工作特点，具有权威性、指导性、可读性和有说服力与感染力的刊物。2010年，《中国中铁党建》共出刊6期，刊登了260多篇文章，使《中国中铁党建》逐步成为各成员企业和广大干部职工的参谋助手、良师益友。

特　稿
大事记
概述篇
市场篇
工程篇
工业篇
科技篇
管理篇
党群篇
荣誉篇
附　录

荣誉篇

高级技术专家

【2010 年新增高级技术专家】

中国勘察设计大师：

中铁大桥院　　高宗余

詹天佑铁道科学技术奖：

中铁二局　　丁　睿
中铁三局　　张俊兵
中铁五局　　苟祖宽
中铁大桥局　　潘东发
中铁建工　　袁振兴
中铁大桥院　　高宗余
中铁西北院　　屈耀辉

总公司有突出贡献的中青年专家：

中铁二局　　卿三惠
中铁四局　　闫子才
中铁六局　　肖于太
中铁八局　　谢录杲
中铁大桥局　　周外男
中铁大桥院　　万田保
中铁隧道局　　张继奎
中铁电气化局　　丁　增
中铁建工　　郑　明
中铁二院　　敖云碧　王　智
中铁设计咨询　　许有全
中铁西北院　　马惠民
中铁西南院　　李苍松
中铁科工　　李　玲
中铁隧道装备　　李建斌

茅以升铁道工程师奖：

中铁一局　　李育朝
中铁二局　　谭文杰
中铁大桥局　　余本俊
中铁宝桥　　李　松

国务院政府特殊津贴：

中铁一局　　范恒秀
中铁四局　　李学民
中铁大桥局　　刘杰文　潘东发　秦环兵
中铁电气化局　　沈九江　巨晓林
中铁建工　　杨　煜
中铁二院　　朱　颖　徐　勇
中铁大桥院　　徐恭义
中铁西北院　　朱本珍
中铁西南院　　严金秀
中铁科工　　鄢怀斌

教授级高级工程师：

中铁一局　　金奇峰　郝小苏　刘旭全　贺　庆　胡文俊　卓普周　汶文钊　雒红卫　王崇新
中铁二局　　黄世红　李朝永　黄俊文　秦仁佩　罗兴财　韩兴旭
中铁三局　　桑志亮　张英才　李新民
中铁四局　　郝又猛　杨红卫　王圣涛　王福恩　杨国新　汤航辉　张庆远　阮正洁　刘　瑜　黄　新　程维国　许宝成　赵　飞
中铁五局　　齐康平
中铁六局　　刘　坚　杨会军　王民焕　张继源
中铁七局　　杜翔斌
中铁八局　　罗　磊　徐敦美　赵双林　高传伟　董天鸿　李　劲
中铁九局　　李　杨　于建军
中铁十局　　沈　周　邵双修　张炳林
中铁大桥局　　徐炳法　黄龙华　许溶丰　何祖发　彭建萍　黄晓航　张瑞霞　张爱花　农代培　彭振华　戴振洋　孙俊敢　曹克强　吴向军　段雪炜　于祥君　孟　钢
中铁隧道局　　王志刚　金强国　熊江陵　于明华　谢朝军　孙振川　叶康慨　李建华　徐福东　张　存
中铁电气化局　　丁晋春　孟祥奎　苏鹏程　孙才勤　王　宁　任拴院
中铁建工　　王沧州　陈淑民　郑　明　张松甫
中铁二院　　张可军　李聪林　汪国信　张广泽　李云华

朱泳标　王国昌　赖紫辉　何庭国　孙　莺
李正祥　徐　勇　侯　勇　朱　敏　陶孟华
邱　健　杨　岗　蔡　亮　廖建州　钟星灿
喻　波　向　红　廖　宇
中铁设计咨询　李汶京　刘家锋　夏瑞伶　张大春　张晓卫
任为东　彭岚平　王文利　陈学峰
中铁大桥院　周传斌　谷熠岩　张燕飞　张必准　安群慧
石建华　李卫平　李世文　李书银　程宝辉
中铁西北院　熊治文　王建松　张俊德
中铁西南院　陈　钒　谢衔光
中铁山桥　李士斌
中铁科工　张启贵　于永平　李书学
华铁咨询　王伟宁

截至2010年底高级技术专家：

【中国工程院院士】

陈　新　中铁大桥勘测设计院有限公司
王梦恕　中铁隧道集团有限公司
方秦汉　中铁大桥勘测设计院有限公司
秦顺全　中铁大桥局集团有限公司

【中国勘察设计大师】

陈　新　中铁大桥勘测设计院有限公司
杨　进　中铁大桥勘测设计院有限公司
卓宝熙　中铁工程铁设计咨询集团有限公司
马庭林　中铁二院工程集团有限责任公司
徐恭义　中铁大桥局集团有限公司
高宗余　中铁大桥勘测设计院有限公司

【国家级有突出贡献的中青年专家】

陈　新　中铁大桥局集团有限公司
杨　进　中铁大桥局集团有限公司
王梦恕　中铁隧道集团有限公司
马其祥　中铁电气化局集团有限公司
沈长耀　中铁工程铁设计咨询集团有限公司
王建宇　中铁西南科学研究院有限公司

【新世纪百千万人才工程国家级人选】

秦顺全　中铁大桥局集团有限公司
高宗余　中铁大桥勘测设计院有限公司
徐恭义　中铁大桥勘测设计院有限公司
徐升桥　中铁工程设计咨询集团有限公司

【中国青年科技奖】

秦顺全　中铁大桥局集团有限公司

【省部级有突出贡献的中青年专家】

中铁一局　郭民龙
中铁设计咨询　黄铁生
中铁二院　张　雄　曾德礼　朱　颖　胡光常　扈　森
陶伟明　许志艳　李海光　周　建
中铁西南院　梅志荣

【享受政府特殊津贴人员】

总公司机关　诸均安　秦淞君　李际中　轩辕啸雯　白继承
吴信然　郝光隆　张建峰　孙德永　刘　辉
刘　春　何振宁　李怡厚　刘成军　史柏生
中海外　郑　亮　熊光裕
中铁一局　唐嘉衣　甘道佑　白文清　叶录年　杜谟远
程槐朗　郑开睦　杨兆虎　欧阳泉　韩　溥
朱　飙　王兆增　张松柏　黄海清　钱家安
张金夫　窦铁成　陈志良　范恒秀
中铁二局　罗正荣　关世贵　王守仁　郭子明　张泽民
杨鉴凌　邵祚钧　鲍子固　龚　倩　田少民
付仁泰　王永国　郑宝迪
中铁三局　阴飞龙　缪垂祖　刘志江　虞铁春　郭喜忠
田兴善　杨世福　刘章奎　周建国　王家林
林其荃　李修森　吴仁友　赵宗礼　边炳龛
付其栋　刘宏刚　赵延心　刘同良　张俊兵
中铁四局　宋桂华　金新康　盛仁声　周柏常　朱善乃
李湘涛　罗传义　黄天培　石　麟　钱文展
成振远　周振强　李学民
中铁五局　尹亮倚　王　开　乔培枫　雷国琳　徐志洪
邓松华　李荣泰　宋德光　付永贵　房晓军
中铁六局　钱树青　赵剑发
中铁七局　王斯华　刘林山
中铁八局　赵　智　冀嵩山　任仁南
中铁九局　李成富　左良仁
中铁十局　肖时开
中铁大桥局　刘曾达　陈守荣　邱　岳　赵煜澄　戴宗诚
曹春元　周民侠　刘长元　李瀛沧　邵克华
林荫岳　陈开御　任旭初　彭月燊　林国雄
王燮培　殷万寿　秦顺全　陈元喜　吴时才
陶建山　谢红兵　宋伟俊　刘杰文　秦环兵
潘东发
中铁隧道　蒋中庸　姚一飞　谭曼怡　李才儒　吴鸣冈

	刘昌用 周振国 王梦恕 范国文 洪开荣
	刘招伟 李治国 李友坤 张文庭
中铁建工	陈明辉 陆增育 杨金绪 郁 鑫 朱 瑞
	周德方 宋贵元 周旭歧 浦中修 黄守和
	杨 煜
中铁电气化局	谢书佐 严秀聪 徐蕴芳 王立朗 张振华
	顾鸿鹏 姚 磐 陆明强 容仕宽 吴高荣
	曹东白 史集芬 马其祥 肖培龙
中铁设计咨询	沈长耀 东玉振 卓宝熙 胡志贵 郑魁信
	沙志国 蒋秉和 郑天中 丁伯皋 洪 瑚
	陈绍光 李鸿敏 齐顺卿 徐升桥 赵风德
	吴锦元 于兴义 李胜华
中铁二院	苏光亨 孙泽民 李闫生 陈俊真 陈国亮
	郝昭謇 陈光曦 吴宗俭 田宜鑫 倪鹤龄
	李泽民 陈俊虎 徐良德 张本才 陈浩然
	李海光 马庭林 方亚非 符德川 张祉道
	蒋忠信 林 骏 陈克坚 李安洪 高 杨
	朱 颖 徐 勇
中铁大桥院	高宗余 方秦汉 陈 新 杨 进 徐恭义
中铁山桥	屈运平 高德春 王德胜 张芸玲 徐安友
	王柏重 于宝东
中铁宝桥	王振明 张庆魁 孙昌茂 李 毅 常秉立
	夏桂钰
中铁科工	冯保之 李育桃 黄渝成 张显忠 张仲礼
	张智莹 党春太 鄢怀斌
中铁西北院	徐邦栋 李 嘉 刘光代 王恭先 李传珠
	谌壮丽 杨海容 马 骥 楚华栋 丁靖康
	徐峻龄 黄小铭 董敏玉 廖小平 王 桢
	朱本珍
中铁西南院	王建宇 王子谦 沈寿长 谭炳炎 陈成宗
	郭辉南 叶华祥 刘棣华 朱桂兰 王石春
	高尔洋 柴永模 管敏鑫 罗朝廷 段美贵
	王良玮 高菊如 何发亮 严金秀

【詹天佑铁道科学技术奖】

股份公司机关	何振宁 郑 机
中铁一局	张金夫
中铁二局	丁 睿
中铁三局	张俊兵
中铁五局	房晓军 苟祖宽
中铁八局	王智勇
中铁大桥局	林国雄 黄支金 陶建山 潘东发 秦顺全
	宋伟俊 曹春元 顾金钧
中铁大桥院	肖海珠 高宗余 杨 进 方秦汉 徐恭义
	陈 新
中铁隧道	王梦恕 李治国 吕建乐 洪开荣 朱世友
	万姜林
中铁建工	袁振兴
中铁电气化局	容仕宽 刘宝锟 李金华 陆明强 孟祥奎
	王立天 张云太
中铁设计咨询	卓宝熙 甄春相 柳学发 邓运清 雷慧峰
	崔俊来 孙超额
中铁二院	李海光 蒋楚生 马庭林 张祉道 蒋忠信
	孙泽民 林 骏 李安洪 陈克坚 徐 勇
	陶伟明 朱 颖
中铁山桥	徐安友
中铁宝桥	陶祖纪
中铁科工	鄢怀斌 王员根
中铁西南院	严金秀 罗朝廷
中铁西北院	马惠民 屈耀祖

【铁道部有突出贡献的中青年专家】

股份公司机关	何振宁 李怡厚 陈唯一
中铁一局	黄海清 钱家安
中铁三局	刘宏刚 赵延心 陈启平
中铁五局	房晓军
中铁六局	钱树青
中铁八局	赵 智
中铁大桥局	何建豫 吴时才 陈元喜 涂光骞
	黄支金 孙笑萍
中铁隧道集团	刘招伟 王梦恕 刘昌用
中铁电气化局	史集芬 曹东白 张战平 杨文彬 容仕宽
中铁二院	苏光亨 李闰生 周 建 李安洪 曾昭强
中铁设计咨询	东玉振 郑天中 丁伯皋 洪 瑚 陈绍光
	齐顺卿 李胜华
中铁大桥院	徐恭义
中铁山桥	徐安友
中铁宝桥	张庆魁
中铁科工	张仲礼 栗培章 鄢怀斌

【总公司有突出贡献的中青年专家】

股份公司机关	刘成军
中铁一局	张金夫 张松柏 范恒秀
中铁二局	陈正贵 邱学良 卿三惠
中铁三局	张俊兵 于善毅
中铁四局	李学民 闫子才

中铁五局　黄　武　杨安杰
中铁六局　肖于太
中铁八局　杨先凤　谢录杲
中铁大桥局　秦顺全　陶建山　宋伟俊　谢红兵　周外男　刘杰文　潘东发
中铁大桥院　万田保　高宗余
中铁隧道　范国文　李治国　洪开荣　周振国　张继奎
中铁电气化局　陆明强　肖培龙　沈九江　于　增
中铁建工　杨　煜　郑　明
中铁二院　陈克坚　徐　勇　高　扬　李德才　敖云碧　王　智
中铁设计咨询　徐升桥　于兴义　许有全
中铁山桥　王柏重　于宝东　魏云祥
中铁西南院　何发亮　高菊如　宋　冶　李苍松
中铁西北院　王　桢　王引生　朱本珍　马惠民
中铁科工　党春太　张智莹　尹　卫　李　玲
中铁资源　钟长汀
中铁装备　李建斌
中铁港航　郭秀春
中铁南方　史柏生

【茅以升铁道工程师奖】

中铁一局　欧阳泉　李昌宁　李育朝
中铁二局　谭文杰
中铁四局　吴　波
中铁大桥局　邵克华　文武松　余本俊
中铁隧道　马锁柱　孙　谋　朱世友
中铁电气化局　陆明强　邢尊军　姜春林　苏鹏程　刘峰涛　张云太
中铁宝桥　李　松
中铁二院　王茂靖　罗世培　何庭国　石义军　陈克坚　袁　明
中铁设计咨询　申兆繁
中铁大桥院　高宗余　徐恭义　石建华　肖海珠
中铁西南院　李苍松

【铁道部拔尖人才】

股份公司机关　白中仁　李开言　郑　机　陈唯一　王宗怀　汪建刚
中铁一局　项志敏　苟　彪　符照星　戴　维
中铁二局　赵勤俭　陈正贵　刘仁智　王　勇　王广钟　刘剑斌　赵德义
中铁三局　温晓林　段建国　张作义　贾定祎
中铁四局　宿　万　闫子才　孔　逋
中铁五局　陈晓春　曹吉波　黄　武　房晓军　陈德斌　刘少林
中铁六局　贾文彬　肖于太
中铁八局　赵　智
中铁十局　应建林
中铁大桥局　秦顺全　黄支金　汪双炎　文武松　张立超　陶建山　刘自明　徐恭义
中铁隧道　杨盛双　刘招伟　周振国　万姜林　范国文　宋建平　罗　琼
中铁建工　丁秦生　蒋显德　战佳斌
中铁电气化局　于　增　孟　力　赵印军　姜春林　李显欣
中铁二院　张海波　王国昌　吴刘忠球　蒋楚生　敖云碧　魏德勇　李生权　朱　颖　方昌福　徐银光　陈克坚　陶伟明　高贻贵　王公社　朱　雁　唐先国　王保林
中铁设计咨询　吴克聪　许有全　马景含　吴麦奎　于兴义　崔俊杰　雷慧锋　侯文英　汪春杰　徐升桥　徐小华　邓运清　曹永刚
中铁大桥院　徐恭义
中铁山桥　金荣铭　于宝东　王柏重　李慧成
中铁宝桥　周惠春
中铁科工　鄢怀斌　李　玲　唐智奋　杨祖新
中铁西北院　朱本珍
中铁西南院　严金秀　罗朝廷
中铁南方公司　刘建国

【总公司拔尖人才】

股份公司机关　冯慧光　杨启兵　张永强　刘建廷　郑　机　蔡泽民
中铁一局　范恒秀　王宗琦　郝志宏　马丁乙　岳毅科　李振周　马成武　吴成魁　崔科宇　徐永祥　乔　岗　宁　锐　闵拥军　刘东晨　刘普文　高建勋　司军平　李育朝　夏　宏　李显实　樊　斌　高洪涛　孙兆兴　陈　军　李宏涛　李永鹏　郝小苏　赵　斌　卓普周　项志敏　苟　彪　符照星　戴　维
中铁二局　蔡　伟　王　麒　代伯寿　任中田　龙援青　林　原　匡　明　潘永光　何拥军　潘　伟　谭厚斌　王宇辉　邹　杰　蒲　伟　杨　洵　唐志成　郜小群　蒋光全　刘乃生　李友明　杨旭初　刘　阳　丁　睿　李朝晖　王大奇　黄世红　谭文杰　邹宏伟　王广钟　刘剑斌

刘仁智　王　勇　赵德义

中铁三局　贾士俊　王守君　魏家君　宋云灿　张作义
贾定祎　郎需岭　张照宁　张宏伟　秦建卫
温晓林　段建国　刘中华　要　旭　秦德进
贾志强　程文斌　王炳华

中铁四局　吴成福　黄邦良　肖亚荣　胡世山　林　绩
杨国新　徐永茂　李学民　郭立君　吴　替
魏进文　黄　新　汤航辉　吴　波　章国辉
孔　遁　闫子才

中铁五局　舒　畅　陈思俊　陈广森　陈　麟　梁承欢
李传健　杨远明　董盛国　沈曼盛　何程茂
何晓春　欧阳华勇　杨文国　刘少林

中铁六局　郭继龙　孙　焱

中铁七局　许青峰　薛宁鸿　拓守盛

中铁八局　王银之　吴海涛　何国辉　郭相武　张　峰

中铁九局　刘海东　高明洲　金　耀

中铁十局　王　谦　沈　周　孙立海

中铁大桥局　杜亚凡　赵志尚　张德铭　许交武　秦顺全
潘东发　王天亮　赵梅桥　黄支金　宋　杰
周明星　肖根旺　周外南　周汉麟　马远刚
余本俊　王戒躁　于祥君　刘自明　宋伟俊
涂满明　张立超　陶建山　刘杰文

中铁隧道　张　炜　周校光　郑大榕　唐　忠　卓　越
高　军　杨立新　周书明　赵　华　赵春华
叶康慨　徐军哲　丁　锐　唐果良　翟　可
陈洪光　吕剑英　谢仁根　杨盛双　洪开荣
周振国　刘招伟　万姜林　范国文　宋建平
罗　琼　马锁柱　朱世友　吕建乐　孙　谋

中铁电气化局　陕振岗　裘　轫　韦　国　高大刚　张建华
胡懿洲　何劲松　孙才勤　丁为民　杨文彬
姜春林　王立天　肖培龙　李显欣　苏鹏程
刘峰涛

中铁建工　杨　煜　段永传　龙清波　杨玉喜　孟庆军
宋建辉　张坤涛　丁秦生　郑　明　穆亦龙
王　静　王　英　袁振兴　蒋显德　张广平
战佳斌

中铁二院　贺惠琴　潘樾富　黄银孙　葛根荣　张文健
陈　列　林宗良　甘善杰　秦小林　朱泳标
罗　庆　熊　冰　姚　力　刘卫东　石义军
余颜丽　吴刘忠球　张　雄　蒋楚生　敖云碧
王茂靖　李生权　朱　颖　胡光常　徐银光
李安洪　曾昭强　扈　森　陈克坚　许志艳
曾德礼　罗世培　何庭国

中铁设计咨询　武　农　张忠良　曹登敬　杜文山　高静青
刘永锋　任为东　韩改新　崇六喜　彭岚平
郭宏锐　张建瑞　陈平萍　甄春相　于兴义
吴麦奎　许有全　马景含　徐升桥　柳学发
申兆繁　张东风　崔显付　崔俊杰　雷慧锋

中铁大桥院　胡长灿　张　强　高宗余　徐恭义　万田保
石建华

中铁资源　易政青

中铁山桥　果连成　魏云祥　鹿广清　孟祥红
金荣铭　于宝东

中铁宝桥　李军平　李　松　董彦录　胡小斌
周惠春

中铁科工　张同宝　谢厚生　尹　卫　张智莹　欧阳博涵
于永平　杨祖新

中铁置业　张安民　潘盛上　郑　勇

中铁西北院　王引生　蒋富强　郑　静　张俊德　张红利
宋晌军　王建松

中铁西南院　李苍松　胡元芳

中铁南方　张国亮

咸阳干院　廖晓明　张根凤

【正高级专业技术人员】

股份公司机关　李长进　白中仁　刘　辉　周孟波　章　献
曹小林　郑　机　吴建元　李开言　汪建刚
季志华　刘成军　王喜军　闵国暲　徐安华
陈唯一　薛　林　罗育桂　王宗怀　李海明
史柏生　陈铁师　韩学诠

中海外　荆秀芬　李国民

中铁一局　孙永刚　和民锁　项志敏　郭民龙　马海民
范恒秀　崔科宇　窦忠孝　李振周　戴　维
许铁力　马丁乙　杨育僧　张金夫　胡守正
于俊红　李昌宁　王跃西　闵拥军　祝西文
罗　方　雷向锋　樊　斌　郭　炜　张宝强
李小林　安国勇　李永鹏　符昭星　闫群东
杜　强　唐德贤　肖代宁　王德旭　陈　军
金奇峰　郝小苏　刘旭全　贺　庆　胡文俊
卓普周　汶文钊　雒红卫　王崇新

中铁二局　唐志成　邓元发　王广钟　林　原　王云波
蔡　伟　卿三惠　陈　叔　胡　建　陈正贵
刘世杰　刘仁智　任中田　彭基鑫　任宗军
蒲建明　方世林　李　林　李　林　匡　明
谭厚斌　陈道圆　唐宇田　王　勇　翁文福
潘永光　何拥军　王心利　何开伟　唐浩先

	李友明 杨旭初 侯永和 杨家松 郜小群
	赵勤俭 刘乃生 刘学力 黄世红 李朝永
	黄俊文 秦仁佩 罗兴财 韩兴旭
中铁三局	范富国 黄天德 张俊兵 徐建中 白立刚
	于善毅 韩志强 张宁南 王 彬 贾定祎
	容建华 杨林浩 常乃超 王模公 雷为民
	要 旭 刘中平 任立志 赵东荣 唐宇田
	王 勇 翁文福 潘永光 何拥军 王心利
	何开伟 唐浩先 李友明 赵 勇 宋富荣
	温德智 郝 刚 韩仁海 魏家君 张作义
	原郭兵 刘中华 李新远 王 惟 李新民
	朱铁岩 桑志亮 张英才
中铁四局	甘百先 李学民 张文禄 吴成福 邓 民
	肖家安 张庭华 林 蹟 闫子才 孔 逋
	高锦林 蔡小林 苏学波 黄福波 董燕囡
	何贤军 王怀海 赵 飞 黄 新 杨国新
	赵东荣 唐宇田 王 勇 翁文福 潘永光
	何拥军 王心利 何开伟 唐浩先 李友明
	宿 万 杨仲杰 郭法生 李为强 胡世山
	张志传 杨家林 刘皖怀 褚明东 陈宝民
	赵中华 孙爱军 李 冰 肖亚荣 徐毛宏
	夏 阳 刘雪平 郭庆智 耿 锦 周新亚
	郝又猛 杨红卫 王圣涛 王福恩 汤航辉
	张庆远 阮正洁 刘 瑜 程维国 许宝成
中铁五局	舒 畅 徐中义 黄 武 陈 麟 房晓军
	谭光宗 王永义 许伟书 王贵霞 杨安杰
	黄成俊 陈克望 邓矿辉 吴为爱 何晓春
	沈曼盛 黄双胜 杨安书 贺建端 李树德
	刘少林 陈德斌 税明东 史建明 齐康平
中铁六局	肖于太 刘 松 李小和 卢建中 杨新平
	贾文彬 刘胜尧 刘林周 赵剑发 王东旭
	戴焕文 秦剑晟 杨炳勋 张恩龙
中铁七局	刘永红 刘林山 张炳根 张西海 许青峰
	王随新 王建军 郭建群 刘凤兰 师 健
	毛锁明 卢家友 刘 坚 杨会军 王民焕
	张继源 杜翔斌
中铁八局	赵 智 李 俊 郭相武 冀嵩山 陈晓栋
	谢录杲 张俊峰 吴利清 张 峰 敬启双
	何国辉 王银之 张 勇 杨先凤 秦瑞谦
	左兴明 张开聪 袁大鹏 杨 峰 董冲锋
	梅 红 罗 磊 徐敦美 赵双林 高传伟
	董天鸿 李 劲
中铁九局	王 猛 刘冬跃 周文明 王旭光 白海峰
	金 耀 李 杨 于建军
中铁十局	沈尧兴 武海光 董文德 张维超 周瑞泽
	杨兰松 朱俊山 王爱平 林定权 沈 周
	邵双修 张炳林
中铁大桥局	连泽平 张君武 周外男 刘自明 文武松
	宋 杰 刘杰文 李军堂 吴方明 谢红兵
	赵梅桥 陈龙剑 王政兵 黄支金 张春新
	秦顺全 陶建山 张德铭 宋伟俊 李兴华
	李德坤 张立超 陈进昌 冯广胜 肖根旺
	杜官民 陈志宜 肖佳鹏 汪正兴 蔡登山
	田启贤 王天亮 汪双炎 王戒躁 欧阳华林
	徐 进 潘东发 何建豫 高兴泽 朱云翔
	罗瑞华 陈宁贤 王贵明 王员根 徐雪峰
	陈开利 毛伟琦 杨齐海 胡汉舟 周祖干
	胡国庆 孟 莎 张少峰 李富仓 季跃华
	刘幸福 沈阳云 张红心 汪小平 朱志虎
	刘承亮 涂满明 周超舟 王跃年 赵志尚
	贾卫中 王东辉 倪 勇 刘 俊 傅新军
	马润平 周明星 徐炳法 黄龙华 许溶丰
	高培成 黄晓航 张瑞霞 张爱花 农代培
	戴振洋 孙俊啟 曹克强 吴向军 于祥君
	孟 钢 彭建萍 陈 炜 程宝辉 安群慧
	何祖发
中铁隧道	王梦恕 崔 原 张继奎 郭大焕 周振国
	范国文 宋建平 罗 琼 唐 忠 万姜林
	周世祥 刘招伟 夏安琳 杨世武 齐传生
	庄金波 刘东亮 周校光 马锁柱 洪开荣
	丁 锐 刘坤鹏 郑大榕 杨盛双 刁天祥
	杨秀权 唐 健 冯 健 卓 越 杨立新
	李治国 陈 建 吴全中 吕建乐 张昌伟
	郑玉欣 王立川 王洪勇 杜道龙 张先锋
	姚 兰 朱亮来 卢智强 尤显明 赵玉良
	陈 馈 干昆蓉 方俊波 刘建飞 郭 群
	徐 辉 张双亚 高海宏 孙 谋 李彦军
	宋 仪 郑新定 张 炜 高 军 陈庆怀
	郭卫社 屈天祥 琚时轩 吕剑英 闫高翔
	王柏松 王志刚 金强国 熊江陵 于明华
	孙振川 叶康慨 李建华 徐福东 张 存
	谢朝军
中铁电气化局	马其祥 孟宪浩 陆明强 吕 波 赵印军
	于 增 田胜利 王立天 李金华 单圣熊
	曹东白 李继胜 喻 军 王青斌 陕振岗
	肖培龙 程德勤 沈九江 姜春林 孙成良

	谢　潇	孟　力	丁为民	李显欣	王作祥
	高大纲	刘峰涛	丁晋春	孟祥奎	苏鹏程
	孙才勤	任拴院	王　宁		
中铁建工	刘文斌	徐洪球	杨　煜	李　耀	王　英
	孙佩明	郭怀金	易　良	段永传	王沧州
	陈淑民	郑　明	张松甫		
中铁二院	李海光	马庭林	张海波	李安洪	敖云碧
	张文健	陈　列	许佑顶	曾昭强	魏永幸
	游励晖	魏德勇	朱　颖	扈　森	陈克坚
	张小强	漆宝瑞	蒋楚生	袁　明	苟定才
	曾德礼	王茂靖	肖道坦	胡新明	刘先万
	胡光常	周　建	高　扬	冯俊德	薛晓滨
	刘名君	徐银光	秦小林	喻　渝	黄　俊
	许志艳	耿　直	屈　科	王　科	颜　华
	郑天池	葛根荣	高　宏	潘　英	方昌福
	牟　俊	郑建伟	张华明	甘善杰	张雪才
	李德才	罗　庆	李　敏	周　勇	李生权
	林世金	唐　林	邓健儿	刘　华	卢建康
	闵卫鲸	李光慧	彭炳芬	熊　冰	蒋良文
	陆传菁	陶伟明	陈赤坤	高丰农	王　成
	方亚非	张　雄	俞济涛	杨惠东	朱祖华
	王　建	刘卫东	王　智	罗一农	李光辉
	唐万春	熊灵阳	李　坚	刘昌义	周　义
	郭建勋	赵万强	周路时	林宗良	高夕良
	刘志军	李建强	杨　英	程　昂	陈章明
	姚　力	罗照新	戴胜勇	曾满元	杨建民
	段永奇	王仕春	王晋川	刘启峰	涂　强
	何义宏	宋随弟	韩　康	刘莉蓉	张可军
	李聪林	汪国信	张广泽	朱泳标	王国昌
	赖紫辉	李云华	李正祥	徐　勇	何庭国
	孙　莺	邱　健	侯　勇	朱　敏	陶孟华
	杨　岗	蔡　亮	廖建州	向　红	廖　宇
	钟星灿	喻　波			
中铁设计咨询	黄铁生	李寿兵	张金武	刘春彦	于兴义
	陈进昌	陈红念	吴麦奎	蒋伟平	曹永刚
	甄春相	杜文山	张　庆	许有全	杨正武
	徐升桥	杜士杰	邓运清	高静青	柳学发
	李胜华	马国友	张素敏	陈学峰	张晓卫
	王　菁	张金龙	侯爱滨	吴克聪	侯文英
	陆亚军	田新明	张忠良	韩改新	郑晓龙
	施顺涛	刘　杰	魏　放	申兆繁	王修华
	赵德文	李汶京	刘家锋	夏瑞伶	张大春
	任为东	彭岚平	王文利	王开群	农大柱
	齐传生	张　钊	张锐敏	罗元新	姚楚峰
	崔显付	崔俊杰	雷慧锋	魏宏伟	
中铁大桥院	徐　伟	万田保	方秦汉	杨　进	徐恭义
	陈　新	高宗余	易伦雄	张　敏	田道明
	庄　勇	梅新咏	方辉兵	黄燕庆	曾小怀
	胡　勇	李光耀	朱利明	陆勤丰	张　强
	刘汉顺	吴迪军	宁伯伟	肖海珠	罗先钰
	张建军	曾洪贤	李龙安	李振岭	胡昌炳
	夏支埃	王东晖	陈德柱	朱运河	高宝峰
	王应良	熊小莉	张自荣	尹巧珍	周传斌
	石建华	李卫平	汪　磊	段雪炜	张燕飞
	张必准	彭振华	谷熠岩	李世文	李书银
	王天华				
中铁国际	卢　勃	陈诗平			
中铁科工	唐智奋	栗培章	党春太	尹　卫	张智莹
	胡建伟	容　毅	李　玲	杨祖新	李晓钢
	林承朝	唐秋生	陈　灵	周以福	张启贵
	于永平	李书学	鄢怀斌	江爱国	王员根
中铁山桥	刘恩国	王柏重	魏云祥	于宝东	李士斌
中铁宝桥	王全生	李　毅	钱叶祥	李军平	杨　西
中铁西北院	朱本珍	牛怀俊	马惠民	王锡来	廖小平
	方建生	郑　静	李文军	王文灿	王　桢
	王引生	王小军	侯殿英	金培杰	谢明皆
	张红利	蒋富强	张　忠	宋响军	胡元芳
	熊治文	王建松	张俊德		
中铁西南院	梅志荣	李　林	严金秀	粟　健	陈礼伟
	何发亮	高菊如	胡元芳	谷明成	宋　冶
	罗朝廷	伍晓军	李苍松	魏　鸿	李　蓉
	唐　英	万晓燕	陈　钒	谢衔光	
华铁咨询	王伟宁				

优秀施工企业和企业家

【全国优秀施工企业】 中国施工企业管理协会评选。

中铁一局集团电务工程有限公司
中铁一局集团第四工程有限公司
中铁一局集团第五工程有限公司
中铁一局集团天津建设工程有限公司
中铁二局第一工程有限公司
中铁二局集团电务工程有限公司
中铁四局集团电气化工程有限公司
中铁四局集团第一工程有限公司
中铁四局集团第五工程有限公司
中铁四局集团机电设备安装有限公司
中铁五局集团机械化工程有限责任公司
中铁五局集团建筑工程有限责任公司
中铁六局集团北京铁路建设有限公司
中铁八局集团有限公司
中铁八局集团桥梁工程有限责任公司
中铁大桥局集团第一工程有限公司
中铁隧道集团二处有限公司
中铁电气化局集团第二工程有限公司
中铁建工集团有限公司
中铁建工集团北方工程有限公司

【中国工程建设优秀职业经理人（高级）】 中国施工企业管理协会评选。

郭民龙 中铁一局集团有限公司
张亚君 中铁一局集团有限公司
马建峰 中铁一局集团电务工程有限公司
范喜德 中铁三局集团上海华海工程有限公司
张成忠 中铁三局集团第六工程有限公司
徐毛宏 中铁四局集团电气化工程有限公司
王传越 中铁四局集团第一工程有限公司
汪海旺 中铁四局集团第五工程有限公司
于 军 中铁四局集团机电设备安装有限公司
韩少民 中铁六局集团北京铁路建设有限公司
曹 义 中铁八局集团有限公司
夏发宝 中铁八局集团昆明铁路建设有限公司
柳汉桥 中铁九局集团有限公司
段永传 中铁建工集团有限公司
周志立 中铁建工集团北京安装工程有限公司

【中国工程建设优秀职业经理人（中级）】 中国施工企业管理协会评选。

安国勇 中铁一局集团第四工程有限公司
陈小龙 中铁二局集团装饰装修工程有限公司
杨文忠 中铁五局集团机械化工程有限责任公司
熊 涛 中铁八局集团昆明铁路建设有限公司
侯志广 中铁九局集团第一工程有限公司
赵玉良 中铁隧道集团二处有限公司
程德勤 中铁电气化局集团第二工程有限公司

【全国工程建设优秀项目经理】 中国施工企业管理协会评选。

张 君 中铁一局集团有限公司
张卫东 中铁一局集团有限公司
崔 磊 中铁一局集团有限公司
任 斌 中铁一局集团第四有限公司
李长存 中铁一局集团天津建设工程有限公司
贺洪松 中铁二局集团有限公司
胡运春 中铁二局第二工程有限公司
林强中 铁二局股份有限公司
乔凤龙 中铁三局集团有限公司
赵养基 中铁三局集团有限公司
陈宝其 中铁四局集团第一工程有限公司
聂 勇 中铁四局集团第二工程有限公司
张 勇 中铁四局集团第四工程有限公司
王 华 中铁四局集团第五工程有限公司
周 赣 中铁四局集团第五工程有限公司
方宇顺 中铁四局集团机电设备安装有限公司
刘荣武 中铁四局集团建筑工程有限公司
邓本举 中铁五局（集团）有限公司
吴 彪 中铁五局（集团）有限公司
文泽成 中铁五局（集团）有限公司
张顺忠 中铁五局（集团）有限公司
李检平 中铁五局集团建筑工程有限责任公司
蒋佑文 中铁五局集团建筑工程有限责任公司
赵 海 中铁六局集团有限公司
辛登高 中铁七局集团有限公司
张西海 中铁七局集团有限公司
黄玉祥 中铁八局集团有限公司
杨玉德 中铁八局集团有限公司

熊国武　中铁八局集团昆明铁路建设有限公司
杨延昭　中铁九局集团有限公司
董　光　中铁九局集团有限公司
高见然　中铁十局集团济南铁路工程有限公司
张君武　中铁大桥局股份有限公司
戴振洋　中铁大桥局股份有限公司
李成立　中铁隧道集团一处有限公司
张兆军　中铁隧道集团二处有限公司
郝卫国　中铁电气化局集团第一工程有限公司
叶立和　中铁电气化局集团第二工程有限公司
张建军　中铁电气化局集团有限公司电气化公司
何劲松　中铁电气化局集团有限公司电气化公司
陈忠兵　中铁建工集团有限公司
罗茂柏　中铁建工集团有限公司
高群山　中铁建工集团有限公司
冯　涛　中铁建工集团有限公司

【全国工程建设优质量管理小组】 国家工程建设质量奖审定委员会评选。

一等奖（排名不分先后）

中铁一局集团桥梁工程有限公司济南黄河大桥第一 QC 小组

中铁一局集团第四工程有限公司黑崖沟 2 号特大桥高墩 QC 小组

中铁一局集团建筑安装工程有限公司西安地铁一号线通化门站工程项目经理部 QC 小组

中铁一局集团第二工程有限公司北京轨道交通昌平线项目部 QC 小组

中铁一局集团电务工程有限公司十一公司京珠项目经理部 QC 小组

中铁三局集团电务工程有限公司电气化一公司 QC 小组

中铁二局股份有限公司城通公司苏州轨道交通 1 号线 2 标项目经理部 QC 小组

中铁二局股份有限公司城通公司武汉地铁 2-18A 标项目 QC 小组

中铁六局集团太原铁路建设有限公司生产调度指挥中心楼工程 QC 小组

二等奖（排名不分先后）

中铁一局集团天津建设工程有限公司于家堡一标项目 QC 小组

中铁四局集团第五工程有限公司地铁隧道防水板焊缝质量控制 QC 小组

中铁五局集团第四工程有限责任公司渝利四总队湿喷混凝土回弹量控制 QC 小组

中铁三局集团有限公司运输工程分公司一工段 QC 小组

中铁七局集团武汉工程有限公司动车段 QC 小组

中铁隧道集团四处有限公司五指山隧道 QC 小组

中铁建工集团有限公司深圳分公司滨海医院 QC 小组

中铁十局集团有限公司杭州项目部 QC 小组

中铁九局集团有限公司桥梁分公司哈大轨道板场预制 QC 小组

中铁四局集团第四工程有限公司修配厂模架 QC 小组

中铁二局股份有限公司城通公司上海地铁 QC 小组

中铁一局集团第一工程有限公司双高项目部 QC 小组

中铁一局集团第四工程有限公司郑州地铁车站旋挖钻灌注维护桩垂直度控制 QC 小组

中铁四局集团机电设备安装有限公司上海动车段项目经理部地源热泵施工质量控制 QC 小组

中铁三局集团第六工程有限公司西平铁路项目部 QC 小组

中铁建工集团有限公司于家堡站项目部 QC 小组

中铁一局集团电务工程有限公司十公司深圳地铁 QC 小组

中铁建工集团有限公司深圳分公司广州南站混凝土 QC 小组

中铁三局集团有限公司桥隧工程分公司张艳文 QC 小组

中铁一局集团新运工程有限公司精伊霍项目部 QC 小组

中铁大桥局集团第三工程有限公司武汉二七桥基础施工 QC 小组

中铁七局集团第三工程有限公司郑州黄河公铁两用桥 QC 小组

中铁四局集团电气化工程有限公司张集接触网施工 QC 小组

中铁六局集团石家庄铁路建设有限公司第五项目部 QC 小组

中铁大桥局集团第二工程有限公司鼓山大桥主缆索股挂设工期控制 QC 小组

中铁六局集团太原铁路建设有限公司长沙南北站迁建工程 QC 小组

中铁四局集团有限公司第八工程分公司朔黄运输分处机辆队 QC 小组

中铁三局集团第五工程有限公司古韩大道立交桥环形现浇梁 QC 小组

中铁建工集团有限公司常州火车站 QC 小组

中铁四局集团有限公司市政工程分公司机电中心卵形消化池模板制作 QC 小组

中铁电气化局集团北京建筑工程有限公司东直门航空服务楼第一 QC 小组

中铁八局集团第四工程有限公司贵阳项目部喷混植生夏季绿化 QC 小组

中铁一局集团天津建设工程有限公司架梁分公司 QC 小组

中铁二局第一工程有限公司厦蓉高速 BT21 标第二 QC 小组

中铁四局集团第五工程有限公司石武客专 CRTSⅡ板充填层砂浆 QC 小组

中铁建工集团有限公司新长沙站 QC 小组

中铁二局股份有限公司城通公司深圳地铁 5305 标项目 QC 小组

中铁电气化局集团第一工程有限公司二分公司丰沙大项目部丰沙 QC 小组

中铁大桥局股份有限公司郑州黄河公铁两用桥项目部提高钢桁梁顶推施工效率 QC 小组

中铁电气化局集团第一工程有限公司天津轻轨维管接触网 QC 小组

中铁十局集团有限公司铺架项目部 QC 小组

中铁四局集团第二工程有限公司南京枢纽秦淮新河 QC 小组

中铁六局集团北京铁路建设有限公司测量 QC 小组

中铁三局集团上海华海工程有限公司苏州 I-TS-09 标 QC 小组

中铁一局集团物资工贸有限公司“突击”QC 小组

中铁一局集团有限公司城市轨道交通工程分公司 3101 标段盾构 QC 小组

中铁一局集团新运工程有限公司京沪架梁设备改造 QC 小组

中铁三局集团有限公司线桥工程分公司第七工程段 TLJ900 架桥机性能改进 QC 小组

三等奖（排名不分先后）

中铁六局集团石家庄铁路建设有限公司青兰项目部 QC 小组

中铁四局集团有限公司第七工程分公司南京大胜关经理部 QC 小组

中铁科工集团有限公司南广铁路郁江双线特大桥（主桥）双壁钢围堰桥位拼装工艺 QC 小组

中铁九局集团第一工程有限公司哈大客专轨道板安装作业队 QC 小组

中铁三局集团建筑安装工程有限公司西安缤纷南郡项目 QC 小组

【全国工程建设优秀 QC 小组】 中国建筑业协会评选。

中铁一局天津建设工程有限公司天津地铁 2 号线 17 标项目 QC 小组

中铁一局集团天津建设工程有限公司天津团泊新桥工程 QC 小组

中铁一局集团第五工程有限公司宜万线 QC 小组

中铁一局集团电务公司上海地铁 QC 小组

中铁一局集团物资工贸有限公司齐河第二轨道板场 QC 小组

中铁二局第五工程有限公司大伙房输水（二期）工程第一 QC 小组

中铁二局第五工程有限公司广珠城际项目西江大桥第二 QC 小组

中铁二局第四工程有限公司城市地铁深基坑土石方开挖安全控制 QC 小组

中铁二局集团建筑有限公司新建成都至都江堰铁路项目聚源车站 QC 小组

中铁三局集团电务工程有限公司通号一公司第二 QC 小组

中铁四局集团有限公司市政工程分公司蛋形消化池施工 QC 小组

中铁四局集团建筑装饰安装工程有限公司合肥广电项目部 QC 小组

中铁四局集团第一工程有限公司向莆铁路一分部 QC 小组

中铁四局集团有限公司第七工程分公司泉厦高速公路扩建工程项目经理部 T 梁拼接施工 QC 小组

中铁四局集团机电设备安装有限公司水泥乳化沥青砂浆搅拌灌注车施工质量控制 QC 小组

中铁四局集团第五工程有限公司提高植被成活率 QC 小组

中铁四局集团第五工程有限公司石武客专钢板桩施工 QC 小组

中铁四局集团机电设备安装有限公司石武邯郸东站项目经理部 CFG 桩桩位偏差 QC 小组

中铁四局集团第一工程有限公司合宁高速公路改扩建项目 QC 小组

中铁五局集团机械化有限责任公司汝郴高速公路第十四合同段墩身垂直度控制 QC 小组

中铁六局集团太原铁路建设有限公司高效公铁运碴车研制 QC 小组

中铁六局集团石家庄铁路建设公司第六项目部泰华街 QC 小组

中铁七局集团郑州工程有限公司新建郑州铁路集装箱中心站项目部 QC 小组

中铁八局集团昆明铁路建设公司广坤项目部桥梁 QC 小组

中铁八局集团电务工程有限公司四项目 QC 小组

中铁八局集团电务工程有限公司经租站 QC 小组

中铁九局集团第四工程有限公司苏家屯机务段内燃机车检修基地项目 QC 小组

中铁建工集团有限公司成都东客站承轨层异型大梁施工 QC 小组

沈阳铁道勘察设计有限公司起点 QC 小组

铁道第三勘察设计院集团有限公司天路 QC 小组

中铁二院武汉勘察设计研究院有限责任公司武汉铁路局局界口货运综合智能系统设计 QC 小组

中铁大桥勘测设计院有限公司吉林雾凇大桥设计 QC 小组

中铁工程设计咨询集团有限公司济南设计院建筑所聊城站结构 QC 小组

中铁二院工程集团有限责任公司成都至兰州铁路环评专业 QC 小组

中铁电气化勘测设计研究院有限公司金点子 QC 小组

中铁大桥勘测设计院有限公司测量工程部 QC 小组

中铁二院工程集团有限责任公司南宁东站站场专业 QC 小组

中铁工程设计咨询集团有限公司南广接触网 QC 小组

【全国工程建设 QC 小组活动优秀企业】 中国建筑业协会评选。

中铁四局集团第五工程有限公司

中铁四局集团机电设备安装有限公司

中铁六局集团电务工程有限公司

中铁八局集团第三工程有限公司

【全国工程建设 QC 小组活动优秀推进者】 中国建筑业协会评选。

李　明　中铁四局集团机电设备安装有限公司

鲍俊捷　中铁四局集团第五工程有限公司

吴燕军　中铁二局股份有限公司

何兴国　中铁八局集团第三工程有限公司

康建新　中铁一局集团有限公司

【全国工程建设质量管理优秀企业】 中国建筑业协会评选。

中铁四局集团有限公司

中铁四局集团第一工程有限公司

中铁四局集团机电设备安装有限公司

中铁七局集团有限公司

中铁九局集团有限公司

中铁隧道集团有限公司

【全国工程建设质量管理先进工作者】 中国建筑业协会评选。

许宝成　中铁四局集团有限公司

郭法生　中铁四局集团有限公司

王传越　中铁四局集团第一工程有限公司

刘永红　中铁七局集团有限公司

郭相武　中铁八局集团有限公司

张润文　中铁九局集团有限公司

唐　忠　中铁隧道集团有限公司

【铁道部优秀质量管理小组】 中国铁道企业管理协会评选。

中铁一局集团第二工程有限公司哈大一分部 QC 小组

中铁一局集团第五工程有限公司昆明东二环项目部

中铁二局第二工程有限公司青岛海底隧道 QC 小组

中铁二局机械筑路工程有限公司深圳地铁 5 号线 QC 小组

中铁三局集团第六工程有限公司石武客专项目部 QC 小组

中铁三局集团第一工程有限公司京沪高速铁路三工区 QC 小组

中铁四局集团第六工程有限公司石武客专（河北段）轨道板场 QC 小组

中铁四局集团有限公司第八工程分公司洛湛铺架经理部 QC 小组

中铁五局集团第一工程有限责任公司渝利铁路项目经理部隧道施工 QC 小组

中铁五局集团机械化有限责任公司娄新项目 QC 小组

中铁六局集团电务工程有限公司太原枢纽电力项目部 QC 小组

中铁六局集团有公司桥隧分公司厦深项目部 QC 小组

中铁七局集团第三工程有限公司郑州黄河公铁两用桥 QC 小组

中铁七局集团郑州工程有限公司郑州东制梁场 T 梁外观质量控制 QC 小组

中铁八局集团第三工程有限公司六沾第一作业队石方路堑控爆 QC 小组

中铁八局集团第二工程有限公司集装箱中心站铺面水泥稳定层整体质量 QC 小组

中铁九局集团第三工程有限公司软基处理攻关 QC 小组

中铁九局集团第六工程有限公司南坡平黄河特大桥钢栈桥 QC 小组

中铁十局集团第三建设有限公司嘉兴轨道板场 QC 小组

中铁十局集团西北工程有限公司垭脊山隧道 QC 小组

中铁大桥局集团第五工程有限公司九江长江大桥维修加固工程行车道板表面粘贴碳纤维布质量控制 QC 小组

中铁隧道集团一处有限公司龙厦铁路斜井施工 QC 小组

中铁电气化局集团第一工程有限公司一分公司亮剑 QC 小组

中铁建工集团有限公司机械公司技术条件编写小组

中铁宝桥集团有限公司闪光焊 QC 小组

中铁山桥集团有限公司道岔车间轧头 QC 小组

中铁宝桥集团有限公司宝桥杨州分公司机械技术 QC 小组

中铁科工集团有限公司坝陵河工厂总拼工艺小组

中铁宝桥集团有限公司高速磁浮道岔 QC 小组

中铁八局集团昆明铁路房屋建筑有限公司昆明房建公司公益项目部 QC 小组

中铁山桥集团有限公司铸钢车间 V 法 QC 小组

中铁科工集团有限公司运枕龙门吊 QC 小组

中铁科工集团有限公司闽浦二桥全焊接钢桁梁节段立体总拼 QC 小组

中铁二院工程公司磐石轨道 QC 小组

中铁电气化勘测设计研究院有限公司智多星 QC 小组

中铁二院工程集团有限责任公司成都至兰州铁路环评专业 QC 小组

中铁电气化勘测设计研究院有限公司金点子 QC 小组

中铁隧道勘测设计院有限公司 TSP 现场数据分析 QC 小组

中铁工程设计院有限公司建筑分院 QC 小组

中铁大桥勘测设计院有限公司测量工程部 QC 小组

中铁二院工程集团有限责任公司南宁东站站场专业 QC 小组

北京电铁通信信号勘测设计院有限公司万吨列车工程 QC 小组

中铁工程设计咨询集团有限公司南广接触网 QC 小组

中铁工程设计咨询集团有限公司石村铁矿区及采空区工程地质 QC 小组

【全国优秀质量管理小组】 中国质量协会评选。

中铁一局集团第五工程有限公司环城东路供电营业厅 QC 小组

中铁一局集团电务工程有限公司兰新线红乌电化 QC 小组

中铁一局集团第五工程有限公司宜万线 QC 小组

中铁一局集团物质工贸有限公司桥梁加固 QC 小组

中铁一局集团物质工贸有限公司齐河制梁场 QC 小组

中铁一局集团有限公司北京分公司阎建诚 QC 小组

中铁一局集团桥梁工程有限公司济南黄河大桥第一 QC 小组

中铁一局集团建筑安装工程有限公司西安地铁一号线通化门站工程 QC 小组

中铁一局集团物质工贸有限公司齐河第二轨道板场 QC 小组

中铁二局股份有限公司城通公司苏州地铁 1-2 项目部 QC 小组

中铁三局集团电务工程有限公司电气化一公司 QC 小组

中铁四局集团第五工程有限公司提高地铁钢筋笼安装精度 QC 小组

中铁五局集团第三工程有限责任公司深圳地铁 5 号线太安站 QC 小组

中铁五局集团建筑工程有限责任公司西宁综合调度楼项目经理部 QC 小组

中铁电气化局集团第一工程有限公司一分公司光明 QC 小组

中铁电气化局集团第一工程有限公司一分公司星火 QC 小组

中铁电气化局集团北京建筑有限公司土木人生 QC 小组

中铁建工集团有限公司黄州站改扩建工程项目 QC 小组

中铁六局集团天津铁路建设有限公司集包项目部 QC 小组

中铁八局集团第四工程有限公司德阳东汽项目部 QC 小组

中铁八局集团昆明铁路建设有限公司钢箱梁制安 QC 小组

中铁二院工程集团有限责任公司新津物流园区布局 QC 小组

中铁二院工程集团有限责任公司磐石轨道 QC 小组

【全国质量信得过班组】 中国质量协会评选。

中铁一局集团电务工程有限公司广州市轨道交通五号线项目部

中铁一局集团第二工程有限公司北京轨道交通昌平线项目部预制粮钢筋班

中铁一局集团第四工程有限公司保阜高速公路项目部钢筋加工班

中铁二局股份有限公司城通公司武汉地铁洪山广场站 2-18 标钻孔桩施工班

中铁五局集团机械化工程有限责任公司汝郴州高速公路 14 标项目经理部

中铁六局集团电务工程有限公司太原枢纽电力项目部

中铁电气化局铁路运营管理有限公司济南检修车间

中铁隧道集团二处有限公司京石项目部工程部

中铁山桥集团有限公司质检处客专道岔班

【全国质量管理小组活动优秀企业】 中国质量协会评选。

中铁八局集团第三工程有限公司

中铁八局集团建筑工程有限公司

【全国质量管理小组活动卓越领导者】 中国质量协会评选。

张亚君　中铁一局集团有限公司

王青斌　中铁电气化局集团有限公司

栾宏源　中铁八局集团昆明铁路建设有限公司

【全国建筑业企业优秀项目经理】 中国建筑业协会评选。

谭国顺　中铁大桥局股份有限公司

吴向军　中铁大桥局股份有限公司

【中国中铁股份有限公司优秀企业】 中国中铁股份有限公司评选。

中铁一局集团电务工程有限公司

中铁一局集团第四工程有限公司

中铁二局集团电务工程有限公司
中铁四局集团第一工程有限公司
中铁四局集团电气化工程有限公司
中铁五局集团机械化工程有限责任公司
中铁六局集团北京铁路建设有限公司
中铁八局集团有限公司
中铁八局集团桥梁工程有限责任公司
中铁隧道集团二处有限公司
中铁电气化局集团第二工程有限公司
中铁建工集团有限公司
中铁建工集团北方工程有限公司

【中国中铁股份有限公司优秀企业家】 中国中铁股份有限公司评选。

马建峰 中铁一局集团电务工程有限公司
安国勇 中铁一局集团第四工程有限公司
陈小龙 中铁二局集团装饰装修工程有限公司
范喜德 中铁三局集团上海华海工程有限公司
张成忠 中铁三局集团第六工程有限公司
王传越 中铁四局集团第一工程有限公司
徐毛宏 中铁四局集团电气化工程有限公司
杨文忠 中铁五局集团机械化工程有限责任公司
韩少民 中铁六局集团北京铁路建设有限公司
曹　义 中铁八局集团有限公司
徐明辉 中铁八局集团昆明铁路建设有限公司
赵玉良 中铁隧道集团二处有限公司
韩静玉 中铁隧道集团四处有限公司
程德勤 中铁电气化局集团第二工程有限公司
段永传 中铁建工集团有限公司
周志立 中铁建工集团北京安装工程有限公司

【中国中铁股份有限公司优秀项目经理】 中国中铁股份有限公司评选。

田利锋 中铁一局集团第三工程有限公司
崔　磊 中铁一局集团第二工程有限公司
王立顺 中铁一局集团第二工程有限公司
胡广铎 中铁一局集团市政环保工程有限公司
张卫东 中铁一局集团第五工程有限公司
周　彪 中铁一局集团第五工程有限公司
华国哲 中铁一局集团电务工程有限公司
江新剑 中铁一局集团电务工程有限公司
魏天刚 中铁一局集团第一工程有限公司
杨庆勇 中铁一局集团新运工程有限公司
马　武 中铁一局集团新运工程有限公司
宋成明 中铁一局集团建筑安装工程有限公司
温卫民 中铁一局集团物资工贸有限公司
张　君 中铁一局集团有限公司深圳分公司
任　斌 中铁一局集团第四工程有限公司
李万波 中铁二局第一工程有限公司
胡运春 中铁二局第二工程有限公司
程　丹 中铁二局第三工程有限公司
张明书 中铁二局第五工程有限公司
喻　伟 中铁二局机械筑路工程有限公司
杨乐明 中铁二局集团新运工程有限公司
张　强 中铁二局集团电务工程有限公司
林　强 中铁二局城通公司
彭声前 四川遂宁绵遂高速公路有限公司
余秋凉 中铁二局深圳公司
贺洪松 中铁二局集团有限公司
纪建金 中铁三局集团有限公司
赵养基 中铁三局集团有限公司
杨　勇 中铁三局集团第一工程有限公司
韩灵瑞 中铁三局集团第二工程有限公司
于长军 中铁三局集团第四工程有限公司
张志刚 中铁三局集团第六工程有限公司
孙军溪 中铁三局集团上海华海工程有限公司
乔凤龙 中铁三局集团有限公司桥隧工程分公司
张克林 中铁三局集团有限公司线桥工程分公司
陈宝其 中铁四局集团第一工程有限公司
聂　勇 中铁四局集团第二工程有限公司
张　勇 中铁四局集团第四工程有限公司
王　华 中铁四局集团第五工程有限公司
周　赣 中铁四局集团第五工程有限公司
唐　骏 中铁四局集团第六工程有限公司
吴邦安 中铁四局集团有限公司第七工程分公司
张剑青 中铁四局集团有限公司第八工程分公司
程明景 中铁四局集团电气化工程有限公司
刘荣武 中铁四局集团建筑工程有限公司
刘兴斌 中铁四局集团有限公司市政工程分公司
杨益合 中铁五局集团第一工程有限责任公司
胡喜峰 中铁五局集团第二工程有限责任公司
高　扬 中铁五局集团第三工程有限责任公司
蒋　思 中铁五局集团第四工程有限责任公司
林贤文 中铁五局集团第五工程有限责任公司
巫校兵 中铁五局集团第六工程有限责任公司
谭　军 中铁五局集团机械化工程有限责任公司
杨先锋 中铁五局集团电务工程有限责任公司
政　唐 中铁五局集团路桥工程有限责任公司
占有志 中铁六局集团北京铁路建设有限公司
乔文禄 中铁六局集团石家庄铁路建设有限公司
赵　海 中铁六局集团有限公司铺架分公司
王明泉 中铁六局集团电务工程有限公司

王俊龙　中铁六局集团太原铁路建设有限公司
张西海　中铁七局集团有限公司
郑志坚　中铁七局集团第二工程有限公司
岳育群　中铁七局集团武汉工程有限公司
钟国宪　中铁七局集团电务工程有限公司
范留奖　中铁七局集团有限公司海外公司
辛登高　中铁七局集团电务工程有限公司
杨玉德　中铁八局集团有限公司
黄再洪　中铁八局集团有限公司
黄玉祥　中铁八局集团有限公司
杨录志　中铁八局集团有限公司
熊国武　中铁八局集团昆明铁路建设有限公司
王　江　中铁八局集团桥梁工程有限责任公司
杨延昭　中铁九局集团第七工程有限公司
潘绪明　中铁九局集团第七工程有限公司
陈向利　中铁九局集团有限公司
赵宝森　中铁九局集团第三工程有限公司
齐孟星　中铁九局集团电务工程有限公司
高见然　中铁十局集团济南铁路工程有限公司
张德文　中铁十局集团济南铁路工程有限公司
陈志峰　中铁十局集团第二工程有限公司
陈明刚　中铁十局集团第三建设有限公司
李永光　中铁十局集团第四工程有限公司
丁永君　中铁十局集团第四工程有限公司
宋　杰　中铁大桥局股份有限公司
王吉连　中铁大桥局股份有限公司
宋承永　中铁大桥局股份有限公司
冯　毅　中铁大桥局股份有限公司
吴向军　中铁大桥局集团第一工程有限公司
陈想清　中铁大桥局集团第二工程有限公司
李卫红　中铁大桥局集团第三工程有限公司
查道宏　中铁大桥局集团第四工程有限公司
范万祥　中铁大桥局集团第五工程有限公司
任红军　中铁大桥局集团第六工程有限公司
李海民　中铁隧道股份有限公司
罗东平　中铁隧道股份有限公司
赵　峰　中铁隧道集团一处有限公司
毛文宗　中铁隧道集团一处有限公司
李成立　中铁隧道集团一处有限公司
张兆军　中铁隧道集团二处有限公司
覃正杨　中铁隧道集团三处有限公司
李　华　中铁电气化集团第一工程有限公司
毕志峰　中铁电气化集团第一工程有限公司
刘彦卿　中铁电气化集团第一工程有限公司
朱晓光　中铁电气化集团第二工程有限公司
张宝顺　中铁电气化集团第二工程有限公司
张　建　中铁电气化集团第二工程有限公司
孙明新　中铁电气化集团第三工程有限公司
郭书通　中铁电气化集团第三工程有限公司
董月强　中铁电气化局集团西安铁路建设工程有限公司
邓晓峰　中铁电气化局集团西安铁路建设工程有限公司
陈明科　中铁电气化局集团西安铁路建设工程有限公司
李　军　中铁电气化局集团西安电气化工程有限公司
李爱军　中铁电气化局集团有限公司系统集成事业部
王　玉　中铁电气化局集团有限公司系统集成事业部
王　宁　中铁电气化局集团有限公司电气化公司
罗茂柏　中铁建工集团有限公司华北分公司
曹少卫　中铁建工集团有限公司西南分公司
熊海龙　中铁建工集团有限公司深圳分公司
范志忠　中铁建工集团有限公司
江　帆　中铁建工集团北京安装工程有限公司
张合社　中铁建工集团钢结构南京有限公司
潘炳银　中铁建工集团有限公司深圳分公司
张海洋　中铁建工集团有限公司承包总公司
张　涛　中铁建工集团北京工程有限公司
唐永胜　中铁建工集团有限公司北京分公司
高群山　中铁建工集团北方工程有限公司
郭志远　中铁建工集团青岛工程有限公司
段吉顺　中铁建工集团北京装饰工程有限公司

劳模和先进单位及个人

【全国劳动模范（17名）】

梁　莹　中海外西非地区项目经理
窦铁成　中铁一局电务公司高级技师
唐志成　中铁二局总经理、副董事长、党委副书记
范成坤　中铁二局四川遂宁绵遂高速公路有限公司高级测量工
胡开颜　中铁四局集团五公司架桥队队长高级技师
翟长青　中铁四局集团有限公司八分公司高级技师
陈德斌　中铁五局总工程师
赵秀丽（女）中铁六局丰桥公司平谷分公司京沪东光轨道板场总工程师
董炬洪　中铁七局副总工程师
赵　智　中铁八局副总经理、总工程师、教授级高级工程师
潘东发　中铁大桥局副总工程师、武汉二七长江大桥总工、教授级高工
初继旺　中铁隧道集团工会主席、副总经理
何　军　中铁电气化局三公司接触网工高级技师
范增国　中铁电气化局西铁工程公司项目经理
颜　华（女）中铁二院土建二院副总工程师
曲　岩　中铁山桥集团焊工高级技师
王汝运　中铁宝桥集团公司钢结构车间高级技师

【全国五一劳动奖章获得者（6名）】

刘继强　深圳地铁5号线项目建设指挥部规划设计部高级工程师
王太平　中铁二局深圳地铁5号线5305标项目经理兼党委副书记
林国军　中铁四局深圳地铁5号线5304标盾构工区领工员
李　想　中铁六局深圳地铁5号线5303A标工人
赵刚刚　中铁七局深圳地铁5号线5302标农民工
潘明亮　中铁隧道局深圳地铁5号线5307标项目经理兼党工委书记
文武松　中铁大桥局党委副书记、南京大胜关大桥指挥长

【高速铁路和铁路客运专线建设火车头奖杯获得单位（21个）】

京沪高速铁路股份有限公司（8个）
中铁一局京沪高铁土建二标项目经理部
中铁三局京沪高铁土建五标四工区中铁三局京沪高铁土建五标九工区
中铁四局南京铁路枢纽土建工程NJ-3标项目经理部
中铁六局京沪高铁土建二标一工区
中铁八局京沪高铁土建五标十七工区
中铁十局京沪高速铁路土建三标九工区
华铁工程咨询公司联合体京沪高铁土建监理二标项目部
郑西铁路客运专线有限责任公司（2个）
中铁电气化局郑西客专十二标项目部
中铁二院郑西客专项目部
沪宁城际铁路股份有限公司(7个)
中铁一局沪宁城际铁路铺轨II标项目部
中铁二局沪宁城际铁路铺轨III标项目部
中铁三局沪宁城际铁路站房I标丹阳站工程队
中铁四局沪宁城际铁路铺轨I标项目部
中铁建工集团沪宁城际铁路站房II标项目部
中铁电气化局沪宁城际铁路站房III标项目部
中铁电气化局沪宁城际铁路四电系统集成项目部
沪杭铁路客运专线股份有限公司（1个）
中铁十局沪杭客专项目部
京津城际公司（1个）
中铁电气化局京津城际项目部
南广铁路有限责任公司（2个）
中铁三局南广铁路NGZQ-4项目部
中铁一局南广铁路NGZQ-6项目部

【铁路客运专线建设火车头奖章获得者（45名）】

京沪高速铁路股份有限公司（24名）
刘　华　中铁一局京沪高铁土建二标项目经理部副经理
唐华恩　中铁一局京沪高铁土建二标三工区书记
孙书深　中铁一局京沪高铁土建二标四工区常务副主任
郝　铎　中铁一局京沪高铁土建二标十二工区工班长
邹　杰　中铁二局京沪高铁土建二标二工区常务副主任
徐春林　中铁二局京沪高铁土建二标二工区吴桥梁场场长
谢大鹏　中铁三局京沪高铁土建五标项目经理部常务副经理
朱瑞喜　中铁三局京沪高铁土建五标项目经理部副经理
张恒庆　中铁三局京沪高铁土建五标项目经理部副经理
陈晓军　中铁三局京沪高铁土建五标项目经理部副经理
孟凡德　中铁三局京沪高铁土建五标十四工区副队长
张旭刚　中铁三局五公司副总经理
张汉一　中铁四局南京铁路枢纽NJ-3标二工区工区长
赵前军　中铁四局南京铁路枢纽NJ-3标五工区工区长
胡世山　中铁四局南京南站站前工程项目经理部项目经理
邓晓飞　中铁五局京沪高铁土建五标十六工区副经理
杨宝森　中铁六局京沪高铁土建二标一工区总工程师
邓浩宇　中铁八局京沪高铁土建五标十七工区总工程师
刘志坚　中铁十局京沪高铁土建三标九工区主任
查道宏　中铁大桥局南京大胜关大桥项目经理部分项目部经理

王翼武　中铁丰桥桥梁有限公司平谷分公司副经理
王树森　华铁工程咨询公司京沪高铁土建监理二标项目部总监理工程师
朱鸿雁　中铁二院监理公司京沪高铁土建监理四标项目部副总监理工程师
邓运清（女）中铁咨询公司桥梁院副院长
郑西铁路客运专线有限责任公司（6名）
贾国利　中铁一局郑西客专指挥部综合部部长
吴辉军　中铁一局郑西客专指挥部第五经理部常务副经理
牛　犇　中铁三局郑西客专指挥部常务副指挥长
王随新　中铁七局郑西客专指挥部指挥长
李同茂　中铁电气化局郑西客专指挥部指挥长
任栓院　中铁电气化局郑西客专13标项目部项目经理
沪宁城际铁路股份有限公司（16名）
彭长贵　中铁一局沪宁城际铁路铺轨II标项目部副经理
王巍松　中铁一局沪宁城际铁路铺轨II标项目部常务副经理
刘强华　中铁二局沪宁城际铁路铺轨III标项目部铺轨工区常务副工区长
胥　峰　中铁二局沪宁城际铁路铺轨III标项目部铺轨工区副总工程师
毕志令　中铁三局沪宁城际铁路站房I标项目部项目经理
王　珂　中铁三局沪宁城际铁路站房I标项目部丹徒站经理
丁思刚　中铁四局沪宁城际铁路铺轨I标项目部经理
冯绍祥　中铁四局沪宁城际铁路铺轨I标项目部常务副经理
吉明军　中铁建工集团沪宁城际铁路站房II标项目部项目经理
李忠伟　中铁建工集团沪宁城际铁路站房II标项目部党工委书记
罗峦峰　中铁建工集团沪宁城际铁路站房II标项目部总工程师
潘存荣　中铁电气化局沪宁城际铁路站房III标项目部项目经理
于　云　中铁电气化局沪宁城际铁路站房III标项目部工程部副部长
邵世雄　中铁电气化局沪宁城际铁路系统集成项目部接触网副经理
张云杰　中铁电气化局沪宁城际铁路系统集成项目部五分公司经理
张继红　中铁电气化局沪宁城际铁路系统集成项目部常务副经理
沪杭铁路客运专线股份有限公司（6名）
王　力　中铁一局沪杭客专七标项目部项目经理
强兵全　中铁一局沪杭客专七标项目部常务副经理
王立新　中铁十局沪杭客专五标项目部常务经理
王宝海　中铁十局沪杭客专五标项目部党工委书记
孟　钢　中铁大桥局沪杭客专项目部三工区经理
杨兆余　中铁电气化局沪杭客专项目部项目经理
京津城际公司（4名）
胡　建　中铁二局京津城际铁路项目部总工程师
路　亮　中铁六局北京铁建公司京津城际项目部项目经理
陈建周　中铁大桥局京津城际铁路项目部党工委书记
景建民　中铁电气化局京津城际项目经理
南广铁路有限责任公司（5名）
郝志宏　中铁一局南广项目部经理
徐小民　中铁一局南广三分部经理
司西平　中铁一局南广一分部经理
李因起　中铁三局南广项目部一分部经理
邱国平　中铁大桥局南广指挥部指挥长

【全国“工人先锋号”（5个）】

中国中铁深圳地铁5号线BT项目工程建设指挥部
中铁一局深圳地铁5号线5301标项目部
中铁四局深圳地铁5号线5304标项目部
中铁五局深圳地铁5号线5306标三工区项目部
中铁大桥局深圳地铁5号线5303B标项目部

【火车头奖章获得者名单（36名）】

周　泽　中国海外工程有限责任公司西非公司副经理
吕　飞　中铁一局第二工程有限公司总工程师
母贵屏　中铁二局成都至都江堰铁路工程项目经理部测量工
匡成荣　中铁三局桥隧分公司京沪高铁五标段七工区领工员
张克林　中铁三局线桥工程分公司临策铁路项目指挥长
杨圣华　中铁四局八公司总经理
朱文辉　中铁五局一公司十天五标项目部班长
李　荣　中铁五局机械化公司哈大客专项目经理部总工程师
仵汉林　中铁六局太原铁建董事长
谢宝琎　中铁七局三公司项目经理
赵建平　中铁七局武汉公司领工员
谢录杲　中铁八局科技部部长
裴安斌　中铁八局桥梁公司电工
杨绍平　中铁九局电务公司总经理
张　洪　中铁九局大连工程处地铁204标段项目部工长
严秀成　中铁十局兰渝铁路LYS-14标段项目部副经理
宋　杰　中铁大桥局副总工程师
张建设　中铁隧道集团公司西平铁路XPS-2标副指挥长
樊合顺　中铁电气化局三公司工会主席
李长在　中铁建工集团北京公司副总经理
吕志全　中铁港航局二公司船长
魏德勇　中铁二院计划经营部部长
柳学发　中铁咨询集团高级工程师
张　健　中铁山桥钢结构车间班长
成宇海　中铁宝桥扬州钢结构分公司常务副总经理

胡建伟　中铁科工集团设计院院长
周志斌　中铁置业石家庄分公司总经理
邰运松　中铁资源集团芒来矿业公司副总经理
邹幼筠　中铁国际川铁公司副总经济师
张光弟　中铁宏达管理部部长
谢文利　中铁工程建设分公司副总工程师
曹景超　中铁上海分公司上海申嘉线 11GT-5 标党工委副书记
刘学勤　中铁南方投资发展有限公司工程管理部部长
张国华　中铁西南投资管理有限公司柳州市三桥一路工程指挥部指挥长
么少英　华铁工程咨询有限责任公司总经理
王海波　中铁哈大客运专线工程指挥部副总工程师兼工程部部长
刘笃斌　中铁建工集团南极项目部助理工程师

【火车头奖杯获得单位名单（10 个）】

中铁一局集团电务工程有限公司
中铁二局集团建筑公司北川项目经理部
中铁四局集团建筑工程有限公司
中铁六局集团石家庄铁路建设有限公司
中铁十局集团第二工程有限公司
中铁大桥局集团有限公司九江船舶分公司
中铁隧道集团一处有限公司
中铁电气化局集团一公司
中铁建工集团国际公司南极项目部
中铁建工集团西北分公司那曲物流中心指挥部

【中华全国总工会全国模范职工之家全国模范职工小家】　中华全国总工会评选。

1. 铁总推荐（2 个）
全国模范职工之家
中铁隧道集团三处有限公司工会
全国模范职工小家
中铁电气化局集团电气化分公司工会
2. 各省、自治区、直辖市总工会推荐（计 15 个）
全国模范职工之家（6 个）
中铁一局集团第四工程有限公司工会
中铁二局集团第四工程有限公司工会
中铁三局集团有限公司工会
中铁四局集团第五工程有限公司工会
中铁五局集团第一工程有限公司工会
中铁十局集团济南铁路工程有限公司工会
全国模范职工小家（9 个）
中铁一局集团建筑安装工程有限公司宏基公司工会分会
中铁二局集团一公司贵广铁路项目部工会小组
中铁七局集团电务公司洛襄电气化改造工程信号项目部工会
中铁八局集团桥梁公司混凝土制品分公司工会分会
中铁八局集团桥梁公司太中银铁路银川项目部工会小组
中铁大桥局集团五公司二七长江大桥项目部工会小组
中铁隧道集团二处有限公司郑州地铁项目部工会
中铁电气化局集团西安铁路工程有限公司第三工程处工会
中铁二院党委机关联合工会

【第十届中华技能大奖】

中铁一局　　窦铁成
中铁电化局　巨晓林

【全国技术能手】

中铁八局　邹　明
中铁建工　张学波
中铁二局　任绍刚

【第二批中国高技能人才楷模】

中铁一局　窦铁成

【国家技能人才培育突出贡献奖单位】

中铁三局、中铁一局兰州技校

【国家技能人才培育突出贡献奖单位获奖个人】

中铁山桥高级技校　　张海光
中铁五局贵阳高级技校　范　斌

【全国青年岗位能手】

中铁二局　任绍刚

【中央企业技术能手】

中铁二院　黄子明
中铁六局　陈　驰
中铁八局　邓　荣
中铁一局　白芝勇
中铁二局　江　华
中铁四局　唐　剑
中铁隧道　王伟伟
中铁六局　徐生颜
中铁二局　张同兵

【全国安全生产应急知识竞赛优胜单位】

中国中铁股份有限公司
中国海外工程有限责任公司
中铁三局集团有限公司
中铁四局集团有限公司
中铁八局集团有限公司
中铁九局集团有限公司
中铁隧道集团有限公司
中铁电气化局集团有限公司
中铁宝桥集团有限公司

中铁置业集团有限公司

【全国安全生产应急知识竞赛百名竞赛优秀组织者】

任乐春　中国中铁股份有限公司
许　可　中国海外工程有限责任公司
雷宏亮　中铁隧道局
唐宝印　中铁电气化局集团有限公司
王蔚华　中铁置业集团有限公司

【共青团所获部分国家级荣誉】 2010年，全公司共青团获得多项国家级及省部级荣誉，摘录部分国家级荣誉。

全国五四红旗团委（团支部）　中铁一局新运工程有限公司团委

全国青年文明号　中铁三局建安公司第二分公司

第七届全国青年安全生产示范岗　中铁十局电务工程有限公司青岛客站改造工程第二项目部

全国五四红旗团委（团支部）　中铁隧道集团有限公司郑州地铁项目部团支部

全国优秀共青团干部　中铁一局郭跃峰

【中国中铁劳动模范（160名）】

田文翰　中海外南非卡拉盖迪锰矿项目经理
白芝勇　中铁一局五公司高级技师
唐立桃　中铁一局二公司精伊霍项目部领工员
朱书朝　中铁一局建安公司深圳地铁5号线塘朗车辆段高级钳工
王　娟（女）中铁一局城轨公司市场经营部经理
郑小红（女）中铁一局第三工程公司西宝客专项目部试验室主任
常飞亭　中铁一局市政环保公司曹妃甸海水淡化项目部工班长（农民工）
郭　炜　中铁一局电务公司总经理
赵怀利　中铁一局新运公司总经理
张凤翔　中铁一局桥梁公司京沪高铁项目部党总支书记
董永亮　中铁一局华南地区经营部副总经理
许志忠　中铁一局四公司映汶项目部项目经理
罗田郎　中铁一局山西中南部铁路通道项目经理部常务副经理兼党工委副书记
孙永刚　中铁一局董事长
杨世忠　中铁二局股份公司工程管理部施工管理科科长
胡光全　中铁二局第一工程有限公司副总工程师
魏家友　中铁二局二公司机械管理中心电工技师
蒋光全　中铁二局五公司董事长、总经理
王　军　中铁二局城通公司深圳2225-2标项目经理部工区长
马朴亭　中铁二局建筑公司灾后重建广元车站项目部综合部主任
黄俊文　中铁二局榆神高速公路有限公司总经理、党委书记
陈黔芬（女）中铁二局新运公司龙厦项目部工班长
孙晓明　中铁二局成都中铁置业有限公司总经理
谢家仁　中铁二局四川省资阳市鸿远劳务建筑公司领工员（农民工）
尚铁军　中铁三局电务公司昌九四电集成项目部作业队长
张永强　中铁三局二公司石长复线铁路项目施工员
杨景波　中铁三局上海华海工程有限公司项目经理
闫　彬（女）中铁三局勘测设计研究院高级工程师
赵现书　中铁三局桥隧分公司沪昆客专长沙项目桥梁二队电工（农民工）
谭世俊　中铁三局集团第四工程有限公司总经理
冀文健　中铁三局第五工程有限公司杭甬经理部常务副经理
李克库　中铁三局线桥分公司海南项目经理部机修班班长
王利民　中铁三局运输工程分公司第一工程段段长
张作义　中铁三局集团有限公司劳动人事部部长
贾恩增　中铁四局集团五公司董事长、党委书记
耿树标　中铁四局天津分公司总经理
陈　财　中铁四局副总经济师兼上海办事处主任
李　茂　中铁四局市政分公司总会计师
张　飞　中铁四局集团一公司合蚌客专水家湖梁场经理
彭宏伟　中铁四局技术中心项目管理处副处长
游志斌　中铁四局集团二公司宁杭客专第二项目部电工
王开峰　中铁四局集团六公司机械租赁中心班长
王　丽（女）中铁四局集团钢结构公司高级技师
许宝成　中铁四局集团有限公司总经理
徐路平　中铁四局四公司合蚌客专下塘梁场作业队长（农民工）
赵建群　中铁五局湘桂铁路指挥部指挥长
程惠群（女）中铁五局一公司制造分公司高级电焊工
陈锋贵　中铁五局二公司成绵乐项目部经理
罗　刚　中铁五局四公司杭甬项目部第九桥梁队队长
杨翠华（女）中铁五局六公司水红项目部总工程师
杨文忠　中铁五局机械化公司总经理
楼信苗　中铁五局电务公司嘉红指挥部工班长
李华荣　中铁五局建筑公司天津地铁项目部电焊工
潘光权　中铁五局路桥公司沪昆铁路项目部副经理
张回家　中铁五局集团有限公司党委书记、总经理
袁建斌　中铁五局五公司贵广铁路项目隧道开挖班班长（农民工）
李克智　中铁六局北京铁建公司副总经理
王希杰　中铁六局电务工程有限公司北京分公司技术主管
訾永强　中铁六局呼和铁建公司南疆项目部项目经理
吴文联（女）中铁六局石家庄铁建副总经济师兼经营核算部长
孙新峰　中铁六局太原铁建京沪高铁项目部总工程师
张　磊　中铁六局集团天津铁建蓟港扩能改造项目部领工员
李建学　中铁六局集团铺架分公司作业队长（农民工）
刘建强　中铁七局武汉公司物资设备管理中心工人技师、K922焊轨机机长

袁丽萍（女）中铁七局建筑工程公司石武客专项目部实验员
谢宝琎　中铁七局三公司昆明铁路枢纽工程指挥长
师　健　中铁七局集团第二工程有限公司董事长、总经理
徐家炎　中铁七局四公司长荆铁路电化改造项目部经理
张国伟　中铁七局郑州工程有限公司项目经理
刘晓燕　中铁八局电务公司第五项目部作业队长
孙　龙　中铁八局二公司铺架分公司常务副经理
栾宏源　中铁八局昆明铁路建设公司总经理、党委副书记
乔定昭（女）中铁八局桥梁工程公司中山制梁场质检班班长
陈维明　中铁八局三公司第一项目经理部爆破工
邓浩宇　中铁八局一公司京沪高铁 29 项目部总工程师
张润文　中铁九局集团有限公司总经理
宋永贵　中铁九局一公司机电设备制造安装分公司经理
赵宝森　中铁九局三公司经理助理
潘洪涛（女）中铁九局四公司沈阳车辆段洗衣厂项目经理
胡宝平　中铁九局六公司高级技师、领工员
杜景春　中铁九局七公司高级桥梁工、领工员
何长江　中铁九局大连工程处副处长
贾有权　中铁九局桥梁分公司哈大轨道板场场长
苑凤龙　中铁九局沈阳地铁二号线十六标段项目部土建作业队电焊班班长（农民工）
杨淑华（女）中铁十局济铁公司审计部部长
闫家平　中铁十局二公司机械物资管理中心电钳班班长
杜强泽　中铁十局三建公司总经理
侯德政　中铁十局西北公司十天路面项目拌合站站长
宫晓华　中铁十局八公司铺架项目部项目经理
徐洪武　中铁十局建筑公司副总经理、沪杭客专项目二工区经理
刘序勇　中铁十局房地产公司董事长、党委书记
邱连义　中铁大桥局集团一公司测绘分公司副经理
胡　铭　中铁大桥局集团二公司泰州大桥 C07 标土建作业队长
潘韶兵　中铁大桥局三公司二七长江大桥装吊工（农民工）
吴紫樊　中铁大桥局四公司八分公司桥梁装吊工
修　莉（女）中铁大桥局五公司向莆铁路工程指挥部副指挥长
肖佳鹏　中铁大桥局集团六公司董事长、总经理
汪楚杰　中铁大桥局九江船舶分公司天一号中心架梁船船长
陈德柱　中铁大桥勘测设计院有限公司华东分公司总经理
吴　毅　中铁隧道隧道装备公司车间主任高级焊工
向　毅　中铁隧道集团股份公司中天山隧道进口工区副主任
高　伟　中铁隧道集团一处总经理、党委副书记
曾跃建　中铁隧道集团二处南万高速 A2 合同段工区主任
余　军　中铁隧道集团三处 TBM 一公司高级技师
杨陕南　中铁隧道集团京隧建市政一公司经理
李治国　中铁隧道集团技术中心副主任、总工
费曼利（女）中铁隧道勘测设计院技术中心高级工程师
刘月森　中铁电气化局一公司董事长、党委书记
韩存录　中铁电气化局西安通号处副总工程师
肖培龙　中铁电气化局通号院总工程师
刘志国　中铁电气化局建筑工程公司项目经理
东树人　中铁电气化局景旭房地产开发公司项目经理
刘恩亭　中铁电气化局运营维管公司北京维管段京津分段永乐供电区工长
雷孝元　中铁电气化局西铁建设公司北京地铁 5 号线项目部工人
黑美芳（女）中铁电气化局物资贸易公司南昌项目部经理
苗　健　中铁电气化局工厂处保定铁道变压器公司（农民工）
彭洪波　中铁建工集团西南分公司成都东站分区项目经理
李　波　中铁建工集团坦桑分公司 NHIF 医疗中心项目负责人
李长生　中铁建工集团广州东站项目部测量高级技师
简显彪　中铁建工上海分公司安装公司水道高级技师（农民工）
毛朝成　中铁建工集团安全总监
金　健　中铁港航工程局有限公司战略规划部部长
吴友文　中国航空港建设总公司第一工程分公司经理
程　昂　中铁二院测绘工程设计研究院副总工程师
向　红（女）中铁二院地下铁道设计研究院副总工程师
张文健　中铁二院工程集团有限责任公司董事、副总经理
吴麦奎　中铁工程设计咨询集团有限公司副总工程师
陈达建　中铁工程设计咨询集团有限公司线站院副总工程师
曹东威　中铁山桥集团有限公司钢结构技术部副部长
王庆丰　中铁山桥集团道岔车间高级工程师
张　健　中铁山桥集团有限公司钢二车间电焊工技师
李红松　中铁宝桥集团扬州钢结构分公司质量管理部部长
秦本平　中铁宝桥天元实业发展有限公司总经理、党委副书记
王彦琳　中铁宝桥集团机械二车间钳工技师
容　毅　中铁科工集团中铁工程机械研究设计院机械院副总工、电气所长
张　波　中铁科工集团中铁重工有限公司电焊工
舒军华　中铁信托有限责任公司基础产业信托部业务部经理
高　锋　中铁置业西安长丰有限公司总经理
薄济东　中铁资源伊春鹿鸣矿业有限公司副总经理
任祥武　中铁国际川铁公司副总经理
陈虎顿　中铁宏达中心郑州铁路技师学院党委书记、院长
谢明皆　中铁西北院甘肃铁科建设工程咨询公司执行董事
王　刚　中铁西南科学研究院有限公司工程师
王常在　中国铁路工程总公司党校处长、富达公司总经理

丁建平　中铁咸阳管理干部学院成人教育处处长
曹景超　中铁上海分公司申嘉线 11GT-5 标段项目部党工委副书记
胡守正　中铁哈大客专工程指挥部副指挥长、安全总监
甘百先　委内瑞拉分公司常务副总经理
于晓东　华铁工程咨询有限责任公司副总工程师、沈阳分公司经理、总监
罗　桃　中铁西南公司中铁柳州市三桥一路工程指挥部副指挥长兼总工程师
周世祥　中铁南方投资有限公司董事长
张在路　中铁一局深圳地铁 5 号线 5301 标项目经理
蒋　伟　中铁二局深圳地铁 5 号线 5305 标项目部工人
崔宝生　中铁四局深圳地铁 5 号线 5304 标工程项目部党委书记
林志艺　中铁五局深圳地铁 5 号线 5306 标项目工程师
白子皆（女）中铁六局深圳地铁 5 号线 5303A 标项目部财务人员
高明军　中铁七局深圳地铁 5 号线 5302 标项目工程师
敖克田　中铁大桥局深圳地铁 5 号线 5303B 标农民工
谢　伟　中铁隧道集团深圳地铁 5 号线 5307 标项目部工人
张海洋　中铁建工集团深圳北站枢纽项目部工程师

【中国中铁 2010 年信息工作先进单位及个人】

“2010 年度中国中铁股份有限公司信息调研工作先进单位”

中铁电气化局集团有限公司
中铁四局集团有限公司
中铁五局（集团）有限公司
中铁大桥局集团有限公司
中铁隧道集团有限公司
中铁九局集团有限公司
中铁十局集团有限公司
中铁二局集团有限公司
中铁八局集团有限公司
中铁六局集团有限公司
中铁二院集团有限公司
中铁宝桥集团有限公司
中铁西南科学研究院有限公司
中铁西南投资公司
中铁哈大客专指挥部
中铁隧道装备有限公司

“2010 年度中国中铁股份有限公司信息调研工作先进个人”

史　喆　中铁电气化局集团有限公司
张世永　中铁电气化局集团有限公司
吴　兵　中铁四局集团有限公司
蔡长善　中铁四局集团有限公司
彭　阳　中铁五局（集团）有限公司
姚元武　中铁五局（集团）有限公司
秦伟朋　中铁大桥局集团有限公司
王　博　中铁大桥局集团有限公司
曹军伟　中铁隧道集团有限公司
苗志伟　中铁九局集团有限公司
崔远新　中铁十局集团有限公司
张　雯　中铁二局集团有限公司
雷钱良　中铁八局集团有限公司
李　岩　中铁六局集团有限公司
陈思宇　中铁二院集团有限公司
李　伟　中铁宝桥集团有限公司
覃　一　中铁西南科学研究院有限公司
温晓凯　中铁西南科学研究院有限公司
聂　鸿　中铁西南投资公司
张红卫　中铁哈大客专指挥部
冒　燚　中铁隧道装备有限公司
李　伟　股份公司董事会办公室
谭风华　股份公司总裁办公室（党委办公室）
余金平　股份公司总裁办公室（党委办公室）

【中国中铁“十佳科技创新标兵”】　2010 年 12 月 31 日，中国中铁股份有限公司以“关于表彰股份公司‘十一五’期间‘十佳科技创新标兵’决定”（中铁股份干〔2010〕459 号）表彰了卿三惠等 10 名“十一五”期间十佳科技创新标兵。

1. 卿三惠　中铁二局集团有限公司副总经理、总工程师、教授级高级工程师
2. 张俊兵　中铁三局集团有限公司技术开发部部长、教授级高级工程师
3. 闫子才　中铁四局集团有限公司总工程师、教授级高级工程师
4. 赵　智　中铁八局集团有限公司副总经理、总工程师、教授级高级工程师
5. 潘东发　中铁大桥局集团有限公司副总工程师、教授级高级工程师
6. 洪开荣　中铁隧道集团有限公司总工程师、教授级高级工程师
7. 朱　颖　中铁二院工程集团有限公司总经理、教授级高级工程师
8. 徐升桥　中铁工程设计咨询集团有限公司桥梁院总工程师、教授级高级工程师
9. 高宗余　中铁大桥勘测设计院有限公司总工程师、教授级高级工程师
10. 牛怀俊　中铁西北科学研究院有限公司党委书记、研究员

【2010 财务决算工作综合考核评比】

一等奖：一局、四局

二等奖：三局、大桥局、二院、山桥、置业

三等奖：五局、六局、七局、八局、电化局、建工集团、港航局、大桥院、西南院

【中国中铁 2010 年法律事务工作先进单位】

中国海外工程有限责任公司

中铁一局集团有限公司

中铁二局集团有限公司一公司

中铁三局集团有限公司

中铁四局集团有限公司

中铁六局集团有限公司

中铁八局集团有限公司

中铁十局集团有限公司

中铁大桥局集团有限公司

中铁隧道集团二处有限公司

【中国中铁 2010 年十佳企业法律顾问】

翟建明　中铁一局集团有限公司

虞永强　中铁二局集团有限公司

高　山　中铁三局集团有限公司

陈　楠　中铁四局集团有限公司二公司

谢瑞勇　中铁五局集团有限公司

何丽君　中铁十局集团有限公司

马建国　中铁大桥局集团有限公司

熊　军　中铁隧道集团有限公司

白克强　中铁电气化局集团有限公司

侯社中　中铁置业集团有限公司

【中国中铁 2010 年审计工作先进单位】

中铁二局集团有限公司

中铁四局集团有限公司

中铁八局集团有限公司

中铁大桥局集团有限公司

中铁电气化集团有限公司

中铁建工集团有限公司

【中国中铁 2010 年审计先进工作者】

中铁一局　胡滨亭　王小民　校银亮　刘　涛

中铁二局　黄　彬　何　智　石　勇　范启琼　左　奇

中铁三局　张文斌　尉小波　蔡涛　赵新颖　李建利

中铁四局　赵兴元　叶西放　吴志坚　薛吉强　吴　明　田小东

中铁五局　姜冬飞　李英明　邓亚强　曾志宏

中铁六局　舒淑萍　高利平　尹　洁　仲　毅

中铁七局　丁光华　杜丽芳　卢艳芳　汪桂花

中铁八局　刘智斌　赵雪颖　敖康成　杨　迅

中铁九局　张喜森　武少春　王方奇　姜明全

中铁十局　李　青　郭汉卿　张殿海　李春喜

中铁大桥局　吴　旭　刘　锴　魏　刚　卢国政　罗　宇　胡小玲

中铁电气化局　初惠芳　霍昕　苏晋峰　罗四安　杨奇明

中铁隧道　沈菊花　马钢锋　梁成彦　陈绍武

中铁建工　刘万琼　王国臣　刘国华

中海外　上官宓

中铁航空港　姚莎莎

中铁二院　周　华

中铁设计咨询　樊景玉

中铁宝桥　强　薇

中铁信托　向　青

【中国中铁工程项目文化建设示范点】

中海外　西非公司农田项目经理部

中铁一局　城轨公司苏州轨道交通 1 号线 I-TS-14 标项目经理部

京沪高速铁路土建二标（TJ-2）桥梁工程公司济南黄河大桥项目部

西安市地铁二号线轨道工程 D2GDSG-1 标项目部

中铁二局　制架直属工程大队哈大客专项目部

建筑公司北川中学项目经理部

一公司厦蓉高速 BT21 标项目经理部

中铁三局　沈阳地铁项目部

桥隧分公司杭州地铁 1 号线武林广场站项目部

运输分公司神朔朔黄运输项目

中铁四局　市政分公司上海白龙港项目部

五公司石武客运专线新郑轨板场项目部

一公司锡乌铁路项目部

中铁五局　一公司贵广项目部

三公司北京地铁项目部

局渝利项目部第五总队

中铁六局　石家庄铁建公司石家庄铁路枢纽货迁工程第九项目部

太原铁建公司准朔铁路黄河大桥项目部

北京铁建公司新建广州至珠海铁路 SG—5 标项目部

中铁七局　三公司沪宁城际铁路项目部

武汉公司漯阜铁路项目部

郑州公司郑州集装箱项目部

中铁八局　成都至都江堰铁路工程六项目部

桥梁工程有限责任公司普宁制梁场

贵阳油小线城市道路工程项目部

中铁九局　沈阳地铁项目部

哈大客专沈阳枢纽工程项目部

哈大客专项目部
中铁十局　沪宁城际铁路站前III标项目部
兰渝铁路 LYS-14 标项目部
向莆铁路 FJ-2 标指挥部
中铁大桥局　　南京大胜关长江大桥项目部
郑州黄河公铁两用桥项目部
向莆铁路 JX—2A 标指挥部
中铁隧道　北京铁路地下直径线 2 标项目部
兰渝铁路 LYS-3 标指挥部
一处有限公司博深高速公路第四合同段项目部
中铁电气化局　哈大项目部
北京地铁 15 号线一期工程设备系统总承包项目部
京沪高铁四电系统集成项目部
中铁建工　深圳滨海医院项目部
成都东客站项目部
太原南站项目部
中铁港航局　二分公司大连港 30 万吨码头港池整治工程项目部
中铁二院　六沾项目部
武广客专项目部
中铁设计咨询　中铁诚业京石铁路客运专线项目监理部
中铁宝桥　扬州钢结构分公司
中铁山桥　青岛海湾大桥项目部
中铁资源　国金矿业公司常福龙矿
中铁西北院　兰渝铁路项目监理站
中铁西南院　中国中铁映秀幼儿园指挥部
哈大指挥部　项目文化建设示范线

【中国中铁 2010 年先进基层党组织】

1. 中海外西非公司党委
2. 中铁一局新运工程有限公司党委
3. 中铁一局京石铁路客运专线项目部党工委
4. 中铁一局桥梁工程有限公司京沪高铁项目部党总支
5. 中铁二局第四工程有限公司党委
6. 中铁二局电务工程有限公司党委
7. 中铁二局哈大铁路客运专线项目经理部党委
8. 中铁三局运输分公司第二运输段党委
9. 中铁三局桥隧分公司五队党支部
10. 中铁三局六公司京沪高铁十二工区党支部
11. 中铁四局五公司党委
12. 中铁四局一公司石武铁路客运专线项目部二分部党工委
13. 中铁四局市政分公司上海白龙港污泥处理工程项目部党支部
14. 中铁五局集团第二工程公司向莆项目部党工委
15. 中铁五局集团第四工程公司第十四隧道作业队党支部
16. 中铁五局机械化公司汝郴高速公路第 14 合同段项目部党工委
17. 中铁六局集团电务工程有限公司党委
18. 中铁六局集团广珠铁路工程指挥部党工委
19. 中铁七局集团第一工程有限公司党委
20. 中铁七局集团第三工程有限公司党委
21. 中铁八局集团第四工程有限公司党委
22. 中铁八局集团昆明铁路建设有限公司党委
23. 中铁九局电务公司党委
24. 中铁九局大连处党委
25. 中铁十局建筑工程有限公司党委
26. 中铁十局三建公司沪杭铁路嘉兴轨道板场党支部
27. 中铁大桥局集团第五工程有限公司党委
28. 中铁大桥局南京大胜关长江大桥项目经理部党工委
29. 中铁隧道集团公司青藏铁路西格二线关角隧道工程指挥部党工委
30. 中铁隧道勘测设计院党委
31. 中铁电气化局集团有限公司党委
32. 中铁电气化勘测设计研究院有限公司党委
33. 中铁电气化局集团有限公司电气化公司党委
34. 中铁建工集团拉萨分公司那曲物流中心项目党支部
35. 中铁建工集团西南分公司成都东客站项目党总支
36. 中铁港航工程局有限公司三分公司党支部
37. 中国航空港建设总公司广州新客站工程项目经理部党支部
38. 中铁二院测绘分院党委
39. 中铁二院电气化设计研究院党总支电化党支部
40. 中铁工程设计咨询集团有限公司济南设计院党委
41. 中铁工程设计咨询集团有限公司科技、企划党支部
42. 沈阳中铁盛丰置业有限公司党工委
43. 中铁资源集团国金矿业公司党委
44. 中铁国际川铁安哥拉铁路项目党支部
45. 中铁山桥集团有限公司道岔车间党总支
46. 中铁山桥集团有限公司钢结构一车间党总支
47. 中铁宝桥集团有限公司党委
48. 中铁宝桥集团有限公司天元实业发展有限公司党委
49. 中铁宝桥集团有限公司铸钢车间党支部
50. 中铁科工集团九桥工程有限公司一分厂党支部
51. 中铁信托有限责任公司委员会第三党支部
52. 中铁西北科学研究院勘察设计分公司党支部
53. 中铁西南科学研究院有限公司检测中心党支部
54. 中铁咸阳管理干部学院物业中心党支部
55. 中国铁路工程总公司党校第二党支部
56. 中铁南方投资发展有限公司党工委
57. 中铁西南投资管理有限公司柳州市三桥一路工程项目党工委

58. 华铁工程咨询有限责任公司党委
59. 中国中铁股份有限公司科技设计部党支部

【中国中铁2010年优秀共产党员】

1. 杨孟晗　中海外摩洛哥分公司副经理
2. 勇跃庚　中海外安徽公司项目分公司副总经理、党委书记
3. 赵怀利　中铁一局集团新运工程有限公司总经理
4. 岳金山　中铁一局一公司保阜项目部拌合站站长
5. 易　欣　中铁一局二公司沈阳地铁二号线项目部经理
6. 张　剑　中铁一局四公司副总经理兼成都地铁项目部经理
7. 朱仕安　中铁一局建安公司深圳地铁2号线蛇口西车辆段项目部安全员
8. 雷　鹏　中铁一局物贸公司西宝客专物资站长兼支部书记
9. 宋志明　中铁一局深圳分公司商务中心副主任
10. 马朴亭　中铁二局建筑有限公司广元车站项目部办公室主任
11. 余世耕　中铁二局国际部商务合同部部长
12. 龙明华　中铁二局第一工程有限公司董事长、总经理
13. 余秋凉　中铁二局深圳工程有限公司榆神项目部经理
14. 刘　杨　中铁二局第五工程公司辽宁大伙房项目部项目经理
15. 欧光恒　中铁二局电务工程公司兰新铁路项目部党委书记
16. 李　彪　中铁三局四公司副总经理、北京地铁六号线项目经理
17. 李秋旺　中铁三局运输分公司副总经理、第二运输段段长
18. 张俊兵　中铁三局技术开发部部长
19. 聂川勤　中铁三局桥隧分公司地铁十六队副队长
20. 朱瑞喜　中铁三局京沪高铁项目副经理、南京办事处主任、沪宁项目部经理
21. 赵文君　中铁三局华海公司轨道分公司经理
22. 张　飞　中铁四局一公司合蚌铁路客运专线水湖制梁场项目经理
23. 刘承良　中铁四局四公司合肥铁路枢纽南环线四分部项目经理
24. 伏国安　中铁四局五公司永武项目经理部常务副经理
25. 邓卫国　中铁四局八公司沪宁城际铁路铺轨项目部焊轨队队长
26. 伍　军　中铁四局副总工程师、技术中心主任
27. 郝才芳　中铁四局物资工贸公司合肥分公司龙门吊司机
28. 张回家　中铁五局集团有限公司党委书记、总经理、副董事长
29. 谢本峰　中铁五局集团第一工程有限责任公司副总经理
30. 朱东平　中铁五局五公司贵广铁路指挥部第二项目部总工程师
31. 孔文龙　中铁五局电务公司上海分公司常务副经理
32. 邓本举　中铁五局路桥公司副总经济师兼深圳地铁项目经理
33. 彭立军　中铁五局物资实业有限责任公司总经理、党委副书记
34. 程　敏　中铁五局集团有限公司海外工程分公司总工程师
35. 余　江　中铁六局北京铁建公司直属第十一项目部党支部书记
36. 菅永强　中铁六局呼和铁建公司南疆铁路库阿增建二线ZH4标项目经理
37. 张子强　中铁六局铜九铁路工程指挥部指挥长兼党工委书记
38. 熊守富　中铁六局天津金驭公司总经理
39. 党秀军　中铁六局集团副总经济师、人力资源部部长
40. 娄建国　中铁七局集团郑州工程有限公司项目党总支书记
41. 刘　博　中铁七局集团建筑工程有限公司副总经理
42. 郑三新　中铁七局电务公司洛阳枢纽四电工程项目总工程师
43. 李少军　中铁七局集团海外工程有限公司副总经理
44. 孟庆方　中铁七局中产置业有限公司副总经理兼总工程师
45. 蔡方勇　中铁八局集团第二工程有限公司党委书记、董事长
46. 李连方　中铁八局三公司贵阳铁路枢纽贵广引入贵阳站项目部经理
47. 邓利平　中铁八局四公司德阳“东汽馨苑”项目部项目经理
48. 杨先凤　中铁八局集团桥梁工程有限公司总工程师
49. 马　超　中铁八局成都至都江堰铁路项目部党工委副书记
50. 韩顺学　中铁九局副总经理兼九局哈大客专项目经理
51. 金　耀　中铁九局副总工程师兼哈大客专沈阳枢纽工程项目经理
52. 王玉生　中铁九局二公司通让线增建复线太平川站改造工程项目经理
53. 陈　刚　中铁九局沈阳地铁项目部工长
54. 王德春　中铁九局第六工程有限公司沈阳枢纽项目领工员
55. 杨玉泉　中铁十局济铁公司总经理、副董事长、党委

副书记
56. 张俊祥　中铁十局二公司向莆铁路指挥部五项目部、经理
57. 程广彦　中铁十局房地产公司副总经理
58. 王立新　中铁十局沪杭铁路项目部常务副经理
59. 郭凤芝　中铁十局副总经济师、工会副主席、经营开发部部长
60. 邱连义　中铁大桥局集团一公司测绘公司副经理
61. 罗瑞华　中铁大桥局集团二公司总经理
62. 肖佳鹏　中铁大桥局集团六公司董事长、总经理、党委副书记
63. 欧阳华林　中铁大桥局集团桥科院副总工程师
64. 蔡登山　中铁大桥局集团副总工程师、市场营销部部长
65. 杜闯东　中铁隧道集团广深港铁路客专狮子洋隧道项目总工
66. 高　伟　中铁隧道集团一处有限公司总经理
67. 莫智彪　中铁隧道集团四处有限公司市政一公司经理
68. 李正涛　中铁隧道集团北京中铁隧建筑公司市政四公司经理
69. 邓建林　中铁隧道集团杭州分公司吉怀高速公路9合同段项目部经理
70. 王杜娟　中铁隧道装备制造有限公司设计研究院副院长
71. 巨晓林　中国中铁电气化局集团一公司农民工
72. 丁晋春　中铁电气化局集团有限公司第一工程公司总经理
73. 张世凯　中铁电气化局集团西安铁路工程有限公司安全总监
74. 韩存录　中铁电气化局集团西安通信信号工程处副总工程师
75. 李　磊　中铁电气化局集团城铁公司项目经理
76. 常书桥　中铁电气化局集团保定制品有限公司总经理
77. 刘笃斌　中铁建工集团国际公司南极项目部经理、党支部书记
78. 冯大勇　中铁建工集团西南分公司副总经理兼成都东站项目经理
79. 毛朝成　中铁建工集团有限公司安全总监
80. 柴泽杰　中铁建工集团深圳分公司石武客专郑州东站项目部党总支书记
81. 周活球　中铁港航局有限公司总经理助理兼市场营销部部长
82. 吴友文　中国航空港建设总公司第一工程分公司经理
83. 包维民　中铁二院土建一院站场所所长
84. 赵海燕　中铁二院昆明勘察设计研究院设计二处副总工程师
85. 朱振华　中铁二院信息技术中心工程师
86. 李国强　中铁工程设计咨询集团有限公司桥梁院院长
87. 周玉华　中铁工程设计咨询集团有限公司监理公司副总工程师
88. 刘东平　中铁工程设计咨询集团有限公司郑州院建筑分院院长
89. 金国峰　中铁置业集团有限公司项目管理部部长
90. 王含渊　中铁资源集团有限公司总工程师
91. 王立杰　中铁国际经济合作有限公司副总工程师
92. 刘长印　中铁山桥集团有限公司钢结构二车间组焊工段段长
93. 曹东威　中铁山桥集团钢结构技术部副部长、崇启桥项目经理
94. 吕国庆　中铁宝桥集团公司道岔车间党小组长技师
95. 张允吉　中铁宝桥集团公司物资保障部计划员
96. 林承朝　中铁科工集团中铁工程机械研究设计院副院长
97. 解义才　中铁信托有限责任公司总会计师、工会主席
98. 陈英福　中铁西北科学研究院有限公司西藏分院分院长
99. 陈俊栋　中铁西南院地质预报中心工程师
100. 黄鸿初　中铁咸阳管理干部学院培训处处长
101. 王常在　中国铁路工程总公司党校后勤物业处处长
102. 韩学诠　中铁南方投资发展有限公司安全总监
103. 贾　力　广西岑兴高速公路发展有限公司路政执法支队支队长
104. 邓礼久　中铁海西投资发展有限公司计划合同部部长
105. 胡守正　中国中铁哈大客专指挥部副指挥长兼安全总监
106. 梁永兴　中国中铁股份有限公司上海分公司总经理
107. 姜洪友　中铁宏达资产管理中心副书记、副主任
108. 韩　东　中国中铁股份有限公司总裁办公室行政处处长
109. 袁立新　中国中铁股份有限公司人力资源部副部长

【中国中铁2010年优秀党务工作者】

1. 高　明　中海外人力资源（党委干部）部部长
2. 马建峰　中铁一局电务工程有限公司党委书记
3. 张兰生　中铁一局京沪高铁项目部党工委副书记
4. 王东森　中铁一局三公司宝汉项目部党工委书记
5. 黄均林　中铁二局第二工程有限公司党委书记
6. 沈　林　中铁二局城通公司党委书记
7. 张学成　中铁二局装饰装修工程有限公司党委书记
8. 张克林　中铁三局线桥分公司党委副书记、纪委书记
9. 张作义　中铁三局劳动人事部（党委人事部）部长

10. 付修江　中铁三局二公司党委工作部部长
11. 马先明　中铁四局二公司党委书记
12. 吴万卿　中铁四局一公司工会主席兼西宝铁路项目部党工委书记
13. 许　国　中铁四局党委宣传部部长
14. 李　建　中铁五局集团第三工程公司党委书记
15. 聂　旭　中铁五局集团建筑工程公司党委书记
16. 章友恒　中铁五局湘桂铁路扩改工程Ⅰ标指挥部党工委书记
17. 栗庆云　中铁六局石家庄铁建公司党委副书记、纪委书记
18. 张占成　中铁六局集团丰桥公司党委书记
19. 朱水利　中铁七局集团第二工程有限公司党委书记
20. 何宗彦　中铁七局集团武汉工程有限公司党委书记
21. 贺开伟　中铁八局集团第一工程有限公司党委书记、董事长
22 张　雄　中铁八局集团建筑工程有限公司党委书记、董事长
23. 何继强　中铁九局集团电务工程有限公司党委书记
24. 张立权　中铁九局集团大连工程处党委书记
25. 孟　勇　中铁十局四公司济南制梁场党支部书记
26. 杨宝岭　中铁十局西北公司董事长、党委书记
27. 冯青松　中铁大桥局集团五公司党委组织部部长
28. 陈永宏　中铁大桥局集团三公司党委书记
29. 郭大焕　中铁隧道集团有限公司党委书记
30. 张存旭　中铁隧道集团三处有限公司党委书记
31. 宋宝华　中铁隧道集团二处有限公司党委工作部部长
32. 张秦洛　中铁电气化局集团第二工程公司党委书记
33. 唐文兴　中铁电气化局集团第三工程公司党委副书记
34. 申友群　中铁建工集团西北分公司党群工作部部长
35. 王震国　中铁建工集团北方工程有限公司党支部书记
36. 郭亨民　中铁港航工程局党委副书记、纪委书记、工会主席
37. 周路时　中铁二院工程集团有限责任公司土建一院党委书记
38. 姚毅立　中铁二院地勘岩土工程公司董事长、党委书记
39. 高　正　中铁工程设计咨询集团有限公司党办主任
40. 李　凡　中铁工程设计咨询集团有限公司太原院工会主席
41. 王武成　中铁置业集团公司青岛分公司党工委书记
42. 樊立军　中铁资源国金矿业公司党委副书记、纪委书记
43. 苏亮昆　中铁国际经济合作有限公司党群工作部部长
44. 侯国壮　中铁山桥副总经济师、工程管理部部长兼党工委书记
45. 陈予生　中铁宝桥集团公司党委工作部部长
46. 曹长斌　中铁科工集团机械成套分公司人力资源部部长
47. 邹纯余　中铁信托有限责任公司综合部副总经理、党群部副部长
48. 刘文龙　中铁西北科学研究院有限公司党委副书记、纪委书记
49. 黄晓梅　中铁西南科学研究院工会副主席兼社管中心主任
50. 陈发辉　中铁咸阳管理干部学院后勤服务中心经理、支部书记
51. 马元林　中共中国铁路工程总公司党校副校长
52. 吴国强　中铁南方投资发展有限公司董办主任、综合部长
53. 王建龙　中铁西南投资管理公司岑梧公司总经理兼党工委书记
54. 肖　丽　中国中铁股份有限公司党委组织部组织员
55. 王珂平　中国中铁股份有限公司纪委办公室主任

【中国中铁群众安全生产监督员活动优秀组织单位】

中铁一局工会
中铁六局工会
中铁八局工会
中铁十局工会
中铁大桥局工会

【中国中铁群众安全生产监督员活动“十佳集体”】

中铁一局集团第一工程有限公司工会
中铁二局集团第二工程有限公司工会
中铁四局集团建筑工程有限公司工会
中铁五局集团第二工程有限公司工会
中铁六局集团石家庄铁路建设有限公司工会
中铁八局集团第一工程有限公司工会
中铁十局集团电务工程有限公司工会
中铁大桥局六公司哈大客专项目部灯塔 11 号梁场工会
中铁隧道集团二处有限公司工会
中铁电气化局西铁工程公司工会

【中国中铁群众安全生产监督员活动“百优个人”】

徐必辉　中铁一局第一工程有限公司西平项目部领工员
杨　军　中铁一局第二工程有限公司北京地铁九号线项目部领工员
郭　平　中铁一局第四工程有限公司保阜项目部队长
张志文　中铁一局第五工程有限公司长沙地铁项目部领工员
李宝龙　中铁一局新运公司朔黄铁路运输公司机车司机

郭瑞良　中铁一局建筑安装工程有限公司西安地铁一号线通化门站项目部领工员

石军军　中铁一局城市轨道交通公司杭州地铁项目部盾构管片拼装手

曹　攀　中铁二局三公司贵广项目部领工员

周绪和　中铁二局四公司龙厦项目部施工员

马贵阳　中铁二局五公司昆明东二环项目部领工员

王明华　中铁二局建筑公司北川中学项目经理部施工员

陈黔芬（女）中铁二局新运公司龙厦项目部龙岩制梁场工班长

崔利元　中铁二局哈大机筑公司工程大队领工员

刘　鹏　中铁二局城通公司杭州1-5项目工区长

龚郅评　中铁二局电务公司神朔项目部作业队长

丁希清　中铁三局四公司北京地铁6号线信号工

姜英武　中铁三局集团电务工程有限公司领工员

匡成荣　中铁三局桥隧工程分公司第十工程队钢筋工

刘　飞　中铁三局运输工程分公司第二运输段指导司机

于盘柱　中铁三局集团一公司杭甬铁路客运专线项目经理部架子二队工人

张凤锁　中铁三局长春站改项目经理部工人

干联勇　中铁四局四公司上海动车段经理部一分部领工员

陈林林　中铁四局集团电气化工程有限公司上海动车段项目部作业队长

王爱民　中铁四局二公司杭州东站经理部一分部领工员

李保华　中铁四局六公司北京地铁大兴线轨道一标工员

杨道岭　中铁四局七分公司宁杭项目部领工员

邓金平　中铁四局天津分公司巴新铁路ZH-06标综合项目部二队农民工

黄亮平　中铁四局五公司沈阳地铁二号线六标项目部工班长

赵　锋　中铁四局一公司沪宁城际铁路Ⅰ标一队项目经理部工班长

顾守良　中铁五局一公司玉蒙项目部开挖班长

吴正军　中铁五局深圳地铁5306标项目经理部助工

姚　勇　中铁五局四公司隧道六队领工员

漆新郑　中铁五局五公司贵广项目部隧道二队施工员

邓玉林　中铁五局六公司向莆铁路项目制梁场领工员

欧武伟　中铁五局机械化公司西潼项目电焊工

谢勇军　中铁五局路桥公司成绵乐铁路工程指挥部第三项目部施工员

高　超　中铁六局北京铁建公司直属第五项目部分工区技术主管

任　伟　中铁六局集团电务工程有限公司太原分公司助理工程师

武建华　中铁六局丰桥公司包头分公司工人

刘振歧　中铁六局呼和铁建集包增建第二双线工程指挥部第三项目部领工员

罗敏慧　中铁六局石家庄铁建第十一项目部领工员

薛宝安　中铁六局太原铁建公司建安分公司水暖工

孙东生　中铁六局天津铁建公司天津站项目部线路工

杨荣华　中铁七局二公司石武项目部线路工

杨国宏　中铁七局湘桂铁路扩改工程柳南段Ⅰ标第二项目部第二架子队施工员

刘彦明　中铁七局三公司杭州地铁湖滨站项目施工员

姜喜刚　中铁七局四公司铁丰项目部领工员

熊　峰　中铁七局武汉公司汉口站配套工程项目部技术监工

李　成　中铁七局郑州公司石武客专第二项目部电工

何德江　中铁八局二公司广汉金雁大桥项目部领工员

梁含书　中铁八局建筑公司成灌六项目部主任领工

李建波　中铁八局昆明建设公司昆明市三环闭合（西北段）4标段工程项目部主任领工

胡怀智　中铁八局集团桥梁工程有限责任公司中山制梁场班长

傅　全　中铁八局三公司混凝土分公司农民工

应　旅　中铁八局一公司京沪高铁土建五标十七工区领工员

曹贵凯　中铁九局一公司盘营客专第二工区线路工长

刘振东　中铁九局二公司通辽枢纽项目部第二作业队工班长

李继鹏　中铁九局第三工程公司西藏项目部技术员

许保东　中铁九局四公司哈大客专沈阳站至沈阳北站第四作业队第二架子队工长

王海云　中铁九局六公司沈阳枢纽项目部领工员

张义田　中铁九局七公司盘营项目部四工区工长

张　洪　中铁九局大连工程处东联路项目部工长

刘德龙　中铁十局二公司向莆铁路FJ－12B标项目部领工员

娄玉华　中铁十局四公司徐州桥梁厂钢筋工

张德万　中铁十局五公司绍诸五标工区长

齐胜军　中铁十局济南铁路工程公司建安项目经理部领工员

王昌涛　中铁十局三建公司深圳地铁项目部工人

芦　彬　中铁十局八公司京沪高铁项目三部电工

鲍怀强　中铁十局建筑工程公司济铁南苑高层项目部施工员

焦跃华　中铁大桥局一公司哈大客运专线项目部现场调度

王　敏　中铁大桥局第五工程有限公司技术员

周　江　中铁大桥局二公司钱江新桥项目部班长

邓树胜　中铁大桥局六公司汉宜项目汉川梁场领工员

付昌斌　中铁大桥局四公司安庆项目部 3 号墩架子队班长

王建新　中铁大桥局三公司佛山市海怡大桥项目工人

魏　群　中铁大桥局武汉分公司汉宜项目部外协徐州联通队材料管理员

梁　明　中铁隧道股份公司苏州 1-TS-13 标项目部机械队长

文守才　中铁隧道股份公司隧道十二公司领工员

冯　建　中铁隧道集团一处昆明岗头山项目开挖队长

李红平　中铁隧道集团二处龙厦铁路象山隧道出口项目部测量工

范金邦　中铁隧道二处兰渝铁路西秦岭隧道罗家理斜井项目部值班员

何兰太　中铁隧道集团三处隧道八公司提升班长

何晓华　中铁隧道集团西平铁路项目部第三分部班长

夏　波　中铁隧道集团四处六公司雅泸项目部施工员

邓国平　中铁隧道集团京隧建京石客运专线石家庄隧道项目部领工员

吴大荣　中铁隧道集团杭州分公司作业班长

穆　磊　中铁电气化铁路运营管理有限公司呼和浩特维管段接触工

许建波　中铁电气化局三公司武广客专项目部工长

张建利　中铁电气化局公司西安电化公司一段班长

杨惠兵　中铁电气化局二公司武广客专项目部接触网十段工班长

杜向阳　中铁电气化局集团一公司接触网二段领工员

晁红兵　中铁电气化局电气化公司一段接触网一队工班长

康　龙　中铁电气化局西安通号处呼和浩特分公司中级信号工

王恩泳　中铁建工北方公司天保(天津港保税区生活区二期工程）项目部电工

李　强　中铁建工北京分公司青岛国际贸易中心项目经理部技术员

崔明春　中铁建工北京公司太原调度指挥中心危房改造项目经理部技术主管

祁道会（女）中铁建工青岛公司南北庄项目部技术员

胡　敏　中铁建工集团西南分公司成都东客站项目部机械管理员

康钦正　中铁二院测绘分院贵阳勘测大队测量工

崔菊魁　中铁宝桥集团有限公司道岔车间高级铣工

【中国中铁《中铁工运》优秀组稿单位】

中铁四局工会

中铁七局工会

中铁大桥局工会

中铁电气化局工会

【中国中铁《中铁工运》优秀通讯员】

中铁一局集团有限公司　杨华　闫永峰

中铁二局集团有限公司　乔敏　秦桦　张彦峰

中铁三局集团有限公司　杨波　苏杰

中铁四局集团有限公司　余生平　张丽娟　孟凡琼

中铁五局集团有限公司　霍萍　杨光泽

中铁六局集团有限公司　孙秀清　于春龙

中铁七局集团有限公司　罗明参　邹昌成

中铁八局集团有限公司　黄勇　张杰　王春梅

中铁九局集团有限公司　康俊平　谷振新　赵海峰

中铁十局集团有限公司　孙晋华　汤德明　安国强

中铁大桥局集团有限公司　张方玉　胡晓娥　张丽琴

中铁隧道集团有限公司　孟国军　李强　罗文强

中铁电气化局集团有限公司　曹力　王艳红　张选民

中铁建工集团有限公司　罗杰　马建秋　常楠

中铁二院工程集团有限责任公司　周勇

中铁山桥集团有限公司　邱学君

中铁宝桥集团有限公司　李翠荣、冯鸿志

中铁资源集团有限公司　王宝良

中国中铁股份有限公司机关　戴骥

【2010 年所属单位工会信息工作考核情况通报】

特等奖

第一组：中铁一局工会办公室

中铁二局工会办公室

中铁三局工会办公室

中铁四局工会办公室

中铁五局工会办公室

中铁电化局工会办公室

中铁大桥局工会办公室

中铁隧道工会办公室

第二组：中铁六局工会办公室

中铁七局工会办公室

中铁八局工会办公室

中铁九局工会办公室

中铁十局工会办公室

中海外工会办公室

中铁二院工会办公室

第三组：中铁宝桥工会办公室

一等奖

第二组　中铁建工工会办公室

第三组：中铁山桥工会办公室

中铁资源工会办公室

中铁科工工会办公室

中铁西北院工会办公室

中铁西南院工会办公室

中铁航空港工会办公室

联系点项目部工会信息直报单位：

中铁一局于家堡项目经理部工会

中铁二局兰新铁路第二项目部工会

中铁四局杭长线项目部工会

【中国中铁工会财务工作先进个人】

方国建	中铁二局集团有限公司工会主席
丁德正	中铁二局集团有限公司工会财务科科长
段广和	中铁四局集团有限公司工会主席
华开君	中铁四局集团有限公司工会财务科科长
齐康平	中铁五局集团有限公司工会主席
杨晓青	中铁五局集团有限公司工会财务科科长
陈建杭	中铁七局集团有限公司工会主席
李　艾	中铁七局集团有限公司工会财务主管
左兴明	中铁八局集团有限公司工会主席
李海燕	中铁八局集团有限公司工会财务主管
秦汉桥	中铁大桥局集团有限公司工会主席
赵　瑗	中铁大桥局集团有限公司工会财务科科长
初继旺	中铁隧道集团有限公司工会主席
段玉琼	中铁隧道集团有限公司工会财务科科长
蒋玉林	中铁电气化局集团有限公司工会主席
赵静芳	中铁电气化局集团有限公司工会财务科科长
杜远华	中铁二院工程集团有限公司工会主席
冉隆珍	中铁二院工程集团有限公司工会财务科科长
粟　健	中铁西南院工会主席
王晓华	中铁西南院工会财务负责人
王军芳	中国铁路工程总公司党校工会主席
胡　娟	中国铁路工程总公司党校工会科长
高　云	股份公司机关工会主席
李　萍	股份公司机关工会财务负责人

【2010年度股份公司工会财务工作竞赛】

（一）特等奖单位

中铁二局集团有限公司工会

中铁四局集团有限公司工会

中铁五局集团有限公司工会

中铁八局集团有限公司工会

中铁隧道集团有限公司工会

中铁电化局集团有限公司工会

（二）一等奖单位

中铁六局集团有限公司工会

中铁七局集团有限公司工会

中铁九局集团有限公司工会

中铁十局集团有限公司工会

中铁大桥局集团有限公司工会

中铁二院工程集团有限公司工会

中铁宝桥集团有限公司工会

中铁科工集团有限公司工会

中铁工程设计咨询集团有限公司工会

中铁西南科学研究院工会

总公司党校工会

总公司咸阳干院工会

机关工会

（三）二等奖单位

中国海外工程有限责任公司工会

中铁一局集团有限公司工会

中铁三局集团有限公司工会

中铁建工集团有限公司工会

中铁山桥集团有限公司工会

中铁西北科学研究院工会

【2010年度股份公司工会经审工作竞赛】

一、一等奖

中铁一局工会

中铁四局工会

中铁六局工会

中铁八局工会

中铁九局工会

中铁十局工会

中铁大桥局工会

中铁电气化工会

中铁二院工会

二、二等奖

中铁二局工会

中铁三局工会

中铁五局工会

中铁七局工会

中铁隧道工会

中铁建工工会

中铁山桥工会

中铁宝桥工会

中铁科工工会

【2010年度中国中铁青年文明号】

中铁一局上海分公司上海轨道交通12号线土建27标项目部

中铁二局成绵乐指挥部

中铁三局六公司大西项目部

中铁四局二公司杭长项目二分部

中铁五局二公司杭长项目一分部
中铁六局石家庄铁建公司
中铁七局漯阜铁路工程指挥部第四架子队
中铁八局一公司兰新铁路青年突击队
中铁九局二公司通霍项目部第五作业队
中铁十局建筑工程公司
中铁大桥局四公司安庆长江大桥项目部
中铁隧道集团四处市政一公司南宁轻轨项目部
中铁电气化局运管公司张夏工区
中铁建工集团郑州东站项目部
中铁港航局二公司南广铁路8标鼎湖特大桥第二项目部
中铁二院土建二院隧道所
中铁山桥钢二车间电焊三班
中铁国际川铁安哥拉公司
中铁八局哈大客运专线项目部
中铁西南广西岑兴高速公路玉林收费站

【中国中铁青年岗位能手标兵】

中铁二局　任绍刚
中铁一局　白芝勇
中铁二局　张同兵
中铁六局　徐生颜

【中国中铁岗位能手标兵】

中铁二局　江　华

【中国中铁青年岗位能手和中国中铁岗位能手】

中铁六局　陈　驰
中铁二院　黄子明
中铁八局　邓　荣
中铁大桥局　周卫兵
中铁六局　林　锋
中铁隧道　王伟伟
中铁四局　唐　剑
中铁一局　刘　冬
中铁八局　吴碧昆
中铁七局　尹代州
中铁三局　袁　建
中铁六局　赵　刚
中铁一局　易汉平
中铁大桥局　阮祖伟
中铁二局　刘文军

【2010年度总部机关先进集体及个人】

2010年度总部机关先进党支部（9个）
董事会办公室党支部
总裁办公室（党办）党支部
战略规划部党支部
干部部（党委干部部）党支部
财务部党支部
科技设计部党支部
工业设备部党支部
企业文化部（党委宣传部）党支部
离退休党总支万寿路党支部

总部机关优秀支部工作者（11名）
王飞孟　邓飞喜　冯慧光　刘涵宁
闫　旭　吴　青　张睿开　李夏初
屈建国　俞　坚　钱荣华

总部机关优秀共产党员（34名）
毛建军　王兴波　王　烨　邓志胜
尼玉瀛　田　华　白　昭　关静雅
刘志伟　刘佩津　刘贵明　刘颖慧
余　赞　吴　茵　张春全　李凤超
李晓鹏　李德忠　杨书华　杨宗林
杨路帆　陈之功　林　鑫　罗元恒
罗庆梅　郑　江　韩　东　洪　云
赵乾钊　徐　进　黄观明　黄建中
景　象　程建伟

【《中国中铁》报2010年度优秀通讯员】

中海外　赵兴业　冯伟
中铁一局　史飞龙　张大强　张陕峰　徐澎　文学红
中铁二局　张长明　邓显杰　廖金阳　周云勇　秦桦　江心　伍庆华
中铁三局　梁海斌　张安全　闫跃光　王祥山　王雪红
中铁四局　舒郁仁　江龙余　贡海斌　吴健　许乃见　文良诚　朱晖
中铁五局　谢崇志　张小俊　袁蓉生　何增旺　谢永彬　蒋方槐　李维康
中铁六局　范勤学　王保军　肖博　费龙光　王小莉
中铁七局　杨静　郑会星　余立强　邹昌成　鲁常发
中铁八局　宋旭东　陈兴鹏　廖坚　王春梅　樊进
中铁九局　王宾　王梅迪　赵庆富　赵海峰　尤迎雷
中铁十局　安国强　王磊　赵淑芳　孔庆林　王卫亚
中铁大桥局　刘家华　张丽琴　曹雯文　孙奇忠　成莉玲
中铁隧道　吉建科　宋宝华　宋世斌　李强　邵鸿
中铁电气化局　胡斌　李聚民　倪树斌　沈瑞华　李忠民
中铁建工　梁秦　戴荣里　杨正华　宋道远　倪亚菲
中铁航空港　罗维平　南鹏超
中铁上海局　王孝义　齐晓文
中铁港航局　王建国　李经萍
中铁二院　蔡中祥　王刚

中铁咨询　　韩晶　赵廷俭
中铁大桥院　洪芬
中铁山桥　　李家泉　张吉森
中铁宝桥　　周亚全　蒋晓强
中铁科工　　杜建平　洪杰雄
中铁信托　　邹纯余
中铁置业　　杨成　彭华
中铁资源　　韩忠艺　张湘涛
中铁国际　　梅晓茜　刘辉
哈大指挥部　安德智
建设分公司　王耀辉
中铁西南　　聂鸿
中铁南方　　陈国良
委铁分公司　杨能兵
中铁装备　　韩世强　焦卫华
中铁西南院　石维明　覃一
中铁西北院　潘博　李静
宏达中心　　谷有志　郭宇
总公司党校　王兴安
咸阳干校　　巨世卓
总部机关　　陈文鑫　杨文博　赵梦　景象　郑黎
　　　　　　王恺　任乐春　赵艳杰　曹增才
　　　　　　史艳丽　高元宝　韩凤岩　朱成亮　李元

【《中国中铁》报 2010 年度优秀发行员】

中海外　　　孙静
中铁二局　　谢瑞珍
中铁四局　　张红雷
中铁六局　　冷伊川
中铁九局　　程玉玲
中铁十局　　李卿
中铁电气化局　张京文
中铁港航局　赵雨晨
中铁二院　　肖力红
中铁设计咨询　刘佳
总部机关　　高丽萍

【《中国中铁》报 2010 年度优秀发行单位】

中铁二局集团有限公司
中铁四局集团有限公司
中铁六局集团有限公司
中铁七局集团有限公司
中铁九局集团有限公司
中铁大桥局集团有限公司
中铁隧道集团有限公司
中铁科工集团有限公司
中铁二院工程集团有限责任公司
中铁置业集团有限公司
中铁宏达资产管理中心

【《中国中铁》报 2010 年度优秀投稿组织单位】

中铁二局集团有限公司
中铁四局集团有限公司
中铁五局（集团）有限公司
中铁大桥局集团有限公司
中铁宝桥集团有限公司
中铁置业集团有限公司
中铁西南科学研究院有限公司

【2010 年度中国铁路好新闻】

报纸好新闻消息类一等奖　胡锦涛总书记春节看望厦门翔安隧道建设者
报纸好新闻通讯类一等奖　“巨人”在这里长成
报纸好新闻副刊类二等奖　美丽守候

【中铁一局特别荣誉】

全国优秀会员单位　中铁一局集团有限公司
茅以升科学技术奖——建造师奖　樊恒秀
全国工程建设报刊“金页”奖
　中铁一局《铁路建设报》、政研会刊物《开拓》
中央企业职工技能竞赛先进单位　中铁一局集团有限公司
中央企业职工技能竞赛优秀工作者　路庆立
全国工程建设管理体系论坛优秀企业 3 个
中铁一局集团有限公司
中铁一局第五工程有限公司
中铁一局第四工程有限公司
全国工程建设管理体系论坛优秀管理者代表
　张亚君　刘富胜　张剑
全国工程建设管理体系论坛优秀内审员
　朱锋　康建新　李坚　叶慧萍　刘嫌　张君一　王晓英
　吴庭军　苏永刚　王佳佳　王萍
陕西省 QC 小组活动先进企业　中铁一局集团有限公司
陕西省优秀项目经理　梁斌　任斌　孟维孝　张秦
陕西省建筑业协会工作先进企业　中铁一局集团有限公司
陕西省质量管理优秀企业　中铁一局四公司
陕西省质量管理先进个人　刘富胜
全国“安康杯”竞赛组织工作优秀单位　中铁一局工会
全国亿万职工健身活动月优秀组织奖　中铁一局工会
陕西省职业技能大赛优秀组织单位　中铁一局工会
陕西省杰出工会工作者　曹根子
全路优秀工会工作者　曹根子
工运研究“先进团体会员单位”　中铁一局工会

"厂务公开民主管理工作"先进单位　中铁一局工会

"职工互助保障工作"先进集体　中铁一局工会

工会"好班子"　中铁一局工会

陕西企业之歌一等奖　中铁一局工会

陕西省先进女职工委员会　中铁一局工会女工委

全国"安康杯"竞赛优胜企业　中铁一局物资工贸公司

全国"安康杯"竞赛优胜班组

中铁一局一公司西平铁路项目部

陕西省"安康杯"竞赛优胜企业

中铁一局集团建筑安装工程有限公司

职工互助保障优秀工作者　杨海萍

五一巾帼标兵　吕云霞

中央企业红旗班组（科室）标杆

中铁一局电务公司窦铁成班组

中央企业红旗班组（科室）

中铁一局、中铁一局新运公司奎北项目部铺架班

陕西省职业技能大赛团体金奖　中铁一局二公司

陕西省职业技能大赛团体银奖　中铁一局电务公司

陕西省职业技能大赛团体铜奖　中铁一局三公司

陕西省技术状元　郑小红　何　斌　张利斌　蒲家宏

全国工会优秀"职工书屋"示范点

中铁一局新运朔黄运输公司

全省厂务公开职代会五星级单位　中铁一局工会

全国工会系统"五五"普法先进个人　曹根子

工会系统"五五"普法先进集体　中铁一局工会

上海市优秀青年突击队

中铁一局三公司嘉闽高架路 JM-2 标青年突击队

上海市优秀青年突击队员　史学亮

陕西省青年文明号标兵单位

中铁一局四公司宜万铁路 W23 标驷步河大桥分部、一公司、京沪项目部

陕西省青年岗位能手

蒲家宏　钟兴才　李燕军　刘建利　张利斌　魏建恒　辛锋军　何斌　吴垒宏　郑小红

陕西省优秀共青团干部　王　越

陕西省五四红旗团委　中铁一局新运公司团委

【中铁二局特别荣誉】

四川省"五一劳动奖状"

中铁二局成都至都江堰铁路工程项目经理部、中铁二局五公司、中铁二局新运公司、中铁二局股份有限公司绵遂高速公路 A 合同段项目经理部、中铁二局机械筑路工程有限公司绵遂高速公路 B1 合同段项目经理部

四川省"五一劳动奖章"

王胜钦　中铁二局新运公司成灌项目部混凝土工

邹宏伟　中铁二局成都至都江堰铁路工程项目经理部

何建府　中铁二局五公司成灌项目经理部副经理

谢　军　中铁二局五公司西藏年邦项目部党支部书记

龙援青　中铁二局股份有限公司副总经理兼宝成铁路石亭江大桥抢险重建指挥部常务副指挥长

杨忠波　中铁二局五公司副总经理兼五公司抢险项目部经理

蒋正伟　中铁二局新运公司抢险铺架作业队架桥机机长

马永林　中铁二局五公司工会副主席兼五公司抢险项目部党支部副书记、工委主任

罗义胜　中铁二局五公司抢险项目部钻机班班长

唐先富　中铁二局五公司抢险项目部农民工

吴协辉　中铁二局股份公司 A 合同段项目经理部项目经理

李全军　绵遂公司副总经理、总工程师

肖中平　中铁二局电务公司 E 合同段项目经理部工程师

古　建　中铁二局五公司 A 合同段项目四队领工员

郭定松　中铁二局建筑公司总经理

四川省劳动模范

彭声前　绵遂公司总经理、党委书记

朱　智　中铁二局电务公司经营中心工程师

杨　格　中铁二局新运公司石武经理部经理、工程师

龙　明　中铁二局城通公司上海轨道交通 13 号线一期 3 标土建工程项目经理部职工、技师农民工

贵州省劳动模范

龙明华　中铁二局一公司总经理

四川省灾后恢复重建先进个人

邓元发　中铁二局集团公司党委书记（享受四川省劳模待遇）

四川省参与玉树抗震救灾先进个人

向涛声　中铁二局五公司西藏年邦项目机电部长（享受四川省劳模待遇）

【中铁三局特别荣誉】

山西省模范单位

中铁三局运输分公司

山西省劳动模范

袁　建　中铁三局华海公司六分公司测量工技师

张俊兵　中铁三局集团公司科技开发部部长

李秋旺　中铁三局运输分公司第二运输段段长

山西省总工会直属基层五一劳动奖状

中铁三局北方工程公司

山西省总工会直属基层工人先锋号

中铁三局集团公司机关车队、中铁三局四公司沈阳地铁项目经理部、中铁三局运输分公司第二运输段 912 包乘组、中铁三局华海公司无锡市轨道交通 1 号线土建工程 18 标段项目经理部、中铁三局电务公司电气化一公司接触网二班、中铁三局线桥分公司第七工程段第一架梁队

山西省总工会直属基层五一劳动奖章

王武斌　中铁三局一公司副总工程师、工程部部长

谭世俊　中铁三局四公司总经理

刘金亭　中铁三局六公司工会主席
高建利　中铁三局线桥分公司总经理
赵春生　中铁三局建安公司董事长、党委书记
常秀荣　中铁三局建安公司华北分公司副总经理、总工程师
韩仁海　中铁三局哈尔滨铁道职业技术学院院长
安吉中　中铁三局集团公司财务会计部部长
张宇宁　中铁三局集团公司技术开发部总工程师
赵　军　中铁三局集团公司经营开发部副部长

【中铁四局特别荣誉】

国资委党委表彰的优秀党务工作者　马先明
国家、安徽省重点环保实用技术示范工程
合武铁路一公司管段生态环保工程、合肥铁路枢纽北城梁场节水环保工程
安徽省环保产业优秀企业　一公司
安徽省环保产业优秀企业家　一公司总经理王传越
安徽省环保示范工地　合肥铁路枢纽南环二分
安徽省"五一"劳动奖章　王平均
全国"五一"巾帼标兵　赵春花
安徽省"五一"巾帼标兵　肖丽娜
安徽省先进女职工　梁春玲

【中铁五局特别荣誉】

贵州省劳动模范　谢启明(中铁五局电务公司工人)、陈明(中铁五局五公司渝利项目总工程师)、申凌云（中铁五局建筑公司总经理）

贵州省女职工建功立业标兵岗　机化公司社管中心

赵建群(中铁五局湘桂扩改工程指挥部指挥长)、李永毅(中铁五局成绵乐指挥部总工程师)、陈锋贵（中铁五局成绵乐指挥部二项目部经理)、徐国胜（中铁五局成绵乐指挥部工班长）

铁总客运专线"火车头"奖章奖杯　中铁五局湘桂扩改工程指挥部、中铁五局成绵乐指挥部

贵州省总表彰2008年度全省"安康杯"竞赛优胜企业　中铁五局四公司

贵州省总表彰2008年度全省"安康杯"竞赛优胜班组　中铁五局建筑公司华颐蓝天项目、中铁五局五公司渝利五总队二队隧道开挖班

贵州省总 2008 年度全省"安康杯"竞赛先进个人　岑轩（中铁五局电务公司工会主席）

贵州省总工会2009年度工作创新项目　中铁五局工会《深入开展"安全质量万人行"活动，促进企业又好又快发展

贵州省总工会工会工作职能绩效一等奖　中铁五局工会

贵州省总 2009 年度工会统计调查工作二等奖　中铁五局工会

【中铁六局特别荣誉】

北京市劳动模范
赵秀丽（女）　中铁六局丰桥公司平谷分公司京沪东光轨道板场总工程师
梁顺发　中铁六局电务工程有限公司电力分公司作业队长
王吉钟　中铁六局北京南站、动车段工程指挥部总工程师
白庆良　中铁六局太原铁路建设有限公司线路作业队作业队长
侯洪才　中铁六局北京铁路建设有限公司项目经理
山西省劳动模范
胡一文　中铁六局太原铁路建设有限公司副总经理
中央企业先进职工
王进福　中铁六局石家庄铁路建设有限公司线路工
天津市"五一"劳动奖章
宋文泽　中铁六局天津铁路建设有限公司副总经理
北京市"三八"红旗奖章
孙琳　（女）　中铁六局北京铁建公司直属第四项目部总经济师
北京市模范集体
中铁六局北京铁建公司北京动车走行线项目部
天津市"五一"劳动奖状
中铁六局天津铁路建设有限公司、中铁六局天津铁建公司蓟港铁路扩能改造项目部
全国"安康杯"竞赛优胜企业
中铁六局集团有限公司、中铁六局天津铁路建设有限公司
全国"安康杯"竞赛优胜班组
中铁六局太原铁建公司北京动车段走行线工程项目部、中铁六局天津铁建公司天津站改扩建工程项目部
北京市"安康杯"竞赛优胜单位
中铁六局北京铁路建设有限公司、中铁六局太原铁路建设有限公司、中铁六局天津铁路建设有限公司
北京市和谐劳动关系先进单位　中铁六局集团有限公司
山西省安康杯竞赛示范班组
中铁六局太原铁建公司西南环一项目部
中央企业红旗班组　中铁六局丰桥公司东光轨道板场
火车头奖杯
中铁六局石家庄铁路建设有限公司、中铁六局武九联络线九江站改指挥部、中铁六局京沪高铁土建二标一工区

【中铁七局特别荣誉】

河南省工程建设协会优秀项目经理
董炬洪　郭建群　周伟　许家炎　梁兴全　杨鑫炎　吴浩　刘继文　黄远芳　刘劲松　杜翔斌　孔军豪
河南省建筑业协会优秀项目经理　周勇荣
河南省总工会"女职工标兵岗"　中铁七局集团有限公司
郑州市地方税务局授予"诚信纳税一百强"
中铁七局集团有限公司

【中铁十局特别荣誉】

国资委先进班组　第二工程有限公司工程技术部

“富民兴鲁”劳动奖状　建筑工程有限公司

山东省工人先锋号　济南铁路工程有限公司京沪高铁二工段

全国工会系统五五普法先进单位　中铁十局集团公司

山东省厂务公开民主管理工作先进单位　中铁十局集团公司

富民兴鲁劳动奖章获得者

沈廷山　电务工程有限公司信号班长

苗右兴　鲁铁工业物资有限公司总经理

国资委先进职工标兵　沈廷山　电务工程有限公司

【中铁大桥局特别荣誉】

中铁大桥局、中铁大桥局二公司

中铁大桥局五公司广深沿江高速公路项目部吊箱围堰施工作业组

中铁大桥局深圳地铁5号线5303B标项目部

中央企业职工技能竞赛先进单位　中铁大桥局

湖北省“五一”劳动奖状　中铁大桥局机械租赁分公司

湖北省“五一巾帼奖”　中铁大桥局六公司向莆铁路项目部

湖北省“安康杯”竞赛优胜企业

中铁大桥局九江船舶分公司、中铁大桥局沪宁项目部、中铁大桥局浙江分公司

湖北省“安康杯”竞赛优秀组织单位

中铁大桥局一公司工会

湖北省工人先锋号

中铁武桥重工有限公司总装厂钳工区

湖北省职工代表培训工作先进单位

中铁大桥局集团公司工会

江苏省工人先锋号

中铁大桥局二公司南京大胜关南延线项目部移动模架二队、中铁大桥局四公司南京长江第四桥项目部

江西省工人先锋号

中铁大桥局五公司向莆铁路钢梁架设架子队

全国“安康杯”竞赛优秀组织个人　秦汉桥

火车头奖章　伍还宁

湖北省“荆楚功勋”　刘自明

湖北省“安康杯”竞赛优秀个人　周图铭

湖北省“五一”劳动奖章

秦汉桥　张　敏　伍还宁　李华军

江西省“五一”劳动奖章

陈志宜　李华军　汪　德

【中铁隧道集团特别荣誉】

天津市五一劳动奖状　中铁隧道勘测设计院有限公司

深圳市“安康杯”竞赛先进单位

中铁隧道集团三处有限公司工会

河南省五一劳动奖状　中铁隧道集团二处有限公司

河南省劳动关系和谐模范企业　中铁隧道集团一处有限公司

河南省学习型组织先进单位　中铁隧道集团有限公司

河南省职工职业道德建设先进单位　中铁隧道股份有限公司

河南省职工技能竞赛优秀组织单位

中铁隧道集团有限公司工会

河南省“六好”基层工会　中铁隧道集团二处有限公司工会

河南省女工工作示范单位

中铁隧道集团公司工会女职工委员会

河南省学习型组织标兵班组

中铁隧道勘测设计院北京地铁项目组

河南共青团工作先进单位　中铁隧道集团公司团委

重庆市工人先锋号　中铁隧道集团一处重庆重钢项目部

河南省工人先锋号　中铁隧道股份公司、中铁隧道集团四处市政一公司南宁轻轨项目部、中铁隧道集团京隧建成都地铁二号线6标项目部

福建省工人先锋号

中铁隧道隧道股份厦门翔安隧道项目部、中铁隧道隧道一处五分公司

江苏省工人先锋号

中铁隧道集团二处南京地铁一号线南延线TA01标项目部

浙江省工人先锋号　中铁隧道隧道股份宁波地铁项目部

山东省工人先锋号　中铁隧道集团二处青岛地铁一期工程试验段项目部

贵州省工人先锋号　中铁隧道集团三处贵广铁路第四项目部

河南省女职工标兵岗　中铁隧道集团职工大学

南京市五一劳动奖状　中铁隧道集团二处南京地铁TA09标项目部

天津市红桥区五一劳动奖状

中铁隧道勘测设计院第二设计所、中铁隧道勘测设计院第一设计所无锡地铁项目部、中铁隧道勘测设计院第二设计所武汉地铁项目部

天津市红桥区模范职工小家

中铁隧道勘测设计院第三设计所

厦门市五一劳动奖状

中铁隧道隧道股份厦门翔安隧道项目部开挖二队

石家庄市工人先锋号　中铁隧道集团京隧建京石客专项目部

洛阳市工人先锋号

中铁隧道集团公司青藏铁路西格二线关角指挥部一工区、中铁隧道集团公司青藏铁路西格二线关角指挥部二工区、中铁隧道集团一处安质部、中铁隧道集团公司工程部

龙岩市工人先锋号

中铁隧道集团公司龙厦铁路像山隧道项目部、中铁隧道集团一处四分公司双永高速A15标项目部

北京市劳动模范　何　峰

天津市五一劳动奖章　张先锋
重庆市五一劳动奖章　李长元
河南省五一劳动奖章
薛景沛、黄云兵、刘昌彬、蒋平、罗厚金
福建省五一劳动奖章　惠建永
河南省百名职工技术英杰　巨景才
河南省创建劳动关系和谐企业先进工作者　张继奎
河南省创争活动优秀组织者　丁荣富
河南省职工职业道德建设先进个人　张修本
河南省女职工标兵　费曼利
河南省优秀企业团委书记　王冰炎
天津市红桥区五一劳动奖章　贺维国
洛阳市“五一”劳动奖章
谭炳海　曹军伟　曾宝成　李会　高　林
厦门市五一劳动奖章　梁海清

【中铁电气化局特别荣誉】

“北京市模范集体”
中铁电气化局集团公司系统集成事业部
“北京市劳动模范”
王其增　范陆军　安志杰　巨晓林　刘　军　刘德海
张虎斌　邓长春　刘培栋　任福增　田胜利
“上海市五一劳动奖章”　安智勇
中央企业“先进基层党组织”
中铁电气化局集团有限公司党委
中央企业“优秀共产党员”　巨晓林
“全国企业文化建设优秀单位”
中铁电气化局集团有限公司
“北京市三八红旗奖章”称号　王玉芝　高云霞
“首都文明单位”
中铁电气化局集团公司、一公司、城铁公司、工厂处
北京市委“群众心目中的好党员”　巨晓林
北京市国资委“群众心目中的好党员”
巨晓林、赵庆国、李长春、穆宝石
北京市公安局铁路工程公安局三等功　王强

【中铁建工集团特别荣誉】

西北分公司那曲物流中心指挥部　北京市“工人先锋号”
西南分公司成都东客站项目部　国资委“中央企业红旗班组”
深圳分公司机关工会　全路模范职工之家
冯晓迎　国资委“中央企业先进职工”
毛朝成　北京市国资委“群众心目中的好党员”
刘笃斌　北京市国资委“群众心目中的好党员”
杨中轩　北京市三八红旗奖章
毛朝成　首都劳动奖章

【中国航空港特别荣誉】

一公司山西中南部铁路通道 ZNTJ-11 标项目部
北京公司太原南站项目部
山西省五一劳动奖状　三公司
山西省五一劳动奖章
三公司京沪高速铁路三工区技术室　山西省工人先锋号
王武斌　三公司总工程师

【中铁二院特别荣誉】

四川省工程勘察设计大师
李安洪　陈克坚　肖道坦　朱　颖　高　杨　蒋良文
罗　庆
云南省工程勘察设计大师　李光慧
四川省学术和技术带头人
马庭林　张海波　许佑顶　陈克坚
四川省有突出贡献的优秀专家　（23 人）
周　建　曾德礼　胡光常　陶伟明　朱　颖　许志艳
扈　森　张　雄　黎再龙　李安洪　刘名君　罗　庆
肖道坦　张小强　秦小林　徐　勇　高　扬　葛根荣
方昌福　杨　岗　周　勇　罗世培　魏永幸
铁道部专业技术带头人　马庭林
四川省学术和技术带头人后备人选　（44 人）
周　建　张海波　陶伟明　蒋楚生　徐银光
陈　列　许志艳　熊　冰　敖云碧　陈克坚
张　雄　魏永幸　涂　强　李生权　李安洪
许佑顶　周　勇　袁　明　高　扬　方昌福
朱　颖　宋随弟　张小强　杨　岗　罗　庆
徐　勇　高丰农　曾德礼　魏德勇　曾庆华
高　山　秦小林　陈赤坤　张雪才　陈章明
李德才　喻　渝　邓健儿　喻　波　石义军
罗照新　朱　敏　蒋良文　肖　琨
詹天佑成就奖　马庭林
詹天佑人才奖　朱　颖
詹天佑青年奖　蒋楚生　陈克坚　徐　勇　陶伟明
四川省青年科技奖　林宗良

【中铁西南院特别荣誉】

铁科院拔尖人才：粟　健

优秀工程勘察设计奖

【优秀工程勘察设计奖】 2010年股份公司获省部级优秀工程勘察设计奖32项，2010年股份公司共评出优秀工程勘察设计奖63项。（见表10-1）

表10-1 中国中铁获得的优秀工程勘察设计奖（2010）

序号	项目名称	获奖类别	获奖级别	获奖等级	股份公司获奖单位
1	杭州湾跨海大桥非通航孔桥设计	工程设计	湖北省	一等奖	中铁大桥勘测设计院有限公司
2	武汉铁路局局界口货检智能综合检测系统工程	工程设计	湖北省	三等奖	中铁二院工程集团有限责任公司
3	改建铁路胶济铁路电气化胶黄线增二线工程	工程设计	山东省	一等奖	中铁工程设计咨询集团有限公司济南院
4	徐州市和平路跨铁铁路站场立交桥工程	工程设计	山东省	二等奖	中铁工程设计咨询集团有限公司济南院
5	坪岚地方铁路铁牛庙接轨站扩建工程	工程设计	山东省	三等奖	中铁工程设计咨询集团有限公司济南院
6	磁东线大协站地面塌陷整治工程	工程设计	山东省	三等奖	中铁工程设计咨询集团有限公司济南院
7	国龙大厦（A9地块）	工程设计	河南省	二等奖	中铁工程设计咨询集团有限公司郑州院
8	郑州小李庄焊轨基地改扩建工程	工程设计	河南省	二等奖	中铁工程设计咨询集团有限公司郑州院
9	郑州市郑东新区起步区中央大道跨七里河3#桥工程	工程设计	河南省	二等奖	中铁工程设计咨询集团有限公司郑州院
10	郑州北站生产调度综合指挥中心	工程设计	河南省	二等奖	中铁工程设计咨询集团有限公司郑州院
11	北京地铁十号线一期	工程设计	北京市	一等奖	中铁工程设计咨询集团有限公司
12	北京市轨道交通首都机场线工程	工程设计	北京市	一等奖	中铁工程设计咨询集团有限公司
13	广州地铁四号线高架区间设计	工程设计	北京市	三等奖	中铁工程设计咨询集团有限公司
14	北京市轨道交通首都机场线通信信号系统设计	工程设计	北京市	一等奖	北京电铁通信信号勘测院设计院有限公司
15	四川平武县文体中心（512灾后重建项目）	工程设计	四川省	二等奖	中铁工程设计院有限公司
16	新密至刑口铁路新郑至马寨段扩能改建工程	工程设计	陕西省	一等奖	中铁二院工程集团有限责任公司
17	中国石油长庆石化分公司铁路专用线改造工程	工程设计	陕西省	三等奖	中铁二院工程集团有限责任公司
18	北京地铁5号线工程	工程设计	建设部	一等奖	中铁电气化勘测设计研究院有限公司、中铁隧道勘测设计院有限公司、中铁二院工程集团有限责任公司
19	北京轨道交通首都机场线	工程设计	建设部	一等奖	北京电铁通信信号勘测院有限公司、中铁电气化勘测设计研究院有限公司、中铁隧道勘测设计院有限公司、中铁工程设计咨询集团有限公司
20	北京地铁十号线一期工程	工程设计	建设部	一等奖	中铁隧道勘测设计院有限公司、中铁工程设计咨询集团有限公司
21	无锡市内环快速路（惠山隧道北洞口—金城立交东引道）	工程设计	建设部	二等奖	中铁大桥勘测设计院有限公司
22	胶济铁路青岛客站改造工程	工程设计	建设部	二等奖	中铁工程设计咨询集团有限公司
23	徐州市和平路跨铁路站场立交桥	工程设计	建设部	三等奖	中铁工程设计咨询集团有限公司
24	京津城际铁路工程地质勘察	工程勘察	铁道部	一等奖	铁道第三勘察设计院集团有限公司
25	北京南站改扩建工程岩土工程勘察	工程勘察	铁道部	二等奖	铁道第三勘察设计院集团有限公司
26	石太客运专线太行山、南梁隧道控制测量	工程勘察	铁道部	二等奖	铁道第三勘察设计院集团有限公司

27	京津城际铁路总体设计	工程设计	铁道部	特等奖	铁道第三勘察设计院集团有限公司、中铁电气化勘测设计研究院有限公司
28	京津城际铁路无砟轨道、桥梁及路基工程系统设计	工程设计	铁道部	一等奖	铁道第三勘察设计院集团有限公司
29	北京南站站房设计	工程设计	铁道部	一等奖	铁道第三勘察设计院集团有限公司
30	青岛客站站房设计	工程设计	铁道部	一等奖	中铁工程设计咨询集团有限公司
31	合肥至南京铁路四电系统集成设计	工程设计	铁道部	一等奖	中铁二院工程集团有限责任公司
32	京秦线通县至丰润段 CTCS-2 系统设计	工程设计	铁道部	二等奖	铁道第三勘察设计院集团有限公司
33	贵广线（贵阳至贺州段）精密控制网测量	工程勘察	股份公司	一等奖	中铁二院工程集团有限责任公司
34	襄渝铁路增建二线新大巴山隧道工程地质勘察	工程勘察	股份公司	一等奖	中铁二院工程集团有限责任公司
35	石太客运专线太行山隧道工程地质勘察	工程勘察	股份公司	一等奖	铁道第三勘察设计院集团有限公司
36	武汉天兴洲公铁两用长江大桥工程勘察	工程勘察	股份公司	一等奖	中铁大桥勘测设计院有限公司
37	万宜铁路万县长江大桥工程勘察	工程勘察	股份公司	二等奖	中铁大桥勘测设计院有限公司
38	马鞍山公路长江大桥施工控制网测量	工程勘察	股份公司	三等奖	中铁大桥勘测设计院有限公司
39	烟台火车站改造工程地质勘察	工程勘察	股份公司	三等奖	中铁工程设计咨询集团有限公司
40	青海省省道S101线同德至大武段改建工程龙穆尔沟段滑坡病害治理工程勘察	工程勘察	股份公司	三等奖	中铁西北科学研究院有限公司
41	成都至都江堰市域快速铁路总体设计	工程设计	股份公司	一等奖	中铁二院工程集团有限责任公司
42	襄渝铁路增建第二线工程新大巴山隧道	工程设计	股份公司	一等奖	中铁二院工程集团有限责任公司
43	石太客运专线太行山隧道设计	工程设计	股份公司	一等奖	铁道第三勘察设计院集团有限公司
44	北京南站改扩建工程站场设计	工程设计	股份公司	一等奖	铁道第三勘察设计院集团有限公司
45	襄渝铁路安康至重庆段增建第二线总体设计	工程设计	股份公司	一等奖	中铁二院工程集团有限责任公司
46	贵阳南编组站工程设计	工程设计	股份公司	一等奖	中铁二院工程集团有限责任公司
47	北京北站改扩建工程	工程设计	股份公司	一等奖	中铁工程设计咨询集团有限公司
48	东江双层公路大桥创新设计	工程设计	股份公司	一等奖	中铁大桥勘测设计院有限公司
49	铜陵至九江新建铁路信号系统工程设计	工程设计	股份公司	一等奖	铁道第三勘察设计院集团有限公司
50	襄渝增建二线铁路牛角坪特大桥	工程设计	股份公司	一等奖	中铁二院工程集团有限责任公司
51	北京市六环路丰沙铁路分离式立交斜拉桥	工程设计	股份公司	一等奖	中铁工程设计咨询集团有限公司
52	福州至厦门铁路总体设计	工程设计	股份公司	一等奖	中铁二院工程集团有限责任公司
53	新建北京动车段工程路基工程设计	工程设计	股份公司	一等奖	铁道第三勘察设计院集团有限公司
54	新建北京动车段工程站场设计	工程设计	股份公司	一等奖	铁道第三勘察设计院集团有限公司
55	襄渝铁路增建二线牵引供电系统工程设计	工程设计	股份公司	一等奖	中铁二院工程集团有限责任公司
56	天津站改扩建工程站房照明设计	工程设计	股份公司	一等奖	铁道第三勘察设计院集团有限公司
57	广州地铁四号线直线电机牵引直流1500V三轨供电系统设计	工程设计	股份公司	一等奖	中铁电气化勘测设计研究院有限公司
58	青海师范大学二期工程3号住宅楼纠偏加固工程	工程设计	股份公司	二等奖	中铁西北科学研究院有限公司
59	北京南站接触网景观优化设计	工程设计	股份公司	二等奖	中铁电气化勘测设计研究院有限公司
60	大理至丽江铁路北衙隧道	工程设计	股份公司	二等奖	中铁二院工程集团有限责任公司
61	北京南站改扩建工程路基工程设计	工程设计	股份公司	二等奖	铁道第三勘察设计院集团有限公司
62	石家庄至太原客运专线无砟轨道设计	工程设计	股份公司	二等奖	铁道第三勘察设计院集团有限公司
63	泰国曼谷机场线用道岔及配套混凝土岔枕设计	工程设计	股份公司	二等奖	中铁工程设计咨询集团有限公司
64	泉州晋江大桥设计	工程设计	股份公司	二等奖	中铁大桥勘测设计院有限公司

65	北京地铁1、2号线消隐改造、2号线信号系统更新工程	工程设计	股份公司	二等奖	北京电铁通信信号勘测设计院有限公司
66	洛湛铁路贺州站	工程设计	股份公司	二等奖	中铁二院工程集团有限责任公司
67	石太客运专线铁路桥梁工程设计	工程设计	股份公司	二等奖	铁道第三勘察设计院集团有限公司
68	铜陵至九江新建铁路通信工程设计	工程设计	股份公司	二等奖	铁道第三勘察设计院集团有限公司
69	天津站改扩建工程接触网设计	工程设计	股份公司	二等奖	铁道第三勘察设计院集团有限公司
70	广州地铁5号线工程小北站设计	工程设计	股份公司	二等奖	中铁隧道勘测设计院有限公司
71	北京地铁10号线一期工程呼家楼站结构设计	工程设计	股份公司	二等奖	中铁隧道勘测设计院有限公司
72	萧甬铁路电气化改造工程牵引供电系统设计	工程设计	股份公司	二等奖	中铁电气化勘测设计研究院有限公司
73	沈阳铁路局苏家屯机务段内燃机车检修基地建设项目	工程设计	股份公司	二等奖	中铁工程设计院有限公司
74	戚墅堰机车车辆厂南厂总口污水处理工程	工程设计	股份公司	二等奖	铁道第三勘察设计院集团有限公司
75	石板滩长钢轨焊轨基地工艺设计	工程设计	股份公司	二等奖	中铁二院工程集团有限责任公司
76	烟台火车站站房项目	工程设计	股份公司	二等奖	中铁工程设计咨询集团有限公司
77	上海轨道交通11号线北段一期工程轨道工程设计	工程设计	股份公司	二等奖	中铁工程设计咨询集团有限公司
78	胶济铁路客运专线悬臂式、扶壁式挡土墙	工程设计	股份公司	二等奖	中铁二院工程集团有限责任公司
79	大秦铁路用75kg/m钢轨12号翼轨镶嵌合金钢辙叉	工程设计	股份公司	二等奖	中铁工程设计咨询集团有限公司
80	神府东胜煤田朔州至黄骅港铁路噪声治理工程	工程设计	股份公司	二等奖	铁道第三勘察设计院集团有限公司
81	双拱肋V型墩系杆拱桥—衡阳雁栖大桥设计	工程设计	股份公司	三等奖	中铁大桥勘测设计院有限公司
82	塘沽区中心路下穿京山线塘沽编组站11.5m—11.5m双孔框架地道桥工程	工程设计	股份公司	三等奖	中铁工程设计咨询集团有限公司
83	铜陵至九江新建铁路站房工程设计	工程设计	股份公司	三等奖	铁道第三勘察设计院集团有限公司
84	中国北车集团唐山轨道客车有限责任公司时速300公里动调试验线技术改造工程	工程设计	股份公司	三等奖	中铁工程设计咨询集团有限公司
85	蓟港铁路北塘西至东大沽扩能改造工程软土路基设计	工程设计	股份公司	三等奖	铁道第三勘察设计院集团有限公司
86	河南岭南高速公路蒲山特大桥工程	工程设计	股份公司	三等奖	中铁工程设计咨询集团有限公司
87	北京地铁四号线西直门站	工程设计	股份公司	三等奖	中铁工程设计咨询集团有限公司
88	贵阳环城高速公路南环线花溪I号大桥	工程设计	股份公司	三等奖	中铁工程设计咨询集团有限公司
89	广州市轨道交通5号线首期工程（滘口~文冲）轨道工程设计	工程设计	股份公司	三等奖	中铁工程设计咨询集团有限公司
90	青海省省道S101线同德至大武段改建工程龙穆尔沟段滑坡病害治理工程设计	工程设计	股份公司	三等奖	中铁西北科学研究院有限公司
91	城市轨道交通列车运行图铺画系统	工程软件	股份公司	一等奖	中铁二院工程集团有限责任公司
92	无砟轨道线下工程沉降变形观测数据处理及分析评估软件	工程软件	股份公司	二等奖	中铁二院工程集团有限责任公司
93	边坡稳定分析、软土地基稳定及沉降检算分析系统	工程软件	股份公司	三等奖	中铁二院工程集团有限责任公司
94	铁路框架桥涵设计绘图软件	工程软件	股份公司	三等奖	中铁二院工程集团有限责任公司
95	AT供电方式牵引供电系统计算软件	工程软件	股份公司	三等奖	中铁二院工程集团有限责任公司

优秀工程咨询成果奖

【优秀工程咨询成果奖】 2010年股份公司获全国优秀工程咨询成果奖17项，省部级咨询成果奖24项，创造了股份公司获全国优秀工程咨询成果奖的最高纪录，2010年股份公司共评出优秀工程咨询成果奖26项。（见表10-2）

表10-2　中铁中铁获得优秀工程咨询成果奖（2010）

序号	项目名称	获奖级别	获奖等级	股份公司完成单位
1	上海市轨道交通11号线南段工程、北段工程可行性研究报告	国家级	一等奖	中铁二院工程集团有限责任公司
2	新建铁路云桂线可行性研究	国家级	一等奖	铁道第三勘察设计院集团有限公司
3	山西中南部铁路通道可行性研究	国家级	一等奖	铁道第三勘察设计院集团有限公司、中铁工程设计咨询集团有限公司、中铁大桥勘测设计院有限公司、中铁隧道勘测设计院有限公司
4	新建铁路沪昆客运专线长沙至昆明段（玉屏至昆明）可行性研究	国家级	一等奖	中铁二院工程集团有限责任公司
5	新建大同至西安铁路可行性研究报告	国家级	二等奖	铁道第三勘察设计院集团有限公司
6	新建铁路成都至重庆客运专线可行性研究	国家级	二等奖	中铁二院工程集团有限责任公司
7	新建南京至安庆铁路安庆长江大桥工程可行性研究报告	国家级	二等奖	中铁大桥勘测设计院有限公司
8	深圳市地铁2号线东延线工程可行性研究报告	国家级	二等奖	中铁二院工程集团有限责任公司
9	南吕梁山隧道水文地质专题研究报告	国家级	二等奖	中铁隧道勘测设计院有限公司
10	哈尔滨至齐齐哈尔铁路客运专线可行性研究	国家级	三等奖	铁道第三勘察设计院集团有限公司
11	新建广州和谐型大功率机车检修基地项目（机车新造系统）可行性研究报告	国家级	三等奖	中铁工程设计院有限公司
12	新建铁路贵阳枢纽白云至龙里北联络线可行性研究	国家级	三等奖	中铁二院工程集团有限责任公司
13	山西中南部铁路通道环境影响报告书	国家级	三等奖	铁道第三勘察设计院集团有限公司、中铁工程设计咨询集团有限公司
14	广西沿海铁路南宁至钦州北段扩能改造工程可行性研究	国家级	三等奖	中铁二院工程集团有限责任公司
15	沈阳至丹东铁路客运专线可行性研究报告	国家级	三等奖	中铁二院工程集团有限责任公司
16	新建铁路海天至青岛线可行性研究	国家级	三等奖	中铁工程设计咨询集团有限公司
17	新建铁路玉林至铁山港线可行性研究报告	国家级	三等奖	中铁电气化勘测设计研究院有限公司、北京电铁通信信号勘测设计院有限公司
18	内蒙古鄂尔多斯地区战略装车点规划研究报告	天津市	一等奖	铁道第三勘察设计院集团有限公司
19	大连市城市快速轨道交通建设规划	天津市	三等奖	铁道第三勘察设计院集团有限公司
20	天津市地下铁道5号线可行性研究报告	天津市	一等奖	铁道第三勘察设计院集团有限公司
21	天津大功率机车检修基地工程可行性研究报告	天津市	二等奖	铁道第三勘察设计院集团有限公司
22	天津站至天津西站地下直径线工程可行性研究报告	天津市	三等奖	铁道第三勘察设计院集团有限公司
23	北京地铁15号线一期工程环境影响报告书	天津市	二等奖	铁道第三勘察设计院集团有限公司
24	哈尔滨至齐齐哈尔城际铁路建设项目地质灾害危险性评估	天津市	二等奖	铁道第三勘察设计院集团有限公司
25	大同至西安（大同至运城段）铁路环境影响报告书	天津市	三等奖	铁道第三勘察设计院集团有限公司
26	山西中南部吕梁山隧道水文地质专项勘察报告	天津市	二等奖	中铁隧道勘测设计院有限公司
27	深圳市地铁3号线西延段工程可行性研究报告	四川省	一等奖	中铁二院工程集团有限责任公司

序号	项目名称	获奖级别	获奖等级	股份公司完成单位
28	新建铁路林夕至织金（新店）线可行性研究	四川省	一等奖	中铁二院工程集团有限责任公司
29	雅安市川西综合交通枢纽规划	四川省	二等奖	中铁二院工程集团有限责任公司
30	成都市龙泉驿区综合交通规划	四川省	三等奖	中铁二院工程集团有限责任公司
31	改建铁路重庆至怀化线重庆北至涪陵段增建第二线可行性研究	重庆市	一等奖	中铁二院工程集团有限责任公司重庆院
32	改建铁路三江至南川线可行性研究报告	重庆市	三等奖	中铁二院工程集团有限责任公司重庆院
33	新建策克口岸站及临策铁路天鹅湖西站至策克口岸站铁路联络线可行性研究	河南省	二等奖	中铁工程设计咨询集团有限公司郑州院
34	郑州市沙口路-北三环立交与北环大桥、科学大道立交、南阳路立交衔接道路工程可行性研究	河南省	二等奖	中铁工程设计咨询集团有限公司郑州院
35	新建铁路漳州港尾铁路可行性研究报告	湖北省	二等奖	中铁二院工程集团有限责任公司武汉院
36	京九线黄州站改扩建工程可行性研究报告	湖北省	三等奖	中铁二院工程集团有限责任公司武汉院
37	滨绥线、图佳线平山至林口段自动闭塞改造工程可行性研究	北京市	二等奖	北京电铁通信信号勘测设计院有限公司
38	沪昆线株洲至娄底段自动闭塞改造工程可行性研究	北京市	三等奖	北京电铁通信信号勘测设计院有限公司
39	新建铁路太原至兴县预可行性研究报告	山西省	一等奖	中铁工程设计咨询集团有限公司太原院
40	新建铁路内蒙古查干淖尔煤田铁路专用线工程可行性研究报告	山西省	二等奖	中铁工程设计咨询集团有限公司太原院
41	新建铁路玉林至铁山港线可行性研究报告	广西	一等奖	中铁电气化勘测设计研究院有限公司、北京电铁通信信号勘测设计院有限公司
42	新建铁路云桂线可行性研究	股份公司	一等奖	中铁二院工程集团有限责任公司
43	新建铁路沪昆客运专线长沙至昆明段（玉屏至昆明）可行性研究 山西中南部铁路通道可行性研究报告	股份公司	一等奖	中铁二院工程集团有限责任公司
44	山西中南部铁路通道可行性研究报告	股份公司	一等奖	铁道第三勘察设计院集团有限公司、中铁工程设计咨询集团有限公司、中铁大桥勘测设计院有限公司、中铁隧道勘测设计院有限公司
45	新建大同至西安铁路可行性研究报告	股份公司	一等奖	铁道第三勘察设计院集团有限公司、中铁第一勘察设计院集团有限公司
46	新建铁路成都至重庆客运专线可行性研究	股份公司	一等奖	中铁二院工程集团有限责任公司
47	新建南京至安庆铁路安庆长江大桥可行性研究	股份公司	一等奖	中铁大桥勘测设计院有限公司
48	哈尔滨至齐齐哈尔铁路客运专线可行性研究报告	股份公司	一等奖	铁道第三勘察设计院集团有限公司
49	深圳市地铁 2 号线东延线工程可行性研究报告	股份公司	一等奖	中铁二院工程集团有限责任公司
50	南吕梁山隧道水文地质专题研究报告	股份公司	一等奖	中铁隧道勘测设计院有限公司

序号	项目名称	获奖级别	获奖等级	股份公司完成单位
51	新建广州和谐型大功率机车检修基地项目（机车新造系统）可行性研究报告	股份公司	一等奖	中铁工程设计院有限公司
52	新建贵阳枢纽白云至龙里北联络线可行性研究	股份公司	一等奖	中铁二院工程集团有限责任公司
53	新建和谐型大功率机车哈尔滨检修基地可行性研究报告	股份公司	一等奖	铁道第三勘察设计院集团有限公司
54	山西中南部铁路通道环境影响报告书	股份公司	二等奖	铁道第三勘察设计院集团有限公司、中铁工程设计咨询集团有限公司
55	新建张家口至唐山铁路可行性研究报告	股份公司	二等奖	铁道第三勘察设计院集团有限公司
56	广西沿海铁路南宁至钦州北段扩能改造工程可行性研究	股份公司	二等奖	中铁二院工程集团有限责任公司
57	新建铁路云桂线环境影响报告书	股份公司	二等奖	中铁二院工程集团有限责任公司
58	沈阳至丹东铁路客运专线可行性研究报告	股份公司	二等奖	铁道第三勘察设计院集团有限公司
59	滨绥及图佳线平山至林口段自动闭塞改造工程可行性研究	股份公司	二等奖	北京电铁通信信号勘测设计院有限公司
60	滨绥线牡丹江至绥芬河段扩能改造工程可行性研究报告	股份公司	二等奖	铁道第三勘察设计院集团有限公司
61	青岛至荣成城际铁路工程环境影响报告书	股份公司	二等奖	铁道第三勘察设计院集团有限公司
62	新建铁路海天至青岛线可行性研究报告	股份公司	二等奖	中铁工程设计咨询集团有限公司
63	哈齐客专铁路沿线地面变形研究及其灾害危险性评估	股份公司	二等奖	铁道第三勘察设计院集团有限公司
64	新建铁路北同蒲应县至原平段新建取直线工程地质灾害危险性评估报告	股份公司	三等奖	铁道第三勘察设计院集团有限公司
65	山东半岛城市群城际轨道交通线网规划	股份公司	三等奖	铁道第三勘察设计院集团有限公司
66	聊城站站房及客运设施改造工程可行性研究	股份公司	三等奖	中铁工程设计咨询集团有限公司
67	沈阳至丹东铁路客运专线工程地质灾害危险性评估	股份公司	三等奖	铁道第三勘察设计院集团有限公司

优质工程奖

【国家优质工程奖】 2010年，中国中铁获得国家优质工程奖10项。（见表10-3）

表10-3 中国中铁获国家优质工程项目（2010）

获奖工程	奖励等级	获奖单位
润扬长江公路大桥	金质奖	山桥集团、中铁武汉大桥工程咨询监理公司
西攀高速公路金沙江特大桥	银质奖	中国中铁股份公司、二局五公司、二院监理公司
新建内蒙古东乌铁路四电工程	银质奖	中铁一局、一局电务、电化局、电化局三公司
天津市快速路系统工程西北半环工程密云路立交工程	银质奖	中铁四局
京杭运河常州市区段改线工程	银质奖	中铁四局
北京通惠河北路道路工程	银质奖	中铁六局
国道104济南零点立交至燕山立交高架桥工程	银质奖	中铁六局、大桥局
烟台火车站站房工程	银质奖	中铁十局、中铁咨询济南设计院
上海市中金广场工程	银质奖	中铁建工集团
香港中旅大厦	银质奖	中铁建工集团

【**中国工程建设鲁班奖**】 2010年，中国中铁获得中国工程建设鲁班奖6项。（见表10-4）

表10-4 中国中铁获中国工程建设鲁班奖项目（2010）

工程名称	施工单位
京津城际	中铁二局等
北京南站	中铁建工集团
大别山隧道	中铁隧道
武汉北编组站	中铁大桥局
天津市快速路南仓道铁东路立交工程	中铁六局
塔吉克斯坦沙尔—沙尔隧道公路项目	中铁五局

【**中国中铁优质工程奖**】 2010年股份公司共评出中国中铁优质工程奖101项。（见表10-5）

表10-5 中国中铁优质工程项目及获奖单位（2010）

序号	项目名称	获奖单位
1	咸阳渭河上林大桥	中铁一局集团第四工程有限公司
2	长兴岛疏港高速公路路基工程第三合同段	中铁一局集团第四工程有限公司
3	广西全兴高速公路第四合同段	中铁一局集团第四工程有限公司
4	厦门翔安海底隧道工程	中铁一局集团第五工程有限公司
5	昆明东二环小庄立交桥	中铁一局集团第五工程有限公司
6	重庆绕城高速公路北段N12合同段	中铁一局集团桥梁工程有限公司
7	郑西铁路客运专线华山北站	中铁一局集团建筑安装工程有限公司
8	铜久铁路铜陵火车站站房工程	中铁一局集团市政环保工程有限公司
9	新建铁路温福线（福建段）铺轨工程	中铁一局集团新运工程有限公司
10	精伊霍铺轨、架梁及桥面系工程	中铁一局集团新运工程有限公司
11	甬台温铁路铺轨工程PGⅠ标段	中铁一局集团新运工程有限公司
12	苏州轨道交通1号线I-TS-14标土建工程	中铁一局集团有限公司城市轨道交通工程分公司
13	杭州地铁1号线16、17号盾构区间土建工程	中铁一局集团有限公司城市轨道交通工程分公司
14	南京地铁2号线一期工程D2-TA07标盾构区间土建工程	中铁一局集团有限公司城市轨道交通工程分公司
15	上海地铁11号线通信系统安装工程	中铁一局集团电务工程有限公司
16	上海市轨道交通10号线给排水、动力照明安装工程	中铁一局集团电务工程有限公司
17	上海轨道交通9号线二期（初期）接触网、环网电缆、杂散电流腐蚀防护工程	中铁一局集团电务工程有限公司
18	沪汉蓉通道武汉至安康增减二线历山特大桥	中铁二局股份有限公司
19	河南省济（源）至邵（原）高速公路JSTJ-08合同段综合工程	中铁二局股份有限公司 中铁二局机械筑路工程有限公司

序号	项目名称	获奖单位
20	东山国际新城 C 区	中铁二局第四工程有限公司
21	黔桂铁路银洞坡隧道	中铁三局集团桥隧工程分公司
22	上海动车段动车组运用所工程	中铁四局集团有限公司
23	合武铁路 I 标跨商景高速公路特大桥	中铁四局集团第一工程有限公司
24	合武铁路 I 标淠河总干渠特大桥	中铁四局集团第一工程有限公司
25	新建甬台温铁路雁荡山特大桥	中铁四局集团第四工程有限公司
26	甬台温铁路乌岩山隧道	中铁四局集团第四工程有限公司
27	石家庄市环城公路第十二合同段工程	中铁四局集团第四工程有限公司
28	瑞赣高速公路 AS11 标段峡山隧道	中铁四局集团第五工程有限公司
29	沈阳地铁 1 号线一期工期第一标段	中铁四局集团第五工程有限公司
30	重庆化工园区供水工程项目净水厂工程	中铁四局集团建筑工程有限公司
31	武汉至襄樊段增建第二线通信信号工程）	中铁四局集团电气化工程有限公司
32	上海轨道交通 11 号线北段（一期）机电工程 3 标	中铁四局集团电气化工程有限公司
33	武汉天兴洲大桥南岸引桥	中铁五局集团第二工程有限责任公司
34	西部开发省际公路通道重庆至长沙公路武隆至彭水段 C21 合同段中兴隧道	中铁五局第五工程有限公司
35	辽宁省大连市庄河特大桥	中铁五局机械化工程有限责任公司
36	沪蓉西（恩施-利川）高速公路 x03 标桑树坝特大桥	中铁五局（集团）路桥工程有限公司
37	沪蓉西（恩施-利川）高速公路 x03 标三岔口特大桥	中铁五局（集团）路桥工程有限公司
38	广州亚运城市政工程项目六标段	中铁五局（集团）路桥工程有限公司
39	天津市快速路南仓道铁东路跨南仓编组站立交 BT 工程	中铁六局集团有限公司
40	济南二环东路高架桥工程第四合同段	中铁六局集团有限公司
41	胶济客运专线青州市站房工程	中铁六局集团太原铁路建设有限公司
42	胶济客运专线 ZH-5 合同段综合工程	中铁六局集团太原铁路建设有限公司
43	新建呼和浩特东客运站工程	中铁六局集团呼和浩特铁路建设有限公司
44	郭白铁路 ZH-1 标段	中铁六局集团呼和浩特铁路建设有限公司
45	福建永武高速公路 A5 合同段马坑山隧道	中铁六局集团桥隧分公司
46	武汉至安康铁路增建二线襄渝上行客车联络线特大桥	中铁七局集团第一工程有限公司
47	岭南高速公路 No.21 标段蒲山特大桥	中铁七局集团郑州工程有限公司
48	胶济客运专线 ZH-8 标韩仓特大桥	中铁七局集团武汉工程有限公司
49	黔桂铁路扩能改造站后工程 ZH1 标段（	中铁七局集团电务工程有限公司
50	昆明银海畅园住宅楼	中铁八局昆明铁路建设有限公司
51	昆明福海立交工程（昆明市）	中铁八局昆明铁路建设有限公司
52	福建永安至武平高速公路土建路基工程 A3 标段	中铁九局集团第一工程有限公司
53	沈阳铁路局苏家屯机务段内燃机车检修基地工程	中铁九局集团第四工程有限公司

序号	项目名称	获奖单位
54	沈哈提速改造工程 SHS1 标段	中铁九局集团第六工程有限公司
55	沈阳至抚顺城际列车通信、信号、电力工程	中铁九局集团电务工程有限公司
56	大连市东联路建设工程公铁立交桥工程	中铁九局集团有限公司大连工程处
57	山东省德州至商丘（鲁豫界）干线公路菏泽至曹县高速公路 HCLM01 及 HCTJ2 合同段	中铁十局集团第二工程有限公司
58	徐州市和平路东延工程	中铁十局集团有限公司 中铁十局集团济南铁路工程有限公司
59	新建武汉北编组站工程	中铁大桥局股份有限公司
60	福厦铁路乌龙江特大桥	中铁大桥局集团第二工程有限公司
61	厦门杏林大桥	中铁大桥局股份有限公司 中铁大桥局集团第五工程有限公司
62	新建温福铁路（福建段）站前工程第Ⅲ标白马河特大桥	中铁大桥局股份有限公司 中铁港航工程局有限公司
63	襄渝二线铁路新大巴山隧道	中铁隧道集团有限公司 中铁隧道股份有限公司
64	广西全兴高速公路第三合同段	中铁隧道集团有限公司 中铁隧道集团四处有限公司
65	湖南衡阳至炎陵高速公路由义隧道	中铁隧道集团有限公司 中铁隧道集团四处有限公司
66	中石化川气东送管道安庆长江穿越隧道工程	中铁隧道集团二处有限公司
67	广州市轨道交通五号线小北站	中铁隧道集团有限公司 中铁隧道集团二处有限公司
68	襄渝二线铁路沙湾隧道	中铁隧道集团有限公司 中铁隧道集团四处有限公司
69	襄渝二线铁路宝石山隧道	中铁隧道集团有限公司 中铁隧道集团四处有限公司
70	甬台温铁路凤凰山隧道	中铁隧道集团有限公司 中铁隧道集团二处有限公司 中铁隧道集团三处有限公司
71	甬台温铁路九牛山隧道	中铁隧道集团有限公司 中铁隧道集团三处有限公司 中铁隧道集团杭州分公司
72	新建铁路武汉至广州客运专线吊沟岭隧道	中铁隧道集团有限公司 中铁隧道集团二处有限公司
73	新建铁路武汉至广州客运专线新南岭隧道	中铁隧道集团有限公司 中铁隧道集团四处有限公司
74	新建铁路武汉至广州客运专线大瑶山一号隧道	中铁隧道集团有限公司 中铁隧道股份有限公司 中铁隧道集团三处有限公司
75	福建省永安至武平（闽粤界）高速公路龙井隧道	中铁隧道集团三处有限公司 中铁隧道集团杭州分公司
76	重庆绕城公路北段施家梁隧道	中铁隧道集团有限公司 中铁隧道集团一处有限公司
77	广西钦州悉尼阳光住宅小区	中铁隧道集团四处有限公司
78	中铁隧道股份有限公司科技研发中心办公楼	中铁隧道集团四处有限公司

序号	项目名称	获奖单位
79	国家审计署郑州特派办郑东新区住宅区	中铁隧道集团四处有限公司
80	武水高速公路白云隧道	中铁隧道股份有限公司
81	南车戚机公司内燃机车厂房	中铁建工集团有限公司
82	温福铁路浙江段鳌江站	中铁建工集团上海分公司
83	甬台温新建铁路Ⅰ标段临海站工程	中铁建工集团上海分公司
84	石德铁路电气化改造工程（SD2 标段）	中铁电气化局集团有限公司 中铁电气化局集团有限公司电气化公司
85	内蒙古东乌铁路活蚕沟（含）—巴彦淖（不含）段通信、信号、电力、房建、电气化工程	中铁电气化局集团有限公司 中铁电气化局集团第三工程有限公司
86	郑州站西站房工程	中铁电气化局集团有限公司 中铁电气化局集团北京建筑工程有限公司
87	北京地铁十号线一期工程供电系统、供电监控及环境监控二合一系统	中铁电气化局集团有限公司 中铁电气化局集团第一工程有限公司
88	北京市轨道交通首都国际机场线 01、04、10A 标	中铁电气化局集团有限公司 中铁电气化局集团西安铁路工程公司
89	北京地铁奥运支线供电系统工程	中铁电气化局集团有限公司 中铁电气化局集团有限公司城铁公司
90	上海市轨道交通七号线接触网、干线电缆及杂散电流防护安装工程及罗店公交配套工程	中铁电气化局集团有限公司 中铁电气化局集团有限公司城铁公司
91	铁科院 1 号楼等 8 项工程	中铁电气化局集团北京建筑工程有限公司
92	北京南站牵引供电工程	中铁电气化局集团有限公司 中铁电气化局集团第一工程有限公司
93	改建铁路京包线大同至集宁段电气化改造工程	中铁电气化局集团有限公司 中铁电气化局集团第三工程有限公司
94	新建北京动车段	中铁电气化局集团有限公司 中铁电气化局集团西安铁路工程公司 中铁电气化局集团第一工程有限公司 中铁电气化局集团北京建筑工程有限公司
95	京九线电气化改造工程麻武疏解线特大桥	中铁电气化局集团第二工程有限公司
96	武汉至广州客运专线铁路四电系统集成工程	中铁电气化局集团有限公司 中铁电气化局集团第一工程有限公司 中铁电气化局集团第二工程有限公司 中铁电气化局集团第三工程有限公司 中铁电气化局集团西安电气化工程有限公司 中铁电气化局集团北京建筑工程有限公司 中铁电气化局集团西安通信信号工程处
97	佛山市顺德区快速干线网碧桂路南国路立交工程	中国中铁工程建设分公司
98	天津市中心城区快速路普济河道立交桥	中国航空港建设总公司
99	广梧高速公路河口至双凤第九合同段双凤互通立交工程	中国航空港建设总公司
100	嘉闵高架路（南段）新建工程 3 标段嘉闵高架路（北段）新建工程 1 标段	中铁上海工程局第二工程有限公司
101	无锡红星桥工程	中铁上海工程局华海工程有限公司

【中国中铁安全标准工地（车间）】 2010 年股份公司共评出中国安全标准工地（车间）81 项。（见表 10-7）

表 10-7　2010 年中国中铁安全标准工地（车间）

序号	施工单位		工程项目	项目经理
1	中国海外工程有限责任公司		南非卡拉盖迪锰矿土方工程	张　伟
2	中铁国际川铁安哥拉分公司		安哥拉爱顿（EDEN）花园项目	粟　利
3	中铁南方投资发展有限公司 中铁电气化局集团有限公司城铁公司		中国中铁深圳地铁 5 号线系统设备安装工程	李　磊
4	中国中铁股份有限公司上海办事处 中铁二局股份有限公司城通公司		上海市轨道交通 13 号线 3 标段中间风井及盾构工程	林　强
5	中国中铁股份有限公司建设分公司		中国中铁博深高速公路 4 标	冯昌彬
6	中国中铁股份有限公司建设分公司		中铁顺德 BT 工程碧桂路总包部	丁以伟
7	中铁置业集团天丰建筑工程有限公司		中铁人杰湖项目一期工程	李　钢
8	中铁一局	中铁一局集团电务工程有限公司	大丽铁路 ZH1 标段站后三电工程	王光安
9		中铁一局集团第四工程有限公司	映秀至汶川高速公路 A2 合同段	许志忠
10		中铁一局集团物资工贸有限公司	向莆铁路莆田制梁场	郑宏斌
11		中铁一局集团城轨分公司	杭州地铁一号线 16、17 标盾构	曾益平
12		中铁一局集团新运工程有限公司	北京轨道交通昌平线轨道安装工程	朱勇坚
13		中铁一局集团物资工贸有限公司	哈大客专瓦房店轨道板场	赵彦平
14		中铁一局集团桥梁工程有限公司	西平铁路工程四经部	陆绪斌
15		中铁一局集团有限公司	南广铁路 NGZQ-6 标段	郝志宏
16		中铁一局集团物资工贸有限公司	南广铁路项目部物资站（车间）	吕海民
17		中铁一局集团第五工程有限公司	杭州地铁 1 号线九堡车站西端地下工程	王享荣
18	中铁二局	中铁二局第四工程有限公司	湘桂铁路 2 标刘家冲隧道	袁　韬
19		中铁二局第五工程有限公司	成绵乐铁路客运专线 5 标	万宗江
20		中铁二局机械筑路工程有限公司	深圳地铁龙岗线西延段中心公园停车场	陈学君
21		中铁二局第一工程有限公司	汕昆高速贵州板坝至江底公路工程	谭　康
22		深圳中铁二局工程有限公司	深圳地铁 5 号线塘朗车辆段综合楼工程 BT 项目 5317 标	吴红亮
23		中铁二局第二工程有限公司	新建贵广铁路油竹山隧道进口	陈明元
24		中铁二局电务工程有限公司	新建铁路宜万线宜昌东至万州段信号工程	黄典良
25	中铁三局	中铁三局集团第四工程有限公司	北京地铁 6 号线一期一标	李　彪
26		中铁三局集团广州分公司	珠三角城际轨道莞惠 GZH-7（含 SKZH-1）标	靳利安
27		中铁三局集团桥隧分公司	杭州地铁武林广场、凤舞区间	张艳文
28		中铁三局集团建筑安装工程有限公司	新建杭州至宁波铁路客运专线 ZQHY-Ⅰ标制梁工程	张长林

序号	施工单位		工程项目	项目经理
29	中铁四局	中铁四局集团有限公司南京分公司	宁杭客运专线高阳河特大桥	梁建军
30		中铁四局集团第一工程有限公司	合肥枢纽北城站~合肥站站前工程双凤特大桥	熊选爰
31		中铁四局集团第二工程有限公司	京包铁路八苏木隧道	刘茂兵
32		中铁四局集团第四工程有限公司	合蚌铁路客专线站前Ⅱ标杜家港特大桥	李保国
33		中铁四局集团第五工程有限公司	成都至绵阳、乐山客运专线 CMLZQ-3 标鸭子河特大桥	钟永平
34		中铁四局集团电气化工程有限公司	深圳北站综合交通枢纽配套工程	王根槐
35		中铁四局集团第八工程分公司	新建铁路宜万线 W1 标铺架工程	马宜宏
36		合肥中铁钢结构有限公司	苏州站无站台柱雨棚工程	张　洪
37	中铁五局	中铁五局集团第一工程有限公司	新建铁路贵阳至广州线 GGTJ-3 标岩山隧道	吕保良
38		中铁五局集团第二工程有限公司	湘桂铁路扩改工程 1 标立培双线特大桥	李传健
39		中铁五局集团第四工程有限公司	新建杭甬铁路客运专线 HYZQ-1 标绍兴特大桥	晏　辉
40		中铁五局集团第五工程有限公司	新建铁路云南国际铁路通道蒙自至河口铁路二标段太阳寨隧道	吴以兵
41	中铁六局	中铁六局集团北京铁建公司	天津西站站场工程及相关工程	任金龙
42		中铁六局集团呼和铁建公司	南疆库阿增建二线铁路工程	訾永强
43		中铁六局集团天津铁建公司	津秦铁路客运专线工程	孔祥阳
44	中铁七局	中铁七局集团第三工程有限公司	石武客专（河南段）项目部五分部	张志军
45		中铁七局集团建筑工程有限公司	石武客专（河南段）项目部一分部	姚　远
46		中铁七局集团武汉工程有限公司	漯河至阜阳增建二线 LFSG-1 工程	陈　思
47		中铁七局集团电务工程有限公司	新建铁路成都东客站及相关工程	陈　谦
48	中铁八局	中铁八局集团第一工程有限公司	兰渝铁路广元嘉陵江特大桥	蒋伟平
49		中铁八局集团第二工程有限公司	广甘高速公路 G15 标清江河特大桥	易　毅
50		中铁八局集团建筑公司	金怡源购物中心 B 区工程	闵　炜
51		中铁八局集团昆建公司	大连市 202 路轨道线路延伸工程	王小平
52	中铁九局	中铁九局集团桥梁分公司	哈大客专工程轨道板场	贾有权
53		中铁九局集团第一工程有限公司	新建扎兰屯至阿荣旗铁路工程	张宝玉
54		中铁九局集团第六工程有限公司	东北东部铁路通道前阳至庄河段新建铁路工程 DT2 标段	李　锴
55	中铁十局	中铁十局集团济南铁路工程有限公司	兰渝铁路新井口嘉陵江双线特大桥	李钦元
56		中铁十局集团第三建设工程有限公司	兰渝铁路 LYS-14 标新草街嘉陵江特大桥	杨孟乾
57		中铁十局集团有限公司第四工程公司	赣韶制梁项目部	高步庭
58		中铁十局集团西北工程有限公司	西安地铁 1 号线一期工程 TJSG-16 标项目	江仙华
59	中铁大桥局	中铁大桥局集团第一工程有限公司	石武客专 SWZQ-1 标段	刘晓阳
60		中铁大桥局集团第二工程有限公司	辽河特大桥 LHTJ-01 合同段	陈亚强
61		中铁大桥局集团第三工程有限公司	贵广南广铁路广州枢纽工程 GTGG-2 标	苏　辉
62		中铁大桥局集团第四工程有限公司	新建铁路重庆至利川线土建、铺架工程施工第 3 标段	韦理仁

序号	施工单位		工程项目	项目经理
63	中铁隧道	北京中铁隧建筑有限公司	成都地铁 2 号线 6 标	石达强
64		中铁隧道集团四处有限公司	南宁市大学—明秀路口综合交通工程广西大学站试验段	莫智彪
65		中铁隧道股份有限公司	广东台山核电 1、2 号机组取水隧洞工程	梁奎生
66		中铁隧道集团一处有限公司	重庆轨道交通六号线花卉园、大龙山、冉家坝车站及区间	赵　峰
67		中铁隧道集团有限公司	京石客专石家庄六线隧道	熊江陵
68	中铁建工	中铁建工集团上海分公司	福厦线福州南站	郑　明
69		中铁建工集团西南分公司	成都东客站 I 标段	冯大勇
70		中铁建工集团北京分公司	北京交通大学学生活动服务中心工程	单　云
71		中铁建工集团青岛公司	京沪高铁曲阜东站	杜　鹏
72	中铁电气化局	中铁电气化局集团有限公司	新建天津和谐型大功率机车检修基地工程	鲍树仁
73		中铁电气化局集团电气化公司	新建上海至杭州铁路客专四电系统集成项目	杨兆余
74		中铁电气化局集团第一工程有限公司	新建京沪高速铁路“四电”系统集成项目电气化工程	肖永武
75		中铁电气化局集团第三工程有限公司	哈大客专四电集成项目	刘勇杰
76	中铁上海工程局	中铁上海工程局有限公司	济南至广州高速公路江西瑞金至寻乌段 B8 合同段	谢本峰
77		中铁上海工程局华海工程有限公司	无锡地铁 1 号线 18 标	徐修发
78		中铁上海工程局华海工程有限公司	宁波轨道交通 1 号线一期工程地下工程 V 标段	韩建东
79		中铁上海工程局第一工程有限公司	石武铁路客运专线张庄漳河特大桥	江　辉
80	中铁港航局	中铁港航工程局有限公司	珠海大平湾六期填土工程	李大方
81		中铁港航工程局第三工程有限公司	成绵乐客专 CMLZQ-2 段项目部罗江制梁场	徐海燕

科技成果奖

【科技成果奖】 2010 年，股份公司获得国家科技进步奖、省部级科学技术奖和股份公司评出的科学技术奖。（见表 10-8）

表 10-8　2010 中国中铁股份有限公司科学成果获奖情况

序号	获奖级别	获奖等级	项目名称
1	国家级	一等奖	秦岭终南山公路隧道建设与运营管理关键技术
2	国家级	二等奖	遂渝线无砟轨道关键技术研究与应用

序号	获奖级别	获奖等级	项目名称
3	土木工程詹天佑奖		国家图书馆二期暨国家数字图书馆工程
4	土木工程詹天佑奖		武昌火车站改扩建工程
5	土木工程詹天佑奖		东海大桥
6	土木工程詹天佑奖		苏通长江公路大桥
7	土木工程詹天佑奖		重庆朝天门长江大桥
8	土木工程詹天佑奖		武汉北编组站
9	土木工程詹天佑奖		合肥至武汉铁路
10	土木工程詹天佑奖		武汉长江隧道
11	土木工程詹天佑奖		云南思茅至小勐养高速公路
12	四川省	二等奖	时速200km客货共线既有简支梁桥加固设计研究
13	四川省	三等奖	高速铁路超大断面黄土隧道修建技术
14	四川省	三等奖	大伙房输水工程特长隧洞TBM施工关键技术研究
15	四川省	三等奖	大跨径曲线梁非对称外倾拱桥建造技术
16	四川省	三等奖	客运专线隧路过渡段设计技术研究
17	四川省	三等奖	风积沙地区高速公路下伏采空区综合整治技术
18	安徽省	二等奖	客运专线900t箱梁制、运架施工技术及关键设备
19	安徽省	三等奖	SLC1500B高速铁路水泥乳化沥青砂浆搅拌泵送灌注车研制
20	贵州省	一等奖	钢筋氧液化石油气（熔态）气压焊试验研究及在工程中的应用
21	贵州省	二等奖	北盘江钢桁加劲梁悬索桥设计、施工、监控关键技术
22	甘肃省	三等奖	西北地区湿陷性黄土路基变形特点及加固措施研究
23	新疆	二等奖	精伊霍铁路北天山隧道突泥、涌水及断层处理技术研究
24	湖北省	二等奖	城市桥梁施工与控制对桥梁生命周期环境影响研究
25	湖北省	二等奖	京沪高速铁路南京大胜关长江大桥主墩深水基础施工技术
26	湖北省	三等奖	无砟轨道可变跨门式铺板机和双向行驶运板车
27	湖北省	三等奖	双线多箱同步起吊箱梁架桥机
28	湖南省	一等奖	重大建设项目执行控制体系及技术创新管理平台研究
29	辽宁省	二等奖	新型GFRP管钢骨高强混凝土组合构件关键技术研究
30	中国公路学会	二等奖	双层公路钢桁桥施工力学行为与安装技术研究
31	中国公路学会	三等奖	五跨（箱肋）拱桥保护性拆除与七跨部分斜拉桥施工技术研究
32	中国公路学会	三等奖	大跨径曲线梁非对称外倾式钢箱拱桥关键施工技术
33	中国公路学会	三等奖	北盘江钢桁加劲梁悬索桥设计、施工、监控关键技术
34	中国施工企业管理协会	特等奖	武广客专武汉综合试验段无砟轨道施工技术研究
35	中国施工企业管理协会	特等奖	厦门翔安海底隧道施工关键技术
36	中国施工企业管理协会	一等奖	夏热冬冷地区节能省地型住宅关键技术应用研究
37	中国施工企业管理协会	一等奖	大跨度曲线空间管桁架混合结构成套关键技术研究和应用
38	中国施工企业管理协会	一等奖	国家图书馆二期工程暨国家数字图书馆工程新技术应用

序号	获奖级别	获奖等级	项目名称
39	中国施工企业管理协会	一等奖	青海师范大学3号高层住宅楼纠倾加固新技术研究
40	中国施工企业管理协会	一等奖	一拖试验场高附着系数路面施工技术研究
41	中国施工企业管理协会	一等奖	全自动水泥乳化沥青砂浆搅拌车
42	中国施工企业管理协会	一等奖	城际铁路组合梁型箱梁架桥机
43	中国施工企业管理协会	一等奖	西南山区铁路沿线泥石流灾害预警研究
44	中国施工企业管理协会	一等奖	大跨径曲线梁非对称外倾式钢箱拱桥关键施工技术
45	中国施工企业管理协会	一等奖	五跨（箱肋）拱桥保护性拆除与七跨部分斜拉桥施工技术研究
46	中国施工企业管理协会	一等奖	128m跨单拱肋钢管混凝土拱桥混凝土箱梁竖曲线顶推施工技术研究
47	中国施工企业管理协会	一等奖	泰州长江公路大桥南锚碇陆上超大型沉井基础施工技术
48	中国施工企业管理协会	一等奖	三索面三主桁斜拉桥中跨合龙技术
49	中国施工企业管理协会	一等奖	京沪高速铁路南京大胜关长江大桥大跨度钢桁拱安装与合龙技术研究
50	中国施工企业管理协会	一等奖	既有桥梁实时健康监测及性能评估系统研究
51	中国施工企业管理协会	一等奖	宜万铁路云雾山岩溶隧道关键施工技术
52	中国施工企业管理协会	一等奖	高瓦斯特长隧道建设关键技术研究
53	中国施工企业管理协会	一等奖	高压富水岩溶深埋特长隧道修建技术
54	中国施工企业管理协会	一等奖	武汉长江隧道工程盾构法施工技术研究
55	中国施工企业管理协会	一等奖	高速铁路超大断面黄土隧道修建关键技术研究
56	中国施工企业管理协会	一等奖	大伙房输水工程特长隧洞TBM施工关键技术研究
57	中国施工企业管理协会	二等奖	场馆大跨度钢筋砼拱施工技术工艺的研究与应用
58	中国施工企业管理协会	二等奖	大体积无粘结预应力混凝土卵形消化池施工关键技术
59	中国施工企业管理协会	二等奖	福州南站主体结构及节能环保综合施工技术
60	中国施工企业管理协会	二等奖	SLC1500B高速铁路水泥乳化沥青砂浆搅拌泵送灌注车
61	中国施工企业管理协会	二等奖	长大隧道内双块式无砟轨道施工设备配套及施工技术研究
62	中国施工企业管理协会	二等奖	单线隧道接触网腕臂结构安装技术
63	中国施工企业管理协会	二等奖	高速铁路客运专线施工专用工具研究
64	中国施工企业管理协会	二等奖	胶济铁路客运专线青岛站综合施工技术研究
65	中国施工企业管理协会	二等奖	城际铁路单箱双室无砟轨道整孔式箱梁制、提、运、架综合施工技术研究
66	中国施工企业管理协会	二等奖	开口式基坑支护设计与施工
67	中国施工企业管理协会	二等奖	铁路客运专线桥梁用RPC人行道盖板制备技术与生产工艺研究
68	中国施工企业管理协会	二等奖	宜万铁路渡口河特大桥高墩、大跨连续刚构综合施工技术
69	中国施工企业管理协会	二等奖	泸州泰安长江大桥大跨度不等跨预应力斜拉桥施工技术
70	中国施工企业管理协会	二等奖	临汾鼓楼西汾河大桥钢管拱桥施工综合技术
71	中国施工企业管理协会	二等奖	石太客运专线1400m曲线900t箱梁架设技术研究
72	中国施工企业管理协会	二等奖	大吨位曲线斜拉桥自平衡转体施工技术
73	中国施工企业管理协会	二等奖	HZQ550型单线和双线并置箱梁兼用架桥机研制和应用
74	中国施工企业管理协会	二等奖	旋挖钻机套管跟进斜桩施工应用技术研究

序号	获奖级别	获奖等级	项目名称
75	中国施工企业管理协会	二等奖	石家庄和平路跨铁路曲线连续钢箱梁墩顶转体施工技术研究
76	中国施工企业管理协会	二等奖	高速铁路复杂岩溶双线隧道（海棠隧道）施工技术
77	中国施工企业管理协会	二等奖	非煤系变质岩地层瓦斯硫化氢隧道施工技术研究
78	中国施工企业管理协会	二等奖	郑西客运专线砂质黄土超大断面隧道综合施工技术研究
79	中国施工企业管理协会	二等奖	郑西客运专线黄土隧道明洞高陡边坡变形机理及土钉支护参数研究
80	中国施工企业管理协会	二等奖	太中银兴旺峁隧道富水全、强风化砂岩和含水砂层施工关键技术研究
81	中国施工企业管理协会	二等奖	建筑群下富水全强风化花岗岩地层浅埋大跨双洞隧道修建技术
82	中国施工企业管理协会	二等奖	隧道衬砌结构接缝新型防水系统研究
83	中国施工企业管理协会	二等奖	富水碎裂玄武岩夹凝灰岩长大铁路隧道综合施工技术研究
84	中国中铁股份有限公司	特等奖	隧道（洞）仰拱模板台车与TBM联合作业的设计与研究
85	中国中铁股份有限公司	特等奖	三索面三主桁公铁两用斜拉桥建造技术
86	中国中铁股份有限公司	特等奖	郑西客运专线湿陷性黄土地基处理技术试验研究
87	中国中铁股份有限公司	特等奖	高速电气化铁路用高强高导接触网导线及其配套零部件
88	中国中铁股份有限公司	特等奖	高压富水岩溶深埋特长隧道修建技术
89	中国中铁股份有限公司	特等奖	客运专线铁路常用跨度桥梁技术
90	中国中铁股份有限公司	特等奖	北京戒台寺滑坡机理及综合治理技术研究
91	中国中铁股份有限公司	一等奖	斜拉索新型杠杆质量减振装置（LMD）研发及其应用
92	中国中铁股份有限公司	一等奖	郑州黄河公铁两用桥大跨长联多点连续同步顶推技术设计与应用
93	中国中铁股份有限公司	一等奖	京沪高速铁路南京大胜关长江大桥大跨度钢桁拱安装与合龙技术
94	中国中铁股份有限公司	一等奖	山区大跨钢桁梁悬索桥新技术
95	中国中铁股份有限公司	一等奖	郑西客运专线黄土隧道地基处理及防排水技术研究
96	中国中铁股份有限公司	一等奖	襄渝线牛角坪主跨192m大跨刚构桥建设技术试验研究
97	中国中铁股份有限公司	一等奖	成都东站工程设计施工综合技术研究
98	中国中铁股份有限公司	一等奖	建筑群下富水全强风化花岗岩地层浅埋大跨双洞隧道修建技术
99	中国中铁股份有限公司	一等奖	海底隧道钻爆法施工关键技术研究
100	中国中铁股份有限公司	一等奖	宜万铁路云雾山岩溶隧道关键施工技术
101	中国中铁股份有限公司	一等奖	北京动车段综合技术研究
102	中国中铁股份有限公司	一等奖	高速铁路乳化沥青用乳化剂及水泥乳化沥青砂浆用聚合物乳液的开发
103	中国中铁股份有限公司	一等奖	铁路客运专线整孔箱梁快速预制技术
104	中国中铁股份有限公司	一等奖	客运专线无砟轨道非对称大跨度混凝土连续刚构桥施工关键技术研究
105	中国中铁股份有限公司	一等奖	无砟轨道可变跨门式铺板机
106	中国中铁股份有限公司	一等奖	城际铁路组合梁型箱梁架桥机
107	中国中铁股份有限公司	一等奖	北京市六环路斜拉桥关键技术
108	中国中铁股份有限公司	一等奖	成灌线无砟轨道抗震特性及适应性研究
109	中国中铁股份有限公司	一等奖	浅埋暗挖水下隧道关键技术研究
110	中国中铁股份有限公司	一等奖	Z-GP150型管棚机研制

序号	获奖级别	获奖等级	项目名称
111	中国中铁股份有限公司	一等奖	高速铁路桥梁设计系统研究与开发
112	中国中铁股份有限公司	一等奖	甬台温铁路雁荡山特大桥叠合拱桥施工技术研究
113	中国中铁股份有限公司	一等奖	铁路桥梁减、隔震支座技术及标准研究
114	中国中铁股份有限公司	一等奖	客运专线接触网零件系列产品的研制
115	中国中铁股份有限公司	一等奖	深圳富水复合地层浅埋暗挖地铁施工沉降规律及控制技术研究
116	中国中铁股份有限公司	一等奖	复杂条件下浏阳河隧道施工关键技术及风险管理研究
117	中国中铁股份有限公司	一等奖	城铁钢弹簧浮置板轨道及整体道床快速施工新技术
118	中国中铁股份有限公司	二等奖	穿越复杂地层和浅基建筑物地段盾构法隧道施工关键技术研究
119	中国中铁股份有限公司	二等奖	长联大跨度及常用跨度砼连续梁设计及下部结构线刚度限值研究
120	中国中铁股份有限公司	二等奖	大型地铁换乘站紧邻既有建（构）筑物安全施工关键技术研究与应用
121	中国中铁股份有限公司	二等奖	主跨340m双塔单索面不对称斜拉桥设计及施工技术研究
122	中国中铁股份有限公司	二等奖	填海区复杂环境下盾构施工关键技术研究
123	中国中铁股份有限公司	二等奖	沈阳地铁1号线保工街站及保工街站——铁西广场站区间综合施工技术
124	中国中铁股份有限公司	二等奖	自浮式钢底板单壁吊箱围堰设计与施工技术
125	中国中铁股份有限公司	二等奖	岩体温度法隧道（洞）施工掌子面前方涌水预报研究
126	中国中铁股份有限公司	二等奖	长沙南站工程综合施工技术研究
127	中国中铁股份有限公司	二等奖	沉管隧道设计与施工关键技术研究
128	中国中铁股份有限公司	二等奖	高速铁路桥梁栏杆机械化生产工艺及装备研究
129	中国中铁股份有限公司	二等奖	双塔连体四索面分幅斜拉桥塔梁同步施工技术研究
130	中国中铁股份有限公司	二等奖	高速公路建设信息化整体解决方案研究与应用
131	中国中铁股份有限公司	二等奖	南京河西长江漫滩复杂地层盾构施工综合技术
132	中国中铁股份有限公司	二等奖	客运专线铁路有砟轨道综合施工技术研究
133	中国中铁股份有限公司	二等奖	桥上无缝道岔设计理论及方法研究
134	中国中铁股份有限公司	二等奖	长大隧道通风关键技术研究
135	中国中铁股份有限公司	二等奖	贵阳花溪1～175m钢管混凝土拱桥施工关键技术研究
136	中国中铁股份有限公司	二等奖	大口径长距离钢管顶管施工技术
137	中国中铁股份有限公司	二等奖	时速200km铁路大跨V型连续刚构拱组合桥施工关键技术及其理论研究
138	中国中铁股份有限公司	二等奖	黄土地层中盾构下穿既有古建筑物及始发过站安全技术研究
139	中国中铁股份有限公司	二等奖	独塔斜拉连续刚构组合桥关键施工技术
140	中国中铁股份有限公司	二等奖	秦岭终南山特长公路隧道综合快速施工技术研究
141	中国中铁股份有限公司	二等奖	武广高速铁路岳阳段无砟轨道路基工后沉降控制研究
142	中国中铁股份有限公司	二等奖	时速200km客货共线既有简支梁桥加固设计研究
143	中国中铁股份有限公司	二等奖	红层高边坡稳定性分析与治理措施及滑坡动态预报系统研究
144	中国中铁股份有限公司	二等奖	海底深水沟槽开挖和炸礁技术
145	中国中铁股份有限公司	二等奖	广州新客站21米高架候车层结构施工技术研究
146	中国中铁股份有限公司	二等奖	胶济铁路客运专线青岛站综合施工技术研究

序号	获奖级别	获奖等级	项目名称
147	中国中铁股份有限公司	二等奖	榆神高速公路风积沙路基填筑及采空区治理施工技术及工艺研究
148	中国中铁股份有限公司	二等奖	RPC混凝土预制构件生产技术与工艺研究
149	中国中铁股份有限公司	二等奖	高速铁路电气化施工关键技术研究
150	中国中铁股份有限公司	二等奖	高速铁路下穿城市复杂环境下大断面隧道施工技术研究报告
151	中国中铁股份有限公司	三等奖	钻孔微型桩结构设计理论与应用研究
152	中国中铁股份有限公司	三等奖	于家堡站复杂地质条件下60m深T型地连墙施工技术
153	中国中铁股份有限公司	三等奖	地铁既有线信号系统更新改造关键技术研究
154	中国中铁股份有限公司	三等奖	太中银铁路兴旺峁隧道富水全、强风化砂岩和含水砂层施工关键技术
155	中国中铁股份有限公司	三等奖	郑西客运专线黄土填料改良技术及压实工艺研究
156	中国中铁股份有限公司	三等奖	技术引进客运专线铁路60kg/m钢轨18号单开道岔（有砟）
157	中国中铁股份有限公司	三等奖	紧邻铁路基坑设计与施工技术研究
158	中国中铁股份有限公司	三等奖	青藏铁路那曲物流中心工程节能环保施工技术研究
159	中国中铁股份有限公司	三等奖	铁路道碴桥面预应力RPC简支T梁制造技术研究
160	中国中铁股份有限公司	三等奖	轨道板的制作铺设技术研究
161	中国中铁股份有限公司	三等奖	CRTSⅡ型无砟轨道板制造技术国产化研究
162	中国中铁股份有限公司	三等奖	华北平原中北部松散堆积层承载力研究
163	中国中铁股份有限公司	三等奖	隧道连续皮带机出碴技术与设备国产化研究
164	中国中铁股份有限公司	三等奖	岩土锚固新技术在西北地区土遗址保护加固中的应用研究
165	中国中铁股份有限公司	三等奖	地铁隧道自然通风
166	中国中铁股份有限公司	三等奖	DCR-2000型道岔电加热融雪系统
167	中国中铁股份有限公司	三等奖	京沪高铁上海虹桥枢纽牵引供电综合应用技术研究
168	中国中铁股份有限公司	三等奖	复杂环境复杂地质超深基坑明暗挖结合换乘站施工关键技术研究
169	中国中铁股份有限公司	三等奖	CRTSⅡ型轨枕辊道法生产技术研究
170	中国中铁股份有限公司	三等奖	CRTSⅠ型板式无砟轨道施工技术及关键设备研究
171	中国中铁股份有限公司	三等奖	客运专线无砟道岔铺设技术研究
172	中国中铁股份有限公司	三等奖	武广客运专线软土、松软土特性及工程措施研究
173	中国中铁股份有限公司	三等奖	郑西客运专线铁路黄土路基防护形式试验研究
174	中国中铁股份有限公司	三等奖	铁路客车自动上水系统优化及标准化建设的研究
175	中国中铁股份有限公司	三等奖	裂纹深度横波检测技术研究
176	中国中铁股份有限公司	三等奖	高速客运专线客运站通过能力研究
177	中国中铁股份有限公司	三等奖	盾构隧道施工引起地下管线变形规律及地表沉降预测研究
178	中国中铁股份有限公司	三等奖	哈大客运专线TJ-1标简支箱梁预制架设关键施工技术研究

附　录

所属单位

【中国海外工程有限责任公司】 中国海外工程有限责任公司是具有独立法人地位的国有大型综合性企业，前身为原外经贸部直属的中国成套设备出口公司（简称“成套公司”）的重要组成部分。1987年成套公司组建中成海外公司，1991年10月成为部直属企业并正式更名为中国海外工程总公司（简称“中海外”）。1998年底中海外划归原中央企业工委。2003年12月19日经国资委批准，中海外与中国铁路工程总公司进行重组，成为其全资子公司。2006年12月更名为中国海外工程有限责任公司。

中海外的经营范围和主业：承包国内外各类工程和境内外工程；上述工程所需设备、材料及零配件的出口。对外派遣各类工程、生产及服务行业劳务人员；外派劳务人员培训。承担各类海外工业、民用建筑工程的咨询、勘察和设计。利用外方资源、资金和技术在境内开展劳务合作。承担我国对外经济援助项目。经营或代理除国家统一联合经营的十六种出口商品及国家实行核定公司经营的十二种进口商品以外的其它商品及技术的进出口业务。承办中外合资经营、合作生产、来料加工、来样加工、来件装配业务；对销贸易、易货贸易及转口贸易业务。承担工业与民用建筑工程总承包。公司兼营国内市政工程、装饰工程、水力电力工程，港口建设、道路桥梁工程；设备安装；建筑材料、工程机械的销售；定型包装食品、酒、保健食品的销售（有效期按卫生许可证）。

中海外主营业务为对外承包工程和国家援外项目。拥有建设部核发的房屋建筑工程施工总承包和市政公用工程施工总承包壹级资质，以及“公路路面施工壹级资质”和“建筑装饰装修工程专业承包壹级资质”。

1995年以来，中海外连年被美国《工程新闻记录》列入225家全球最大国际工程承包商。1999年中海外通过ISO9002系列国际质量标准体系认证，获得英国UKAS和中国船级社认证中心颁发的国际国内两套证书。

中海外在23个国家派驻有常设机构，在全球60多个国家（地区）承建实施了公路、机场、桥梁、码头、港口、铁路、市政公用工程、房屋建筑、农田水利和中国对外经济技术援助工程，如国家议会大厦、政府建筑群、总统山庄、民航大楼、商业中心、体育场馆、驻外使馆等各类大、中型项目1000多个，在境外建成了化工厂、糖业联合体、制药厂、纺织厂，拥有自己的矿产资源开发企业和纺织制药企业，累计派出各类劳务人员6万余人次，拥有房屋建筑工程施工总承包壹级资质、市政公用工程施工总承包壹级资质、公路路面专业总承包壹级资质和建筑装修装饰工程专业总承包壹级资质；通过ISO9001、ISO14000环境、OHS18000职业健康/安全管理等国际质量标准体系认证；先后获“中国对外承包工程企业市场开拓奖”、“中国对外经济技术合作五星奖”、“全国建筑业企业工程总承包先进企业”、“全国模范劳动关系和谐企业”、“中国海外项目管理体系建设”获IPMA国际项目管理大奖优胜奖等。

公司领导：

董事长　项晓凯

总经理　方远明

党委书记　王紫光

副总经理　施平 赵翔 张伟 吴继邦

党委副书记、纪委书记　赵超英

总会计师　王贺彩

总经济师　李亚铭

总工程师　孙　航

地址：中国北京海淀区紫竹院路1号7号楼中海外大厦

邮政编码：100048

电话：010-88566601/6602

传真：010-88566998

网址：www.covec.com

电子信箱：covec@covec.com

【中铁一局集团有限公司】 中铁一局集团有限公司为中国中铁股份有限公司的全资子公司，具有铁路工程及公路工程总承包特级资质，市政、房建总承包一级资质，铁路铺架、公路路面、隧道、水工隧洞、城市轨道专业承包一级资质，是集科研与技术开发、建筑施工、设备安装、加工制造、工程机械和汽车修理、物资供销、工程监理和技术咨询、多种经营为一体的技术密集型、集团型企业。中铁一局现有员工29700余人，其中各类专业技术人员15198人，具有高级职称专家761人，享受国家政府津贴3人；资产总额225.11亿元以上，拥有大型机械设备4740台(套)，价值34.98亿，其中盾构机24台；年生产经营总额达446.42亿元以上。

中铁一局集团公司始建于1950年5月，2000年改制为中铁一局集团有限公司。60年来，中铁一局共参建干、支线铁路100多条,完成铺轨1.99万km，约占新中国铁路铺轨总量的六分之一，其中独立承建和作为主力队伍参建的主要有青藏、京九、宝天、兰新、西延、大秦、宝中、朔黄、内昆、渝怀、铜九等多条长大铁路干线工程；作为主力参建的郑西、武广客专已经开始运营。参建乌奎、吐大、济南黄河公路大桥、南昌生米大桥、厦门海底隧道等公路工程。参建北京、上海、广州、深圳、西安等地多项地铁工程。参建西安喜来登大酒店、西安凯莱大酒店、咸阳机场、银川机场、甘肃引大入秦水利工程、西安黑河引水工程、上海合流污水处理工程、陕西宁强二郎坝水电站、河北大唐王滩电厂等一大批国家和地方重点建设项目。另外，参建坦赞铁路、科威特伊斯兰会议中心和穆托拉空中蓄水池、赞比亚基特韦供水工程等多项国外大中型项目。

中铁一局曾参与 1976 年唐山大地震抢险，1981 年宝成铁路、1996 年南疆铁路、2010 年鹰厦铁路、峰福铁路、外南铁路抗洪抢险等。特别是在“5·12”汶川地震后抗震抢险中，中铁一局提前两个月完成宝成铁路 109 隧道抢修改线工程，受到党中央和铁道部领导的高度称赞并获“全国抗震救灾英雄集体”、“中央企业抗震救灾先进集体”、“铁路系统抗震救灾英雄集体”等荣誉称号。

中铁一局始终坚持“百年大计，质量为本”的方针，五项工程被评为新中国成立 60 年“百项经典暨精品工程”；11 项工程获中国建筑领域最高奖——鲁班奖；8 项工程获詹天佑土木工程大奖；52 项工程获国家优质工程奖；多次进入铁路信用评价 A 类施工企业行列，在公路信用评价中成功跻身多个省区“AA”类企业行列。有五项科研成果达到国际先进水平，11 项处于国内领先地位，创造技术专利 39 项、工法 156 项；包兰铁路沙漠路基建造、青藏铁路综合工程获国家科技进步特等奖，汉江斜腿刚构桥和西康铁路秦岭特长隧道等工程施工技术获国家科技进步一等奖。中铁一局曾获“全国五一劳动奖状”、“全国施工技术进步先进企业”、“全国工程建设质量管理优秀企业”、“全国重合同守信誉企业”、“全国企业文化建设先进企业”、“全国和谐劳动关系优秀企业”等百余项国家和省部级荣誉称号。

中铁一局 1998 年通过 GB/T19002－ISO9002 标准质量体系认证后，严格执行标准要求和质量文件规定，使每一个过程都得到有效控制。2001 年通过 GB/T19001-2000 标准转换认证，2003 年通过环境和职业健康安全管理体系认证。

2010 年，企业营业收入 446.42 亿元，比上年提高 17.71%，新签合同额 607.8 亿元，为年度计划的 135.07%。实现净利润 4.52 亿元，比上年提高 16.7%。各项指标均创历史新高。

在任领导

董事长　孙永刚

总经理　和民锁

党委书记　张为和

副总经理　曹根子　项志敏　郭民龙　马海民　崔科宇
　　　　　张亚君　朱卫东　李冬立　郭　炜　赵怀利

总会计师　党继勇

总工程师　范恒秀

纪委书记　王恩华

工会主席　曹根子

地址：陕西省西安市雁塔北路 1 号

邮编：710054

电话：029—87864150

传真：029—82327689

电子信箱：Ztyj@crfeb.com.cn

网址：http://www.crfeb.com.cn

China Railway First Group Co., Ltd.

【中铁二局集团有限公司】　中铁二局集团有限公司（原铁道部第二工程局）成立于 1950 年 6 月 12 日，是世界 500 强——中国中铁股份有限公司所属的特大型国有企业。最早在铁路基建行业建立现代企业制度，率先实现股票上市，银行综合授信总额 659 亿元，总资产 500 多亿元，年综合生产能力 600 亿元以上，拥有全资及控股子公司 25 个、分公司及事业部 11 个；员工 2.3 万人，其中专业技术人员 1.2 万人；具有铁路、公路等 20 个施工总承包特级和总承包一级资质，43 个专业承包一级资质，涉及铁路、公路、市政、电气化等建筑业诸多领域；通过质量管理体系、环境管理体系和职业安全健康管理体系认证，享有对外经营权和对外贸易权。

中铁二局前身系西南铁路工程局，组建于 1950 年 6 月 12 日。1952 年 12 月 15 日，为适应和贯彻铁路新线施工管理办法，西南铁路工程局奉命撤销，同时以施工局为主体成立直属铁道部的新建铁路工程总局第二工程局；1958 年 5 月 26 日，继宝成铁路全线通车后，更名为铁道部第二工程局；1979 年 1 月起，铁道部第二工程局分建为第二、五两个工程局；1998 年成功改制为中铁二局集团有限公司，1999 年 9 月发起设立中铁二局股份有限公司，2001 年 5 月 28 日“中铁二局”股票上市，成为铁路建设行业第一家建立现代企业制度和股票上市的企业。60 多年来，中铁二局参与 100 多条重大铁路项目建设，建成里程 1.5 万余公里，占全国铁路运营总里程的 1/6，目前在建铁路项目仍有 30 多个。除铁路项目外，公司承建 40 多条高速公路、20 余项水利工程、10 多个机场港口、数千项市政工程以及国内所有城市的地铁项目，足迹遍布全国除港、澳、台的所有省市自治区及其他 40 多个国家和地区。中铁二局被评为“全国工程质量先进企业”、“全国质量效益型先进施工企业”、“全国用户满意施工企业”、“全国公路建设行业优秀企业”、“2006 中国卓越城市运营商 10 强”、“2007 成都地产领军企业”称号，跻身全国 55 家优秀施工企业和 20 家最具影响力企业行列。创造国家及省部级工法 91 项，国家及省部级科技进步奖 55 项，17 次捧得中国建设工程鲁班奖，7 次获得詹天佑土木工程大奖，铸造 200 余项国家及省部级优质工程，5 个参建项目入选新中国成立 60 周年百项经典暨精品工程。

在持续科学发展的同时，中铁二局牢记国有企业的社会责任和政治责任，当祖国和人民需要时，总是一往无前。“5·12”汶川特大地震中，公司第一时间抗震救灾，被党中央、国务院、中央军委授予“全国抗震救灾英雄集体”。在汶川特大地震及玉树强烈地震的灾后重建中，承建的 30 多个重建项目任务，获得社会各界赞誉。2010 年，公司在宝成线石亭江大桥、贵州六沾铁路等抢险救援中表现出色，成为铁道部的应急抢险救援队和国家应急救援指挥中心应急抢险救援基地。

具有“开路先锋”特质的中铁二局人团结一致，同心同向，在超额完成企业第一、二阶段发展战略目标基础上，正在实施新的发展战略，沿建筑业价值链纵向一体化，推进工程施工、房地产、国际业务、物流、基础设施投资及管理、设计咨询、商业物业等业务协调发展，努力实现改革发展新跨越。

目前，中铁二局高位策划、领先一步的发展战略，厚积薄发的企业集成优势，建筑业价值链的大纵深开发，加速中铁二局向着成为中国领先的、提供全方位建筑服务的、具有国际竞争力的建筑承包商和城市运营商目标奋进。

在任领导：

何新权　集团公司董事长（3 月调职）

郑建中　集团公司党委书记（3 月调职），集团公司董事长、股份公司党委书记（3 月任职）

唐志成　集团公司总经理、股份公司董事长

邓元发　集团公司党委书记（3 月任职），股份公司总经理

郭敬辉　集团公司、股份公司党委副书记、纪委书记，股份公司监事会主席

方国建　集团公司、股工会主席

龙援青　股份公司副总经理、总经济师

王广钟　股份公司副总经理

张次民　股份公司副总经理

林　原　股份公司副总经理

刘剑斌　股份公司副总经理

王云波　股份公司副总经理

曾永林　股份公司副总经理、总会计师

邓爱民　股份公司副总经理、董事会秘书

卿三惠　股份公司副总经理、总工程师

蔡　伟　集团公司副总经理

熊志勇　股份公司副总经理

崔江利　集团公司副总经理

地址：中国四川成都市马家花园路 10 号

电话：86-028-86442050

传真：86-028-87663096

邮编：610032

网址：www.cregc.com.cn

电子信箱：sbmsc@cregc.com.cn

【中铁三局集团有限公司】　中铁三局集团有限公司前身是铁道部第三工程局，成立于 1952 年，2000 年 11 月改制为“中铁三局集团有限公司”，是全国首批工程总承包建筑企业，具有铁路工程施工总承包特级资质、公路工程施工总承包、房屋建筑工程施工总承包、市政公用工程施工总承包一级资质的大型综合性建筑施工企业。主要从事交通基础设施工程建设施工。经营范围主要包括：国内外铁路、公路、机场、码头、基础工程、地下铁道、房屋建筑工程、水利、电力、通信、信号、电气化接触网、爆破与拆除、混凝土预制构件、电力牵引供电的建设，给排水及建筑安装工程、施工机械租赁、地方和专用铁路运营与管理、投资及 BT 项目建设、房地产开发、建筑工程勘测设计等。

建局 58 年来，中铁三局先后承建了 600 余项国家重点工程和国外工程，累计完成国家投资 1200 多亿元。进入 21 世纪的十年来，先后参加了 80 余条铁路新线、复线建设、技术改造工程，完成铁路里程总长度超过 8000km。在 2005 年开始的新一轮高标准铁路建设中，先后参加了石太、合宁、郑西、武广、京沪、杭甬、杭长等多条重点客运专线和高速铁路工程的施工。在城市轨道工程施工中，承建了北京、上海、广州、重庆等 14 个大城市地铁工程，积累了在多种复杂地质条件下车站、区间浅埋暗挖、整体道床铺轨、长轨焊接、换铺无缝线路和电力通信等综合施工的丰富经验。在高速公路、市政工程施工中，参加了北京—珠海、北京—上海、石家庄—太原等数十条高速公路工程及上海南浦、扬浦大桥等市政工程的施工。在高层建筑施工中，先后承建了山西医科大学住院部大楼、郑州车站主体以及南配楼等工程。公司还先后承建了坦桑尼亚、阿联酋、新加坡、尼日利亚、埃塞俄比亚等 9 个国家的建设工程，积累了丰富的国外工程施工管理经验。

中铁三局在册员工总数 26306 人，其中：管理、技术人员 13286 人，作业人员 13020 人。工程系列技术人员 8471 人，教授级高工 21 人，高级工程师 474 人，工程师 2299 人，高级技师 168 人，技师 516 人，具有设计、施工及其他相关专业类别注册执业资格人员 591 人。

中铁三局集团有限公司本部设 22 个职能部门，下设 16 个子公司、6 个分公司，8 个地区工程指挥部，16 个在建直属指挥部（经理部），15 个办事（联络）处。 22 个子分公司中，以建筑施工为主业的有 14 个，包括二、三、四、五、六、七、桥

隧、线桥、电务、建安、运输、广州公司和刚成立的天津公司、南京公司；以设计咨询为主业的有3个，包括勘测设计院、检测公司、测量公司；从事物资采购物流业务的有物资公司；从事海外业务的有国际工程公司；从事投资和BT项目运作的有投资公司和隰延公司；从事房地产开发项目的有房地产开发公司。

截至2010年底，全集团总资产194.53亿元。集团公司直管大型周转材料原值为：3.80亿元，现值为：1.71亿元。拥有各类机械设备5679台套，总功率88.83万千瓦，原值35.20亿元，净值20.40亿元，其中大型设备有：900吨架桥机组8套，900吨轮胎式搬运机6台，900吨轮轨式提梁机8套，450吨架桥机组3套，盾构机9台，混凝土搅拌站244套，企业装备实力雄厚，年施工生产能力达到400亿元。

近年来，凭借雄厚的实力和优秀的企业文化，中铁三局赢得了社会广泛赞誉，获得“全国质量效益型先进企业”、“全国用户满意施工企业”、“国家高新技术企业”、“全国施工设备管理先进单位”、“全国守合同重信用企业”、“山西省企业文化建设优秀单位”、“山西省优秀建筑企业”、“全国优秀施工企业”、“全国用户满意施工企业”、“全国建筑技术创新先进企业”、“全国工程建设质量管理优秀企业”、“全国企业文化建设先进企业”“全国安康杯竞赛活动优胜企业”等诸多荣誉；集团公司连续十四年被山西省评为“AAA”级资信等级企业。公司先后有97项工程获鲁班奖、国家市政工程金杯奖、国家优质工程奖、詹天佑奖、白玉兰奖、重庆市市政工程金杯奖等国家和省部级优质工程奖。

2010年，中铁三局完成营销额609亿元，是2009年营销额275亿元的2.21倍，同比增长121.45%，在中国中铁系统名列第二。完成营业额393.27亿元，同比增长38.05%，其中施工产值完成378.78亿元，同比增长37.46%。实现净利润3.72亿元，同比增长19.23%。总资产190.24亿元，同比增长8.72%；净资产26.47亿元，净资产收益率19.39%。

2010年，中铁三局以“安全保工期、优质创高产、管理增效益、全面争第一”的施工指导思想和“三高两低一突出”的项目经营指导思想为引领，坚持用“三条红线”统领施工，重点工程施工生产快速、高效、有序推进。

党建思想政治工作以党的十七届四中、五中全会精神为指导，以“创先争优”活动为主线，大力推进学习型党组织建设，深入开展争创“四强”党组织、争做“四优”共产党员活动及“项目党旗红，全面争先锋”主题实践活动，不断加强各级领导班子建设、基层党组织建设和党员队伍建设，为推动公司在持续发展中实现历史性跨越提供了坚强的精神动力和思想组织保证。2010年，中铁三局获“中国学习型组织十佳单位”、“太原市十大诚信企业”荣誉称号。集团公司工会被中华全国总工会命名为“全国模范职工之家”。

在任领导：

董事长、党委书记　高令旗

总经理、党委副书记、副董事长　刘宝龙

副总经理、总经济师、董事　黄怀朋

党委副书记、董事　荣树森（2010年11月离任）

党委副书记、纪委书记、监事　张作义（2010年12月任职）

党委副书记、纪委书记、监事　易铁军（2010年12月离任）

工会主席、副总经理、职工董事　董国斌

副总经理、董事　温德智（2010年10月离任）

副总经理　张振兴（2010年2月免职，12月宣布）

副总经理　谢大鹏

副总经理　郝　刚

副总经理　杨林浩

副总经理　赵　斌（2010年11月离任）

副总经理　李新远

副总经理　葛复存（2010年12月任职）

副总经理　孙养俊（2010年7月任职）

副总经理　谭世俊（2010年12月任职）

副总经理　张庆远（2010年12月任职）

副总经理　王树伟（2010年12月任职）

总工程师　常乃超

总会计师　秦永虎

地址：山西省太原市迎泽大街269号

邮编：030001

电话：0351—4038637

传真：0351—4088024

网址：http:www.ztsj.com.cn

电子信箱：bgs@ztsj.com.cn

【中铁四局集团有限公司】　中铁四局集团有限公司前身最早是1950年组建的中国人民志愿军抗美援朝铁道工程总队。铁道工程总队于1953年11月从朝鲜凯旋回国。同年，铁道部陆续在全国组建11个工程局、4个专业工程公司，中铁四局即其中之一。后经多次归并组合和调整，于1966年正式更名为铁道部第四工程局。铁四局2000年6月28日改制为中铁四局集团有限公司。

中铁四局共有15家全资子公司：第一工程公司、第二工程公司、第四工程公司、第五工程公司、第六工程公司、电气化工程公司、建筑工程公司、房地产开发公司、合肥中铁钢结构公司、机电设备安装公司、物资工贸公司、建筑装饰安装公司、黄山中铁旅游公司、如皋市中铁四局投资建设公司、土木工程公司；5 家控股子公司：安徽中铁四局设计研究院、合肥百瑞得反光材料公司、淮南山南新区城市基础设施投资建设公司、安徽中铁工程材料科技公司、安徽中铁技术服务公司；12 家分公司：七分公司、八分公司、市政工程分公司、机械工程分公司、海外工程分公司、北京分公司、上海分公司、天津分公司、重庆分公司、西安分公司、南京分公司、委内瑞拉分公司；4 家事业编制单位：北京房建处、咸阳办事处、职培中心、中心医院；1 家代管单位：宏达资产管理分中心。

截至 2010 年底共有 19 个直属工程指挥部（项目经理部），分别是中铁四局南京铁路工程指挥部、宁杭铁路工程指挥部、甬台温铁路工程指挥部、合武铁路工程指挥部、宜万铁路工程指挥部（汉宜铁路经理部）、深圳地铁工程指挥部、武广客运专线 XXTJⅡ标经理部、武广新广州站经理部、海南东环铁路经理部、昌九城际铁路经理部、上海动车段经理部、石武客专河南段经理部、石武客专河北段经理部、合蚌（合福）铁路经理部、兰新铁路二线经理部、张唐铁路经理部、上海地铁经理部、安哥拉经理部、委内瑞拉北部平原铁路经理部。二是经营性办事处，主要职能是按照区域划分开展市场营销，截至 2010 年底共有 20 个，分别是北京办事处、上海办事处、杭州办事处、宁波办事处、福州办事处、广州办事处、郑州办事处、武汉办事处、长沙办事处、成都办事处、贵阳办事处、南宁办事处、昆明办事处、石家庄办事处、济南办事处、西安办事处、兰州办事处、沈阳办事处、呼和浩特办事处、乌鲁木齐办事处。

截至 2010 年底，中铁四局在册员工 20830 人，其中各类专业技术人员 10570 人，包括局级及以上各类专家 31 人、正高职称 40 人、副高级职称 834 人；各类技能人员 8657 人，包括高级技师 113 人、技师 452 人；拥有一级注册建造师 616 人、二级注册建造师 158 人。2010 年共引进高校毕业生 955 人，94 人获得高级职称，10 人获得正高级职称，148 人获得技师职称，71 人获得高级技师职称，2493 人次取得安全、试验、质检员、施工、材料等五大员资格证书。

中铁四局立足建筑施工主业，大力推行多元化经营战略，经营范围涉足：承建国内外的铁路、临管运输及铺轨架桥、公路、市政、工业民用建筑、机场、码头、水利、地铁、电力、通信、信号、电气化接触网、城市水务、钢结构等建筑安装工程，施工机械制造、租赁、修理，物流、商贸、服务业，新型材料研发、生产，以及工程设计、BT、BOT 资本运作。到 2010 年底，拥有铁路工程施工总承包特级资质，公路工程、房屋建筑工程、市政公用工程、机电安装工程施工总承包一级资质，桥梁工程、公路路基工程、公路路面工程、铁路电气化工程、铁路铺轨架梁工程、城市轨道交通工程专业承包一级资质，环保工程甲级资质，测绘丙级资质，国外承包工程资质和对外经营权。业务分布在国内 31 个省、市和自治区以及海外 11 个国家。

全年完成新签合同额 580.16 亿元，占年度计划 410 亿元的 141.50%，同比净增 77.56 亿元。其中完成国内铁路新签合同额 354.5 亿元，占年度计划的 139%，同比增加 34.6 亿元；完成国内非铁路新签合同额 155.4 亿元，占年度计划 124%。合肥区域市场中标了合福铁路Ⅰ标、合蚌延长线、合肥北货场等项目，构建了目前在建项目合同总额达 162.4 亿元的全局最大铁路项目组团，占本地区铁路份额的 90%以上；七分公司在甘肃市场中标 4 项合计 10.23 亿元、五公司在江西市场中标 5 项合计 8.8 亿元、天津分公司在天津市场中标 6 项合计 5.66 亿元。一公司中标了上海通用等多个汽车试验场，中标价逾 9 亿元，获得全国 2010 年新开标的试车场全部项目；二公司成功取得了公路施工总承包一级资质，成为全局拥有资质最多最全的公司；钢结构公司在特种钢构制造、天津分公司在环保水务、电气化公司在高速公路机电安装、建筑装饰公司和机电公司在地铁装饰等领域业务拓展迅速。以 BT 方式投资运作的安徽省江北产业集中区市政道路项目正式开工，先期投资约 5.5 亿元；通过与万科等房地产巨头的激烈竞争，一举拿下了合肥滨湖新城 06 号地块，一次获得建设用地 128 亩，购地成交价 7.81 亿元，创造了中铁四局房地产开发市场竞标新纪录。全年完成海外业务新签合同额 19.94 亿元，占年度计划的 249%。主要包括总造价 5699 万美元的厄瓜多尔水利灌溉工程、891 万美元的安哥拉桑戈住房以及 5633 万美元的埃塞公路等项目。全年在京沪高铁等项目完成乳化沥青、干粉料等产品销售额 4.06 亿元；销售 CA 砂浆搅拌灌注车 10 台，实现销售收入 3024 万元；物资工贸公司完成局外物贸营销额 9.32 亿元，对外仓储物流年吞吐量达到百万吨；朔黄运输分处年货物运输总量达到 2367.5 万吨，经营规模以每年 25%的速度递增。

全年完成营业额 506.67 亿元，占年度计划 390 亿元的 129.92%，同比净增 129 亿元。其中海外业务完成营业额 42.2 亿元，占年度计划的 132%；淮南山南新城完成投资 9.52 亿元、回笼资金 12.07 亿元，累计完成投资 37.39 亿元、回笼资金 23.48 亿元；淮南“阳光国际城”、合肥“彩虹新城”房地产项目实现销售额 4.12 亿元。参建的沪宁城际、福厦铁路、昌九城际、宜万铁路、海南东环等项目按期开通；南京南站、南京大胜关、上海动车段、沪昆客专浙江段与江西段、甘青铁路 11 标、宁波北环铁路等工程攻坚克难、进展顺利；合蚌客专、合肥南环、合福铁路等“家门口”工程稳扎稳打、饮誉家乡；石武客专河南段充分发挥试验先行、标准先导作用，多项作业标准被业主全线推广；石武客专河北段轨道板灌板绝对位置合格率达到 98.46%，铁路信用评价连续 4 次位列第一。全年完成了兰新二线等 45 个施组和 89 个方案评审工作，对宁波枢纽北环铁路等 76 个高风险项目进行了方案审核，保证了古城湾大桥钢桁梁转体施工、京杭运河双索面斜拉桥、深圳地铁 5 号线、渡江战役纪念馆等一批高难度工程的顺利实施。

通过开办“集团账户”等手段，开辟资金集中新途径，2010年全局日均吸收成员单位存款55亿元，资金集中度达到85.16%，较上年度提高了4.16个百分点，实现资金集中收益1.95亿元；成立了内部保险兼业代理机构，全年节省保险费用5013万元，费用节约率达53%；全面启动了直管项目资金申请网上审批制度，规范了项目资金管理；全年通过税收筹划共节税10634万元，其中局享受高新技术企业低税率节税4301万元；全年共完成审计项目216个，通过审计发现问题资金9238万元，特别是对部分单位领导干部进行了任中经济责任审计，开创了领导干部任中审计先河；全年共处理各类诉讼、仲裁案件309起，涉及金额3.99亿元，挽回或避免损失1.14亿元，尤其是对河南省新长高速久拖不决的6000余万元债权案件坚决拿起法律武器维权，取得了重大进展；20个铁路概算清理项目年内批复变更索赔金额17.64亿元，其中一类变更批复9.26亿元，变更索赔取得阶段性成果；全年完成清欠21.89亿元，完成率100.61%，其中100个重点清欠项目收回资金4.5亿元，全局实现债权销号项目164项。局和子（分）公司两级内控体系建设顺利推进，风险防范水平逐步提高。集团公司第六工程公司、市政工程分公司于2010年底被整体划入到新成立的中铁上海工程局有限公司，涉及员工3855人。

2010年共获得省部级及以上优质工程奖36项，其中鲁班奖1项，国家优质工程奖2项，获得詹天佑工程创新奖3项，获得省部级及以上安全文明工地21项。

2010年实现净利润5.63亿元，占股份公司下达年度目标5.47亿元的102.93%，再创历史新高；在净投资达到16.14亿元的情况下，年末货币资金存量较上年增长了133.86%。

2010年，中铁四局获得省部级及以上科技进步奖12项、省部级工法20项、国家授权专利29项、国家重点环境保护实用技术2项；承担铁道部科研课题4项，1项科研项目被列入“国家科技支撑计划”；局被评为“十一五”全国建筑业科技进步与技术创新先进企业，CPG500型铺轨机组被评为中国中铁“十一五”十大科技成果。继2009年局在全国二级建筑企业中率先获得国家级技术中心认定、通过国家级高新技术企业认定之后，一公司、钢结构公司2010年通过了国家级高新技术企业认定公示。

2010年，举办各类培训班69期、培训6426人次，其中举办的安全等五大员、注册一级建造师等执业资格、无砟轨道等施工技术，以及海外项目管理等专项培训班达36期，培训4657人次；全年共外送培养管理、技术人员115人，切实提升了员工队伍整体素质和企业经营管理水平。

截至2010年底，全局总资产267.16亿元，较年初225.24亿元增加41.92亿元，其中净资产29.1亿元，较年初25.29亿元增加3.81亿元；获得15家商业银行综合授信510亿元，首次突破500亿元大关；安全质量控制、标准化管理等得到了铁道部的高度认可，多次全路建设工作会议等重要场合介绍了经验。中铁四局被中国中铁股份公司推介、打造为全系统“标杆企业”，铁路信用评价取得了在全国铁路施工系统中唯一一家连续11次位居A类企业的殊荣。

2010年全局员工人均年收入达到59959元，其中在岗员工人均年收入达到65657元，同比分别增长28.02%和24.90%，增幅为近几年之最，分别高出股份公司各工程局平均值12960元和11667元，超额实现了股份公司“人均5万元”目标；深入推进“送温暖”工程，落实“三不让”承诺，推行“职工大病医疗小额无息贷款”政策，加大了对困难员工的帮扶力度，全年共投入扶贫帮困资金999.65万元，帮扶困难员工及农民工5968人次，为197名待岗员工安排了再就业，并通过加强与地方社保部门沟通，为21436名退休人员调增了养老金；继续加强基地建设。对局机关住宅楼等工程进行了装饰改造，局本部被合肥市评为“样板生活小区”，中铁大酒店、局科技大楼和局机关商品住宅楼建设全面启动，五公司、电气化公司、七分公司、钢结构公司等单位实施了员工住宅楼、生活区建设，员工生活环境随着效益的提升继续得到同步改善；大力加强企业文化建设。以建局60周年、企业改制10周年和第五届企业文化节为契机，开展了6大类20余项形式多样、精彩纷呈的群众文体活动；编撰了《脚步》、《记忆》、《楷模》、《印记》、《一路走来》等系列丛书，从不同侧面绘制出中铁四局60年来波澜壮阔的历史画卷，与行业地位相匹配的高品质企业文化日趋成型。

在任领导：
董事长、党委书记　张河川
总经理、党委副书记、副董事长　许宝成
党委副书记、纪委书记　资宝成
工会主席　段广和
副总经理　吴成福　张建场　李学民　王传霖
　　　　　汪志成　张庭华　邵　刚　王西明
　　　　　邓　民　刘　勃　耿　锦
副总经理、总法律顾问　王砚才
副总经理、总会计师　何文
副总经理、总工程师　闫子才
地址：安徽省合肥市望江东路96号
邮编：230023
网址：http://www.ctce.com.cn/
邮箱：fecb@mail.hf.cn
电话：(0551)5244114(总机)

【中铁五局（集团）有限公司】　中铁五局前身为1950年6月12日成立的西南工程局。1952年12月15日，铁道部决定撤销西南工程局，在西南地区以原西南铁路工程局的人员为基础，组建铁道部新建铁路工程总局第二工程局等六个铁路施工单位。1958年5月7日，铁道部新建铁路工程总局第二工程局更名为铁道部第二工程局。1958年10月15日，铁道部撤销铁道部第二工程局，以二局为基础，组建铁道部贵阳工程局，进入“工管合一”时期。1961 年，“工管合一”恢复为“工管分离”。1961 年 8 月 15 日，铁道部西南铁路工程局改名为铁道部第二工程局。1971 年 9 月 1 日，交通部和铁道部合并，改称交通部，原铁道部第二铁路工程局也改为交通部第二铁路工程局。1975 年铁道部、交通部分离，4 月 1 日原交通部第二铁路工程局又改称为铁道部第二铁路工程局。1979 年 1 月 1 日，铁道部第二铁路工程局分建第二、第五两个工程局。分建后的铁五局机关驻地为贵阳。1999 年 12 月 29 日，铁道部第五工程局改制为中铁五局（集团）有限公司。

中铁五局是世界 500 强企业中国中铁股份有限公司的全资子公司，注册资本金 17.3 亿元，注册地贵州省贵阳市。公司下辖 17 个子公司，22 个分公司。公司现有员工 22684 人，共有各级各类专家 129 人，专业技术人员 9776 人。公司现有机械设备 5268 台套，固资设备总值约 27.45 亿元，其中拥有地铁盾构及后配套设备 8 套，预制箱梁搬、提、运、架设备 8 套。

中铁五局是全国首批 78 家获得行业工程施工总承包特级资质及本行业设计甲级资质的施工企业，具有铁路工程施工总承包特级资质、铁道行业甲(Ⅱ)级设计资质，房建、公路、水利水电、市政公用工程施工总承包壹级资质，桥梁、隧道、公路路面、公路路基工程施工专业承包壹级、城市轨道工程专业承包资质。中铁五局具有援外成套项目实施企业 A 级资质，具有外经、外贸权，是中国对外承包工程商会会员单位，在加纳等 10 多个国家设立了分公司或驻外办事机构。公司主要从事国内外建筑施工、房地产开发、酒店经营、资本运营等业务。

中铁五局是我国较早组建省级企业技术中心的建筑施工企业之一，掌握复杂地质条件下的高速公路、高速铁路、客运专线软土路基，长大、突泥涌水、溶洞群、特大断面隧道施工关键技术，高墩大跨、深水基础施工技术；900 吨箱梁现浇及预制架设，无砟轨道预制铺设、精调施工关键技术；TDCS 列车调度指挥系统、GSM-R 通信系统、高寒地区高压电缆敷设接续施工工艺和道岔融雪系统构成及测试技术。掌握繁华城区复杂环境大型地铁车站、浅埋暗挖地铁隧道施工综合关键技术、区间土压平衡盾构操作技术。在工程机械开发、计算机信息技术运用等方面也具有较强的实力。

改革开放以来，中铁五局先后参加了全国 80 多条铁路主干线，100 多条公路主干线，以及全国各地机场码头、城市轨道、水利水电、市政工程的建设。近几年来，在武广、京沪、哈大、沪昆等国家“四纵四横”高速铁路网建设中发挥了主力军作用，已建成或在建的高速铁路和客运专线隧道 81 座，总长 108 千米；桥梁 329 座，总长 329 千米。目前，在建云南段壁板坡隧道全长 14.75 千米，是在建高铁工程中最长的隧道；浙江段金华江特大桥 4×135 米连续梁，是目前全国在建高铁项目中跨度最大的连续梁。公司承建的工程质量优良，共有 24 项工程获鲁班奖、詹天佑奖、国家优质工程奖或全国用户满意工程等国家级奖项。近五年来，公司共获国家科技进步奖 2 项，省部级科技进步奖 7 项；开发国家级工法 10 项，省部级工法 25 项；持有国家专利 17 项；主持和参与编制行业标准 3 项。所建工程创造了多项全国、亚洲、世界纪录。

中铁五局是国内最早贯彻实施国际管理标准的建筑施工企业之一，先后通过 ISO9000、ISO9001 国际质量体系，ISO14001 国际环境管理体系和 GB/T28001 职业健康安全管理体系认证。遵循“依靠科技、规范管理、持续改进、顾客满意”的质量方针，以科学的管理、精湛的技术、优良的装备、文明的施工，取得了显著业绩，获得了各界好评。先后被评为“全国建筑行业百强企业”、“全国优秀施工企业”、“全国最佳施工企业”、“中国企业形象 AAA 级单位”、“‘十一五’全国建筑业科技进步与技术创新先进企业”、“技术创新先进企业”“全国建筑安全生产先进集体”、“全国文明单位”、“全国守合同重信用单位”，获全国“五一劳动奖状”，是国务院表彰的全国 14 家先进企业和单位之一。

中铁五局秉承“勇于跨越、追求卓越”的企业精神，以打造百年不朽工程为己任，竭诚为境内外顾客奉献至臻精品。2010 年，公司完成企业营业额、新签合同额分别比去年增长 51%和 47%，其中完成铁路经营任务 333 亿元，在全路率先实现了 320 亿元的上限经营目标。企业净利润、“三个集中”度、项目毛利率、法人单位亏损户数、经营性净现金流等管理指标均达到股份公司规定要求和董事会年初预期，在册职工收入同比增长 24%。在铁路信用评价中首次进入 A 类第四名，标准化管理和架子队建设经验在全路和股份公司系统广泛交流。按照股份公司内部重组要求，顺利完成了三公司整体移交中铁港航局工作。城市轨道交通工程分公司于 2010 年 6 月 18 日正式挂牌成立。广泛开展了各种慰问帮扶活动，全年共发放各种困补费 423 万元，帮扶困难职工 6698 人次；参与了玉树地震、“5.23”江西列车脱轨、“6.28”贵州关岭重大山体滑坡等救援抢险，开展了向玉树地震、贵州旱灾捐款活动，受到社会各界好评。

在任领导：

董事长：张　敏

党委书记、总经理、副董事长：张回家（2010 年 12 月不再担任党委书记职务）

党委书记：马江黔（2010 年 12 月前任副总经理，12 月任党委书记）

党委副书记：李晓声

党委副书记、纪委书记：于保林

工会主席、副总经理：齐康平

副总经理：黄　武

副总经理：徐中义

总会计师、总法律顾问：陈广森

副总经理、总经济师：王　丽

副总经理：张建国（2010 年 12 月调中铁七局任总经理）

总工程师：陈德斌

副总经理：梁承欢

副总经理：陈佐林

副总经理：刘晓辉

副总经理：曹吉波

地址：贵州省贵阳市枣山路23号

邮编：550003

电话：0851-8180150 传　真：0851-8180960

网址：http://www.ztwj.cn/

电子信箱：Twjjb@public.gz.cn

【中铁六局集团有限公司】 中铁六局集团有限公司是由原北京铁路建设集团有限公司、太原铁路建设集团有限公司、呼和浩特铁路建设（集团）有限责任公司、丰台桥梁工厂四家企业重组设立，2004年1月6日正式挂牌成立。2007年9月17日变更为中国中铁股份有限公司的全资子公司。

中铁六局总部位于北京，下设北京铁建、太原铁建、呼和浩特铁建、天津铁建、石家庄铁建、电务公司、丰桥公司、北京置业公司、信达公司、天易公司等10个子公司和海外工程、桥隧、广州、盾构、铺架、工程设计院等6个分公司。中铁六局集团现有员工15237人，各类专业技术人员6314人，其中高中级职务人员2491人，一级建造师319人，拥有国内外各类先进的施工设备4391台（套），年施工能力200亿元以上。具有铁路工程施工总承包特级和房屋建筑、市政、公路、机电安装工程施工总承包一级，桥梁、隧道、铁路铺轨架梁工程专业承包一级、城市轨道交通工程专业承包等67项施工资质，具有国家（MA）计量认证资质、公路工程综合乙级资质,以及工民建、公路(市政)、铁路一级等试验检测资质。

在任领导：

董事长、党委副书记：卢建中

党委书记：于耀辉

总经理、党委副书记：赵占虎

党委副书记、纪委书记：矫希伟

副总经理、总工程师：肖于太

总会计师、总法律顾问：梅家周

副总经理、总经济师：刘胜尧

副总经理：周恒武

副总经理：王朝义

副总经理：赵剑发

副总经理：高海宏

副总经理：郭继龙

副总经理：杨振江

工会主席：杨二伦

地址：北京市海淀区万寿路2号

邮编：100036

传真：010-68157693

网址：http://www.crsg.com.cn/

【中铁七局集团有限公司】 中铁七局集团有限公司是2003年12月25日重组成立的国有大型施工企业，公司注册地在河南省郑州市。

2003年12月，为加速实现铁路行业的主辅分离，增强国有大型施工企业的整体竞争力，优化资源配置、调整经营布局，根据国务院国有资产监督管理委员会《关于将铁道部部属勘察设计院等企业分别划入中国铁路工程总公司、中国铁道建筑总公司有关问题的通知》（国资改革〔2003〕89号）、铁道部《关于部属设计院和局属设计施工企业移交工作有关问题的通知》（铁政法〔2003〕97号），国资委、铁道部《关于将铁道部第二、第三勘察设计院等22户企业划转中国铁路工程总公司有关问题的批复》（国资改革函〔2003〕373号），中国铁路工程总公司组建中铁七局集团有限公司的批文（中铁程劳〔2003〕382号）等文件精神，由原郑州铁路建设集团有限公司、武汉铁路建设集团有限公司、中铁一局集团第三工程有限公司、洛阳铁路工程有限公司、襄樊铁路工程有限公司和安康铁路工程有限公司经过资产重组后设立了。

中铁七局集团有限公司是中国中铁股份有限公司的全资子公司，注册资本金14.43亿元。具有铁路工程总承包特级，房建、市政、公路、机电安装工程总承包一级及公路路基、桥梁、隧道、电气化等专业一级资质和城市轨道交通专业资质；拥有“中华人民共和国对外援助成套项目施工任务A级实施企业”证书，质量/环境/职业健康安全管理体系认证证书。下辖1个分公司、10个全资子公司和1个省级技术研发中心，共有员工14168人，其中各类专业技术人员6743人，拥有各类大型施工机械5000台（套）。

中铁七局秉承“求真务实，开拓创新，诚信守法，团结奉献”的企业精神，认真贯彻落实科学发展观，紧紧抓住国家基础设施建设快速发展的机遇，不断完善和深化内部管理，大力加强人才队伍建设和创新能力建设，切实提高经济运行质量，实现了跨越式发展：到2010年末，年完成营业额由组建之初的20亿元增长到232亿元，新签合同额由26亿元增长到330亿元，利润总额由650万元增长到4.33亿元，在岗员工人均年收入由1.6万元增长到5.1万元；国内施工、海外经营和房地产开发三大业务板块协调稳健发展，安全质量保持总体稳定、有序可控，工程合同履约率100%，工程质量合格率100%。曾多次获得“中国500家最大经营规模建筑业企业”、“铁路、公路、隧道、桥梁建筑业行业100家最大经营规模企业”、“全国优秀施工企业”、“全国最佳施工企业”、“全国守合同重信用企业”、“全国铁路安全生产先进单位”、“河南省施工企业综合实力50强”、“ 河南省重合同守信誉企业”、“河南省先进建筑施工企业”、“河南省用户满意施工企业”、“河南省优秀施工企业”等荣誉称号。集团公司还被中国建设银行河南省分行评为“AAA”级信用企业，顺利通过了IS09002质量管理体系国际、国内认证；IS014000环境管理体系、GBT18000职业健康安全管理体系认证。

在任领导：

董事长兼党委书记　姜满金（2010 年 11 月 30 日止）

董事长　王宗怀（2010 年 11 月 30 日起）

党委书记　姜满金　（2010 年 11 月 30 日起）

总经理　刘永红（2010 年 11 月 30 日止）

总经理　　张建国（2010 年 11 月 30 日起）

副总经理、总经济师　王继伟

副总经理　刘宝贵　吴家兴 王随新　毛锁明

罗育桂　罗建平

副总经理　程志强（2010 年 12 月 24 日起）

副总经理、工会主席　陈建杭

党委副书记、纪委书记　贾惠平（2010 年 11 月 30 日止）

党委副书记、纪委书记　赵可信（2010 年 12 月 24 日起）

总会计师、总法律顾问　何继中

副总经理、总工程师　董炬洪

总经理助理　　郭建群

地址：河南省郑州市航海东路 1225 号

邮编：450016

电话：0371-67723150

传真：0371-67723109

网址：www.crsg.cn

【中铁八局集团有限公司】　中铁八局集团有限公司是国家特级资质综合性施工企业，组建于 2003 年 12 月 22 日，注册资本为人民币 156428.48 万元。

中铁八局机关设在四川省成都市。下属 13 个子分公司分别设在四川、贵州、云南和重庆三省一市，并在北京、上海、福州、广州、兰州、西安设有 6 个办事处。全局共有员工 1 万余人，其中一级建造师 297 人，教授级高工 26 人，高、中级专业技术人员 5453 人；拥有各类先进的工程机械设备 4000 余台（套）；施工能力 500 亿元以上。

中铁八局是由原成都铁路工程集团、昆明铁路建设集团和中铁成都桥梁厂重组而成。组建后企业资质等级迅速提升，企业生产经营规模迅速扩大，企业科技创新能力迅速增强。中铁八局具有铁路工程施工总承包特级资质和房屋建筑工程施工总承包壹级、公路工程施工总承包壹级、市政公用工程施工总承包壹级、水利水电工程施工总承包贰级别、通信工程施工总承包叁级、桥梁工程专业承包壹级、隧道工程专业承包壹级、公路路基工程专业承包壹级、铁路铺轨架梁工程专业承包壹级等方面资质，同时具有城市轨道交通工程专业承包资质。

企业规模已从成立之初的年新签合同额 30 多亿元，迅速扩大到 2010 年新签合同额 360 亿元以上；科技创新方面，在无砟轨道、无砟道岔、铁路客运专线工程、铁路综合工程、桥梁施工、CA 砂浆配方等多个领域拥有技术领先地位；生产经营范围于 2010 年 4 月在原经营范围中有所增加，中铁八局正在由原来单一的建筑施工向投资管理、项目策划、房地产开发、工业设备制造销售、汽车销售维修、仓储物流、混凝土制品，以及其他能够涉及的业务进行了大力拓展，形成了“一业为主，多元经营”的科学发展新格局。

中铁八局组建后，先后获中国建筑工程鲁班奖（国家优质工程）8 次，省、部级优质工程 80 项；生产的混凝土轨枕被评为国家级优质产品；连续创造了 29 项中国企业新纪录，获得国家专利 58 项，国家级工法 15 项，主、参编部级标准和规范 9 项，并先后获全国建筑业科技进步与技术创新先进企业、全国创新型企业、全国“五一”劳动奖状、全国最佳施工企业、全国优秀施工企业、全国文化管理先进单位、全国企业文化建设 50 强、文化部 2008 中国优秀企业形象十佳单位、建国 60 周年·中国企业文化典范单位、中国企业文化建设百家重诚信单位、“十一五”全国建筑业科技进步与技术创新先进企业等荣誉称号。

在任领导：

曹　义　集团公司董事长

杨　峰　集团公司总经理、党委副书记

徐敦美　集团公司党委书记、副董事长

赵　智　集团公司副总经理、总工程师

唐　云　集团公司副总经理

李　俊　集团公司副总经理

尹　成　集团公司党委副书记、纪委书记

王国明　集团公司副总经理、总会计师、总法律顾问

郭相武　集团公司副总经理

董冲锋　集团公司副总经理

左兴明　集团公司副总经理、工会主席

陈守忠　集团公司副总经理、总经济师

喻修正　集团公司副总经理

张俊峰　集团公司副总经理

地址：成都市金牛区金科东路 68 号

邮编：610036

电话：028—87518338

传真：028—87517929

网址：www.cr8gc.com

电子邮箱：zjl@cr8gc.com

【中铁九局集团有限公司】　中铁九局集团有限公司（以下简称中铁九局）是集施工、设计、科研、房地产开发、水泥制品、机加工为一体的特大型企业集团，年施工能力 200 亿元以上。总部设在辽宁省沈阳市。公司具有国家住房和城乡建设部批准的铁路工程施工总承包特级资质；公路工程、市政公用工程、房屋建筑工程施工总承包壹级资质；桥梁工程、隧道工程、铁路电务、钢结构、装饰装修、铁路铺轨架梁工程专业承包壹级资质；城市轨道交通工程专业承包资质；机电设备安装、水利水电、铁路电气化工程专业承包等三十余项资质。公司先后通过了 ISO9001：2000 质量体系、ISO14001：2004 环境管理体系、GB/T28001：2001 职业健康安全管理体系的三整合认证。

中铁九局现有 21 个成员企业和所属单位。分布在辽宁、吉

林、广东、四川和上海四省一市，包括中铁九局集团第一、第二、第三、第四、第六、第七、电务工程有限公司、沈阳房屋开发有限公司、大连房地产开发有限公司、沈阳亚航物资有限公司、工程试验检测公司11家全资子公司；四川建升房地产开发有限公司、广州盛德房地产开发有限公司2家控股公司；中铁九局集团有限公司大连工程处、机械设备分公司、桥梁分公司、隧道分公司、广州分公司、成都分公司、上海分公司、勘察设计院8家分公司。

中铁九局现有员工18735人，拥有专业技术职务人员4195人，其中正高级5人、副高级360人、中级1160人、中级以下2670人。取得国家一级注册建造师资格的有296名、国家二级注册建造师资格的有159名；取得国家各类注册资格证书的有702余名。拥有机械设备达5797台（套）。

几十年来，中铁九局（包括其前身）共新建、改（扩）建铁路干线4000k以上，修建高速公路600多公里。先后参与了沟海线、集通线、东边道、长双烟、沈抚城际、秦沈客专、福厦客专、哈大客专、盘营客专、杭长客专、沈丹客专、沪昆客专、锡乌线、扎阿线、宇松线、库俄线、兰新线、西部战略等铁路的新建和哈大、沈山、平齐、大郑、沈吉、长图、通辽枢纽、通霍线、吉林站技改、大准线、广西沿海等铁路的改建和增建二线工程施工；承建了金州、灵山、苏家屯特大型铁路编组站和沈阳北铁路新客站、沈哈提速改造、津沈电气化改造，哈大电气化改造、湘桂线等大型铁路工程。并在高速公路、高层建筑、市政工程、城市轨道交通等施工领域取得了辉煌业绩。

在海外市场方面，中铁九局先后承建了沙特、利比亚、伊拉克、坦桑尼亚、赞比亚、乌干达、博茨瓦纳、刚果（金）等国的铁路、房建、水利、市政等国际工程，获得了良好的国际声誉。

中铁九局2008年取得省级技术中心认证，2009年取得辽宁省高新技术企业认证。获国家鲁班奖2项，国家优质工程2项，省部级优质工程49项；主编国家行业标准1项、参编4项；获国家和省部级科技进步奖1项，国家级工法6项，省部级工法45项；发明及实用型专利13项；连续多年被国家和辽宁省评为企业信誉AAA级单位、重合同守信用单位和全国质量效益型先进施工企业。

在任领导：
董事长　柳汉桥
总经理　张润文
党委书记　王　猛
副总经理　赵铁军　李春喜　韩顺学　刘海东
李　杨（2010年11月30日调出）
张超生（2010年11月30日调出）
副总经理、工会主席　宋玉国
副总经理　赵金祥（2010年7月30日任）
杨绍平（2010年12月24日任）
彭　齐（2010年12月24日任）
党委副书记、纪委书记　苑宝印
总工程师　周文明
总会计师　刘长城
股份公司专职董事、监事　方永忠
地址：辽宁省沈阳市沈河区敬宾街3-1号
邮编：110013
电话：024-62042635　031-42635
传真：024-62041245　031-41245
网址：http://www.crjj.com/crjj
邮箱：crjjbgs@163.com

【中铁十局集团有限公司】　中铁十局集团有限公司是以工程承包为主，跨行业、跨国经营、多功能的大型企业集团。集团公司拥有铁路工程施工总承包特级资质；公路工程、市政公用工程、房屋建筑工程总承包壹级资质；桥梁工程、隧道工程、铁路铺轨架梁工程、路基工程、路面工程、土石方工程、电务工程、电气化工程、钢结构、机电设备安装、环保工程、建筑装饰装修等专业承包壹级资质；水利水电工程总承包、房地产开发、体育场地设施工程、建筑智能化、电信工程、爆破与拆除工程等专业承包二级资质；城市轨道交通工程专业承包资质和对外经营资格证书。

集团公司拥有12个控股子公司，8个分公司，7个办事处。现有员工14768人，其中各类专业技术干部6184人，技术工人6105人。拥有国内外先进的机械设备4500多台套，总功率42万千瓦，综合机械化水平达85%以上。

集团公司施工区域遍布国内外。在铁路领域，参与了成昆、枝柳、湘黔、京九、秦沈、青藏、胶新、大丽等国内数十条铁路新线建设；参加了京沪、胶济、郑徐等铁路电气化改造；参加了温福、甬台温、合武、太中银等铁路客运专线建设；承建了泰州、济南、青岛、徐州等各类新客站和铁路枢纽工程；共新建、改建扩建铁路干支线5000多公里。在非铁路领域，参建了累计达500多公里的济青、京沪、连霍、京珠、济广等数十条高速公路建设；参与了中国第一个F1赛车场；完成了高尔夫球场、自来水场、高层建筑、城市立交等市政工程100余项；在地铁、机场、港口、码头、水利水电、铁路信号、电气化、通信、电力等其他施工领域也取得了辉煌业绩。此外，集团公司还在委内瑞拉、南部苏丹、白俄罗斯、肯尼亚、乌干达、斯里兰卡等国家参与了多个国外工程项目施工，取得了较好的国际信誉。

集团先后获中国建筑工程鲁班奖、詹天佑土木工程大奖、中国市政工程金杯奖等国家级优质工程奖11项，省部级优质工程奖70多项，国家、省部级科技成果奖、优秀QC成果奖80余项，20多项施工工艺居国内领先水平。集团公司通过了ISO9001、ISO14001、GB\T28001-2001三标认证，并获“全国优秀施工企业”、“全国优秀诚信企业”、“全国公路行业优秀施工企业”、“全国质量效益型先进施工企业”、“重合同守信用企业”、“全国模范职工之家”、“全国精神文明建设工作先进单位”等奖项。

在任领导：
董事长、党委书记　程广朝

总经理、副董事长、党委副书记　沈尧兴
党委副书记、纪委书记　万冠群
工会主席、副总经理　黄新宇
副总经理　武海光
副总经理　董文德
副总经理　汪保华
副总经理　郑胜庄
副总经理　杨兰松
副总经理　陈国清
总工程师　王爱平
副总经理　王祥玉
副总经理　吴永兵
总会计师　郭建封
地址：山东省济南市高新区舜泰广场7号楼
邮编：250101
电话：043-61260
传真：043-61260
网址：http：//www.zt10j.com.cn

【中铁大桥局集团有限公司】　中铁大桥局集团有限公司是中国中铁股份有限公司旗下的全资子公司，是由原创建于一九五三年四月创立的铁道部大桥工程局改制而成的一家现代化企业，是集科学研究、勘测设计、建筑施工、机械制造四位于一体的、具有施工总承包特级资质的建筑企业，并率先通过ISO9000质量体系和ISO14000环境管理体系认证。

1950年经中央人民政府指示，铁道部开始武汉长江大桥的筹建工作，1953年4月成立“铁道部新建铁路总局武汉大桥工程局”。1954年1月，滕代远部长代表铁道部向政务院总理、副总理及委员提交了《关于修建武汉长江大桥的报告》。1954年1月21日，政务院召开第203次政务会议，通过《中央人民政府政务院关于修建武汉长江大桥的决定》，正式任命彭敏为大桥局局长，武汉市委书记王任重兼任政治委员。

大桥局成立初期，下辖5个从事施工生产的工程队（段），局机关设20个职能科（室），共有职工2533人，主要任务是修建衡阳湘江大桥、武汉长江大桥及其配套的桥涵工程。

1957年10月武汉长江大桥建成通车。1958年3月，大桥局改称“铁道部大桥工程局”。此后，所辖施工生产单位逐步扩编为8个工程处（厂），局机关科（室）相继升格为处（室），并成立了勘测设计院、桥梁科学研究所、中心医院、子弟学校等单位，成为一个具有综合职能，集科研、设计、施工、制造于一体的大型专业化工程局，职工人数增至2万多，施工点遍布全国各大水系，并成为当时全国唯一能在长江、黄河上修桥的专业化队伍。

1970年8月，铁道部与交通部合并，大桥局亦改称“交通部大桥工程局”。1975年3月，铁道部与交通部分设，本局仍属铁道部，名称恢复为“铁道部大桥工程局”。此前及此后，单位名称还有“革命委员会”、“桥梁与基础工程公司”等短期变更，但隶属关系及内部机构均无实质性变化。

2000年10月，大桥局与铁道部脱钩，更名为“中铁大桥工程局”，属中铁工程总公司领导，仍是一个集科学研究、勘测设计、建筑施工、机械制造四位于一体的大型施工企业。

2001年4月26日，大桥局改制为“中铁大桥局集团有限公司”，向建立现代企业制度迈出了重要一步。随即，集团社管中心成立，集团公司各单位、部门相继改制、改革。

2004年10月28日，经国务院国有资产监督管理委员会批准，中铁大桥局股份有限公司依法成立。中铁大桥局股份有限公司是由中铁大桥局集团有限公司、武汉钢铁（集团）公司、中铁隧道集团有限公司、中铁山桥集团有限公司、铁道科学研究院共同发起，以中铁大桥局集团有限公司桥梁建设等土建施工资产改制重组设立的股份有限公司。

截至2010年底，集团公司拥有总资产186.87亿元，除母公司外，共有二级子公司6家，三级子公司9家，四级子公司3家；有二级分公司1家，三级分公司17家，事业单位3家，集团公司机关设部（室）15个。集团公司现有员工14000余名，拥有中国工程院院士3名、全国工程勘察设计大师4名、国家有突出贡献专家2名、享受国务院特殊津贴的专家26名、省部级有突出贡献专家16名、教授级高级工程师83名、高级工程师513名、各类专业技术人员7185名。

中铁大桥局是世界上设计建造桥梁最多的企业，一直引领着中国桥梁事业发展。迄今，公司在国内外设计建造了1200余座大桥，总里程1300余公里，并先后参加了铁路干线和高等级公路建设。修建了一大批精品名优工程，获得了一大批奖项，其中，获国家科技进步奖26项，国家优质工程金质、银质奖9项，中国建筑工程鲁班奖23项，詹天佑大奖17项，创中国企业新纪录37项，拥有有效专利143项。现已建的知名大桥包括我国公铁两用大桥的四座里程碑武汉、南京、九江、芜湖长江大桥，获得国际桥梁“乔治·理查德森大奖”的公铁两用大桥武汉天兴洲长江大桥，世界首座六线铁路大桥京沪高速南京大胜关长江大桥，世界最长公铁两用大桥郑州黄河公铁两用大桥，我国第一座真正意义上的跨海大桥东海大桥，世界最长的跨海大桥杭州湾跨海大桥，世界最高海拔铁路青藏铁路上的标志性工程拉萨河特大桥，港澳地区标志性建筑澳门西湾大桥、深圳湾公路大桥，孟加拉国最大的桥梁帕克西大桥，世界首座三塔两跨千米级悬索桥泰州长江大桥，长江口第一桥上海长江口隧桥工程等；在建的特大型桥梁包括韩家沱长江铁路大桥、武汉二七长江大桥、黄冈公铁两用长江大桥、九江长江二桥、泰州长江大桥、铜陵公铁两用长江大桥、安庆长江铁路桥、马鞍山长江大桥、南京长江四桥、桃花峪黄河大桥等。先后参与了京津、温福、合武、甬台温、福厦、武广、哈大、石武、津秦、渝利、京沪、京福、南广、南钦等铁路客运专线（高速铁路）工程建设。

在任领导：
刘自明　集团公司董事长
胡汉舟　集团公司总经理
文武松　集团公司党委书记
谭国顺　股份公司总经理

秦顺全　集团公司总工程师
古继洪　集团公司总会计师、总法律顾问
王政兵　集团公司副总经理、总经济师
黄支金　集团公司副总经理
张春新　集团公司副总经理
高兴泽　集团公司副总经理
刘杰文　集团公司副总经理
李富仓　集团公司副总经理
秦汉桥　集团公司工会主席、副总经理
季跃华　集团公司副总经理
张跃进　集团公司党委副书记、纪委书记
蔡登山　集团公司副总经理
地址：湖北省武汉市汉阳大道38号
邮编：430050
电话：027-84842526
传真：027-84842430
网址：www.ztmbec.com
电子邮箱：mbecjb@ztmbec.com

【中铁隧道集团有限公司】　中铁隧道集团（China Railway Tunnel Group，缩写 CTG）是国内隧道和地下工程领域最大的企业集团。1978年5月，为修建黄河水下隧道，经铁道部报请国务院批准，在河南洛阳成立铁道部 4501 工程指挥部，同年10月，国务院批准将 4501 工程指挥部改组为铁道部隧道工程局，1999年9月，隧道工程局与铁道部脱钩，更名为“中铁隧道工程局”。2001 年 5 月，隧道工程局实行公司制改造，组建了以中铁隧道集团有限公司为核心企业，集勘测设计、建筑施工、科研开发、机械修造四大功能为一体的中铁隧道集团，隶属于中国中铁股份有限公司。集团现有施工子（分）公司10个，勘测设计院1个，技术中心1个，北京、南京、广州、西安、成都、武汉片区指挥部6个，现有在建工程项目300个，施工队伍遍布全国各地。

中铁隧道集团主要经营范围和资质（施工类资质仅含一级以上级别资质）包括：铁路工程施工总承包特级；公路工程、市政公用工程、房屋建筑工程、机电安装工程施工总承包壹级；隧道工程、桥梁工程、水工隧洞工程、公路路基工程、机电设备安装工程、地基与基础工程、土石方工程、建筑装修装饰工程专业承包壹级，城市轨道交通工程专业承包资质（不分级）；公路水运工程试验检测机构综合乙级；市政行业（桥梁工程、城市隧道工程、轨道交通工程、道路工程）专业甲级、公路行业（特长隧道）专业甲级、公路行业（公路）专业乙级、铁道行业（隧道）专业甲级设计；工程勘察综合类甲级；测绘资质甲级；工程咨询甲级（铁路隧道、公路隧道、城市轨道交通、市政公用工程（桥梁、隧道）、岩土工程、工程测量、水文地质）；工程咨询乙级（建筑、市政公用工程）；科研、设计及技术服务等。集团公司及主业子公司先后通过 GB/T19001 标准质量管理体系、GB/T24001 环境管理体系和 GB/T28001 职业健康安全管理体系认证。

中铁隧道集团现有员工 15492 人，拥有各类专业技术人员7856人（高级职称611人、中级职称1752人），各类技术工人6729人，其中中国工程院院士、国家级有突出贡献专家各1人，享受国务院政府特殊津贴6人，拥有涵盖铁路、公路、市政公用、机电、通信等专业的注册一级建造师436名。集团公司注册资本16.48亿元，集团资产总额176.65亿元，固定资产净值22.03 亿元，所有者权益 26.8 亿元。集团保有机械设备 6664台，原值32.38亿元，净值19.3亿元，总功率65.45万KW。现有TBM、盾构62台，是国内拥有盾构、TBM门类最齐全、数量最多的施工企业，年隧道施工能力在600公里以上。

成立30多年来，企业经营生产规模不断扩大，市场由铁路内向铁路外、由境内向境外不断拓展。完成了一大批科技含量高的国家重点工程建设任务。铁路工程先后参加了东陇海、衡广、大秦、侯月、宝成、京九、南昆、朔黄、西康、内昆、株六、梅坎、神延、西安南京、渝怀、赣龙、青藏、兰武、宜万、大丽、洛湛、石太、武广、合武、武康、襄渝、温福、甬台温、太中银、青藏二线、南疆吐库二线、广深港、北京地下直径线、龙厦、厦深、沾六、京石、渝利、贵广、西平、南广、兰渝、玉蒙、库俄支线、沈阳枢纽东北环线、东北东部通灌、合福、张唐、山西中南部通道、金温、吉图珲等铁路干复线建设，建成或参与建成的著名长大隧道有：国内最长的铁路双线隧道衡广复线大瑶山隧道（14.3km）、国内最长的铁路单线隧道兰武二线乌鞘岭隧道（20.5 km）、国内首次采用TBM掘进机修建的西安安康秦岭特长隧道(18.5 km)、国内最长的岩溶隧道渝怀铁路第一长隧圆梁山隧道（11.1 km）、国内最长的瓦斯隧道侯月铁路第一长隧云台山隧道（8.2km）。公路工程已建成或参与建成的著名长大隧道有：国内海拔最高的国道 317 线鹧鸪山隧道（4.4 km、海拔 4000m）、川藏公路最长的二郎山隧道(4.2 km)、广渝高速公路最长的华蓥山隧道(4.7 km)、重庆忠石高速公路最长的方斗山隧道(7.6 km)、武汉长江公路隧道(3.63 km)、厦门翔安海底隧道、青岛胶州海底隧道等。城市地铁先后建成北京、上海、天津、南京、广州、深圳、沈阳、西安、杭州、无锡、重庆、成都、武汉地铁等大量的车站和区间。

集团共有374项科研成果通过企业或省部级等科技主管部门评审、鉴定和验收，其中具有国际领先水平2项，国际先进水平36项，国内领先水平69项，国内先进水平58项。获国家科技进步奖9项（含特等奖1项)、获“中联重科杯”华厦建设科学技术奖2项、省部级科技进步奖84项。已获得专利34项。创国家级工法17项、省部级工法58项、企业级工法155项。

集团先后获国家建筑工程鲁班奖13项，国家土木工程詹天佑大奖14项，国家优质工程金奖3项、银奖11项，国家设计金奖3项、银奖2项，省部级优质工程奖84项。国家科技部将“盾构及掘进技术国家重点实验室”设在中铁隧道集团公司，中国土木工程学会将隧道与地下工程分会设在中铁隧道集团，企业技术中心被认定为国家级企业技术中心，河南省科技厅认定中铁隧道为河南省高新技术企业。集团公司先后获得“中铁工程总公司优秀企业”、“河南省优秀施工企业”、“河南省优秀思想政治工作企业”、“全国工程建设质量管理优秀企业”、“全国优秀施工企业”、“全国首批建筑业AAA级信用企业”、“中国优秀企业”、“中国诚信单位”、“全国用户满意施工企业”、“全国模范职工之家”、“全国安康杯竞赛优胜企业”、“全国企业文化建设工作先进单位”、“全国五一劳动奖状”等荣誉。

在任领导：
董事长、党委书记　郭大焕
总经理　张继奎
副总经理　崔　原　初继旺　周振国　宋建平
范国文　唐　忠　罗　琼　陈　建
高　伟　赵玉良
总工程师　洪开荣
总会计师　裴广进
总经济师　宋建平
党委副书记　崔　原
党委副书记、纪委书记　丁荣富
工会主席　初继旺
地址：河南省洛阳市状元红路
邮编：471009
电话：059-33141（路电）
0379-62633141(市电)
传真：059-32040（路电）
0379-62312419（市电）
网址：www.ctg.ha.cn
电子信箱:gsb@ctg.ha.cn

【中铁电气化局集团有限公司】　中铁电气化局集团有限公司（原铁道部电气化工程局）始建于1958年9月，2001年8月改制为有限公司，2003年11月西安铁路工程（集团）有限责任公司并入，是世界企业和世界品牌双500强中国中铁股份有限公司的成员企业，是集科研、设计、施工、器材生产、工程咨询、建设监理、运营维管、电信研究、物资供应、房地产开发为一体，能够承担铁路电气化建设接触网、电力、变电、通信、信号、房建、土木工程、城市地铁、轻轨等各项专业工程设计、施工、维护管理等任务的国家大型技术密集型企业集团，具有铁路工程总承包特级和机电安装、市政工程总承包一级资质及电气化、电务、桥梁、隧道、公路路基、土石方、铁路铺架等多个专业承包一级资质及城市轨道专业资质和境外工程承包经营权，集团拥有总承包资质39项，专业承包资质43项。银行信用等级AAA级，通过了ISO9000质量认证。公司总部设在北京万寿路南口中铁电气化大厦。

至2010年末，中铁电气化局集团由中铁电气化局集团有限公司及其控股或全资的18个子公司组成（一、二、三公司、西安铁路工程有限工程、西安铁路建设有限公司、西安电气化工程有限公司、中铁电化铁路运营管理有限公司、北京建筑工程有限公司、北京景旭房地产开发有限公司、中铁电气化勘测设计研究院有限公司、北京电铁通信信号勘测设计院有限公司、南京中铁电化投资管理有限公司、衡水投资有限公司、中铁电气化物资贸易有限公司、北京电信研究试验中心有限公司、北京通达监理有限公司、中铁电化（西安）铁安设备科技有限公司、北京顺达电铁电气化工程有限责任公司）。

中铁电气化局集团有限公司下设14个分公司、事业部（铁路工程分公司、电气化公司、城铁公司、西安通信信号处、工厂处、集成事业部、国际工程部、上海分公司、西宁办事处、东南公司、内蒙分公司、新疆分公司、电气试验中心、企业技术中心）、1个事业单位（社会事业管理中心）。至2010年末，企业资产总额221.17亿元，共有机械设备4828台，动力装备率12.64KW/人，技术装备率2.98万元/人，职工21301人，管理人员、专业技术人员10651人，工人10650人，中级及以上专业技术职务人员9230人，其中教授级高工25人，高级技术职称711人，中级技术职称3092人，高级技师172人，技师844人。

2010年，完成新签合同额575.23亿元，完成企业营业额310.8亿元，实现利润总额5.66亿元、净利润4.37亿元；继2007年新签合同额首次突破200亿元、企业营业额首次突破100亿元之后，连续四年保持高位运行，实现了持续稳定发展。

2010年新开工项目84项，建成开通81项。建成、开通电气化铁路约2312.79正线公里，以沪宁、沪杭、广珠城际、海南东环、太中银、天津大功率机车修造基地、北京地铁15号线首开段、南京地铁1号线南延线等为代表的一大批重点建设项目安全优质按期建成开通。

2010年竣工交验单位工程2087件。其中:“四电工程”1323件；房建工程691件，竣工面积581940.37 ㎡；线路、桥隧、站场、公路及其他工程73件；工程一次验收合格率100%，未发生重大质量事故，公司连续实现11468天无重大质量事故。工业产品质量出厂合格率达到100%，维管合同履约率100%，每百万千瓦时责任跳闸次数、年责任故障停电累计时间控制在各铁路局规定的指标以内。北京至天津城际轨道交通工程、新建武汉北编组站、合武铁路大别山隧道等3项工程获2010年度“中国建筑工程鲁班奖”。新建内蒙古东乌铁路四电工程获2010年度“国家优质工程银质奖”。新建武汉北编组站、合肥至武汉电气化铁路等2项工程获2010年度“中国土木工程詹天佑奖”。北京南站牵引供电工程、京包线（集宁—太局界段）电气化改造工程、新建北京动车段、武汉至襄樊铁路增建二线通信信号工程等4项工程获2010年度“铁路优质工程一等奖”。铁科院1号楼等8项工程、京九铁路电气化改造工程、麻武疏解线特大桥等3项工程获2010年度“铁路优质工程二等奖”。新建武汉北编组站；合武铁路大别山隧道；广州市轨道交通四号线（黄洲至黄阁）供电系统安装及附属工程；北京地铁十号线一期工程供电系统、供电监控及环境监控二合一系统；北京市轨道交通首都国际机场线 01、04、10A 标工程；北京地铁奥运支线供电系统工程等 6 项工程获 2010 年度"火车头优质工程奖"。"北京南站改扩建工程"获"北京市科学技术奖二等奖"，"京津城际铁路牵引供电系统集成技术"、"北京机场线东直门站立体穿越 M13 折返线关键技术研究"等 2 项成果获北京市"科学技术奖三等奖"。"高速铁路客运专线施工专用工具研究"获中国施工企业管理协会"科学技术奖二等奖"。"高速电气化铁路用高强高导接触网导线及其配套零部件"获中铁工程总公司"科学技术奖特等奖"，"客运专线接触网零件系列产品的研制"获中铁工程总公司"科学技术奖一等奖 "，"高速铁路电气化施工关键技术研究"获中铁工程总公司"科学技术奖二等奖 "，"DCR-2000 型道岔电加热融雪系统"、"地铁既有线信号系统更新改造工程关键技术研究"等 2 项成果获中铁工程总公司"科学技术奖三等奖"。获国家级 QC 成果 4 项、省部级 46 项， 1 个班组获全国"质量信得过班组"称号。集团公司党委获中央企业"先进基层党组织"，集团公司第七次获得全国"安康杯"竞赛优胜企业，集团公司获得 2010 年度"全国企业文化建设优秀单位"。2 名职工获 "全国劳动模范"，11 名职工获"北京市劳动模范"，1 名职工获"上海市五一劳动奖章"， 11 名职工获铁道部"火车头奖章"， 1 名职工获中央企业"优秀共产党员"。中铁电气化局集团公司系统集成事业部获得"北京市模范集体"。 中铁电气化局集团一公司、一公司沪宁城际铁路系统集成项目部；中铁电气化局集团建筑公司沪宁城际铁路站房项目部；中铁电气化局集团西铁工程公司郑西客专项目部；中铁电气化局集团公司客运专线系统集成事业部京津城际项目部获铁道部"火车头奖杯"。

在任领导：
董事长、党委书记　王其增
总经理　刘志远
副总经理　王青斌
　　齐学勇（至 2010 年 11 月 30 日）
　　李同茂　曹相和　韦　国　蒋玉林
　　张建喜　周志宇　沈九江
　　李爱敏（2010 年 7 月 30 日任职）
　　刘德海（2010 年 7 月 30 日任职）
　　张文贵（2010 年 7 月 30 日任职）
总经济师　齐学勇（兼）（至 2010 年 11 月 30 日）
　　李爱敏（兼）（2010 年 12 月 24 日任职）
总工程师　于　增
总会计师　王建军
党委副书记　刘志远
　　白克强（2010 年 11 月 30 日退休）
　　张建喜
　　刘月森（2010 年 11 月 30 日任职）
纪委书记　白克强（2010 年 11 月 30 日退休）
　　刘月森（2010 年 11 月 30 日任职）
工会主席　蒋玉林
地址：北京万寿路南口金家村一号
邮编：100036
电话：010-51846560
传真：010-51846590
网址：www.creeb.nep
电子信箱：eeb@eeb.cn

【中铁建工集团有限公司】 中铁建工集团有限公司是世界 500 强大型企业集团—中国中铁股份有限公司的全资企业，成立于 1953 年，是集工程总承包、勘测设计、房地产开发、设备安装、装修装饰、市政交通、工程监理、大型钢结构制作安装等为一体的大型企业。具有国家房屋建筑施工总承包特级资质，拥有外经贸部批准的对外经营承包资质和多项一级工程总承包、专业承包资质。

中铁建工集团辖有甲级建筑工程设计子公司 1 个，全资子公司 19 个，分公司 23 个，控股、参股子公司 3 个，分布在华南、华东、华北、西南、西北、东北、华中和海外八大区域市场。截至 2010 年底，集团共有职工 7487 名，集团共有各类专业技术人员 4531 名，高级专业技术职务 411 名，中级专业技术职务 1120 名；拥有各类先进机械设备 1586 台，总功率 65016KW；资产总额 180 亿元；2010 年新签合同额达 313 亿元，企业营业额 231 亿元，比上一年又有大幅提高。企业信誉和社会知名度显著增强。在第六届全国行业领先企业推展以骄人的业绩排名第十位。在行业内首批通过了 IS09001 质量体系和 IS014001 环境管理体系、OHSAS18001 职业安全健康管理体系认证；先后获"全国优秀企业管理奖"、全国建筑行业"创鲁班奖工程特别荣誉奖"、"全国五一劳动奖状"、"全国优秀施工企业"、"第十五届国际建筑金奖"等众多奖项。

五、六十年代，设计建造了新中国第一座汉阳枕木防腐工厂、西安车辆修理厂、成都机车车辆厂、资阳内燃机车厂、丰台桥梁厂钢筋混凝土轨枕工艺生产线，建成了新中国第一座大型火车站—北京火车站，援建了第一座国外火车站-坦桑尼亚达累斯萨拉姆火车站。这七项"共和国第一"，记录了中铁建工集团昨天的辉煌。

改革开放后，中铁建工集团实现了快速发展，企业实力不断增强、社会美誉度与日俱增，在"以诚信、智慧、科技、管理铸就更高质量和更富情感的建筑精品"的质量方针指导下，为社会奉献了一大批建筑精品，先后获国家建设工程鲁班奖 18 项（不包含参建奖，参建奖为 3 项）；国家优质工程 12 项（不包含参建奖，参建奖为 1 项）；詹天佑奖 4 项，詹天佑设计奖 2 项。获得北京长城杯、上海白玉兰杯、深圳金牛杯、山东泰山杯、福州榕城杯和铁道部优质工程奖等近百项。北京站、深圳站、贵阳站、南京站、昆明站、拉萨火车站、北京南站、武昌站、天津站、成都东站、太原站、郑州东站均为中国铁路大型站房建设史上的经典之作，目前承接的铁路站房工程已超过百座；北京普天大厦、北京亮马河大厦、北京幸福大厦、苏州涉外大楼、青岛海上皇宫、青岛邮电调度中心、上海南证大厦、上海滨江茗苑、深圳五洲宾馆、深圳市民中心广场、深圳赛格群星广场、深圳东方玫瑰园、福建省高级人民法院审判楼、贵阳火车站、贵航大楼、贵州电视大楼等工程，展示了中铁建工集团在高层、高标准、高等级公用与民用建筑领域的光辉业绩和非凡实力；被评选为“当代北京十大建筑”的北京南站和国家图书馆，反映出中铁建工集团驾驭现代建筑科技的能力；苏州科技文化艺术中心等7项工程入选新中国“百项经典建设工程”，把中铁建工的辉煌业绩载入了史册；那曲物流中心、南极长城站等多项工程创造了世界、国家和区域第一，展示了中铁建工在极寒、极高和超高层、深基坑、高技术含量的路内外建筑领域的实力和技术水平；坦桑尼亚达累斯萨拉姆火车站、气力马扎罗饭店、凯宾斯基桑岛酒店、坦桑尼亚议会大厦、多多马大学教育学院学生公寓、吉布提和卢旺达国家体育场、约旦亚喀巴电站、波兰华沙住宅小区、阿尔及利亚4万人体育场、南极长城站和中山站等200多项工程的建设，其中，集团坦桑尼亚公司获得了2009年坦桑尼亚最佳外资承包商称号，在坦桑承建的乞力马扎罗宾馆项目获得2009年首届海外工程鲁班奖，标志着中铁建工集团在国际市场的竞争力，进一步展示了企业的品牌实力。

高楼千尺，凝聚着中铁建工全体员工的智慧与心血；广厦万间，昭示着中铁建工几代人的创造与奉献。57年的光辉历程，中铁建工集团实现了从路内到路外，从国内到国外，从单一的铁路工厂到大型的公用与民用建筑，从单纯的设计施工到工程总承包，从一般的房建工程到超大型、高科技含量工程施工的跨越发展。“十二五”期间，中铁建工集团将以新的姿态，不断超越自我，向着更加辉煌的目标迈进。

在任领导

董 事 长　刘荣耀
总 经 理　段永传
党委书记　崔宝华
副董事长　崔宝华
党委副书记　刘荣耀
　段永传
　李选民
纪委书记　李选民
副总经理　刘炳才
　邱振虎
　李成生
　黄振庭
　穆亦龙
　孟庆军
　王　卫（12月离任）
　毕彦春（12月到任）
　周志立（12月到任）
总会计师　郭俊亮
总经济师　刘玉华
总工程师　杨　煜
工会主席　卢卫平

地址：北京房山区良乡政通路12号
邮编：102488
电话：010-51116920
传真：010-81388129
邮箱：crceg@crceg.com

【中铁国际经济合作有限公司】 中铁国际经济合作有限公司是由世界企业500强、世界品牌500强企业——中国中铁股份有限公司（CREC）为实施“大海外”战略而成立的国际化专业子公司，注册资本金9亿元人民币，具有国家商务部颁发的工程建设类《对外承包工程经营资格证书》以及国家住房和城乡建设部核准的铁路工程施工总承包壹级、房屋建筑工程施工总承包壹级、市政公用工程施工总承包壹级的建筑施工企业资质证书。

2008年1月21日，股份公司第一届董事会第六次会议召开，决议成立中铁国际经济合作有限公司，专门在国际市场运用中国中铁品牌从事组织实施对外经济技术合作、工程承包建设和有关投融资项目。2008年2月26日，公司完成工商注册，注册资本5亿元人民币。2008年3月7日，中铁股份人[2008]59号文件《关于成立中铁国际经济合作有限公司的通知》正式下发，重组了原中国中铁股份公司下属的香港公司、马来西亚公司、中东公司、新加坡公司和中铁二局旗下的川铁国际经济技术合作有限公司。

公司采用总部和子分公司形式的组织架构，总部设立各功能性职能部门，实施总部的管理职能和为子分公司提供服务，境外按区域设立子分公司以及部分国别市场分公司，实现公司业务的属地化经营。中铁国际总部有部门17个，境内外全资子公司5家，控股子公司1家，境外分支机构3个。

公司主要职能有：负责在国际市场运用中国中铁品牌，组织实施经济技术合作、工程承包建设和有关投融资项目；负责组织落实中国中铁股份有限公司与其它国际承包商、开发商联合开发的大型国际项目；负责国际市场有关项目的信息收集、筛选和处理工作，了解有关国家（地区）在国际工程承包市场、投融资、经济技术合作等领域的法律法规，加强与股份公司子、分公司的合作，全方位开拓国际市场。

经营范围：对外经济合作项目的实施；国外基础设施的投资、融资、BT、BOT或中外合作开发；国外铁道、交通、水利、水电等工程的投资、咨询、监理、勘察、设计和施工；国外能源、矿产的开发；境内外资工程的咨询、监理、勘察、设计和施工；本行业各类工程物资、设备的进出口贸易；经营进料加工和“三来一补”业务，经营对销贸易、机械设备租赁以及工程劳务人员的对外派遣。

业务范围包括五大板块：一是以传统的铁路、公路施工总承包、专业承包为主的基建板块；二是以房地产、能源投资及投资管理的投资板块；三是以货物进出口、代理进出口、销售机械设备、机械设备租赁为主的物贸业务板块；四是以港口码头、海岸工程、船舶租赁为主的港务板块；五是以市政公用工程为主体的市政板块。

公司各子分公司情况：

子公司——川铁国际经济技术合作有限公司(以下简称“川铁国际”是全国重点外经企业之一，该公司创立于1980年，30年来，风雨兼程、拼搏进取，从劳务合作到工程项目总承包，从单一产业到多轮驱动，如今已发展成为资产总额达16亿多元的大型国际工程总承包企业，实现了输出劳务－－输出资本－－输出标准三大跨越。特别是通过在安哥拉、摩洛哥、尼日利亚等国的铁路、公路、市政工程、房屋建筑工程等项目实施，形成了安哥拉、摩洛哥项目管理模式，尼日利亚属地化发展模式，在业内产生了重要影响，展示了国际工程承包项目管理和国际市场开发的能力和水平。

子公司——中国铁路工程(香港)有限公司、中国中铁马来西亚有限公司在中铁国际成立之前长期代表股份公司拓展海外市场。中铁国际成立后以全资子公司的方式整体并入，具有完善的市场信息网络和广泛的海外人脉资源，通过项目管理和市场经营开发，锻炼和培养了一批懂经营、善管理的国际化经营人才。

合资公司——中铁国际港航总承包有限责任公司。2010年5月，中铁国际与中铁港航工程局共同出资组建了中铁国际港航总承包有限责任公司，主要负责开发中东地区的建筑市场。

中铁国际香港有限公司是中铁国际成立的全资子公司，代表中铁国际对其控股的南非CHN-Eagle Investment (Pty) Ltd（以下简称南非开发公司，我方占股份 51%），China CRI Construction SA (Pty) Ltd （以下简称南非工程公司，我方占股份74%）实施控股管理。

公司秉承“创新、勤奋、廉洁、踏实、互爱、和谐”的企业理念，确定了“以市场开发为根本，以项目控制为手段，组合资源，快速形成一体化总包能力，打造成为多元经营、高端运行的集成商”的战略定位，在公司广大员工的共同努力下，切实加强与商务部、外交部、商会以及金融机构等的联系与合作，积极推进高端项目、政府框架协议下大型项目的洽谈合作，同时注重国际竞标项目的跟踪。2010年公司累计完成新签合同额21.6亿美元;累计完成营业额2.75亿美元。

在任领导

赵德义（董事长、党委副书记）

卢　勃（总经理、党委副书记）

李晓声（党委书记、副董事长）

郭　毅（党委副书记、纪委书记、监事会主席、工会主席）

李　洪（副总经理）

宋广森（副总经理）

杨凯利（副总经理、总会计师 、总法律顾问）

白　蕊（副总经理）

王立杰（副总经理）

地址:北京市海淀区复兴路69号中国中铁大厦C座

邮编：100039

电话：010-52680099

传真：010-52680088

网址：www.crecgi.com

【中铁港航局集团有限公司】　中国中铁港航局集团有限公司属国有大型施工企业，成立于1952年（原广东中海工程建设总局），2008年11月并入中国中铁股份有限公司，2010年10月改制重组成集团公司，是一个具有港口与航道工程施工总承包壹级、市政公用工程施工总承包壹级、矿山工程施工总承包叁级；土石方工程专业承包壹级、地基与基础工程专业承包壹级、爆破与拆除工程专业承包壹级、港口与海岸工程专业承包壹级、航道工程专业承包壹级资质。兼营技术咨询、技术开发、工程机械设备、构件、钢结构、建筑材料的研制、生产、销售、租赁；货物进出口、技术进出口等资质的大型施工企业。

公司现有职工 5094 人，其中具有专业技术职称人数总计2321人：国家级爆破专家一名、高级技术职称人员192名，中级技术职称人员604名，其中具有国家一级注册建造师141人，二级注册建造师20人，注册造价工程师8人，注册安全工程师28人。施工范围分布于广东、广西、海南、福建、浙江、江苏、山东、辽宁等地区，主要承建工程有港口、航道、码头，公路和铁路桥梁、市政工程以及其它水工建筑物、爆破、土石方及陆域吹填、软基处理等多项工程。现拥有各种施工船舶，包括大型炸礁船、以及配套的拖轮、锚艇、登陆艇、工作船等共15艘。

公司机关设置为董事会、监事会办公室（与党委工作部合署办公）；行政职能机构设置为：综合办公室、市场营销中心、人力资源部、企业发展部、项目管理中心、设备物资部、财务部、技术管理中心、安全环保部、工程经济部、法律事务部、审计部；党群部门机构设置为党委工作部、干部部、纪委、团委、工会。公司现共有 15 个分公司、80 个项目经理部、海外公司、中海酒店、中海潮游艇俱乐部、北京办事处。

重组后的港航局集团人才资源的总量大幅增长，质量明显提升。截至2010年12月31日，港航局在册正式员工5094人，干部3074人，工人2020人。港航局正式职工中，局机关110人，肇庆公司2391人，花都公司2192人，深圳公司160人，一分公司83人，二分公司47人，三分公司42人，大亚湾中海酒店10人，中海潮游艇俱乐部26人。其中局级干部11人，处级干部69人，科级干部495人。在专业技术干部队伍中，具有教高级技术职称人员3人，高级技术职称人员171人，中级技术职称人员591人，初级职称人员1567人。在技能人才队伍中，具有高级技师16人，技师173人，高级工485人。

2010年是港航局领导班子大调整的一年，也是港航局领导班子实力显著提高的一年，目前港航局领导班子成员11人，其中2010年新补充公司领导班子成员7人，2人退出公司领导班子。公司领导班子的调整给港航局的发展带了活力，新领导班子的产生采取的是中国中铁全系统内的公开竞聘，严格考核，公开、公正、公平的选拔后到任的。新班子的结构得到了优化，从年龄结构上讲，55岁以上1人，50岁至55岁2人，45岁至50岁3人，40岁至45岁5人，领导班子平均年龄47.6岁；从学历结构上讲，研究生学历5人，本科学历5人，大专学历2人；从专业结构上将，以前主要从事技术的干部7人，从事管理的干部4人。应该说公司领导班子优化，必将给港航局的发展带来强劲的动力，领导班子的基本成型和稳定将是港航局迅速发展的保证。

按照股份公司的有关要求，结合港航局重组后的实际情况，根据精简、高效的原则，集团公司对总部机关部门设置和定编进行了调整和补充。调整以后的部门包括：董事会秘书处、行政办公室、党委工作部、团委、纪委、工会、人力资源部、财务部、设备物资部、企业发展部、工程经济部、技术发展中心（总工办）、安全质量部、审计部、法律事务部等15个管理部门，定编岗位为99个（不包括领导班子成员）。同时为便于公司内部管理，设置海外公司、项目管理中心、经营管理中心、宏达管理分中心等四个集团直属经营管理机构，定编岗位为56个。

在任领导：

董事长　于洪潮

党委书记　黄江刚

总经理　郭秀春

副总经理　许伟章

罗超群（2010年7月30日任职）

谢季军（2010年7月30日任职）

林荣杰（至2010年11月30日）

副总经理（兼）总会计师　王宏利

副总经理（兼）总工程师　苏建华（至2010年8月2日）

党委副书记（兼）纪委书记　王珂平（2010年11月30日任职）

纪委副书记　郭亨民

工会副主席　李燕琴

地址：广州市科学城香山路11号

邮编：510660

电话：020-62863370

传真：020-62863333

网址：http://www.crpcec.com/

【中国航空港建设集团有限公司】　中国航空港建设集团有限公司，是经过改制和重组的综合型建筑企业集团，现为中国中铁股份有限公司所属全资子公司，具有房屋建筑、铁路、机场、公路、市政、地铁、水利、装饰装修、钢结构等多领域建设的施工管理和技术创新实力。

中国航空港建设集团有限公司前身为空军工程建设总局和空军直属工程总队，分别于1987年和1953年成立。1998年12月整体移交地方，先后隶属于三九企业集团和华润集团。2009年12月，并入中国铁路工程总公司。2010年10月进行了改制重组，原中铁一局集团第一工程有限公司、中铁三局集团第一工程有限公司、中铁建工集团北京有限公司三支生力军整体划入。从此，中国航空港建设集团以崭新的面貌，勃发的生机跻身于国内外建筑市场。

中国航空港建设集团有限公司，注册资本5亿元，下辖13个子（分）公司，共有员工8000余人，一、二级注册建造师420余人，专业技术人员2700余人。具有房屋建筑工程施工总承包特级、铁路工程建设总承包特级资质，公路工程总承包壹级、市政公用工程总承包壹级资质和机场场道、公路路基与路面、桥梁、隧道、装饰装修、钢结构、土石方工程专业承包壹级资质，具有进出口贸易和劳务输出经营权。通过了ISO9001质量管理体系、ISO14001环境管理体系、GB/T28001职业健康安全管理体系认证，拥有AAA级资信，具备年营业额200亿元以上的施工能力。

中国航空港建设集团有限公司所属子分公司，均为共和国建设史上的劲旅。60多年来，先后参加了国内外120余项长大铁路干线、客运专线及高速铁路工程建设，新建、改建、扩建铁路4300余公里；参加了国内外140余项高等级和高速公路工程建设，累计完成新建、改建、扩建公路700余公里；承建了国内外120余项工业与民用建筑及国家重点公共设施工程建设，30多项机场新建、改建、扩建工程，40多项市政工程和城市轨道交通工程，30多项大跨度、高难度、新工艺的钢结构工程，50多项装饰装修工程以及大型水利水电工程，为国内外铁路、公路、城市交通、军用及民用机场、工业与民用建筑、水利水电工程建设做出了卓越的贡献。

中国航空港建设集团有限公司以科学、精细、严谨的管理，创建了一大批国家及省部级名优精品工程，有百余项工程获“鲁班奖”、“詹天佑奖”、“国家质量金奖”、“国家质量银奖”、“火车头奖”等国家级大奖，公司多次被评为“全国重质量守信用企业”、“全国用户满意企业”、“全国设备管理优秀单位”，被录入中国优秀企业数据库。

中国航空港建设集团有限公司秉承中国中铁“勇于跨越，追求卓越”的企业精神，紧跟国家“十二五”发展规划的战略部署，发扬优良传统，勇于创先争优，积极运用现代企业管理理念和经营模式，大力开拓新市场，着力把公司打造成为“起点高、标准严、观念新”，“勇于创新，敢于争先”的中国中铁旗下优秀骨干成员企业。

中国航空港建设集团有限公司将充分发挥中国中铁综合优势，广泛运用社会各界有利资源，以抢抓发展机遇，直面市场挑战的姿态，立足新起点、展现新形象、树立新品牌、再创新辉煌，为国家经济持续稳定发展做出更大贡献！

在任领导：
董事长　刘书英
党委书记、副董事长　王卫
总经理、党委副书记　项志敏
党委副书记、纪委书记　贾惠平
副总经理、工会主席　张宝强
副总经理　张超生
副总经理、总工程师　胡守正
总会计师　彭德宏
副总经理　张卫红
副总经理　耿午阳
副总经理　袁禧泉
副总经理　王宝恩
副总经理　王凤君
地址：北京市海淀区闵庄路87号
邮编：100093
电话：010-62720600
传真：010-62720612（传真）
网址：www.caccc.com.cn

【中铁上海工程局有限公司】　中铁上海工程局有限公司成立于2010年12月30日。由原中国中铁股份有限公司上海分公司、中铁三局华海公司、中铁四局六公司、市政分公司整体重组而成，是具有铁路总承包特级资质和专业承包资质的大型综合性建筑施工企业。注册资本5亿元。公司经营范围涉及建筑工程、通信工程、建筑装潢工程、建筑科技专业领域内的技术开发、技术咨询、技术转让、技术服务、物业管理、从事货物及技术的进出口业务、国际货物运输代理、建材、机械设备的销售、租赁和维修。

中铁上海工程局有限公司现有员工5526人，其中具有高中级技术职称735人，装备有总功率达3.2万万KW的各类先进机械设备900余台（套），净资产24191万元，年生产能力120亿元。公司下设5个全资子公司、1个分公司、7个办事处，公司主营业务区域主要集中在华东地区，工程遍布全国13个省、市、自治区。业务覆盖铁路工程、市政环保、高速公路、城市轨道交通、工业和民用建筑、桥隧和建筑安装工程等众多领域。

公司成员单位在几十年的创业历程中，创造了辉煌的业绩。参建了以京九、青藏铁路、武广、石武客运专线等为代表的50多条国家铁路重难点工程；参建了以上海、广州、南京、深圳、天津轻轨为代表的20多项城市轨道交通工程；参建了莘松、沪宁、乍嘉苏等为代表的30余项高速公路工程；承建了徐州、阜阳、芜湖等为代表的10余个大型铁路枢纽的给排水工程以及上海、合肥、南京、武汉等城市30余项大中型市政污水处理和水源工程。承建的亚洲最大的上海白龙港污水处理厂8个卵形消化池、同类单体规模位居世界第三、亚洲第一的武汉三金潭卵形消化池、创造了同类桥梁“世界第一跨”的柳州双拥大桥单主缆斜吊杆地锚式悬索桥等一大批代表国内水务环保、桥梁施工尖端技术工程，彰显了公司专业技术实力。先后获得包括鲁班奖、詹天佑奖在内的几十项国家、省、部级和建设单位优质工程奖，为国家和地方建设做出了不可磨灭的贡献。

站在新的起点上，公司将秉承优良传统，树立“诚信赢得市场，感恩回报业主，精品奉献社会，发展造福员工”的企业核心价值观，按照“创业起步、提速发展、跨越赶超”的总体思路，建一流的工程、创一流的业绩，把中铁上海工程局建设成为员工热爱、业主首选、社会满意的现代化施工企业。我公司愿与国内外同行及社会各界坦诚交往，友好合作，为繁荣建筑事业，共创美好未来，携手并进。

地址：上海市闸北区江场三路272、278号
邮编：200436
电话：021-60768240
传真：021-60768240（传真）
网址：www.crecsh.com

【中铁二院集团有限责任公司】　中铁二院工程集团有限责任公司（以下简称中铁二院），是中国中铁股份有限公司控股的国有资产公司。

中铁二院创建于1952年，其前身为1952年2月成立的铁道部设计局西南设计分局。1956年1月，更名为铁道部第二设计院，1978年3月更名为铁道部第二勘测设计院。2001年，中铁二院完成由事业单位向企业法人的转变，成为具有独立法人地位的科技型企业，更名为铁道第二勘察设计院。2003年，国资委、铁道部联合发出国[资改革函[2003]89号文件，中铁二院划转进入中国铁路工程总公司。根据中铁程劳[2004]151号文，武汉中铁勘察设计研究院、西安中铁勘察设计研究院于2004年4月并入中铁二院，成都铁路局勘测设计院、昆明铁路局勘测设计院于2005年4月并入中铁二院，成为中铁二院下属全资子公司。2007年1月17日，“铁道第二勘察设计院”经国家工商总局核准，更名为“中铁二院工程集团有限责任公司”，完成新的企业法人注册登记工作。

截至2010年底，中铁二院持有国家甲级工程勘察、设计、咨询、监理、环境影响评价等25项资质证书和对外经营资格证书，获有ISO9001质量体系认证证书和英国皇家认可委员会（UKAS）颁发的“国际标准认证证书”。主要承担铁路、公路、

城市轨道交通、城市规划、通信信号、工业与民用建筑等工程项目的勘测设计、咨询、工程监理及工程总承包等业务，其勘测设计手段和技术装备不断更新发展，GPS 全球卫星定位、CAD 和数字测量、光电测距、液压机械传动钻机、静力触探、计算机成图等高科技手段广泛应用于勘察设计，计算机技术在广域网系统、远程设计及勘测设计一体化、办公自动化、远程视讯会议和工程图档计算机管理等方面已全面普及。中铁二院现已成为科学技术应用和科学技术研究的甲级勘察设计企业。

截至 2010 年底，中铁二院共下设 16 个生产院（测绘分院、交通规划研究院、土木建筑设计研究一院、土木建筑设计研究二院、土木建筑设计研究三院、地下铁道设计研究院、交通设计研究院、建筑工程设计研究院、环境工程研究院、通信信号研究设计院、机械动力工程设计研究院、电气化设计设计研究院、工程经济设计院、贵阳设计研究院、南宁分院、济南分院）、12 个子公司（中铁二院西安勘察设计研究院有限责任公司、中铁二院武汉勘察设计研究院有限责任公司、中铁二院成都勘察设计研究院有限责任公司、中铁二院昆明勘察设计研究院有限责任公司、中铁二院重庆勘察设计研究院有限责任公司、中铁二院华东勘察设计有限责任公司、中铁二院成都地勘岩土工程有限责任公司、中铁二院（成都）置业开发有限责任公司、中铁二院（成都）咨询监理有限责任公司、成都铁二院图文印务有限责任公司、成都铁二院九天置业发展有限责任公司、中铁二院成都市政工程技术咨询有限责任公司）、14 个驻外经营分院（北京分院、上海分院、南京分院、杭州分院、厦门分院、福州分院、深圳分院、广州分院、海南分院、沈阳分院、珠海分院、南昌分院、郑州分院、新疆分院）、16 个业务职能管理部门（院办、人力资源部、安全生产监督管理部、财务部、投融资部、审计部、计划经营部、海外经营部、生产项目管理部、企业发展规划部、法律事务部、技术中心、信息技术中心、档案馆、离退休人员管理中心、铁路工程公安局直属第二公安分处）、6 个党群部门（党委办公室、党委组织部机关党工委、宣传部、纪委监察部、工会、团委）。同时，根据生产需要，设立若干工程项目部等临时性机构。

截至 2010 年底，中铁二院共有员工 5110 人，其中党政干部 891 人、专业技术人员 3287 人、工人 834 人，另有内退及其它不在岗人员 98 人。全院共有教授级高级工程师 129 人、副教授级职称 1044 人、中级职称 1873 人、初级职称 1103 人。工人中高级技师 2 人、技师 47 人、高级工 505 人、中级工 142 人、初级工 138 人（含普工）。全院拥有全国工程设计大师 1 人、四川工程勘察设计大师 4 人、部级有突出贡献中青年专家 3 人、四川省学术和技术带头人 4 人、铁道部拔尖人才 19 人。形成了一支专业齐全、结构合理的优秀勘察设计队伍。

截至 2010 年底，中铁二院共有施工设备 205 件(套),价值 1608.571 万元；运输设备 663 套,价值 2.24 亿元；试验设备及仪器 625 件(套)，价值 9263.81 万元；办公设备 10962 件(套)，价值 1.28 亿元。

地址：四川省成都市通锦路 3 号
邮编：610031
电话：45120（028-86445120）
传真：45250（028-86445250）
网址：http://www.creegc.com
电子邮箱：Email:mgldz@163.com

【中铁工程设计咨询集团有限公司】 中铁工程设计咨询集团有限公司的核心成员是原铁道专业设计院，其前身是成立于 1953 年 2 月的铁道部设计局定型设计课，1957 年 11 月由原铁道部设计总局直属的定型、电务、工厂、大桥设计处和航空勘察事务所五个业务部门组建铁道部专业设计院，1958 年后电务、工厂、大桥设计业务部门相继划出。2001 年铁道部专业设计院由铁道部所属事业单位改为科技型企业，更名为铁道专业设计院。2004 年 7 月铁道专业设计院、北京铁路局北京勘测设计院、太原勘测设计院、郑州铁路勘察设计研究院、济南铁路勘察设计咨询院有限公司五家单位重组改制，创立中铁工程设计咨询集团有限公司（简称中铁咨询）。公司拥有工程设计综合甲级资质、工程勘察综合甲级资质；工程咨询、工程监理、地质灾害治理工程勘查和设计甲级资质；拥有国家商务部批准的对外工程承包经营资格。公司通过了 ISO9001 质量管理体系认证。是北京市高新技术企业和中关村国家自主创新示范区第三批百家创新型试点企业。

中铁咨询生产组织机构设置为：本部设立了线路站场设计研究院、航测遥感研究院、地质路基设计研究院、桥梁设计研究院、城市轨道交通设计研究院、轨道设计研究院、工程经济设计研究院、建筑设计研究院、电气化设计研究院、通讯信号设计研究院、环境工程设计研究院、机械动力设计研究院、矿产冶金设计研究和工程总承包院等十四个专业分公司，在异地注册设立了济南设计院、郑州设计院、太原设计院三个综合勘察设计分公司；并设立了产品中心、信息中心；设立了编辑出版《铁道标准设计》和《铁道勘察》两个科技刊物的编辑部；在上海、沈阳、哈尔滨、呼和浩特、武汉等地设立了驻外办事处。下设北京中铁诚业工程建设监理有限公司、中铁济南工程建设监理有限公司、中铁太原工程建设监理有限公司、济南鸿运铁路岩土工程有限责任公司、中铁咨询集团北京工程检测有限公司等五家全资子公司。

截至 2010 年底，共有员工 2133 人。其中各类专业技术人员 1920 人，占职工总数的 85%以上；专业技术人员中，具有高级专业技术职称的 577 人（其中，提高工资待遇高级工程师 59 人），中级专业技术职称的 718 人。截至 2010 年底有各类生产办公设备合计 3273 台套，设备价值 1.90 亿元。

2010 年，各项生产任务全面完成，经济指标再创新高，全年实现财务总收入 16.83 亿元，较 2009 年增长了 35.55%；实现利润 1.70 亿元，较 2009 年增长了 62%；新签合同额 28.08

亿元，较 2009 年增长了 71%。中铁咨询管控完成不同阶段的主要勘测设计、咨询项目共 276 项，比 2009 年增加了 79 项；累计完成勘察设计实物工作量：线路 2599.46 线路折算公里；航空测量 1.115 万折算公里；既有线复测 2332.05 公里；工程地质 1139 万标准米。

2010 年，中铁咨询根据发展需要，结合市场环境，编制了 2011—2016 年战略发展规划，明确了今后六年的发展方向和目标，确定了发展思路，制定了具体措施。并根据中国中铁安排，中铁咨询作为试点单位之一，完成了内部控制体系文件的编制。加强人才队伍建设，推进“1226”人才工程实施，逐步建设一支由首席专家、突出贡献人才、学科带头人和拔尖人才构成的梯级人才队伍，2010 年引进高工 18 人（其中提高工资待遇高级工程师 4 人）、工程师 12 人；招收毕业硕士研究生 60 人、本科生 43 人。对部分专业人力资源进行了合理调配、优化组合。

2010 年集团公司开展的各类科研项目 41 项，其中铁道部科研项目 3 项，股份公司科研项目 9 项，集团公司科研 17 项、软件 8 项。通过科研成果验收评审 14 项，其中，通过铁道部科研验收 1 项，住房建设部验收 1 项，通过股份公司成果评审 1 项，通过集团公司内部科研成果评审 10 项、软件成果评审 1 项。获得授权专利 11 项，其中发明专利 5 项。完成铁道部标准规范 1 项、标准设计 5 项。承担铁道部标准编制 10 项、标准设计 6 项。获得建设部工法 1 项。2010 年有 3 项成果获中国铁道学会科学技术一等奖。

2010 年中铁咨询获优秀勘察设计奖 38 项（其中国家级奖 7 项、省部级奖 18 项、中国中铁奖 13 项）；获优秀咨询成果奖 14 项（其中国家级奖 5 项、省级奖 5 项、中国中铁奖 4 项）。

在任领导

董事长	黄铁生
总经理	李寿兵
副总经理	刘春彦
	于兴义
	辛　兵
	何梦通（2010 年 8 月 24 日 免）
	陈红念
	颜廷祥（2010 年 8 月 1 日 任）
	蒋伟平（2010 年 9 月 28 日 任）
总工程师	陈红念（兼）
总会计师	郭宏军
总法律顾问	郭宏军（兼）
党委书记	张金武
党委副书记	李寿兵（兼）
	李布英（2010 年 8 月 24 日免）
	何梦通
纪委书记	李布英（2010 年 8 月 24 日免）
	何梦通（2010 年 8 月 24 日兼任）
工会主席	孙国荣（2010 年 8 月 24 日免）
	辛　兵（2010 年 8 月 24 日兼任）

地址：北京市丰台区广安路 15 号

邮编：100055

电话：010—51835097

传真：010—52691111

电子邮箱：ztzxbgs@cec－cn.com.cn

网址：www.cec－cn.com.cn

【中铁大桥勘测设计院有限公司】 中铁大桥勘测设计院有限公司，简称中铁大桥院，始建于 1950 年 8 月，根据党和国家关于修建武汉长江大桥的决定，铁道部设计局成立武汉大桥测量钻探队；1953 年 3 月，在武汉大桥设计组和武汉大桥测量钻探队的基础上，成立大桥设计事务所；1957 年 12 月，大桥设计事务所成为铁道部专业设计院大桥设计处；1986 年 3 月，大桥局勘测设计处更名为大桥局勘测设计院；2001 年 10 月，按照国家关于勘察设计单位体制改革的要求，经国家工商行政管理局核准，武汉市工商行政管理局注册，原“铁道部大桥工程局勘测设计院”更名为“中铁大桥勘测设计院”；2003 年，按照中铁工程总公司的统一部署，完成股份制改造，成立“中铁大桥勘测设计院有限公司”；2010 年，中铁大桥勘测设计院有限公司升格为正局级单位，由中国中铁股份有限公司直接管理。

大桥院是国内唯一一家以桥梁为主的专业勘测设计院。公司持有国家颁发的勘测综合类、工程测绘、工程设计、工程总承包、工程咨询、工程造价咨询、工程监理、建筑设计、城乡规划等甲级资格证书，主要承担规划测量与工程测量，岩土工程及工程地质勘察，铁路和公路桥梁设计，市政桥梁、地铁轻轨、隧道设计，建筑设计，城乡规划编制，以及工程咨询、工程监理等业务。

公司着力强化长期以来形成的专业优势，并以此为基点，不断向产业链上下游和横向业务领域延伸，以期达到集群化、规模化发展效应。业务集群上，从纵向产业链看，公司以桥梁勘测设计为中心，向上延伸到工程咨询领域，向下延伸到设计审核、工程监理、桥隧健康诊治领域，已基本深入到产业链各个细分市场；从横向业务领域看，从单一的桥梁工程，扩展到市政工程、轨道工程、隧道工程等新领域。

公司下设子公司四个：中铁武汉大桥工程咨询监理有限公司、中铁大桥（南京）桥隧诊治有限公司、中铁芜湖规划设计研究院有限公司、中铁芜湖建筑设计研究院有限公司；分公司四个：华东分公司、郑州分公司、沌口分公司、福建分公司。

60 年来公司共勘测设计咨询了公路、铁路、市政等大型、特大型桥梁 800 余座，具有代表性桥梁有：武汉长江大桥、南京长江大桥、九江长江大桥、芜湖长江大桥、武汉长江二桥、汕头海湾大桥、西陵长江大桥、澳门西湾大桥、东海大桥、杭州湾大桥、重庆朝天门长江大桥等。

公司先后获国家科技进步奖、优秀设计奖、优质工程奖、建筑工程鲁班奖及詹天佑大奖等 50 余项，获省部级科技进步奖、优秀设计奖、优秀勘察奖等百余项。公司通过了 ISO9001：2008 质量体系认证，被认定为“高新技术企业”、湖北省“最佳文明单位”。

2010 年末，公司职工总数 794 人，其中中国工程院院士 3 人，全国工程设计大师 4 人，国家级专家 3 人，教授级高工 52 人。

2010 年，公司生产经营再上新的台阶，超额完成了各项生产任务。其中，完成新签合同额 5 亿元，完成营业额 4.18 亿元，利润总额 4129 万元。勘测设计质量合格率 100%，优良率 100%。年内承担的主要勘测设计项目有：京福铁路铜陵长江公铁两用大桥、宁安城际铁路安庆长江大桥、武黄城际铁路黄冈公铁两用大桥、武汉二七长江大桥、武汉鹦鹉洲长江大桥、成贵铁路金沙江特大桥和鸭池河特大桥、兰新铁路第二双线黄河特大桥、运三铁路三门峡黄河特大桥、宝兰客运专线渭河特大桥、山西中南部铁路通道汾河特大桥、海南洋浦海湾大桥、武汉市八一路延长线、港珠澳大桥主体工程控制测量测控中心建设等；工程咨询项目主要有武汉鹦鹉洲过江通道工程可行性研究、沪通铁路长江大桥可行性研究、山东聊泰铁路黄河大桥前期研究、武汉二环线杨泗港过江通道工程方案深化研究等；桥隧诊治项目主要有郑州黄河公铁两用桥成桥结构健康监测系统建设、济南建邦黄河公路大桥施工监控、滨州市黄河公铁两用大桥主桥静动载试验等；工程监理项目主要有武汉二七长江大桥施工监理、崇启长江大桥施工监理、泰州长江公路大桥施工监理、襄樊汉江三桥施工监理等；建筑设计项目主要有芜湖市火车站、芜湖市中医院附属医院门诊楼、芜湖市第一人民医院新院区等；城乡规划项目主要有芜湖市城市总体规划、芜湖市城市畅通工程规划、芜湖市污水处理与再生设施“十二五”规划、芜湖市承接产业转移示范园区总体规划、芜湖市镜湖区中心城区空间发展规划（2010－2030）等；海外项目主要有加纳索夫兰立交桥、缅甸帕克库公铁两用大桥、苏丹上阿特巴拉水利枢纽工程跨河通道等。

在任领导：
董事长　刘成军
总经理　张　敏
副总经理　田道明　庄　勇　黄燕庆　周传斌　张　强
总工程师　高宗余
党委书记　田道明
党委副书记　张　敏　汪小平
工会主席　汪小平
地址：湖北省武汉市汉阳大道 34 号
邮编：430050
电话：（027）84846738
传真：（027）84844209
网址：www.brdi.com.cn
电子信箱：webmaster@brdi.com.cn

【中铁西北科学研究院有限公司】 中铁西北科学研究院有限公司是“中国中铁”技术中心主要成员单位之一，公司是以特殊路基与地质灾害防治为重点专业，以特殊、重大应用理论及灾害防治工程措施为主攻方向，集研究、勘测、设计、试验、工程检测、监测、监理、咨询、施工、环保与环评等专业为一体，通过 ISO9001 质量认证的甘肃省综合性高新技术企业。

中铁西北院设有 14 个职能管理部门，下属 3 个全资子公司：甘肃铁科建设工程咨询有限公司、甘肃中铁地质灾害防治技术工程公司和甘肃兴科物业管理有限公司；9 个分支机构：勘察设计分公司、岩土工程检测试验中心、南方分院、西南分院、西安分院、新疆分院、贵州分院、西藏分院、科研所；1 个驻外机构，即北京办事处。

中铁西北院在册职工人数 372 人，拥有由多名国际、国内知名岩土工程专家组成的专家委员会和一支由 3 名博导、10 名硕导、21 名正高、49 名副高组成的高新技术人才队伍。

经营范围：土木工程及地质灾害防治工程的科学研究、工程测量、试验、测试、检测、监测、勘察、设计、施工（均凭资质证）；文物保护和加固工程、防腐工程、土石方工程、建筑防水工程（均凭资质证）；工程技术咨询服务，成果转让、新工艺的开发应用，绿化环境工程治理，环境设备的制造、销售、安装、调试，房地产开发、房屋租赁；节能材料、五金交电（不含进口摄录像机）、化工产品（不含危险品）、建筑材料的批发零售；物业管理、住宿（限分支机构经营）。

2010 年，公司新签合同额达 6.3 亿元，完成全年计划 5 亿元的 114.5%，同比增长 14.5%；实现营业收入 4.566 亿元，完成全年预算 3.5105 亿元的 130.07%，同比增长 56%；实现利润总额 5122 万元，完成全年预算 3830 万元的 133.73%，同比增长 99%，实现净利润 4127 万元，完成全年预算 3065 万元的 134.64%；资产总额达到 4.55 亿元，比 2009 年 3.03 亿元增长了 50.16%，职工收入明显增长，实现了国有资产保值增值，各项指标创历史最好水平。

2010 年，新开科研项目 21 项，合同额 1240 万元；延续项目 32 项；申请专利 14 项，其中发明专利 7 项，实用新型专利 7 项；6 项专利获得证书，2 项发明专利，4 项实用新型专利。有 7 项成果通过评审和验收，6 项成果获奖，其中 1 项成果获得福建省科学技术二等奖，1 项成果获得甘肃省科技进步三等奖，1 项成果获得中国施工企业管理协会科学技术奖技术创新成果一等奖，股份公司科学技术奖 3 项（1 项特等奖和 2 项三等奖）。“青藏铁路风火山多年冻土长期综合观测与工程试验与应用”获股份公司“十一五”十大优秀科技成果奖。新增 1 人享受“国务院特殊津贴”，1 人获股份公司第四届劳模，1 人获“第七届詹天佑青年奖”，3 人获“甘肃省领军人才”，1 人获中国中铁“十一五期间十佳科技创新标兵”称号，3 人获中国中铁“青年科技拔尖人才”称号，10 人次获得“火车头”奖章。

在任领导：

董事长　刘成军

副董事长、总经理　朱本珍

党委书记、工会主席　牛怀俊

副总经理　马惠民

党委副书记、纪委书记　刘文龙

副总经理　方建生

副总经理　张国帅

副总经理、总工程师　郑静

副总经理、总法律顾问　王引生

地址：甘肃省兰州市民主东路365号

邮编：730000

电话：0931-4934554

传真：0931-4934524

网址：http://www.crnric.com

电子邮箱:crnric@163.com

【中铁西南科学研究院有限公司】　中铁西南科学研究院有限公司（以下简称“公司”）是一家科技型企业，其业务范围包括隧道及地下工程、桥梁及工程结构、地质灾害防治工程的科学研究、检测、监理、设计、技术开发、服务、转让、咨询；工程机械、材料、计算机及软件的研究、生产、销售、维修；灾害预防及防治技术的研究、技术服务、环保产品与材料的研制、生产、销售；自营和代理各类商品和技术的进出口。

1959年12月15日，公司始建于成都，前身是铁道部隧道科学技术研究所。1961年3月，归属铁道部科学研究院，命名为铁道部科学研究院西南研究所。1966年搬迁至峨眉山市关山。1985年经铁道部批准，迁回成都。1992年更名为铁道部科学研究院西南分院。2000年10月，执行国务院和部党组决定，从铁科院剥离，进入中国铁路工程总公司，正式冠名为中铁西南科学研究院。2001年6月,在成都市工商行政管理局注册登记。2006年2月13日完成现代企业制度的建立，在成都市工商行政管理局注册为中铁西南科学研究院有限公司，注册资本金2431.84万元。其中中国中铁占股95.89%，出资2331.84万元，中国铁道科学研究院（原铁科院）出资100万元，占股4.11%。2008年3月3日，公司按照中国中铁的有关安排完成小产权收购，成为中国中铁一元股东的全资子公司。2009年，中国中铁股份有限公司先后两次追加投资3000万元，共增资6000万元。2010年1月完成工商备案，公司注册资金由原来的2431.84万元增加到8431.84万元整。

公司设隧道及地下工程、工程地质研究、工程地质灾害防治、桥梁与结构工程结构、隧道工程机械五个研究所，铁路隧道和地下工程科技信息中心，水工水文、机械工程、仪器仪表及科技信息等4个研究室，工程公司一个分公司，四川铁科建设监理公司、中铁岩锋成都科技有限公司、中铁成都工程检测咨询有限责任公司和中铁成都轨道交通设计院有限公司4个全资子公司，成都中铁教育有限公司一个参股子公司。另设有峨眉径流观测试验站、北京办事处、广深指挥部和中铁西南院研发基地建设指挥部、中国中铁映秀幼儿园建设指挥部等分支机构。

2010年，公司新签合同额10.08亿元，完成股份公司下达年度指标的115%，同比增长30%。完成营业额3.38亿元，为股份公司计划完成率117%，同比增长34%。

企业在喷锚支护技术、软弱围岩隧道修建技术、隧道地质超前预报、工程岩体稳定性分析、长大隧道施工机械化、工程检测的地球物理方法、新型桥梁结构、泥石流灾害防治技术、以及隧道工程信息研究等方面，取得过一批具有重大社会效益和经济效益的研究成果。特别是在成昆铁路、大瑶山隧道、秦岭隧道、广州地铁等重大工程的科技攻关中，以及高速铁路隧道设计技术参数、沉管水下隧道可行性研究等项目的研究工作中创造过辉煌的业绩。转企后，企业积极面向市场开展技术咨询和技术服务业务，承接勘察设计、工程承包、工程监理、工程检测等业务，并逐步向社会建筑业大市场全面渗透拓展，涉足于铁路、公路、地铁、水利、矿山等多个领域。经过50多年的发展，已成为以隧道及地下工程、地质灾害防治和新型桥梁结构为主要专业的、适应市场经济的、具有一定特色和创新能力及技术配套的科技型企业。

截至2010年底，西南院共开设课题346项，通过评审（鉴定）的科技成果151项，其中省部级鉴定（评审）108项，其他级别鉴定（评审）43项。共获得164项科研成果奖励，其中国家级奖励（国家科技进步奖、自然科学奖和发明奖）23项，部、省级奖励104项，市、局级奖励37项。“成昆铁路关村坝隧道快速施工”、“预应力钢筋混泥土铁路桥梁”、“小流域暴雨径流分析与计算”等5项成果获全国科学大会奖。“青藏铁路工程”、“大瑶山长大铁路隧道修建新技术”、“在复杂地质险峻山区修建成昆铁路新技术”　获国家科学技术进步特等奖。“大伙房输水工程特长隧洞TBM施工关键技术研究”获总公司十大科技成果奖、2009年总公司科学技术特等奖、四川省科技进步三等奖。“隧道（洞）仰拱模板台车与TBM联合作业的设计与研究”获2009年总公司科学技术特等奖。此外，取得国家发明专利、实用新型专利23项。其中“TK-961型混凝土湿喷机”获国家技术发明三等奖。

截至2010年12月31日，公司共有各类职工818人，其中在册正式职工共计433人（含子公司），外聘职工385人（含子公司）。在册正式职工中干部388人，工人45人。

企业在隧道、桥梁及地质灾害防治等领域有着很高的声誉。企业还编辑出版《现代隧道技术》、《世界隧道》、《铁路隧道、地下工程科技信息》、《秦岭隧道科技信息》、《世界沉管隧道信息》等多种科技期刊杂志。定期组织召开“海峡两岸隧道学术交流会”及“隧道及地下工程技术动态报告会”等大型国际性会议。企业拥有七名国家、省部级专家，其中多名专家在国内享有较高声誉。

在任领导：

董事长　梅志荣

总经理、党委书记　李林

副总经理　严金秀　罗朝廷　魏鸿

副总经理、工会主席　粟健

党委副书记、纪委书记　万晓燕

总工程师　伍晓军

地址：成都市高新西区古楠街97号

邮编：611731

网址：www.swi.com.cn

电话：（028）67580052

传真：（028）67580052

电子信箱：crecswi@163.com

【华铁工程咨询有限公司】　华铁工程咨询有限责任公司是经铁道部批准，国家工商总局审批、北京市工商行政管理局注册的国有公司，于1984年10月成立，原名为中国铁道工程咨询公司，1992年更名为华铁工程咨询公司，2007年经中国中铁股份有限公司批准改制为华铁工程咨询有限责任公司。

公司具有国家发改委批准的甲级工程咨询资质、建设部批准的综合工程监理资质和国家质检总局批准的甲级设备监理资质。是中国工程咨询协会、北京市工程咨询协会、中国建设监理协会、北京市建设监理协会、中国铁道工程建设协会的会员单位和中国建设监理协会理事、中国设备监理协会理事、中国铁道工程建设监理协会的常务理事单位，已通过ISO9001：2000标准质量管理体系认证(CCQS)、英国皇家质量体系认证(UKAS)、GB/T24001-2004/ISO14001:2004 环境管理体系认证、GB/T28001-2001职业健康安全管理体系认证。

监理范围：铁路工程、机电安装工程、房屋建筑工程、公路工程、市政公用工程、地铁轻轨工程。

咨询范围：铁路、市政、公路、地铁轻轨、房屋建筑的评估和工程项目管理。

公司技术实力雄厚，专业配套齐全，管理手段先进、安全质量管理到位。在铁道工程、铁道电气化、铁道通信、铁道信号、铁道供电、通信、桥梁与隧道、道路与桥梁、工民建、给排水、采暖通风、空调、电气自动化、机械、工艺设备、技术经济、工程造价、地质、测量等多个专业。在铁路综合工程、工业与民用建筑、公路工程、市政公用工程、地铁轻轨工程等方面具有非常丰富的工程监理和工程咨询能力，可以承担工程项目全过程的管理和监理咨询服务。目前具有2672名技术水平较高、实践经验丰富、综合素质较强的高、中、初级工程技术人员和经济技术人员。其中具有高级技术职称的284人，中级技术职称的1142人，国家注册监理工程师183人，国家注册咨询工程师18人，国家注册造价师16人，国家注册安全工程师34人，国家注册一级建造师37人，国家注册设备监理师39人，省部级注册监理工程师证书509人，铁道部总监理工程师证书111人，上岗监理人员均已通过了监理工程师的系统培训。

公司成立20年来，在30多个省、市、自治区承担了一百多项国家重点工程和大中型建设项目的工程监理任务，有多项工程获得国家和省部级优秀工程奖，公司和监理站多次获先进监理单位荣誉称号。其中获得国家建筑工程最高奖有鲁班奖、詹天佑土木工程大奖、国家优质工程银质奖等。

公司机构设工程监理部、经营开发部、技术咨询部、法律事务部、企业规划发展部、办公室、人力资源部、财务部、党群工作部、城市轨道事业部，所属子公司为上海华铁工程咨询监理公司、北京华铁工物探勘察有限公司和北京燕丰饭店有限公司；分公司为广州分公司、沈阳分公司、海南分公司、上海分公司、大连分公司、成都分公司、南宁分公司、西安分公司、兰州分公司、重庆分公司、贵阳分公司、青海分公司、西北分公司。

公司以其科学的管理、先进的技术、完善的制度和严谨的质量管理保证体系创造了监理行业的突出业绩。公司员工始终奉行“严格监理，提供顾客超值服务；预防污染，贯彻法律法规要求；以人为本，保证职工健康安全；持续改进，提升企业管理水平”的质量/环境/职业健康安全管理方针，努力达到“合同履约率100%，顾客满意率100%”质量目标。以良好的信誉，精湛的技术，优良的质量竭诚为业主服务，为各行业的工程建设监理和咨询做出贡献。

北京燕丰饭店有限公司系华铁工程咨询有限责任公司下属的二级企业，注册资本417.08万元，饭店于1985年投资建设，1990年投入运营。饭店地处丰台区丰台北路36号，占地面积12.48亩（8334 m²），总建筑面积16600多m²）。饭店内设标准间客房179间，大小会议室15个及一个中餐厅。是一家以住宿、餐饮、会议接待为主营业务的综合性酒店服务企业。

1994年，中国铁路工程总公司与香港中化企业集团签订了北京燕丰饭店租赁经营协议，协议约定租赁期内港方将进行两期装修最终达到三星标准。1995年5月港方对北京燕丰饭店进行第一期装修改造，1996年7月装修改造结束后因港方经营不善，于1997年10月与中国铁路工程总公司签订解除租赁协议。

1997年～2001年间，经过几任领导班子调整，北京燕丰饭店形成了由饭店主业及下属中天鼎物贸公司和小井招待所两直属单位构成的集服务商贸为主自负盈亏的国有企业。

2007年，在先后完成饭店下属企业“两注一改”工作和资产划转工作后，饭店建立了新的法人治理结构，并于2007年9月19日在北京市工商行政管理局丰台分局登记注册为北京燕丰饭店有限公司。单位地址：北京市丰台区丰台北路36号，在任领导：总经理李辉光，党委书记刘丽华。

2010年底，北京燕丰饭店按照（中铁股份划〔2010〕296号）《关于北京燕丰饭店有限公司重组并入华铁工程咨询有限责任公司的通知》、（中铁股份财〔2010〕365号）《关于将股份公司所持北京燕丰饭店有限公司股权划转华铁工程咨询有限公司的通知》、（中铁股份党干〔2010〕48 号）《关于北京燕丰饭店有限公司领导班子及成员管理权限变更的通知》等文件精神，根据华铁咨询的整体部署，积极完成了饭店重组收尾、租户清退以及大楼家具物品的处理和搬运工作，使施工单位如期进驻。在华铁基建办的领导下全面展开了饭店房地产权属变更、大楼施工设计、大楼内部拆除、大楼附属设施设备的咨询以及大楼B、C区的招商工作，目前各项工作正在稳步推进。

（注：自2010年9月1日起，北京燕丰饭店有限公司人员、机构随资产整体重组并入华铁工程咨询有限责任公司。）

在任领导：
总经理　么少英
董事长　毕征才
党委书记兼副总经理　王 军
副总经理　王伟宁　杨明　孙继伟　经越
地址：北京市丰台区莲花池南里26号中国中铁大厦A座
邮编：100055
电话/传真：010-63319661
电子邮箱：huatie@yeah.net

【中铁山桥集团有限公司】 中铁山桥集团有限公司即原山海关桥梁厂，始建于1894年，是我国最早建成的铁路桥梁工厂，2001年改制为中铁山桥集团有限公司。

2010 年公司实现新签合同额 47.2 亿元；实现工业总产值(现价)37.4 亿元，营业收入 36.5 亿元，利润总额 3.3 亿元，工业增加值 13.8 亿元。

2010年完成钢梁钢结构14.2万吨，折合标准吨18.7万吨，完成整组道岔 4737 组，折合标准组 12937 组，完成尖轨配件12462根，完成锰钢辙叉13387个，完成机加工辙叉13708个，完成钢水19626吨，完成机械产品21台，完成高强度螺栓160万套，完成铸铁件3000吨，完成道岔锻件1314吨。

2010年，中铁山桥集团有限公司在钢结构产品方面，承揽了浙江嘉绍大桥、湖南矮寨大桥、郑州桃花峪黄河大桥、厦漳跨海大桥、贵广铁路思贤窖大桥、乌苏大桥等项目。其中矮寨大桥是目前世界上跨越峡谷最大的钢桁梁悬索桥，乌苏大桥位于中国版图最东边，是连接亚欧的“大陆桥”，被誉为 “东方第一桥”。公司全年钢结构订货达到21万吨，订货额22亿元。在道岔产品方面，全年签订了厦深客专、南广客专、蒙冀铁路、京沪高铁济南西站项目、漯阜铁路、通辽枢纽、京沪线、韶赣线、湘桂线等40余个项目，订货额23亿元，其中客运专线和高速道岔310组。从总体上看2010年订货数量与往年相差不大，但金额增长较多，这说明道岔订货在向客专及高速等高附加值道岔发展。 在机械产品方面，承揽了800吨造船门式起重机、哈尔滨局满洲里3台集装箱门吊、南昌局百吨吊中修等项目。在海外市场方面，中标了沙特阿拉伯利雅得轻轨、印度尼西亚、香港、澳大利亚道岔等项目，美国、韩国锰叉整体出口形势有所好转，海外市场全年新签合同额约1.1亿元人民币

2010年是中铁山桥集团有限公司实施“两大调整，两大改善”，全面加快建设崭新山桥步伐的开局之年。

山桥产业园项目已经完成了可行性报告、用地合同签订等前期工作。编制了钢结构、工程机械的工艺布局方案图，初步确定了产业园发展规划和施工设计方案。

如皋基地二期建设临江堆场防洪设施建设已经完成，800吨龙门吊已经完成主体安装，板件加工与重钢结构厂房正在进行土建施工，主要设备已定制加工，总变电站、1#变电站土建施工已经完成。

客专厂房二期、高锰钢辙叉表面硬化、钢结构丙烷切割气管道工程等技改更新项目也取得了较大进展。

经过3年多调研，形成了在湖北、内蒙古投资建厂的可行性分析报告，并得到了股份公司的认可和支持。目前合资合同已经签订，两个项目筹备组也已经成立。

秦皇岛山桥多诺芬锰钢硬化有限公司在2010年5月18日成功开业并举办了庆典仪式。该公司所采用的爆炸深度硬化技术是目前世界上最先进的用于锰钢铸件硬化技术和工艺集成。目前，山桥多诺芬硬化公司已经进行批量生产。

新办公大楼和单身公寓主体工程已经完工，目前正在进行配套设施安装及内外装修等工作。山桥医院迁址新建工程正在紧张实施，已完成设计方案，现正在进行场地前期准备等基础工作。山桥家园810余户职工住宅已经分发钥匙并具备入住条件。职工休息室和旱厕改造基本完成。

2010年，按照股份公司要求，中铁山桥集团有限公司董事会认真履行职责，积极开展了各项工作，进一步完善了法人治理结构。全年召开四次董事会并形成相关决议。按照股份公司要求，重新修订《董事会议事规则》和《监事会议事规则》，提高了董事会规范运作和科学决策水平；组织外部董、监事到哈尔滨市政桥、鄂尔多斯桥项目部进行调研，监事会针对公司财务预算和董事会决议执行情况进行了专项检查。通过调研和检查，对公司的建设项目和财务预算等工作提出了指导性意见和要求。

2010年，中铁山桥集团有限公司加强了重点工作实施计划和经营责任目标管理，加大考核力度和监督约束机制，企业管理水平得到提升。

人力资源管理。加强了领导班子和后备干部队伍建设，加强了专业培训力度，组织了钢结构技术专业培训、全面预算管理培训等，提高了员工专业水平；先后提拔了5名挂职锻炼大学生进入了基层领导班子；继续开展了优秀学生工转正工作，扩大了转正工种和人员数量，增加了人才储备。

经营考核。完善了干部考评体系和经营责任考核体系，加大了考核责任奖罚及责任追究力度，促进了各项重点工作顺利实施。

质量管理。通过了美国铁路协会AAR认证和欧盟铁路TSI道岔产品认证，取得了进军美国正线市场以及采用欧盟标准国

家和地区的通行证；通过了美国钢结构协会认证换证和加拿大焊接认证复审。

工程项目管理。开展了以保安全、保质量、保工期、增效益的“三保一增”活动并取得实效；建立并完善了工程管理信息平台，对提高项目管理水平起到了推动作用；制定下发了《项目经理部标准化建设细则》，有力的促进了项目标准化管理。

财务、审计和资本运营。下发了《2010 年货款回收目标、分解指标及考核办法》，成立了货款回收工作领导小组，加大了应收账款回收力度；制定了《专项资金管理办法》，对各重大项目进行了重点跟踪和监督；加强了生产成本管理，提高了企业成本竞争优势。

物资管理。继续坚持“三五三三”的工作思路，随时掌握车间需求、项目进展和供应商情况，积极与生产、经销、技术、车间、项目部做好沟通，加强物资动态管理、市场预见性和采购计划性，做到了未雨绸缪，合理储备，确保供应。

安全管理。加强员工的安全教育和培训工作，加大安全检查力度，认真开展了“全国安全生产月”活动和内审工作，保证了全年无重大安全生产事故发生和各项环境指标达标。

从 2010 年 5 月开始，中铁山桥集团有限公司按照股份公司党委和省、秦皇岛市委的安排部署，认真开展了创先争优活动。确定了以 7 项重点工作为主要内容的党委公开承诺书，提出了“创先争优活动要重在基层、重在实践、重在持之以恒、重在群众参与、重在见实效”的“五重”工作要求，确保了活动的顺利进行。在活动开展过程中，自觉做到规定动作不走样，自选动作有亮点，活动开展求实效，取得了阶段性成果。公司创先争优活动分别得到了上级联系点领导——股份公司党委书记、董事长李长进和秦皇岛市委副书记杨泰安的充分肯定和高度评价；秦皇岛市委还将山桥确定为“全市创先争优示范单位”，山桥还在秦皇岛市汇报推进会上作为唯一一家国有企业代表进行了典型发言。

在任领导
董事长　吴兆安
总经理　刘恩国
副总经理　李慧成
金荣铭（2010 年 7 月 30 日任）
赵英杰　王柏重　于保东
总经济师、企业总法律顾问　李受年
总工程师　魏云祥
总会计师　廖　克
党委书记　郭长江
党委副书记、纪委书记　田　苗
工会主席　赵英杰
地址：河北省秦皇岛市山海关区南海西路 35 号
邮编：066205
市电：0335－5151185
路电：0340－40033
传真：0335－5153186
邮箱:crsbg@crsbg.com
网址:www.crsbg.com

【中铁宝桥集团有限公司】 中铁宝桥集团有限公司即原宝鸡桥梁工厂，始建于 1966 年 7 月，是我国最早建成的铁路桥梁工厂之一，2009 年 1 月，改制为中铁宝桥集团有限公司。

中铁宝桥集团有限公司下属 9 个子公司：天元发展实业有限公司、汕头宝桥钢结构有限责任公司、宝鸡桥源工贸有限责任公司、宝桥科技有限公司、宝桥房地产有限公司、宝桥实业有限公司、宝桥（扬州）钢结构有限公司、宝桥（南京）有限公司、中铁宝工有限责任公司。

2010 年，集团公司完成企业营业额 35.9 亿元，比上年增长 26%。新签合同额 50.7 亿元，比上年增长 23%。实现利润总额 2.5 亿元，比上年增长 53%。全年生产道岔 5177 组，钢梁钢结构 104788 吨，入库辙叉 12552 个，制造起重机械 36 台。

2010 年，集团公司机械产品扩能正式启动，已经完成两处共 116 亩土地购置手续的办理工作和地面建筑的拆迁任务，工艺布局和厂房设计图纸交付使用，土建工程开工建设。南京公司自 3 月 17 日开工以来，争分夺秒，精打细算，签订土建、设备、附属工程合同 213 项，完成投资 2.2 亿元，于当年 12 月 29 日试生产运行，以建设速度快、投产早、组织严密被南京市经济技术开发区誉为项目建设的典范。扬州公司、房地产公司等单位密切配合，克服困难，完成了铆焊厂房扩建、打砂厂房、存梁场地、生活配套设施等工程项目。3000 吨港池式码头开工建设。

2010 年，集团公司新产品研发、技开技措立项 65 项，完成 35 项。评选奖励科技成果奖和专利推广奖共 36 项，为特等奖颁发奖金 2 万元。2010 年公司获专利授权 10 项，其中发明专利 4 项，公司获“宝鸡市创新型企业”和“知识产权工作先进单位”称号。

2010 年，集团公司围绕沪宁城际、石武客专、工联岔系列道岔、大秦线 12 号重载道岔等重点项目，积极开展科技攻关，全年开发道岔新品 82 种，开发辙叉新品（含合金钢辙叉）57 种，完成制造工艺改进及焊接试验 11 项。“站场用特殊结构道岔研制”被列为中国中铁重大开发项目，“沪宁高速铁路道岔研制”被宝鸡市列为重大奖项和陕西省“13115”科技创新工程重大奖项，共获 185 万元研发经费支持。时速 350 公里客运专线 18 号单开道岔(无砟)研制项目获宝鸡市科技进步一等奖。

2010 年，集团公司完成了泰州大桥钢箱梁、南京四桥锚定及塔柱横梁、维义大桥、鄂尔多斯东胜桥、缅甸央东大桥的技术准备工作。编制钢结构投标技术方案 29 项。舟山大陆连岛工程西堠门大桥钢箱梁焊接工程获全国优秀焊接工程一等奖，南京三桥钢塔制造技术获第十九届全国发明展览会金奖，特大跨径悬索桥分体式钢箱梁制造关键技术研究项目获宝鸡市科技进步一等奖。

2010 年，集团公司机械产品技术创新实现新突破。（1）39 套 178 种道岔板模具，设计出图快，技术准备快，优化设计和现场技术服务迅速有效，为公司短平快项目的技术准备工作积累了经验。（2）重庆单轨交通三五开道岔厂内试制通过了出厂验收，系列产品研制通过了国内专家鉴定。（3）完成了中低速磁浮三开、交叉渡线道岔的初步设计以及对开道岔、单渡线道岔的整体设计，填补了磁浮关节型道岔的空白。（4）引进集装箱门式起重机技术，完成了首台试制工作，积累了技术和工艺经验。

2010 年，集团公司拥有各种设备 2945 台，其中关键设备均为技术含量高、加工精度高的进口数控设备，在同行业中居领先地位。公司现有员工 5018 人，其中各类专业技术干部 484 人，拥有较强的科技力量，是全国 100 家最大交通运输设备制造企业之一。

在任领导：
董事长　黄振宇
总经理　李宗民
副总经理　张琳　王辉平　梁世来　董彦录
总工程师　李毅
财务负责人　潘志军
党委书记　洪军
党委副书记　黄明仓
工会主席　梁世来
地址　陕西省宝鸡市清姜路 80 号
电话　（市电）0917-3351818 3351188
传真　0917-3353371
邮编　721006
电子信箱　baoqiao@crbbi.com
网址　http://www.crbbg.com/

【中铁科工集团有限公司】　中国中铁科工集团，总部位于九省通衢的武汉市，是由世界 500 强企业中国中铁股份公司独家发起，对原中铁工程机械研究设计院有限公司、中铁大桥局集团第七工程有限公司、中铁重工有限公司等三家单位重组，于 2008 年 5 月正式挂牌成立的产科研服务一体化新型工业集团。

集团公司是湖北省高新技术企业、铁道部施工机械标准化技术归口编制单位、中国中铁施工装备技术研发中心。公司注册资本 5.5 亿元，总资产逾 18 亿元；拥有一支一流的施工装备研发队伍；具备市政、铁路总承包和钢结构、桥梁、隧道专业承包施工资质及多项特种设备制造与安装资质。旗下有“中铁九桥工程有限公司”、“中铁重工有限公司”、“中铁科工集团轨道交通装备有限公司”、“武汉中铁基础工程有限公司”等六个子公司，和“中铁工程机械研究设计院”、“中铁科工机械成套分公司”两个分支机构。

集团公司业务涉及铁路公路、桥梁隧道等工程施工机械研制，钢结构制造与安装、工程施工、科技检测等诸多领域。主导工业产品涵盖桥梁、线路、隧道、基础等各类工程施工专用设备，以及钢梁钢结构等等。其中在铁路施工架运搬提设备、客运专线无砟轨道铺设成套设备、大型桥梁钢结构制造等方面，领先优势明显，占有国内市场较大份额。先后获国家及省部级科技进步奖、国家发明奖、中国建筑鲁班奖、中国工程詹天佑大奖等 30 余项；拥有有效国家专利 27 项；2009 年被评为中国最具创新力企业。

集团公司本部及成员企业共有员工 2280 人，其中各类专业技术人员 904 人，享受国家及省部级津贴专家 28 人，教授级高工 20 人，高级职称 68 人，中级职称 221 人，高级技师 15 人，技师 85 人。

发展中的中铁科工集团秉承“勇于跨越、追求卓越”的企业精神，将在“自主创新、产研结合、拓展领域、规模发展”的战略思路指导下，努力建设成为“国际知名、行业领先”的大型装备制造企业集团和国家级重大技术装备工程中心。

集团拥有市政公用工程施工总承包壹级资质、钢结构制造特级资质、钢结构工程专业承包壹级资质、起重设备安装工程专业承包壹级资质、桥梁工程专业承包壹级资质、地基与基础工程专业承包壹级资质、超大型起重机械制造许可证、桥式和通用门式起重机制造及安装改造维修许可证、计量认证证书、安全许可证、对外经济合作经营资格证书、进出口企业资格证书、质量管理体系认证证书。

科研设计。以“中国中铁施工装备技术研发中心”为核心，以中铁工程机械研究设计院、中铁九桥省级技术中心等科研机构为支撑，构建集团公司科技研发创新体系。同时，充分利用铁道部施工机械标准化技术归口单位优势，掌握和引领行业前沿技术，实现以科技领先带动企业领先之目标。

中铁工程机械研究设计院是中国中铁股份公司唯一的工程机械研究设计院，先后制订（修订）了 29 项铁道行业标准或国家标准，累计完成科研项目 200 余项，在铁路客运专线箱梁架运及无砟轨道成套设备研制领域，处于行业内领先地位。

工业制造。中铁科工集团施工装备制造基地，占地 600 亩、厂房面积 8 万平米，以铁路客专运架搬提设备、城市轨道交通施工装备、桩工机械等产品制造为主导，是中国中铁内部最大的机械成套装备制造基地。子公司中铁重工武北工厂，经过扩能改造，产能、制造工艺水平大幅提升，以铁路铺轨、架梁机械为主导产品，成为集团公司轨行式铺架设备制造总装基地。子公司中铁九桥九江工厂，进一步巩固强化钢梁钢结构制造产业核心，是集团公司以建桥为主体的桥梁钢结构、架梁专用机械制造基地。

“三大制造基地”构建成中铁科工集团武汉大型施工技术装备制造、九江钢梁钢结构生产两大工业产业链，形成具有科工集团特色的产业一体化、产品多元化格局。

集团公司拥有市政土程总承包一级资质，钢结构土程、桥梁主程、起重设备安装工程、地基与基础土程等专业承包一级资质，在钢梁钢结构安装、公路及桥梁施工、地基基础土程等万面具有丰富的施工经验。独立承建了厦门环岛路海上立交桥、深港皇岗——落马洲斜拉桥等近十座大中型桥梁的全桥施工工程，参建了武汉天兴洲大桥、南京大胜关大桥等一批国内外知名项目，在相关领域创造了丰硕业绩。

试验检测是集团公司重点培育的产业之一。拥有钢结构工程检测等专业资质，具备第三方检测资格。在大型桥梁钢结构无损检测、铁路施工大型架运铺设备技术状况试验与检测方面，具有很强的技术实力。参与了武汉天兴洲长江大桥等数座大型桥梁钢结构检测项目，对数十台在用铁路架桥机成功实施了技术状况检测。

在任领导：
董事长　唐智奋
总经理　鄢怀斌
党委书记、副董事长　栗培章
党委副书记、纪委书记　杨历生
副总经理　陈晓鸿　杨祖新　张延西　胡建伟
总工程师　李　玲
总会计师　胡建华
工会主席　陈晓鸿
地址：湖北省武汉市洪山区徐东大街45号
邮编：430066
电话：027-86821959　86827773
传真：027-86711266
网址：www.crsic.cn
电子信箱：yx@crsic.cn

【中铁隧道装备制造有限公司】　中铁隧道装备制造有限公司（China Railway Tunneling Equipment Co.,Ltd）简称“中铁装备公司”（CREC-TBM），是中国中铁为推进盾构产业化，尽快建成“国内领先、国际先进”的中国中铁盾构产业，以中铁隧道集团隧道设备制造有限公司为依托，对内部盾构研发制造资源进行整合重组，于2009年12月22日成立的高新技术企业。中铁装备公司主要从事研发制造适应不同地质的盾构机及常规隧道施工智能设备、长大隧道施工运输设备等隧道施工专用设备，集研发制造、组装调试、营销租赁、技术服务于一体。公司经营范围包括盾构及系列隧道设备研发、设计、制造、组装调试、维修改造、租赁、技术咨询服务、整机及配件销售业务、钢模具设计制造、商品及技术进出口，机电安装等。注册资本金人民币1亿元。

2010年，中铁装备公司认真贯彻中国中铁的各项决策部署，瞄准“国内领先、国际先进”的企业发展目标，一手抓市场开发和整章建制，一手抓盾构生产和基地建设，上下同心，奋发进取，克服基础薄弱、人才缺乏、市场认知度低等多种困难和复杂矛盾，较好地完成了中国中铁下达的各项经营指标任务，将公司推向了一个平稳、快速、科学发展的轨道。全年实现营业额6.2亿元，完成年度计划的103%，同比增长36%。新签盾构（TBM）合同21台，完成合同总额7.5亿元，为年度计划的107%，同比增长24%。实现全年营业收入5.2亿元，实现利润总额1050万元。至2010年末，公司总资产达7.5亿元，净资产收益率13%。

中铁装备公司以打造“国内领先、国际先进”的隧道装备综合服务商为总体战略目标；形成以研发为龙头，效益为中心，推进研发国际化、技术专业化、运作规范化、产品标准化，依托总公司，面向全国，走向海外，“三年占市场，五年创品牌”的战略思想；细化了近期两个阶段目标，即2010-2012年形成企业管理体系，规范企业基础管理的为奠定基础阶段和2013-2015年实现盾构及常规设备生产标准化、高效率，占据国内第一的市场地位的快速发展阶段。

应用和扩展在国家“863”计划中取得的科技成果，努力拓展市场。一是加强与中铁内部兄弟单位之间的合作交流，无条件地支援重点工程建设，不断扩大内部市场份额。二是针对新进入盾构市场的地铁集团和盾构施工企业，积极开展技术营销，拓展国内盾构市场。三是积极寻求与地方企业的战略合作，先后与石家庄、太原、合肥、重庆等地的相关厂商进行联合协作洽谈。四是通过技术合作和海外代理，积极抢占国际市场，已与伊朗的BORESH公司签订了产品代理协议，并进行了两个项目的技术支持和交流。五是通过行业联合、银企合作等多种形式，不断扩大市场份额，发起成立“河南省盾构产业技术创新战略联盟”，以重大装备制造商的身份加入“河南省轨道交通产业技术创新战略联盟”，与民生金融租赁公司一次签订9台硬岩盾构销售合同。至2010年末，盾构生产订单已排至“中国中铁34号”。

以打造专业突出、运作规范、管理高效的现代化高新技术企业为目标，进行改革尝试和制度机制创新。一是从做大做强的需要出发，建立适应公司规模和发展趋势的管理系统和管理部门，按照盾构产业化和多元经营的发展思路，整合内部资源，组建4个分公司，即盾构分公司设备分公司、技术服务分公司、机电工程分公司。二是在整章建制的同时，加快推进规范化、标准化管理水平，质量、环境、职业健康和安全“三合一”体系贯标成功，并着手进行内部控制和风险管理体系建设。三是细化管理流程，实现工作流程的可追溯性，同时积极借鉴同行业先进的管理经验和管理方式，推进流程的优化与再造。四是加快管理信息化，成立公司信息化建设领导小组，与专业公司合作，进行信息管理系统软件的开发，实现系统管理的高效管控。

新公司组建前的2009年共计完成盾构/TBM生产组装任务10台，其中自主研发制造中国中铁盾构仅3台。新公司成立后的2010年，盾构生产由联合制造为主转变为以独立制造为主，全年共独立制造出厂自主研发的“中国中铁”号系列盾构23台，独立制造能力比上年度增长670%。在生产任务重且集中的情况下，公司认真组织策划，抓好生产预投，并通过设立项目部、就近加工、委外加工等手段，提高生产效率，月平均生产盾构1.83台，其中9月、10月每月出厂4台。隧道施工配套产品开发也初见成效，为西安市政公司制造的运输设备下线，研制的防水板铺设架、无骨架模板台车通过铁道部验收，达到国内领先水平。

公司承担的河南省重大科技项目硬岩盾构于2010年1月份通过立项，8月底第一台硬岩盾构就下线出厂，至12月1日，9台硬岩盾构全部出厂，实现当年立项、当年研制成功、当年投入使用。公司加强科研成果的管理，建立科技管理信息平台，认真组织科技成果鉴定和评审，加强专利技术申报工作，全年共申报专利20项，其中申报发明专利2项，申报实用新型专利18项。2010年5月15日，以公司为依托的郑州市盾构及掘进工程技术研究中心获批成立。2010年10月28日，以公司为依托的河南省盾构成套装备工程技术研究中心获批成立。相继完成了土压平衡盾构模块化设计和整机系列化配置，促进了盾构产业化的持续健康发展。

针对人力资源极度匮乏的现状，坚持“为企业选人，为未来选人”，多途径引进企业急需的高层次专业人才和高技能人才。年内共招聘合同制员工99人，人力资源总量较上年增长80.5%。通过人才招聘，人力资源紧张状况有所缓解。研发设计队伍结构上得到优化、规模上快速扩大，从年初的40人增加到70人。售后服务队伍从无到有，已发展至70人规模。同时加强员工培训工作，盾构及隧道施工配套设备生产一线作业人员技能水平显著提高。至年末，公司共有各类专业技术人员　人，技师以上作业人员　人，公司董事长李建斌当选为中国中铁股份有限公司有突出贡献中青年专家，总经理韩亚丽被评为河南省“十一五”优秀科技创新人才。

在总公司和地方政府的大力支持下，公司坚持边生产、边建设，总投资5亿元、基地位于郑州经济技术开发区的盾构研发制造基地工程于3月份奠基、5月份全面开工，9月份主体基本完工，生产车间、实验室、综合办公楼、附属用房、公用配套设施等进入配套安装和装饰装修阶段，年末基本建成，创造出8个月基本建成年产40台套的国内最大的盾构研发制造基地的奇迹。

董事会董事（7人）：李建斌、韦忠信、薛林、唐忠、裴广进、李玲、韩亚丽；李建斌任董事长。

监事会监事（5人）：席福禄、周晓红、胡建华、张红星、方新强；席福禄任监事会主席。

总经理：韩亚丽。副总经理（3人）：谭顺辉（兼总经济师）、方新强、张宁川（兼总工程师）。总会计师兼总法律顾问：宁辉东。

公司党委委员7人：李建斌、韩亚丽、张红星、谭顺辉、方新强、张宁川、宁辉东。李建斌任书记，韩亚丽任副书记，张红星任副书记兼纪委书记。

地址：河南省郑州国家经济技术开发区第六大街99号

网址 www.ztzb2009.com

【中铁信托有限责任公司】 中铁信托有限责任公司（简称“中铁信托”），原为衡平信托有限责任公司（简称“衡平信托”），是经中国银行业监督管理委员会批准，以金融信托为主营业务的非银行金融机构。

衡平信托于2002年12月11日由原成都工商信托投资有限责任公司和成都市金通信托投资公司合并新设组建而成。

2005年10月中国铁路工程总公司和其下属的中铁二局集团有限公司共同收购了衡平信托72.39%的股权。

2006年12月，衡平信托完成首轮增资扩股，注册资本金增至6亿元。

2007年7月，公司按照中国银监会《信托公司管理办法》换发了新的金融许可证，成为全国首批换发金融许可证的信托公司之一。

2008年9月，衡平信托完成第二轮增资扩股，注册资本金增至12亿元。

2008年12月，经中国银监会批准，公司名称由“衡平信托有限责任公司”变更为“中铁信托有限责任公司”。

公司业务范围涵盖资金信托、动产信托、不动产信托、有价证券信托、投资基金、证券承销、投资银行业务等；办理居间、咨询、资信调查等业务；以存放同业、拆放同业、贷款、租赁、投资方式运用固有财产；以固有财产为他人提供担保，从事同业拆借以及法律法规规定或中国银行业监督管理委员会批准的其他业务。2008年9月，中国银监会核准我公司特定目的信托受托机构资格，成为目前业内为数不多的获得该业务资格的信托公司；2009年11月，经中国银行业监督管理委员会四川监管局批复，中铁信托获得以固有资产从事股权投资的创新业务资格。公司细分市场，不断完善产品线，通过价格、期限和规模的优化组合，打造高、中、低端理财产品分别满足不同客户需求，实现多渠道引入资金、多产品同时销售的良好局面。

2010年，面对错综复杂的国内外宏观经济形势与充满不确定性的信托行业市场，中铁信托紧紧围绕年度经营管理目标，坚持“创新、服务、可持续”的核心经营理念，以全面预算管理为中心，以三个“进一步”（进一步提升创新服务能力、进一步调整经营拓展机制、进一步创新完善风险管理体系）为经营工作要点，及时研判行业市场变化和风险的可容忍度，通过外拓市场、内强管理，创新风险管理和激励约束机制，积极应对政策调整与宏观经济变化等不确定性因素，公司继续保持了近年来健康发展的良好势头，经营管理跨越历史新高度。

截至2010年底，本年度共成立信托计划138个，规模2,266,434万元。其中：集合资金信托92个，较上年同期增加47个，募集资金820,715万元，较上年同期增加466,070万元，增幅131%，平均规模为8138万元，较上年增加2648万元，增幅48%；单一资金信托44个，规模1,426,034万元，财产信托2个，规模19，685万元。

中铁信托作为中国中铁控股的唯一金融机构，始终坚持服务于中国中铁主营业务，致力于为中铁成员企业提供全面金融服务。六年来，我们和各成员单位进行了多层次的业务合作，利用信托平台为成员企业提供了以股权、贷款、资产管理等多种形式的投融资服务，截至2010年底，累计资金规模达到198亿元，成员单位覆盖面超过50%。根据股份公司“十二五”发展目标，中铁信托在第一时间向股份公司提交了《战略转型下的中国中铁金融信托整体服务方案》，并为股份公司房地产、矿产资源、应收账款等业务领域量身定制了四个子方案，促进股份公司做大做强新兴板块，助力中国中铁成功实现战略转型，以获得更大的竞争优势。

在任领导：

董事长　李建生

党委书记、副董事长　王俊明

总经理　景开强

地址：四川省成都市航空路1号国航世纪中心B座

邮编：610041

联系电话：028-86029144

传真：028-86029198

网址：www.crtrust.com

电子邮箱：crtc@crtrust.com

【中铁置业集团有限公司】　中铁置业集团有限公司是中国中铁股份有限公司为完善产业布局、做强做大房地产业务而成立的全资子公司，是中国中铁房地产板块业务核心企业。国务院国资委于2006年下半年批准将房地产开发作为中国铁路工程总公司主营业务后，中国铁路工程总公司于2007年1月18日研究决定成立中铁置业发展有限公司。2月14日，公司在国家工商总局成功注册，3月份以后，公司完成了对中铁华丰（北京）房地产开发有限公司等四家公司的股权置换，并成立了上海中铁市北投资发展有限公司和北京中铁新业投资顾问有限公司，4月28日，中铁置业发展有限公司更名为中铁置业集团有限公司。

2008年3月，中铁置业注册资本由6亿元增加至21亿元。公司经营范围包括：房地产开发与经营、策划、咨询，建筑工程施工，市政工程，装饰装修，建筑材料销售，机械设备租赁，投资管理，物业管理及相关服务。集团公司具有房地产开发一级资质，并通过了质量、环境、职业健康安全管理体系认证。2009年11月，中铁置业被中关村科技园区管委会授予“高新技术企业”称号。2010年，中铁置业实现营业收入43亿元，连续四年翻番。利润总额5.4亿元，净利润3.9亿元，归属于母公司净利润3.7亿元。2010年，中铁置业集团名列中国房地产开发企业50强测评排行第23名。集团公司下属的建筑公司具有建筑施工总承包一级资质，物业公司具有物业服务一级资质，投资咨询公司具有全国房地产经纪机构资质。

中铁置业坚持高起点、高标准发展，坚持战略引导，致力完善企业战略发展之路。在对外部市场进行认真研判、对中国中铁系统房地产业发展现状进行深入调查研究、对基础数据进行统计分析的基础上，研究制定了《中铁置业集团战略发展规划》，并经中国中铁总裁办公会议研究批准执行。随后，又出台了管控发展、市场开发、人力资源开发、财务运营、品牌建设、企业文化建设六个子战略，对总体发展战略进行了分解细化，增强了战略规划的可操作性。2010年底，按照股份公司统一安排，对原战略规划进行了修编，制定了《中铁置业十二五战略发展规划》。

中铁置业成立以来，按照区域开发、重点发展的思路，加强了重点区域和城市的开发力度，截至2010年底，已在北京、上海、深圳、青岛、西安、成都、长沙、沈阳、贵阳、石家庄、杭州、厦门、烟台、秦皇岛和三亚等地拥有22个房地产开发项目，形成了京津唐地区以北京为中心，长三角地区以上海为中心，珠三角地区以深圳为中心，西南地区以贵阳为中心，华中地区以长沙为中心，西北地区以西安为中心、东北地区以沈阳为中心的全国市场布局。截至2010年底，项目土地总量近6000亩，开发建筑面积850万m^2。

中铁置业注重企业管理基础建设，制定了符合国有房地产企业运营特点的多项管理制度和办法。注重人力资源队伍建设，建立了“两个市场化”的用人机制，吸引了大批德才兼备的人才加盟。中铁置业2008～2010连续3年被评为中国中铁股份有限公司“四好班子”。截至2010年底，集团公司共有11个职能部门、26个项目子分公司。为完善产业链条，培育新的利润增长点，集团公司还成立了中铁天丰建筑公司、中铁新业投资顾问公司、物资分公司和中铁第一太平物业服务公司等专业子分公司。

中铁置业坚持“营造美好空间，造福社会大众”的企业宗旨及“诚信为本、合作共赢”的经营理念，培育以“满足市场需求，体现人生价值”为核心价值观的企业文化，努力实现客户需求、员工发展、企业利益、社会责任的和谐统一。中铁置业注重用中国中铁文化融合凝聚队伍，形成了关系融洽、工作和谐，相互支持、取长补短的环境和氛围，形成了“一报一刊一网站”的企业文化建设立体传播架构，举办了以“家文化”为主题的新春团拜会、演讲比赛、业余协会、全民健身、情感慰问等多项富有特色的活动。

为打造统一的“中铁置业”品牌，提升中国中铁房地产板块的整体市场竞争力，中铁置业构建了品牌建设管理体系，并通过多种形式不断加大企业品牌推广力度，扩大了中铁置业的社会知名度和行业影响力。2010年，中铁置业开发的楼盘获得政府、行业协会及媒体重要奖项五十余个，在中国房地产研究会、中国房地产业协会和中国房地产测评中心组织的中国房地产开发企业 50 强测评排行榜中，中铁置业位列第 23 名。

在任领导：

董事长、党委书记　郑　勇

总经理、党委副书记　王子光

党委副书记戴玉民（副总经理、纪委书记、工会主席、监事会主席）

副总经理　马永红（财务总监）

邓荣飞

陈月东

王玉良

朱　洁

张学军

朱长清（总工程师）

地址：北京市丰台区广安路 15 号

邮编：100055

电话：010-58095801

网址：www.crreg.com.cn

邮箱：hr@crreg.com.cn

【中铁资源集团有限公司】　中铁资源集团有限公司是集地质勘查、矿山开发、商贸物流于一体的国际化、综合型矿产资源开发集团，是由中国中铁股份有限公司独家发起设立的全资子公司，公司注册资本金为人民币 30 亿元，总部设在北京。

2007 年 1 月 18 日，经中国中铁股份有限公司（当时称中国铁路工程总公司）第一届董事会第二次会议研究，决定设立“中国铁路工程集团有限公司资源开发分公司”，主要负责集团公司国际、国内资源项目的开发工作；组织资源投资项目的跟踪、前期立项、报建审批、设计工作。下设综合部、财务部、地勘部、金属部、非金属部。资源开发分公司的成立是股份公司立足当前，着眼长远，进行企业结构的调整、保证企业持续健康发展的又一重大举措。

2008 年 4 月 29 日经中国中铁股份有限公司第一届董事会第九次会议通过，股份公司决定，在资源开发分公司的发展基础上，成立“中铁资源有限公司”，作为股份公司的资源开发专业化子公司。注册资本金 10 亿元人民币，由股份公司全额出资。中铁资源的经营范围拟为“贵金属、有色金属、黑色金属和非金属等资源开采、加工及销售；煤炭开采、洗选加工、煤炭及煤炭制品的销售；矿井建设；仓储及运输；国内外自然资源开发的技术研究、咨询、勘探及设计；进出口业务、对外经济合作；基础设施投资建设；用自有资金兴办企业和投资项目。

2009 年 4 月 28 日中国中铁股份有限公司第一届董事会第十九次会议决定：中铁资源有限公司更名为中铁资源集团有限公司。

中铁资源集团有限公司共拥有境内外 24 家全资、控股和参股公司，设立了 3 家办事处和 2 家分公司。中铁资源集团有限公司主要从事境内外矿产资源的投资开发，拥有的矿产品种主要有煤、铜、钴、黄金、钼等。公司经营范围包括：贵金属、有色金属、黑色金属和非金属等资源开采、销售；仓储服务；国内外自然资源开发的技术研究、技术咨询、勘探及设计；货物进出口；施工总承包；项目投资等。形成了“地质勘查、矿山开发、商贸物流”三业并举的经营格局。

中铁资源集团有限公司坚持国内国外“两个市场”协调开发，国内市场延伸到内蒙古、新疆、青海、黑龙江、云南、河北、四川、广西等多个资源大省（区）；海外市场拓展到非洲的刚果（金）、大洋洲的澳大利亚、亚洲的蒙古、哈萨克斯坦、吉尔吉斯坦、印尼、老挝和美洲的委内瑞拉等多个国家，并在不断加快向周边开发的步伐。

中铁资源集团有限公司走过了将近 4 年的发展历程，企业经历了从无到有、从小到大、从弱到强的艰苦创业过程，实现了一个又一个跨越式发展。“潜龙在渊，蓄势待发”。中铁资源集团有限公司广纳海内外人才，组建起由国家矿产资源方面学科带头人、地质研究院所专家、工程建设优秀管理者和海外专业人才为支柱的技术、管理团队，集聚起雄厚的竞争实力。中铁资源集团有限公司作为中国中铁资源业务板块的承载主体，肩负着实现中国中铁在全国乃至全球矿产资源领域战略目标的历史使命。中铁资源集团有限公司将秉承“勇于跨越，追求卓越”的企业精神，开拓创新，锐意进取，与海内外各界朋友精诚合作，互利双赢，携手共创美好明天。

在任领导：

董事长：易政青

总经理、党委副书记：吴建元

党委书记、副总经理：李　辉

党委副书记、纪委书记、工会主席：佟立国

副总经理：赵庆云

副总经理：毛德宝（2010 年 12 月不再兼任总地质师）

总会计师、总法律顾问：杨宏伟（2010 年 12 月兼任总法律顾问）

副总经理：孙瑞文

总工程师：王含渊

总地质师：钟长汀（2010 年 12 月 24 日任总地质师）

地址：北京市海淀区西四环中路 16 号院中铁资源大厦

邮编：100039

电话：010-88213160

传真：010-88213080

网址：www.crmrc.com.cn

【中铁南方投资发展有限公司】　中铁南方投资发展有限公司是中国中铁股份有限公司的全资子公司，于 2008 年 1 月在深圳市南山区注册成立，注册资本金 4 亿元人民币。

南方公司代表中国中铁负责深圳地铁 5 号线及深圳北站综

合交通枢纽BT项目的建设管理、投融资以及后续相关工程的开发建设和管理工作。经营范围主要是城市轨道交通及沿线物业一体化开发等基础设施建设投融资、设计施工总承包，土地开发整理，房地产开发业务以及以建设管理新模式涉足城市更新的城中村改造、福利性保障性住房等建筑上游板块业务。

南方公司法人治理结构完善，成立了董事会、监事会，下设董监办。行政部门设9部1室，即综合部、财务部、投资发展部、工程管理部、安装工程部、规划设计部、计划合同部、物资设备部、安质环保部和董事-监事办公室。党群系统设党群部（与董监办合署办公）。

南方公司目前下属单位有：中国中铁深圳地铁5号线BT项目建设指挥部（授权管理）、中国中铁深圳地铁工程枢纽指挥部（授权管理）、遵义投资发展有限公司（直属）、东莞投资发展有限公司（直属）。

南方公司自组建以来，始终牢记股份公司赋予的使命，积极稳妥推进深圳地铁5号线及北站枢纽建设。2010年，南方公司共完成营业额47.06亿元。其中，深圳地铁5号线累计完成投资33.96亿元，占年度计划30亿元的113%，开累完成投资104.15亿元，占合同总额113亿元的92.17%；枢纽年累完成产值13.1亿元，占年度计划12亿元的110%，开累完成22.45亿元，占合同总额（暂定）27亿元的83.15%。2010年，南方公司及各参建单位乘势而上，深圳地铁5号线顺利实现了“2•28”洞通、“7•30”轨通、“8•30”塘朗车辆段接车、“10•30”长轨通、“11•30”电通、“12•30”车辆段主体工程全部完成等重大里程碑目标。BT建设模式强大生命力充分显现，得到中央领导和有关部委的积极评价。

2010年，南方公司以BT模式为基础，深耕广东基建投资市场，先后与深圳市坪山新区、深圳市光明新区、贵州省遵义市、广东省珠海市分别签订了战略合作框架协议。10月深圳市政府专题会议上确定深圳地铁5号线塘朗车辆段上盖保障性住房由中国中铁采用BT模式建设；11月成立遵义投资公司，并与遵义市签订共青大道BT项目合同。目前南方公司正密切追踪深圳市轨道三期工程7、9、11号线，深圳市南山区南方科大拆迁安置项目，广佛线轨道二期工程项目，珠三角城际轨道项目等十几个项目以及加快推进中铁南方总部基地建设。

2010年南方公司党工委广泛开展“发挥党员先进性，建功地铁5号线”、“深圳地铁党旗红”、“创先争优”等党建活动，认真贯彻国务院关于工程领域突出问题专项治理，积极建设和培育企业文化，获得“2010年中华全国总工会工人先锋号”、“2010年中国中铁先进基层党组织”、“深圳市2010年轨道交通建设先进单位”等荣誉称号。

在任领导：

董事长、法人代表　周世祥

党委书记、总经理　付漳湖

副总经理　李才文、张淦华、薛军

副总经理、总工程师　张国亮

副总经理、安全生产总监　赵勇

财务总监、总法律顾问　李同杰

地址：广东省深圳市南山区龙珠七路中爱大厦11-12楼

邮编：518055

电话：0755-33952171

传真：0755-33952180

网址：www.crec-s.com

【中铁西南投资管理有限公司】 中国中铁西南投资管理有限公司的前身是中铁工程广西项目管理中心。中铁工程广西项目管理中心成立于2005年8月5日，其职能是代表股份公司履行中国中铁与广西区政府签订的“两路一铁”项目（即全兴、岑兴高速公路和田东至德保铁路）《合作投资框架协议》的相关职责，负责广西岑兴、岑梧、全兴高速公路项目的投资、融资、建设、运营管理工作，并以中国中铁名义在广西地区开展生产经营活动。

2007年12月28日，根据业务发展需要，股份公司决定在中铁工程广西项目管理中心基础上成立中铁西南投资管理有限公司。公司注册资本4亿元人民币，注册地在广西南宁。

西南公司主营高速公路投资、建设、运营，市政、交通基础设施投资，土地整理开发，是中国中铁高速公路板块投资、建设、运营“一条龙”服务的专业公司。公司自成立以来，充分发挥品牌、资金、人才、管理等优势，迅速发展壮大，经营业绩逐年攀高，目前管理的总资产达250亿元，在山东省、河南省、云南省、重庆市和广西壮族自治区等全国五个省市自治区管辖7条高速公路，累计运营里程达603公里。在广西柳州市投资建设“三桥一路”（维义大桥、广雅大桥、双拥大桥、北外环路）市政BT项目，在桂林市投资建设“一路两江”（西二环路、南溪河整治、小东江整治）项目，总投资超过50亿元。

2010年，西南公司紧紧围绕“打基础、强管理，上水平、促发展”的中心工作，以市场开发为龙头，以财务资金管理为中心，以柳州“三桥一路”项目建设和高速公路竣工决算审计工作为重点，狠抓安质环保和节能减排工作，全力规范运营管理，着重夯实企业管理基础，着力提高员工整体素质，大力实施人才兴企战略，打好了企业发展的开局之战。

西南公司现有子公司、指挥部共11个二级单位，分别是：广西梧州岑梧高速公路有限公司，广西岑兴高速公路发展有限公司，广西全兴高速公路发展有限公司，河南平正高速公路发展有限公司，中铁菏泽德商高速公路建设发展有限公司，云南富砚高速公路有限公司，重庆渝邻高速公路有限公司，广西柳州铁程交通投资有限公司，中铁柳州市三桥一路工程指挥部，广西桂林铁程交通投资有限公司，中铁桂林市一路两江项目工程指挥部

西南公司本部职能部门设置为10部2室，即董事会办公室（监事会办公室）、公司办公室、党群工作部、人力资源部、财

务会计部、运营管理部、投资管理部、市场开发部、生产管理部、安全质量环保部、内控审计部、法律事务部。截至2011年1月31日，公司及所属各单位共有员工1505人，其中，中铁系统154人，其他股东派遣20人，公司聘用528人，劳务派遣及其他803人。

在任领导：
董事长、法定代表人　蔡甲胜
党委书记　吴泽林
总经理　徐坤甲
副总经理、总工程师　刘宁
副总经理　徐洮刚
副总经理　王新忠
总会计师兼总法律顾问　陈元海
地址：广西南宁市金湖路63号金源CBD现代城26层
邮编：530021
电话：0771-2373000
传真：0771-5561630
网址：www.crecic.com
电子信箱：ztxngsbgs@163.com

【中铁中原投资发展有限公司】　中铁中原投资发展有限公司简称“中铁中原公司”是中国中铁股份有限公司在河南省郑州市设立、注册的全资子公司,2010年8月成立，公司注册资本金1亿元人民币。

公司主要职责和任务是代表股份公司全面履行中国中铁股份有限公司和河南省政府、郑州市人民政府签订的《战略合作框架协议》，负责与河南省及中原地区洽谈有关城际铁路、城市轨道工程、规模较大的市政工程、土地一级整理与开发等领域的建设管理及投融资工作。同时，代表中国中铁股份有限公司履行郑州轨道交通2号线一期土建工程的总承包职责，统筹组织、指挥和协调中国中铁各参建单位的有关工作。

公司致力于基础设施项目投资建设、城市轨道交通投资建设和土地一级开发，是中国中铁从事上游基础设施投资和建设管理的专业公司。公司下设综合部、财务部、计划合同部、工程管理部、安质环保部、设备物资部、投资发展部7个部门。公司在职人员37人，均为中高级管理人员和专业技术人员，其中教授级高级工程师2人，享受政府特殊津贴专家1人，具备一级建造师、安全工程师等各类执业资格证书10人。

法人治理结构及党委领导班子：
董事会董事　赵庆武　魏振国　冯慧光　林　鑫　刘少魏
董事长　赵庆武
监事会监事　席福禄　王怀远　李家标
监事会主席　席福禄
总经理　刘少魏
副总经理　刘林山、王建军（兼总工程师）、杨马庄（兼工会工委主任、纪工委书记）
董事会秘书　武晋龙
地址：河南省郑州市航海东路1225号
邮编：450016
值班电话：0371-67727300
传真：0371-67727301
电子信箱：ztzygs@163.com

【中铁中南投资发展有限公司】　中铁中南投资发展有限公司成立于2010年12月24日，主要职能：在股份公司的领导下，代表股份公司全面履行长沙交通BT工程项目投资—建设—回购合同、协议;负责长沙交通BT工程项目的建设管理及投、融资工作;负责代表中国中铁在中南地区开展有关工程项目的开发及管理工作。

机构设置：公司设董事1人，监事1人;经理层设总经理1人、常务副总经理1人、总工程师1人;公司内设综合部、财务部、工程管理部、安质环保部、经营合同部、物资设备部等六部门。

中国中铁股份有限公司长沙交通BT工程总包项目经理部成立于2010年12月24日，主要职能：代表股份公司负责实施长沙交通BT工程项目的工程总承包；负责组织协调与地方政府、设计、监理等单位的关系，并对项目工期、安全质量、责任成本、效益等负责；负责按建设单位要求和股份公司安全、质量、环境三大管理体系要求和规定，对参建单位进行监督管理和协调指挥。

机构设置：总包项目经理部设总经理1人、副总经理1人、总工程师1人。总包项目经理部不另设人员编制，实行与中铁中南投资发展有限公司“一个机构，两块牌子”的运作模式。

地址：湖南省长沙市长沙县碧桂园花园里2街51号
邮编：410100
电话传真:0731-84098529（综合部传真）
0731-84079561（财务部传真）
电子邮箱：ztznyxgs@163.com

【中铁海西投资发展有限公司】　2007年10月31日中国中铁与莆田市人民政府签署投资合作开发框架协议,2008年7月11日福建省莆田市人民政府举行妈祖城核心区一级土地整理项目招标，中国中铁股份有限公司参加投标并获得该项目中标通知书。项目采取“投融资、设计施工总承包、政府财政回购”方式实施。投资内容包括：妈祖城核心区的土地取得、海域使用权取得、填海造地和基础设施建设，土地开发完成后通过土地供应回收成本获得收益。同期中国中铁单独组建了中铁海西投资发展有限公司，于2008年10月10日在福建省莆田市注册成立，注册资本金2亿元人民币，全部由中国中铁出资。公司经营范围：项目投资、工程勘测。设计、施工、建筑材料购销、建设项目管理。2008年7月30日项目举行开工仪式，各施工单位进场， 2009年7月22日签署投资协议，受国际金融危机及项目合法、合规影响,直至2010年8月项目才进入正式施工阶段。

按照双方的合作合同，指定中铁海西投资发展有限公司和湄洲湾北岸经济开发区管委会作为履约实体，共同实施项目的投资建设。项目合作期限暂定为6年（含准备期、建设期和回购期）。

公司定员共29人。领导班子组成：史柏生（教授级高工）公司董事长兼党工委书记，王喜军（教授级高工）公司总经理兼党工委副书记，李建军（高级工程师）公司副总经理兼妈祖城项目指挥长，陈宏（高级工程师）公司总工程师，段乐骋公司财务总监共5人，公司下设综合办公室、工程技术部、计划合同部、设计部、物资部、建设协调部、财务部共六部一室共24人。其中物资部、设计部分别由中铁物贸公司、中铁二院派驻人员组成。

项目概况。核心区总体规模5.68平方公里(8521亩)，填海造地形成陆域面积 434.8 公顷(6522 亩,其中：可出让面积3839亩，有偿划拨面积763亩，无偿划拨面积1921亩)。

项目投资施工图预算24.87亿元（其中建安产值12.48亿元）。主要工程数量：道路工程 22.787km/9 条；桥涵工程917.64m/8座；填海造地工程5115.6亩，填砂1466.37万m^3；护岸工程总长9991.7延米；给排水工程64330延米；排洪沟工程3620延米；征地面积约940亩，海域征用面积约4796亩，房屋拆迁面积约14万m^2。

2010年完成投资80350万元，开累投资101111万元，占总投资额248663万元的40%；建安产值完成46263万元，开累完成52443万元，占建安总产值124835万元的42%。

截至2011年7月10日，项目控制性工程-填海造地工程已完成吹填约1000万m^3，占设计总量的68.2%；主要工程4座大桥除贤良1号桥上部结构正在施工外，其余3座上部结构已完成；区域路网工程软基处理已全部施工完毕，路基土方填筑完成160万m^3 ，占设计总量206万的61.5%；给排水管道施工完成10400延米，占设计总量的16%；环城路（除受拆迁影响的2公里外）已成型，边坡防护已完成；内湾护岸折合完成2918延米。占设计总量9991.7延米的29.2%。施工现场现已具规模，达到预期的建设目标。

妈祖城项目工程施工图预算批复金额为24.87亿元。截至到2011年6月共完成投资123707万元，占总投资额248663万元的50%；共完成建安产值73302万元，占建安总产值124835万元的59%。

地址：福建省莆田市湄洲湾北岸经济开发区山亭乡利山村新闻路北侧962002信箱

邮编：351152

电话：0594-6913011

传真：0594-6913009

网址：crecg-haixi.com

电子信箱：crecg_zthx@163.com

【中铁哈大指挥部】 2010年，中铁哈大指挥部在股份公司和哈大客专公司的正确领导和支持下，坚持以科学发展观为指导，保安全、铸精品、当先锋、树品牌，在全线继续保持一路领先态势，取得了突出成绩。

施工产值再创佳绩。哈大客专TJ-1标按照决胜之年的工作部署，紧密围绕“打好提前工期攻坚战，科学管理上水平”的中心任务，安全、优质、快速、高效、有序地推进工程建设，深入开展“创先争优”活动，动员各参建单位和全体员工勇当先锋，永争第一，最终夺取2010年决战全胜。全年共完成施工产值46.05亿元，超额完成计划目标。

形象进度全程领先。坚持以“铺板、铺岔、铺轨”为施工主线，狠抓“三铺”施工关键环节，进一步强化施工组织，优化资源配置，严格过程监控，加大奖罚力度，形象进度一路领先，于3月27日在全线率先完成了架梁，7月24日率先完成了制板，9月30日率先完成了铺板，并于11月1日实现中国中铁管段轨道铺设全面贯通，重大工序转换均由中国中铁创造，保持了全程领先态势。

安全质量平稳可控。将高空作业、铺轨运输、机车交会、大型设备施工安全等作为安全控制重点，把原材料质量控制、轨道板预制及铺设质量列为质量控制重点，建立健全了系统闭合的安全质量管理制度，积极组织技术攻关和安全质量隐患排查，在全线起到了有效的示范和带头作用，哈大公司先后在中国中铁管段选树了轨道板预制、轨道板铺设、轨道精调、竣工资料等示范样板段，全年未发生安全生产一般及以上事故，未发生一般C类及以上铁路交通事故，未发生工程质量一般及以上事故，在施工单位信用评价中已连续四次包揽前三名。

科技创新硕果累累。针对关键工程和关键工序开展技术创新活动，以科技创新增收节支，在CRTSⅠ型板预制与铺设、道岔铺设等方面，全力开展科技攻关，通过技术研讨会、方案论证会、施工协调会等形式发挥技术优势，开展技术交流，确定施工方案，解决技术难题，满足了施工质量、进度和施组要求。自开工以来，共组织编制了13项施工工法，立项攻克了15项重大科研课题，尤其积累了东北严寒地区建设铁路客运专线的施工经验。

变更设计成效显著。不断加大“二次经营”公关力度，以现场变更设计工作为核心，定期组织各局项目部进行变更设计的清理，有效地保证了施工生产的顺利进行，有效化解了项目成本风险。截至目前，Ⅰ类变更设计共发生47项，其中哈大公司已批准37项，增加费用4.83亿元；Ⅱ类变更设计共发生695项，其中哈大公司已批复666项，增加费用1.68亿元。

标准化管理扎实推进。通过标准化管理落实铁道部“六位一体”的要求。参建单位不断在实践中创新，把施工作业规范改编成“顺口溜”的标准化作业手册和作业卡片，得到了铁道部领导的高度评价并在全路推广。继续本着制度监管、合同监管、资金监管和组织监管的管理思路对各局经理部劳务队伍管理情况进行监督和检查，加强对劳务人员岗前技能培训和安全教育，有效维护了劳务工合法权益。开工以来，TJ-1标段未发生因劳务队伍管理不当引发的负面事件，施工现场和谐平稳。

项目文化建设不断深化。深入推进“哈大党旗红，全线争先锋”等六大主题实践活动及“群众安全监督员活动”，举办了青年安全生产演讲比赛和“纪念建党 89 周年暨第三届‘哈大杯’摄影比赛”，出刊了《庆祝中国中铁哈大铁路客运专线桥梁贯通》邮册，成功筹办了中国中铁哈大客专铺轨贯通庆祝大会，《中央电视台新闻频道焦点新闻播报》、《新华网》、《中国新闻网》、《中国广播网》等中央级新闻媒体对中国中铁哈大客专轨道贯通进行了专题报道，全面展示了中国中铁哈大客专的建设成果。项目文化建设实现内强素质，外树形象，进一步提升了中国中铁品牌。

“创先争优”活动成果丰硕。按照股份公司及哈大客专公司的要求，结合实际制定下发了《中国中铁哈大客专深入开展“创先争优”活动实施意见》，明确了活动的重要意义、总体要求、目标任务、组织领导和具体措施，通过构建活动体系，公布公开承诺事项，有力掀起了创先争优活动高潮，全线形成了崇尚先进、学习先进、争当先进的浓厚氛围，并取得阶段性成果。2010 年，指挥部先后表彰了“红旗项目部”、“先进基层党组织”等先进集体 26 个，优秀共产党员、优秀党务工作者、技术标兵、创新能手、杰出青年等先进个人 66 人；共有 4 个单位获“火车头”奖杯，10 名个人获得“火车头”奖章；有 256 名个人和 26 个集体获哈大公司表彰。哈大指挥部获火车头奖杯，被股份公司、股份公司党委授予项目文化建设示范线、红旗项目部等称号。

在任领导：

指挥长　李长进

第一副指挥长　刘　辉

常务副指挥长　黄天德

副指挥长　胡守正　王树伟　权有勇　成爱民

地址：辽宁省沈阳市苏家屯区红椿路 88 号米拉晶典小区 C2-111

邮编：110111

电话：024-31484503

传真：024-31484502

【河南平正高速公路发展有限公司】　平正高速公路项目是指国家重点公路主干线——大庆至广州高速公路河南省驻马店境内平舆至正阳段，该段北起河南项城市与驻马店市平舆县交界的安李庄，南止于驻马店市正阳县与信阳市息县交界的李寨，沿途经过平舆、新蔡、正阳三县，全长 52.126km，项目总投资规模约 24 亿元，2005 年 1 月 5 日开工，2007 年 10 月 10 日建成通车。项目经营期 30 年，自 2004 年起至 2034 年止，目前已进入运营期近 4 年。

平正公司是中铁总公司 2009 年底全资收购的高速公路运营公司。现有员工 169 人，其中中铁系统 11 人（含助勤 1 人），外聘人员 128 人，劳务派遣 30 人。下设五个职能部门，三个收费站、一个服务区和一个路政大队。

2010 年重点工作开展情况：1. 组织机构、制度体系建立健全情况。按照西南公司的统一要求，规范了公司机构设置和定员编制；在遵守西南公司薪酬制度的同时，制订了更加符合公司实际的薪酬制度和绩效考核办法；先后出台了涉及到公司各个管理环节的规章制度和办法 80 余个。

2. 运营管理工作。截至 2010 年底，平正公司实现运营收入 6242 万元，同比增长 67%，出入口流量 79 万辆，同比增长 31.67%，提前一个月超额完成西南公司下达的计划目标。一年以来，公司全面落实西南公司和河南省高管局各项运营管理工作要求，加强收费、监控、稽查、票款、机电、路政、养护的规范化管理，以“文明服务、平安运营”为主题，积极开展文明服务、堵漏增收、专项治理、岗位练兵、技能比赛、专项稽查等活动，不断促进服务质量的提高。

3. 安全生产工作。公司高度重视安全工作，始终坚持“安全第一，预防为主，综合治理”的方针，建立健全安全生产保证体系，层层签订安全生产责任书，定期召开安全生产专题会议，组织开展了“安全生产月”、“班前安全宣誓”、安全生产应急演练和培训学习、专项稽查、排除隐患及大检查活动，严格进行防范恶劣天气、涉路施工和日常道路巡查，确保了高速公路安全畅通和公司安全工作的有序可控。

3. 党群工作。认真落实西南公司党委的各项工作安排，建立健全了党工委、工会工委、团工委等党群基层组织和组织制度。同时以“五讲三热爱”、“创先争优”活动为主线，以“争创河南省星级收费站和星级收费员”、“争创青年文明号”为载体，以“迎国检”、“交通系统专项治理”、“省收费员职业技能大赛”“小金库专项治理”为契机，先后组织开展了“安全生产演讲比赛”、“站风站纪、文明礼仪服务、节能减排工作重点整治及专项治理月”、“打击偷逃漏通行费”、　“卫生流动红旗评比”等一系列活动，有效地深化了“创先争优”活动，促进了平正公司各项工作的开展。

4. 领导班子和员工队伍建设情况。制定并坚持了“中心组学习制度”；坚持执行“三重一大”制度。制定了严格的员工考核和奖惩制度，优化了用工形式。重视挖掘和培养年轻干部；加强对员工的教育和培训，使领导班子及员工的整体素质得到很大提高。公司副总经理兼总工程师任有勋获河南省交通厅“管理工作先进个人”荣誉称号；在河南省 2010 年全省高速公路收费员职业技能大赛上，平正公司取得笔试团体总分第一名的优异成绩，扩大了中铁企业的良好声誉和影响。

5.员工工作和生活情况。筹措资金新建新蔡员工宿舍楼一栋，对各驻地房屋质量问题进行全面修缮，添置必要的办公家具和生活用具；建立了宣传栏、文化墙、活动室，加快体育文化设施及场所建设；改革了就餐模式，提高食堂饭菜质量。完善员工社会保险，逐步提高福利待遇，改革员工休假制度，积极开展“送温暖”工作，认真落实“三不让”承诺；绿化、美化、净化员工驻地，利用节假日开展形式多样的文体活动，寓教于乐，丰富员工的文化生活。

6. 其他工作。圆满完成公司2010年10多亿元银行贷款的置换工作，确保总公司的银行信用和公司资金的正常运转；开展对外协调工作，与地方政府、主管部门、公安、交警构建良好的路地关系，创建和谐的外部环境；开展经营开发工作，广告经营权转让工作已经完成，服务区、加油站转让工作得到有效推进。

地址：河南省驻马店市平舆杨埠镇平正高速公路收费站
邮编：463400
电话：0396—5351666
传真：0396—5351999
电子邮箱:pz5351666@163.com

【中铁菏泽德商高速公路建设发展有限公司】 中铁菏泽德商高速公路建设发展有限公司于2004年12月27日在山东菏泽注册成立，股东是由中国中铁股份有限公司和中铁十局集团有限公司,分别占出资总额的90%和10%，注册资本10000万元，以BOT形式进行德商（济广）线菏泽至曹县高速公路的建设、经营管理工作。

德商（济广）高速公路（菏泽至曹县）段于2006年5月20日开工建设，2008年11月28日建成通车，经营期25年。

2009年12月16日划归中铁西南投资管理有限公司管理后，部门设置为“四部一中心”，下设七个收费站，目前开通运营五个收费站。现有员工190人，其中：中铁系统13人，公司外聘38人，劳务派遣127人，临时用工12人。

公司极力营造以人为本、创新为本、文明服务的企业文化，将员工思想行为统一到公司发展上来，倡导团结、友爱、尊重、沟通的良好人际环境，不断提高公司的执行力、竞争力和凝聚力。按照股份公司“追求卓越、勇于跨越”企业文化的要求，通过一系列公司标志的设计与实施，内强素质，外树形象，向社会公众展示公司的个性特征，树立崭新的公司形象。

2010年运营管理工作本着规范管理、精干高效的原则，围绕堵漏保收和文明服务开展运营管理工作，取得了管理初步上路和一定的效益。截至11月30日征收通行费共129675152元，比去年同期增长47.25%；出口车流量为949276辆，比去年同期增长34.45%；入口车流量为998227辆，比去年同期增长38.47%。

2010路产管理部组织巡查人员上路巡查330余天，共计36410余人次，安全行车20余万公里；在沿线村庄、学校及各收费站、服务区进行道路安全宣传19余次；查处违章搭建8处；修复损毁附属设施40处；集中清障36次，与交警部门联合处理大小事故167余起，2010年共计收回路产损失赔偿款275950元、收取道路占用费224760元。

公司安全养护部负责公司的安全、道路养护、房屋维修及机电设备维护，同时负责工程建设期的相关工作。围绕公司经营工作总体思路和工作目标，养护治理工作以“建设是发展养护也是发展”为指针切实改变重建轻养、重突击性养护轻经常性养护的倾向，对于高速公路路况凡是建设期质量存在缺陷的重点段和重点部位加强养护检测。以“提早预防及时养护立足小养避免大养确保有良好路况”为具体出发点，以“学习先进的养护技术，提高治理水平”为标准和具体要求，提高养护工作的治理水平；组织召开了各施工、监理单位参加的工程缺陷整修及竣工验收前期工作会议，对工程缺陷期的有关工作及竣工验收的有关工作进行了安排和布置；对全线104座14038延米桥梁结构物进行了专项检测，对全线路基、路面、安全设施、房屋建筑等进行了全面检查，对发现的问题即刻安排整改。为时刻保持道路清洁及畅通，对道路交通事故给道路、安全设施等造成的损坏进行及时维修。公司配专职安全员1名，群众安全监督员5名，建立和完善了公司的安全生产责任制度，安全工作落实到各部门和岗位。每月开展一次安全大检查工作，对各站、服务区、办公场所等进行安全检查。同时加强公司员工的日常安全学习和培训工作，通过“安全生产月” 一系列活动有力的推动了公司的安全生产管理工作，强化了员工安全意识，员工的安全素质有了普遍提高。

中铁德商公司党工委于2010年3月底正式成立，党工委由3名委员组成，下设一个党支部，公司共有中共党员29名，其中中铁系统内的党员15名，外聘人员党员14名。在中铁西南公司党委的领导下，认真贯彻党的十七届四中全会精神和股份公司及西南公司工作会议精神，紧紧围绕“运营管理”中心工作，建立健全党组织机构，以创建“四好班子”、“四强四优”、“五讲三热爱”和“创先争优”主题教育活动为载体，不断加强党建工作。

地址：山东省菏泽市定陶县定砀路88号
邮编：274110
电话：0530—6276016
传真：0530—6276016
网址：http://ztdsgs.com/
电子邮箱：ztdszhb@163.com

【中铁委内瑞拉分公司】 根据2008年10月30日中国中铁股份有限公司第一届董事会第十五次会议通过的关于成立中国中铁委内瑞拉公司的决议和股份公司承揽、建设委内瑞拉玻利瓦尔共和国北部平原迪那科（TINACO）—阿那科（ANACO）段铁路工程项目的管理需要，经 2009 年 8 月 18 日股份公司本年度第 7 次总裁办公会议研究决定成立中国中铁委内瑞拉分公司。

主要职能：（1）负责代表股份公司协调与委内瑞拉国家政府及有关部门的关系，按照股份公司对其“委托经营，独立核算，自负盈亏”的管理模式开展工作，履行两国框架协议下企业应该承担的责任和义务。

（2）负责履行中国中铁与委内瑞拉国家铁路局签订的合同，对委内瑞拉北部平原迪那科（TINACO）—阿那科（ANACO）段铁路工程项目设计、施工实行总承包管理。

（3）负责对股份公司及所属成员企业在委内瑞拉和中南美洲地区开展生产经营、组织项目实施的管理、协调、监督工作。

（4）负责按期完成股份公司下达的经营、生产、安全、利润等指标，并对责任成本、效益和债权、债务及相关经济、法律责任负责。

（5）负责股份公司及所属成员企业在委内瑞拉和中南美洲地区工程项目工期、安全质量、环境保护等事项的管理工作。负责对生产性安全事件和非生产性安全事件的管理和应急处理工作。

（6）负责执行股份公司各项管理制度，并结合实际，做好分公司有关人事、财务、薪酬管理和境外账户资金安全等工作。

（7）受股份公司党委委托，负责在委内瑞拉的股份公司及成员企业的党群和思想政治工作。

2、分公司机构设置

（1）分公司领导层：总经理 1 人，常务副总经理 1 人，副总经理（分别主管生产管理、资源配置，商务管理业务）3 人，总工程师（主管设计业务）1 人，总会计师 1 人。

（2）分公司共设 5 个部门：综合事务部、工程管理部、商务合同部、财务部、国内工作部。

2010 年，制定了《施工技术交底管理办法》、《施工计划管理办法》、《工程测量管理办法》、《轨道铺设条件评估管理办法（试行）》等施工技术管理办法。

举办高速铁路知识、高速铁路设计与施工及高速铁路四电系统集成等专题讲座，组织全线各参建单位总工程师、工程施工管理技术人员进行集体学习和研讨。

编制了全线指导性施工组织设计、项目铺轨施工组织设计、“大干四季度、成型百公里”施工组织设计等指导全线施工。

2010 年，工程部设立了安全质量管理处。制定了《委内瑞拉北部平原铁路质量管理办法》和《委内瑞拉北部平原铁路安全管理办法》。要求各参建单位根据各自管段内的实际情况，从建立健全安全质量管理体系、制定奖罚措施、建立安全责任制、加强巡检制度、强化人员培训和持证上岗等方面，对照管理办法进行细化。同时制订了配套的安全质量生产教育、安全质量技术交底、安全质量应急预案、人员（包括委籍员工）培训及管理等制度。

编写了路基填筑（包括换填）压实的 K30 检测规程、雨季施工路基填筑质量控制措施、路基施工质量施工手册，明确了路基施工中需要注意的要点和检测标准，制定了高边坡防坍塌应急预案、防高处坠落事故应急预案、防高温中暑应急预案、防触电伤亡事故应急预案、防洪抢险应急预案、防火灾事故应急预案、机械及车辆伤害事故应急预案等。

2010 年，委内瑞拉分公司党工委共建立一级党工委 1 个，二级党工委 6 个，三级党工委 4 个，专职党工委书记（副书记）11 人，全线共有党员 306 名，占员工总数的 46%。

建立党工委工作制度 制定了《关于加强委铁项目党建思想政治工作的指导意见》和《关于统一委铁项目有形化建设的有关规定》。明确了委铁项目党建思想政治工作的重点。按照《党章》规定，制定了重大问题集体决策制度、重要情况报告制度、党风廉政建设制度等党工委工作制度。

分公司各级领导班子以创建“四好班子”建设为载体，以“六个第一”为目标，加强政治理论及海外管理知识学习，提高建设委铁项目重大意义认识，发扬团结协作精神，树立中国中铁一盘棋思想，以身作则，廉洁自律，讲求奉献、服务基层、艰苦奋斗、求真务实，使各级领导班子成为“政治素质好、经营业绩好、团结协作好、作风形象好”，具有影响力、凝聚力、战斗力和执行力的坚强领导集体。

分公司党工委提出海外党建工作遵循“五不公开”的原则和发挥“五个更好”的要求，创造性地开展工作。即：党组织机构不公开，党组织政治核心作用和战斗堡垒作用发挥更好；党内职务不公开，党建思想政治工作开展更好；党员身份不公开，党员先锋模范作用发挥更好；党内活动不公开，党建活动推动中心工作的作用发挥更好；党内文件不公开，党的路线方针政策在海外的贯彻执行更好。

开展“为祖国争光、当海外先锋”、创建“党员先锋号”、争创“四强”党组织和争做“四优”共产党员等党内主题活动。

成立了通讯报道组及基层通讯报道小组。全年共在《中国中铁》报发稿 42 篇，自办《委内瑞拉分公司信息》32 期。在中央级媒体发稿 27 篇。积极帮助和指导基层单位做好工地宣传工作。

【中铁工程建设分公司】 2001 年 4 月 18 日成立中国铁路工程总公司工程承包公司，2004 年 4 月 18 日更名组建为中铁工程建设公司，2007 年 11 月 19 日注册为中国中铁股份有限公司工程建设分公司。

2010 年建设分公司所属的在建工程项目中，涌现出一大批先进集体和个人，获得多项荣誉称号。重庆轻轨一号线杨公桥、烈士墓车站及区间项目在业主安全、质量、进度、文明施工、环保综合考核中取得了第一名，获得了业主颁发的唯一“流动红旗”和奖金，隧道初期支护及二衬二衬质量及外观被重庆市质监站及业主推评为“样板工序”；博深高速在广东省在建高速公路工程第一次质量监督综合检查评比活动中，获得临建、标准化建设第一名，获得 2010 年度二季度安全生产优秀单位、安全内业标杆单位、广东省“平安工地示范点”等荣誉，在广东省在建项目两次综合评比中名列前茅；福建双永高速获得全线桥梁下部工程建设专项劳动竞赛第一名，“大干 120 天”计划取的优异的成果，获得业主 2010 年度劳动竞赛二等奖。

2010 年获得 1 项国家级奖项、3 项省部级奖项，6 项股份公司级奖项，承担 1 项股份公司重点科研项目。其中：

1. 西攀高速公路金沙江大桥获 2010 年度国家优质工程奖。

2. 西攀高速公路金沙江大桥获四川省“天府杯优质工程金奖”；顺德 BT 项目碧桂路南国路地道获得“火车头优质工程奖”一等奖；《铁路路基风积沙干压法填筑施工工法》获得铁道部部级工法。

3. 《铁路路基风积沙干压法填筑施工工法》和《支架法施工现浇梁预拱度及线形控制工法》通过股份公司的核心关键技术评审，获得股份公司企业级工法；顺德碧桂路南国路下穿地道和广东博深项目获股份公司“安全标准工地”；顺德碧桂路南国路和辽宁丹通项目获股份公司“节能减排标准化工地”。

4. 承担了股份公司重点科研项目——玉蒙铁路《秀山隧道五里箐向斜超大容量水富集区施工技术研究》的科技开发工作。在任领导：股份公司副总经济师王立平兼任建设公司总经理（党工委书记）、佛山投资发展公司董事长；副总经理兼佛山投资发展公司总经理杨永康；副总经理刘元重；总工程师曹小林；总经济师李川；总经理助理张永强、叶樵。

地址：北京西客站南广场中铁工程大厦 A 座

邮编：100055

电话：010-51843841

传真：010-51843925

电子信箱：crc@crecg.com

【中铁物贸有限责任公司（物贸分公司）】 中铁物贸有限责任公司前身为中国中铁股份有限公司物贸分公司，成立于 2007 年 2 月。2010 年 12 月，为加快产业结构调整，实现企业可持续发展，加快推进两大转变，实现二次创业，根据股份公司总体部署，决定在物贸分公司基础上，改制成立中铁物贸有限责任公司，并于 2010 年 12 月 8 日完成工商注册。中铁物贸有限责任公司是中国中铁股份有限公司独家出资成立的子公司，注册资金 1.8 亿元。公司经营范围：销售钢材、水泥、建筑材料、机械电器设备、电子产品、通讯器材、五金交电、日用品、化工产品（不含一类易制毒化学品及危险化学品）、橡胶制品、金属材料、焦炭；经济信息咨询（不含中介）；招投标代理；仓储服务；设备租赁；项目投资；资产管理；货物进出口、技术进出口、代理进出口。中铁物贸有限责任公司同时承担中国中铁股份有限公司“物资采购管理中心”的管理职能，推进股份公司“两级集中采购平台，三级管理机构”的建立。公司总部设在北京，下设综合处、业务管理处、招投标处、财务处等管理部门，以及原材料经营部、部管物资代理事业部、轨道材料经营部、国际业务经营部等经营单位。公司成立以来，已先后在深圳、佛山、莆田、柳州、桂林、郑州、南通、昆明、沈阳等地设有分公司和物供中心，负责股份公司直管项目的物资集采供应管理；在昆明、贵阳、成都、重庆、兰州、乌鲁木齐等地设有 14 个现场项目经理部，负责西北、西南五个路局 34 个项目的铁道部部管物资代理服务。

自中国中铁全面推行物资集中采购管理后，中铁物贸有限责任公司分别代表中国中铁与中国建材、河北钢铁、攀钢、包钢、武钢、韶钢、裕丰、天瑞、昆钢等大型资源企业建立战略合作伙伴关系，同时与中国中铁下属各局物贸公司及物资管理机构建立紧密的合作经营关系。中铁物贸有限责任公司将秉承股份公司“勇于跨越，追求卓越”的企业精神，全面推行精细化管理，整合中国中铁既有物流资源，着力打造“中国中铁物贸”品牌，建立中国中铁物资产业板块。

【中国中铁老挝分公司】 中国中铁老挝分公司于 2010 年 12 月 24 日成立，受股份公司委托，参与中老铁路磨万段合资公司中方合资公司的设立、管理、经营，代表股份公司协调沟通国内外相关部委、单位，并开发老挝及其他东南亚相关国家的工程建设领域市场。成立以来虽面临中老铁路推进模式改变和项目本身反复论证等不利局面，但是紧跟发展大势，果断调整思路，抓住有利时机深入测算成本，识别风险，完善相关协议，为股份公司作为牵头企业推进中老铁路项目做了充分的准备。

在任领导：

总经理　周孟波（兼）

常务副总经理　温德智

副总经理　黄　宏

副总经理　王立杰

副总经理、总工程师　王　勇

副总经理　郑　杰

副总经理　杨玉德

地址：北京市西城区莲花池东路 106 号汇融大厦 A 座 606

邮编：100055

电话：010-51931263

传真：010-51931370

邮箱：attitude20041030@sina.com

【上海分公司（上海办事处）】 中国铁路工程总公司驻上海办事处与股份公司上海分公司实行“一套班子、二块牌子”管理。2002 年 4 月，上海分公司成立，2010 年 12 月企业内部重组后，上海分公司整体重组并入到新设立的中铁上海局，上海办事处独立行使办事处职能。

主要领导变动。中铁股份任免〔2010〕205 号　2010-11-30 经研究，免去梁永兴中国中铁股份有限公司上海分公司总经理、上海办事处主任、上海工程指挥部副指挥长、杭州地铁工程指挥部副指挥长职务，任中铁上海工程局有限公司副董事长；中铁股份任免〔2010〕208号　2010-11-30　经研究，免去沈秋根中国中铁股份有限公司上海分公司副总经理职务，任股份公司上海办事处主任；中铁股份党任免〔2010〕74号　2010-11-30　经研究，免去沈秋根中国中铁股份有限公司上海分公司党支部书记、党支部委员职务，任股份公司上海地区党工委书记。

职工队伍情况。2010年末，分公司（办事处）职工人数101人，其中正式职工43人、助勤人员16人、聘用人员42人。拥有初级及以上技术职称人员62人，其中中级职称25人，高级职称12人，教授级高工1人，新接收大学本科毕业见习生7名。

市场开发。2010年，完成新签合同额33466亿元，为股份公司年初下达的8亿元经营指标的42%。中标项目及金额：阳春铁路专用线4753万元，安徽国投新集铁路改扩建工程16000万元，苏州普陀山路浒光运河桥4611万元，A15项目补充合同4611万元，

嘉闵高架路工程补充合同3250万元，A15公路新建工程放鹤路北幅新增樱桃河桥、洪春泾桥1140.6410万元。

BT投资业务取得新突破。2010年3月9日，经过上海分公司的有效运作，股份公司与如东县政府签订了临海高等级公路如东段BT项目合作框架协议，4月8日股份公司董事会通过项目投资评审。9月底，股份公司授权上海分公司注册成立项目公司——中铁南通投资建设管理公司。

工程概况。2010年，分公司在手项目17个，其中在建施工项目9个，收尾结算或暂停施工8个，累计完成施工产值6.72万元，为股份公司年初下达年度8亿元营业额指标的84%。

中铁上海工程局组建筹备工作。充分发挥地处上海地域优势和人脉资源优势，全力支持、配合筹备组做好服务保障工作，认真贯彻股份公司的战略部署和有关会议精神，加强企业重组宣传动员，确保职工思想稳定、队伍稳定，在保证重组各项工作顺利开展的同时，抓好在建上游投资、施工承揽两大主营业务板块工作，推进承揽工程步伐，夯实在建工程项目管理等各项基础工作，为股份公司企业重组推进作出贡献。

党建工作。召开创先争优动员大会，提出“比奉献，赛工作业绩；比干劲，赛工作斗志；比付出，赛精神风貌；比团结，赛优秀部室；比协作，赛大局意识”“五比五赛”创先争优工作要求；“七一”前夕，组织全体党员、入党积极分子及部分职工开展“井冈山红色之旅”革命传统教育活动；积极参加“世博先锋行动”，购买世博书籍《文明观博200问》，面向分公司职工免费发放，并组织“文明观博”知识答题竞赛、收看世博专题片，参加上海市“世博先锋行动”党员主题实践日活动——百万党员践行文明行为准则承诺签名活动，组织浦东新区永泰社区10位帮困结对特殊家庭代表参观了心仪已久的世博园区；在上海地铁申嘉线11GT-5标、嘉闵高架路JM-3标、A15公路9标等工地开展了工地社区党建联建、共创群众满意工程活动；“八一”建军节前夕，分公司党组织牵头同武警上海消防总队浦东支队永泰中队等单位联合举办了“庆祝建军八十三周年军民情深联欢会”。

地址：上海市江场三路278号2楼
邮编：200436
电话：021－60768216 传真：021－60768206

【中铁宏达中心】 中铁宏达中心于2007年5月成立。隶属于中国铁路工程总公司，是在国家工商行政管理总局登记注册为全民所有制企业，依法享有民事权利、承担民事责任。代表总公司履行非上市单位和资产的管理职能，对总公司委托经营的国有资产效益负责。

2007年初，中国铁路工程总公司根据国务院国资委“加快推进中央企业公司制股份制改革”的要求，开展了整体重组并在境内外上市工作。中国中铁股份有限公司股票于2007年12月3日和7日分别在上海证券交易所和香港联合交易所发行上市。2007年4月，中国铁路工程总公司决定成立中铁宏达中心，将重组剥离的不能纳入上市范围的教育、医疗单位等非主业单位、非经营性资产划入中铁宏达中心，由中铁宏达中心代表中国铁路工程总公司进行管理。

中铁宏达中心依据《企业法》实行主任负责制，主任为中铁宏达中心的法定代表人，主任、副主任、总会计师是中铁宏达中心的高级管理人员，由中国铁路工程总公司任免。中铁宏达中心依法组建了党、纪、工组织机构，党工委书记、副书记，纪工委书记，工会工委主任由中国铁路工程总公司党委任免。

中铁宏达中心现有分支机构20个，职业教育院校13个，医疗服务单位21个，职工5312人，资产总额19.14亿元。这些单位和资产分布在中国铁路工程总公司所属18个二级企业和200多个三级企业，遍布全国19个省自治区直辖市和126个市县。

在任领导：
主任、党工委副书记　姜洪友
党工委书记　韩仁海
总会计师　李欣
副主任、纪工委书记、工会工委主任　董晓明
地址：北京市丰台区莲花池南里26号中铁工程大厦A座
邮编：100055
电话：010-51843628
传真：010-51843550

【中共中国铁路工程总公司党校】 2010年，总公司党校在总公司党委的正确领导下，坚持以邓小平理论和“三个代表”重要思想为指导，全面贯彻落实科学发展观，认真学习贯彻党的十七届四中、五中全会精神，圆满完成了大厦的装修与回迁；扎实有效地推进教学培训改革创新、创先争优活动和和谐校园文化建设，进一步健全体制机制，使各项工作均取得了较好成绩。

2010年6月，大厦主体建设和党校装修同时竣工。在给排水、空调、电梯、通讯系统等设施还不够完善的情况下，为使大厦早日达到办班条件，全校教职工克服种种困难，加班加点，开展义务劳动，进场保洁，清理环境，实现了6月25日正式回迁，并于9月16日举行了隆重的回迁揭牌仪式。

党校于7月21日开始办班，至12月23日，先后举办了三级公司领导人员培训班、创先争优理论骨干培训班、团干部培训班、宣传骨干培训班、工会《中铁工运》通讯员培训班、水利水电考前培训班、港口航道考前培训班、纪委书记培训班、企业法律顾问考前培训班、中铁建工纪检监察干部培训班、总工程师培训班、摄影摄像及影视制作培训班、团支部书记培训班等13个不同类型的培训班，累计培训学员1021名。

在办班过程中，党校致力于教学组织管理的不断创新，努力打造高端培训品牌。1.不断完善师资库建设，为各期培训班精心配置优秀师资；培训班结束前，由学员对每位授课老师进行综合教学评估，实行对师资库的动态管理。2.不断丰富教学内容和手段。采取了专题讲座、案例分析、学员论坛、学员座谈会、拓展训练、参观考察等形式多样的教学方式，来提高培训效果。3.建立健全各项教学管理制度。先后建立和完善了《党校培训工作流程》、《学员手册》、《班主任工作规范》，为提高培训质量提供了制度保障。同时，还通过填写《干部培训鉴定表》对学员进行考核评定，加强了学员管理。4.与西柏坡纪念馆密切合作，在西柏坡挂牌建立了"中国中铁党校干部培训教育基地"，为进一步加强学员党性教育，培养高素质干部人才队伍创造了良好条件。

为提高回迁后的教学管理、服务水平和培训质量，回迁大厦前，党校就有针对性地开展了调研、科研活动。1.先后组织专人到国家电网石家庄电力培训中心、中国铁建培训中心、中国石油化工管理干部学院（中石化党校）调研，学习交流了培训中心的运营模式、培训模式和组织机构设置等相关情况。2.选派有关人员分别到中铁四局、中铁五局，对精细化管理、标准化管理、项目党建等项工作进行调研，了解了企业发展的先进经验及干部培训需求，从而丰富了教学资源，并在此基础上撰写了2篇调研报告，对新的办学模式进行了有益的探索。3.围绕教学开展了多项课题研究，教师在各类期刊发表学术论文12篇。4.加强和改进了校刊工作。坚持"立足企业，面向社会"的办刊方向，以宣传企业为重点，将《学习与探索》、《中外建筑最新动态》进行了改版增刊。"两刊"由季刊、不定期刊，均改为定期的双月刊，并调整、增设了栏目，提高了办刊质量，拓宽了发行渠道。5.进一步提高了服务水平。在办班过程中，全校教职工坚持"视品牌如生命，待学员如亲人"的办学理念，各部门团结协作，从工作细节着手，做实工作、细化服务，不断提高了管理服务水平。通过举办学员座谈会和各种形式的信息反馈，学员对党校的教学管理、后勤服务和硬件环境都给予了高度赞誉。

党校认真按照总公司党委、石家庄市委的部署，扎实推进创先争优活动，各项工作取得了阶段性成果。1.在校委的领导下成立了学校创先争优活动领导小组和办公室，并结合学校实际制定了活动实施方案。2.完善了领导干部联系点和活动点评制度，有效促进了各支部相关活动的开展。3.建立了示范党支部、党员示范区和示范岗；制定了工作职责、工作标准，实行了党员挂牌上岗。4.向职工群众公开承诺，校委、机关党委、各支部分别公示了承诺的具体内容。5.注重把创先争优活动与创"四个一流"、"争当爱校立功标兵"、深入学习巨晓林活动结合起来，并组织全校党员和入党积极分子在西柏坡开展了"重温入党誓词，牢记两个务必，努力建设一流中央企业党校"主题实践活动。

党校将创先争优活动与先进文化建设相结合，坚持"视品牌为生命，待学员如亲人"的办学原则，牢固树立"我是党校人，党校是我家，我为党校做贡献"的发展理念，外树形象，内强素质；经过认真提炼和归纳总结，制定出台了《教职工行为规范》，该《规范》体现了党校职工共同的理想信念、人生追求、价值观、利益观和人文关怀，囊括了教职工在日常工作、生活中言谈举止等多方面的内容，是今后一个时期党校各项工作规范运作的行为标准。

在大厦装修、回迁和办班工作紧张有序推进的同时，学校不断加强干部职工队伍建设，注重提高教职工的能力、素质。坚持了中心组学习制度，保证了学习的时间和质量，组织了发展研讨会，促进了全校教职工的政治和业务学习，收到了良好的效果。

党校在做好办班工作的同时，积极适应大厦新环境的要求，建立了与大厦运营相配套的合作经营、管理服务等相关制度，完善了资产管理办法和财务管理办法。除上述相关制度和规范外，为更好地实施合作共赢战略，党校针对合作经营管理的餐饮部与客房部，分别制定了管理办法，还出台了会议室管理办法和相关管理制度；为充分利用党校教育培训的软硬件条件，有效缓解大厦运行成本给学校带来的经济压力，党校研究制定了《对外联系会议及培训业务管理办法（暂行）》，并号召全校教职工紧密围绕学校发展大局，积极对外联系会议和培训业务，为学校开拓教育培训市场贡献力量。与此同时，党校在努力完成当年多经创收经营合同的基础上，还通过到系统内相关单位和项目部进行市场调研，学习交流，推介产品等措施，尝试探索新的多种经营途径。

党校积极开展送温暖工程，努力为职工群众办实事办好事。两节期间走访慰问离休职工、重病职工、困难职工、职工遗孀、军属、劳模等共计48人次，发放慰问金（品）16250元；在春节、五一、教师节、中秋、国庆等重大节日，为全校（含离退休）职工发放慰问金（品）150240元；组织教职工健康体检、女职工妇科体检；为符合"五七工"、"家属工"条件的离退休职工家属申报办理了纳入基本养老保险统筹手续，真正把关心职工生活落到了实处。

为丰富校园文化生活，增强教职工体质，党校恢复了每天的课间活动和每周的工会活动时间，还组织开展了一些文体活动。如：拓展训练、参观黄骅港、采摘、乒乓球比赛等。同时，加大了党校迈上发展新平台、展示新作为的宣传报道力度，年内向《中国中铁》报投稿21篇，刊稿11篇；编发《党校工作简讯》9期，向股份公司总裁办上报党校信息20期，扩大了学校的知名度，提升了中国中铁党校的社会形象。

校委关心职工生活，克服资金困难，千方百计提高职工收入，2010年全校教职工年人均收入同比增长12%以上，完成了创先争优活动校委承诺。

【中铁咸阳管理干部学院】 中铁咸阳管理干部学院前身是铁道部基建总局咸阳干部学校，成立于1981年9月（[81] 铁基学1483号）。1985年经陕西省人民政府同意（陕高教成 [85] 45号），铁道部（[85] 铁干培字1209号）批准改为铁道部管理干部学院咸阳基建学院，由中国铁路工程总公司管理。2001年由于总公司和铁道部脱勾，经总公司批准，更名为中铁咸阳管理干部学院。

学院占地141亩，建筑面积80000平方米，其中用于教学、行政用房40000平方米。有教学楼3栋约13209平方米，学生宿舍楼4栋约15000平方米，学生食堂2个约2784平方米。图书馆面积1106平方米，藏书10万余册，中外期刊400多种。电教电算中心建筑面积1053平方米，有计算机130台，建成了局域网，并入了宽带互联网。有48座的多媒体语音室和100座的学术报告厅及土木工程实验室。有学生活动的操场、球场等活动场地。有1100平方米800座的礼堂。有500门程控电话的通讯设备。有招待所、浴池以及配套齐全的水、电、天然气等生活服务设施。学院固定资产约4000多万元。

学院现有在册教职工197人，其中在岗150人，有专职教师45人，其中具有正副教授、高级工程师等高级职称20人，具有讲师、工程师等中级职称56人。另外聘请38名专家为兼职教师。

2010年举办学历教育班19个，在校生867人，各类短期培训班25个，培训各类管理人员和技术干部3415人次，联合办学在校生2808人；全年创收1239万元，同比去年增长7.93%，实现了年初提出的基本目标和任务。

在任领导：
党委书记 梁永和
院长 张友民
副院长 周民勇
纪委书记 梁永和
工会主席 周民勇
地址：陕西省咸阳市秦皇中路5号
邮编：712000
电话：029—32879710
传真：029—32879741
网址：http:www.ztgy.cn
邮箱：ztyb_123@.com

人员变动情况

表 11-1　总公司和股份公司领导变动情况

中铁程董任免〔2010〕1号	2010年7月24日	根据国务院国资委的意见，经2010年6月8日中国铁路工程总公司第一届董事会第二十七次会议审议通过，解聘石大华中国铁路工程总公司总经理职务，自董事会通过之日生效。
中铁程董任免〔2010〕2号	2010年7月24日	根据国务院国资委的意见，经2010年6月8日中国铁路工程总公司第一届董事会第二十七次会议审议通过，聘任李长进为中国铁路工程总公司总经理，自董事会通过之日生效。
中铁股份董任免〔2010〕1号	2010年7月24日	经2010年6月18日中国中铁股份有限公司第一届董事会第三十一次会议审议通过，石大华不再担任股份公司董事长、董事职务，自董事会通过之日生效。
中铁股份董任免〔2010〕2号	2010年7月24日	2010年6月18日中国中铁股份有限公司第一届董事会第三十一次会议选举李长进为股份公司董事长，任期自董事会通过之日至本届董事会届满；2010年6月29日中国中铁股份有限公司第一届董事会第三十二次会议审议通过，李长进不再担任股份公司总裁职务，自董事会通过之日生效。
中铁股份董任免〔2010〕3号	2010年7月24日	2010年6月29日中国中铁股份有限公司第一届董事会第三十二次会议审议通过，白中仁不再担任副总裁、总经济师职务，聘任为中国中铁股份有限公司总裁，任期自董事会通过之日起至本届经理层任期届满日（2010年9月12日）止。
中铁股份董任免〔2010〕4号	2010年8月2日	经2010年7月30日中国中铁股份有限公司第一届董事会第三十三次会议研究，聘任许廷旺为中国中铁股份有限公司总经济师，任期自董事会通过之日起至本届经理层任期届满日（2010年9月12日）止。
中铁股份董任免〔2010〕5号	2010年8月2日	经2010年7月30日中国中铁股份有限公司第一届董事会第三十三次会议研究，聘任章献为中国中铁股份有限公司副总裁，任期自董事会通过之日起至本届经理层任期届满日（2010年9月12日）止。
中铁股份董任免〔2010〕6号	2010年8月16日	2010年8月12日，中国中铁股份有限公司2010年第一次临时股东大会审议并通过，王秋明不再担任股份公司非执行董事职务。
中铁股份董任免〔2010〕7号	2010年8月16日	2010年8月12日，中国中铁股份有限公司2010年第一次临时股东大会选举姚桂清为股份公司执行董事，股份公司第一届董事会第三十五次会议选举姚桂清为副董事长，任期自董事会通过之日起至本届董事会届满日（2010年9月12日）止。
中铁股份监事任免〔2010〕1号	2010年8月16日	根据2010年8月12日中国中铁股份有限公司2010年第一次临时股东大会决议，姚桂清不再担任股份公司监事、监事会主席职务。
中铁股份监事任免〔2010〕2号	2010年8月16日	2010年8月12日，中国中铁股份有限公司2010年第一次临时股东大会选举王秋明为股份公司股东代表监事，股份公司第一届监事会第十三次会议选举王秋明为监事会主席，任期自监事会通过之日起至本届监事会届满日（2010年9月12日）止。

表 11-2　总公司机关和直属单位负责人变动情况

中铁程党任免〔2010〕1 号	2010 年 6 月 20 日	根据国务院国资委党委《关于同意李长进、石大华同志职务任免的函》（国资党委干二〔2010〕104 号），经研究决定，李长进同志为中国中铁股份有限公司党委书记，石大华同志不再担任中国中铁股份有限公司党委书记、党委常委职务。
中铁程党任免〔2010〕2 号	2010 年 7 月 24 日	根据国务院国资委党委《关于同意姚桂清等 5 名同志职务任免的函》（国资党委干二〔2010〕123 号），经研究，白中仁同志任中国中铁股份有限公司党委副书记，章献同志任中国中铁股份有限公司党委常委。
中铁程党任免〔2010〕3 号	2010 年 8 月 24 日	经研究，韩仁海任中铁宏达资产管理中心党工委书记。试用期一年。
中铁程党任免〔2010〕4 号	2010 年 8 月 24 日	经研究，董晓明任中铁宏达资产管理中心纪工委书记、工会工委主任，仍任党工委委员。试用期一年。
中铁程党任免〔2010〕5 号	2010 年 10 月 18 日	经研究，刘彦斌任中铁宏达资产管理中心党工委委员。
中铁程党任免〔2010〕8 号	2010 年 11 月 30 日	经研究，免去王紫光中国铁路工程总公司党委办公室、保密办主任职务。
中铁程党任免〔2010〕9 号	2010 年 11 月 30 日	经研究，免去刘书英中国航空港建设总公司党委书记、党委委员职务。
中铁程党任免〔2010〕10 号	2010 年 11 月 30 日	经研究，免去梁德智中国航空港建设总公司纪委书记、工会主席、党委委员、纪委委员职务，退休。
中铁程党任免〔2010〕11 号	2010 年 11 月 30 日	经研究，免去王辉洲中国铁路工程总公司工会生活保障女工部部长职务。
中铁程党任免〔2010〕12 号	2010 年 11 月 30 日	经研究，免去陈同洲、谷和金、张泽民中国航空港建设总公司党委委员职务。
中铁程党任免〔2010〕14 号	2010 年 12 月 24 日	经研究，马元林任中国铁路工程总公司党校常务副校长、校务委员会副主任。
中铁程党任免〔2010〕15 号	2010 年 12 月 24 日	经研究，韩平易任中国铁路工程总公司党校副校长、校务委员会委员。
中铁程任免〔2010〕1 号	2010 年 4 月 6 日	经研究，免去朱玉玺哈尔滨铁道职业技术学院调研员职务，退休。
中铁程任免〔2010〕3 号	2010 年 7 月 24 日	根据国务院国资委党委《关于同意姚桂清等 5 名同志职务任免的函》（国资党委干二〔2010〕123 号），建议姚桂清为中国中铁股份有限公司执行董事、副董事长人选，白中仁为中国中铁股份有限公司总裁人选，章献为中国中铁股份有限公司副总裁人选，王秋明为中国中铁股份有限公司监事、监事会主席人选；建议王秋明不再担任非执行董事职务，李长进不再担任中国中铁股份有限公司总裁职务，姚桂清不再担任中国中铁股份有限公司监事、监事会主席职务。
中铁程任免〔2010〕4 号	2010 年 7 月 24 日	经研究，建议许廷旺同志为中国中铁股份有限公司总经济师人选。请按有关规定办理。
中铁程任免〔2010〕5 号	2010 年 8 月 24 日	经研究，姜洪友任中铁宏达资产管理中心主任，仍为法定代表人。试用期一年。
中铁程任免〔2010〕6 号	2010 年 8 月 24 日	经研究，董晓明任中铁宏达资产管理中心副主任。试用期一年。
中铁程任免〔2010〕7 号	2010 年 7 月 1 日	经研究，聘任中铁隧道集团有限公司总工程师洪开荣为盾构及掘进技术国家重点实验室（筹）主任，聘任中国工程院院士钱七虎为盾构及掘进技术国家重点实验室（筹）学术委员会主任。聘期均为五年，自 2010 年 7 月 1 日至 2015 年 6 月 30 日。
中铁程任免〔2010〕8 号	2010 年 10 月 18 日	经研究，刘彦斌调中铁宏达资产管理中心工作，任主任助理。
中铁程任免〔2010〕9 号	2010 年 11 月 30 日	经研究，刘书英不再担任中国航空港建设总公司总经理、法定代表人职务。请按有关规定办理。
中铁程任免〔2010〕10 号	2010 年 11 月 30 日	经研究，免去王宝恩中国航空港建设总公司副总经理职务。
中铁程任免〔2010〕11 号	2010 年 11 月 30 日	经研究，免去陈同洲中国航空港建设总公司副总经理、总工程师职务，任调研员。
中铁程任免〔2010〕12 号	2010 年 11 月 30 日	经研究，免去谷和金中国航空港建设总公司副总经理职务，任调研员。
中铁程任免〔2010〕13 号	2010 年 11 月 30 日	经研究，免去张泽民中国航空港建设总公司总会计师职务，任调研员。
中铁程任免〔2010〕14 号	2010 年 11 月 30 日	经研究，免去唐锦荣中国航空港建设总公司副总经理职务。

表 11-3　总公司机关和直属单位负责人变动情况

中铁股份党任免〔2010〕1 号	2010 年 2 月 25 日	经研究，吴泽林任中铁西南投资管理有限公司党委书记、纪委书记。
中铁股份党任免〔2010〕2 号	2010 年 2 月 25 日	经研究，蔡甲胜任中铁西南投资管理有限公司党委副书记。
中铁股份党任免〔2010〕3 号	2010 年 2 月 25 日	经研究，徐坤甲、徐洮刚、刘宁、王新忠、陈元海任中铁西南投资管理有限公司党委委员。
中铁股份党任免〔2010〕4 号	2010 年 2 月 25 日	经研究，免去赵庆武中铁菏泽德商高速公路建设发展有限公司党工委书记、党工委委员职务。
中铁股份党任免〔2010〕5 号	2010 年 2 月 25 日	经研究，免去郭建波、应建林、陈元海中铁菏泽德商高速公路建设发展有限公司党工委委员职务。
中铁股份党任免〔2010〕6 号	2010 年 3 月 18 日	经研究，免去郑建中中铁二局集团有限公司党委书记职务，任中铁二局集团有限公司党委副书记，仍任中铁二局股份有限公司党委书记。
中铁股份党任免〔2010〕7 号	2010 年 3 月 18 日	经研究，邓元发任中铁二局集团有限公司党委书记，仍任中铁二局股份有限公司党委副书记。
中铁股份党任免〔2010〕8 号	2010 年 7 月 30 日	经研究，免去冯德明中国海外工程有限责任公司党委委员职务。
中铁股份党任免〔2010〕9 号	2010 年 7 月 30 日	经研究，赵庆武任中国中铁中原投资发展有限公司党工委书记。
中铁股份党任免〔2010〕10 号	2010 年 7 月 30 日	经研究，刘少巍任中国中铁中原投资发展有限公司党工委委员，不再担任中国中铁股份有限公司工程建设分公司党工委委员。
中铁股份党任免〔2010〕11 号	2010 年 7 月 30 日	经研究，杨马庄、王建军任中国中铁中原投资发展有限公司党工委委员。
中铁股份党任免〔2010〕12 号	2010 年 8 月 2 日	经研究，免去于洪潮中铁港航工程局有限公司党委书记职务，仍任党委委员。
中铁股份党任免〔2010〕13 号	2010 年 8 月 2 日	经研究，黄江刚任中铁港航工程局有限公司党委书记。
中铁股份党任免〔2010〕14 号	2010 年 8 月 2 日	经研究，郭秀春任中铁港航工程局有限公司党委副书记。
中铁股份党任免〔2010〕15 号	2010 年 8 月 2 日	经研究，免去郭亨民中铁港航工程局有限公司党委副书记、纪委书记、党委委员职务，不再担任工会主席职务。由中铁港航工程局有限公司另行安排工作。
中铁股份党任免〔2010〕17 号	2010 年 8 月 3 日	经研究，免去章献中铁六局集团有限公司党委副书记、党委常委职务。
中铁股份党任免〔2010〕18 号	2010 年 8 月 3 日	经研究，赵占虎任中铁六局集团有限公司党委副书记。
中铁股份党任免〔2010〕19 号	2010 年 8 月 24 日	经研究，免去李布英中铁工程设计咨询集团有限公司党委副书记、纪委书记、党委常委职务。
中铁股份党任免〔2010〕20 号	2010 年 8 月 24 日	经研究，孙国荣不再担任中铁工程设计咨询集团有限公司工会主席职务，免去党委常委职务。
中铁股份党任免〔2010〕21 号	2010 年 8 月 24 日	经研究，何梦通任中铁工程设计咨询集团有限公司纪委书记，仍任党委副书记。
中铁股份党任免〔2010〕22 号	2010 年 8 月 24 日	经研究，辛兵任中铁工程设计咨询集团有限公司党委常委，为工会主席人选，请按有关规定办理。
中铁股份党任免〔2010〕24 号	2010 年 8 月 30 日	根据股份公司安委会关于对中铁六局“8.13”重大伤亡事故的处理意见，经研究，于耀辉不再担任中铁六局集团有限公司党委书记职务，任党委副书记，主持党委工作。
中铁股份党任免〔2010〕25 号	2010 年 8 月 30 日	根据股份公司安委会关于对中铁六局“8.13”重大伤亡事故的处理意见，经研究，免去刘登科中铁六局集团有限公司党委常委职务。
中铁股份党任免〔2010〕26 号	2010 年 9 月 28 日	经研究，成爱民任中国中铁股份有限公司哈大铁路客运专线工程指挥部党工委副书记。
中铁股份党任免〔2010〕27 号	2010 年 9 月 28 日	经研究，免去李建斌中铁隧道集团有限公司党委常委职务。
中铁股份党任免〔2010〕28 号	2010 年 10 月 18 日	经研究，免去刘彦斌北京燕丰饭店有限公司党支部书记、党支部委员职务。
中铁股份党任免〔2010〕30 号	2010 年 11 月 2 日	经研究，免去白鹤林中国中铁股份有限公司工程建设分公司党工委委员职务。

中铁股份党任免〔2010〕34号	2010年11月30日	经研究，免去项晓凯中国海外工程有限责任公司党委书记职务，任党委副书记。
中铁股份党任免〔2010〕35号	2010年11月30日	经研究，免去王紫光中国中铁股份有限公司党委办公室、保密办主任职务；任中国海外工程有限责任公司党委书记。试用期一年。
中铁股份党任免〔2010〕36号	2010年11月30日	经研究，免去魏振国中国海外工程有限责任公司党委委员职务。
中铁股份党任免〔2010〕37号	2010年11月30日	经研究，免去张回家中铁五局（集团）有限公司党委书记职务，任党委副书记。
中铁股份党任免〔2010〕38号	2010年11月30日	经研究，马江黔任中铁五局（集团）有限公司党委书记。试用期一年。
中铁股份党任免〔2010〕39号	2010年11月30日	经研究，免去刘坚中铁六局集团有限公司党委常委职务。
中铁股份党任免〔2010〕40号	2010年11月30日	经研究，免去刘永红中铁七局集团有限公司党委副书记、党委常委职务。
中铁股份党任免〔2010〕41号	2010年11月30日	经研究，王宗怀任中铁七局集团有限公司党委副书记。
中铁股份党任免〔2010〕42号	2010年11月30日	经研究，张建国任中铁七局集团有限公司党委副书记。
中铁股份党任免〔2010〕43号	2010年11月30日	经研究，免去梅权中铁大桥局集团有限公司、中铁大桥局股份有限公司党委副书记、党委常委职务。
中铁股份党任免〔2010〕44号	2010年11月30日	经研究，免去刘自明中铁大桥局集团有限公司、中铁大桥局股份有限公司党委书记职务，任中铁大桥局集团有限公司、中铁大桥局股份有限公司党委副书记。
中铁股份党任免〔2010〕45号	2010年11月30日	经研究，文武松任中铁大桥局集团有限公司、中铁大桥局股份有限公司党委书记。试用期一年。
中铁股份党任免〔2010〕46号	2010年11月30日	经研究，免去魏都中铁隧道集团有限公司党委常委职务。
中铁股份党任免〔2010〕47号	2010年11月30日	经研究，免去齐学勇中铁电气化局集团有限公司党委常委职务。
中铁股份党任免〔2010〕48号	2010年11月30日	经研究，免去张明贤中铁二院工程集团有限责任公司党委常委职务。
中铁股份党任免〔2010〕49号	2010年11月30日	经研究，免去贾惠平中铁七局集团有限公司党委副书记、纪委书记、党委常委、纪委委员职务；任中国航空港建设有限公司党委副书记、纪委书记。
中铁股份党任免〔2010〕50号	2010年11月30日	经研究，免去白克强中铁电气化局集团有限公司党委副书记、纪委书记、党委常委、纪委委员职务，退休。
中铁股份党任免〔2010〕51号	2010年11月30日	经研究，刘月森任中铁电气化局集团有限公司党委副书记、纪委书记。试用期一年。
中铁股份党任免〔2010〕52号	2010年11月30日	经研究，免去吴致强中铁国际经济合作有限公司党委副书记、纪委书记、工会工委主任、党委委员、纪委委员职务。
中铁股份党任免〔2010〕53号	2010年11月30日	经研究，免去刘宝来机关党委书记、党委委员职务。
中铁股份党任免〔2010〕54号	2010年11月30日	经研究，免去梁永兴中国中铁股份有限公司上海分公司党支部副书记、党支部委员、上海地区党工委书记、党工委委员职务，任中铁上海工程局有限公司党委书记。试用期一年。
中铁股份党任免〔2010〕55号	2010年11月30日	经研究，免去沈秋根中国中铁股份有限公司上海分公司党支部书记、党支部委员职务，任股份公司上海地区党工委书记。
中铁股份党任免〔2010〕56号	2010年11月30日	经研究，免去荣树森中铁三局集团有限公司党委副书记、党委常委职务；任中铁上海工程局有限公司党委常委。
中铁股份党任免〔2010〕57号	2010年11月30日	经研究，免去孔遁中铁四局集团有限公司党委常委职务，任中铁上海工程局有限公司党委副书记。
中铁股份党任免〔2010〕58号	2010年11月30日	经研究，李杨任中铁上海工程局有限公司党委常委。
中铁股份党任免〔2010〕59号	2010年11月30日	经研究，赵斌任中铁上海工程局有限公司党委常委。
中铁股份党任免〔2010〕60号	2010年11月30日	经研究，免去王辉洲中国中铁股份有限公司工会生活保障女工部部长职务；任中铁上海工程局有限公司党委常委，为工会主席人选。试用期一年。请按有关规定办理。
中铁股份党任免〔2010〕61号	2010年11月30日	经研究，免去王珂平中国中铁股份有限公司纪委办公室主任职务；任中铁港

		航工程局有限公司党委副书记、纪委书记。
中铁股份党任免〔2010〕62号	2010年11月30日	经研究，免去许伟章中铁港航工程局有限公司党委委员职务。
中铁股份党任免〔2010〕63号	2010年11月30日	经研究，免去林荣杰中铁港航工程局有限公司党委委员职务。
中铁股份党任免〔2010〕64号	2010年11月30日	经研究，樊江源任中铁港航工程局有限公司党委常委，为工会主席人选。请按有关规定办理。
中铁股份党任免〔2010〕65号	2010年11月30日	经研究，于洪潮、王宏利任中铁港航工程局有限公司党委常委。
中铁股份党任免〔2010〕66号	2010年11月30日	经研究，金德成任中铁港航工程局有限公司党委常委。
中铁股份党任免〔2010〕67号	2010年11月30日	经研究，刘书英任中国航空港建设有限公司党委常委。
中铁股份党任免〔2010〕68号	2010年11月30日	经研究，王卫任中国航空港建设有限公司党委书记。试用期一年。
中铁股份党任免〔2010〕69号	2010年11月30日	经研究，免去项志敏中铁一局集团有限公司党委常委职务；任中国航空港建设有限公司党委副书记。
中铁股份党任免〔2010〕70号	2010年11月30日	经研究，张超生任中国航空港建设有限公司党委常委。
中铁股份党任免〔2010〕71号	2010年11月30日	经研究，胡守正任中国航空港建设有限公司党委常委。
中铁股份党任免〔2010〕72号	2010年11月30日	经研究，张宝强任中国航空港建设有限公司党委常委，为工会主席人选。试用期一年。请按有关规定办理。
中铁股份党任免〔2010〕73号	2010年11月30日	经研究，免去梁永兴中国中铁股份有限公司上海分公司党支部副书记、党支部委员、上海地区党工委书记、党工委委员职务，任中铁上海工程局有限公司党委书记。试用期一年。
中铁股份党任免〔2010〕74号	2010年11月30日	经研究，免去沈秋根中国中铁股份有限公司上海分公司党支部书记、党支部委员职务，任股份公司上海地区党工委书记。
中铁股份党任免〔2010〕75号	2010年11月30日	经研究，免去荣树森中铁三局集团有限公司党委副书记、党委常委职务；任中铁上海工程局有限公司党委常委。
中铁股份党任免〔2010〕76号	2010年11月30日	经研究，免去孔逋中铁四局集团有限公司党委常委职务，任中铁上海工程局有限公司党委副书记。
中铁股份党任免〔2010〕77号	2010年11月30日	经研究，李杨任中铁上海工程局有限公司党委常委。
中铁股份党任免〔2010〕80号	2010年12月24日	经研究，免去易铁军中铁三局集团有限公司党委副书记、纪委书记、党委常委职务，任中铁上海工程局有限公司党委副书记、纪委书记。
中铁股份党任免〔2010〕81号	2010年12月24日	经研究，张作义任中铁三局集团有限公司党委副书记、纪委书记。试用期一年。
中铁股份党任免〔2010〕82号	2010年12月24日	经研究，赵可信任中铁七局集团有限公司党委副书记、纪委书记。试用期一年。
中铁股份党任免〔2010〕83号	2010年12月24日	经研究，赵德义任中铁国际经济合作有限公司党委副书记。
中铁股份党任免〔2010〕84号	2010年12月24日	经研究，张红星纳入股份公司管理，为中铁隧道装备制造有限公司工会主席人选，仍任党委副书记、纪委书记。
中铁股份党任免〔2010〕85号	2010年12月24日	经研究，免去毕彦春中国海外工程有限责任公司党委委员职务。
中铁股份党任免〔2010〕86号	2010年12月24日	经研究，免去王树伟中国中铁股份有限公司哈大铁路客运专线工程指挥部党工委委员职务。
中铁股份任免〔2010〕4号	2010年1月13日	经研究，杨宝生不再担任中国中铁股份有限公司哈大铁路客运专线工程指挥部副总工程师职务，结束助勤。仍回中铁三局集团有限公司工作。
中铁股份任免〔2010〕8号	2010年2月25日	经研究，吴继邦为中国海外工程有限责任公司副总经理人选。请按有关规定办理。
中铁股份任免〔2010〕9号	2010年2月25日	经研究，吴泽林调中铁西南投资管理有限公司工作；不再担任董事长职务，仍任董事。
中铁股份任免〔2010〕10号	2010年2月25日	经研究，蔡甲胜不再担任中国中铁股份有限公司副总工程师职务，调中铁西南投资管理有限公司工作；不再担任总经理职务，任董事长，仍为法定代表人。请按有关规定办理。

中铁股份任免〔2010〕11号	2010年2月25日	经研究，徐坤甲调中铁西南投资管理有限公司工作；任董事，为总经理人选。请按有关规定办理。
中铁股份任免〔2010〕12号	2010年2月25日	经研究，陈元海不再担任中国中铁股份有限公司资本运营部副部长兼投资管理处处长职务，调中铁西南投资管理有限公司工作；为总会计师人选，仍任董事。请按有关规定办理。
中铁股份任免〔2010〕13号	2010年2月25日	经研究，徐洮刚调中铁西南投资管理有限公司工作；仍任副总经理。
中铁股份任免〔2010〕14号	2010年2月25日	经研究，刘宁调中铁西南投资管理有限公司工作；仍任副总经理、总工程师。
中铁股份任免〔2010〕15号	2010年2月25日	经研究，周玉清任中铁西南投资管理有限公司董事。
中铁股份任免〔2010〕16号	2010年2月25日	经研究，林鑫不再兼任中铁南方投资发展有限公司财务总监职务。请按有关规定办理。
中铁股份任免〔2010〕17号	2010年2月25日	经研究，李同杰调中铁南方投资发展有限公司工作；为财务总监人选。请按有关规定办理。
中铁股份任免〔2010〕18号	2010年2月25日	经研究，薛军调中铁南方投资发展有限公司工作；为副总经理人选。请按有关规定办理。
中铁股份任免〔2010〕19号	2010年2月25日	经研究，赵庆武不再担任中铁菏泽德商高速公路建设发展有限公司总经理、董事职务；任中国中铁郑州地铁建设工程指挥部筹备组组长。请按有关规定办理。
中铁股份任免〔2010〕20号	2010年2月25日	经研究，冯慧光不再兼任中铁菏泽德商高速公路建设发展有限公司董事长、董事、法定代表人职务。请按有关规定办理。
中铁股份任免〔2010〕21号	2010年2月25日	经研究，郭建波不再担任中铁菏泽德商高速公路建设发展有限公司副总经理、董事职务。请按有关规定办理。
中铁股份任免〔2010〕22号	2010年2月25日	经研究，应建林不再担任中铁菏泽德商高速公路建设发展有限公司副总经理、总工程师职务。请按有关规定办理。
中铁股份任免〔2010〕23号	2010年2月25日	经研究，陈元海不再兼任中铁菏泽德商高速公路建设发展有限公司财务总监、董事职务。请按有关规定办理。
中铁股份任免〔2010〕24号	2010年2月25日	经研究，许廷旺不再兼任中铁菏泽德商高速公路建设发展有限公司监事会主席、监事职务。
中铁股份任免〔2010〕25号	2010年2月25日	经研究，吴青不再兼任中铁菏泽德商高速公路建设发展有限公司监事职务。
中铁股份任免〔2010〕26号	2010年2月25日	经研究，王喜军不再兼任河南平正高速公路发展有限公司总经理、执行董事、法定代表人职务。请按有关规定办理。
中铁股份任免〔2010〕27号	2010年2月25日	经研究，吴青不再兼任河南平正高速公路发展有限公司监事职务。
中铁股份任免〔2010〕28号	2010年2月25日	经研究，王海波任中国中铁股份有限公司哈大铁路客运专线工程指挥部副总工程师兼工程部部长，聘期至该项目结束。
中铁股份任免〔2010〕29号	2010年2月25日	经研究，王松亮任中国中铁股份有限公司哈大铁路客运专线工程指挥部副总工程师兼计划合同部部长，聘期至该项目结束。
中铁股份任免〔2010〕30号	2010年2月25日	经研究，安德智任中国中铁股份有限公司哈大铁路客运专线工程指挥部综合部部长，聘期至该项目结束。
中铁股份任免〔2010〕32号	2010年3月1日	根据国发〔1978〕104号文件规定，经研究，批准陈荣退休。专职外部董事、监事续聘至2010年12月31日。
中铁股份任免〔2010〕33号	2010年3月1日	经研究，谭蒙等17人到中国中铁股份有限公司委内瑞拉分公司助勤，助勤期至该项目结束。（附17人名单） 1.谭 蒙 股份公司国际业务部；2.卜 阳 中铁四局办公室；3.屈海林 中铁四局委内瑞拉分公司；4.杨能兵 中铁五局二公司工会；5.韩 磊 中铁四局委内瑞拉分公司；6.吴绍跃 中铁四局委内瑞拉分公司；7.木繁荣 中铁四局安哥拉项目部；8.王 辉 中铁四局委内瑞拉分公司；9.邓博文 中铁二局二公司；10.白 琚中铁二局二公司；11.夏朝阳 中铁二局哈大经理部；12.刘 挺 中铁二院土二院；

		13. 才　广 中铁二院土二院；14. 潘阳建　　中铁二局广砚高速公路指挥部；15. 卿　鹏 中铁二院工经院；16. 吴冠驹　　中海外印尼办事处；17. 邹海湃　中铁四局委内瑞拉分公司。
中铁股份任免〔2010〕34 号	2010 年 3 月 8 日	根据国发〔1978〕104 号文件规定，经研究，批准王应先退休。专职外部董事、监事续聘至 2010 年 12 月 31 日。
中铁股份任免〔2010〕35 号	2010 年 3 月 16 日	经研究，鲁建邦不再担任中国中铁股份有限公司哈大铁路客运专线工程指挥部安质环保部部长职务，结束助勤。仍回中铁一局集团有限公司工作。
中铁股份任免〔2010〕36 号	2010 年 3 月 18 日	经研究，韦忠信不再担任中铁二局集团有限公司董事长职务，仍任董事。
中铁股份任免〔2010〕37 号	2010 年 3 月 18 日	经研究，郑建中任中铁二局集团有限公司董事长，仍任中铁二局股份有限公司副董事长。
中铁股份任免〔2010〕38 号	2010 年 3 月 18 日	经研究，唐志成任中铁二局集团有限公司副董事长。仍任中铁二局集团有限公司总经理、法定代表人，中铁二局股份有限公司董事长、法定代表人。
中铁股份任免〔2010〕39 号	2010 年 3 月 18 日	经研究，邓元发任中铁二局集团有限公司副董事长，仍任中铁二局股份有限公司总经理、副董事长。
中铁股份任免〔2010〕44 号	2010 年 3 月 23 日	经研究，中国中铁股份有限公司物贸分公司邵巍到中国中铁股份有限公司委内瑞拉分公司助勤，助勤期至该项目结束。
中铁股份任免〔2010〕47 号	2010 年 4 月 8 日	经研究，刘少巍任中国中铁郑州地铁建设工程指挥部筹备组常务副组长。
中铁股份任免〔2010〕48 号	2010 年 3 月 16 日	根据国资委有关通知，经股份公司党委同意，卢勃于 2010 年 5 月赴美国参加国务院国资委干部教育培训中心组织的“企业高级管理人员工商管理硕士（EMBA）项目（第六期赴美班）”学习，为期 13 个月。学习期间，董事长赵德义代行中铁国际经济合作有限公司总经理职责。
中铁股份任免〔2010〕49 号	2010 年 4 月 12 日	经研究，调王明阳等 6 人到中国中铁股份有限公司工程建设分公司工作。1. 王明阳　　中铁隧道集团二处；2. 武金良　中铁大桥局一公司；3. 李继宏　　中铁三局宜万铁路 W4 标经理部；4. 薛军亮 中铁三局一公司；5. 冉红伟　　中铁三局物资工贸公司；6. 谭午　中铁三局一公司。
中铁股份任免〔2010〕51 号	2010 年 5 月 5 日	经研究，谢封不再担任中铁二局股份有限公司监事职务，王大奇为监事人选，按公司章程办理有关手续。
中铁股份任免〔2010〕52 号	2010 年 5 月 5 日	经研究，叶有国不再担任北京燕丰饭店有限公司监事职务，刘小刚任监事。
中铁股份任免〔2010〕53 号	2010 年 5 月 6 日	经研究，杨永调铁道部另行分配工作。请按有关规定办理。
中铁股份任免〔2010〕54 号	2010 年 6 月 4 日	经研究，中铁七局集团有限公司全国星到中国中铁股份有限公司委内瑞拉分公司助勤，助勤期至该项目结束。
中铁股份任免〔2010〕57 号	2010 年 6 月 18 日	经研究，中国中铁股份有限公司玉树灾后重建领导小组办公室、中国中铁玉树灾后重建现场指挥部有关人员组成如下：一、中国中铁股份有限公司玉树灾后重建领导小组办公室　主　任：冯慧光　副主任：杨宗林　二、中国中铁玉树灾后重建现场指挥部　指 挥 长：卢卫平　副指挥长：杨宗林（兼）、刘光福、聂成玉、刘建锁。
中铁股份任免〔2010〕70 号	2010 年 7 月 30 日	通过公开招聘，并经股份公司党委常委会议研究，孙航为中国海外工程有限责任公司总工程师人选，请按有关规定办理。试用期一年。
中铁股份任免〔2010〕71 号	2010 年 7 月 30 日	通过公开招聘，并经股份公司党委常委会议研究，李亚铭为中国海外工程有限责任公司总经济师人选，请按有关规定办理。试用期一年。
中铁股份任免〔2010〕72 号	2010 年 7 月 30 日	通过公开招聘，并经股份公司党委常委会议研究，孙养俊为中铁三局集团有限公司副总经理人选，请按有关规定办理。试用期一年。
中铁股份任免〔2010〕73 号	2010 年 7 月 30 日	通过公开招聘，并经股份公司党委常委会议研究，高海宏为中铁六局集团有限公司副总经理人选，请按有关规定办理。试用期一年。
中铁股份任免〔2010〕74 号	2010 年 7 月 30 日	通过公开招聘，并经股份公司党委常委会议研究，郭继龙为中铁六局集团有限公司副总经理人选，请按有关规定办理。试用期一年。

中铁股份任免〔2010〕75号	2010年7月30日	通过公开招聘，并经股份公司党委常委会议研究，李亮为中铁七局集团有限公司副总经理人选，请按有关规定办理。试用期一年。
中铁股份任免〔2010〕76号	2010年7月30日	通过公开招聘，并经股份公司党委常委会议研究，董炬洪为中铁七局集团有限公司副总经理人选，请按有关规定办理。试用期一年。
中铁股份任免〔2010〕77号	2010年7月30日	通过公开招聘，并经股份公司党委常委会议研究，赵金祥为中铁九局集团有限公司副总经理人选，请按有关规定办理。试用期一年。
中铁股份任免〔2010〕78号	2010年7月30日	通过公开招聘，并经股份公司党委常委会议研究，吴永兵为中铁十局集团有限公司副总经理人选，请按有关规定办理。试用期一年。
中铁股份任免〔2010〕79号	2010年7月30日	通过公开招聘，并经股份公司党委常委会议研究，陈建为中铁隧道集团有限公司副总经理人选，请按有关规定办理。试用期一年.
中铁股份任免〔2010〕80号	2010年7月30日	通过公开招聘，并经股份公司党委常委会议研究，李爱敏为中铁电气化局集团有限公司副总经理人选，请按有关规定办理。试用期一年。
中铁股份任免〔2010〕81号	2010年7月30日	通过公开招聘，并经股份公司党委常委会议研究，刘德海为中铁电气化局集团有限公司副总经理人选，请按有关规定办理。试用期一年。
中铁股份任免〔2010〕82号	2010年7月30日	通过公开招聘，并经股份公司党委常委会议研究，张文贵为中铁电气化局集团有限公司副总经理人选，请按有关规定办理。试用期一年。
中铁股份任免〔2010〕83号	2010年7月30日	通过公开招聘，并经股份公司党委常委会议研究，罗超群为中铁港航工程局有限公司副总经理人选，请按有关规定办理。试用期一年。
中铁股份任免〔2010〕84号	2010年7月30日	通过公开招聘，并经股份公司党委常委会议研究，谢季军为中铁港航工程局有限公司副总经理人选，请按有关规定办理。试用期一年。
中铁股份任免〔2010〕85号	2010年7月30日	通过公开招聘，并经股份公司党委常委会议研究，王书龙为中铁二院工程集团有限责任公司副总经理人选，请按有关规定办理。试用期一年。
中铁股份任免〔2010〕86号	2010年7月30日	通过公开招聘，并经股份公司党委常委会议研究，颜廷祥为中铁工程设计咨询集团有限公司副总经理人选，请按有关规定办理。试用期一年。
中铁股份任免〔2010〕87号	2010年7月30日	通过公开招聘，并经股份公司党委常委会议研究，金荣铭为中铁山桥集团有限公司副总经理人选，请按有关规定办理。试用期一年。
中铁股份任免〔2010〕88号	2010年7月30日	通过公开招聘，并经股份公司党委常委会议研究，董彦录为中铁宝桥集团有限公司副总经理人选，请按有关规定办理。试用期一年。
中铁股份任免〔2010〕89号	2010年7月30日	通过公开招聘，并经股份公司党委常委会议研究，胡建伟为中铁科工集团有限公司副总经理人选，请按有关规定办理。试用期一年。
中铁股份任免〔2010〕90号	2010年7月30日	通过公开招聘，并经股份公司党委常委会议研究，彭晓华为中铁工程设计院有限公司总经理人选，任董事。请按有关规定办理。试用期一年。
中铁股份任免〔2010〕91号	2010年7月30日	经研究，刘文斌任中铁工程设计院有限公司董事长，为法定代表人。
中铁股份任免〔2010〕92号	2010年7月30日	经研究，刘玉春不再担任中国海外工程有限责任公司董事职务，仍任副总经理。
中铁股份任免〔2010〕93号	2010年7月30日	经研究，冯德明不再担任中国海外工程有限责任公司副总经理、总经济师职务，任董事。请按有关规定办理。
中铁股份任免〔2010〕94号	2010年7月30日	经研究，刘元重不再担任北京中铁工地铁项目建设有限公司常务副总经理兼北京地铁奥运支线BT工程承包部经理职务。调中国中铁股份有限公司工程建设分公司工作，任副总经理。
中铁股份任免〔2010〕95号	2010年7月30日	经研究，赵庆武任中国中铁中原投资发展有限公司董事长，为法定代表人；任中国中铁郑州地铁建设工程指挥部指挥长。
中铁股份任免〔2010〕96号	2010年7月30日	经研究，刘少巍为中国中铁中原投资发展有限公司总经理人选，任董事，任郑州地铁建设工程指挥部常务副指挥长；不再担任中铁南方投资发展有限公司常务副总经理、董事职务，不再担任中铁工程建设分公司副总经理职务。请按有关规定办理。

中铁股份任免〔2010〕97号	2010年7月30日	经研究，刘林山调中国中铁郑州地铁建设工程指挥部工作，任副指挥长。
中铁股份任免〔2010〕98号	2010年7月30日	经研究，杨马庄调中国中铁中原投资发展有限公司工作，为副总经理人选，任中国中铁郑州地铁建设工程指挥部副指挥长。请按有关规定办理。
中铁股份任免〔2010〕99号	2010年7月30日	经研究，王建军调中国中铁中原投资发展有限公司工作，为副总经理、总工程师人选，任中国中铁郑州地铁建设工程指挥部副指挥长。请按有关规定办理。
中铁股份任免〔2010〕100号	2010年7月30日	经研究，冯慧光任中国中铁中原投资发展有限公司董事。
中铁股份任免〔2010〕101号	2010年7月30日	经研究，韦忠信任中国中铁中原投资发展有限公司董事。
中铁股份任免〔2010〕102号	2010年7月30日	经研究，林鑫任中国中铁中原投资发展有限公司董事。
中铁股份任免〔2010〕103号	2010年7月30日	经研究，舒畅任中国中铁中原投资发展有限公司监事会主席。
中铁股份任免〔2010〕104号	2010年7月30日	经研究，王怀远任中国中铁中原投资发展有限公司监事。
中铁股份任免〔2010〕105号	2010年7月30日	经研究，谭厚斌不再担任中铁二局集团有限公司副总经理职务。调中国中铁股份有限公司委内瑞拉分公司工作，仍任副总经理。请按有关规定办理。
中铁股份任免〔2010〕106号	2010年7月30日	根据国发〔1978〕104号文件规定，经研究，批准曹连生退休。专职外部董事、监事续聘至2010年12月31日。
中铁股份任免〔2010〕110号	2010年8月2日	经研究，黄江刚不再担任中铁港航工程局有限公司总经理职务，仍任董事。请按有关规定办理。
中铁股份任免〔2010〕111号	2010年8月2日	经研究，郭秀春不再担任中铁一局集团有限公司副总经理职务，调中铁港航工程局有限公司工作，任董事，为总经理人选。请按有关规定办理。
中铁股份任免〔2010〕112号	2010年8月2日	经研究，郭亨民不再担任中铁港航工程局有限公司监事职务。
中铁股份任免〔2010〕113号	2010年8月2日	经研究，苏建华不再担任中铁港航工程局有限公司副总经理、总工程师职务，由中铁港航工程局有限公司另行安排工作。请按有关规定办理。
中铁股份任免〔2010〕116号	2010年8月5日	经研究，王宏利为中铁港航工程局有限公司副总经理人选，仍任总会计师。请按有关规定办理。
中铁股份任免〔2010〕117号	2010年8月3日	经研究，章献不再担任中铁六局集团有限公司总经理、副董事长、董事职务。请按有关规定办理。
中铁股份任免〔2010〕118号	2010年8月3日	经研究，赵占虎不再担任中国中铁股份有限公司副总经济师职务，调中铁六局集团有限公司工作，任董事，为总经理人选。请按有关规定办理。
中铁股份任免〔2010〕135号	2010年8月24日	经研究，李布英任中铁工程设计咨询集团有限公司调研员。
中铁股份任免〔2010〕136号	2010年8月24日	经研究，孙国荣任中铁工程设计咨询集团有限公司调研员。
中铁股份任免〔2010〕137号	2010年8月24日	经研究，何梦通不再担任中铁工程设计咨询集团有限公司副总经理职务，请按有关规定办理。
中铁股份任免〔2010〕141号	2010年8月30日	根据股份公司安委会关于对中铁六局“8.13”重大伤亡事故的处理意见，经研究，卢建中不再担任中铁六局集团有限公司董事长职务，任副董事长，主持董事会工作，仍为法定代表人。
中铁股份任免〔2010〕142号	2010年8月30日	根据股份公司安委会关于对中铁六局“8.13”重大伤亡事故的处理意见，经研究，刘坚不再担任中铁六局集团有限公司副总经理职务。请按有关规定办理。
中铁股份任免〔2010〕143号	2010年8月30日	根据股份公司安委会关于对中铁六局“8.13”重大伤亡事故的处理意见，经研究，同意刘登科引咎辞职，不再担任中铁六局集团有限公司副总经理职务。请按有关规定办理。
中铁股份任免〔2010〕144号	2010年8月30日	经研究，梁永兴兼任中铁南通投资建设管理有限公司执行董事、总经理。
中铁股份任免〔2010〕145号	2010年8月30日	经研究，张赛兰兼任中铁南通投资建设管理有限公司监事。
中铁股份任免〔2010〕146号	2010年9月9日	经研究，中铁四局集团有限公司徐晓光到中国中铁股份有限公司委内瑞拉分公司助勤，助勤期至该项目结束。
中铁股份任免〔2010〕149号	2010年9月28日	经研究，李建斌不再担任中铁隧道集团有限公司副总经理职务，请按有关规

		定办理。
中铁股份任免〔2010〕150号	2010年9月28日	根据国发〔1978〕104号文件规定，经研究，批准金学跃退休。专职外部董事、监事续聘至2010年12月31日。
中铁股份任免〔2010〕151号	2010年9月28日	经研究，蒋伟平为中铁工程设计咨询集团有限公司副总经理人选，请按有关规定办理。试用期一年。
中铁股份任免〔2010〕155号	2010年10月18日	经研究，刘彦斌不再担任北京燕丰饭店有限公司总经理、法定代表人、董事职务。请按有关规定办理。
中铁股份任免〔2010〕158号	2010年11月2日	经研究，王立平不再担任股份公司物资采购管理中心主任职务。白鹤林任股份公司物资采购管理中心主任，试用期一年。
中铁股份任免〔2010〕159号	2010年11月2日	经研究，白鹤林不再担任中国中铁股份有限公司工程建设分公司副总经理职务，任中国中铁股份有限公司物贸公司总经理，试用期一年。
中铁股份任免〔2010〕160号	2010年10月29日	经研究，修贵不再担任北京燕丰饭店有限公司董事长、董事职务。
中铁股份任免〔2010〕161号	2010年10月29	经研究，范胜利不再担任北京燕丰饭店有限公司董事职务。
中铁股份任免〔2010〕162号	2010年10月29	经研究，曹连生不再担任北京燕丰饭店有限公司董事职务。
中铁股份任免〔2010〕163号	2010年10月29	经研究，陈路明不再担任北京燕丰饭店有限公司监事会主席、监事职务。
中铁股份任免〔2010〕164号	2010年10月29	经研究，刘小刚不再担任北京燕丰饭店有限公司监事职务。
中铁股份任免〔2010〕174号	2010年11月30日	经研究，免去罗立生中国海外工程有限责任公司董事长、董事职务，项晓凯任董事长。
中铁股份任免〔2010〕175号	2010年11月30日	经研究，聘任罗立生为中国中铁股份有限公司派往所属企业专职董事、监事，聘期至2011年12月31日。
中铁股份任免〔2010〕176号	2010年11月30日	经研究，魏振国不再担任中国海外工程有限责任公司副总经理职务；聘任为中国中铁股份有限公司派往所属企业专职董事、监事，聘期至2011年12月31日。请按有关规定办理。
中铁股份任免〔2010〕177号	2010年11月30日	经研究，郭炜为中铁一局集团有限公司副总经理人选，试用期一年。请按有关规定办理。
中铁股份任免〔2010〕178号	2010年11月30日	经研究，赵怀利为中铁一局集团有限公司副总经理人选，试用期一年。请按有关规定办理。
中铁股份任免〔2010〕179号	2010年2月25日	经研究，张振兴不再担任中铁三局集团有限公司副总经理职务。请按有关规定办理。
中铁股份任免〔2010〕180号	2010年11月30日	经研究，免去王紫光中国中铁股份有限公司总裁办公室主任职务；任中国海外工程有限责任公司副董事长。
中铁股份任免〔2010〕181号	2010年11月30日	经研究，免去李春喜中铁九局集团有限公司董事职务，仍任副总经理。
中铁股份任免〔2010〕182号	2010年11月30日	经研究，免去徐中义中铁五局（集团）有限公司董事职务，仍任副总经理。
中铁股份任免〔2010〕183号	2010年11月30日	经研究，马江黔不再担任中铁五局（集团）有限公司副总经理职务，任董事。请按有关规定办理。
中铁股份任免〔2010〕184号	2010年11月30日	经研究，聘任刘坚为中国中铁股份有限公司派往所属企业专职董事、监事，聘期至2011年12月31日。
中铁股份任免〔2010〕185号	2010年11月30日	经研究，肖于太为中铁六局集团有限公司副总经理人选，仍任总工程师。请按有关规定办理。
中铁股份任免〔2010〕186号	2010年11月30日	经研究，杨振江为中铁六局集团有限公司副总经理人选，试用期一年。请按有关规定办理。
中铁股份任免〔2010〕187号	2010年11月30日	经研究，免去刘永红中铁七局集团有限公司副董事长、董事职务，不再担任总经理职务；聘任为中国中铁股份有限公司派往所属企业专职董事、监事，聘期至2011年12月31日。请按有关规定办理。
中铁股份任免〔2010〕188号	2010年11月30日	经研究，免去姜满金中铁七局集团有限公司董事长职务，不再担任法定代表人；任副董事长。

中铁股份任免〔2010〕189号	2010年11月30日	经研究，免去王宗怀中国中铁股份有限公司安全总监兼安质环保部部长职务；任中铁七局集团有限公司董事长，为法定代表人。
中铁股份任免〔2010〕190号	2010年11月30日	经研究，张建国不再担任中铁五局（集团）有限公司副总经理职务；任中铁七局集团有限公司董事，为总经理人选。试用期一年。请按有关规定办理。
中铁股份任免〔2010〕191号	2010年11月30日	经研究，免去梅权中铁大桥局集团有限公司、中铁大桥局股份有限公司董事长、董事职务，不再担任法定代表人；聘任为中国中铁股份有限公司派往所属企业专职董事、监事，聘期至2011年12月31日。
中铁股份任免〔2010〕192号	2010年11月30日	经研究，刘自明任中铁大桥局集团有限公司、中铁大桥局股份有限公司董事长，为法定代表人。
中铁股份任免〔2010〕193号	2010年11月30日	经研究，文武松不再担任中铁大桥局集团有限公司、中铁大桥局股份有限公司副总经理职务；任中铁大桥局集团有限公司、中铁大桥局股份有限公司副董事长。请按有关规定办理。
中铁股份任免〔2010〕194号	2010年11月30日	经研究，免去魏都中铁隧道集团有限公司董事职务，不再担任副总经理职务；聘任为中国中铁股份有限公司派往所属企业专职董事、监事，聘期至2011年12月31日。请按有关规定办理。
中铁股份任免〔2010〕195号	2010年11月30日	经研究，张明贤不再担任中铁二院工程集团有限责任公司副总经理职务；聘任为中国中铁股份有限公司派往所属企业专职董事、监事，聘期至2011年12月31日。请按有关规定办理。
中铁股份任免〔2010〕196号	2010年11月30日	经研究，王子光任中铁置业集团有限公司副董事长，仍任总经理。
中铁股份任免〔2010〕197号	2010年11月30日	经研究，吴致强不再担任中铁国际经济合作有限公司监事会主席、监事职务；聘任为中国中铁股份有限公司派往所属企业专职董事、监事，聘期至2011年12月31日。请按有关规定办理。
中铁股份任免〔2010〕198号	2010年11月30日	经研究，王石为中铁信托有限责任公司副总经理人选，试用期一年。请按有关规定办理。
中铁股份任免〔2010〕199号	2010年11月30日	经研究，解义才为中铁信托有限责任公司副总经理人选，仍任总会计师、董事。请按有关规定办理。
中铁股份任免〔2010〕200号	2010年11月30日	经研究，中铁信托有限责任公司副总经理李文众、陈赤、孙毅，监事长董寰纳入股份公司管理。
中铁股份任免〔2010〕201号	2010年11月30日	经研究，郑静为中铁西北科学研究院有限公司副总经理人选，仍任总工程师。请按有关规定办理。
中铁股份任免〔2010〕203号	2010年11月30日	经研究，白鹤林任中铁物资贸易有限公司执行董事。
中铁股份任免〔2010〕204号	2010年11月30日	经研究，聘任刘宝来为中国中铁股份有限公司派往所属企业专职董事、监事，聘期至2011年12月31日。
中铁股份任免〔2010〕205号	2010年11月30日	经研究，免去梁永兴中国中铁股份有限公司上海分公司总经理、上海办事处主任、上海工程指挥部副指挥长、杭州地铁工程指挥部副指挥长职务；任中铁上海工程局有限公司副董事长。
中铁股份任免〔2010〕206号	2010年11月30日	经研究，免去荣树森中铁三局集团有限公司董事职务；任中铁上海工程局有限公司董事长，为法定代表人。试用期一年。
中铁股份任免〔2010〕207号	2010年11月30日	经研究，免去孔逓中铁四局集团有限公司董事职务，不再担任副总经理职务；任中铁上海工程局有限公司董事，为总经理人选。试用期一年。请按有关规定办理。
中铁股份任免〔2010〕208号	2010年11月30日	经研究，免去沈秋根中国中铁股份有限公司上海分公司副总经理职务，任股份公司上海办事处主任。
中铁股份任免〔2010〕209号	2010年11月30日	经研究，免去李宁中铁十局集团有限公司董事职务，不再担任总会计师职务；任中铁上海工程局有限公司董事，为总会计师人选。请按有关规定办理。
中铁股份任免〔2010〕210号	2010年11月30日	经研究，李杨不再担任中铁九局集团有限公司副总经理职务；为中铁上海工

		程局有限公司副总经理人选。请按有关规定办理。
中铁股份任免〔2010〕211号	2010年11月30日	经研究，赵斌不再担任中铁三局集团有限公司副总经理职务；为中铁上海工程局有限公司副总经理人选。请按有关规定办理。
中铁股份任免〔2010〕212号	2010年11月30日	经研究，李亮不再担任中铁七局集团有限公司副总经理职务；为中铁上海工程局有限公司副总经理人选。试用期按原期限执行。请按有关规定办理。
中铁股份任免〔2010〕213号	2010年11月30日	经研究，徐江洪为中铁上海工程局有限公司副总经理人选。试用期一年。请按有关规定办理。
中铁股份任免〔2010〕214号	2010年11月30日	经研究，免去张贺华中国中铁股份有限公司劳资社保部副部长兼薪酬处处长职务；为中铁上海工程局有限公司副总经理人选。试用期一年。请按有关规定办理。
中铁股份任免〔2010〕215号	2010年11月30日	经研究，王辉洲为中铁上海工程局有限公司副总经理人选。试用期一年。请按有关规定办理。
中铁股份任免〔2010〕216号	2010年11月30日	经研究，高锦林免现职；为中铁上海工程局有限公司副总经理、总工程师人选。试用期一年。请按有关规定办理。
中铁股份任免〔2010〕217号	2010年11月30日	经研究，黄江刚任中铁港航工程局有限公司副董事长。
中铁股份任免〔2010〕218号	2010年11月30日	经研究，王珂平任中铁港航工程局有限公司监事，为监事会主席人选。请按有关规定办理。
中铁股份任免〔2010〕219号	2010年11月30日	经研究，免去樊江源中国中铁股份有限公司董事会办公室主任职务；为中铁港航工程局有限公司副总经理人选。请按有关规定办理。
中铁股份任免〔2010〕220号	2010年11月30日	经研究，林荣杰不再担任中铁港航工程局有限公司副总经理职务，任调研员。请按有关规定办理。
中铁股份任免〔2010〕221号	2010年11月30日	经研究，免去齐学勇中铁电气化局集团有限公司董事职务，不再担任副总经理、总经济师职务；聘任为中国中铁股份有限公司派往所属企业专职董事、监事，聘期至2011年12月31日。请按有关规定办理。
中铁股份任免〔2010〕222号	2010年11月30日	经研究，免去白克强中铁电气化局集团有限公司监事职务。
中铁股份任免〔2010〕223号	2010年11月30日	经研究，聘任郭佳芳为中国中铁股份有限公司派往所属企业专职董事、监事，聘期至2011年12月31日。
中铁股份任免〔2010〕224号	2010年11月30日	经研究，聘任刘关洪为中国中铁股份有限公司派往所属企业专职董事、监事，聘期至2011年12月31日。
中铁股份任免〔2010〕225号	2010年11月30日	经研究，聘任范富国为中国中铁股份有限公司派往所属企业专职董事、监事，聘期至2011年12月31日。
中铁股份任免〔2010〕226号	2010年11月30日	经研究，聘任范胜利为中国中铁股份有限公司派往所属企业专职董事、监事，聘期至2011年12月31日。
中铁股份任免〔2010〕227号	2010年11月30日	经研究，聘任席福禄为中国中铁股份有限公司派往所属企业专职董事、监事，聘期至2011年12月31日。
中铁股份任免〔2010〕228号	2010年11月30日	经研究，聘任方永忠为中国中铁股份有限公司派往所属企业专职董事、监事，聘期至2011年12月31日。
中铁股份任免〔2010〕229号	2010年11月30日	经研究，聘任韦忠信为中国中铁股份有限公司派往所属企业专职董事、监事，聘期至2011年12月31日。
中铁股份任免〔2010〕230号	2010年11月30日	经研究，聘任陈晓春为中国中铁股份有限公司派往所属企业专职董事、监事，聘期至2011年12月31日。
中铁股份任免〔2010〕231号	2010年11月30日	经研究，聘任罗立生为中国中铁股份有限公司派往所属企业专职董事、监事，聘期至2011年12月31日。
中铁股份任免〔2010〕232号	2010年11月30日	经研究，聘任舒畅为中国中铁股份有限公司派往所属企业专职董事、监事，聘期至2011年12月31日。
中铁股份任免〔2010〕233号	2010年11月30日	经研究，聘任常仲相为中国中铁股份有限公司派往所属企业专职董事、监事，

		聘期至2011年12月31日。
中铁股份任免〔2010〕234号	2010年11月30日	经研究，聘任张喜学为中国中铁股份有限公司派往所属企业专职董事、监事，聘期至2011年12月31日。
中铁股份任免〔2010〕235号	2010年11月30日	经研究，聘任李德忠为中国中铁股份有限公司派往所属企业专职董事、监事，聘期至2011年12月31日。
中铁股份任免〔2010〕236号	2010年11月30日	经研究，聘任陈路明为中国中铁股份有限公司派往所属企业专职董事、监事，聘期至2011年12月31日。
中铁股份任免〔2010〕237号	2010年11月30日	经研究，聘任王凤江为中国中铁股份有限公司派往所属企业专职董事、监事，聘期至2011年12月31日。
中铁股份任免〔2010〕238号	2010年11月30日	经研究，聘任魏玉鑫为中国中铁股份有限公司派往所属企业专职董事、监事，聘期至2011年12月31日。
中铁股份任免〔2010〕239号	2010年11月30日	经研究，聘任曹建生为中国中铁股份有限公司派往所属企业专职董事、监事，聘期至2011年12月31日。
中铁股份任免〔2010〕240号	2010年11月30日	经研究，聘任修贵为中国中铁股份有限公司派往所属企业专职董事、监事，聘期至2011年12月31日。
中铁股份任免〔2010〕241号	2010年11月30日	经研究，聘任李安宁为中国中铁股份有限公司派往所属企业专职董事、监事，聘期至2011年12月31日。
中铁股份任免〔2010〕242号	2010年11月30日	经研究，刘书英任中国航空港建设有限公司董事长，为法定代表人。
中铁股份任免〔2010〕243号	2010年11月30日	经研究，王卫不再担任中铁建工集团有限公司副总经理职务；任中国航空港建设有限公司副董事长。请按有关规定办理。
中铁股份任免〔2010〕244号	2010年11月30日	经研究，免去项志敏中铁一局集团有限公司董事职务，不再担任副总经理职务；任中国航空港建设有限公司董事，为总经理人选。试用期一年。请按有关规定办理。
中铁股份任免〔2010〕245号	2010年11月30日	经研究，免去彭德宏中国中铁股份有限公司资本运营部副部长兼股权管理处处长职务；任中国航空港建设有限公司董事，为总会计师人选。试用期一年。请按有关规定办理。
中铁股份任免〔2010〕246号	2010年11月30日	经研究，免去贾惠平中铁七局集团有限公司监事职务；任中国航空港建设有限公司监事，为监事会主席人选。请按有关规定办理。
中铁股份任免〔2010〕247号	2010年11月30日	经研究，耿午阳为中国航空港建设有限公司副总经理人选。试用期一年。请按有关规定办理。
中铁股份任免〔2010〕248号	2010年11月30日	经研究，袁禧泉为中国航空港建设有限公司副总经理人选。试用期一年。请按有关规定办理。
中铁股份任免〔2010〕249号	2010年11月30日	经研究，张卫红为中国航空港建设有限公司副总经理人选。试用期一年。请按有关规定办理。
中铁股份任免〔2010〕250号	2010年11月30日	经研究，王宝恩为中国航空港建设有限公司副总经理人选。试用期一年。请按有关规定办理。
中铁股份任免〔2010〕251号	2010年11月30日	经研究，王夙君为中国航空港建设有限公司副总经理人选。试用期一年。请按有关规定办理。
中铁股份任免〔2010〕252号	2010年11月30日	经研究，张宝强为中国航空港建设有限公司副总经理人选。试用期一年。请按有关规定办理。
中铁股份任免〔2010〕253号	2010年11月30日	经研究，张超生不再担任中铁九局集团有限公司副总经理职务；为中国航空港建设有限公司副总经理人选。请按有关规定办理。
中铁股份任免〔2010〕254号	2010年11月30日	经研究，免去胡守正中国中铁股份有限公司哈大铁路客运专线工程指挥部副指挥长、安全总监职务；为中国航空港建设有限公司副总经理、总工程师人选。试用期一年。请按有关规定办理。
中铁股份任免〔2010〕255号	2010年11月30日	经研究，金德成为中铁港航工程局有限公司副总经理人选。试用期一年。请

		按有关规定办理。
中铁股份任免〔2010〕256号	2010年11月30日	经研究，柯松林为中铁港航工程局有限公司副总经理、总工程师人选。试用期一年。请按有关规定办理。
中铁股份任免〔2010〕257号	2010年11月30日	经研究，李平任中铁物资贸易有限公司监事。
中铁股份任免〔2010〕258号	2010年11月30日	经研究，刘月森任中铁电气化局集团有限公司监事。
中铁股份任免〔2010〕259号	2010年11月30日	经研究，免去刘文龙中铁西北科学研究院有限公司董事职务。
中铁股份任免〔2010〕260号	2010年11月30日	经研究，牛怀俊任中铁西北科学研究院有限公司董事。
中铁股份任免〔2010〕267号	2010年12月24日	经研究，免去易铁军中铁三局集团有限公司监事职务；任中铁上海工程局有限公司监事，为监事会主席人选。请按有关规定办理。
中铁股份任免〔2010〕268号	2010年12月24日	经研究，张作义任中铁三局集团有限公司监事。
中铁股份任免〔2010〕269号	2010年12月24日	经研究，谭世俊为中铁三局集团有限公司副总经理人选。试用期一年。请按有关规定办理。
中铁股份任免〔2010〕270号	2010年12月24日	经研究，葛复存为中铁三局集团有限公司副总经理人选。试用期一年。请按有关规定办理。
中铁股份任免〔2010〕271号	2010年12月24日	经研究，免去王树伟中国中铁股份有限公司哈大铁路客运专线工程指挥部副指挥长、总工程师职务；为中铁三局集团有限公司副总经理人选。试用期一年。请按有关规定办理。
中铁股份任免〔2010〕272号	2010年12月24日	经研究，张庆远为中铁三局集团有限公司副总经理人选。试用期一年。请按有关规定办理。
中铁股份任免〔2010〕273号	2010年12月24日	经研究，耿锦为中铁四局集团有限公司副总经理人选。试用期一年。请按有关规定办理。
中铁股份任免〔2010〕274号	2010年12月24日	经研究，刘勃为中铁四局集团有限公司副总经理人选。试用期一年。请按有关规定办理。
中铁股份任免〔2010〕275号	2010年12月24日	经研究，闫子才为中铁四局集团有限公司副总经理人选，仍任总工程师。请按有关规定办理。
中铁股份任免〔2010〕276号	2010年12月24日	经研究，孙成明为中铁五局（集团）有限公司副总经理人选。试用期一年。请按有关规定办理。
中铁股份任免〔2010〕277号	2010年12月24日	经研究，房晓军为中铁五局（集团）有限公司副总经理人选。试用期一年。请按有关规定办理。
中铁股份任免〔2010〕278号	2010年12月24日	经研究，免去毛锁明中铁七局集团有限公司总工程师职务，为副总经理人选。请按有关规定办理。
中铁股份任免〔2010〕279号	2010年12月24日	经研究，董炬洪为中铁七局集团有限公司总工程师人选，仍任副总经理。请按有关规定办理。
中铁股份任免〔2010〕280号	2010年12月24日	经研究，程志强为中铁七局集团有限公司副总经理人选。试用期一年。请按有关规定办理。
中铁股份任免〔2010〕281号	2010年12月24日	经研究，赵可信任中铁七局集团有限公司监事。
中铁股份任免〔2010〕282号	2010年12月24日	经研究，彭齐为中铁九局集团有限公司副总经理人选。试用期一年。请按有关规定办理。
中铁股份任免〔2010〕283号	2010年12月24日	经研究，杨绍平为中铁九局集团有限公司副总经理人选。试用期一年。请按有关规定办理。
中铁股份任免〔2010〕284号	2010年12月24日	经研究，郭建封为中铁十局集团有限公司总会计师人选。试用期一年。请按有关规定办理。
中铁股份任免〔2010〕285号	2010年12月24日	经研究，蔡登山为中铁大桥局集团有限公司、中铁大桥局股份有限公司副总经理人选。试用期一年。请按有关规定办理。
中铁股份任免〔2010〕286号	2010年12月24日	经研究，高伟为中铁隧道集团有限公司副总经理人选。试用期一年。请按有关规定办理。

中铁股份任免〔2010〕287号	2010年12月24日	经研究，赵玉良为中铁隧道集团有限公司副总经理人选。试用期一年。请按有关规定办理。
中铁股份任免〔2010〕288号	2010年12月24日	经研究，李爱敏为中铁电气化局集团有限公司总经济师人选，仍任副总经理。请按有关规定办理。
中铁股份任免〔2010〕291号	2010年12月24日	根据国发〔1978〕104号文件规定，经研究，批准李同茂退休。
中铁股份任免〔2010〕292号	2010年12月24日	经研究，免去毕彦春中国海外工程有限责任公司副总经理职务，为中铁建工集团有限公司副总经理人选。请按有关规定办理。
中铁股份任免〔2010〕293号	2010年12月24日	经研究，周志立为中铁建工集团有限公司副总经理人选。试用期一年。请按有关规定办理。
中铁股份任免〔2010〕294号	2010年12月24日	经研究，李生权为中铁二院工程集团有限责任公司副总经理人选。试用期一年。请按有关规定办理。
中铁股份任免〔2010〕295号	2010年12月24日	经研究，免去毛德宝中铁资源集团有限公司总地质师职务，仍任副总经理。请按有关规定办理。
中铁股份任免〔2010〕296号	2010年12月24日	经研究，钟长汀为中铁资源集团有限公司总地质师人选。试用期一年。请按有关规定办理。
中铁股份任免〔2010〕297号	2010年12月24日	经研究，杨凯利为中铁国际经济合作有限公司副总经理人选，仍任总会计师。请按有关规定办理。
中铁股份任免〔2010〕298号	2010年12月24日	经研究，白蕊为中铁国际经济合作有限公司副总经理人选。试用期一年。请按有关规定办理。
中铁股份任免〔2010〕299号	2010年12月24日	经研究，王立杰为中铁国际经济合作有限公司副总经理人选，任中国中铁老挝分公司副总经理。试用期一年。请按有关规定办理。
中铁股份任免〔2010〕300号	2010年12月24日	经研究，中铁隧道装备制造有限公司张宁川、方新强、谭顺辉、宁辉东纳入股份公司管理。仍任原职。
中铁股份任免〔2010〕301号	2010年12月24日	经研究，王勇任中国中铁老挝分公司副总经理、总工程师。试用期一年。
中铁股份任免〔2010〕302号	2010年12月24日	经研究，郑杰任中国中铁老挝分公司副总经理。试用期一年。
中铁股份任免〔2010〕303号	2010年12月24日	经研究，杨玉德任中国中铁老挝分公司副总经理。试用期一年。
中铁股份任免〔2010〕304号	2010年12月24日	经研究，免去黄宏中国中铁股份有限公司国际业务部副部长职务，任中国中铁老挝分公司副总经理。试用期一年。
中铁股份任免〔2010〕305号	2010年12月24日	经研究，秦顺全不再担任中铁大桥勘测设计院有限公司董事长、董事、法定代表人职务。请按有关规定办理。
中铁股份任免〔2010〕306号	2010年12月24日	经研究，刘成军为中铁大桥勘测设计院有限公司董事长人选，仍任中国中铁股份有限公司副总工程师、科技设计部部长。请按有关规定办理。
中铁股份任免〔2010〕307号	2010年12月24日	经研究，张敏不再担任中铁大桥勘测设计院有限公司副董事长职务，仍任总经理、董事，为法定代表人。请按有关规定办理。
中铁股份任免〔2010〕308号	2010年12月24日	经研究，田道明为中铁大桥勘测设计院有限公司副董事长人选。请按有关规定办理。
中铁股份任免〔2010〕309号	2010年12月24日	经研究，周玉清、米嘉祥不再担任中铁西南投资管理有限公司董事职务，张明贤、席福禄任董事。
中铁股份任免〔2010〕310号	2010年12月24日	经研究，免去张贺华中铁港航工程局有限公司董事职务，魏振国任董事；周玉清不再担任监事会主席、监事职务，刘永红、刘关洪任监事。请按有关规定办理。
中铁股份任免〔2010〕311号	2010年12月24日	经研究，周玉清不再担任中铁国际经济合作有限公司监事职务，魏振国为监事人选。请按有关规定办理。
中铁股份任免〔2010〕312号	2010年12月24日	经研究，免去彭德宏中铁资源集团有限公司董事职务，常仲相任董事。
中铁股份任免〔2010〕313号	2010年12月24日	经研究，王应先不再担任中铁科工集团有限公司监事会主席、监事职务，免去曹连生监事职务；梅权任监事，为监事会主席人选，魏都任监事。请按有

		关规定办理。
中铁股份任免〔2010〕314 号	2010 年 12 月 24 日	经研究，免去陈荣中铁海西投资发展有限公司董事职务，吴致强任董事。张喜学不再担任监事会主席、监事职务，免去彭德宏监事职务；刘宝来任监事，为监事会主席人选，范富国任监事。请按有关规定办理。
中铁股份任免〔2010〕315 号	2010 年 12 月 24 日	经研究，免去韦忠信中铁中原投资发展有限公司董事职务，魏振国任董事。舒畅不再担任监事会主席、监事职务，范富国任监事，为监事会主席人选。请按有关规定办理。
中铁股份任免〔2010〕316 号	2010 年 12 月 24 日	经研究，免去刘关洪中铁佛山投资发展有限公司监事职务，陈路明任监事。
中铁股份任免〔2010〕342 号	2010 年 12 月 27 日	经研究，周孟波兼任中国中铁老挝分公司总经理。
中铁股份任免〔2010〕343 号	2010 年 12 月 27 日	经研究，温德智任中国中铁老挝分公司常务副总经理。
中铁股份任免〔2010〕353 号	2010 年 12 月 27 日	经研究，免去范富国中国中铁股份有限公司派往所属企业专职董事、监事，中铁西北科学研究院有限公司董事，中铁中原投资发展有限公司监事会主席、监事，中铁海西投资发展有限公司监事，中铁设计咨询集团有限公司监事职务；同意调中国水利水电建设股份有限公司工作。

表 11-3　总公司机关部门负责人变动情况

中铁程党任免[2010] 6 号	2010 年 11 月 23 日	许廷旺不再兼任总公司党委干部部部长职务。
中铁程党任免[2010] 7 号	2009 年 11 月 23 日	余汉林不再担任总公司纪委副书记职务，聘任为总公司党委干部部部长。
中铁程党任免[2010] 13 号	2010 年 11 月 29 日	聘任杨玉堂为党委办公室（保密办公室）主任。

表 11-4　股份公司机关部门负责人变动情况

中铁股份任免[2010]9 号	2010 年 2 月 25 日	吴泽林调中铁西南投资管理有限公司工作，不在担任董事长职务，仍任董事。
中铁股份任免[2010]10 号	2010 年 2 月 25 日	蔡甲胜不再担任中国中铁股份有限公司副总工程师职务，调中铁西南投资管理有限公司工作，不再担任总经理职务，任董事长，仍为法定代表人。
中铁股份任免[2010] 11 号	2010 年 2 月 25 日	徐坤调中铁西南投资管理有限公司工作，任董事，总经理人选。
中铁股份任免[2010] 12 号	2010 年 2 月 25 日	陈元海不再担任中国中铁股份有限公司资本运营部副部长兼投资管理处处长职务，调中铁西南投资管理有限公司工作；为总会计师人选，仍任董事。
中铁股份任免[2010] 13 号	2010 年 2 月 25 日	徐洮刚调中铁西南投资管理有限公司工作，仍任副总经理。
中铁股份任免[2010] 14 号	2010 年 2 月 25 日	刘宁调西南投资管理有限公司工作，仍任副总经理、总工程师。
中铁股份任免[2010] 107 号	2010 年 7 月 29 日	梁勇不再担任工程管理部副部长兼经营协调处处长，聘任为市场营销部部长。
中铁股份任免[2010] 108 号	2010 年 7 月 29 日	权有勇不再担任股份公司哈大铁路客运专线工程指挥部指挥长职务，到股份公司工作，聘任为行政管理部部长。
中铁股份任免[2010] 120 号	2010 年 8 月 17 日	聘任梁勇为经营开发部部长。
中铁股份任免[2010] 121 号	2010 年 8 月 17 日	聘任李夏初为经营开发部副部长。
中铁股份任免[2010] 122 号	2010 年 8 月 17 日	聘任杨宗林为经营开发部副部长。
中铁股份任免[2010] 138 号	2010 年 8 月 24 日	聘任韩东为行政管理部副部长。
中铁股份任免[2010] 139 号	2010 年 8 月 24 日	聘任景象为战略规划部副部长。
中铁股份任免[2010] 140 号	2010 年 8 月 24 日	聘任李辉为总裁办公室副主任兼信访处处长。
中铁股份任免[2010] 141 号	2010 年 9 月 28 日	罗晓春到股份公司工作，聘任为投资发展部副部长。
中铁股份任免[2010] 142 号	2010 年 9 月 28 日	曾宪明到股份公司工作，聘任为投资发展部副部长。

中铁股份任免[2010] 154号	2010年10月12日	韩学诠不再兼任中铁南方投资发展有限公司安全生产总监、安质环保部部长，回股份公司工作。
中铁股份任免[2010] 156号	2010年10月29日	温德智不再担任中铁三局集团有限公司董事、副总经理职务；调股份公司工作，任副总工程师。
中铁股份任免[2010] 166号	2010年11月23日	许廷旺不再兼任人力资源部部长职务。
中铁股份任免[2010] 167号	2010年11月23日	余汉林任股份公司副总经济师，聘任为干部部部长。
中铁股份任免[2010] 168号	2010年11月23日	聘任王飞孟为干部部副部长。
中铁股份任免[2010] 169号	2010年11月23日	聘任刘志伟为劳资社保部部长。
中铁股份任免[2010] 170号	2010年11月23日	聘任靖建平为劳资社保部副部长。
中铁股份任免[2010] 171号	2010年11月23日	聘任张贺华为劳资社保部副部长。
中铁股份任免[2010] 172号	2010年11月23日	袁立新免现职，聘任为行政管理部副部长。
中铁股份任免[2010] 262号	2010年11月29日	聘任杨玉堂为总裁办公室主任。
中铁股份任免[2010] 263号	2010年11月29日	张睿开免现职，聘任为董事会办公室副主任（主持工作)。
中铁股份任免[2010] 264号	2010年11月29日	聘任李凤超为安质环保部部长兼安全稽查总队队长。
中铁股份任免[2010] 349号	2010年12月27日	杨新平到股份公司工作，聘任为国际业务部副部长。
中铁股份任免[2010] 350号	2010年12月27日	曹登敬到股份公司工作，聘任为国际业务部副部长。
中铁股份任免[2010] 351号	2010年12月27日	陈诗平不再担任中铁国际经济合作有限公司副总经理职务；调股份公司工作，任股份公司副总工程师。
中铁股份任免[2010] 352号	2010年12月27日	陈文鑫不再担任董事会办公室副主任职务。
中铁股份党任免[2010]16号	2010年7月29日	权有勇不再担任股份公司哈大客专工程指挥部党工委副书记、纪工委委员职务，到股份公司工作。
中铁股份党任免[2010] 23号	2010年8月24日	聘任李辉为党委办公室副主任。
中铁股份党任免[2010] 31号	2010年11月23日	余汉林不再担任纪委副书记职务。
中铁股份党任免[2010] 32号	2010年11月23日	聘任余汉林为党委干部部部长。
中铁股份党任免[2010] 33号	2010年11月23日	聘任王飞孟为党委干部部副部长。
中铁股份党任免[2010] 78号	2010年11月29日	聘任杨玉堂为党委办公室（保密办公室）主任。
中铁股份党任免[2010] 79号	2010年11月29日	权有勇任机关党委书记，仍任行政管理部部长。

统计资料

表 11-5 中国中铁股份有限公司企业营业额（2010）

企业名称	总产值（万元）		其中			
	合计	完成计划%	国内施工产值	工业产值	海外产值	其他产值
中海外	579848	115.97	0		579848	0
中铁一局	4351122	103.60	4014761	54698	95978	185685
中铁二局	5463366	117.49	3900226	21168	0	1541972
中铁三局	3932655	112.36	3787835	14555	15372	114893
中铁四局	5066700	108.96	4243788	52003	422000	348909
中铁五局	3221807	107.39	2999677	25828	89310	106992
中铁六局	2062446	88.14	2043792	6410	3654	8590
中铁七局	2261847	102.81	2072574	3420	185222	631
中铁八局	2618800	109.12	1784176	36919	28760	768945
中铁九局	2088321	104.42	1979329		95500	13492
中铁十局	2478122	119.72	2269802		158823	49497
中铁大桥局	2429538	100.81	2068032	11023	30703	319780
中铁隧道	3035465	121.42	2984360		19554	31551
中铁电气化局	3161496	112.91	2769183	300696	5031	86586
中铁建工	2311300	108.51	2005788	10989	78862	215661
中铁国际	168140	89.91	0		168140	0
中铁港航	126586	109.92	126586		0	0
中铁上海局	67462	74.96	67462		0	0
中国航空港	525483	104	523762		0	1721
中铁山桥	390653	112	8544	362706	11074	8329
中铁宝桥	359364	103	4599	327293	11984	15488
中铁科工	155200	100	155200			0
中铁隧道	62000	103	0	62000		0
中铁二院	579443	107				579443
中铁设计咨询	170286	114			4004	166282
中铁大桥院	41826	118				41826
华铁咨询	29306	119				29306
中铁西北院	46674	130	18177			28497
中铁西南院	33516	110	487	8957	278	23794
中铁资源	84474	130			23961	60513
中铁西南公司		0				0
中铁南方公司						0
中铁物资	260465	174				260465
中铁信托	49184					49184
中铁工程建设分公司	519514	153	380188			139326
合计	49008022	109	39684566	1298665	2028058	5996733

表 11-6　中国中铁股份有限公司施工企业营业额（2010）

企业名称	铁路	公路	市政	房建	水电	港码	机场	城轨	其它
中海外	8979	273510	20400	47525	0	0	26034	0	203400
中铁一局	2233884	800092	228532	106806	0	0	2806	737057	1562
中铁二局	2226612	671722	225590	231831	29505	230	27137	425513	62086
中铁三局	2841367	445526	180398	50303	657	0	0	270927	14029
中铁四局	3230901	509770	346984	193599	2146	0	0	274955	107433
中铁五局	1557014	991944	54203	176492	19656	0	0	189978	99700
中铁六局	1526155	270556	125555	38278	12458	0	0	69214	5230
中铁七局	1208630	776667	119637	19239	595	0	0	89450	43578
中铁八局	1073219	185220	277439	194271	9029	0	0	73758	0
中铁九局	1805062	72109	71167	69773	2285	0	0	35350	19083
中铁十局	1535680	539505	278455	43232	0	0	0	14552	17201
中铁大桥局	1089166	602966	323122	0	0	19545	0	52634	11302
中铁隧道	1093045	800175	453198	3167	60239	1392	0	528941	63757
中铁电气化局	2122538	60591	48446	69519	0	0	0	396917	76188
中铁建工	1147428	6572	141667	774102	0	0	0	14729	152
中铁国际	12645	38470	41764	27736	21913	0	0	0	25612
中铁港航	0	0	36170	0	0	88614	0	0	1802
中铁上海局	2970	49940	14551	0	0	0	0	0	0
中国航空港	0	3840	0	481610	0	0	24868	0	13444
合计	24858233	7351655	3064788	2045873	158483	109781	55977	3173975	842543

表 11-7.1　中国中铁股份有限公司企业新签合同额（2010）

企业名称	年度计划（万元）	实际完成（万元）	完成计划（%）	其中		
				海外	铁路	公路
中海外	850000	932270	109.68	833020	135440	275502
中铁一局	5400000	5730325	106.12	47337	3567367	844779
中铁二局	5400000	6800066	125.93	96065	3414560	666239
中铁三局	5100000	6089835	119.41	135005	4140763	423639
中铁四局	5400000	5801588	107.44	195725	3545323	668529
中铁五局	5000000	5309505	106.19	44696	3329684	867965
中铁六局	2700000	2203211	81.60	0	1769152	126739
中铁七局	3200000	3248186	101.51	265549	1765757	1207964
中铁八局	3600000	3655348	101.54	35247	1776856	313416
中铁九局	2800000	3054140	109.08	33350	2019628	143452
中铁十局	3200000	3685120	115.16	60000	2520103	819701
中铁大桥局	3500000	3537141	101.06	82403	2111050	384937
中铁隧道	3800000	4131468	108.72	0	2631708	399435
中铁电气化局	4000000	5752307	143.81	74000	4218250	230038
中铁建工	3100000	3131543	101.02	128450	1580773	0
中铁国际	1360000	1465537	107.76	1465537	1108077	75905
中铁港航	150000	151070	100.71	0	0	0
中铁上海局	80000	32325	40.41	0	20753	11572
中国航空港	540000	667035	123.53	0	0	10661
中铁山桥	450000	471970	104.88	7739		
中铁宝桥	450000	457063	101.57	15127		
中铁科工	170000	177000	104.12	0	49140	32260
中铁隧道	70000	75000	107.14	0		
中铁二院	600000	647734	107.96	47568		
中铁设计咨询	250000	280805	112.32	3477		
中铁大桥院	34000	43060	126.65	580		
华铁咨询	36600	40546	110.78	0		
中铁西北院	50000	63358	126.72	0		
中铁西南院	45000	51782	115.07	0		
中铁资源	61000	88269	144.70	35128		
中铁西南公司	200000	0	0.00	0		
中铁南方公司		107415		0		
中铁物资	150000	260465	173.64	0		
中铁信托		49184		0		
中铁工程建设分公司	320000	519514	162.35	0		175635
合计	62640000	73516717	117.36	6881903	40686793	7667707

表 11-7.2　中国中铁股份有限公司企业新签合同额（2010）

单位（万元）

企业名称	市政	房建	水电	港码	机场	城轨	其它
中海外	272000	62084	762	0	0	0	46322
中铁一局	139339	59084	0	3223	0	792524	0
中铁二局	152182	399097	0	0	0	701976	92684
中铁三局	171581	208843	882	0	0	820303	143898
中铁四局	342370	185240	34605	0	0	291771	227243
中铁五局	51878	119453	17485	0	0	315450	46522
中铁六局	201792	10634	0	0	0	62469	3322
中铁七局	88839	41924	11647	2520	0	71427	58108
中铁八局	360102	480801	19902	0	0	105976	7674
中铁九局	478983	29717	0	0	0	117833	215811
中铁十局	277303	43229	0	0	0	5254	19530
中铁大桥局	462424	0	17979	62297	0	20060	2440
中铁隧道	245732	0	0	0	0	509164	51851
中铁电气化局	10926	154407	0	0	0	541814	19004
中铁建工	142362	920413	0	0	0	27585	276921
中铁国际	109155	151761	8665	0	0	0	11974
中铁港航	67329	0	0	83741	0	0	0
中铁上海局	0	0	0	0	0	0	0
中国航空港	0	542533	0	0	27009	0	84976
中铁山桥							
中铁宝桥		5323					
中铁科工	3669						
中铁隧道							
中铁二院							116386
中铁设计咨询							
中铁大桥院							
华铁咨询							
中铁西北院							
中铁西南院							
中铁资源							
中铁西南公司							
中铁南方公司							
中铁物资							
中铁信托							
中铁工程建设分公司	21000						
合计	3863193	2872010	111927	151781	0	4781564	1368474

表 11-8 中国中铁股份有限公司施工企业完成实物量（2010）

企业名称	土石方合计（万 m³）	隧道长度（换算折合公里）	桥梁长度（换算折合公里）	公路（折合公里）	房屋（万平方米）	牵引网（折合正线公里）	铺轨		
							`1、正线（公里）	2、站线（公里）	3、轻轨（折合公里）
中海外	11325	139.14	335.30	279.17	75.31	176.0	1699.96	330.15	0
中铁一局	6504	104.94	149.32	109.00	124.60	497.0	1344.00	91.00	108
中铁二局	5655	60.94	179.83	36.06	29.40	105.0	818.14	43.03	0
中铁三局	8237	0.00	156.91	158.00	62.27	297.8	1745.00	941.00	
中铁四局	7633	142.21	166.38	318.00	103.88	559.0	438.00	28.00	
中铁五局	6635	32.58	72.59	36.00	18.79	309.5	418.81	181.21	
中铁六局	8296	140.73	83.95	340.00	13.77	120.5	123.50	104.40	
中铁七局	4200	52.25	100.96	28.51	69.86	565.0	337.52	25.92	0
中铁八局	7290	26.05	273.96	4.00	34.32	36.0	778.00	188.00	
中铁九局	7424	62.03	204.09	165.00	53.77	99.0	198.20	27.95	0
中铁十局	1685	7.26	219.66	36.80	0.00	0.0	0.00	6.00	0
中铁大桥局	4571	436.33	47.92	19.00	6.09	0.0	0.00	0.00	0
中铁隧道	2933	18.36	112.11	61.00	141.87	7762.0	0.00	3.00	0
中铁电气化局	264	1.39	0.67	0.00	520.64	0.0	0.00	4.35	0
中铁建工	82651	1224.20	2103.65	1590.55	1254.59	10526.8	7901.13	1974.01	108

表 11-9　中国中铁股份有限公司施工企业材料消耗（2010）

企业名称	材料消耗费用（万元）	其中			材料消耗量		
		钢材	木材	水泥	钢材（吨）	木材（立方米）	水泥（吨）
中铁一局	1569341	576028	6413	282707	1267142	29635	7026841
中铁二局	1754328	516900		234000	1097319		4885749
中铁三局	1432958	565083	2819	129419	1142621	171520	3544653
中铁四局	1767300	681337	11938	155177	1506793	70378	4259039
中铁五局	239266	45161	3373	190732	1003589	20260	4431713
中铁六局	707261	281450	7689	75838	599347	46141	2090065
中铁七局	375995	255131	1606	99244	547021	36919	2326921
中铁八局	743718	258403	180	72441	577811	14342	1889125
中铁九局	1016013	351767	4548	116499	762345	38118	2897262
中铁十局	978022	340897	3156	118960	763662	19253	3026028
中铁大桥局	1030399	576457	3042	134487	1244284	14533	3269606
中铁隧道	1094858	464960	6938	188722	1021410	51946	4544944
中铁电气化局	1799968	152819	1754	35121	347917	14541	1071036
中铁建工	1043685	495000	24500	23000	990000	165555	638890
合计	15553112	5561393	77956	1856347	12871261	693141	45901872

表 11-10　中国中铁股份有限公司技术动力装备情况年报（2010 年）

单位名称	自有机械设备台数（台）	年末自有机械设备价值（万元）		自有机械设备总功率（kw）	技术装备率（净值）（万元/人）		动力装备率（KW/人）		装备生产率(万元)	设备新度系数%
		原　值	净　值		全部职工	其中:工人	全部职工	其中:工人		
中铁一局	4740	349,833.15	219,859.25	482028.27	7.30	15.70	16.01	34.42	18.63	63.00
中铁二局	3891	324,297.40	196,603.40	370869.21	9.23	22.53	17.42	42.51	19.84	61.00
中铁三局	5979	352,004.81	203,961.87	888278.98	7.75	15.67	33.77	68.22	16.38	58.00
中铁四局	3377	199,118.34	123,755.67	377257.83	5.72	14.27	17.44	43.49	35.84	62.15
中铁五局	4209	233,282.64	154,410.74	472514.76	6.42	22.13	19.65	67.72	20.90	66.00
中铁六局	4877	103,068.72	59,948.78	206055.65	4.83	7.29	16.61	25.07	34.21	58.16
中铁七局	4719	216,756.06	144,315.75	451982.93	10.88	21.4	34.08	67.02	15.74	67.00
中铁八局	4646	169,251.06	101,397.30	274130.74	9.0	20.8	24.4	56.15	17.88	60.00
中铁九局	5797	111,201.44	72,912.68	220868.00	6.45	9.72	19.53	29.45	28.64	66.00
中铁十局	3904	86,747.85	56,615.00	165726.65	4.05	9.40	11.84	27.51	35.36	65.25
中铁大桥	5553	232,098.13	126,479.44	219968.60	8.2	17.8	14.22	30.90	16.35	54.49
中铁隧道	6445	338,850.55	184,019.90	660534.53	11.77	27.35	42.26	98.16	16.32	54.31
中铁电气化局	4728	145,625.42	80,093.98	345092.00	3.66	10.40	15.77	44.80	39.47	55.00
中铁建工	1454	37,717.74	19,968.71	70295.09	2.42	10.2	8.51	35.8	104.5	53.00
合计	64319	2,899,853.31	1,744,342.46	5205603.24	7.07	16.11	21.09	48.07	22.98	60.00

表 11-11 中国中铁股份有限公司工业主要产品、产量（2010 年）

产品名称	计量单位	总计	工程局计	工厂计
钢梁钢结构	吨	292442	812	291630
铁路道岔	组	9914	0	9914
高锰钢整铸辙岔	个	25939	0	25939
钢水	吨	32910	0	32910
砼岔枕	组	679	679	0
砼轨枕	根	102386	102386	0
III 型轨枕	根	3536	3536	0
砼桥枕	根	1180	1180	0
轨枕板	块	28724	28724	0
门式起重机械	台	87	0	87
电气化作业车	台	26	26	0
高强度螺栓	万套	160	0	160
商品砼	M^3	1169762	1169762	0
水泥	吨	96246	96246	0
砼制梁	孔	325	325	0
砼桥梁支座	孔	1110	1110	0
砼支柱	根	116061	116061	0
变压器	台	2732	2732	0
接触网配件	万套	1044	1044	0
钢模板制作	吨	17125	17125	0
钢柱（铁塔）	根	49990	49990	0
铸钢桥梁支座	孔	353	353	0
洗手液	万瓶	2.23	2.23	0
洗衣液	万袋	2.45	2.45	0

表 11-12　中国中铁股份有限公司固定资产投资（2010）

建设项目	计划总投资	开累完成投资	未完工程累计投资	本年计划投资	本年完成投资
基地建设	1241599	1205087	1152571	451768	465155
设备、工具器购置	378351	259420	12280	438111	379396
1、施工生产机械及设备	357375	251891	12272	414155	354244
2、非施工生产机械及设备	20976	7529	8	23956	25152
企业更新改造	2492	466	1901	2500	1452

表 11-13　中国中铁股份有限公司设备、工器具购置情况（2010）

设备、工器具名称	数量	金额（万元）	设备、工器具名称	数量	金额（万元）
一 生产性设备合计	--	548546	7、木工机械	9	32
1、土石方机械	757	105006	8、金切机床	634	9332
2、动力机械	1073	22425	9、检测设备	1823	6531
3、起重机械	1417	120375	10、线路机械	1093	46562
4、运输机械	2342	95007	11、其他机械	3280	34949
5、混凝土机械	1422	103947			
6、基础水工机械	70	4378	二 非生产性设备合计	--	17664

表 11-14　中国中铁股份有限公司主要成员企业劳动工资情况（2010）

企业名称	全部职工			在岗职工			非在岗职工		
	平均人数（人）	工资总额（元）	平均工资（元）	平均人数（人）	工资总额（元）	平均工资（元）	平均人数（人）	生活费（元）	平均生活费（元）
中海外	419	56568596	135009	374	54489220	145693	45	2079376	46208
中铁一局	29713	1152209683	38778	25144	1123366169	44677	4569	28843514	6313
中铁二局	20780	1128515903	54308	17128	1089858010	63630	3652	38657893	10585
中铁三局	28705	977114660	34040	22564	936218692	41492	6141	40895968	6659
中铁四局	23737	1238563863	52179	20810	1202884810	57803	2927	35679053	12190
中铁五局	23298	936538140	40198	18898	888836517	47033	4400	47701623	10841
中铁六局	15294	846917147	55376	12722	810653877	63721	2572	36263270	14099
中铁七局	13937	581632974	41733	10867	550784696	50684	3070	30848278	10048
中铁八局	10997	559809480	50906	10180	549308527	53960	817	10500953	12853
中铁九局	11261	405603664	36018	9332	389957583	41787	1929	15646081	8111
中铁十局	14620	574292623	39281	11813	545301069	46161	2807	28991554	10328
中铁大桥局	16282	877215927	53876	13370	837841742	62666	2912	39374185	13521
中铁隧道	15514	925237679	59639	13842	908400372	65626	1672	16837307	10070
中铁电气化局	21231	1247488853	58758	18752	1217033003	64902	2479	30455850	12286
中铁建工	8253	550726890	66731	6826	529851514	77623	1427	20875376	14629
中铁置业	881	99747463	113199	881	99747463	113199			
中铁国际	299	35501906	118735	298	35490000	119094	1	11906	11906
中铁港航	476	38750550	81409	476	38750550	81409			
航空港	1395	43333317	31063	1326	42249325	31862	69	1083993	15710
山桥厂	4900	263254845	53725	4766	261927785	54958	134	1327060	9903
宝桥厂	5597	248522235	44403	4059	231813246	57111	1538	16708989	10864
中铁科工	2290	80118585	34986	1753	78404242	44726	537	1714343	3192
隧道装备	185	15156638	81928	185	15156638	81928			
中铁二院	6107	1122857134	183864	5923	1119696903	189042	184	3160231	17175
中铁设计咨询	2122	347456571	163740	2008	345647831	172135	114	1808740	15866
中铁大桥院	891	147720047	165791	794	146284106	184237	97	1435941	14804
华铁咨询	292	30389171	104073	292	30389171	104073			
中铁西北院	368	26382343	71691	361	26292832	72833	7	89511	12787
中铁西南院	401	35793417	89260	392	35656916	90962	9	136501	15167
上海分公司	8	1601307	200163	8	1601307	200163			
中铁资源	833	54837844	65832	829	54814728	66122	4	23116	5779
南方公司	101	16122855	159632	101	16122855	159632			
西南投资	143	26122978	182678	143	26122978	182678			
中原公司	5	1543781	308756	5	1543781	308756			
中铁信托	233	57400000	246352	233	57400000	246352			
建设分公司	36	3250000	90278	36	3250000	90278			

表 11-15　中国中铁股份有限公司物资集中采购供应金额汇总表（2010）

序号	单位	年度集采指标（亿元）	集中采供总额（亿元）	施工项目主要物资采购总额（亿元）	超集采指标(%)	集采总额占主要物资采购总额比例
		a	b	c	(b-a)/a	b/c
1	一局	95	141.720	164.230	49.18	86.29%
2	二局	95	152.385	175.430	60.41	86.86%
3	三局	85	111.526	152.530	31.21	73.12%
4	四局	95	141.959	176.730	49.43	80.33%
5	五局	70	89.740	112.230	28.20	79.96%
6	六局	35	48.634	64.300	38.95	75.64%
7	七局	35	50.319	66.610	43.77	75.54%
8	八局	40	51.746	75.000	29.37	68.99%
9	九局	40	67.549	102.690	68.87	65.78%
10	十局	45	68.191	87.589	51.54	77.85%
11	隧道局	45	73.104	101.860	62.45	71.77%
12	大桥局	55	67.887	84.860	23.43	80.00%
13	建工集团	25	41.859	60.970	67.44	68.66%
14	电气化局	35	71.301	109.690	103.72	65.00%
15	山桥集团	7	11.700	11.700	67.14	100.00%
16	宝桥集团	6.5	9.919	12.400	52.60	79.99%
17	科工集团	3.5	4.253	4.253	21.51	100.00%
18	股份公司直管项目		11.638	11.638		
合计		812.000	1215.430	1574.710	49.68	77.18%

表 11-16　中国中铁股份有限公司工程项目所需主要物资实物量供应情况（2010）

序号	品名	单位	实际供应		集中采购		集采比例
			数量	a=金额（亿元）	数量	b=金额（亿元）	c=a/b
一	钢材类合计	万吨	1846.98	503.032	1598.37	459.057	91.26%
1	线材	万吨	93.91	41.231	84.20	37.285	90.43%
2	圆钢	万吨	99.37	43.430	86.23	38.053	87.62%
3	螺纹钢	万吨	835.90	370.713	754.82	339.144	91.48%
4	钢绞线	万吨	65.84	28.591	59.45	25.601	89.54%
5	冷拔丝	万吨	2.08	1.097	1.98	1.046	95.34%
6	其他	万吨	749.88	17.970	611.69	17.927	99.76%
二	水泥类	万吨	4026.03	165.303	3650.31	151.554	91.68%
三	商品砼	万 m3	2169.51	71.348	1657.02	53.465	74.94%
四	桥梁支座	万个	29.70	10.421	26.20	9.834	94.37%
五	防水材料类						
1	防水板	万 m2	1731.80	4.048	1612.71	3.087	76.26%
2	防水卷材	万 m2	759.13	2.566	634.08	1.838	71.63%
3	止水带	万 m	394.59	1.970	364.56	1.798	91.26%
六	土工材料类						
1	土工布(膜)	万 m2	3973.32	2.366	4325.63	2.154	91.06%
2	土工格栅	万 m2	7090.63	4.335	242873.75	4.119	95.02%
七	轨道材料类						
1	钢轨	万吨	85.89	48.415	81.70	46.066	95.15%
2	道岔	万组	0.60	13.999	0.57	13.496	96.41%
八	油料	万吨	547.38	56.849	511.24	35.937	63.21%
1	柴油	万吨	536.97	52.913	509.40	34.078	64.40%
2	润滑油	万吨	0.96	0.904	0.54	0.600	66.35%
3	其他油料	万吨	9.45	3.033	1.31	1.259	41.51%
九	其他物资		0.00	633.208	234.97	273.928	43.26%
合计				1574.710		1215.430	77.18%

文件辑要

2010年中国铁路工程总公司发文目录

发文字号	文件标题
中铁程财〔2010〕1号	关于中国铁路工程总公司境外资源类投资项目有关情况的报告
中铁程办〔2010〕2号	中国铁路工程总公司关于母子公司管理体制有关情况的报告
中铁程办〔2010〕3号	关于呈报《中国铁路工程总公司2009年度内部审计工作总结》的报告
中铁程财〔2010〕4号	关于申报第四批因主辅分离辅业改制分流富余人员核减国有权益的请示
中铁程财〔2010〕5号	关于呈报中国铁路工程总公司2010年度财务预算的报告
中铁程财〔2010〕6号	中国铁路工程总公司关于所属中铁二局集团有限公司2009年度减持所持上市公司股票情况的报告
中铁程财〔2010〕7号	关于转持武桥重工集团股份有限公司部分股份充实社保基金的请示
中铁程财〔2010〕8号	关于下达总公司党校2010年度经费补贴额的通知
中铁程财〔2010〕9号	关于下达咸阳管理干部学院2010年度经费补贴额的通知
中铁程办〔2010〕10号	关于报送中国铁路工程总公司2009年度《企业年度工作报告》的报告
中铁程办〔2010〕11号	关于做好配合国家审计署审计工作的通知
中铁程办〔2010〕12号	关于所属中铁工程设计咨询集团有限公司新建职工住宅按经济适用住房价格预售的请示
中铁程办〔2010〕13号	关于贯彻落实国资委"部分中央企业负责人会议"精神及中国铁路工程总公司房地产业务有关情况的报告
中铁程办〔2010〕14号	关于上报2009年中国铁路工程总公司节能减排《统计监测报表》及总结分析报告的报告
中铁程财〔2010〕15号	关于变更中国航空港建设总公司产权登记的请示
中铁程办〔2010〕16号	关于推选国有企业监事会兼职监事的报告
中铁程财〔2010〕17号	关于申请2009年度财政拨款结转的请示
中铁程办〔2010〕18号	中国铁路工程总公司关于所属宾馆酒店类单位有关情况的报告
中铁程办〔2010〕19号	关于申请对无砟轨道60kg/m钢轨12号单开、交叉渡线、单渡线等道岔设计进行审查的请示
中铁程办〔2010〕20号	关于呈报《中国中铁股份有限公司董事会2009年度履职报告》的报告
中铁程办〔2010〕21号	关于呈报中央企业海外并购调查问卷填报结果的报告
中铁程办〔2010〕22号	关于呈报2010年度和2010-2012年任期董事会企业测试评价目标建议值的报告
中铁程办〔2010〕23号	关于变更中铁山桥集团有限公司山海关区员工住宅土地证有关问题的批复
中铁程办〔2010〕24号	关于请求办理中铁隧道装备制造有限公司重大技术装备企业免税确认书的请示
中铁程办〔2010〕25号	关于呈报《中铁六局集团有限公司2009年度向职工出售公有住房实施细则》等有关问题的请示
中铁程办〔2010〕26号	关于报送"十二五"战备建设规划的报告
中铁程办〔2010〕27号	关于报送"十二五"战备物资储备规划的报告
中铁程办〔2010〕28号	关于下达中国航空港建设总公司2010年生产经营计划的通知
中铁程办〔2010〕29号	关于认真贯彻部党组"走出去"战略，积极承担实施泛亚中通道老挝境内新建铁路的报告
中铁程办〔2010〕30号	关于落实国资委央企房地产业务管理相关要求及中国中铁房地产业务开展有关情况的报告
中铁程办〔2010〕31号	关于恳请铁道部出面邀请伊朗道路运输部长率代表团来华访问的请示
中铁程财〔2010〕32号	关于申请2010年施工新技术研究与开发资金支持的请示
中铁程办〔2010〕33号	关于2009年度特定就业政策补助资金清算情况的报告
中铁程财〔2010〕34号	关于对中铁港航工程局有限公司2010年财务预算的批复
中铁程办〔2010〕35号	关于加强在京内部单位及铁路轨道交通施工现场安全保卫工作的通知
中铁程办〔2010〕36号	关于申请将高速铁路建造技术国家工程试验室注册登记为事业单位的请示
中铁程办〔2010〕37号	关于呈报《SC325"60kg/m钢轨12号可动心轨辙叉单开道岔"综合维护及技术改造方案》的报告
中铁程办〔2010〕38号	关于报送《中国铁路工程总公司政策性关闭破产工作总结》的报告
中铁程财〔2010〕39号	关于2009年度国有资产评估项目统计工作情况的报告
中铁程办〔2010〕40号	关于请求拨付2010年战备事业费的请示

发文字号	文件标题
中铁程财〔2010〕41号	关于申请2010年中央国有资本经营预算境外投资资金支持的请示
中铁程财〔2010〕42号	关于中铁港航工程局有限公司处置22套住房资产有关问题的批复
中铁程财〔2010〕43号	关于中铁隧道集团34#、35#住宅楼建设用地有关问题的批复
中铁程财〔2010〕44号	关于报送2009年度企业财务决算报表的报告（报国资委）
中铁程财〔2010〕45号	关于报送2009年度企业财务决算报表的报告（报国资委）
中铁程财〔2010〕46号	关于2009年度资产减值准备财务核销管理工作情况的报告
中铁程财〔2010〕47号	关于2009年度财务决算备案合并范围变动情况的报告
中铁程财〔2010〕48号	关于2009年度账销案存资产管理工作情况的报告
中铁程财〔2010〕49号	关于2009年度国有资本保值增值完成情况的报告
中铁程财〔2010〕50号	关于申报2009年度国有资本收益的请示
中铁程财〔2010〕51号	关于2009年度和2007-2009年任期中央企业负责人经营业绩考核完成情况的总结分析报告
中铁程办〔2010〕52号	关于变更刚果(金)MKM铜钴矿项目投资主体有关问题的请示
中铁程财〔2010〕53号	关于报送中国铁路工程总公司2009年度利润分配方案的报告
中铁程办〔2010〕54号	关于恳请协调马来西亚南部铁路项目的请示（报国资委）
中铁程办〔2010〕55号	关于恳请协调马来西亚南部铁路项目的请示（报外交部）
中铁程办〔2010〕56号	关于申报2010年度中央国有资本经营预算节能减排项目的请示
中铁程办〔2010〕57号	关于北京中铁诚业工程建设监理有限公司股权转让有关事宜的批复
中铁程办〔2010〕58号	关于成立郑州铁路技师学院入驻郑州职教园区工作领导小组的通知
中铁程办〔2010〕59号	关于申报2009年度工效挂钩工资清算及2010年度工效挂钩方案的请示
中铁程财〔2010〕60号	关于中铁宝工俱乐部及1、2、3号楼所处土地用途变更有关问题的批复
中铁程办〔2010〕61号	关于中国铁路工程总公司“十二五”节能专项规划有关情况的报告
中铁程办〔2010〕62号	关于呈报《中国铁路工程总公司2009年度董事会试点工作报告》的报告
中铁程财〔2010〕63号	关于申请2010年中央企业离休干部医药费补助的请示
中铁程财〔2010〕64号	关于天津金驭立交建设投资有限公司股权转让事项的批复
中铁程财〔2010〕65号	关于中铁二局股份有限公司向原股东配售股份有关事宜的请示
中铁程办〔2010〕66号	关于请求为所属中铁科工集团有限公司办理重大技术装备企业免税确认书的请示
中铁程办〔2010〕67号	关于中国中铁2010年软件正版化工作安排及进展情况的报告
中铁程财〔2010〕68号	关于2009年度企业财务绩效评价工作的报告
中铁程办〔2010〕69号	关于变更刚果（金）绿纱铜钴矿项目投资主体有关问题的请示
中铁程办〔2010〕70号	关于为所属中铁宝桥250～350km/h高速客运专线道岔制造技术改造项目办理国家鼓励发展的内外资项目确认书的请示
中铁程财〔2010〕71号	关于河南平正公司增加资本金投入有关问题的批复
中铁程财〔2010〕72号	关于转让华西能源工业股份有限公司股权事项的批复
中铁程办〔2010〕73号	关于中国中铁股份有限公司非公开发行A股股票有关事宜的请示
中铁程办〔2010〕74号	关于中国铁路工程总公司境外投资项目实施情况的报告
中铁程办〔2010〕75号	中国铁路工程总公司关于拟通过增资扩股方式控股一家香港主板矿业上市公司的请示
中铁程办〔2010〕76号	关于中国中铁在西藏及四川云南甘肃青海省藏区投资及对口援助情况的报告
中铁程办〔2010〕77号	关于对外并购事项自查情况的报告
中铁程办〔2010〕78号	关于成立高速铁路建造技术国家工程实验室的通知
中铁程办〔2010〕79号	关于刚果民主共和国SICOMINES铜钴矿项目情况的报告
中铁程办〔2010〕80号	关于报送《中国铁路工程总公司2010年节能宣传周活动总结报告》的报告
中铁程办〔2010〕81号	关于推荐盾构及掘进技术国家重点实验室（筹）主任及学术委员会主任人选的请示
中铁程办〔2010〕82号	关于报送《中国铁路工程总公司总部2010年向职工出售公有住房实施办法》的请示
中铁程财〔2010〕83号	中国铁路工程总公司关于申请2010年国有资本经营预算资金1亿元的请示
中铁程办〔2010〕84号	关于哈尔滨铁道职业技术学院申报“国家骨干高职院校”的请示
中铁程办〔2010〕85号	关于哈尔滨铁道职业技术学院申报“国家骨干高职院校”的函
中铁程办〔2010〕86号	关于中铁宝桥250～300km/h高速客运专线道岔制造项目办理《国家鼓励发展的内外资项目确认书》的请示

发文字号	文件标题
中铁程办〔2010〕87号	关于转让赤峰中铁资源有限公司股权事项的情况报告
中铁程办〔2010〕88号	关于下达宏达中心负责人2009年薪酬结算的通知
中铁程财〔2010〕89号	中国铁路工程总公司关于调整2010年财务预算主要指标的报告
中铁程办〔2010〕90号	关于中铁电气化局集团有限公司出售公有住房有关问题的批复
中铁程办〔2010〕91号	关于中铁建工集团有限公司出售公有住房有关问题的批复
中铁程财〔2010〕92号	关于2009年度社会性收费项目摸底调查情况的报告
中铁程办〔2010〕93号	关于联合体投标有关事项的请示
中铁程财〔2010〕94号	关于跨地区经营建筑企业所得税有关问题的请示
中铁程办〔2010〕95号	关于下达高树堂2009年薪酬结算的通知
中铁程办〔2010〕96号	关于境外投资中个人代持境外产权情况的报告
中铁程办〔2010〕97号	关于请求参加南非铁路项目建设的请示
中铁程办〔2010〕98号	关于对中国航空港“5.29”事故的处理意见
中铁程办〔2010〕99号	关于承担中哈霍尔果斯-热特肯铁路项目设计施工总承包的请示
中铁程财〔2010〕100号	关于河南平正高速公路发展有限公司2010年中期预算调整事宜的批复
中铁程财〔2010〕101号	关于中铁宏达资产管理中心2010年本级预算事宜的批复
中铁程财〔2010〕102号	关于中国航空港建设总公司2010年预算事宜的批复
中铁程财〔2010〕103号	关于2010年上半年业绩考核指标执行情况的报告
中铁程办〔2010〕104号	关于赤峰中铁资源有限公司生产经营有关情况的报告
中铁程办〔2010〕105号	关于中国航空港建设总公司调整员工岗位薪酬标准有关问题的批复
中铁程财〔2010〕106号	中国铁路工程总公司关于2009年度国有资本经营决算的报告
中铁程办〔2010〕107号	关于下达中国中铁股份有限公司2009年度工效挂钩清算结果和2010年度工效挂钩基数的通知
中铁程财〔2010〕108号	中国铁路工程总公司关于“小金库”自查自纠情况的报告
中铁程财〔2010〕109号	关于落实国务院国资委2009年度财务决算处理意见及批复总公司所属各企业2009年度企业财务决算的通知
中铁程办〔2010〕110号	关于中国航空港建设总公司建立现代企业制度有关问题的批复
中铁程办〔2010〕111号	关于深入贯彻铁道部《关于规范和加强我国高速铁路对外合作管理的通知》文件精神暨申请给予中铁工继续运作伊朗高速铁路项目授权的请示
中铁程办〔2010〕112号	关于深入贯彻铁道部《关于规范和加强我国高速铁路对外合作管理的通知》文件精神暨申请给予中铁工继续运作伊朗高速铁路项目授权的请示
中铁程办〔2010〕113号	关于请求支持中铁工EPC总承包泛亚铁路缅甸境内铁路项目的请示
中铁程办〔2010〕114号	关于中国航空港建设总公司改制股权设置方案有关事宜的批复
中铁程办〔2010〕115号	关于印发《中国航空港建设有限公司章程》的通知
中铁程办〔2010〕116号	关于中国铁路工程总公司参加阿拉伯联合酋长国Shah至Habshan 铁路C301标段投标的请示
中铁程办〔2010〕117号	关于申请授权在委内瑞拉铁路建设中使用中国铁路技术和产品的请示
中铁程办〔2010〕118号	关于2009年度中国铁路工程总公司国有资本经营决算的报告
中铁程办〔2010〕119号	关于报送《中国中铁董事会2009年度工作的整改报告》的报告
中铁程办〔2010〕120号	关于请求允许支付丰台科技园区管委会2007-2009年度特别奖励的请示
中铁程办〔2010〕121号	关于请求解决甬台温铁路项目概算清理有关费用问题的请示
中铁程财〔2010〕122号	关于上报2011年度主要财务指标预报表的报告
中铁程财〔2010〕123号	关于申请2011年中央企业离休干部医药费补助的请示
中铁程办〔2010〕124号	关于沈阳桥梁厂关闭破产项目办公室工作人员增加工资有关问题的批复
中铁程办〔2010〕125号	转发国管局中直管理局《关于加强中央在京单位保障性住房管理有关问题的通知》的通知
中铁程办〔2010〕126号	关于申请办理所属中国航空港建设总公司土地出让的请示
中铁程办〔2010〕127号	关于请求解决福厦铁路项目概算清理有关费用问题的请示

发文字号	文件标题
中铁程办〔2010〕128号	关于请求解决武广客专新广州站相关工程概算清理有关费用问题的请示
中铁程财〔2010〕129号	中国铁路工程总公司关于2010年度财务决算备案情况的报告
中铁程办〔2010〕130号	关于微调盾构及掘进技术国家重点实验室建设计划的请示
中铁程财〔2010〕131号	转发财政部关于拨付2010年对外经济技术合作专项资金通知的通知
中铁程办〔2010〕132号	关于中国中铁开展盾构机、中低速磁浮交通装备等战略性新兴产业有关情况的报告
中铁程财〔2010〕133号	关于中国铁路工程总公司“小金库”自查自纠“回头看”工作情况报告
中铁程财〔2010〕134号	转发国资委关于中央企业国有产权协议转让有关事项通知的通知
中铁程财〔2010〕135号	关于向中国中铁股份有限公司划转所持中国航空港建设总公司100%股权的决定
中铁程财〔2010〕136号	关于划转中国航空港建设总公司未纳入改制范围资产有关事项的通知

2010年中国铁路工程总公司行政发函目录

发文字号	文件标题
中铁程技函〔2010〕1号	关于报送新增中央投资重点产业振兴和技术改造专项信息的函
中铁程办函〔2010〕2号	关于申请延长程选明等12人赴澳门执行项目管理任务时间的函
中铁程办函〔2010〕3号	关于集宁隧道施工存在安全质量问题有关意见的复函
中铁程办函〔2010〕4号	关于印尼苏门答腊南部煤炭运输项目情况的报告（报发改委）
中铁程办函〔2010〕5号	关于对北京电铁通信信号勘测设计院资质申请审查意见进行申诉的函
中铁程办函〔2010〕6号	关于印尼苏门答腊南部煤炭运输项目情况的报告（报商务部）
中铁程办函〔2010〕7号	关于印尼苏门答腊南部煤炭运输项目情况的报告（报铁道部）
中铁程办函〔2010〕8号	关于申请员工罗行静在港工作签注延期的征求意见函
中铁程办函〔2010〕9号	关于邀请全总领导出席深圳地铁5号线贯通典礼的邀请函
中铁程办函〔2010〕10号	关于恳请帮助联系中国驻委内瑞拉大使馆为员工何开兵加急办理境外换发旅行证的函
中铁程办函〔2010〕11号	关于恳请为何龙林等6人办理在澳逗留证延期等相关手续的函
中铁程办函〔2010〕12号	关于恳请批准我公司派员赴台湾执行任务的函
中铁程办函〔2010〕13号	关于贯彻落实国资委“部分中央企业负责人会议”精神及中国铁路工程总公司房地产业务有关情况的报告
中铁程办函〔2010〕14号	关于调查统计革命烈士相关情况的通知
中铁程办函〔2010〕15号	关于2009年度中央、国务院文件清退监销工作情况的报告
中铁程办函〔2010〕16号	关于申报2010年度国家工程建设（勘察设计）优秀QC小组的函
中铁程办函〔2010〕17号	关于中国铁路工程总公司革命烈士统计情况的报告
中铁程办函〔2010〕18号	关于会青海省人民政府领导会商玉树地震灾后恢复重建对口援建工作的函
中铁程办函〔2010〕19号	关于请求提供玉树灾后重建规划相关资料的函
中铁程办函〔2010〕20号	关于申请开通铁路建设项目银行集团账户的请示
中铁程办函〔2010〕21号	《关于玉树灾后重建相关工作接洽的函》
中铁程办函〔2010〕22号	关于请求协调解决中国铁路工程总公司在陕企业公安机构21名人员移交有关问题的函
中铁程办函〔2010〕23号	关于办理境外换发黄功华旅行证的申请
中铁程办函〔2010〕24号	转发国管局关于开展中央国家机关在京单位使用集体土地情况调查通知的通知
中铁程办函〔2010〕25号	关于申报2010年对外经济技术合作专项资金的请示
中铁程办函〔2010〕26号	关于2010年度工资总额计划（预算）的报告
中铁程办函〔2010〕27号	关于代表中方企业集团请求核准刚果民主共和国SICOMINES铜钴矿项目的请示
中铁程办函〔2010〕28号	关于申请预拨2010年度国别政策进口专项资金的请示
中铁程办函〔2010〕29号	关于建议调整铁路勘察设计收费标准的请示
中铁程办函〔2010〕30号	关于报送中铁西南科学研究院有限公司工程勘察资质升级申请材料的函

发文字号	文件标题
中铁程办函〔2010〕31号	关于恳请支持中国中铁开发巴基斯坦铁路市场的报告
中铁程办函〔2010〕32号	关于请求参加铁道部领导会见南非议会交通委员会访华团活动的请示
中铁程办函〔2010〕33号	关于中国中铁目前在阿根廷业务情况的报告
中铁程办函〔2010〕34号	关于报送2010年上半年节能减排《统计监测报表》和总结分析报告的报告
中铁程办函〔2010〕35号	关于提交中国中铁股份有限公司股东大会议案的函
中铁程办函〔2010〕36号	关于请求支持中国中铁EPC总承包泛亚铁路老挝—泰国段和跟踪泰国高速铁路项目的请示
中铁程办函〔2010〕37号	关于诚邀联合主办“2010年中国城市轨道交通工程技术论坛”的函
中铁程办函〔2010〕38号	关于恳请办理《涉密地质资料借阅复制证书》有关事项的函
中铁程办函〔2010〕39号	关于哈尔滨铁道职业技术学院申报“国家骨干高职院校”的函
中铁程办函〔2010〕40号	关于哈尔滨铁道职业技术学院申报“国家骨干高职院校”的函
中铁程办函〔2010〕41号	关于哈尔滨铁道职业技术学院骨干院校建设资金事宜的批复
中铁程办函〔2010〕42号	关于下达宏达中心负责人2010年基本薪金的通知
中铁程办函〔2010〕43号	关于下达中国航空港建设总公司2010年基本薪金的通知
中铁程办函〔2010〕44号	关于恳请为所属中铁电气化勘测设计研究院有限公司办理《涉密地质资料借阅复制证书》有关事项的函
中铁程办函〔2010〕45号	关于申报2010年度全国优秀工程咨询成果奖项目的函
中铁程办函〔2010〕46号	关于申请在境外为员工梁恩广办理换发旅行证相关手续的函
中铁程办函〔2010〕47号	中国铁路工程总公司关于鼓励和引导民间投资发展情况的报告
中铁程办函〔2010〕48号	关于申请办理员工李发良、胡广明在港工作签注延期的函
中铁程办函〔2010〕49号	关于申请加急办理Bohr Thomas等3人在华居留登记手续的函
中铁程办函〔2010〕50号	关于申请办理李向辉在港工作签注延期的征求意见函
中铁程办函〔2010〕51号	关于我公司派员赴台湾参加学术会议的请示
中铁程办函〔2010〕52号	关于申请特急办理沈平等四人持旅行证件回国事宜的请示
中铁程办函〔2010〕53号	关于启用高速铁路建造技术国家工程实验室印章的通知
中铁程办函〔2010〕54号	关于下达中铁宏达资产管理中心2009年度工效挂钩清算结果和2010年度工效挂钩基数的通知
中铁程办函〔2010〕55号	关于下达2009年度工效挂钩清算结果和2010年度工效挂钩基数的通知-总公司总部
中铁程办函〔2010〕56号	关于报送所属中铁科工集团有限公司“轨道交通施工装备研制基地项目”自查报告的函
中铁程办函〔2010〕57号	关于上报2010年铁道部优质工程项目的函
中铁程办函〔2010〕58号	关于代转南非国有企业部长级委员会主席致函请求建立常态化的交流与合作关系的函
中铁程外函〔2010〕59号	关于吕枫申请在港工作签注延期的征求意见函
中铁程办函〔2010〕60号	关于申请2011年度桥梁循环运输专列的函
中铁程办函〔2010〕61号	关于同意变更《路基工程》出版单位名称的函
中铁程办函〔2010〕62号	关于报送所属中铁电气化勘测设计研究院有限公司、中铁大桥勘测设计院有限公司工程设计资质申请材料的函
中铁程办函〔2010〕63号	关于中国铁路工程总公司2011年度在京单位土地利用年度计划的报告
中铁程办函〔2010〕64号	关于请求督促兴丰房地产经营开发公司尽快返还所属三级企业中国铁工建设公司投资款的函
中铁程办函〔2010〕65号	关于向中国中铁股份有限公司股东大会提交三项临时提案的函

2010年中国铁路工程总公司党委发文目录

发文字号	文件标题
中铁程党干〔2010〕1号	关于2009年度干部培训计划落实情况的通报
中铁程党干〔2010〕2号	关于印发《中国铁路工程总公司因私出国（境）管理暂行办法》的通知
中铁程党干〔2010〕3号	关于印发《中国铁路工程总公司因公出国（境）人员审查审批管理办法》的通知

发文字号	文件标题
中铁程党组〔2010〕4号	关于开展争创“四强”党组织争做“四优”共产党员活动的通知
中铁程党组〔2010〕5号	关于认真做好百个基层党支部作用发挥情况调查的通知
中铁程党组〔2010〕6号	关于做好先进基层党组织、优秀共产党员和优秀党务工作者推荐评选工作的通知
中铁程党干〔2010〕7号	关于董事长石大华同志赴香港执行H股2009年度年报业绩路演任务的请示
中铁程党干〔2010〕8号	关于党委书记李长进同志赴香港执行H股2009年度年报业绩路演任务的请示
中铁程党宣〔2010〕9号	关于对农民工楷模巨晓林同志先进事迹进行宣传的报告
中铁程党宣〔2010〕10号	关于对农民工楷模巨晓林同志先进事迹进行宣传的报告
中铁程党组〔2010〕11号	关于成立中国铁路工程总公司深入开展创先争优活动领导小组的通知
中铁程党组〔2010〕12号	关于印发《中国铁路工程总公司深入开展创先争优活动实施意见》的通知
中铁程党宣〔2010〕13号	关于学习宣传巨晓林同志先进事迹的通知
中铁程党干〔2010〕14号	关于中国中铁股份有限公司有关领导人员职务任免的请示
中铁程党干〔2010〕15号	关于中国中铁股份有限公司有关领导人员职务任免的请示
中铁程党干〔2010〕16号	关于中国中铁股份有限公司有关领导人员职务聘任的请示
中铁程党干〔2010〕17号	关于授予中铁六局等九家单位党委因公出国（境）人员审批权的通知
中铁程党干〔2010〕18号	关于董事长兼总经理李长进同志赴马来西亚执行参加国际会议、商务洽谈任务的请示
中铁程党组〔2010〕19号	关于中国铁路工程总公司领导班子专题民主生活会情况的报告
中铁程党干〔2010〕20号	关于中国中铁股份有限公司治理结构换届的请示
中铁程党干〔2010〕21号	关于党委书记白中仁同志赴老挝执行商务洽谈任务的请示
中铁程党干〔2010〕22号	关于董事长兼总经理李长进同志赴伊朗执行商务洽谈任务的请示
中铁程党办〔2010〕23号	关于国资监管和中央企业改革发展有关意见和建议的报告
中铁程党干〔2010〕24号	关于中国中铁股份有限公司治理结构换届的请示
中铁程党干〔2010〕25号	关于许廷旺、余汉林职务任免的报告
中铁程党干〔2010〕26号	关于董事长兼总经理李长进同志赴老挝执行商务洽谈、现场考察任务的请示
中铁程党干〔2010〕27号	关于党委书记白中仁同志赴刚果民主共和国执行商务洽谈、项目检查任务的请示

2010年中国中铁股份有限公司公司行政发文目录

发文字号	文件标题
中铁股份安〔2010〕1号	关于印发《中国中铁股份有限公司2010年安全生产、工程质量、环境保护、职业健康监督管理工作要点》的通知
中铁股份安〔2010〕2号	关于公布2009年度中国中铁优质工程项目及获奖单位的通知
中铁股份物〔2010〕3号	关于建立股份公司物资管理信息系统的通知
中铁股份物〔2010〕4号	关于下达2010年物资集中采购工作计划的通知
中铁股份法〔2010〕5号	关于修订华铁工程咨询有限责任公司章程的批复
中铁股份董〔2010〕6号	关于印发《中国中铁股份有限公司高级管理人员薪酬与考核管理暂行办法》的通知
中铁股份生〔2010〕7号	转发铁道部发布关于铁路工程施工组织设计指南通知的通知
中铁股份生〔2010〕8号	关于进一步落实铁道部深入推进架子队管理工作有关要求的通知
中铁股份生〔2010〕9号	转发铁道部关于印发《铁路建设单位考核办法》通知的通知
中铁股份法〔2010〕10号	关于印发《中国中铁股份有限公司2010年法律事务工作要点》的通知
中铁股份法〔2010〕11号	关于修订中铁西南科学研究院有限公司章程的批复
中铁股份划〔2010〕12号	关于沈阳桥梁厂破产相关事宜有关问题的批复
中铁股份审〔2010〕13号	关于批转股份公司内控审计部《关于对中铁资源集团有限公司2008年度及2009年度1-6月财务审计的报告》的通知

发文字号	文件标题
中铁股份办〔2010〕14号	转发国家档案局 国务院国资委关于进一步加强中央企业档案工作的意见的通知
中铁股份技〔2010〕15号	关于大力推广应用《工程项目综合管理信息系统》及部署信息化达标考评工作的通知
中铁股份法〔2010〕16号	关于修订中铁西北科学研究院有限公司章程的通知
中铁股份财〔2010〕17号	关于股份公司2009年三季度财务预警分析情况的通报
中铁股份人〔2010〕18号	关于成立中国中铁股份有限公司全员业绩考核工作领导小组的通知
中铁股份资〔2010〕19号	关于同意中铁二局转让贵阳明珠饭店有限公司和成都元通铁路工程有限公司股权的批复
中铁股份划〔2010〕20号	关于编报《2010年度全面风险管理报告》的通知
中铁股份工〔2010〕21号	关于中铁宝桥高速、客运专线道岔外部扩能建设项目初步设计有关问题的批复
中铁股份办〔2010〕22号	关于做好2010年春节期间有关工作的通知
中铁股份人〔2010〕23号	关于股份公司2010年度培训工作安排的通知
中铁股份人〔2010〕24号	关于印发《中国中铁有限公司2010年人力资源管理工作要点》的通知
中铁股份工〔2010〕25号	关于股份公司2010年大型施工设备集中采购工作指导意见的通知
中铁股份审〔2010〕26号	关于印发《中国中铁股份有限公司2010年审计工作要点》的通知
中铁股份划〔2010〕27号	关于编制股份公司“十二五”发展规划工作安排的通知
中铁股份资〔2010〕28号	关于中铁大桥局集团有限公司参股中铁九桥工程有限公司有关问题的批复
中铁股份人〔2010〕29号	关于印发《中国中铁股份有限公司委内瑞拉分公司薪酬管理办法》的通知
中铁股份人〔2010〕30号	关于成立中国中铁郑州地铁建设工程指挥部筹备组的通知
中铁股份划〔2010〕31号	关于下达股份公司2010年生产经营指导性计划的通知
中铁股份工〔2010〕32号	关于股份公司投资建设南方装备基地项目有关问题的通知
中铁股份技〔2010〕33号	转发铁道部科技司关于印发《2010年铁路计量工作要点》通知的通知
中铁股份技〔2010〕34号	关于公布2009年度中国铁路工程总公司科学技术奖获奖项目的通知
中铁股份外〔2010〕35号	关于印发《股份公司2010年国际化经营工作要点和“十二五”工作基本思路》的通知
中铁股份生〔2010〕36号	转发铁道部运输局关于公布《铁路用道砟合格生产单位目录》通知的通知
中铁股份安〔2010〕37号	关于对中铁一局“11.18”事故的处理决定
中铁股份安〔2010〕38号	关于对中铁二局“11.26”事故的处理决定
中铁股份技〔2010〕39号	关于印发《股份公司2010年科技、设计、信息化、节能减排、学术工作要点》的通知
中铁股份工〔2010〕40号	转发铁道部关于印发《轨道车运行控制设备（GYK）运用维护管理办法》的通知
中铁股份财〔2010〕41号	关于印发《中国中铁股份有限公司委内瑞拉分公司委内瑞拉迪-阿铁路项目业绩考核办法》的通知
中铁股份人〔2010〕42号	关于明确中国中铁股份有限公司委内瑞拉分公司人力资源管理有关事宜的通知
中铁股份人〔2010〕43号	关于2010年股份公司有突出贡献的中青年专家评选工作的通知
中铁股份人〔2010〕44号	关于做好第十届詹天佑铁道科学技术奖人选推荐工作的通知
中铁股份人〔2010〕45号	关于公布股份公司第二批《高技能人才评价示范标准》的通知
中铁股份安〔2010〕46号	关于积极争创国家安全监管总局安全文化建设示范企业的通知
中铁股份人〔2010〕47号	关于印发2010年中国中铁股份有限公司企业技能鉴定及高技能人才评价工作计划的通知
中铁股份法〔2010〕48号	关于印发《中铁港航工程局有限公司章程》的通知
中铁股份技〔2010〕49号	关于申报评选2010年度勘察设计优秀质量管理小组的通知
中铁股份技〔2010〕50号	转发国家发展改革委办公厅关于2010年工程咨询单位资格申报有关事项的通知
中铁股份技〔2010〕51号	转发国家发展改革委关于印发《工程咨询业2010-2015年发展规划纲要》的通知
中铁股份资〔2010〕52号	关于向中铁一局集团有限公司增资的批复
中铁股份资〔2010〕53号	关于向中铁三局集团有限公司增资的批复
中铁股份资〔2010〕54号	关于向中铁四局集团有限公司增资的通知
中铁股份资〔2010〕55号	关于向中铁七局集团有限公司增资的通知
中铁股份资〔2010〕56号	关于向中铁八局集团有限公司增资的通知
中铁股份资〔2010〕57号	关于向中铁九局集团有限公司增资的通知

发文字号	文件标题
中铁股份资〔2010〕58 号	关于向中铁十局集团有限公司增资的通知
中铁股份资〔2010〕59 号	关于向中铁隧道局集团有限公司增资的通知
中铁股份资〔2010〕60 号	关于向中铁电气化局集团有限公司增资的通知
中铁股份资〔2010〕61 号	关于向中铁建工集团有限公司增资的通知
中铁股份资〔2010〕62 号	关于向中铁科工集团有限公司增资的批复
中铁股份资〔2010〕63 号	关于向中国海外工程责任有限公司增资的批复
中铁股份资〔2010〕64 号	关于印发《中国中铁股份有限公司 A 股募集资金管理办法（修订稿）》的通知
中铁股份划〔2010〕65 号	关于中铁港航工程局新设装备发展公司有关问题的批复
中铁股份划〔2010〕66 号	转发国资委有关开展中央企业非主业宾馆酒店分离重组工作等文件
中铁股份法〔2010〕67 号	关于中铁六局集团有限公司章程修订有关问题的批复
中铁股份审〔2010〕68 号	关于批转股份公司内控审计部《关于中铁西北科学研究院有限公司 2008 年度及 2009 年度 1-9 月财务审计的报告》的通知
中铁股份技〔2010〕69 号	转发铁道部《客运专线铁路高速道岔首组铺设质量评估实施细则（试行）》的通知
中铁股份财〔2010〕70 号	关于开展统一会计政策和编写《会计核算手册》工作的通知
中铁股份技〔2010〕71 号	关于 2009 年度股份公司节能减排统计监测工作情况的通报
中铁股份监〔2010〕72 号	关于印发《中国中铁股份有限公司 2010 年“双清”工作安排》的通知
中铁股份人〔2010〕73 号	关于举办中国中铁第九届青年技能竞赛工程测量工、CAD 制图技能大赛的通知
中铁股份人〔2010〕74 号	关于印发《中国中铁股份有限公司薪酬管理工作指导意见》的通知
中铁股份人〔2010〕75 号	关于印发《中国中铁股份有限公司项目经理管理办法（试行）》、《中国中铁股份有限公司职业项目经理资格管理办法（试行）》的通知
中铁股份安〔2010〕76 号	关于对杭州地铁湘湖站“11.15” 重大生产安全事故的处理决定
中铁股份安〔2010〕77 号	关于印发《中国中铁股份有限公司安全质量事故责任追究办法》的通知
中铁股份人〔2010〕78 号	关于加强企业法律从业人员队伍建设的通知
中铁股份技〔2010〕79 号	关于印发《中铁二局股份有限公司祁东制梁场后张法预应力混凝土铁路桥箱型简支梁投产鉴定意见》的通知
中铁股份技〔2010〕80 号	关于所属相关企业做好主办公开发行科技期刊 2009 年度核验工作的通知
中铁股份工〔2010〕81 号	关于中铁山桥在秦皇岛市山海关区临港工业园建设山桥产业园有关问题的批复
中铁股份法〔2010〕82 号	关于开展中国中铁股份有限公司首届法务工作先进单位暨十佳法律顾问评选活动的通知
中铁股份法〔2010〕83 号	关于修订《中铁九局集团有限公司章程》的批复
中铁股份法〔2010〕84 号	关于修订《中铁隧道集团有限公司章程》的批复
中铁股份监〔2010〕85 号	关于进一步推进工程建设领域突出问题专项治理排查工作的通知
中铁股份监〔2010〕86 号	关于表彰 2009 年度股份公司审计工作先进单位和先进工作者的通知
中铁股份财〔2010〕87 号	转发国务院国资委《关于建立国有控股上市公司运行情况信息报告制度的通知》的通知
中铁股份安〔2010〕88 号	转发住房和城乡建设部《城市轨道交通工程安全质量管理暂行办法》的通知
中铁股份监〔2010〕89 号	关于在全公司统一立项开展协作队伍管理效能监察的通知
中铁股份法〔2010〕90 号	关于修订《中铁电气化局集团有限公司章程》的通知
中铁股份法〔2010〕91 号	关于修订《中铁建工集团有限公司章程》的通知
中铁股份监〔2010〕92 号	关于 2009 年全公司“双清”工作情况的通报
中铁股份财〔2010〕93 号	转发国资委关于中央企业国有产权协议转让有关事项通知的通知
中铁股份工〔2010〕94 号	关于做好沪杭客运专线站线无砟道岔试制工作的通知
中铁股份房〔2010〕95 号	关于进一步加强中国中铁房地产业务管理的通知
中铁股份法〔2010〕96 号	关于修订《中铁八局集团有限公司章程》的批复
中铁股份人〔2010〕97 号	关于公布 2009 年度年审不合格外部劳务队伍名单的通知
中铁股份生〔2010〕98 号	转发铁道部战备办《2010 年铁路战备工作要点》的通知

发文字号	文件标题
中铁股份生〔2010〕99 号	转发铁道部战备办关于下达 2010 年铁路战备物资储备计划的通知
中铁股份生〔2010〕100 号	转发铁道部战备办关于下达 2010 年铁路国防交通干部及保障队伍专业训练及有关计划的通知
中铁股份生〔2010〕101 号	转发国防交通协会关于开展"走军民融合式发展路子，加强国防交通建设"专题理论研究的通知
中铁股份人〔2010〕102 号	关于开展高技能人才评价工作有关问题的批复
中铁股份划〔2010〕103 号	关于下达中铁港航工程局有限公司 2010 年生产经营计划的通知
中铁股份人〔2010〕104 号	转发国资委关于中央企业 2009 年度工效挂钩清算及 2010 年度工效挂钩方案申报工作通知的通知
中铁股份企〔2010〕105 号	关于切实做好上海世博会期间有关工作的通知
中铁股份监〔2010〕106 号	关于评选"双清"工作先进个人的通知
中铁股份董〔2010〕107 号	关于印发《2010 年度全公司董事会监事会日常工作要点》的通知
中铁股份资〔2010〕108 号	关于进一步做好 2010 年度股份公司资金集中管理工作的通知
中铁股份人〔2010〕109 号	关于成立中国中铁昆万铁路建设领导小组的通知
中铁股份人〔2010〕110 号	关于成立中国中铁昆万铁路施工筹备组的通知
中铁股份法〔2010〕111 号	关于修订《中铁十局集团有限公司章程》的批复
中铁股份法〔2010〕112 号	关于修订《中铁一局集团有限公司章程》的批复
中铁股份法〔2010〕113 号	关于修订《中铁七局集团有限公司章程》的通知
中铁股份技〔2010〕114 号	关于印发《中国中铁股份有限公司计算机软硬件集中采购管理办法（试行）》的通知
中铁股份人〔2010〕115 号	关于认真组织落实股份公司《2010 年集体合同》的通知
中铁股份审〔2010〕116 号	关于股份公司各子分公司开展同级审计和财务收支审计的通知
中铁股份划〔2010〕117 号	关于中铁二院工程集团有限责任公司合资成立监理有限公司有关问题的批复
中铁股份法〔2010〕118 号	关于修订《中铁四局集团有限公司章程》的通知
中铁股份法〔2010〕119 号	关于修订《中铁三局集团有限公司章程》的通知
中铁股份审〔2010〕120 号	关于批转股份公司内控审计部《中铁置业集团有限公司经营审计报告》的通知
中铁股份技〔2010〕121 号	关于转发铁建协《铁道建设工程部级工法评审实施细则（试行）》的通知
中铁股份财〔2010〕122 号	关于 2009 年年报财务预警（初步）分析结果的通报
中铁股份人〔2010〕123 号	关于中铁二局幼师要求提高待遇有关问题的批复
中铁股份工〔2010〕124 号	关于规范大型养路机械、轨道车驾驶资格考试报名工作的通知
中铁股份财〔2010〕125 号	关于定期编报《对外捐赠支出季报》的通知
中铁股份财〔2010〕126 号	关于加强"双清"指标管理确保全面完成 2010 年"双清"工作任务的通知
中铁股份财〔2010〕127 号	关于下达 2010 年度 KPI 管理目标（财务指标）的通知
中铁股份人〔2010〕128 号	关于命名表彰中国中铁 2009 年度青年文明号和青年岗位能手（标兵）的决定
中铁股份人〔2010〕129 号	关于公布 2010 年度股份公司勘察设计与咨询优秀质量管理小组评审结果的通知
中铁股份外〔2010〕130 号	关于中国中铁运作委内瑞拉 Chaguaramas-Las-Mercedes-Cabruta 和 San Juan de los Morros-San Fernando de Apure 两条铁路设备系统集成项目情况的报告（报商务部）
中铁股份外〔2010〕131 号	关于将委内瑞拉 Chaguaramas-Las-Mercedes-Cabruta 和 San Juan de los Morros-San Fernando de Apure 两条铁路设备系统集成项目纳入中委合作基金管理的请示
中铁股份外〔2010〕132 号	关于中国中铁运作委内瑞拉 Chaguaramas-Las-Mercedes-Cabruta 和 San Juan de los Morros-San Fernando de Apure 两条铁路设备系统集成项目情况的报告（报外交部）
中铁股份人〔2010〕133 号	关于印发《中国中铁股份有限公司干部人事档案管理办法》的通知
中铁股份划〔2010〕134 号	关于中铁建工集团有限公司设立大连工程有限公司有关问题的批复
中铁股份划〔2010〕135 号	关于中铁建工集团有限公司设立房地产公司有关问题的批复
中铁股份法〔2010〕136 号	关于修订《中铁西南投资管理有限公司章程》的批复
中铁股份人〔2010〕137 号	关于表彰中国中铁股份有限公司 2010 年"有突出贡献的中青年专家"的决定
中铁股份安〔2010〕138 号	转发国家安监总局关于开展高危行业安全生产费用政策执行情况调查通知的通知
中铁股份人〔2010〕139 号	关于成立中国中铁股份有限公司机关事务管理中心的通知

发文字号	文件标题
中铁股份审〔2010〕140号	关于批转股份公司内控审计部《关于对中铁五局（集团）有限公司原总经理赵占虎同志任期经济责任审计的报告》和《任期经济责任审计评议书》的通知
中铁股份审〔2010〕141号	关于批转股份公司内控审计部《关于对中铁五局（集团）有限公司原董事长罗立生同志任期经济责任审计的报告》和《任期经济责任审计评议书》的通知
中铁股份技〔2010〕142号	关于下达中国中铁股份有限公司2010年度工法开发计划和2010年度专利申请计划的通知
中铁股份技〔2010〕143号	关于印发中国中铁开展节能减排标准化工地建设实施意见的通知
中铁股份财〔2010〕144号	关于转让北京虎跃混凝土有限公司股权事项的批复
中铁股份安〔2010〕145号	转发国家安监总局等七部委关于开展2010年“全国安全生产月”活动的通知
中铁股份技〔2010〕146号	关于印发《中铁九局集团有限公司库车制梁场后张法预应力混凝土铁路桥T型简支梁投产鉴定意见》的通知
中铁股份划〔2010〕147号	关于中铁二院设立重庆勘察设计研究院有限公司和华东勘察设计研究院有限公司有关问题的批复
中铁股份外〔2010〕148号	关于恳请支持所属中铁二院承担泛亚铁路缅甸境内铁路项目勘察设计工作的请示
中铁股份营〔2010〕149号	转发交通运输部《公路建设市场信用信息管理办法》和《公路施工企业信用等级评价规则》的通知
中铁股份财〔2010〕150号	关于2009年财务预警分析情况的通报
中铁股份划〔2010〕151号	关于合资成立中铁二院高格工程设计有限公司有关问题的批复
中铁股份技〔2010〕152号	关于成立股份公司计算机软硬件集中采购领导小组的通知
中铁股份技〔2010〕153号	关于印发《中国中铁股份有限公司2010年度科技开发计划》的通知
中铁股份技〔2010〕154号	关于下达2010年度节能减排量化考核指标的通知
中铁股份人〔2010〕155号	关于成立中国中铁股份有限公司玉树灾后重建领导小组的通知
中铁股份外〔2010〕156号	转发财政部 商务部关于做好2010年对外经济技术合作专项资金申报工作通知的通知
中铁股份法〔2010〕157号	关于表彰中国中铁股份有限公司法务工作先进单位暨十佳法律顾问的决定
中铁股份资〔2010〕158号	关于中海外为其子公司提供担保事宜的批复
中铁股份资〔2010〕159号	关于中铁二局2010年度对外担保事宜的批复
中铁股份资〔2010〕160号	关于中铁三局2010年度对外担保事宜的批复
中铁股份资〔2010〕161号	关于中铁四局2010年度对外担保事宜的批复
中铁股份资〔2010〕162号	关于中铁五局2010年度对外担保事宜的批复
中铁股份财〔2010〕163号	关于公布股份公司各二级单位2009年度业绩考核结果的通知
中铁股份资〔2010〕164号	关于中铁大桥局2010年度对外担保事宜的批复
中铁股份资〔2010〕165号	关于中铁隧道2010年度对外担保事宜的批复
中铁股份资〔2010〕166号	关于中铁电气化局2010年度对外担保事宜的批复
中铁股份资〔2010〕167号	关于中铁建工为其子公司提供担保事宜的批复
中铁股份资〔2010〕168号	关于同意中铁二院为其子公司提供担保的通知
中铁股份资〔2010〕169号	关于中铁设计咨询2010年度对外担保事宜的批复
中铁股份资〔2010〕170号	关于中铁国际2010年度对外担保相关事宜的批复
中铁股份资〔2010〕171号	关于中铁科工为其子公司提供担保事宜的批复
中铁股份资〔2010〕172号	关于同意中铁大桥院为其子公司提供担保的通知
中铁股份资〔2010〕173号	关于批准中铁西南院2010年度对外担保事宜的通知
中铁股份资〔2010〕174号	关于同意中铁西北院为其子公司提供担保的通知
中铁股份资〔2010〕175号	关于同意为华铁咨询公司提供担保的通知
中铁股份资〔2010〕176号	关于调整中铁海西担保额度事宜的批复
中铁股份董〔2010〕177号	关于印发《中国中铁股份有限公司内幕信息知情人管理制度》的通知
中铁股份董〔2010〕178号	关于印发《中国中铁股份有限公司定期报告信息披露重大差错责任追究制度》的通知
中铁股份财〔2010〕179号	关于中铁西南投资管理有限公司2009年业绩考核有关问题的批复
中铁股份技〔2010〕180号	关于转发国务院国资委李伟副主任在第三次中央企业信息化工作会议上讲话的通知
中铁股份技〔2010〕181号	转发铁道部客运专线系统集成办公室关于加强高速铁路技术保密管理工作通知的通知

发文字号	文件标题
中铁股份审〔2010〕182号	关于批转股份公司内控审计部《关于对北京燕丰饭店原董事长米嘉祥同志任期经济责任审计的报告》和《任期经济责任审计评议书》的通知
中铁股份工〔2010〕183号	关于采购股份公司内部制造企业有关产品的通知
中铁股份人〔2010〕184号	关于成立股份公司职业项目经理资格评审工作领导小组的通知
中铁股份人〔2010〕185号	关于中国中铁股份有限公司一级职业项目经理资格认定工作的通知
中铁股份财〔2010〕186号	关于2010年一季度财务预警初步分析结果的通报
中铁股份人〔2010〕187号	关于成立中国中铁玉树灾后重建现场指挥部的通知
中铁股份人〔2010〕188号	转发商务部关于开展“中国援外奉献奖”组织表彰活动通知的通知
中铁股份人〔2010〕189号	关于表彰中国中铁第九届青年技能竞赛工程测量工技能大赛先进集体和先进个人的决定
中铁股份财〔2010〕190号	转发国务院国资委《中央企业资产评估项目核准工作指引》的通知
中铁股份资〔2010〕191号	关于中铁四局拟投资中国绿色产业基金有关问题的批复
中铁股份工〔2010〕192号	关于GLC系列道岔外购配套件有关事项的通知
中铁股份办〔2010〕193号	关于表彰2009年度信息调研工作先进单位和先进个人的决定
中铁股份安〔2010〕194号	关于表彰中国中铁2009年度青年安全杯竞赛先进集体和个人的决定
中铁股份监〔2010〕195号	关于表彰2008、2009年度“双清”工作先进个人的决定
中铁股份财〔2010〕196号	关于2010年一季度财务预警分析结果的通报
中铁股份董〔2010〕197号	关于《中铁十局集团有限公司董事会议事规则》的批复
中铁股份董〔2010〕198号	关于《中铁十局集团有限公司监事会议事规则》的批复
中铁股份董〔2010〕199号	关于《中铁西南科学研究院有限公司董事会议事规则》的批复
中铁股份安〔2010〕200号	转发国家发改委等七部委关于加强重大工程安全质量保障措施通知的通知
中铁股份工〔2010〕201号	关于中铁宝桥机械产品扩能改造建设项目事宜的批复
中铁股份工〔2010〕202号	关于中国中铁委内瑞拉铁路工程道岔项目相关工作安排的通知
中铁股份资〔2010〕203号	关于中铁二局股份有限公司配股有关问题的批复
中铁股份技〔2010〕204号	关于印发《中铁十局集团有限公司韶关制梁场后张法预应力混凝土铁路桥 T 型简支梁投产鉴定意见》的通知
中铁股份法〔2010〕205号	关于修订《中铁二局集团有限公司章程》的批复
中铁股份资〔2010〕206号	关于中铁二局集团处置重庆市渝中区华一村房产事宜的批复
中铁股份安〔2010〕207号	转发国土资源部等三部委关于加强公路和铁路沿线地质灾害防范工作通知的通知
中铁股份财〔2010〕208号	关于对美丽集团公司所持中铁大桥局武汉置业公司股权进行评估有关问题的批复
中铁股份董〔2010〕209号	关于中铁五局修订董事会议事规则事宜的批复
中铁股份财〔2010〕210号	关于中铁隧道集团资阳土地房屋拆迁事宜的批复
中铁股份人〔2010〕211号	关于中央企业职工技能竞赛先进单位和优秀工作者、2009 年中央企业职工技能大赛优秀选手和优秀组织单位的通报
中铁股份人〔2010〕212号	关于表彰2010年中央企业职工技能大赛工程测量工决赛获奖选手和培训单位的决定
中铁股份人〔2010〕213号	关于成立中国中铁郑州地铁工程指挥部的通知
中铁股份人〔2010〕214号	关于成立中国中铁蚌埠土地开发项目建设指挥部的通知
中铁股份法〔2010〕215号	关于修订《中铁西南投资管理有限公司章程》的批复
中铁股份法〔2010〕216号	关于修订《中铁港航工程局有限公司章程》的批复
中铁股份人〔2010〕217号	关于表彰中国中铁第九届青年技能竞赛CAD制图技能大赛先进集体和先进个人的决定
中铁股份技〔2010〕218号	转发财政部 工业和信息化部关于印发中央国有资本经营预算重大技术创新及产业化资金项目指南（2010年版）通知的通知
中铁股份财〔2010〕219号	关于股份公司 “三不让”资金使用有关问题的补充通知
中铁股份人〔2010〕220号	关于成立中铁南通投资建设管理有限公司的通知
中铁股份人〔2010〕221号	关于成立中国中铁临海高等级公路如东段BT工程总包项目经理部的通知

发文字号	文件标题
中铁股份划〔2010〕222 号	关于转发财政部等五部委《企业内部控制配套指引》的通知
中铁股份人〔2010〕223 号	关于成立股份公司“小金库”专项治理工作机构的通知
中铁股份营〔2010〕224 号	关于印发《中国中铁股份有限公司收费公路运营管理办法(暂行)》的通知
中铁股份人〔2010〕225 号	关于成立中国中铁股份有限公司阳春市铁路支线标段Ⅰ工程项目经理部的通知
中铁股份人〔2010〕226 号	关于成立中国中铁股份有限公司国投新集公司矿区铁路改扩建工程项目经理部的通知
中铁股份董〔2010〕227 号	关于《中铁九局集团有限公司董事会议事规则》的批复
中铁股份财〔2010〕228 号	关于印发《中国中铁股份有限公司“小金库”专项治理实施方案》的通知
中铁股份技〔2010〕229 号	转发铁道部《铁路客运专线知识产权管理暂行办法》的通知
中铁股份工〔2010〕230 号	关于中铁港航局要求追加投资购置施工船舶设备事宜的批复
中铁股份工〔2010〕231 号	转发铁道部《铁路自轮运转车辆驾驶员管理细则（暂行)》的通知
中铁股份工〔2010〕232 号	关于京沪高速铁路站线用 60kg/m 钢轨 18 号可动心轨单开无砟道岔技术转让费分配的通知
中铁股份财〔2010〕233 号	关于中铁九局从上海铁润建设工程有限公司撤资事宜的批复
中铁股份人〔2010〕234 号	关于下达所属企业负责人 2009 年薪酬结算的通知
中铁股份人〔2010〕235 号	关于兑现离任企业主要负责人延期绩效薪金的通知
中铁股份人〔2010〕236 号	关于公布试行股份公司《高技能人才评价培训教材、试题库》的通知
中铁股份划〔2010〕237 号	关于中铁港航局设立中铁南方工程装备有限公司有关问题的批复
中铁股份法〔2010〕238 号	关于中铁南通投资建设管理有限公司章程的批复
中铁股份安〔2010〕239 号	转发国务院安委会办公室关于认真学习和贯彻落实《国务院关于进一步加强企业安全生产的通知》的通知
中铁股份技〔2010〕240 号	转发铁道部关于进一步明确软弱围岩及不良地质铁路隧道设计施工有关技术规定通知的通知
中铁股份监〔2010〕241 号	关于进一步加强亏损项目整改和强化协作队伍管理的通知
中铁股份划〔2010〕242 号	关于设立中铁二院（广东）港航勘察设计有限责任公司有关问题的批复
中铁股份技〔2010〕243 号	关于印发《中铁九局集团有限公司湘桂铁路永州制梁场后张法预应力混凝土铁路桥 T 型简支梁投产鉴定意见》的通知
中铁股份技〔2010〕244 号	关于印发《中铁十局集团有限公司晋中制梁场后张法预应力混凝土铁路桥箱型简支梁投产鉴定意见》的通知
中铁股份技〔2010〕245 号	关于印发《中铁十局集团有限公司清徐制梁场后张法预应力混凝土铁路桥箱型简支梁投产鉴定意见》的通知
中铁股份人〔2010〕246 号	关于成立中铁中原投资发展有限公司的通知
中铁股份人〔2010〕247 号	关于设立中铁科工集团轨道交通装备有限公司有关问题的批复
中铁股份资〔2010〕248 号	关于中铁四局新建综合办公楼事宜的批复
中铁股份生〔2010〕249 号	转发铁道部《铁路建设工程监理企业与监理人员不良行为记录管理暂行办法》的通知
中铁股份审〔2010〕250 号	关于批转股份公司内控审计部《关于对中铁国际经济合作有限公司 2008 年度及 2009 年度财务审计的报告》及《财务审计评议书》的通知
中铁股份审〔2010〕251 号	关于批转股份公司内控审计部《中铁南方投资发展有限公司经营审计报告》的通知
中铁股份审〔2010〕252 号	关于批转股份公司内控审计部《关于对中国海外工程有限公司 2008 年和 2009 年经营及内控状况审计报告》的通知
中铁股份财〔2010〕253 号	关于中铁国际经济合作有限公司 2010 年中期预算调整事宜的批复
中铁股份财〔2010〕254 号	关于中国海外工程有限责任公司 2010 年中期预算调整事宜的批复
中铁股份财〔2010〕255 号	关于中铁电气化局集团有限公司 2010 年中期预算调整事宜的批复
中铁股份财〔2010〕256 号	关于中铁隧道集团有限公司 2010 年中期预算调整事宜的批复
中铁股份财〔2010〕257 号	关于中铁大桥局集团有限公司 2010 年中期预算调整事宜的批复
中铁股份财〔2010〕258 号	关于中铁六局集团有限公司 2010 年中期预算调整事宜的批复
中铁股份财〔2010〕259 号	关于中铁七局集团有限公司 2011 年中期预算调整事宜的批复

发文字号	文件标题
中铁股份财〔2010〕260号	关于中铁八局集团有限公司2012年中期预算调中铁八整事宜的批复
中铁股份财〔2010〕261号	关于中铁九局集团有限公司2013年中期预算调整事宜的批复
中铁股份财〔2010〕262号	关于中铁十局集团有限公司2014年中期预算调整事宜的批复
中铁股份财〔2010〕263号	关于中铁二院工程集团有限责任公司2010年中期预算调整事宜的批复
中铁股份财〔2010〕264号	关于中铁工程设计咨询集团有限公司2010年中期预算调整事宜的批复
中铁股份财〔2010〕265号	关于中铁西南科学研究院有限公司2010年中期预算调整事宜的批复
中铁股份财〔2010〕266号	关于中铁一局集团有限公司2010年中期预算调整事宜的批复
中铁股份财〔2010〕267号	关于中铁二局集团有限公司2010年中期预算调整事宜的批复
中铁股份财〔2010〕268号	关于中铁三局集团有限公司2010年中期预算调整事宜的批复
中铁股份财〔2010〕269号	关于中铁四局集团有限公司2010年中期预算调整事宜的批复
中铁股份财〔2010〕270号	关于中铁五局集团有限公司2010年中期预算调整事宜的批复
中铁股份财〔2010〕271号	关于中铁大桥勘测设计院有限公司2010年中期预算调整事宜的批复
中铁股份技〔2010〕272号	关于印发《中铁九局集团有限公司通化制梁场后张法预应力混凝土铁路桥 T 型简支梁投产鉴定意见》的通知
中铁股份技〔2010〕273号	关于公布2010年度中国中铁股份有限公司优秀工程勘察设计奖获奖项目的通知
中铁股份技〔2010〕274号	关于公布2010年度股份公司优秀工程咨询成果获奖项目的通知
中铁股份财〔2010〕275号	关于中铁港航工程局有限公司2010年中期预算调整事宜的批复
中铁股份董〔2010〕276号	关于《中铁七局集团有限公司监事会议事规则》的批复
中铁股份财〔2010〕277号	关于中铁资源有限公司2010年中期预算调整事宜的批复
中铁股份财〔2010〕278号	关于中铁宝桥集团有限公司2010年中期预算调整事宜的批复
中铁股份财〔2010〕279号	关于中铁科工集团有限公司2010年中期预算调整事宜的批复
中铁股份财〔2010〕280号	关于中铁隧道装备制造有限公司2010年中期预算调整事宜的批复
中铁股份财〔2010〕281号	关于中铁信托有限责任公司2010年中期预算调整事宜的批复
中铁股份财〔2010〕282号	关于华铁工程咨询有限责任公司2010年中期预算调整事宜的批复
中铁股份财〔2010〕283号	关于中铁西南投资管理有限公司2010年中期预算调整事宜的批复
中铁股份财〔2010〕284号	关于中铁山桥集团有限公司2010年中期预算调整事宜的批复
中铁股份财〔2010〕285号	关于中铁西北科学研究院有限公司2010年中期预算调整事宜的批复
中铁股份财〔2010〕286号	关于中国海外工程有限责任公司转让下属子公司所持浙江公铁全部股权事宜的批复
中铁股份财〔2010〕287号	关于中铁二局集团有限公司转让重庆垫忠高速公路有限公司股权事宜的批复
中铁股份财〔2010〕288号	关于刚果税务关税制度有关事宜的通知
中铁股份财〔2010〕289号	关于哈大指挥部等直属项目机构2010年中期预算调整事宜的批复
中铁股份人〔2010〕290号	关于做好第三期《科技名人录》收录工作的通知
中铁股份安〔2010〕291号	关于对中铁五局“4.13”事故的处理意见
中铁股份安〔2010〕292号	关于对中铁隧道“7.14”事故的处理意见
中铁股份安〔2010〕293号	关于对中铁九局“7.18”事故的处理意见
中铁股份安〔2010〕294号	关于对中铁二局“3.29”较大事故的处理意见
中铁股份外〔2010〕295号	转发商务部等七部委关于印发《境外中资企业机构和人员安全管理规定》通知的通知
中铁股份划〔2010〕296号	关于北京燕丰饭店有限公司重组并入华铁工程咨询有限责任公司的通知
中铁股份人〔2010〕297号	关于成立股份公司资源板块上市工作领导小组和工作小组的通知
中铁股份财〔2010〕298号	关于股份公司2010年中报财务预警分析（初步）的通报
中铁股份法〔2010〕299号	关于修订《中铁八局集团有限公司章程》的批复
中铁股份法〔2010〕300号	关于修订《中铁宝桥集团有限公司章程》的批复
中铁股份生〔2010〕301号	关于局部整修宝鸡战略器材储备库的通知
中铁股份生〔2010〕302号	关于新建石家庄战备器材储备库的通知

发文字号	文件标题
中铁股份生〔2010〕303 号	关于整修坨院战备器材库的通知
中铁股份生〔2010〕304 号	关于新建郑州战备器材储备库的通知
中铁股份生〔2010〕305 号	转发铁道部关于印发《铁路战备储备物资管理规定》通知的通知
中铁股份办〔2010〕306 号	关于进一步加强群众安全生产监督工作的通知
中铁股份办〔2010〕307 号	关于股份公司领导班子成员、高管及三总师副职工作分工的通知
中铁股份财〔2010〕308 号	关于中铁中原投资发展有限公司注册资本金投入事宜的批复
中铁股份划〔2010〕309 号	关于合资设立中铁二院西北勘察设计有限责任公司有关问题的批复
中铁股份财〔2010〕310 号	转发财政部《关于企业重组有关职工安置费用财务管理问题的通知》和《关于中央企业重组中退休人员统筹外费用财务管理问题的通知》的通知
中铁股份划〔2010〕311 号	转发住房和城乡建设部《关于加强建筑市场资质资格动态监管完善企业和人员准入清出制度的指导意见》的通知
中铁股份技〔2010〕312 号	关于印发《中铁九局集团有限公司东乌珠穆沁旗制梁场后张法预应力混凝土铁路桥 T 型简支梁投产鉴定意见》的通知
中铁股份管〔2010〕313 号	关于加强企业内部治安保卫工作的指导意见
中铁股份人〔2010〕314 号	关于印发《中国中铁股份公司加强员工内退管理工作的指导意见》的通知
中铁股份财〔2010〕315 号	转发财政部《企业会计准则解释第 4 号》的通知
中铁股份董〔2010〕316 号	关于《中铁山桥集团有限公司董事会议事规则》的批复
中铁股份董〔2010〕317 号	关于《中铁山桥集团有限公司监事会议事规则》的批复
中铁股份监〔2010〕318 号	转发监察部 人力资源社会保障部《关于企业中由行政机关任命的人员参照〈行政机关公务员处分条例〉适用解除处分制度的通知》的通知
中铁股份外〔2010〕319 号	关于中国中铁委内瑞拉迪那科至阿那科铁路项目建设情况的报告
中铁股份投〔2010〕320 号	关于中铁四局合肥市环湖东路闲置工业用地变性事宜的批复
中铁股份企〔2010〕321 号	关于表彰“中国中铁工程项目文化建设示范点”的决定
中铁股份人〔2010〕322 号	关于印发《中国中铁股份有限公司加强全员业绩考核工作的指导意见》的通知
中铁股份技〔2010〕323 号	关于印发《中国中铁股份有限公司节能减排监督管理暂行办法》的通知
中铁股份技〔2010〕324 号	关于印发《中国中铁股份有限公司节能减排标准化工地评选办法》的通知
中铁股份划〔2010〕325 号	关于调整中铁一局集团有限公司 2010 年生产经营计划的通知
中铁股份划〔2010〕326 号	关于调整中铁二局集团有限公司 2011 年生产经营计划的通知
中铁股份划〔2010〕327 号	关于调整中铁三局集团有限公司 2012 年生产经营计划的通知
中铁股份划〔2010〕328 号	关于调整中铁四局集团有限公司 2013 年生产经营计划的通知
中铁股份划〔2010〕329 号	关于调整中铁五局集团有限公司 2014 年生产经营计划的通知
中铁股份人〔2010〕330 号	关于《中铁三局集团有限公司本部岗位绩效工资实施办法》有关问题的批复
中铁股份划〔2010〕331 号	关于调整中铁六局集团有限公司 2010 年生产经营计划的通知
中铁股份划〔2010〕332 号	关于调整中铁七局集团有限公司 2010 年生产经营计划的通知
中铁股份划〔2010〕333 号	关于调整中铁八局集团有限公司 2010 年生产经营计划的通知
中铁股份划〔2010〕334 号	关于调整中铁九局集团有限公司 2010 年生产经营计划的通知
中铁股份划〔2010〕335 号	关于调整中铁十局集团有限公司 2010 年生产经营计划的通知
中铁股份划〔2010〕336 号	关于调整中铁大桥局集团有限公司 2010 年生产经营计划的通知
中铁股份划〔2010〕337 号	关于调整中铁隧道集团有限公司 2010 年生产经营计划的通知
中铁股份划〔2010〕338 号	关于调整中铁电气化局集团有限公司 2010 年生产经营计划的通知
中铁股份划〔2010〕339 号	关于调整中铁建工集团有限公司 2010 年生产经营计划的通知
中铁股份划〔2010〕340 号	关于调整中铁二院工程集团有限责任公司 2010 年生产经营计划的通知
中铁股份划〔2010〕341 号	关于调整中铁工程设计咨询集团有限公司 2010 年生产经营计划的通知
中铁股份划〔2010〕342 号	关于调整中铁山桥集团有限公司 2010 年生产经营计划的通知

发文字号	文件标题
中铁股份划〔2010〕343号	关于调整中国海外工程有限责任公司2010年生产经营计划的通知
中铁股份划〔2010〕344号	关于调整中铁港航工程局有限公司2010年生产经营计划的通知
中铁股份划〔2010〕345号	关于调整中铁国际经济合作有限公司2010年生产经营计划的通知
中铁股份划〔2010〕346号	关于调整中铁科工集团有限公司2010年生产经营计划的通知
中铁股份划〔2010〕347号	关于调整中铁隧道装备制造有限公司2010年生产经营计划的通知
中铁股份划〔2010〕348号	关于下达物贸分公司2010年生产经营调整计划的通知
中铁股份划〔2010〕349号	关于下达中铁西南投资管理有限公司2010年生产经营计划的通知
中铁股份划〔2010〕350号	关于调整中铁大桥勘测设计院有限公司2010年生产经营计划的通知
中铁股份划〔2010〕351号	关于调整中铁西北科学研究院有限公司2010年生产经营计划的通知
中铁股份划〔2010〕352号	关于调整中铁西南科学研究院有限公司2010年生产经营计划的通知
中铁股份划〔2010〕353号	关于下达华铁工程咨询公司2010年生产经营调整计划的通知
中铁股份划〔2010〕354号	关于调整中铁宝桥股份有限公司2010年生产经营计划的通知
中铁股份安〔2010〕355号	转发铁道部关于进一步加强铁路建设安全生产工作通知的通知
中铁股份外〔2010〕356号	关于中铁十局追踪开发委内瑞拉CVG铁矿公司铁路专用线及港口项目有关问题的批复
中铁股份办〔2010〕357号	关于印发《中国中铁股份有限公司商业秘密保护实施办法》的通知
中铁股份技〔2010〕358号	关于发布《中国中铁计算机软硬件集中采购首批合格供应商名单》和《2010 年度计算机软硬件集中采购计划》的通知
中铁股份技〔2010〕359号	关于印发《中国中铁股份有限公司职业技能鉴定、高技能人才评价质量督导管理办法》的通知
中铁股份技〔2010〕360号	关于表彰2008至2009年财务信息化建设先进集体及个人的决定
中铁股份工会〔2010〕361号	关于表彰第四届中国中铁劳动模范的决定
中铁股份财〔2010〕362号	关于中铁置业集团有限公司2010年中期预算调整事宜的批复
中铁股份财〔2010〕363号	关于中铁建工集团有限公司2010年中期预算调整事宜的批复
中铁股份财〔2010〕364号	关于2010年中报财务预警分析的情况通报
中铁股份财〔2010〕365号	关于将股份公司所持北京燕丰饭店有限公司股权划转华铁工程咨询有限公司的通知
中铁股份财〔2010〕366号	关于S324省道改建征用中铁五局一公司部分土地事宜的批复
中铁股份人〔2010〕367号	关于《中国中铁中原投资发展有限公司员工薪酬管理暂行办法》有关问题的批复
中铁股份技〔2010〕368号	关于印发《中铁九局集团有限公司嘉峪关制梁场后张法预应力混凝土铁路桥箱型、T型简支梁投产鉴定意见》的通知
中铁股份财〔2010〕369号	关于落实国务院国资委2009年度财务决算处理意见及批复股份公司所属各企业2009年度企业财务决算的通知
中铁股份人〔2010〕370号	关于成立中国中铁股份有限公司云南地区铁路建设领导小组的通知
中铁股份人〔2010〕371号	关于成立中国中铁股份有限公司伊朗德伊高速铁路建设领导小组的通知
中铁股份人〔2010〕372号	关于调整中国中铁中老铁路建设领导小组成员的通知
中铁股份法〔2010〕373号	关于卡塔尔姆斯尔西部公路项目内部经济纠纷有关问题执行股份公司调解委员会裁决书的通知
中铁股份划〔2010〕374号	关于加快推进全公司内控体系建设的通知
中铁股份投〔2010〕375号	关于加快中国中铁房地产板块发展的若干意见
中铁股份人〔2010〕376号	关于成立中国中铁股份有限公司企业重组工作领导小组的通知
中铁股份法〔2010〕377号	关于印发《中铁中原投资发展有限公司章程》的通知
中铁股份财〔2010〕378号	关于做好2010年度企业财务决算管理及决算报表编制工作的通知
中铁股份技〔2010〕379号	关于印发《中铁九局集团有限公司东港制梁场后张法预应力混凝土铁路桥 T 型简支梁投产鉴定意见》的通知
中铁股份划〔2010〕380号	关于印发《股份公司企业内部重组方案》的通知
中铁股份划〔2010〕381号	关于股份公司企业重组有关具体问题的处理意见
中铁股份财〔2010〕382号	关于做好2011年度预算管理及预算报表编制工作的通知

发文字号	文件标题
中铁股份工〔2010〕383号	关于中山中铁南方装备制造基地立项有关问题的批复
中铁股份劳〔2010〕384号	关于开展中国中铁股份有限公司职业技能鉴定及高技能人才评价工作年检评估的通知
中铁股份外〔2010〕385号	关于中铁国际经济有限公司注销中东公司有关问题的批复
中铁股份财〔2010〕386号	关于表彰中国中铁股份有限公司2008-2009年度先进会计工作者的决定
中铁股份财〔2010〕387号	关于中铁资源集团有限公司代管股份公司所持临策铁路有限责任公司股权的通知
中铁股份劳〔2010〕388号	关于进一步促进劳动关系和谐稳定的通知
中铁股份管〔2010〕389号	关于建立健全企业公共安全图像信息系统整合联网工作的通知
中铁股份劳〔2010〕390号	关于成立中铁物资贸易有限公司的通知
中铁股份财〔2010〕391号	关于将所持云南富砚高速公路有限公司全部股权划归中铁西南投资管理有限公司的通知
中铁股份技〔2010〕392号	关于印发《中铁四局集团有限公司高台制梁场后张法预应力混凝土铁路桥箱型简支梁投产鉴定意见》的通知
中铁股份划〔2010〕393号	关于中铁八局合资设立中铁汽车连锁服务有限责任公司和独资设立山东中铁汽车销售服务有限责任公司有关问题的批复
中铁股份法〔2010〕394号	关于印发《中铁上海工程局有限公司章程》的通知
中铁股份技〔2010〕395号	关于印发《中铁九局集团有限公司衢州制梁场后张法预应力混凝土铁路桥箱梁投产鉴定意见》的通知
中铁股份技〔2010〕396号	转发铁道部关于铁路专用计量器具新产品技术认证转变管理方式通知的通知
中铁股份划〔2010〕397号	关于印发《中国中铁股份有限公司统计体系标准》的通知
中铁股份管〔2010〕398号	关于印发《中国中铁内部治安保卫工作暂行规定》的通知
中铁股份生〔2010〕399号	关于下达2010年交通战备事业费的通知
中铁股份办〔2010〕400号	关于报送《刚果民主共和国SICOMINES铜钴矿项目补充材料》的报告
中铁股份安〔2010〕401号	中国中铁股份有限公司关于进一步加强安全生产工作的通知
中铁股份安〔2010〕402号	关于2010年三季度财务预警（初步）分析结果的通报
中铁股份安〔2010〕403号	关于中铁四局集团有限公司成立埃塞俄比亚分公司有关问题的批复
中铁股份安〔2010〕404号	关于中铁四局集团有限公司设立阿曼分公司有关问题的批复
中铁股份安〔2010〕405号	关于公布2010年度中国中铁股份有限公司优秀企业、优秀企业家、优秀项目经理的通知
中铁股份安〔2010〕406号	关于中铁建工集团有限公司在京设立两全资子公司有关问题的批复
中铁股份安〔2010〕407号	关于印发《中国中铁股份有限公司项目部业绩考核管理指导意见》的通知
中铁股份安〔2010〕408号	关于内部重组企业有关精算往来及利润分配清算对价处理的通知
中铁股份安〔2010〕409号	关于印发《中铁物贸有限责任公司章程》的通知
中铁股份安〔2010〕410号	转发国管局关于做好中央国家机关地下空间消防安全检查工作通知的通知
中铁股份安〔2010〕411号	关于中铁港航工程局有限公司设立全资子公司有关问题的批复
中铁股份安〔2010〕412号	关于中铁一局新建机关综合服务楼事宜的批复
中铁股份安〔2010〕413号	关于印发《中铁四局集团有限公司府谷制梁场后张法预应力混凝土铁路桥 T 型简支梁投产鉴定意见》的通知
中铁股份安〔2010〕414号	关于中铁港航工程局有限公司组建企业集团有关问题的批复
中铁股份安〔2010〕415号	关于评选2010年度“建功立业杯”劳动竞赛先进集体的通知
中铁股份安〔2010〕416号	关于印发《中国中铁股份有限公司信息工作管理办法》的通知
中铁股份安〔2010〕417号	转发国资委关于进一步做好中央企业“小金库”专项治理工作有关事项通知的通知
中铁股份安〔2010〕418号	关于印发《中铁十局集团有限公司三明制梁场预应力混凝土铁路桥T型简支梁投产鉴定意见》的通知
中铁股份安〔2010〕419号	关于印发股份公司调研组《中铁四局改革发展情况的调研报告》的通知
中铁股份安〔2010〕420号	关于云南省公路局要求对其所持云南富砚高速公路有限公司股权进行质押有关问题的批复
中铁股份安〔2010〕421号	关于2010年三季度财务预警分析情况的通报
中铁股份安〔2010〕422号	关于修订《中铁二局集团有限公司章程》的批复
中铁股份安〔2010〕423号	转发财政部关于拨付2010年对外经济技术合作专项资金通知的通知

发文字号	文件标题
中铁股份安〔2010〕424号	关于印发《中国中铁股份有限公司总部非正常上访事件应急处置预案》的通知
中铁股份安〔2010〕425号	关于进一步促进中国中铁外部协作队伍和谐稳定的指导意见
中铁股份安〔2010〕426号	关于印发《中国中铁股份有限公司建设“四个一流”职工队伍实施方案》的通知
中铁股份安〔2010〕427号	关于拨付中国中铁股份有限公司技术中心部分重点科研课题结题经费的通知
中铁股份安〔2010〕428号	关于拨付中国中铁股份有限公司2010年度科技开发计划项目经费的通知
中铁股份安〔2010〕429号	关于成立中铁中南投资发展有限公司的通知
中铁股份安〔2010〕430号	关于成立中铁长沙交通BT工程总包项目经理部的通知
中铁股份安〔2010〕431号	关于表彰第十届中华技能大奖获得者全国技术能手和国家技能人才培训突出贡献奖获奖单位获奖个人的通知
中铁股份安〔2010〕432号	关于为中铁南通投资建设管理有限公司江苏如东临海公路BT项目提供项目融资担保事宜的批复
中铁股份安〔2010〕433号	关于印发《中国航空港建设有限公司章程》的通知
中铁股份安〔2010〕434号	关于向华铁咨询公司增加注册资本金的通知
中铁股份安〔2010〕435号	关于中国中铁股份有限公司驻上海办事处主要职能和编制等有关事宜的批复
中铁股份安〔2010〕436号	关于印发《中国中铁股份有限公司专利管理办法》的通知
中铁股份安〔2010〕437号	关于印发《中国中铁股份有限公司工法管理办法》的通知
中铁股份安〔2010〕438号	关于印发《中国中铁股份有限公司技术中心管理办法》的通知
中铁股份安〔2010〕439号	关于印发《中国中铁股份有限公司信息化建设绩效评价办法》的通知
中铁股份安〔2010〕440号	关于中铁资源集团有限公司增加注册资本金事宜的批复
中铁股份安〔2010〕441号	关于中铁二局集团收购陕西明泰工程建设有限公司所持榆神高速公路公司股权事宜的批复
中铁股份安〔2010〕442号	关于中铁科工向股份公司对价转让所持中铁装备股权的通知
中铁股份安〔2010〕443号	关于中铁上海工程局有限公司购置办公楼事宜的批复
中铁股份安〔2010〕444号	关于中铁南方投资发展有限公司建设总部办公大厦有关问题的批复
中铁股份安〔2010〕445号	关于印发《中国中铁股份有限公司内部经济纠纷调解办法》的通知
中铁股份安〔2010〕446号	关于贯彻落实中央企业法制工作会议精神全面实现三年法制工作目标的通知
中铁股份安〔2010〕447号	关于成立中国中铁老挝分公司的通知
中铁股份安〔2010〕448号	关于成立中国中铁中老铁路磨万工程建设指挥部的通知
中铁股份安〔2010〕449号	关于成立中国中铁股份有限公司安全质量稽查总队的通知
中铁股份安〔2010〕450号	关于中铁南方装备制造基地项目可行性研究报告有关问题的批复
中铁股份安〔2010〕451号	关于印发《中国中铁股份有限公司国际业务内部合作模式指导意见》的通知
中铁股份安〔2010〕452号	关于徐晓红等681名同志高级技师任职资格的通知
中铁股份安〔2010〕453号	关于印发《中铁二局股份有限公司祁阳制梁场后张法预应力混凝土铁路桥箱型简支梁投产鉴定意见》的通知
中铁股份安〔2010〕454号	关于印发《中国中铁股份有限公司2011年度科技开发计划立项指南》的通知
中铁股份劳〔2010〕455号	关于公布中国中铁股份有限公司总部机构编制、部门职能、业务模块和岗位系列的通知
中铁股份干〔2010〕456号	关于刘辉等24名同志股份公司一级职业项目经理任职资格的通知
中铁股份干〔2010〕457号	关于范恒秀等248名同志股份公司一级、二级职业项目经理任职资格的通知
中铁股份财〔2010〕458号	关于印发《中国中铁股份有限公司业绩考核管理办法》的通知
中铁股份干〔2010〕459号	关于表彰股份公司“十一五”期间“十佳科技创新标兵”的决定
中铁股份劳〔2010〕460号	关于中铁上海工程局有限公司机关机构设置和编制等事项的批复
中铁股份技〔2010〕461号	转发住房和城乡建设部第六批通过评审的“全国建筑业新技术应用示范工程”名单的通知
中铁股份划〔2010〕462号	关于对《中铁港航工程局有限公司与中铁五局（集团）有限公司分立重组实施方案》的批复
中铁股份划〔2010〕463号	关于对《中铁上海工程局有限公司与中铁三局集团有限公司分立重组实施方案》的批复
中铁股份划〔2010〕464号	关于对《中国航空港建设有限公司与中铁一局集团有限公司分立重组实施方案》的批复

2010年中国中铁股份有限公司公司行政发函目录

发文字号	文件标题
中铁股份技函〔2010〕1号	关于中国铁路工程总公司2009年度科学技术奖拟获奖成果征求意见的通知
中铁股份工函〔2010〕2号	关于配置两台盾构机确保大连地铁项目建设有关意见的函
中铁股份外函〔2010〕3号	关于请求确认中国机电产品进出口商会常务理事人选的函
中铁股份划函〔2010〕4号	转发国资委关于进一步开展中央企业所属宾馆酒店类单位情况调查
中铁股份生函〔2010〕5号	关于成立中国中铁股份公司广珠城际铁路建设工作协调组的通知
中铁股份法函〔2010〕6号	关于转发中交企协《关于对首届全国交通企业法治先进单位、个人和第四届全国交通企业十佳优秀法律顾问的表彰决定》的通知
中铁股份技函〔2010〕7号	关于印发《大瑞线中铁八局管段隧道工程专家咨询意见》的通知
中铁股份人函〔2010〕8号	关于中国中铁股份有限公司委内瑞拉分公司2010年薪酬标准通知
中铁股份财函〔2010〕9号	关于请求批准所属中铁十局集团第三工程有限公司（合营企业）外方股东股权转让的函
中铁股份办函〔2010〕10号	关于商请批准所属合资公司登记新疆奇台县奥塔乌克日什北煤矿探矿权的函
中铁股份外函〔2010〕11号	关于恳请批准中国中铁股份有限公司参加印度尼西亚南苏门答腊煤炭运输项目建设的函
中铁股份技函〔2010〕12号	关于征集“第七届世界高速铁路大会”论文的通知
中铁股份营函〔2010〕13号	关于申请办理入辽大连单项工程登记备案的函
中铁股份外函〔2010〕14号	关于申请参加印尼南苏门答腊煤炭运输项目建设的函
中铁股份外函〔2010〕15号	关于印尼苏门答腊南部煤炭运输项目进展情况的函
中铁股份办函〔2010〕16号	关于郑州铁路技师学院（郑州铁路高级技工学校）申请入驻郑州新区职教园区的函
中铁股份办函〔2010〕17号	关于申请解决盾构研发技术骨干人员住房问题的函
中铁股份人函〔2010〕18号	关于请求审定《高速铁路工程劳动定员定额》有关七项行业标准的请示
中铁股份技函〔2010〕19号	关于申报2010年度国家工程建设（勘察设计）优秀QC小组的函
中铁股份人函〔2010〕20号	关于恳请深圳市就中国中铁股份有限公司成立南方总部有关事宜给予大力支持的函
中铁股份办函〔2010〕21号	关于请求拜访港珠澳大桥前期工作协调小组办公室的函
中铁股份外函〔2010〕22号	关于请求支持中国中铁参加尼日利亚东线铁路修复项目第三合同段投标的函
中铁股份外函〔2010〕23号	关于请求支持中国中铁参加尼日利亚东线铁路修复项目第四合同段投标的函
中铁股份外函〔2010〕24号	关于请求支持中国中铁参加孟加拉Tongi至Bhairab Bazar增建二线（含Dhaka至Chittagong干线信号系统）铁路项目投标的函
中铁股份外函〔2010〕25号	关于恳请支持中国中铁承担俄罗斯境内铁路项目工作的请示
中铁股份外函〔2010〕26号	关于提请出具印度尼西亚南苏门答腊煤炭运输项目外派劳务事项表审批意见的函
中铁股份外函〔2010〕27号	关于申请重新核发孟加拉Tongi至Bhairab Bazar增建二线（含Dhaka至Chittagong干线信号系统）铁路项目投（议）标许可证的函
中铁股份划函〔2010〕28号	关于开展2010年度《统计法》执行情况大检查的通知
中铁股份董函〔2010〕29号	关于中国中铁股份有限公司2009年年报事后审核有关意见的复函
中铁股份工函〔2010〕30号	关于成立中国中铁港珠澳大桥桥梁钢结构技术研究课题组事宜的函
中铁股份技函〔2010〕31号	转发国资委关于开展2010年全国节能宣传周活动通知的通知
中铁股份人函〔2010〕32号	关于对股份公司人力资源管理信息系统网络环境进行自检的通知
中铁股份董函〔2010〕33号	关于加强中国中铁股份有限公司规范运作有关问题的复函
中铁股份外函〔2010〕34号	关于恳请支持中国中铁参与塔吉克斯坦瓦赫达特-亚湾铁路项目建设的请示（报商务部合作司）
中铁股份外函〔2010〕35号	关于恳请支持中国中铁参与塔吉克斯坦瓦赫达特-亚湾铁路项目建设的函（报商会）
中铁股份外函〔2010〕36号	关于恳请支持中国中铁参与塔吉克斯坦瓦赫达特-亚湾铁路项目建设的函（报商会）
中铁股份外函〔2010〕37号	关于恳请支持中国中铁参与塔吉克斯坦瓦赫达特-亚湾铁路项目建设的函（报商会）
中铁股份外函〔2010〕38号	关于恳请支持中国中铁参与塔吉克斯坦瓦赫达特-亚湾铁路项目建设的函（报商会）

发文字号	文件标题
中铁股份资函〔2010〕39 号	关于请求支付刚果（金）基建项目工程款项的函
中铁股份技函〔2010〕40 号	关于申报 2010 年度股份公司优秀工程勘察设计奖、优秀工程咨询成果奖的通知
中铁股份外函〔2010〕41 号	关于恳请支持中国中铁参与贝宁 Ouémé-Gangban 垦区工程项目建设的函
中铁股份办函〔2010〕42 号	关于参加青海省玉树地震灾后恢复重建誓师动员大会的函
中铁股份技函〔2010〕43 号	转发铁道部成立高黎贡山隧道技术攻关组通知的通知
中铁股份外函〔2010〕44 号	关于恳请支持中国中铁埃塞俄比亚亚的斯亚贝巴城市轻轨项目进入 421 专项融资项目的函
中铁股份外函〔2010〕45 号	关于恳请支持中国中铁参与贝宁 Ouémé-Gangban 垦区工程项目建设的函(报商务部援外司)
中铁股份外函〔2010〕46 号	关于恳请支持中国中铁参与贝宁 Ouémé-Gangban 垦区工程项目建设的函(报中国进出口银行)
中铁股份外函〔2010〕47 号	关于恳请支持中国中铁参与贝宁 Ouémé-Gangban 垦区工程项目建设的函(报中国对外承包工程商会)
中铁股份外函〔2010〕48 号	关于恳请支持中国中铁参与贝宁 Ouémé-Gangban 垦区工程项目建设的函(报商务部合作司)
中铁股份技函〔2010〕49 号	关于积极组织安排“铁道科技奖”宣传报道相关工作的通知
中铁股份外函〔2010〕50 号	关于申请参加印尼政府利用中国优惠买方信贷采购 1000 公里钢轨和 200 组道岔项目投标的函
中铁股份办函〔2010〕51 号	工作商洽函
中铁股份安函〔2010〕52 号	关于变更登记企业安全生产许可证企业主要负责人的函
中铁股份工函〔2010〕53 号	关于长沙地铁项目配置盾构机有关事宜的函
中铁股份营函〔2010〕54 号	关于全权委托中铁南方代表中国中铁负责成都地铁三号线相关事宜的函
中铁股份外函〔2010〕55 号	关于请求支持中国中铁参加阿联酋 Shah 至 Habshan 铁路项目投标的函
中铁股份人函〔2010〕56 号	关于下达所属企业负责人 2010 年基本薪金的通知
中铁股份办函〔2010〕57 号	关于启用中国中铁股份有限公司职业项目经理资格评审委员会及评审工作领导小组办公室印章的通知
中铁股份外函〔2010〕58 号	关于实施“缅甸铁路项目”有关问题的函
中铁股份资函〔2010〕59 号	关于请求协调解决民生银行深圳分行要求提前归还云南富砚高速公路项目贷款事宜的函
中铁股份资函〔2010〕60 号	中国中铁股份有限公司关于申请 2010 年短期融资券注册的请示
中铁股份办函〔2010〕61 号	关于启用中铁中原投资发展有限公司及中国中铁郑州地铁工程指挥部等三枚印章的通知
中铁股份董函〔2010〕62 号	关于中国中铁股份有限公司 2010 年半年报事后审核意见有关问题的复函
中铁股份资函〔2010〕63 号	关于增加天鹅湖至策克铁路联络线项目资本金投资事宜的复函
中铁股份外函〔2010〕64 号	关于申请将中国中铁印尼苏门达腊南部煤炭运输项目列为 421 专项融资项目的函
中铁股份外函〔2010〕65 号	关于开展落实《对外承包工程管理条例》专项检查的报告
中铁股份技函〔2010〕66 号	转发公安部关于开展信息安全等级保护专项监督检查工作通知的通知
中铁股份人函〔2010〕67 号	关于下达中铁一局集团有限公司 2009 年度工效挂钩清算结果和 2010 年度工效挂钩基数的通知
中铁股份人函〔2010〕68 号	关于下达中铁二局集团有限公司 2009 年度工效挂钩清算结果和 2010 年度工效挂钩基数的通知
中铁股份人函〔2010〕69 号	关于下达中铁三局集团有限公司 2009 年度工效挂钩清算结果和 2010 年度工效挂钩基数的通知
中铁股份人函〔2010〕70 号	关于下达中铁四局集团有限公司 2009 年度工效挂钩清算结果和 2010 年度工效挂钩基数的通知
中铁股份人函〔2010〕71 号	关于下达中铁五局（集团）有限公司 2009 年度工效挂钩清算结果和 2010 年度工效挂钩基数的通知
中铁股份人函〔2010〕72 号	关于下达中铁六局集团有限公司 2009 年度工效挂钩清算结果和 2010 年度工效挂钩基数的通知
中铁股份人函〔2010〕73 号	关于下达中铁七局集团有限公司 2009 年度工效挂钩清算结果和 2010 年度工效挂钩基数的通知
中铁股份人函〔2010〕74 号	关于下达中铁八局集团有限公司 2009 年度工效挂钩清算结果和 2010 年度工效挂钩基数的通知
中铁股份人函〔2010〕75 号	关于下达中铁九局集团有限公司 2009 年度工效挂钩清算结果和 2010 年度工效挂钩基数的通知
中铁股份人函〔2010〕76 号	关于下达中铁十局集团有限公司 2009 年度工效挂钩清算结果和 2010 年度工效挂钩基数的通知
中铁股份人函〔2010〕77 号	关于下达中铁大桥局集团有限公司 2009 年度工效挂钩清算结果和 2010 年度工效挂钩基数的通知
中铁股份人函〔2010〕78 号	关于下达中铁隧道集团有限公司 2009 年度工效挂钩清算结果和 2011 年度工效挂钩基数的通知
中铁股份人函〔2010〕79 号	关于下达中铁电气化局集团有限公司 2009 年度工效挂钩清算结果和 2010 年度工效挂钩基数的通知
中铁股份人函〔2010〕80 号	关于下达中铁建工集团有限公司 2009 年度工效挂钩清算结果和 2010 年度工效挂钩基数的通知

发文字号	文件标题
中铁股份人函〔2010〕81号	关于下达中国海外工程有限责任公司2009年度工效挂钩清算结果和2010年度工效挂钩基数的通知
中铁股份人函〔2010〕82号	关于下达中铁港航工程局有限公司2009年度工效挂钩清算结果和2010年度工效挂钩基数的通知
中铁股份人函〔2010〕83号	关于下达中铁信托有限责任公司2009年度工效挂钩清算结果和2010年度工效挂钩基数的通知
中铁股份人函〔2010〕84号	关于下达中铁资源有限公司2009年度工效挂钩清算结果和2010年度工效挂钩基数的通知
中铁股份人函〔2010〕85号	关于下达中铁工程设计咨询集团有限公司2009年度工效挂钩清算结果和2010年度工效挂钩基数的通知
中铁股份人函〔2010〕86号	关于下达华铁工程咨询有限公司2009年度工效挂钩清算结果和2010年度工效挂钩基数的通知
中铁股份人函〔2010〕87号	关于下达北京燕丰饭店有限公司2009年度工效挂钩清算结果通知
中铁股份人函〔2010〕88号	关于下达中铁山桥集团有限公司2009年度工效挂钩清算结果和2010年度工效挂钩基数的通知
中铁股份人函〔2010〕89号	关于下达中铁宝桥集团有限公司2009年度工效挂钩清算结果和2010年度工效挂钩基数的通知
中铁股份人函〔2010〕90号	关于下达中铁科工集团有限公司2009年度工效挂钩清算结果和2010年度工效挂钩基数的通知
中铁股份人函〔2010〕91号	关于下达中铁国际经济合作有限公司2009年度工效挂钩清算结果和2010年度工效挂钩基数的通知
中铁股份人函〔2010〕92号	关于下达中铁置业集团有限公司2009年度工效挂钩清算结果和2010年度工效挂钩基数的通知
中铁股份人函〔2010〕93号	关于下达中铁大桥勘测设计院有限公司2009年度工效挂钩清算结果和2010年度工效挂钩基数的通知
中铁股份人函〔2010〕94号	关于下达中铁西南科学研究院有限公司2009年度工效挂钩清算结果和2010年度工效挂钩基数的通知
中铁股份人函〔2010〕95号	关于下达中铁西北科学研究院有限公司2009年度工效挂钩清算结果和2010年度工效挂钩基数的通知
中铁股份人函〔2010〕96号	关于下达中国中铁股份有限公司（总部）2009年度工效挂钩清算结果和2010年度工效挂钩基数的通知
中铁股份工函〔2010〕97号	关于请求支持中国中铁投资发展南方工程装备制造基地建设的函
中铁股份技函〔2010〕98号	关于报送港珠澳大桥主体工程岛隧工程设计施工总承包投标联合体成员及具体承包队伍的函
中铁股份安函〔2010〕99号	关于申请企业安全生产许可证延期的函
中铁股份劳函〔2010〕100号	关于下达中铁二院工程集团有限公司2009年度工效挂钩清算结果和2010年度工效挂钩基数的通知
中铁股份财函〔2010〕101号	关于授权中国中铁股份有限公司上海分公司履行嘉闵高架新建工程1标段合同的函
中铁股份财函〔2010〕102号	关于授权中国中铁股份有限公司上海分公司履行上海A15公路9标新建工程合同的函
中铁股份财函〔2010〕103号	关于变更中铁菏泽德商高速公路建设发展有限公司股东的函
中铁股份财函〔2010〕104号	关于变更广西岑兴高速公路发展有限公司、广西全兴高速公路发展有限公司股东的函
中铁股份财函〔2010〕105号	关于授权中国中铁股份有限公司上海分公司履行嘉闵高架新建工程3标段合同的函
中铁股份外函〔2010〕106号	关于申请参加白俄罗斯布列斯特-巴拉诺维奇路段铁路电气化改造项目投标的请示
中铁股份干函〔2010〕107号	关于2010年度中国铁路工程总公司科学技术奖拟获奖成果征求意见的通知
中铁股份干函〔2010〕108号	关于中国中铁股份有限公司“十一五”十大优秀科技成果拟入选项目征求意见的通知
中铁股份干函〔2010〕109号	关于授权中铁一局集团有限公司组建三、四级职业项目经理任职资格评审委员会的通知
中铁股份干函〔2010〕110号	关于授权中铁七局集团有限公司组建三、四级职业项目经理任职资格评审委员会的通知
中铁股份干函〔2010〕111号	关于授权中铁六局集团有限公司组建三、四级职业项目经理任职资格评审委员会的通知
中铁股份干函〔2010〕112号	关于授权中铁五局（集团）有限公司组建三、四级职业项目经理任职资格评审委员会的通知
中铁股份干函〔2010〕113号	关于授权中铁四局集团有限公司组建三、四级职业项目经理任职资格评审委员会的通知
中铁股份干函〔2010〕114号	关于授权中铁八局集团有限公司组建三、四级职业项目经理任职资格评审委员会的通知
中铁股份干函〔2010〕115号	关于授权中铁三局集团有限公司组建三、四级职业项目经理任职资格评审委员会的通知
中铁股份干函〔2010〕116号	关于授权中铁二局集团有限公司组建三、四级职业项目经理任职资格评审委员会的通知
中铁股份干函〔2010〕117号	关于授权中铁九局集团有限公司组建三、四级职业项目经理任职资格评审委员会的通知
中铁股份干函〔2010〕118号	关于授权中铁建工集团有限公司组建三、四级职业项目经理任职资格评审委员会的通知
中铁股份干函〔2010〕119号	关于授权中铁隧道集团有限公司组建三、四级职业项目经理任职资格评审委员会的通知

发文字号	文件标题
中铁股份干函〔2010〕120号	关于授权中铁电气化局集团有限公司组建三、四级职业项目经理任职资格评审委员会的通知
中铁股份干函〔2010〕121号	关于授权中铁大桥局集团有限公司组建三、四级职业项目经理任职资格评审委员会的通知
中铁股份干函〔2010〕122号	关于授权中铁十局集团有限公司组建三、四级职业项目经理任职资格评审委员会的通知
中铁股份董函〔2010〕123号	关于对中铁西南科学研究院有限公司第三届董事会、董事任期工作的评价意见
中铁股份董函〔2010〕124号	关于对中铁三局集团有限公司第三届董事会、董事任期工作的评价意见
中铁股份董函〔2010〕125号	关于对中国海外工程有限责任公司第二届董事会、董事任期工作的评价意见
中铁股份董函〔2010〕126号	关于对中铁隧道集团有限公司第三届董事会、董事任期工作的评价意见
中铁股份董函〔2010〕127号	关于对中铁建工集团有限公司第三届董事会、董事任期工作的评价意见
中铁股份董函〔2010〕128号	关于对中铁宝桥集团有限公司第一届董事会、董事任期工作的评价意见
中铁股份董函〔2010〕129号	关于对中铁二局集团有限公司第四届董事会、董事任期工作的评价意见
中铁股份董函〔2010〕130号	关于对中铁五局集团有限公司第三届董事会、董事任期工作的评价意见
中铁股份董函〔2010〕131号	关于对中铁六局集团有限公司第三届董事会、董事任期工作的评价意见
中铁股份董函〔2010〕132号	关于对中铁七局集团有限公司第二届董事会、董事任期工作的评价意见
中铁股份董函〔2010〕133号	关于对中铁置业集团有限公司第一届董事会、董事任期工作的评价意见
中铁股份董函〔2010〕134号	关于对中铁山桥集团有限公司第三届董事会、董事任期工作的评价意见
中铁股份董函〔2010〕135号	关于对中铁电气化局集团有限公司第三届董事会、董事任期工作的评价意见
中铁股份董函〔2010〕136号	关于对中铁大桥局集团有限公司第三届董事会、董事任期工作的评价意见
中铁股份董函〔2010〕137号	关于对中铁十局集团有限公司第二届董事会、董事任期工作的评价意见
中铁股份董函〔2010〕138号	关于对中铁九局集团有限公司第二届董事会、董事任期工作的评价意见
中铁股份董函〔2010〕139号	关于对中铁八局集团有限公司第二届董事会、董事任期工作的评价意见
中铁股份董函〔2010〕140号	关于对中铁西北科学研究院有限公司第三届董事会、董事任期工作的评价意见
中铁股份董函〔2010〕141号	关于对中铁二院工程集团有限公司第一届董事会、董事任期工作的评价意见
中铁股份董函〔2010〕142号	关于对华铁咨询工程有限责任公司第一届董事会、董事任期工作的评价意见
中铁股份董函〔2010〕143号	关于对中铁四局集团有限公司第三届董事会、董事任期工作的评价意见
中铁股份董函〔2010〕144号	关于对中铁工程设计咨询集团有限公司第二届董事会、董事任期工作的评价意见
中铁股份董函〔2010〕145号	关于对中铁一局集团有限公司第三届董事会、董事任期工作的评价意见

2010年中国中铁股份有限公司公司总裁办发文目录

发文字号	文件标题
股份办财发〔2010〕1号	关于下达股份公司总部2010年资本性支出预算及购置计划的通知
股份办人发〔2010〕2号	关于股份公司总部补充缺员有关问题的通知
股份办发〔2010〕3号	转发人力资源和社会保障部 国家档案局 解放军总政治部《关于授予刘义权同志“全国档案系统先进工作者”荣誉称号的决定》的通知
股份办人发〔2010〕4号	关于印发《2010年股份公司总部员工培训计划》的通知
股份办发〔2010〕5号	关于2009年度全公司信息调研工作情况的通报
股份办发〔2010〕6号	关于征集企业有关档案资料的通知
股份办发〔2010〕7号	关于印发《国务院国资委关于加强中央企业信访工作的意见〉的通知
股份办发〔2010〕8号	关于督导检查〈国务院国资委关于加强中央企业信访工作的意见〉贯彻落实情况的通知
股份办发〔2010〕9号	关于2010年一季度全公司信息报送及采用情况的通报
股份办发〔2010〕10号	关于进一步加强全公司办公室工作的指导意见
股份办发〔2010〕11号	关于股份公司领导班子成员及董事会秘书、三总师副职工作分工的通知
股份办财发〔2010〕12号	关于评选股份公司先进会计工作者的通知
股份办发〔2010〕13号	关于2010年二季度全公司信息报送及采用情况的通报

发文字号	文件标题
股份办发〔2010〕14号	关于印发《中国中铁党委办公会议规定》的通知
股份办发〔2010〕15号	关于就拟印发的《中国中铁股份有限公司报送公文评价办法》征求意见的通知
股份办发〔2010〕16号	关于做好2010年股份公司职业项目经理资格评审工作的通知
股份办生发〔2010〕17号	转发铁道部关于印发《铁路桥梁施工机械配置指导意见》通知的通知
股份办审发〔2010〕18号	关于贯彻落实中央企业内部审计工作会议精神的通知
股份办审发〔2010〕19号	关于批转股份公司内控审计部《中国中铁总部企业年金审计报告》的通知
股份办划发〔2010〕20号	转发国资委《关于做好中央企业与甘肃省对接合作工作的函》的通知
股份办审发〔2010〕21号	关于股份公司董事会审议通过的投资项目经营情况审计调查的报告
股份办人发〔2010〕22号	关于编制股份公司第二批《高技能人才评价示范标准》职业（工种）培训教材和试题库的通知
股份办人发〔2010〕23号	关于优化调整总部薪酬制度的通知
股份办审发〔2010〕24号	关于批转股份公司内控审计部《关于对中国中铁股份有限公司本部2009年度预算收入审计的报告》的通知
股份办发〔2010〕25号	关于印发《中国中铁行政办公会议规定》的通知
股份办财发〔2010〕26号	关于2009年度财务决算和2010年度预算、季度报表及快报编报情况的通报
股份办法发〔2010〕27号	关于按要求设置企业总法律顾问的通知
股份办发〔2010〕28号	关于2010年三季度全公司信息报送及采用情况的通报
股份财发〔2010〕29号	关于印发《中国中铁所属子公司财务数据中心硬件推荐升级方案》的通知
股份财发〔2010〕30号	关于中国航空港等三重组企业财务数据中心建设以及过渡期间财务信息集成平台使用安排的通知
股份办财发〔2010〕31号	关于填报《建设工程企业申请受理信息采集表》及《建设工程企业基本信息表》的通知
股份办生发〔2010〕32号	转发国管局关于开展中央国家机关人防设备设施维护管理检查通知的通知
股份办划发〔2010〕33号	关于印发《2010年统计年报和2011年定期统计报表编制要求》的通知
股份办管发〔2010〕34号	关于印发《中国中铁总部办公用品、办公设备和办公电话管理暂行办法》的通知
股份办管发〔2010〕35号	关于印发《中国中铁总部内部治安保卫实施细则》的通知
股份办管发〔2010〕36号	关于印发《中国中铁总部办公用品和办公设备招标采购管理办法》的通知
股份办发〔2010〕37号	关于做好2010年工作总结和2011年工作设想的通知
股份办发〔2010〕38号	关于做好2010年度档案统计年报工作安排的通知
股份办发〔2010〕39号	关于印发《中国中铁股份有限公司报送公文评价办法》的通知
股份办财发〔2010〕40号	关于开展“小金库”自查自纠工作“回头看”活动的通知
股份办管发〔2010〕41号	关于做好2010年离退休干部统计表填报工作的通知

2010年中国中铁股份有限公司公司党委发文目录

发文字号	文件标题
中铁股份党办〔2010〕1号	关于成立《中国中铁》报编辑委员会的通知
中铁股份党组〔2010〕2号	关于中铁八局集团有限公司党委、纪委换届候选人预备人选的通知
中铁股份党组〔2010〕3号	关于中铁一局集团有限公司党委、纪委换届候选人预备人选的通知
中铁股份党纪〔2010〕4号	关于印发中央企业纪检监察工作会议有关领导重要讲话的通知
中铁股份党组〔2010〕5号	关于增补中铁四局集团有限公司党委委员的通知
中铁股份党组〔2010〕6号	关于中铁二局集团有限公司党委、纪委换届候选人预备人选的通知
中铁股份党组〔2010〕7号	关于对中共中铁八局集团有限公司第二次代表大会和第二届委员会、纪律检查委员会第一次全体会议选举结果的批复
中铁股份党干〔2010〕8号	关于中铁西南投资管理有限公司升格管理的通知
中铁股份党组〔2010〕9号	关于表彰“红旗项目部”的决定

发文字号	文件标题
中铁股份党组〔2010〕10号	关于成立中共中铁西南投资管理有限公司委员会和纪律检查委员会的通知
中铁股份党组〔2010〕11号	关于对中共中铁一局集团有限公司第二次代表大会和第二届委员会、纪律检查委员会第一次全体会议选举结果的批复
中铁股份党宣〔2010〕12号	关于印发《2010年股份公司宣传思想文化工作要点》的通知
中铁股份党组〔2010〕13号	关于印发《2010年全公司党委组织工作要点》的通知
中铁股份党组〔2010〕14号	关于印发《中国中铁2010年反腐倡廉任务分工》的通知
中铁股份党工〔2010〕15号	关于印发《中国中铁职工代表大会民主评议领导人员实施办法》的通知
中铁股份党工〔2010〕16号	关于授予周世祥等10名同志“中国中铁劳动模范”的决定
中铁股份党组〔2010〕17号	关于调整中共中铁二局集团有限公司第三届委员会书记、副书记候选人预备人选的通知
中铁股份党办〔2010〕18号	关于2010年《中国中铁》报报道重点的通知
中铁股份党工〔2010〕19号	关于印发《中国中铁职工代表大会职工代表提案征集处理实施办法》的通知
中铁股份党工〔2010〕20号	关于印发《中国中铁职工代表大会实施细则》的通知
中铁股份党办〔2010〕21号	关于开展第五届“中国中铁十大杰出青年”评选活动的通知
中铁股份党干〔2010〕22号	关于印发《2010年公开招聘所属企业领导人员工作实施方案》的通知
中铁股份党干〔2010〕23号	关于印发《中国中铁股份有限公司领导人员公开招聘办法》的通知
中铁股份党宣〔2010〕24号	关于认真学习贯彻胡锦涛总书记在全党深入学习实践科学发展观活动总结大会上重要讲话精神的通知
中铁股份党组〔2010〕25号	转发中共中央组织部关于在抗旱救灾中进一步发挥各级党组织战斗堡垒作用、各级领导干部模范带头作用和广大共产党员先锋模范作用通知的通知
中铁股份党宣〔2010〕26号	关于开展向玉树地震灾区捐款的紧急通知
中铁股份党组〔2010〕27号	关于对中共中铁二局集团有限公司第三次代表大会和第三届委员会、纪律检查委员会第一次全体会议选举结果的批复
中铁股份党宣〔2010〕28号	关于印发股份公司党委《关于推进学习型党组织建设的指导意见》的通知
中铁股份党干〔2010〕29号	关于华铁工程咨询有限责任公司升格管理的通知
中铁股份党组〔2010〕30号	转发国资委党委关于转发中共中央组织部动员各级党组织和党员干部切实做好抗震救灾有关工作通知的通知
中铁股份党组〔2010〕31号	关于开展“中国中铁党建带团建工作先进单位”评选活动的通知
中铁股份党组〔2010〕32号	关于同意召开中国共产党中铁三局集团有限公司第三次代表大会的通知
中铁股份党〔2010〕33号	转发国资委关于开展向杜金玉同志学习活动通知的通知
中铁股份党纪〔2010〕34号	转发中央纪委等四部委《关于加强和改进中央企业和中央金融机构纪检监察组织建设的若干意见》的通知
中铁股份党纪〔2010〕35号	关于成立中共中国中铁玉树灾后重建现场指挥部工作委员会和纪律检查工作委员会的通知
中铁股份党组〔2010〕36号	转发国资委党委关于进一步规范中央企业党费收缴、使用和管理工作通知的通知
中铁股份党干〔2010〕37号	关于表彰2009年度股份公司"四好"领导班子的决定
中铁股份党组〔2010〕38号	关于表彰2010年先进基层党组织、优秀共产党员和优秀党务工作者的决定
中铁股份党纪〔2010〕39号	关于2009年度领导人员述廉议廉工作情况通报
中铁股份党组〔2010〕40号	关于同意召开中国共产党中铁工程设计咨询集团有限公司第二次代表大会的通知
中铁股份党组〔2010〕41号	关于同意召开中国共产党中铁九局集团有限公司第二次代表大会的通知
中铁股份党组〔2010〕42号	关于同意召开中国共产党中铁宝桥集团有限公司第一次代表大会的通知
中铁股份党办〔2010〕43号	关于表彰《中国中铁》报2009年度优秀通讯员、优秀发行员、优秀发行单位、最佳投稿组织单位的通知
中铁股份党研〔2010〕44号	关于调整股份公司党建思想政治工作研究会领导成员的通知
中铁股份党组〔2010〕45号	关于做好创先争优活动有关重点工作的通知
中铁股份党组〔2010〕46号	关于开展创建“百千万创先争优示范工程”活动的通知

发文字号	文件标题
中铁股份党办〔2010〕47 号	关于调整中国中铁股份有限公司维稳信访领导小组成员的通知
中铁股份党干〔2010〕48 号	关于北京燕丰饭店有限公司领导班子及成员管理权限变更的通知
中铁股份党组〔2010〕49 号	关于同意成爱民同志担任中铁哈大铁路客运专线工程指挥部党工委副书记的批复
中铁股份党组〔2010〕50 号	关于对中共中国中铁玉树灾后重建现场指挥部工作委员会、纪律检查工作委员会选举结果的批复
中铁股份党组〔2010〕51 号	关于增补刘元重同志为中铁工程建设分公司党工委委员的通知
中铁股份党组〔2010〕52 号	关于同意中国共产党中铁电气化局集团有限公司第三次代表大会的通知
中铁股份党干〔2010〕53 号	关于印发《中国中铁股份有限公司"四好"领导班子考核评比暂行办法》的通知
中铁股份党组〔2010〕54 号	关于建立领导干部创先争优活动联系点及做好领导点评工作的通知
中铁股份党组〔2010〕55 号	关于做好领导班子成员创先争优活动公开承诺工作的通知
中铁股份党组〔2010〕56 号	关于中铁工程设计咨询集团限公司党委、纪委换届候选人预备人选的通知
中铁股份党组〔2010〕57 号	关于中铁九局集团有限公司党委、纪委换届候选人预备人选的通知
中铁股份党宣〔2010〕58 号	关于印发《推进两大转变 实现二次创业——中国中铁形势任务教育宣传提纲》的通知
中铁股份党宣〔2010〕59 号	关于广泛开展“班前安全质量宣誓”活动的通知
中铁股份党干〔2010〕60 号	关于中铁隧道装备制造有限公司由中国中铁股份有限公司直接管理的通知
中铁股份党组〔2010〕61 号	关于进一步加强党支部建设的指导意见
中铁股份党组〔2010〕62 号	关于推行工程项目党建工作标准化管理的指导意见
中铁股份党宣〔2010〕63 号	关于印发《推进重组促发展 调整优化上水平——中国中铁企业重组工作宣传提纲》的通知
中铁股份党宣〔2010〕64 号	关于认真学习贯彻党的十七届五中全会精神的通知
中铁股份党办〔2010〕65 号	关于印发《关于在全公司各级团组织和团员团干部中深入开展创先争优活动的意见》的通知
中铁股份党组〔2010〕66 号	关于对中共中铁九局集团有限公司第二次代表大会和第二届委员会、纪律检查委员会第一次全体会议选举结果的批复
中铁股份党组〔2010〕67 号	关于对中共中铁工程设计咨询集团有限公司第二次代表大会和第二届委员会、纪律检查委员会第一次全体会议选举结果的批复
中铁股份党宣〔2010〕68 号	关于学习郭明义同志先进事迹的通知
中铁股份党组〔2010〕69 号	关于中铁宝桥集团有限公司党委、纪委换届候选人预备人选的通知
中铁股份党组〔2010〕70 号	转发中央创先争优活动领导小组关于认真学习贯彻党的十七届五中全会精神深入推进创先争优活动通知的通知
中铁股份党组〔2010〕71 号	关于学习贯彻国务院国资委王勇同志在中央企业创先争优活动经验交流会上讲话精神的通知
中铁股份党办〔2010〕72 号	关于开展“百千万党团共建创先争优示范工程”活动的通知
中铁股份党组〔2010〕73 号	关于对中共中铁宝桥集团有限公司第二次代表大会和第二届委员会、纪律检查委员会第一次全体会议选举结果的批复
中铁股份党干〔2010〕74 号	关于中铁大桥勘测设计院有限公司升格管理的通知

2010 年中国中铁股份有限公司公司纪委发文目录

发文字号	文件标题
中铁股份纪审[2010]1 号	关于开展“廉洁文化建设年”主题教育活动的通知
中铁股份纪办 2010]2 号	关于开展反腐倡廉重点课题调查研究的通知
中铁股份纪审[2010]3 号	转发《关于组织学习<镜鉴—国有企业廉洁从业教育读本>通知》的通知
中铁股份纪审[2010]4 号	中国中铁股份有限公司关于进一步加强企业廉洁文化建设的实施意见
中铁股份纪办[2010]5 号	关于“两节”期间严格遵守廉洁从业规定坚决禁止奢侈浪费行为的通知

2010年中国中铁股份有限公司工会发文目录

发文字号	文件标题
中铁股份工会[2010]1号	关于印发《中国中铁股份有限公司平等协商集体合同实施办法》的通知
中铁股份工会[2010]2号	关于表彰2009年度“建功立业杯”劳动竞赛先进集体的通知
中铁股份工会[2010]3号	关于中铁九局集团有限公司工会第二届委员会和经费审查委员会选举结果的批复
中铁股份工会[2010]4号	关于表彰中国中铁群众安全生产监督员活动优秀组织单位的通知
中铁股份工会[2010]5号	关于李以文任职的批复
中铁股份工会[2010]6号	关于表彰2009年度工会好班子的决定
中铁股份工会[2010]7号	关于中铁咸阳管理干部学院工会第四届委员会和经费审查委员会选举结果的批复
中铁股份工会[2010]8号	关于2009年度工会信息工作考核情况的通报
中铁股份工会[2010]9号	关于开展纪念“三八”国际劳动妇女节100周年活动的通知
中铁股份工会[2010]10号	关于表彰2009年度“最具活力工会活动”的决定
中铁股份工会[2010]11号	关于工会经费收缴和清欠工作的情况通报
中铁股份工会[2010]12号	关于落实全国总工会《工会财务会计管理规范》的通知
中铁股份工会[2010]13号	关于印发2010年股份公司女职工工作要点通知
中铁股份工会[2010]14号	关于中铁资源集团有限公司工会召开第一次代表大会请示的批复
中铁股份工会[2010]15号	关于黄晓梅任职的批复
中铁股份工会[2010]16号	关于广东中海工程建设总局工会更名的批复
中铁股份工会[2010]17号	关于中铁四局集团有限公司工会第二届委员会和经费审查委员会选举结果的批复
中铁股份工会[2010]18号	关于深圳地铁5号线评选推荐中国中铁劳动模范的通知
中铁股份工会[2010]19号	关于印发石大华书记在股份公司工会一届七次全委(扩大)会上的讲话和股份公司工会一届七次全委(扩大)会工作报告的通知
中铁股份工会[2010]20号	关于中铁西南投资管理有限公司工会工委变更为工会委员会的批复
中铁股份工会[2010]21号	关于姚兰任职的批复
中铁股份工会[2010]22号	关于评选中国中铁群众安全生产监督员活动“十佳集体”和“百佳个人”的通知（改）
中铁股份工会[2010]23号	关于表彰奖励中国中铁全国劳动模范的决定
中铁股份工会[2010]24号	关于中铁六局集团有限公司工会第二届委员会和经费审查委员会选举结果的批复
中铁股份工会[2010]25号	关于中铁资源集团有限公司工会第一届委员会和经费审查委员会选举结果的批复
中铁股份工会[2010]26号	关于转发中华全国铁路总工会《关于颁发2010年火车头奖杯铁路“工人先锋号”和火车头奖章的决定》的通知
中铁股份工会[2010]27号	关于表彰中国中铁群众安全生产监督员活动“十佳集体”和“百优个人”的决定
中铁股份工会[2010]28号	关于转发中华全国铁路总工会《关于为高速铁路和客运专线建设中的先进集体和个人颁发火车头奖杯奖章的决定》的通知
中铁股份工会[2010]29号	关于对股份公司工会干部培训工作进行调研总结的通知
中铁股份工会[2010]30号	关于在全公司建立联系点项目部工会工作信息直报制度的通知
中铁股份工会[2010]31号	转发国务院国资委党委关于中央企业建设“四个一流”职工队伍实施意见的通知
中铁股份工会[2010]32号	关于二〇〇九年度股份公司工会财务工作竞赛评比结果的通报
中铁股份工会[2010]33号	关于吴钦新任职的批复
中铁股份工会[2010]34号	关于表彰《中铁工运》优秀组稿单位、优秀通讯员的决定
中铁股份工会[2010]35号	关于在全公司工会建立重要情况及时报告制度的通知
中铁股份工会[2010]36号	关于评选中国中铁第四届劳动模范的通知
中铁股份工会[2010]37号	关于中铁一局集团有限公司工会召开第三次代表大会请示的批复

发文字号	文件标题
中铁股份工会[2010]38 号	关于阳贤成任职的批复
中铁股份工会[2010]39 号	关于印发全国、全路模范职工之家模范职工小家、优秀工会工作者和优秀工会积极分子获奖名单的通知
中铁股份工会[2010]40 号	关于做好北京市辖区铁路工会单位情况统计工作的通知
中铁股份工会[2010]41 号	关于做好全公司工会“小金库”专项治理工作的补充通知
中铁股份工会[2010]42 号	关于中铁宝桥集团有限公司工会召开第一次代表大会请示的批复
中铁股份工会[2010]43 号	关于成爱民任职的批复
中铁股份工会[2010]44 号	关于辛兵任职的批复
中铁股份工会[2010]45 号	关于印发中国中铁工会二次八届全委（扩大）会议工作报告的通知
中铁股份工会[2010]46 号	印发《关于在全公司工会组织和广大职工中深入开展党工共建创先争优活动的实施意见》的通知
中铁股份工会[2010]47 号	关于中铁置业集团有限公司工会召开第一次会员代表大会请示的批复
中铁股份工会[2010]48 号	关于开展“百千万党工共建创先争优示范工程”活动的通知
中铁股份工会[2010]49 号	关于做好中国中铁一届二次职工代表大会提案征集工作的通知
中铁股份工会[2010]50 号	关于中铁电气化局集团有限公司召开第二次工会会员代表大会请示的批复
中铁股份工会[2010]51 号	关于做好重组企业工会财务工作的意见
中铁股份工会[2010]52 号	关于樊江源、李燕琴任职的批复
中铁股份工会[2010]53 号	关于中铁宝桥集团有限公司工会第二届委员会和经费审查委员会选举结果的批复
中铁股份工会[2010]54 号	关于评选股份公司先进女职工集体、个人的通知
中铁股份工会[2010]55 号	关于转发中华全国铁路总工会《关于切实做好 2011 年元旦春节期间农民工合法权益维护工作的通知》的通知
中铁股份工会函[2010]1 号	关于评选推荐 2010 年全国劳动模范的通知
中铁股份工会函[2010]2 号	转发铁总《关于启用“工会经费收入专用收据”的通知》的通知
中铁股份工会函[2010]3 号	关于印发《中国中铁股份有限公司工会“小金库”专项治理工作》的通知
中铁股份工会函[2010]4 号	关于对中铁隧道集团有限公司工会财务检查的意见书
中铁股份工会函[2010]5 号	关于对中铁科工集团有限公司工会财务检查的意见书
中铁股份工会函[2010]6 号	关于对中铁九局集团有限公司工会财务检查的意见书
中铁股份工会函[2010]7 号	关于对中铁十局集团有限公司工会财务检查的意见书
中铁股份工会函[2010]8 号	关于对中铁六局工会财务检查的意见书
中铁股份工会函[2010]9 号	关于对中铁电气化局集团有限公司工会财务检查的意见书
中铁股份工会函[2010]10 号	关于企业内部重组中工会财务工作有关问题处理意见的通知
中铁股份工会函[2010]11 号	关于编报 2010 年度经费收支决算和 2011 年度经费收支预算的通知
中铁股份工会经审[2010]1 号	关于印发《集团公司级工会经费审查工作规范化建设标准》的通知
中铁股份工会经审[2010]2 号	关于二〇〇九年度股份公司工会经审工作竞赛评比结果的通报
中铁股份工会经审函[2010]1 号	审计通知书
中铁股份工会经审函[2010]2 号	审计通知书
中铁股份工会经审函[2010]3 号	审计通知书
中铁股份工会经审函[2010]4 号	审计通知书
中铁股份工会经审函[2010]5 号	审计通知书
中铁股份工会经审函[2010]6 号	审计通知书
中铁股份工会经审函[2010]7 号	审计通知书
中铁股份工会经审函[2010]8 号	关于中铁隧道集团有限公司工会关注和完善财务管理有关问题的意见书
中铁股份工会审意[2010]1 号	关于对中铁隧道集团有限公司工会经费的审计意见
中铁股份工会审意[2010]2 号	关于对中铁科工集团有限公司工会经费的审计意见

发文字号	文件标题
中铁股份工会审意[2010]3 号	关于对中铁九局集团有限公司工会经费的审计意见
中铁股份工会审意[2010]4 号	关于对中铁十局集团有限公司工会经费的审计意见
中铁股份工会审意[2010]5 号	关于对中铁六局工会主席离任的审计意见
中铁股份工会审意[2010]6 号	关于对中铁电气化局集团有限公司工会经费的审计意见
中铁股份工会审意[2010]7 号	关于对中铁股份公司机关工会经费的审计意见

2010 年中国中铁股份有限公司公司团委发文目录

发文字号	文件标题
中铁股份团[2010]1 号	关于开展青年安全生产演讲比赛及青年安全生产巡回演讲活动的通知
中铁股份团[2010]2 号	2009 年中国中铁青年网信息报送情况通报
中铁股份团[2010]3 号	关于表彰中国中铁 2009 年度五四红旗团委、五四红旗项目团支部、优秀团干部、优秀团员的决定
中铁股份团[2010]4 号	关于印发《二〇一〇年中国中铁共青团工作要点》的通知
中铁股份团[2010]5 号	关于表彰“激扬青春活力，建功深圳地铁”主题实践活动先进集体和先进个人的决定
中铁股份团[2010]6 号	关于印发石大华同志在共青团中国中铁一届六次全委（扩大）会议上的讲话的通知
中铁股份团[2010]7 号	关于印发姚桂清同志在共青团中国中铁一届六次全委（扩大）会议上的讲话的通知
中铁股份团[2010]8 号	关于组织动员广大团员青年和各级团组织积极投身青海抗震救灾工作的通知
中铁股份团[2010]9 号	关于开展“共青团关爱农民工子女志愿服务行动”的通知
中铁股份团[2010]10 号	关于印发《中国中铁共青团和青年工作试点实施方案》的通知
中铁股份团[2010]11 号	关于开展纪念五四运动 91 周年系列活动的通知
中铁股份团[2010]12 号	关于开展中国中铁青年思想状况调查的通知
中铁股份团[2010]13 号	关于表彰中国中铁优秀（杰出）青年项目经理和优秀（杰出）青年项目总工的决定
中铁股份团[2010]14 号	关于成立共青团中国中铁委内瑞拉分公司工作委员会的通知
中铁股份团[2010]15 号	关于印发《关于加强学习型团组织建设的实施意见》的通知
中铁股份团[2010]16 号	关于开展青年安全演讲比赛片区复赛的通知
中铁股份团[2010]17 号	关于认真做好 2009 年度团费收缴工作的通知
中铁股份团[2010]18 号	关于做好 2010 年大中专毕业生接收服务工作的通知
中铁股份团[2010]19 号	关于成立共青团中铁信托有限责任公司工作委员会的通知
中铁股份团[2010]20 号	关于开展中国中铁“魅力团支书”评选活动的通知
中铁股份团[2010]21 号	关于开展庆祝新中国成立 61 周年主题活动的通知
中铁股份团[2010]22 号	关于开展服务“大干四季度”青春建功活动的通知
中铁股份团[2010]23 号	关于印发《推进两大转变 实现二次创业——中国中铁形势任务教育宣传提纲》的通知
中铁股份团[2010]24 号	关于印发《中国中铁共青团组织全覆盖工作推进方案》的通知
中铁股份团[2010]25 号	关于成立中国中铁共青团创先争优活动领导小组的通知
中铁股份团[2010]26 号	关于认真做好 2010 年度团费收缴工作的通知
中铁股份团[2010]27 号	关于做好 2010 年度企业共青团和青年工作基础台账的通知
中铁股份团[2010]28 号	关于开展中国中铁共青团“千名农民工子女‘三不让’承诺”活动的通知
中铁股份团[2010]29 号	关于评选中国中铁 2010 年度五四红旗团委、五四红旗项目团支部、优秀团员、优秀团干部的通知
中铁股份团[2010]30 号	关于对中国中铁“魅力团支书”评选活动优秀个人的表彰决定

2010 年中国铁路工程总公司团委发文目录

发文字号	文件标题
中铁程团[2010]1 号	关于深入开展学习宣传巨晓林同志先进事迹活动的通知
中铁程团[2010]2 号	关于对学习巨晓林同志先进事迹征文活动优秀个人进行表彰的决定

专题资料

文献选编

全面推进“五同”管理 切实加强农民工思想政治工作

李长进

关于加强和改进新形势下国有及国有控股企业思想政治工作的意见》指出，农民工是国有企业职工队伍的重要组成部分，要给予他们更多的关心关爱，维护他们的合法权益，丰富他们的精神文化生活，提高他们的自我保护能力，不断增强他们对企业的归属感和认同感。要积极做好对劳务派遣人员、海外员工和困难职工等群体的人文关怀和心理疏导工作。这是根据当前国有企业人员结构和劳动力布局的新形势、新特点，对国有企业思想政治工作提出的新要求，必将对促进国有企业和谐发展、持续发展、科学发展起到重要的推动作用。

中国中铁作为建筑行业的重要企业，每年使用农民工超过180万人。多年来，中国中铁始终高度重视思想政治工作，坚持“施工战线延伸到哪里，党的组织就建立到哪里，活动就开展到哪里，党支部和党员的作用就发挥到哪里”，做到“思想政治工作上桥头、进洞口、下工班、到宿舍”，推动思想政治工作不断由生产领域向生活领域延伸，由企业内部向企业外部延伸，由职工队伍向农民工队伍延伸。2005年以来，中国中铁大力创新农民工思想政治工作，在全公司推行了农民工与职工同学习、同劳动、同管理、同生活、同报酬的“五同”管理，将思想政治工作全面融入到企业管理和农民工工作中。

一是在观念上倡导“五同”。全公司广泛开展宣传教育，树立农民工是企业财富共同创造者的观念，树立保障农民工合法权益关系企业稳定发展大局的观念。公司多次召开现场会推进农民工“五同”管理，隆重表彰“中国中铁十大新型农民工”，努力营造尊重农民工、依靠农民工、维护农民工合法权益的良好氛围。

二是在制度上保障“五同”。公司及所属单位分别成立了农民工工作领导小组，制定并认真实施《加强农民工工作的指导意见》，不断健全农民工工作运行机制和维权机制，把农民工工作与奖惩评先挂钩，实行一票否决；制定了《清理拖欠农民工工资办法》，完善了农民工工资支付保障机制；与农民工全面签订《劳动合同》，明确劳动报酬和劳动保护等内容。

三是在权益上维护“五同”。公司认真贯彻执行《劳动法》、《劳动合同法》等法律法规，不断加大维护农民工权益和农民工工资支付保障力度，切实做到同工同酬。与此同时，公司对比较固定的农民工实行计件定额工资制和工费承包；对季节性农民工实行高于当地最低保障工资的协议工资；对成建制的农民工，采取工程项目部从工费中直接扣除发放或打入工资卡的方式，保证农民工工资按时足额发放。公司还不断加大安全生产投入，广泛开展安全技能培训，切实落实劳动保护措施，积极预防职业危害，统一购买意外伤害保险，在生产一线选聘5000多名农民工为兼职“群众安全生产监督员”，每月发放岗位津贴，切实维护农民工合法权益。

四是在措施上落实“五同”。公司专门制定了农民工培训管理细则，建立了1000余个“窦铁成学习型班组”和100余所“巨晓林农民工夜校”，积极开展农民工职业技能鉴定，全公司农民工岗前培训率100%，特殊工种持证上岗率100%，做到农民工与职工同学习；对生产一线人员按专业统一编组作业，广泛开展师带徒、一帮一，做到农民工与职工同劳动；各单位、各工程项目部统一工作服装、统一作息时间、统一工作标准、统一纪律要求，做到农民工与职工同管理；加强“三工”建设，统一住宿标准、统一生活设施、统一文化活动、统一医疗保障，做到农民工与职工同生活；在薪酬原则上实行以岗定薪，在工资标准上实行同工同酬，在单价核定上不搞双重标准，做到农民工与职工同报酬。

思想政治工作的不断加强，激发了包括农民工在内的广大员工的积极性、主动性和创造性，为企业的改革发展注入了强大动力。2010年，中国中铁企业营业额、新签合同额、利润总额再创历史新高，营业收入在世界企业500强排名第137位，在中国企业500强排名第9位。

经济日报2011年3月26日

中国中铁党委“创先争优”

——创建“百千万”示范工程 深入推进创先争优活动

中国中铁股份有限公司是国有特大型综合性施工企业，现有28万员工，8000多个工程项目，遍布全国30多个省市和60多个国家和地区，在职党员9.5万人，每年劳务用工180多万人。在开展创先争优活动中，公司党委围绕“推动科学发展、促进社会和谐、服务人民群众、加强基层组织”的目标，紧密联系实际，坚持以点带面，在全公司各级党组织和广大党员中深入开展创建100个“基层示范党委”、1000个“示范党支部”、

10000 个“党员示范岗”的“百千万”创先争优示范工程，努力把基层党委的政治优势转化为推动企业科学发展的能力、把基层党组织的组织优势转化为攻坚克难的能力、把广大党员的思想作风优势转化为示范带头的能力，着力增强国有经济活力、做强做优中央企业，有效地推动了创先争优活动扎实开展，取得了组织创先进、党员争优秀、企业上水平、群众得实惠的效果。2010 年完成营业额 4736.6 亿元，在世界企业 500 强中排名第 137 位，在中央企业中排名第 6 位，在中国和世界建筑企业中排名第一。

对中国中铁这样一个条件艰苦、高度分散的施工企业来说，创先争优活动能否起作用、见实效，关键在于基层党委能否充分发挥政治引领作用，履职尽责创先进。为此，公司党委在活动一开始就明确提出在 700 多个基层党委中创建 100 个示范党委的目标，制定了“政治引领力强、推动发展力强、改革创新力强、凝聚保障力强”的示范党委创建标准，通过树立典型、示范引导，充分激发基层党委在创先争优活动中的重要作用。为发挥好基层党委在现代企业制度中的政治核心作用，公司党委探索出了“五个必须”的原则，即企业改革发展重大问题必须经董事会研究决策，干部问题必须经党委会研究确定，涉及职工切身利益的重要问题必须经职代会讨论通过，提请董事会决策和职代会通过的重要问题必须经总经理办公会研究，所有上会的主要事项董事长、总经理、党委书记必须事先沟通、达成一致，确保党委政治核心作用与法人治理结构的有序衔接。为更好地推动基层党委工作下移，抓基层、打基础，公司党委在全公司推行了“五同步”工作方针，即项目党组织与项目部同步组建、项目书记与项目经理同步配备、项目党建工作制度与项目管理制度同步制定、项目党建工作与管理工作同步部署、项目党建工作绩效与项目部经营绩效同步考核，构建了基层党建工作新格局。中铁电气化局党委在创建示范党委实践中，从解决职工群众最关心、最直接、最现实的问题出发，探索出讲清小道理、关心小问题、开展小活动、做好小事情、选树小人物的“五小”工作法，精耕细作聚人心，收到了良好的效果。

工程项目是施工企业生产经营的前沿，基层党支部是党的全部工作和战斗力的基础。为了更好地发挥基层党支部在创先争优活动中的带领作用，公司党委以“支部班子好、党员队伍好、工作机制好、工作业绩好、群众反映好”为标准，提出了在全公司 7000 多个生产一线党支部中创建 1000 个示范党支部的活动目标，开展了以“组织设置标准化、制度建设标准化、主题活动标准化、项目文化标准化、基础资料标准化”为主要内容的“项目党建标准化”建设，努力提升项目党建工作科学化水平。去年下半年以来，公司党委书记、董事长李长进，总裁白中仁等公司领导先后 10 余次深入到所属各单位 60 多个工程项目部开展调研，总结推广了中铁四局党建标准化、中铁建工集团实行项目管理和项目党建“双标共建”的成功经验，进一步推动了全公司项目党建标准化管理的开展。去年 4 月，青海玉树发生强烈地震后，灾区附近的中铁隧道集团青藏铁路关角隧道工程指挥部立即组织施工队伍主动投入抗震抢险，充分展示了“铁军”风采，获得“全国抗震救灾英雄集体”称号。在随后的灾后重建中，中国中铁承担了其中条件最艰苦、任务最重的 120 余个项目。参加援建的各级党组织发动和组织党员突击队，克服了高原缺氧、气候恶劣、生活艰苦等重重困难，创造了设计出图最快、项目开工最早、工程数量完成最多等六个第一，其中玉树县第一民族中学率先开工、提前 10 天全面封顶，创造了 4 天一层的速度，受到了国务院和青海省政府领导的高度评价。针对工程项目管理薄弱、工程建设领域腐败行为易发高发的实际，把加强项目管理和党风廉政建设与创先争优活动相结合，在全公司工程项目上全面推行重要事项党政会签制度，深入开展了廉洁示范点、示范线创建活动，在工程验工计价、劳务队伍选择、资金结算、物资采购等关键环节，强化监督约束，努力做到项目“工程优质、干部优秀”。

广大党员是创先争优活动的主体，为了充分调动广大党员参加创争活动的积极性，公司党委提出了创建 10000 个党员示范岗的活动目标，制定了“科学理论先学习、觉悟最高，规章制度先执行、作风最硬，岗位技能先掌握、能力最强，工作任务先完成、业绩最优，企业精神先弘扬、形象最好”的“五先五最”的争创标准。为引导广大党员立足岗位争优秀，公司党委认真总结推广近年来开展的“青藏高原党旗红”、“党旗飘扬杭州湾”等主题实践活动经验，进一步创新活动载体，深入开展了“玉树重建党旗红”、“京沪高铁六比六看”等形式多样、特色鲜明的主题实践活动，使广大党员在日常工作中能看出来、关键时刻能站出来、危急关头能豁出去，为职工群众做出表率。通过主题实践活动，全公司 1200 个党员突击队、党员科技攻关小组、党员安全监督岗活跃在全公司上千个重点工程项目、上千项科研攻关任务、上万个安全质量重要岗位上，涌现了一大批先进集体和个人。去年以来，全公司有 17 名党员获全国劳动模范称号，5 个集体获全国工人先锋号，6 名个人获全国五一劳动奖章，126 名个人获省部级劳动模范；公司先后表彰了 150 名中国中铁劳模和 16 名科技专家；两次评比表彰了十大专家型职工、十大新型农民工、十大杰出女性、十大杰出青年。特别是公司党委推选树立的“全国农民工楷模”巨晓林，李长春等中央领导同志对他的事迹先后作出批示，中央五部委组织各大新闻媒体进行了集中采访和宣传报道。巨晓林先后被评为全国劳动模范和中央企业优秀共产党员，获得了全国“十大责任公民”、“第十届中华技能大奖”。

榜样的力量是无穷的，一个典型就是一面旗帜。在创先争优活动中，我们倾力打造“百千万”示范工程，取得了显著成效。实践证明，只要按照中央的部署，通过抓典型来推动工作，积极营造崇尚先进、学习先进、争当先进的良好氛围，更好地使各级党组织履职尽责创先进、广大党员立足岗位争优秀，创先争优活动就能扎实推进、取得实效。

《求是》杂志 2011 年第 10 期

人物报道

从农民工到“技术导师”

——记中国中铁电气化局集团一公司巨晓林（上）

《人民日报》 2010 年 6 月 4 日 记者 陆娅楠

他是农民工，长年野外作业，居无定所，却 23 年笔耕不辍，记下 70 多本工作笔记，洋洋洒洒 23 万字。

他只有高中文化，却革新工艺 43 项，创造经济效益 600 多万元，独立编写出我国铁路电气化史上第一本施工教科书。

他身高仅 1 米 6，却被千万工友赞为顶天立地的“巨人”、最具影响的“技术导师”。

在我国煤炭运输大动脉大秦铁路、我国客货运输最繁忙的京沪铁路、我国东北第一条电气化铁路哈大铁路……12 条国家重点铁路工程中，都留下了他的汗水与智慧。

他在中国 3 万公里的电气化工程中，站直是山，弯腰是梁，为铁路腾飞插上翅膀。他就是新时代的知识型工人、高技能人才、中国中铁电气化局集团一公司农民工巨晓林。

勤学苦练，23 年不中断

“困难像弹簧，你软它就强，勤学加敢想，闯出大名堂”

1960 年，我国第一条电气化铁路——宝成铁路宝鸡至凤州段完工。这条当年中国跑得最快、运得最多、技术水平最高的铁路，恰好驶过巨晓林的家乡。

为大山架脊梁，给火车插翅膀，那是何等威风！在巨晓林和乡亲们眼中，能修铁路的都是大英雄，这其中就有巨晓林的姐夫。

姐夫讲修铁路的故事，巨晓林百听不厌。穿上蓝蓝的制服，修建长长的铁路，成了巨晓林年少时最美的梦。

1987 年 3 月，横贯山西的煤炭运输线——北同蒲铁路，迎来电气化改造，急需工人。24 岁的巨晓林闻讯，打起背包直奔雁门关外，成为了中国中铁电气化局一公司的“农民合同工”。

就在巨晓林庆幸美梦成真的时候，一盆冷水浇醒了他。

巨晓林所在的工班是做接触网改造的。接触网是铁轨上空悬挂的一条条电线，它为机车提供电力，被喻为铁路提速的大动脉。接触网施工不比一般电工活，涉及电力、电机、通信、钣金、机械制图等众多专业技术，连大学刚毕业的“正规军”都发憷，更何况是只有高中文化的“杂牌军”。

电线像蜘蛛网，施工图纸像天书，巨晓林顿觉自己是个“睁眼瞎”；电线杆像高楼，高空作业像杂技，巨晓林第一次怨起自己个子小。

“困难像弹簧，你软它就强。既然来了，就得勤学苦练，闯出名堂！”巨晓林的倔劲儿一上来，谁也拦不住。

上班跟着师傅学，下班粘着师傅问，工友不分长幼，都是他探讨问题的对象；出工时，他不惜力，抢着多做；收工后，他拿工地废料反复偷偷练习，不想明白疑点绝不休息。

乡下的父母常年卧病需要钱，一对儿女生活读书需要钱，可是为了学得更扎实，巨晓林愣是从牙缝里抠出钱，买回《钣金工艺》、《机械制图》、《电机学》、《电力铁道供电》、《接触网》等专业书籍，边查工具书，边学习。实在“抠”不出钱，他就把工友的旧烟盒、女儿用了一半的作业本订在一起，当起笔记本，写写画画一点不耽误。

接触网施工是重体力活。肩扛百余斤的电线圈儿，腰缠着几公斤的工具包，每天爬上爬下十几米的电线杆。多数工人下班只想喝口酒，打个牌，睡个安稳觉，只有巨晓林是“另类”。每晚下工，巨晓林都反复钻研白天施工中的难点和疑点。宿舍熄灯安静后，他再钻进被窝，打着手电，把技术要点和心得体会一点点记录在笔记本上。

一次下工实在太累，巨晓林琢磨着工序就睡着了。半夜梦里，他灵光乍现，大喊着“有了，别跑”从床上弹坐起来。宿舍工友被吵醒，担心地问他咋了。他嘿嘿憨笑，“那个工序我想通了，美得很！”

“晓林没烟瘾，没赌瘾，只有读书瘾。他那股读书的韧劲儿，很多大学生都比不了！”接触网六段总工、迁曹铁路电气化项目部副经理常立召说，“为了学习，他每天比别人晚睡一小时。我认识他 23 年，23 年从未中断！”

自强不息，求知是苦也甜

“学习是座山，雄心是咱开山的利斧，专心是咱攻坚的钢钻”

23 年来，巨晓林对肚子吝啬，却从没亏待过脑袋。他没下过一次馆子，喝过一次酒，穿的多是工作服。可是他的工棚床铺却像个小型图书馆，工地转移到哪儿，书就跟到哪儿；技术更新到哪儿，笔记就写到哪儿。

如今，长达 23 万字的 70 本工作笔记可以作证，巨晓林再也不是当初那个“两眼一抹黑”的农民，而是一名可以指导其他高级工的高级工。

有人问巨晓林，“为啥你学习的精神头儿这么大？”

“祖国需要，百姓需要，我们等不起，慢不得！对学习新知识，就像电气化铁路一样，提速，再提速！”巨晓林说的正是近20年来中国铁路发展的缩影。

长期以来，我国铁路运力与需求的矛盾非常突出。直到上世纪末，我国铁路列车平均运行时速仅55公里，运输能力差，效率低。然而，全社会85%的木材、85%的原油、80%的钢铁及冶炼物资、60%的煤炭、大量的“三农”物资都依靠铁路运输。铁路运输成了制约经济社会发展的瓶颈，旅客和货主常常“一票难求”、“一车难求”。

巨晓林从事的工作，正是让铁路跑得更快，运的更多。23年来，巨晓林跟随中铁电气化施工队伍，奔波于祖国的大江南北，崇山峻岭，先后参加建设了京郑线、鹰厦线、哈大线、侯月线、渝怀线等12条电气化铁路建设，每一条重点线路都是他检验知识储备的战场，都是他展现智慧的舞台。

在工作中不断成长的巨晓林，并没打算止步。2009年7月，拿着公司奖励的3000元钱营养费，一向简朴的巨晓林跑去买了台笔记本电脑，因为他想赶紧学技术，去京沪高铁参加建设。

“你看现在技术更新多快啊，咱们都有世界上跑得最快的高铁了。不学习新技术、新知识，你撵不上时代，咋给铁路插翅膀？”

高铁技术是革命，技术员都要掌握各种计算机软件。徒弟闵庆伟劝他，“别说是47岁的农民工，就是比您年轻的正式职工，有多少人愿意从头学起？要学会，又要迈多少道坎，遭多大的罪？您不比我们年轻人，要注意身体，别太勉强。”

巨晓林嘿嘿憨笑，“学习有啥苦？就算它是座山，雄心是咱开山的利斧，专心是咱攻坚的钢钻。师傅是真爱铁路，想修世界上最好的铁路。现在京沪高铁就是师傅的心尖尖，为了它，是苦也甜！”

粗活巧干，创新不畏人言

“打破旧理念，献身到实践，千百次探索，才有新发现”

“远看像要饭的，近看似逃难的，仔细一看原来是电气化挂线的。”铁路行业这句有名的顺口溜，说的就是巨晓林这样的接触网工人。

接触网工人干活苦。每天肩扛100多斤的软钢丝索，在5到15米高的空中安装，冬天冻得手脚全麻，夏天晒得层层蜕皮，还要忍受风餐露宿。

接触网工作细。接触网电线不比普通电力电线，架上就好。整条电线安装后的平滑度误差不能超过正负3厘米，否则就会引发铁路运行的安全事故。

接触网施工时间紧。我国铁路运输运力不足，电气化改造期间不能停止列车运行，只能“见缝插针”，最需要事半功倍。

如此一来，接触网施工除了苦干实干，如何巧干？懂得基本施工方法后，巨晓林开始琢磨各种施工的小窍门。

1989年的一个夏日，北同蒲铁路工地突然下雨，工人们不得不暂时停工。巨晓林却望着杆塔上的悬挂点发呆。雨停了，巨晓林的点子也想透了。

“为啥不用滑轮作业代替肩扛电线？”巨晓林马上用一个铁丝套子挂住滑轮试了试，果然能省不少劲儿。班组工友和工长一商量，全班试用，效率一下子提高了两倍。看着大家脸上的笑，巨晓林感觉像吃到了家乡的臊子面一样欢喜。

从那时起，巨晓林的工作服口袋里便多了一个小本子，施工中不管碰到什么问题，都随手记下来，一有空儿就琢磨。

1998年，巨晓林在哈大铁路进行电气化改造。当时，他所在的管段需要安装300多组软横跨，工期仅限30天。可按传统工艺，起码需要50天。而且，这次施工首次系统引进了德国成套技术材料，业主和监理对施工质量标准都分外苛刻。

艺高人胆大，巨晓林研究出一套“SY”导线固定法，使安装效率提高了两倍，而且更安全可靠，工程顺利进入验收阶段。

明明是不可能完成的任务，中国人却在如此短的时间内完工，德国技术督导季马教授难以置信，搬出激光测量仪检测施工质量。谁知各项指标远优于指定标准。季马对“金点子”巨晓林连连称赞，“我是督导，可你脑子更灵，技术更好，是督导中的督导！”

“打破旧理念，献身到实践，千百次探索，才有新发现。”这是巨晓林写在工作日记中的一段话。可是，创新并非一帆风顺，打破陈规更需要勇气和毅力。

巨晓林也曾被人讥笑，“你一个农民工，如果能把电气化40年来的传统施工方法给改写了，那电气化局还要那么多大学生有何用？”

巨晓林也曾被人劝慰，“你一个农民工，当好螺丝钉就行了，为啥老想闹出个新花样？既没有实惠，又劳神劳力，何苦呢？”

可是，巨晓林不这么想。“没有规矩不成方圆，可是，不打破旧规矩，哪有新方圆？咱举手之劳能让工友更省力，让工程更顺利，为啥不做？”

23年来，巨晓林革新接触网施工工艺和方法43项，还写出了10万字的《接触网施工经验和方法》书稿，填补了我国铁路接触网施工技能培训教材的空白。巨晓林也被工友们誉为最具影响的“技术导师”。

与时俱进，向高铁挺进

“我是一名共产党员，和很多优秀的党员比，我还差得远”

工友们把巨晓林的“施工宝典”总结为：空中做的活儿，地面干；现场做的活儿，家里干。各种改良的吊臂、竹竿、滑轮、挂钩，都是信手拈来的小物件，却让工人干活既轻松，又高效，质量高，还安全。

凭借着“施工宝典”里的金点子，巨晓林的革新一点点运用于铁路发展的第一线，推动着中国铁路“质的变化”。

这20多年间，中国铁路由时速60公里以下的低速铁路，发展到140公里至160公里的提速铁路，再发展到350公里的高速铁路；从蒸汽机车时代，到内燃和电力机车时代，再迈入高速动车组时代。六次大提速，铁路整体运行效率提高了50%以上，高速铁路已经成为“中国名片”。

知识武装头脑，实践创造辉煌。渐渐的，过去一些不理解、不喜欢巨晓林的工友也成了他的“粉丝”。

接触网六段三队副队长、技术主管赵荣有刚认识巨晓林时，对他印象并不好。心里嘀咕：这人个头儿才到我们肩膀，干粗活儿行吗？不和我们打牌、喝酒，能合作吗？每天又写又画的，对工作有用吗？

当巨晓林拿着自己总结的施工新方法和对应图纸，和赵荣有商讨时，赵荣有心里一颤。简单的叙述，清晰的插图，正是大家最需要的；轻巧的方法，容易操作的工具，真是踏破铁鞋无觅处啊！

“写接触网施工的书很多，比巨师傅理论水平高的也很多，为啥工人们都只爱看巨师傅写的小册子？因为这本书来源于实际，简单实用，一眼就明白！”赵荣有说，“因为这是真心实意为我们农民工写的书，是真正为我们操心、让我们受益的书！巨晓林个儿不高，但在我们心里，他是顶天立地的巨人！”

即便巨晓林出了书，还是有人嘟囔，这些小窍门简单得就像捅破窗户纸儿，有啥了不起？这最后的一点质疑，被中铁电气化局一公司总经理丁晋春斩钉截铁地顶回去：“这么多一线工人，只有巨晓林想透了，总结了，推广了，这就是了不起！”

丁晋春对企业所有职工宣布，今后入职的所有新工人都要先学习巨晓林的这套施工方法，而且企业还要在资金方面多支持这种创新。“这些方法让新人少走弯路，少受苦；给企业提升效率，赚效益。继续这么干下去，没错！”

2006年至2008年，巨晓林连续三年被中铁电气化局集团命名为“经济技术创新标兵”。“技术革新能手”、“劳动模范”、“全国五一劳动奖章”、“知识型职工先进个人”……各种荣誉涌向了巨晓林，可他只是谦虚地笑，“我是一名共产党员，和很多优秀的党员比，我还差得远。”

苹果小的时候很青涩，长大后懂得低头、知道脸红才真正成熟。如今，巨晓林已经参加了京沪高铁的技术培训，如何继续创新成了他脑子里的新命题。“好马配好鞍，咱的高铁是最好的，工艺肯定不一般！放心，咱们工艺革新也会创出高铁速度！”

领跑时代的“小巨人”

——记中国中铁电气化局集团一公司农民工巨晓林（下）

《人民日报》 2010年6月5日 记者 陆娅楠

他是一名普通的农民工，却技压群雄，为企业培养了21名工长、7名工程队长、3名项目经理，被一批批大学生敬为“技术导师”。

他是一名普通的农民工，却对质量标准“锱铢必较”，创造23年施工作业返工率为零的神话，被众多监理、业主誉为“质量标杆”。

“家乡是我家，企业也是我家。两个家一样重，一样爱！”这就是优秀农民工楷模、中国中铁电气化局集团一公司农民工巨晓林。

授业无悔，教出一批技术骨干

“徒弟都是宝，建设少不了，今天我教他，明天他领跑”

——巨晓林日记

巨晓林在中铁电气化局干了23年，是出名的和善人。可在徒弟心中，巨师傅绝对不是“老好人”。如今已经是网六段一队安全质量监督员的杨策，依然清晰记得师傅的那次“黑脸”。

在迁曹铁路挖基坑时，施工班两人一组。徒弟杨策挖到一半，就被一块巨石挡了路。杨策试探性地问巨晓林，“师傅，跟您商量点小事儿，咱们别挖了，就差半米，石头留在坑里多省事儿啊。”

谁知，话音未落，巨晓林脸就黑了，“不行！小事儿不小，必须干好！里面肯定是塌方土。地基都不牢，火车怎么跑？”

果然，不到半米，坑里面就塌方了。大学生杨策从此对巨晓林口服心服，把他奉为“技术导师”。

服气的不仅有大学生，还有很多公司外请的协建队伍。电杆基坑是金字塔型，口小，底盘大，底部的尺寸很难测量。有些协建队伍为了抢进度，经常偷偷将最底层的面积“缩水”。

巨晓林发明了一种垂直折尺，技术员不需要下到基坑里面，就可以知道尺寸是否达标，效率提高了好几倍。外协人员因为难以再偷奸耍滑，所以经常偷偷把尺子折断。巨晓林不气不怨，折断再做，如此反复，最后，外协人员彻底“投降”了。一是巨晓林确实有理；二是按他的标准干，基坑质量高，从不会被要求返工。

视巨晓林为宝的，还有工程监理方和业主方。电气化施工是铁路工程的最后一道接力棒，铁路能不能尽早开通，全看电气化的施工效率和质量。这么多年来，巨晓林班组干的活从来不用返工，别人精度在正负3厘米，他们却保持在正负1厘米内，而且效率还比别人高几倍。

“巨晓林如同免检品牌，堪称工人们的标杆，”天津路安电气化监理有限公司常务副总经理陆文说，“如果中国2.3亿农民工都能像巨师傅一样爱动脑子，粗活巧干，社会发展的脚步还会更快！”

如今，巨晓林带出的徒弟遍布在全国20多个电气化工程项目部，今年26岁的电气化局一公司接触网六段工程部副部长姚升就是其中之一。

从石家庄铁道学院电气工程及自动化专业毕业来到工地，姚升一度有点沮丧。电气化专业太枯燥了，成天待在荒山野岭，前途在哪里？巨晓林开导他，“现在铁路工程多，标准高，每个工程都是你的舞台。别嫌舞台小，别望着那山高，年轻人说一千，道一万，不如扑下身子干！今天你看别人创纪录，明天创造历史的没准就是你！”

巨晓林的激情点燃了姚升，师徒俩经常一起切磋技术。去年下半年，姚升被调到京沪高铁昆山段，工程精度一下从厘米级跨越到毫米级。每遇技术难题，姚升常常想起师傅传授的窍门，举一反三，果然屡试不爽。“师傅常说，铁路建设的标准一直在提升，必须不停‘充电’。现在看来，他和我们大学老师的水平难分伯仲！别看他只有1米6，照样是领跑时代的巨人！”

有人曾善意地提醒巨晓林，“老巨啊，你真傻，什么都教人家，你却还是原地踏步，这是教会了徒弟，饿死了师傅！”

巨晓林大手一挥，“我也是师傅带进门，没有传帮带，铁路咋能跑得快？人各有其长，我不懂管理，最擅长搞工艺革新，在一线当技术员最合适。我的徒弟都是宝，建设少不了，今天我教他，明天这中国的铁路就没准是他领跑！”

乐观奉献，企业也是我的家

“看一阵长城上的月光，想一会渭河岸的家乡。
2006年的中秋节，就这么相思的过一夜”
——巨晓林日记

“铁路工程急难险重，全靠农民工兄弟挑大梁。企业不能让农民工吃亏，更不能让巨晓林这样懂技术、爱企业的农民工吃亏，要让他们干得有劲头，活得有尊严！”中铁电气化局集团公司总经理刘志远说。

在参与中国铁路建设的近千万名农民工中，巨晓林得到的确实比其他人更多：“全国五一劳动奖章”、“北京市劳动模范”等各种最高荣誉，北戴河疗养、工艺革新奖金等各种待遇围绕着他。

但是，巨晓林也失去了很多。

2000年3月的一个午后，哈大铁路哈拉哈车站的气温降到了零下15摄氏度，大雪扑面。接触网浇筑基础工程刚开工，巨晓林接到了调度的电话。“你父亲病危，速归！”

巨晓林对徒弟杜志波稍作交代，便小跑出了站台。刚工作一年多的杜志波心里犯了嘀咕，浇筑基础对技术要求很高，我一个人能行吗？

不一会儿，远处的雪地里冒出了一个人影。走近，原来是巨晓林。

“接触网的基础是整条铁路安全的根基。你刚参加工作，又是这么个天气，我不放心，”巨晓林掸落身上的雪，“等把这个基础做完再走吧。”

工程完毕已经是晚上7时，天黑雪急，最后一班车也走了，巨晓林错过了见父亲最后一面的机会。人们问他悔不悔，他说，“父亲从小教我忠厚，为了国家，他会原谅我的。”

巨晓林的父亲脑溢血常年卧病在床，母亲患有高血压。可是铁路建设任务重，时间紧，四海为家，巨晓林没有时间回乡照顾，种地、打零工、照顾公婆、养育儿女的全部家庭责任，都压在黑黑瘦瘦的巨家媳妇宋小平身上。

2002年秋天，铁路工程锐减，电气化局的活儿也少得可怜，巨晓林不得不拎着所有书本回家了。人离岗，心还在，巨晓林便借机把零碎的笔记整编成册。

一晚，巨晓林又在炕上整理笔记，直到半夜12时才昏昏睡去。早晨睁眼时，炕头的笔记全不见了。

后来才知道，是妻子对他的冷漠有了意见。巨晓林心里泛起对妻子的愧疚。虽然家里条件不好，15年来，妻子从没主动张口向自己要过一次钱，所有困难自己一个人咽。巨晓林每次写信第一句就问，“小平，你身体好吗？”但是，腿有风湿、腰有旧疾、胃也不好的妻子怕他工作分心，每次回信永远都是那一句，“一切很好，你放心。”

“没有你的支持，我哪能想出这些好点子。这里是我家，电气化局也是我的家，两个家在我心里一样重啊！”巨晓林对妻子说。

巨晓林喜欢写诗，更喜欢画画。他笔下的古代仕女栩栩如生，各种小动物活灵活现。他却把这套本事都用来画了施工工艺的解释图。有人说，“晓林，你这么浪漫的人去修铁路，真有点格格不入啊！”

“修铁路不浪漫吗？以前火车时速跑不到100公里，现在在我们手上都‘飞’到了350公里，还有比这更浪漫的事吗？”巨晓林回答得毫不犹豫。

抢险救灾

抗洪抢险誓夺全胜

——中铁电气化局集团鹰厦铁路抗洪抢险首战纪实

6月13日-23日，江西、福建省境内遭遇大到暴雨，造成大范围的山洪爆发、泥石流、山体坍塌、路面垮塌等地质灾害，连接闽赣两省的鹰厦铁路运输中断。这条铁路干线，牵动着党中央、国务院、灾区和全国人民的心，何时能抢通这条铁路成为社会的焦点。

〞鹰厦铁路，抗洪抢险；中铁电化，奋勇争先；服从命令，听从指挥；顽强拼搏，誓夺全胜！〞这是中铁电气化局集团公司鹰厦铁路抗洪抢险突击队 200 余名参战队员气壮山河的誓言。

为把这条铁路早一天抢通，6 月 27 日下午 6 时，中铁电气化局集团公司鹰厦铁路抗洪抢险指挥部在泸溪河大桥举行了抗洪抢险突击队誓师授旗大会，激发斗志，调动干劲，使抗洪抢险进步加快了速度，截至 29 日 17 时，中铁电气化局集团公司承担的鹰厦铁路（资溪-铁关村）DK73+105、DK73+370 和 DK73+620 一处铁路桥台锥体护坡垮塌和二处高填方路基边坡垮塌的抢险任务首战告捷，累计完成码堆 3341 方，堆码沙袋 32410 包，回填片石 2328 多方，打木桩 2280 根，填沙 34 方，固化使用水泥 52 吨，路基两侧修筑便道 2 条（左右侧各一条）共计 1.8 公里，清挖及填筑路基土方 2700m2，为鹰厦铁路早日抢通奠定了基础。

灾情就是命令，火速集结赶赴现场

鹰厦铁路，是中国东南部地区重要的铁路干线。鹰厦铁路北起江西鹰潭，南至福建厦门，全长 694 公里。90 年代初曾经在这条铁路上进行电气化改造的中铁电化人将面临着新的挑战……

6 月 23 日晚 23 点，中铁电气化局接到铁道部抢险救灾命令后，集团公司董事长、党委书记王其增，总经理刘志远迅速作出抢险部署，立即成立了由集团公司党委副书记、副总经理张建喜为总指挥，集团公司副总工程师刘重阳为常务副指挥，副总工程师、东南公司总经理张文贵，集团公司南昌工程指挥长杨林，西铁建设公司副总经理陈晓明，三公司副总经理王昭仕为副总指挥的鹰厦铁路抗洪抢险指挥部。集团公司指派东南公司先期组织人员机械设备参加抢险。在短短的一个小时内张文贵总经理迅速从南昌、高安、武夷山等地调集抢险队员 200 多名。

6 月 24 日一早，张建喜、刘重阳等领导从北京乘最早航班奔赴南昌。到达南昌后，他立即主持召开了中铁电气化局鹰厦铁路抗洪抢险指挥部第一次工作会议。张文贵、杨林就抢险人员、机械设备、救援物资及后勤保障等方面做了简单汇报。随即成立了 2 个土建专业抢险突击队和 1 个四电专业抢险突击队，并进行了部署安排。

6 月 24 日，江西境内局部下着暴雨，并没有阻挡住抢险队伍的脚步。11 时 30 分从武夷山东南公司峰福项目部 50 人到达抢险现场，从南昌铁路局建管处副处长何晓星和鹰潭工机段副段长蒋正洪手中接过抢险任务后冒着暴雨在 DK73+620 处展开了抢险。

从南昌和高安 150 人的两支抢险队于上午 11 时在福银高速临川服务区集结。在这里进行了重新编组和分工。当抢险队伍走到许坊收费站时告知由于路基被大雨冲毁禁止通行。中铁电气化局东南公司办公室副主任、鹰厦铁路抗洪抢险调度王雄当即拿起电话和当地交通部门取得了联系，当得知是抢险人员，就特别放行，他们冒着道路坍塌的危险经过 2 个小时到达抢险现场。三支抢险队 200 多人在资溪抢险现场汇合。

下午 14 时，6 辆挖掘机、装载机 6 辆大客车、4 辆后勤保障车、7 辆抢险指挥车陆续抵达资溪抢险工地。另外调集了 20T 载重汽车 9 台、16～20T 吊车 3 台、发电机 2 台、水泵 4 台以及草袋、木桩等抢险物资早已整备完毕，随时准备投入抢险。当看到 200 多名抢险人员和从四面八方到来的挖掘机、装载机、打夯机、吊车、发电机、水泵等抢险机械设备时，鹰潭工机段副段长蒋正洪为此表示由衷的敬佩。

不顾安危，关键时刻冲上去

由于抢险地段河流、山谷交错，地形十分复杂，洪水早已把唯一的公路冲垮，铁路距地面约有 30 米高，别说在线路和护坡上搬运石头、土袋、打桩等作业，就是站在线路上往下看，头晕目眩。面对随时山洪爆发、泥石流、坍塌、路面垮塌的危难关头，中铁电气化局集团公司迅速成立了鹰厦铁路抢险指挥部临时党总支部，党组织快速反应、果断决策，组成了两支抢险突击队，由张文贵总经理亲自担任土建专业第一抢险突击队队长，副队长赵明、贾朝辉、郭二鹏、车春峰主动请缨，把 DK73+370 和 DK73+105 坍塌很严重的两处边坡同时进行抢险并帮助其他抢险单位打木桩、用挖掘机挖土、倒片石。让"鹰厦铁路抗洪抢险党员先锋号"和"鹰厦铁路抗洪抢险工人先锋号"队旗高高地飘扬在抢险现场。

为使抢险做到万无一失，确保人身、机具安全，避免发生次生事故。张建喜要求要按照"抢通与复旧结合、永远与临时结合"的原则，高标准、讲科学、不懈怠，誓夺全胜。要加强抢险施工的组织协调，明确任务，落实责任，要把工程质量放在首位，干一处就要成一处，绝不留安全隐患，做到科学防范、科学抢险。

曾参加 109 隧道抗震抢险等 10 多次，有着丰富抢险经验的刘重阳经过反复琢磨，精心推敲，确定了抗洪抢险方案，分别采用干砌片石和放片石钢筋笼加固、下部打桩稳固，再填砌石袋、沙袋和片石的方式抢修。

暴雨还在不停的下着，为防止泸溪河铁路桥锥体护坡和路基边坡继续垮塌，在这危难关头，党员干部豁出来、冲上去，哪里有危险，哪里有困难，哪里就有党员。党员赵明、车春峰、郭二鹏以及 54 岁的农民工老党员余尿保、52 岁的老党员张信蝉、年轻党员雷云、樊佰泉等十几名党员不顾个人安危，冒着路基边坡随时垮塌的危险，发挥党员先锋模范带头作用，冲锋在前。他们面对大灾大难的关键时刻，四天四夜连续作战，打木桩、堆码沙袋、抛填片石、覆盖彩条布等。由于高填方路基处附近没有土源，他们就用挖掘机打通了一公里的便道，在一个小山包上取土。一袋土足足有 30 多公斤重，道路不管有多么泥泞，他们都坚持人背肩扛，摔到了爬起来重新再来，一个个抢险队员浑身都是泥巴，有的脸部和身上摔肿，有的拉稀跑肚都全然不顾。在桥台锥体护坡大面积水泥施工时，水泥粉尘满天飞舞，眼睛、鼻孔沾满了粉尘，他们依然没有停下来。在桥锥抢险中，需要投放钢筋笼围砌堤脚，抢险队员个个奋勇争先，甩掉衣服跳到河中投放钢筋笼。雨停后，气温骤然上升，温度高达四十多度。无论他们在打木桩、运填堆码沙袋、放片石钢筋笼加固等，都冒着高温酷暑，个个大汗淋漓……这充分表现了大灾面前无私、无畏的英雄气概。也充分体现了电气化人"特别能吃苦、特别能战斗、特别能攻坚、特别能奉献"的优良传统和"一呼就起、一激就活、一触即发、一战就胜"顽强作风，在各自抢险岗位上抒写了暴雨、高温不下火线的可歌可泣的感人篇章。

付出再多也值得

中铁电气化局鹰厦铁路抗洪抢险突击队一班班长雷云是一位与铁路打了 13 年交到的农民工，23 日深夜，他得到鹰厦铁路抗洪抢险的命令，立即给在家休假的几位工友打电话，仅仅用了 3 个小时便召集了 102 名抢险队员。暴雨和公路垮塌没有阻挡住雷云和工友们抢险的脚步，他们

从江西省南昌县租了 9 辆面包车、2 台挖掘机和 1 辆皮卡车火速赶往鹰厦铁路资溪大桥抢险现场，跟工程技术人员一起投入到抢险战斗中。

有人问雷云："你接到命令时，是怎么想的？"雷云回答："我是修铁路的农民工，铁路抢险我应该出一份力。"面对抢险他们不讲价钱，不讲条件，不讲困难。今年 54 岁的农民工余尿保已经在铁路施工中干了 16 年，朴实的话道出了他们的心声："平时在铁路上干活就是为了多挣点钱养家糊口，可每次的抢险就是为了企业争光，为国家做点贡献，我们不要钱，付出再多也值得"。打虎亲兄弟，上阵父子兵。1984 年出生的余真龙从 20 岁就跟着父亲余尿保转战南北，先后修建了京广线、衡广线、京九线、浙赣线等多条铁路，与铁路接下了不解之缘。他继承了父亲吃苦耐劳、责任心强的精神。在组织召开抢险人员"学习巨晓林，抗洪抢险我争先"座谈会上，他表示一定勤学苦练，巧干会干，做到干一行、爱一行、钻一行，对工作认真，做到无私奉献，成为一名巨晓林式的农民工。

后勤保障责无旁贷

大灾大难面前只要心往一处想，劲往一处使，必将取得最终全胜。为让抢险人员住好、吃好、休息好，张建喜要求想尽一切办法解决好吃住问题，保证大家身体健康，让职工精神饱满地投入到抢险战斗中。由于膺厦铁路抢险，多家抢队单位齐聚资溪县，宾馆、招待所、旅馆一时饱满，经集团公司抢险指挥部积极协调，抢险人员被资溪县民政局无偿安排到资溪一中的 6 间教室住宿。但由于资溪县城买不到被褥，张建喜总指挥当即决定从靠近资溪的南城县城购买被褥，专车送往现场。按照抢险的速度，迅速从附近或者远郊购买了饮用水、馒头、方便面、榨菜等食品和凉席、防护服、雨靴胶鞋、雨衣、草帽、蚊香及常用急救药品等必需品和备品。

为了千方百计保证近 200 多名抢险队员吃好，休息好，投入大量的人力、物力，组成强有力的后勤保障系统。东南公司党委副书记、纪委书记郑文峰亲自抓生活，王雄、杨德柱、刘学如、廖伟、刘连欢等人做出了具体分工，他们想的全面，服务到位，有力地保证了抢险队伍的凝聚力和战斗力。

光明网通讯员 王健

奋力抗洪抢险 彰显央企责任

—中铁二局 2010 年抗洪抢险纪实

2010 年入夏以来，我国南方许多省份暴雨成灾，造成溃堤、漫灌、城市进水、泥石流肆虐。而发生灾害的地区，凡有中铁二局人施工队伍的地方，中铁二局人勇担责任，携带大型施工机械设备，发挥专业技术人员特长，迅速奔赴抗洪救灾第一线，以无私无畏的英雄气概，顽强拼搏，谱写出了一曲曲战洪魔的感人篇章。

关岭抢险

6 月 28 日下午 14 时左右，贵州省关岭布依族苗族自治县岗乌镇大寨村因连续强降雨引发山体滑坡，造成永窝组、大寨组两个村民组 38 户人家 107 人被掩埋。

28 日下午 15 时，贵广铁路公司电告中铁二局贵广铁路指挥部，要求中铁二局发挥汶川地震抢险救援经验，抢救关岭山体垮塌掩埋人员。

灾情就是命令。中铁二局股份公司副总经理、局贵广铁路指挥部指挥长王云波亲任抢险队队长、指挥部党委书记刘迁禹任抢险队临时党支部书记，集队出发。抢险人员和设备陆续从贵定县昌明、沿山、旧治、龙里县麻芝、龙山等工点向贵新高速公路龙里收费站集结，第一梯队 26 人、2 台大型挖掘机、2 台装载机、10 台载重汽车向关岭进发。同时，抢险队电令就近的中铁二局一公司水盘公路十标项目部组织人员随即跟进；一公司板江公路一标项目部作好人员、设备准备，作为第二梯队，等待通知。

当夜，冒雨赶往现场的王云波、刘迁禹与一公司副总经理、贵广铁路项目经理胡关江等一边同关岭"6.28"现场抢险指挥部取得联系，了解情况，一边指挥队伍疾驰。

到事发地点沿途 5 公里都是盘山公路，几乎每隔几百米，山体就有不同程度的滑坡。抢险队冒着随时都可能坍方的危险，不断加速挺进。到现场发现，泥石流沿着山顶滑泄而下，长约 1.5 公里，几乎半匹山都滑了下来。铁二局抢险队凭着丰富的抢险救灾经验，当即向地方指挥部建议：启动应急预案，成立方案、通讯、医疗、防疫、交通、现场秩序、后勤保障等多个小组，各自展开工作；实行道路管制，非抢险车辆禁止进入现场，同时保证抢险道路的畅通；拉起警戒线，防止非抢险人员进入现场，避免次生灾害……

6 月 29 日 9 时，挖掘机等设备到达指定位置。中铁二局抢险队负责扫清路障，排除淤积的杂物和泥土，同时争分夺秒挖出遇难人员。大家忘记疲劳和饥饿，一直奋战到中午。抢险队员简单地吃了点面包和蛋糕，喝了点矿泉水就开始工作。在现场抢险指挥部的指令下，装载机清理便道，挖机开始现场翻土寻找遇难者。自 6 月 30 日起，岗乌灾区由雨转向罕见的高温天

气，最高时地面温度达到41度。抢险人员头顶是烈日，脚底是泥泞，身上是汗水。在这种情况下，贵广公司、中铁二局抢险队，没有一个人退缩。

7月4日，灾区全面进入封闭防疫阶段。中铁二局抢险队组织人员设备撤离，至此，关岭“6.28”事故抢险工作基本结束。这次抢险，中铁二局与其他抢险队一起冲锋在前，艰苦努力，抢出了42名遇难者遗体。中铁二局抢险队顽强的意志赢得了社会的赞誉和尊重。

铁道部的感谢信

7月6日，铁道部向中铁二局发来感谢信，对中铁二局员工在铁路大动脉遭受水害严重威胁的关键时刻，挺身而出，组织抗洪抢险突击队，经过9天9夜连续奋战，圆满完成鹰厦铁路抗洪抢险任务表示感谢。

感谢信说，“在铁路大动脉遭受洪水灾害严重威胁的危急关头，贵局视灾情为命令，紧急行动，无私驰援，在最短的时间内集结足够的人员和机械，以最快的速度赶赴水害现场，展开了一场艰苦卓绝的抗洪抢险攻坚战；龙援青副总经理亲临抗洪抢险第一线，加强指挥协调，科学组织施工，带头攻坚克难，为抢险工作顺利推进提供了重要保障。广大抢险人员充分发扬特别能吃苦、特别能战斗、特别能奉献的精神和作风，冒着连续的强降雨，顶着持续的高温天，夜以继日，连续奋战，为尽快抢通线路恢复通车做出了突出贡献。”“在此，特向贵局及参加此次抗洪抢险的全体干部职工表示衷心的感谢，致以崇高的敬意！”

6月14日，持续强降雨导致鹰厦、赣龙等铁路干线多处坍方，客货运输完全中断。在6月16日胜利完成赣龙铁路抗洪抢险任务之后，中铁二局再次接受铁道部、南昌铁路局委派，于6月26日火速调遣向莆、厦深等线的中铁二局400多名员工、15台（套）各类大型专用抢险机械设备赶往鹰厦铁路抢险地段。6月30日，中铁二局集团委派股份公司副总经理、总经济师龙援青赶赴现场，实地组织和领导抢险工作。这天下午，京福项目部按照中铁二局的紧急部署，又紧急启动抗洪抢险应急预案，组建了中铁二局抗洪抢险突击队，迅捷召开动员会，并明确具体任务。京福项目部还及时为抢险突击队提供了必要专业的安全防护人员和设备物资。

经过9日9夜的奋力拼抢，鹰厦铁路DK327+350—550段抢险任务于7月4日圆满结束，7月5日正式通车。

抢险战斗凌晨三时打响

6月20日凌晨三时，当人们还沉睡在梦乡之时，五公司承担施工的湖南炎汝高速公路第六合同段施工管段河道水位迅猛上涨，多处山洪暴发。面对突如其来的特大洪水，项目部沉着“应战”，及时启动“防洪应急预案”，组织党员突击队、青年突击队、防洪应急小分队在管段内吹响了抗洪抢险“集结号”。

险情发生后，项目部班子与地方防汛指挥部联系沟通抢险方案，协调各抢险队，组织项目所有资源积极投入到抗洪抢险工作中，先后出动机械设备十台（套），抢险人员250余人次，疏通排水渠200余米，新开排水泄洪通道180余米，加固生产生活设施20余项。通过全体参建人员的努力抢险，先后抢回木材10余立方、水泥30余吨、钢材18吨、小型机具设备20余台套，安全转移施工人员300余人次，协助地方转移当地民众50余人次，帮助村民疏通、打开泄洪通道3处，将洪灾损失降到了最小程度。

“中铁二局，好样的！”

6月17日清晨，贵阳地区已经持续一夜的大雨雨量骤增，倾盆而下，中铁二局花溪二道起点段项目部相邻施工单位正在施工的截污洞被水流完全淹没，肆意的洪水开始四处蔓延，情况十分危急。

眼看兄弟单位的主体工程和驻地房屋将严重受损，花溪二道起点段项目部没有丝毫犹豫，立即组织人员和大型机械，义不容辞地投入抢险。他们争分夺秒，顺势挖出一条排水大沟，看着湍急的水流渐渐平缓下降，险情排除，冒着大雨参加抢险的在场人员终于松了口气。

就在此时，项目部运输碴土的大车驾驶员报告：项目部大门200米外甲秀南路与五里冲路交汇处由于暴雨排水不畅，路面积水很深，交通受阻。听到这一消息，项目部紧急动员、调集人员和设备，刚刚完成抢险的员工顾不上休息一下疲惫的身躯，带着工具立即奔赴第二救援现场。到了现场，大家发现几十米长的道路已积水成河，最深处水位高达60厘米左右且仍在涨高，道路积水两端堵塞的车辆排成长龙，无法通行。经过短暂的勘察和安排，救援行动立即展开：疏通匝道桥旁的泄水孔；打开道路排水井盖；在道路积水处接入两台潜水泵；装载机来回把积水推出道路外。时间在流逝，水位也一点一点退低，当第一辆车顺利通过时，人群开始欢呼，参加救援的员工脸上已分不清是汗水还是雨水。当受阻车辆得知是中铁二局义务投入救援时，纷纷称赞：“中铁二局，好样的！”。一些车辆由于操作不当，在通过积水道路时突然熄火，在场员工不讲报酬，跳入污水中将车推到安全地带，车主留下最多的是“谢谢”和发自内心的感动，在现场的媒体记者抢着采访参加救援的员工。

受阻车辆在救援员工们指挥和帮助下一一通过，道路开始畅通时，已是下午五时，大部分参加救援的员工才发现午饭都没吃。但看着一辆辆通过的车子，脸上不禁洋溢出自豪的微笑。

中铁五局抢险救灾纪实

2010年4月14日早晨7时49分，青海省玉树县发生7.1级地震后，中铁五局兰新二线指挥部迅速成立了以党、团员为骨干，共260名员工参加的突击队到政府指定地点青海省物资储备中心搬运救灾物资。中铁五局在甘肃古浪高速公路施工的一公司、二公司等单位干部职工积极准备，主动请缨按照地方政府安排参加抗震救灾工作。据统计，中铁五局参加装运员工共计281人，装卸帐篷、棉被、军大衣4万件（套），先后投入劳力800余人次，矿泉水、方饮料食品27车，承担租赁20辆运输车将400吨救灾物资直接送到灾区人民手中的。玉树地震发生后，青海湟源县作为救灾物资中转地，为满足救灾物资的存储和中转运输，需要临时建设应急货场。中铁五局三公司兰新铁路项目部勇挑重担，毅然接过承建任务，并迅速召集员工奔赴湟源县展开施工。

2010年6月19日晚22时至20日上午11时，湖南省永州市双牌县遭遇史上罕见特大暴雨袭击，致使双牌县区段洛湛铁路既有线D2K63+535～+650段路基出现垂直沉降达30至40厘米，列车行车安全受到严重威胁。中铁五局湘桂铁路扩改工程Ⅰ标指挥部在第一时间内成立抢险救援小组，连夜组织湘桂铁路Ⅰ标参建的第一、二、三项目部施工人员近600人、各种抢险设备210余台套，于6月22日到达抢险地点，在南宁铁路局及洛湛建指的统一指挥下，迅速路基钻孔、注浆、夯打钢轨桩加固路基、修设电缆线路等抢险工作，经过50小时连续奋战，有效控制了险情。抢险救援中，中铁五局湘桂指行动迅速、组织得力，受到南宁铁路局及洛湛建指的高度评价。

2010年6月28日14时，贵州省安顺市关岭苗族自治县岗乌镇大寨村因连续强降雨引发山体滑坡，造成这个村两个村民组37户99人被掩埋。中铁五局建筑公司成立了由60名队员组成的中铁五局抢险求援队，组织了38台大型求援机械设备、5台指挥车、1台生活保障车及相应物资开赴抢险第一线。在整个抢险过程中，中铁五局抢险队作为主力，任务最多，地段最危险，10台挖掘机承担着主要的搜救任务，抢险队员们克服了现场恶劣的条件，在三天的挖掘搜救中，共挖掘土方12万多立方米，挖掘遗体9具。贵州省抢险指领导称赞中铁五局是行动最快、干得最好、成绩最突出的单位。

2010年8月19日13时30分，四川省绵阳、德阳地区连降暴雨，造成石亭江水位迅猛暴涨，宝成铁路下行线广汉段石亭江特大桥靠近广汉桥台一侧突发江堤决堤险情。接到紧急抢险命令后，中铁五局立即组织50名员工、7台大型自卸车、装载机、挖掘机赶到现场，冒着大雨装运填料围堵决口。15时10分，因江水中间的两个桥墩在洪水的冲撞下倒塌，已经驶上大桥的K165次旅客列车发生了后面8节车厢与前面的车厢失去连接，出现了15、16两节车厢呈“V”字型被悬空卡在断桥处，随时都有可能坠江的险情。中铁五局成绵乐指挥部第三项目部领导果断指挥现场50多名员工开展救援。在救援人员和列车乘务人员、地方公安干警、民兵的疏散下，全车1300多名旅客转移到了安全地带。在15、16两节车厢坠入江中后，中铁五局成绵乐铁路指挥部第一、二、三项目部组织抢险人员470余人及调集挖掘机、发电机、汽车吊、装载机、自卸汽车、振动沉管机等大型设备25台套赶赴事故现场进行救援、并购买了救灾食品、救灾物资分发给旅客。19时30分左右，又有一座桥墩垮塌，造成另一节车厢悬在半空，抢险难度再次加大。接上级命令，中铁五局成绵乐指挥部负责清除处于断桥上的三节车厢及掉入河中的两节车厢。22时30分，中铁五局二项目部救援人员将三根直径30毫米的钢丝绳从500米外牵引向20多米高的桥上列车车厢。经过一夜9小时30分钟的艰苦努力，二项目部救援人员于20日7时30分圆满完成了钢索连与列车车厢连接任务。20日8时30分至9时20分，中铁五局救援人员顺利将3节列车车厢从桥面拉到桥下，再拖拉到岸边进行解体。

媒体报道

西北第一个大规模动车运用所顺利开通

2010年07月02日 17:05　来源：人民网-中国央企新闻网

人民网北京7月2日电　6月28日，随着一辆动车缓缓驶入西安北客站动车检修库，标志着由中国中铁电气化局集团西铁建设公司负责施工的西北第一个大规模动车运用所圆满建成并交付使用。

西安北客站动车运用所所坐落于西安市未央区，是动车存放、检修、编组的配套工程。它的建成对完善中国高速铁路结构、推进西北地区“高铁”事业发展，拉动陕西经济增长，具有举足轻重的作用。整所东西走向5公里，南北最宽处431米，占地2793亩，设计10线检查库，存车能力将达到70组。由中铁电气化局西铁建设公司承建的涉及主要工程量有路基土石方245万立方米，涵洞895.08横延米，站场铺轨30.05公里，道岔71组，给排水管道49.8公里，长486米，宽48米，23328平方米的动车检修库主体钢结构，生产及办公房屋4.1万平方米。

该所于2009年9月18日正式开工建设，历时560天。中铁电化局集团公司、西铁建设公司两级领导对该项工程高度重视，多次驻点现场办公指导，誓把该所建成一流工程作为一项政治任务去抓落实、抓督导。项目部成立后，面对工期紧、任务准、标准高、体系新等困难和挑战，精心组织、超前谋划、科技攻关、科学施工，坚持做到了“高标准、严要求、不懈怠”，迅速掀起了抢战、会战、大战、决战的施工高潮。

在建设中，该公司全体参战人员发扬连续作战、敢打敢拼、甘于奉献的精神，积极践行项目标准化管理为指导，在人员配备、过程控制、现场管理、制度建设领域积极落实铁道部标准化建设。健全了安全质量管理体系，落实了安全生产责任制，强化了教育培训，优化施工组织设计，严格施工方案审核，规范员工安全质量行为，顺利实现了“零事故”。为加快施工进度，确保履约合同工期，制定季、月、周生产进度计划，明确节点考核办法及目标，以日保周，以周保月，以小节点保大节点，进度环环相扣，目标步步实现。面对超大跨度折板钢网架屋盖、智能消防、环保静音等新工艺、新技术、新材料的运用，公司积极开展科技攻关，通过观摩学习、专家指导、自我创新等方式，制订切实可行方案，确保施工的顺利进行。中铁电化局集团西铁建设公司董事长、党委书记王长安，总经理马岁满多次到现场布阵指挥，定方案、抓落实；副总经理陈秀选长期与职工、劳务工吃住在工地，亲自挂帅指挥，研究部署方案。全体职工日夜奋战，风餐露宿，充分体现了电气化人“特别能吃苦、特别能战斗、特别能攻坚、特别能奉献”的优良传统和“一呼就起、一激就活、一触即发、一战就胜”的企业作风，为铁路大发展作出了应有贡献。（记者 王健 通讯员 牛红进 长军 正旗）

精心雕琢中国高铁皇冠上的明珠

来源：人民铁道网　　作者：王志坚 王健　　发表时间:2010-12-08 10:15

12月3日，在京沪高速铁路先导段枣庄至蚌埠间进行联调联试和综合试验，国产“和谐号”CRH380A 新一代高速列车跑出16列大编组双弓运行486.1公里的时速，再次登上世界运营铁路速度之巅，演绎了“高铁奇迹”。

此前，2008年6月24日，“和谐号”CRH3型动车组在京津城际铁路试运行中创出时速394.3公里的世界运营铁路速度之最，实现了中国人“陆地飞行”的梦想。

2009年12月9日，武广高铁试运行创造了动车组“重联双弓”条件下394.2公里时速的世界运营铁路最高速度。

2010年9月28日,沪杭高铁试运行，以416.6公里时速，再次刷新世界铁路运营最高速度。

在创造这一系列令世人瞩目“高铁速度”奇迹的队伍中，有一支素有中国电气化铁路建设国家队和主力军美誉的劲旅——中铁电气化局集团。他们用52年的辉煌历程和今天的不懈追求，书写了中国电气化铁路从宝成铁路“蜀道添翼”，到京津、武广、沪宁、沪杭“陆地飞行”，再到京沪先导段世界第一速度的壮丽诗篇。

世界级高铁系统集成商有了“中国队”

高速列车有赖于强大、持续、稳定的动力源。这个动力源就是电力牵引供电系统，它负责向高速列车提供电能，是高速铁路整个技术体系的关键构成部分，是保证高速列车安全可靠运行的核心系统之一。高速动车组向上方升起受电弓，与牵引供电系统中的接触网导线保持密贴顺滑接触，持续获取满足高速动车组轮周功率17000 kW至19200kW的27.5KV高压大功率电流。

高铁的核心技术，就是处理好高速列车与钢轨线路之间的“轮轨关系”、与牵引供电接触网之间的“弓网关系”、与空气之间的“流固耦合关系”。架设在铁路上方的这条接触网导线，必须在复杂苛刻的的环境条件下，保持相对于受电弓的精确空间定位、平顺稳定的物理性能和良好的电气性能，满足动车组的大功率电流输送需求。因此，“弓网关系”状态，是高速铁路顺畅运行的关键性制约因素；而接触网导线，则被誉为镶嵌在高速铁路“皇冠上的明珠”。

高速铁路牵引供电系统的一切工作，都围绕着这根不同寻常的“接触导线”延展，为实现良好的“弓网关系”服务。

“弓网关系”并非高速铁路独有的核心技术，从130年前电气化铁路诞生以来，持续改善“弓网关系”的研究就没有停顿过；就像185年前有了铁路，“轮轨关系”的持续改进就如影相随一样。只是到了高铁时代，当风驰电掣的动车组托举着受电弓，以每秒100米的速度滑过上方的接触导线时，特别是大编组的动车同时升起双弓运行时，前弓向上抬升并快速摩擦接触导线，引起接触网扰动共振，这种振波沿接触导线传导到后弓，使后弓运行条件更加复杂。弓网之间的动态耦合关系，成为高速铁路诸多制约因素中最为关键的因素。

中铁电气化局对我国低速、常速、提速、高速铁路　“弓网关系”的研究，以及对铁路牵引供电系统的关键技术创新，从1958年承建中国第一条电气化铁路--宝成铁路宝凤段起，52年来从未间断。特别是受铁道部之命担当中国高铁牵引供电系统引进技术的受让方以来，在承建京津城际、武广、沪宁、沪杭高铁，以及在建京沪、哈大等高铁和客专牵引供电系统集成工程的过程中，对高速铁路“弓网关系”更有了独到的研究和创新。

早在上世纪90年代初，为了缩小我国高速铁路牵引供电系统技术与西方高铁发达国家之间存在的差距，在铁道部的统一部署下，中铁电气化局集团针对京沪高速铁路牵引供电系统技术方案，组织了曹东白、王立天等一大批牵引供电技术专家分别奔赴德国、法国和日本，学习考察国外高速铁路建设的经验。在认真分析研究国外不同流派、不同制式的电气化技术体系，对比各自的优劣特点的基础上，结合中国国情路情，提出了一系列中国高速铁路牵引供电系统技术发展路径和设计方案，提前20年为中国高铁建设作了大量的技术和人才储备。进入21世纪后，中铁电气化局成立了高速电气化铁路设计、施工、工业生产技术研发机构，并开始实施高速铁路和客运专线牵引供电技术系统集成。

2006年起，以京津城际时速350公里高速牵引供电和电力专业系统集成任务为背景，在铁道部运输局客专技术部的指导下，中铁电气化局担当起了受让和掌握以高速铁路接触网技术为主的全部牵引供电和电力系统技术的重任。由局副总工程师董安平率领的系统集成技术专家团队，与德、法、意、日等国的牵引供电系统外商进行了四轮艰苦的技术交流和合同谈判。在熟悉掌握各国牵引供电系统技术特点、装备制造平台和制造能力的前提下，优选系统集成技术合作方。同时，对高速铁路和客运专线牵引供电系统关键技术进行重点攻关，实现再创新。实现了铁道部提出的瞄准世界铁路装备技术制高点，遵循引进消化吸收再创新的方针，把国际上最先进、最成熟、最可靠的技术引进来运用到京津城际的目标。京津城际“四电”系统集成的成功实践，为我国高速铁路客运专线建设提供了成功示范，积累了宝贵经验。形成了具有前瞻性和指导意义的《高速客运专线牵引供电系统技术标准》、《350km/h 高速接触网施工技术》等专项技术标准和施工工艺 100 余项。时速 350 公里的京津城际顺利建成运营后，国内外盛赞中国铁路跨入了高速铁路时代。但这仅仅是铁道部制定的中国高速铁路关键技术发展“三个阶段”的第一步。

武广高铁作为中国高速铁路牵引供电系统技术发展 “三个阶段”的第二步，承担着更加艰巨和重要的使命。这一阶段，是在继续引进消化吸收国外先进成熟可靠技术的基础上，完成中国高速铁路技术的成熟过程，全面掌握高速铁路技术并形成系统集成能力，实现中国特色高速铁路技术的再创新。中铁电气化局以“四电”系统集成总承包牵头方和牵引供电、电力系统技术主导方的身份参建武广高铁。2009 年 12 月 9 日，武广高铁创造了动车组重联双弓试验时速 394.2 公里的世界纪录。世界高铁的版图上从此烙上了鲜明的“中国印”，这标志着在世界少数完全掌握高速铁路“四电”系统集成技术的队伍中有了“中国队”。

2010 年 1 月 19 日，武广高铁接触网系统获得了世界著名中立认证公司--欧洲铁路联盟 EBC 公司的国际权威认证。该机构对武广高铁检测报告的所有参数进行了认真的检查，并出具结论：“武广高铁的技术性能完全符合设计要求，完全能满足 350 公里时速的正常运营。”

中国高速铁路牵引供电系统技术发展三个阶段的最后一步，即运用系统集成建设理念和技术实现中国高速铁路的完全自主创新和技术装备产品国产化，目前正在京沪高速铁路建设中有序推进。作为这一阶段的序曲，2010 年 7 月 1 日和 2010 年 10 月 26 日，沪宁高速铁路和沪杭高速铁路相继建成开通，两条高铁的牵引供电系统联调联试和全面检测试验数据，以及正式开通以来的安全稳定运营表明，站后“四电”系统各项技术指标全面达到了设计标准。京沪高铁先导段再次创造时速 486.1 公里的世界纪录，标志着具有完全自主知识产权的中国高铁技术已经走在世界前列。

经过几代电气化人的吃苦奉献和永争一流的探索与创新，用52年的不懈努力，跨越了世界电气化铁路130年的发展轨迹，用短短 5 年时间超越了世界高速铁路 40 年的发展历程，昂首站在了新的历史起点上。

从“厘米级”到“毫米级”的跃升

根据国内外多年高速铁路研究及实践表明，高速铁路的最高速度受“弓网关系”的限制。在高速运行状态下，动车组受电弓与接触网导线必须始终保持顺滑密贴接触，一旦弓网瞬间分离，列车就会失去动力，同时在弓网之间出现闪弧，强大的火花会在局部产生高温，损伤导线和受电弓，严重时会烧断接触网导线，影响行车安全。这就要求接触网施工必须像组装飞机一样严谨精细。以接触导线的平直度标准为例，要求“每米导线展放后的平直度，用专业水平仪器测量，只允许有 0.1 毫米的缝隙误差”。所有接触网施工人员在导线架设和调整作业中，都像怀抱婴儿的父母一样小心翼翼呵护这个“高速铁路皇冠上的明珠”。精心施工确保了工程精度的提高，在京津、武广、沪宁、沪杭、京沪先导段等高铁数千公里导线架设过程中，导线平直度实测均达到了 0.03-0.05 毫米等级，像一根发丝那么细，这个数据创造了中国乃至世界第一。

中铁电气化局集团通过京津、武广、沪宁、沪杭、京沪等高铁工程实践，形成了具有自主知识产权的高铁技术体系，包括：高铁牵引供电系统技术标准；牵引供电系统计算机设计仿真技术；设备系统集成技术产品认证和采购标准；设备零部件器材装备制造国产化；以腕臂、吊弦精测计算预配和恒张力放线工艺为主的施工技术；接触网静态动态检测技术和可靠性及安全评估等，形成了完全国产化的整套技术体系平台。

具体地说，一是由中铁电气化局与德国保富公司、意大利布诺米公司三方合资生产高速电气化铁路接触网零配件，使我国完全掌握了 350 公里及以上时速高速接触网核心产品研发生产技术，国产化高速接触网零配件，已经在武广、沪宁、沪杭、京沪先导段成功运行；二是顺利完成了高强高导接触网导线的技术研发并投入批量生产，这是基于完全自主知识产权的高速铁路核心产品原始创新，技术性能完全满足 380 公里及以上高速接触网运行的要求，达到了国际同类产品的领先水平，已经在武广、温福、沪宁、沪杭、京沪先导段挂网成功运行，极大地提升了接触网整体技术性能指标；三是完成了机车不断电自动过分相技术装置的研发，最大限度地减少了动车组运行过程中的速度损失；四是完成了牵引变电所 GIS 密闭式气体绝缘开关柜的研发和批量生产，已经大量应用于武广、沪宁、沪杭、京沪高铁；五是形成了高速电气化铁路牵引供电系统、电力系统的设计、装备制造、施工安装、检测调试等一整套技术标准、工艺工法、作业指导书，以行业领先的技术能力保证了高铁牵引供电专业的高技术、高标准、高可靠。在多种张力体系接触线导线展放工艺、全补偿链型悬挂调整工艺、18 号及 50 号无交叉线岔安装调整工艺、隧道内高速接触网施工工艺等方面，均总结形成了国内乃至国际上最为先进的安装工艺技术。

发挥优势造就一流高铁团队

面对高速铁路系统集成新模式、新技术、新标准等实际，中铁电气化局集团发挥技术优势、装备优势、管理优势和人才优势，以创新世界领先技术，勇攀世界一流高铁技术制高点，打造中国高铁“四电”品牌为己任，通过京津城际、武广、沪宁、沪杭、京沪等 10 多条 5000 多公里的高铁和客专“四电”系统集成工程实践，积累形成了一整套自主创新、完善成熟的高速铁路“四电”系统集成建设理念、技术和管理模式，锤炼打造了一支素质过硬、技术精湛、勇于创新、勇争一流的队伍。

这支队伍中，有一批毕生奉献给中国铁路电气化事业，年过花甲依然老骥伏枥的教授级专家。曹东白，父亲是我国五十年代铁路电气化专业院士曹建猷，他子承父业，大学毕业后从事电气化铁路研究设计，担纲京津城际和京沪高铁牵引供电系统设计总体，67 岁高龄的他，依然奔波在京沪高铁先导段施工现场进行设计施工指导；单圣雄，中国铁路技术学会电气化专业委员会主任委员，参与了中国电气化铁路技术升级的全过程，68岁高龄的他，依然忙碌在京沪高铁先导段施工现场解决设计施工难题；容仕宽，中国电气化铁路行业专家，参加了我国从宝成线第一条电气化铁路至今几乎所有重点电气化铁路工程的施工、送电试验技术指导，66岁高龄的他，在京沪高铁先导段施工现场依然老当益壮，指导年轻一代现场技术人员攻克技术难关；还有局总工程师于增、副总工程师鲁海祥……等等。他们在每一次技术论证会议上的发言，总是在德、法、日高铁前沿国家技术理论与中国牵引供电系统技术理论创新之间纵横捭阖。由他们组成的专家团队，使中国高铁牵引供电系统技术向世界一流的攀登多了一份从容与自信。人们亲切地把他们比喻为“熊猫级”人才、“钻石级”专家。

这支队伍中，有一批勇于创新的青年工程技术管理骨干。他们组织全员学习系统集成新知识，树立系统集成新观念。认真研读工程总承包合同，打破常速铁路建设技术标准的思维习惯和误区，全方位对接系统集成新管理模式。积极培养人才，通过“导师带徒”、“每日一学”、夜校新技术培训、练兵场练兵等一系列高铁技术培训活动，使一批适应高铁新技术规范和系统集成建设管理模式的各种人才茁壮成长起来，提升作业队伍熟练掌握高速铁路施工新技术、新标准的能力。

这支队伍秉承严细作风，实践“干高铁、想高铁、融入高铁”的誓言。提出了“三高三严”的管理理念，即：高起点进入、高标准准备、高质量建设；严格教育培训、严格规范管理、严格过程控制。实施了“三用四精”的具体措施，即：用系统集成理论统筹项目全过程、用目标管理理论锁定工作目标、用PDCA管理理论提升管理质量；测量精准，计算精细，安装精确，工程精品，以此统领高铁建设的全过程。大胆推行“四化”施工工艺，即：参数测量精确化、数据计算微机化、材料预配专业化、关键工序程序化“。实现了”高空作业地面化、野外作业室内化、目测作业仪器化、紧固作业力矩化“的要求。这些精细化管理措施的推行，确保了我国高铁牵引供电系统作业标准高于国际通行的标准。

这支队伍树立”挑战新时速，砥砺再奋进“的高铁意识，每个参建高铁的员工，都郑重写下了自己的”质量承诺书“。严格实施”过程控制标准化“，在各个施工环节，建立了质量问题库档案；制作了质量控制卡。为了实现对施工现场作业的严细卡控，在武广、沪宁、沪杭、京沪等高铁牵引供电系统施工中全面推行了实名制管理。每项作业票上的安装项目、作业责任人、质量复查责任人等结果当日录入电子档案，随时可查寻每个锚段、每个部位的安装操作记录，确保每个关键工序可追溯，提高了质量卡控效率，落实了质量终生负责制。建立了分层质量督导机制。制定下发了督导管理制度、条例，制做督导管理手册。采取工区内部集中督导与划分小组交叉督导相结合的方式。同时还启动了第三方督导机制，促进了质量缺陷的现场整改。

目前，中国中铁电气化局集团正以不辱使命，报效祖国为己任，以”勇攀科技高峰，争创世界一流“为动力，向着建设世界一流高速铁路的宏伟事业高歌猛进。我们有理由相信，”中国中铁电化“这支高铁建设”国家队“，必将在京沪高速铁路建设中树立一座中国高速铁路建设新的里程碑！

中铁电气化局沪宁城际高铁建设纪实

时间：2010-07-06 10:26 来源：人民铁道网-人民铁道报

作者：罗瑞军 李朝臻 王健 王贺生

7月1日，沪宁城际高速铁路正式开通运营，稳定可靠的牵引供电系统经受住了高时速的考验，良好的弓网状况展示了这条世界一流高速铁路的建造质量水平。作为承担这条高速铁路牵引供电系统施工的中国中铁电气化局集团有限公司参建员工，看着这条凝聚建设者心血和汗水的铁路飞奔在风景如画的中国经济最发达长三角地区，满身的疲惫顿时化作一种成就感，心中充满了兴奋、激动和愉悦。

沪宁城际高铁全长301公里，全线设21个车站。中铁电气化局集团系统集成项目部负责牵引供电系统的供货、施工及安装、调试、试运行、技术服务等，具体为电力、牵引变电、接触网、远动系统及7个车站站房工程、四电附属房屋相关工程等。

该工程于2009年10月1日正式开工，到2010年4月10日开始联调联试；2010年4月10日8时，第一趟联调联试动车组在无锡站以160公里的时速飞驰而过；4月19日，动车组联调联试跑出了351公里的速度。创造这一奇迹的是我国铁路电气化施工的“国家队”——中铁电气化局集团，在工期超常紧张、工作量空前巨大、交叉施工影响史无前例的情况下，项目部8000余名参战员工发扬“勇于跨越，追求卓越”的企业精神和“促创干，争一流”的电气化精神，以“特别能吃苦、特别能战斗、特别能攻坚、特别能奉献”的企业传统和“一呼就起，一触即发，一激就活，一战即胜”的企业作风，用科学的态度，抢险的速度，严密的制度，超强的力度，圆满完成了这条具有完全自主知识产权的城际高速铁路牵引供电系统集成的施工任务，实现了又好又快建设世界一流的沪宁城际高速铁路的目标。

沪宁城际高铁是中铁电气化局集团继参建我国第一条高速铁路——京津城际铁路和我国一次建成里程最长、运行速度最快的武广高速铁路之后，参建的又一条具有完全自主知识产权、技术设备实现国产化的高速铁路。这条电气化铁路的建成标志着我国高铁的牵引供电系统的技术和主要设备实现了中国创造和中国制造，我国高铁牵引供电系统技术及设备已经走向成熟可靠，达到了世界一流水准。

高起点准备，高标准起步精心做好全面施工准备

2009 年 4 月，中铁电气化局集团以四电系统集成总承包牵头方参建沪宁城际高铁。集团公司各级领导高度关注沪宁城际高铁项目，把这一项目当做集团的头号重点项目，当做保信誉树形象的窗口工程和品牌工程，抽调最优秀的施工技术人员、最强的施工力量、最精良的技术装备、按照“四精”即“精心、精细、精确、精致”的施工理念，采用最严密、优化的施工方案紧张有序地全力推进工程建设。

集团公司领导高度重视这一项目的施工，集团公司董事长、党委书记王其增和总经理刘志远多次到沪宁城际高铁现场办公，并深入各单位检查各专业工程质量情况，强调“沪宁之战是集团品牌信誉之战，一定要细化和落实质量责任，强化各项质量保证和卡控措施，要用最放心、可靠的优质工程回报铁道部和建设单位的信任”。集团公司副总经理、集团沪宁城际高铁项目经理韦国坚持盯在现场，及时解决施工出现的大量协调问题和建设中遇到的难题。集团公司其他领导成员也纷纷到沪宁城际高铁工程现场帮助指导工作，为工程排忧解难。为强化现场的领导指挥力量，承担施工的集团一公司董事长、党委书记刘月森，总经理丁晋春轮流到沪宁城际高铁现场盯岗。

面对沪宁城际高铁工程异常紧张的工期，交叉施工影响和空前巨大的工作量等困难，项目部提出“三盯”的措施即“紧盯站前、紧盯设计、紧盯物资”，促创条件，为加快施工进度赢得时间。

沪宁城际高铁接触网基础及电力、接触网的过轨、上桥爬架槽道等全部需要由站前单位预留。集团沪宁城际高铁项目部及时与站前各个单位沟通，组建了 30 人的站前调查整改小分队，派驻到站前单位，全面负责对其预留工程质量进行检查汇总。通过小分队将预留过程中出现的问题及时向站前单位和项目部进行反馈，保证双方第一时间形成有效方案，及时进行整改，从而为后续大规模施工作业全面展开扫清了障碍。

设计文件到位情况是制约沪宁城际高铁物资供应和施工组织计划编制的关键环节。项目部常务副经理张继红与项目各专业负责人和业主四电主管工程师一道，先后四次北上武汉与设计部门加强沟通联系。最终取得对方的理解和支持，及时明确了各专业图纸的供应时间以及主要材料的规格、型号，为工程赢得了宝贵的时间。

针对物资供应厂家众多，供货速度难以保障的情况，项目部一方面千方百计敦促厂家严格履行供货合同期限，一方面对“H”型钢柱、接触网导线等重点厂家派出人员 30 余人次驻厂保证物资生产进度，力促提早发货，进而为工程 2010 年一季度中开展的施工冲刺决战提供了可靠的物资保障。

上线伊始，项目部提出“高铁无小事”的口号，开展了“高铁精神”教育活动，采取了多项措施夯实基础，强化参建员工的高铁意识。项目部把有关专家请到沪宁城际高铁现场授课，举办多期多种多层次的培训班提高员工操作水平，还组织开展了一系列安全技术培训；通过组织 “每日一题”“岗前必问”“工班小课堂”“学习园地”等活动，扩大学习范围，提高员工学习兴趣，使全体参建员工的安全意识得到增强，操作技能有了较大提高，上线员工培训覆盖率达 100%。

接触网施工质量决定着弓网关系，直接关系到列车运行安全。项目部为确保接触网施工质量，多次以技术交底、培训、比武等形式提升员工操作技能；印制下发了《接触网施工六大检查》《九大禁止》等 20 余份文件、通知和规范确保施工工艺。最具特色的《沪宁城际高铁接触网安装检查图册》，通过图片、示意图、文字说明相结合对 18 种常见部件安装细节进一步加以规范和说明，确保工艺规范统一，施工质量统一。

施工一切准备就绪，集团公司从四面八方抽调 8000 名精兵强将和 4 台恒张力放线车、29 台作业车、5 组安装列车，在沪宁城际高铁全面展开大规模快节奏的交叉施工。

精心组织，优化施组攻坚克难，开展施工会战

2009 年 11 月 1 日，项目部立起了接触网第一根电杆，由于受外界施工环境制约，直至 12 月 9 日，立电杆不足 300 根。项目部为开展突击会战，保节点工期，2009 年 12 月 13 日在沪宁城际高铁望虞河特大桥工地举行了青年突击队授旗仪式。突击队员发扬“促创干，争一流”的企业精神，优化施工组织，开展突击会战。2009 年 12 月 20 日，沪宁城际高铁完成日立杆 715 根，创接触网施工日立杆新纪录。

春节期间，也正是中铁电气化局集团决战决胜沪宁城际高铁施工高潮阶段，坚守岗位的员工达 3700 余人，其中仅接触网专业工班作业人员即达 2300 余人，各种轨行作业车辆 46 台。最高峰时，上线员工达到 8000 余人，在全线展开了如火如荼的保质量、保工期施工大会战。

项目部接触网一队 100 名员工，发挥聪明才智和过人的胆量，创造了特殊地理环境下日立接触网杆 378 根的沪宁纪录；接触网二队坚持连续冒雨施工，保证了工程进度；接触网五队副队长赵云海，为抢进度 4 天 4 夜未睡过一个囫囵觉，爱人来队上探亲，一个星期没见他的人影；变电专业经理石军既搞管理，还要审核技术文件，安排施工组织和交底，一个人干几个人的事；电力专业的作业队长张斌，承建沪宁城际高铁施工任务的同时还承担了配套的四所一区间改造任务，他和一班人带领同志们见缝插针，安全优质地完成了所有施工任务，受到路局领导和监理单位的好评。

正是有了这样优秀的员工和坚强的员工队伍，项目部保证了每一个节点工期的实现。

工程质量做到完美无缺，是他们的追求。腕臂加工和吊弦制造是保证工程质量的关键。项目部在加工车间安装了监控，实行了加工预配全程录像监控，并实行实名制签字确认，工程质量终身负责制。放接触网导线要求更高，项目部配备了 4 台国际上先进的恒张力放线车，放线实行全程录像监控。

系统集成工程其中另一项重要内容就是电缆头制作，涉及电力、变电和接触网专业施工。为避免施工中出现的电缆接头事故，项目部要求电缆头制作过程中必须严格执行施工工艺，接头制作实施挂牌实名制，责任落实到人；成立质量监管小组，对直接负责人及电缆接头制作程序逐一检查，并做好记录；充分做好检测工作，认真打好耐压。这一系列有效措施，为打造沪宁城际高铁精品奠定了基础。铁道部运输局客专技术部、运输局装备处有关负责人和上海铁路局、沪宁城际铁路公司、监理公司领导对中铁电气化局集团沪宁城际高铁四电集成项目部的做法给予充分肯定。

为保证工程质量，建精品工程，使工程质量做到精美，确保联调联试顺利进行，在3月29日热滑以后，正式进入联调联试之前，项目部果断作出了全面平推检查工程质量的决定。检查整改的内容是7项未完工作和13项需要重点确认及整改的工作。第一遍全面平推检查后，工程质量明显提高。

在联调联试期间，项目部本着“高标准、讲科学、不懈怠”的要求，精心检查每一个部件，不放过一个细小问题。在中铁电气化局集团督导组及全体员工的不懈努力下，编制了17项检查指导书，进行了第二遍平推检查，并做了精调细整。经检测，铁道部专家非常惊叹，连竖大拇指称赞“精调细整质量太好了”！

用精心、精细、精确、精致理念，建世界一流沪宁城际高铁是他们一贯遵循的理念。按照这一理念的要求，项目部又进行了第三遍平推检查，保证了动车组试运行和7月1日正式开通运营。

大力推行管理和科技创新用一流的管理和技术建一流工程

高速铁路的基本运行条件主要体现在三个方面的关系，即轮轨关系，弓网关系和列控关系。为保证良好的弓网关系，接触网的安装要保证接触网的平顺性和良好稳定的电气性能，以满足列车受电弓能够时刻和接触线保持紧密接触，保持良好的导电性，给高速列车的运行提供持续动力。

项目部坚持用“比造飞机更精细的工艺”的理念，打造沪宁城际高铁精品。

项目部首次在高铁接触网工程中采用国内计算软件，在此项工程的接触网碗臂和吊弦计算中，采用了中铁电气化局集团自行研发的计算软件。这一计算软件第一次在我国高速铁路上采用，其特点是非常灵活，参数可根据不同的安装环境进行数据修改，摆脱了对国外技术软件依赖。

沪宁城际高铁第一次试用了由中铁电气化局集团研发的具有完全国内自主知识产权的27.5千伏GIS开关柜。该产品核心设备均由国内自行设计生产。经联调联试验证，设备运行稳定可靠，满足高速铁路运行要求。

项目部实行了接触网零配件国产化。接触网采用铜镁合金接触线，既满足了大张力体系下对导线强度的需要，同时其大截面满足了高速铁路运能对供电系统容量的需要。悬挂采用全补偿弹性链型悬挂。

项目部积极开展技术攻关活动。针对工程施工难题，全线成立了多个技术攻关小组，电力专业QC小组的“高架桥电缆爬架”成果在沪宁城际高铁全线采用。此技术克服了以往高速铁路施工电缆引上高架桥用“U”型卡子，电缆外露易受损害而且不方便维修的弊端。由于已经提前考虑现场多种因素，所以只要进行简单的参数修改即可保证所有条件下上桥爬架的安全可靠。

由项目部自行研制的“高架桥上特种立杆作业吊车”，则彻底解决了特殊地形对沪宁城际高铁工程接触网立杆作业的限制难题。从起吊到组立完毕每根接触网杆实际只需5至7分钟。研制成功的作业车自重7吨，可在高架桥上线路中间安全行驶；横向6.5米距离内，安全起吊重量达2.5吨，可满足接触网H型支柱立杆作业要求。

项目部强化高铁施工管理及技术质量要求的新理念，把“五不”即“不松、不脱、不断、不掉、不闪”作为检验接触网技术质量的硬性标准。特别是最后的“不闪”意味着极高的质量标准，即设备运行过程中不能出现“打火”现象，按照设计标准就是“接触网导线相对轨面的高差不超过10毫米，接触导线自身每米长度内的平直度误差控制在0.1毫米以内。”承担施工任务的中铁电气化局员工通过科技攻关和精细施工，做到了“高差不超过5毫米，导线自身每米长度内的平直度误差在0.05毫米以内。”

2010年4月10日全线正式送电试车后，4月19日试验运行最高时速达到了351.2公里，每日跑车达80多对，接触网及整个供电系统性能稳定，设备经受住了高速运行的考验并保持完好，达到和满足了设计和运行要求。

全线实现的十项技术创新和管理创新成果

在沪宁城际高铁建设中，中铁电气化局集团取得了10项技术创新和管理创新成果，以此来确保工程质量。

一是预配加工工厂化。为确保接触网腕臂、吊弦、中锚、斜拉线等加工质量及标准化、统一化，实行预配加工工厂化，中铁电气化局集团在镇江、苏州两个中心料库分别成立预配加工车间，全线18136组腕臂和11万余根吊弦全部进行统一预配加工，加工产品经检验合格后，发往工班进行现场安装。

二是高空安装地面化。严密组织安装作业，简化安装过程，科学减少高空作业工作量，降低安装作业安全风险。接触网柱顶肩架、补偿框架等在地面组装后，直接安装到钢柱上后，采用吊车一次性吊装，全线9千余组肩架及1千余组补偿框架均采用这种方式施工，从而减少多次爬杆进行粗大配件安装的风险，减少劳动强度。

三是立杆作业多元化。接触网钢柱安装除采用汽车吊、轨道吊外，项目部还自行研发了接触网专用立杆车，专门用于汽车吊无法到达、轨道吊尚不能进入的地点进行立杆作业，大大加快了立杆进度，保证了接触网钢柱安装及后续工作的顺利实施。

四是工序施工专业化。接触网施工成立专业化的测量组、计算组、预配加工组、安装组、接触线架设组等，计算组均采用中铁电气化局集团自主研发的计算软件。专业组专业化的工作，提高了工作效率，更有利于确保施工质量。

五是关键过程监控化。在接触网专业两个中心料库的预配加工车间安装监控装置，对预配加工过程进行全程监控；对接触线恒张力架设过程进行全程录像监控。

六是质量责任明确化。接触网预配加工、安装、平推检查进行实名制签认，落实质量个人负责制。项目部成立督导组，抽检组，对施工后的区段进行抽查。

七是制度宣传卡片化。制订各项质量控制管理办法，如九大禁止、六大检查等，并制成卡片发放到每位员工手中，随身携带，时刻提醒。

八是作业指导图像化。为保证接触网零部件安装可靠、标准统一，项目部将接触网安装标准及常见错误图片进行对比，制成图册，发放到员工手中，随身携带，指导安装作业和检查。

九是信息管理集中化。为了全方位掌控平推、精调等施工信息，项目部专门成立信息中心，每天将克服缺点、平推、精调等完成及剩余详细境况进行汇总，使得项目部能够及时、准确掌握各项施工信息。

十是问题解决专家化。由集团专家和工程部联合成立技术专家组，对施工现场发现的疑难杂症等仔细研究，科学制订处理方案。19 项技术难题如隧道口处正馈线与保护线绝缘距离较小、曲线处接触网调整无法到位等问题，经过专家组制订方案均得到了解决。

这十项技术创新和管理创新成果，既有效地节省了施工时间，提高了工作效率，又有力地确保了工程技术要求和质量要求，使得全线在工期最短、任务最重、标准最高、困难最多的情况下，安全优质高效地完成了各个阶段的工期目标，得到了建设、监理单位的高度评价和称赞。

用先进的文化理念引领员工用强有力的思想政治工作凝聚激励队伍

为建造世界一流的高铁项目，中铁电气化局集团在全线深入开展了“挑战新时速，砥砺再奋进”主题教育活动和向知识型新型工人、农民工楷模巨晓林学习活动和项目管理年、项目党建年活动等，用高铁精神教育员工，用先进典型激励员工，用先进的管理理念引导员工，把“四精”理念和“五不”要求通过各项宣传教育活动，使其深入人心，落实到每个员工的工作之中。

沪宁城际高铁工程质量要求高，施工任务重、安全压力大等特点对项目党建工作提出了更高要求。中铁电气化局集团沪宁城际高铁项目部党工委把带好队伍，坚决打赢沪宁城际高铁这场攻坚战作为工作目标，坚持与施工生产融为一体为主线，从静态到动态的转变，在创新项目党建工作模式方面走出了一条新路。

沪宁城际高铁全线临近既有京沪铁路 170.11 公里，24 处跨越高等级公路。施工处距既有京沪铁路平均不足 10 米，最近的仅 5.5 米，最短间隔 3 分钟就有一趟列车通过。施工稍有不慎，将对既有线运输构成极大威胁。自上线以来，项目部首先面临的就是确保安全的难题。项目部党工委把确保“安全优质建成沪宁城际高铁”作为开展党务活动的主旋律，采取举办路局营业线施工安全教育培训班、特种作业人员培训班、消防灭火演练等多种措施，提高项目部和各专业、作业层人员对工程重大意义的认识，增强员工安全质量意识和操作技能。使上线员工培训达到了“全覆盖，零缺陷”。党工委一班人为学员授课，讲解安全工作重要性，仅党工委书记就撰写了 11 篇安全讲话稿，帮助员工树立沪宁城际高铁工程所必须的“安全意识、精品意识、高铁意识”；在工程决战决胜阶段，项目党工委提出了“奋战在沪宁，奉献在沪宁，立功在沪宁”的号召，认真开展“党员工程”挂牌活动，共选择四个专业的 6 个重点部位作为“党员工程”示范点，将工期、质量、安全、效益等指标分解落实，专门指定党员负责，把工程的形象作为党员的形象加强管理，合理组织劳力，科学安排工序，严把质量关，从而充分发挥党员先锋模范作用，带动了整个施工进度，保证了工程各项节点任务的顺利完成。

在上海铁路局和沪宁城际铁路公司发出“捍卫质量、保卫安全”动员令后，党工委紧急行动，在全线组织开展了“捍卫质量，保卫安全”的宣誓、授旗、签字活动。此外还将专门制作的以上海铁路局六大严格、八大禁止等要求为内容的宣传牌、小卡片，在项目部各个驻地张贴、悬挂，发给每位员工随身携带。围绕施工难点，党工委认真开展“党员科技攻关”活动，取得明显效果。

集团在全线加强了“三工建设”，配齐了驻地的各项生活和文化娱乐设施，营造和建设一个良好的生活环境和文化环境，使员工在繁忙的工作之余，得到良好的休息，增强了企业的凝聚力。

中铁电气化局集团全体上线员工发扬“四个特”企业传统和“四个一”的作风，苦干实干，忘我奉献。上线以来，他们没有节假日，就是在万家团圆的传统佳节，他们仍然坚守岗位，奋战在施工第一线。特别是在工程关键的后几个月，他们每天睡眠不足 5 小时，他们的汗水洒在了沪宁城际高铁，热情抛洒在了沪宁城际高铁，激情注入了沪宁城际高铁，他们用一流的精品工程在中国的“长三角”树起丰碑。这座不朽的丰碑镌刻着中铁电气化局集团每一个参战员工对沪宁城际高铁的无限深情。

京沪高铁先导段电气化接触网送电成功

来源：人民铁道网　作者：王健 黄山森　　发表时间:2010-11-18 09:46

11 月 15 日 22 点 36 分，随着对韦夏至蚌埠南区间最后一个供电臂末端验电确认，标志着京沪高铁先导段电气化接触网一次授电成功。

此次送电中铁电气化局集团公司领导高度重视，专门成立了送电技术专家组，对送电方案进行了反复的研究论证，制定了相关应急保障措施，并在蚌埠成立了先导段调度中心。集团公司总经理刘志远亲自坐镇指挥，副总经理兼京沪高铁电气化项目分部经理韦国，京沪高铁电气化项目分部常务副经理景建民，二公司总经理程德勤，京沪高铁专家组副总工程师容仕宽、鲁海祥等领导统筹协调，本着“高铁无小事”的思想，对现场的每一个反馈信息及下达的电调指令进行认真的分析与确认，确保了京沪高铁先导段电气化接触网的一次送电成功。

先导段从枣庄西至蚌埠南，分别为枣庄西、徐州东、宿州东和蚌埠南，四站三区间，正线长度约220公里。此次送电采用了分区段的供电方式，共有三所四亭投入运营，分别是周营、桃沟、固镇三个变电所，江庄、沙庄、韦夏、大负家四个分区亭，目前电力变电、接触网设备状态运行良好。

天津大功率机车工地“第一柱”吊装成功

来源：人民铁道网　作者：王健 侯保建 周博文　发表时间:2010-07-29 15:37

7月23日上午10时18分，随着天津大功率机车修造公司筹备组常务副组长张小军“开始吊装!”的一声令下，威武的吊车巨臂一挥，一根3.781吨重、15.53米高的钢柱被稳稳地吊起、座落于基础之上。

随后，中国中铁电气化局集团公司董事长、党委书记王其增，党委副书记、纪委书记白克强，党委副书记、副总经理、天津大功率项目经理张建喜，天津大功率机车修造公司筹备组常务副组长张小军、副组长王金平，北京铁建监理公司天津大功率项目监理部总监王子魁等领导走向前去，为钢结构“第一柱”拧紧了第一组螺栓。

至此，由中国中铁电气化局集团公司承建的天津大功率机车检修基地工程项目钢结构“第一柱”吊装成功，标志着大功率工程从地下作业转入到地上作业，从地基处理转向全面施工。同时，也标志着项目部施工组织中第二战役开始打响。

天津和谐型大功率机车检修基地工程位于充满生机和活力的天津市滨海新区，是铁道部和天津市的重点工程，是天津市“大飞机、大机车、大机床”计划的重点项目之一，在全路机车装备制造业和天津市经济发展中具有重要的地位和作用。基地建成后，能满足管辖区内3000台和谐型电力机车保有量，2年修每年1000台检修任务量，近期满足年检修500台2年修机车、200台6年修机车以及年新造200台大功率客运电力机车规模。

中国中铁电气化局集团公司自3月22日进场以来，坚持“高标准、讲科学、不懈怠”，树立“六位一体”的建设理念。结合项目的实际，深入开展“挑战新时速，砥砺再奋进”主题教育活动，努力打造机头文化，全面提高项目的管理水平，在3个多月的施工中完成了25万多根水泥搅拌桩，3500多根灌注桩，最高时一天完成搅拌桩和灌注桩5200根，共完成地基处理的总量搅拌桩达到了70%，灌注桩达到了63%。

据悉，该工程计划11月15日竣工，总工期236天。

行业发展分析

一、工程机械

1.发展趋势分析

中国工程机械行业经过50多年的发展，已成为具有庞大的企业数量、相当强的制造能力、规格品种基本齐全的重要制造产业，几十年来，提供了数百万台各类施工机械，在我国宏伟的建设事业中发挥了重要作用。改革开放以来，中国工程机械行业和世界工程机械行业的联系越来越密切，从20世纪70年代末开始的大规模技术引进，到20世纪80年代广泛的合资合作，各工程机械制造企业在不断地学习和借鉴中提高和壮大了自己。我国加入WTO后，中国工程机械行业融入世界的进程进一步加快，世界上几乎所有工程机械著名企业都进入了中国，中国已经成为世界瞩目的工程机械大市场；与此同时，中国的工程机械产品也开始在世界工程机械市场上崭露头角，尤其近几年，出口增长很快，已经成为拉动全行业快速增长的火车头。

经过多年的迅速发展，我国工程机械产品以信息技术为先导，在发动机燃料燃烧与电控、液压控制系统、自动操纵、可视化驾驶、精确定位与作业、故障诊断与监控、节能与环保等方面，进行了大量的研究，开发出许多新结构和新产品，提高了工程机械的高科技含量，促进了工程机械的发展。

我国是世界上工程机械生产大国，但离机械强国的距离较远。一方面国产机械产品的技术、质量距国际先进水平还有较大差距，行业的生产集中化程度比较差，企业经营效率仍很低，自主开发能力和企业盈利能力差距仍大，还缺乏在国际市场上有竞争力的品牌。虽然多年通过引进技术、与跨国公司合资和合作生产，行业总体的产品质量水平有所提升，但我国工程机械产品质量水平依然不能令人满意，主要表现为可靠性差，寿命低，故障较多，这些来自产品本身的原因，导致工程机械产品的市场反应差，在国际市场上占有率与发达国家还有较大差距。

目前，国外工程机械发展总的趋势是发展快，水平高，工程机械产品向着系列化、模块化、大型化和微型化方向发展；电子化、信息化、智能化水平不断提高，而且这几个方面又高度交叉融合，彼此间的界限越来越模糊；环保节能新技术得到推广；可靠性、安全性、舒适性得到高度重视；面向工程机械产品生命周期的系统设计广泛采用，面向施工工艺的研究不断加强。工程机械发展正由动力革命变成控制革命，由液压手动控制发展为机群集中控制，电气设计由仪表检测、断电器控制发展到现场总线控制系统。产品的发展走过了从工程机械机电一体化发展到机器人化的过程。工程机械机器人是21世纪发展的重要标志。

从中长期来看，我国工程机械行业仍然具有相当大的增长空间。我国所处的快速城镇化阶段，决定了相当长一段时间内市场对工程机械的旺盛需求。产品的大型化、高端化仍将是中国工程机械发展的主流。基于我国现有的基础设施水平，大规模的铁路、公路、港口、机场建设热潮对高端的大型工程机械的需求将是主流。我国企业在大型高端工程机械领域的份额很低，这也意味着具有较大的增长潜力和空间。以挖掘机为例，自主品牌所占的市场份额不到30%，并且大多集中在低端市场，20吨以上的中型和大型挖掘机自主品牌基本上全体缺席，发展潜力很大。此外，大批工程机械的核心零部件比如液压元器件、发动机、控制元器件、传动系统等仍要依靠进口，能够成功实现进口替代的厂商将有巨大的市场机会。今后，工程机械的投资机会将集中在能够成功的升级进入大型高端产品领域的整机企业以及能够攻克工程机械核心技术难关的零部件企业。多用途、微型化的工程机械产品也将会有较大的市场空间。当大规模基础设施建设期过后，多用途、微型化的工程机械产品就将成为主流。一方面，多用途体现在工作机械通用性的提高，这样可以使用户在不增加投资的前提下充分发挥设备本身的效力，从而完成更多的工作；另一方面，为了尽可能地利用机械代替人力劳动，提高专业化生产效率，适应各种不同的工作场所以及增加在码头、仓库、舱位、建筑物层内和地下工程作业环境的适用性，各种小型微型机械将具有广阔的市场空间。在这方面，能够做到完全的专业化的工程机械企业，显然将具有更长期的、更具潜力的投资机会。

（2）行业竞争分析

受世界市场需求骤减影响，2009年全球工程机械50强企业销售额仅为1131.13亿美元，较上一年下降30.20%，营业利润由上年的125.82亿美元，减至-2.29亿美元，跌幅达到101.82%。，跌宕的时势，不仅激化了企业间的竞争，更放大了各自的进退步幅。

全球工程机械50强排名第一的卡特彼勒在经历了2008年的增长放缓后，2009年又陷入了沉重的下滑之中，全年卡特彼勒工程机械业务销售收入仅为181.48亿美元，较上年下滑42.94%。排在第2位的小松制作所虽然在亚洲市场销售业绩不错，但由于大环境的低徊，2009年小松的销售额仍减少28.49%。

在金融危机肆虐的2009年，曾经占据全球产业第三位置久已的特雷克斯，在剥离了矿山设备业务后，销售额降至40.43亿美元；而之前排名第4位的日立建机凭借59.82亿美元的销售额，反超特雷克斯，顺利进位到全球第三大企业。

就在其他企业忙于通过各种方式应对业绩下滑时，来自中国、印度等新兴市场的企业，却正在品尝着又一轮增长的赋予。过去一年间，受益于直接而干脆的经济刺激计划，以及早早启动的经济回升，中国工程机械企业无论在体量规模还是盈利水平上，都继续稳健攀升；而恰恰是这些，直接拉高了他们在全球产业中的地位。2009年，中国最大的工程机械制造企业—徐工集团，凭借34.85亿美元的销售收入，成为历史上首个跻身全球10强的中国企业。和徐工集团表现一样出色的，还有中联重科、三一集团、柳工和龙工等企业。在新一届榜单中，中国前5家企业的排名各自上升了6位、10位、6位、5位和9位；与此同时，本次排行榜中另一个新面孔—来自中国的福田雷沃重工，甫一进入，便以3.66亿美元的销售额位居第45位。凭借如此良好的企业级“涨势”，2010年TOP50排行榜中的“国别”榜单上，“中国”毫无悬念地超越传统工程机械产业强国—德国和瑞典，升至第三。

当2009年的全球金融危机不断蔓延、渗透至实体经济体系后，世界范围内的“基础设施建设”、“后基础设施建设”等工程锐减，这些都使市场对土石方设备、小型工程机械以及高空作业设备的需求难以为继。利勃海尔、徐工集团、中联重科、三一集团、神钢、JCB等，还是成功地在2009年，以“产品多元化”为支点，缓冲甚至消解了某些传统优势领域坍塌产生的负面影响。矿山设备企业在全球的“独立潮头”，2009年全球TOP50中的矿山设备企业，整体业绩下滑仅为3.6%，远远低于TOP50平均水平。

全球工程机械企业的行动开始整齐向更能规避风险的方向转换。除了收紧在制造体系和产能上的猛进，压制在资源摄取上的欲望外，企业将越来越多的注意力集中在更具商业本源性的环节和领域，比如成本控制、流程与业务的精简、运营协同与整合、管理升级等，并以更有价值、效用的方式，最大程度地组织和利用已有筹码，寻找重赋增长的新起点、新轨道。当本土企业在产业地位、个体规模上进入一个更高的平台后，机会的作用就不再那么重要，取而代之的是更见功夫的核心竞争力体系的塑造。

二、铁路专用机械

（1）发展趋势分析

铁路工程机械主要是指铁路施工专用工程机械，主要包括：铁路轨行机械、高速铁路混凝土箱梁运架机械及高速铁路施工配套机械产品、盾构施工及后配套机械以及桩工机械、集装箱门吊等。

铁路建设“十一五”以后进入了一个高速发展时期，以推进跨越式发展为主线，加快新线建设，扩展路网规模；加速既有线改造，扩大运输能力。

表2-4　铁路基本建设投资规模分析表

时期	单位	“八五”	“九五”	“十五”	“十一五”
基本建设投资	亿元	1202	2439	3629.31	15000
增长速度	%		102.91%	48.8%	313.3%

2002年至2006年间，铁路营运里程发展较慢，但电气化线路发展较快，年增长速度达7.71%，固定资产投资快速增长。